日本語文法事典

日本語文法学会 編

仁田義雄
尾上圭介
影山太郎
鈴木泰
村木新次郎
杉本武
編集

大修館書店

まえがき

　戦後，日本語文法研究は，いわゆる伝統的な研究を一つの重要な源泉とし，それを踏まえ深化させようとするとともに，欧米の新しいあるいは伝統的な言語理論に基づく研究も加わり，それらに刺激された分析・記述成果も現れだした。さらに，日本語教育や自然言語処理などの分野でもそれぞれのニーズに応じた独自の研究成果が発表されるようになり，従来取り上げられなかった問題にも光が当たるようになって，日本語の文法現象そのものが格段にきめ細かく明示的に分析・記述されるようになってきた。この間，日本語文法研究の幅が大きく広がり，研究手法にも大きな進展・多様化が見られた。

　こうした状況を受け，2000年12月に日本語を核に据えながらも，他の言語の研究者との対話を図り，他領域の研究者とも協同して日本語文法研究の進展を目指す集まりである日本語文法学会が設立された。

　これを機に，多様化し深化してきた研究成果をできるだけ広い範囲の研究者や未来の研究者との間で共有することによって，今後の日本語文法研究を進展させるための一つの重要な情報源，出発の書として，この『日本語文法事典』を編むことにした。この時点において，日本語文法研究の世界でこれまで明らかになったことをまとめ，整理しておくことは大きな意義のあることだと考えた。

　本事典は，2002年に最初の編集会議を開き，2014年春ようやく刊行に至った。編集・執筆にあたっては，日本語文法学会が総力を挙げて取り組むとともに，学会外からも積極的に適任者の協力を得た。

　本事典には，「文法」という項目がない。あえて項目化しなかった。本事典の内容総てでそれに答えている，という思いがある。執筆・編集に時間がかかったわりには，項目に漏れがないわけではない。もう少し時間と人があれば，さらに項目を充実させられた，という思いが残らないではない。

　以下，本事典の特色を少しばかり記しておく。

　1）本事典は，学史上の研究成果も含むが，主に20世紀後半の日本語文法研究の成果の総まとめ，棚卸を目指した。2）一つの文法現象をめぐっても，観点の取り方・焦点の当て方によって見えてくる様相の異なってくることが少なくない。他の領域でも同様のことがあろうと思われるが，特に文法研究においては，同一の文法現象についてもさほど説明能力の変わらない複数の分析・記述がありうる。さらに，見えてくる様相の異なりは，そもそも何を記すことが当該項目の解説になるのか，という見解の異なりをも招来するだろう。本事典では，同一項目に対して複数の人間が並行して独立に執筆に当たる，という方法を積極的に取り入れた。複数者執筆項目は，実に全項目の12パーセント近い。さらに3人で書いた項目も20近く

ある。同一の項目を複数の人間が執筆するという事典は，本事典が最初ではないだろうか。このことによって，21世紀初頭の日本語文法研究の世界でどのような考え方が存在・併存していたかを示すことができたし，読者は重要な現象，概念をめぐっての多様な考え方の存在を知ることができる。これが本事典の最大の特徴である，と考えている。3）上述のことと関わるが，本事典は，単に調べるだけでなく，読むこと・読み進めることに耐えうる事典になっている。4）また，参照項目を積極的に付すことで，当該項目の総論に当たる体系や枠組み，当該項目の各論に当たる現象の説明，当該項目と関連する文法現象などを総合的に知り把握することが可能になっている。5）日本語文法研究の独自の成果・世界を示すとともに，日本語文法に対する考察，分析・記述が一般言語学や他の個別言語学とも対話可能なものになっていくよう心掛けた。

　日本語文法研究のこれまでの成果をまとめ，最先端を分かりやすく紹介・解説する一方，学説間の異同やその問題点を指摘した本事典を，今後永くこの分野の羅針盤・手引きの役目を果たしうる書として世に送りたい。

　　2014年5月

　　　　　　　　　　　　　　　　　　　　　　　日本語文法事典編集委員会
　　　　　　　　　　　　　　　　　　　　　　　　　仁田　義雄（編集主幹）
　　　　　　　　　　　　　　　　　　　　　　　　　尾上　圭介
　　　　　　　　　　　　　　　　　　　　　　　　　影山　太郎
　　　　　　　　　　　　　　　　　　　　　　　　　鈴木　　泰
　　　　　　　　　　　　　　　　　　　　　　　　　村木新次郎
　　　　　　　　　　　　　　　　　　　　　　　　　杉本　　武

編集委員・執筆者一覧

●編集委員

[編集主幹]
仁田義雄　　尾上圭介　　影山太郎　　鈴木 泰　　村木新次郎　　杉本 武

●執筆者 (50音順)

青木三郎	久島 茂	田窪行則
青木博史	工藤 浩	竹沢幸一
青山文啓	工藤真由美	龍城正明
安達太郎	久保 進	田野村忠温
阿部 忍	窪薗晴夫	丹保健一
天野みどり	郡司隆男	角田太作
池上嘉彦	小林賢次	坪井美樹
石井久雄	小柳智一	常盤智子
石居康男	小矢野哲夫	友定賢治
石川康恵	近藤要司	長嶋善郎
井島正博	齋 美智子	中畠孝幸
伊藤雅光	斎藤倫明	中村 捷
井上 優	佐久間まゆみ	ナロック，ハイコ
今井邦彦	定延利之	西田隆政
内田賢徳	佐藤里美	西田直敏
大木一夫	ザトラウスキー，ポリー	仁科 明
大鹿薫久	澤田美恵子	西村義樹
大島資生	山東 功	西山佑司
大西拓一郎	渋谷勝己	仁田義雄
大場美穂子	白川博之	丹羽哲也
大堀壽夫	城田 俊	沼田善子
沖 裕子	杉本 武	野田春美
尾上圭介	鈴木重幸	野田尚史
影山太郎	鈴木 泰	野村剛史
加藤久雄	鈴木丹士郎	野村眞木夫
加藤泰彦	鈴木 浩	浜田麻里
金子尚一	鈴木康之	早津恵美子
金田章宏	須田淳一	半藤英明
辛島美絵	須田義治	日高水穂
川端善明	砂川有里子	フィアラ，カレル
川村 大	高瀬匡雄	藤井俊博
菊地康人	高梨信乃	藤田保幸
北原博雄	高見健一	船城道雄
喜屋武政勝	高山道代	堀江 薫
金水 敏	高山善行	堀川智也

前田直子	村木新次郎	山口堯二
益岡隆志	村田美穂子	山口佳紀
松木正恵	茂木俊伸	山田 進
松本泰丈	森山 新	山田敏弘
松本裕治	森山卓郎	山田昌裕
松本 曜	八亀裕美	山梨正明
峰岸 明	矢澤真人	吉田茂晃
三原健一	保川亜矢子	鷲尾龍一
三宅知宏	屋名池 誠	
宮崎和人	山岡政紀	

目次

まえがき ——————————————————————————— iii
編集委員・執筆者一覧 ———————————————————————— v
凡例 ———————————————————————————— viii

●
本文 ———————————————————————————— 3

●
日英用語対照表 ————————————————————————— 695
英日用語対照表 ————————————————————————— 699
索引 ———————————————————————————— 703

凡例

1. **構成・配列** 日本語文法研究に関わる事項を中心に，人名・書名なども含む514項目を取り上げ，項目名による五十音順に配列した。
2. **執筆者名の表示** 各項目の執筆者名はその項目の末尾に表示した。さらに，巻頭に「編集委員・執筆者一覧」を設け，そこに執筆者全員をまとめて記した。
3. **術語の表記** できるだけ各分野で一般的に通用している表記に従って統一を図るよう努めた。ただし，「パラメータ」と「パラミター」のように，もとは同じ英語に発する語でありながら分野によって慣用表記が異なるケースもあり，その場合には項目の内容に応じておのおのの分野の慣用表記に従った。
4. **外国語の表示** 外国語起源の用語については，必要に応じて原語を添えた。
5. **記号の説明**
   * …非文（文法的に適格でない文）であることを表す。
   ? …その適格性に疑問がある文であることを表す。
   { / } …/を境に置き換え可能な表現であることを表す。
6. **表記・仮名遣い** 一般的な表記・仮名遣いについては各執筆者の意向を尊重することとし，本事典全体にわたる統一はあえて図らなかった。
7. **参照項目** ある項目で言及した内容と関連した説明が別の項目にある場合には，➡で参照項目を指示した。
8. **参考文献** 各項目で取り上げられた内容についてさらに詳しく知りたい読者のために，項目の末尾に参考文献を挙げた。
9. **索引** 事項，語句，人名（見出しに取り上げたもののみ），書名を分けずに，すべてを一本化した索引にした。配列は，まず日本語の用語を五十音順に並べ，そのあとにアルファベットが語頭に来る用語をABC順に並べた。

日本語文法事典

あ行

■ IC 分析

IC は immediate constituent（直接構成素）の頭文字であり，IC 分析は，文などを，それを直接に構成する要素に分解する分析である。アメリカ構造主義言語学の時代に，形態論，統語論の一部として開発され，その後の生成文法においても，句構造を定義する基本的な分析法となっている。

例えば，「あの赤い家が雪に覆われている」という文は，文頭の名詞句と後半の動詞句の2つの要素に分解できる。文頭の名詞句が1つの構成単位であることは，「あの赤い家」が1つの名詞，例えば「校舎」で置きかえられることから確認できる。同様に「雪に覆われている」は「見える」のような1つの動詞で置きかえられるので，1つの構成単位である。

それぞれの構成素はさらにそれを直接構成する要素に分解できる。例えば，「雪に覆われている」には，動詞とそれを修飾するものが含まれる。このように，IC 分析は，文の最小単位に至るまで，繰り返しおこなうことができる。

◆句構造，構造言語学
■ 参考文献
Bloomfield, Leonard (1933) *Language*. Holt, Rinehart and Winston, Inc.〔Reprint：The University of Chicago Press, 1984, p. 161〕〔三宅鴻・日野資純訳（1962）『言語』大修館書店〕

〔郡司隆男〕

■ 曖昧性

ある語連続（句・文など）が概念的に異なる複数の意味を持つとき，その語連続を曖昧であるといい，そうした性質を曖昧性（ambiguity）という（「多義性」ないし「両義性」ということもある）。例えば，「世界のネコ展」は「世界｜の｜ネコ｜展」という同じ語の連続だが，〈「世界のネコ」の展覧会〉と〈世界の「ネコの展覧会」〉という別々の意味を持つ。この意味の違いは，単位のまとまり方の違い，すなわち［世界のネコ］［展］と［世界の］［ネコ展］という統語構造の違いから生じる。「男が好きな女」も〈男が好む女〉と〈男を好む女〉の2通りに曖昧である。この句はどちらの意味でも，［男が好む］［女］という同じ構造だが，実際の「表面の構造」ではなく，論理的な意味関係を表す「基底構造」のレベルで構造が違うと考えれば，これも構造的な違いにもとづく曖昧性とすることができる。

一方，複数の意味的に関連する語義を持つ多義語，あるいはたまたま音形が同じである同音異義語を含む語連続が複数の意味を持つことがある。例えば，「写真をとられた」は「とる」の多義性によって〈撮影された〉と〈盗まれた〉という2つの意味を持つ。「たこに興味がある」は，「たこ」が〈空のタコ〉〈海のタコ〉〈皮膚のタコ〉という3つの別語（同音異義語）であることで，3通りに曖昧になる。この場合の曖昧性は，「語彙的曖昧性（lexical ambiguity）」ということがあり，これに対して構造にもとづく曖昧性を「構造的曖昧性（structural ambiguity）」ないし「文法的曖昧性（grammatical ambiguity）」ということがある。

「（転んで）足を折った」は場面や文脈に応じて〈右足を折った〉〈左足を折った〉〈両足を折った〉の3通りに解釈可能である。これは，

「足」の意味がそもそも左右や数に関して「指定されていない」ことから生じるもので、「足」の内在的な意味の違いによるのではない。この種の違いを、曖昧性と区別して「漠然性（vagueness）」と呼ぶ。なお、漠然性の意味で曖昧性を使う立場もあるので注意を要する。

■参考文献

Ullmann, Stephen (1962) *Semantics: An Introduction to the Science of Meaning.* Basil Blackwell.〔池上嘉彦訳（1969）『言語と意味』大修館書店〕

Kempson, Ruth M. (1977) *Semantic Theory.* Cambridge University Press.

［山田 進］

■アクセント

●アクセントとは──①単語に指定された高低や強弱の型、②単語の中での際立ち（プロミネンス）、または際立っている部分を指す。日本語の研究では①の意味で用いられることが多く、東京方言ではたとえば「雨」は高低、「飴」は低高のアクセントを持つと言う。②の意味は日本語研究でしばしば使われる「アクセント核」とほぼ同義であり、たとえば「あざらし」は「ざ」にアクセント（核）がある、「アメリカ」のように平坦なピッチ（平板式）の語にはアクセント（核）がないと言われる。

●アクセントの種類──単語に指定されている音声特徴によって、高低アクセント（＝高さアクセント、ピッチアクセント）、強弱アクセント（＝強さアクセント、ストレスアクセント）などに分類される。日本語は高低アクセント、英語は強弱アクセントの代表とされる。

●アクセントの機能──高低や強弱という音声特徴の違いを超えて、アクセントには弁別機能と頂点表示機能、境界表示機能がある。弁別機能とは上記の「雨-飴」のように単語を区別する働きである。頂点表示機能は単語の一部分を際立たせることによって語のまとまりをつけようとする機能、境界表示機能は境界付近を際立たせることによって、語の始点あるいは終点を示す働きである。

●アクセント体系──その言語（方言）にいくつのアクセント型があるかによって、「無型アクセント」「一型アクセント」「二型アクセント」「多型アクセント」などに分類できる。無型アクセントとはいずれの語に対してもアクセント（高低や強弱）の指定がない体系、一型アクセント、二型アクセントとは語の長さにかかわらず、それぞれ一つ、二つの型が存在する体系、多型アクセントとは語が長くなるにつれて型が増えていく体系である。

➡プロミネンス，プロソディー

■参考文献

徳川宗賢編 (1980)『〈論集日本語研究2〉アクセント』有精堂出版.

窪薗晴夫(2006)『アクセントの法則』岩波書店.

［窪薗晴夫］

■アクチオンスアルト（動作態）

●アクチオンスアルトとは──Aktionsart（独）、英語で言えば、'manners of action'という意味。密接に関わりあうものの、アクチオンスアルトの規定には、①動詞の語彙的な意味の中に存在する時間的な性格を指す場合（これには時間的な性格の捉え方により広狭種々のものがある）と、②単語を派生するという手続きでもって表される、動詞の表す動きの内的時間構成の表し分けを指す場合とがある。日本語の文法研究では、アクチオンスアルトと言えば、主に②のタイプであり、複合動詞化という手段で表されることが基本で、局面動詞と呼ばれることもある。

●アクチオンスアルトの表現形式──基本的な形式には，「(シ)カケル」「(シ)ハジメル／(シ)ダス」「(シ)ツヅケル」「(シ)オワル」がある。「(シ)ヨウトスル」「(シ)オエル」などが加えられることもある。「(シ)キル」「(シ)アゲル」「(シ)ツクス」のような複合動詞をも表現形式に加える研究者もいるが，これらは，出現上の制約が大きく，未だ文法形式化していない。

●アクチオンスアルトと（中核）アスペクトとの関係──アスペクトの中核は，「スル―シテイル」によって表し分けられる完結相（完成相）と未完結相（持続相，継続相とも）の対立である。アクチオンスアルトのそれぞれは，「彼は手紙を書きはじめる―彼は手紙を書きはじめている」のように，完結相か未完結相かの，（中核）アスペクトのいずれかを帯びてしか実現されない。その意味でアクチオンスアルトは二次的である。

●アクチオンスアルトの下位種──日本語のアクチオンスアルトの下位種としては，将然相（起動相とも言う），始動相，継続相，終結相などが取り出されている。

《将然相》将然相とは，基本的に「(シ)カケル」で表されるもの。将然相は，動きに本格的に取りかかるまでの段階を表す。(1)「僕は階段から落ちかけた。」のように，時間幅のない動きの場合，動きのない状態から動きに取りかかるまでの段階しか表せない。それに対して，(2)「成績が少し落ちかけたが，頑張って直ぐ元に戻した。」のように，時間幅のある動きの場合，(1)の意味だけではなく，動き始めから本格的な動きに至るまでの取りかかり段階を表しうる。

動詞が動きを表せば，「僕はもう少しで謎の大陸を発見しかけたんだがなあ。」のように，基本的に将然相を作りうる。

《始動相》始動相とは，「(シ)ハジメル／(シ)ダス」で表されるもの。「汗でシャツが濡れはじめた。」「子供が暴れだした。」のように，始まりの段階の動きを行うことを表す。

「*死にはじめた」「*発見しだした」「*座りはじめた」が逸脱性を有していることから分かるように，始動相を持つ動きは，動きそのものが時間幅を有するもの。もっとも「子供が飢えで次々と死にはじめた。」のように複数事象を表す場合は別。

《継続相》継続相とは，「(シ)ツヅケル」で表されるもので，動きや事態を継続することを表している。(1)「男は一生懸命走りつづけた。」，(2)「川の水が増えつづけた。」，(3)「彼は倒産しそうな銀行にお金を預けつづけた。」，(4)「彼は硬い椅子に座りつづけた。」などがこれ。(1)(2)のように，動きの展開過程そのものの維持を表す場合と，(3)(4)のように，動き後の状況を維持する場合がある（この場合，動き後の状況の維持が新たな動きとして捉えられているとも言える）。

「*死につづけた」「*発見しつづけた」の逸脱性から分かるように，継続相を持つものは，動きそのものだけでなく，動き後の状況維持が取り出せ，それに時間幅があるもの。時間幅が存することによって，「男は部屋に居つづけた。」のように，状態に対しても接続可能。

《終結相》終結相とは，「(シ)オワル」で表されるもの。完成・終了段階の動きを行うことを表す。「彼は手紙を書きおわった。」「僕はやっとプラモデルを組み立ておわった。」などがこれ。

「*動きおわった」「*太りおわった」の逸脱性から分かるように，終結相になる動きは，動きの始点と終点が分離でき，終点が予め定まっているものである。

▶アスペクト，動詞，動作動詞と変化動詞

■参考文献

Comrie, Bernard (1976) *Aspect*. Cambridge University Press.〔山田小枝訳 (1988)『アスペクト』むぎ書房〕

金水 敏（2000）「時の表現」仁田義雄・益岡隆志編『日本語の文法2』岩波書店.
高橋太郎（2003）『動詞九章』ひつじ書房.
須田義治（2010）『現代日本語のアスペクト論』ひつじ書房.

[仁田義雄]

■アスペクチュアリティ

●アスペクチュアリティとは──形態論的なカテゴリーのムードに対してモダリティがたてられたように，それと並行して，形態論的なカテゴリーのアスペクトに対してたてられたものがアスペクチュアリティである。モダリティやアスペクチュアリティは，形態論的なカテゴリーに対して，構文論的なカテゴリー，あるいは，機能・意味的なカテゴリー（機能・意味的な場）と呼ばれる。アスペクチュアリティは，その提唱者であるロシアのアスペクト論者，ボンダルコ（А. В. Бондарко）によれば，動作の時間的な展開の性格の表現に関わる，相互に作用しあう言語的な（形態論的，構文論的，語構成的，語彙的）諸手段を，その内容の側面が統一する，二側面的な統一体であると規定される。日本語の研究において，アスペクチュアリティという用語は，意味論的なカテゴリーをさして，すなわち，単に文のアスペクト的な意味の側面をさして用いられることもあるが，上のような意味において用いている例としては，奥田（1988）や工藤（1995）などがあげられる。

ムードとモダリティを区別する理由として，しばしば強調して指摘されるのは，ムードとモダリティがくいちがうことがあるということである。すなわち，形態論的には命令形に対立する叙述形（たとえば「すわれ」に対する「すわる」）でありながら，文においては命令の意味を表すことがある（「そこにすわる！」）といっ

たことである。この事実は，文のレベルの意味が，単語の形態論的な形という表現手段だけでなく，さまざまな表現手段の作用を受けて，実現していることを述べたものと言える。文法論の中でモダリティやアスペクチュアリティをたてる必要性は，形態論的な意味とその表現手段にとどまらない，文のレベルにおいて実現するさまざまな意味と，その複雑な表現手段との体系の検討に，研究を向かわせることにある。

●その表現手段と表現内容──日本語のアスペクトにおいては，完成相と継続相という形態論的な形が，スル（シタ）とシテイル（シテイタ）という規則的な表現手段によって，ひとまとまり性と継続性という，対立的で一般的な，形態論的な意味を表している。それに対して，アスペクチュアリティにおいては，その表現手段は，さまざまな階層に属する言語的な手段の複合であり，また，その表現するアスペクト的な意味（表現内容）は，対立的（相互排除的）でなく，相互補足的な多様な「場」をなしている。

アスペクチュアリティの表現手段は，形態論的な形だけでなく，アスペクト的な意味を表すさまざまな形（シテアル，シテオク，シテシマウ，シツツアルなど），いわゆる局面動詞（シハジメル，シツヅケル，シオワル），語彙・文法的な系列（語彙＝文法的な種類）とも呼ばれる，カテゴリカルな語彙的な意味に基づく動詞の種類（動作動詞，変化動詞，状態動詞など），アクチオンスアルトとも呼ばれる複合動詞（シツクス，シキルなど），副詞（「すぐに」「ときどき」など）など，さまざまである。文のレベルにおいては，一つのアスペクト的な意味を表すのにも，複合的な手段が使われているし，異なる表現手段によって同じアスペクト的な意味が表されることもある。

アスペクチュアリティの表現内容としては，限界性，過程性，局面性，持続性，回数性（反

復性）などをあげることができる。それらは，動作の時間的な展開の仕方（動作の内的な時間構造）という，アスペクチュアリティの一般的な意味にまとめあげられる。

形態論的なカテゴリーは「形式から意味へ」と研究が進むが，構文論的なカテゴリーは「意味から形式へ」と研究が進む。アスペクチュアリティの中のさまざまな意味領域をまとめあげているのは，表現手段ではなく，それらの表す意味である。そのため，アスペクトのない言語はあるが，アスペクチュアリティのない言語はないとも言われる。

➡アクチオンスアルト（動作態），アスペクト

■参考文献

奥田靖雄（1988）「時間の表現(1)(2)」『教育国語』94，95．

工藤真由美（1995）『アスペクト・テンス体系とテクスト』ひつじ書房．

須田義治（2010）『現代日本語のアスペクト論』ひつじ書房．

Бондарко, Александр Владимирович (1999) *Основы функциональной грамматики*. Санкт-Петербург．[Bondarko, Aleksandr Vladimirovich (1999) *Osnovy funktsional-noi grammatiki*. Sankt-Peterburg.]〔ボンダルコ，A. V.（1999）『機能文法の基礎』サンクト・ペテルブルク〕

［須田義治］

■アスペクト[1]

1. アスペクトとは

どのような言語でも，コミュニケーション活動においては，時間的にみて，出来事が「いつ，どのように」起こる（起こった）のかを伝えなければならない。「昨日，さっき，昔/今，今日/明日，将来，やがて」「しばらく，ずっと/だんだん/毎日，時々，たまに」のような時間副詞，時間名詞は，どのような言語にもあって，出来事が「いつ，どのように」成立するかを表す。日本語ではこのような語彙的な表現手段のほかに，述語が文法的に形を変えることによって，出来事の時間を表し分ける。これがアスペクトとテンスであり，2つの文法的カテゴリーはともに時間を捉えている点で共通している。

このうちアスペクトは，動的な時間的展開を表す「運動動詞」において成立する文法的カテゴリーであり，「運動の時間的展開の捉えかたの違い」を表し分ける。アスペクトという用語は広義にも狭義にも使用されるが，文法化の最も進んだ形態論的対立を形成する場合が，狭義のアスペクトである。

アスペクト研究は，海外でも国内でも盛んな領域であり，次のような進展が見られることから，今後日本語のアスペクト研究も新たな段階に進んでいく必要がある。方言まで含めて考えると日本語のアスペクトは多様である。

① マイノリティー言語を含む世界の諸言語を見渡した言語類型論的研究
② 標準語研究と方言研究の総合化
③ 文法化という観点からの共時的研究と通時的・歴史的研究の総合化
④ ピジン，クレオール研究を含む言語接触論的観点からの総合化

2. 標準語のアスペクト体系

標準語の文法的（形態論的）アスペクトは，シテイル（シテイタ）形式とスル（シタ）形式の対立としてある。テンスとの相関性のもとに，表1のような，終止におけるパラダイムが形成されている（スル形式がアスペクト対立を形成しないとする立場もある）。

シテイルは，動作継続を表す場合と結果継続を表す場合があるが，どちらも継続的に運動を捉える点では共通する。一方，スルは，非継続

表1　テンスとの相関における標準語のアスペクト

テンス＼アスペクト	完成	継続
非過去	スル	シテイル
過去	シタ	シテイタ

表2　アスペクトの違いに基づく動詞分類

【1】運動動詞：シテイルとスルのアスペクト対立がある動詞
【1.1】主体動作動詞：スル（完成）とシテイル（動作継続）の対立となる動詞 [開ける，壊す，見る，飲む，歩く]
【1.2】主体変化動詞：スル（完成）とシテイル（結果継続）の対立となる動詞 [開く，壊れる，枯れる，来る，座る]
【2】非運動動詞：シテイルとスルのアスペクト対立がない動詞
【2.1】シテイル形式がない動詞 [ある，いる]
【2.2】スル形式がない動詞 [優れている，似ている，そびえている]

的に，つまりは，運動をひとまとまりとして完成的に捉える。従って，完成相では，他の出来事との関係は「継起」になり，継続相では「同時」になる。下記は，テンス的に過去の場合であるが，シテイタ形式では，他の出来事（駅に着いた）との時間関係は同時であり，シタ形式では継起である。

(1) 9時に駅に着いた。すると電車が来た。
〈完成・過去〉
(2) 9時に駅に着いた。すると電車が来ていた。
〈（結果）継続・過去〉

非過去形のシテイル形式は，テンス的に現在を表すが，スル形式は未来になる。これは，完成というアスペクト的意味と，発話時と同時であるという現在の意味とが矛盾するからである。（なお，一般言語学では，perfectiveという用語と，perfectという用語が区別されている。上記の「完成」の規定は，基本的に，perfectiveに対応するものである。）

3. 動詞分類とアスペクト

アスペクトは動詞に最も近い文法的カテゴリーであることから，動詞の語彙的意味のタイプとの相関性がある。標準語では，表2のような動詞分類ができる。

運動動詞と非運動動詞は連続的であり，中間には「思う，心配する」のような心理的状態や「匂う，見える」のような知覚，「疲れる」のような生理的状態を表す動詞がある。

また「存在する／存在している」のようにスル形式・シテイル形式の双方があっても，アスペクト的対立を形成しない場合もある。

標準語では，運動動詞は，シテイル形式が「動作継続」を表すか「結果継続」を表すかによって，主体動作動詞と主体変化動詞に下位分類される。ただし，日本語諸方言を含めて総合的にアスペクトを考える場合には，運動動詞の3分類が有効な場合がある（表3）。

表3　運動動詞の3分類

【1.1】主体動作動詞：見る，叩く，飲む，読む，食べる，走る，歩く，揺れる
【1.2】主体動作客体変化動詞：開ける，壊す，殺す，入れる，飾る，建てる，作る
【1.3】主体変化動詞：開く，壊れる，切れる，死ぬ，入る，建つ，来る，座る，倒れる

このうち，主体動作動詞は，必然的終了限界のないアテリック（atelic）な動詞であり，主体動作客体変化動詞と主体変化動詞は，必然的終了限界のある（telic）な動詞である。標準語における運動動詞2分類であれ，諸方言を含めた運動動詞3分類であれ，アテリックかテリックかという動詞2分類とは異なることに注意しておく必要がある。

4. 基本的なアスペクト的意味と派生的なアスペクト的意味

シテイル形式は「継続」というアスペクト的意味を表すが，派生的意味として，表4のような意味用法があり，多義的である。派生的意味では，動詞のタイプは関係がなくなる。

表4　基本的なアスペクト的意味と派生的なアスペクト的意味

【1】基本的なアスペクト的意味「継続」
　【1.1】動作継続「太郎が本を読んでいる」
　【1.2】結果継続「太郎は中国に行っている」
【2】派生的なアスペクト的意味
　【2.1】反復習慣「太郎は時々本を読んでいる」
　【2.2】動作パーフェクト「去年も中国に行っている」
　【2.3】恒常的特徴「町の中に川が流れている」

「反復習慣」は運動の繰り返しであり，スル形式とのアスペクト対立はなくなる。「動作パーフェクト」は過去の運動の効力（影響力）が現在に及んでいることを表す。「恒常的特徴」はもはや形容詞的であって，時間のなかでの動的展開が考えられないものである。

「動作パーフェクト」は「経験」と言われることがあるが，「ここで去年人が死んでいる」といったような場合には「経験」という用語は狭すぎる。「恒常的特徴」は「単純状態（単なる状態）」，「結果継続」は「結果状態」と言われることがあり，今後「状態」という用語の理論的規定が必要となろう。同様に「完了」という用語も様々に使用されてきていることから，今後使用するとしたらどのように規定するかの検討が必要である。また「動作継続」のかわりに「進行」という用語が使われる場合もあるが，標準語では，特別な副詞等と共起しない場合には，主体変化動詞において「変化の進行」を表さない。西日本方言では，枯れつつあるの意味で「木が枯れよる」と言える。パーフェクトという用語をめぐっても，方言では「痕跡」を普通に表す場合があり，標準語や中央語だけからの研究では十分な規定ができない。日本語全体を見渡したアスペクト研究を行いつつ，様々な用語の規定を進めていく必要がある。

➡アスペクチュアリティ，テンス，継続，反復，運動動詞と状態動詞，テンポラリティ

■参考文献

奥田靖雄（1977）「アスペクトの研究をめぐって」『宮城教育大学国語国文』8．〔再録：奥田靖雄（1985）『ことばの研究・序説』むぎ書房〕

金水 敏（2006）『日本語存在表現の歴史』ひつじ書房．

金田一春彦編（1976）『日本語動詞のアスペクト』むぎ書房．

工藤真由美（2006）「アスペクト・テンス」小林隆編『方言の文法』岩波書店．

Comrie, Bernard（1976）*Aspect*. Cambridge University Press.〔山田小枝訳（1988）『アスペクト』むぎ書房〕

Dahl, Östen（1999）"Aspect: Basic principles." In Keith Brown and Jim Miller (eds.) *Concise Encyclopedia of Grammatical Categories*. Elsevier.

Dahl, Östen（1999）"Perfect." In Keith Brown and Jim Miller (eds.) *Concise Encyclopedia of Grammatical Categories*. Elsevier.

　　　　　　　　　　　［工藤真由美］

■アスペクト[2]

●動きとして捉えるか状態として捉えるか──進行中かどうかなど，動きの時間的側面の取り上げ方による表現の違いをアスペクトと呼ぶ。ア

スペクトは基本的に動きを表す動詞述語において問題になる。

　動きの述語の場合，そのまま動きとして取り上げる場合と状態として取り上げる場合とがある。例えば，

(1)おじいさんが［倒れる/倒れている］のをみた。

を比べた場合，自分が見ている間に「倒れる」動作が起こっていれば「倒れる」という形を，自分が見たのがすでにできあがっている状態の一部分であれば「倒れている」という形を，使う。

　すなわち，「倒れる」のような「動き」とは，時間的にとぎれた出来事としてまるごと扱うことになるのに対して，「状態」とは，時間的に続くあり方の一部を取り出すというとらえ方になっている。

(2)　　┌観察された事態┐
　　　［全体の事態］　　　　　動き
(3)　　┌観察された事態┐
　-----全　体　の　事　態-----　状態

●**状態化表現としてのテイル**──現代日本語で状態としてのとらえ方を表す最も基本的な形が「テイル」だが「テアル」（典型的には処置済みの状態），「ツツアル」（典型的には変化の進展）なども状態を表す。

　テイル形の意味は，動きのどういう側面を取り上げるかによって違う。

(4)a 彼は道を歩いている。：進行中
　 b 小鳥が一羽死んでいる。：結果

こうした違いには，時間の長さと，動きの取り上げ方の両方が関わる。すなわち，瞬間的な動詞は進行中を（繰り返しでない限り）表せない。これは副詞との共起関係にも関わる。(5)aは進行中を表すが，(5)bは進行中を表すことができない。

(5)a 彼はずっと彼女の顔を見ている。
　 b 彼は一瞬彼女の姿を見ている。

また，

(6)a 窓を開けている。
　 b 窓が開いている。

のように，一般に，主体が変化するような動詞では，動きがどう「なる」か，という結果の側面に焦点が当てられるのに対して，主体が変化しないものでは，その主体がどう「する」か，という側面に焦点があり，シテイル形では進行中で解釈される傾向にある。

●**動きの時間構造**──なお，上述したことと関わって，動詞がどのような時間的な構造を持つかという観点も重要である。例えば，「歩く」も「作る」も主体が変化しない動作を表すが，「～しているが，まだ～できていない」のように言えるかどうかで違いがある。

(7)?歩いているが，まだ歩けていない。

とは言えず，少しでも歩けば「歩いた」と言えるが（一定の距離の限定があれば別），「作る」の場合，

(8)家を作っているが，まだ作れていない。

と言うことはできる。「作る」には終結する時点があり，「作った」と言える時点は特定されるのである。

　また，終結点において変化したあとの結果が一定の時間の幅を持つこともある。例えば，「家を作る」も「窓を開ける」もどちらも対象を変化させる動作だが，

(9)a 二日間かかって家を作った。
　 b??二日間家を作った。

というように単純な期間成分が言えない（言ったとしても同じ期間を表す）のに対して，

(10)a 太郎は二日間かかって窓を開けた。
　　b 太郎は二日間窓を開けた。

のように「窓を開ける」ではそれぞれの表現が成立し，かつ，「二日間」と「二日間かかって」は別の時間を示す。結果をさらに維持する期間があるのである。

　なお，シテイル形には，そういう出来事がか

つてあったということを表す，

(11)彼は一度小説を書いている。

のような用法もある。また，出来事が繰り返して発生する，

(12)多くの芸能人が最近次々に死んでいる。

のような意味もある。これらの場合，動詞固有の意味には関係なく，それぞれ，経歴の意味や繰り返しの意味になる。

●副詞の関与── なお，こうした意味も含め，シテイル形の意味を考える場合，副詞の関与も重要である。

(13)彼はうどんを食べている。：進行中

(14)彼はうどんを 4 はいも食べている。：結果

(15)彼は毎日うどんを 4 はいも食べている。：繰り返し

(16)彼は，学生時代，毎日うどんを 4 はいも食べている。：過去成分による経歴

●テクル，テイク，テオクなど── 状態化をするもの以外にもアスペクトの形式はある。

(17)a 雨が降ってきた。：出来事の出現

b 暖かくなって {いく/きた}。：進展的変化

c ずっとここで働いて {いく/きた}。：継続

のように多様な意味を持つ「てくる」「ていく」があるほか，

(18)机の上に本を置いておく：動きの発生後の有効性の表示

のような「ておく」などの補助動詞的表現がある。

●複合動詞と動きの時間構造── さらに，

(19)作り始める

(20)作り続ける

のような複合動詞もある。

複合動詞「〜し始める」「〜し続ける」「〜し終わる」などの形式が共起するための基本条件にも時間的な幅が関わっている。例えば「歩き始める」と言えるのに対して「*窓が割れ始める」と言えないように，時間の幅がある動詞でなければ「〜し始める」は言えない（動きが繰り返される場合は除く）。さらに終わりが取り上げられる場合に「〜し終わる」が言える。一方，「〜し続ける」の用法には注意が必要である。例えば，「立つ」は「立った状態になるまでの時間的な進行過程」は取り上げられず，その点で瞬間動詞であるが，「〜し続ける」が結果の維持を表して共起することができる（*鈴木はそこに立ち始めた。鈴木はそのままそこに立ち続けた）。

●事態としての時間的性質── このように考えると，アスペクトに関わる動詞を動作動詞と変化動詞に単純に分類するだけでは限界があることになる。そもそも，動詞句として「事態」がどのような時間的性質を持つかということを考える必要がある。同じ「見る」でも「一瞬の光景を見る」「映画一本を見る」「ぼんやり景色を見る」などは時間的な性質が違っている。そこで，時間的な性質を勘案した「事態としての時間的性質」のタイプを考える必要があることになる。

そうした事態としての時間的性質は，時間幅を表す副詞との共起関係や，スル・シテイルの対立以外の様々なアスペクト形式との共起関係から説明されることになる。

なお，動詞の中には動きを表さないものもある。例えば，「優れる」「馬鹿げる」「ある」などは，動きを表さない動詞であり，アスペクトは問題にならない。

➡アクチオンスアルト(動作態)，アスペクチュアリティ，動作動詞と変化動詞

■参考文献

奥田靖雄（1977）「アスペクトの研究をめぐって──金田一的段階」『宮城教育大学国語国文』8．

金田一春彦（1950）「国語動詞の一分類」『言語研究』15．

金田一春彦編（1976）『日本語動詞のアスペクト』むぎ書房.
工藤真由美（1995）『アスペクト・テンス体系とテクスト——現代日本語の時間の表現』ひつじ書房.
国立国語研究所（髙橋太郎）（1985）『現代日本語動詞のアスペクトとテンス』秀英出版.
高橋太郎（1994）『動詞の研究——動詞の動詞らしさの発展と消失』むぎ書房.
森山卓郎（1984）「アスペクトの意味の決まり方について」『日本語学』3-12.
森山卓郎（1988）『日本語動詞述語文の研究』明治書院.

［森山卓郎］

■ **アスペクト**[3]（古代語）

1. 古代日本語のテンス・アスペクト体系の概観

　スルのような動詞だけのもの（はだかの形）も，シタのような助動詞のついたものも，またシテイルのような補助動詞と組み合わさったものも，時間的意味をめぐって相互に交代する動詞の語形であるとする（形態論的）立場に立つなら，古代日本語の時間表現のパラダイムは表1のようになる。

表1　古代日本語の時間表現のパラダイム

アスペクト	テンス	
	非過去形	過去形
完成相	ツ・ヌ	テキ・ニキ
不完成相	はだか	キ
パーフェクト	タリ・リ	タリキ・リキ

　アスペクトの点では，ツ・ヌ形が運動の全体を非分割的に表わす完成相であるのに対して，はだかの形は運動がまだ完成途上にあることを表わす不完成相である。この二つが基準時点（基本的には発話時）と同時の運動のあり方を表わしているのに対して，タリ・リ形は，運動の完成とその後の結果を表わし，それらとひろい意味のパーフェクトとして対立している。以上の三者をテンスとして非過去を表わすものとすると，単独のキ形も，複合的なテキ形，ニキ形，タリキ形，リキ形などの形も，接辞キをもつ形はテンス的に過去を表わす。テキ形，ニキ形は，そこに含まれる接辞テ・ニ（ツ・ヌの連用形）が完成的意味を表わすことから，不完成相を表わすキ形に対して完成相過去を表わす。しかし，実際にはキ形とテキ・ニキ形は明確な意味の対立はなくなっている。また，タリキ・リキ形は，現在パーフェクトを表わすタリ・リ形に対して過去パーフェクトとして位置づけられる。しかし，タリキ・リキ形は，空間的意味としてのメノマエ性の方が優越しており，過去パーフェクト（いわゆる過去完了）として機能することはなく，完成相過去の変種であるとするのが適切である。

　テンス的意味について補足しておくなら，ツ・ヌ形の表わす過去は発話時の直前の近い過去であり，キ形やテキ形やニキ形によって表わされる過去は，発話時から隔絶した遠い過去である。ここで，現在と隔絶した遠い過去はもっとも過去らしい過去であるから，それを表わす接辞キをもつ形を過去形というとすれば，それをもたない形は，発話時の直前を表わすツ・ヌ形も，現在を表わすはだかの形も，パーフェクトを表わすタリ・リ形も発話時とかかわりが深いという意味で非過去形ということができる。

　以上に対して，ケリ形は，話し手が予期していなかったことに気づくこと（認識の成立）を表わすため，新たに気づかれたことなら，どんな時間のことでも，またどんな運動のあり方でも表わすことができ，特定のテンス・アスペクト的意味を表わさないので，このパラダイムの中に特定の位置を占めることはない。しかし，

ケリ形は客観的・記述的なキ形に対して，主観的・表出的であり，表出性の結果として，過去の一翼をになうことにもなるので，一定のテンス性をもつことも確かである。

2. 古代日本語と現代日本語の体系の相違

●パーフェクト——以下，古代日本語のアスペクト体系が，現代日本語とどのような点で異なっているかを示す。まず，古代日本語のアスペクト体系は，パーフェクトがどう表わされるかという点において，現代日本語と異なっている。現代日本語では，〈完成相〉のスルと対立して，シテイル形の表わす継続相が，〈動作の継続〉と〈変化の結果の継続〉の二つの変種をもつ一方で，〈パーフェクト〉も表わしている。つまり，現代日本語では両方ともシテイル形で表わされているため，〈パーフェクト〉と〈継続相〉の関係を断ち切ることはできない。ところが，古代日本語では，〈変化の結果の継続〉と〈パーフェクト〉は，タリ・リ形が表わし，タリ・リ形は〈動作の継続〉は表わさない。また，〈動作の継続〉は，もっぱらはだかの形が表わし，はだかの形は〈変化の結果の継続〉は表わさない。

　一般に，〈動作の継続〉の意味は，運動が終結にいたっていないという意味で，完成相に対して不完成相に位置づけられる。また，現代日本語で〈パーフェクト〉といわれる用法は，発話時において効力をもっている運動が発話時以前に完成したことを表わす意味であるが，この用法は，マスロフ（1984）によれば，〈変化の結果の継続〉とともに，パーフェクトの一変種であるとされるものである。そして，マスロフにおいては，現代日本語で〈パーフェクト〉とされている意味は〈動作パーフェクト〉とされ，〈変化の結果の継続〉の意味は〈状態パーフェクト〉とされる。マスロフのいうパーフェクトを《　》をつけて，《パーフェクト》のように表わすものとすれば，古代日本語のタリ・リ形は，まさに《パーフェクト》を表わすということができる。ということは，古代日本語においては，タリ・リ形はもっぱら《パーフェクト》を表わしているので，《パーフェクト》とアスペクトとの関連は切れる。一方，はだかの形は，〈動作の継続〉の意味だけを表わしていることになるので，完成相のツ・ヌ形に対して，継続相ではなく，〈不完成相〉を表わすものということができる（図1参照）。

●完成相——また，完成相のあり方においても古代日本語は現代日本語と大きなちがいがある。完成相の意味には，一般に二つの意味が区別できる。その一つは〈限界到達〉の意味で，そこに至ればそれ以上その運動が続けられなくなる限界点をもっている動詞において，運動がその限界点に到達することを表わすものである。もう一つは〈一括性〉で，現在から切り離

図1　現代日本語と古代日本語のアスペクト

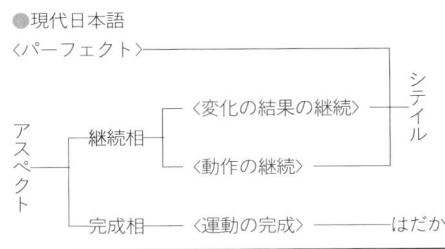
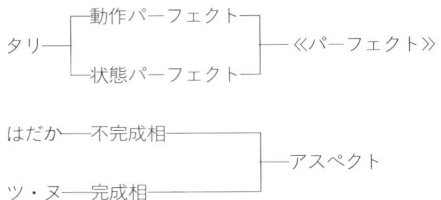

された過去，または未来の運動を，その過程や限界といった内部構造を問題とせず，ひとまとまりの運動として非分割的にさしだす意味である。一般に限界をもたない運動でも，ひとたび運動が行われれば，一括的に表わすことができるが，限界到達の意味は，明確に限界性をもつ変化動詞の場合にしかあらわれない。古代日本語の完成相は，変化動詞の場合は，限界到達の意味がヌ形によって表わされるが，動作動詞の場合には，目標が限界点として設定されているか否かにかかわらず，動作を一括的に表わす意味がツ形によって表わされる。さらに，完成相は，テンス的意味でも古代日本語は現代日本語と異なっていて，運動動詞においては，現代語では発話時以後であるのに対して，古代日本語では基本的に発話時以前である。

●**不完成相**── 現代日本語では継続相が有標で，それと対立する完成相が無標であるのに対して，古代日本語では逆に完成相が有標でそれと対立する不完成相が無標である。そのため，古代日本語においては，無標項であるはだかの形は，積極的に一回的な動作の継続を表わしている例は多くないが，恒常的な意味をもった運動（「仕ふ」「養ふ」など）の場合は過程の継続の多くの例を見出すことができる。その結果，古代日本語はテンス的意味でも現代日本語と異なっていて，運動動詞においては，はだかの形が現代日本語では未来を表わすのに対して，古代日本語では基本的に現在を表わす。

また，古代日本語のタリ・リ形は，《パーフェクト》を表わすという点では現代日本語のシテイル形と共通する。また，話し手が目の前にその運動を目撃しているというメノマエ性の意味が卓越し，モーダルな意味としてはその運動の実在性を強調する意味を表わすという点で，シテイル形と異なる。

➡テンス，パーフェクト，タリ・リ，ツ・ヌ

■参考文献

工藤真由美（1995）『アスペクト・テンス体系とテクスト──現代日本語の時間の表現』ひつじ書房.

鈴木泰（1997）『改訂版　古代日本語動詞のテンス・アスペクト──源氏物語の分析』（1992初版）ひつじ書房.

鈴木泰（2012）『語形対照 古典日本語の時間表現』笠間書院.

須田義治（2010）『現代日本語のアスペクト論』ひつじ書房.

松本泰丈（1996）「奄美大島北部方言のメノマエ性──龍郷町瀬留」『日本語文法の諸問題──高橋太郎先生古希記念論文集』ひつじ書房.

Бондарко, Александр Владимирович (1971) *Вид и Время Русского Глагола : Значение и Употребление* Москва. [Bondarko, Aleksandr Vladimirovich (1971) *Vid i Vremja Russkogo Glagola : Znachenie i Upotreblenie*. Moskva.]〔ボンダルコ，A. V.（1971）『ロシア語の態と時制：意味と用法』モスクワ〕

Маслов, Юрий Сергеевич (1984) *Очерки по аспектологии*. Ленинград. [Maslov, Jurij Sergeevich (1984) *Ocherki po Aspektologii*. Leningrad.]〔マスロフ，Ju. S.著/言語学研究会訳『アスペクト論概論』プリント版〕

Takeuchi, Lone (1987) *A Study of Classical Japanese Tense and Aspect*. Copenhagen：Akademisk Forlag.

［鈴木　泰］

■アナロジー（類推）

ある例外的な語形が規則的と見られる語形にその姿を合わせて変化するという通時的なプロセス。青年文法学派の研究者等が音韻変化の法

則に対して働く，もう一つの重大な言語変化のメカニズムとして提唱した。規則的な音韻変化が語の（活用，格変化，派生などの）パラダイムにおいて不規則的な形を産出するが，類推はその反対に，変化として不規則的でありながら語のパラダイムにおいて規則的な形を産出する。類推の主な種類として「水平化」(leveling) と「拡張」(extension) が区別される。水平化では，あるパラダイムの中の語形が同じパラダイムの語形に合わせて変化し，拡張では，ある品詞の語彙において多数を占める語形変化のパターンがその勢力を同じ品詞の中で，あるいは他の品詞へ広げる。

日本語文法史においては，東国方言の「否定」の不変化接尾辞「ない」（上代語「なへ」に由来すると考えられる）が近世・近代において恐らく形容詞「な（無）い」との類推によって形容詞の活用を獲得したことや，同じように現代語において形容動詞的接尾辞「みたい」が形容詞との類推によって形容詞の活用を獲得しつつあることが，類推の好例と言える。

■参考文献

Dauses, August (1991) *Sprachwandel durch Analogie. Zu den Gründen des sprachlichen Wandels*. Franz Steiner Verlag.

Hock, Hans H. (1991) *Principles of Historical Linguistics,* 2nd edition. Mouton de Gruyter.

McMahon, April M.S. (1994) *Understanding Language Change*. Cambridge University Press.

Wanner, Dieter (2006) *The Power of Analogy: An Essay on Historical Linguistics*. Mouton de Gruyter.

［ハイコ・ナロック］

■『あゆひ(脚結)抄』（富士谷成章）

安永7年（1778）刊行の文法書で，富士谷成章（1738-79）の著作だが，北辺（＝成章）の「口授」を門人吉川彦富・井上義胤が「筆受」した形をとっている。早世する一年前の刊行で，死を前にした濃密な文章にみえる。

総論にあたる「大旨」において「名をもて物をことわり，よそひ（装）をもて 事をさだめ，かざし（挿頭）・あゆひ（脚結）をもて ことばをたすく」と述べ，「名」（体言）「装」（用言）「挿頭」（副用言）「脚結」（助詞助動詞）の四つに，身体の比喩による命名を用いて品詞分類するが，この規定は「物を理り（事割り）」「事を定め」るという言い方で主述・題述関係にあたる文の基本構造をとらえ，また命名法と「ことばをたすく」という言い方とで文中の位置と機能をふまえていて，語と文との基本的な相関をおさえた構造的な分類になっている。本論で助詞助動詞にあたる脚結を記述するにあたって，上接語との接続を重視し，まず「名をも受」けるか否かで二大別したうえで，次のように分類し，各語の用法を体系的に記述する。その際「里言」による語釈，つまり口語による脚結の意味の一般化を試みているのも，表現論的解釈・意訳の多かった当時としては，新しい方法であった。

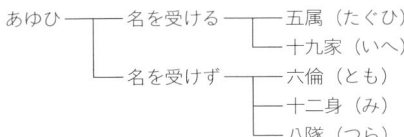

［執筆者注］
五　属：文末部のムード的な静助辞
十九家：文中のとりたて的な静助辞
六　倫：テンス・ムード的な動助辞
十二身：ヴォイス・様態的な動助辞
八　隊：品詞転成にはたらく静接辞

上接語との接続を重視するところから，用言

の活用についても深く考察され，活用表にあたる「装図」（大旨所収）も考案されている．
➡富士谷成章
■参考文献
中田祝夫・竹岡正夫（1960）『あゆひ抄新注』風間書房．

[工藤 浩]

■意義素

　意義素は，英語 sememe，仏語 sémantème などの訳語として，形態素や語の意味面を指すのに用いられることがあるが，日本の言語学では，服部四郎が提唱し，国広哲弥が発展させた用語を指すことが多い．服部は，個々人による具体的な「発話」の意味的側面を「意味」と呼び，発話から抽象される「文」レベルの意味的側面を「意義」，文から抽象される「単語」レベルの意味的側面を「意義素」と呼ぶ．語の意味が個々の発話のレベルで具体的に確定することは事実であり，そうした限りない使用例の集積をもって「語の意味」とする立場もありうる．しかし，そのような記述では，同義・類義・対義・包摂などの意味関係，他の語との共起関係などの説明が困難である．その種の説明には，語の意味を分析的にとらえる意味的な特徴が必要になる．意義素は，そうした特徴を発話とは独立のレベルに設定して，語の意味をとらえる．この点に関するかぎり，「スキーマ/コア」などの概念にもとづく語の意味の考え方とそれほど異なるものではない．

　意義素は，発話の意味に繰り返し現れる「社会習慣的特徴」から成る．意義素はまた，語義，文法，文体などについての「意義特徴の束」から成るものとされる．発話の意味から，文脈や場面による影響，一般常識による補完などを取り除いて得られる意味的側面が意義素だとも言える．例えば，タメニは「事故のタメニ遅れた」では「原因」，「講義のタメニ予習した」では「目的」と解釈できる．しかし，「原因」と「目的」を統一する《理由》をタメニの意義素（の語義的意義特徴の主要部分）と考えることによって，この2つの解釈が「事故−遅れる」および「予習−講義」という事態生起の順序の違いから生じる文脈的な影響によるものだとの説明ができる．意義素は1つの語にかならず1つあるが，多義語の場合は2つ以上ありうる．また，慣用句「足を洗う」などでは，慣用句全体が1つの意義素を持つ．
➡意味，意味特徴，服部四郎
■参考文献
服部四郎（1968）『英語基礎語彙の研究』三省堂．
国広哲弥（1982）『意味論の方法』大修館書店．

[山田 進]

■意志

●意志性を要求する形式──事態が発生する原因となる力がどう発生するのかということが言語的に問題になることがある．この中心になるのが「意志」である．意志性を要求する形式も多い．

　命令形や意志勧誘の表現は，基本的に意志が必要であり，無意志的な動きには共起しない．
　(1)*ぼんやりしろ．
　(2)*ぜひそのことをわかろう．
このほか，一般に，例えば，「し損なう」は，見込み通りにならないことを表し，「ことにする」は意志的に決定することを表す．また，「てみる」「ておく」はともに試みや準備といったもくろみのある動作を表す．そのため，これらは共起する事態に意志性が必要である．
　(3)*雨が降り損なった．
　(4)*読み落とすことにする

(5)＊ぼくもその問題をわかってみる。

(6)＊うっかりしておく。

また，使役形式も動きの成立が制御できる必要がある点で意志性に関連があり，通常は

(7)??彼に山の中で偶然熊に出会わせた。

のようには言えない（特に被使役者をニ格で取り上げる場合の方が制約が強い）。

●**意志の段階**──ただし，意志に関わる形式の用法では，人間の意志の段階，動物も含めた意志の段階，自然物の主体的な動きなどいくつかの段階がある。例えば，「ことにする」は，

(8)＊その犬は逃げることにした。

のように人間の意志決定についてしか使わないが，「ようとする」は，

(9)その犬は逃げようとした。

のように動物の意志でも使える。また使役形式もそれだけで発生する動きであれば次のように使えることがある（ヲ使役）。

(10)プリンを固まらせる。（cf. 固める）

●**否定表現との関わり**──また，命令や意志の表現を取り上げる場合，意志性は否定なども含めて問題になる。例えば「ぼんやりしろ」「ぼんやりしよう」とは言えないが，そうならないという防止については意志的な制御ができるので，

(11)ぼんやりするな。

(12)ぼんやりするまい。

などと言える。

●**意志性が問題にならない場合**──そのほか，本来意志性が問題になる形式であっても，用法によって，意志性が問題にならないこともある。例えば，「てみる」「ておく」は終止法で使用する場合，意志的な事態としか共起しないが（「＊私は師と言える人に出会ってみた」），

(13)私は師と言える人に出会ってみたい。

のように，仮定を表す文脈や希望を表す文脈など非現実な環境では，無意志的動詞と共起することができる。

●**動詞の意味との関わり**──意志は動詞の語彙的意味にも関わる。通常，他へ働きかける動きを表す他動詞は意志動詞であることが多い。また，「歩く，頑張る，……」など，主語が変化対象でない自動詞（基本的に自他対応がない）にも意志動詞がある。ただし，他動詞でも「爆弾を落とす」に対して「財布を落とす」のように，主語が望まないこと（マイナス価値のこと）は，無意志ととらえられることがふつうである。これに関連して，「てしまう」は基本的に主語が望まないことを表す用法がある点で，無意志動作であるというニュアンスを表す場合がある。

(14)線を消した。

(15)線を消してしまった。

(14)は意志的な動きと解釈されるが(15)は無意志的な動きとも解釈される。

●**モダリティとの関わり**──意志はモダリティにも関わる。意志動詞の文末でのスル形は，話者の決定ずみの意志を表し，聞き手に伝えることで意味を持つ。

(16)じゃあ，私がやります。

これに対し，その場で考えて決めつつあるという場合，「しよう」が使われ提案や勧誘になる。これらはその場で決めたことについて使え，聞き手なしでも使える。

(17)じゃあ，私がやりましょう。

一方，「つもりだ」は，意志として決心してからしばらく時間が経った場合に使われ，やはり通常は聞き手が必要である。

➡意志動詞と無意志動詞，命令，勧誘，希求

■**参考文献**

森山卓郎（1987）『日本語動詞述語文の研究』明治書院.

森山卓郎（1990）「意志のモダリティについて」『阪大日本語研究』（大阪大学日本語学研究室）2.

［森山卓郎］

■石垣謙二（いしがき けんじ 1914-47）

●生涯——東京市浅草（現・東京都台東区）生まれ。東京帝国大学文学部国文科卒業，同大学文学部大学院在学のまま東京高等学校講師（非常勤），佐竹昭広・三宅鴻らを育てる。このとき既に腎結核に冒されていた。のち文部省教学局国語課嘱託，三鷹国語研究所嘱託，法政大学文学部講師（非常勤）を務める。病のために32歳（満年齢）の若さでこの世を去った。

●業績——主要論文は遺稿集『助詞の歴史的研究』（1955，岩波書店）に収められている。

東京大学での師橋本進吉の厳格かつ緻密な日本語音韻史研究に強く惹かれ，純粋な科学としての日本語文法の通時論的研究を志した。助詞を主要な研究対象に選んだこともそれと関係している。すなわち，助詞は概念的意味をもつ名詞や動詞と異なり，文法機能を担当するものであるから，その変化は概念的意味と対応する外界の事物に左右されずに日本語内部の問題として考察することができる，という考えによるのである（上掲書所収「助詞史研究の可能性」）。地域差や社会位相的な差もなるべく捨象できるように調査資料を選別し，奈良時代から室町末期にわたる長い時間幅で助詞の機能の変化を捉え，そこから連続的な一定の方向性を「動的な有様」（前掲論文）として見出してゆくのが石垣の通時論の特徴である。上掲書では「へ」「が」「から」の変遷が記述されている。

助詞の中でも特に格助詞・接続助詞を研究対象とした。これらは統語要素の連結のしかたを表す働きをもつため，このことが必然的に統語論への視界を切り開いた。複文を形成する二つの用言の関わりかたを論じた「作用性用言反撥の法則」（上掲書所収）はその成果である。昭和18年の発表以来長らく孤絶した状態にあった論であるが，現在この研究と方向性は近藤泰弘らに継承され，その主張の精密化・一般化がはかられている。

➡ガ

■参考文献

大野 晋（1999）「III 不告別（わかれをつげず）」『日本語と私』朝日新聞社．〔再刊：（2003）新潮文庫〕

［鈴木 浩］

■意志動詞と無意志動詞

●意志動詞・無意志動詞とは——動詞を，人の意志的な動作を表す動詞であるかそうでないかという観点からみた二類。意味的な性質にもとづく分類であるが文法的（とくに形態論的）な現象と関わる。

「読む，調べる，食べる，帰る」は人が自らの行おうという意志によって引き起こすことのできる動作を表しており意志動詞である。それに対して，「老いる，疲れる，あおざめる」の表す生理的な変化はそれを自らの意志によって生じさせることができないものであり，これらは無意志動詞である。また，「暮れる，晴れる」のような自然現象を表す動詞，「乾く，溶ける，増える，すたれる」のような事物の変化を表す動詞，「あてはまる，くいちがう，はかどる，ゆきづまる」のような抽象的な現象を表す動詞，「ある，属する」など事物の状態を表す動詞は，そもそもそれらの現象や変化などの主体が人ではないので無意志動詞である。

●形態論的な性質——意志動詞は，人の意志によって行うことのできる動作を表すことの反映として，命令形（読メ，読ンデクレ，等），禁止形（読ムナ，読マナイデクレ，等），意向・勧誘形（読モウ，読ミマセンカ，等），希望形（読ミタイ）などの形を，それぞれの本来の意味（命令，禁止，意向，勧誘，希望）で用いることができる。それに対して，無意志動詞にはそういった性質はない。無意志動詞も形として

はこれらの形をとることがあるが，たとえば「もっと降れ。」「あしただけは降らないでくれ。」は，雨なり雪なりに対する命令や禁止を表しているのではなく，話し手の願望の表現となる。

上の形以外に，可能形，シテアル，シテオク，シテミル，スルツモリダ，スルコトニスル，スルベキダなどの形も基本的には意志動詞のみがとりうる形である。

●意志動詞か無意志動詞か──これは必ずしも明瞭に動詞を二分できるものではない。

「喜ぶ，安心する，悲しむ，心配する」のようないわゆる心理動詞は，「もっと喜べ。/安心しろ。」「そんなに悲しむな。/もう心配しないで。」のように命令形や禁止形が一応本来の意味で用いられる。つまり，ある心理状態に"なろう""ならないでおこう"と努めるという意味において意志をもつことはできる。しかしながら，そういう意志をもつことによって当該の心理状態（心の動き）を生じさせることができるかどうかは，「読む」などの場合と違ってかなり疑わしい。「太郎が来たらみんなで驚こう。」における「驚こう」も"驚くふりをしよう"という意を表す用法である。これら心理動詞は本来的には無意志動詞といえよう。動作や変化を起こすことに対する意志をもつことと，その実現を意志の主体が制御できるかどうかという問題は，「（自己）制御性」「（セルフ）コントローラビリティー（self-controllability）」の問題として言及されることがある。

達成の意志をもつこととその実現とが必ずしも結びつかないという点では，生理変化を表す「眠る，起きる，やせる，ふとる」や，認識活動を表す「わかる，納得する，理解する，忘れる」なども同様である。また，「合格する，卒業する，勝つ，入賞する」のようないわば社会的な状態変化を表す動詞も，そういった状態の実現に向けた意志や希望をもつことはできるが，その実現は他者との関係の中でしか決まらないことであるから，典型的には意志動詞ではない。

意志動詞か無意志動詞かの判断をめぐる以上のような困難さは結局，"自らの意志によって行うことができる"ということを明瞭にしにくいことによるものであり研究の余地のある問題である。

●意志動詞の無意志用法──意志動詞がつねに人の意志動作を表すわけではない。「飲む，割る，折る」は意志動詞であるが，「おぼれて水を大量に飲んだ。」「手をすべらせて花瓶を割った。」「ころんで足を折った。」のように，そうするつもりはなかったにもかかわらず生じてしまった事態（多くは自分自身や自分側にふりかかる事態）を表現するときにも用いられる。言語によっては（たとえばタイ語では）意志動詞と無意志動詞とが截然と区別されていて，このような使い方は許されないという。

●動詞の多義性──動詞の中には，人の意志的な動作，人の生理的な変化，事物の動きや変化などのいくつかを表す多義的な動詞がある。「a 太郎が階段をあがる/b 初めての演説であがる/c 物価があがる」，「a 人が公園を通る/b 声がよく通る/c 高速道路が山中を通る」「a 自分の意見をいう/b 風で戸がガタガタいう」などにおいて，それぞれ a は意志動詞，b，c は無意志動詞ということになる。

●ほかの動詞分類との関係──意志動詞と無意志動詞は，意志性にかかわる分類だという点でモダリティ的であるが，これと「自動詞と他動詞」「所動詞と能動詞」という分類（主体・主語にかかわるという点でヴォイス的な分類）とにはある程度の相関関係がある。すなわち，意志動詞には他動詞/能動詞が多く，無意志動詞には自動詞/所動詞が多い。これは，他動詞/能動詞には人の動作をあらわすものが多く，自動詞/所動詞には事物の変化や状態を表すもの

が多いことによる。意志動詞のうち自動詞/所動詞であるものは、「歩く、走る、立つ、すわる」のような移動や姿勢変化を表す類と「働く、遊ぶ」のような社会的活動を表す類がほとんどである。

➡意志，自動詞と他動詞，所動詞と能動詞

■参考文献

大鹿薫久（1987）「文法概念としての「意志」」『ことばとことのは』4．

金田一春彦（1957）「時・態・相および法」『〈日本文法講座1〉総論』明治書院．

国立国語研究所（宮島達夫）（1972）「第1部 意味特徴の記述　6　意図」『動詞の意味・用法の記述的研究』秀英出版．〔再録：宮島達夫（1994）『語彙論研究』むぎ書房〕

杉本和之（1995，1997）「意志動詞と無意志動詞の研究——その1・その2」『愛媛大学教育学部紀要　2人文社会科学』28-3，29-2．

仁田義雄（1988）「意志動詞と無意志動詞」『言語』17-5．

[早津恵美子]

■依存文法

フランス人言語学者テニエール（Lucien Tesnière）がその原型を提案し，特に大陸ヨーロッパで大きく発展した統語論的モデルの一つ。アメリカにはその亜種としてハドソン（Richard Hudson）が開発した語文法（word grammar）論が存在する。中心的な概念は，文を構成する語（自立語）が必ず他の語に依存しており，文の構造は，依存する語と統率する語の階層的関係の集合からなるということである。こうした語同士の依存・統率の関係は日本語で「係り受け」と呼ばれることもある。以下に簡単な分析例を示す。

(1)太郎は昨日赤い花を買った。

この文における依存関係は次のようである。文は「語」に分けられる。日本語文法論で一般的に「語」（「単語」）と呼ばれるものは接辞も含むので，一般言語学の「形態素」に相当するが，依存関係の分析のためには，統語論的な「語」，つまり，日本語文法論で言う「文節」が必要である。それをここで「語」と呼ぶ。語の後の括弧内の数字はその語の番号，語の前の下付き文字は，その語が係っている語の番号を示す。

(2)$_5$太郎は［１］/$_5$昨日［２］/$_4$赤い［３］/$_5$花を［４］/買った［５］

つまり，「太郎は」，「昨日」，「花を」が「買った」に係り，「赤い」が「花を」に係っているのである。最後の動詞「買った」は，他の語に依存しない最高の統率辞である。なお，以上の依存関係は，樹形図で示すこともできるが，その場合，統率する語が依存する語より上に表示される。

このようにして生成文法など多くの形式文法論と違い，文の最も重要な構成要素は「句」ではなく，統語的単位としての「語」であることは，依存文法論の一つの特徴である。同時に，依存構造の中に句構造を取り込んだり，語順の規則を取り込んだりするなど，依存文法論の中には様々な試みがある。また，依存文法論は結合価論とも密接に関わっており，依存関係の根拠を示す際には，結合価論は欠かせない。

依存文法は，その簡潔性ゆえに「制限依存文法」などの形で計算言語学でよく応用される。また，依存文法による日本語の体系的な記述としてはRickmeyer（1995）がある。ただし，一貫した主要部後置型の言語である日本語への応用に向いているにもかかわらず，この文法論は実際に計算言語学以外ではあまり普及しているとはいえない。これは，依存文法には「語」概念が不可欠であるが，日本語文法論では，例外（鈴木重幸の形態論）を除いて，西洋言語に対応する「語」概念が発達しておらず，前述の

ように一般言語学でいわゆる「形態素」が「単語」と呼ばれたりして「語」と「形態素」が混同されているからであろう。

➡結合価(結合能力)

■参考文献

Hudson, Richard (2007) *Language Networks: The New Word Grammar*. Oxford University Press.

Rickmeyer, Jens (1995) *Morphosyntax der japanischen Gegenwartssprache*. Julius Groos Verlag.

Vilmos, Ágel, et al. (2003) *Dependency and Valency: An International Handbook of Contemporary Research*. Mouton de Gruyter.

児玉徳美 (1987)『依存文法の研究』研究社出版.

［ハイコ・ナロック］

■一語文

典型的には名詞一語のような概念表示形の単語一語で一文となっているものを一語文と呼ぶ。「走った」「走らない」などは外形的には一語で一文であっても、主述的な文の述語だけが発話されたものとして、通常は一語文に含められない。動詞終止形一語の文は、動詞概念を表示するだけの形であることをもって、一語文に数えられる可能性がある。

一語文は7群17種の用法に分けることができる。それぞれの用法名と例を以下順次書き上げるが、用法相互の位置関係と全体像は次ページの表1のようになる。

(A) 存在承認グループ

(A1)〈発見・驚嘆〉…遭遇の驚きの叫び。「とら！」

(A2)〈存在告知〉……とらがいることを他者に知らせる発話。「とら！」

(B) 存在希求グループ

(B1)〈希求〉……砂漠で必死に水を求める叫び。「水！」

(B2)〈要求〉……自らの存在要請の気持ちを他者に聞かせ、訴えかける発話。「水！」

(C) 現場遭遇承認グループ

(C1)〈受理〉……遭遇した対象が「とらである」ことの発見の叫び、あるいはつぶやき。認識した内容をことばにして受けとめる反射的受理。「とら。」

(C2)〈確認・詠嘆〉…それが「とらである」ことをことばで反射的に受理するのでなく、「たしかにとらだ」と確認するような色合いの発話。「うん、とら。」

(C3)〈受理的疑問〉……目前の状況をことばで受けとめるに際して十分な自信が持てず、思わず疑問風に発話する。「ん？　とら？」

(C4)〈問い返し〉……一瞬「とらだ」と思ったが、待てよ、このあたりにとらがいるものだろうか、「あれはとらだというようなことがあり得るのか」という確認的な疑問。「とら？」

(D) 承認内容伝達グループ

(D1)〈内容告知〉……それが「とらである」ことを他者に伝え、教えるための発話。「とら。」

(D2)〈認識表明〉……自分の認識した内容をひとに伝えるのとはややちがって、それが「とらである」と私は認識したということそのものを相手にむかって表明する。「おい！」と前方を指さして自分に何かの存

22 ── 一語文

表1　一語文の用法分類

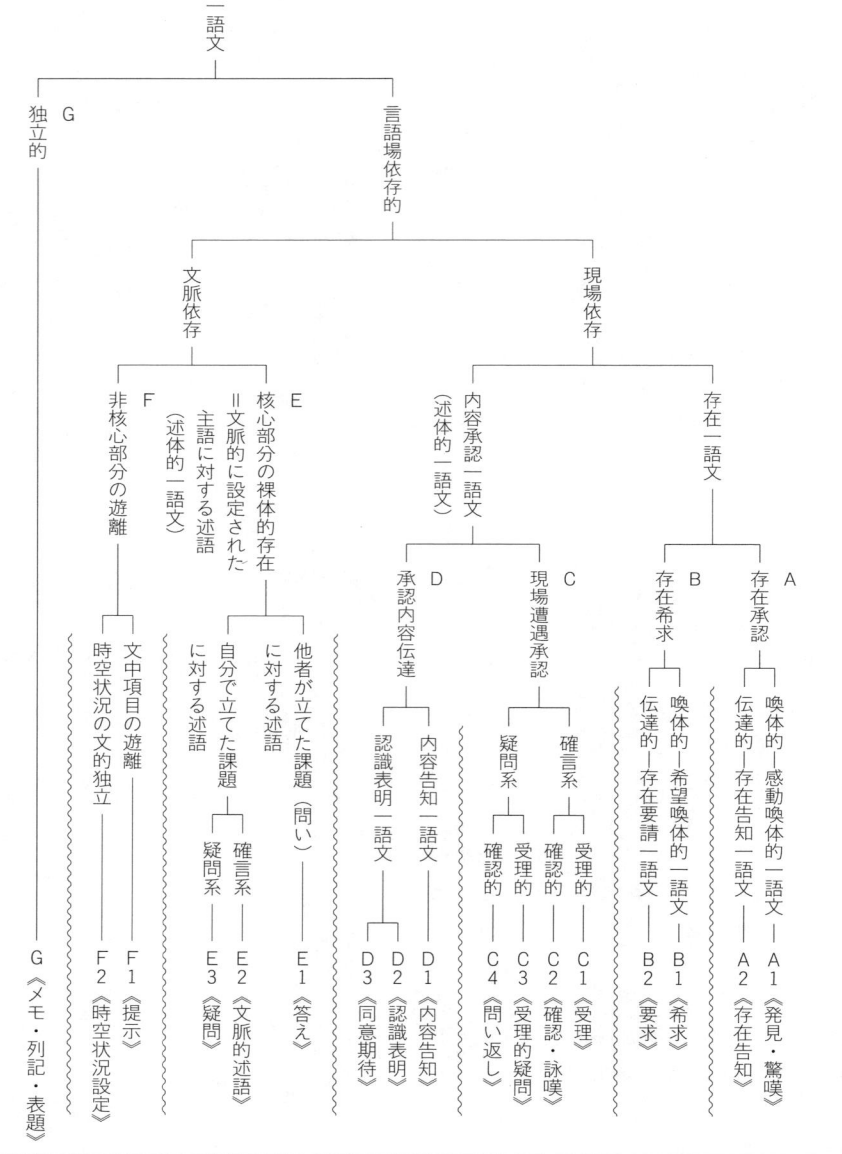

在を知らせてくれた，それに対する返事としてなど。「とら。」
- (D 3) 〈同意期待〉…建物がゆれているのを感じて確認を求める気持ちで隣りの人に「地震。」
- (E) 文脈的に設定された主語に対する述語 述体的一語文グループ
- (E 1) 〈答え〉……「どんな動物が好き？」「とら。」
- (E 2) 〈文脈的述語〉……話し手自身が立てた課題によって帯電している場に述語を単独で投げ出す。「むこうに何やら動くものが見える。とら(だ)。」
- (E 3) 〈疑問〉……話し手自身が立てた課題の場に答えを投げ出しつつ疑問する。「何か動いた。とら？」
- (E) グループは述語としての一語であり，冒頭の規定に厳密に行うならば一語文から除かれてよい。
- (F) 非核心部分の遊離グループ
- (F 1) 〈提示〉……文内容の非核心的な部分の単語一語が文の中心部から遊離してしまい，外形的には一語文として独立している。「サークル活動。それは現在の大学では……」
- (F 2) 〈時空状況設定〉……文内の時間や場所の状況語が外形上半ば文的に独立したもの。「元禄十五年極月の十四日。大石内蔵助をはじめ赤穂浪士四十七名は……」
- (G) 独立的グループ
- (G) 〈メモ・列記・表題〉……「OB訪問」「学生証」(以上メモ)，「えび。赤貝。こはだ。とろ。(とてもうまかった)」(以上列記)，(箱の上面に)「救急箱」，(道路上の標識)「歩行者天国」(以上表題)，「あ，かぎ。」(気づき)，「128。256。512。」(暗算)

上記諸用法のうち，(A)～(F)は表現のための言語としての一語文，(G)は認識のための言語としての一語文であって，両者は大きく異質であるとも言える。

表現的に上記のように様々にあり得る一語文のうち，原理的に一語文であることが必要なものは(A)存在承認，(B)存在希求，(C)現場遭遇における内容承認の三者である。内容承認は存在承認の裏面に密着してあるものだ(「あ，雪！」という発話には「雪が降ってきた」という存在承認と「それが雪である」という内容承認とが分かちがたく重なっている)から，結局，原理的一語文とは「存在承認」と「存在希求」だと言える。

それは，「注意の共有(＝共同注意)(joint attention)」の成立による意味の伝達が「存在承認」か「存在希求」かにならざるを得ないからである。話し手が自身の心を占領している対象物を相手に示し，相手もそれに注目して「注意の共有」が成立すると，そこで話し手の心を想像力によって推し量る相手は，それを話し手が「ある」と言っているのか「ほしい」と言っているのかだと理解する。言語だけではない。イラストによってモノを相手に示した場合でも，あるいは指さし行為によってあるモノへの注目を相手に示した場合でも，同じことが起こる。概念を用いて意味を表現するということは，せんじ詰めれば対象の存在承認か存在希求になるということの原理的な姿が，一語文の代表的な用法に表れているのだと言ってよい。

山田孝雄の喚体句の原理もここにある。山田の喚体句は感動喚体と希望喚体の二つであった。述語で述べないで体言的対象に向かって喚ぶ(体言呼格を中心骨子とする)だけの文形式が積極的にそれ以上の文的意味を持ってしまう方向として，①発見(存在承認と同じ)とそれ

に伴う感動の表現（「感動喚体」），②希求感情の表現（「希望喚体」）の二つだけがあり得るのであった。一語文の用法の検討は，このように重い意味を持つ。

➡希求，山田文法，喚体と述体[1]，主語[1]，述語[1]

■参考文献

尾上圭介（1986）「感嘆文と希求・命令文──喚体・述体概念の有効性」『松村明教授古稀記念・国語研究論集』明治書院.〔再録：尾上圭介（2001）『文法と意味Ⅰ』くろしお出版〕

尾上圭介（1998）「一語文の用法──"イマ・ココ"を離れない文の検討のために」『東京大学国語研究室創設百周年記念 国語研究論集』汲古書院.〔再録：尾上圭介（2001）『文法と意味Ⅰ』くろしお出版〕

尾上圭介（2006）「存在承認と希求──主語述語発生の原理」『国語と国文学』83-10.

尾上圭介（2010）「山田文法が目指すもの──文法論において問うべきことは何か」斎藤倫明・大木一夫編『山田文法の現代的意義』ひつじ書房.

山田孝雄（1908）『日本文法論』宝文館.

山田孝雄（1936）『日本文法学概論』宝文館.

［尾上圭介］

■一致

●一致とは──一致（agreement）を最も一般的に定義するなら，一定の統語的関係にある2つ（以上）の要素が人称，性，数，格などの文法素性に関して相関する形態的特徴を示すこと，ということができる。1つの素性が複数の異なった位置に具現するという点で余剰な現象と言われることもある。

●一致の種類──一致は印欧語をはじめ様々な言語に見られる多様な現象であるが，一般に一致と捉えられている現象には次のようなものが含まれる。

《名詞句内における修飾語（指示詞，冠詞，形容詞など）と被修飾名詞の一致》例1）英語：指示詞と被修飾名詞が数で一致する。these books（ともに複数形）。例2）フランス語：冠詞と形容詞が被修飾名詞との間で性，数に関して一致する。les belles filles（＝the beautiful girls 冠詞，形容詞，名詞すべて女性・複数形）

《節内における名詞句と定動詞との一致》主語と定動詞との一致が最も一般的であるが，目的語など主語以外の名詞句が動詞と一致する言語，また動詞が複数の名詞句との間に一致を見せる言語もある。例3）フランス語：動詞現在形において人称，数が主語と定動詞の間で一致する（j'aime, tu aime, il/elle aime, nous aimons, vous aimez, ils/elles aiment）。また一致を有する言語では，イタリア語のように屈折が豊富な言語ほど主語省略を許す傾向にある。

《名詞句と補語との一致》例4）英語：主語とその名詞補語が数において一致する。They are {teachers/*a teacher}.

《名詞句と過去分詞形との一致》例5）フランス語：複合過去時制の être 動詞に続く過去分詞は数・性に関して主語と一致する。Elles sont parties.（＝They（女性・複数）are left.（女性・複数））

さらに，否定極性表現など伝統的に呼応（concord）と呼ばれる現象を一致の一種と捉える考え方もある。最近の生成文法理論ではそうした観点から一致の概念が一般化されている。

●日本語における一致現象──一般に日本語には一致現象が存在しないと言われる（Kuroda 1988）。しかし「先生が学生をお褒めになった」といった尊敬語化は義務的ではないが，一種の主語・動詞の一致と分析されることもある。ま

た呼応を一致の一種と捉えるなら「{誰も/Xしか}……ない」といった否定極性表現，「{誰/何}……か」などの疑問表現，さらには古典語の係り結びなどをそこに含めることもできる。
➡呼応
■参考文献
Asher, Ronald E. (ed.) (1994) *The Encyclopedia of Language and Linguistics*. Pergamon Press.
Corbett, Greville G. (1991) *Gender*. Cambridge University Press.
Kuroda, S.-Y. (1988) "Whether we agree or not：A comparative syntax of English and Japanese." In S.-Y. Kuroda (1992) *Japanese Syntax and Semantics*. Kluwer Academic.

[竹沢幸一]

■一般(恒常)条件

接続（条件）関係の区分の一つ。接続（条件）形式によって結合されている二句が表す事態が恒常的に随伴して現れる（現れてきた）ことを表すタイプのもの（「恒常条件」という語はこちらを強調），あるいは，二つの事態の間の関係が一般的，先験的なものであることを表すタイプのもの（「一般条件」という語はこちらを強調）を指す。「仮定条件/確定条件」とは異なる第三の領域「一般（恒常）条件」を設定し，「順接の一般（恒常）条件（「風が吹けば湖面に波が立つ。」など）」・「逆接の一般（恒常）条件（「象がのってもこの物置は壊れない。」など）」を認めることが近年では一般的である。

また，「一般（恒常）条件」は，観点によって「仮定条件」とも「確定条件」とも通う面を持つ。既然の個別具体的事態への言及を直接的には行っていない点を重視すると，「確定条件」とは区別されて「仮定条件」に近く見え，とはいえ一方，一般（恒常）的関係の言明の背後に既然の関係がなければならない点を重視すると「確定条件」に近く見える。どちらの性質を重視するか，あるいは古代語（「確定条件」と同じ形式で表現される）と現代語（「仮定条件」と同じ形式で表現される）のどちらに注目するかによって，理解が揺れるのである。松下(1928)がこの種の条件に対して「現然仮定」の名称を用いるのは，前者の側面を重視してのことであろう。

「一般（恒常）条件」は，文法史研究でも，重要な位置づけを与えられている。古代語において「順接確定条件」を表していたはずの「活用語已然形＋バ」が，近・現代語においては「未然仮定条件」を表すようになっている（それに伴って「已然形」が「仮定形」と呼ばれるようになっている）というよく知られた問題に関して，川端(1958)や阪倉(1958)は「活用語已然形＋ば」が，古来，順接の「一般（恒常）条件」をも表していたことを重視した。「一般（恒常）条件」が表す一般的な関係の，未来時における一実現例として「仮定条件」関係で結ばれる二事態をとらえ直すことによって，「已然形＋バ」が「未然仮定条件」を表すに至ったと理解されるのである。

このように，「一般（恒常）条件」の重要性については異論がないが，大鹿(1997)が指摘するように，前句と後句の関係としてとらえられる「一般（恒常）条件」が，前句（条件句）の性質に関する区別である「仮定条件/確定条件」の区別と同一次元で対立するものであり得るのかという点には疑問がある。定義と位置づけには未だ再考の余地を残している。
➡仮定条件，確定条件
■参考文献
大鹿薫久(1997)「[書評]『日本語条件表現史の研究』」『国語学』191.

川端善明(1958)「接続と修飾――「連用」についての序説」『国語国文』27-5.

小林賢次(1996)『日本語条件表現史の研究』ひつじ書房.

阪倉篤義(1958)「条件表現の変遷」『国語学』33.〔再録：阪倉篤義 (1975)『文章と表現』角川書店〕

松下大三郎(1928)『改撰標準日本文法』紀元社.

山口堯二(1980)『古代接続法の研究』明治書院.

[仁科 明]

■移動動詞

移動動詞とは，時間の経過に伴う物体の位置変化を表す動詞をいう。ほとんどの移動動詞は，物体の移動それ自体の他に，移動に関係する他の意味要素を含んでいる。たとえば，「歩く」「走る」「泳ぐ」は，移動の様態の指定を含む様態移動動詞である。また，「上がる」「入る」「来る」などは，移動の経路の諸側面に関する指定を含む経路移動動詞である。後者はさらにいくつかの種類に分けられる。「上がる」「登る」「落ちる」「降りる」「下る」などは，移動の方向性の指定を含む。また，「入る」「出る」「抜ける」「通る」は他の特定の事物との位置関係の変化という点から経路を規定している。また，「行く」「来る」は話者の位置との関係から経路を規定する（直示移動動詞）。

日本語の移動動詞の体系は，経路移動動詞が多いのが特徴である。この点では，スペイン語などのロマンス系の言語と共通性がある。また，かなりの数の様態移動動詞を持ち，移動の経路を動詞以外の要素（前置詞・副詞など）で表現する傾向のあるゲルマン系の言語と対照的である。日本語における様態移動動詞の貧弱さは，「よちよち」「のしのし」などの擬態語によって補われている。

日本語の移動動詞は，しばしば複合動詞の形で使われる。その場合「這い上る」「駆け抜ける」のように，様態移動動詞が前項に，経路移動動詞が後項になるのが普通である。また，テ形接続によって動詞が重ねて使われることもあり，「走って入ってきた」のように，様態移動動詞，（直示移動動詞以外の）経路移動動詞，直示移動動詞の順になるのが普通である。

移動動詞は起点，着点，通過点などを表す句と共起する。「?駅に歩いた」のように，様態移動動詞がニ格の着点句と共起しにくい（共起したとしても，必ずしも到着を意味しない）点は注目すべき点である。

このほか，移動動詞は興味深い意味拡張を見せる。「眠りに落ちる」などでは状態変化を表す。また，「雨が降ってきた」などではアスペクトを表す。

➡動詞

■参考文献

松本 曜 (1997)「空間移動の言語表現とその拡張」田中茂範・松本曜『空間と移動の表現』研究社.

宮島達夫 (1984)「日本語とヨーロッパ語の移動動詞」『金田一春彦博士古希記念論文集 言語学編』三省堂.

[松本 曜]

■井上和子（いのうえ かずこ 1919- ）

●経歴――大阪府生まれ。津田英学塾（現・津田塾大学）を卒業。ミシガン大学においてMA, Ph.D.を取得。国際基督教大学教授，津田塾大学教授，神田外語大学教授・同学長を歴任。言語学者常置国際委員会副会長（1987-97），日本英語学会副会長（1987-90），日本言語学会会長（1983-1985）等を務める。

●研究業績――主著に *A Study of Japanese*

Syntax（Mouton, 1969），『変形文法と日本語（上）（下）』（大修館書店，1976），『日英対照 日本語の文法規則』（大修館書店，1978），『生成文法と日本語研究──「文文法」と「談話」の接点』（大修館書店，2009），『日本文法小事典』（編，大修館書店，1989）などがある。

　生成文法の創成期より長年にわたって，日本における生成文法研究の普及と生成文法理論に基づく日本語研究の確立・発展に貢献。また研究面のみならず，後進の育成や言語学界内外での諸活動を通した日本の言語学発展への社会的貢献も特筆される。

　『変形文法と日本語（上）（下）』は，生成文法（いわゆる「標準理論」）の観点から，日本語文法をかなり網羅的に考察した労作である。上巻では，「日本語の文の素描」，「補文構造」，「名詞句の構造」といった章タイトルが示すように，日本語の統語構造に関わる問題が扱われており，下巻では，「基底の格」，「時の解釈」，「再帰名詞の意味解釈」といった意味解釈の問題に焦点を当てた構成となっている。久野暲『日本文法研究』（大修館書店，1973）や柴谷方良『日本語の分析』（大修館書店，1978）と並んで日本語教育関係者をはじめ生成文法研究者以外にも幅広く読まれ，理論的枠組みを越えてその後の日本語文法研究に大きな影響を与えた。また『日英対照 日本語の文法規則』は，「標準理論」当時に英語の分析に必要とされた文法規則に照らして日本語の規則体系を明示化しようとした試みであり，「統率・束縛理論」以降活発となる日英語比較統語論の先駆的研究とも言える。

[竹沢幸一]

■意味

● 「意味する」という過程── 一般に，何かあるモノなりコトなりが，それとは別の何かあるモノなりコトなりを表わすということが起こっていると，私たちはそこに何かが何かを「意味する」という過程が生じていると受けとめる。記号論では，このような場合，別の何かを表わしている何かを「記号表現」（signifiant），別の何かによって表わされている何かを「記号内容」（signifié），そしてそこで起こっている出来事を「記号過程」（semiosis）と呼んでいる。

● 解釈者の役割── ところで，何かが別の何かを表わすという上述のような過程が起こっているという場合，何が何を「意味している」かという点に関しては，原則としてそのような解釈行為をしている主体が存在しているはずである。ただし，そのような役割を果たしている主体（記号論では「解釈者」（interpreter）と呼んでいる）の存在感は，何が何を「意味するか」という点に関して何らかの取り決め（記号論では「コード」（code）と呼ばれる）が前もって想定されているという状況で解釈の営みがなされるのか，あるいは，その種の取り決めが想定されていないという状況で解釈の営みがなされるのかで，おおいに違ってくる。一方の極端として，その種の取り決めが厳密になされていて解釈する主体はそこからのいかなる逸脱も許されないというような場合であれば，解釈者の存在は無視して，「記号表現」として機能する何かと「記号内容」として機能する何かとの二項間の関係として「記号過程」（つまり，「意味する」という過程）を捉えることも可能である。しかし，もう一方の極端として，その種の取り決めがもともと存在していなくて，解釈者が自らの主体的な責任において読み取りを行なわなくてはならないという場合であれば，「記号過程」を捉えるには，「記号表現」と「記号内容」という二つの項に「解釈者」を加えての三項関係の図式にする必要がある。コードの厳密さがどの程度解釈者を制約するものであるかによって，これら二つの極端の間にはさまざま

な程度の差がありうるわけであり、それによって二項関係か、三項関係か、いずれの図式の適用がより適切であるかも変わりうる。ふつう、意味（meaning）（特に、ことばの意味）といったことが考えられる場合、私たちは辞書における語形と語義という記述を連想して二項関係としての図式を思いがちである。しかし、例えばことばの使い手が語を辞書におけるその語の意味の定義から逸脱したり、時には、それとは殆んど反対の意味で使ったりすること（例えば、皮肉）があるのを考えてみれば、意味するという過程には解釈者が常に介入しているのであって、二項関係で捉えられるのはむしろ限られた特殊な場合に過ぎないことが分かる。

現に、ある何かがそれとは別の何かを表わすのが「意味する」過程であるといっても、そのある何かというのは実際には意味を発生させる潜在性を有している（心理学でいう「アフォーダンス」（affordance）という概念を参照）だけで、それがひとりでに「意味する」過程を発動させるわけではない。ある言語の文字を見せられても、その言語を知らない人にとっては、そこに具体的な意味を発生させることはできない。解釈者としての働きかけができないからである。同じように一枚の葉が散るという出来事に接しても、一方では特に気にとめないで通り過ぎていく人もあろうし、他方では冬の到来、あるいは、身の没落といった意味を読みとる人もあろう。本来は単なるモノやコトであっても、人が自らにとって何らかの関わりがあると受けとめることによって「意味」のある存在に転化させられるわけである。

●意味の本質──ところで、この「自らにとって何らかの関わりがある」（つまり、「意味がある」）という認識の本質は何であろうか。逆の方向から考え始めてみるならば、「自分にとって関わりがない」という状況の極限的な場合では、問題となるものがそもそも存在していない（そして、存在していなければ自分に関わるはずもない）ということである。そのようなものは、自分にとって「意味がない」。さらに、たとえ存在していても、そのものがその存在によって自分に対して（それが存在していない場合と対比して）何らかの違いを生む潜在性をはらんでいるのでなければ、（状況はそれが存在しない場合と変わらないのであるから）やはり自分にとっては「意味がない」ことでは同じである。つまり、自分にとって「意味がある」というのは、自分にとって何らかの違いをもたらす潜在性をはらむという意味でそれ以外とは違うと認識される何かに対して与えられる評価ということになる。ベイトソン（Gregory Bateson）の巧みな言い廻しを借りると、「差異を生む差異」（a difference which makes a difference）であることが「意味がある」ということの本質ということである。

「意味」の本質についてのこのような見方は、明らかに一方では、意味を基本的に「主体的」（subjective）な性格のもの、つまり、話し手の事態把握（construal）の営みを通して創出されるもの、とする認知言語学の姿勢（「意味は認知的処理の領域に求められなくてはならない。意味は客観的な現実に内在するというようなものでもないし、また真理条件ということで試みれば意味記述の問題が納得のいくような形にまとめあげられるというようなものでもない。客観的に同一の状況を描写している表現であっても、その状況の捉えられ方しだいで意味が異なることもあるのである。」（Langacker））と相通じるものであるし、また、他方では、意味を自らとの関連で読みとられるものという認識で生物記号論（「意味の問題はあらゆる生物体にとって根本的なものである」（Uexküll））とも、そして意味処理を究極的には体内組織も含めてあらゆる生命体の営み、生命の証しと捉える「生命記号論」（biosemiotics）の考え方にも連なるものである。

●「ことばそのものの意味」の捉え方——最後に、意味についての以上のような考え方は、言語学、とりわけ、その伝統的なアプローチ、の中でなされてきた意味の扱い方、特に「ことばそのものの意味」、「文字通りの意味」などと呼ばれるもの、とはどのように折り合いをつければよいのであろうか。まず、語用論の分野におけるように、ある具体的な場面において具体的な当事者を想定しての意味のやりとりが扱われるという場合なら、上述のように主体的な解釈行為を前提としての意味の考え方はそっくりそのまま妥当する。そのようなレベルでの意味のやりとりの場合、「ことばそのものの意味」、「文字通りの意味」といったものは意味創出の一つの踏み台、意味解釈の一つの手がかりとして役割を果たすだけで、他にも問題の場面、対人関係をどう認知するか、自らの記憶、推論、など一般認知能力の行使がふんだんに加えられる。辞書の語義の定義に見られるような、いわゆる「ことばそのものの意味」とか「文字通りの意味」はどうかといえば、問題となる語句はどのような場合に使用するのが適切であるかという点について話し手が実践を通じて身につけた知識の平均値と思われるあたりを記述したものとでも言えよう。ただし、辞書による定義は法律のように一定の形で明文化され、拘束力のあるものではなく、慣用の記述に過ぎないのであるから、個人レベルではその種の知識は量に関しても質に関しても差があり、それに伴って実践の際にはさまざまな逸脱も起こりうる。ただし、そのような知識も、人間の関わるカテゴリーが一般にそうであるように、その中核部については、相互の共通理解が大きく妨げられることにならない程度に安定しているものと想定される。

➡意味論

■参考文献
池上嘉彦（1975）『意味論』大修館書店．
池上嘉彦（2002）『自然と文化の記号論』日本放送出版協会．
von Uexküll, Jakob (1970〔1934, 1940〕) *Streifzüge durch die Umwelten von Tieren und Menschen*. Fischer Verlag.〔日高敏隆他訳（1973）『生物から見た世界』思索社；再刊：（2005）岩波文庫〕
Hoffmeyer, Jesper (1996〔1992〕) *Signs of Meaning in the Universe*. Indiana University Press.〔松野孝一郎他訳（1999）『生命記号論』青土社〕

［池上嘉彦］

■意味特徴

　言語形式（特に、語）の意味を分析的に捉えようとする試みから生まれた概念で、分析して得られた単位を適当に組み合わせて語義全体が合成され得るという意味合いが強調される場合だと「意味成分」（semantic component）、他の語の語義との対立、差異化といった機能が強調される場合は「意味特徴／素性」（semantic feature）という名称が採られるようである。発想としては、音韻論で任意の音韻／音素（phoneme）をいくつかの音韻論的特徴（phonological features）の組み合わせという形で規定するという記述の仕方を語義の記述に転用するという試みであったと言ってよい。

　もっとも盛んに、かつ一定の成果と共に適用がなされたのは、20世紀中頃の親族用語の「成分分析」（componential analysis）であった。ただ、親族関係という意味分野は「性別」、「世代」、「系統」などといった対立の次元に関しても、また、それぞれの次元で設定される意味成分（例えば、「性別」に関しては、〈男性〉、〈女性〉）に関しても、比較的明確な規定が可能

という意味でむしろ例外的に好都合な場合であったわけで，同じ手法を語彙全体にまで拡げて適用するのは極めて困難という認識に到達するに至った。ただ，そのデジタル的と言える記述の手法自体は確かに魅力的であり，以後も意味の「成分」というよりは示差的な「特徴」といった意味合いで，完全な体系性を意図しないレベルでの意味記述ではしばしば利用される。現在この種の試みの流れとして目立つのは，英語をメタ言語として普遍的と目される一連の基本語彙（つまり，基本概念）を設定し，それらを組み合わせた文章形式での語義の規定を提唱するヴィエジュビカ（Anna Wierzbicka）のものである。他方では，言語を介しての人間の意味処理にはデジタル的な手法ばかりでなく，「イメージ・スキーマ」という形でのアナログ的な手法による場合も無視できないことも認識されてきている。

➡意義素，意味，意味論

■参考文献

国広哲弥（1967）『構造的意味論』三省堂.
池上嘉彦（1975）『意味論』大修館書店.
Wierzbicka, Anna (1996) *Semantics : Primes and Universals.* Oxford University Press.

［池上嘉彦］

■意味役割

●格文法で提唱された概念——意味役割（semantic roles）は，Fillmore (1968) に代表される格文法（case grammar）で提唱された概念であり，基本的に深層格（deep case）を意味する。格文法の枠組みでは，動詞と共起する名詞（句）には，何らかの意味的な役割をになう深層格が付与され，この深層格の組み合わせからなるフレーム（i.e. 格フレーム）に基づいて，文の統語的な分布関係，文の同意性，パラフレーズの関係，等にかかわる言語現象の記述と説明がなされる。

意味役割の格フレームによる言語現象の分析としては，動詞 open が関与する文相互のパラフレーズによる一般規定が考えられる（Fillmore 1968：27-31）。

(1) a．The door opened. : [__O]
　　b．John opened the door. : [__O+A]
　　c．John opened the door with a chisel. : [__O+I+A]
(2) [__O+I+A] > [__O+A] > [__O]
(3) [__O(I)(A)]

(1)の文の名詞句の the door, John, a chisel は，a～c のどの文においても，同じ意味的役割（i.e. the door は対象格（O=Objective），John は動作主（A=Agent），a chisel は具格（I-Instrument））をになっており，a～c の文には，それぞれ [__O]，[__O+A]，[__O+I+A] の格フレームが与えられる。この格フレームの規定は，(2)に示されるような a～c の文の意味の含意関係をも反映している。格文法の枠組では，この種の意味関係は，(3)のような括弧表示によって一般的に規定される。

●意味役割を規定する基準——基本的に，意味役割に関しては，次の基準が前提となっている。

　〈完全性〉：［すべての項は何らかの意味役割をもっている］
　〈個別性〉：［一つの動詞の二つ以上の項が同じ意味役割をもつことはない］
　〈唯一性〉：［一つの項が二つ以上の意味役割をもつことはない］
　〈独立性〉：［意味役割は動詞によらない］
　〈自然性〉：［意味役割は意味論的に自然なクラスを作る］

しかし，意味役割（ないしは深層格）の定義は曖昧であり，分析者によってかなり主観的な使われ方をしている。この概念は，格文法の枠組みに基づく研究だけでなく，記述文法，類型論

的な文法研究，生成文法，生成意味論，結合価文法，等の理論的な枠組みに基づく言語分析においても，言語現象，意味現象を規定していくための記述項として使われてきている。しかし，どの分野においても，この概念は曖昧に使われており，その理論的な定義と位置づけに関する検討は本格的にはなされていない。

● 認知的・複合的視点からの格解釈──格解釈は，単純に一つの意味役割としてのカテゴリーによって規定できない。実際には，複数の意味役割がファジィに統合された形でかかわっており，格解釈には〈ゆらぎ〉がみられる。この種の事実を自然な形でとらえていくためには，これまでの意味役割のカテゴリー化を前提とする深層格の規定ではなく，複合的な視点の投影によって相対的に把握される認知格の観点からみた格解釈の再規定が必要になる。

➡ 格

■参考文献

Fillmore, Charles J. (1968) "The case for case." In Emmon Bach and Robert T. Harms (eds.), *Universals in Linguistic Theory*. Holt, Rinehart & Winston, pp.1-88.

仁田義雄（1993）「日本語の格を求めて」仁田義雄編『日本語の格をめぐって』くろしお出版.

山梨正明（1983）「格文法理論」太田朗編『〈英語学大系5〉意味論』大修館書店.

山梨正明（1994）「〈連載〉日常言語の認知格モデル(1)〜(12)」『言語』23-1〜12.

山梨正明（1993）「格の複合スキーマモデル──格解釈のゆらぎと認知のメカニズム」仁田義雄編『日本語の格をめぐって』くろしお出版.

[山梨正明]

■意味論

● 対象や視点によって異なる意味論──一般に，言語，ないしは，多かれ少なかれ言語に準じると想定されるもの（すなわち，記号）の意味を考察の対象とする研究分野。ただし，どのような範囲の対象について，どのような視点で「意味」を考察するかによって，同じように「意味論」（semantics）と呼ばれていても，異なる研究分野の間で，また，同じ研究分野の中でも，少しずつ性格を異にする「意味論」が存在することになる。しかし，いずれの場合も，人間にとって意味に関わる営みにおいて最も重要な役割を果たしている日常言語をめぐっての考察，ないしはそのような考察を踏まえての展開，という形での議論となるのが普通である。

● 言語学における意味論──言語学における「意味論」は，通常「音韻論」と「文法」とならぶ形で設定される分野である。このような区分では「意味論」はもっぱら語の意味を扱う分野のようになり，事実，伝統的にはそういう傾向が中心であった。しかし，言語学の対象となる自然言語の場合，（特定目的のために考案された人工言語の場合とはしばしば対照的に）意味を担いうるのは語義という形で意味を担う基本的な単位と一応目されているところの語ばかりでなく，文法形式（例えば，語順の違いによる意味の違い）や音（例えば，擬態語的効果）ですら意味に関わってくるし，語が結合してイディオムや成句になった場合，その全体としての意味はそれを構成している語の意味の総計と等しくないということも起こる。その上，体系とか構造レベルでだけ言語を考えるというのではなく，具体的な使用の場面における言語（つまり，談話，ないし，テクストのレベルでの言語）をも考察の対象に入れるとするならば，言語の意味の問題は，話し手の意図，聞き手の解釈というところにまで拡がることになる。

●**構造的意味論と認知的意味論**——言語学における意味論としては，構造的意味論と認知意味論と呼ばれるものの捉え方（しかも，対照的に違う捉え方）に言及しておけばよいであろう。構造的意味論では，意味の本質はもっぱら構造内での対立関係から抽出される差異に求められる。例えば，mother は性に関しては father，世代に関しては daughter，系統に関しては aunt とそれぞれ対立の関係にあると認定され，それぞれの次元における示差的特徴の和としての〈女性〉・〈一世代上〉・〈直系〉がその語義の規定とされる。認知意味論では，言語の使い手が認知レベルで主体的に創出する営みに意味の本質を認める。したがって，社会慣習的な意味での語義も，その言語の使い手がその語と結びつける文化的な情報の比較的安定した部分（「概念」と呼ばれることがある）と規定される。この意味での「概念」はその周縁部は必ずしも確定していないが，中核部（「プロトタイプ」的な部分）は安定しているという想定である。例えば，mother は結婚という制度に基づいて夫との性的関係を通じて子を出産し，その養育に中心的な役割を果たす女性というのを中核とする概念がその意味であり，周縁的な使われ方では，夫という男性との関係が妥当しなかったり，他人に養育を任せるといったことも起こりうるわけである。

●**言語学以外の意味論**——言語学以外でも，例えば哲学の分野には二つの対照的な意味論——一つは，自然言語は曖昧かつ不正確で厳密な思考の媒体になりえないとして退け，一方で厳密に意味を規定した記号群，他方でそれらの結合を規定する一連の規則を設定し，客観的な真偽判断の検証を可能にすることを追求する論理実証主義の試みに関わるもの，もう一つは，日常言語の用法の中に哲学的な問題を解く鍵があるとして，その種の言語使用の分析，記述に関わる日常言語学派と呼ばれるもの——があるし，「一般意味論」という名称のもとに，言語の働きについての正しい認識を得ることによって日常の言語生活における不適応を是正するように説く，学問分野というよりは応用実践を意図した運動もある。記号論の分野では，意味解釈の主体を人間以外の動物，植物，さらに体内組織までにも拡げ，意味のやりとりが生命体の生存そのものに関わる営みであるという認識が持たれている。

➡意味，意味特徴，意義素

■**参考文献**

Ullmann, Stephen (1962) *Semantics*. Blackwell.〔池上嘉彦訳（1969）『言語と意味』大修館書店〕

国広哲弥（1967）『構造的意味論』三省堂．

池上嘉彦（1975）『意味論』大修館書店．

Lyons, John (1977) *Semantics*. Cambridge University Press.

Lakoff, George (1987) *Women, Fire, and Dangerous Things : What Categories Reveal about the Mind*. Chicago University Press.〔池上嘉彦他訳（1993）『認知意味論』紀伊國屋書店〕

［池上嘉彦］

■依頼

●**依頼文のモーダルな意味**——聞き手の動作をさそいだすために，たのむ・おねがいするというし方で，聞き手にはたらきかけることをあらわす，文のモーダルな意味。この種のモーダルな意味をあらわす文を《依頼文》という。依頼文の述語につかわれる動詞の典型的な文法的なかたちは，動詞の第二なかどめ「して」と，補助動詞「くれる・くださる」の命令形とのくみあわせ「してくれ・してください」である。話し手のがわに属する人物への恩恵の授受をあらわす《やりもらい動詞》「してくれる」の命令

形「してくれ」が，恩恵の授受に無関心なばあいにもひろく使用されることで，もとの「してくれる」から特化し，依頼法の形態論的なかたちとして定着した。

　「しろ・しなさい」のかたちを述語にもつ命令文による動作の要求が，一方的，高圧的，絶対的であるのに対して，依頼文による動作の要求は低姿勢であり，動作の実行・不実行の意志決定を聞き手自身にゆだねている（「もしよければ，おしえてください」「*もしよければ，おしえなさい」）。「してくれ」と「してください」のかたちは，聞き手との関係（親・疎，目上・目下）や使用場面（私的・公的）に応じてつかいわけられる。「してください」はていねいさもそなえ，聞き手を話し手より下位におくおそれがなく，使用主体の性別による制約もないため，公的な場でさかんにつかわれる。この「してください」のかたちを土台にして，敬語をもちいた，さらにていねいな依頼のかたちが分化している（「お（ご）〜ください」「お（ご）〜になってください」「お（ご）〜くださいませ」）。

●**依頼文と依頼表現**——モーダルなタイプとしての依頼文，すなわち，「してくれ・してください」という独自の文法的なかたちに固定された，一般的な言語的意味としての依頼をあらわす文がある一方で，形式的には平叙文や質問文や希求文に属しつつ，具体的な使用のなかでは依頼として機能する文もある（「はやくもどるようにおねがいします」「あの木をきってもらえませんか」）。間接的に依頼を表現するこれらの文と，上述の依頼文とを一括して《依頼表現》とよぶばあいもある。希求文のなかには，動作主体が聞き手であるという条件のもとで，はたらきかけ性をともないながら，依頼をふくみとして表現する文がおおい（「本をかしてほしい」「もっとゆっくり話してもらいたい」「車を修理していただきたい」）。これらは依頼表現ではあっても，モーダルなタイプとしての依頼文ではない。

●**依頼表現の多様性**——間接的な依頼表現が多様に分化しているのは，この種の文の発話にあたって，話し手が，動作の実行をせまられる聞き手の心理的負担をやわらげ，目的の動作をひきだすためにもっとも有効にはたらく手段をえらぼうとするからである。命令文の使用をさけ，依頼文「してくれ・してください」を使用するとしても，聞き手への動作の要求という本質はかわらず，動作の要求にともなう聞き手の心理的負担への配慮も存在しつづけるとすれば，やがては，これらの形式にも要求的態度のきつさがつきまとうようになる。そこで，「席をゆずっていただけませんでしょうか」「募金にご協力いただきたいのですが」のような，否定・可能・希求・質問などのさまざまなモーダルな意味の複合からなる，より低姿勢な形式が依頼表現としてつぎつぎにとりこまれ，結果的にきわめて複雑な体系が形成されることになる。

　述語に使用される動詞の語彙的な意味の性格や場面・文脈的条件に応じて，依頼文にはさまざまなふくみ的な意味がつきまとうことがある。たとえば，ある種の心理活動や抽象的な人間活動のばあいは《忠告・助言》（「覚悟してくれ」「慎重に行動してください」），無意志的現象のばあいは《祈願・期待》（「はやくおわってくれ」「どんどんふってくれ」），話し手が恩恵をうけとるばあいは《依頼・懇願》（「たすけてくれ」「どうか聞いてください」），聞き手のための動作のばあいは《すすめ》（「すきなだけとってくれ」「ゆっくりおすごしください」）などの意味あいが，それぞれふくみとして生じる。

➡命令，すすめ，希求

■**参考文献**

奥田靖雄（1986）「文のさまざま（2）まちのぞみ文（上）」『教育国語』85.

工藤 浩（2000）「副詞と文の陳述的なタイプ」
　仁田義雄・益岡隆志編『〈日本語の文法3〉
　モダリティ』岩波書店.
佐藤里美（1992）「依頼文」『ことばの科学』
　5.
樋口文彦（1992）「勧誘文」『ことばの科学』
　5.
村上三寿（1993）「命令文」『ことばの科学』
　6.

　　　　　　　　　　　　　［佐藤里美］

■イントネーション

● **意味に関わるピッチの変動**——イントネーションとは，文あるいは節のレベルで，超分節的意味を付与する，ピッチ（基本周波数，すなわちＦ０の高さ）の変動である。アクセントを保存した上で付加される場合もあるが，イントネーションがアクセントに関わらず音調を支配する場合もある。

　大別して，文構造に対応したものと文末において文の述べ方に関わるものとの二つがある。

● **文内部のまとまりにおけるピッチの変動**——まず，文内部のまとまりに関しては，共通語の場合，典型的には，

(1)あおい［とりのかご］：青い＝鳥の篭
　　LHL　LHHHH
(2)［あおいとり］のかご：青い鳥
　　LHLLL　LLH

のように，構造上連続する部分の音調を一続きにし，係り受け関係を表示する場合が見られる。

このほか，最近問題にされる言い方として，
(3)これは重過失？になるかもね。
のように，文内部での用語使用の確認的意味を込めた上昇が見られることもある。

● **文末における上昇調と下降調**——次に，文末では，文末形式の情報伝達機能に相関した上昇と下降がある。まず，平叙文は自然下降の音調を持つが，疑問文は上昇することができる。特に，疑問形式が形式的に表されていない場合には，イントネーションによって区別がなされる。例えば，(4)は平叙文であるが，(5)は疑問文としての解釈がなされる。

(4)帰るの。↓（平叙文）
(5)帰るの？↑（疑問文）

ただし，疑問形式が有る場合，疑問文は上昇することも下降することも有り得る。ただし，一般に上昇すると伺うような意味，下降すると詰問するようなニュアンスになる。

(6)これは君の本ですか。↑・↓

一方，疑問の形式があっても，情報伝達的意味が聞き手への疑問とは言いにくい場合，すなわち，次のような文は上昇することができない。

(7)早くしないか。（催促）
(8)誰が行くものか。（反語）
(9)なるほど，そうか。（情報受容）

また，「だろう」が疑問文で共起する場合も基本的に上昇することができない。

(10)誰だろう。

「だろう」疑問文は，疑問文でありながら，聞き手への明確な情報要求をしない（そのため，独り言でも発話できる）ことと関連する。同様の現象は平叙文の場合にも見られ，例えば，

(11)君は3年生ですね。

のような文は平叙文であるが，聞き手の反応を要求し，通常「ね」が高くつく（特に明確な確認の意味を表す場合には急上昇が可能。ただし，詰問的色彩の付加によって下降することもある）。同じ「ね」でも「君は何年生ですかね」のように，疑問文では低くつくことがあるという点を考慮すれば，聞き手に伺うかどうかという情報伝達的意味と疑問形式の存在に不整合がある場合，イントネーション制約が発生し，それぞれ上昇したり下降したりすると言える。

● **終助詞と否定疑問文末**——このほか，終助詞によって意味が違う場合もある。例えば，「よ」には上昇と下降とがあり，

(12)ちょっと，忘れ物ですよ。↑

のように，上昇はそのことを知らない相手に教えたりきちんと理解していない人に念押しをしたりするニュアンスを表すのに対し，下降は，

(13)違うよ。そんなことないよ。↓

のように，主張を押しつけたり話を終わらせたりするようなニュアンスがある。

命令文でも，例えば「動かないでくださいよ」の「よ」を高くすれば予め注意してほしいという意味だが，「よ」を低くすれば相手と意見が違うような意味になる。

また，「じゃない(か)」(=「ではないか」)という否定疑問文末も名詞述語の場合多義的になるので，イントネーションに相関する。一案を否定疑問として提示する場合には，

(14)あれ？　ここはお寺じゃない（か）？

のように上昇する。これに対して，「じゃない」全体で終助詞化した確認的主張は下降する。

(15)馬鹿な。ここはお寺じゃない（か）！

このほか，「〜しよう」という勧誘も，

(16)「行こう。↑」「うん，行こう。↓」

のように，勧誘でも相手の判断を待つ場合に上昇する。上昇には聞き手の反応を窺うという原型的意味が考えられると言える。

➡ プロソディー

■ 参考文献

井上　優（1994）「発話における「タイミング考慮」と「矛盾考慮」——命令文・依頼文を中心に」『国立国語研究所研究報告集』14.

森山卓郎（2001）「終助詞「ね」のイントネーション」音声文法研究会編『音声と文法3』くろしお出版.

[森山卓郎]

■引用

● **文法論における引用**——一般的な用語法では，「引用」とは"他にあった言葉を持ってきて示すこと"といったくらいに解されるが，文法論の問題としての「引用」とは，所与と見なされる言葉を再現して示す形をとる表現をいう。所与と見なされる"引用されたコトバ"は，さまざまな形で文に組み込まれる。例えば，①「誠は，『おはよう』と言った。」，②「誠の『おはよう』が一座の雰囲気を和ませた。」，③「誠は，大声で『おはよう』。」，④「『おはよう』とは，あいさつの言葉だ。」などは，いずれも文法論で扱われる「引用」表現であるが，これらの中でも，①のような引用句「〜と」と述部とが相関する構造の文が，所与と見なされる言葉を組み込む文表現として最も典型的である。こうした構造の文を，「引用構文」と呼ぶ。文法論における「引用」の研究では，もっぱらこのような引用構文が考察の中心に置かれる。

引用構文は，引用されたコトバの部分と，それを含み込む所謂「地の文」とから成るが，引用されたコトバは，所与と見なされる言葉を再現する形で示すものであり，表意のあり方からすれば，表意すべき対象としての言葉をそれとの同一性・類似性に基づいて示すものであって，パース（Charles S. Peirce）のいう"イコン記号"にあたるものである。これに対し，地の文の方は，表意すべき対象を所記概念に同定し，所記と恣意的に結び付いている能記の形に置き換えて描き出す通常の言語記号（パースの"シンボル記号"の一つ）の表現である。このように，引用構文（また，文法論で扱われる「引用」表現）とは，通常の言語記号に，表意のあり方として異質な記号が組み込まれた構造の文である。そのことが引用構文（また，文法論的な「引用」表現）に通常の文とは異なる，

独自の文法的性格を与えている。

●**引用句「〜と」の文法的性格**——引用されたコトバを組み込む「〜と」は，統語的にも独自の関係を構成する。すなわち引用句「〜と」は，「〜と言う/思う」のように発話・思考の意味の述語とももちろん結び付くが，「誠は，『おはよう』と手を上げた。」「恵美子は，困ったなと目を伏せた。」のように，発話・思考を表す述語ではなく，「〜と」に引かれた発話・思考と同一場面でなされた別の行為等を示す述語と結び付いて，発話・思考とそれとは別の行為とを併せて表すいわば並列に近い構造を形成することもできる。「〜と」が述語用言の内容補充の成分だとだけ考えるなら，こうした構造が成り立つことは理解しにくいが，これは，「〜と」に引かれる引用されたコトバがイコン記号の表現であり，なされた発話・思考（心内発話）行為を直接再現して見せる形の表現であるため，発話・思考を表す述語はなくとも，それ自体が行為を示す表現性を持ち得る故である。

また，引用句「〜と」は，「誠は，『おはよう』と言った。」のような場合は省略不可で，必須の補充成分のようになるが，「誠は，『おはよう』と挨拶の言葉を言った。」のような場合には，省略可能な付加成分のようになる。「〜と」は，品詞的性格としては副詞的な成分で，その意味では本来付加的な成分と考えられるが，ヲ格のような本来の補充成分がない場合に，必須の補充成分として利用されるのである。

●**場の二重性と話法**——引用されたコトバは，所与のコトバを再現して示すと解し得るものである故に，引用句と地の文とで，表現の秩序が違ってくることがある。例えば，「彼は私に『私が行くよ』と言った。」のような場合，地の文と引用句とで「私」の指示対象が違ってくる。すなわち，引用されたコトバと地の文とでは，境遇性のある語句の指示内容の決まり方の秩序が違ってくることがある。こうした事実を「場の二重性」という。もっとも，両者の秩序が同じに読める場合もあり，そうした場合は間接話法，先のような場合は直接話法というように考えることができる。

●**引用と事実**——ある事柄を描く文表現があるからといって，もちろんそれに対応する事実があるとは限らない。引用されたコトバによる引用表現の文も，基本的に話し手の創出したものであって，引用される所与の言葉が実際に存在するとは限らない。文法論の問題として扱われる"引用されたコトバ"とは，あくまでも所与と見なされるもの，再現したと見なされるものに過ぎないのである。従ってまた，実際に存在する言葉が引かれるにあたって，どう変えられたか変えられなかったかといった事実関係の問題は，語用論で扱うべき事柄であって，少なくとも文法論としての引用・話法の問題とは次元の異なるものとして区別すべきことである。

➡話法

■**参考文献**

砂川有里子（1987）「引用文の構造と機能　引用文の3つの類型について」『文藝言語研究（言語篇）』（筑波大学大学院人文社会科学研究科文芸・言語専攻）13.

藤田保幸（2000）『国語引用構文の研究』和泉書院.

藤田保幸（2001）「文法論としての日本語引用表現研究のために——再び鎌田修の所論について」『滋賀大学教育学部紀要』50-Ⅱ.

藤田保幸（2009）「引用研究史展望——松木正恵への批判とともに」『龍谷大学論集』473.

鎌田 修（2000）『日本語の引用』ひつじ書房.

加藤陽子（2010）『話し言葉における引用表現——引用標識に注目して』くろしお出版.

［藤田保幸］

■ウ（ヨウ）[1]

いわゆる学校文法に沿って言えば，「あろう」「行こう」「落ちよう」「見よう」の下線部は助動詞ウ（ヨウ）と記述される（五段活用動詞に続くときはウ，それ以外に続くときはヨウとなる）が，正確に言えばこれは動詞の一部，語尾部分と見るべきものであり，山田文法の用語に従えば複語尾（動詞の二次的な語尾）であり，形態そのものへの名付けとして言えば動詞のショウ形の語尾部分ということになる。

1．ウ（ヨウ）の特殊性

いわゆる助動詞を中心とする文末辞に注目することで発展した戦後陳述論の研究史の中で，ウ（ヨウ）は下の5つの点において他の助動詞とは異なる特殊性が意識されている。

①他の助動詞の意味は，否定にせよ，完了・過去にせよ，文の対象的内容の一角にあるのに対し，ウ（ヨウ）の表す意味は推量・意志・勧誘・命令（「下郎め，下がりおろう！」）であって，いずれも話者の言語行為から切り離すことのできない意味（行為的意味）である。それが「主観的意味」と呼ばれた。

②（広義）推量の諸形式の中でも，（現代語では）ウ（ヨウ）だけが意志・命令というような希求系の意味をも表し得る。

③終止法に用いられた場合の意味（〈推量〉〈意志〉〈勧誘〉〈命令〉）と非終止法に用いられた場合の意味（「あろうはずもない奇跡を…」「あろうことか…」以上〈可能性〉あるいは〈妥当性〉，「校長先生ともあろう人が…」〈事態一般化〉，「家族に知らせよう手だてもない」〈目的〉，「成功しよう見込み…」〈予想内容〉，「ひとたび走り出そうものなら」〈仮定〉，「一人で思い悩もうよりは…」〈選択肢〉，「もうすぐ死のうという時に…」〈未実現〉，など）とが，全く重ならない。

④終止法で表す意味の多義のあり方が特殊である。〈勧誘〉は一人称複数の〈意志〉を「われわれ」内部の関係において見たものとして〈意志〉と一括でき，また〈意志〉と〈命令〉とは共に未実現の行動を（自分自身において，あるいは相手に対して）希求するものとして〈希求〉と一括することができるが，これと〈推量〉とは直接の関係がない。〈希求〉をウ（ヨウ）の中心的，基本的意味としてここからの拡張，派生として〈推量〉を説明することはできないし，その逆も不可能である。その意味で他の助動詞の多義のあり方とは全く異なる。

⑤（広義）推量の文法形式の中で，ウ（ヨウ）とダロウ（発生の経緯としてウを含む）だけが疑問文述語に自由に参加ができる（「中にはすでに聞いた人もあろうか」）。これと異なり，「降っているよう（です）か」「咲いたらしい（です）か」などは下線部の意味が推量とは大きく異なる特別な意味になっている場合にのみあり得る形である。

2．ウ（ヨウ）の多義性の構造

他の助動詞とは異なるウ（ヨウ）の上記のような特別な多義性の構造は，次のようなことである。

動詞のショウ形はその動詞が表す運動や状態を非現実領域（事実世界で未実現の領域，話者にとって未確認の領域，および推理推論上の次元や仮定世界などの観念世界）に位置づける形であるが，非現実領域に存在することを承認するものではなく，ただ，非現実領域に成立することとしてある運動や状態を思い描くだけの形式である。これを「非現実事態仮構」の叙法形式と呼ぶことができる（尾上2001，第3章第3，第4，第6節参照）。

非現実領域に在るものとして仮構された運動・状態が〈存在承認〉の側で発話されれば推

量となり，〈希求〉の側で発話されれば意志・命令などの意味になる。名詞一語の一語文や，動詞終止形（動詞概念の素材的表示形）で語る文が〈存在承認〉の側で使われる場合（「あ，ねこ！」「あ，まわる！まわる！」）と〈希求〉の側で使われる場合（「水！」「さっさと歩く！」）とがあることと平行して，非現実事態仮構（現にない運動・状態を言語化するだけ）の叙法形式であるショウ形が主文末に用いられれば，〈存在承認〉側の意味か〈希求〉側の意味が必ず生ずることになる（上記②）。

〈存在承認〉や〈希求〉の意味が生ずるのはそこで文が終っている（終止法）からであって（名詞一語文などを見よ），文の途中でショウ形が用いられた場合（非終止法）には単に非現実領域のこととしてその運動・状態を描くという意味あいだけが表現されることになる。それゆえショウ形が結果的に表現する意味は終止法と非終止法で全く異なることになる（上記③）。

〈存在承認〉と〈希求〉は一方の意味を基点として他方の意味がそこから派生されるという関係にはない。ウ（ヨウ）が終止法として大きく異なる二種類の意味（〈存在承認〉側の推量と〈希求〉側の意志・命令など）を表すのはそのような特別な事情によるものであって，他の助動詞の多義のあり方とは根本的に異なる（上記④）。

自身の形としては〈存在承認〉であるのか〈希求〉であるのかさえ決めていないショウ形が主文末に終止法として用いられて積極的なある意味を表すのは，ちょうど名詞一語文が状況の中ではじめて積極的な意味を表すのと同様に，その形がある言語場における発話行為の素材として用いられているからである。今のところ起こっていない事態や行為を，「いつかどこかで在る」と〈存在承認〉の方向で言語化したり（推量するという行為），「実現させたい」と〈希求〉の方向で言語化したりする（意志するという行為）結果としての意味は，あくまでその発話現場で話者が「ものを言う」ことによって生産される意味であって，話者の発話行為以前に道具としての単語列にあらかじめ備わっている意味ではない。ウ（ヨウ）の終止法としての意味が，他の助動詞の場合とは異なって，話者の言表行為から切り離すことのできない行為的意味に限られるというのはそういう事情による（上記①）。

また，推量というのは「確かには言えないがこう思う」という意味であり，疑問というのは「判断できない」という意味であるので，推量と疑問とが一つの述語の中に共存することは原理的に不可能である。「よう（です）か」「らしい（です）か」「かもしれない（です）か」などが推量の疑問（推量しつつ疑問する）という意味で許されないのは当然である。しかし，ウ（ヨウ）は上述のとおり，それ自身の内に推量という意味を持っている形ではない。それゆえ，「しようか」という形はあり得る。疑問文述語の中でのウ（ヨウ）は推量ではなく，単に未実現，あるいは話者にとって「分からない」ということの印として働く。また，「失敗して悔しくない人間があろうか」などでは，ものの道理や可能性という観念世界に存する事態であることをウ（ヨウ）が表すだけである。ショウ形を述語として仮構されるその事態が非現実領域（事実界 未実現，未確認あるいは観念世界）にあることを表すだけであるから，「そのことが判断できない」という疑問文の述語の中にも問題なく使えるのである（上記⑤）。

3．ウ（ヨウ）問題のモダリティ論的意義

終止法としてウ（ヨウ）の表す意味があくまで行為的な意味に限定される（上記①）という事実は，時枝文法隆盛の時代にはこの助動詞の強い主観性の表れとして意識され，専ら主観的な意味を持つ「不変化助動詞」（他の助動詞と

は意味的に異質だと見る）として扱われたり（金田一春彦），助動詞でありながら（話者の主観そのものである）終助詞一歩手前の「第3類助動詞」だとして詞辞連続層の中の特別な位置に置かれたり（渡辺実）した。上述のとおり，ウ（ヨウ）終止法の意味の行為的性格は主観客観軸の中に位置づけられるようなものではなく，ましてや助動詞から終助詞への連続性を証明するようなものでもない。

動詞が叙法形式の選択によって現実界の存在か非現実界の存在かを語り分けるという視点は，おそらく西洋の言語学の中に連綿とあったもので，山田孝雄の複語尾論やラネカー (Ronald W. Langacker) のモダリティ論では「現実/非現実」というキーワードが用いられている。「モダリティ」を「文の意味の中の主観的意味の部分」と見る時枝陳述論（戦後陳述論）的なモダリティ論とは別に，「非現実領域にある事態を非現実専用の文法形式をもって語るときに出てくる意味がモダリティである」と考える言語学的なモダリティ論が要請される。ウ（ヨウ）を語る金田一，渡辺的な視点と本項目記述の視点との相違は，このような二種のモダリティ論の違いに直結している。

加えて，ウ（ヨウ）――実は古代語のム――を非現実事態仮構の叙法形式と見る視点は，叙法形式の全体を「現実/非現実」「事態承認/事態構成」という二つの軸で見る見方を要請することになる（尾上2001，第3章第3，第4，第5，第6節）。この視点によって古代語のムとベシの性格の相違も明らかになると考えられる。

➡陳述論，不変化助動詞，助動詞[1]，ム，モダリティ，述語[1]

■参考文献

尾上圭介（2001）『文法と意味Ⅰ』くろしお出版．

尾上圭介（2010）「山田文法が目指すもの――文法論において問うべきことは何か」斎藤倫明・大木一夫編『山田文法の現代的意義』ひつじ書房．

尾上圭介（2012）「不変化助動詞とは何か――叙法論と主観表現要素論の分岐点」『国語と国文学』89-3．

金田一春彦（1953）「不変化助動詞の本質――主観表現と客観表現の別について（上）（下）」『国語国文』22-2, 3．

山田孝雄（1908）『日本文法論』宝文館．

山田孝雄（1936）『日本文法学概論』宝文館．

渡辺 実（1953）「叙述と陳述――述語文節の構造」『国語学』13・14．

[尾上圭介]

■ウ（ヨウ）[2]

動詞の活用形の1つである。かたい文体では「このように結論づけることが<u>できよう</u>」のような推量的な用法が存在しているが，現代語では基本的に動詞の意志形（あるいは意向形，意志意向形とも呼ばれる）として位置づけられ，意志のモダリティの中心形式としての位置を占める。

意志形は，基本的に，話し手が自らの行為の実行を決意したという意志の表出を表す。聞き手への伝達は意図されず，心内発話（「そろそろ<u>帰ろう</u>と思った」）か独り言（「ああ，疲れた。そろそろ<u>帰ろう</u>」）で用いられる。話し手が自らの行為の実行を聞き手に宣言するときは動詞の基本形（スル形）が用いられる（「時間なので，そろそろ{帰ります/*帰りましょう}」）。

一方，その行為が聞き手に関係するものである場合には，意志形が対話で用いられることもある。意志形の対話用法は，その行為と聞き手との関係のあり方によって，行為の申し出と勧誘，そして行為の提案といった下位タイプに分

けることができる。

　行為の申し出は，その行為の実行が聞き手に有益だと考えられるものである。「荷物，お持ちしましょう」のように行為が聞き手に向けられる例や，「私から先方には伝えておきましょう」のように聞き手の負担を軽減する例がこのタイプの例である。

　勧誘は，話し手が実行しようとする行為に聞き手を引き込むものである。「一緒に行こう」「弁当食べようぜ」のように話し手が実行中，あるいは実行しようとしている行為に聞き手を引き込もうとするものであり，時に強引なニュアンスがある。

　行為の提案は，その行為の主体が話し手と聞き手とで一体化しているものである。「そろそろ結論を出しましょう」のような例がこれにあたる。

➡意志，勧誘，モダリティ，ムード

■参考文献

日本語記述文法研究会編（2003）『〈現代日本語文法4〉第8部モダリティ』くろしお出版．

仁田義雄（1991）『日本語のモダリティと人称』くろしお出版．

森山卓郎（1990）「意志のモダリティについて」『阪大日本語研究』（大阪大学文学部日本語学科）2．

［安達太郎］

■**ヴェンク**（Günther Wenck　1916-92）

　ドイツの日本語研究者。B.レヴィーン（Bruno Lewin）と共に戦後ドイツの日本語研究を牽引したが，レヴィーンが国語国文学の研究成果を教育に主眼をおいて整理しドイツ語で伝えたのに対し，より独自色の強い研究活動を展開した。

●生涯──1935年よりライプツィヒとベルリンの大学で法学や日本学，音声学，中国学を学び，1957年より断続的にハンブルク大学で日本学の教授を務めるが，1978年に大学の入学制度への不満を理由に早期退職する。

●研究業績──ヴェンクは戦時中政治学の分野で博士論文を執筆し，法学博士号を取得したが，後に徴兵された。戦後は言語学（日本語学）に転換し，特に日本語の音韻と音声とその変化，そして統語論，形態論，文献学の各分野で精力的な執筆活動を行った。中でも4巻からなる日本語音韻論（Wenck 1954-1959）と3巻からなる統語論（Wenck 1974）がヴェンクの研究活動を代表する著作といえる。4巻の音韻論は，日本における日本語音声研究史や，現代日本語の音声，万葉仮名の音声，漢語の音声，日本語音韻史から構成されており，音声学や中国語学の分野で習得した方法論と豊富な知識が生かされている。現在になっても，他に類がない大規模な研究として時に日本語音韻の史的研究の分野で引用されることがある。統語論からは，国語学の統語論研究の流れ，とりわけ当時の機能主義的構文論の影響が強くうかがえる。ヴェンクは，語から発話まで言語産出の七つの段階を設定し，各段階の構成要素が次の段階の構成要素を構築すると論じている。結果的にヴェンクの統語論は受け継がれなかったが，弟子のJ.リックマイヤーは，国内外で一番早く体系的な日本語結合価論と依存文法論を打ち出し，やはり独自性の強い研究活動を行った（Rickmeyer 1977, Rickmeyer 1984）。

■参考文献

Wenck, Günther (1954-1959) *Japanische Phonetik*, Bd. 1-4. Otto Harrassowitz.

Wenck, Günther (1966) *The Phonemics of Japanese. Questions and Attempts*. Otto Harrassowitz.

Wenck, Günther (1974) *Systematische Syntax des Japanischen*, Bd. 1-3. Franz Steiner

Verlag.
Wenck, Günther (1987) *Pratum Japanisticum: Exemplifizierender Entwurf einer Japanistik*. Otto Harrassowitz.
Rickmeyer, Jens (1977) *Kleines japanisches Valenzlexikon*. Helmut Buske.
Rickmeyer, Jens (1984) "Prolegomena zur 'Morphosyntax der japanischen Gegenwartssprache' (MSJG)." BJOAF 7.

[ハイコ・ナロック]

■ヴォイス[1]

1. ヴォイス（voice）とは何か

　文を構成する動詞の語形と名詞の格関係が交替する現象。文のかなめとなる述語の役目をになう動詞の形態論的なカテゴリーと文の主語との対応関係をいう。

　動詞の形が基本形（無標形）と派生形（有標形）の間で〈能動〉と〈受動〉の対立が生じ，そこに《ヴォイス》の形態論的なカテゴリーがうまれる。そのような形態論的な対立をうみだすのは，何を文の中心として述べるかというパースペクティヴであり，文の通達上の機能にもとづく。ヴォイスという文法現象を把握するには，動詞の語形上の特徴とあわせて，統語上の交替関係という形式的な側面とコミュニケーションにもとづく機能の側面とを問わなければならない。

　ヴォイスは，動詞述語文に固有の文法的なカテゴリーであり，形容詞述語文や名詞述語文には存在しない。「甲は乙より大きい。」と「乙は甲より小さい。」のような形容詞述語による二つの文は，同じ事態を述べているという点でヴォイス性をもつが，述語になる単語が異なるためヴォイスとはみなさない。同様に，「甲は乙より年上だ。」と「乙は甲より年下だ。」のような名詞述語文も述語の単語が異なるため，一般にヴォイスとみなさない。しかし，動詞述語文における「甲は乙に英語を教える。」と「乙は甲に（甲から）英語を<u>教えられる</u>/<u>教わる</u>/<u>習う</u>。」のような関係は，ヴォイスの対立が多面的であることを示している。「教える」と「教わる」「習う」という異なる動詞による語彙的な対立は，「教える」と「教えられる」という共通の動詞の能動形と受動形による文法的な対立と競合する関係にある。「教える」と「習う」が語彙的なヴォイスとするなら，「大きい」と「小さい」，「年上だ」と「年下だ」も語彙的ヴォイスといえる。さらに，「甲は乙の仲間だ」と「乙は甲の仲間だ」というのも相互態の関係にあるヴォイスの現象である可能性もある。

2. 日本語のヴォイスの諸相

●受動文

　(1)変形関係によるもの：「甲が乙をなぐった。」と「乙が甲になぐられた。」のように，同じ事態が異なる主語をとる二つの文の関係。前者が能動文，後者が直接受動文として対立する。述語動詞には，能動文は，-Rare-の存在しない基本形が，直接受動文は，-Rare-の存在する派生形が用いられる。

　(2)派生関係によるもの：「赤ん坊が泣いた。」と「彼は赤ん坊に泣かれた。」のように，受動文が基本文を含んでいる，基本文と受動文の関係。前者が基本文，後者が間接受動文として対立する。後者は，前者に存在しない関与者「彼」の視点から述べた二重構造をもつ文である。述語動詞には，基本文は，-Rare-の存在しない基本形が，間接受動文は，-Rare-の存在する派生形が用いられる。

　この区別は，事態との関係とどのような統語上の対立を示すかにもとづいた分類である。迷惑性をもつかどうかという意味上の特徴や，動詞が他動詞か自動詞かといった動詞のタイプによるものではない。間接受動文には，一般に迷

惑性が認められるし、自動詞は間接受動文にしかならないという事実はある。しかし、間接受動と迷惑性は別物である。「幽霊に枕もとに立たれた。」には、迷惑性が認められるが、「すぐそばに立たれるまで気づかなかった。」では、迷惑性が認められない。

動詞の語形が受動形であっても、受動文とはいえないものもある。「(好奇心に)かられる」「(仕事に)忙殺される」のような形式には、受動動詞が用いられてはいるが、対立する能動文をもたないので、真の意味での受動文とは考えにくい。受動文であるか否かは、動詞の語形だけではなく、文構造を問わなければならない。

● **使役文**──
(1)変形関係によるもの：「彼は多額の借金に悩んでいた。」と「多額の借金が彼を悩ませていた。」のように同じ事態が異なる主語をとる二つの文の関係。前者が非使役文、後者が使役文として対立する。述語動詞には、非使役文は、-Sase-の存在しない基本形が、使役文は、-Sase-の存在する派生形が用いられる。

(2)派生関係によるもの：「息子が買い物に行った。」と「母親が息子に買い物に行かせた。」のように使役文が基本文を含んでいる、基本文と使役文の関係。前者が基本文、後者が使役文として対立する。後者は、前者には存在しない関与者「母親」の視点から述べた二重構造をもつ文である。

「変形関係」による使役は「喜ぶ」「悲しむ」「いらだつ」「驚く」「感動する」「失望する」のような人間の精神状態をあらわす動詞にあらわれ、「派生関係」による使役は、「行く」「遊ぶ」「寝る」「立つ」のような人間の肉体的かつ社会的な活動に関わる動詞にあらわれるという傾向がある。「喜ぶ」「驚く」などの精神活動は、みずから行う能動的な行為ではなく、非意図的にでくわすものごとである。使役動詞の形をとるものの、行為者の意志性を尊重すれば、許可や放任の意味になる。また、「議論をたたかわせる」や「懐にピストルをしのばせる」といった述語形式には、使役の形式を備えているとはいえ、対応する「議論がたたかう」「ピストルがしのぶ」といった基本となる形が存在しないため、使役文とはいいにくいものである。

受動と使役のような中心的なヴォイスのほかに、以下のようなヴォイス上の現象がみられる。

● **他動性**──「ボールがころがる。」と「太郎がボールをころがす。」のように、前者の自動詞文と後者の他動詞文との関係。他動詞文の方が自動詞文より、関与者が1項多い。和語動詞には、「折れる」と「折る」、「曲がる」と「曲げる」、「焼ける」と「焼く」のように自動詞と他動詞が語根を共有する例が多数ある。「オープンする」や「開店する」のような借用動詞には、自他両用形になるという特徴がある。なお、自他の対立の中には、「太郎が花子を見つけた。」「花子が太郎に見つかった。」のように項の数が一致するものも存在する。

● **再帰性**──「花子はセーターを着た。」「太郎は頭から水を浴びた。」のように、他動詞文でありながら、運動が行為者から他の対象に向けられるのではなく、行為者みずからにもどってくるもの。「肩を すくめる」「(自分の) 足をおる」「腰を いためる」をはじめ、「腹を こわす」「風邪を ひく」「汗を かく」などの慣用句というべきものまで、とりわけ病理現象や生理現象の表現にやどっている。「着る」「かぶる」「浴びる」は、「着せる」「かぶせる」「浴びせる」と、〈再帰〉と〈非再帰〉という関係で対立する。〈非再帰〉は、行為が行為者以外の他の対象に向けられる。

● **相互性**──「太郎が次郎とけんかした。」と「次郎が太郎とけんかした。」のように、同じ事態が異なる主語をとる二つの文の関係。述語動詞は同形で、主語が交替するだけである。「似

る」「接する」「戦う」「結婚する」などは相互性をもった動詞である。しかし、これらの動詞がつねに相互性をもつとはいえない。たとえば、「太郎が病気と戦った。」と「*病気が太郎と戦った。」は一方が非文で、相互性が成立しない。さらに、「彼は御用学者と戦った。」も、「?御用学者は彼と戦った。」という文は受け入れにくく、相互性の存在はあやしい。他動詞「なぐる」や「愛する」は、「なぐり合う」「愛し合う」のように「-合う」がつくことによって、相互性をもつ。

◆受身、使役、他動性、相互構文

■参考文献

柴谷方良（2000）「ヴォイス」仁田義雄・益岡隆志編『〈日本語の文法1〉文の骨格』岩波書店．

高橋太郎（1977）「たちばのとらえかたについて」『教育国語』51, むぎ書房．

村木新次郎（1991）「ヴォイスのカテゴリーと文構造のレベル」仁田義雄編『日本語のヴォイスと他動性』くろしお出版．

村木新次郎（2000）「ヴォイス」『別冊國文學 現代日本語必携』53, 學燈社．

[村木新次郎]

■ヴォイス[2]

1. ヴォイスとは

ヴォイスとは、欧米語では能動相に対して受動相（passive）、中相（middle）等の動詞の形態を総称する概念である。これを、動詞の形態と項構造の対比に関する範疇と捉えるなら、日本語では（ラ）レル形（受動、自発、（尊敬））に加えて、（サ）セル形（使役）もヴォイスの枠内で捉えるのがふさわしい。また、日本語では自動詞と他動詞に形態的対立があるので、動詞の自他（他動性）もヴォイスと連続的に捉えられる。ただし動詞の自他の対立は、語彙項目として固定されており生産性がないが、（ラ）レル形、（サ）セル形は接辞の付加による生産的な形式である点は注意すべきである。加えて、可能動詞（「書ける」「読める」等）および、いわゆる「ら抜きことば」と呼ばれる「見れる」「食べれる」等の形式を（レ）ル形とすると、これもまたヴォイスと一連のものとして考えることができる。

2. 自動詞・他動詞とヴォイス

日本語固有の動詞の中には、「切る・切れる」「立つ・立てる」「渡す・渡る」等、共通の語根を持つ自動詞・他動詞の対が多数あり、逆に自他同形の動詞はまれである。この点で、自動化、他動化等の文法的操作を想定することも理論的には可能であるが、（ラ）レル形、（サ）セル形と異なり、形態的対立のあり方が語彙によってさまざまであり、また自他の対立の有無は語彙的に決定されていて、生産性がない。よって、自動詞・他動詞の対立は文法的対立と区別して、語彙的な対立と見るのが一般的である。自動詞・他動詞の対の有無は、語彙的意味に依存していると見られるが、他動詞を欠く自動詞「（雨が）降る」に対して、（サ）セル形「（雨を）降らせる」が他動詞相当の機能を補い、自動詞を欠く「作る」に対して、（ラ）レル形の「作られる」が自動詞相当の機能を補うなど、自他の対立の隙間を（ラ）レル形、（サ）セル形が補完しているところがある（寺村1982）。

3. 受動文（受身文）の分類と意味

英語の受動相では、能動文における動詞の形態がbe動詞＋過去分詞になるとともに、もとの目的語が主語の位置に上昇し、元の主語は表層から削除されるか、あるいはby句によって示される。この場合、動詞は他動詞に限られる。このパタンになぞらえて、日本語で他動詞を（ラ）レル形にし、元の目的語（ヲ格名詞句）

を主語（ガ格名詞句）に変えたものを「直接受動文」あるいは「まともの受身」（仁田 1991）などと呼ぶことがある。次のようなものである。

(1)a. 川に橋を架けた。（能動文）
　　b. 川に橋が架けられた。（直接受動文・まともの受身）

しかし日本語では，自動詞も（ラ）レル形にすることができる。この場合，元のガ格名詞句はニ格名詞句になり，新たな名詞句が主語として付け加えられる。また，他動詞を（ラ）レル形にし，かつ元の目的語は目的語のまま，主語はニ格名詞句に変え，新たな名詞句を主語として付け加えるパタンも存在する。これらは「間接受動文」と呼ばれる。

(2)a. 子供が騒いだ。（能動文・自動詞）
　　b. 犯人が子供に騒がれた。（間接受動文）
(3)a. 猫が皿を割った。（能動文・他動詞）
　　b. 母が猫に皿を割られた。（間接受動文）

間接受動文は，新たに付け加えられた主語の指示対象が，出来事から被害・迷惑を被る意味を表すと言われ，その点から「被害受身」「迷惑の受身」と呼ばれることがある。しかし間接受動文でも，次の例のように，残存する目的語が新しい主語の一部であったり所有物であったりする場合は，必ずしも被害・迷惑の意味が生じないとも言われる。この点から，「持ち主の受身」（仁田 1992）という名称が与えられ，直接受動文と間接受動文の中間に位置づけられることがある。

(4)a. 父が私の頭を撫でた。（能動文）
　　b. 私が父に頭を撫でられた。（持ち主の受身）

日本語に生成文法理論を適用した場合，直接受動文と間接受動文に同じ構造を与えるのか（同一構造仮説：uniform theory）（Kuroda 1965, Howard & Niyekawa-Howard 1976），異なる構造を与えるのか（非同一構造仮説：non-uniform theory）（Kuno 1973, Shibatani 1978）という問題で議論が交わされた。

元の主語の表示の仕方によって受動文を分類することも行われている。即ち，ニ受身文，ニヨッテ受身文，カラ受身文などである。これらの区別は，直接受動文か間接受動文かの区別，動詞の意味的なタイプ，また文脈等に依存する。

(5)a. 首都が敵機{に/によって/??から}爆撃された。
　　b. 山田はクラスのみんな{に/*によって/から}愛されている。

Kuroda (1979) は，直接受動文と間接受動文で構造を分けるのではなく，ニ受身文（直接・受動文）とニヨッテ受身文（直接受動文）に異なる構造が与えられるとしている。

受動文の主語の指示対象が有生物か無生物かによって分類することも行われている。それぞれ，「有情の受身」「非情の受身」と呼ばれる。この区別は意味に相関すると考えられている。すなわち有情の受身は，主語の有生物（主として人間）が出来事から影響を被る意を表すのに対し，非情の受身は，出来事を客観的に捉えることを表す。加えて，この区別は日本語の歴史における受動文の固有・非固有の問題と結びつけて考えられていた。日本語固有の受動文は有情の受身であり，非情の受身は翻訳文の影響で近代になって日本にもたらされた，というものである（三矢 1908，山田 1908 等）。しかし，非情の受身でもある種のものは古代から存在していたことも指摘されている（小杉 1979 等）。金水（1991）は，人や物への影響を表す受動文が日本語固有の受動文であり，直接受動文と間接受動文とを問わず，動作主表示があればニ格に限られるとした。一方，影響関係を一切表さない客観的な出来事の描写を表す受動文が非固有の受動文であり，特にニヨッテ受身文は翻訳の影響によって生じたことを述べている。

4. 使役文の分類

　日本語の使役文は形の上からは，動詞を(サ)セル形にし，新たな主語（使役者）を付け加えることで成立する。他動詞文から作られる場合は，もとの動作主（被使役者）はニ格名詞句で表されるが，自動詞文から作られる場合は，もとの動作主はニ格名詞句になる場合と，ヲ格名詞句になる場合とがある。前者をニ使役文，後者をヲ使役文と呼ぶことがある。

　(6)a． 子供が本を読む。（能動文）
　　 b． 子供に本を読ませる。（使役文）
　(7)a． 子供が学校に行く。（能動文）
　　 b． 子供を学校に行かせる。（ヲ使役文）
　　 c． 子供に学校に行かせる。（ニ使役文）

　意味の上で，使役とは，使役者が被使役者に働きかけることで被使役者の動作を引き起こすことを典型とする。しかし働きかけの度合い・方法や，被使役者の意図・意志の度合い等によってさまざまなヴァリエーションがあり得る（鄭 2006 他参照）。例えば，使役者が被使役者に物理的に働きかけ，即ち働きかけと動作が同時であり，被使役者の意図・意志がまったく必要ないか，無視できるほどに低く見積もられる場合は，（サ）セル形ではなく他動詞が専ら使われる。（サ）セル形が用いられる場合は，働きかけは言語による指示など間接的であり，従って働きかけと動作に時間差があり，指示に従う被使役者の意図・意志が関与しているものが典型となる。ヲ使役文とニ使役文では，後者がより使役者の意図が明瞭であり，具体的かつ実効的な働きかけがある場合に用いられるとおおざっぱには言える。また，使役者の働きかけが実際には存在せず，被使役者の動作を許容する意味の使役文を特に「許容使役」と呼び，働きかけが実効性を持つ「拘束使役」と区別する場合がある。

　(8)父は（息子に説得されて）渋々息子を東京の大学に行かせた。

　さらに，使役者の使役する意図がなく，単に事態に対して使役者が責任を負うことを（情意を込めて）示すために使役形を用いることがある。

　(9)父は戦争で息子を死なせた（ことを後悔している）。

◆受身，使役，可能，ラレル

■参考文献

青木玲子（1977）「使役――自動詞・他動詞との関わりにおいて」『成蹊国文』10．〔再録：須賀一好・早津恵美子編（1995）『動詞の自他』ひつじ書房〕

奥津敬一郎（1983）「何故受身か？」『国語学』132．

金水　敏（1991）「受動文の歴史についての一考察」『国語学』164．

Kuno, Susumu (1973) *The Structure of the Japanese Language*. MIT Press.

Kuroda, S.-Y. (1989) Generative Grammatical Studies in the Japanese Language. Ph. D. Dissertation, MIT.

Kuroda, S.-Y. (1979) "On Japanese passive." In George D. Bedel, et al. (eds.) *Explorations in Linguistics: Papers in Honor of Kazuko Inoue*. Kenkyusha.

小杉商一（1979）「非情の受身について」『田辺博士古希記念 助詞助動詞論叢』桜楓社．

Shibatani, Masayoshi (1985) "Passive and related construction: A prototype analysis." *Language* 61.

柴谷方良（2000）「ヴォイス」仁田義雄・益岡隆志編〈日本語の文法 1〉文の骨格』岩波書店．

寺村秀夫（1982）『日本語のシンタクスと意味 I 』くろしお出版．

鄭　聖汝（2006）『韓日使役構文の機能的類型論研究――動詞基盤の文法から名詞基盤の文法へ』くろしお出版．

仁田義雄（1991）「ヴォイス的表現と自己制御性」仁田義雄編『日本語のヴォイスと他動性』くろしお出版．

仁田義雄（1992）「持ち主の受身をめぐって」藤森ことばの会編『藤森ことば論集』清文堂出版．

原田信一（1974）「中古語受身文についての一考察」『季刊文学・語学』74．

Howard, Irwin and Agnes Niyekawa-Howard (1976) "Passivization." In Masayoshi Shibatani (ed.) *Japanese Generative Grammar (Syntax and Semantics 5)*. Academic Press.

細川由起子（1986）「日本語の受身文における動作主のマーカーについて」『国語学』144．

益岡隆志（1987）『命題の文法――日本語文法序説』くろしお出版．

松下大三郎（1930）『標準日本口語法』中文館書店．

三矢重松（1908）『高等日本文法』明治書院．

Jacobsen, Wesley M. (1991) *The Transitive Structure of Events in Japanese*. Kurosio Publishers.

山田孝雄（1908）『日本文法論』宝文館．

［金水　敏］

■ヴォイス[3]（方言）

●**方言のヴォイス**──標準語のヴォイスには，狭義の能動と受動の対立のほかに，使役構文，相互構文，可能構文，やりもらい構文，シテアル構文などが関連するが，方言でも，能動と受動，それに使役構文，やりもらい構文などは広くみられるようである。

●**受動構文・可能構文**──奄美諸方言をふくむ琉球諸方言一般や東北方言の一部などでは標準語タイプの可能動詞が成立していないため，サレルにあたるかたちも可能の意味でつかわれる。このように，受動系列からの可能系列の分化は形態論的にもすすんでいないが，そのことと，八丈方言など構文的に古い受動タイプの可能構文がのこることとが，方言において連動していると考えられる。また，九州方言では受動動詞に二段活用タイプ（ノマルル）がのこる。

受動動詞由来の可能動詞とべつに東北のノムニイイ系，九州のノミキル系などの可能形式がみられるが，この種の可能は可能動詞と，能力可能（ロシア語は読めない）――条件可能（暗くて字が読めない）のように対立することはあっても，ヴォイス的には受動タイプではなく能動タイプになる。

東北方言には，能動タイプの可能（オレモカガレル：私も書ける）とはべつに，動作主体がニ格で残る標準語タイプとちがって，動作主体があらわれずに動作の直接対象（コサダドジーカガル：ここになら字が書ける）や道具（コノ　マジック　マダ　カガル：このマジックまだ書ける）などの間接対象が主語になってそれらに〈可能性〉をあたえるタイプの可能構文が見られる（例は山形南陽方言）。

●**使役構文・やりもらい構文**──使役構文では，いわゆる「ラ抜き」に対して，ノマサス，ノマササスのような「サ入れ」の使役動詞がみられるが，奄美喜界島方言では「サ入れ」が使役の重複という文法的意味の違いとむすびついている。使役動詞は一，二段タイプでなく，奄美方言のユマシュン（読ませる）・カカシュン（書かせる）などのように強変化タイプ化していることがある。

やりもらい構文では標準語型の三項対立ではない，ヴォイス対立だけのクレ・モライ型が方言には少なくない（オレ　シテケル：私がしてやる・タロー　シテケル：太郎がしてくれる／してやる：例は山形南陽方言）が，敬語動詞のほうでは三項対立になりやすい。また，琉球諸方言のようにやりもらい動詞自体が未発達で，使

役動詞を代用するところもある。

●**シテアル構文**──琉球諸方言には人の動作の痕跡の存在をあらわす，動作主体を主語にしたままのシテアル構文（西表方言ではシアル構文。タロードゥ カケル：太郎が書いてある・タッカドゥ ペール：だれかが這ってある）があり，対象は主語にならない（例は西表祖納方言）。なお，対象を主語にするシテアル構文のシテアル動詞の構造は，山形南陽方言などではアル型派生動詞＋イルのタイプ（書ガル＋テイル＞書ガッテル）であるのに対して，八丈方言では（e）ル・ラレル型派生動詞＋アルのタイプ（強変化：書ケル＋テアル＞書ケテアロワ，弱変化：見ラレル＋テアル＞見ラレテアロワ）になっている。したがって，存在動詞がアルだけの八丈方言ではシテイルとシテアルが，標準語のように補助動詞のほうではなく，本動詞の違い（書ッテ アロワと書ケテ アロワ）によって区別される。

➡可能，可能動詞

[金田章宏]

■受身[1]

1．受身の規定

受身は「受動」（passive）とも呼ばれ，一般に，特定の構文的特徴を有する受身構文（受動構文）として扱われる。

受身構文は言語学的には主語，目的語といった文法関係（grammatical relation）の変更が関与する構文であるとされる。すなわち，基本的（無標的）な構文における目的語などの非主語が主語に格上げされ，主語が非主語に格下げされる有標的な構文である。基本的な構文と有標的な構文のあいだに見られるこのような構造的対応関係は，一般に「能動態–受動態」というヴォイス（voice）の対立として捉えられている。

受身構文に関与する文法関係の変更には，上記の，非主語の主語への格上げと主語の非主語への格下げの2つがある。これらをそれぞれ「主語への昇格（promotion）」，「主語からの降格（demotion）」と呼ぶ。主語への昇格と主語からの降格をめぐる大きな論点は，このうちのどちらが受身構文の規定にとってより重要かという点である。この点に関して，主語への昇格が一次的であるという見方と，主語からの降格が一次的であるという見方が対立している（Shibatani（1985）を参照）。

日本語の受身構文は，基本となる構文における非主格が主格へ昇格し，主格が非主格へ降格する有標的構文である。述語動詞には接辞の「(ラ)レル」が付加される。具体例で言えば，(1)の基本的な構文に対応して(2)の受身構文が成立する。

(1)先生が生徒をほめた。
(2)生徒が先生にほめられた。

この場合，基本構文の「生徒を」（非主格）と「先生が」（主格）が，有標構文の「生徒が」（主格）と「先生に」（非主格）にそれぞれ対応する。

主語への昇格と主語からの降格のどちらが一次的かという点を見てみると，日本語には主語への昇格を基本とするタイプと主語からの降格を基本とするタイプの両方が認められる。ここでは，これらを「昇格型」，「降格型」と名づけておく。

2．受身の類型

昇格型の受身構文と降格型の受身構文という構造の面から捉えた類型は，構造面だけでなく意味の面にも関係する。

日本語の受身構文に関して意味の面から注目すべき類型を考えたのは松下大三郎である。松下（1930）は受身構文を「利害の被動」と「単純の被動」に大別した。利害の被動とは，

人またはそれに準じるものを主体とし，その主体が当該の出来事から利害を受けることを表すものである。次の(3)がその例である。

(3) 子どもが犬に噛まれる。

それに対して単純の被動とは，非情物を主体とし，主体が利害を受けるという性格を持たないものをいう。(4)がその例である。

(4) 家毎に門松が立てられた。

利害の被動と単純の被動には，出来事を引き起こす主体がどのように言い表されるかという点でも相違が見られるとされている。すなわち，出来事を引き起こす主体は，利害の被動では(3)のように「〜に」という形式で表され，単純の被動では(4)のようにゼロの形式または「〜によって」などの形式で表される。

松下のいう「利害の被動/単純の被動」はその基本において，上で述べた「昇格型の受身構文/降格型の受身構文」に相当する。すなわち，利害の被動は出来事から何らかの影響を受けたことを構造的に明示するものであり，単純の被動は出来事を引き起こした主体を背景化するものである。出来事から影響を受けたことを明示するために被影響者を主格に昇格させる前者のタイプを，ここでは，その意味上の特徴に基づき「受影受身（受影受動）」と名づける。また，出来事を引き起こした主体を背景化するためにそれを主格から降格させる後者のタイプを，同じくその意味的特徴から「中立受身（中立受動）」と名づける（益岡（1987）を参照）。

受影受身は，対応する基本構文との関係から「直接受身」と「間接受身」に下位区分される（寺村（1982）を参照）。直接受身というのは(5)のように，受身の主体が当該の出来事に直接関与するものをいう。

(5) 太郎は先生にほめられた。

(5)の主体である太郎はこの出来事にほめる対象として直接関わっている。

一方，間接受身というのは，受身の主体が当該の出来事の部外者であるにもかかわらずその出来事から間接的に影響を受けることを表すものである。この場合，間接的な影響は通常，好ましくない影響，すなわち被害（迷惑）である。例えば次の(6)では，受身の主体である太郎が花子の泣く行為で迷惑したことが表される。

(6) 太郎は花子に泣かれた。

3.「(ラ)レル」とヴォイス

受身構文では述語動詞に「レル・ラレル」が付加される。「レル・ラレル」のもとになった古代語の「ル・ラル」には，受身を表す用法のほかに自発を表す用法，可能を表す用法，尊敬を表す用法があった。現代語の「レル・ラレル」も，自発の用法が縮小した，可能の用法で異なる形態が確立しつつある，尊敬の用法が「お〜になる」などの使用により相対的な比重を低下させているといった状況があるとはいえ，受身・自発・可能・尊敬の用法を持つという点は基本的に変わらない。

レル・ラレルの付加は，受身・自発・可能・尊敬のいずれの用法においても人為性を背景化することであると考えられる。すなわち，受身・自発は行為者が事態の主役とならず，可能は行為そのものが潜在化し，尊敬は当該の事態を自然発生的なものとして表現する。レル・ラレルは当該の事態を「ナル」的に捉えるものであると言える。

受身は通常「受動態」としてヴォイスのカテゴリーに収められるのであるが，日本語の受身の述語形態から見ると，ヴォイスのカテゴリーに自発・可能・尊敬を組み入れる見方も成り立つ。さらには，「レル・ラレル」に対して事態の誘発（使役）を表す「セル・サセル」をヴォイスのカテゴリーに加えることも考えられる。使役構文も，「セル・サセル」の付加により派生する構文である。このことから，「受身・自発・可能・尊敬」と「使役」からなるヴォイス

の体系を構築する道が開かれることになる（寺村（1982）を参照）。

4. 動詞の類型

レル・ラレルが人為性を背景化するものであるという点から，受身になり得る動詞の類型が明らかになる。

レル・ラレルが人為性を背景化するということは，レル・ラレルが付加する動詞自体は人為性を表すもの，すなわち，事態の成立を制御できる存在であるということを意味する。三上章は受身になり得るかどうかに基づき，動詞を'active'の「能動詞」と'inactive'の「所動詞」に分けた。

また，自動詞に，行為や活動を自己制御できる「非能格動詞」（unergative verb）とそのような性格を持たない「非対格動詞」（unaccusative verb）の区別を認める影山（1996）は，非能格動詞が間接受身を作れるのに対し非対格動詞は間接受身を作れないと指摘している。

このように，受身になり得るかどうかは動詞の類型と深く関係する。このことは自発・可能・尊敬（さらには，使役）についても重要な点であり，動詞の意味研究がヴォイス研究にとって重要な意味を持つことに留意したい。

➡ヴォイス，ラレル

■参考文献

影山太郎（1996）『動詞意味論』くろしお出版．

寺村秀夫（1982）『日本語のシンタクスと意味 I』くろしお出版．

益岡隆志（1987）『命題の文法』くろしお出版．

松下大三郎（1930）『標準日本口語法』中文館書店．〔増補復刊：勉誠社，1977〕

Shibatani, Masayoshi (1985) "Passives and related constructions." *Language* 61(4).

[益岡隆志]

■受身[2]

能動文と比べて受身文はどのように特殊なのだろうか。日本語の受身文にはどのような種類があるのだろうか。

1. 受身の特殊性

受身（受動態）は能動態に対する態（voice）の概念として捉えられる。「先生が生徒を褒めた」のように動作主と被動者を含む文では，行為連鎖に基づく普遍的な項選択の法則（「語彙概念構造」の項を参照）によって，動作主が主語，被動者が目的語として具現されるのが普通である。これが能動態であり，その法則に反して被動者を主語に据えるのが受動態（「生徒が先生に褒められた」）である。わざわざ主語に取り立てられる被動者には，以下で述べる特別な性質が要求される。

2. 生成文法における直接受身と間接受身

初期の生成文法では，日本語の受身文を直接受身（「彼女は恋人に振られた」のように受身文の主語が能動文の項（特にヲ格目的語）に対応する場合）と間接受身（「彼女は雨に降られた」のように受身文主語に当たるものが能動文に想定できない場合）に二分し，前者を能動文からの名詞句移動（目的語を主語位置に移動）によって，後者を［彼女は［雨に降］られた］のような補文構造によって分析する方法があった（非画一理論）。このような構造的区別を設ける根拠として，「自分」の解釈が両タイプの受身文で異なることなどが論じられた（直接受身「太郎は次郎に自分の部屋でなぐられた」の「自分」は主語「太郎」しか指さないが，間接受身「太郎は花子に自分の部屋で泣かれた」の「自分」は「太郎」とも「花子」とも解釈でき

る)。しかし直接受身における「自分」の一義的解釈は，直接受身を補文構造で分析しても解決できることが明らかになり(Howard and Niyekawa-Howard 1976)，現在では，少なくとも動作主をニ格で標示する受身文(ニ受身文)については，間接受身文だけでなく直接受身文も，[生徒ᵢ [先生に proᵢ 誉め] られた]（proは発音されない代名詞で主語「生徒」を指す）のように，もともと独自の主語と補文構造を持つとする分析（画一理論）が有力である(Kitagawa and Kuroda 1992, Hoshi 1999)。

画一理論の考え方は，「日本語固有の受身文は有情物を主語とし，その主語が何らかの影響（特に被害や迷惑）を被ることを意味する」という国語学の伝統的な見方と呼応する。ただし，山田孝雄(1908)が指摘した「年へても磯うつ浪にあらはれていはほの苔はむすひまもなし」（新続古今）のように非情物が主語になる受身文も昔から存在する。

3. 2種類の受影受身：出来事受影と行為受影

ニ受身文ではもともと有情物（特に人間）が主語として想定されるという考え方は，(1)のような主語指向副詞との整合性からも裏付けられる。

(1) a． 彼女ᵢは自ら進んで，恋人に proᵢ 振られた。
 b． 子供ᵢはいやいや，母親に proᵢ（の）お尻をぶたれた。

(1)に対応する能動文（「恋人が彼女を自ら進んで振った/母親が子供のお尻をいやいやぶった」）では，「自ら進んで/いやいや」は「彼女/子供」の心態を表すことができない。もし受身文が単純に能動文からの変形で派生されるのなら，(1)の副詞は「彼女/子供」を指せないはずである。このことから，(1)の「彼女/子供」はもともと主語としての地位を有することになる。ただし，間接受身文（三上章の「はた迷惑の受身」）は，この種の副詞と整合しない。

(2) a． *私は{わざと/いやいや}雨に降られた。
 b． *亭主は自ら進んで，女房に死なれた。

(1)と(2)の違いは主語名詞句と主動詞との文法的な関わり方にある。(1)の主語は，動詞が描く行為に pro として文法的に関わっているため，その行為に対してある程度の制御力を持つ。他方，(2)の主語は動詞の表す出来事から文法的に隔絶しており，動詞が表す出来事を制御できない。そのため，(2)では出来事が一方的に主語に降りかかるということになり，被害や迷惑の意味が生じる。他方，主語が動詞の項（pro）として行為に関与する(1)の型では，構文に固有の被害の意味はなく，被害（叱られる）か利益（誉められる）かは動詞の語彙的意味に依存する。

(1)と(2)は益岡(1987)の用語では「受影受動文」に当たるが，上述のような違いから(1)を「行為受影」，(2)を「出来事受影」として区別しておく。助詞の「に」は広い意味で「接着，接触」を表すから，出来事受影受身文の「に」は主語と出来事との接着関係，行為受影受身文の「に」は主語と行為との接着関係を表している。

4. 変化受身

「に」が個物（主語）と他の個物との接着関係を表す場合もある。山田孝雄が「状態性の受身」と呼んだ「岩が波に洗われている」のような例では，波という個物が岩という個物に接触し擦れ合うことによって「洗う」という事態が生じ，その結果，岩は表面の異物が無くなるという変化をきたす。(3)も同じ範疇に含められる。

(3) a． 山頂は新雪{に/で}おおわれた。
 b． 森は深い霧{に/で}包まれた。
 c． 水は水素と酸素で構成されている。

(3)では「に」の代わりに、材料・構成物を表す「で」が用いられることがある。ニ格/デ格名詞が主語名詞に物理的に作用することで両者が一体となり、主語の姿や状態が変わる。このように主語名詞の状態や性質の変化を含意する受身文を「変化受身文」と呼ぶことにしよう。受影受身文の場合は主語は典型的に人間であり、文脈によって動作主（ニ格名詞句）が省略できる。他方、変化受身文の主語は典型的に無情物で、しかも状態変化を引き起こす個物が重要であるから、ニ格/デ格名詞句は省略できない（*岩が洗われている、*山頂はおおわれた）。

受影受身と変化受身の違いは、主動詞の語彙概念構造とも関係する。受影受身文では、主動詞が状態変化（「彼女は彼に長い髪を切られた」）でも働きかけ（「彼女は彼に長い髪を引っ張られた」）でもよいが、変化受身文は状態変化動詞に限られる。なぜなら、単なる働きかけでは、姿も状態も変化しないからである。

(4) a．きれいな花が酔っぱらいに｛踏みつぶされた/*踏まれた｝。
　　b．ベルリンの壁が市民たちに｛押し倒された/*押された｝。

変化の意味が最も際立つのは作成動詞である。

(5)『ローマの祭』は1928年にレスピーギ｛によって/*に｝作曲された。

作成動詞の受身文では動作主をニ格で標示することができない。変化受身のニ格が個物から個物への働きかけを表すとすると、作成物はもともとは姿形がないから、作成者と作成物との関係をニ格で表すことができないわけである。作成動詞の場合は作品の姿や成り立ちが重要であるから、「この論文は平易に書かれている」や「この本は著者の死後に出版された」のように、種々の副詞によって作品の性質を表現することが多い。更に、「好かれている、珍重されている」のような状態性のニ受身文は主語の恒常的な属性を表す。

5. ニヨッテ受身

ニヨッテで動作主を標示する方法は明治以降に西洋語の翻訳として導入された（金水 1993）とされる。まず、出来事受影（はた迷惑の受身）の動作主はニヨッテで標示できない（「*私は突然、雨によって降られた/*社長は社員によって辞められた」）。出来事受影受身文ほどではないが、行為受影受身文もニヨッテを受け入れにくい（「?*子供は教師によって頭をたたかれた/?*私はスリによって財布を盗まれた」）。他方、変化受身文はニヨッテも容認し、ニが不可能な作成動詞でもニヨッテなら成立する（例(5)）。ニヨッテ受身は、ニ受身と比べると客観的、中立的な意味合いであるから、その主語は、対応する能動文の構造から名詞句移動で派生されると考えられている（Kuroda 1979, Hoshi 1999）。

■参考文献

影山太郎（2006）「日本語受身文の統語構造」『レキシコンフォーラム No.2』ひつじ書房．

金水 敏（1993）「受動文の固有・非固有性について」『近代語研究』9, pp. 473-508．

益岡隆志（1987）『命題の文法』くろしお出版．

山田孝雄（1908）『日本文法論』宝文館．

Hoshi, Hiroto (1999) "Passives." In Natsuko Tsujimura (ed.) *The Handbook of Japanese Linguistics*, pp. 191-235. Blackwell.

Howard, Irvin and Agnes Niyekawa-Howard (1976) "Passivization." In Masayoshi Shibatani (ed.) *Japanese Generative Grammar*, pp. 201-237. Academic Press.

Kuroda, Shigeyuki (1992) *Japanese Syntax and Semantics*. Kluwer.

［影山太郎］

■受身[3]

1.「受身」の一応の定義

(動詞の) ラレル形, すなわち「いわゆる動詞未然形+〔現代語〕レル・ラレル,〔古代語〕ル・ラル, ユ」を述語とする文のうち, 次のような例文に代表されるものを「受身文」という。

(1)a 次郎が太郎にほめられた
　　　(↔ 太郎が次郎をほめた)
　b 会議が (議長によって) 招集された。
　　　(↔ 議長が会議を招集した)
　c 太郎は一晩中二階の住人に騒がれた。

用語「受身」の指す内容を一言で述べることは本質的に困難だ (後述) が, 強いて言えば,「主語に立つ人やものが, 他の人やものの動作や動きの影響をこうむったり, 述語動詞の表わす動作や動きの対象となること」となろう。

「受身」は,「所相」「被動」「受動」などとともに passive などの訳語であるが, 日本語の「受身文」と西洋語の passive sentence の外延が一致するわけではない。

なお, 上記のような意味で「受身」を表す表現は動詞ラレル形以外にも存在する (「注目を集める (≒注目される)」など) が, 以下ではもっぱら動詞ラレル形の受身用法について述べる。

2. 受身文の下位分類

「受身文」と呼ばれる文は, 構文の上でも表す意味の上でも多種多様であり, 下位分類の試みもいくつかある。

●観点1：対応する能動文の有無——最もよく知られているのは, 対応する能動文の有無に注目するものである。上記例文で言えば (1a) (1b) は対応する能動文が存在し, 直接受身 (受動) 文 (direct passive) と呼ばれる。一方 (1c) は対応する能動文がなく, 間接受身 (受動) 文 (indirect passive) と呼ばれる。これは直接には, 西洋語の受動文に相当する文かそうでないかという観点から分けたものである。なお, 日本語にヴォイス (voice) の範疇を認める立場では, 直接受身文を構成する場合のラレル形が最も狭い意味でのヴォイス形式となるが, 通常は間接受身文を構成するラレル形をもヴォイス形式として認めるようである。

直接受身文と間接受身文は,「自分」の先行詞のありかたをはじめ, いくつかの構文現象をめぐって違いが見られる。また, 間接受身文は多くの場合, 他の人の動作によって主語にたつ人が間接的な悪影響をこうむるという意味 (三上章1953『現代語法序説』の用語では「はた迷惑」という。「迷惑」「被害」「adversity」などと呼ぶ人もある) を表わすが, 直接受身文は多くの場合「はた迷惑」を表わさない。直接受身文と間接受身文の異質性を強調する議論においては, しばしばそれらの構文・意味上の現象が論拠とされる。

しかし,「直接受身文/間接受身文」という区分と,「自分」の先行詞の問題など他の構文現象とは, 必ずしも完全に連動しているわけではない。「はた迷惑」の現れ方をめぐっても, やはり, 完全には連動していない。例えば, 次の文は構文上は間接受身文であっても「はた迷惑」を帯びない。

(2)太郎が先生に作品をほめられた。
　　(↔ *先生が太郎を作品をほめた)

また, 次のような文は直接受身文であっても「はた迷惑」を帯びるとされる。

(3)次郎は太郎に2時間待たれた。
　　(↔ 太郎は次郎を2時間待った)

今日では,「はた迷惑」の現れ方を決めているのは構文の種類ではなくて, 主語者が文に述べられている事態に関与している度合い (久野暲「involvement」, 柴谷方良「relevance」) であると考えられている。すなわち, 主語者が

当該事態に関与する度合いが低いほど「はた迷惑」が現れるというのである。ただし、「主語者が当該事態に関与する度合い」は何を基準に測れるのかについては、まだ追究するべき問題が多い。

●観点2：主語の有情/非情など——一方、主として主語が有情か非情かに注目した受身文の下位分類も、古くから存在する（研究史上は観点1よりも早いようである）。すなわち、上記の例文で言えば、（1a）（1c）をひとまとめにし、（1b）と区別しようというものである。これは、古代の日本語において非情物主語の受身文が許されたのはごく限られた意味を表わす場合だけであったということ、非情物主語の受身文の多くが近代において欧文直訳体の文章の影響で一般化したものであるということを重視したものである。

松下大三郎（1930）『標準日本口語法』の受身文分析は、この立場の古典的な了解を示すものである。松下の受身文分析ではほぼ観点1に相当する分類も行なうが、それよりも上位の分類として、「利害の被動/単純の被動」という2分類を行なう。この2つの受身文に関する松下の議論の趣旨を、適宜今日の用語法で置き換えてまとめると次の表1のようになる。

ここで松下のいう「利害」とは、「（有情の）

表1

	利害の被動	単純の被動
主語の種類	有情	非情
動作主項目の表示	ニ	ニヨッテ
成立の新旧	近世以前（固有）	近代以後（非固有）
意味	「利害」の意味を表す（被影響）	「利害」の意味を表さない（無影響）

（松下 1930：157-161 による）

主語者が他の人やものの動作や動きから利益や被害といった何らかの影響をこうむる」というものであって、「はた迷惑」を含んでそれよりはるかに範囲の広い概念である。今日では「（被）影響」あるいは「受影性」（益岡隆志）、「affectivity」（黒田成幸）などと呼ばれる。

松下は、表1の上下に並ぶ4つの特徴が完全に連動すると主張しているが、実際には、「有情主語かつ動作主ニヨッテ表示」、「非情主語かつ動作主ニ表示」というタイプの受身文も存在する。このうち、「有情主語かつ動作主ニヨッテ表示」のタイプ（「遭難者が救助隊によって助けられた」など）は、（ニヨッテによる動作主表示の成立時期からして）欧文直訳体の一般化以前には日本語になかった、いわゆる非固有の受身であり、かつ被影響の意味はしばしば表われない。それに対して、「非情主語かつ動作主ニ表示」のタイプは、「固有/非固有」「被影響/無影響」をめぐって一とおりではない。現在良く知られているタイプとして「擬人法タイプ」（「サッカーボールはいつもみんなに蹴られて痛そうだ」など）、「潜在的受影者（益岡隆志）が認められるタイプ」（「大事なお金が泥棒に盗まれた」など）（以上、固有かつ被影響）、「発生状況描写（尾上圭介）タイプ」（「瓢箪が軒に吊されている」など）（固有かつ無影響）、「属性叙述受動文（益岡隆志）」（「この雑誌は10代の若者によく読まれている」など）（非固有かつ無影響）などがある（川村大2004、2012）。

3.「受身文」の定義をめぐって

以上見てきたように、いわゆる「受身文」と呼ばれるものは、構文の面でも意味の面でも多種多様なものを含んでいる。一方、ラレル形述語文には、いわゆる「受身文」の他にも自発・可能・尊敬を表わすものもある。その中で、「受身文」を他のラレル形述語文と明確に区別

し，かつ「受身文」と呼ばれているもの全てを包括するような定義を与えることは容易ではない。

外国語との対照を意識して「受身」を論ずるときは，「受身文」は構文論的概念と了解されることが多い。しかし，例えば「動作対象項目が主語に立つ」という特徴は，直接受身文には当てはまっても間接受身文には当てはまらない。しかも，自発文・可能文にも動作対象項目が（ガ格表示されるという意味で）主語に立つタイプの文が存在する。また，「動作主（経験者）項目が主語に立たない」という特徴は「受身文」全てに共通するものの，自発文・可能文にも動作主（経験者）項目が（ニ格表示されるという意味で）主語に立たないものが存在する（なお，自発文・可能文は受身文と異なる格配置をとる場合もあるから，自発文・可能文をすべて構文上の"受身文"と見なし，"受身文"の自発・可能用法とすることで問題を回避することもできない）。

なお，もっと細かい構文現象を取り上げるならば，受身文と自発文・可能文を区別することが可能ではある。例えば，自発文・可能文は動作主（経験者）項目を「○○ハ」で表示できる（「私は悪いことが起きそうだと思われてならない」など）が，受身文では「○○ニハ」の形が必要である（「太郎は山田先生{*は/には}叱られなかった」）など。また，自発文・可能文は動作主（経験者）項目を尊敬語で待遇できる（「山田先生には当時のことが懐かしくお思い出されになった」など）が，受身文では不可能である（「*太郎が山田先生にお呼ばれになった」）など。たしかに，これらの構文現象は，受身文と自発文・可能文を弁別する手がかりとして有効ではあるが，これらの特徴をもって受身文を定義するのがふさわしいかどうか，疑問である。

このように，「受身文」を構文の面で定義することは困難である。

このような認識の上に立って，なお「受身文」を定義しようとすれば，意味によるしかあるまい。自発・可能など，ラレル形の他の用法は通常意味の観点から規定されているから，受身用法を他の用法と区別するという目的にとっては，意味に注目するのが最も有効である。

しかし，いわゆる「受身文」全体に共通する意味的特徴なるものは，これまた存在しない。「はた迷惑」という特別な意味の有無に注目すれば，（1c）だけが「はた迷惑」の意味を持ち，（1a）（1b）はその意味を持たない，ということになる（これは観点1の立場に立つということである）。また「被影響」の意味の有無に注目すれば，（1a）（1c）が「被影響」の意味を持ち，（1b）はその意味を持たない，ということになる（これは観点2の立場に立つということである）。冒頭の暫定的な定義は，意味的な観点（観点2）と構文的な観点（観点1）とが混在するものであった。

観点1と観点2のいずれの立場を選ぶべきかは，日本語の受身文をどのような観点から見るかによって変わってくる。すなわち，西洋語の受動文との共通性を重視したり，言語類型論的に「受動文」を規定する立場に立つ場合は，観点1の立場をとることになるだろう（例えば柴谷方良2000，坪井栄治郎2003）。一方，動詞ラレル形の多義の構造の中での受身用法の位置を考えたり，「受身文」の歴史的発達過程を重視する立場に立つ場合は，観点2の立場をとることになる（尾上圭介1998, 1999, 2003）。

◆ヴォイス，可能，自発，出来文，ラレル

■参考文献

尾上圭介（1998, 1999）「文法を考える5, 7 出来文(1)(3)」『日本語学』17-7, 18-1.

尾上圭介（2003）「ラレル文の多義性と主語」『言語』32-4.

川村大（2004）「受身・自発・可能・尊敬

――動詞ラレル形の世界」尾上圭介編『〈朝倉日本語講座6〉文法Ⅱ』朝倉書店.
川村 大（2012）『ラル形述語文の研究』くろしお出版.
柴谷方良（2000）「ヴォイス」仁田義雄・益岡隆志編『〈日本語の文法1〉文の骨格』岩波書店.
坪井栄治郎（2003）「受影性と他動性」『言語』32-4.

　　　　　　　　　　　　　　［川村 大］

■迂言（法）

●**複数の単語であらわす文法形式**――ある文法形式をあらわすのに，一つの単語の語形としてではなく，複数の単語をもってあらわすこと。単語が文の成分となるときの形式が，単語内部の要素の変化であらわす手つづきを総合的と呼び，補助的な単語との組み合わせであらわす手つづきは分析的と呼ばれる。迂言的は，分析的と同義である場合と，総合的と分析的の中間を意味する場合がある。総合的な手続きと分析的な手続きがつねに明確に区別できるものではなく，連続するものであるから，両者の中間的な位置にあるものも存在しうる。

●**迂言的表現の実際**――「読んで　いる」は，アスペクトにおいて，非継続相（完成相あるいは単純相）の「読む」に対して，継続相を特徴づける形式であるが，本動詞の連用形「読んで」と補助動詞「いる」との組み合わせによるものである。「読む」のような総合的な形式（synthetic form）に対して，「読んで　いる」のような形式を迂言的な形式（periphrastic form），あるいは，分析的な形式（analytic form）と呼ぶ。迂言的な形式が「読んでる」のような，融合形をさすこともある。「読んでしまう」「読んで　おく」「読んで　あげる」などのアスペクトや授受に関わる形式にも，「読んじゃう」「読んどく」「読んだげる」という二単語が一単語化した中間の形式がある。「読む」に対する「お読みに　なる」という尊敬の形式も分析的もしくは迂言的な形式である。「お読みする」という謙譲の形式は中間体とみられる。また,「誘われる」という動詞の受動形に対して,「誘いを　うける」という名詞と動詞の組み合わせによる受動表現があり，この形式は,「誘われる」の迂言形式であるといえる。さらに,「読める」という可能形に対して,「読む　ことが　できる」という組み合わせによる可能表現があり，これも迂言形式によるものといえる。「行こう」に対する「行くと/行こうと思う」も同一のムード的な意味を迂言的に言いあらわした形式とみることができる。

　名詞が文中であらわれるとき，「ロビーで/ロビーに　おいて/ロビーを　会場に（開催される）」「先生に/先生に　対して/先生を　相手に（冗談をとばした）」「これらの　資料で/資料によって/資料を　もとに（説明したい）」「娘に/娘の　ために（買った）」のように複数の形式が競合しうる。格助辞のつくもの，それに加えて「おいて」「対して」「よって」「ために」のような後置詞がつくもの，「会場に」「相手に」「もとに」のような名詞がつくものなどさまざまなものがありうる。格助辞のつくものが総合的であり，これに後置詞やある種の名詞がつくものは，迂言的である。また,「父を　思い出す」に対する「父の　ことを　思い出す」や「60歳で　なくなった」に対する「60歳の　とき　なくなった」における，それぞれ「こと」や「とき」のような形式名詞として扱われているものも，迂言的な名詞句をつくる要素といえよう。

●**修辞的効果**――「迂言」は，文法用語以外にも，修辞法における「言葉数を多くして，遠回しに表現する」という意味でも用いられることがある。ものごとを直接的に表現せずに，間接

的に表現することによって，比喩・皮肉・じらしなどの表現効果をもたらすために用いられる。また，直接的に述べることがためらわれる場合，婉曲的にぼかして表現する。

➡後置詞

■参考文献

村木新次郎（1983）「迂言的なうけみ表現」『国立国語研究所報告74　研究報告集(4)』秀英出版．

[村木新次郎]

■埋め込み

　生成文法の用語だが日本語の文法論でもよく使われる。「AとBとCと……」のような等位構造と並んで，人間言語で無限に複雑な構造を作り出す方法の一つ。代表的なのは，文の内部に別の文をはめこむことで，たとえば「思う，信じる」などの動詞に対して「～と」節を埋め込むと「私は［一郎が正しいと］{思う/信じる}」のような文ができる。この場合，埋め込まれた「～と」節を補文（complement），「と」を補文標識（complementizer）と言う。埋め込み（embedding）は，①［私は，［［一郎が正しいと］花子が信じていると］思う］，②［私は［［［一郎が正しいと］花子が信じていると］先生が言っていたと］思う］のように，理屈上は際限なく繰り返すことができる。埋め込みは補文標識「と」だけに限られない。「［部長が死んだこと］が明らかになった」や「［［彼が休んだの］は不思議だ］の［　］部分も埋め込み文である。ただし，「こと」，「の」には格助詞が付くから，補文標識ではなく形式名詞と見なされる。「［あそこで遊んでいる］子供」，「［魚が焼ける］臭い」のような連体修飾構造の［　］部分も埋め込み文である。埋め込まれるのは文だけでなく名詞句の場合もある。たとえば「友人」という名詞を基に，③［［一郎の］友人］，④［［［一郎の］友人の］友人］……のように無限の埋め込みが可能である。埋め込みは，構造的には次に図解するように3つのタイプに分かれる。

(イ)左枝分かれ構造

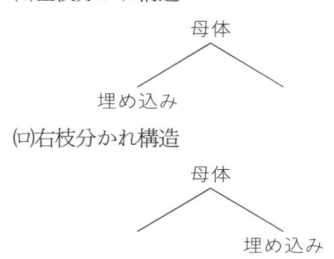

```
        母体
       /  \
   埋め込み
```

(ロ)右枝分かれ構造

```
        母体
       /  \
          埋め込み
```

(ハ)中央埋め込み構造

```
        母体
       /  \
        埋め込み
```

(イ)には上の②［私は［［［一郎が正しいと］花子が信じていると］先生が言っていたと］思う］や④［［［一郎の］友人の］友人］が該当し，主要部を後ろ側に持つ日本語では極めて自然な構造であるが，主要部が前に来る英語では(ロ)の構造のほうが自然である。(ハ)は［私は，［先生が［花子が［一郎が正しいと］信じていると］言っていたと］思う］のような例であり，理解が困難になる。中央埋め込み構造の不都合は他の言語にも当てはまり，脳の処理における短期記憶の制限に起因すると考えられる。

➡補文標識

[影山太郎]

■運動動詞と状態動詞

●**運動動詞とは**──時間のなかで開始（成立）・展開・消滅（終了）し，場合によってはその結果を残す，広義の動的な時間的展開を表す，動詞らしい動詞を運動動詞という。このような運動動詞の意味特徴は，アスペクト・テンスと相関している。第1に，「6時に家に帰っ

た」と「6時には家に帰っていた」のように，シタ形式かシテイタ形式かによって，完成的に事象を捉えるか継続的に事象を捉えるかのアスペクト的意味の違いがある。「来月家が建つ」「来月には家が建っている」のように，未来の場合でも，スル形式かシテイル形式によってアスペクト的意味は違ってくる。第2に，「現在海外に行っている」とは言えても，「*現在海外に行く」とは言えず，運動動詞は，テンス的に，未来（発話時以後）を表すことになる。

運動動詞は，標準語では，動作動詞と変化動詞に下位分類される。

●**状態動詞とは**──このような運動動詞に対して，動的な時間的展開のないものを状態動詞ということが多いのだが，状態という用語をどのように規定するかについては，様々な議論がある。

金田一春彦（1950）では，「ある，いる」「要する，大きすぎる」のような動詞を，「‐ている」をつけずにそのまま現在の状態を表すことから，状態動詞と名付ける。そして，英語のhave, live, knowに相当する日本語の「もつ」「住む」「知る」は状態動詞ではなく，日本語では状態動詞が少ないと述べている。

動詞という名付けからも分かるように，動的な時間的展開を表す運動動詞が動詞らしい動詞であるとすれば，日本語の大部分の動詞は運動動詞に属する。状態動詞は動詞らしくない動詞ということになるが，宮島達夫（1972）では，この観点から「ばかげた話」を典型例として，「状態詞化」という用語で，動詞らしさを失っている諸形式を記述・説明している。「ばかげた」は，連体では使用されても終止では使用されることがない。重要なことは，動詞らしさを失っていくプロセスは連続的，段階的であるということである。

奥田靖雄は，状態という用語を，特定時の「一時的な現象」と規定し，「痛む，ほてる」のような生理的状態，「迷う，呆れる」のような心理的状態，「見える，聞こえる」のような知覚状態，「冷える，臭う」のような物や自然の状態を表す動詞等を状態動詞としている。これらの動詞は，時間のなかで動的に展開する運動動詞と違って，非動的な一時的現象を表している。従って，「足が痛む」「今日は朝から冷えるね」のように，また1人称主語に限定されて「呆れるなあ」のように，テンス的に現在を表す。また「さっき富士山が{見えた/見えていた}」のように，アスペクト対立がなくなる。

このように「一時的な非動的現象」を状態と規定すると，「いる，ある」のような動詞は一時的存在も恒常的存在も表すことから，状態動詞とは言えなくなり，存在動詞と規定される。方言を含めて，日本語の有標の中核的アスペクト形式は，存在動詞を語彙的資源として文法化されることを考えると，存在動詞の取り出しは重要である。

そして，「痛む」に対する「痛い」，「臭う」に対する「臭い」のような対応関係から，「痛い，臭い」は状態形容詞と位置づけられることになる。一時的現象を表す状態形容詞に対立するのは，非一時的な恒常的特徴を表す「赤い，広い，好きだ」のような特性形容詞である。

　運動動詞（開ける，走る，来る）
　　　↕
　状態動詞（痛む，臭う）
　状態形容詞（痛い，臭い）
　　　↕
　特性形容詞（赤い，広い）

➡アスペクト，動作動詞と変化動詞，形容詞文

■**参考文献**

奥田靖雄（1988）「時間の表現(1)」『教育国語』94．

影山太郎編（2012）『属性叙述の世界』くろしお出版．

金田一春彦（1950）「国語動詞の一分類」『言

語研究』15．〔再録：金田一春彦編（1976）『日本語動詞のアスペクト』むぎ書房〕

工藤真由美編（2004）『日本語のアスペクト・テンス・ムード体系』ひつじ書房．

高橋太郎（1994）『動詞の研究』むぎ書房．

宮島達夫（1972）『動詞の意味・用法の記述的研究』秀英出版．

[工藤真由美]

■詠嘆

●詠嘆とは──文法用語として「感動」「感嘆」と同じものとして扱われる。したがって，詠嘆表現は感動表現に同等であり，詠嘆の助詞は感動の助詞に等しく，また感動詞は感嘆詞ともいう。我が国における文法研究は歌論，歌学にその源流の一端を持つが，「や」「よ」などの現在学校文法で終助詞，間投助詞などと呼ばれる助詞について，歌学あるいは和歌を例とする語学で「歎（なげき）」とも「詠（ながめ）」とも呼ばれることがあった。その伝統を近代文法も受け継ぎ，驚き，喜び，悲しみ，嘆きなど総じて事物，事態に対する情感の表現について「詠嘆」という用語を用いるのである。ただし，詠嘆，感動といっても，日常語とは異なり，発見の情動や不快・嫌悪・落胆・怒りなどの情感も含まれる（「まあ，なんてこと！」「えっ，そんなばかな！」「ああ，もうだめだ」「けっ，冗談じゃない」）ことは注意する必要がある。しかし，また人の情動，情感が読み取れればすべて詠嘆というわけでもなく，文法概念としては常に形式・文構造との対応のもとに考察されるべきである。

●詠嘆表現の形式──詠嘆表現は形式の上からは大きく四種に分けることができる。1）感動詞によるもの（ああ，あら，あっ，えい，おお，おや，こら，へえ，まあ，など）。2）感動文の形式を持つもの（きれいな花！いやなヤツ！なんて青い空だろう！）。これは体言を骨子とする構造を持つもので，山田孝雄が感動喚体句として分析したものである。「なんて青い空だろう」などは一見体言骨子とは見えないが，この文の「だろう」はすでにモダリティの助動詞とは機能せず，一方「なんて青いだろう」は不自然な文で，「なんて青いのだろう」と体言化を必要とする。さらに，「この人の多さ！/気持ち悪っ！/なんてきれいな！」などもなど体言化ないしは体言相当の語を骨子としていて，何かが省略された文とはいえないので，感動文の形式を持っている。3）所謂叙述文の文末に詠嘆の終助詞，間投助詞のついたもの（今日は疲れたなぁ，ほんの少ししか残っていないや，こんなにたくさん採れたぞ，痛いよう）。以上は文として完結した形式であるが，4）文末に終助詞・間投助詞をつける代わりに，叙述文を言いさしたもの（「こんなところに家が……/こんなにたくさん……/私にまで……」）。ただし，これらは研究が十分でなく形式の一般化がなされているわけではない。また，実際には以上の四種を組み合わせた表現がよくおこなわれる。

●「働き掛け，呼び掛け」とのつながり──なお，同じ情感の表現でも詠嘆は一般に「働き掛け，呼び掛け」と区別されるが，例えば感動詞「ほら，さあ，やい，ねえ，はい，いいえ，いや」，文末の「苦労をかけたねえ，昼ご飯はもう済ませたよ，あんなこと言っているぜ」など聞き手に対する何等かの働き掛けや応答を表すものがあること，呼び掛けの基本形式が「先生！」「お兄ちゃん！」のように体言だけで完結すること，などから分かるように，詠嘆はこれらと非常に密接なつながりがある。また，疑問（質問）や命令は働き掛けの一種であるが，「また来たか！早く来ないか！バカ言え！」などは疑問，命令の意味以上に話し手の情感を表わすこともその証左である。近代の文法研究は所謂述

定文中心に行われてきたが，これら感情，情緒にかかわる表現について，体系的な解明が待たれるところである。

◆喚体と述体，感動詞，間投助詞，終助詞

■参考文献

山田孝雄（1936）『日本文法学概論』宝文館．
渡辺実（1971）『国語構文論』塙書房．
尾上圭介（2001）『文法と意味Ⅰ』くろしお出版．
笹井香（2006）「現代語の感動文の構造——「なんと」型感動文の構造をめぐって」『日本語の研究』（日本語学会）2-1．

[大鹿薫久]

■エピステミック・モダリティ

「節」（clause）をスコープ（作用域）としてとる形式が，「節」の意味内容の真偽判断にかかわる意味を表す場合，その意味，あるいはその意味の体系のことを「エピステミック・モダリティ」（epistemic modality）と呼ぶ。

「節」が表す，真偽判断の対象となり得る意味内容のことを「命題」（proposition）と呼ぶならば，エピステミック・モダリティは，命題の真偽判断にかかわる意味，あるいはその意味の体系と言い換えることができる。「エピステミック」は，一般的には「認識的」と訳される場合が多く，用語としては「認識的モダリティ」の方が使用頻度が高い。以下では「認識的モダリティ」と称することにする。

広義の認識的モダリティには，命題が真であると認識する「断定」や，命題の真偽が定められない，すなわち不確定であると認識する「疑問」等も含まれることになるが，一般的な認識的モダリティは，命題が真であることが不確実であるという認識が表されるものに限定して，カテゴリー化されることが多い。

節をスコープとしてとる形式は，日本語の場合，主要部後置の性格から，文末に置かれる述語に後接する形で生起する。形態的には，屈折（活用）語尾，いわゆる終止形接続の助動詞，終助詞の一部が該当する。そのうち，認識的モダリティが表され得る形式を外延的にあげると，屈折語尾の"ウ/ヨウ""マイ"，終止形接続の助動詞の"ダロウ""ラシイ""ヨウダ""ミタイダ""ソウダ""カモシレナイ""ニチガイナイ""ハズダ"等になる。いわゆる連用形接続とされる"ソウダ"や，"〜ゲダ""〜カネナイ"などの「接辞」相当のものは，節をスコープとしてとるとは言い難いので，前述のような形式群と同一のカテゴリーと考えるべきではない。また"〜と思う"や"〜可能性がある"などの，相当に文法化が進んでいるが，いまだ実質的な意味を保有しており，完全に機能語化しているとはみなせないものも，別扱いすることが妥当である。もちろん日本語教育など実用的な面では，これらも含めて説明する必要があることは認められるけれども。

前述の形式群は，その表す意味が全て認識的モダリティであるというわけではない。形式によっては複数の用法を持っており，認識的モダリティとは言えない用法を持つ形式も存在する。例えば同じ"ヨウダ"でも，「どうやら明日は雨が降るようだ」のような用法は認識的モダリティと言ってよいが，「まるで天国にいるかのようだ」のような一般に「比況」と呼ばれる用法は認識的モダリティとは言えない。したがって，繰り返すが，前述の形式群は，認識的モダリティが表されることがある形式であり，これらの形式によって表される意味が即，認識的モダリティというわけではない。

日本語の認識的モダリティには，いくつかの下位カテゴリーが認められる。言い換えると，命題の不確実性が表されるに至るには，いくつかのタイプが存在するということである。以下に列挙する。「話し手の想像の中で命題を真で

あると認識する」ことが表されるもの（"ダロウ""ウ/ヨウ""マイ"），「命題が真であるための証拠が存在すると認識する」ことが表されるもの（"ラシイ""ヨウダ""ミタイダ""ソウダ"），「命題が真である可能性があると認識する」ことが表されるもの（"カモシレナイ"），「命題が真であると確信する」ことが表されるもの（"ニチガイナイ""ハズダ"）。これらはタイプとしては異なるものの，全て結果として命題の不確実性が表されることになるという点では共通している。

なお，これらのうち，「話し手の想像の中で命題を真であると認識する」というタイプは，「ほら言ったとおりだろう」のようないわゆる「確認要求」の用法を併せ持つという，他のタイプにはない特性を有している。

◆モダリティ，デオンティック・モダリティ

■参考文献

三宅知宏（2011）『日本語研究のインターフェイス』くろしお出版．

〔三宅知宏〕

■婉曲[1]

●「婉曲」とは――直接的な述べ方を避けて述べたものを婉曲表現という。「直接述べるのがはばかられる内容を，遠回しに述べて暗示するにとどめ，やわらげて表現する」というケースが代表的であり，多くの言語に見られる。

「はばかられる内容」としては，畏れ多い内容（例「宮中，皇室（特に天皇）」→「かしこきあたり」等と言い換える。戦前はよく行われた），忌むべき内容（例「死ぬ」→「なくなる」），批判や低い評価（例「よくない」→「いかがなものか」），不幸な内容（例「失敗した」→「思わしくなかった」），相手への明示的命令・要求（→助言・勧誘・意向伺い等の述べ方に言い換える）などがある。

また，「遠回しに述べる」方法としては，「特定・具体的な指し方を避け，より広い内容や関連ある内容を述べてぼかす」「確度からすれば断定してよいが，断定を避けて不確実な表現を使う」等の方法がよくとられる。例えば，誰かが「受験に失敗した」ことが確かでも，「思わしくなかったようです。」「難しかったみたいです。」と述べるなどである。こうした表現方法は，さらに「直接述べるのがはばかられる」内容ではない場合にも拡張して使われることがある。文語文法では，推量の助動詞「む」等に「婉曲」用法を派生的に認めている。口語文法では，通常，「婉曲」用法は特に立てないが，上例「ようだ」等はそう認めてよいものであろう。

●婉曲表現の「配慮表現」性・敬語性――婉曲表現は，しばしば一種の配慮表現でもあり，敬語にも通じる面がある。配慮の対象は，話題の場合も，話や文章の相手の場合もあり，この点も敬語と同様である。ただし，婉曲表現の安易な濫用，例えば，何を言うにも「……のほう」を添えれば丁寧になると思っているかのような使い方（「お名前のほうお願いします」等）には違和感を感じる人も多く，節度が必要である。

敬語の側から見ると，歴史的に婉曲表現から敬語に転じたものは少なくない。例えば「{お/ご}……になる」は，然るべき人の行為を，「行為をする」と直接的に述べるのを避けて，「自然にそうなる」と捉えて述べる発想から敬語として使われるようになったものである。

◆ヨウダ

■参考文献

菊地康人（1994）『敬語』角川書店．〔再刊：講談社学術文庫，1997〕

国広哲弥（2000）「人はなぜ言葉を言い換えるか」『言語』29-10．

小林千草（2000）「婉曲語法史から見た「女房ことば」」『言語』29-10．

仁田義雄（1992）「判断から発話・伝達へ――伝聞・婉曲の表現を中心に」『日本語教育』77.

［菊地康人］

■ **婉曲**[2]（古典語）

現代語の「ようだ」などの婉曲の意味とは，仁田義雄によれば，話し手が言表事態の成立が真であると認識しており，言表事態の成立が未だ確認されていない部分を有するものとして表現されている，という二要件からなりたっているとされるが，古典語で婉曲をになう表現はやや異なる。古典語で婉曲を表わしているとされるのは，「めり，なり，む，けむ」である。しかし，仮定ともいわれる「む，けむ」の婉曲の意味は，「む」「けむ」が連体形をとるためにあらわれる機能にしばられた意味で，連体形においては一般に，ムードのカテゴリーはあるが，そのなかではたらきかけと推量が分化していないため，その意味が単に非現実事態を表わすようになったものにとどまる。したがって，古代語の婉曲の意味のにない手は「めり，なり」であると考えてよい。

(1)〈紀伊守〉「…常陸の北の方は，訪れきこえたまふや」と言ふは，いもうとなるべし。
　〈妹尼〉「…常陸はいと久しくおとづれきこえたまはざ<u>めり</u>。…」とのたまふに，（源氏・手習）

(2)〈源氏〉「ここにものしたまふは誰にか。尋ねきこえまほしき夢を見たまへしかな。…」と聞こえたまへば，うち笑ひて，〈僧都〉「うちつけなる御夢語りにぞはべる<u>な</u><u>る</u>。…」と聞こえたまふ。（源氏・若紫）

「めり，なり」の意味する婉曲とは，(1)(2)のように主観的判断を表わしていると見られるものが多く，その婉曲の表現性は，客観的には話し手にとってあいまいさのない事態を，あえて事態が，話し手による個人的な把握の結果であることを示すことによって，不確実なものとしてさしだしたものである。

(3)簾すこし上げて，花奉る<u>めり</u>。（源氏・若紫）

(4)笛をいとをかしうも吹きとほしたる<u>なる</u>かな。誰ならん。（源氏・椎本）

「めり，なり」の原初的な用法は，(3)のように「めり」が「…するのが見える」に対応し，(4)のように「なり」が「…するのが聞こえる」に対応するものである。このような表現法は，視覚的認知，および聴覚的認知を表わす用法を出発点としている。これらの表現は，視覚および聴覚による知覚がその知覚内容を客観的事実であるかのように表象するのが普通であるにもかかわらず，個人的な知覚器官をとおした主観的なものとして表象しようとしたものである。これは，「あまい匂いがする，よい味がする，ざらざらした肌触りだ」などのように，知覚内容を話し手の個人的な知覚器官をとおしたものとして表象するのがあたりまえな他の嗅覚，味覚，触覚などと異なる。そのような表現の延長として，客観的な事態であるにもかかわらず，あえて主観性の色合いをもった，疑えば疑うことのできる認識として示したのが「めり，なり」の婉曲用法である。

➡ナリ・メリ

■ 参考文献

仁田義雄（1992）「判断から発話・伝達へ――伝聞・婉曲の表現を中心に」『日本語教育』77.

尾方理恵（1995）「助動詞の形と意味――源氏物語中の「めり」「終止なり」」『築島裕博士古稀記念国語学論集』汲古書院.

三宅 清（2005）「推定の助動詞「めり」と「なり」の意味用法――証拠の在り様をめぐって」『国語研究』（国学院大学国語研究会）

68.
[鈴木　泰]

■応答

●**あいづちと態度表明**——応答とは，広義には，発話交換構造において先行する発話に対する言語的反応（態度の表明）である。働きの面から，大きく「聞き取り表示のあいづち」と「先行発話への態度表明」との二つにわけることができる。例えば，

「あのね，（はい1）今日ね（はい2）行きますね（はい3）」

での「はい1」「はい2」は聞き取りが成功していることを示す。これは「あいづち」である。あいづちは頷く動作などで代用されることもある。この段階で伝達に失敗した場合には，理解不能の表示としての「え？」「は？」などの応答が使われる。

一方，文末での「はい3」は相手のまとまった情報に対しての態度表明であり，肯定の認定になっている（態度表明の応答も単独で発話されれば，聞き取りのサインにもなっている点であいづちの機能も持つことになる）。

●**態度表明としての応答**——先行文に対する態度表明としての応答形式には，「はい」「うん」「いいえ」「まあ」のような応答詞と呼ばれる感動詞が使われるが，それに共起して，あるいは，その代わりに，「待って下さい」→「いいですよ」，「寒いですね」→「そうですね」，「そうですか」のような態度表明的な定型表現が使われる場合もある。また，「行きますか」→「行きますよ」のように，対応する内容が発話される場合もある。

態度表明的な応答表現では，承諾，拒否，未知（新情報）情報への接触，肯定，否定，というように様々な表現が使い分けられる。

承諾，拒否は命令文や勧誘文など動きを求める文に対する応答で，「いい」「いやだ」など好悪表現などが使われることもある。

認識伝達の文に対する態度表明では，応答によって情報へのアクセス度が表される。すなわち，自分が知らなかった新しい情報には「へえ」（驚きによる新情報の表示），「あ，そうですか」「本当!?」（疑問形式による情報受容），「ふうん」（自分の知識への位置づけ作業中），「なるほど」（自分の知識への位置づけ完了）などが使われる。

これと連続して，「まあ」のようにさしあたって問題があってもスキップするところから，返答の留保を表す応答や，「え？」「は？」のように理解不能という反応で再度聞き返す応答もある。

●**認定系の応答**——一方，「はい」「いいえ」，「そんなことない」「そうです」などは自分がもともと知っていたことを表す認定系の応答である（ただし，用法には広がりがあり「はい」は「ええ」より，「いや」は「いいえ」より，それぞれ用法が広い）。「寒いか？」→「寒い。」のように，形式化された語ではなく，短く述語を繰り返して肯定や否定を表すこともある。

現代日本語共通語では，肯否分別は「行きませんか？」→「はい，行きません」，「寒くないか？」→「はい，寒くありません」のように，先行文に対応した「はい」「いいえ」の選択となることが一般的である（ただし，「行かない？」→「はい，行きます」のように，勧誘への承諾などではずれることもある）。

●**音調によるニュアンスの違い**——なお，音調も重要で，「はいはい」などの繰り返しや「はい？」「はーい」などの高低，引き伸ばしによって，そのニュアンスは変わる。また，「さすが」「やっぱり」などの態度表示ができる副詞や，単なる笑いなどが実質的に応答としての態度表明になることもある。

●**応答付加表現**——応答付加表現には品詞も関

連している。一般に，述語を繰り返すほかに，名詞文への応答には「そうです」「違います」が使えるが，形容詞文などには，「そうです」「違います」はあまり使わない。

◆感動詞

■参考文献

定延利之編（2002）『「うん」と「そう」の言語学』ひつじ書房．

堀口純子（1997）『日本語教育と会話分析』くろしお出版．

森山卓郎（1989）「応答と談話管理システム」『阪大日本語研究』（大阪大学日本語学研究室）1．

森山卓郎（1993）「否定の応答付加表現をめぐって」『日本語教育』81．

［森山卓郎］

■大槻文彦（おおつき ふみひこ　1847-1928）

●略歴――江戸木挽町に生まれる。通称復三郎。祖父は大槻玄沢。開成所・大学南校に学ぶ。1872（明治5）年文部省出仕。1874年宮城師範学校長。1875年文部省報告課勤務となり，日本語辞書の編纂を命じられる。1892年宮城県中学校長。文学博士。1902年国語調査委員会主査委員。帝国学士院会員。

●研究業績――普通語を集めた最初の本格的な日本語辞書である『言海』（4分冊，第1分冊は1889年，第4分冊1891年刊行）を編纂。

大槻の文法学説は，主に『広日本文典』（これは『言海』の第1分冊の巻頭に付した「語法指南」を増補・改訂したもの），『広日本文典別記』（共に大槻文彦，1897）に見ることができる。国語調査委員会の名で刊行されているが，『口語法』（大日本出版株式会社，1916），『口語法別記』（大日本出版株式会社，1917）も実質的には大槻の手になるもの。

大槻文法は，明治極初期の洋式模倣文典と八衢学派との統一・折衷を図ったもの。西洋文典の枠組みの批判的摂取による我が国最初の組織立った近代的文法学説。

単語は，「名詞・動詞・形容詞・助動詞・副詞・接続詞・弖爾乎波・感動詞」の八品詞に分けられている。また，弖爾乎波は，名詞につくもの（格助詞に対応），種々の語につくもの（係助詞・副助詞に対応），動詞・形容詞・助動詞につくもの（接続助詞に対応）の三類に分けている。終助詞・間投助詞に相当するものは感動詞の中に含められている。助動詞は「動詞ノ活用ノ，其意ヲ尽サゞルヲ助ケムガ為ニ，其下ニ付キテ，更ニ，種々ノ意義ヲ添フル語（『広日本文典』107頁）」と規定され，所相（受身のこと）や過去の助動詞のように意味分類ごとに解説。ただ，所相や過去の助動詞を説明しながら，能相や現在にも触れ，相（ヴォイス）や時（テンス）という文法カテゴリーとしての捉え方の一端を示している。文については，「思想ノ完結シタ」ものと規定し，主語と説明語（述語のこと）の完備を要件としている。

■参考文献

高田　宏（1978）『言葉の海へ』新潮社．

古田東朔（1981）「大槻文彦の文法」『言語』10-1．

風間力三（1997）「大槻文彦伝」明治書院企画編集部編『日本語学者列伝』明治書院．

［仁田義雄］

■大野　晋（おおの　すすむ　1919-2008）

●生涯――国語学者。学習院大学名誉教授。東京の深川生まれ。東京大学文学部国文学科を卒業。在学中，橋本進吉教授の国語学演習によって研究法を習得した。主な業績に3種ある。

●業績――第一は，故橋本から受け継いだ上代特殊仮名遣の研究である。また，定家仮名遣とアクセントとの関係を立証した。この研究に

より、のちに文学博士の学位を得る。

　第二は文法研究である。本居宣長が整理した係り結びの研究を進め、係助詞と結びとの関係にとどまらず、係助詞の直前に置かれる語に2種の別のあること、これに対応して係助詞も2群に分けられることを明らかにした。この研究は、係り結びという過去の文法現象を個別にとりあげたものではなく、日本語の文の構造全体を扱ったものであり、現代語の助詞ハとガの使い分けの根拠にも言及するものである。この結果、古典語も現代語も一括した日本語の全体像を描くことに成功した。印欧語の文法体系に規範を求めず、日本語には日本語の文法体系、日本語の伝え方のあることが、この研究によって再確認されている。

　第三は日本語と同系の言語を探る研究である。1979年以降、南インドのドラヴィダ語を形成する一言語のタミル語、特に古代タミル語と日本語との対照研究に力を注ぐ。この結果、日本語とタミル語の間に、500語に及ぶ対応語、膠着語としての文法上の共通性、20に及ぶ助詞・助動詞の機能の対応と音形の対応が存在することを明らかにした。また、五七五七五七……七という長歌の形式、五七五七七という短歌の形式が共通すること、助詞のハ・モ・ゾ・カ・ヤにわたる係り結びの現象が共通することを指摘した。

　著書に、『岩波古語辞典』（岩波書店、1974・共著）、『係り結びの研究』（岩波書店、1993）、『日本語の形成』（岩波書店、2000）、『弥生文明と南インド』（岩波書店、2005）などがある。源氏物語に関するものなど、一般向けも多い。

[村田美穂子]

■奥田靖雄（おくだ やすお　1919-2002）

　1951年以降、民主主義科学者協会言語科学部会・言語学研究会、教育科学研究会国語部会などの組織を拠点に、言語学・日本語学・国語教育学の分野で指導的役割を果した人物。本名は布村政雄、民族学者布村一夫（本名 一男）の実弟で、旧満州国でツングース族の民族学調査から出発した。言語学に分野をかえた事情は、1945年の敗戦によるフィールドの喪失と1950年の「スターリン言語学（論争）」にあったとおぼしく、ソビエート言語学とくにヴィノグラードフ（Viktor V. Vinogradov）からの影響が見られるが、底流にはサピア（Edward Sapir）の方法（精神）が流れていて、生涯かわらず敬愛していたともいわれる。

　言語学の最初の環を物質的基礎としての音声に求めたうえで、言語の基本分野を語彙と文法との両組織に置いて、その形式と内容とを切り離さず、要素と構造、全体と部分の相関する動的システムとして分析するという方法（「唯物弁証法」）と、大量のデータに基づく実証的な記述を通して体系化するという手法（「実証性」）とを、一貫して主張し実践した。

　文法論の分野では、形態論・連語論・構文論からなる本格的な文法体系を、共同研究者の鈴木重幸・宮島達夫・鈴木康之らとともに構築しようとした。形態論と連語論は、教科書『にっぽんご 4の上』およびその解説鈴木重幸『日本語文法・形態論』と言語学研究会編『日本語文法・連語論』の形にその結実が見られるが、個別のテーマとしては、連語論とアスペクト論とモダリティ論の緻密な研究で一般には知られる。構文論の全体系は、個人論文集『ことばの研究・序説』とその後の論文や未公刊プリントに大成への道程が見られるが、80歳を過ぎてなお、構文論の中核たる主語・テーマ論と述語・モダリティ論とを、テクスト論やプラグマチカ（語用論）との関係のなかで厳密に基礎づけようとする、身を削るような研鑽をつづけるなかで、脳梗塞に倒れた。組織を育て、その中で生き、死んだ。

■参考文献
鈴木重幸（1989）「奥田靖雄の言語学——とくに文法論をめぐって」言語学研究会編『ことばの科学 3』むぎ書房.
『奥田靖雄著作集』（2011〜 ）むぎ書房.

［工藤 浩］

■音韻

●**音韻とは**——意味の違いを生み出す最小の音声単位のこと。一般言語学では音素と呼ばれることが多い。また，単語を構成する音の連結（つまり語の音声特徴からアクセントを取り除いた部分）を指して音韻と呼ぶこともある。

●**音韻と体系**——音韻（音素）がいくつあるか，どの音が音韻となるかは言語によって異なる。たとえば両唇の無声閉鎖音［p］と有声閉鎖音［b］を見てみると，日本語では［pasu］（パス）と［basu］（バス）のような対が存在することから，異なる音韻であることがわかる。一方，中国語ではこのような対がなく，有声か無声かという区別が意味の区別に役立たない。それゆえ，［p］と［b］は独立した音韻ではない。これに対し［n］（歯茎鼻音）と［ŋ］（軟口蓋鼻音）は日本語では別個の音韻ではないが，中国語では別々の音韻である。

●**音韻と異音**——2つの音が特定言語において独立した音韻かどうかを決定づけるのは日本語の［pasu］—［basu］のような対である。［p］と［b］を入れ替えるだけで異なる意味の単語となることから，これらの2音は異なる音韻であると判断できる。このような対語を最小対（ミニマルペア）という。逆に2つの音が相補分布している場合には，2音が同一の音韻であると推定される。相補分布とは，Aの音が現れる音声環境ではBの音は現れず，Bの音が現れる環境ではAの音は現れないという分布である。たとえば日本語のタ行子音は，もともと後続する母音によって［ts］（［u］の前），［tʃ］（［i］の前），［t］（他の3母音の前）の3つの音に具現し，同一環境には現れない。このように複数の音が相補分布している時，それらの音をある音韻の異音と呼び，また異音間の交替を異音変異という。

➡音韻論

■参考文献
小松英雄（1981）『〈日本語の世界7〉日本語の音韻』中央公論社.
斎藤純男（1997）『日本語音声学入門』三省堂.
窪薗晴夫（1999）『〈現代言語学入門2〉日本語の音声』岩波書店.

［窪薗晴夫］

■音韻論

●**音韻論とは**——言語の音声を理論的あるいは体系的な観点から研究する分野である。しばしば音声学と対比される。音声学が音声の物理的特性を中心に産出・知覚の実態を探究するのに対し，音韻論は音の体系を探り，現象の背後にある規則や原理を解明しようとする。規則や原理の普遍性を探るのも音韻論の重要な課題である。

　たとえば下の(1)の（ ）に入るのは，音声学ではp，日本語の音韻論ではhである。gとkは音声的には有声：無声という違いで対立しており，bと同じ対立を持つのはpということになる。これに対し日本語の音韻体系においては，(2)の連濁現象からもわかるように，bと対立するのはhである。このように体系を視野に入れるのが音韻論的な見方である。

(1) g：k＝b：（ ）
(2) a. k̲ame（亀）—umig̲ame（海亀）
　　b. h̲ana（花）—ikeb̲ana（生け花）

音韻論ではさらに，(2)のような現象が起こる

のはなぜか，自然言語にどのくらい広範囲に生じるのか，(3)のような語に起こらないのはなぜか等々の問題を考察する．

 (3) k<u>a</u>gi（鍵）—ai<u>k</u>agi（合い鍵）
  <u>s</u>ima（島）—naga<u>s</u>ima（長島）

●**音韻論の主な分野**——音声現象には母音や子音のような一つ一つの音（単音，分節音）に関わる分節音現象と，母音や子音が集まって音節や語，文が作り出されるときに生じる超分節音現象の2種類がある．前者を扱うのが分節音韻論（segmental phonology），後者を扱うのが超分節音韻論（suprasegmental phonology）である．超分節音現象の中で単語や文の発話に観察されるアクセント，リズム，イントネーションなどの現象は「プロソディー」と総称されることもある．

➡音韻，アクセント，プロソディー，イントネーション

■**参考文献**

小松英雄(1981)『〈日本語の世界 7〉日本語の音韻』中央公論社．

窪薗晴夫(2005)「音韻論」中島平三編『言語の事典』pp.20-40，朝倉書店．

        ［窪薗晴夫］

■音便

「音便」は古来，音変化を広く呼んだ名称であるが，そうした音変化によって生じた動詞・形容詞の一部の活用形の形態が，もはや原形と自由に交替するのではなく義務的な形として固定すると，そうした部分は文法の問題となる．

●**動詞の音便形**——動詞の場合，子音終わり語幹動詞（五段活用動詞）が，テやタなどtで始まる語尾（学校文法では助詞・助動詞）に続くときが，いわゆる「音便形」となる．現代共通語についてあげると，表1のようになる．

これらの形は他の活用形と同列にあつかうことができない．たとえば「嗅ぐ」「嚙む」の場合，他の活用形と音便形との共通の語幹を抽出しようとすると，音便形が前者ではカイダ，後者ではカンダと異なるにもかかわらず，どちらも語幹は ka となり，そのちがいが示せなくなってしまうからである．では基本語幹と音便語幹とをペアにして登録しておけばよいのかというと，たとえば「欠く」「嗅ぐ」なら，ともに音便語幹はカイとなり，「欠く」ならカイテ，「嗅ぐ」ならカイデというちがいが示せない．音便形は語幹だけの問題ではなく，語尾も重要な役割を果たしているからである．

語幹と音便形の関係について見ると，表1に見るとおり，他の活用形から抽出された語幹（以下単に「語幹」と呼ぶ）と音便形は一対一に対応していないから，音便形の方から語幹を規則的に導くことはできない．が，語幹の側からなら（語尾とともに）音便形を一意的に導くことができる．

●**音便形の定式化**——諸方言や各時代語を統一的に記述するためには，表2のような定式化が有効である．つまり，語幹と語尾の情報が与えられれば，都合3種の有標指定だけで音便形を規則的に導けるだけでなく，有標指定の部分を変えるだけで，諸方言や各時代語の違いも示せるからである．

「ウ音便」を有する西日本方言では1Aにイ音便と並んで，

  語幹末がw → 語幹末をuとする［有標指定］

が有標指定として加わる（中世京都方言や現代の九州・中国西部・四国南部の方言のようにwのほか，他の唇子音bやm，あるいはbとm両方が加わる場合もある）．

1Bの条件となる［鼻音・濁音］という音類は，数詞のヨン（四）をヨネン（四年），ヨバン（四番）のようにヨということうる場合（後続の助数詞が［鼻音・濁音］始まりであること）の条件にもなっており，2も音便形だけの特殊ル

表1　現代共通語動詞の音便

子音終わり語幹＋-t 語尾	音便パターン	例			
～m-＋-t～		(読む)	yom-＋-ta	→	yoNda
～n-＋-t～	→ ～Nd～	(死ぬ)	sin-＋-ta	→	siNda
～b-＋-t～		(飛ぶ)	tob-＋-ta	→	toNda
～g-＋-t～	→ ～Id～	(漕ぐ)	kog-＋-ta	→	koIda
～k-＋-t～	→ ～It～	(書く)	kak-＋-ta	→	kaIta
～w-＋-t～		(買う)	kaw-＋-ta	→	kaQta
～t-＋-t～	→ ～Qt～	(立つ)	tat-＋-ta	→	taQta
～r-＋-t～		(取る)	tor-＋-ta	→	toQta

注1　語幹については音便形以外の活用形から抽出される形，語尾については音便形にならない母音終わり語幹動詞（上一段活用・下一段活用動詞）から抽出される形であげた。

注2　～s は普通の「連用形」となり，音便形にはならない。

表2　音便形の定式化

1A　動詞語幹部分については

　　語幹末が k, g　→　語幹末を I とする（「イ音便」）［有標指定］
　　語幹末がその他　→　語幹末を x とする

1B　語尾部分については

　　語幹末が鼻音 (m, n) か濁音 (b, g)　→　語尾頭の t を d に濁音化［有標指定］
　　(語幹部末がその他　→　〈語尾頭の t そのまま〉

2　1A・1B の適用後に

　　語尾頭が t　→　x を Q とする（「促音便」）［有標指定］
　　その他（語尾頭が d）　→　x を N とする（「撥音便」）

ールではなく，

　　後続の音が無声音なら促音 Q が現れ［有標指定］，その他（有声音）なら撥音 N があらわれる

という，次のような音形の産出にも広く適用される一般的なルールである（これにも有標指定部分には方言差がある）。

・AxBri 型のオノマトペ（「あQさり」：「うNざり」）
・AxB 型の育児語（「立ち」→「たQち」：「おぶ（い）」→「おNぶ」）
・接頭辞「真」（「真Qしろ」：「真Nなか」）
・強調形（「さき」→「さQき」：「あまり」→「あNまり」）

●**音便形の形態音韻論的機能**——音便形は，特定の構文論的カテゴリーに偏って生じているわけではなく，その機能はもっぱら形態音韻論的な側面にある。次の音便形出現の条件がその機能を反映している。

　A　子音終わり語幹動詞が t で始まる語尾と組み合わさった場合にだけ音便形になり

　B　子音終わり語幹動詞で，同じ連用形起源であっても，中止形は音便形の形をとらないし，ツツや接辞タイにつづく場合もなら

ない。
　C　tで始まる語尾と組み合わさった場合でも，母音終わり語幹動詞は音便形にはならない。
A・Bから
　α　テやタリが動詞の語尾化し，動詞に取り込まれて一単位化していることを，中止形と区別して表示する機能
　　（ツツ，タイは音便形ではなくアクセントによって一単位化を表示），
A・Cからは，
　β　iで終わる母音終わり語幹動詞（上一段活用動詞）と子音終わり語幹動詞とを弁別する機能

という機能があることがわかる。αは，平安時代まではアクセント上も動詞から独立していたテやタリなどの形態論的な地位の史的変化を反映したものである。また，多くの方言で子音終わり語幹であっても～sの動詞が音便形をとらず普通の「連用形」となるのは，母音終わり語幹動詞（上一段活用動詞）に～siのものがなく，衝突が起きず，βに抵触しないからである。Cがあるためαは不徹底だし，Bのためβも徹底していないが，語彙的に多数派の子音終わり語幹動詞が音便形化しているため，α・β二つの機能を同時に果たすには最大限の効果が得られるようになっているのである。

　音便形はすべて重音節（CVV，CVC）である。子音終わりの動詞語幹や動詞型接辞と，子音始まりの語尾や接辞が結合する場合，両者の境界面で許されない音節構造が生じないようにするため，音便形以外の活用形では，母音を挿入して語幹末を軽音節（CV）に変えているのに対し，音便形では子音終わりの語幹や接辞の末尾を重音節（CVV，CVC）にすることで許されない音連続を避け語尾へ問題なく続けられるようにしているのである。

●形容詞の音便── 形容詞の音便は，古代語の形容詞語尾kiがi（「イ音便」），kuがu（「ウ音便」。ウ音便は西日本の方言だけ）となったものであり，語幹末が変形する動詞のものとは性格が異なる。語幹末の母音と語尾とを重音節（二重母音）として一体化することで，語幹と語尾の結合の緊密化が図られたものであろう。
➡活用，語幹，語尾
■参考文献
小松英雄（1975）「音便機能考」『国語学』101
坪井美樹（1994）「活用形としての動詞音便形の成立」『森野宗明教授退官記念論集　言語・文学・国語教育』三省堂.
坪井美樹（1997）「形容詞の音便形」『文藝言語研究　言語篇』（筑波大学大学院人文社会科学研究科文芸・言語専攻）32.
屋名池誠（1995）「「音便形」──その記述」『築島裕博士古稀記念国語学論集』汲古書院.

[屋名池誠]

か行

■カ[1]

●概観──疑問や不明，不定，選択関係などを表す助詞。終助詞として文末に現れるほか，節や句を構成したり，語形や語構成の要素になったりする。「カ」が何を表すかは，それが現れる位置やレベルによる。

●終助詞の「カ」──「カ」が文末に用いられ，上昇調イントネーションを伴うと，基本的に問いかけの疑問文（「君も一緒に行くか？」（肯否疑問），「彼はいつ来ますか？」（疑問詞疑問），「彼女は来ますか，来ませんか？」（選択疑問））になるが，そのほかにも，イントネーションを変えながら，反語（「あの人がそんなことするものか」），自己確認（「もう9時か」），感嘆（「なんと美しい花（だろう）か！」），決心（「そろそろ帰るか」）などの様々なモーダルな意味の表現に用いられる。はなしことばでは，しばしば「カ」は脱落し，上昇調イントネーションが問いかけの機能を担う（「君も一緒に行く？」）。普通体の場合，「カ」を残すと，男性的あるいはぞんざいなスタイルとなるが（「君も一緒に行くか？」），疑問詞疑問文の場合には，むしろ「カ」があると不自然になる（「??彼はいつ来るか？」）。「ネ」を後続させると，高年層・男性的なスタイルになり（「君も一緒に行くかね？」），反語や自己確認の用法では，「ヨ」を後続させて，反発的な感情や不満を押し出すことがある（「知るかよ」「またかよ」）。

決心や推量を表すムード形式につくと，話し手の迷いや疑いが表される（「行こうかどうしようか」「彼は来るだろうか」）。前者には，聞き手に対する行為提供の申し出や共同行為の提案を表す用法もある（「その荷物，持とうか？」「今から遊びに行こうか」）。また，否定の形式について，勧誘（「今から遊びに行かないか？」）や命令（「こら，静かにしないか！」）といったモーダルな意味を実現させることもある。

●節を構成する「カ」──「カ」には，節レベルで働くものもある。

(1) 挿入句を構成する「カ」

「カ」には，主文のできごとが成り立つ状況（時間や原因など）がはっきりしないことを表す挿入的な節を構成するものがある。肯否疑問（「水を撒いたからか，涼しい風が吹いてくる」），疑問詞疑問（「あれはいつだったか，彼に殴られたことがある」），選択疑問（「去年だったか，一昨年だったか，町で幼なじみに出会った」）のいずれも可能であり，「ダロウ」を伴うこともある（「雨が降っているせいだろうか，今日はいつもより人が少ない」）。

(2) 主語節・補語節を構成する「カ」

「カ」には，「ノ」と同じく，動名詞を構成する働きがあり，主語や補語の位置に疑問的な節を埋め込む際にも用いられる。埋め込まれた節は，疑問詞疑問か選択疑問の形をとる。主文の述語の意味に応じて，疑問的になったり（「明日のパーティーに誰が来るかが問題だ」），不明的になったり（「明日のパーティーに彼が来るか来ないかは知らない」），不定的になったり（「明日のパーティーに誰が来るか（を）教えてあげよう」）する。補語節の場合には，格助詞が脱落することもある。

●名詞の語形や語構成に関係する「カ」──「カ」には，単語レベルで働くものもある。

(1) 並立語を構成する「カ」

「ト」「ヤ」などと同じく，名詞を対等な資格

で並べ立てるのに「カ」が用いられることがある。「カ」は並立された名詞が選択関係にあることを表す(「万年筆かボールペンをお使いください」「今日か明日にはこの仕事を終えたい」)。
(2)語構成要素としての「カ」

「どこ」「誰」「何」などの疑問詞に「カ」をつけると,不定語ができあがる。名詞としての用法(「この部屋のどこかにごきぶりがいるはずだ」),副詞としての用法(「今日の彼はどこかおかしい」),名詞と同格関係で組み合わさる用法(「どこか景色のいいところに行きたい」)がある。「いつか」「なぜか」「どうか」は,副詞として用法の固定化が進んでいる。

➡疑問,疑問詞,終助詞,反語,不定語,並立語(並列語)

■参考文献
安達太郎(1995)「「カ」による従属節の不確定性の表示について」仁田義雄編『複文の研究(上)』くろしお出版.
藤田保幸(1983)「従属句「～カ(ドウカ)」の述部に対する関係構成」『日本語学』2-2.
益岡隆志(1992)「不定性のレベル」『日本語教育』77.
山口堯二(1990)『日本語疑問表現通史』明治書院.

[宮崎和人]

■**カ**[2]

古代語のカは,係助詞,終助詞として用いられる。現代語のカは終助詞,並立助詞,副助詞として用いられる。

1. 係助詞(古代語)

●文末用法──体言や活用語連体形を承けて,疑問の意味を表す。古代語では,大部分が文内容の判定をめぐる判定要求疑問文である。

嗚呼見の浦に舟乗りすらむをとめらが玉裳の裾に潮満つらむか(香)(万葉・巻1)

●文中用法──直上の項目を疑問あるいは不定の項目として指示する。文中用法の場合には,文末が連体形で終止する係り結びの現象がおきる。

まそ鏡照るべき月を白栲の雲か(香)隠せる天つ霧かも(万葉・巻7)

上代には判定要求疑問文にも用いられたが,中古以後は,説明要求疑問文(いわゆる疑問詞疑問文)を構成するのみとなった。

「誰とか知らむ」とうちとけたまひて(源氏・夕顔)

●カとヤの違い──カが上接項目を疑問の焦点として指示する性格が強いこと,質問よりも自ら疑う疑問に用いられやすいことなどの違いが指摘されている。ただし,上代の判定要求疑問文の中には「妹か待つらむ」(万葉・巻4)の例のように,カの上接項目が疑問点ではなく,情意の集中点とでも呼ぶべきものになっている例も多い。

●カモ,カハ──上代では,モと合したカモが多く用いられた。カとの意味合いの違いは,カモの方が詠歎性がやや強いという程度である。中古にはカハが多く用いられた。これは反語に多く用いられた。

2. 終助詞(古代語)

文末に位置して,体言および活用語の連体形について感動や詠歎を表す。

(1)見れど飽かずいましし君が黄葉のうつりい行けば悲しくもあるか(香)(万葉・巻3)
(2)秋の野を朝行く鹿の跡もなく思ひし君に逢へる今夜か(香)(万葉・巻8)

(2)の例のように一文全体が連体修飾部と体言という形で構成される感動文は,山田孝雄によって感動喚体句と名付けられた。平安時代以後はナと合したカナが詠歎の終助詞として多用され

た。

3. 現代語の助詞カ

現代語では，終助詞，並立助詞，副助詞とされている。終助詞とされているのは古代語とは異なり，疑問を表すものである。副助詞とされるものは，「なにかがある」など不定語に下接する用法に立つものである。並立助詞は，古代語の選択型の疑問文に用いられたものが，「梅か桜が咲いている」のように，平叙文の中でどちらかを選ぶことに働いているものを指している。

➡係助詞，終助詞，並立（並列）助詞，副助詞，係り結び，喚体と述体

■参考文献
此島正年（1966）『国語助詞の研究』桜楓社．
阪倉篤義（1993）『日本語表現の流れ』岩波書店．
野村剛史（2002）「連体形による係り結びの展開」上田博人編『〈シリーズ言語科学5〉日本語学と言語教育』東京大学出版会．
尾上圭介（2002）「係助詞の二種」『国語と国文学』79-8．

[近藤要司]

■ガ[1]

現代語のガは文法的機能の観点から概ね以下の①〜④のように分類できる。
①格助詞
(a) 主格表示（例：花が咲く。/空が青い。）
((b) 連体格表示（例：我らが誇り/霧が丘））
②接続助詞（例：呼んだが来ない。/どんなに泣こうが，おかまいなしだ。）
③接続詞（例：だいぶ歩いた。が，着かない。）
④終助詞（例：この親不孝者めが。）

このうち，①(b) 連体格表示のガは，地名や慣用句の中に固定的に用いられるだけであり，現代語の格助詞のガは主格表示機能に収斂しているといえる。また，③接続詞のガは，書きことばでしか用いられない。④終助詞のガはののしり表現に限られる。

●**主格表示のガの基本的な意味**——主格表示のガが表し得る意味役割はその文の述語によって動作主・変化主・属性主・経験者・対象，出来物・存在物など様々である。これらのガに共通する基本的意味は，ある事態や性質の中核物ということである。

(1)直子が陽子を殴った。（動作主）
(2)靴が買いたい。（対象）

(1)は，「直子」と「陽子」とが関わるある事態が，「直子」をその中核として設定し捉えられたことを表示している。(2)のような「動詞＋たい」を述語とする文のガはヲに言い換えることもでき，主格ではなく目的格のガであるとされることもあるが，この場合のガも「靴」が単に「買いたい」という希望の感覚の対象であるだけではなく，そのような感覚を生じさせる性質を持ったものとして中核的に捉えられたことを表示していると考えられる。

●**主格表示のガにとりたて機能はあるか**——主格表示のガは「総記」と「中立叙述」の2つの意味をもつとされることがある。

(3)雪子が美しい。
(4)原田が日本代表選手だ。
(5)純子が走っている。

(3)(4)のような恒常的状態を表す述語文で優先的に解釈される意味は，〈美しいのは誰かというと，雪子だ〉〈日本代表選手は誰かというと，原田だ〉というものである。これらのガは，前提となる命題（＝美しいのはxだ）で問われていること（＝x）への解答となる項を表示しており，「解答提示」「焦点表示」といわれたり，〈他でもないAが〉〈この中でA（だけ）が〉といった意味が含まれることから「総記」「排他」といわれたりするものである。これに対し，(5)

のような一時的事象を表す文は，「走っているのは誰かというと，純子だ」という意味の他，「純子が走っている」全体をまるごと焦点として叙述する意味にも解釈される。この後者のような場合に用いられるガは「中立叙述」といわれることがある。

このように主格表示のガには「総記」と「中立叙述」との2つの意味があるとされ，さらには，もはや主格表示機能を失い「総記」の意味表示機能だけの，とりたて助詞としてのガがあるとされることもある。しかし，これら2つの意味の表し分けはガにだけあるのではない。

(6)美智子の方を誘った。
(7)車は混む。地下鉄で行こう。

(6)は「誘ったのは誰の方をかというと，美智子の方をだ」，(7)は「何で行こうかというと，地下鉄でだ」という意味であり，ガの付かない項が焦点となっている。「総記」「排他」「中立叙述」などと呼ばれてきた，情報構造上の焦点表示に関わる機能と格表示機能とを分けて考察する必要がある。

◆格助詞，接続助詞，総記と中立叙述，新情報と旧情報

■参考文献
久野暲（1973）『日本文法研究』大修館書店．
野田尚史（1996）『「は」と「が」』くろしお出版．
菊地康人（1997）「「が」の用法の概観」『日本語文法　体系と方法』ひつじ書房．
天野みどり（2001）「格助詞——主格表示と焦点表示」『國文學　解釈と教材の研究』46-12．
尾上圭介（2004）「主語と述語をめぐる文法」尾上圭介編〈朝倉日本語講座6〉文法Ⅱ』朝倉書店．
加藤重広（2013）『日本語統語特性論』北海道大学出版会．

［天野みどり］

■ガ² (古典語)

●古典語のガの文法的機能——平安鎌倉期を中心とするガの文法的機能は①〜③のように分類できる。

①格助詞
（a）連体格表示（例：わが身/式部がところ（源氏））
（b）主格表示（例：まだ御とのごもりたりとあこぎが申つるといへば（落窪）/牛の鼻がこはう候（平家））
②準体助詞（例：いかなれば，四條大納言のはめでたく，兼久がはわろかるべきぞ（宇治拾遺））
③接続助詞（例：落入ケル時，巳ノ時許ナリケルガ，日モ漸ク暮ヌ（今昔物語集））

①に関して，上代語のガの機能は，体言に下接してただ単にそれを修飾語化するだけであり，主格表示機能や連体格表示機能という分化はしていないという指摘もある（野村1993）。③に関しては，平安期より接続性を帯びたガが存在し，院政期には接続助詞が成立したとされている（石垣1955）。

古典語のガには尊敬対象に下接しないという性質があったが，17〜18世紀成立の狂言台本諸本においても同傾向が見られ，かなり時代が下るまでその性質は維持されているようである。

古典語の格助詞ガの機能は連体格表示が中心であり，主格表示は従属節・連体節内において見られるのが一般的であった。形式上主節における主格表示のように見える例もあるが，その述部のほとんどが連体形終止であり，構造的には句的体言とされる（(1)(2)）。終止形終止の早い例としては(3)が挙げられるが，平安鎌倉期を通して非常に少ない。

(1)雀の子を犬君が逃がしつる（源氏・若紫）
(2)ゆめゆめまろが聞えたると，な口にも

(枕・276)

(3) をのをの，我がまさりたりと論じつゝ四条大納言のもとへ，二人まいりて（古本説話集・上）

主節におけるガの主格表示機能の発達は係助詞や無助詞主語と相関を持つ。

●係り結びの消滅とガ── 古代語から近代語への変化の中で，係り結びの消滅は大きな変化の一つであるが，ガの主格表示機能の発達が係り結びを衰退させた一要因であったという指摘がある（柳田1985）。ガを用いた強調表現や疑問表現は，すでに平安期から見られ（(4)(5)），江戸初期には係助詞を用いた表現からガを用いた表現へと移行が完了する。現代語のガに，いわゆる総記的な用法が見られるのは，ここに由来すると考えられる。従属節内においてはガの総記的意味合いが中和されるというのは，そもそも従属節内の主格表示のガが，その発達過程で係助詞ゾやコソと相関しなかったためと考えられる。

(4) 惟成が落したりつるぞ（落窪・1）
(5) もしこのことはなむぢが云ひつるかと問へば（三宝絵・上）

●無助詞主語への入り込み── またガは，主節における無助詞主語の部分にも入り込むようになった。原拠本「平家物語」（覚一本・百二十句本）の無助詞主語の部分とそこに対応する天草版平家物語のガを見てみると，いわゆる内項（internal argument）の部分に入り込んでいるガが多く見られ，やがて江戸初期には外項（external argument）においてもガの使用が一般化する。そもそも無助詞主語は，何らの助詞も存在しないという点で，表現効果に関してはいわば無色透明である。したがって，そこに入り込んだガにも何らかの表現効果を醸し出すような機能は見られない。これが現代語のガのいわゆる中立叙述につながっていると考えられる。

平安鎌倉期の散文資料によれば，中立叙述的な文脈におけるガの使用よりも，強調表現におけるガの使用，すなわち総記的文脈における使用が早くから発達しているようである。

➡係助詞，係り結びの変遷，総記と中立叙述，無助詞，連体形終止法

■参考文献

野村剛史（1993）「上代語のノとガについて（上）（下）」『国語国文』62-2, 3.

石垣謙二（1955）『助詞の歴史的研究』岩波書店.

柳田征司（1985）『室町時代の国語』東京堂出版.

山田昌裕（2003 a）「名詞文「AガBダ」型の発生とその拡大の様相──主格表示「ガ」と係助詞「ゾ」「コソ」との関連性」『国語学』54-2.

山田昌裕（2003 b）「室町末期から江戸初期における主格表示「ガ」の活動領域拡大の様相──『天草版平家物語』と『大蔵虎明本狂言』との比較」『文学・語学』175.

　　　　　　　　　　　　　［山田昌裕］

■外心構造と内心構造

句や語の文法的性質は，多くの場合，それを構成する要素の中に中心となるもの（主要部）があり，それによって決定される。例えば，「パンを食う」という句は，全体として，その主要部の「食う」と同じように振る舞い，時制の変化があったり，副詞で修飾されたりする。また，「いかもの食い」のような複合語でも，その主要部は「食い」であり，これは食うことの一種であることをあらわす。このように句や語の性質がその中の特定の構成素（主要部）によって決定される構造を内心構造（endocentric construction）という。

一方，「面食い」のような語は，人間をあら

わすので,「食い」は,統語的にはともかく,意味的には語の性質を決めていない。文にも主要部を認定しにくい場合がある。例えば,「健を頼もしく思う」のような表現の「健を頼もしく」という部分は構成素をなしている(「健を思う」が言えないので「健を」は「思う」の目的語ではない)が,名詞句(後置詞句)の一種でも,形容詞句の一種でもなく,文の一種と考えられるものである。このような,主要部をもたない構造を外心構造(exocentric construction)という。

➡主要部

■参考文献

郡司隆男・西垣内泰介編(2004)『ことばの科学ハンドブック』研究社.

Bloomfield, Leonard (1933) *Language*. Holt, Rinehart and Winston, Inc.〔Reprint:The University of Chicago Press, 1984, p. 194〕〔三宅鴻・日野資純訳(1962)『言語』大修館書店〕

[郡司隆男]

■概念意味論

概念意味論(conceptual semantics)はジャッケンドフ(Ray Jackendoff)が中心的に開発している意味理論で,言語の意味と言語内および言語外の様々な領域との相互作用を明らかにすることで,言語の心的な特性を捉えようとする。

1. 現代言語学の意味理論

現代の意味理論は形式意味論,認知意味論,概念意味論に大別できる。形式意味論は論理学を発展させたもので,フレーゲ(Gottlob Frege)の構成性原理(全体の意味は各部分の意味を合わせたものである)に基づいて言語を数理的論理式で形式化し,文で表される命題の真偽値を演算する。これと対立する認知意味論は,ほとんどの言語表現は構成性原理に従わないとして,慣習化や文法化による全体としての新たな意味の獲得に注意を向け,意味の理解を人間の認識・知覚・行動と直結したものと捉える(→認知言語学)。概念意味論は両者の中間にあり,一部の表現には慣習化や文法化を認めるものの,基本的には構成性原理に依拠し,統語的に有意義な意味成分を抽出することによって文全体の意味解釈を構築する。形式意味論が実世界の外延を重視するのに対し,概念意味論は外延を切り離した「心の意味表示」を目指す点で認知意味論に近い。

2. 概念意味論の輪郭

統語部門だけに生成力があり,意味論と音韻論は統語構造から意味解釈と発音をそれぞれ読み取るだけの解釈部門として扱う生成文法に対して,概念意味論は次の4つの特色がある。(1)統語論中心主義から脱却して,統語論,意味論,音韻論のそれぞれを生成力のある自律的なモジュールとして捉え,統語構造,意味構造(すなわち概念構造),音韻構造の3つを対等の構造として同時並行的に表示する(表示のモジュール性)。(2)それら3つの構造は図1のように「対応規則」によって互いに有機的に関係づけられる。これにより,言語の形と意味がバランス良く捉えられる。

(3)概念構造は,現実の時空間の把握,聴覚・視覚などの知覚・感覚,筋肉運動,感情など人間が持つ様々な言語外の能力との接点として機能する。詳しく言うと,概念構造が扱うのは,文の主述関係や,名詞のカテゴリー,タイプとトークンの区別,量化など文法と直接関わる意味判断や推論であり,物体の実際の形状や位置などに関わる判断や推論は「空間構造」と呼ばれる構造で扱われ,これが視覚,触覚,筋肉運動などの器官と直接的に接している。いずれに

図1　概念意味論による文法システム

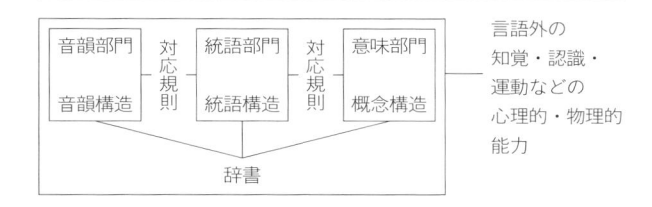

```
┌─────────┬──┬─────────┬──┬─────────┐   言語外の
│ 音韻部門 │対│ 統語部門 │対│ 意味部門 │   知覚・認識・
│         │応│         │応│         │   運動などの
│         │規│         │規│         │   心理的・物理的
│ 音韻構造 │則│ 統語構造 │則│ 概念構造 │   能力
└─────────┴──┴─────────┴──┴─────────┘
              └──── 辞書 ────┘
```

しても，概念構造および空間構造はあくまで言語体系の一部であり，心理学的な知覚や生理学的な感覚そのものではない。

(4)統語，概念，音韻の各表示は可能な限り少ない数の原始概念と一般原理で規定される。統語構造に構文と呼ばれるパターンがあり，音韻構造に子音と母音の結合やアクセントによるパターンがあるのと同様に，概念構造にも外界を認識し言語化する普遍的なパターンがある。概念構造はそのような「心/脳のパターン」を形式化したものである。意味構造を規定する原始的意味成分は何らかの経験的，外的な基盤が必要であるという考えがあり，その基盤は，形式意味論では言語外の世界との外延的関係に，認知意味論では人間の日常的経験に求められる。他方，概念意味論では概念構造そのものが心の表示であるから，それを外的な基盤で定義することはあまり行われない。そのため，概念構造は言語の意味を意味成分というメタ言語で言い換えた循環論であると批判されることもあるが，アスペクトや行為連鎖による事象構造のパターン化や，物理的移動と抽象的移動などの「意味の場」の区別などの原理は認知的な基盤に根ざすと考えてよい。

◆語彙概念構造

■参考文献

Jackendoff, Ray (1994) *Patterns in the Mind: Language and Human Nature*. Basic Books.〔水光雅則訳（2004）『心のパターン——言語の認知科学入門』岩波書店〕

Jackendoff, Ray (1983) *Semantics and Cognition*. MIT Press.

Jackendoff, Ray (1990) *Semantic Structures*. MIT Press.

Jackendoff, Ray (2002) *Foundations of Language*. Oxford University Press.〔郡司隆男訳（2006）『言語の基盤——脳・意味・文法・進化』岩波書店〕

[影山太郎]

■係り受け

●係り受けとは——文や連語の構成要素にあって，従属要素が支配要素に結びついていき，支配要素が従属要素とともに1つの意味的まとまりを作る，従属要素と支配要素の意味-統語的な結合関係を指す用語。たとえば，「雨が降っている。」において，「雨が」が「降っている」に結びつき，1つのまとまりを作ることを捉え，「雨が」と「降っている」は，係り受けの関係にある，と言い，「雨が」が「降っている」に係っていき，「降っている」が「雨が」を受ける，と言う。係り結びや呼応も，係り受けの特殊なもの。

●重層的な係り受け・連文節——「雨が降っている。」では，「雨が」が係りの成分で，「降っている」が受けの成分である。最終的な受けの成分は，主節の述語である。

(1) 博と 武が 故郷の 学校を 訪れた。

(1)の係り受け構造を、橋本文法での文節方式で表示すれば、(1)の図のようになる。「訪れた」が最終的な受けの成分、橋本文法で言う断止文節。「博と武が」「故郷の学校を」が直接的にそれに係っていく成分である。「博と武が」や「故郷の学校を」は、これ自身の中に係り受けの関係を含んでいる。「博と」は「武が」に係り、「故郷の」は「学校を」に係っている。並列語（並列成分）「博と」や連体修飾語（規定語・連体修飾成分）「故郷の」は、述語に対して間接的にしか結びついていかない成分である。ただ、文節方式では(1)の図のようになるが、これは意味的な結合関係を正確には表していない。

「[[博と] 武] が」「[[故郷の] 学校] を」

のように、「博と」が名詞「武」と並列的に結びつき、全体がガ格成分（主語）として述語に係っていき、「故郷の」が「学校」を修飾し、全体がヲ格成分（補語）として述語に係っていく。

最終的な受けの成分に間接的に係っていく成分を含む構造では、係り受けは重層的になる。

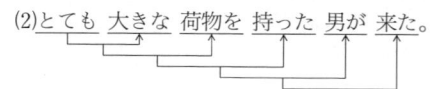

(2) とても 大きな 荷物を 持った 男が 来た。

(2)では、「とても」が「大きな」に係り、「とても大きな」が「荷物を」に係り、「とても大きな荷物を」が「持った」に係り、「とても大きな荷物を持った」が「男が」に係り、その全体が「来た」に係っている。係りと受けの成分で出来た2つ以上の文節からなる存在は、橋本文法では連文節と呼ばれる。

●係りとしての節──係りの要素は成分とは限らない。節の場合もある。

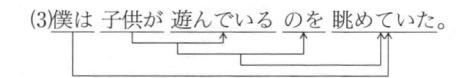

(3) 僕は 子供が 遊んでいる のを 眺めていた。

(3)では「僕は」と「子供が遊んでいるのを」が「眺めていた」に係っている。「子供が遊んでいるのを」は、節が補語として係りの成分になっている。

●係りの遠近・受けの大小──係りの成分には、遠くまで係る成分もあれば、近くの受けの成分に受け止められてしまう成分もある。

(4) 鳥が飛ぶとき、首を上げた。
(5) 鳥は飛ぶとき、首を上げた。

(4)の「鳥が」は、直近の「飛ぶ」に係るだけで、「上げた」には係っていかない。それに対して、(5)の「鳥は」は、直近の「飛ぶ」に係るだけでなく、主節の述語「上げた」にまで係っていく。

受けの成分の受けの能力にも大小がある。

(6) 切ないために彼に会う回数は減った。
(7) 切ないから彼に会う回数は減った。

(6)は「切ないために彼に会う」のであり、(7)は「切ないから回数が減った」のである。つまり、連体修飾節の述語「会う」は、タメニ節を受け止めるが、カラ節を素通りさせてしまう。

(8) 彼は親切な男だ。いつも困っている人に手を差し伸べている。

(8)の「彼は」は、統語的にではなく、意味論的なレベルでは、ピリオドを越え、次の文の「差し伸べている」にも係っている。

➡係り結び，呼応

■参考文献

橋本進吉（1959）「文と文節と連文節」『国文法体系論』岩波書店．

三上 章（1955）『現代語法新説』刀江書院．〔復刊：くろしお出版，1972〕

関根俊雄（1965）『改訂文章法序説』明治書院．

［仁田義雄］

■係助詞[1]

助詞の一種。通常「かかりじょし」と読む（命名者山田孝雄の著書の索引でも「か」の項に立項される）。「係」を音読みし「けいじょし」と言うこともある。

1.「係助詞」の範囲

古典教育をはじめ今日通常の了解では，ハ・モ・ゾ（上代ではソ）・ナム（上代ではナモ）・ヤ・カ・コソの7つとするのが普通である。これらはいずれも，中世〜近世の古典研究において，（現代の言い方で言えば）文末用言の特定の活用形と共起する現象によって関心を持たれていた。その関心の一つの集大成が本居宣長『ひも鏡』『詞の玉緒』である。山田孝雄『日本文法論』は，宣長らの研究を自身の問題関心の文脈に引きつけて了解した上で，これらの助詞を一つのカテゴリーに収め，「係助詞」と名づけたのである。

なお，『日本文法論』では，禁止を表すナ（現在では文中のナは副詞，文末のナは終助詞と了解されている）も「係助詞」だとし，『日本文法学概論』では口語のサヘ・デモ・ホカ・シカも「係助詞」に収める。また，橋本進吉「助詞の研究」（講義案）でも「係助詞」を立てるが，その中には文語のダニ・スラ・サヘ等，口語のナリト・ダッテ等を含む。これらの了解は，現代においては一般的ではない。

2. 係助詞の出現位置

上記の7つの助詞は，文末述語と呼応する種々の文中成分（主語，目的語やその他の斜格成分，修飾語，従属句など）に下接しうる。副助詞と異なり格助詞に前接することがないし，また，副助詞に対しても必ず後接する。また，ヤ・ゾ・カは用言・体言に下接して文末述語を構成し得る（モにも上代には文末用法があり，中古以降ハも文末で用いられる例が現れた）。なお，詠嘆を表す文末のカナ（上代ではカモ）や希求を表す文末のモガ・テシカなどに含まれるカ・モなども係助詞として了解されることがある。

3. いわゆる「係り結び」現象と係助詞

係助詞は通常，いわゆる「係り結び」を起こす助詞だとされている。学校教育における古典文法では，文中にゾ・ナム・ヤ・カがあると文末述語は連体形になり（「この程三日うちあげ遊ぶ。よろづの遊びをぞしける」「名をば，さかきの造となむいひける」「かぐや姫，光や あると見るに，蛍ばかりの光だになし」「我ハ よきかたちにもあらず。いかでか【帝ノ使ニ】見ゆべき」（いずれも「竹取」）），文中にコソがあると文末述語は已然形になる（「まことに蓬萊の木かとこそ思ひつれ」（竹取））と教える。このような一般化は，大きな傾向としては誤ってはいないが，実際には例外も少なくない。例えば，呼応先の文末述語が「名詞（＋助詞）」の場合（「今は，まろぞ思ふべき人。」（源氏・若紫）など）は，そもそも述語が活用を持たず，連体形も已然形も現れようがない。また，ゾ・ナム・コソは従属句中に現れることもあり，その場合は，呼応先の述語は従属句としての形を取る（「別納の方にぞ曹司などして人住むべかめれど，こなたは離れたり」（源氏・夕顔）など）。これがいわゆる「結びの流れ」「結びの解消」である。また，上代のコソと呼応する形容詞述語は連体形を取った（「衣こそ（虚曽）二重も良き（予耆）」（日本書紀・歌謡47））。この3点を除いても，結びの異例は平安時代の和文資料において一定数認められる。「文末用言に特定の活用形を要求する」というのは，強い傾向ではあっても，西洋諸言語における主語と述語の一致現象などと異なり，「構文的規則」と言えるものではなかったと思われ

なお、ハ・モは、文末用言の終止形と呼応するものと考えられたことがあり、さらに一歩進んで、文末用言に終止形を要求すると言われることもあるが、ハ・モは従属句中にいくらでも出現するし、文末用言と呼応する場合も、文中に他の係助詞（ゾなど）があれば、文末はそちらの係助詞が「要求」する活用形になる。さらには、文中にハ・モだけあって、かつ連体形で終止する場合もある。以上のことから、ハ・モはそもそも文末と呼応する助詞ではないし、ましてや特定の活用形を「要求」してもいないと考えるのが妥当である。

4．「係助詞」の定義

山田孝雄『日本文法論』では、係助詞を「用言の述語に干与して文全体の意義性質に影響するもの」であると定義し、『日本文法学概論』では「陳述をなす用言に関係ある語に附属して、その陳述に影響を及ぼすもの」と定義している。しかし、山田がそのように主張する根拠は必ずしも明確ではない。山田はハについて、例えば「鳥は飛ぶ時に羽根をこんな風にする」などの文において文末の「する」と結びつくことなどをもって、ハが文末に一定の陳述を要求するものだと言う（『概論』）。しかし、実際にはハが従属句中に現れうるということはすでに述べた。ゾ・ナム・ヤ・カ・コソについては、文末用言が連体形・已然形になることをもって「陳述に影響を及ぼす」ことの証拠と見ているようである。しかし、上記3で述べたように、そもそもゾやコソが「文末用言に特定の活用形を要求している」と言えるかどうか、実は疑わしいし、百歩譲って「文末用言に特定の活用形を要求している」のだとしても、そのことの内実は、「陳述に影響を及ぼす」というような構文的な問題なのか、むしろ表現上の前後の張り合い、切れ続きの問題と見るべきではないか

等、改めて問う必要がある。

このように、ハ・モやゾ・ナム等の共通性は「陳述に影響を及ぼす」ということだ、という山田の了解については再度問い直される必要があるし、山田の了解がもし成り立たないとすれば、そもそも7つの助詞をひとつのカテゴリーに収めるべき内的な共通性があるのかどうかが、改めて問題になる。

5．第一種係助詞と第二種係助詞

尾上圭介は、上記7つの助詞全てがひとつのカテゴリーに収まるという山田の了解に疑義を呈しつつ、そのうちのハ・モ・ヤは積極的に一つのまとまりをなし、ゾ・カはそれとは別の一つのまとまりをなすと主張している。尾上によれば、ハ・モ・ヤはいずれも「上下両項の結合の承認の仕方をめぐって意味を与えるもの」である（第一種係助詞）。そのうち、ハは結合「A—B」の成立を、何らかの意味で対立的な関係にある環境を意識しつつ（分説的に）承認する助詞である。このようなハの働きの現れの一つとして、いわゆる「提題」の用法も位置付けられる。それに対してモは、結合「A—B」を他の事態と同類のものとして（合説的に）承認する助詞だと言える。また、ヤは結合「A—B」の成立如何を疑問するものと位置付けられる。一方、ゾ・カはどちらも「上接項目に何らかの意味ないし気持ちを加えるもの」である（第二種係助詞）。ゾは上接項目に確定的な感覚で力点を加える。一方、カは上接項目に不確定感を伴った力点あるいは「嘆き」を加えるものであり、その具体的な表れとして、疑問文・詠嘆文や（「—カ—ム（ラム）」の文型において）推量表現を構成し、モガ・テシカ・「—モ—ヌカ」などの形で希求文を構成することになる。

6．係助詞をめぐる他の見方

尾上の主張とは別に、「述体」「喚体」といっ

た文の基本構成にいわば形式を与える助詞として「係助詞」を見る論者もある（川端善明）。そのような見方においては、いわゆる感投助詞としてのヤや、間投助詞ヲ、いわゆる副助詞シなども「係助詞」の議論の中に取り込まれることとなる。

➡カ，係り結び，係り結び研究，係り結びの変遷，コソ，ゾ，シ，ナム，ハ，モ，本居宣長，ヤ，山田文法

■参考文献

青木伶子（1986）「「は」助詞は所謂「陳述」を支配するに非ず？」『国語国文』55-3.

尾上圭介（2002）「係助詞の二種」『国語と国文学』79-8.

川端善明（1994）「係結の形式」『国語学』176.

阪倉篤義（1993）『日本語表現の流れ』岩波書店.

森重敏（1971）『日本文法の諸問題』笠間書院.

山田孝雄（1908）『日本文法論』宝文館.

［川村 大］

■係助詞[2]

●係助詞とは——係り結びの係り部分を構成する助詞。係り結びのタイプに従って、主文ないし主文に相当するような独立性の高い句において文判断の決定を要求するものと、主文の文判断の枠組みを形式的に決定するものとの、二種類がある。

●ハ・モ——係助詞としてのハの役割は、文の主題を示すことにある。主題については必ず何事かが述べきられなければならないから、その主題とそれに対する述語付けの関係を係り結びと言う。述語の形態（活用形）は何形でもよいが、ふつう主文の述語は終止形で終わるので、ハに対する述語は終止形が現れることが多い。また古代語のモは、終助詞・間投助詞的な用法が豊かであるが、ハの特説性に対して、モはそれに対置的に引きずられる形で合説性の主題を構成するのである。

●カ・ヤ——係助詞としてのカは本来、文中にあって文の疑問焦点を表したものと思われる。疑問焦点を持つ文は疑問文である。これは疑問という文判断の枠組みを決定するという点で、現代語の疑問語疑問文と同様である。史的に形成されていった折の事情から、上代では連体形句が述部を構成している。しかしカは、上代既に「係り部分－連体形句述部」という構造を形式的に維持したまま、係り部分が特に疑問焦点を表すことなく、疑問文を作るという構造上の枠組みを示すだけの役割を果たす助詞となった。カの形式化である。ただしその場合でも、文の情緒的な卓立点（強調点）を示すくらいの役割は果たしていよう。更に中古においては述部連体形句も崩壊し、カによる係り結びは、単に述語としての連体形が現れるだけにまで形骸化した。また疑問語に付く場所以外では、カはヤに取って代わられてしまい、一方、疑問語は疑問語だけで疑問文構成が可能であったため、カによる係り結びは消滅した。

ヤはカよりも新しい係助詞である。問いかけるという表現上の強さを持つために、上代より次第にカに代わって用いられたのであろう。疑問焦点を表す力はカよりも弱いが、反語文を構成する働きはカよりも強い。疑問文の主題を表すと言われることもあるが、主題部分にヤが現れるのは、たまたまのことである。上代では「ヤによる係り－連体形句」の形式を維持しているが、中古の結び部分には単に述語としての連体形が現れるだけにまで形骸化した。情緒的な卓立点を表す力はカよりも強いので、中古に特に好まれた。しかし、疑問文は文末助詞（カ・ヤ）や上昇調イントネーションでも示しうるので、中古末～中世初期の話し言葉で、疑

問の係助詞としては次第に文中で使用されなくなった。

● ゾ・ナム──本来ゾ（上代ではソとも）は、疑問焦点のカに対して、指定焦点を示す助詞であった。指定焦点とは、ここが文情報の中心点だと指定する働きである。だから「疑問語＋ゾ」で疑問点を表すことも可能だったのだが、その役割は次第にカに特化して、ゾはふつうは断言的な文で用いられた。カと同様に、上代では「係り部分－連体形句述部」という文構造を作る。しかし上代既に、ゾもまたカと同様に、必ずしも常に指定焦点を構成せず単なる情緒的な卓立点を示すだけの働きにも転化している。中古では「係り部分－連体形句述部」という文構造は崩壊し、ゾは「ゾ－連体形述語」の形式で教示性の強い断言文を作るだけの助詞に一層形式化した。そしてこの「教えてやる」という教示性が好まれなくなったためか、係助詞のゾは中古末～中世初期の話し言葉で、次第に文中で使用されなくなった。

　中古のナムは、上代のナモに由来すると思われる。もっとも新しい係助詞で和歌の伝統形成に間に合わず、そのため歌の中で使われることがない。ゾと同じく文の情緒的な卓立点を示す。上代ナモも中古ナムも、「係り部分－連体形句述部」という文構造を作る例が無い。「ナム－連体形述語」の形式でもの柔らかな断言文を作るだけである。もの柔らかさが好まれたためか、中古ではゾに代わって大いに栄えた。しかし、ナムの係り部分での働きを見ると、現代語のネとかナとかの間投助詞程度の役割しか果たしていない。そこで連体形終止の使用頻度が高くなれば、連体形終止文の内部に間投助詞が投入されただけのようにも見えてしまう。間投助詞はあっても無くても構わないようなところがある。このようにして係助詞としてのナムは滅んだ。もっともナムという音形は、ナウを経て、ナー、ナ、ノー、ノに変化しやすい。方言上さまざまなこれらの間投助詞が、ナムの末裔ではないかと考えられる。

● コソ──コソは形式上、已然形と呼応する係助詞である。已然形は古代では、現代語で終止的に使われるケレド・ケドの如く何かを言い残したように言い終える活用形であった。またコソは、その語彙的意味として「特にそれだけを選ぶ」というような排他性の強い助詞である。そこで已然形述語文にコソが投入されると、「これに限ってはこうであるが」のような逆接句を作り出す。ところが已然形は、言い残し的余韻を持つとは言え、それだけで終止の可能な形態でもある。そこで「コソ－已然形」は、「他はいざ知らず、これだけはこうである」のような終止文を作り出すこともできた。以後コソには、「大学こそ卒業しているが、学力は無い。」のような逆接文、「彼こそが第一人者である。」のような終止文の両方に出現しうる体制が続いている。「コソ－已然形」は、室町期においても「ようこそ、ござったれ」のような已然形終止文を残存させていたが、文終止のほとんどが（旧）連体形となるに及んで、形式上の「コソ－已然形」は完全に滅んだ。この場合は、形式上の呼応としての係り結びは滅んでも、助詞としてのコソは消失していないわけである。

● **係助詞同士の共起**──本来文焦点を表したと思われるカ・ゾ系列の係助詞と主題のハ・モとは、矛盾した性格を持つので、相互承接することは無い。カハ・ヤハ、カモ・ヤモはよく使われるが、この場合のハ・モは主題を表しているわけではない。より古く原始的なハ・モからの分化であろう。コソは排他的取り立てで、特に焦点を表す用法を本来とするわけではないので、コソハの用例は多い。已然形結びのコソと連体形結びの係助詞は、相互承接しない。一方、一文中に主題文節と焦点文節は並存して構わないので、「ハーゾ・カ・ヤ」のような構造

の文は多い。この場合上代語順は，基本的に以上に示した順序である。「ゾ・カ・ヤー連体形句」の文構造に更に主題のハが覆い被さるようなものである。ただしゾとハは，倒置強調文を作ることも多い。以上のような語順も中古に至って不明瞭なものとなる。

➡カ，係り結び，コソ，ゾ，ナム，ヤ

■参考文献

三上 章（1953）『現代語法序説』刀江書院．〔増補復刊：くろしお出版，1972〕

木下正俊（1978）「「かくや嘆かむ」という語法」『万葉集研究8』塙書房．

尾上圭介（1981）「「は」の係助詞性と表現的機能」『国語と国文学』58-5．

舩城俊太郎（2003）「でさのよツイスト」『新潟大学人文科学研究』112．

野村剛史（2005）「中古係り結びの変容」『国語と国文学』82-11．

[野村剛史]

■**係助詞**[3]

1. 係助詞の機能と形式

一言で規定すれば，係助詞は，形容詞文範疇（→係り結び）におけるものとしての文統一を果たし，そこに文としての意味を実現する助詞である。その現象には，文中に介入する係りとしての用法，その助詞と，文末に接する結びとしての用法，その助詞とがある。

述体の文の現象を場合として述べると，係りとしての係助詞は，文中のすでにある連用成分を分節して接し（したがってその連用成分が格助詞や副助詞を含むときは，それらに下接して現象する），文末の結びと選択的に呼応し統一する。いわゆる係り結びである。結びは，結びの係助詞，および体言系・用言系（形容詞系および動詞系）の実質述語の形式面，すなわち特定活用形よりなる（体言系の体言形，形容詞系の終止・連体形，動詞系の終止・連体・已然形→係り結び）。例えば，「雪か降れる」は，係り「か」が動詞系述語の連体形と係り結びを構成している。一方，結びの係助詞は，体言系および用言系（形容詞系と動詞系）の実質述語の形式面，すなわち特定活用形に選択的に下接し，係りの係助詞との呼応，すなわち係り結びを形成する。例えば，「雪は降れるか」は結び「か」が動詞系述語の連体形に下接して，係りの係助詞「は」と呼応している。係りに〈徒(ただ)〉を認めることは宣長に従う。それは単なる欠如ではなく，意味・機能においてのみそこに係助詞を認めることであり，さらにそれは，結びにも認めることに展開する。

2. 係助詞の構成する文意味

係助詞が文に実現する意味は大きく，指定系と疑問系にわかれる。とともに，指定，疑問に必然的に伴われる強調（係り用法の場合。即ち指定点・疑問点の指示）・詠嘆（結び用法の場合）が考えられるほか，実質述語の様相性の意味との相乗に生れる反語やときに希望（願望・意志，希求・命令）を了解することもできるであろう。述体にあって巨視すれば係助詞は，係りにあって，また結びにあって，またその両者にあって係り結びを形成する助詞だということができる。古代語では「か・かも（かな）・ぞ・や（よ）・も・を・な」が係りと結びの両用法をもち，「は・し・い・こそ・なも（なむ）」は係りの用法しかもたぬが，上代におけるそれが1つの固定とみられるものもある。結び用法のみの係助詞はなく，動詞系述語の未然形に接して希望（願望と希求）を意味するものは，結びの係助詞と区別して終助詞と呼ばれる。

3. 〈あゆひ〉の相関における係助詞の位置

係り結びは形容詞文範疇としての文統一の謂

図1　係り結びにおける〈あゆひ〉の総体的な相関

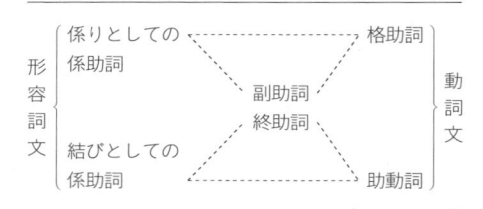

```
        ┌ 係りとしての ┐・・・・・・・・・・格助詞
形       │ 係助詞    │ ＼   ／           動
容       │        │   副助詞            詞
詞       │        │   終助詞            文
文       │ 結びとしての │ ／   ＼
        └ 係助詞    ┘・・・・・・・・・・助動詞
```

であった，とすれば品詞もまた，形容詞文範疇のそれに係りの係助詞と結びの係助詞を置くことが，動詞文範疇の品詞として格助詞・助動詞を対応させることになる。〈あゆひ〉をその総体において規定すると，その相関は図１のように図示される。

終助詞は結びの係助詞と助動詞の中間者である。結びの係助詞は現代語にあって，「か」が係助詞性を残しているが，一般に終助詞化していると認められ，終助詞という規定も，文末に位置するという現象の外形からするほかなくなっている。動詞性助動詞がその活用の収斂にあって終助詞に近いことも，終助詞の中間者性に関わるであろう。一方，係りの係助詞と格助詞との中間者には副助詞が考えられる。なお，複文を考慮に入れるならば，図１にあって格助詞の位置に，接続助詞が並べられるであろう，しかし形容詞文に関して複文を考える必要はない。副助詞は，係助詞による文統一の構造を，量的な関係において分節する助詞であるが，係りの係助詞の分節する連用成分が述語に対して従属的なもの（下位格の語や連用修飾語）であるとき，対比的限定の意味，すなわち一つの量的意味が濃くなることも，副助詞を中間者と見ることにとって，思い併せられるであろう。現代語の係りの係助詞は，包摂系の係り結び（→係り結び）を形成する「は」「も」以外失われたが，松下大三郎に従って〈分説〉〈合説〉の理解に立つならば，他なる一般から分け，他なる一般へ戻す（合わせる）在り方においてとも

に係助詞にほかならないが，他なる個から分け，他なる個に並べる（合わせる）在り方においては，副助詞性，つまり量性の意味が強くなるであろう。係助詞と副助詞を全く区別せぬような，また，副助詞にほかならぬ量性の助詞を係助詞と呼ぶような，しばしば見られる説は，両助詞の連続面だけを見ているのである。下位格の格助詞と副助詞は，時に区別できぬほど連続的であろう。

4. 装定における係助詞

以上述本の，さらにいえば述定の諸関係に働く係助詞に対し，装定に関わる係助詞が，古代語にはあった（→係り結び）。「夕づく日射すや岸辺」「絶えじい妹」，「や」を中心として「よ」「い」「し」に及ぶそれらは，上代すでに固定しているが，「や」「よ」「い」は母音交代を介して一つであり，「し」「い」はサ行子音の有無において一つである。これらは間投助詞ではない。述定の場合と同様，すでにある連体の成分関係を分節し且つ統一する。一つであるこれらの中心をなす「や」はいずれ，連歌・俳諧の代表的な切字として別の生活をもつ。

5. 喚体における係助詞

述定・装定をふくめ述本の文世界における係助詞に対して，感動の喚体における係助詞がある。「跡もなく思ひし君に逢へる今宵か」「つぎて見まくのほしき君かも」「妹待つ我れを」「たわやめの思ひ乱れて縫へる衣ぞ」。係助詞は文末に位置し，現象上，述本における結びの係助詞と等しい外観をもつ。しかし，同一視するわけにはゆかない。感動の喚体は，１つの〈文〉として必ずもつ可能的な二項性の，顕在的な実現（──それが述本）を，抑止し，抑止された二項を，したがって一つなる係助詞によって形式的に統一する構造にある（→係り結び）。述本における係助詞と対比的に述べるならば，現

象上文末に位置するこの一つなる係助詞は，自ら，述体における係りの係助詞と，同じき結びの係助詞を予め統合したという資格にある。それはいわば，予めなる係り結びを権利として所有した係助詞なのである。そこに実現する意味，抽象していうならばその係助詞の意味は，述体的に実現されるならば指定と疑問，そしてそれに伴われる詠嘆であるものの，その抑止として，ことがらの確定的対象化と感動，不定的対象化と感動の2種類である。

6. 繋辞の形式としての係助詞

　以上のように，係助詞とは，その係り用法において，その結び用法において，そして係り用法と結び用法において（以上，述体），さらには係り用法なる結び用法（結び用法なる係用法）にあって（喚体），すなわちすべての文において係り結びを構成する助詞だと，単純に規定されることになる。冒頭に記した一文の敷衍である。現代語にあっては包摂系の係り「は」「も」のほかには，結びの「か」に係助詞性が残るくらいであるが，透明なる係助詞，すなわち係りと結びにおける〈徒〉の構成を，古代語・現代語に一貫するものとして認めねばならない（→係り結び）。すべての〈文〉はことがらに対応する。対応することの直接的なる文を私は形容詞文と呼ぶ（→喚体と述体²）。形容詞文には1つの繋辞が，意味として直ちに見える。その繋辞について，いわば作用としての繋辞が係り結びであれば，その作用にあって，すなわち係り結びにあって，私は顕在的にことがらを所有する，すなわち知る。係助詞は，作用としての繋辞の構成要素，その形式にほかならない。

●付記1──「あづまはや」「花よ（咲け）」の係助詞についての関説を欠く。殊に後者の形式においてのみ，呼びかけという関係が成立する。従って不本意だが，述べる文脈がない（→

喚体と述体² 付記1）。
●付記2──裨益を得た諸論文はすべて，参考文献として記したなかに，挙げられている。
◆係り結び³，喚体と述体²

■参考文献

川端善明（1963）「喚体と述体──係助詞と助動詞とその層」『女子大文学 国文篇』（大阪女子大学）15.

川端善明（1976）「用言」大野晋他編『〈岩波講座日本語6〉文法Ⅰ』岩波書店.

川端善明（1978）「形容詞文・動詞文概念と文法範疇──述語の構造について」川端善明他編『〈論集日本文学・日本語5〉現代』角川書店.

川端善明（1986）「格と格助詞とその組織」宮地裕編『〈論集日本語研究（一）〉現代編』明治書院.

川端善明（1994）「係結の形式」『国語学』176.

川端善明（2004）「文法と意味」尾上圭介編『〈朝倉日本語講座6〉文法Ⅱ』朝倉書店.

［川端善明］

■係り結び¹

1. 係り結びとは

　主文における文判断の決定に関わって形態上の呼応現象が認められるとき，その呼応現象を係り結びと呼んできた。

　学史的に係り結びの大まかなイメージを作り上げたのは，本居宣長である。宣長は『ひもかがみ』や『詞の玉緒』において，助詞のハ・モが文末述語の終止形に，ゾ・ヤ・ナムが連体形に，コソが已然形に呼応することを明らかにした（活用形の名称は宣長以降の事柄に属し，また係り部分の種類，その助詞類はここに示したものとは小異がある）。またこの現象が，係り部分と結び部分との結合による文判断の決定，

すなわち「陳述に関与する」ことを明らかにしたのは、山田孝雄である。

しかし、文判断の決定と形態上の呼応との間には、常に重なり合いが認められるとは限らない。順次検討する。

2. ハの係り結び

助詞のハの主要な働きは、一文の主題を提示する点にある。一文の主題である以上、その主題については何事かが決定的に述べきられなければならない。これは古来変わらぬハの働きである。しかし、主題のハについては何事かが述べきられればよいのであって、ハが文末述語の形態（活用形）を拘束するということはない。例えば、「朝に行く雁の鳴く音は我がごとく物思へれかも声の悲しき」（万葉・2137）では、主題のハがあるにもかかわらず、文末述語は連体形であって終止形ではない。このように連体形で結ぶ係助詞が他に存在するならば、文末はおのずと連体形となる。また、他に「こそ」があれば、主題のハがあっても「めづらしと我が思ふ君は秋山の初黄葉に似てこそありけれ」（万葉・1584）と已然形で結び、更に「月見れば同じ国なり山こそば君があたりを隔てたりけれ」（万葉・4073）のようにコソと結合してコソバ（ハが濁音化している）となって、やはり結びは已然形である。このようにハは結びの述語を形態的に拘束することがないのだが、しばしば「ハの結びは終止形」のような誤解が生じるのには、二つ理由がある。一つには、古代語の連体形句の内部には主題を持ち込むことができない（主題のハは使えない）ために、ハは連体形とは呼応しないように見えること。また、多くの接続的な句内部のハは対比性が強く表れ、やはり主題のハとは認められないこと。以上は、終止形以外の活用形側の事情である。もう一つは、文末には自然に終止形が現れるという終止形側の事情による。「〜ハ…終止形」という文は古来非常に多いが、ハと終止形が形態的に「呼応」しているわけではない。文終止では、ふつう自然に終止形が現れるだけのことである。以上二つの事情が相まって、あたかもハと終止形が呼応しているように見えるのである。しかしながら、形式的な「呼応」とは別に、文主題に対して述語が決定的に何事かを述べるということはまさしく「陳述」そのものであるから、この観点を重視すれば、「文主題－文末述語」の結合関係を係り結びと呼ぶことは可能である。そう考えれば、当然、現代語においてもハは係助詞ということになる。

3. 連体形で結ぶ係り結び

連体形で結ぶ「係り結び」はいかがであろうか。このケースでは史的な転変が著しいので、原理論的な全体規定はむしろ避けなければならない。連体形で結ぶ「係り結び」の出発点は、次のような、連体形句（連体止め、連体形終止、擬喚述法、句的体言などと呼ばれる）に、述語構成的なカ・ゾ（上代ではソとも）による注釈句が前置されたものではないかと思われる（以下、カで説明する。ヤ・ナム、コソについては、→係助詞）。(1)「味酒を三輪の祝がいはふ杉手触れし罪か君に逢ひかたき」（万葉・712）。これは「手で触れた罰かなあ、あなたに逢えないことだよ」くらいの意味だが、更に進んで(2)「白栲の袖折り返し恋ふればか妹が姿の夢にし見ゆる」（万葉・2937）のように「繰り返し恋しく思うせいかなあ、あなたが夢に現れることだよ」とも、全く同型のまま「繰り返し恋しく思うせいで夢に現れるのかなあ」とも受け取れる表現へと転じ、ついに(3)「釧着く答志の崎に今日もかも大宮人の玉藻刈るらむ」（万葉・41）のごとく、述語に係る文節ならばどこにでも「係助詞」が接しうるように変化して、係り結びが形式化したと考えられるのである。いったん形式化すれば、それは係りと結び

の形態的な呼応であり、このような一種の呼応現象は、係り結びに限らず多くの言語に認められるものである。なお呼応と言っても上代の場合は、「カ・ゾ・ヤ…主格ノ・ガ」という語順法則がほぼ例外なく認められるから、係助詞は連体形述語と呼応しているのではなく（主格のノ・ガを許容する）連体形句と呼応していると述べなければ、現象の把握として不十分である。

　このようにカ・ゾ・ヤと連体形（厳密には連体形句）は確かに呼応しているのであるが、その呼応がどのような意味を持つかを考えると、上代既に形式化しているように思われる。例えばカはふつう疑問文を作るのだから、疑問という文判断の決定に関わっているように考えられるが、ならばカのある場所に一文の疑問点があって然るべきである。例文の(1)、(2)では確かにそのように考えられるが、(3)では「今日もかも」に疑問点があるのではない。「(疑問点＝係り)…(述語部分＝結び)」の形式によって疑問文が作られているのではないわけである。とすれば、連体形（句）による係り結びは、例えば「カ・ヤ＝疑問文、ゾ＝指定文」のような文構造の枠組みを形式的に決定するだけで、「係り－結び」の結合関係に殊更な意味があるとは述べることができなくなる。むしろ現代日本語や多くの言語の疑問語疑問文のように、「(疑問語による)疑問点－主文の述語」の結合関係が疑問文を作っているケースの方が、内容上は係り結びらしいのである。

　中古の「係り結び」は、以上のような形式的傾向を一層強くする。カ・ゾ・ヤ・ナムとノ・ガとの間の語順法則は消失する。というより、これらの係助詞と主格ノ・ガが一文中で共起することはほとんどなくなる。これにより、連体句で結ぶ係り結びは、連体形で結ぶ係り結びに変化したことが分かる。宣長の見たものは、主にこの中古の係り結びである。ヤは疑問文を構成するが（カはそれ自体があまり使われなくなる）、それは文の形式的な枠組みをかたちづくるだけであって、その他の係助詞を含め、係り部分と述語の結合を考えることにはほとんど意味がない。すなわち連体形で結ぶ係り結びは、次第に形骸化したのである。中古は係り結びの量的な意味での全盛時代のように認められるが、盛りの姿が末の姿であることは、言語にあってもよくあることである。

4．呼応形式としての係り結びの消滅

　中世鎌倉期には口語体の資料が乏しい。そこで話し言葉の実相がよく分からないのであるが、文語体ではあってもあまり古典的とは言えない文書類には連体形による係り結びがほとんど現れないから、話し言葉で係り結びは滅んでいったのであろう。連体形による係り結びの消滅の原因としては、連体形終止の多用化が指摘されることが多い。連体形終止の多用化はその通りであろうが、それが直接の原因となって連体形による係り結びが消滅したとは考えにくい。なぜなら、「花咲ける」のような中古で多用されたと言われる連体形終止句の中で、ゾ・ヤ・ナムなどは使用可能だからである。その結果として生じる「花ぞ咲ける」のような句を、我々はやはり係り結びと呼ぶと思う。つまり連体形終止がいくら多用されても、ゾ・ヤなどが消滅しなければならない理由はない。ゾ・ヤなどの係助詞が消滅するのは、それらが文内で形骸化して、大した役割を果たさなくなるからであろう。むしろ「花ぞ咲ける」から形骸化したゾなどが脱落して「花咲ける」が生じたと考えることもできる。さすれば、短期間のうちに連体形による係り結びが消滅し連体形終止文が増大するという現象が、一挙に説明できるわけである。

◆係助詞，陳述論，本居宣長，連体形終止法，山田文法

■参考文献

山田孝雄（1908）『日本文法論』宝文館．
阪倉篤義（1993）『日本語表現の流れ』岩波書店．
大野 晋（1993）『係り結びの研究』岩波書店．
野村剛史（2002）「連体形による係り結びの展開」上田博人編『〈シリーズ言語科学5〉日本語学と言語教育』東京大学出版会．

［野村剛史］

■係り結び[2]

1. 形容詞文範疇における文統一

　判断の構造への対応から，文の価値的な種類を私は，形容詞文と動詞文と呼びわける（→喚体と述体）。その述語をなす典型的で代表的な品詞による名付けである。形容詞文は動詞文に前提され，その根拠をなす。文の価値的な種類をこのようにわけることは，すべての文法範疇を同じ名称によってわけることに及ぶ。さて，係り結びとは，形容詞文範疇における文の統一の謂である。それは，動詞文範疇における格の文統一に対応し，且つ権利としてそれの根拠をなすであろう。そういう了解にとって，通常指摘される係り結びの形式の範囲は狭すぎる。

2. 述体述定における係り結び

　係り結びはまず，述体述定（ネクサス）の世界を形容詞文的に統一構成するであろう。その典型は，係りの係助詞と結びの係助詞（→係助詞）の呼応統一，即ち一つの助詞相互の係り結びにこそ考えられねばならない。係りは連用の諸成分を分節する。

　㈠うまし国ぞあきつしま大和の国は/妹は珠かも/鳥も使ぞ/日には十日を/逢はむといふは誰なるか/うらめしく君はもあるか　泣く子らをおきてぞ来ぬや/うべしこそ…大宮ここと定めけらし

　時雨の雨は降りにけらしも/今は我は死なむよ/かくや恋ひむも君が目を欲り/相見し子らしあやにかなしも/思ふ心を誰か知らむも/我か恋ひむな

係りと結びの顕在する助詞相互の係り結びを典型とするということは，係りにせよ結びにせよその係助詞を宣長の〈徒〉（→係助詞）において了解するまでの展りを許すことである。結びの係助詞が〈徒〉なる消去に至るとき，と一方からいうとき，それは，結びの係助詞が上接の実質語と，述語であることの形式を内に刻むことと解してよい。即ち実質述語の形式面——つまり活用における係り結びが成立することである。その特定活用形は，係りと結びの助詞の係り結びの態勢のなかで，その結びの係助詞が実質述語へと内面化し，内面化することで分析した，その形と考えてよい。そこに三つの形式が得られる。

　㈡人妻に言ふは誰が言/雲も使/汝こそは世の長人/我が思ふ君がみ船かもかれ/八十の巷に逢へる子や誰/それぞ我が妻

　㈢さやかに見よと月は照るらし/風をだに恋ふるはともし/逢ふ由もなし/人しうらめし
　　声きく時ぞ秋はかなしき/己が妻こそとこめづらしき/草こそしげき

　㈣我はもの思ふ/時は経ぬ/潮もかなひぬ/君しも継ぎて夢に見ゆ
　　あた見たる虎か吼ゆる/我のみぞ君には恋ふる/高々に待つらむ人や島隠れぬる
　　波こそ来寄せ/我こそは告らめ

体の語である体言性述語㈡は，すべての係りに対して一形の結び（体言形と呼んでおく）をもち，相の語である形容詞性述語㈢は，二形の結びをもつ。終止形と非終止の形である連体形である。そして用の語である動詞性述語㈣は，三形——終止形と，非終止の形である連体形・已然形を結びにもつ。以上は上代における事実で

図1　述体述定における係り結びの全体図

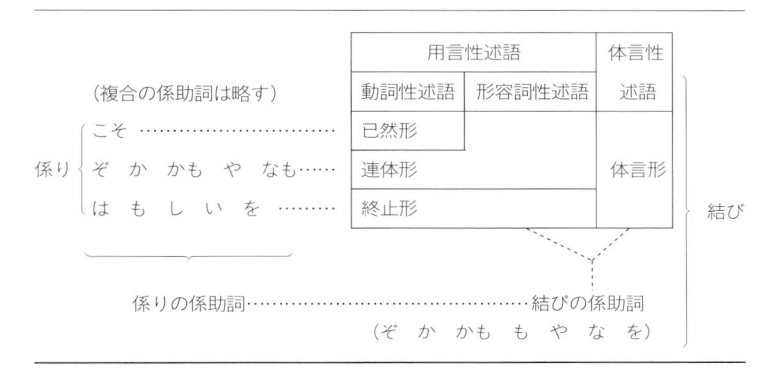

	用言性述語		体言性述語
	動詞性述語	形容詞性述語	
こそ ……………………	已然形		体言形
ぞ か かも や なも ……	連体形		
は も し い を ………	終止形		

（複合の係助詞は略す）

係り｛ こそ／ぞ か かも や なも／は も し い を ｝　結び

係りの係助詞………………………………………結びの係助詞
　　　　　　　　　　　　（ぞ　か　かも　も　や　なを）

あり，中古に形容詞性述語は，動詞性述語の形式に類推して三形の結びを得るに至るが，係り結びは，上代にあって最も豊富で多様に，意味の形式として生きている姿を見せると私は考える。中古にはその整備，即ち形式化が始まるのである。

以上，述体述定における係り結びの全体を図示すると，図1のようになる。

宣長が『てにをは紐鏡』や『詞の玉緒』に形式化したのは，中古における用言性述語への係り結びであるが，体言性述語や結びの係助詞への考慮が宣長になかったわけではない。

述体述定を場所とする以上の係り結びにあって，その論理構造は大きく，包摂系と内属系にわけることができる。係りの係助詞が「ぞ・か・かも・や・なも」（宣長の〈中〉に当るとしてよい），及び「こそ」（宣長の〈左〉）であるとき係り結びの構造は内属的であり，「は・も・し・い・を」（宣長の〈右〉に当るとしてよい）のとき，対蹠的に，包摂系の係り結びが成立する。用言性述語にあって非終止形終止法を結びとするとき，内属の係り結びが成り立つのである。そして右の論理構造は，係りの係助詞が，述語に対して対立的な連用成分（主格・対格・与格。これを合せて私は形容詞文的に主語と呼ぶ）を分節するときに，最も顕著に認められるであろう。内属と包摂は次のように関係づけられる。例えば係りの係助詞「か」による内属の「虎か吼ゆる」は，「か」を結びの係助詞とする包摂の「吼ゆるは虎か」に等しい，と。

以上の係り結びにあって，それが構成的に意味する文意味は，大きく，積極的な指定系と，指定の中止としての消極的な疑問系にわけて考えられるであろう。ということは更に，その文実現の具体にあって，指定及び疑問に必然的に伴われる強調（指定）・咏嘆（感動）や，上接の実質語の様相性の意味（代表的に助動詞が担う・・・）との相乗に実現されもする反語・希望（希求・命令，願望・意志）などを，係り結びにおいて構成される文意味の領界としてよいであろう。

3．述体装定における係り結び

このような文意味の実現の認められる述体述定の世界に対し，装定（連体）の関係にもまた，一つの係り結びを了解することができる。

㈹石見の<u>や</u>高角山／大坂に逢ふ<u>や</u>乙女／花待つ<u>い</u>間／はしき<u>やし</u>妹／少き<u>よ</u>道

これらは通常，無意味に間投助詞と呼ばれてい

るが、前項と後項との間に既に成立している連体の関係、即ち倒逆の主述関係に係りの係助詞が入りこみ、その統一を統一しているのであって、先述した述定の、連用成分に係りが入る在り方と逕庭はない。結びは、述定の関係にあっては流れると呼ばれるそれを、ここではいわば一般の形式とすると解釈される。構成される意味は当然、指定に限られる。かくて係り結びの文統一は、述定と装定に亘って述体の全領域を尽す。

4. 喚体の係り結び

とすれば、喚体にも係り結びの文統一を了解することが、一つの要請ともなるであろう。それは〈文〉というものを、可能的にさえ常に二項性をもったことがらの表現と規定すること（→喚体と述体）からの必然である。二項が実現的に顕在化されるとき、係りと結びの係助詞の対峙と統一、即ち助詞相互の係り結びに形式化されるものであれば、それを係り結びの典型とするその相関者として、その実現の抑止を形式とする喚体の、文末に位置する一つなる係助詞は、「美しき花かも／花の美しさや」、係りと結びとの、予なる統一である。係りであるとともに結びであること、逆にいえば、係りと結びとへの実現の未分化な、既に予めある係り結びを、そこに了解するのである。

かくて係り結びは述体と喚体に亘る、即ち〈文〉であるすべてに認められる、形容詞文範疇における文統一を意味することになる。

5. 係り結びと繋辞

現代語にあって係り結びは衰えたという、しかしそれは助詞の数が減り、活用形の意味と形に変化が生じたということであって、係り「は」「も」による包摂系の係り結びには何の変化もない。という以上に、我々にとって、ことがらの了解の現実は形容詞文的に果すしかない

ことが重要である。形容詞文の意味・構造の中核に繋辞（コプラ）がある、係り結びとは、作用としての繋辞にほかならない。繋辞——〈あり〉には、私が在ることにおいてことがらがあることのスタティックな風景が映っている。とすればその私とことがらの関係を——即ち知るということを、まさに知るように係り結びは揺り動かす。古代語に多様であった係り結びの現象形式は、現代語には透明になっている。しかし、見えないものを無いと思うことは、最も短く最も控えめに批評しても、短絡というものでしかない。現象としての係り結びのないことに、関係としてのそれが存すると見ること、それが、文統一の現実の了解、即ち形容詞文範疇におけるほかない文統一の了解である。

●付記——裨益を得た諸論文はすべて、参考文献として記したなかに、挙げられている

➡係助詞[3]、喚体と述体[2]

■参考文献

川端善明（1963）「喚体と述体——係助詞と助動詞とその層」『女子大文学 国文篇』（大阪女子大学）15．

川端善明（1976）「用言」大野晋他編『〈岩波講座日本語6〉文法Ⅰ』岩波書店．

川端善明（1978）「形容詞文・動詞文概念と文法範疇——述語の構造について」川端善明他編『〈論集日本文学・日本語5〉現代』角川書店．

川端善明（1986）「格と格助詞とその組織」宮地裕編『〈論集日本語研究（一）〉現代編』明治書院．

川端善明（1994）「係結の形式」『国語学』176．

川端善明（2004）「文法と意味」尾上圭介編『〈朝倉日本語講座6〉文法Ⅱ』朝倉書店．

[川端善明]

■係り結び[3]（方言）

● **方言における係り結び**——各地方言における係り結びの全貌を機能面のみから把握するのは困難である。ここでは形態的な呼応関係を基本にしながら、これまでに明らかにされてきたことを整理する。

● **コソ〜已然形**——係助詞コソに対して、述部が已然形相当の形で結ぶタイプである。本土方言にのみ存在し、その中でも西日本にやや偏る。

機能面から見た場合、いくつかに細分類されるが、コソの有する対比的性質により、逆接構文を形成する次のケースがもっとも基本的なものと考えられる。

　　ワレ<u>コ</u>　ソゲーハーヨー<u>オクレ</u>　ホカノモンワマダネチョラヤ〈お前がそんなに早く起きても、他の者はまだ寝ているよ〉（大分県豊後高田市、コはコソに相当）

対比される相手が明示されない場合は、結びが文末化することがある。

　　アサヒチジゴロ<u>コ</u>　<u>オキルレ</u>〈朝は7時ごろにこそ〔やっと〕起きられるんだ〉（大分県西国東郡真玉町）

明示されない対比相手は、語用論的意味を派生させることになり、とりわけ、動詞「ある」が結びとして、文末で用いられる場合に特定のモダリティを形成することが知られる。この場合、コソアレがクシェ・コサエのように融合した形で現れることが多い。

　　モージーサンイーワ。ショーガアッチェ<u>クシェ</u>〈もうじいさんいいわ。しかたがあるもんか〔いや、しかたがない〕〉（大分県速見郡山香町、反語的用法）

　　ショーガチガシンデケン<u>コサエ</u>〈正月がすんでからでよかったものの…〔もしそうでなかったら、たいへんだったろうに〕〉（島根県大原郡木次町上熊谷、安堵の用法）

また、九州方言には広く、クサ・クサイのような終助詞の存在が知られるが、これらはコソアレに基づくものと考えられる。

● **疑問詞〜仮定形**——中国・四国地方を中心に分布するもので、疑問詞の係りに対し、仮定形相当の形（順接仮定条件形式）で結ぶタイプである。来歴は未詳である。

　　ドッチガ　<u>ヨケリャー</u>〈どちらが良いか〉（岡山県）

● **疑問文〜連体形**——八丈方言には、疑問文が連体形（終止形とは区別される）で結ぶタイプが知られる。

　　ドケイ　<u>イコ</u>？〈どこへ行くの？〉（八丈町三根）

● **ドゥ〜連体形，ガ〜連体形**——琉球方言ではドゥ（方言によりドゥ・ル・ヌのような形で現れるもので、本土方言のゾに対応すると考えられる）やガといった係助詞に対し、終止形とは異なる連体形相当の形で結ぶことが知られる。いずれも沖縄県国頭郡本部町瀬底方言の例を挙げる。

　　ジー<u>ル</u>　<u>ハクール</u>〈字ぞ書く〉
　　ジー<u>ガ</u>　<u>ハクーラ</u>〈字を書いているのだろうか〉

➧コソ、係助詞、八丈方言の文法、琉球方言の文法

■参考文献

内間直仁（1984）『琉球方言文法の研究』笠間書院．

大西拓一郎（2002）「方言の係り結び」『国語論究9』明治書院．

大西拓一郎（2003）「方言における「コソ〜已然形」係り結び」『国語学』54-4．

金田章宏（1998）「現代日本語のなかの係り結び——八丈方言の例を中心に」『言語』27-7．

小林　隆（2003）「特立のとりたての地理的変異」沼田善子・野田尚史編『日本語のとりたて』くろしお出版．

[大西拓一郎]

■係り結び研究

近世までの係り結び研究を概観する。

●作歌の必要から生まれた秘伝的研究——係り結びに関する最初の言及は、中世歌学における助辞類を中心とした用語法の秘伝書（てにをは秘伝書）や、連歌論書に見られる。当時、口頭語と文章語との間の距離が拡大しつつあり、和歌・連歌の作法上文法面で意識的に学習すべき事項は少なからずあったと思われる。中でも、助辞類は和歌の構成に大きく影響を及ぼすことから、前代から歌学書において言及されている。連歌も、句形が短く、また前後の句との繋がり（付合）に配慮する必要などから、助辞類の用法への関心が高かった。そうした助辞類への関心の一環として、係り結びにも注意が向いたのである。

現存最古のてにをは秘伝書とされる『手爾葉大概抄』（鎌倉末期ごろ成立か）には、「曾（ゾ）者宇具須津奴（ウクスツヌ）之通音、禰于幾志遠波志加羅牟（ネニキシヲハシカラム）以此字拘之」「古曾（コソ）者兄計世手（エケセテ）之通音、志々加（シシカ）之手爾波、尤（（とが）メ）之詞受下留之」とあり、歌中にゾ・コソが出る場合の末尾にあるべき音形を示す。また、『姉小路式』（室町時代初期ごろ成立か）ではゾについて「五音第三の音にてをさへたり」、また、コソに対して「五音第四の音にてとまるべし」などという。また表現末尾に「はねてには」（ム・ラムなど）を用いて「うたが」うには、上に「か」「かは」「なに」「など」などの詞（つまり疑問の助詞、疑問詞）が必要だ、などと説く。これらの知識を教歌にまとめたのが『姉小路式』の一異本『歌道秘蔵録』に見える歌、「ぞるこそそれおもひきやとははりやらんこれぞいつつのとまりなりける」である（『姉小路式』の増補本『春樹顕秘抄』その他にも見える）。これは、「○○ぞ—る」「○○こそ—れ」「思ひきや—とは」「○○は—り」「○○や—らん」という五種類の呼応の類型を示している。一方、連歌論書でも、「初心の時は、……「こそ」といひては「けれ」と留、「ぞ」とにごしては「る」と留、「や」とうたがひては「らん」と留給べし。」（心敬『馬上集』）などの記述が見られる。ただし、これらの言説は、和歌・連歌作法の観点から、文中の語句と末尾（「とまり」）の音形とのあるべき呼応関係を広く取り上げているのであって、係り結び以外のものも含んでいる（「思ひきや—とは」など）。また、網羅的調査や法則的一般化を図ったものでもない。

●宣長による法則化——近世に入ると、和歌学習者層の拡大に伴い、秘伝書の内容の公開（『歌道秘蔵録』刊行（寛文13（1673）年）、有賀長伯『和歌八重垣』（元禄13（1700）年刊）など）が行われる一方、助辞類に関する実証的な議論も見られるようになる。雀部信頬（信頼とも）『氐邇乎波義慣鈔』（宝暦10（1760）年成立）、村上織部（源影面）『古今集和歌助辞分類』（明和6（1769）年刊）では、助辞類の用法について多くの実例を列挙する。その中のゾ・コソなどに関する言及は、後の本居宣長の業績の準備段階にあたるとされる。

本居宣長は『てにをは紐鏡』（明和8（1771）年刊）で係り結び現象を一覧表にまとめ、初めて係り結びを網羅的に、かつ法則としで示した。語形変化する形式（動詞・形容詞や助動詞）による種々の文末言い切りの形を現在言う終止形・連体形・已然形の三系列に整理し、呼応する文中形式として、終止形に対しては「は」「も」「徒（ただ）」、連体形に対しては「ぞ」「の」「や」「何」、已然形に対しては「こそ」を掲げる（「徒」は「こそ・ぞ・の・や・何・は・も」の無い場合（「助詞φの場合」だ

と言われる)。「何」はいわゆる疑問詞)。

『詞の玉緒』(天明5年(1785)刊)は係り結びをめぐる詳しい解説である。『紐鏡』に言及の無いカについては、「ヤと言うべきところにカを用いる場合がある」と説明されている。また、体言や助詞による「結び」も一つの型として認めている(川端善明らの係り結び論との関係で注目される)。

宣長の取り上げた文中諸形式は、いずれも先行する文献中に、文末との呼応関係について何らかの示唆・言及があるものである。特に『義慣鈔』は、不十分ながら既にハ・モと文末の終止形、ヤ・カ・ノと文末の連体形との呼応を指摘している。ただし、それらについて、呼応する文末の形を網羅し、かつ法則として提示したところが宣長の業績である。

宣長の現象整理は、(1)まず文末の言い切りの形の類型(終止・連体・已然)に注目し、(2)それを基準に共起する文中形式を整理する、という手順であったと思われる。必ずしも文末と呼応する形式とは言えないハ・モやノ・「何」が取り上げられるのは、先行文献で取り上げられていたということもあろうが、直接には(1)(2)の手順を踏んだ結果として理解できるのである。しかし、宣長の現象理解は、先行文献での理解と同様、「文中に特定の形式があると、文末が特定の形になる」というものだったようである(ただし、山田孝雄のように「ある文中形式が文末に特定の述べ方を要求する」現象だ、とまで考えていたかどうかは不詳)。

●宣長以降──その後、宣長説に対していくつかの修正説が提起されたが、最終的に萩原広道『てにをは係辞弁』(嘉永2(1849)年刊)で示された、「ノと「何」は「係辞」から除き、カを「係辞」に加える」「体言・助詞による「結び」を、係り結びとは見ない」という了解(多くは先行する指摘がある)が広く受け入れられていく。

なお、近世までの助辞研究は和歌を対象としたため、ナムへの言及はほとんど無かったが、『一歩』(作者不詳、延宝4(1676)年刊)や『助辞分類』に言及がある。『玉緒』巻七でナムがゾと同じ「結び」をとることが用例とともに明言されるに至り、以降、本格的に取り上げられるようになる。

◆係助詞，係り結び，『助辞本義一覧』，『てには網引綱』，『手爾葉大概抄』『手爾葉大概抄之抄』，『てにをは係辞弁』，本居宣長，山田文法

■参考文献

尾上圭介(2002)「係助詞の二種」『国語と国文学』79-8.

小柳智一(2001)「係結についての覚書──学史風」『学芸国語国文学』33.

佐藤宣男(1984)「助詞研究の歴史」鈴木一彦・林巨樹編『〈研究資料日本文法5〉助辞編(一)助詞』明治書院.

テニハ秘伝研究会編(2003)『テニハ秘伝の研究』勉誠出版.

西田直敏(1979)『資料日本文法研究史』桜楓社.

山田孝雄(1943)『国語学史』宝文館.

[川村 大]

■係り結びの変遷

連体形での終止となるゾ・ナム・カ・ヤ、已然形での終止となるコソの、いわゆる狭義の係り結びは、上代語から中古語にかけて整備され、中世語の段階でに徐々に消滅していったと考えられている。一方、特定の結びの語形を要求しない、広義の係り結びとされるハ・モについては、現代語と大きな差異はないとされる。

●上代語──上代語の係り結びとなる助詞には、ソ(ゾ)・ナモ・カ・ヤ・コソがある。中古語とは、語形や用法の異なるものがある。

後世のゾは上代語ではソと清音になる例が多

い。ナモは中古語ではナムとなると考えられているもので，ナムと同様に韻文にはほとんど使用されないという文体上の制約がある。カは疑いを示す文に使用され，焦点を明確に示すという点で，肯定文でのソの使用と対応する。それに対して，焦点を明確に示さないヤは，問いかけの表現と考えられ，ム・ベシ等のムード系の助動詞や否定の助動詞ズが結びとなることが多い。なお，上代語の段階でも，カはヤに徐々にその地位を奪われつつある。コソは逆接の含みをもって使用される例が多い。動詞は已然形の結びであるが，形容詞は連体形で結ぶ。

●**中古語**──中古語では，ゾ・ナム・カ・ヤ・コソの係り結びが確立したとされる。ただし，上代語にあった，ゾとカとヤとの対応関係に崩れが見られる。コソ以外の係助詞は文末で使用されることが増加し，終助詞化する方向にあり，文の終止が終止形終止から連体形終止へと変化することとともに，係り結びの消滅の一因となる。

ゾは，文体的な使用の制約が見られるようになり，韻文の和歌，漢文訓読系の文章，物語の地の文などでの使用が目立つ。物語の会話文では終助詞的に文末で使用される例が増加する。ナムはゾ以上に文体上の制約が強い。韻文では使用されず，物語での会話文での使用が中心である。結びの部分の省略された文末での使用例も多い。カは，ほとんどの例が，イカデカやナニカのように，不定詞に付いて使用される。これは，カによる係り結びが早く衰退することにもつながる。ヤは，係り結びによる疑問文でカよりも多用されるようになり，疑問文の文末使用例もある。ヤとナムの係り結びは，中古語以降で発達したとする考え方もある。コソは文体上の制約がない。この時代でも，そこで言い切らず後続句へ逆接的に続く使用例も多い。

●**中世語**──中世語では，連体形終止の一般化とともに，狭義の係り結びは消滅の方向へと進む。ただ，その進行は係助詞により遅速があり，もっとも早く使用例の見られなくなるナムから現代語にも文中用法のあるコソまでと多様である。

ゾは，中世語前期の鎌倉時代でも，説話や軍記物語等で多用される。これらの漢文訓読系の流れを汲む和漢混交文は，ゾと文体的に親和性があると考えられる。しかし，中世語後期の室町時代では消滅の方向に向かう。ナムは，中古語の物語作品でも使用例の少ないものがあり，中世語前期では一部の説話作品の会話文以外では使用されなくなる。カは，中世語前期では中古語に引き続いて不定詞との使用例があるが，中世語後期ではそれもなくなり，疑問文の文末用法もゾに交代する。ヤは，中世語前期には使用例は少数あるものの，以降使用例がなくなる。疑問文の文末用法もカからさらにゾに交代する。

コソは，連体形終止の一般化の影響を受けない已然形終止の係り結びということもあり，もっとも遅くまでその使用例が見られる。中世語末期の『天草本平家物語』等でも使用例がある。ただし，これは規範的な文章語の名残りという可能性がある。

係り結びは，現代語ではもはや見られないものであるが，広義の係り結びとされるハ・モだけでなく，コソについても現代語に至るまでその基本的な用法に変化がないとする見方もある。

➡係助詞，係り結び，ゾ，カ，コソ，ナム，ヤ

■参考文献

安田 章（1990）『外国資料と中世国語』三省堂．
大野 晋（1993）『係り結びの研究』岩波書店．
阪倉篤義（1993）『日本語表現の流れ』岩波書店．
野村 剛（2002）「連体形による係り結びの展開」上田博人編『〈シリーズ言語科学5〉日

本語学と言語教育』東京大学出版会．
半藤英明（2003）『係助詞と係結びの本質』新典社．

[西田隆政]

■格[1]

1．格の概略的規定

　格（case）とは，概略，主に名詞相当語句が係り先である文中の支配要素との間で取り結ぶ統語的（syntagmatic）な関係の表示をいう。ただ，日本語の文法研究では，格の範囲について広狭いくつかの立場がある。広い捉え方では，名詞句に限らず，ある構成要素が文中の他の構成要素と統語関係を取り結んでいれば，それは格の問題であるとするものである。山田文法で位格と呼ばれる呼格・述格・主格・賓格・補格・連体格・修飾格がこれにあたる。名詞句に限る立場にあっても，主に述語に対する連用関係を中心に考えるものもあれば，他の名詞句に対する連体関係を含めるものもある。さらに限定し，名詞句の述語に対する統語関係全体から，「土曜日に大学でA君はB君に本を借りた。」の下線部の名詞句のように，文中での生起を述語（この場合「借りる」）に指定されている名詞句の，述語に対する統語関係に，格の中心を置く立場もある。

2．格の2つの側面──表現手段と意味的関係

　名詞相当語句が支配要素たとえば述語に対してある統語関係を帯びる時，少なくとも2つの側面が観察される。1つは，その統語関係がどのような表現手段（表現形式）によって実現されるのかという側面であり，他の1つは，ある表現手段で実現される統語関係の内容の側面に関わるものである。内容面の中核は，意味的な関係である。統語関係実現の表現手段に重きをおいて格を取り出す場合もあれば，表現手段によって担われる意味的な関係を中心に格を取り出し類別する場合もある。表現手段を中心として取り出した格は，表層格と呼ばれることがあり，意味的な関係を中心にして取り出した格は，意味格（深層格）と名づけられることがある。

　従来，格を表すための表現手段の中心として考えられてきたものは，ラテン語のように語尾の取り替えによる語形変化である。サンスクリット語には，呼格・主格・対格・与格・属格・奪格・具格・処格の8つがあり，ラテン語では呼格・主格・対格・与格・属格・奪格の6つが，ギリシャ語では，呼格・主格・対格・与格・属格の5つになった，というような言は，この語尾の取り替えによる語形変化の立場に立っての言である。格の表示形式は，語尾変化という屈折形式だけではなく，日本語やフィンランド語のように，膠着的な小辞の付加によるものもある（フィンランド語では14の格が区別される）。これらは，いずれも広い意味での語形変化によって，格の異なりが表示されるものである。語形変化上の格は，形態格と呼ばれることがある。

　さらに，名詞句と支配要素との統語関係を表す表現手段には，中国語のように語順の異なりによるものなどがある（現代英語も，代名詞を除き，無標の通格「N」と属格「N's」があるのみ）。「子供が壁にペンキを塗った。」は，

(1) The boy smeared paint on the wall.

になり，主格や対格である，ということは語順によって表示されている。前置詞も格の表示形式の1つである。ただ，語順にしろ，形式の1つであることには変わりはない。

　格を考えるにあたっては，表層格と意味格の関係が問題になるだけではなく，主語や目的語という文の成分との関係も問題になる。日本語で言えば，ガ格・主語・動作主体との関係である。

3. 日本語の格をめぐって

●**日本語の形態格**——日本語には明確な形態格が存する。日本語の形態格は，語以下の存在である格助辞の付加によって実現される。述語と統合関係にある形態格には，ガ格・ヲ格・ニ格・ヘ格・カラ格・ト格・デ格・ヨリ格・マデ格がある。名詞に対するものはノ格であり，それを分化させた「ヘノ」「カラノ」「トノ」「デノ」「ヨリノ」「マデノ」がある。

また，「ニツイテ」「ニ対シテ」「ニ関シテ」「ニオイテ」「ニアタッテ」「ヲモッテ」「ヲメグッテ」「トトモニ」などのような，いわゆる複合格助辞も，名詞句と述語との統合関係を表示する形式である。これらは，「<u>現状に対して憤慨する</u>」のように連用関係を表示する場合だけではなく，「<u>現状に対しての憤慨</u>」「<u>現状に対する憤慨</u>」のように連体関係の表示でも使われる。

●**格支配**——動詞を中心とする述語には，文の形成にあたって自らの表す動き・状態・属性を実現するために，いくつかの名詞句の生起を選択的に要求するという働きがある。

たとえば，「割れる」であれば，「花瓶が割れた」のようにガ格だけが，「割る」であれば，「男が花瓶を割った」のようにガ格・ヲ格が，「なつく」であれば，「犬が飼い主になついている」のようにガ格・ニ格が，「結婚する」であれば，「博が恵と結婚した」のようにガ格・ト格が，「取れる」であれば，「上着からボタンが取れた」のようにガ格・カラ格が，「与える」であれば，「父が子供にお小遣いを与えた」のようにガ格・ヲ格・ニ格が，「奪う」であれば，「強盗が通行人からお金を奪った」のようにガ格・ヲ格・カラ格が，述語動詞の表す動き等を実現するために，必須的に要求される。このような述語の働きは，格支配と呼ばれることがある。

●**格のタイプ**——文の骨格的な部分は，述語とそれが必須的に要求する名詞句によって形成される。述語に必須的に要求される名詞句を共演成分と仮称。述語と統合関係を取り結ぶそれ以外の名詞句を非共演成分と仮称する。ただ，共演成分か非共演成分かは，截然と分かれ切るものではない。たとえば，

(2)昨夜廊下で男が茶碗で淋しそうにパジャマ姿で酒を飲んでいた。
(3)3月に社長が男を秘書に雇った。

においては，(2)の「男が」「酒を」，(3)の「社長が」「男を」「秘書に」が，「飲む」「雇う」に必須的に生起を要求される共演成分。ただ，(3)の「秘書に」は，他のものに比して要求のされ方が低い副次的共演成分といった存在。共演成分の表す統合関係が格の中核である。

非共演成分の表す格は，(2)の「昨夜」，(3)の「3月に」のように時，(2)の「廊下で」のように場所を表す状況格と，(2)の「パジャマ姿で」のような様態格に分けられる。手段を表す(2)の「茶碗で」のようなものも様態格の一種。

●**日本語の中心的な意味格**——表現形式の表す意味格を取り出す基準や，分類された意味格のタイプと数に対しては，なかなか確定的なことが言えない。したがって以下に示す共演成分の意味格も暫定的なもの。共演成分の意味格としては，主体・対象・相手・基因・行き先・出どころ・ありか・経過域を取り出しておく。

主体とは動きや状態を体現する項。主体を表すものには，「<u>男が</u>走った」（動作主体），「<u>戸が</u>開いた」（変化主体）などがある。また，主体の表示形式はガ格のみならず，「<u>僕から</u>彼に本を贈った」「<u>当局で</u>事の真相を調査した」のように，カラ格やデ格が使われることもある。

対象はかなり種々の意味的関係を表す。広く動きがめざす項と規定しておく。①「<u>花瓶を</u>割った」，②「A君が<u>B君を</u>叩いた」，③「<u>昔のことを</u>思い出した」の下線部などが対象。①②は物理的な働きかけを受ける対象，それに対し

て，③は認識の対象といったもの。さらに，①は働きかけの結果，変化が生じるもの。これには，「水を（湯に）沸かす」のように，変化を受ける対象であるとともに，出どころ状態という副次的な意味関係を帯びるもの，「（水から）湯を沸かす」のように，変化を受ける対象であるとともに，行き先状態という副次的な意味関係を帯びるものがある。

相手とは動きや状態の成立の一端を担う項。たとえば，①「僕は花束を彼女に贈った」，②「会計が会員から会費を集めた」，③「子供が母親に甘えた」，④「A子｛と／に｝会う」の下線部などが相手。相手の中には，①のように，［相手：行き先o］とでも表示できる意味関係（相手であるとともに，対象「o」の行き先であるもの）や，②のように，［相手：出どころo］（相手であり，対象の出どころであるもの）などがある。

基因とは動きや状態を引き起こす原因になる項。たとえば，①「僕は物音に驚いた」，②「襟元が血｛に／で｝染まった」の下線部が基因。②の「血｛に／で｝」は手段性を帯びた基因である。

行き先とは主体や対象の目標や着点を示す項。たとえば，①「男が庭に出た」，②「男が荷物を庭に出した」，③「彼は物書きに転向した」，④「見る人を石と化した」の下線部などが行き先である。行き先には，①②のように，物理的な空間的着点であるものと，③④のように，抽象的な状態であるものとがある。また，①③のように，主体の行き先である場合と，②④のように，対象の行き先であるものとがある。

出どころとは主体や対象の出立点や離点を示す項。たとえば，①「男が部屋｛を／から｝飛び出した」，②「男が荷物を部屋から出した」，③「彼は課長から部長に昇進した」，④「卵から稚魚をかえした」の下線部などが出どころである。これにも，①②のように，物理的な空間的離点であるものと，③④のように，抽象的な状態であるものとがある。また，①③のように，主体の出どころである場合と，②④のように，対象の出どころであるものとがある。

ありかとは主体や対象の存在・所属する場所を示す項。たとえば，「部屋の隅に男が居る」「自宅の庭に池を作った」「彼の考えに問題点がある」の下線部などがありかである。

経過域とは動きが経過する領域を示す項。たとえば，①「変な男があたりをさまよっている」，②「橋を渡る」，③「汽車で一夜を明かした」の下線部などが経過域である。①②が経過域が空間であるものであり，③が経過域が時間であるものである。

◆格文法，結合価（結合能力），動詞，格助詞，ガ，ヲ，ニ，カラ，ト，ヘ，ヨリ

■参考文献

仁田義雄編（1993）『日本語の格をめぐって』くろしお出版．

国立国語研究所（1997）『日本語における表層格と深層格の対応関係』三省堂．

石綿敏雄（1999）『現代言語理論と格』ひつじ書房．

村木新次郎（2000）「格」仁田義雄・益岡隆志編〈日本語の文法1〉文の骨格』岩波書店．

Blake, Barry J. (1994) *Case*. Cambridge University Press.

[仁田義雄]

■ 格[2]

「格」とは，一般的には，名詞句が文などにおいて他の語とどのような関係を持つかを示す標識であるとされる。日本語においては，形態的には格助詞によって実現される。文においては，次のように，「が」「を」「に」のような格助詞によって動詞などに対する関係，あるいは

文中での役割が示される。

(1)太郎が本を棚に戻した。

また、名詞句においては、「の」によって名詞に対する関係、あるいは名詞句中での役割が示される（これについては後述する）。

(2)太郎の花子との結婚

印欧語などの屈折によって格が標示される言語においては、格形式の名称として「主格」「対格」「与格」「属格」などのものが用いられるが、日本語においては、主格、対格、与格、属格に対応する形で「ガ格」「ヲ格」「ニ格」「ノ格」といった名称も用いられる。ただし、日本語の場合、同形の格形式であっても異なった機能を持つものがあるため、「主格」などの名称と「ガ格」などの名称が指すものは必ずしも一致しない。例えば、「ニ格」の場合、次の(3)のような複他動詞の間接目的語を標示するような場合は「与格」と呼べるが、(4)のような存在場所を標示するような場合は「与格」とは呼びがたい。

(3)先生が生徒に算数を教えた。

(4)机の上に本がある。

格自体は形態的な問題であるが、格が何を標示しているのかという点から、二つのレベル、文法範疇から考える必要がある。一つは、主語、目的語のような「文法関係」、もう一つは、動作主、対象のような「意味役割」である。

●**格形式と文法関係**——日本語の記述において「主語」「目的語」といった文法関係という文法範疇が必要であるか否かは議論の分かれるところではあるが、ガ格、ヲ格のような格は、カラ格、デ格のように、何か固有の意味を持っているとは言えず、主語、目的語といった文法関係を標示する機能を持っていると考えられる。

ただし、格形式と文法関係は必ずしも一対一には対応しない。例えば、ガ格名詞句、ヲ格名詞句であっても、次のような文では、それぞれ主語、目的語としては機能しない。

(5)太郎は水が飲みたい。

(6)太郎は公園を散歩した。

(5)のガ格名詞句は主語ではなく目的語として機能し、(6)のヲ格名詞句は目的語としては機能せず、ヲ格は「移動場所」のような意味役割を標示していると考えられる。また、次のような文では、ニ格名詞句が主語として機能している。

(7)山田さんにはベトナム語が話せる。

また、ガ格名詞句やヲ格名詞句は、使役化や受動化などの文法的操作を受ける「文法項」として機能し、使役化や受動化などによって格形式と文法関係が変更されることがある。

(8)a.子供が笑った。
　　b.太郎が子供を笑わせた。
(9)a.先生が生徒をほめた。
　　b.生徒が先生にほめられた。

●**格形式と意味役割**——ガ格名詞句やヲ格名詞句の場合、その果たす意味役割は種々の場合があり、格形式と意味役割がやはり一対一に対応しない。

(10)子供が皿を割った。〈動作主〉
(11)皿が割れた。〈対象〉
(12)花子が気絶した。〈経験者〉
(13)迷子になった子供を探した。〈対象〉
(14)子供が迷子になったので、近所を探した。〈場所〉

これは、ガ格、ヲ格の場合、格形式が直接的に意味役割を標示するのではなく、主語、目的語という文法関係を媒介にして、動詞などの語彙的情報とヴォイスから意味役割が決定されるのだと考えられる。

これに対して、カラ格、デ格、ト格、ヘ格のような格の場合、ガ格やヲ格の場合のように文法項としては機能せず、直接的に意味役割を標示する機能を持つ。

(15)隣の部屋からストーブを持ってきた。〈起点〉
(16)包丁で野菜を切った。〈手段〉

(17)台所で野菜を切った。〈場所〉
(18)花子と結婚した。〈相手〉
(19)山頂へ向かった。〈方向〉

デ格のように，格形式によっては複数の意味役割を標示するものもあるが，形態的には同一形式であって，異なる格形式とみなすことが可能であろう。

●**2種の格形式**――以上のようにみてくると，格形式は，ガ格，ヲ格のようなものとカラ格，デ格，ト格，ヘ格などのようなものの2種に分けられることがわかる（ニ格については後述する）。前者のような格は，文法関係を標示し，その名詞句の意味役割が文法関係と動詞などの語彙的情報やヴォイスから決定され，動詞などに強く依存する。一方，後者のような格は，動詞などの格支配は受けるものの，それ自体で意味役割を標示することから，動詞などへの依存は弱いと言える。この2種を区別して，それぞれを「形式格」「実質格」と呼ぶことにしよう。これは，渡辺（1971）の「強展叙」と「弱展叙」の区別，あるいは，生成文法における「構造格（structural case）」と「内在格（inherent case）」の区別にほぼ相当する。

このように，日本語の格形式には，形式格と実質格があり，それぞれ担う機能が異なる。言語によっては，おおむね形式格は屈折によって実現され，実質格は前置詞等のその他の手段によって実現されるというように，形式上の違いがある場合がある。それに対して日本語では，形式格も実質格も，品詞のカテゴリーの上では同じく格助詞によって実現されるという特徴がある。このため，格を捉える際，格形式と文法関係および意味役割との関係をみることが必要になるのである。

●**連体格と連用格**――ノ格は，先にも述べたように名詞句中での格形式であるが，単に名詞を修飾するということを標示する機能しか持たない。このような係り先の点から，ガ格，ヲ格のような動詞等を修飾する「連用格」に対して，ノ格は「連体格」とも呼ばれる。ノ格は，次のように，ガ格，ヲ格のような形式格とは共存しないが，カラ格，デ格，ト格，ヘ格などのような実質格とは共存する。

(20)a. *首相がの訪米
　　b. 首相の訪米
(21)a. *言語学をの研究
　　b. 言語学の研究
(22)大学からの連絡
(23)都会での生活
(24)花子との結婚
(25)海外への移住

これは，形式格は，動詞などに対する文法関係を標示するものであるため，連用格専用であるが，実質格は，意味役割を標示するのが本質であるため，ノ格によって連体修飾が可能になると考えられる。ただし，「の」は，このような格形式のみならず，副詞や従属節（接続助詞）にも後接する。また，助動詞「だ」の連体形の「の」との関わりもある。ノ格の位置づけは，この点も合わせて考える必要がある。

●**ニ格の取り扱い**――ニ格については，これまでふれてこなかったが，ニ格は多様な用法を持ち，間接目的語として機能する場合は形式格とみなせるが，着点，場所を表すような場合は実質格ともみなせる。また，現象的には，形式格的な性格と実質格的な性格を併せ持つ。例えば，「は」が後接した場合，ガ格，ヲ格と異なり，形式格的な場合であってもニ格はそのまま現れ得る。

(26)太郎（*が）は出発した。
(27)資料（*を）は収集した。
(28)部長には書類を見せた。

この一方で，ガ格，ヲ格と同様，いかなる場合でもニ格はノ格と共存しない。

(29)東京（*に）の到着

この場合，実質格であるヘ格を用いなければな

らない。
　(30)東京への到着
ニ格の取り扱いについては，このような現象を考慮する必要がある。
●**複合格助詞**──日本語には，単純形式の格助詞の他に「によって」「にとって」に代表されるような「複合格助詞」と呼ばれる形式がある。これも一種の格形式と捉えられるであろう。「によって」の場合，次のように受動文の動作主を示す用法の他に，手段や原因を表す用法があり，ニ格やデ格で置き換えが可能な場合もある。

　(31)町は侵略者｛によって/に｝破壊された。
　　〈受動文の動作主〉
　(32)太陽光｛によって/で｝発電した電力を供給する。〈手段〉
　(33)追突事故｛によって/で｝渋滞が発生した。〈原因〉

ただし，このようなものは，副詞句に近い性質を持つ場合もある。
➡格助詞，文法関係，意味役割，主語，目的語，対象語，ガ，ヲ，ニ

■ **参考文献**
柴谷方良（1978）『日本語の分析』大修館書店．
柴谷方良（1984）「格と文法関係」『言語』13-3．
杉本　武（1986）「格助詞」奥津敬一郎・沼田善子・杉本武『いわゆる日本語助詞の研究』凡人社．
寺村秀夫（1982）『日本語のシンタクスと意味 I』くろしお出版．
仁田義雄編（1993）『日本語の格をめぐって』くろしお出版．
渡辺　実（1971）『国語構文論』塙書房．
　　　　　　　　　　　　　［杉本　武］

■ 格[3]

1. 概観

　名詞のもっとも基本的な形態論的なカテゴリーとしての格は，名詞の存在形式である。名詞トリは格助詞がつくことによって単なる造語成分のトリ-（トリカゴ）と区別される。格は名詞の語彙的な意味の一定の側面をとりあげて，名詞を他の単語（動詞，形容詞，名詞）に関係づけ，統語論的な役わりをになう。言語外の現実におけるモノと動作の特徴また他のモノなどとのかかわりは，さまざまな関係づけのちがいとして言語の内容面にうつしだされるが，名詞の格のかたちがつくりだすむすびつきは，形容詞と名詞，また副詞と動詞のくみあわせがつくりだす規定的（修飾的）なむすびつきとは，基本的に区別される。もっとも，日本語の名詞と名詞のくみあわせのなかには，質規定的にはたらくものがある一方，他言語には日本語で名詞の格形で表現される関係規定を，名詞派生の形容詞がうけもっている例がみられる。

2. 方言の格

　日本語の諸方言においても，名詞はいくつかの格のかたちを所有している。つまり，形態論的な格のカテゴリーがある。カテゴリーのメンバーをなす格形式の外形＝表現面も，琉球方言にちがいがめだつといえるかもしれないほかは，おおむね一致するか，ちがってみえていても同一の出発点にさかのぼることができる。それに対して，意味・用法の対立のほうが，どちらかといえば顕著である。また，とりたて，並立など格以外の名詞のカテゴリーとのかかわりは，おおむねにかよっている。

　なお，名詞の形態論的なカテゴリーとしての格というときは，格助詞というとらえかたとちがって，表現面に格のかたちが明示されない名詞＝語幹だけのハダカのかたち Nϕ も，格で

あり，Nφ の記述はかかせない。ただ，方言には Nφ はしるしづけなしの表現面をいかしてか，どの格にでも交換できるのではないかとさえもおもわせるような奔放な転用がなされるばあいがあり（奄美大島北部），それらの用法を同音形式として区別するかどうか，どこからが臨時的な使用かなどの問題をかかえている。

3. 格語形の表現面の対応

古代日本語にみられる格形式と，標準語や現代日本語の諸方言のいくつかの格形式とのおおまかな対応をしめせば，表1のとおりである。それぞれの格のかたちの意味・用法のことはおいて，対応する外形だけをとりあげる。—はその方言に表現面で対応するかたちがないことをしめす。ヨッカやヤカーのような，古代語ヨリにもとづくとみられるものはあげた。九州方言（大分）の（ヨリ）は方言としてはつかいにくいことをしめす。（融合）については後述。また，この対応にはハダカ格など，古代語のまま残存したのでなく，改変（innovation）の結果，表現面でふたたび一致したとみられるものも区別されていない。

—の箇所も表現面での対応形の欠如とは別に，内容面では空白をつくらないしくみになっている。さらにそこに，方言独自の内容面の区別がみられることもある。たとえば，琉球方言にニテのかたちがないといっても動作空間をしめすのにナンティがくわわり，道具をしめすのにトゥがよこすべりする（奄美大島北部）など，あたらしい語形をつくったり，古代語以来の語形の用法をひろげたりして，内容面での充足がおこなわれていることはいうまでもない。

一方，諸方言に独自にみられる格語形をみると，コト，サマのような単語が文法化して，ンゴド（千葉），ドゴ（東北）がヲ格の用法の一部を分担したり，サマが方向をあらわす格形式となってサン（九州），サ（東北，東関東），シャン（八丈）が東西の周辺方言に分布していたりする例がある。この種の文法化にはなお進行中のものがある。

4. 格の表現手段

標準語の格形式は，古代語同様，表現面において，名詞語幹部分や文法的な意味をにないわける他の諸部分からヤマ・ニ・ダケのニのように分離しやすい。

これに対して，諸方言はしばしば融合化への傾向が混在する。ヲ格がサケヲでなくサキョー（三河ほか），サキュ（大分）になったり，単語＝語幹末を長母音化したサケー（各地）になったりすると，sake というかたちがとりさせないから，融合化がおこっている。

このような融合化は，語幹＝単語と格形式のあいだ以外にも，ウマカロー（ソコカラハ—与論），ナファマデー（那覇マデハ—喜界）のカ

表1　古代日本語と現代日本語（標準語と諸方言）との格形式の大まかな対応

古代日本語	φ(ハダカ格)	が	の	を	に	へ	にて	と	(から)	(より)	まで
標準(文章)語	φ	が	の	を	に	へ	で	と	から	より	まで
東北方言	φ	ガ	ノ	—	—	—	ンデ	ド	ンガラ	ヨッカ	マデ
九州方言	φ	ガ/グ	ノ/ン	—	ニ/イ	—	ジ	ト	カラ	(ヨリ)	マジ
八丈方言	φ	ガ	ノ	ヨ	ニ/ン	—	デ	ト	カラ		マデ
琉球方言	φ	ガ	ヌ	—	ニ	—	—	トゥ	カラ	ヤカ	—

ラハ，マデハにあたるところなどにもみられることがある。ここでは表現面における格形式ととりたて形式のさかいめが，融合化によってぼやける結果，内容面においても，格ととりたてのカテゴリーの分離がみとめにくくなって，重義形式化が生じている。

また，ニ格がサブロンジ（奄美大島北部）ではンジであるのに対して，ワンジ（ワタシニ）のときはジであるというときは，名詞語幹はかわらないが，格形式の表現面がつねに一定（標準的）であることがそこなわれている。このことはおなじ方言の空間的なデ格サンナンティ（佐仁―地名―で）：シマナンティ（シマで）の対立とくらべればあきらかである。ノ/ン，ニ/ンのような変異も諸方言にでてくる。

なお，カラ格がラ/ラガ，ヨリ形がユッカ/クマ（奄美大島北部）であらわれるような，自由変異的なゆれ現象も，標準性をそこねているが，かきことばをもたない方言の，規範化志向のよわさのあらわれとして，各地にみられる。

うえのように方言には語幹の母音や語幹末の音声のちがいによって接辞の外形がちがってくる現象がみられる。さらにすすんで，語幹と格形式，格形式と他の文法的なカテゴリーに属する形式とのあいだに，融合現象が生じている例がある。このような方言の格の表現面を名詞＋後置詞という分析的なみたてとみることは古代語や標準文章語のばあい以上に適切ではない。

5. 格の意味・用法から

●**連用格と連体格**――北琉球方言ではしばしば，Nφ格，ガ格，ヌ格（ノ格にあたる）は連用格としても連体格としてもつかわれる。奄美大島方言の例をあげると，ガ格の連体用法はまれで，Nφの連体用法はヒト固有名詞，ヒト代名詞，個人をさししめすヒト名詞（サブロ ハギ，ワン ハギ，オッカン ハギ―わたしのおっかあのあし―）にみられる。ヌ格は一般的なヒト名詞，イキモノ名詞，モノ・コト名詞が連体的になるときつかう。

これら三格が連用的につかわれるばあい，ガ格，ヌ格は主格的になる。そのときの名詞の意味クラスとの相関をみると，連体のNφが連用のガ格，連体のヌ格は連用もヌ格形との対応になる。しかし，この方言でも現象・存在をあらわす自動詞文のモノ主語は，いまでもNφであらわれることがある。この点に注目して名詞の意味クラスとの対応を表にしめすと表2のようになる。

表2　北琉球方言における連用・連体形の名詞の意味クラスとの対応

機能	意味クラス	
	モノ名詞ほか（アムィ）	ヒト固有名詞ほか（サブロ）
連用	Nφ（→Nヌ）	Nガ
連体	Nヌ	Nφ

Nφ形の名詞クラスとのむすびつきが，連用と連体とでくいちがっているが，これは，名詞が積極的，能動的におのれを主張していないときNφ形をとっているとみられる。つまり，連用ではシテ性がよわく，述語動詞部分との一体性がつよい，現象―存在文でNφにし，連体では身体部分名詞，その延長としての親族名詞などとのむすびつきというこれも連体‐被連体両名詞のさししめしの一体性がつよいといえる有機的な所有（ミウチ所有）をかかえるがわでNφである。つまり内容面のあらわれとしての区別になっている。

●**直格と斜格**――伝統的にも主語の格だけを直格とするたちばと呼格や対格，（さらに能格）もふくめるたちばがあるが，格語形のふるまいのちがいや格体系のちがい，それを土台とする言語タイプのちがいなどによって，直格の範囲

はちがってくることが考慮されなくてはならない。従来の直格−斜格の区別はおなじひとつの言語タイプを前提にしているため、能格のあつかいなどをふくめて、みなおす必要がある。日本語のばあい、Nφ形が主格的、対格的にならない方言なら、直格のあつかいは標準文章語とおなじになる。しかし、うえにしめした奄美大島方言のように、Nφ形の用法の中心が対格的で、一部に主格的な用法もあらわれるばあいは、ガ格、ヌ格、それにNφに関して、直格をめぐるあつかいがばらばらになることは適切ではない。この主格的な用法をもつ三格が奄美大島方言の直格であろう。三格が連用格と連体格にまたがることとも、直格性から発する現象といえる。ただし奄美大島方言にでる個別化、強調的なもうひとつの対格バ格は、連体格をもたない。

斜格には標準語ににた格組織の方言であれば、空間的な意味をさししめすのが中心的な用法になるヘ格、マデ格にあたる格や、格かどうか問題ののこる引用のト、くらべのヨリなどをのぞいた、間接補語、あいて補語になる格どもがくわわる。形式的な特徴からは、連体格がデノ、トノ、カラノのように斜格形にノをそえるつくりをもつ。標準語的だとニ格は*ニノがなりたたないなど、直格とおなじふるまいをしめす方言がおおいとみられるが、奄美大島方言では、あいて補語をになうニ格にあたるンジ格からも、ンジヌという複合連体格ができる。

上述のように、標準語やそれににかよう格体系の方言でも、ヘ格、マデ格のように空間名詞といえる意味クラスをしるしづけるのを原則とする格はある。その点が奄美大島北部方言では徹底していて、空間名詞とそれ以外との区別がきびしくなされる。

●**空間格**──ありかをしめすナン（ジ）格、ゆくさきをしめすチ格、動作空間をしめすデにあたるナンティ格、でどころをしめすラ（ガ）格、とどきさきをしめすマデにあたるガルィ格は空間名詞をかたちづけるのを原則とし、ヒト名詞をかたちづけるさいもムェー（マエ）をもちいて、サブロ ムェーラ（三郎のところから、三郎から）サブロ ムェーチ（三郎のところへ、三郎へ）のように形式的にせよ空間化をへなくてはならない。このグループを空間格とよんでおく。こうして、この方言ではドコドニとダレダレニをナン（ジ）とンジで、ドコドコデとナニナニデがナンティとトゥ（あるいはシ）で区別されるのを特徴とするようになっている。

●**格接辞化**──東北方言では形式名詞コトが文法化してゴド、ドゴのようなかたちで、ヒト名詞を直接補語にする格マークになる。コトは具体名詞の抽象化という意味クラス変更のてつづきとしてもちいられる（{バットで/バットのことで} なぐりあう）。標準文章語以外は他動詞文に抽象名詞主語がたちにくい日本語で、抽象化のてつづきが主語からの降格に活用されるのは自然である。特に主語・直接補語の双方にヒト名詞がきて主体−客体関係がまぎらわしくなりやすい他動詞文では、一方のコト化によってその能動主格ばなれ、あるいは客体化をさししめすことができる。格マーク化のどあいの点からは、ヒト名詞もふくめてすべての名詞が直接補語になるときコト化する段階が、もっともすすんでいる。また、コトの単語性の有無によって、格の後置詞か格接辞かの区別がなされるが、ゴドのような有声化現象は単語や語形内部に生じることから、外形面での接辞化をとりだすことができる。

また、琉球方言では道具・材料をあらわす造格的なシ形がでてくるが、このかたちは動詞シュンするのシテ連用形に由来する。これをシ格＝造格と認定するのに、ハビシ（かみで）のような、ハビ シュンという動詞連語にもどせないかたちができていること、おおくの奄美大

島北部方言（名瀬など）でシ格が道具・材料をあらわす唯一の形式となっていることがあげられる。しかし，～シュンといえる/いえないは連続している面がある。また，大島北部でもシマ（集落）によって，あるいは年代によって造格的なトゥ格（と格に対応）と併用されてシ形があらわれる。併用のばあいはなおシ格といいきるまでには接辞化がすすんでいないとみられる。

●格ととりたて——標準語マデが，ドコドコマデ，イツイツマデなどマデ格のばあいのほかにとりたて的な意味で，格助辞にかさねてあらわれたりするのと同様，奄美大島方言のガルィも格からとりたてまでの用法がある。このようなディテールにあらわれる平行現象はふたつの体系間のちかさのあらわれといえるが，おなじ奄美徳之島方言では，格ンタナン，とりたてガー（ディ）と表現面でも区別する。これはマデやガルィの格とりたてもふたつの同音形式とあつかうよりどころのひとつになる。

また，マデとついをなすカラのばあいとちがって，奄美大島北部方言のラ（ガ）形はバ対格形とかさなるNバラというかたちでつかうことができて，NヲサキニのЫ順序的な意味をつけくわえる。格のうしろにかさなる点でとりたて系の分布をしめし，マデの用法のとりたて助辞へのひろがりに対応する。

6. 格体系と言語タイプ

現実の主体—客体関係を言語でどのような格関係にうつしだすかのちがいは，動詞の語彙-文法的なクラス，自動詞-他動詞，能動詞-所動詞などのとりだしとならんで対格タイプ，能格タイプのように言語をタイプわけすることにつながる点で重要である。能格タイプに対立する対格タイプに関しても，名詞の格形式のうちどれをしるしづけるかによって，さらに区分できる。ふつうの対格タイプ言語は，主格，対格のしるしづけのありなしが，主$N\phi$-対N_{mkd}だが，これと逆の主N_{mkd}-対$N\phi$のタイプ（marked nominative）もある。標準語は主格・対格ともに有標だから，うえの両者ともこととなっているし，琉球方言などをみると，この種のことについて，標準語といろいろな段階のちがいがある。

➡琉球方言の文法

■参考文献

奥田靖雄（1983）『ことばの研究・序説』むぎ書房．
小林隆編（2006）『〈シリーズ方言学2〉方言の文法』岩波書店．
仁田義雄編（1993）『日本語の格をめぐって』くろしお出版．
松本泰丈（1998）「格のカテゴリーの内部構造——奄美方言の〈空間格〉をめぐって」『国文学 解釈と鑑賞』800．
松本泰丈（2006）『連語論と統語論』至文堂．

［松本泰丈］

■格助詞

名詞に付いて用言が表す意味との論理的な関係（格関係）を表示する助詞。ガ，ヲ，ニ，カラ，ヘ，ト，デ，マデ，及び時間的・空間的起点を表示するヨリ。また，他の名詞と組み合わせを作る連体格助詞（橋本進吉の「準副体助詞」）ノはさまざまな関係を表示する。「雨の降る日」「水の飲みたい人」のように連体修飾節に使われるときにはガと交替することができる。

格形式がどんな意味関係を表すかは組み合わさる用言の語彙的な意味によって決まるという連語論の考え方のほかに，格助詞自体に文法的な意味を認める意義素論の考え方もある。格助詞は数が少ない。しかし，他の語との関係的な意味は多様である。連語論においては，一つの

格形式が，連語の構造的なタイプによって異なるむすびつきを表すと考える。

格助詞が格関係を表すのは，意味-統語論のレベルにおいてであり，文の成分を問題にする機能-統語論のレベルでは格関係を表さない。例えば，能動文「XがYを倒した」で，「Xが」は動作主が主語として，動作対象が直接目的語として機能しているが，対応する受動文「YがXに倒された」では，「Yガ」は動作対象が主語として，動作主が間接目的語として機能している。つまり，文の成分としての実現形式が変わっても，動作主や動作対象などの格関係は変わらない。また，「だれか手伝ってくれないか」という問いに対して「私がします」のように名乗り出るときのガは談話の中に位置づけられ，「総記」の用法とされる。これは格関係や文の成分とは異なるレベルである。さらに，「彼がスピーチが上手なことはよく知られている」のようにガが重複する問題も単純には説明できない。

このように格助詞は格関係の観点から命名された類であるが，どんな場合でも格を表すのではないことを認識しなければならない。

➡助詞，格

■参考文献

久野 暲（1978）『談話の文法』大修館書店．

鈴木重幸（1972）『日本語文法・形態論』むぎ書房．

橋本進吉（1959）『〈橋本進吉博士著作集7〉國文法體系論（講義集二）』岩波書店．

［小矢野哲夫］

■確定条件[1]

●確定条件の分類──古代語の条件表現に関していえば，「未然形＋バ」の形をとる仮定条件の表現に対して，「已然形＋バ」の形式による表現全体をさしていうことが多い。すなわち，次のようなものがそれである。

《順接確定条件の場合》
(1)熟田津に船乗りせむと月待てば〔待者〕潮もかなひぬ今は漕ぎ出でな（万葉・8）
(2)家にあれば〔有者〕笥に盛る飯を草枕旅にしあれば〔有者〕椎の葉に盛る（同・142）

(1)のように，条件が，ある事態の成立の契機になっていたり，その事態を発見したり，たまたまその事態に遭遇した場合，偶然確定条件と呼ばれる。松下大三郎は順接の偶然確定条件をさらに細分し，「単純・反予期・対等」とする（松下1928，訂正版p.544）。「単純」の例としては，「顧みすれば月傾きぬ」を，「反予期」の例としては，「暮るゝかと思へば明けぬ」を挙げている。この「反予期」は，〈……かと思ったら〉という，条件句（従属節）の段階においては話し手自身が予期せぬ事態を，帰結句（主節）で迎えた場合の用法をいうものとなっている。また，「対等」は，「桃も咲けば桜も咲く」の例を挙げているが，これは，「桃が咲く」という事態と「桜が咲く」という事態は相互に置き換え可能であり，すでに条件表現の段階を越えた並立の表現とすべきものであろう。

これに対して，(2)の，「旅にしあれば」は，〈いま旅の途中であるので〉の意で，原因・理由の表現になっており，こうした条件句を必然確定条件と呼ぶ。現代語のノデ・カラに相当する表現である。また，(2)においては，「家にあれば」の例も同じ「已然形＋バ」の形をとっているが，その表現内容は，〈家にいるときであればいつも器に盛る飯〉の意で，その条件句の事態においては，常に帰結句の事態が成立することを表している。これが，現代語の「仮定形＋バ」の形式による「春になれば雪が溶ける」などの表現の基底となっている用法である。このような表現内容のものを，一般条件（山口1980など），あるいは恒常条件（小林

1996など）のように呼んで，確定条件とは区別して扱う立場もある。

《逆接確定条件の場合》

　逆接条件においても，仮定条件と確定条件が基本的に区別され，恒常条件の用法も認められる。

　　(3)人ごとに折りかざしつつ遊べども〔等母〕
　　　いやめづらしき梅の花かも（万葉・828）
　　(4)二人行けど〔行杼〕行き過ぎ難き秋山をい
　　　かにか君が独り越ゆらむ（同・106）

　(3)の場合は，「人ごとに……遊ぶ」という状況をひとまとめにとらえて，そういうものではあるが，〈今梅の花を手にしていると，いよいよ珍重される〉という思いを詠んだもの。条件句の帰結句に対する関係は，通常の逆接確定条件としてとらえることができる。これに対して，(4)の場合は，〈二人で一緒に行った場合でも，常に通行するのが難しい〉という形で恒常的な真理を表現しようとしたものである。逆接恒常条件の表現とみることができる。

●松下大三郎の「現然仮定」──松下大三郎は，順接条件にあたるものを「拘束格」とし，逆接条件にあたるものを「放任格」として設定している。そのそれぞれに関して仮定と確定とが識別されるが，特に問題になるのが，「現然仮定」と名付けられた用法である。これは，拘束格では「酒を飲めば酔ふ」，放任格では「君子は身死すれども志を改めず」のような例で示され，「其の観念を未然に置いて待ち受けるのではなく，之を現然として仮定する」（訂正版，p.544）と定義している。これに対して，阪倉篤義は，この「現然仮定」はやはり確定条件の一種とみるべきものとし，「恒常確定」の名で呼んだ（『文章と表現』p.258）。前述の(2)や(4)の用法である。こうした議論が生じるのは，この用法が，もともと確定条件とつながりを持ち，次第に仮定条件とのつながりを強めてくるという，仮定・確定の両方の要素を持っていたことが要因となっている。

◆条件形式の変遷，仮定条件，条件，モダリティ，順接と逆接

■参考文献

小林賢次（1996）『日本語条件表現史の研究』ひつじ書房．

阪倉篤義（1958）「条件表現の変遷」『国語学』33．〔再録：阪倉篤義（1975）『文章と表現』角川書店〕

松下大三郎（1928）『改撰標準日本文法』紀元社．〔訂正版：中文館，1930；複製：勉誠社，1974〕

矢島正浩（2013）『上方・大阪語における条件表現の史的展開』笠間書院．

山口堯二（1980）『古代接続法の研究』明治書院．

［小林賢次］

■確定条件[2]

●確定条件と仮定条件──条件（接続）関係を，前句（条件句）の性格によって区分したものの一つ。仮定条件と対立する（これに加えて，一般(恒常)条件を立てて三分類とすることが多い）。

　確定条件は，典型的には前句で表される事態が既然・既定の内容であるものを指し，そのような定義が一般的であったが，既然の事態であっても，伝聞情報の場合など，話し手が確実なこととしてとらえていない場合には仮定条件の形式（たとえば，現代語のナラなど）が用いられることがあることから，近年（の特に現代語に関する議論）では，条件表現のうち，前句で表される事態が話し手に確実なこととしてとらえられているものを指す，といった定義が採られることが多くなっている。

●確定条件の下位分類──条件関係の分類には，「確定/仮定」の区別以外に，前句と後句が

表す事態の内容関係に注目した「順接関係/逆接関係」がある。また，「継起関係/同時関係」のような時間関係のみで，内容関係が認められない場合も考えられよう（偶然関係と呼ぶ）。これらの区別は「仮定/確定」の区別とは独立だから，確定条件にも，偶然関係にもとづくもの，順接関係にもとづくもの，逆接関係にもとづくもの，という区分が考えられることになる。

まず，偶然関係にもとづくもの（偶然確定条件）から見ていこう。偶然確定条件には，a) 継起関係（時間的先後性）が指摘出来るタイプ（例として(1)）と，b) 並存関係が指摘できるタイプ（例として(2)）とがある。

　(1)顧みすれば月傾きぬ。
　(2)牡丹も美くしけれども菊も美くし。（ともに松下（1928）の挙例）

(1)では，前句で表される「顧みする」ことが後句で表される「月傾きぬ」という事態（の認識）に対して先行しており，(2)では前句で表される「牡丹が美しい」ことと後句で表される「菊が美しい」こととが同時並存している。松下（1928）が，前者を偶然確定の拘束格，後者を偶然確定の放任格と呼んで以来，偶然確定という用語が定着しているが，表現の内実に即して，a) を「継起」の表現，b) を「単純並存」の表現などと呼んでもかまわない。

つづいて，順接関係にもとづくもの（順接確定条件）を見る。順接条件とは，事態のあいだに時間的先後関係のみならず前提・因果関係（前に表現されるコトガラが後に表現されるコトガラの前提，原因となるような関係）が認められるタイプのことである。次の(3)でも，前句の「今日雨が降っている」という事態が，後句の「客がいない」という事態の原因であることが語られているのが確認されよう。

　(3)今日は雨降れば客無し（松下（1928）の挙例）

これを松下（1928）は，必然確定の拘束格と呼んでおり，必然確定条件などの用語が定着しているが，もちろん，これも内実に即して，「原因・理由」表現と呼んでもかまわない。

逆接関係にもとづくもの（逆接確定条件）は，A) 内容的に対立する事態の同時併存を表すものと，B) 因果関係によって推論される後件が否定されるものに分けることができる。例えば，A) の例として(4)を，B) の例として(5)をそれぞれ挙げることができる。

　(4)兄は賢けれども弟は愚かなり。
　(5)急ぎしかども乗り後れたり。（(5)は松下（1928）の挙例）

(4)では前句で表される「兄が賢い」ことと，後句で表される「弟が愚か」なことという対立する事態が併存していることが述べられ，(5)では，「（これだけ）急げば乗れる」だろうという通常の因果関係に基づく推論に対する否定として，後句（「実際には乗り遅れた」）が存在していることが確認できる。このうち，松下（1928）では，順接に合わせて，B) ((5)の類) を必然確定の放任格と呼んでいる。松下（1928）は，A) ((4)の類) については，上述の偶然確定のb) タイプ（(2)）と区別していないようであり，たしかに両者は連続する面を持つが，ここでは区別しておくことにする。

●**現代語の具体的形式**——最後に，ここまでに述べた分類に沿って，現代語について，確定条件を表す形式との対応を述べておく。

偶然確定条件のうち，a) タイプ（継起表現）については，仮定条件形式であると分類されることの多いト，タラ（，バ）が用いられ，順接確定（必然確定）条件（因果関係）には，カラ，ノデが用いられ，逆接確定条件のB) タイプ（因果関係の否定）専用の形式として，ノニ，ニモカカワラズなどがある。

偶然確定条件のb) タイプ（単純併存），そして逆接確定条件のA) タイプ（対立する事

態の同時併存）を中心に，逆接確定条件B）をも表し得る形式として，ガやケレドモを挙げることができる。これらは単純接続を表すとされることもある。

➡仮定条件，条件，条件形式の変遷

■参考文献

Akatsuka, Noriko (1985) "Conditionals and the epistemic scale." *Language* 61 (3).

小林賢次（1996）『日本語条件表現史の研究』ひつじ書房．

松下大三郎（1928）『改撰標準日本文法』紀元社．

［仁科 明］

■確認要求

典型的な疑問文は，命題に対して話し手の判断が成立せず（不確定性条件），それを聞き手に問いかけて回答を求める（問いかけ性条件）という2つの条件によって規定されるが，確認要求とは，この2つの条件のうち，不確定性条件を欠くものである。つまり，話し手には話し手なりの判断が成立しているが，それをより確かなものにするために，聞き手に問いかけるといった機能を持つものである。確認要求は，「だろう」や「じゃないか」，「ね」「よね」といった形式によって表される。

確認要求には，大きく分けて2つのタイプがある。1つは，問いかける命題内容自体に話し手にとって不確かな部分があり，それを聞き手に問いかけることによって強化することを意図するものである。「ひょっとして，君，何か私に隠してるだろ？」のような例がこのタイプである。問いかけられる命題内容は，話し手はそう考えているものの確かなものとまでは見なされておらず，そこに聞き手に問いかける動機づけがある。

もう1つのタイプは，話し手の判断には問いかける余地がなく，その判断に対して聞き手の認識を問うことを意図するものである。例えば，「あそこに酒屋があるでしょ？　そこを右に入って真っ直ぐ行くと駅ですよ」は，発話状況の中で知覚可能な情報について認識させるものである。聞き手の記憶を活性化させる「ほら，大学の同期生で鈴木っていたじゃない？」のような例は，聞き手が当然知っていると見なされる情報に言及するものである。また，「彼女だって失敗することぐらいあるかもしれないじゃない」のような例では，話し手が「～かもしれない」と判断した内容に対して，そのような判断があり得ることを聞き手にも再認識するよう求めている。これらの文は，話し手の判断を強化するものではなく，聞き手の注意を喚起し，認識を求めることを動機づけとする。

➡疑問，ダロウ

■参考文献

安達太郎（1999）『日本語疑問文における判断の諸相』くろしお出版．

三宅知宏（1996）「日本語の確認要求的表現の諸相」『日本語教育』89．

宮崎和人（2005）『現代日本語の疑問表現――疑いと確認要求』ひつじ書房．

［安達太郎］

■格文法

●初期の格文法――フィルモア（Charles J. Fillmore）の格文法（case grammar）は，日本語学における「文構成の中心は述語である」という考え方と軌を一にしている。文の構造と意味を決める上で主語や目的語などの文法関係の概念が必ずしも有効に働いていないことを示し，述語によって与えられる格関係（意味格）が重要な役割を果たすという提案をすることから始まった。

The door will open with this key. と This key will open the door. における the door はそれぞれ主語と目的語で文法関係が異なるものの，同じ意味役割（対象格）を担っている。そこでフィルモアはいわゆる深層構造よりも深い構造を設定して意味格を提案した。結合価理論に見られるように，述語はその意味に応じていくつの項を必要とするかが決まっている。例えば，文として成立するには動詞「結婚する」「ぶつかる」は項が2つ，「教える」「あげる」は3つ必要とする。さらにそれぞれの項は文中で果たす意味役割が決まっている。例えば，動詞「あける」は項を3つ必要とし，各項はあける人，あけるもの，あけるために使うものなどの意味役割を表す動作主A，対象O，道具Iという深層格または意味格をもつ。

日本語の深層格は後置詞句から成り，どの格が主語になりどの格が目的語になるかを優先的に規定する格階層がある。格の種類と格階層は次のようになる。英語の主語選択の格階層 (Fillmore 1971) は，動作主A＞経験者E＞道具I＞対象O＞起点S＞着点G＞場所L＞時Tであり，日本語のそれ（井上和子 1976）は，動作主＞起点＞経験者＞目標＞対象＞原因＞道具＞場所＞時である。動詞「あける」は動作主，道具，対象の3つの格を取るが，動作主が優先的に主語になる。従って「太郎はカギでドアをあけた」「*カギがドアをあけた」「ドアがカギであいた」となるが，主語選択には普遍的な部分と言語特有の部分があり，英語と異なり日本語では道具は主語になりにくいため，「カギ」は主語になれない。

深層格という意味役割は，現実世界において，誰が誰に対していかなる手段で何をしたかなど一連の基本的な判断を表すもので，人の直感に訴える普遍的な集合を構成しているため言語共通性が容易に捉えられ，そこが一つの魅力となっている。とりわけ日本語にとっては述語以外のすべての要素 NP+P が意味格を担っているところに格文法の親近感がある。結合価理論では表層上の統語構造で義務的あるいは随意的に項がいくつ生じるかを扱っているが，格文法はさらに項がどのような意味役割を担うかを認定し，述語間の類似性や違いを明らかにした。同じ格を取れば同意語であり，異なれば意味も異なる。英語の例をあげると，述語がどのような格と共起関係にあるかを示すのが send, + [___ A+O+G] のような格フレームである。look が to, at, into などと結びつくのはこの動詞が「目を向ける」を意味し，[___ A+G] という格フレームをもち，着点Gがこれらの前置詞と結びついているからである。

●**格文法からフレーム意味論へ**──格の多様性や曖昧さ，中核要素（主語・目的語）と周辺要素（前/後置詞句）の区分，意味理解のための言語外知識の導入などを考慮して発展的に修正された格文法は，フレーム意味論として認知言語学の環境の中で再構成されることになる。「意味は場面に対応して決定される」というスローガンに見られるように，フレームは私たちが経験する社会的・文化的な背景知識をもとに図式化された場面を表す。フレームはある概念構造に参与するフレーム要素（格に相当する意味要素）から成る。商取引フレームを例にあげると，フレームに参与するフレーム要素は「売り手」「買い手」「代金」「商品」である。商取引フレームは一連の述語 buy, sell, pay, spend, charge, cost の共通の背景となっている場面を構成している。これらの動詞はどのフレーム要素に焦点が当てられるかという点で異なっている。Harry bought the puppy from Mr. Smith for $60. に見られるように，もし買い手と品物に焦点が当てられればそれらが中核要素になり，残りが周辺要素となる。共通のフレームに基づいて異なるフレーム要素を焦点化することで，異なる語彙を統一的に体系づけ

ることができる。現在のところ，格や格フレームは，フレームネットの語彙記述の中にその発展形を見ることができる。

◆意味役割，格

■参考文献

Fillmore, Charles J. (1968) "The case for case." In Emmon Bach and Robert Harms (eds.) *Universals of Linguistic Theory.* Holt Rinehart and Winston.

Fillmore, Charles J. (1971) "Some problems for case grammar." In Richard J. O'Brien (ed.) *Linguistics : Developments of the Sixties — Viewpoints for the Seventies* [Monograph Series on Languages and Linguistics 24], pp. 35-56. Georgetown University Press.

Fillmore, Charles J. (2003) *Form and Meaning in Language.* CSLI Publications.

井上和子 (1976)『変形文法と日本語（下）』大修館書店．

フィルモア，チャールズ J.〔田中春美・船城道雄訳〕(1975)『格文法の原理——言語の意味と構造』三省堂．

山梨正明 (1983)「6. 格文法理論」安井稔他『〈英語学大系5〉意味論』大修館書店．

［船城道雄］

■活用[1]

1. 活用とは

活用とは，動詞や形容詞など，述語になる語がその機能に応じて形を変えることである。

一般的には，「書く」のような語のレベルで「書き」や「書いた」のように形を変えることをいう。広い意味では，「呼ばれませんでした」や「待っていたら」のような成分のレベルで形を変えることをいう場合もある。

活用で問題になるのは，主に(1)と(2)である。

(1)「書き」や「書いた」のような各活用形の機能の違いをどう整理して記述するか。
(2)「書き」や「書いた」のような各活用形の形態の作り方をどう記述するか。

2. 並列方式による活用の記述方式

「書き」や「書いた」のような各活用形の機能の違いを整理して記述する方式は，大きく分けて二つある。

一つは，機能別に欄を分けた表に活用形の一つひとつを並べて整理するものである。この方式を指す一般的な名称はないので，さまざまな活用形の一つひとつを対等な形で並べるというイメージで，並列方式と名づけることにする。

この方式の代表として高橋太郎他 (2005) を例にすると，動詞の基本的な活用表は次ページの表1のようになっている（「終止形」だけを示す）。

並列方式は，機能的な体系の中に各活用形の形態を位置づけるものだと考えられる。

しかし，機能的な体系の中にさまざまな活用形を位置づけようとすると，「書いています」や「書かされませんでした」のように，補助動詞や助動詞などと結合した形も対象にすることになる。そうすると，記述すべき活用形の数が非常に多くなり，すべての活用形を並べるのが不可能になる。

また，大きな表または多数の表の中で，たとえば丁寧さを表す形態は「ます (mas)」だといった情報が見えにくくなる。

3. 直列方式による活用の記述方式

各活用形の機能の違いを整理して記述する方式のもう一つは，さまざまな活用形を，語幹や否定の「ない」，丁寧の「ます」などの要素に分解し，各活用形をそれらの要素が結合したものとして分析する方式である。この方式にも一般的な名称はないので，各要素を順番につなげ

表1　並列方式による活用の記述例

機能	ムード	テンス	ていねいさ みとめかた	ふつう体の形式 （ふつう体の動詞）		ていねい体の形式 （ていねい体の動詞）	
				みとめ形式 （みとめ動詞）	うちけし形式 （うちけし動詞）	みとめ形式 （みとめ動詞）	うちけし形式 （うちけし動詞）
終止形	のべたて形	断定形	非過去形	よむ	よまない	よみます	よみません
			過去形	よんだ	よまなかった	よみました	よみませんでした
		推量形	非過去形	よむだろう	よまないだろう	よむでしょう	よまないでしょう
			過去形	よんだ（だ）ろう	よまなかった（だ）ろう	よんだでしょう	よまなかったでしょう
	さそいかけ形			よもう	（よむまい）	よみましょう	（よみますまい）
	命令形			よめ	よむな	よみなさい	

ていくというイメージで，直列方式と名づけることにする。

この方式の代表として清瀬義三郎則府(1971)を例にすると，「書かせられたがりますまい」という活用形は(3)のように分析される。

(3) kak-sase-rare-itagar-imas-umai

この活用形は，語幹の「kak」に，使役の「sase」，所相（受身）の「rare」，希望の「itagar」，丁寧の「imas」，否定前望の「umai」が順に結合したものだとされる。

「sase」の最初の「s」や「rare」の最初の「r」は連結子音であり，その直前が子音であれば，現れない。(3)では「sase」の直前が「kak」の最後の「k」なので，連結子音「s」が現れず，「ase」になる。一方，「itagar」「imas」「umai」のそれぞれ最初の「i」「u」は連結母音であり，その直前が母音であれば，現れない。(3)では「itagar」の直前が「rare」の最後の「e」なので，連結母音「i」が現れず，「tagar」になる。

直列方式は，各活用形を，機能をもった形態単位に分割したものだと考えられる。

「書いています」や「書かされませんでした」のように，補助動詞や助動詞などと結合した形を対象にしても，簡単に活用形の機能と形態を表すことができる。

屋名池誠(1986，1987)や野田尚史(2000)も基本的に直列方式によっている。

4. 便宜的な活用の記述方式

各活用形の機能の違いを整理して記述する方式は，理論的には並列方式か直列方式のどちらかになるはずである。しかし，現実に広く使われているのは，もっと便宜的な方式である。便宜的な方式は，大きく分けて二つある。

一つは，並列方式を簡単にしたと考えられるものである。佐久間鼎『現代日本語の表現と語法』(1936)や宮田幸一『日本語文法の輪郭』(1948)など，多くの文法書が採用している。三上章『日本語の構文』(1963)では，表2のようなものが示されている。

表2　並列方式を簡単にした便宜的な活用の記述例

語幹	中立形	自立形	条件形	概言形	命令形
ik	iki	行ク	行ケバ	行コウ	行ケ
it	itte ittari	行ッタ	行ッタラ	行ッタロウ	

これは，記述する活用形が膨大にならないように，扱う活用形を少数に限っているのだと考えられる。典型的な並列方式より，一目でわかりやすい反面，各活用形の機能が体系的に示されなくなっている。また，「書いています」や「書かされませんでした」のように，補助動詞や助動詞などと結合した形は，この活用表に入らない。

もう一つは，洗練されていない直列方式と見てよいものである。学校文法の活用が代表的なものである。

学校文法では，動詞や形容詞そのものの活用表と同時に，「れる・られる」や「ます」などの助動詞の活用表も示される。それらを組み合わせると，「書かされます」のような活用形になる。

ただし，学校文法の活用の記述は，ひらがなを単位にしていたり，一段動詞の語幹を，変化しない「食べ」ではなく，「食(た)」としていたりして，典型的な直列方式ほどには洗練されていない。

5. 各活用形の形態の作り方の記述

活用を記述するときには，ここまで見てきた各活用形の位置づけの他に，各活用形の形態の作り方も重要である。

どのような活用の記述でも，形の作り方で必ず区別されるのは，動詞と形容詞（イ形容詞）と形容動詞（ナ形容詞）の違いである。動詞はさらに活用の種類で大きく二つに分けられる。

動詞の活用には，強変化活用と弱変化活用がある。強変化活用は，(4)のように語幹の直後の母音が変化する活用である。弱変化活用は，(5)のように語幹の後に直接，助動詞や接辞がつく活用である。

 (4) kak-a-nai　kak-i-masu　kak-u　……
 (5) tabe-nai　tabe-masu　tabe-ru　……

強変化活用は五段活用と呼ばれることもあり，そのように活用する動詞は子音（語幹）動詞，Ⅰ類動詞などと呼ばれることもある。弱変化活用は一段活用と呼ばれることもあり，そのように活用する動詞は母音（語幹）動詞，Ⅱ類動詞などと呼ばれることもある。

ただし，「する」と「来る」だけは，強変化活用とも弱変化活用とも違う不規則活用をする。

日本語の活用はおおむね規則的であるが，現代語では，強変化活用の「～て」「～た」「～たら」「～たり」の形が，「書いて」「読んで」「帰って」のように，語幹末の子音によって変わる。音便といわれている現象である。その他，「なさる」に「ます」がついた形は「なさります」より「なさいます」が普通であるなど，不規則な部分がある。このような情報は非母語話者に対する日本語教育では必要であり，寺村秀夫（1984）などでは比較的詳しく記述されている。

➡活用研究，テ形，音便

■参考文献

清瀬義三郎則府（1971）「連結子音と連結母音と——日本語動詞無活用論」『国語学』86.

城田 俊（1998）『日本語形態論』ひつじ書房.

髙橋太郎他（2005）『日本語の文法』ひつじ書房.

寺村秀夫（1984）『日本語のシンタクスと意味Ⅱ』くろしお出版.

丹羽一彌編（2012）『日本語はどのような膠着語か——用言複合体の研究』笠間書院.

野田尚史（2000）「日本語とスペイン語の拡大活用論」国立国語研究所編『〈日本語と外国語との対照研究Ⅵ〉 日本語とスペイン語（3）』くろしお出版.

三原健一・仁田義雄編（2012）『活用論の前線』くろしお出版.

屋名池誠（1986）「述部構造——現代東京方言述部の形態＝構文論的記述」松村明教授古稀

記念会編『松村明教授古稀記念　国語研究論集』明治書院.

屋名池誠（1987）「活用——現代東京方言述部の形態＝構文論的記述〔2〕」『学苑』（昭和女子大学近代文化研究所）565.

[野田尚史]

■活用²

●**活用をどうとらえるか**——述語となる単語の文法的な意味・機能をはたす諸形式の体系。文法的な意味・機能は，単語が文の中ではたす役割に応じて，分化したものである。

印欧語にならって，語形変化する単語をまず曲用（declension）と活用（conjugation）にわけることができる。曲用は，文の成分としての，主語や目的語（あるいは補語）になるという機能にもとづいた名詞および名詞相当語における格変化の体系をさし，活用は，文の成分としての，述語になるという機能にもとづいた動詞・形容詞の語形変化の体系をさす。さらに，名詞も「だ」や「です」などの形式（コピュラ）をともなって述語になり，その機能にもとづいて，形容詞と同じような活用の現象をしめす。

活用の現象については，さまざまな見方がある。阪倉篤義によると，活用とは「同一の単語が用法の違いに応じて，異なった形態をとること。」（『国語学大辞典』）と定義される。「活用」をそのように定義しても，単語をどのように認定するかによって，何を活用とみなすかが違ってくる。阪倉は，定義のあと，次のように説明している。

　たとえば，「読む」という語は，「本を読ま<u>ない</u>。」「本を読<u>み</u>，音楽を聞く。」「本を読<u>む</u>。」「本を読<u>めば</u>，物知りになる。」「本を読<u>もう</u>。」というふうに，種々の形態をとって，文中に現われる。それらの諸語形を別語と見

て，個々に扱うことも不可能ではないが，形態の差異は，文法的機能の差に応ずる変異であるから，それらを同一語の異なった形態と見て，そのように同一語が種々の形態をとる現象を活用といい，そこに現われる種々の語形を活用形という。

しかし，学校文法のように「読め（ば）」を仮定形，「読も（う）」を未然形といっても，これらは文の部分としてはたらくものではなく，「読めば」「読もう」という形式で，はじめて文の要素となる。「読め（ば）」「読も（う）」は文の要素の部分にすぎない。阪倉も，「本を読む。」と「本を読む部屋」の「読む」は，異なる構文機能をもつゆえに，別の活用形と見るのが普通だと説き，さらに，以下のように述べている。

　「本を読まない。」「本を読んで，…」「本を読めば，…」「本を読もう。」などのように助辞と結合して文の成分となるような場合は，助辞のついた形全体を一語と見る立場もある。（傍線—筆者）

●**単語の認定と活用**——日本語の単語をどのようにとらえるかをめぐって，研究者に共通の認識があるわけではない。何を単語と理解するかによって，活用の現象が異なってくる。伝統的な国文法では，単語の認定に失敗したために，正当な活用が築けなかった。日本語を専門としない，物理学者であった田丸卓郎（1920）や英語学者の宮田幸一（1948）によって，日本語の単語の認定と活用の先駆的なあつかいがうまれた。

単語は，基本的には，語彙的意味をもちながら，文法的な意味・機能をになうものである。語彙的な意味とは，単語にとって実質的な内容であり，文法的な意味・機能は，単語にとって文の中での存在形式である。語彙的な意味は，個々の単語に個別的であり，文法的な意味・機能は，一般的である。『食べる』『歩く』『読む』はそれぞれ異なる運動を意味するのに対して，

「食べた」「歩いた」「読んだ」は語尾に-ta/daをもち，終止用法において，それぞれの運動が過去に起こったことをあらわす点で文法的な意味が共通している。

●**形式と意味・機能を総合した体系**——単語において，その文法的な形（語形）は，それぞれの文法的意味・機能をもっている。「読まない」は，『読む』という運動の不在を意味し，文法的な意味〈否定〉をあらわす。一方，無標形式の「読む」は，『読む』という運動の存在を意味し，文法的な意味〈肯定〉をあらわす。両者の対立に共通するのは，《肯定否定（認め方，極性）》というカテゴリーである。形式と意味・機能との対立と統一，そしてそれを総合したものが活用体系である。そのような立場からは，「読ま（ない）」「読め（ば）」「読も（う）」は，独立できる形式ではなく，単語の部分であり，「読まない」「読めば」「読もう」を単語としなければならない。「読まない」は「読む」と対立し，〈否定〉と〈肯定〉の関係をつくっている。「読めば」は広義の連用用法に属し，〈条件〉という文法的意味をになっている。「読もう」は，もっぱら終止用法に属し，1人称主語では〈意志〉を，1（＋2/3）人称主語では，〈勧誘〉の意味をもつ。

●**活用形の構成**——動詞の文法的意味・機能をになう活用形は，狭義では，［語幹＋語尾］で構成されるが，接辞や助辞，あるいは補助的な単語がこれにくわわることがある。

(a) ［語幹＋語尾］yom-u, yon-da, yom-e, yom-oo, yon-de

(b) ［派生形（語幹/語基＋接辞）＋語尾］yom-ase-ru, yomi-mas-u, yom-ana-i

(c) ［(語幹＋語尾)/(派生形語幹（語幹/語基＋接辞）＋語尾)＋助辞］yom‐u‐darou, yom-ana-i-des-u

(d) ［(語幹＋語尾)/(派生形語幹（語幹/語基＋接辞）＋語尾)＋補助的な単語］yon-de i-ru, yom-ana-ide ok-u

(a)は狭義の活用と呼ぶことができるが，さまざまな文法的意味・機能は，接辞・助辞・補助的な単語にささえられていて，広義の活用は(d)までふくむと考えられる。(a)が総合的な語形であり，(d)が分析的な語形である。(b)と(c)は両者の中間である。どのような語形までが同一の単語の範囲にふくまれるのかという問題がある。広狭，いずれも考えられる。それによって，活用形の位置づけがことなってくる。活用を広くとらえることによって，ゆたかな文法的カテゴリーが保障される。

●**活用のはたらき**——では，日本語の活用はどのようなはたらきをしているか。

(1)断続に関与している。単語が文においてしめる位置，および他の語句との関係を意味する。動詞や形容詞は，そこで文がきれる終止用法と他の形式につながっていく接続用法にわかれる。接続用法は，名詞につながる連体形と用言につながる（広義）連用形にわかれる。終止用法において，形態論的なカテゴリーはゆたかであり，接続用法では，それに制限がくわわる。

(2)いくつかの形態論的カテゴリーに関与する。形態論的なカテゴリーとは，同一の単語の，複数の文法的な形（語形）と文法的な意味の対立関係，そしてそれを総合した文法的な体系をさす。終止用法では，《テンス》・《ムード》・《肯定否定》・《スタイル》・《ヴォイス》などのカテゴリーが存在する。《テンス》，《肯定否定》，《スタイル》，《対事的なムード（断定か推量か）》についてはすべての動詞に，《対人的なムード》，《ヴォイス》については，一部の動詞に存在する。《肯定否定》，《スタイル》については，対立項の有標形は，接辞をともなう派生形である。《アスペクト》の有標形は分析的（迂言的）な語形であらわさ

表1 鈴木重幸(2008)による動詞の活用体系

ムード		テンス	アスペクト	
			完成相	継続相
直説法	断定 (いいきり)	非過去	よむ yom-u	よんで いる yon-de i-ru
		過去	よんだ yon-da	よんで いた yon-de i-ta
	推量 (おしはかり)	非過去	よむ=だろう yom-u = darô	よんで いる=だろう yon-de i-ru = darô
		過去	よんだ=だろう yon-da = darô	よんで いた=だろう yon-de i-ta = darô
命令法	命令		よめ yom-e	よんで いろ yon-de i-ro
	さそいかけ		よもう yom-ô	よんで いよう yon-de i-yô

※ "-"のあとの要素は語尾,"="のあとの要素はくっつき(助辞),空白は単語のきれ目。

表2 村木新次郎(2006)による動詞の活用体系

断続		人称		ムード	テンス	用 例
終止		無制限		断定	非過去	(本を)読む。
					過去	(本を)読んだ。
				推量	非過去	(本を)読むだろう。
					過去	(本を)読んだだろう。
		1人称	1人称	意志		(一人で本を)読もう。
			1+2/3人称	勧誘		(君と/みんなと 一緒に本を)読もう。
		非1人称	2人称	命令		(本を)読め。
			3人称	希望		(雨よ)降れ。
接続	連体				非過去	(若者が)読む(本)
					過去	(若いころ)読んだ(本)
	連用	中止				(本を)読み/読んで
		例示				(本を)読んだり
				条件		(本を)読めば/読んだら
				譲歩		(本を)読んでも/読んだって

れる。

●**動詞の活用体系**——動詞の活用体系の全体を表にあらわせば，膨大なものになろう。前ページに，その部分体系の例を二つ示す（鈴木重幸（2008）と村木新次郎（2006））。鈴木のもの（表1）は，終止形に限って，《ムード》《テンス》《アスペクト》によって，村木のもの（表2）は，《断続》《人称》《ムード》《テンス》によって分類されている。動詞の肯定・常体（非丁寧）・単純相の場合である。[語幹＋語尾] の範囲内（ただし，助辞「だろう」をふくむ）に限定している。

形容詞と名詞述語を補助するコピュラ（「だ」「です」）の活用は，《断続》と，《テンス》・《対事的ムード》・《肯定否定》・《スタイル》の形態論的なカテゴリーに関与する。

動詞の活用には，語幹が子音で終わる子音語幹動詞（5段動詞，強変化動詞とも）と語幹が母音で終わる母音語幹動詞（1段動詞，弱変化動詞とも）とそれらに属しない若干の不規則動詞とがある。

➡語形変化，語幹，語尾，きれつづき

■**参考文献**

国語学会編（1980）『国語学大辞典』東京堂出版．

鈴木重幸（1972）『日本語文法・形態論』むぎ書房．

鈴木重幸（1983）「形態論的なカテゴリーについて」『教育国語』72，むぎ書房．

鈴木重幸（2008）「文法論における単語の問題」『國語と國文學』（東京大学国語国文学会）85-1．

田丸卓郎（1920）『ローマ字文の研究』日本のローマ字社．

宮田幸一（1948）『日本語文法の輪郭——ローマ字による新体系打立ての試み』三省堂．〔増補復刊：くろしお出版，2009〕

村木新次郎（1991）『日本語動詞の諸相』ひつじ書房．

村木新次郎（2006）「活用は何のためにあるのか」『國文學』51-4，學燈社．

[村木新次郎]

■**活用**[3]（古典語）

以下，古典語（平安時代日本語）の活用について述べる。古典語の活用研究は，いわゆる伝統文法における古くからの研究の蓄積があり，学校文法として一般にも広まっている。ここでも，基本的に伝統文法による古典語活用の捉え方にしたがって記述する。

1. 古典語の活用

●**動詞の活用**——古典語における動詞活用は，その活用語尾の形態変化のあり方によって次のような種類に分けられる。

A. 規則変化活用

1）母音変化型活用（四段活用）…活用語尾母音が-a・-i・-u・-eと変化するタイプ。五十音図のア～エ列（段）に涉って活用するので四段活用と呼ばれる。古典語動詞の中ではこの活用をする動詞が最も多い。

2）語尾添加型活用（上一段活用，下一段活用）…母音変化せず，ル・レ・ヨという語尾の添加の有無によって活用を示すタイプ。固定部分が母音-iで終わる動詞と-eで終わる動詞があり，五十音図ではウ列（段）を中段としてイ列（段）が上段，エ列（段）が下段にあるので，前者を上一段活用，後者を下一段活用と呼ぶ。この活用をする動詞は，古典語では派生語を除いていずれも単音節語幹動詞であり，数も少ない（上一段は十数語，下一段は「蹴る」一語）。

3）混合変化型活用（上二段活用，下二段活用）…「(連用形) 起き⇔(終止形) 起く」のように母音変化で活用を示す面と，「(終止形) 起く⇔(連体形) 起くる」のように「ル・レ・ヨ」

の添加の有無で活用を示す面の両様を持つタイプ。五十音図のイ・ウ列（段）に渉る母音変化を示すものと，ウ・エ列（段）に渉るものとがあり，前者を上二段活用，後者を下二段活用と呼ぶ。

B．不規則変化活用（カ行変格活用，サ行変格活用，ナ行変格活用，ラ行変格活用）…いずれもごく少数の動詞に固有の形態変化である（カ変は「来」1語。サ変は複合による派生動詞は多いが，基本的に「す」1語。ナ変は「死ぬ・往<small>い</small>ぬ」の2語。ラ変は「有り・居り・侍<small>を</small>り・いまそかり」の4語）。

なお，動詞活用のタイプに関して，四段・ラ変活用のように母音変化を主とするものを強活用，一段・二段活用のように語尾添加を主とするものを弱活用と呼ぶ場合がある。この場合は，カ変・サ変・ナ変活用が混合活用と呼ばれる。なお，ドイツ語や英語の動詞活用（conjugation），即ち，動詞の屈折（inflection）による語形変化のしかたに，強変化活用（strong conjugation）・弱変化活用（weak conjugation）の別がある。日本語動詞の強活用・弱活用は，形態変化のしかたでこれと似た点を持つが，そもそも活用のあり方が根本的に異なるので用語の使用には注意が必要である。

●形容詞の活用── 古典語形容詞の活用はク活用・シク活用と呼ばれる2種に分けられる。古典語では，連用形〜クに補助動詞としてアリが付き，〜クアリ＞〜カリとなって，欠けている活用形を補い，種々の助動詞に接続することを可能としている。これを形容詞の「補助活用」あるいは「カリ活用」と呼ぶ。

●形容動詞の活用── ナリ活用とタリ活用の2種類がある。それぞれ副詞を形成する接辞〜ニ・〜トに補助動詞アリが付いて，〜ニアリ＞〜ナリ，〜トアリ＞〜タリとなってできた活用である。したがって，形容詞カリ活用と共通に基本的にラ行変格活用をする。

●助動詞の活用── 助動詞は，その語源や構文上の位置に応じて，多様で個性的な形態変化を示す。上に挙げた動詞型活用・形容詞型活用・形容動詞型活用のいずれかに包摂される助動詞もあり，いずれとも異なる特殊な活用を示すものもある。

2．奈良時代以前の活用

古典語の活用は，音韻体系としては五母音体系の中での活用である。しかし，平安時代より前の時代，奈良時代以前は，イ列・エ列・オ列に甲乙二類の母音を持ついわゆる上代音韻体系を持ち，この中での活用は，自ずと平安時代とは異なる姿を持つものであった。

●上代音韻体系と活用── 万葉仮名の使い分けから判明する奈良時代以前の活用（活用語尾母音）を示すと次の表のようになる（変格活用は省略）。

上代の動詞活用語尾母音

	四段	上一段	上二段	下二段
未然形	-a	-i 甲	-i 乙	-e 乙
連用形	-i 甲	-i 甲	-i 乙	-e 乙
終止形	-u	-i 甲 ru	-u	-u
連体形	-u	-i 甲 ru	-uru	-uru
已然形	-e 乙	-i 甲 re	-ure	-ure
命令形	-e 甲	-i 甲	-i 乙	-e 乙

古典語下一段活用「蹴る」は，奈良時代以前下二段活用だったので，下一段活用は存在しない。上の活用表を見ると，平安時代では同じ母音となる四段活用連用形と上二段活用連用形が，奈良時代以前は異なる母音であったことがわかるし，平安時代では同音の四段活用已然形と命令形も奈良時代以前は異なる母音であった。

●奈良時代から平安時代への変化── 上に見るように，奈良時代から平安時代にかけて，音韻体系の変化に伴い，活用の種類相互・活用形相

互の形態的差異も減少した。平安時代以降の活用形の変化は、この形態的差異減少に伴う混乱の是正としての再差異化と見られる変化もある。例えば、奈良時代以前における各活用型の命令形は、純粋に活用語尾母音の差によって差異化されている。しかし、平安時代における命令形は、接辞ヨ（これは元来終助詞であった）の添加の有無で母音変化型の四段活用と語尾添加型・混合変化型の差異化がなされている。

3. 近代日本語活用体系への変化

平安時代以後活用体系に起こった主要な変化を次に記す。これらの変化によって、古代日本語活用体系から現代に繋がる近代日本語活用体系が成立する。

●終止形連体形の合一化——平安時代末から鎌倉時代にかけて、全ての活用語の終止形が旧来の連体形と同形になり（四段・一段活用動詞ではもともと同形）、終止形と連体形との形態的差異が消失した。終止形は、即ち、基本形（その語の代表形、辞書形）であるから、これは、多数の活用語の姿そのものの変容でもあり、古代日本語活用体系が近代日本語活用体系に変化していくうえで最も大きな変化であった（現代日本語では、いわゆるダナ活用形容動詞のみが終止形と連体形が異なっている）。

●二段活用の一段化——室町時代末から江戸時代初期にかけて、二段活用語が全て一段活用するようになった。活用の型において、混合変化型が消失したということであり、規則変化活用が母音変化型（五段活用）と語尾添加型（一段活用）に両極分化するという近代日本語活用体系の姿がこれによって完成した。

●その他の変化——上の二つの他に、中・近世を通じて進行した変化に次のようなものがある。

母音変化型活用において、接続助詞テを後接する場合、全て「書きテ」から「書いテ」と音便形で接続するようになった。また、古代日本語に存在したアスペクト助動詞の多くが衰退するなかで、タリのみが汎用され、その終止連体形タルからル音を脱落させたタが生まれ、母音変化型活用語に後接する場合、これも必ず音便形をとるようになった（書きタリ＞書いタ）。

古代日本語の条件表現においては、「未然形＋バ」が仮定条件を、「已然形＋バ」が確定条件を表したが、条件表現の体系が変化し、旧来の「已然形＋バ」が仮定条件を表すようになり、これに応じて、伝統文法における活用形の呼称が、「已然形」から「仮定形」へと変えられた。

近世に入り、四（五）段活用動詞を下一段活用させることによる可能動詞が生まれた（読む＞読める）。

➡動詞活用の種類、終止形と連体形の合一化（同化）、二段活用の一段化、活用の起源

■参考文献

坪井美樹（2001）『日本語活用体系の変遷』笠間書院.
山内洋一郎（2003）『活用と活用形の通時的研究』清文堂出版.

［坪井美樹］

■活用形

学校文法では、用言や助動詞は、もちい方によって、その形が六つに変わるものとされ、その一つ一つを活用形とよぶ（六活用形）。

《未然形》「本を読まない」の「読ま」のように、打消の意味の「ない」につらなる形。また「ぬ」「う」（動詞によっては「よう」）などにもつらなって、動作がまだそうなっていない意を表わす形である。なお、五段活用を認める立場では、「う」につらなる形は「読もう」の「読も」も未然形と認める。

《連用形》「本を読みます」の「読み」のよう

に,「ます」につらなる形。「読んだ」「書いた」「取った」のように,「た」や「て」につらなるときは,音便形をもちいるが,これも連用形にいれる。また「読み出す」「読みかける」など,他の用言につらなるときにももちいる形であるので,連用形と名づけたものである。

《終止形》「本を読む」の「読む」のように,言い切るときにもちいる形。用言の本体である形である。

《連体形》「本を読むとき」の「読む」のように,体言につらなる形。「読む」のような動詞では,連体形は終止形と同じであるが,文語では「起きる」「受ける」などの動詞では,「起くる」「受くる」が連体形であり,終止形「起く」「受く」とはことなる。

《仮定形》「本を読めば物しりになる」の「読め」のように,「ば」につらなって,仮定を表わすときにもちいる形。また文語では,「今日は雪降ればいと寒し」のように,「ば」につらなるときには,動作がすでにそうなっている意味にもちいるので,この形を已然形とよぶ。文語では,仮定の意味は,「雪降らば寒からん」のように,未然形に「ば」のついた形で表わす。接続の観点だけからいうなら,このように,文語では,「ば」は未然形にもつづくので,已然形は「読めども」のように,「ど(ども)」につづく形であるというのがよい。なお,「起きる」「受ける」などの動詞では,文語では「起くれば」「受くれば」が已然形である。

《命令形》「早く本を読め」の「読め」のように,命令にもちいる形。「起きる」などの動詞では,命令形は「起きろ」のように,「ろ」をつけるが,文語では「起きよ」のように,「よ」をつける。

なお,文語では,連体形も已然形も係り結びのときは,終止にももちいられる。

いわゆる六活用形は,すでに橋本進吉(1934)によって指摘されているように,それだけで独立してもちいられる,連用形,終止形,連体形,已然形(文語),命令形のような活用形と,未然形,仮定形(口語),音便形のような,常に助詞や助動詞とともにもちいられる非独立的な活用形がある。前者は単語であり,動詞の活用形とすることはできるが,後者は単語以前の語基的なものであり,動詞の活用形とみなすことはできない。

➡きれつづき

■参考文献

橋本進吉(1927)『改制新文典 初級用』冨山房.

橋本進吉(1934)『国語法要説』明治書院.〔再録:橋本進吉(1948)『〈橋本進吉博士著作集2〉国語法研究』岩波書店〕

文部省(1943-1944)『中等文法』.

[鈴木 泰]

■活用研究

●萌芽——活用に関する簡単な記述は,鎌倉時代にも見られるが,後の本格的な活用研究に大きな影響を与えたのは,次の2つである。

1つは,室町時代に歌学の世界で行われた係り結び研究で,内容は,「こそ」は「えけせて」,「ぞ」は「うくすつぬ」の音で結ぶ(『手爾葉大概抄(てにはたいがいしょう)』)といった程度の単純なものだが,活用の規則性を捉えている。

もう1つは,江戸時代前期,五十音図に動詞活用を重ね合わせた研究である。谷川士清(ことすが)『日本書紀通証』(1762)や賀茂真淵『語意考』(1759頃成)に見え,例えば,真淵は「行く」を「ゆかん(将行)/ゆき(行の体)/ゆく(今行)/ゆけ(令行)/ゆこ(こは加毛の約且平言)」と記した。各々に「将行」「令行」などの意味機能を割り当て,活用形の種類を意識している。

この段階はいずれも部分的な指摘にすぎず,事実に反する記述も含んでいた。

●嚆矢── これらの研究を承け、江戸時代後期に本格的な活用研究が始まる。その嚆矢となったのは、真淵の弟子の本居宣長である。

宣長は、係り結び研究を承けた『てにをは紐鏡』(1771)で、結びとなる活用形態(終止形・連体形・已然形)を、第廿五段(サ行下二段)「す/する/すれ」、第卅三段(カ行四段)「く/け」などのように、網羅的に挙げた。

さらに対象を広げ、すべての活用形態を列挙したのが、『活用言の冊子』(宣長監修、本居春庭制作、田中道麻呂補訂、1782頃草稿成)である。ここでは、第一会(カ行四段)「カ/キ/ク/ケ」、第八会(サ行下二段)「セ/ス/スル」というように示されている。配列は五十音順で、以降、本居学派の研究は動詞の行(子音)を重視し続ける。

宣長は厖大な用例に基づき実証的に研究したが、十分に体系的な整理までは行かなかった。

●発展── 宣長の研究を発展させたのは、弟子の鈴木朖と、息子の本居春庭である。

朖は『活語断続譜』(1803頃成)を著し、活用形の分類を行った。断続の機能に基づき「第一等(終止形)、第二等(連体形)、第三等(ベシなどが接続する活用形)、第四等(連用形)、第五等(已然形)、第六等(命令形)、第七・八等(未然形)」と整理した。

春庭は『詞八衢』(1808)で、動詞の活用の種類を分類し、現れる母音によって正格活用を「四段の活、一段の活(上一段)、中二段の活(上二段)、下二段の活」と命名した。

この段階で、動詞の活用は分類が施され、体系の大枠が整備された。

●完成── 本居学派の活用研究の大成者は、義門である。義門は『友鏡』(1823)と、それを改訂した『和語説略図』(1833)という2つの図表を作成して、活用形を6種に整理し、機能によって「将然言(未然形)、連用言、截断言(終止形)、連体言、已然言、希求言(命令形)」と名づけた。ここに至って、縦に活用形の種類、横に活用の種類を配置した、現在とほぼ同じ活用表が完成することになる。

その後、林圀雄『詞緒環』(1838)が「一段」を「上一段」に改称して新たに「下一段」を設けたり、黒沢翁満『言霊のしるべ』(1852)が「中二段」を「上二段」に改称したりしたが、いずれも微調整の域を出ない。

●富士谷成章── 宣長と同じ時期に、富士谷成章は、本居学派とは別種の活用研究を行った。全貌を公にする前に歿したため、細部は不明だが、『あゆひ抄』(1778)に「装図」という活用表が載せられている。本居学派の活用研究は動詞のためのもので、助詞・助動詞は動詞を分類する手段だったが、成章の活用研究は逆に、助詞・助動詞を記述するために、動詞・形容詞・形容動詞の活用を研究した(ちなみに、成章は形容動詞を一品詞として認めた最初の研究者である)。成章の活用研究は、本居学派のようには普及しなかったが、述語論を考える際には、有効な視点を与えるものである。

➡『手爾葉大概抄』『手爾葉大概抄之抄』、活用[3]、『あゆひ(脚結)抄』、活用形、動詞活用の種類

■参考文献

橋本進吉(1959)『国文法体系論』岩波書店.

古田東朔・築島裕(1972)『国語学史』東京大学出版会.

尾崎知光(1976)「文法研究の歴史(1)」大野晋・柴田武編『〈岩波講座日本語6〉文法 I』岩波書店.

竹田純太郎(1993)「『活用言の冊子』について」『国語学』173.

[小柳智一]

■活用の起源

●動詞活用の起源と大野晋説── 日本語の動詞活用の起源について、初めて本格的な論議を展

開したのは，大野晋（1953，1955）である。大野は，上代の音韻組織と音韻法則に関する明快な整理に基づいて，動詞の各活用形の起源について斬新な考えを明らかにした。大野の考えは，動詞語幹に子音終止のもの（四段活用など）と母音終止のもの（二段活用など）とあるとするところに特色があるが，たとえば連用形については，語幹に名詞語尾 i が付いたものと説明される。すなわち，四段サク（咲）であれば sak+i → saki₁ であり，上二段ツク（尽）であれば tuku+i → tuki₂ である（便宜甲類音節には 1 の数字を，乙類音節には 2 の数字を付す）。ただし，大野の場合，音形態についての説明は詳しいが，意味・機能の説明は手薄である。たとえば，未然形は語幹に否定の anisu や推量の amu など，たまたま a で始まる接辞が付いたに過ぎないものとして，未然形という形態のもつ意味・機能が深く検討されることなく終わっている。

●阪倉篤義の語構成論——論議は，その後さしたる進展を見せなかったが，阪倉篤義（1961）に至って新しい局面を迎えた。これは，名詞の語構成に関連して，動詞や形容詞に言及したものであるが，そのことによって，名詞と動詞との関係，あるいは形容詞との関係が有機的に把握されている。たとえば，カラヤマ（枯山）のカラ（枯），マガタマ（勾玉）のマガ（曲）などa を語末に含む形式は，動詞的意義と結びついた情態的な意味をもって後続の名詞を形容するが，そのような a 接尾形がその形態のままで名詞化したのが，動詞ツク（築）に対するツカ（塚），動詞ムル（群）に対するムラ（村）である。また，情態性体言アカ（赤）・アマ（甘）に対して名詞構成要素 i が接尾したのが，aka+i → ake₂（朱）・ama+i → ame₂（飴）であるとするのである。

●その後の論議の展開——阪倉の論を受けた川端善明（1978，1979）は，サカ‐サケ（酒）のような被覆形（非独立形）‐露出形（独立形）の語形変化を意味づけ，被覆形である形状言から名詞や動詞が成立するすじみちを追究して，犀利な論議を展開した。たとえば，タカ（高）という形状言を例に取るならば，① taka+i → take₂（闌ケ），② taka+i → take₂（岳），③ taka+si → takasi（高シ）となり，①は語尾 i による語の動詞的独立，②は語尾 i による語の名詞的独立，③は形状言に形容詞的接尾辞の添えられたものと解せられることになる。このようにして，動詞の活用を動詞のみのこととして捉えるのではなく，名詞の語形変化や形容詞の活用との関連の中で考えるのである。

また，山口佳紀（1985）は，阪倉・川端の論を受けつつも，動詞の活用とは，突き詰めていえば，語末母音の交替と，「る」「れ」の接着であると見る立場から，一般に古代語の母音交替とはどのような性格のものであったかと問う。そして，母音の交替には，サカ‐サケ（酒）のように，それによって被覆形‐露出形の転換が起こるものと，タワム‐トヲム（撓）のように転換が起こらないものと二種あると捉え，その観点から，動詞の語末に生じている母音交替の性質を考えようとした。たとえば，四段活用サク（咲）でいえば，未然形 saka‐連用形 saki₁ の関係は被覆形‐露出形の交替，未然形 saka‐終止形 saku の関係も被覆形‐露出形の交替であり，saki₁ も saku も同じ露出形ではあるが，前者は中止法を，後者は終止法を担当することによって共存したものと考えるのである。

その他，さまざまな考え方が提出されているが，実証的に論ずることが難しい問題であるため，未解決の部分が多いと言わざるを得ない。ただし，動詞に比べれば，形容詞や形容動詞の方が問題が考えやすい。なお，日本語は言語類型論的には膠着語の一種と見なされているが，動詞・助動詞のみに屈折があるように見えるの

はなぜかという問題も，根本的に検討する必要がある。

➡被覆形と露出形

■参考文献

大野 晋（1953）「日本語の動詞の活用形の起源について」『国語と国文学』30-6．

大野 晋（1955）「万葉時代の音韻」『〈万葉集大成 6 言語篇〉仮名遺と上代語』平凡社．

阪倉篤義（1961）「古代日本語における名詞の構成」『国語国文』30-11．〔再録：阪倉篤義（1966）『語構成の研究』角川書店〕

川端善明（1978）『活用の研究Ⅰ』大修館書店．〔増補再刊：清文堂出版，1997〕

川端善明（1979）『活用の研究Ⅱ』大修館書店．〔増補再刊：清文堂出版，1997〕

山口佳紀（1985）『古代日本語文法の成立の研究』有精堂出版．

〔山口佳紀〕

■仮定条件[1]

●仮定条件の分類・表現内容──古代語の仮定表現は，動詞の場合，「未然形＋バ」の形で表現されるものをいうが，形容詞の仮定表現，打消の助動詞ズの仮定表現なども関連してとらえていく必要がある。動詞の場合，古代語においては，順接仮定条件の表現形式は単一であるが，その表現内容として次の二つの場合が区別される。

　(1)雨降らば〔零者〕着むと思へる笠の山人にな着しめ濡れはひつとも〔漬跡裳〕（万葉・374）

　(2)風をだに恋ふるは羨し風をだに来むとし待たば〔待者〕何か嘆かむ（同・489）

用例(1)は〈雨が降ったらそのときに着よう〉の意で，未来の事態の生起を仮定するものであり，松下（1928）で「完了態」（完了性）と呼ばれるもの。これに対して，(2)は，〈風だけで

も，来るだろうと待っていられるなら〉の意で，そのような仮定的な事態が想定されるならば，という現在の時点での判断を表すものとなっている。こちらが「非完了態」（非完了性）として位置づけられるものである。現代語におけるタラとナラは，この完了性仮定・非完了性仮定の表現形式として，その意味機能を明示するようになったものと言うことができる。ただし，完了性の表現を，松下のいう「未然的事態」に限り，未来においてある事態が生起する場合を仮定するものとして限定するか，タラの表現内容の一つである過去の事態の表現をも含めるかは，問題となるところである。過去の事態に関して仮定することは，現実にはその成立が不可能であることになるため，反実仮想の表現をとることになる。この場合，「あのとき出発していたら間に合ったのに」のようなタラによる表現は，「あのとき出発していたなら間に合ったのに」のように，タナラすなわちナラの一形式でも表されることになる。また，「あのとき出発していれば間に合ったのに」のように，「仮定形＋バ」による表現ともかかわってくる。したがって，完了性・非完了性という仮表現の内容の相違と，タラ・ナラという形式の使い分けとは，必ずしも重ならない部分があり，区別して考えなければならない。

●逆接仮定条件の表現──用例(1)には逆接仮定表現のトモも用いられている。「ひつとも」は，〈たとえ相手が濡れてしまおうとも〉の意。古代語では，逆接仮定条件の表現にはトモがほぼ専用され，終止形接続，すなわち，終止された文をトモが承けてそれに反する事態を提示するものとなっている。近代語に至ると，逆接条件の場合も恒常条件的な性格を背景に持つテモにその位置を奪われ，トモはもっぱらウトモの形で用いられることになる。なお，この逆接仮定条件にあっては，順接の場合とは表現性が異なるため，完了性・非完了性の識別を行うことは

できない。

●**形容詞の仮定表現**——「未然形＋バ」の形式による動詞の順接仮定条件に対して，形容詞の仮定表現の場合は，やや性格が異なる。現代語においては，形容詞の場合も「仮定形＋バ」とされる「よければ」「美しければ」の形で表現されるが，古代語においては，仮定条件は「よくは」「美しくは」の形であった（現代では「よくば」「美しくば」の形で用いられることがある）。本来「已然形＋バ」の形式であった「よければ」「美しければ」の形による仮定表現が一般化し，その影響で，「よくは」なども「仮定形＋バ」のやや古めかしい表現として理解されるようになったものと考えられる（吉川1971参照）。この形容詞「〜クハ」は，本質的に打消の助動詞ズの仮定表現の問題と共通するものである。ズハのハに関する議論と同様，本来清音であったことについては異論がないが，その機能として，連用形に係助詞ハが接したとみるべきか，あるいは未然形に清音の接続助詞ハが接したとみるべきか，問題となるところである。一般には「連用形＋係助詞ハ」としてとらえられているが，文法的機能は仮定条件の表現であるところから，山口佳紀（1971）などでは，このハを清音の接続助詞とみて，「未然形＋接続助詞ハ」とする見解を提示している。

➡条件形式の変遷，確定条件，条件，モダリティ，上代特殊語法ズハ

■**参考文献**

木下正俊（1972）『萬葉集語法の研究』塙書房．

阪倉篤義（1993）『日本語表現の流れ』岩波書店．

浜田 敦（1952）「形容詞の仮定法」『人文研究』3-6．〔再録：浜田敦（1984）『日本語の史的研究』臨川書店〕

松下大三郎（1928）『改撰標準日本文法』紀元社．

矢島正浩（2013）『上方・大阪語における条件表現の史的展開』笠間書院．

山口佳紀（1971）「古代条件表現形式の成立について」『国語と国文学』48-12．〔再録：山口佳紀（1984）『古代日本語文法の成立の研究』有精堂出版〕

吉川泰雄（1971）「「善くば」「為ずば」などの濁音形について」『金田一博士米寿記念論集』三省堂．〔再録：吉川泰雄（1977）『近代語誌』角川書店〕

〔小林賢次〕

■**仮定条件**[2]

●**仮定条件と確定条件**——条件（接続）関係を，前句（条件句）の性格によって区分したものの一つ。確定条件と対立する。なお，二事態の間の恒常的，一般的相伴関係を表す一般（恒常）条件は，既然の個別具体的事態に関わらないと理解することも出来，その限りでは確定条件と区別されることになるためか，仮定条件の一種として理解されることもあった（松下（1928）の「現然仮定」）が，近年は「仮定／確定」の区別とは独立のものとして理解されるのが普通になっている。

仮定条件は，典型的には前句で表される事態が未然・未定の内容であるものを指すものと考えられ，そのような定義が一般的であったが，既然の事態であっても，伝聞情報の場合など，話し手が確実なこととしてとらえていない場合には仮定条件の形式（たとえば，現代語のナラなど）が用いられることがある。そこで，近年（の特に現代語に関する議論）では，条件表現のうち，前句で表される事態を話し手が確実なこととしてはとらえていないものを指す，といった定義が採られることが多い。

●**仮定条件の下位分類**——「仮定／確定」の区別

は，前後句の間に認められる関係のあり方に注目した「順接/逆接」とは独立である。したがって，仮定条件にも，順接の仮定条件と，逆接の仮定条件の区分が考えられることになる。

まず順接を見る。(1)(2)のような例が考えられる。(1)では後句事態の生起時点で前句事態が完了しており，(2)では完了していないという違いはあるが，いずれにおいても，後句が表す事態が前句事態の成立を前提にしている（内容的前提性がある）ことが確認される。

　(1)花咲かば見む。
　(2)君行かば我も共に行かむ。((1)(2)ともに松下（1928）による)

松下（1928）以来，これらを，「完了性未然仮定」の順接条件（(1)）と「未完了性未然仮定」の順接条件（(2)）と呼んでいる。

一方，逆接の仮定条件としては，次の(3)のような例が指摘できる。「死ぬ（くらい）ならば已める」だろうという一般的推論が，後句（ここでは主体の意志を表す）によって否定されていることが分かる。松下（1928）では，「未然仮定」の放任格と呼ばれる（放任格は逆接条件を指す）。

　(3)死すとも已まじ。(松下（1928）による)

●現代語の具体的形式——最後に，現代語の具体的形式との対応を見ておく。まず，「完了性未然仮定」の順接条件には，主としてト，バ，タラが，「未完了性未然仮定」の順接条件には，(ノ)ナラがそれぞれ用いられる。一方，逆接の「未然仮定」には，テモなどの形式が用いられる。

➡確定条件，条件，条件形式の変遷

■参考文献

Akatsuka, Noriko (1985) "Conditionals and the epistemic scale." *Language* 61 (3).
久野 暲（1973）『日本文法研究』大修館書店.
小林賢次（1996）『日本語条件表現史の研究』ひつじ書房.
松下大三郎（1928）『改撰標準日本文法』紀元社.
山口堯二（1987）「古代語における接続表現——順接と逆接」山口明穂編『〈国文法講座3〉古典解釈と文法』明治書院.〔再録：山口堯二（1996）『日本語接続法史論』和泉書院〕

〔仁科 明〕

■可能

●狭義の「可能」——(動詞の)ラレル形（「いわゆる動詞未然形＋〔現代語〕レル・ラレル，〔古代語〕ル・ラル，ラユ」）などの意味・用法の一つ。かつて「勢相」などと呼ばれたこともある。定義は立場によって広狭さまざまであるが，狭く定義すれば，「動作主がその行為をしようという意図を持った場合にその行為が実現するだけの許容性，萌芽がその状況の中に存在する」（尾上圭介1998）となる（英語でいうpotentialにほぼ相当する）。すなわち，可能表現とは(A)意志的行為の(B)潜在的実現可能性をめぐる表現であって，(C)その実現の許容性のありかを行為者当人の能力を含めた「その場の状況」に求める表現である，といえよう。

●可能を表わす形式——現代共通語における可能を表わす主な形式は大きく3種類に分けられる。

　①a 動詞ラレル形，b いわゆる可能動詞形
　　（読メル，書ケル），c デキル
　②（動詞連体形＋）コトガデキル
　③（動詞連用形＋）ウル・エル

このうち，①のaはサ変動詞スル以外のほぼあらゆる動詞に用いることが可能であるが，五段活用の動詞についてはbを専用するのが普通になりつつある。cはサ変動詞スルに対応する。②③は動詞の種類を問わず可能形式を構

成できる。

　このほか，現代共通語では動詞見エル，聞コエルなどがそれぞれ見ル，聞クに対する可能表現としても用いられる。また，「この箱にはみかんが30個入る」のように，無標の無意志自動詞を述語とする文が可能の意味を帯びる場合がある（張威1998，尾上1998）。なお古代語では，①aの動詞ラレル形（ル・ラル）や③にあたる「(動詞連用形＋)ウ」などのほか，可能を表わす副詞エなどが存在し，「動詞終止形＋ベシ」も可能を表わす場合がある。

　上記の可能形式のうち，①a，b，cは，格配置が多様であることが知られている。

(1)a 太郎がフィンランド語を話せる（ことは誰でも知っている）。
　 b 太郎にフィンランド語が話せる（ことは誰でも知っている）。
　 c この補聴器は小さい音{が/を}はっきりと聞き分けられる。
　 d この店はかき氷{が/を}食べられる。

例えば上記（1a）のように《行為者》がガ格に立つ場合もあれば，（1b）のように，受身文同様《対象》がガ格に立つ場合もある。また，（1d）の「○○ハ」は通常デ格の主題化したものと了解されるが，《場所》の項がガ格に立っているという解釈も可能である（尾上1999）。

●**実現可能（意図成就）**——ところで，日本語の可能形式は，通常上記の狭義「可能」とは別に，上記定義の(B)を欠く「実現(系)可能」とでも呼ぶべき意味（渋谷勝己1993，2006）を表わす場合がある。

(2)今朝は目覚ましなしでも起きられた。

上記の(2)は，「行為が実現するだけの許容性，萌芽」の存在如何を問題にしているとは言いがたく，むしろ「(実現が危ぶまれたり，強く期待されていた) 行為の実現」そのことを表している。(2)のような例文に現れる意味（実現可能）を狭義の「可能」と区別するのが，現在では普通である（渋谷1993，2006）。なお，この「実現可能」は「可能」のひとつの場合ではなく，「意図成就」と呼ぶべき別の意味であって，可能形式の用法のひとつではないとする見方もある（尾上1999，2003）。

　「実現可能」（「意図成就」）と狭義「可能」との分布についてはいくつかの議論があるが，一般的事態を述べる場合や否定文においては狭義「可能」の意味が現れやすく，個別一回的な過去の事態の表現でかつ肯定の場合（(2)など）は「実現可能」の意味が現れやすい，ということについては諸説一致している。

●**「可能」の下位分類**——狭義「可能」と「実現可能」とは，さらに下位分類が可能である。最も有名なのは，行為実現の許容性，萌芽の所在を行為者の内部に求めるか，外的状況に求めるかという観点からの分類（いわゆる能力可能・状況可能）である。現代共通語や古代語では，この種の意味の違いは形式の違いと結びついていないが，方言においては，この種の意味の違いを複数の可能形式で表し分ける場合がある（渋谷1993，2006）。

●**可能表現の史的変化**——なお，古代語の可能表現は，圧倒的に否定文・反語文において現れており，肯定文の形で現れることは少ない。この状況から，現代語のように肯定文でも一定程度可能表現が現れるようになるまでに，どのような変化があり，またこの変化にはどのような要因が関与しているのか。これらの問題について今後の研究が期待される。

➡受身，可能動詞，自発，出来文，ベシ，ラレル

■**参考文献**

尾上圭介（1998-99）「文法を考える6，7　出来文(2)(3)」『日本語学』17-10，18-1．

尾上圭介（2003）「ラレル文の多義性と主語」『言語』32-4．

川村大（2004）「受身・自発・可能・尊敬——動詞ラレル形の世界」尾上圭介編『〈朝

倉日本語講座6〉文法Ⅱ』朝倉書店.
川村 大 (2012)『ラル形述語文の研究』くろしお出版.
渋谷勝己 (1993)「日本語可能表現の諸相と発展」『大阪大学文学部紀要』33巻第1冊.
渋谷勝己 (2006)「自発・可能」小林隆編『〈シリーズ方言学2〉方言の文法』岩波書店.
張 威 (1998)『結果可能表現の研究 日本語・中国語対照研究の立場から』くろしお出版.

[川村 大]

■可能動詞

●**可能動詞とは**──「僕は英語で手紙が書ける」など,〈動作主体がある動作を行おうとすればできる〉という可能の意味をその中心的な意味としてもつ派生動詞のことを言う.狭義には五段動詞の語幹に-eruがついた書ケル(kak-eru)や読メル(yom-eru)などの形式のみを可能動詞と呼ぶが,一段動詞を五段動詞型に活用させた見レル(mir-eru)や起キレル(okir-eru),またカ行変格活用動詞についての来(コ)レルなどのいわゆるラ抜きことばも可能動詞と呼んでよい.ラ抜きことばとは,これらの形式が,標準的な形式である見ラレル・起キラレル・来ラレルなどの「ラ」の部分を抜いたように見えることからの命名である.また,「テニスができる」など,サ行変格活用動詞の補充的可能形式であるデキルについても,まれに可能動詞と呼ぶことがある.なお,寺村秀夫が自発態と呼ぶ「雪の重みで枝が折れた」などの折レルは,それ単独でひとつの自動詞とみなすのがふつうで,語彙的にも限られている.可能動詞ではない.

●**可能動詞の多義性**──これらの動詞が可能の意をその中心にもつというときの「中心」は,あくまで相対的なものである.見ラレルや起キラレルは可能のほかに受身や尊敬なども幅広く表すので可能動詞とは言わないが,ほかの形式も多義的であることに変わりはない.たとえば「この本はおもしろくて一気に読めてしまった」のような読メルは自発を表す.また,デキルも,「顔に腫れ物ができた」などは自然発生を述べており,可能の意味を表すものではない.

●**可能動詞の起源**──五段動詞派生の可能動詞は室町時代の抄物などから散見され,江戸後期に書カレルなど助動詞レル形を凌駕して一般化する.その起源については,自動詞知ルルなどに類推してできたとする説と,書キ+エ(タ/ヌ)のiとeが融合してできたとする説がある.ラ抜きことばは五段動詞に類推して作られ,東京では昭和初期ごろから使用が広がった.

➡可能

■参考文献
渋谷勝己 (1995)「可能動詞とスルコトガデキル」宮島達夫・仁田義雄編『日本語類義表現の文法(上)』くろしお出版.
寺村秀夫 (1982)『日本語のシンタクスと意味Ⅰ』くろしお出版.

[渋谷勝己]

■亀井 孝 (かめい たかし 1912-95)

●**生涯**──旧東京市生まれ.東京帝国大学文学部卒業,同大学院中退.一橋大学社会学部教授,成城大学文芸学部教授を歴任,国内外での講義・講演も多い.また,東洋文庫研究員.

●**研究業績**──主著は『亀井孝論文集1-6』(吉川弘文館,1971-92)としてまとめられている.共編著に『日本語の歴史1-7・別』(平凡社,1963-66),『言語学大辞典1-6・別』(三省堂,1988-2001),『日本イエズス会版キリシタン要理』(岩波書店,1983),共訳書にエウ

ジェニオ・コセリウ『うつりゆくこそことばなれ』(クロノス，1981) などがある。

文法についての亀井の思想を集約させた論文として，亀井にとって最初期に属する「文法体系とその歴史性」(1936：『亀井孝論文集 1 日本語学のために』吉川弘文館，1971年，pp. 103-144) があり，亀井が遺した論文のうちで標題に唯一「文法」の語をもつ。「共時態の時間的構造」(1944：同，pp. 145-159) はその注釈である。後者の標題にあるようにソシュール言語学の共時態・通時態を論じ，またさらにイェルムスレウなどを踏まえてラングや規範や範疇や意味など文法の基盤的概念の全般に検討を及ぼし，日本語の文節概念の妥当性などにも触れる。

> 特定文法とは，機能範疇が或る歴史的世界内において形態をば通じて外顕化する形式を意味の類型として捉へ，それを分析的に記述し，更にこれのもつ意味をば意味聯関としての一つの歴史的世界にまで築きあぐべきものと信ずる，もとより終始言語形式の観点よりして。(p. 133)

「瞬間的な体系といふものに固定性があらう筈はなく」(p. 133) と言う亀井に，時代別の文法体系の記述はない。

しかし，文語文法の教科書があって，その一つ『新編文語文法』(大和文庫，1956年) には『別記』(1957年) がある。教科書の構成は学校文法によるものの，『別記』で亀井の教育的立場を明らかにし，話題であった時枝文法にも触れている。

> 時枝誠記によって唱えられる言語過程説という言語観があるが，過程としての言語の遂行が可能になるには，過程を通じて人間相互のまじわりを成りたたせる，社会の約束としての言語が一方になくてはならない。(第一分冊本文解説編 p. 4)

■ 参考文献

小島幸枝 (1999)『圏外の精神——ユマニスト亀井孝の物語』武蔵野書院．

[石井久雄]

■ カラ

現代語における「から」は，主に格助詞，接続助詞として用いられる。

格助詞の「から」は次のような用法を持つ。

①起点
 (1) 列車が駅から出発した。〈空間的起点〉
 (2) 9時から会議が始まる。〈時間的起点〉
 (3) 太郎から本をもらった。〈抽象的起点〉
 (4) 信号が赤から青に変わった。〈状態的起点〉
②原因
 (5) ストレスから体調を崩した。
 (6) タバコの火の不始末から火事になった。
③理由・根拠
 (7) 病状が安定したことから一般病棟に移した。
 (8) 事故現場の状況からスピードの出し過ぎが原因と判断した。
④材料（原料）
 (9) 酒は米から作る。
 (10) 原子は原子核と電子から成り立っている。
⑤経由点
 (11) 正門から大学に入った。
 (12) この点については私から説明します。

このうち「原因」の「から」は，次の例のように，「で」で置き換えが可能な場合がある。

 (13) 大雨から堤防が決壊した。
 (14) 大雨で堤防が決壊した。

しかし，「から」は，「で」が示すような直接的な原因を示すことができない。

 (15) 川の増水で家屋が浸水した。
 (16) ?川の増水から家屋が浸水した。
 (17) 強風で街路樹が倒れた。
 (18) *強風から街路樹が倒れた。

同様の違いが「材料（原料）」の用法にもみられる。ものの状態が変化しない場合は，「で」は使えても，「から」は使えない。

(19)折り紙で鶴を折った。
(20)*折り紙から鶴を折った。

また，「から」には受動文の動作主を示す用法もあるが，これは「起点」の用法の一種と考えられる。

(21)太郎は先生からほめられた。
(22)患者は看護師から薬を渡された。

(12)の例も動作主を示す用法のようにみえるが，このような場合，単に動作主を示すだけでなく，「他の人ではなく，〜が代わって」というニュアンスが生じるため，「経由点」の用法の一種と考えられる。

また，「から」には，次のような格助詞とは異なる用法もある。このような「から」は，「まで」とともに「順序助詞」とも呼ばれ，順序集合の先頭要素を示す。

(23)その本から読んだ。
(24)受験生のうち1番から5番までを面接室に入れた。

(23)は格助詞「を」と交替するような例，(24)は「まで」とともに構成素を成し，格助詞を伴った例である。

「から」は，次のような接続助詞としても用いられ，理由を示す。

(25)雲が出てきたから，雨が降るかもしれない。
(26)今日は水曜日だから，あの店は定休日だ。

このような「から」と「ので」との違いは，主節の主観性から説明されている。

➡格助詞，接続助詞

■参考文献

伊藤健人（2001）「主格名詞句におけるガ格とカラ格の交替について」『明海日本語』6，明海大学．
岩崎 卓（1995）「ノデとカラ——原因・理由を表す接続助詞」宮島達夫・仁田義雄編『日本語類義表現の文法（下） 複文・連文編』くろしお出版．
奥津敬一郎（1966）「「マデ」「マデニ」「カラ」——順序助詞を中心として」『日本語教育』9．
小矢野哲夫（1977）「起点格と「から」」『国語学研究』16, 東北大学．
杉本 武（2000）「「から」受動文と移動動詞構文」青木三郎・竹沢幸一編『空間表現と文法』くろしお出版．
永野 賢（1952）「「から」と「ので」はどう違うか」『国語と国文学』29-2, 東京大学．

［杉本　武］

■川端善明（かわばた よしあき　1932- ）

●経歴——京都府生まれ。京都大学大学院文学研究科博士課程単位取得退学，文学博士。大阪女子大学助教授，京都大学教養部，総合人間学部教授，大谷女子大学，京都女子大学教授を歴任。ポーランド共和国で日本語教育にもあたる（2006-7）。京都大学名誉教授。国語学会評議員，同理事を務めた。高度に論理的な文法体系と，中世説話集『古事談』（〈新日本古典文学大系〉岩波書店，2006）の精緻な注釈は，深い感銘を与える。

●研究業績——主著『活用の研究Ⅰ，Ⅱ』（大修館書店，Ⅰ 1978, Ⅱ 1979；増補版：清文堂出版, 1997）は，古代日本語の母音交代という現象が，単に音的な現象であるにとどまらず，活用という文法領域において，名詞，動詞，形容詞，副詞の成立に法則的に働いたことを立論する。有坂秀世によって被覆形・露出形と名付けられた母音交替現象を，名詞において活用という文法的対立と捉えることは，本書以前にもあったが，揚言にとどまるものであった。従来の活用観からは矛盾的とも言える名詞

の活用ということが，正当に活用と位置づけられるには，本書のように，動詞の活用との緊密な連関が説かれなければならない。その連関は形状言という語のあり方に与えられるが，品詞としての名詞の成立と動詞の成立が，同質の母音交代から立論されることの根柢には，文における主語と述部の分節と統合という文論への視野がある。成立論的品詞論としての本書が，単に成立論にとどまらないのは，「活用の研究」という謂いにも見られるように，ここに文論を可能態として内包することによる。

　川端の文論（一般にいう構文論）の骨子は，論文「用言」（『〈岩波講座日本語〉文法Ｉ』岩波書店，1976）に見られる。文とは何かが何かであると規定し，知ることであるというその中心概念としての形容詞文と，そのことがらの時間的，空間的個別化として動詞文がおかれる。難解と評される川端文法だが，「日本文法提要」1-3（『日本語学』1982, 83），「文法と意味」（尾上圭介編『〈朝倉日本語講座6〉文法ＩＩ』朝倉書店，2004）は，理解を助ける格好の著述である。

[内田賢徳]

■含意

●**論理的含意**──(1)「太郎には娘が２人，息子が１人いる」という命題からは(2)「太郎には子供がいる」が論理的必然として帰結する。(1)が真であれば(2)は必ず真であり，(2)が偽であるのに(1)が真であることはありえないからである（ただし両命題の「太郎」は同一人物を指すものとする）。この場合(2)は(1)の含意（implication；entailment）であると言い，次項の「語用論的含意」と区別するため，「意味論的含意」と呼ぶことがある。なお，ラッセル（Bertrand Russell）が「$p \rightarrow q$」（「p ならば q」）という形で表される真理関数的条件法を「実質含意（material implication）」と呼んだため，この混乱を呼ぶ用法は現在でも論理学書に散見されるが，「実質含意」は次第に「実質的条件法」という名に統一されつつある。

●**語用論的含意**──(3)「太郎は鍵を取りだしてドアを開けた」はコンテクスト次第で(4)「太郎は鍵を取りだして，その鍵で開錠し，ドアを開けた」と解される。この場合「太郎がその鍵で開錠した」は語用論的含意とされる。これは論理的含意と違い，取り消し可能である。ドアには錠はなかったのだが，指紋を残さぬよう，太郎は鍵の先で押してドアを開けた可能性もある。（関連性理論では，この種の例は「明意」として扱われる。→関連性理論）

●**グライスの含意**（implicature）── implicature はグライス（Herbert Paul Grice）の造語である。彼は発話による伝達内容を「言われたこと」と「含意」に二分した。前者は発話に含まれる指示詞（人称代名詞など）に指示対象同定，多義語に一義化を施したものであり，他の推論，および公理へのあからさまな違反（隠喩など）によって生ずる意味表示はすべて後者とされた。これに対し関連性理論では一義化・飽和・自由補強・アドホック概念構築という推論によって得られた表示は「明意（explicature）」ないし「表意」とされ，発話を構成する言語形式に依存せず，専ら推論によって得られる表示を implicature とする。原語は同じながら関連性理論の implicature はグライスのそれと区別するため「暗意」ないし「推意」と呼ばれる。

◆関連性理論

■参考文献

今井邦彦（2005）「語用論」中島平三編『言語の事典』朝倉書店．

今井邦彦・西山佑司（2012）『ことばの意味とはなんだろう──意味論と語用論の役割』岩波書店．

廣末渉他編 (1998)『岩波哲学・思想事典』岩波書店.

荒木一雄・安井稔編 (1992)『現代英文法辞典』三省堂.

Grice, Herbert Paul (1989) *Studies in the Way of Words*. Harvard University Press.〔清塚邦彦訳 (1998)『論理と会話』勁草書房〕

Sperber, Dan and Deirdre Wilson (1995) *Relevance : Communication and Cognition*, 2nd edition. Blackwell.〔内田聖二他訳 (1999)『関連性理論——伝達と認知』(第 2 版) 研究社出版〕

〔今井邦彦〕

■喚体と述体[1]

1. 山田孝雄の喚体句，述体句規定

山田孝雄の文法論では言語の基本的単位は句である（一つの句で一つの文が構成されていれば単文，複数の句で文が構成されていれば複文）が，句には述語で述べる（陳述する）ことによって成立する述体句と，「体言を対象としてこれを呼掛る」ことによって成立する喚体句との二種類があるとされる。

「花美し」「雪降りけり」「日本は島国なり」などが述体句であるのに対し，「美しき花かな」「妙なる笛の音よ」「もれいづる月のかげのさやけさ」などは感動の喚体句，「花もが」「世の中にさらぬ別れのなくもがな」などは希望の喚体句と呼ばれている。山田 (1908) においてはこのほかに，「述体ながらも喚体の性質を帯びたる」ものとして，感動や疑問を表現するいわゆる連体止め（文中に係助詞がなくて文末が連体形で閉じられている文）の文例を挙げ，これを擬喚述法と呼んでいる。

主語概念と賓語概念とを述語の統覚作用によって結びつけるところに文が成立するという観点から出発する山田文法においては，述語こそが文成立の決定的なポイントであるが，古典の文学言語を中心的なデータとする山田にとっては和歌などの中に述語を持たなくても何かの省略でなく（つまり，言表状況に依存せず）言語面だけで十分に意味が了解される句（完備句）があることを認めることになり，ここに喚体句の概念が要請されたのであった。

2. 喚体句成立の原理

「何がどうだ」「何がどうした」と述語で述べなくても文が成立し得るのは，話者に感動を与えた対象「美しき花」，話者が希求する対象（「花もが」の）「花」を言語的に指示すること自体が話者の感動・詠嘆や希求感情を表現することになるからであって，その原理は「桜！」（感動）「水！」（希求）というような山田が不完備句に数えた文表現においても異なるものではない。山田の喚体句とは「欲求，希望，詠嘆，感動の主体は自家（話者自身のこと。引用者注）にして，その希望感動の対象を単に指示したるのみ」(山田 1908 : p.1200) という基本構造を持つものである。山田は，喚体句の原理を「説者は胸中に其の対象を描き，これに対して，其の主要なる思想を喚び起せるなり。この故にこの種の句にありては通例一語なるものなり」(山田 1908 : p.1198) と説明しているが，述語を持たない文の成立原理は，このように，対象を一語的に指示するところにある。山田は一方で，感動喚体句の形式的要件として連体修飾部分（「美しき花かな」の「美しき」）の存在を求めたが，それは，言表状況に依存せず文字面だけで感動の内容がすべて理解されるという文学言語としての自立性，自足性（それが完備句の要件）を喚体句にも求めたことの結果であって，述べなくても成立する句があるということの原理とは別のことである。なお，和歌などの中に「かな」「よ」などの助詞がなくても成

立している感動喚体句はあり，助詞の存在がその要件ではない。希望喚体句における「もが」は，それがないと文学言語の中で文字面だけでは希望表現であることが定まらないので，完備句希望喚体の形式的要件ではある。

喚体句に感動喚体句と希望喚体句の二種類があって，この二種類しかないのは，話者の意識の中心にある体言の名前を呼ぶだけで文的意味が表現されるのは基本的に存在承認と希求の二つの場合しかないということによる。話者に感動を引き起こした遭遇対象の名前を呼ぶ（体言的に指示する）ことによって成立する文が感動喚体句であり，希求対象の名前を叫ぶことによって成立する文が希望喚体句である。話者の心を占領する実の存在（現に目の前にある存在）を言語化する（指示する）だけで結局は対象の存在を承認することになり，遭遇対象の個的な存在承認が感動・詠嘆の表現の基となる。一方，話者の心を占領する虚の存在（話者が心中に求める存在）を言語化する（指示する）だけで結局は対象の存在を希求することになり，それが欲求，希望の表現なのである。ある対象が話者の心を占領し，その名を叫び，あるいはつぶやくだけで文としての意味が表現されてしまうというのは，この実の存在と虚の存在，すなわち存在承認と希求の二つの場合があって，その二つしかないのであった。

3. 述体句成立の原理

われわれはモノの存在にとり囲まれて生きている。目の前に寝ているねこの存在を言語化するとき，モノの側のことばで「ねこ！」とつぶやくことがある。また，同じ場面において在り方の側で「寝てる」とつぶやくことがある。「ねこ！」で承認される存在と「寝てる」で承認される存在とが一つの同じ存在であることは言うまでもなく，それぞれの発話が一つの文として眼前の存在を語っているのであるが，この両者を並べて「ねこ，寝てる」と言ってしまえば，そこに主語述語関係が発生する。言わば一つの存在を存在するモノの側と在り方（存在の仕方）の側とに引き剥してそれを並べて語るところに主語述語関係が，そして述体句が成立すると言ってよい。述語で語られる［存在の仕方（在り方）］は，原理的に［存在様態（ありさま）］の側面と［存在のこと］の側面（繋辞──山田文法の説明存在詞──によって代表される）に分けられるが，山田文法では前者の側面が賓語，後者の側面が述語と呼ばれる。

4. 喚体と述体の相違と共通性

喚体句と述体句とは，山田自身が強調するとおり，文の意味上の違い（それを「文の性質上の分類」と山田は呼んでいる）ではなく，また単に文の形式上の違いにとどまるものでもなく，あることばの形が文としての意味を担うその担い方の違いとして理解するべきものである。話者の心の中心にある名詞的対象（実の存在，虚の存在）を指示するだけで（存在承認や希求を内に持つ）ある心情を表現するのが喚体句であり，語るべき存在を［存在するもの］と［存在の仕方］の二面に剥離して語るのが述体句であった。そして述体句は述語の述定形式の選択（統覚作用に関する複語尾分出形の選択）によって，様々なタイプの存在承認を行ったり，希求側の意味（1人称領域では意志，2人称領域では要求・命令，3人称領域では願望）を表現したりするのであった。結果的に平板化して言えば，すべて，ことばのある形がある文的意味を表現することになるのではあるが，その形によってその意味が表現されるということの内実は，大きく異なる場合があると言わねばならない。喚体句と述体句の違いの本質は，形が意味を結果的に担う，その担い方の異質性に見なければならない。

述体句の意味は，描写，報告，記述，推量，

疑問などに分けられようが，大きく見れば前三者は現実界（事実界既実現領域）における存在の承認であり（「ねこは哺乳動物である」というのは「ねこ」が「哺乳動物としてこの世に存在する」ということ．「へいが倒れた」というのは「へい」が「倒れる」という経過を経て存在しているということ），推量は非現実界（事実界未実現の領域あるいは話者にとって未確認の領域）における存在の承認であり，疑問というのは存在承認の留保にほかならない。また，述体句には広義の存在承認だけでなく「ひとりで行こう」（意志）「下郎め，下がりおろう」（命令）など，動詞述語の「ショウ形」をもって希求側の意味を表現するものもあり，述体句の意味を全体として見れば，存在承認と希求の双方にわたると言わねばならない。こうして見ると，喚体句と述体句がともに句（＝文）である共通性は，語的概念を材料として文としての意味（文的意味）を表現しているという一点に求めることになり，その「文としての意味」とは，存在承認と希求であるということになる。喚体句と述体句とは，あることば（の列）が文的意味を担うことになる担い方の点では上述のとおり大きく異なるのであるが，結果的に存在承認か希求という意味を表現しているというその一点によって，ともに句（文）なのである。

◆山田文法，述語，主語，文の種類，文

■参考文献

尾上圭介（1986）「感嘆文と希求・命令文――喚体・述体概念の有効性」松村明教授古稀記念会編『松村明教授古稀記念・国語研究論集』明治書院．〔再録：尾上（2001）〕

尾上圭介（1998）「一語文の用法――"イマ・ココ"を離れない文の検討のために」，『東京大学国語研究室創設百周年記念　国語研究論集』汲古書院．〔再録：尾上（2001）〕

尾上圭介（2001）『文法と意味Ⅰ』くろしお出版．

尾上圭介（2006）「存在承認と希求――主語述語発生の原理」『国語と国文学』83-10．

尾上圭介（2010）「山田文法が目指すもの――文法論において問うべきことは何か」斎藤倫明・大木一夫編『山田文法の現代的意義』ひつじ書房．

山田孝雄（1908）『日本文法論』宝文館．

山田孝雄（1936）『日本文法学概論』宝文館．

［尾上圭介］

■**喚体と述体**[2]

1．判断の構造と文の構造

　山田孝雄に始まる喚体と述体の文（句）規定は，最も基本的な〈構造〉においていう文の種類を指すであろう。ただ，はやく否定されたはずの一つの解釈――喚体を述体の略体とする粗笨で幼稚な一元論は，姿を変えながらいつまでも不幸な生き残りを続け，一方，喚体は直感に対応し（感動を直接に表現する，など）述体は判断に対応すると規定するのみに終る半端で安易な二元論は，それが今在る解釈一般のようであるが，実は何も言っていないに等しい。これらを払拭しなければ喚体・述体の把握は成立しない。

　いかなる文であれ〈文〉は判断に対応し，判断とは，何ごとかを知ることである。知られたことがらは，ことがらである以上必ず二項性を有し，従って文の基本構造は対応的に，少なくとも可能的には二項性をその形式とする。二項性を端的にその構造とした判断に対応する文を，私は価値的に形容詞文と呼ぶ。時間空間にかかわる個別化として，そこから二次的な分析に成立する文を私は動詞文と呼ぶ。喚体も述体もそれ自体完全な〈文〉であるという立場からいえば，文として等しく二項性を形式とするほかなく，且つその二項を，実現的に顕在化するか抑止的に潜在化するかの対立的な相違が，両

者を文の種類として対立的にわけるということになる。

2. 喚体（感動）・述体の文構造

感動の喚体の句の基本的な形式，

　[A] 美しき花かも／美しく咲ける花かも

に即していえば，ここに見られる装定（ジャンクション）の構造は一つの語を表現するものではない。アジャンクト（adjunct——と呼んでおく）「美しき」「美しく咲ける」の存すること自体が，喚体句が形式的に完備することの必要条件であって，それはその在ることにおいて意味的に，プライマリー（primary——と呼んでおく）「花」とは対峙的に一つのことがらを構成しているのである。「花」を形容詞文的な意味での主語，「美しき」「美しく咲ける」をそれぞれの述語とする，一つのことがらの表現にほかならない。それは例えば，「暑き季節かな」の喚体は成立しても，語としての「暑き季節」の交換表象「夏」にあって，「夏かな」の喚体が成立し得ないことに明らかであろう。ただしここに，主述の主述的な実現は抑止されている。それがこの主述の倒逆構造，即ち一つの装定（ジャンクション）構造のもつ意味なのである。「かも」はそして，この抑止の形式を形式的に統一する，まさしく一つなる係助詞（→係り結び）なのである（語源的に「か・も」であった事実は既に措く）。係助詞は〈徒（ただ）〉であるものまでを含むものとする。

これに対して述体は，ことがらにおける可能的な二項性を，対峙と統一へ顕在化することに文として成立する。喚体の側からいえばその抑止の解除といってもよい。

　花は美し／花は美しく咲く

ここに主語述語は正置の形式をもち，それは喚体における倒逆の主述に対峙する。語序におけるこの正負はこのとき有意味なのである。そして係助詞は，喚体における一つなるそれに対し，典型として，係り及び結びの係助詞（→係助詞）による対峙と，そしてその呼応的な統一の形式，即ち係り結びをもって，この述体の主述構造を形式的に統一する。係り及び結びの係助詞による係り結びを典型とすることの展りは，係りにせよ結びにせよその係助詞が〈徒〉であることにまで至るであろうし，上に挙げたものはそのなかの一つの場合に過ぎない。

喚体は感動を直接に表現したり絶対にしない。文法論に表現の心理過程など言う必要はないのだが，敢えて言うと，喚体の，その文の以前に，花が美しいと思うことの述体性の判断が厳然として存し，且つその表現を抑えることを方法として，花が美しいと思ったことの感動を，一つの文へ形式化する，それが喚体である。火の手を見て思わず「火事（だ）！」と叫び，足を踏まれて反射的に「いた（痛）ッ！」と発する特殊な情況性の一語文を，安易に喚体（感動）と同一視する誤りが，喚体についての理解を狂わせているのかも知れない。喚体を一語文と見ることは，その「美しき花」を語とすることにほかならないのである。しかし，判断，即ち一つのことがらの承認がその文の以前にあった喚体に対し，「火事（だ）！」「いた！」のごとき，この一語文にとってことがらは，文の以降に，いわば向こうからやってくる。やってくるものの予定にあってこれも一つの文であり得，喚体と呼ばれてもかまわないが，その特殊性は喚体の一般から区別されねばならない。二項性の抑止などここにはない。その放恣にあって僅かに，これこそが僅かに感動の直接的表現と言われ得るかも知れぬ。

3. 喚体（感動）と述体の非連続

[A]が，二項性の実現の抑止にあって喚体の句であれば，同様の在り方をもって次の形式のものも喚体（感動）にほかならないであろう。

　[B] 花の美しさや／咲ける花の美しさや

花（の）美しきかも／咲く花（の）美しきかも
［C］花（の）美しも

　これらは述定の構造をもっている、とはいえその故に、述定の構造にあるほかない述体との交渉形式、即ち一つの連続的な中間者とこれらを見ることは正しくない。喚体（感動）と述体の間に連続はない。あるのは転換だけである。転換にあって述体は喚体へ二項性を収斂し、喚体は述体へ二項性を解放する。一つの比喩として言おう、音や色ではなく言葉を媒介とする以上、詩といえども一たびは、或いはどこかで、散文の日常性において読まれざるを得ない。古い例、解剖台上でコウモリ傘とミシンが偶然の出逢いを遂げても、そのふしぎの理解は、詩にあって散文を読むことにしか得られない。あたかもそのように、和歌や物語にあって喚体の句は、そのまま述体の文脈に迎え入れられている。一つの比喩として言おう。散文のなかに時に直ちに詩を読むことがある。それは散文から、或る連続的中間者を経て詩へ、迂遠で愚鈍な道行を精神が辿ることではあり得ない。あたかも、「花散る」「人逝く」、これを述体というか喚体というか、転換的に他であることの二つが、この端的な事態性の句に共存する。それはまた、係助詞を〈徒〉までの展りに了解することと別ではない。それを逆に言いかえると、ことがらにおける二項の統一が対峙的に果たされる、例えば先掲のごとき「花は美し／花は美しく咲く」の述体において、対峙的に果たされた統一の、まさにその統一の側面自体は、意味的に喚体的に理解されねばならぬ、ということである。

4．希望喚体の構造

　とはいえ、喚体（感動）と述体に、中間者それ自体がないわけではない。それが即ち希望の喚体であって、感動の喚体の形式に対応させるならば、次のように示すことができる。
　［A］花もが
　［B］父母も花にもが／命も長くもが／竜の馬も今も得てしか
　［C］家聞かな／告らさね／花は咲かなむ

結びの係助詞と区別されたものとしての終助詞がここに登場する。この中間者はもとより、連続的なそれではない。中間者であることにおいて一つの、独自な意味の形式をそれは主張するであろう。希望のこれは、述体の形式にあって意味的に喚体へ越えているといってもよく、喚体の意味にあって形式的に述体を懐胎するといってもよい。

5．喚体・述体と係り結び

　冒頭に、喚体（感動）・述体を文（句）の種類と言った。現象上の種類であるとともに――否、そうである以前に、価値としての、それは種類形式であった。二つの種類が転換的に他であることも、その故に許されるのである。価値としての喚体・述体において文を見ることと、係り結びにおいて文を見ることとは、一つのものである〈文〉を形式と統一という異なる観点から把握することでしかないであろう。

　なお、喚体は勝れて古代語の論理形式である。その形式を、形態をして現代語へ擬えても、殆んど無効であろう。とはいえ例えば、「美しい花だなあ」「早く咲かないかなあ」において、述体の形を経由したものとしての下線部を感動喚体の一体的な係助詞、希望喚体の一体的な終助詞とみることも、形式を意味の形式とみる立場からは正当であろう。分析的な現代語が、分析的なその形態の、全態において総合的な意味の形式へ回帰することは、時に、ある。

●付記1――［A］［B］［C］の喚体は、その構造にことがらが現象している。が故に一つの種類として括られる。それに対して、次の二種の喚体について述べることをことさらに避けた。

あづまはや/籠もよ/置目はも
花よ（咲け）/太郎＿（おいで）

「喚体と述体」という項目にとっては，二次的間接的な記述をせねばならぬからである。二項性のことがらは現象しないが，いわば二項性を透明にしか語らぬ形式，つまり二項性の当為としての形式であり，感動の喚体の，極限的な二つにほかならない。一語文ではない。一語文は情況性の濃い，先述のごときに限定すべきである。

●付記2——裨益を得た諸論文はすべて，参考文献として記したなかに，挙げられている。

◆係助詞，係り結び

■参考文献

川端善明（1963）「喚体と述体——係助詞と助動詞とその層」『女子大文学 国文篇』（大阪女子大学）15.

川端善明（1965）「喚体と述体の交渉——希望表現における述語の層について」『国語学』63.

川端善明（1976）「用言」大野晋他編『〈岩波講座日本語6〉文法Ⅰ』岩波書店.

川端善明（1994）「係結の形式」『国語学』176.

川端善明（2004）「文法と意味」尾上圭介編『〈朝倉日本語講座6〉文法Ⅱ』朝倉書店.

[川端善明]

■感動詞

感動詞とは，談話において独立的に使われる形式である。間投詞と呼ばれることもある。用法と機能に即して分類すれば，感動を表す感嘆詞のほかに，応答，言いよどみの形式など，比較的未分化な反応を表す単語があるほか，挨拶表現や一部の応答表現など，定型形式となっているものもある（ただし，「ごめん」と「ごめんなさい」など，表現の生産性に応じてどこまでを一語の感動詞と認定するかには難しさもある）。いずれも，典型的には，発話現場で実時間的に使われる。大別して，聞き手目当てのものとそうでないものに分類できる。

聞き手に対するものには，対人関係調整の挨拶表現（「おはよう」等）があるほか，呼びかけ系の表現（「おい」「ねえ」や確認要求の「ほら」など）と応答詞がある。応答詞には，「はい」「いいえ」等の肯否，曖昧な断定の「まあ」，即時回答不能「さあ」，行為指示への諾否「いいよ」「いや（だ）」等がある。

一方，聞き手への発話とは限らないものとしては，広義の情動変動を表すものとして，沸き起こる感情を表示し，1拍の発音ができない「ああ」などの内発的感動詞のほか，「おや」「あれ」等疑問型上昇ができる探索形式，「わあ」「おお」「まあ」「きゃあ」などの情動反応を表す感嘆形式（ただし，反応の強さによる使い分けと社会通念的な男女差がある），そして，価値評価的な「やった」「くそ」等がある。これらと同じ類ではあるが，情報伝達後にも使える思考中表示系として，さらに，編集・計算中の表示「えっと」，探索の開始「どれどれ」，解決の接近「ははあ」等，納得「なるほど」，新情報の位置づけ中「ふうん」などがあり応答にも使える。ほかに，未解決問題の存在「はて」，記憶の新規呼び起こし「そうそう」等も思考や認識を表す。このほか，動作実行に連動して，掛け声類「よっこらしょ」等，動作発動類「さあ」「それ」等がある。

「おい」と「おーい」（遠くへ），「はいはい（2回目の「はい」を高く発音）」（軽いからかい）など，発音のバリエーションによってニュアンスが変わるので，音声にも注意が必要である。

◆独立語，呼びかけ

■参考文献

定延利之編（2002）『「うん」と「そう」の言

語学』ひつじ書房.
森山卓郎（1996）「情動的感動詞考」『語文』（大阪大学国語国文学会）65.
森山卓郎・張敬茹（2002）「動作発動の感動詞「さあ」「それ」をめぐって」『日本語文法』2-2.

[森山卓郎]

■間投助詞

間投助詞は，インフォーマルな話しことばにおいて，文中の文節の切れ目に置かれ，聞き手に自分の話を聞くよう促したり，間を置いたりするのに用いられる。現代標準語では「ね（だね，ですね），な（だな），さ，よ（だよ，ですよ）」が間投助詞として用いられる。使用者が限定されることも多い。

(1) こないだね（—），おもしろいことがあったんですよ。
(2) 彼に解けないってことはだね（—），誰も解けないってことだよ。[中年以上の男性]
(3) 「これさ（—），どうやって食べるの？」「これはですね（—），こうやって食べるんです。」
(4) もし仮によ[女性]／もし仮にだよ[男性]，この推測が正しいとしたら，どうなると思う？
(5) あの田中さんがですよ，そんなことを言うはずがないじゃないですか。
(6) これはな（—）／これはだな（—），こうやって食べるんだよ。[男性]
(7) あいつがよー，おれのことをバカだって言うんだよ。[男性]

「ね，さ，よ」は終助詞としても用いられるが，終助詞と間投助詞とでは聞き手の反応のしかたが異なる。たとえば，終助詞「ね，さ」が発された後に「わかりました」「そうですか」などで答えることはできるが，間投助詞「（です）ね，さ」が発された後にはあいづち表現でしか答えられない。

(8) 「明日は誰からですか？」「ええと，あ，田中さんからですね。[終助詞]」「わかりました。」
(9) 「実は田中さんからですね，[間投助詞]」「うん。」「こんなものをもらったんですがね。」「ほう。」
(10) 「この仕事，誰がやるんですか？」「何言ってるの。君さ。[終助詞]」「あ，そうなんですか。」
(11) 「君さ，[間投助詞]」「はい。」「間投助詞について書いた本，見たことある？」

方言によっては，文節の切れ目に付与される音調が間投助詞的な機能を持つ。北陸方言における「ゆすり音調」がよく知られている。

(12) オラッチャ↑　学生ノ　コロユータラ↑　ワープロモ↑　ナン　ナカッタシ↑。（我々のね，学生のころといったらね，ワープロもね，全然なかったしね。）[富山県方言]

➡モダリティ，ムード，助詞，終助詞，談話標識

■参考文献

伊豆原英子（1993）「「ね」と「よ」再考——「ね」と「よ」のコミュニケーション機能の考察から」『日本語教育』80.
国立国語研究所（1951）『現代語の助詞・助動詞——用法と実例』秀英出版.

[井上　優]

■漢文訓読文の文法的特徴

漢文訓読文では，平安初期の意訳的な訓読方法から次第に固定的な表現に固定化されていった。訓読の歴史は実際には奈良時代にまで遡ると考えられ，「いはく」「おもはく」のようないわゆるク語法や，「あるいは」に含まれる「い」などのような上代語の残存と考えられるものも

ある。

●呼応表現——漢文訓読文の表現は固定的に定着したものが多く，文中で呼応的に用いる語法が特徴的である。たとえば，「あに〜むや」，「いまだ〜ず」，「すなはち〜ときには」，「ただ〜のみ」，「たとひ〜とも」，「たとへば〜ごとし」，「なほ〜ごとし」，「まさに〜べし」，「まさに〜む」，などのような副詞と助詞・助動詞が呼応して用いられる。これらの中には「いまだ（未）〜ず」，「まさに（将）〜む」，「まさに（応・当）〜べし」のような再読文字の訓読語法が定着したものが含まれている。

●格助詞と助動詞——漢文訓読文では一般に名詞には格助詞がつくのが原則的であり，特に動詞の対象語の名詞には助詞「を」を使用するのが通常である。和文では対象語に対して助詞「を」が付かない場合が多いのに比べて極めて定着度が高い点が特徴である。一方，原漢文にはない要素である接辞や助動詞の種類は用いられるものが制限される。推量の助動詞は一般的に「む」を用いるが，視覚推量の「めり」聴覚推量の「なり」は通常用いず，その他「まし」「らむ」「らし」「けむ」などは使用がまれである。ただし，漢文訓読文に特有の助動詞として「べらなり」が用いられることもある。文末のテンス表現では，動詞終止形が多く，過去の助動詞を用いる場合は「き」が使用され，「けり」は詠嘆用法に限られる。さらに，敬語で用いられるものは，「いでます」，「います」，「うけたまはる」，「おもほす」，「きこしめす」，「しろしめす」，「のたまふ」，「まします」，「まうづ」，「まをす」，「みそなはす」，「めす」，など限られたものである。

●独自の文体——漢文訓読文は漢文の翻訳文として独自の特徴を持つ文体であり，文法的な面にも和文体などに見られない特徴が見られる。たとえば，助詞では和文で用いる「ど」「で」に対して「ども」「ずして」を用い，助動詞では否定の「ぬ」「ね」に対して「ざる」「ざれ」を用い，使役の「す・さす」に対して「しむ」を用いることなどが挙げられる。

●接続詞の発達——漢文の翻訳という環境の中で接続詞を発達させたのは漢文訓読文の特徴である。接続詞は日本では元々発達していなかった品詞であり，漢文訓読によって生じたものが多い。「あるいは」，「および」，「しかして」，「しかしながら」，「しかも」，「しかるものを」，「しかれども」，「すなはち」，「ないし（乃至）」，「ならびに」，「もし」，などの語が挙げられる。また，接続助詞的な複合辞として，「といへども（雖）」，「の故に」，「の為に」，「を以て」，などが特有の表現としてあげられる。また，助詞と助動詞の関連する語法として，「てなり」「となり」などが見られるが，これは現代語で言えば「のだ」文的な意味を持つ独自の語法である。

●形式名詞を用いた独特の構文——構文の面で言うと，漢文の翻訳の際には形式名詞を用いた独特の表現を用いることが多い。「ことなし」「ことかぎりなし」「ことあたはず」などのように「こと」で上接の用言を体言化し，それを主語として形容詞性の述語でそれに対する判断をする構文が多く見られる。この他にも「こと」を受ける文末表現として「ことう（得）」，「ことあたはず」，「ことあへず」，「ことかたし」，「ことあり」，「ことなし」，「ずといふことなし」などが挙げられる。

◆和漢混淆文の文法的特徴，変体漢文（記録体）の文法的特徴

■参考文献

春日政治（1942）『西大寺本金光明最勝王経古点の国語学的研究』（復刊：勉誠社，1969）．

大坪併治（1981）『平安時代における訓点語の文法』風間書房．

小林芳規（1982）「古代の文法Ⅱ」築島裕編『〈講座国語史4〉文法史』大修館書店．

［藤井俊博］

■勧誘

「勧誘」とは，典型的には，話し手と聞き手とが，ともに，ある行為を実現するよう，聞き手に働きかけるもので，「さそいかけ」とも呼ばれる。仁田（1991）では，「命令」とともに「働きかけ」（話し手が聞き手に自らの要求の実現を働きかけるという発話・伝達的なモダリティ）の下位に位置づけられている。

●**「勧誘」を表すショウ**──「勧誘」を表す代表的な形式はショウである。ショウを述語とする文は，動作主体が1人称のみの場合，話し手の「意志（決意，意向ともよばれる）」を表し，1，2人称の場合「勧誘」を表す。そこで，ショウは「意志形」とも「勧誘形（さそいかけ形）」ともよばれる。動作主体が3人称の場合，および無意志動詞の場合は「推量」を表すが，現代語ではいくつかの固定的表現を除き，例が少ない。この他，動作主体が2人称の例も稀に見られる。「太郎ちゃん，もう寝ましょうね」と言って，子供（太郎ちゃん）を寝かしつけるような例である。これは，実際には聞き手のみが動作主体である「命令」の場面で，ショウを使うことによって聞き手への強制力をやわらげるもので，「勧誘」の特殊な用法（修辞的な使用）と考えられる。

動作主が1，2人称であることは，「みんな」「ねえ」「おい」のような呼びかけや，「一緒に」「みんなで」のような修飾語，あるいは場面，文脈に示される。ショウヨ，ショウネ，ショウナ，ショウゼ，ショウカ，ショウジャナイカのように終助辞や複合辞が後接することもある。

ショウの他にシナイカという否定の問いかけ文も，①動作主体が1，2人称，②動詞が意志動詞という条件を満たしたとき，ほぼ同じ「勧誘」の意味を表す。「一緒に行かないか」「今度遊ばないか」のような例である。

●**一緒の動作をしない勧誘**──ところで，典型的な「勧誘」は「一緒にご飯を食べよう」のように，話し手と聞き手とが，一緒に動作を行うものである。しかし，語彙的，あるいは語用論的条件によって，一緒に行動するという同時性，話し手と聞き手の場の共通性を持たず，典型から逸脱した意味が現れることがある。例えば，相手と喧嘩した後「これから2人は別々の道を歩もう」と述べる例や，泊まりに来た友人たちに「順番にお風呂に入ろう」と言う例である。これらの例では，話し手と聞き手は一緒にその行為をするわけではないが，話し手と聞き手の合意と，話し手聞き手双方による，その事態の実現が目指される。当該事態の実現を働きかけるという「勧誘」の特徴は，「命令」の文と共通する。異なるのは「勧誘」は動作主体に話し手を含む点である。「ゴミはゴミ箱に捨てましょう」のように，公共広告や標語で，話し手を含むすべての人が守るべきことを働きかける場合には，勧誘の表現が用いられることが多い。

➡命令

■**参考文献**

仁田義雄（1991）『日本語のモダリティと人称』ひつじ書房.

鈴木重幸（1972）『日本語文法・形態論』むぎ書房.

樋口文彦（1992）「勧誘文──しよう，しましょう」言語学研究会編『ことばの科学5』pp.175-186，むぎ書房.

高橋太郎他（2005）『日本語の文法』ひつじ書房.

齋美智子（2002）「「はたらきかけ」をあらわすシナイカ」『人間文化論叢』第4巻，pp.167-175，お茶の水女子大学大学院人間文化研究科.

［齋美智子］

■関連性理論

●**関連性理論（Relevance Theory）とは**——スペルベル（Dan Sperber）とウィルスン（Deirdre Wilson）の創始した語用論理論。発話，たとえば(1)「あの人はギンコウに出かけました」に接すると，聞き手は自己の持つ言語能力を用いてその発話の言語的意味を解読し，またコンテクストに照らした語用論的操作を行ってその発話の明意（explicature；話し手が明示的に伝えようとしていること；表意とも）および暗意（implicature；話し手が非明示的に伝えようとしていること；推意とも）の獲得をほとんどの場合無意識に行う。

●**明意**——語用論的操作には(1)の「ギンコウ」が「銀行・銀坑・吟行」のうちどれであるかを同定する「一義化」，「あの人」に代表される指示表現の指示対象を同定する「飽和」がある。飽和にはまた発話「花子は若すぎる」について「何をするために」若すぎるのかを補ったり，「気が付いてたよ」の言明されていない目的語，たとえば「○○派と××派の密約」を補う過程も含まれる。飽和とは「入力文の構成素にコンテクストに照らした意味値を与える」操作である。「雨が降っている」に「この場所/これから行こうとしている場所」を補うのは「自由補強」であり，「この塩焼き，生だぜ」の「生」から「火が十分通っていない」という臨時の意味を酌み取るのは「アドホック概念構築」である。一義化・飽和・自由補強・アドホック概念構築を経て得られるのが，その発話の「表出命題」であり，表出命題はある種のアイロニー的発話の場合を除いて明意に等しい。

●**暗意**——A：「今日の飲み会に出るかい？」/B：「明日追試なんだ」という対話のBの発話からは「Bは飲み会に出ない」という暗意が得られる。これは上記の4種の語用論的操作のように発話を構成する単語に依拠するのでなく，「翌日に追試を控えた学生は前夜に飲み会には出ない」という常識を基に純粋に推論のみに依拠する操作である。

◆語用論

■参考文献

今井邦彦（2001）『語用論への招待』大修館書店．

今井邦彦（2005）「語用論」中島平三編『言語の事典』朝倉書店．

今井邦彦・西山佑司（2012）『ことばの意味とはなんだろう——意味論と語用論の役割』岩波書店．

Sperber, Dan and Deirdre Wilson (1995) *Relevance: Communication and Cognition*. 2nd edition. Blackwell.〔内田聖二ほか訳（1999）『関連性理論——伝達と認知』（第2版）研究社出版〕

［今井邦彦］

■希求[1]

●**存在承認と希求**——言語とは概念を用いて文としての意味を表現するものだが，文的意味とは，せんじつめれば，概念で示される対象の存在承認か希求のいずれかである。「みかん」とひとこと言って表現される意味は，特別な文脈がない限り，「みかんが（そこに）ある」という存在承認（場合によって存在を発見したことによる驚きの表現でもあり得る）か，「みかんが欲しい」という希求感情かである。これは動詞の側でも異なるものではない。「まわる」という動詞終止形（＝概念形）一語文の表現する意味は，まさかまわらないと思っていたものがそこでまわっていることを発見（「まわる」という運動の存在承認）したときの驚き，あるいは（近い）将来において「まわる」という運動が存在する（成立する）ことの主張であるか，「まわる」ということがこの場で実現すること

の希求かである（「まわる，まわる！ もっとまわる！」）。動詞の側の存在承認のあり方としては，存在する領域によって「まわった」「まわっている」（いずれも現実領域存在承認），「まわろう」（推量＝非現実領域存在承認）などの述語形式があり，存在を〈存在するモノ〉と〈在り方〉とに剝離して語るときには，主語（存在物）と述語（在り方）とに分かれたいわゆる述定文（述語文）が成立する。

●〈モノ〉希求と〈在り方〉希求——目の前に寝ているねこを見て「ねこ！」と発話する存在承認と，「寝てる！」と発話する存在承認とは，同じ一つの存在の承認である。存在承認の側では主語的承認と述語的承認とが原理的に重なる。しかし，希求の側では主語的な〈モノ〉の希求と述語的な〈在り方〉の希求とは分裂する。そこにない〈モノ〉を求めるのか，〈モノ〉をめぐってそこに実現していない〈在り方〉を求めるのかは別のことであり，〈モノ〉と〈在り方〉とが同時に希求されることはあり得ない。かくして，文的意味（言語表現の意味）の一方の（「存在承認」と対立する）姿の総称である「希求」は，〈モノ〉希求と〈在り方〉希求とに原理的に分かれる。

〈モノ〉希求は，存在物の希求であり，名詞の側の希求であって，名詞の裸形あるいは呼びかけ形によって実現される。「太郎（よ）！」「花（よ）！」などの形であり，それ自身が一つの文として呼びかけ文と呼ばれる。呼びかけ文の意味は，原理的に対象の存在希求であるが，その意味はただちに対象の招来欲求（「おかあさーん！（早く来て）」）でもあり，その延長上に人格関係構成の欲求でもあり得，さらには対他者的働きかけの意味のすべて（命令，禁止，要求，依頼，問いかけ，相手状況評価，訴え…など）を担うものとなり得る。

〈在り方〉希求は存在の仕方の希求であり，動詞の側の希求であって，上記の動詞終止形（現代語に限る）のほかに，明示的に動詞命令形（「まわれ」）やショウ形（「（下郎め，）下がりおろう！」），古代語セム形（「なり高し，なりやまむ」）でも表される。このほかに，現代語では「テホシイ」などの語形，古代語では「ナム」などの終助詞が動詞に下接して希求を表すことがある。

〈在り方〉希求は，現実領域（事実世界既実現領域）に存在していない在り方の実現を求めることであるから，人称領域によってその意味は分かれる。1人称領域の〈在り方〉希求は，〈意志〉（「もう帰る！」「さあ，帰ろう」），〈希望〉（「帰りたい」「帰らばや」）であり，1人称複数（われわれ）の〈意志〉を話し手と聞き手の関係で描写した〈勧誘〉（「一緒に帰ろう」）である。2人称領域の〈在り方〉希求は，〈命令〉（「そこにすわる」「帰れ」「下郎め，下がりおろう」），〈要求〉，〈依頼〉（「教えてくれ」「教えてください」）などである。3人称領域の〈在り方〉希求は，いわゆる〈願望〉（「間にあってほしい」「いつしか出でさせ給はなむ」）である。

1人称・2人称領域の希求は〈在り方〉の希求であって〈存在するモノ〉の希求ではないから，主語を含まないことは理解しやすい。「君は帰れ」などは一見主語にも見えるが，命令相手と命令そのこととの対応関係を語る特殊な題目-解説関係であって，主語とは異なるものと見られる（古代語には「〇〇は△△せよ」という形がある程度見られるが，この「〇〇は」は「〇〇よ」と呼びかけ風に現代語訳されることが普通で，主語とは違うものという直感が働く）。3人称領域の希求では，「〇〇が△△する」ことの全体を求めることがあり得るかにも思われる（現に「会議が早く終わってほしい」などの形がある）が，それは動詞の希求形式によって（つまり〈在り方〉希求として）語られているのではなく，複文形式によって埋め込ま

れた主述的な事態の実現を求めるものとして，別の領域に位置づけられるべきものである。このように，〈在り方〉希求は主語を含まないものとして理解される。

　モダリティはエピステミック・モダリティ（認識モダリティ）とデオンティック・モダリティ（行為指示モダリティ，行為拘束的モダリティ）に分けられるが，前者は非現実領域に存在を承認するものであり，後者は非現実領域に実現を希求するものである。後者は〈在り方〉希求の側のモダリティであるから，そのスコープ内に主語（動作主）を含むことがないのである。

➡呼びかけ，モダリティ，命令，意志

■参考文献

尾上圭介（1975）「呼びかけ的実現――言表の対他的意志の分類」『国語と国文学』52-12．〔再録：尾上圭介（2001）『文法と意味Ⅰ』くろしお出版〕

尾上圭介（1998）「一語文の用法――"イマ・ココ"を離れない文の検討のために」『東京大学国語研究室創設百周年記念　国語研究論集』汲古書院．〔再録：尾上圭介（2001）『文法と意味Ⅰ』くろしお出版〕

尾上圭介（2006）「存在承認と希求――主語述語発生の原理」『国語と国文学』83-10．

尾上圭介（2010）「山田文法が目指すもの――文法論において問うべきことは何か」斎藤倫明・大木一夫編『山田文法の現代的意義』ひつじ書房．

[尾上圭介]

■**希求**[2]

●**希求とは**――話し手の欲求，期待，決意，意志などをあらわすモダリティ。文の通達的なタイプの一つである，希求文（まちのぞみ文）のこと。伝統的な文法論では，文の通達的なタイプとして，平叙文（declarative），疑問文（interrogative），命令文（imperative）の三種をたてるが，チェコ版『ロシア語文法』（1979年），ソビエト・科学アカデミー版『ロシア語文法』（1980年）では，希求文を通達的なタイプの一つとして位置づけようというあたらしい試みがなされている。わが国では，奥田靖雄がチェコ版『ロシア語文法』をもとに，文を《なにかをのべたてる文》と《なにかを知ることをもとめる文》に分け，のべたてる文を，ものがたり文（narrative sentence），まちのぞみ文（optative sentence），さそいかけ文（hortative sentence）に分けている。

　Ⅰ　のべたてる文
　　a　ものがたり文
　　b　まちのぞみ文
　　c　さそいかけ文
　Ⅱ　たずねる文

　まちのぞみ文は，「文にとりこまれた対象的な内容が話し手である《私》にとってのぞましいことである」ということをのべたてている文ということになる。

●**希求の表現形式**――希求をあらわす文末の形式としては，「したい」「してほしい」「してもらいたい」による欲求の表現，「すればいい」「したらいい」「するといい」による期待の表現，「しよう」「することにしよう」による意志・決意の表現などがある。また，動作の不実行への欲求を表現する「したくない」「してほしくない」「してもらいたくない」，動作の不実行への意志を表現する「するまい」「しないことにしよう」などがある。

　(1)もっと外国語を学びたい。
　(2)おとうさんの病気がはやくなおってほしい。
　(3)あした雨が降ればいいなぁ。
　(4)あしたはかならず学校に行こう。

●**さそいかけ文，ものがたり文への移行**――話し

手の欲求や期待が相手の行動によって満たされるときには，相手へのはたらきかけ性が《ふくみ》として生じ，さそいかけ文への移行がはじまる．

(5) 当分会えないのね，時ちゃんとは．私，もう一本呑みたい．

二人称，三人称の欲求や期待を表現するには，「したい」を「したいのだ」にしなければならない．この種の文では，話し手が二人称，三人称の欲求や期待を確認して伝えることになり，ものがたり文へ移行している．

(6) 潤子は大阪へ行きたいんだ．

過去形「したかった」で，二人称・三人称の欲求や期待を表現することができるが，この場合もものがたり文へ移行している．

(7) 中沢の社長がどんな顔をしていたか．笑っていたか，渋い顔をしていたか．参吉はそれが知りたかった．

希求文（まちのぞみ文）は，文の人称性，時間性の変更によって，さそいかけ文やものがたり文へ移行したりする．

●古典語の場合——話し手自身の動作についての願望をあらわす「ばや」「てしか」「にしか」「な」などの終助詞，他者の動作についての話し手の願望をあらわす「もが，もがな」「ね」などの終助詞がある．後者のような他者の動作への話し手の願望は，古くから「誂え」とよばれ，区別されてきた．

➡希望，意志，依頼

■参考文献

奥田靖雄（1984）「文のこと」『宮城教育大学国語国文』13・14合併号．〔再録：奥田靖雄（1985）『ことばの研究・序説』むぎ書房〕

奥田靖雄（1985）「文のさまざま(1)——文のこと」『教育国語』80．

奥田靖雄（1986）「文のさまざま(2)——まちのぞみ文（上）」『教育国語』85．

奥田靖雄（1996）「文のこと——その分類をめぐって」『教育国語』2-22．

奥田靖雄（2002）「現実・可能・必然——すればいい，するといい，したらいい」北京外国語大学日語系編『日本学研究論叢』第三号．

［高瀬匡雄］

■キ・ケリ

1. キ形とケリ形のちがい

キのついた述語の形（キ形）とケリのついた述語（ケリ形）のちがいについてはじめて正面から問題にしたのは細江逸記（1932）で，キ形はトルコ語の目睹回想（経験回想）-di と一致し，ケリ形は伝承回想（非経験回想）-miş と一致するとした．細江の考え方は，キ形とケリ形が主観的な回想というムード的意味をもつと考え，その回想性が両者において上述のような差をもつと考えたものである．現時点において同様な考え方をとるものに加藤浩司（1998）があり，加藤は，両者をともにテンスとして過去を表わすものと認め，キ形は「その事象が生起するのをその時点で自分自身が直接目撃したり明確に意識したりしたという視覚的・感覚的記憶を伴うものを表現するのに用いる」とし，ケリ形は「こうした記憶を伴わないものを表現するのに用いる」(208 p) としている．

ムードとするか，テンスとするかはさておいて，細江や加藤のような見方に問題点があるとすれば，ケリ形もキ形と同様に過去を表わすとすることである．たしかに，ケリ形には，「昔」などと共起する時間的に遠い時点のできごとを表わす例が多いが，いわゆる詠嘆の意味を表わすといわれる例には，以下の例(2)のような現在のできごとや恒常的事態を表わすものもしばしば見いだされるので，ケリ形が一般に過去を表わすということはできない．また，物語の地の文でも，キ形は物語が現に進行している場面に

先行するできごとを表わすという意味で先行性を表わすのにたいして，ケリ形は物語が現に進行している場面と同時のできごとを表わすだけで，先行する意味は表わさない。

細江のいうような，できごとが，目でとらえられたことであるか，他人から聞いたことであるかというちがいは，情報のでどころについての区別で，このような情報のでどころについて指示する文法的カテゴリーは evidentiality〈証拠性〉といわれる（Aikhenvald 2004）。伝聞の意味をもつということは，ケリ形が，文法的意味として，この evidentiality の意味を表わすことである。

キ形は，単に過去に起こったできごとであることを表わすのにたいして，ケリ形は，そのできごとについての情報のでどころを表わすものであり，両者は性質がまったくことなるものである。ケリ形の表わす evidential な意味は，その情報が人からの伝聞や何らかの証拠の存在に基づくものであることを示すものであり，間接的経験を表わすといってよい。このケリ形の表わす evidential な意味は，できごとのとりあげが，直接的な結果や痕跡を目撃したことに基づくタリ・リ形，現に見たり聞いたりしていることに基づくメリ形，ナリ形，何らかの兆候に基づくラシ形などとともに，evidentiality の体系を形づくっている。

キ形が過去に起こったできごとであることを表わすということは，キ形が，非過去との対立をもつ，のべたての断定のムードを表わすものであるということである。つまり，不確実性を表わすケム形と対立して，確実性を表わすということであり，キ形の過去の意味はケリ形の何らかの証拠に基づく意味と直接に対立するものではない。たしかに，キ形には，その表わす過去が人間の一生の時間的スケールにおさまるできごとが多いが，一方で明らかにその範囲をこえた，時間的に遠い時点のできごとを表わすこ

とも漢文訓読的な文章などを中心にしばしば見いだされる。このことは，キ形は自己の記憶にもとづくという evidential な意味を表わさず，evidential な意味には中立的であることを示している。キ形が evidentiality に関して中立的であるということは，evidential な意味に関して，キ形の方を有標とする加藤のような見方とは逆に，ケリ形の方こそ有標であることを示している。キ形は，それが間接的な情報であっても，その発話にとって間接性を表現する必要がないと判断されるときにももちいられる形であり，キ形においては，直接的な経験に基づくものも，間接的な経験に基づくものもひとしくあらわれるということである。実際のキ形の用例に，evidential な意味として直接経験を表わすように見えるものが多く見いだされるのは，キ形の表わす過去というできごとにはそのムードとしての意味に，かつては直接確認できるような現実性があったことを表わすということに起因するものであろう。

日本語のキ形とケリ形の区別のてがかりになったトルコ語においても　事情は同様である。トルコ語についても，一般には -di は経験回想と理解されているが，Johanson（2003）では，話し手は，evidentiality による区別を示すことが必須であると考えないときには，間接経験を表わす -miş をもちいず，-di をもちいることができるとしている。それにしたがうなら，トルコ語においても，直接経験を表わす -di は，evidentiality の点において中立的であるということである。一方，-miş は過去を表わすことが多いが，テンス形式ではなく，間接的認識という evidentiality を表わす形式であるとされている。

ここで，キ形とケリ形の典型的な例をあげておく。

(1)右近ぞ，「さもあらじ。かの御乳母の，ひき据ゑて，すずろに語り愁へし気色，もて

離れてぞ言ひし。宮も，逢ひても逢はぬやうなる心ばへにこそうちうそぶき口ずさびたまひしか」。(源氏・東屋)
〔右近は中の君の心配を否定し，「浮舟の乳母が自分をつかまえて私に愚痴をこぼした様子では，何もないように言っていました。私が見たところでも，匂宮も何もなかったかのような歌を口ずさんでいらっしゃいました」と，見聞を伝える〕

(2)御前駆追ふ声のいかめしきにぞ，「殿は今こそ出でさせたまひけれ。いづれの隈におはしましつらん。……」と言ひあへり（源氏・少女）
〔さきを追う声が盛大なのを聞いて，「殿様は今おでになったのだ。これまでどこにかくれていらしたのだろう」と女房たちが言い合っている〕

(1)において，テンスとして過去を表わしているキ形は，述語に過去と非過去の区別を要求するのべたての断定でもちいられている。一方，ケリ形は，(2)において，内大臣のお出ましという情報がさきを追う声を聞いたという証拠にもとづいてえられたというevidentialな意味と同時に，さきを追う声によって，はじめてその事実に気づいたという詠嘆の意味が表わされている。この思いがけないことを知ったという詠嘆の意味がevidentialityを表わす形式にしばしばあらわれるということは（DeLancey 1997），ケリ形の場合にもあてはまる。その情報が，間接的情報である場合には，前もってそのできごとについて直接の認識がなく，予想できなかったことを，何らかの証拠に接することによってはじめて知るということになるはずだから，思いがけないことに気づいたという詠嘆の意味が生ずるわけである。

2．ケリ形のモーダルな意味

　DeLancey（1997）が指摘したように，evidentialな意味と詠嘆の意味は同時にあらわれることもあるが，どちらか一方だけが表面化することもある。ケリ形においても同様で，情報が獲得された道筋が明らかでなく，詠嘆の意味しか認められない場合もある。そのような場合には，そのできごとの実現を思いがけないことだと話し手が感じたという，話し手自身の存在を表出する意味がまさっている。しかし，直接にその運動を目撃しておらず，(2)のような音や，その他の知覚などにもとづいて，運動の成立に思い至る場合には，両方の意味があらわれやすい。一方，伝聞，または神話や伝承などに基づいて，その内容をとりあげる場合にはevidentialな意味はでにくい。神話や伝承などにもちいられるケリ形は，その社会に伝統的に伝えられてきている話をたくわえている物語というジャンルのしるしとなっている。このジャンルを示す意味は，広い意味での伝聞ではあるが，それが誰からもたらされたかはどうでもよくなっており，そこにおいては語られる内容は語る前からすでに存在していたことを表わすという客観的な記述的な意味がまさっている（片桐洋一 1969）。つくり物語であるにもかかわらず，平安朝の仮名文学の地の文にケリ形がもちいられていたのも，それが同様の前提で語られていたためである（鈴木泰 1997）。

3．キ形・ケリ形のアスペクト的な用法

　ケリ形は一定のテンス的意味も，一定のアスペクト的意味ももたないのにたいして，キ形はテンス的意味をもつことはもちろん，一定のアスペクト的意味ももっている。しかし，キ形のアスペクト的用法を詳細に検討すると，完成相のテキ・ニキ形にたいしてキ形が不完成相として表わすべき，過去における動作の継続の例はほとんど見いだせない。現在のできごとを表わすものの中で注目すべきは，継続の意味を表わしていると見られる表現はむしろ，ケリ形にお

いてあらわれることが多いのである。ケリ形はテンス・アスペクト的意味をもつ語形から一旦ははずされたのであるが，この用法においては，キ形の意味をおぎなうものとしてはたらいている。これは，運動が継続するものとして認識されるということは，認識の時点において，すでにはじまっていたのに，それに気づいていなかったという場合が基本であると考えられるので，継続であるという把握が成立するに際しては，そこではじめてその存在に気づいたという意味が生じやすいという理由があるためである（鈴木泰（2004））。ケリ形の意味に継続の意味を認めようとする立場が明治以来多く見られるのも，この点からは一定の根拠があるものと見なされる。

➡証拠性（エヴィデンシャリティー）

■参考文献

片桐洋一（1969）「物語の世界と物語る世界——竹取物語を中心に」『国文学　言語と文芸』66．

加藤浩司（1998）『キ・ケリの研究』和泉書院．

鈴木泰（1997）「上代語「けり」の意味」川端善明・仁田義雄編『日本語文法　体系と方法』ひつじ書房．

鈴木泰（2004）「古代日本語におけるテンス・アスペクト体系とケリ形の役割」『飛田良文先生退任記念論集　日本語教育学の視点』東京堂．

鈴木泰（2009）『古代日本語時間表現の形態論的研究』ひつじ書房．

細江逸記（1932）『動詞時制の研究』泰文堂．

Aikhenvald, Alexandra Y. (2004) *Evidentiality*. Oxford University Press.

DeLancey, Scott (1997) "Mirativity：The grammatical marking of unexpected information." *Linguistic Typology* 1：pp. 33-52.

Johanson, Lars (2003) "Evidentiality in Turkic." In Alexandra Y. Aikhenvald and Robert M. W. Dixon (eds.) *Evidentiality in Typological Perspective*, pp. 273-290. John Benjamins.

［鈴木　泰］

■記号論

　一般に，あるものがそれ自体以外の何かあるものを表示，ないし，指示していると諒解される場合，その前者のあるものは「記号」と呼ばれる。ただし，その際，前者がそれ以外のどのようなものを表示，ないし，指示していると諒解されるかについては，一方では，前もっての取り決め，規約（「コード」と呼ばれるもの）があって，それに従って自動的に読み取り，諒解が行なわれるような場合，他方では，当事者が自らの判断に基いて主体的に行なうという場合があり，この二つの場合を両極としてその中間にさまざまな場合があることになる。

　前者の極に近いような場合では，もともと「記号」と呼べるようなものが存在しているわけであるが，後者の極に近いあたりでは，もともと「記号」でなかったものが「記号」としての性格を付与され，「記号」として機能するという過程（「記号過程」と呼ばれる）が演出されることになる。この対比で言うと，現代の「記号論」（semiotics）が関心を抱くのは，前者のように機械的な読み取り（「解読」）を通して操作される「記号」ではなくて，後者のように主体的な意味づけ（「解釈」）を介しての営みである「記号過程」（あるいは，「記号現象」という名称の与えられることもある）である。

　人間の「芸術的」な営みは新しい意味の創造（それは制作の過程についても，解釈の過程についても当てはまる）であるという意味で記号論的考察の対象になる。人間の意味操作の媒体

としてもっとも深く関わる言語について言えば，文学，特に詩に関わる営みがそれに相当する。そこは，既成のコードの組み替えや新しいコードの創出が演じられる場である。同時に，日常的な言語使用のレベルでも（「語用論」で取りあげられるような問題という形で）同種のことが萌芽的な姿でではあるが，ごく普通に起こっている。人間の意味操作と深く関わるという方向で，「記号論」は「認知科学」とも密接な関連性を有している。

■ 参考文献

Eco, Umberto (1976) *A Theory of Semiotics*. Indiana University Press.〔池上嘉彦訳 (1980)『記号論』岩波書店〕

池上嘉彦（1984）『記号論への招待』岩波書店.

池上嘉彦（2002）『自然と文化の記号論』日本放送出版協会.

坂本百大他編（2002）『記号学大事典』柏書房.

[池上嘉彦]

■ 擬古文の文法的特徴

● 擬古的表現が生じる背景────古典への憧憬はみずからの書く文章にも古文の格にはずれないことが要求される。この意味で擬古の営みはひろく，言文二途に分かれた中世以降の文章は多少なりとも擬古的性格を有し，『徒然草』にその典型を見出しうるというのが常識である。また，近世においては擬古という書記行為は，通例，江戸時代中期以後主として国学者の間におこなわれた文章形態である擬古文という枠に収まらないものであり，明治期以降の文語文をもその視野に入れるべきであろう。

伝達を旨とする実用的な文章は技巧的な文飾はかげをひそめ，ごく普通の古文でつづられるし，自由な連想・発想の飛躍を骨頂とする文章や凝った文体には洗練された言い方が要求され，それにかなう雅語めかしや拡大的な用法が生まれたりもする。

受容対象に制約を受けやすい文学作品はジャンルの違いによって書き手の姿勢にも違いが出て，当代の口語でもなく，さりとて伝統的な形でもない，巧拙のレベルを超えて古文を模しおおせない言い方がなされたりもする。これらは擬古的用法とか文語めかしとでもよぶことができよう。

● 擬古文に見られる破格────普段，口にし耳にしている口語形から文語形を導く回線への接続はおおかたは正常になされるのであるが，ともすると接続不良や誤作動から本来のすがたに背馳（はい ち）する現象である破格が生じたりする。

形容詞に助動詞類が下接するときには，動詞アリの力を借りて作られたカリ活用に因らなければならない。しかし，

(1) 姿を見こみし有様，つねの人とは思ひ入れもふかかり（男色大鑑6）

(2) りんいやしかるそだちにして，物書く事にうとく（好色五人女3）

のようにフカシ，イヤシキでなく，その働きをフカカリ，イヤシカルに委ね，時には已然形にも-カレが用いられることがありもする。このカリ活用の本活用化はズ・ベシ・マジ・マホシなどの形容詞型活用の助動詞にもおよぶ。

(3) 殿りの冬至南瓜の巨きかり（皆川盤水）
   （しんが）（かぼちゃ）（おほ）

このオホキカリも終止形に相当し，カリ活用の本活用化と関連するが，オホキカリは口語のオオキイにあたる。オオキイは形容動詞オホキ（ナリ）に由来し，その語幹を形容詞化したもので成立は新しい。この場合は連体形オホキナルが来るところであるが，オオキイの成立事情が誤った文語形を作りだしたものである。詩の世界では臨時形の使用が往々にして許される。このことに加えて注意すべきは格助詞ノが導く主語要素に応じる述語形態である。古代語では

〈主語＋ノ―連体形〉か〈主語φ―終止形〉のいずれかであるが，ここでは冬至南瓜ガオオキイ，ことの文語的表現への回帰が正しく働かず，〈主語＋ノ―終止形〉という古代語に見られない照応形式をとったものであろう。また，

　(4)彼(＝宮)は今若き妻の黄金時代をば夢むる
　　　如く楽しめるなり（金色夜叉・後篇2）

にある夢ムという動詞は口語の夢見ルにあたり近世から見られる語である。夢見ルは文語でも上一段であるが，口語形から文語形を作ろうとするときに，沁ミル（上一段）から沁ム（上二段）に変換する方式に引かれた結果，できた形が夢ムであり，破格の文語形ということができる。

　語彙的な面におよぶと，
　(5)瓢の酒をなみやかにうけて，只一口に喫
　　　をはり（椿説弓張月・後篇5）

にあるナミヤカニは日常語のナミナミトに雅語らしさをこめようとした技巧的な造語であろう。広ヤカ・太ヤカなど，いわゆる－ヤカ型形容動詞にはこのような役割をになった語が少なくない。

　文体に対する書き手の態度は素材部分にあずかる語彙にも反映するが，言語主体の陳述に関わる文法性のつよい活用語や助動詞・助詞にいっそうはっきりと現れる。これは広義の擬古文の特徴についてもいえることである。

➡口語・文語

■参考文献

根来　司（1976）『中世文語の研究』笠間書院.
山口明穂（1976）『中世国語における 文語の研究』明治書院.
亀井　孝（1986）『〈亀井孝論文集5〉言語文化くさぐさ』吉川弘文館.
鈴木丹士郎（2003）『近世文語の研究』東京堂出版.
岡本　勲（1980）『明治諸作家の文体』笠間書院.

　　　　　　　　　　　　　　　［鈴木丹士郎］

■機能語

●機能語とは──語のうち大部分のものは，「ねこ」「食べる」「大きい」「ゆっくり」等のように実質的な内容（概念）をもつが，例えば「ねこがねずみを食べた。」における「が」「を」「た」はそうではない。この文で，「が」は直前の「ねこ」が「食べる」という行為の主体あるいは主語であることを，「を」は直前の「ねずみ」がその受け手あるいは目的語であることを，「た」は「食べる」という行為がすでに完了したことをあらわす，というように文法的な機能を果たしている。このように，実質的内容（「語彙的意味」といってもよい）を（それほど）もたずに，文法的な機能を果たす語（または形態素）を機能語という。これに対し，実質的内容をあらわす語を実質語・内容語・概念語等と呼ぶ（ただし，両者の境界を厳密に求めるのは困難である）。いわゆる〈文法化〉とは，実質語から機能語への変化であるといえる。

●一般言語学用語としての機能語──機能語は，フリーズ（Charles C. Fries）に始まる一般言語学用語で，日本語だけの用語ではない。例えば英語では，冠詞・前置詞・助動詞・代名詞・関係詞・疑問詞や there などが機能語とされる。

●日本語における機能語──橋本文法における「付属語」（助詞・助動詞）は，上記の「機能語」とは違う仕方で定義されたものだが，実際には，付属語（上例の「が」「を」「た」の他，「は」「さえ」「られる」「ようだ」など）はすべて機能語と見てよい。

　いわゆる付属語のほかに，機能語と見られるものとしては，接尾辞（名詞を作る「さ」，動詞を作る「がる」等），接頭辞（「ものがなしい」の「もの」等），活用語尾（形容動詞の「に」「な」等），形式名詞（「趣味は絵をかくことだ。」の「こと」等），補助動詞（「書いてい

る」の「いる」等)、助詞や助動詞に近い機能を果たす複合辞(「にとって」「にもかかわらず」「かもしれない」「なければならない」「わけにはいかない」等)などがあげられる。

➡文法化, 形式名詞, 後置詞, 複合辞

■参考文献

Fries, Charles C. (1940) *American English Grammar*. Appleton-Century-Crofts.

Fries, Charles C. (1952) *The Structure of English : An Introductin to the Construction of English Sentences*. Harcourt, Brace and Co.〔大澤銀作訳 (1985)『英語の構造』文化書房博文社〕

[菊地康人]

■**機能主義言語学**[1] (ハリデー)

1. 機能的・意味的言語分析

●**ハリデーによる理論展開**——M. A. K. ハリデー (Michael Alexander Kirkwood Halliday) によって提唱される機能主義言語理論を選択体系機能言語学 (systemic functional linguistics) という。systemic あるいは systemic-functional 理論はソシュールの流れをくむヨーロッパ言語学の系統にその端を発し、プラーグ言語学派やフランス機能主義の考えなどを取り入れながら、英国の言語学者ファース (John R. Firth) の言語理論をその礎としている。選択体系機能言語理論は「尺度と範疇の文法 (scale and category grammar)」として提唱されたランク (rank), 具現 (realization) や、細密度 (delicacy) と呼ばれる概念を保ちながら意味解釈を中心に発展させたものであり、systemic という名称はファースによって定義された専門的な意味をもつ "system" という術語に由来するものである。

●**テクストの機能的な分析**——理論的位置づけとしては形式的や統語的ではなく、機能的かつ意味的であり、その目的とするところはセンテンスというよりはテクスト (text) の分析である。また言語の文法性というよりはその用法に分析的視野を求める。ハリデーがテクストという概念を大切にするのは、孤立した語やセンテンスではなく、機能的な意味をもつテクストが実際の言語使用の場で、首尾一貫性 (coherence) と結束性 (cohesion) の 2 つを備えたまとまりのある「意味単位」を構成し、その観点から言語分析を行おうとするからである。テクストの意味とはコンテクスト (context) であり、コンテクストがテクストに具現されるとする。そこで、言語の分析に必要とされる言語を取り巻く状況=コンテクストと呼ばれる概念を紹介することから始め、ハリデーの言う「言語」に至る階層化 (stratification) モデルについて概観する。

2. コンテクストと意味

●**コンテクスト層**——コンテクストには文化のコンテクスト (context of culture) と、次の階層で具現する状況のコンテクスト (context of situation) と呼ばれる 2 つのコンテクストが存在する。文化のコンテクストはジャンル (genre) と呼ばれ、社会の異なった状況で、言語の使用時に現れる一定の型、またそれらが具現する段階 (stage) をいう。例えば、買い物時での店員と客の一連のやりとりや料理のレシピーなどはそれを聞いた (見た) だけで、何を表しているのか一目瞭然である。これは我々が使用する言語表現は、特定のコンテクストにおいて決められた言語表現を用いるからである。次に状況のコンテクストは言語使用域 (register) と呼ばれる。ここでは談話の内容を表す活動領域 (field), 談話の参与者を示す役割関係 (tenor), さらに談話の伝達方法を表す伝達様式 (mode) と呼ばれる 3 つの要素に分析され、これにより話し手と聞き手によっ

て行われる一連のやりとりが明確になるのである。
● **意味層**── 2つのコンテクスト層に続き意味層（semantics）と呼ばれる階層に入るが，ここでは言語がいくつかの意味的機能に分析され，これらの意味的機能はメタ機能（metafunction）と呼ばれる。このメタ機能には観念構成的機能（ideational function），対人的機能（interpersonal function），テクスト形成的機能（textual function）の3つがあるが，観念構成的機能は発話時に用いられる語彙間の関係を経験的意味（experiential meaning）という観点から捉え，対人的機能は話し手と聞き手の関係における意味を対人的意味（interpersonal meaning）として捉える。さらに，テクスト形成的機能は節構造を成す語順による意味変化をテクスト的意味（textual meaning）として捉える。したがって，言語の意味とは，この3つが別々に機能するのではなく，同時的に機能することが重要で，これにより「言語」が具現されるとする。この層を過ぎると言語そのものが構成される核心部分に入るが，それらは語彙文法層（lexicogrammar）と呼ばれる。この階層では，語彙と文法は異なる層を成しているのではなく，同じ層内で扱われる。さらに意味層で見た観念構成的機能は過程構成（transitivity），対人的機能は叙法（mood），テクスト形成的機能は主題（theme）として具現する。以下ではこの3つについて見ていくことにする。

3. 観念構成的機能の具現

● **過程構成**──先ず，(1) *The lion chased the dog.* という節（clause）では，*the lion* を行為者（actor），*chase* を過程中核部（Process），*the dog* を目標（goal）と，それぞれの語彙を意味化（sematicization）して捉えることに重点をおくが，これは言語活動における経験的意味とは，それが生じる過程（process）において，中心となる過程中核部は何か，それにはどのような参与要素（participant）が必要で，それはどのような状況要素（circumstance）から構成されるのかを分析することになる。そこで，このような3要素から成る構成を過程構成と呼ぶ。(1)に見られる *chase* という過程中核部は「具体的な出来事の過程」を具現していることから物質過程（material process）と呼ばれるが，この他にも各種の過程型（process type），例えば心理過程（mental process），関係過程（relational process），行動過程（behavioural process），発言過程（verbal process），存在過程（existential process）が存在し，それらはトポロジー的に明確な境界線なしに，互いにひとつの円を描くごとくそれぞれが繋がっている集合と考えられる。

● **叙法**──次に，英語の平叙節は「主語（subject）と定型（finite）」という語順をとり，疑問節は「定型と主語」という語順をとる。定型とは *is*, *can*, *study* が *was*, *could*, *studied*（= *did study*）のように時制により変化し，さらにこの部分が疑問節を作るときは主語の前に出る要素のことをいう。したがって，単純に動詞ではないことに注意する必要がある。このS∧FとF∧Sという語順が「情報提供」，「情報探求」という話し手の聞き手に対する意味を具現するので，これらは対人的意味を表すという。この対人的意味を具現するSとFから成る関係が，英語では節の命題に関わる時制や肯否極性を決定することから，この部分を叙法部（mood）と呼ぶ。ちなみに(2) *David is studying Systemic Functional Linguistics.* という節では *David* と *is* が叙法部を表し，それ以外の部分 *studying SFL* は残余部（residue）と呼ばれる。

● **主題**──最後に語順の交替による意味の変化を見てみよう。例えば，(3) *Michael drives*

Ferrari everyday. と (4) *Everyday Michael drives Ferrari.* あるいは (5) *Ferrari Michael drives everyday.* では *drive* という過程中核部，*Michael* と *Ferrari* という参与要素，*everyday* という状況要素はすべて同一であることから過程構成は同一で，経験的意味に変化はない。さらにそれぞれが平叙節であり，時制は「現在」であることから，叙法としての対人的意味の変化もない。しかし，(3)に対して(4)と(5)では *Everyday* と *Ferrari* の位置が変化していることから，話し手は聞き手に対して「昨日」ではなく「毎日」，「ポルシェ」ではなく「フェラーリ」を運転しているという異なった意味，即ち，テクスト的意味を具現していることになる。さらに，(3)の *Michael*，(4)の *Everyday*，(5)の *Ferrari* はすべて文頭に具現し，これが「話し手が今言いたい内容」となることから，このような要素は主題（theme）と呼ばれる。このように３つのメタ機能とは言語を分析する上で，それぞれが語彙文法層において，過程構成，叙法，主題という重要な要素に具現されていくことから，選択体系機能言語学ではこれらが言語を具現しているという。

4. 言語を「意味の科学」として捉える

「選択体系機能」という名称が示すように，言語活動には常に適切な選択（choice）が必要である。即ち，話し手は語彙選択という過程構成を考え，聞き手に対する叙法を選択し，さらに現在話している内容を的確に述べる方策，即ち主題を選択する必要がある。これら各種の選択を可能にするには選択体系網（system network）と呼ばれるネットワークが必要とされる。話し手はこの選択体系網に従い，自分が意図する内容に限りなく近い具現形を選択していくことになるのである。言語がもつ機能を意味という観点から捉えようとしたハリデーの選択体系機能言語学は，その意味では言語を「意味の科学」として捉えた理論であると言える。人類学者 B. マリノフスキー（Bronisław K. Malinowski）が唱えたコンテクストを J. R. ファースが言語と社会の関係で言語理論として発展させ，それをハリデーが体系的に意味の観点からさらに精度の高い言語理論として確立させた言語理論，それが選択体系機能言語学なのである。

▶ハリデー

■参考文献

Eggins, Suzanne (2004) *An Introduction to Systemic Functional Linguistics,* 2nd edition. Continuum.

Halliday, Michael A. K. (1961) "Categories of the theory of grammar." *Word* 17(3)： pp. 241–292.

Halliday, Michael A. K. (1994) *An Introduction to Functional Grammar,* 2nd edition. Arnold.〔山口登・筧壽雄訳（2001）『機能文法概説：ハリデー理論への誘い』くろしお出版〕

Halliday, Michael A. K. and Christian M. I. M. Matthiessen (2005) *An Introduction to Functional Grammar,* 3rd edition. Continuum.

Halliday, Michael A. K. and Ruqaiya Hasan (1985) *Language, Context and Text: Aspects of Language in a Social-semiotic Perspective.* Deakin University Press.〔Reprint, Oxford University Press, 1989〕〔筧壽雄訳（1991）『機能文法のすすめ』大修館書店〕

龍城正明編著（2006）『ことばは生きている──選択体系機能言語学序説』くろしお出版.

［龍城正明］

■機能主義言語学[2]（プラーグ学派）

　機能主義言語学は，言語を「形式」面からではなく，「機能」面から分析，記述する。しかし機能とはどのような概念を指すかということに関しては，いろいろな解釈があり，厳密に定義されているわけではない。チェコで設立されたプラハ言語学サークル（プラーグ学派）においては，機能は役割という意味で用いられており，言語の一番重要な機能は伝達であるとされている。

1. 機能構造言語学

　プラハ言語学サークルの「テーゼ」（1929）によれば，「言語学的分析においては機能主義的立場を尊重すべきである。機能主義的観点から見れば，言語とは目的を持った表現手段の体系」であり，「言語を検討するにあたっては言語の機能の多様性と，それらの機能が所与の状況のなかでどのように現実化されているかを十分に考慮することが必要とされる」。つまり，言語を機能の観点から分析することが必要であり，機能が構造に先行し，重要であると説かれている。

　しかしまた，言語は，機能にふさわしいように形式が組織化，体系化され，構造をなしているとも考えられており，そのため同サークルは「機能構造主義」と呼ばれることも多い。

　この理論を体系づけたのが，プラハ言語学サークルの創立者の一人でもあるマテジウス（Vilém Mathesius）であり，理論を英語に適用し，分析したものが *Obsahový rozbor současné angličtiny na základě obecně lingvistickém*（1961）である。内容は，第一部が機能的命名論（オノマシオロジー）で，言語外現実をどのように言語に取り入れるか，つまり単語がどのように形成されるかについて，さらには語の分類についても述べている。第二部は命名されたものがより上の単位である文へと組み立てられていく規則，すなわち機能統語論をもとに英語の文構造を分析している。また，マテジウスは言語の共時的な概念にも注目し，同一起源を持つ言語を歴史的（通時的）に研究するのではなく，系統の異なった二つの言語をも比較できる対照言語学も打ち立てている。

2. 音韻論

　プラハ言語学サークルでは初期においてヤコブソン（Roman Jakobson）やトゥルベツコイ（Nikolai Trubetzkoy）が中心となって，音韻論，すなわち音の面での機能的分析を行った。音韻論とは個々の音に対して同じ音であると認識する「同一性」を客観的に定義することであるが，プラハ言語学サークルはここに機能主義的な概念を持ち込んだ。すなわち，各言語において，音の物理的差異のうち，意味の差に結びつく差のみを「弁別的機能」としてとりあげ，相互に弁別的な最小の音韻論の単位を「音素」としたのである。さらに，音素は相互対立の構造によって音韻体系をなすものとしている。

　いろいろな単音が弁別的であるかどうかの判断としてはミニマルペア（最小対）を抽出できるかによって判断される。日本語においてはたとえば「琴」/koto/と「外」/soto/がミニマルペアとなり，/k/と/s/に対立があるとされる。また，当時から現代でいう相補分布にあたる「同一音素の組み合わせ異音」（kombinatorní varianty fonému）をも問題としていた。

3. テーマとレーマ

　さらに同サークルの行った大きな功績は「文の現実分析」（aktuální členění větné）である。英語ではFSP（functional sentence perspective＝機能的文展望）と言われる，統語論における新しい考え方である。これは文を「発

話の基礎（テーマ）」と「発話の核（レーマ）」という2つの要素に分け，文を分析していく方法である。この概念はマテジウスによって理論として確立し，その後ダネシュ（František Daneš）やフィルバス（Jan Firbas）によって受け継がれ研究された。

ダネシュによれば統語論へのアプローチには次の3つのレベルがある。

(1) 文の文法構造のレベル―文は統語的な形態により，主語・述語・目的語に分けられる。

(2) 文の意味的構造のレベル―個々の語の役割により，動作主・動作・目標に分けられる。

(3) 発話構成のレベル―テーマ（あるいはトピック）・移行・レーマ（あるいはコメント）

「文の現実分析」は(3)にあたり，話し手が出発するべきところ（発話の出発点）を基本要素として考えている。テーマは「主題」「既知の情報，旧情報」とも呼ばれ，通常今までに分かっていることがらを指す。またレーマは「叙述」「未知の情報，新情報」とも呼ばれ，通常新たなことがらを示す。文章を大きく2つに分ける場合，テーマとレーマに分析されるが，中間に位置する「移行」という要素を考慮に入れることもある。移行とは実際にはレーマの一部であるが，中心部ではなく周辺に現れテーマとレーマの仲立ちをする要素である。日本語では「は」と「が」の区別がテーマとレーマに関連していると考えられる。

通常話の流れは知られているもの＝テーマ（主題）に始まり，新しいもの＝レーマ（叙述）に向かう。従ってこの「現実分析」は語順に深くかかわってくる問題である。特にチェコ語においては，必ずしも主語，動詞，目的語の順に文章を組み立てる必要がないため，語順との関係で研究が進んだ。チェコ語では一般的に文末に重要な，新しい情報を置くことになっている。このようなテーマからレーマに向かうものを客観的配列という。ダネシュは基本的なタイプとして次の5つをあげている。

(1) レーマが次のテーマになるもの

$$T_1 \to R_1$$
$$\downarrow$$
$$T_2 [=R_1] \to R_2$$
$$\downarrow$$
$$T_3 [=R_2] \to R_3$$

レーマがそのまま次のテーマになり，そこから出たレーマがまた次のテーマになり，次々と展開していく。

(2) 繰り返されるテーマを持つもの

$$[T_1 \to R_1]$$
$$\hookrightarrow T_2 [=R_1] \to R_2$$
$$\downarrow$$
$$T_2 [=R_1] \to R_3$$
$$\downarrow$$
$$T_2 [=R_1] \to R_4$$

テーマが提示されるとき，同じテーマが繰り返されて別のレーマに展開していく。

(3) 分割したレーマが展開していくもの

$$T_1 \to R_1 [=R_1' + R_1'']$$
$$T_2' [=R_1'] \to R_2'$$
$$T_2'' [=R_1''] \to R_2''$$

そもそもレーマ自体に2つ（以上）の要素があり，分割されてそれぞれにテーマとなってレーマに展開していく。たとえば「この解決法には2つの問題がある。一つは…で，もう一つは…である」というような文章にあてはまる。

(4) テーマが次々引き出されていくもの

$$[T]$$
$$T_1 \to R_1 \quad T_2 \to R_2 \quad T_3 \to R_3$$

テキストの一部または全体に置かれた包括的なテーマから個々のテーマが引き出される。

(5) テーマがジャンプして先に進むもの

分かりきったことを省いてレーマから次の（離れた内容の）テーマにジャンプする。

また，逆にレーマから始まってテーマに移る語順もある。これは話し手が言いたい要素をまず述べてから，後で知られた要素を付け加えるというもので，主観的配列という。これは感情的な配列でもある。

さらに「現実分析」を行うための重要な手段として，文アクセントやイントネーションがある。文アクセントはレーマに置かれる。特に語順に制限のある英語や主観的配列の場合，文アクセントでレーマを表しているといえる。

4. 文語の機能

チェコ語では文語と口語が分かれており，文語は公共の場で用いられることばであるため，規範文法や共通語としての役割も果たしている。文語の重要性が高いことからプラハ言語学サークルでは文語の研究にも力を入れた。文語の機能について口語とは区別して考えており，文語は伝達の機能に加えて実務的や理論的に専門化される必要があるとしている。つまり文語では知的分析（intelektualisace）や合理化（racionalisace）が行われており，抽象的なことがら，または思考の相互関係や複雑さを表現するために，言語表現が正確でなければならないのである。そのため抽象的な意味を持つ単語や専門用語が用いられ，文法構造でも文章同士の階層をはっきりさせ，意味が正確に伝わるような接続詞が使われるとしている。

5. 言語の詩的機能

また同学派は詩における美的機能についても注目している。前述のテーゼにおいては詩的機能について「表現の客体に機能の方向が向けられる伝達の機能と，表現そのものに機能が向けられる詩的な機能を区別しなければならない」とするとともに，詩的言語は「アクトゥアリザツェ（aktualisace）を目指す」としている。アクトゥアリザツェとはプラハ言語学サークルの術語で，アウトマティザツェ（automatisace＝自動化）を除去したもの，つまり通常の言い方でなく，それ自体が注目されるような言語手段を用いることである。一方「自動化」は慣用表現のような誰でも理解できる表現であり，伝達のことばではこれを目指しているが，詩的言語は文語でありながら自動化に反し，アクトゥアリザツェを最大にしようとしている。詩的言語の研究で中心人物となっていたのはムカジョフスキー（Jan Mukařovský）である。特に詩の美的機能，美的規範や美的価値，文学作品の社会に対する関係やその美的影響について研究した。

これらの機能主義的な概念や分析方法は，言語や文学にとどまらず民俗学や演劇などにも適応され成果をあげている。また，言語がどのように使用されるかという観点から分析をしたハリデー（M. A. K. Halliday）の機能文法にはこのサークルの考え方に通じるものがある。

■参考文献

Vachek, Josef (1966) *The Linguistic School of Prague*. Indiana University Press.

Vachek, Josef (compiled) (1964) *A Prague School Reader in Linguistics*. Indiana University Press.

Mathesius, Vilém (1949) *Čeština a obecný jazykozpyt*. Melantlich, Praha.

Mathesius, Vilém (1961) *Obsahový rozbor soušasné angličtiny na základě obecně lingvistickém*. Československé akademie věd, Praha.〔飯島周訳（1981）『機能言語学』桐原書店〕

ヤン・ムカジョフスキー（平井正・千野栄一訳）（1975）『チェコ構造美学論集』せりか書房．

［保川亜矢子］

■希望[1]

- **希望とは**——文の描き出している事態に対して、その実現を主体（主語）が望むという、主体の対事態的態度である。
- **希望の表現形式**——これには、大きく
  ①シタイ形「遊園地に行きたい。」
  ②「シテホシイ」系「すぐ彼に来てほしい。」

の2系列がある。「シテホシイ」系には、他に「シテモライタイ」「シテイタダキタイ」がある。

- **意味・文法的な特徴**——

《主語の人称制限》希望の表現形式は、話し手めあての形式ではなく、主体めあての形式であるが、希望が心的状態であることから、心的状態を直接的に知りうるのは話し手本人であることにより、希望文の主語（希望の主）は、話し手であるのが通例。

(1) ｛僕/*君/*彼｝は水が飲みたい。
(2) ｛私/*君/*彼｝は彼女に傍にいてほしい。

逆に疑問文（問いかけ文）では、「｛*私/君/*彼｝、水が飲みたい？」「｛*私/君/*彼｝はあの人に来てほしいかい。」のように、主語は2人称に限られる。3人称を取るには、「彼、水が飲みたいの？」「彼はあの人に来てほしいのかい。」のように、「の」を介する必要がある。

主語（希望の主）を3人称にするには、「ラシイ」「ヨウダ」「ソウダ」「ノダ」などの形式を付加させることが必要。

(3)彼は休暇を取りたいらしい。
(4)博は洋子に幸せになってほしかったのだ。

「ガル」を付した「シタガッテイル」も、「武は洋子と結婚したがっている。」のように3人称主語を取る。これは、主語に存する希望という心的状態の外部への現れを描いたもの。

《誰の事態か》「シタイ」は、主語が主語に起こる事態の実現を希望する形式。「僕は水が飲みたい。」は［僕ガ［僕ガ水ヲ飲ム］コトヲ希望スル］という意味関係を表している。それに対して、「シテホシイ」系は、主語がニ格補語に起こる事態の実現を希望する形式。「僕は君に行ってほしい。」は［僕ガ［君ガ行ク］コトヲ希望スル］という意味関係を表している。

「シテホシイ」系は、2人称ニ格補語を取ることによって、「ぜひ君にやってもらいたい。」のように、和らげた命令に移行していく。

- **願望の表現**——話し手が事態の実現を望む心的態度を表す文には、いわゆる願望の文や評価のモダリティを持つ文がある。「明日天気になれ！」「誰か来ないかなあ。」「早く終わるといいなあ。」などがある。

◆モダリティ，希求

■参考文献

奥田靖雄（1986）「まちのぞみ文（上）」『教育国語』85.
仁田義雄（1991）『日本語のモダリティと人称』ひつじ書房.

　　　　　　　　　　　　　　［仁田義雄］

■希望[2]（古代語）

- **古代語の希望表現形式**——古代語の希望表現は終助詞、助動詞が担っていた。終助詞では、ナ・ネ・ナム・モガ・ガナ・バヤ・テシカ・ニシカがある。また、助動詞では、マホシが用いられた。
- **助動詞マホシ**——助動詞マホシはマクホシが変化して出来た。マクホシは、助動詞ムのク語法マクに接尾語ホシがついたものである。

(1)御気色も見まほしかりけり。（源氏・柏木）
(2)紫のゆかりを見て、続きの見まほしくおぼゆれど、（更級）

- **助動詞タシの登場**——平安末期頃から助動詞タシが登場する。タシは形容詞イタシから生じたとされる。マホシに比べると、俗語的性格が

(3) いざいかに深山の奥にしをれても心知りたき秋の夜の月（藤原季能（『千五百番歌合』771）（どんなに山奥で落ちぶれて住んでいようとも，風流心を知りたい秋の夜の月だなあ）

上の歌を，判者の藤原定家は俗語タシを用いたという理由で負けにしている。

●マホシからタシ(タイ)へ──タシは鎌倉期以降，マホシに替わって希望の助動詞として定着していった。現代語「水{が/を}飲みたい」などのタイは，古典語タシが変化したものである。マホシからタシへの交替は格助詞の発達と関わる構文的な問題であり，文法史の研究テーマとして興味深い。

➡ク語法，格助詞，喚体と述体

■参考文献

山口佳紀（1985）『古代日本語文法の成立の研究』有精堂出版．

信太知子（1976）「〔「水が飲みたい」と「水を飲みたい」という言い方〕続貂──格助詞の発達と関連させて」『佐伯梅友博士喜寿記念国語学論集』表現社．

川端善明（1965）「喚体と述体の交渉──希望表現における述語の層について」『国語学』63．

［高山善行］

■疑問[1]

1. 疑問文の規定

疑問文には，狭い意味で用いられる場合と広い意味で用いられる場合とがある。狭い意味における疑問文は，文中の命題に対して判断が成立しなかったことを表す文である。判断の不成立を前提として，聞き手に問いかけることによってそれを解消しようとする典型的な疑問文を質問文として特立させることもある。一方，広い意味における疑問文は，質問文を中心として，その周辺に位置するさまざまな問いかけ的表現を包括するものである。疑問表現と呼ばれることもある。広い意味の疑問文には，命題に対して何らかの判断が成立しているものもある。

疑問文の規定をめぐるこのような状況は，不確定性条件と問いかけ性条件という2つの条件によってとらえることができる。不確定性条件は，命題内容に対する話し手の判断が成立していないことを表すものであり，問いかけ性条件は，その命題内容に対する判断の未成立状態を解消することを目指したり，成り立っている判断の強化を目指したりするために聞き手に対して問いかける機能の有無にかかわるものである。不確定性条件は狭い意味での疑問文の成立に関わる条件であり，問いかけ性条件は広い意味での疑問文の範囲に関わる条件とも言える。質問文のような典型的な疑問文はこの2つの条件を兼ね備えている。

2. 疑問文の分類

●形式的観点からの分類──疑問文はまず，疑問詞の有無や選択肢の有無といった形式的な観点から分類される。これは，判断が成立しない理由にもとづく分類と考えることができ，真偽疑問文，補充疑問文，選択疑問文の3つのタイプに分けられる。

真偽疑問文は，その命題の真偽が不明なために判断が成立しないものであり，疑問詞や選択肢を含まない。「明日，学校に行く？」や「京都では清水寺を見ましたか？」のような文が真偽疑問文の例である。真偽疑問文は「はい/いいえ」のような形で応答される。

補充疑問文は，その命題の中に不明な要素が存在しているために判断が成立しないものであり，文中に「誰」「何」「なぜ」のような疑問詞が存在する。「誰が壁に落書きした？」や「な

ぜあんなことを言ったのですか？」のような文が補充疑問文である。補充疑問文は疑問詞に対応する内容を答えることで応答される。

　選択疑問文は，その命題に複数の選択肢があってどれとも決めがたいために判断が成立しないものであり，選択肢を提示する形式をとる。「一緒に行く？　それとも行かない？」や「あそこにいるのは鈴木さんですか，佐藤さんですか，それとも田中さんですか？」のような文が選択疑問文の例である。選択疑問文は選択肢を選択することで応答される。疑問詞を含まない点では真偽疑問文に近く，「はい/いいえ」ではなく内容を回答することで応答される点では補充疑問文に近い。

　形式的な観点からの疑問文の3つのタイプは，埋め込み疑問文にしたときに容認性に違いが出る。補充疑問文や選択疑問文は動詞の補語として埋め込まれることが可能である（「私は誰が来るか知らない」「私は太郎が来るか来ないか知らない」）が，真偽疑問文はそのまま埋め込むと容認性が低く（「?私は太郎が来るか知らない」），自然な埋め込み疑問を作るには「かどうか」のような形式が付加される（「私は太郎が来るかどうか知らない」）。この事実は，真偽疑問文の「か」がモダリティのレベルで機能するのに対して，補充疑問文や選択疑問文の「か」は命題の不確定性を表すレベルで機能することを示している（益岡隆志 1992）。

●述語の肯否による分類── 真偽疑問文は述語の肯否によって肯定疑問文と否定疑問文に分類される。真偽疑問文は基本的に肯定述語によって作られる肯定疑問文の形式をとるが，否定述語による否定疑問文は独自の表現性を持って存在する。例えば，「誰か助けてくれないかなあ」という否定疑問文では話し手の希求の気持ちが強く出る。また，雨が降っているかどうかを知るためには一般に「雨，降っていますか？」のように肯定疑問文が用いられるが，雨が降っていることを予測して話し手が問いかけるときには「雨，降っていませんか？」のように否定疑問文が用いられる。このように否定疑問文には肯定判断への傾き（bias）が存在することがある。「雨，降っているんじゃないですか？」のように，肯定判断への傾きが固定化した否定疑問文に由来する形式もある。

●状況との関係づけの有無による分類── 疑問文は，状況との関係づけの有無によっても分類される。これは「の（だ）」の有無による分類であり，通常の疑問文に比して，「の（です）か」を用いた疑問文は状況から得た一種の「解釈」の妥当性を問うような疑問文になる。例えば濡れた傘を持って部屋に入ってきた人に「雨，降っているんですか？」と尋ねるのは，雨が降っているからそのような状況になっているのだと解釈し，その解釈の妥当性を問うために「の（です）か」の形式をとる疑問文を用いていると考えられる。「なぜ仕事を辞めたんですか？」のように理由を問う疑問文は一般的に「の（だ）」をとる。

●疑問文の条件にもとづいた分類── 疑問文の条件（不確定性条件，問いかけ性条件）にもとづいて疑問文を分類することもできる。一般的な疑問文は2つの条件をともに満たすが，疑問文の中にはどちらかの条件を満たさないものがあるからである。

　不確定性条件は満たしているものの問いかけ性条件を満たさない疑問文としては疑いの疑問文がある。「いま何時だろうか」や「お母さん，電車に間に合ったかな」のような文が疑いの疑問文の例である。疑いの疑問文は，聞き手が存在しない独話や心内発話において，話し手にとってその命題内容が不明であることを表す。

　一方，問いかけ性条件は満たしているものの不確定性条件を満たさない疑問文としては確認要求の疑問文がある。「君，お昼に餃子食べたでしょ？」「ほら，高校時代に佐藤先生ってい

たじゃない？」のように，確認要求の疑問文では，話し手には一定の判断が成立しており，それをより確かなものにしようとしたり，聞き手に想起させるために聞き手に問いかける。

3．疑問文の機能

疑問文のもっとも重要な機能は聞き手から情報を引き出す情報要求機能であるが，疑問文の機能は情意の表出機能，聞き手に情報を伝える情報提供機能や行為要求機能などに拡張される。

情意の表出機能としては，「飲み物ないかなあ」のような否定疑問文が表す希求の例がある。情報提供機能としては，否定疑問文やその固定化した形式である「のではないか」による「もう｛来ないか/来ないのではないか｝と思った」のような例がある。行為要求機能としては，「一緒に遊ばないか？」のような勧誘や「留学してみないか？」のような提案，「ここにいてくれませんか？」のような依頼，「もうやめないか！」のような命令などの例がある。疑問文には，さらに，「あ，そうか」のような納得，聞き取り表示の機能を持つものもある。

◆依頼，応答，確認要求，疑問詞，反語，命令

■ 参考文献

安達太郎（1999）『日本語疑問文における判断の諸相』くろしお出版．

国立国語研究所（1960）『話しことばの文型(1)——対話資料による研究』秀英出版．

益岡隆志（1992）「不定性のレベル」『日本語教育』77．

南不二男（1985）「質問文の構造」水谷静夫編『〈朝倉日本語新講座4〉文法と意味II』朝倉書店．

宮崎和人（2005）『現代日本語の疑問表現——疑いと確認要求』ひつじ書房．

[安達太郎]

■ 疑問[2]（古典語）

ここでは，歴史的に見た疑問の諸相を概観する。

● 疑問詞と疑問の助詞——歴史的に見ても，疑問文は，疑いと問いを含め，(1)疑問詞をその標識とするもの（疑問詞疑問文）と，(2)疑問の助詞をその標識とするもの（肯定疑問文・選択疑問文などに当たる）に大別できる。(1)に用いられる疑問詞には，多くの語形に通時的変化がある。古代語の疑問詞で，現代語と語形の共通するものは少ない。(2)は疑問点も実詞による解答案として特定されるものである。その助詞にはカとヤがある。カは現代語のカにつながるが，古くは用法に現代語とは大きな差があった。

● 疑問詞を標識とするもの（疑問詞疑問文）——これは疑問の助詞を伴う場合と伴わない場合がある。その両者に意味上の大きな差はない。

疑問の助詞を伴わないものは，成分の省略がない限り，(1)係助詞ゾを文末に付けるか，(2)活用語連体形で終止することが多い。

(1)かれは<u>たれぞ</u>。<u>何人ぞ</u>。（源氏・蓬生）

・<u>いづち</u>いぬ<u>る</u>ぞ。（宇治拾遺・23）

(2)弟宮は<u>いくらほど</u>大きにおは<u>する</u>。（宇津保・蔵開中）

・<u>など</u>御気色の例なら<u>ぬ</u>。（源氏・賢木）

ただし，疑問詞イヅレによる場合は例外的であり，次のように終止形で終止した。

(3)わが髪の雪と磯辺の白波と<u>いづれ</u>まされ<u>り</u>沖つ島守（土左）

● 古代語におけるカ・ヤの用法——古代語を中心に見て，カとヤは，ともに文中の係り用法と文末の結び用法をもつ。助詞の下位分類ではともに係助詞と見られる。係り用法では，疑念の焦点となる成分を中心に卓抜強調する傾向がある。その用法では，カ・ヤともに，文末の活用語に連体形による終止を要求した。いわゆる係り結びである。結びの言葉は省略されることも

ある。助動詞的連語に介入して，ニカアラム・ニヤアラムとなる場合の，アラムなどの結びは特によく省略された。

●カ・ヤの疑問詞との共起──カとヤが疑問詞と共起する場合，そのどちらを用いるかは時代によっても差がある。古代語を中心に見れば，(4)上に疑問詞がある場合，その下にはカが用いられ，(5)助詞より下に疑問詞が来る場合は，ヤが用いられた。

(4)いづれの山<u>か</u>天に近き。(竹取)
・年はいくつに<u>か</u>ものしたまひし。(源氏・夕顔)
(5)筑紫<u>や</u>　いづち(万葉・574)
・その品々<u>や</u>　いかに。(源氏・帚木)

しかし，中世にはカの係り用法が衰え，疑問詞の下にヤを用いることも多くなる。

(6)何者のしわざに<u>や</u>ありけん。(平家・4)

●助詞を疑問の標識とするもの(肯定疑問文)──疑問点も実詞で特定される疑問文でも，カとヤの分担には，時代によって差がある。その差は係り用法において特にめだつ。

《係り用法》上代には次の(7)(8)のようにカもヤも用いられた。ヤのほうが後発的であるが，次第にヤによる言い方がふえる。

(7)しましくも行きて見てしか　神奈備(かなび)の淵(ふち)は浅(あ)せにて瀬<u>か</u>なるらむ(万葉・969)
(8)三島菅(みしますげ)いまだ苗なり　時待たば着ずや(な)なりなむ　三島菅笠(すがかさ)(万葉・2836)

中古には，その傾向がさらに強くなり，この種の疑問文はヤが独占する傾向を強める。

(9)大伴の大納言は，龍(たつ)の頸(くび)の玉<u>や</u>取りておはしたる。(竹取)
・十九に<u>や</u>なりたまひけん。(源氏・夕顔)

《結び用法》結び用法では，他の語に対する付き方がカとヤで異なる。カは体言にも，活用語にも付く。ヤは体言には付かず，活用語に付くのが基本である。また，活用語に付く場合，カは「あるか」「なきか」のようにその連体形に付き，ヤは「ありや」「なしや」のようにその終止形に付く。

(10)それはとどめたまふ形見もなき<u>か</u>。(源氏・若紫)
(11)住江(すみのえ)に船さし寄せよ　忘れ草しるしあり<u>や</u>と摘(つ)みてゆくべく(土左)

●実詞+疑問助詞の並列(選択疑問文)──実詞+疑問助詞は，二つ以上並列されもする。その中から正答に当たるものの選択をめざしたり相手に求めたりして，疑念の解消をはかるものである。それにも，(12)カの係り用法，(13)カの結び用法，(14)ヤの係り用法，(15)ヤの結び用法，(16)後述のヤランによるものがある。

(12)迎へ<u>か</u>行かむ　待ちに<u>か</u>待たむ(万葉・85)
(13)世の中は夢<u>か</u>うつつ<u>か</u>(古今・942)
・地主の桜は散る<u>か</u>散らぬ<u>か</u>(閑吟集)
(14)君<u>や</u>来しわれ<u>や</u>行きけむ(伊勢・69)
・平家へ<u>や</u>参るべき，源氏へ<u>や</u>参るべきとて。(平家・11)
(15)わが思ふ人はあり<u>や</u>なし<u>や</u>と(伊勢・9)
・思ふべし<u>や</u>，いな<u>や</u>。(枕)
(16)大事の召人を斬るべき<u>やらん</u>，斬るまじき<u>やらん</u>，それ武蔵計らへ。(義経記・4)

●カ・ヤの複合辞──カとヤには，他の係助詞・終助詞などが重ねられたり，あわせて一体化したりしたものも多い。古代語のそれには，特に反語や詠嘆の表現法にかかわるものも多く，疑問とそれらの表現法が相互に連続していた様子もよくうかがえる。

古代語を中心に見て，係助詞ハを重ねたカハ・ヤハは多く反語に用いられた。上代には，係助詞モを重ねたカモ・ヤモの例も多い。カモは，係り用法では疑問に詠嘆を添えることが多く，結び用法ではあわせて詠嘆を表すことが多い。ヤモは反語に用いられた。中古以降に文末で詠嘆を表すカナも，このカの複合辞である。

近代語では，文末のシラズ＞シラヌや，モノ

介入したモシレズ＞モシレヌで疑念を表す言い方も多くなる。それが疑問の助詞と一体化する傾向も生じ，前者がカと共起した形はおもに疑いを表し，カシラヌ＞カシラン＞カシラと変化した。後者がカと共起したカモシレヌ，カモシレナイは，可能性を表す傾向がある。

(17) なう，腹立ちや。あいつめに食い付かうか<u>しらぬ</u>。（虎明本狂言・因幡堂）

●**ヤランの形成とカの終助詞化**──中世には，助動詞的な連語にヤの介入したニヤアラムから，ヤラム＞ヤランが成立し，新しい疑問の形式になる。この形式はヤの係り用法に基づきながら，もっぱら文末や挿入句末に用いられ，疑問助詞の使用が文末に限られて終助詞化する，時代の変化を先取りした。ヤランは多く疑問詞と共起するか，選択式の疑問文に用いられた。近世にはヤラとなって副助詞化する。

(18) いかがすべき世の中<u>やらん</u>。（保元・上）

(19) ほんにどこで<u>やら</u>落としてのけた。（心中天の網島・中）

近代語では疑問助詞カの使用も文末に限られて終助詞化する。それに伴い，もとの係助詞カの係り用法からは文中で不定詞と共起して，不定の意を添えるだけの副助詞カが分化した。

(20) だれに<u>か</u>おれが頼んでやらう。（春色梅児誉美・初・2）

●**確認的な否定疑問文**──否定する語を伴いながら，意味上，肯定への傾きをもつ言い方も古くからある。否定の語は，古代語では「ず」が多く，近代語では「なし＞ない」が多くなる。意味的には，次に一例を示すように，古くから種々の広がりをもつものがある。

(21) 見れば，実忠の宰相にあら<u>ずや</u>。（宇津保・藤原の君）

・これを書かせたまひて，殿にや<u>は</u>奉らせ給は<u>ぬ</u>。（蜻蛉・中）

・さははべら<u>ぬか</u>と言へば，中将うなづく。（源氏・帚木）

・<u>でかしたではないか</u>。（雑兵物語・下）

➡ 係り結び，係り結びの変遷，疑問詞，確認要求，カ，ヤ

■ **参考文献**

山口堯二（1990）『日本語疑問表現通史』明治書院．

山口堯二（1990）「疑問助詞「やらん」の成立」『語文』（大阪大学国語国文学会）53, 54．〔再録：山口堯二（2000）『構文史論考』和泉書院〕

阪倉篤義（1993）『日本語表現の流れ』岩波書店．

安達太郎（1999）『日本語疑問文における判断の諸相』くろしお出版．

宮崎和人（2005）『現代日本語の疑問表現──疑いと確認要求』ひつじ書房．

［山口堯二］

■疑問詞

「何」「誰」「いつ」「どこ」「いくつ」「どんな」「どう」「なぜ」などのように，話し手にとって不明な要素を示す語を疑問詞という。不定語と呼ばれることもある。

疑問詞は，疑問文中においては，話し手の疑問の焦点を提示する機能を持つ。つまり，その文の真偽判断に不明な点があるのではなく，文中に特定できない要素があることを表す。「鍵は<u>どこ</u>にあるの？」は「鍵がどこかにある」ことは前提としながらも所在が不明であることを表し，その回答を聞き手に求める文である。疑問詞は連体節中（「<u>誰</u>が持ってるおもちゃを欲しがっているの？」）や従属節中（「<u>何回</u>注意したらわかるんだ？」）に現れることもある。

疑問詞を含む疑問文は，その文が表す情報の中に欠落があることを意味するため，情報の確信度を強める機能を持つ確認要求的な疑問文とは性質的に相容れない。そのため，「*<u>誰</u>がいる

でしょ（↑）？」のような文は非文法的になる。

疑問詞に「か」を付加した形式は，不定的に指示される何者かが存在することを表す。「あそこに誰かがいる」のように，はっきりと特定できない人物を「誰か」が指すような例である。「手伝ってくれる人を誰か紹介してくれ」や「どこか遠いところに行きたい」のように数量詞的な位置をとることもある。

疑問詞に「も」を付加した形式は，その疑問詞にあらゆる要素を入れることを表す。副詞的な「誰も来ない」は全量否定を表し，項的な「誰もが来た」は全量肯定を表す。「どこで会っても彼はにこにこしている」のように従属節で使われることもある。数量を表す疑問詞に「も」が付く例は全量的な解釈から離れて，肯定で数の多さ（「いくつもの障害を乗り越えた」），否定で数の少なさ（「みんなの都合が合う日は何日もない」）を表す。

➡疑問，確認要求，不定語

■参考文献

尾上圭介（1983）「不定語の語性と用法」渡辺実編『副用語の研究』明治書院．

田窪行則（1987）「統語構造と文脈情報」『日本語学』6-5．

［安達太郎］

■共時論・通時論

●ソシュールによる概念の創出──フェルディナン・ド゠ソシュール de Saussure『一般言語学講義』は，比較言語学が専ら言語史を扱ったことを批判して，言語状態を扱う科学と進化を扱う科学とを識別し，その名称を，「静態言語学 linguistique statique・進化言語学 linguistique évolutive」によるよりは，「共時言語学 linguistique synchronique・通時言語学 linguistique diachronique」とするのがよいとした．扱う対象も「共時態 synchronie・通時態 diachronie」と称される（1972年，小林英夫訳，pp. 112-115）．'diachronie' の用語はソシュールが造ったと言われ，日本語「共時・通時」は，『言語学原論』（1928年，岡書院）以来の小林英夫の訳語である．この用語は，ヨーロッパの言語学界では広く受け容れられた．アメリカの言語学界では同様の概念をむしろ「記述言語学 descriptive linguistics・歴史言語学 historical linguistics」と称するであろう．

●共時論・通時論をめぐる批判的展開──用語は受け容れられたが，概念も直ちに受け容れられたわけではなく，現在も決着に至っていない．すなわち，言わば宿命的に変容し続ける通時態から，時刻を定めて切り出してくれば，共時態であるか，そもそも切り出すことができるか，という問題が早くから指摘されている．日本では特に早く亀井（1936）「文法体系とその歴史性」・（1944）「共時態の時間的構造」が扱って，後者で「共時論は，通時論を止揚することによって，体系そのものの自己発展を記述する精神史的な言語考察の領域へ展開するものである．問題は，歴史的構造としての共時態にあるであらう．」（『亀井孝論文集 1 日本語学のために』p. 159）という結論を導き出した．世界的には，歴史的考察を優位に置いてソシュールを批判するヴァルトブルク von Wartburg（1943）『言語学の問題と方法』や，コセリウ Coseriu（1958）『うつりゆくこそことばなれ』が知られ，また，評価の観点によって，プラーグ学派をソシュール批判の先鋒とするものもある（黒川 1958）．

そのように学史が展開するのと並行して，近年のソシュール学は，ソシュールが実は共時の概念の厳密化を図っていたことを明らかにした．エングラーが整理したソシュール断章には，共時的な一言語のうちに共存する，例えば諸方言の各々を指すために，「特異共時的 idiosynchronique」の用語も見られる．共時

態いくつかに亘る歴史を「多時的 métachronique」と言うこともできる。「汎時的 panchronique」の概念は，無益であるとソシュールは退けたが，ノルウェー学派は，汎言語的ほどの意味を担わせ，一言語全体にかかわる「特時的 idiochronique」と対立させるに至った。

➡ソシュール

■参考文献

亀井 孝（1936）「文法体系とその歴史性」〔再録：亀井孝（1971）『〈亀井孝論文集1〉日本語学のために』吉川弘文館〕．

亀井 孝（1944）「共時態の時間的構造」〔再録：亀井孝（1971）〕

黒川新一（1958）「通時音韻論について」〔マルティネ，A. 著，黒川新一訳『機能・構造・音韻変化――通時音韻論要説』〈英語学ライブラリー31〉，研究社所収の訳者解説〕．

Coseriu, Eugenio (1958) *Sincronía, diacronía e historia : El problema del cambio lingüístico*. Universidad de la República, Facultad de Humanidades y Ciencias 15.〔亀井孝・田中克彦訳（1981）『うつりゆくこそことばなれ』クロノス〕

de Saussure, Ferdinand (1916) *Cours de Linguistique Générale*. Payot.〔小林英夫訳（1972）『一般言語学講義』岩波書店〕

von Wartburg, Walther (1943, 1962²) *Einführung in Problematik und Methodik der Sprachwissenschaft*. Max Niemeyer.〔島岡茂訳（1973）『言語学の問題と方法』紀伊國屋書店〕

［石井久雄］

■協調の原理

●グライスの語用論――グライス（Herbert Paul Grice）は，会話の参加者が遵守するとされる原理として「会話における自分の貢献を，それが生ずる場面において自分が参加している会話の中で合意されている目的や方向から要求されるものにせよ」という「協調の原理」(cooperative principle) を立て，これを支える格率としてつぎの4つを置いた。(1)量の格率：自分の貢献を，要求される分量きっかりのものとすること。要求以上・以下であってはならない。(2)質の格率：真でないと自分で知っていることや，真であるという証拠を持たないことを言ってはならない。(3)関係の格率：関連性のあることを言え。(4)様態の格率：不明瞭・曖昧な言い方を避け，簡潔で順序立った話し方をせよ。

●問題点――会話の参加者が上記の格率を遵守しているというのは事実に合わない。A：「今夜の飲み会に出るかい？」/B：「明日追試なんだ」におけるBの発話は(1)および(3)への違反，「花子の顔は正方形だ」は(2)違反であり，(4)について言えば，言質を取られぬようわざと曖昧な言い方をすることも，またある出来事の叙述で途中経過よりも先に結末を述べた方が能率が良い場合もある。しかもこれらの例は極めて普通の発話である。何よりも，隠喩・誇張法・緩叙法等，通常の会話にも頻出する言い方を「格率に，それと判る形で意識的に違反(flout) する」ことにより導かねばならないというのはこの理論の欠陥を示している。

●歴史的評価――グライスの語用論は，上に見るとおり，すでに過去のものとなった理論と見るべきであるが，発話解釈において推論が大きな働きをすることを最初に明らかにしたこと，そして何よりも関連性理論が誕生するきっかけを与えた点では評価されるべきであろう。

➡関連性理論，語用論

■参考文献

Carston, Robyn (2002) *Thoughts and Utterances: The Pragmatics of Explicit Communication*. Blackwell.〔内田聖二他訳

（2008）『思考と発話——明示的伝達の語用論』研究社〕

Grice, Herbert Paul (1989) *Studies in the Way of Words.* Harvard University Press.〔清塚邦彦訳（1998）『論理と会話』勁草書房〕

今井邦彦・西山佑司（2012）『ことばの意味とはなんだろう——意味論と語用論の役割』岩波書店.

[今井邦彦]

■きれつづき

1. きれつづきのカテゴリー

　日本語の動詞・形容詞は，文のおわりにつかわれるか，文の途中につかわれるかによって，語形をかえる。文中でのはたらきは，文がきれるか，つづくか，また，どのようにつづくかに関係しているため，日本では，この性質は，鈴木朖の『活語断続譜』（1803頃）などで体系化され，「きれつづき」または「断続」とよばれ注目されてきた。学校文法に採用されたいわゆる六活用形の体系も，不完全なきれつづきのパラダイムである。述語としてそのままもちいられる独立的な形と，未然形や仮定形のように，「ない」や「ば」などの助辞をつけなければ述語になれない語根ないしは語基的なものを同列に活用形としている点で，きれつづきのパラダイムとして十分なものではない。また，六活用形では，ともに文の終止の機能をもつにもかかわらず，命令形を終止形と別にたてているが，このことも，六活用形の考え方が，ムードの概念と区別された，体系的なきれつづきの概念をもっていないことのあらわれである。

　伝統的な国語学とは別の立場から，語形のもっとも基本的な対立として，動詞・形容詞に本詞と分詞の区別をたてる宮田幸一（1948）の立場は，述語になる形における，きれつづきのちがいを問題にしたものである。本詞とは，終止的な述語になる形で，それが連体用法にもちいられたものもふくめたもので，分詞とは，つぎの語句につづけてもちいられる形である。なお，原形をみとめ，本詞，分詞と対立するものとしていることから，宮田の考えは，印欧語における原形，定動詞形，分詞形の区別にヒントをえて，それと同様の区別を日本語にもちこもうとしたものといえよう。この立場は，『文法教育　その内容と方法』（1963）に主要な部分でうけつがれる。また，さらにそれらをふまえた高橋太郎他（2005）は，日本語におけるきれつづきの形として，5つの形をあげ，以下のような説明をくわえている。

〈終止形〉述語になって文を終止させるはたらきをうけもつ語形である。命令形「いけ」や勧誘形「いこう」や「きのう　てがみを　<u>かきました</u>。」の過去形も終止形である。

〈連体形〉名詞にかかるばあいの語形であって，ムードのカテゴリーをうしない，テンスの対立だけをもっている。

〈中止形〉「なかどめ」ともいい，文を途中でとめるときの語形である。中止形が述語としてはたらくときは，2つ以上の節からなる文のさきだつ述語になる。一般には連用形というときは，「かれにあい，これをわたします」のような形だけを連用形とみとめるのであるが，中止形というときは，「かれに<u>あって</u>，これをわたします」のようなものもふくめるのが普通である。また，中止形をひろくとれば，例示の「したり」や「してから」などもはいる。

〈条件形，譲歩形〉主節のしめすコトガラが成立するために，有効または無効な条件（まえの2例）やきっかけ（最後の1例）をさしだす従属節の述語につかわれる形である。

・かれに　<u>きけば</u>，おしえて　くれる。
・この　くすりは　<u>のんでも</u>　きかない。
・おもいきり　<u>はしったら</u>，あしが　いたく

なった。

伝統的な六活用形の考え方における仮定形は、「ば」につらなる形（古代語の已然形では「ども」につらなる形も）をとりあげるだけであるが、条件形、譲歩形というときには、「ば」をつけた形とともに、条件、または譲歩の意味で後の節につながっていく、うえのような形がひろくとりあげられる。

しかし、高橋のような見方も、きれつづきの現象を過不足なくカバーしているわけではなく、「〜するので」「〜するから」のような理由節をどのようにあつかうかなどについては、明確な方針がない。

このほかに、渡辺実（1971）の考え方では、文は展叙と陳述という一種のきれつづきのカテゴリーをもっている。すなわち、文は陳述が出現することによって、終結するが、さもないときは展叙されることによってさらにおおきな文の一部分になっていくという考え方がそれである。

日本語の動詞・形容詞のもつ、きれつづきのカテゴリーは、文中でのはたらきという統語論的な性格が、単語の語形という形態論的な性格にもおよんだものである。この性質は、きれつづきを表わす語形をもたず、文の認定に決定的なてがかりをもたない印欧語と比較するとめだった特徴である。きれつづきは単に機能にのみかかわるカテゴリーではなく、連体形は現代語ではムードのカテゴリーをうしなっているなどのように、それぞれの形において、表わしわけるカテゴリーの種類がちがうという重要なちがいもみいだしている。

2. 古代語の終止述語

古代日本語の動詞の形態論的な形をきれつづきの点から見ると、いわゆる終止形、連用形、連体形、已然形の4つにわけることができる。ここではのべたてにもちいられる終止述語の形態を見ると、近現代日本語においては、それは1つの形しかないが、係り結びの介在によって古代日本語では3つの形が存在していることが特徴的である。古代日本語においては係り結びが文成立に重要な役割をもっていて、先行する成分が特定の係り助辞をもつと、結びとなる終止述語の形態に特定の形が要求された。第一の終止述語の形態は、「のむ」「おく」「うく」などのいわゆる終止形で、以下にあげるような特別な係り助辞をもたず、もっとも一般的なのべたて文をつくるときにもちいられる。ただし、「あり」「をり」において中止形とおなじ形がいわゆる終止形としてもちいられる。第二の終止述語の形態は、「のむ」「おくる」「うくる」などのいわゆる連体形で、これは、係り助辞「か」「や」をもつ成分や不定語をうけて、疑問文をつくるとき、および係り助辞「ぞ」「なむ」をもつ成分をうけて強調的なのべたて文をつくるときにもちいられる。第三の終止述語の形態は、「のめ」「おくれ」「うくれ」などのいわゆる已然形で、これは、係り助辞「こそ」をもつ成分をうけて、対比強調的なのべたて文をつくるのにもちいられる形である。

3. 古代語の連体形

名詞を規定する用法では、古代語では、終止形はもちいられず、もっぱら連体形がもちいられる。古代語において、連体形が終止述語にもちいられるのはむしろ補助的な用法であり、連体形は、名詞を規定する形として、もっぱら終止述語にもちいられる終止形と形のうえでも対立していた。しかし、古代語から近代語に推移するなかで、終止述語には、古代語の終止形がもちいられなくなり、かわりに連体形がもちいられるようになったため、近現代語では、終止述語になるときと規定語になるときとで形のうえでの対立はなくなる。なお、古代語においては、名詞を規定するばあいも用法の制限がちい

さく、「のまむ人」「のみけむ人」のように推量形が規定語としてももちいられる、現代語にはない用法があった。

古代日本語の連体形は、名詞を規定するだけでなく、「かくのたまふは誰ぞ」（竹取）のような、いわゆる準体法といわれる用法をもっていた。これは、古代語の連体形が、実体概念性（実詞性）をもつことをしめすものである。しかし、終止形がなくなり、連体形が終止述語にもちいられるようになると、連体形の実詞性がよわまり、もともと連体形につづいていた、「が」「を」「に」「は」などの助辞にみちびかれる従属節の述語においても、主節の述語の形との区別ができなくなった。それを区別するために、もともと連体形述語であったところには、よわまった実詞性を回復させるべく、「このようにおっしゃるのは誰だ」のように、準体助辞「の」をおぎなうようになったことは、現代語の古代語とのおおきなちがいである。

4. 古代語の条件形

古代語の条件を表わす従属節の述語動詞においては、「のまば」「おきば」「うけば」のような、いわゆる未然形とよばれる語基に「ば」のついた形と、「のめば」「おくれば」「うくれば」のような、いわゆる已然形出自の語基に「ば」のついた形によって、仮定条件と確定条件が区別されていた。仮定と確定を峻別するという古代語の性格は逆条件といわれる形においても妥当し、「のむとも」と「のめど（も）」のあいだにもその対立があった。ところが、近現代語においては、未然形に「ば」のついた形がなくなり、已然形に「ば」のついた形は、あらたに生じた「のんだら」「のむなら」「のむと」などの形との対立のなかで、仮定の意味の一翼をになうだけのものになった。古代語においては、条件形において、仮定か確定かという、モーダルなちがいの区別が重視されたのに対して、近現代語においては、個別的関係か、一般的関係かといった論理的な区別や、先行関係か同時関係かという時間的区別が重視されるようになった結果であると考えられる。

➡準体句，確定条件，仮定条件，形態論，活用

■参考文献

教科研東京国語部会・言語教育研究サークル（1963）『文法教育　その内容と方法』麦書房．

阪倉篤義（1993）『日本語表現の流れ』岩波書店．

鈴木康之（1988）『概説・古典日本語文法』桜楓社．

高橋太郎他（2005）『日本語の文法』ひつじ書房．

宮田幸一（1948）『日本語文法の輪郭』三省堂．

渡辺実（1971）『国語構文論』塙書房．

［鈴木　泰］

■禁止

●禁止とは──文に担われている話し手の発話・伝達的な態度（発話・伝達のモダリティ）の一種であり、話し手の聞き手への行為要求の一タイプ。狭義の命令が肯定事態の実現を要請しているのに対して、禁止は、否定事態の実現を聞き手に要請しているもの。

●禁止を表す形式──依頼的な禁止をも含め、

①禁止形（ヤルナ）「勝手にさわるな！」

②［ヤッテクレルナ、ヤラナイデクレ］系「勝手な事をしてくれるな。」「勝手な事をしないでくれ。」

③［ヤッテクダサルナ、ヤラナイデクダサイ］系「どうかそこに入ってくださるな。」「どうかそこに入らないでください。」

④［ヤラナイデチョウダイ］系「ここを離れないでちょうだい。」

などがある。「ヤッテクダサルナ」より「ヤラナイデクダサイ」の方が一般的。禁止を表す形式は，他にも待遇性の違いに応じて，「ヤラナイデオクレ」「オヤリニナラナイデクダサイ」「オヤリクダサイマスナ」などがある。

●**禁止の使用要件**── 禁止も，肯定事態に対する命令と同様に，[１] 事態を遂行する聞き手が必要であるし，[２] 事態は意志でもって制御できるものでなければならないし，[３] 実現を要請される事態は，通例話し手にとって望ましいものである。ただ，命令の場合，実現を要請される事態は未実現の事態であったが，禁止では，

　(1)［喋っている人間に対して］「喋るな！」
　(2)［喋っていない人間に対して］「喋るな！」
のように使える。(1)では［喋らないこと］は未実現であるが，(2)では［喋らないこと］は実現済みの事態である。禁止は，続行阻止の禁止(1)もあれば，予防的な禁止(2)もある。

　また，命令と禁止では，事態に対する自己制御性のあり方が異なってくる。

　(3)「落ち着け！/??落ち着くな！」
　(4)「*子供のことで悩め！/子供のことで悩むな！」
　(5)「*うろうろしろ！/うろうろするな！」
(3)では禁止が逸脱性を帯びているが，(4)(5)では逆に命令が逸脱性を有している。

●**派生形式による禁止**──「シテハイケナイ」「シテハダメダ」のような不許可を表す形式が聞き手の行為を話題にする場合，「そこに入ってはいけない。」のように，禁止相当になる。

➡モダリティ，命令，依頼

■**参考文献**
仁田義雄（1991）『日本語のモダリティと人称』ひつじ書房．
村上三寿（1993）「命令文」『ことばの科学６』むぎ書房．
日本語記述文法研究会編（2003）『〈現代日本語文法４〉モダリティ』くろしお出版．

[仁田義雄]

■**金田一春彦**（きんだいち はるひこ 1913-2004）

●**経歴**── 東京帝国大学大学院国文学科を修了し，日華学院教授，国立国語研究所研究員，名古屋大学助教授，東京外国語大学教授，京都産業大学教授，上智大学教授を歴任している。その間，1962年に文学博士，1982年国語学会代表理事，1987年文化功労者となった。

●**業績**──「国語動詞の一分類」(1955)は，アスペクト形式のひとつであるシテイル形式をとりあげ，それが動作が進行中であることを表わすか，動作・作用がおわってその結果が残存していることを表わすかによって，現代日本語の動詞のすべてを状態動詞，継続動詞，瞬間動詞，第四種の動詞に４種にわけたものである。そこでは動詞の語彙的な意味がその動詞のアスペクチュアルな形式との法則的なむすびつきのなかにとりあげられており，動詞の語彙的な内容と文法的な形式とをきりはなさないという，方法論上の堅実さにおいて，その後の日本のアスペクト研究の出発点となった。つづく，「日本語動詞のテンスとアスペクト」(1955)は，戦前におけるテンスとアスペクトの研究の成果をうけつぎながら，アスペクトを状態相のアスペクトと動作相のアスペクトにわけ，テンスをアスペクトとクロスするものとして提示し，はじめてテンス・アスペクトシステムをくみたてて見せたという点で意味のあるものである。

「不変化助動詞の本質──主観的表現と客観的表現の別について」(1953)は，時枝誠記が辞だと主張する助動詞の意味は大部分は客観的なものであって，本当に主観的な意味を表わすのは，「う」，「よう」，「まい」，「だろう」など，不変化助動詞と呼ぶべきごく少数の助動詞だけであると主張した。そして，不変化助動詞の主

観的意味は、これらの助動詞語彙自体にそなわっているというより、それが終止法をとるところに立ち現れるものだとした。時枝誠記の辞には客体的なものと主体的なものがあるとして、時枝誠記の詞辞非連続説に辞のがわから疑問を投げかけ、戦後陳述論の口火をきった。

　文法研究のほか、『日本語音韻の研究』(1967) など、日本語の音韻の研究でつとに有名であるが、なかでも『四座講式の研究』(1964) に代表されるアクセント史の研究においては学界の牽引者的存在であった。

　いずれにしても金田一は非常に広い分野にわたった研究者で、文法についても、『世界言語概説』で日本語文法を執筆したりしており、宮田、松下とつらなる文法学の伝統をついだものといえる。また、その他、語彙や方言についての新書を活用した著述も多く、日本語についての啓蒙家として役割は大きい。また、辞書の編集にも力を発揮し、古語辞典の嚆矢となる、『明解古語辞典』や、用例主義に基づく『学研国語大辞典』などをつくりだした功績も大きい。

■参考文献
柴田武・芳賀綏・秋永一枝・上野和昭 (2004) 金田一春彦元代表理事追悼特集『国語学』55-4.

[鈴木　泰]

■句

　論者により様々な意味で用いられるが、大部分はおおむね下記のⅠ・Ⅱの用法に大別できる。
《Ⅰ　英文法の clause, 独文法の Satz にほぼ相当する単位を指す場合》
　外形から言えば、述語を核としていくつかの語から成り、単文に相当する構造を有する構文単位。「従属句」「条件句」「準体句」などという場合の「句」。戦前は多くの論者がこの意味で用いているが、同じ単位を「節」と呼ぶ論者も戦前からあった（前波仲尾, 吉岡郷甫, 橋本進吉など）。論者により、単文や複文の主文を含んで「句」と呼ぶ場合と、従属的な句に限定する場合とがある。

　上の意味の「句」の規定として最も有名な山田孝雄の句論（山田 1936 など）は、句を「統覚作用」との関係において定義する。「統覚作用の一回の活動により組織せられたる思想の言語上の発表」（前掲書 p.917）が一つの「句」とされる。「句」は「火事。」などの「不完備の句」を除けば、その性質上、「喚体の句」「述体の句」に二分される。そして、「文」は「句が運用せられて一の体をなせるもの」（前掲書 p.904) と規定される。単独の句で構成される文が「単文」、複数の句で構成される文が「複文」ということになる。
《Ⅱ　英文法の phrase に相当する単位を指す場合》
　外形から言えば、構文的に結びついた語連続で文の構成要素となるもの（ただし、主述の構成を持たない）。例えば「桜の花」「昨日食べた魚」などを「名詞句」と呼ぶ場合の「句」である。同じ単位を「連語」（山田孝雄, 橋本進吉）「連詞」（松下大三郎）などと呼ぶ論者もある。ほぼ phrase に相当する意味で「句」を用いる論者は、明治以来少数ながらあった（大槻文彦, 岡田正美）が、今日ではこの意味で「句」を用いる人が多いようである。なお、生成文法における phrase の訳語として「句」を用いることも多いが、この場合は、伝統的な clause に当たる単位も、屈折要素（時制要素）や補文標識を主要部とする phrase (＝「句」) として扱われる。

　なお、上記のⅠ・Ⅱ以外の意味で「句」を用いる論者もいる。例えば、時枝誠記『日本文法口語篇』の「句」は、詞と辞の結合したもので

ある（ただし，「文」を除く）。「梅の花が咲いた」では「梅の」「花が」「咲いた」がそれぞれ「句」であると同時に，「梅の花が」もひとつの「句」である。また，神保格『言語学概論』の「句」は，音と意味の結びついた，独立しうる最小単位として規定され，ほぼ橋本進吉の「文節」に当たるが，「桜が」が「句」であると同時にその一部分である「桜」も「句」であるとする点が橋本の「文節」と異なる。

➡喚体と述体，従属節（従属句），準体句，生成文法，節，単文，複文，文，文節，山田孝雄

■参考文献
山田孝雄（1936）『日本文法学概論』宝文館．

[川村 大]

■偶然の空白

ある言語の中に特定の語が存在しないとき，原理的に存在を阻止する要因があって存在しない場合と，そのような要因がないにもかかわらず，たまたま存在しない場合とがある。前者を体系的空白，後者を偶然の空白（accidental gap）と言う。

例えば，日本語では，原則として子音が連続してあらわれることはないから，[kbaki]という語は存在しない。これは体系的空白である。一方，[kubaki]は子音と母音が交互に出てくるので許される音の列であるが，実際には「くばき」という語は存在しない。これは偶然の空白である。

体系的空白は，その言語の音韻構造から規定されることが多いが，語形成の規則から制約される場合もある。例えば，「さ」という接尾辞は形容詞や形容動詞の語幹について「美しさ」「静かさ」のような名詞を作るが，動詞につくことはない。したがって「違う」という動詞の語幹に「さ」のついた「*違（い）さ」のような名詞が存在しないのは体系的空白である。一方，形容動詞の「同じだ」の語幹に「さ」がついた「*同じさ」が存在しないのは，偶然の空白ということになる。

体系的空白は「体系」の定義に依存するので，中には判断の微妙な場合もある。例えば，日本語には，物の移動に関して，到着点の視点に立つ動詞は，到着点が主語の「もらう」と出発点が主語の「くれる」の両方がある。一方，出発点の視点に立つ動詞は，出発点が主語の「やる/あげる」しかなく，到着点が主語の動詞はない。つまり，「?彼は私に本をもらった」という，話し手以外に視点を置いているために不自然な文を，自然な形で言うことができるような「もらう」に代わる単一の動詞がない。

視点がどこにあろうとも，任意の項を主語としてとることができると考えれば，これは偶然の空白である。一方，視点と主語となる項の選択に体系的な関連（例えば，物の到着点の視点に立ちやすいという制約）があると考えれば，体系的空白ということになる。

■参考文献
野田尚史（1991）『はじめての人の日本語文法』p.186，くろしお出版．
Halle, Morris (1973) "Prolegomena to a theory of word-formation." *Linguistic Inquiry* 4, pp. 3–16.

[郡司隆男]

■句構造文法

句構造は，構成素構造とも言い，文の基本的な成り立ちをあらわす。構造主義言語学の時代にもIC分析によって，文を分解する考えがあったが，分解の結果得られたものが何であるかははっきりしなかった。生成文法では，分解された各々の構成素に統語範疇によるラベルをつける。例えば，主語と目的語は，そのあらわれる位置は異なっても多くの文法的性質を共有す

るため，そのことを捉えるために，名詞句という共通のラベルがつけられる。

　句構造は2次元の構造であり，通常，統語・意味的な階層関係と音韻的な線形関係を同時にあらわすが，近年では，階層関係のみを統語論で扱い，線形関係は音韻論など別の部門に委ねる考え方もある。

　このような句構造を作り出す一定の規則（句構造規則）によって記述する文法を広義の句構造文法（phrase structure grammar, PSG）と言う。その最も単純な形は，文脈自由の書き換え規則を用いる文法である。しかし，自然言語の複雑さをこのような単純な文法では記述できないという議論から，生成文法の創始者のチョムスキー（Noam A. Chomsky）は，句構造規則に変形規則を加えるという形の文法（変形文法）を提案した。

　句構造文法は，1980年代になって復活した。それまで変形を用いて記述されていた文法現象の多くが，統語範疇を素性の束と見なし，素性値の間の一致を記述する系統的なメカニズムを導入すれば，変形なしで記述できることが，ギャズダー（Gerald Gazdar）によって明らかにされたのである。この文法は一般化句構造文法（GPSG）と呼ばれ，今日では，その後を継ぐ主辞駆動句構造文法（HPSG）が，数多くの言語の文法現象に，変形を使わない分析を与えている。

　変形を使う文法でも，想定する統語構造は句構造であるが，文法全体として単一の句構造を考えるのでなく，句構造が，併合と移動（変形）という過程を経て派生されるとする点に特徴がある。一方，変形を使わない文法では，想定する句構造はただ1つであり，その表示に関する制約によって文法を記述する。

➡ IC分析，生成文法，チョムスキー

■参考文献

Sag, Ivan A., Thomas Wasow and Emily M. Bender (2003) *Syntactic Theory: A Formal Introduction,* 2nd edition. CSLI.〔Sag and Wasow による第1版の訳：郡司隆男・原田康也訳（2001）『統語論入門──形式的アプローチ』岩波書店〕

[郡司隆男]

■ク語法

　主に奈良時代に用いられた，用言の未然形につくク形及び終止形につくラク形の総称，またはこれらを語形とする用言の総称。その形態及び統語特徴から，動名詞（gerund）の一種だと考えられる。

●ク形・ラク形の形態論的な特徴──ク語法は，終止法の形式ではない点で，非定形用言（non-finite verbals）の一つである。一方で，とりたてや格変化によって曲用する点で（「散らクは」・「恋ふラクの」），体言相当である。しかし，ク語法となる用言は，格支配があり（「月の隠らク」・「我に告ぐラク」），またアスペクトなどの動詞的なカテゴリーを持つことにともなって活用する点で（リ形「逢へ-らク」・ツ形「明かし-つラク」・ム形「見-まク」など），用言らしさを失っていない。

●ク形・ラク形の統語論的な特徴──文成分の観点では，主に主語や「欲る」・「惜し」などの直接補языем（「散らまク惜し」）となるほか，しばしば述語成分にも用いられる。喚体文（名詞述語文相当）の述語（「～と言ふべくも恋の繁けク」・「～君が手もいまだ枕かねば夜のふけぬラク」）や，コピュラ的な補助単語「なし」・「あり」などをともなった述語（「命の惜しけクもなし」・「さやけクあるらむ」），終助辞「に」をともなった述語（「君にあらなクに」・「人の思ほゆラクに」）となるほか，重文・複文従属節内の述部となったり，敬譲カテゴリーの補助単語としての通達動詞述語を構成する（「御命

を申し給はク」）など，一定の陳述機能を持つが，喚体的な資質の拡張にとどまるものである。また，時間的限定性の観点では，ク語法節が表す事態は，特定の時間におけることがらの叙述としてではなく，一般時間に成立することがらとして叙述する場合に用いられることが多い。通達動詞による引用表現（「宣ク，（引用部）と」）などでも，引用内容は祈りや宣旨であり，いつの時点でも効力を持つことがらとして通達されている。以上のことからク語法は，奈良時代の用言に対して体言としての機能を与える動名詞相当の用言派生形である。

●**ク形・ラク形の成立期の差と衰退**──ク語法の成立は，従来一元説を含めてク・ラク両形の共時成立が通説だが，ク形がラク形に先行成立していたと考えられるいくつかの根拠がある。まず，ク形は単語として機能しない単位（語基としての未然形）につく点で派生度の小さい語形（屈折語尾）であるのに対し，終止形につくラク形はより膠着的な接尾辞で，派生度がより大きいこと。次に，ク形は古形未然形を持つ古層の形容詞または強変化動詞における用法であるのに対し，ラク形は弱変化動詞（強変化動詞より後発成立したとされる）における用法だといえること。さらに，文法カテゴリーの分布が著しく異なっており，ク形は肯否の認め方，テンス，ムードなどのカテゴリーを持つのに対し，ラク形はこれらの用言的カテゴリー（アスペクトなどの動詞的カテゴリーより一般性が高い）を欠いていること，などが指摘できるからである。

平安時代のク語法では，動詞活用パラダイムの再編にゆらぎながらも（四段動詞のラク形事例），訓点資料の心理動詞・通達動詞による反復表示的な引用表現においてその命脈を保つ（「云ク，（引用部）と言ふ。」）が，動名詞としての機能はその他の名詞化手続きである用言連体形の機能（準体法用言）との分布競合や接続助辞・形式名詞などの発達が誘因となって，急速に衰退したと考えられる。いくつかのク語法は化石化し，現代語の固定表現など（「願わくは」「おそらく」）にその形式を留めている。

▶ミ語法，準体句，陳述論，文の成分

■**参考文献**

川端善明（1979）『活用の研究Ⅱ』大修館書店．〔増補再版：清文堂出版，1997〕

信太知子（1993）「『万葉集』における連体形準体法とク語法──句構造の観点から」，『小松英雄博士退官記念日本語論集』三省堂．

須田淳一（2006）「「文」の体言化──［-ク］と［-ラク］とのちがい」『国文学 解釈と鑑賞』71-1．

高橋太郎他（2005）『日本語の文法』ひつじ書房．

　　　　　　　　　　　　　　　　［須田淳一］

■**久野 暲**（くの すすむ　1933-　）

●**経歴**──東京都生まれ。東京大学言語学科修士課程修了後，フルブライト客員研究員として1960年からハーバード大学で数理言語学を研究。1963年2月にハーバード大学言語学科大学院に入学，翌年の1964年6月にPh.D.を取得。同年9月から2004年までの40年間にわたり，ハーバード大学言語学科で教育と研究に従事。現在，ハーバード大学名誉教授。

●**研究業績**──主著に『日本文法研究』，『談話の文法』，『新日本文法研究』，『日本語機能的構文研究』（共著）（以上，大修館書店），*The Structure of the Japanese Language*（MIT Press），*Functional Syntax*, *Grammar and Discourse Principles*（共著）（以上，Univ. of Chicago Press），『日英語の自動詞構文』（共著，研究社），*Quantifier Scope*（共著，くろしお出版），*Functional Constraints in Grammar*（共著，John Benjamins），『英語の構文

とその意味』（共著，開拓社）等がある。「機能的構文論」（Functional Syntax）の創始者として世界的に著名で，日英語等の構文分析を行なう際に，統語的要因だけでなく，意味的，機能的，談話的要因がいかに重要な役割を果たしているかを様々な現象を通して明らかにしている。

『日本文法研究』，『新日本文法研究』，The Structure of the Japanese Language では，主題，対照，総記，中立叙述，新情報，旧情報のような概念で，「ハ」と「ガ」が分析され，さらに日本語の動詞，副詞節，関係節，（再帰）代名詞，存在文，受身文，敬語，否定と疑問など広範な現象が統語的，機能的側面から分析されており，これらの著書は，日本語構文研究のバイブルと言える。

日英語の省略と視点を論じた『談話の文法』では，情報の重要度/新情報・旧情報の観点から「省略順序の制約」が提出され，授与動詞，相互動詞，主観表現，再帰代名詞，「行く・来る」等の分析において，話し手の視点（エンパシー/共感度）を考慮することがいかに重要であるかが明快に示されている。さらにその他の著作では，代名詞・再帰代名詞解釈，移動現象，数量詞の作用域，日英語の非対格性現象など，様々な現象が考察され，生成文法の純粋な統語的制約による分析の不備が指摘されるとともに，機能的構文論による解決案が提示されている。

　　　　　　　　　　　　　　　[高見健一]

■クライ

1．「くらい」は，(1)のように数量に付いて，概数を表す。時刻や日付の場合は(2)のように「くらいに」を使う。
　(1)牛肉を1キロくらい買ってきて。
　(2)3時くらいに帰ってきます。
2．疑問詞に「くらい」を付けて，大体の程度を尋ねることができる。
　(3)どれくらい必要ですか？
3．「これ・それ・あれ」に付けて，具体的な程度を表すことができる。
　(4)これくらい下さい。
4．「くらい」が付いた語が，程度を表す。「ほど」と置換できる場合がある。
　(5)太郎ちゃんくらい賢くなってほしい。
　(6)気絶しそうなくらい驚いた。
　(7)僕のほうが，泣きたいくらいだ。
5．「〜は〜と同じくらい〜」という文型で，比較の対象が，同じ程度であることを表す。
　(8)太郎は次郎と同じくらい賢い。
6．「〜くらい〜ない」という文型で，「くらい」が付いた語は，他と比べて同じ程度のものがなく，最も程度が高いことを表す。「ほど」と置換できる。
　(9)花子（くらい・ほど）美しい人はいない。
7．「くらい」が付いた事態は，他に比較される事態の中で最低限成立すると期待・予測されることを表す。
　(10)そんなことくらい，子供でもできるだろう。
　(11)電話くらいかけてくれてもいいでしょ。

➡ホド，とりたて助詞

■参考文献
仁田義雄（1987）「助詞類各説」小川芳男・林大他編『日本語教育事典』大修館書店．
宮島達夫・仁田義雄編（1995）『日本語類義表現の文法』（上・下）くろしお出版．
グループジャマシイ編（1998）『日本語文型辞典』くろしお出版．
奥津敬一郎・沼田善子・杉本武（1986）『いわゆる日本語助詞の研究』凡人社．
益岡隆志・田窪行則（1992）『基礎日本語文法（改訂版）』くろしお出版．

　　　　　　　　　　　　　　　[澤田美恵子]

■黒田成幸（くろだ しげゆき　1934-2009）

●経歴――東京大学理学部（数学科），同大学文学部言語学科を卒業。名古屋大学大学院理学研究科修士課程（数学専攻）修了，マサチューセッツ工科大学大学院博士課程（言語学）修了（Ph.D）。その後，パリ第VIII大学準教授，カリフォルニア大学サンディエゴ校教授，東北大学教授，南カリフォルニア大学客員教授，マックス・プランク研究所研究員，カリフォルニア大学サンディエゴ校名誉教授などを歴任。

●研究実績――主著に(1) *Generative Grammatical Studies in the Japanese Language*, Ph.D. dissertation, MIT（1965；再版 1979年，Garland），(2) *The (W)hole of the Doughnut: Syntax and Its Boundaries*（E. Story-Scientia），(3) *Japanese Syntax and Semantics: Collected Papers*（1992，Kluwer Academic Publishers）などがある。

　黒田の研究を一言で言えば，理論の根本に変更を迫り，理論をさらに発展させる創造的・生産的・理論的研究である。博士論文(1)は，日本語を一躍世界の言語研究の最前線に押し上げた極めて重要な研究。特に当時の「変形は意味を変えない」というテーゼに根本的変更を迫った影響力の大きい研究。(2)に所収の"The Categorical and the Thetic Judgment"は，日本語の文法構造が人間の認識に基づく2つの判断（単一判断と二重判断）に実質的な支持を与えることを論じたもので，その後の話題・評言の研究に大きな影響を与えた。(3)に所収の"Whether We Agree or Not: A Comparative Syntax of English and Japanese"は，日英語比較研究に多大の影響を与えた論考で「動詞句内主語仮説」を理論的に提示した。

[中村　捷]

■形式動詞

　実質的意味を欠き，もっぱら文法的な機能をはたす動詞。山田孝雄，松下大三郎，村木新次郎の説をとりあげる（なお，時枝誠記（1950）にも，形式動詞についての言及がある）。

1．山田孝雄の説

　山田（1936）は，実質的な意味の存否から動詞を実質用言と形式用言に二分した。

　「ここに形式用言と実質用言との区別を明らかにせば，次の如くいふを得る。実質用言とは陳述の力と共に何らかの具体的な属性概念の同時にあらはされたる用言にして，形式用言とは陳述の力を有することは無論なるが，実質の甚だしく欠乏してその示す属性の意味甚だ希薄にして，ただその形式をいふに止まり，その最も抽象的なるものは存在をいふに止まり，進んでは単に陳述の力のみをあらはすに止まるものなり。」

　山田によれば，形式用言は，(1)意義上偏向するところのあるものとしての形式動詞「す」「する」，形式形容詞「ごとし」，(2)純然として属性を有しない，存在詞「あり」「ある」と，それが他の語についたもの（形容詞の補助活用，形容動詞語尾，助動詞，同じく口語説明存在詞の「だ」「です」など，をさし，形式用言は属性概念を表さないため，それを表す語とともに用いられ，両者が組み合わさって実質用言と同じ役割を果たすとした。

2．松下大三郎の説

　松下（1930）は，詞（単語）と原辞（形態素）の区別を説き，形式的意義だけを持ち，実質的意義を欠く動詞を形式動詞としている。形式動詞がその実質的意義の補われる補われ方に以下の6種があるとする。

　(1)単純形式動詞：自己に欠けた実質的意義が

補語によって単純に補われる形式動詞。

　　　勉強／お教え／読み書き／泣いたり笑ったり
　　　する／なさる／いたす／できる／…

(2)修用語を承ける形式動詞：以下のような「…て」を受けるものである。

　　　席を譲って　やった　　本を読んで　いる
　　　もう行って　しまった

(3)連体語を承ける形式動詞：連体語とは他語の意義の体を修飾する語であって，名詞の連体格（…の），動詞の連体格および副体詞の三者である。

　　　知事も見える　筈です
　　　此れで押し通す　つもりです

(4)主語客語を承ける形式動詞：自己に欠けた実質的意義を，主語や客語によって補われるもの。

　　　学識が　ある　　　よい音が　する
　　　官僚に　なる　　　心配を　なさる

(5)接頭形式動詞：他語の頭へ用いるもの。

　　　まるで　打って変わった態度だ
　　　先生がふらりと　遣って来た

(6)寄生形式動詞：何等直接の関係の無い前言に寄生し，前言の意義を自己の実質的意義に利用する形式動詞。

　　　「すると」「だけれども」など。

3．村木新次郎の説

村木（1991）では，「実質的な意味を名詞にあずけて，みずからはもっぱら文法的な機能をはたす動詞」を「機能動詞」と定義している。この機能動詞は形式動詞と置き換えてもよい性質をもつ。「においが　する」「誘いを　かける」「決定を　くだす」「連絡を　とる」「誘いを　うける」などの語結合において，実質的な意味は名詞がにない，動詞は実質的な意味が稀薄で，複合的な述語をつくる文法的な役割をはたしている。形式動詞は実質的意味の有無によって実質動詞と対立するが，「する」のような形式動詞専用のものもある一方で，「かける」「とる」のように，双方の用法をもつものもある。すなわち，「ハンガーに　背広を　かける」は実質動詞であり，「友人に　誘いを　かける」は形式動詞である。形式動詞の多くは，実質的意味の空疎化（一種の文法化）によってうまれたものであろう。それゆえ，形式動詞には，意味の空疎化の程度に応じて，典型的なものとそうでないものとがある。

村木（1991）では，形式動詞（機能動詞）の文法的な意味として，ヴォイスに関わるもの（たとえば，「反対に　あう」「注目を　あつめる」「批判を　あびる」は受動の意），アスペクトに関わるもの（たとえば，「努力を　かさねる」「失敗を　くりかえす」は反復相の意），ムードに関わるもの（たとえば，「調整を　はかる」「逆転を　ねらう」は動作主体の意志の意）などをあげている。

村木のいう「機能動詞」を「軽動詞（light verb）」と呼ぶ研究者もいる。

➡動詞，文法化

■参考文献

松下大三郎（1930）『標準日本口語法』中文館書店．

村木新次郎（1991）『日本語動詞の諸相』ひつじ書房．

山田孝雄（1936）『日本語文法学概論』宝文館．

　　　　　　　　　　　　　　［村木新次郎］

■形式名詞

実質的意味を欠き，もっぱら文法的な機能をはたす名詞。松下大三郎，佐久間鼎，三上章の説をとりあげる。

●松下大三郎の説──松下（1928）は，「来る者は拒まず。」「知らざる筈なし。」「人のなり，我がのに非ず。」「子孫のためを思ふ。」の「者」

「筈」「の」「ため」を形式名詞としている。「実際に説話の中に用ゐる場合には他語を以て其の控除した実質的意義を補充しなければ意義が具備しない」という。「来る」「知らざる」などが形式名詞の意義の不足を補充するものである。松下は，形式名詞は名詞のもっとも発達したものであり，日本語には多数の形式名詞があることを指摘した。形式名詞を二種に分け，第一種に「もの」「こと」「の」「譯」「筈」「かた」などを挙げ「事物の類を示すものであるから，示類の形式名詞」とし，第二種に「など」「なぞ」「なんど」「なんか」「等」を挙げ，「名詞と並列的に用ゐる形式名詞」であるとしている。「英國やなんぞへは行かない。」「珈琲かなんか飲みたい。」は，助辞ではなく，形式名詞と位置づけることを提言している。

●佐久間鼎の説──佐久間（1940）では，先行する句または節を受け得るものを「吸着語」と呼び，それらのうち，名詞的なものを形式名詞としている。「人・物」をあらわす「ひと」「かた」「（君にやる）ぶん」，「事がら」をあらわす「こと」「よし」「むね」，「様子・ありさま」をあらわす「ふう」「なり」「ざま」「とおり」，「程度」をあらわす「ほど」「くらい」「だけ」「ばかり」，「理由・所存」をあらわす「わけ」「はず」「つもり」，「時」をあらわす「とき」「おり」「あいだ」「節」「ついで」，「場所」をあらわす「ところ」「うしろ」「あたり」などをあげている。

●三上章の説──三上（1953）では，「それ自身としては独立して使わない小形の語詞で，先行の語句をただちに受けて，あたかも一つの品詞のようにするもの」を「準詞」と名づけた。三上は，「準詞」は「準名詞」「準動詞」「準形容詞」「準副詞」に細分できるとし，「の」が代表的な準名詞としている。

➡名詞，文法化

■参考文献

佐久間鼎（1940）『現代日本語の研究』厚生閣.
松下大三郎（1928）『改撰標準日本文法』紀元社.
三上 章（1953）『現代語法序説』刀江書院.〔増補復刊：くろしお出版，1972〕

[村木新次郎]

■継続

●継続とは──継続は，時間概念であり，広義アスペクトに関わる。大きくは，次の5つのタイプがある。①は継続相，②は継続動詞と言われることが多い。

①シテイル形式が表す文法的意味としての継続
②動詞自体の語彙的意味のなかにある範疇的側面としての継続
③局面動詞としての継続
④時間副詞における継続
⑤時間の従属複文における継続

●継続相──標準語のシテイル形式は，「犬が走っている」のように動作の継続を表す場合と「犬が部屋に入っている」のように変化結果の継続を表す場合があるが，この2つの基本的意味をまとめて，継続相と言う。

(1)来た。見た。勝った。
(2)来ていた。見ていた。勝っていた。

(1)の場合では，3つの運動（動作や変化）が継起的に起こったことを表しているが，(2)の場合では，3つの運動の時間関係は，同時である。シテイル（シテイタ）形式では，1つ1つの動作や変化結果を継続的に捉えているが，スル（シタ）形式では，非継続的に，つまりはひとまとまりとして完成的に捉えるからである。このように，継続相は，完成相という用語と対立させて使用する。奥田靖雄（1977）によって提示された。

なお，京阪を除く西日本諸方言では，標準語とは異なって，「犬が走りよる」「犬が部屋に入っとる」のように，動作継続と結果継続を異なる形式で表し分ける。このような場合には，継続相という言い方はできない。

●**継続動詞**——戦後のアスペクト研究の出発点となった金田一春彦（1950）によって提示された，アスペクト的観点からみた動詞4分類の1つで，「-ている」形式が，動作の進行を表す動詞である。継続動詞は，動作・作用がある時間内続いて行われる種類の動詞であると規定されており，これに対立するのは瞬間動詞である。

継続相という時には，文法的なアスペクト的意味として規定され，継続動詞という時には，動詞の語彙的意味のタイプとして規定される。

●**局面動詞としての継続**——「雨が降りつづく」「働きつづける」「物価が上がりつづける」のように，動作や変化の開始の時間的限界と終了（中止）の時間的限界の間にある中間の局面を表す。この場合には「～はじめる（だす）」や「～おわる（やむ）」のような開始や終了（中止）を表す局面動詞との対立関係のなかで規定される。局面動詞は，文法的なアスペクト対立そのものではないので，「雨が降りつづいている」「物価が上がりつづけている」のように，動作や変化の中間局面を継続的に捉えることが可能である。

●**継続を表す時間副詞**——「ずっと，長らく，しばらく，当分」のような時間副詞は，「永遠に」のような時間副詞と「一瞬」のような時間副詞の間に位置して，事象の継続時間を表す。「長い間，しばしの間」のような複合語的形式もある。また「9時から」のような名詞のカラ格も，名詞が開始時点を示しながら，動作や状態の継続を表す。これに対立するのは「9時まで」のような名詞のマデ格である。

●**継続を表す時間の従属複文**——「客が来ている間，子供達は外に出ていた」「客が帰るまで，子供達は宿題をしていた」のような時間の従属複文も継続を表す。「客が来ている間に，子供達は外に出た」「客が帰るまでに，宿題をした」の場合でも，従属文は継続期間を表すが，主文の事象はその継続期間内に起きた完成的な運動になる。

➡継続動詞と瞬間動詞，アスペクト

■**参考文献**

奥田靖雄（1977）「アスペクトの研究をめぐって」『宮城教育大学国語国文』8.〔再録：奥田靖雄（1985）『ことばの研究・序説』むぎ書房〕

奥田靖雄（1988）「時間の表現(1)(2)」『教育国語』94，95.

金田一春彦（1950）「国語動詞の一分類」『言語研究』15.〔再録：金田一春彦編（1976）『日本語動詞のアスペクト』むぎ書房〕

金田一春彦編（1976）『日本語動詞のアスペクト』むぎ書房.

仁田義雄（2002）『副詞的表現の諸相』くろしお出版.

［工藤真由美］

■継続動詞と瞬間動詞

金田一（1950）は，アスペクトの観点から日本語の動詞を以下のような四つの種類に分類した。第一種の動詞（状態動詞）（「ある，出来る」など）は，状態を表わす動詞で，「-ている」をつけることがないものである。第二種の動詞（継続動詞）（「読む，書く」など）は，ある時間内続いて行われる動作・作用を表わす動詞であり，「-ている」をつけることができ，つければ，その動作が進行中であることを表わす。第三種の動詞（瞬間動詞）（「死ぬ，（電燈が）つく」など）は，瞬間に終ってしまう動作・作用を表わす動詞であり，「-ている」をつ

けることができ，つければ，その動作・作用が終ってその結果が残存していることを表わす。第四種の動詞（「そびえる」「すぐれる」など）は，ある状態を帯びることを表わす動詞で，いつも「－ている」の形で状態を表わすのに用いられるものである。そして，以上の四種類の動詞のうち，動作・作用を表わす継続動詞と瞬間動詞という分類が，その後，アスペクトに中心的に関わる重要な分類として広く知られるようになっていったのである。ただし，継続動詞と瞬間動詞の規定は，金田一自身も上記の論文の中で断っているように，松下（1928）の「継続性の動作」「瞬間性の動作」や，佐久間（1936）の「継続的な動作」「瞬間的，変化的な事象」といった規定を引き継いだものである。

その後，藤井（1966）は，継続動詞と瞬間動詞と交差するものとして，結果動詞と非結果動詞という分類を提起した。すなわち，継続動詞と瞬間動詞の中には，実現したあとに結果を残すものと残さないものとがあり，そのことが，上に述べたような「－ている」のアスペクト的な意味に関係するというのである。たとえば，継続動詞の中の，「読む」は非結果動詞であるが，「着る」は結果動詞であり，また，瞬間動詞の中の，「結婚する」は結果動詞であるが，「一瞥する」は非結果動詞である。この藤井の分類は，その後，高橋（1969），吉川（1971），鈴木（1972）らにうけつがれ，継続性（持続性）と結果性の有無による十字分類として整理された。だが，それは，金田一の継続動詞と瞬間動詞とともに，奥田（1978）により批判されることになる。

➡継続，運動動詞と状態動詞

参考文献
奥田靖雄（1978）「アスペクトの研究をめぐって」『教育国語』53，54．〔再録：奥田靖雄（1985）『ことばの研究・序説』むぎ書房〕

金田一春彦（1950）「国語動詞の一分類」『言語研究』15．〔再録：金田一春彦編（1976）〕

金田一春彦編（1976）『日本語動詞のアスペクト』むぎ書房．

佐久間鼎（1936）『現代日本語の表現と語法』厚生閣．

鈴木重幸（1972）『日本語文法・形態論』むぎ書房．

高橋太郎（1969）「すがたともくろみ」．〔再録：金田一春彦編（1976）〕

藤井 正（1966）「「動詞＋ている」の意味」『国語研究室』5．〔再録：金田一春彦編（1976）〕

松下大三郎（1928）『改撰標準日本文法』紀元社．

吉川武時（1971）「現代日本語動詞のアスペクトの研究」．〔再録：金田一春彦編（1976）〕

［須田義治］

■形態音素

● **形態音素とは**──一つの形態素が複数の形（異形態）を持つとき，異形態間に音韻（音素）の交替が生じる。この音韻交替を形態音素交替といい，その音韻交替のもとになる抽象的な音形を形態音素（morphophoneme）という。

● **連濁と形態音素**──日本語の連濁現象では一つの形態素が複数の二つの音韻に具現する。たとえば「傘」は単独では［kasa］，複合語の中では日傘，雨傘のように［gasa］という音形を持つ。日本語の音韻体系においてkとgは異なる音韻であり，「烏─ガラス」「過去─加護」のように［k］と［g］を入れ替えることによって意味の違いが生じる。「傘」という形態素がこのように複数の音韻に具現しているのである。図示すると次のようになる。

```
      {Kasa}
       ╱╲
   /kasa/  /gasa/
```

/kasa/〜/gasa/のような交替を形態音素交替といい、両者のもとになる形（KasaないしはK）を形態音素と呼ぶ。この現象は語形成や屈折などの語形変化に伴って起こることが多い。

(1) 雨（am<u>e</u>）―雨傘（am<u>a</u>gasa）
　　上げる（ag<u>e</u>ru）―上がる（ag<u>a</u>ru）
(2) Chr<u>i</u>st［ai］―Chr<u>i</u>stmas［i］
　　l<u>ea</u>f―l<u>ea</u>ves, l<u>i</u>fe―l<u>i</u>ve

形態音素交替は特定の形態素の特性として現れるものであり、音韻そのものの特性ではない。たとえば［k］という音韻を持つ形態素がすべて［g］と交替を起こすわけではない。

●**形態音素交替と異音変異**――形態音素交替は異音変異と混同されやすい。たとえば「秋（aki）」のkiは「秋」という語ではしばしば母音の無声化（i̥）を起こすが、「秋晴れ」では通常起こさない。つまり「秋」という一つの形態素が［aki̥］と［aki］の二つの音形を持っている。しかし、［i̥］と［i］は日本語の体系の中で意味の違いを作り出すことはなく、あくまでも/i/という同一音韻の異音にすぎない。

◆形態素

■参考文献

窪薗晴夫（1995）『語形成と音韻構造』くろしお出版.
窪薗晴夫（1999）『〈現代言語学入門2〉日本語の音声』岩波書店.

　　　　　　　　　　　　　［窪薗晴夫］

■形態素

●**形態素をどう抽出するか**――言語単位の一つで、語よりも小さい単位として位置づけられる。原語はmorpheme。一般的には、「意味を有する最小の単位」（minimum meaningful unit）と規定される（morphemeには、ヴァンドリエス（Joseph Vendryes）による別種の規定があるが、現在ではほとんど用いられない）。たとえば、「きのう友だちと山に行きました。」という発話の場合、他の様々な発話と比較することにより、「きのう」「とも（友）」「だち」「と」「やま（山）」「に」「いき（行）」「まし」「た」という形式が最小の形式として切り出される（「いきました」「やまにいきました」等も形式である）が、これらのうち、「きのう」「とも」「やま」のように単独で発話を形成することができる形式を「自由形式」（free form）といい、それ以外の単独で発話を形成することのできない形式を「拘束形式」（bound form）という（服部四郎はこの分類を批判し、両形式の規定を若干修正するとともに「附属形式」と「附属語」という区別を新たに導入した）。これらの最小形式のうち、「きのう」「とも」「と」「やま」「に」に関しては、同一類を構成すると考えられる他の形式が存在しないので形態素として認定されるが、「だち」「いき」「まし」「た」に関しては、意味的・形態的類似性、および分布（特に相補分布（complementary distribution））の観点から、それぞれ更に、「たち」、「いく」「いか」「いけ」……、「ます」「ませ」……、「たら」「たろ」……、といった形式を同一類として扱うことが可能であるので、それらを含めたかたちで一形態素とされる。すなわち、形態素というのは、（複数の）形式から抽象化された存在なのである。なお、特定の形態素の具体的現れとしての形式を特に「形態」（morph）と言い、同一形態素に属する複数形態は互いに「異形態」（allomorph）と呼ばれるが、通常、異形態の一つを代表形態とし、それでもって形態素を表示する。従って、上の例では、形態素は｛きのう｝｛とも｝｛たち｝｛と｝｛やま｝｛に｝｛いく｝｛ます｝｛た｝

となる（形態素は｛　｝で括って表示する）。自由形式を異形態として有さない形態素は「拘束形態素」（bound morpheme）であり，有する形態素は「自由形態素」（free morpheme）である。なお，異形態間の音韻分布を考える分野を形態音韻論（morphophonology）と言い，異形態間で対応する音素を形態音素（morphophoneme）と呼ぶ。

●単位を抽出する際の問題点——形態素という単位は，主にアメリカ構造主義言語学の中で発展させられてきた概念であり，実際に文法を記述していく上では重要な存在であるが，理論的には問題も多い。特に，意味（形態素の意味を「意義素」（sememe）という）との関わりで幾つか問題点が指摘されている。たとえば，「差し金」という語の場合，形式上は「さし」と「がね」とに分けられるが，それらが結合するとどうして「かげから人をあやつること」の意味になるのかよくわからない。すなわち，ここでは，「さし」と「がね」とは「差す」と「金」との意味を実質的には有していないと考えられ，こういう場合を形態素の規定との関わりでどう扱うかが問題となる。「朝顔」や「濡れ衣」なども同様であるが，この場合は，まだ「あさ」と「かお」，「ぬれる」と「ぎぬ」の意味が何らかの形で生きていると言えよう。そして，こういったケースの延長上に，「おがくず」「くちびる」の「おが」「びる」のような「無意味形態素」と呼ばれる存在があるが，こういったものがありうるのは，意味を実際に担う単位はあくまでも語であるからに他ならない。なお，以上のような場合との関わりで，形態素の表わす意味は「異同的意味」（differential meaning），すなわち，二つの形態素の表わす内容が同じか違うかという点での意味，に過ぎないとされることもある。

➡形態音素，相補分布

■参考文献

服部四郎（1950）「附属語と附属形式」『言語研究』15．〔再録：服部四郎（1960）『言語学の方法』岩波書店〕
宮岡伯人（2002）『「語」とはなにか——エスキモー語から日本語をみる』三省堂．
宮島達夫（1973）「無意味形態素」『国立国語研究所論集4　ことばの研究4』．〔再録：宮島達夫（1994）『語彙論研究』むぎ書房〕
森岡健二（1994）『日本文法体系論』明治書院．
森岡健二他編（1974）『〈シンポジウム日本語2〉日本語の文法』学生社．

〔斎藤倫明〕

■形態論[1]

●形態論（morphology）とは何か——文法論は，統語論と形態論からなる。統語論は，単語を組み合わせて文をつくる領域をあつかい，形態論は，単語の内部構造をあつかう。形態論は，単語のさまざまな文法的な語形を体系づけるものである。形態論の成立には，単語のただしい認識がなければならない。伝統的な日本語文法では，単語の認定に失敗したため，その結果，形態論が存在しなかった。単語は，現実の，あるいは人間の観念をも含めて現実をこえる言語外的な世界の断片を一般的にきりとって言語化するという命名（名づけ）の単位であるという語彙的側面と，それがコミュニケーションの単位である文の中で，ある語形となってあらわれ，他の単語と組み合わさって句や文をつくるという文法的な側面とをあわせもつ，言語におけるもっとも基本的な単位である。

　伝統的な国文法のように，「読ん-だ」「読も-う」「読め-ば」のように切り離し，「読ん」「読も」「読め」を語形として並べるのではなくて，「読んだ」「読もう」「読めば」を動詞の語形として，その体系を論じなければならない。さら

に、松下大三郎が『日本俗語文典』で扱ったように、「ツキャー（月は）」「ツキン（月の）」「ツキイ（月へ）」「ツキョー（月を）」を名詞とその語尾（融合形）と見ることによって、名詞の形態論が成立する。

●**日本語の形態素**──日本語の形態素は、相対的に自立性の高い語基（base）と自立性を欠いた付属辞に分けられ、付属辞は、さらに以下の3つに分類される。

（i）接辞（affix）：語基と組み合わさり、派生語をつくる要素。接辞には、接頭辞と接尾辞がある。

（ii）語尾（ending）：語幹（stem）に後接し、語幹と強く結びついている形式。語幹は変化しない部分であり、語尾は変化（交替）する部分である。語尾の独立性は、もっとも弱く、語幹と一続きに発音される。

（iii）助辞（particle）：語基あるいは語幹と語尾からなる形式につく小さな形式。

基本的には、語基は合成語をつくる要素で語形成上の単位であり、語幹は同一の単語の文法的な語形をつくる単位である。

●**形態論の範囲**──形態論の扱う範囲は次のとおりである。

(a)単語の文法的な形式
(b)単語の文法的な意味
(c)形態論的カテゴリー
(d)語彙の分類としての品詞論
(e)語形成論

(a)の単語の文法的な形式には、(1)語尾、(2)接辞、(3)助辞、(4)補助的な単語、(5)音声的な特徴づけ、(6)補充法、(7)反復（くりかえし）、がある。以下に、それぞれの例を示す。

(1)語尾：（食べ）ru/ta/；ro/yoo/reba、（高）i/ku/kereba など

(2)接辞：（食べ）mas/rare/na（否定）/sou/nagara、（高）sou/sa、

(3)助辞：（山）ga/wo/ni/kara

(4)補助的な単語：（彼に）とって、（日本に）対して、（将来の）ために、（読んで）いる/ある/しまう/みる/あげる、（ほしく）ない

(5)音声的な特徴づけ：アクセントやイントネーションによる。「（もっと）食べる？」と尻上がりに発音することで、〈質問〉を特徴づけたり、「（さっさと）食べる！」と強い調子で言うことで、聞き手への〈命令〉を特徴づけたりできる。

(6)補充法：動詞の〈丁寧な命令〉は、接尾辞 mas の系列「食べませ」ではなく、nasaru の系列「食べなさい」であるように、別の系列で埋め合わせる。

(7)反復：「かわるがわる」「泣く泣く」、「高々」「軽々（と）」のような同一の形式を反復するもの。

なお、(1)語尾、(2)接辞、(3)助辞、(4)補助的な単語は、主要な単語の文法的な形式をつくる手続きではあるが、(1)が総合的（synthetical）であるのに対して、(4)が分析的（analytical）であり、(2)と(3)は、それらの中間的な方法ということになる。

●**形態論的なカテゴリー**──こうして、さまざまな表現手段によって文法的な語形が存在する。個々の文法的な語形は、それぞれの文法的な意味や機能をになっている。個々の形態論的な形は孤立して存在せず、かならず他の同類の形とともに対立をなしている。この体系対立を形態論的なカテゴリーという。つまり、ある形態論的な形は、なんらかの形態論的なカテゴリーのメンバーである。たとえば、動詞「読んだ」は、「読む」との間に、〈過去〉と〈非過去〉という対立がみられ、《テンス》の形態論的なカテゴリーをもつ。同様に、「読まない」は「読む」との間に、〈否定〉と〈肯定〉という対立がみられ、《肯定否定（＝認め方）》のカテゴリーをもつ。「読みます」と「読む」には、〈丁寧〉と〈非丁寧〉の対立にもとづく《丁寧

さ（＝スタイル）》の，「読むだろう」と「読む」には，〈推量〉と〈断定〉の対立にもとづく《対事ムード》のカテゴリーがとりだされる。基本形「読む」は，いくつかの有標の項に対して，無標の項として機能する。これらの関係を図示すると図1のようになる。

図1　「読む」の活用形

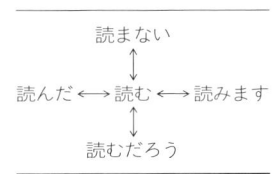

　　　　　　　読まない
　　　　　　　　↑
読んだ ←→ 読む ←→ 読みます
　　　　　　　　↓
　　　　　　　読むだろう

なお，「読んで　いる」と「読む」との間に，〈継続相〉と〈単純相〉という《アスペクト》のカテゴリーがみられるとするなら，対立項の一方である〈継続相〉の形は，本動詞「読んで」と補助的な単語「いる」との組み合わせによるものである。

なお，動詞のいわゆる未然形（「読ま」）や仮定形（「読め」）は，単独では文法的な意味も機能ももたないので，動詞の形態論的な形ではなく，形態論的なカテゴリーのメンバーになる資格をもたない。また，いわゆる助詞や助動詞などの文法的な形態素をとりたてて，それの文法的な意味や機能を明らかにするという方法では，語形変化する単語の文法的なしくみを体系的にとらえることはできない。

●**形態論の構築**——伝統的な国文法では，「食べ-させ-られ-まし-た」というように分割し，「させ」に〈使役〉を，「られ」に〈受動〉を，「まし」に〈丁寧〉を，「た」に〈過去〉の意味を読み取るだけで，それらの対立項が意識されず，形態論的なカテゴリーをとりだすことができなかった。語形変化を継起的（syntagmatic）にみるだけで，共起的（paradigmatic）な見方が欠落していた。ただし，「助動詞」を単語とする中にも，「動詞」と「助動詞」の組み合わせを活用連語として，パラダイムを構築しようとした研究者はいた。たとえば，芳賀矢一は，『中等教科　明治文典』の中で，動詞連語表をつくっている。

日本語の動詞の語形変化を共起的にとらえたのは，物理学者の田丸卓郎，英語学者の宮田幸一らであった。両者には，ローマ字をもって動詞の活用を説いたという点が共通している。ローマ字表記では，分かち書きが必然であり，そこから単語への認識が自覚された。田丸卓郎による動詞の活用は図2のとおりである。

また，宮田幸一は，図3のような動詞の活用

図2　田丸卓郎（1920）による動詞の活用

切れる形
1．現在　　　　　　miru, - minai, (min, minu)
2．過去　　　　　　mita, - minakatta, (minanda)
3．推量の現在　　　miyô, - mimai, (minakarô)
4．推量の過去　　　mitarô, - minakattarô, (minandarô)
5．命令　　　　　　mii! miro! (miyo!) - miruna!

続く形
6．接続　　　　　　mite, - minaide, (minakute, minde), mizuni
7．中止　　　　　　mi, - mizu
8．列挙　　　　　　mitari, - minakattari, (minandari)

条件の形
9．不定条件の現在　miruto, - minaito, (minto)
10．不定条件の過去　mitara, mitaraba, - minakattara, (minakattaraba, minandara)
11．定条件の現在　　mireba, - minakereba, (mineba)
12．定条件の過去　　mitareba, - minakattareba, (minandareba)

図3　宮田幸一（1948）による動詞の活用

本詞	叙実本詞	現在形	aruku	終止的にも連体的にも用いられる
		過去形	aruita	
	叙想本詞	現在叙想形	arukô	
		過去叙想形	aruitarô	
………		命令形	aruke	………終止形に用いられるだけ
分詞	状態分詞	シテ分詞	aruite	
		シナガラ分詞	aruki-nagara	
		シツツ分詞	aruki-tutu	
	条件分詞	スレバ分詞	arukebe	
		シタラ分詞	aruitara	

表1　鈴木重幸（2008）による動詞の活用体系

ムード　　テンス　　アスペクト

ムード		テンス	アスペクト 完成相	アスペクト 継続相
直説法	断定（いいきり）	非過去	よむ yom-u	よんで　いる yon-de i-ru
		過去	よんだ yon-da	よんで　いた yon-de i-ta
	推量（おしはかり）	非過去	よむ=だろう yom-u = darô	よんで　いる=だろう yon-de i-ru = darô
		過去	よんだ=だろう yon-da = darô	よんで　いた=だろう yon-de i-ta = darô
命令法	命令		よめ yom-e	よんで　いろ yon-de i-ro
	さそいかけ		よもう yom-ô	よんで　いよう yon-de i-yô

※“-”のあとの要素は語尾，“=”のあとの要素はくっつき（助辞），空白は単語のきれ目。

を提起した。

田丸卓郎や宮田幸一の立場を受けて，あるべき日本語の形態論を構築したのは，鈴木重幸である。鈴木が示した動詞の活用体系（終止形）を表1に示す。

上村幸雄は，首里方言の，名詞・動詞・形容詞の形態論の輪郭を記述した。

➡語(単語)，品詞，活用，語形変化，きれつづき，構文論(統語論)

参考文献

上村幸雄（1972）「琉球方言入門」『言語生活』251.

鈴木重幸（1972）『日本語文法・形態論』むぎ書房.

鈴木重幸（2008）「文法論における単語の問題」『國語と國文學』（東京大学国語国文学会）85-1．

田丸卓郎（1920）『ローマ字文の研究』日本のローマ字社．

宮田幸一（1948）『日本語文法の輪郭』三省堂．〔復刊：くろしお出版，2009〕

村木新次郎（1991）『日本語動詞の諸相』ひつじ書房．

[村木新次郎]

■形態論[2]

形態論においては，名詞，動詞，形容詞のように，語形変化する品詞の形態論的な形は，同類の形態論的な形とともに体系をなして，形態論的なカテゴリーのメンバーとして位置づけられる。形態論においては，形態論的な形の内部構造の問題や，語形変化のタイプの問題も対象となるが，ここではおもに形態論的なカテゴリーと形態論的な形の関係について，古代日本語が近現代語とことなる点を中心に記述する。動詞と名詞が形態論の主要な対象であるが，名詞の形態における古代語と近現代語のちがいはくっつく助辞の形の交代がほとんどで，動詞に比して，その質的差異はちいさいので，ここではおもに動詞について，古代語が近現代語とことなる点を記述する。

1．名詞の形態論

ただし，格語形については，名詞においても古代語と近現代語で形態論的に見てちがいがおおきい。それは，古代語では，はだかの形（いわゆる助詞のつかない形。無助詞形などともいう）があって，それが主格，対格両方の役割を演じていたということである。つまり，古代語においては，主語を一義的に指示する格語形は存在しなかったが，近現代語では「が」格が主格を指示する語形となり，主格が成立する。これは，古代語と近現代語が類型論的に見て，別のタイプに属することを示唆する指標であるとも考えられる。

2．動詞の形態論的なカテゴリー

実際に文のなかにもちいられている単語は，ヴォイス，アスペクト，テンス，ムード，みとめ方，のべ方，きれつづき，などのカテゴリーを同時に実現している複合的な形をもっている。ここでは，動詞が文のなかでそれ以外の単語とどのような統語論的な関係をむすぶかを表わす〈きれつづき〉（→きれつづき）についての記述は割愛し，それ以外のカテゴリーがそれぞれの語形のなかでどのように実現しているかをあきらかにする。

終止述語をとると，そこには，のべ方，みとめ方，ムード，テンスなどのより主観性のつよいカテゴリーを表わす語形変化と，ヴォイス，アスペクトなどのより客体性のつよいカテゴリーを表わす語形変化とを区別することができる。動詞の形態論的な体系を整理するにあたって，のべ方，みとめ方，ムード，テンスによる主観性のつよい語形変化をせまい意味での語形変化とし（表1参照），ヴォイス，アスペクトなどによる客体性のつよいカテゴリーにおいて，文法的意味が動詞の語彙的意味にくいいって文法的派生動詞をつくる語形変化と区別する必要がある（表2参照）。つまり，「のまる」「のみたり」などの一定のヴォイス，アスペクトを表わす形態を，もとになる動詞「のむ」なみにあつかい，それと同様に語形変化するという考え方をとる。語形変化表（パラダイム）においては，のべたて，願望，命令という〈のべ方〉の対立があり，そのもとに肯定，否定という〈みとめ方〉の対立があり，さらにそのもとに断定と推量という〈ムード〉の対立が位置し，最後に過去と非過去という，〈テンス〉の

表1　古代語終止形の語形変化表

のべ方	みとめ方	ムード	テンス	語形
のべたて	肯定	断定	非過去	のむ
			過去	のみキ
				のみケリ
		推量	非過去	のまム
			過去	のみケム
				のまマシ
	否定	断定	非過去	のまズ
			過去	のまザリキ, のまズキ
				のまザリケリ, のまズケリ
		推量	非過去	のまジ, のまザラム
			過去	のまザリケム
				のまザラマシ
はたらきかけ	命令	肯定		のめ
		否定		ナのみ(ソ), のむナ, のまザレ
	願望			のまバヤ, のみテシガナ, のまナム

表2　文法的派生動詞（形容詞）

ヴォイス	能動態	のむ
	受動・自発・可能態	のまル
	使役態	のまス, のまシム
テンス・アスペクト	不完成相	のむ
	完成相	のみツ, なりヌ
	パーフェクト	のめり, のみタリ
希望	肯定	のまマホシ
	否定	のまマウシ

対立が位置するという構造をなすものとした。

現代語では，のべ方の区別は，第一次的には，のべたてとはたらきかけにわかれ，つぎにのべたては，ムードにおいて断定と推量とに，はたらきかけは，さそいかけと命令とにわかれるのであるが，古代語では，はたらきかけが願望と命令とにわかれるというところが，異なっている。なお，最近でこそ，「のむだろう」と「のもう」とによって推量とさそいかけ（勧誘・意志）が対立的に表わしわけられているが，古代語以来最近まで推量形「のまむ」とその後身の「のもう」において，推量とさそいかけは人称によってしか区別できない状態がつづいていた。

3. みとめ方のカテゴリーの重複

　また、古代語の語形変化において特徴的なことは、現代語ではみとめ方のカテゴリーによる語形変化は文法的派生動詞をつくる語形変化とみなせるのに対して、古代語ではそうすることはできない。それは、推量の非過去において、肯定形の「のまむ」に対して、否定形が「のまじ」というカテゴリー重複形として存在しており、「のまず」を否定動詞としてたてようとすると、「のまじ」のあつかいに問題が生ずるためである。なお、適当・不適当を表わす膠着的な助辞がついたと考えられる、「のむべし」はその否定形として融合的な「のむまじ」をもっているが、「のむまじ」はムード・テンスによって語形変化するので、これを肯定の「のむべし」に対して否定形容詞としてたてることに問題はない。接辞「まじ」は室町時代以降、「まい」と形をかえ、「じ」にかわって、否定の推量の語形となり、近世においてはせまい意味の語形変化の一角をになうようになる。

　なお、ムードにおける断定と推量の対立はのべたてにのみあらわれ、願望と命令ではその対立はない。

4. テンスのカテゴリーの特例

　また、のべたての諸語形は最終的に、テンスによる語形変化をおこすが、もちろん願望や命令はおこさない。なお、のべたての断定の語形において、テンスの対立が3項対立になっており、その一つに「のみけり」がはいっていることについては説明が必要であろう。接辞「けり」は一般に過去の助動詞とされているが、証拠にもとづいて断定する evidential な意味を表わすもので、特定のテンス的意味をもたないので、テンスを表わすものとはいえない。それが表1でテンスのカテゴリーを表わすものとされているのは、記述的な「き」に対して、表出的であり、表出性の結果として過去の一翼をになうことにもなるので、一定のテンス性をもつものとして、テンスのなかに位置づけたものである。

　また、表1で「のまし」がのべたての推量形における、テンスの一翼をになうものとしておかれているのは、接辞「む」と「けむ」がそれぞれ、推量の非過去と過去として対立しているのに対して、接辞「まし」は反現実の仮定として超時間的な推量を表わすものとして、存在しているからである。接辞「む」や「けむ」と「まし」は同一の語形のなかにあらわれることはないことから、それらとはりあう関係にあるものとして同じテンスのレベルに位置するものと考えたものである。

5. 文法的な派生形容詞と派生動詞

　古代語の希望を表わす「のままほし」は、せまい意味の語形変化における願望と意味的にかさなるが、話し手の主観的な願望だけではなく、第三者の希望を表わすことができるという意味で、客体的性格をもつので、文法的派生形容詞と考えることができる。また、否定の意味を語彙的な形のなかにとりこんだ、「のままうし」も文法的派生形容詞とすることができる。

　ヴォイスにかかわる文法的派生動詞においては、近現代語においては、可能の意味を表わすのに可能動詞形「のめる」が成立して、古代語では主体が補語になるという点で受動態のなかまであった可能が、主体が主語になるという点で、能動態のなかまにはいったというところにもおおきな変化があったといえよう。

　また、表2にしめした相を表わす文法的派生動詞においては、現代語では継続相とパーフェクト相はともに「のんでいる」という形で表わされ、別の形をもたないのに対して、古代語でははだかの形が継続の意味を表わすのに対して、タリ・リ形がパーフェクトを表わし、継続とパーフェクトとの関係が切れるということが

現代語とのおおきなちがいである。

6. 膠着的接辞（むすび）

　文法的派生動詞（形容詞）をつくる語形変化としては，述語として機能する単語のあとに膠着的につづき，それがつく単語とは一定の分離性をもつ接辞が存在する（このような機能をもつ要素を〈むすび〉と称する）。古代語には，この種の要素として現代語に存在しない意味を表わすものが存在する。その代表的なものは，のべられている情報がどのような証拠にもとづいて獲得されたかをしめす evidentiality（証拠性）のちがいを表わしわける語形変化「のむラム」「のむラシ」「のむナリ（いわゆる終止形接続）」「のむメリ」である。またほかに膠着的接辞として，適当・不適当を表わす「のむベシ」「のむマジ」があるが，はたらきかけの意味とかさなる部分をもっているので，意味的にはのべ方のどこかに位置づけることも可能な要素である。

　これらの接辞が膠着する述語にはヴォイスを表わす派生動詞やアスペクトを表わす派生動詞がくることをゆるすが，それ自身はせまい意味での語形変化を原則的にはしない。しかし，むすび「べし」だけは，ムード，テンスによる語形変化はもちろんだが，否定形式として「まじ」をもっていながら，みとめ方による語形変化もするという意味で，特異である。なお，適当・不適当の意味は，近現代語においては，「のまなければならない」「のむはずだ」「のむ方がいい」「のんでもいい」などの評価的なくみあわせ形式にとってかわられる。

◆語形変化，きれつづき，ムード，テンス，証拠性（エヴィデンシャリティー），ヴォイス，アスペクト，希望，無助詞，反実仮想，否定，モダリティ

■参考文献

阪倉篤義（1993）『日本語表現の流れ』岩波書店.

鈴木　泰（2010）「古典日本語のパラダイムについて」『日本語形態論の諸問題』ひつじ書房.

鈴木康之（1988）『概説・古典日本語文法』桜楓社.

鈴木重幸（2008）「文法論における単語の問題——単語中心主義に対する疑問にこたえて」『國語と國文學』85-1.

高橋太郎他（2005）『日本語の文法』ひつじ書房.

N.A.スィロミャートニコフ（植村進訳）（2006）『近世日本語の進化』松香堂.

　　　　　　　　　　　　　　　[鈴木　泰]

■形容詞[1]

1. 形容詞の基本的性格

●形容詞とは——単語の文法的な種類。いわゆる形容詞は，「大きい，熱い，悲しい」など語尾がイ音で終わる。最近は，形容詞をイ形容詞，いわゆる形容動詞をナ形容詞と呼び分け，形容動詞を含めて大きく一類化することがある。

●形容詞の基本用法・文法カテゴリー——形容詞の代表的な用法は，①名詞を修飾・限定し，②述語となり，③述語（主に動詞述語）を修飾・限定することである。それに応じて，「優しい人」「彼は優しい」「優しく接する」（文語では「優しき人」「彼，優し」「優しく接す」）と語形を変える。

　形容詞も述語になることによって，文法カテゴリーを帯びる。肯否［寒い—寒くない］，丁寧さ［寒い—寒いです—寒うございます］（「寒うございます」はご丁寧体とでもいうべきもの），さらに，テンス［寒い—寒かった］や認識のモダリティ［寒い—寒いだろう］が挙げられる。「寒かった」や推量の古い形である「寒かろう」から分かるように，文法カテゴリーの

表現には，カリ活用の成立が重要な役割を果たしている。

●**形容詞の基本的な意味・文法的性格**——動詞の典型が，動きを表すのに対して，イ形容詞・ナ形容詞（広義形容詞）は，状態や属性を表す。動詞が述語になり，様々な名詞句を共起させ，多様な格支配（文型）を有しているのに対して，広義形容詞も，述語になるが，動詞に比して格支配は活発ではなく，取りうる文型もさほど多様ではない。

広義形容詞の取りうる文型には，①「空が青い」「A君は健康だ」「富士山は美しい」のように，ガ格で表示されうる1項のみのもの。もっとも，属性・状態の主体は，<u>西の空が真っ赤だ</u>」のように，ガ格で表示される場合もあるが，「<u>柿の実は赤い</u>」「<u>彼は暇だ</u>」のように，通例「ハ」で表示される。②「彼は京都の地理に明るい」「A先生は生徒にきびしい」のように，ガ格とニ格を取るもの。③「博は武と親しい」「彼は兄｛と／に｝そっくりだ」のように，ガ格とト格（ないしはニ格）を取るもの。④「職場は自宅から遠い」のように，ガ格とカラ格を取るもの。⑤「部屋は人で一杯だ」のように，ガ格とデ格を取るものなどがある。

広義形容詞は，程度性を持つ状態・属性を表すことによって，「??この部屋は<u>とても</u>真っ暗だ」のような例外を除いて，「この部屋は<u>とても</u>静かだ」「僕は<u>ちょっぴり</u>淋しい」のように，程度副詞を取る。「雪が<u>かなり</u>積もった」のように，動詞が程度副詞を取ることもあるが，程度副詞と共起するのは，広義形容詞の特性である。

典型的な物名詞は，「*これは<u>とても</u>机だ」のように程度副詞を取らない。したがって，「彼は<u>少し</u>子供だ」「この辺りは<u>とても</u>都会だ」のように，程度副詞を共起させうる「子供」「都会」は，さま性を有し，一歩形容詞に近づいている。

「彼女は背が高い」「彼は歯が丈夫だ」のように，「ハ−ガ」構文によくなじむのも，広義形容詞の特性である。

2．形容詞の下位的タイプ

●**属性形容詞と感情・感覚形容詞**——形容詞の下位種としては，従来，属性形容詞と感情・感覚形容詞（感情，感覚をまとめて感情形容詞と呼ばれることも多い）が取り出されている。

属性形容詞の表す属性とは，人や物事が他の人や物事との対比の中で顕にする性質や特徴のことである。属性の種類には，色・質量・美醜・人の性格等々がある。たとえば，「赤い，黒い」「大きい，小さい，広い，狭い，高い，低い，長い，短い，太い，重い，軽い」「美しい，かわいい，きたない，むさくるしい」「きつい，優しい，ずるい，賢い，偉い，幼い」などがこれである。

感情・感覚形容詞の表す感情・感覚は，人が事や人に対して感ずる喜怒哀楽の感情であり，人が物から受ける生理感覚である。感情を表すものには，「嬉しい，悲しい，淋しい，楽しい，辛い，悔しい，憎い，いとおしい，恋しい，怖い，恐ろしい，恥ずかしい，欲しい」などがある。痛覚などを表す感覚形容詞は，数が少なく，「痛い，（目が）まぶしい，かゆい，くすぐったい，（体が）だるい，ひもじい，眠たい」などがある。

さらに，「暑い（熱い），寒い，冷たい，涼しい」など温度感覚の形容詞は，「北海道は寒い」のように属性と，「手が寒い」のように感覚との双方にまたがるものである。

また，「彼の食欲は<u>すごい</u>」の「すごい」や「ひどい，すさまじい，素晴らしい」のようなものは，評価形容詞とでもいったもので，「ひどく寒い」のように容易に程度副詞として使われ，典型的な属性とも感情とも少し異なる。

●**感情・感覚形容詞の文法特性**——これらの形

容詞には，属性形容詞にはない文法特性がある。

①主体の人称制限——属性形容詞は，「{僕/君/彼}は京都の地理に詳しい」のように，1人称・2人称・3人称いずれの主体をも取りうる。それに対して，感情・感覚形容詞は，「{僕/*君/*彼}は母が恋しい」「{僕/*君/*彼}は目がまぶしい」のように，基本形の言い切りの用法では，1人称主体のみである。

②文型の異なり——感情・感覚形容詞は，「僕は注射が怖い」「僕，刺さったとげが痛い」のように，感情や感覚を引き起こす機縁になるものをガ格に取る。さらに感覚形容詞では，「僕，手が痛い」のように，感覚を感じる部位をガ格で取る場合もある。

●**言語学研究会の下位類化**——言語学研究会では，伝統的な形容詞の二分法と異なって，人や物に生じる一時的な状態を捉えているのか，それとも人や物に恒常的に備わっている特性を捉えているのかによって，形容詞を状態形容詞と質（特性）形容詞に分ける。前者が状態形容詞であり，後者が質形容詞である。状態形容詞として，「明るい，硬い，熱い，臭い」「痛い，だるい，悲しい，怖い，よそよそしい」などを挙げており，質形容詞として，「赤い，丸い，甘い，大きい，優しい，恋しい」などを挙げている。

「彼らは日本人より顔色が赤い」は，「??彼らは日本人より顔色が赤かった」が言えないことから分かるように，特性を表しているが，「酔って彼は顔が赤い」は，「酔って彼は顔が赤かった」のように，過去における一時的事態を表せることからも分かるように，状態を表している。このように，同一の質形容詞が，特性表現にも状態表現にも使われる，という事態が生じる。

3. 述定と装定

述語として働いている用法を述定と呼び，名詞を修飾・限定する用法を装定と呼ぶ。

(1)柔らかい幹に深い穴が出来ていた。
(2)風がとても冷たかった。

で，(1)の「柔らかい」「深い」が装定の例であり，(2)の「冷たかった」が述定の例である。

動詞は，述定が中心であり，装定は述定に比して多くない。ある小さな調査（仁田 1988）によれば，動詞では，述定対装定は［85％対15％］。それに対して，形容詞では，述定対装定は［37％対63％］。形容詞は，用法の中心が述定ではなく，装定にあることが分かる。ただ，装定のあり方も形容詞のタイプによって異なる。属性形容詞では，装定が約77％を占めたのに対して，感情・感覚形容詞では，逆に述定の方が装定より使用例が多く，装定は36％少しに止まった。

装定は，「高い山」「静かな部屋」のように，広義形容詞の連体形によって形成される。

(3)*多い人がいる/*少ない金しかない。
(4)多くの人がいる/少しの金しかない。

「多い/少ない」は，(3)が示すように連体形で装定が形成できず，(4)のように，「多くの/少しの」の形を使わなければならない点で，特異な形容詞である。ただ，「白髪{の/が}多い人」のように，連体修飾節を形成する述語として連体形を取ることは可能である。

◆形容詞文，形容動詞，状況語，連体修飾語，形容詞活用の種類

■**参考文献**

西尾寅弥（1972）『形容詞の意味・用法の記述的研究』秀英出版．

樋口文彦（1996）「形容詞の分類——状態形容詞と質形容詞」言語学研究会編『ことばの科学7』むぎ書房．

仁田義雄（1998）「日本語文法における形容詞」『言語』27-3．

八亀裕美（2008）『日本語形容詞の記述的研究』明治書院.

[仁田義雄]

■形容詞[2]

1．形容詞とはなにか

　形容詞は主要な品詞の一つである。品詞とは，語彙・文法的な特徴によって単語が分類されたものである。形容詞に属する単語は，人・物・ことがらなどの性質・状態をあらわし，名詞を属性規定することを第一の機能とする。事物の性質・状態や人の感情・感覚を意味するものがすべて形容詞に所属するというわけではない。「騒音」は〈ウルサイ〉という状態を意味するが「騒音からのがれる」のように名詞として使用されるし，「痛む」は〈体ニ苦シミヲ感ジル〉という人の感覚をあらわすが，「冷えると腰が痛む」のように動詞として使用される。単語の語彙的意味は，単語の文法性をささえるものではあるが，それを決定づけるものではない。事物の性質・状態や人の感情・感覚を意味する単語の所属先は，典型的には形容詞であるが，状態名詞や状態動詞として，形容詞以外の品詞に所属することもある。品詞の分類に，単語の語彙的意味が関与していることは否めないとしても，品詞の認定には，その単語の文法的な特性を問わなければならない。

2．形容詞の機能

　日本語の形容詞には，以下の三つの機能が認められる。
　(1)名詞を修飾限定する規定用法（赤い　バラ）
　(2)述語としての用法（庭のバラは　赤い。）
　(3)動詞述語を修飾限定する修飾用法（庭のバラが　赤く　咲いた。）
　ただし，形容詞に所属する単語のすべてがこうした三機能をそなえているというわけではない。それらの一つあるいは二つを欠いているものもある。(2)の述語になる機能は，文の骨組みを構成する一次成分であり，(1)の規定用法と(3)の修飾用法は文の骨組みにかかわらず，文の骨組みを拡大するための二次成分である。形容詞は，規定用法では名詞に前置し，修飾用法では動詞に前置する。いずれも後続の名詞や動詞に帰属し依存する。また，形容詞の述語用法は，主語を前提とし，主語が顕在する場合には，主語に後置する。

　形容詞のどの機能を重視するかにより，形容詞の本質をめぐって異なる見解が生じる。

　(2)の「述語になる機能」を形容詞の本質だとみる立場がある。「述語になる機能」は，動詞の主たる機能であり，日本語の形容詞が動詞に近い位置にあることをしめすものである。日本語の形容詞は単独で述語になるという点で，動詞と共通した特徴をもつ。この特徴は，中国語や朝鮮語などとも共通し，英語をはじめとする印欧語とは異なる。日本語の形容詞を類型学的にみると，形容詞が動詞よりであるということは重要な性質である。つとに，山田孝雄(1908)は，西洋語のadjectiveは名詞を修飾限定するものであるが，日本語の形容詞は単独で述語になる力（陳述の能力）をもつという点で決定的な相違が両者にあると指摘した。単独で述語になるという特徴から，動詞と形容詞を，「よそい（装）」（冨士谷成章），「用言」（鈴木朖など）としてまとめたり，松下大三郎のように両者を（さらに，状態副詞をも含め）広義の「動詞」と呼んだりする立場がある。陳述の能力をそなえているという共通性を重要な特徴とみるのである。形容詞は，確かに動詞との共通点をもつが，動詞がもっている《ヴォイス》《やりもらい》《アスペクト》《対人的なムード（意志法・勧誘法・命令法など）》などのカテゴリーをもたない。形容詞には《テンス》がある

といっても、典型的な動詞のそれとは同一とはいえない。動詞が時間軸にそって展開していく動的属性の特徴づけを典型とするのに対して、形容詞のそれは、時間とのかかわりが希薄である静的属性を特徴づけているという違いが認められる。

一方で、形容詞の最大の特徴を、(1)の「名詞を修飾限定する機能」にみとめようとする立場がある。印欧語におけるadjectiveの第一の機能は名詞を修飾することである。日本語においても、「名詞を修飾限定する機能」が形容詞を他の品詞から区別する特徴であり、この特徴を形容詞のもっとも重要な性質であるとみなす立場がある。たとえば、鈴木重幸（1972）がそれで、名詞・動詞・形容詞のような多機能をになう品詞を、主たる機能と副次的な機能とによって、相対的に位置づけている。形容詞の述語になる機能も重要であることを認めたうえでのあつかいである。仁田義雄は、現代日本語における形容詞の位置づけに言及し、小説を資料に動詞と形容詞の実際の使用分布を調査した結果にもとづき、「動詞の中心は述定用法であり、」「形容詞の本領は、やはり名詞を修飾限定する装定用法に在る」としている（仁田1998）。「名詞を修飾限定する機能」を形容詞のもっとも重要な機能とするなら、「この」「いわゆる」「たいした」などの、いわゆる連体詞も形容詞の仲間ということになる。これらは、規定用法専用の特殊な形容詞ということになる。

(3)の「動詞述語を修飾限定する機能」は副詞の主たる特徴であり、形容詞の一用法と副詞との接点をどのようにとらえるかという問題が生ずる。「美しく」「きれいに」は、形容詞の一語形とみず、形容詞から副詞に派生したとする考えもある。しかし、「きれいな部屋」「この部屋はきれいだ」「部屋をきれいに掃除する」の「きれい-」の語彙的意味は共通し、一つの単語の異なる用法とみなすことは自然な解釈であろう。もっとも、「彼のことはきれいに忘れた」の「きれいに」は、〈すっかり〉の意味で「きれいに掃除する」の「きれいに」とは語彙的意味も異なることから、修飾用法しかもたない副詞としなければならない。

なお、形容詞の一部に、「痛（いた）。」「熱（あつ）。」「恐（こわ）。」のような語幹のみによる独立用法がみられる。多く感覚・感情の表出としての使用が多いが、予想外の事態に接したとき、「（値段が）高（たか）！」と評価をまじえて発することもあろう。

形容詞が主語や目的語などの機能をはたすには、現代語については、「丸いのをください」「大きいことがやりたい」のように、「-の」や「-こと」といった形式による名詞化のてつづきをふむのが一般的である。

3. 形容詞の形式——第一形容詞と第二形容詞

「赤-い」「すばらし-い」のような単語は、多くの人が形容詞とみなしている。それに対して、「真っ赤-」「優秀-」などの単語を「形容動詞」として、これを一品詞とする立場があり、教科文法に支えられて今日なお国語教育や中国の日本語教育の世界で支配的である。これらの単語の所属をめぐり、諸説ある。「学生だ/優秀だ」のように、述語の形の類似からこれらの単語は名詞に属し、名詞の下位区分であると位置づける研究者がいる一方、これらは、意味論的にも統語論的にも、「赤い」「すばらしい」などの狭義の形容詞と共通するものとして、形容詞に属し、形容詞の下位区分であると位置づける研究者がいる。外国語としての日本語教育の世界では、前者を「第一形容詞」「イ形容詞」と、後者を「第二形容詞」「ナ形容詞」と見ることが普及している。これらの二種は、語形の相違はあるものの語形のシステムが共通しているので、同じ品詞であると見るのが正当であろう。第一形容詞と第二形容詞の形態上の違いは、動

詞における五段動詞と一段動詞の違いに相当する。歴史的には，第一形容詞が早くから発達したのに今日では生産性をうしなっている一方で，第二形容詞は第一形容詞の不足を補うかたちで発達し，漢語や洋語の借用語はほとんどが第二形容詞に所属する。なお，「真紅の」「抜群の」「互角の」「丸腰の」「まやかしの」といった単語を「第三形容詞」「ノ形容詞」と呼んで，形容詞の下位区分とする立場もある（村木新次郎（2002））。これらの単語は，名詞の本命ともいうべき格の範疇を欠き，連体修飾をうけることもないので，名詞と認めることができない。属性規定をする規定用法や述語として用いられ，形容詞の特徴をもつ。第三形容詞に所属する単語は少数にとどまらない。

4. 形容詞の意味

形容詞に所属する単語の中には，その語彙的意味として評価性がやどっているものがある。「よい」「おいしい」「すてきな」におけるプラスの評価，「長ったらしい」「狭苦しい」「みじめな」「下品な」におけるマイナスの評価などである。しかし，「近い」「新しい」「急な」「ぴかぴかの」といった事物の客観的な特徴を意味するとおもわれる単語も，それが文の中で用いられるとき，しばしば言語主体の判断や評価のニュアンスが出てくる。動詞述語文は相対的に事態の客観的な描写に傾くのに対して，形容詞述語文は主観的な側面が顕在化しやすい。形容詞述語文の主語は，「〜は」であることが多く，これは判断文に典型的な形式である。静的な属性は，しばしば程度や比較の構文をとるが，程度や比較は相対的な場合が多く，事態に対する言語主体のかかわりが認められる。形容詞文における評価的な側面は，言語主体が，どのようなものに関心をよせ，なにを必要としているか，どのようなものに価値を認めているのかといった，興味・目的・欲求にかかわり，そうした事態への関係のあり方が形容詞の意味に反映するのであろう。

◆形容詞文，形容動詞

■ 参考文献

鈴木重幸（1972）『日本語文法・形態論』むぎ書房．

仁田義雄（1998）「日本語文法における形容詞」『言語』27-3．

村木新次郎（2002）「第三形容詞とその形態論」『〈国語論究10〉現代日本語の文法研究』明治書院．

村木新次郎（2009）「日本語の形容詞——その機能と範囲」『国文学　解釈と鑑賞』938．

山田孝雄（1908）『日本文法論』宝文館．

Dixon, Robert M. W. (1999) "Adjectives." In Keith Brown and Jim Miller (eds.) *Concise Encyclopedia of Grammatical Categories*. Elsevier Science.

［村木新次郎］

■形容詞活用の種類

●ク活用とシク活用── 文語の形容詞には，ク活用とシク活用があるとされている。そして，おおよそク活用形容詞は客観的状態・性質を表わし，シク活用形容詞は主観的な感情を表わすものとされている。そのため，ク活用を情態性形容詞，シク活用を情意性形容詞とよぶこともあったが，現在では，前者は状態形容詞，後者を感情形容詞とよぶことがおおい。この両者をク活用，シク活用といって区別するのは，それぞれの活用が表1のようなものと考えられているからである。

しかし，語幹を諸活用形において変らない部分であるとすれば，シク活用では，シまでが語幹に含まれることになる。そうした見方をとれば，表2のように，シク活用の終止形はゼロ記号で表わされることになる。

表1　文語形容詞の活用

活用の種類	ク活用	シク活用
語例	高し	怪し
語幹	タカ	アヤ
未然	ケ	シケ
連用	ク	シク
終止	シ	シ
連体	キ	シキ
已然	ケ(レ)	シケ(レ)
命令	○	○

このように、シク活用においては、見方によって、シが語尾、または語幹の一部とみられることについては多くの議論があるが、このシは、シク活用形容詞の意味するところの感情・感覚の意味が語として不安定であるので、それを安定させる

表2　語幹部分についての解釈が異なる場合のシク活用

語例	怪し
語幹	アヤシ
未然	ケ
連用	ク
終止	φ
連体	キ
已然	ケ(レ)
命令	○

ためについたものであるとする考えが最も有力である。また、ク活用においてはシは語幹をつくるものではなく、終止形をつくる語尾であるのに、シク活用においては語幹部が同じ役割を果たしているようにみえることについては、シク活用においては語的安定化のため語幹部がすでにアヤシなどの形で成立していたため、新たに終止形語尾としてのシが接することなく、語幹をつくるシに終止形語尾としての性格が与え直されたものと考えられる。

●カリ活用──なお、表3に示すいわゆるカリ活用は、形容詞が叙述語として、動詞と同様に時間のなかに生起する出来事を表わすにおよんで、現実との関係を表わす種々の述べ方を区別する必要がおこり、それを表わす接尾辞を下接するべく、動詞アリの力を借りた結果、できあがったものである。カリ活用は、かつては動詞アリと同じ活用なので、形容動詞とされることもあったが、現在は形容詞の補助活用とされる。

➡形容詞

■参考文献

川端善明 (1979)『活用の研究II』大修館書店.〔増補再刊：清文堂出版、1997〕

白藤礼幸 (1982)「古代の文法I」築島裕編『〈講座国語史4〉文法史』大修館書店.

山口佳紀 (1985)『古代日本語文法成立の研究』有精堂.

山本俊英 (1955)「形容詞ク活用、シク活用の意味上の相違について」『国語学』23.

［鈴木　泰］

表3　カリ活用

語例	高し
語幹	タカ
未然	カラ
連用	カリ
終止	(カリ)
連体	カル
已然	(カレ)
命令	カレ

■『形容詞の意味・用法の記述的研究』
（西尾寅弥）

1972年に、国立国語研究所の研究報告44として刊行された。第1部「形容詞の意味の諸側面」、第2部「個別的記述」からなる。第1部では、「感情形容詞と属性形容詞」「属性の主体と内容」「程度」「形容詞の意味における主観的な側面」をあつかい、形容詞の意味に関与するさまざまな意味特徴が抽出されている。この研究は、明治・大正・昭和にわたる小説や論説文などの実例を分析したものである。主観を退け、大量の用例によって、客観的な言語現象にもとづいた記述をめざしたという点に特徴がある。第2部では、意味的なグループのいくつかをとりあげ、それらの異同を吟味している。国立国語研究所は、現代日本語の実証的な研究を進めていた。西尾寅弥による形容詞の記述研究

は，宮島達夫による動詞の研究とともに，語彙と文法をつなぐ研究成果として圧巻であり，その後の日本語研究に大きな影響を与えた。なお，部分的に意識調査の結果を提示している。

[村木新次郎]

■形容詞文

● 「形容詞文」とは何か── 主語と述語の分化がある文のうち，形容詞が述語となる文。形容詞述語文とも言う。動詞文，名詞文に対立する用語。「佐藤さんはやさしい。」のような文のこと。

いわゆる形容動詞（第 2 形容詞，ナ形容詞）を述語とする「山田さんは親切だ。」のような文も形容詞文に含めて考えるのが一般的である。また，一部には，動詞文のうち，動き（動作や変化）を表さず，人やものの特性を表すような「この道は曲がっている」「田中は英語が話せる」なども形容詞文と呼ぶ立場もある。

一語文など特殊なものを除き，主述関係がある文は，その具体性や時間的性質において連続的な関係が認められ，個別具体的なものから順に，「動詞文→形容詞文→名詞文」と並んでおり，文の意味的なタイプとしては，「〈動き〉→〈状態〉→〈存在〉→〈特性〉→〈関係〉→〈質〉」の順に取り出すことができる。形容詞文はこのうち，〈状態〉〈特性〉を中心的に表し，周辺的には〈存在〉と〈関係〉をも表す。

● 〈特性〉を表す形容詞文── もっとも形容詞文らしい形容詞文は〈特性〉を表す形容詞文である。この文は，主語の特性を表す。基本的には，主語にとって，時間の中で展開することのない特徴を表す。したがって，この種の形容詞文では，過去形は主語の不存在（死亡や消滅）「亡くなった祖母はやさしかった。」「昔ここにあった工場は大きかった。」を表すか，もしくは「知らなかった，佐藤さんはやさしかった

（んだ）。」「そうそう，山田さんは背が高かったよね。」などのように，発見や想起などのモーダルな意味を表す。一般的に属性形容詞と呼ばれている形容詞が述語になることが多い。例外的に「好きな」「嫌いな」が述語となる形容詞文は，基本的に〈特性〉を表す。〈特性〉を表す形容詞文では，話し手はなんらかの基準と比較をして，評価的に特徴をさしだしている。

● 〈状態〉を表す形容詞文── 〈状態〉を表す形容詞文は，個別的・一回的な特徴を表す。もっとも基本的なものは，「来てくれてうれしい。」のように，出来事に対する話し手の一時的な感情評価を述べる文である。感情・感覚形容詞と呼ばれる形容詞が述語になることが多い。また，この種の形容詞文では，「うれしい，来てくれて」のように倒置が起こり，形容詞が文頭に表れることも少なくないし，評価対象の出来事が文脈に依存していて，明示されないことも多い。〈状態〉を表す形容詞文のもうひとつのタイプは，「この部屋，今日は妙に明るい。」「あなた，今日おかしいよ。」のように，主語にとっていつもと違う一時的な特徴が見られたことを述べる文である。他言語や日本の方言の中には，個別的・一回的であることを，述語となる形容詞の形でマークすることもあるが，現代日本語の標準語では形態論的な手段はない。

● 〈存在〉を表す形容詞文── 〈存在〉を表す形容詞文は，「（冷蔵庫を開けて）食べ物が少ない」のように個別的・一回的な存在を表す場合と，「この町には井戸が多い」のように恒常的な存在を表す場合の両方がある。また，抽象的な文章で多用され，「あまりに忙しくなるといらいらしてくる人も多い/少なくない」などのように，迂言的な表現として機能していることもある。

● 〈関係〉を表す形容詞文── 〈関係〉を表す形容詞文には，「田中は鈴木と親しい」のように，田中の特徴を鈴木との関係で述べるものと，

「田中と鈴木は親しい」のように，田中と鈴木の親しいという特徴を述べるものの大きく分けて二つのタイプがある。基本的には時間的展開のない特徴をさしだす。〈特性〉を表す形容詞文と連続的で，「この部屋はさっきの部屋よりも広い」のような文をなかだちとしてこの二つは連続している。
◆動詞文，名詞文

■参考文献

奥田靖雄(1988)「時間の表現(1)(2)」『教育国語』94, 95, むぎ書房.

工藤真由美（2002）「現象と本質――方言の文法と標準語の文法」『日本語文法』2-2.

樋口文彦（2001）「形容詞の評価的な意味」『ことばの科学 10』むぎ書房.

八亀裕美（2008）『日本語形容詞の記述的研究――類型論的視点から』明治書院.

[八亀裕美]

■形容動詞（形容名詞，ナ形容詞，状名詞）

品詞の一つ。和語系の「静かだ」，漢語系の「優雅だ」，外来語系の「キュートだ」のような語で，学校文法では活用を持つ自立語，すなわち用言の一つ。状態性の概念を表す点で形容詞と類似するが，活用のしかたの点でそれと異なると位置づけることができる。しかし，この品詞を認めない立場がある。一つは形容詞と扱い，通常の形容詞とは活用の種類が異なるとするもの。もう一つは「だ」を省いた部分を名詞と扱うものである。

形容詞と扱うのは，古くは三上章『現代語法序説』で，「美しい」をイ活用形容詞とし，「静かだ」をナ活用形容詞とする。これがイ形容詞，ナ形容詞のように略され，日本語教育や日本語学の分野で使われる。両者は語彙的な意味が状態や属性を表し，名詞の修飾を第一の機能とする点で共通し，活用の種類だけが異なることから同一の品詞とされる。

一方，名詞と扱うのは，古くは草野清民『草野氏日本文法』の「形容名詞」がある。また，渡辺実『国語構文論』の「状名詞」である。渡辺は，「静かだ」「静かで」「静かなら」「静からしい」「静かだろう」「静かか？」「静かさ！」などの構文的職能の点から，「桜」のような一般の名詞と同じであるとし，いわゆる形容動詞語幹「静か」を状名詞と名づけ，「だ」は判定詞であるとする。

『岩波国語辞典』は，「安価」「高貴」の類を名詞であり，連体修飾の形が「ノ」「ナ」の両方あるもの，「かさかさ」「急激」の類を形容動詞で連体修飾の形に「ナ」「ノ」の両方あるもの，のようにかなり厳密に認定している。

形容動詞の語幹が名詞性をもつかどうかという問題は，渡辺が示した述語形式だけでなく，格助詞をどれくらい自由に付けられるか，名詞修飾の形式が何であるかといった点から，さらに分析が進められるべきである。
◆形容詞，形容動詞活用の種類

■参考文献

草野清民（1901）『日本文法 全』冨山房.〔復刻：『草野氏日本文法 全』勉誠社，1995〕

三上 章（1953）『現代語法序説』刀江書院.〔増補復刊：くろしお出版，1972〕

渡辺 実（1971）『国語構文論』塙書房.

[小矢野哲夫]

■形容動詞活用の種類

形容動詞は，動詞「あり」と情態言とがむすびついたものであり，意味からいうと形容詞であり，活用からいうと動詞であるので，こうなづけられているが，文語においては，表1の2種類の活用がある。

ナリ活用形容詞は，和語形容詞が新たな生産性を失ったため，それを補うものとして中古以

表1　形容動詞の活用

活用の種類	ナリ活用	タリ活用
語例	静かなり	滔々たり
語幹	静か	滔々
未然	ナラ	タラ
連用	ナリ，ニ	タリ，ト
終止	ナリ	タリ
連体	ナル	タル
已然	ナレ	タレ
命令	ナレ	タレ

降，隆盛に向かい，漢語を語幹とするものも多く生まれた。その活用形は始めから動詞的な叙述語としてはたらくべく存在しており，本来の活用である連用形のニ以外は，ク・シク活用のカリ活用に役割はよくにており，意味機能的にも形容詞といえる。なお，形容詞のもととなった情態言の本来の機能が名詞の属性を限定する形容詞的なものであったのに対して，形容動詞の活用のもととなった情態言の本来の機能は，次のように動詞の属性を限定する副詞的なものであった。

(1) 志賀の海女の釣りし灯せる漁火のほのかに妹を見むよしもがも（万葉・3170）

上にも示したように，一般に形容動詞といわれるものには，もう一つタリ活用するものがある。タリ活用形容動詞は，語幹は漢語でしかも擬声・擬態的な意味のものに限られるという特殊性をもつが，やはり形容詞と同じはたらきをするので，形容詞の一類と考えてよい。なお，タリ活用の形容詞は，近世以降，連体形のタルも残存するが，連用形のト以外があまり使われなくなり，叙述語とはならないという意味で，本来の副詞的なものにもどった観がある。

なお，ナリ活用は，中世においては，-ルを落として，-ナという形を終止形にもつようになるが，近世になって-ヂャ，-ダにとってかわられた。

◆形容動詞

■参考文献

鈴木　泰（1985）「〈ナリ述語〉と〈タリ述語〉」『日本語学』4-10.

佐伯梅友・鈴木康之監修，日本語文法研究会編（1991）『概説・古典日本語文法　改訂版』おうふう.

山口佳紀（1985）『古代日本語文法成立の研究』有精堂出版.

[鈴木　泰]

■計量言語学

●研究対象と方法——計量言語学は，統計的な方法をもちいて言語や言語行動に関する諸要素の集合的な性質・関係について，その法則性や構造を研究する言語学の一分野である。手法としては，実際の言語事象や言語行動の統計的分析から記述や法則化へという，実証的かつ帰納的手法がとられる。たとえば，語彙調査の結果に基づいて語彙の量的構造を解明したり，文体統計の手法を使って，小説家の文体的特徴を明らかにしたりする。また，社会言語学では人々の言語使用の実態，つまり言語生活や言語行動を統計的手法によって調査・分析したりもする。なお，ここでいう統計とは，広い意味では記述統計も入るが，狭い意味では推測統計だけをさしている。ちなみに計量言語学は広い意味では19世紀末からはじまるが，狭い意味では第二次世界大戦直後からはじまった。これに対して，隣接分野である代数的言語学は数値を扱わず，言語の代数的構造を解明する理論的かつ演繹的手法がとられる。どちらの分野も研究方法は明確に規定されているが，研究対象には固有の領域はなく，言語学の全分野にわたる。また，どちらも数理言語学の下位分野に位置付けられる。

言語構造の研究にかぎれば，伝統的な言語学

は単語や文といった言語のミクロ構造を，言語の論理で解明してきた。それに対し，計量言語学は語彙や文章といった言語のマクロ構造を，数学の論理で解明してきたといえる。そのため，伝統的な言語学では傍流であった語彙論や文体論のような，言語単位の集合を前提とする分野がむしろ主流となり，計量語彙論や計量文体論といった独自の下位分野が1960年代にはすでに確立していた。

一方，社会言語学のような膨大なインフォーマントの集合を調査対象とする分野は推測統計学の手法によらないかぎり科学にはならない。そのため，1940年代末に世界にさきがけて実施された国立国語研究所の言語生活の調査では，すでに推測統計学が採用されている。

●日本の計量国語学——計量国語学は，1948年12月に設立された国立国語研究所と1956年12月に創立された計量国語学会を中心にして発展してきた。この時期における，この種の学会の創立は世界初であっただけではなく，欧米ではまだ「計量言語学(Quantitative Linguistics)」という分野名さえ生まれていなかった。要するに，計量国語学はいわゆる輸入学問ではなく，日本で独自に誕生・発展した学問だということである。さらにいえば，計量国語学は，「計量」を自称してはいるものの，実際は代数的研究や計算言語学（自然言語処理など）も含んでいるため，結果的に数理言語学に相当することになる。つまり方法論からいえば，計量国語学は計量言語学の上位分野に位置づけられることになるのである。

●計量国語学における文法論——最後に文法に焦点を絞れば，実は，計量国語学における「文法論」は計量語彙論や計量文体論と肩を並べる大分野である。学会誌『計量国語学』に掲載された論文数によって50年間にわたる動向をみると，1位「用語・語彙」(16.0%)，2位「文法」(13.5%)，3位「文体・文章」(11.5%)となっている。その内訳を見ると，創刊当初から現在まで一貫して多いのは「係り受け」である。また，90年代以降は「従属節」が多くなり，ついで「複文構造」も増加しているが，これらの多くは機械処理のための基礎研究と位置づけられる。

以上のような伝統的な文法研究とは別に，代数的言語学の一分野である形式文法論も計量国語学のなかで研究されてきた。形式文法は集合論や代数系を扱うため，見かけは記号操作が中心となる。つまり，対象言語は自然言語だが，メタ言語としては形式言語（人工言語，計算言語とも）を採用し，なるべく意味を排除して形式だけを根拠にして作られる文法論だが，この半世紀の間に日本独自の発展を遂げている。

■参考文献

伊藤雅光（2002）『計量言語学入門』大修館書店.

林 大他（1982）『図説・日本語——グラフで見ることばの姿』角川書店.

計量国語学会編（2009）『計量国語学事典』朝倉書店.

［伊藤雅光］

■結合価（結合能力）

●支配語と依存語の結びつき——動詞・形容詞・名詞のような主要な品詞に属する単語には，他の単語を支配する能力が備わっている。たとえば，動詞「紹介する」は「甲が 乙を 丙に 紹介する」というように，「甲が」「乙を」「丙に」という3つの名詞をとる性質がある。「紹介する」が支配語であり，「甲が」「乙を」「丙に」が従属語である。支配語が幾つの従属語を必要とするかという単語の性質を結合価（valency：結合能力）という。結合価とは，化学の原子価になぞらえて，名づけられたものである。「ドアが 開く」の「開く」は，

1価の動詞,「父が　ドアを　開ける」「彼が歴史に　詳しい」の「開ける」「詳しい」は,2価の動詞・形容詞とされ,支配する名詞の数によって,動詞や形容詞が分類される。さらに,支配する名詞の格や意味範疇が考慮されることがある。3項をとる動詞にも,「あげる」「貸す」「教える」のように「甲が　乙に　丙を～」の形式をとるもの,「もらう」「借りる」「習う」のように「甲が　乙{から/に}　丙を～」の形式をとるもの,「とる」「買う」「集める」のように「甲が　乙から　丙を　～」の形式をとるものといった分類が可能となる。また,「友達{から/に}　本を　借りる」に対して,「図書館{から/*に}　本を　借りる」という人か空間かという意味クラスに言い及ぶこともある。動詞の自他は,目的語の存在だけを問うものであるが,こうした単語の結合能力に注目することは,動詞や形容詞をそれらの統語的な特性による詳細な分類につながる可能性がある。さらに,単語の多義性による結合性の差異,類義語の共通点と相違点の明確化などに寄与することができる。たとえば,「仰ぐ」は〈上を見る〉という基本義では,「N1を　仰ぐ」であるのに対して,「N1を　N2と(して)　仰ぐ」という結合能力を発揮するとき,「師匠を武人の鑑として仰ぐ」のように〈うやまう〉という派生的意味をもち,「N1{から/に}　N2を　仰ぐ」という結合能力をとるなら「会員に支援を仰ぐ」のように〈もとめる〉という派生的意味をもつ。〈うやまう〉の意味をもつ「仰ぐ」は,N1にヒトをあらわす名詞がたち,〈もとめる〉の意味をもつ「仰ぐ」は,N2に「支援」「指導」のような人間の行為をあらわす名詞がたつというふうに,名詞の意味クラスが記述できる。また,類義関係にある「もてなす」と「ふるまう」は,「客を　手料理で　もてなす」「客に　手料理を　ふるまう」といった名詞の格形式の明示化も可能となる。

●結合価文法の構築──結合価を中心にすえた文法理論は,名詞に形態的な格を有するドイツ語やロシア語で展開された。フランスの言語学者テニエール(Lucien Tesnière)は,単語の結合能力に依拠した文法理論を構築し,『構造統語論要説』を著わした。結合価文法は,文を構成する要素の依存関係にもとづく依存文法の一種である。ドイツ語やロシア語の世界では,いくつかの結合価辞典があらわれ,他言語母語話者に対する教育に供するという実用面に寄与してきた。現代日本語の辞書にも,このような単語の結合性に注目されたものが出ている。

▶依存文法

■参考文献

石綿敏雄(1999)『現代言語理論と格』ひつじ書房.

村木新次郎(2007)「コロケーションとは何か」『日本語学』26-10.

Tesnière, Lucien (1959) *Éléments de syntaxe structurale*. Klincksieck.〔小泉保監訳(2007)『構造統語論要説』研究社〕

[村木新次郎]

■結束性

●結束性(cohesion)とは──ハリデー(Michael A. K. Halliday)とハサン(Ruqaiya Hasan)によれば,談話のある要素の解釈が別の要素の解釈に依存するときに生じる意味の諸関係をさす。一貫性(coherence)と関連性の高い概念であり,テキスト性(texture),つまり言語表現がテキストであることの条件の一つとされている。

ハリデーらは結束性を5種類に下位区分する。文法的なものとして,(1)指示(reference)は,場面の外界照応とテキストの文脈照応に分けられ,後者にはさらに先行テキストに対する前方照応と後続テキストに対する後方

照応がある。日本語では、指示詞・指示表現によって表される。指示が意味論のレベルであるのに対し、(2)代用（substitution）は、語彙文法レベルの関係とされ、名詞の代用（one, ones, same）、動詞の代用（do）、節の代用（so, not）があげられている。日本語では、「僕のナイフは切れなくなった。新しい<u>の</u>を買おう」等がこれにあたる。(3)省略（ellipsis）は、ゼロによって置換された代用形式である。(4)接続（conjunction）は、文法的結束性と語彙的結束性の境界線上にあるとされ、後続することがらが先行することがらに体系的に結びつけられる方法を特定する。接続関係には、付加的・反意的・因果的・時間的なタイプが認められている。その関係は接続表現によってになわれ、文の接続からパラグラフの接続に及ぶ。接続表現の選択には幅があり、例えば「私はいつも自転車で通学している。今日は歩いて学校へ行ってみた。」の２文を結びつけるには、その関係の認定のしかたに応じて逆接型と順接型の可能性がある。語彙的なものとしての(5)語彙的結束性（lexical cohesion）には、再叙（reiteration）と連語（collocation）があり、前者には同一語（反復）・同義語（または近似同義語）・上位語・一般語があげられている。語彙的結束性は、テキストに現れる要素が意味特徴を共有する同位態にも関連しよう。

結束性は、狭義のテキスト言語学や談話分析のみならず、言語教育や自然言語処理において応用が認められる。

●一貫性──テキスト性は、結束性のほかに、明示的でない内容の水準によっても支えられる。ボウグランド（Robert de Beaugrande）らによれば、結束性が表層テキストの構成素が一つの連鎖の中で相互に結びつけられる方法にかかわるのに対し、一貫性は、テキスト世界、すなわち表層テキストの基礎となる概念や関係の形状がどのように相互にアクセス可能であり、関連的であるかにかかわる。一貫性は、一般的な知識の駆動や推論にも関与し、テキストの部分の連接関係からテキストの全体性や語用論的な現象にいたる複数のレベルで理解される必要がある。

●日本語学との関係──日本語の結束性にあたる範疇の先駆的研究には、林四郎による文の姿勢の研究における始発型・承前型・転換型の文の分析と、長田久男による連文的職能、すなわち意義の繋がりをもった文の連続体を成立させる言語の役割を記述する連文論がある。ともに実例から帰納的に分析を展開しており、言語教育を視野に入れた基礎的な研究を構成する。

➡テキスト言語学、ハリデー

■参考文献

庵 功雄（2007）『日本語におけるテキストの結束性の研究』くろしお出版.

亀山 恵（1999）「談話分析：整合性と結束性」、大津由紀雄他編『〈岩波講座言語の科学７〉談話と文脈』岩波書店.

長田久男（1984）『国語連文論』和泉書院.

林 四郎（1973）『文の姿勢の研究』明治図書.〔復刊：ひつじ書房，2013〕

de Beaugrande, Robert-Alain and Wolfgang U. Dressler (1981) *Introduction to Text Linguistics*. Longman.〔池上嘉彦他訳（1984）『テクスト言語学入門』紀伊國屋書店〕

Halliday, Michael A. K. and Ruqaiya Hasan (1976) *Cohesion in English*. Longman.〔安藤貞雄他訳（1997）『テクストはどのように構成されるか』ひつじ書房〕

［野村眞木夫］

■原因・理由の表現

●原因・理由とは──ある事態が別のもう一つの事態を引き起こす原因となるという因果関係

のうち，事実的な因果関係を表す場合を，原因・理由という。現代日本語において原因・理由を表す代表的な形式は「から/ので」である。

● 「から」と「ので」── 「から/ので」は「熱があった{から/ので}仕事を休んだ」のように，後件事態を引き起こした出来事を前件に示す。このような事態の理由を表すほかに，後件の判断・態度の根拠を表す場合「靴がないから（ので），もう帰ったんでしょう」「風邪を引くといけないから（ので）厚着をして出かけなさい」もある。また「から（ので）」には理由を表すとは言いにくい場合「すぐに戻ります{から/ので}，ここで待っていてください」「お願いだから，静かにしてください」「一度でいいから，宇宙に行ってみたい」や，文末に用いられる終助詞的な用法「じゃあ，そろそろ出かけますから」「このことを誰かに話したらただではおかないからな」がある。

「から」と「ので」は意味的には非常に近いが，文法的には異なる点がある。まず接続においては「から」は終止形，「ので」は連体形に接続する。また「から」は以下のような形が可能であるが「ので」は不可能である。(1)推量形式「だろう・まい」や「のだ」への接続，(2)「からこそ/からには/からは」のような「こそ/には/は」の後続，(3)「仕事を休んだのは熱があったからだ」のように理由を焦点化した分裂文の述語に現れる用法，(4)「からか」のように原因・理由であることを不確定的に提示する用法。また，後件が命令や禁止の場合，「ので」はぞんざいな発言では使いにくいが，丁寧体であれば可能である。「危ないから触るな」「危ないので触らないでください」こうした違いがあるため，「から」は判断・態度の根拠を表す場合や述語用法において用いられることが多く，また日常の対話場面で頻用されるのに対し，「ので」は平叙文における原因・理由を表す従属節で用いられやすい。

● 原因・理由を表すその他の形式── 述語のテ形が原因・理由を表すことがある。後件は，感情・評価を表す場合「お会いできて嬉しい」「宝くじに当たって驚いた」「来てくれてありがとう」，不可避的・必然的に成立することを表す場合「この本は高すぎて買えない」「おいしくて，いくらでも食べられる」である。後件には事実の叙述や推量表現は可能であるが，命令や意志などの表現は現れない。「*部屋が暑くて，窓を開けてください」なお，否定の場合は「なくて」が用いられる。「よく分からなくて，答えられなかった」

「のだから」は，前件を確かな事実として提示し，そこから後件の成立は当然であるという話者の態度を述べる。「こんなに勉強したんだから，きっと合格する」「大事な話をしているんだから，静かにしてください」「せっかく来たんだから，もう一泊していきましょうよ」後件には判断や推量の表現が現れ，それが話し手の強い主張であることが示される。また「のだから」には文末用法もある。「あなたって，本当に欲張りなんだから」

「ため/ために」は事態と事態の因果関係の叙述に用いられる。後件には基本的に事実や推量の表現が現れる。「大雪のために，航空ダイヤが大幅に乱れた」「社長が逮捕されたため，会社の株価は大幅に下がった」後件には，命令や意志などの表現は来ないが，あらたまった場面では，敬語表現を用いた間接的な命令・依頼や意志の表現とともに用いられる。「工事中のため，{通用口をご利用ください/しばらく休業させていただきます}」「ためだ」という述語用法や「ためか」という不確定的に提示する用法もある。

その他，「せいで/おかげで/あまりに/ばかりに/だけに/だけあって/以上/結果」等の形式も，原因・理由を表す。

➡条件，確定条件，カラ

■参考文献
永野 賢(1952)「「から」と「ので」はどう違うか」『国語と国文学』29-5.
南不二男(1974)『現代日本語の構造』大修館書店.
田窪行則(1987)「統語構造と文脈情報」『日本語学』6-5.
森田良行(1989)『基礎日本語辞典』角川書店.
白川博之(1995)「理由を表さない「カラ」」仁田義雄編『複文の研究(上)』くろしお出版.
[前田直子]

■言語形式

●フンボルトの言語形式──「言語は思惟・思想の形式である」という意味での言語形式という用語法は、おそらく古くからあると思われるが、研究対象として特に採り上げ詳論したのはフンボルト(Wilhelm von Humboldt)(1836)『(通称)カヴィ語研究序説』の"Sprachform"が最初であろう。外的言語形式と内的言語形式とに分けるが、外的言語形式とは音声形式とも言われ(ときに誤解されるが)、音声という悟性(知性)のレベル(の感覚)でとらえられる形式という意味で、語や文の構成も含まれており、通常の言語学者がまず扱うのはこれである。内的言語形式というのは、理性のレベルで働くもので、知性(理念)のみならず感情や意志(情意)をも含めた総合的な人間精神の形成に働くものと考えられているようである。

●サピアの言語形式──サピア(Edward Sapir)(1921)『言語』の第4章と第5章は、ともに「言語の形式(form in language)」と題され、相対的に独立して働く「文法的手順」と「文法的概念」とを「形式」の二つの側面と見て副題でわけて考察し、第6章「言語構造の類型」という総合につなげていく構成になっている。文法的手順の主要な六つのタイプとして、語順・合成・接辞づけ(派生)・音韻交替の四つが単位の大きいものから小さいものへの順に(つまり、文から語への順に)取り出され、ついで音象徴にかかわる重複(畳語)と超分節的なアクセント(強弱・高低)の変異が付け加えられる。つづく二つの章で、概念のタイプと構造のタイプ(類型)が詳しくかつ総合的に扱われるが、それを「一般的な形式(general form)」とも見ていた、と記すにとどめる。

●ブルームフィールドの言語形式──ヴント心理学を基礎とした1914年の『言語研究序説』から1933年のメカニスト宣言とも言える『言語』へと自己変革を遂げたブルームフィールド(Leonard Bloomfield)は、後者の第10章「文法的形式」から第16章「形式類と語彙」の諸章で、心理的要因を潔癖に排する立場からの記述方法を詳論している。結論的に言えば、「言語形式(linguistic form)」は「最小または合成された有意味単位」であり、音素の結合による語彙的形式と、語順・抑揚(二次音素)・音声的変容(音声交替形)・形式の選択などによる文法的形式からなるとし、感覚にとらえられる限りで記述するための諸単位を「形態素」などの新造語を用いて煩瑣なまでに細かく設定する。日本では、服部四郎がこれを継承技術化する形で、「具体的言語単位と抽象的言語単位」との区別を立てて操作的により扱いやすい形に整理したうえで、「付属語と付属形式」とを区別する具体的な手順・基準を提示するなどしている。

●「言語学研究会」の言語形式──鈴木重幸(1972)『日本語文法・形態論』は、先述のサピアやヴィノグラードフ(Viktor V. Vinogradov)(1947)『ロシア語』などを受け継ぎ、松下文法等を発展させる形で、日本語の品詞全体にわたる「形式・形態」の具体的な体系化を

試みており，奥田靖雄（1985）『ことばの研究・序説』は，サピアの語順という文レベルの部分を拡充発展させる形で，不変化詞としての副詞や用言の終止連体形など語レベルの形式で区別されないものについても，ブルームフィールドらによって取り出された「位置（position）」や「分布（distribution）」，それに単語のカテゴリカルな意味（categorical meaning）を組み込んだ「連語の型」や「文の内部構造（意味構造，機能構造とも）」が，いわば構文論的な形式として働き，またアスペクト（性）やモダリティなどの文法範疇においては，「段落の構造」も形式として働く，とする考えを示している。

●「形式」の捉え方——形式（form）という術語は，一般に内容または質料（素材）に対してコトの生起する仕方を言い，そのさい形式を，内容と密接な連関の中にあってコトの構成の骨格をなすと見る立場と，内容と無関係な単なる外部と見る立場とが，両極としてあり，前者では「形相」，後者では「外形」とも呼ばれ，学者の拠って立つ立場により，さまざまな方法や手法の差を生みだしている。

◆構文論（統語論），形態論，語形変化

［工藤 浩］

■言語習得

●いかに習うかの研究——言語習得は応用言語学の一分野として発達した。20世紀中頃までの言語学は言語を構造的，静的にとらえる理論言語学が中心であったが，外国語教育への関心の高まりの中で応用言語学が発達しはじめた。最初は教授法研究など，言語教育研究が中心であったが，チョムスキー（Noam Chomsky）が登場し，生得主義を主張して以来，いかに教えるか（教授法）より，いかに習うかに関心が移り，言語習得研究が本格化した。

●研究史の3つの時期区分——言語習得研究の歴史は，3つの時期に大別できる。第一はチョムスキー登場以前の行動主義の時代（1960年以前），第二はチョムスキー登場以降の生得主義の時代（1960年以降），そして第三が生得主義の反動から，言語習得における認知との関わりが重視されるようになる時代（1980年以降）である。

●1960年以前の言語習得研究——1960年以前の行動主義の時代の言語習得観は，言語習得を心理学的にとらえようとするものの，脳内における習得のメカニズムがあまり明らかでなく，また当時は，心理現象は目に見えないものであり科学的な研究対象とはなりえず，それを科学的に研究しようとすれば，目に見えて検証可能な行動を問題とすべきであると考えられていた。そのため，言語研究の対象も行動的な側面にのみ目が向けられた。そして言語習得とは刺激と反応の習慣形成であると考えられた。さらにこの時代には，第二言語習得の難易という心理的な問題を学習者の第一言語（母語）との相違で説明できるとする対照分析仮説が現れ，両言語の相違が大きいほど第二言語の習得は困難であると考えられていた。

●1960年以降の言語習得研究——チョムスキーの登場により，行動主義的な言語習得観は痛烈に批判され，言語習得は外界からの刺激といった環境的要因より，人間の生得的な言語能力（普遍文法）によって導かれるとされた。その影響で1960〜70年代にかけて，第一言語習得と第二言語習得の両面において様々な研究が行われ，第一・第二言語の習得過程の普遍性が示されるとともに，第二言語習得における母語の影響は，行動主義が考えていたよりずっと少ないことが明らかになり，生得主義は言語習得研究に急速に影響力を増していった。チョムスキーの登場は，それまであまり目を向けなかった

人間の内面（認知的側面）に目を向けた点で認知革命とも言われる。しかし彼は言語能力を認知能力とは切り離して考え，言語習得に対する認知能力の果たす役割を重視しなかった。また人間が生得的に持つと考えた普遍文法の解明に力を注ぐあまり，言語運用の側面を研究対象から外してしまったため，実質的に言語教育への応用の道が閉ざされてしまった。

●**1980年以降の言語習得研究**——1980年代になると，ピカ（Teresa Pica）などにより，言語習得には生得的要因だけでなく，環境的要因も作用していることが明らかになった。またピーネマン（Manfred Pienemann）は言語習得を情報処理の可能性や認知的制約という観点から説明した。その結果，言語能力と認知能力とを切り離すのではなく，認知との関わりの中で言語習得を研究する流れが復活した。こうした背景には認知心理学や脳神経科学，発達心理学などの発達により，脳内のメカニズムや言語・認知の発達プロセスが次第に明らかになってきたことも影響している。またこの頃，チョムスキーの生成文法とは反対に，認知との関わりの中で言語習得を考える認知言語学も登場した。特にトマセロ（Michael Tomasello）は母語習得過程を実証的に明らかにし，言語習得が生得主義の主張するようなトップダウンのプロセスではなく，ボトムアップのプロセスであることを示し，今世紀に入り応用認知言語学の地平を開いた。

➡生成文法，チョムスキー，認知言語学

■**参考文献**

小柳かおる（2004）『日本語教師のための新しい言語習得概論』スリーエーネットワーク．

Tomasello, Michael (2003) *Constructing a Language: A Usage-Based Theory of Language Acquisition.* Harvard University Press.〔辻幸夫他訳（2008）『ことばをつくる——言語習得の認知言語学的アプローチ』慶應義塾大学出版会〕

［森山 新］

■**言語類型論**[1]

1. 言語類型論とは？

言語類型論（linguistic typology）は世界の諸言語に見られるバリエーション（どの点で，どの程度，同じか，異なるか）を研究する。この研究は音韻論，形態論，統語論，意味論，社会言語学など，言語学の様々な分野で可能である。以下で，形態論と統語論（語順，関係節）の研究を紹介する。

2. 形態論

諸言語を膠着的（agglutinating），融合的（fusional），孤立的（isolating）の3つの型に分ける試みが有名である。ただし，1つの言語に2つ以上の型がしばしば混在する。従って言語をきれいに分類できるとは限らない。日本語は膠着的言語として有名である。例として動詞タベサセラレマシタを挙げる。

(1) tabe-sase-rare-masi-ta
    食べ- 使役- 受動- 丁寧- 過去

語根 tabe- の後に，接尾辞 -sase, -rare, -masi, -ta が付いている。使役，受動，丁寧，過去を表す部分に分割できる。このような構造を膠着的と呼ぶ（学校の国文法では -sase, -rare, -masi, -ta を助動詞として教えるが，実は，これらは接尾辞である。助動詞ではない）。

融合的構造の例はラテン語にある。動詞の例を挙げる。わかりやすくするために，長母音は母音を2回書いて示す。

(2) amaavii「直説法・能動相・完了・1人称・単数」「私は愛した。」
　　amaavistii「直説法・能動相・完了・2人称・単数」「あなたは愛した。」

amavit「直説法・能動相・完了・3人称・単数」「彼・彼女は愛した。」
現在形などと比べて見ると，語根は am-「愛する」であることがわかる。しかし，どの部分が直説法，能動相，完了，人称，数を表すのか？ 実はこれらの要素が融合している。日本語の例とは異なり，分割するのは困難である。

孤立的構造の例として有名なのは中国語である。例文を挙げる。

(3) Wǒ mǎi shū le.
　　私　買う　本　アスペクト
「私は本を買った。」

ラテン語とは違い，「私」を示す部分，アスペクトを示す部分が独立の語で現れている。融合していない。日本語の例とも違い，これらの要素が膠着もしていない。このような語の構造は孤立的と呼ぶ。

3. 語順

以下のものを考察する。
(a) 文の構成要素：動詞（V），主語（S），目的語（O），副詞句。
(b) 句（phrase）の構成要素：
　(b-i) 名詞句の構成要素：名詞とその修飾語（形容詞，指示詞，数詞など）。名詞と前置詞または後置詞。
　(b-ii) 動詞句の構成要素：本動詞と助動詞。

これらの構成要素の順番に関して，世界の諸言語は多様である。例えば，V, S, O の順番に関して言うと，SOV, SVO, VSO, OSV, VOS, OVS の六つの可能性がある。しかし，実際には全てのタイプが均等に見られるわけではない（Greenberg 1966：76）。角田（1991：227, 266-290）が世界の130の言語を調べたところ，以下のようであった。

(a) SOV は 57 言語（44 %）で，普通の語順，または，普通の語順の一つ。
(b) SVO は 51 言語（39 %）で，普通の語順，または，普通の語順の一つ。

SOV と SVO だけで，約 80 % を占めている。他のタイプの言語は非常に少ない。即ち，論理的に可能なタイプが均等に存在している訳ではない。SOV の言語に日本語（例：(4)）が，SVO の言語に英語（例：(5)）がある。

(4) 花子が太郎を褒めた。(SOV)
(5) Mary praised John. (SVO)

しかし，構成素の順番はただ多様であるだけでなく，その中に著しい規則性があることを，グリーンバーグは示した。例えば(6)である（Greenberg 1966：79, 110）。

(6) SOV が普通の語順である言語は後置詞言語である傾向が強い。

これは日本語に当てはまる（日本語の研究の習慣では，後置詞を助詞と呼ぶ）。グリーンバーグは，このようにある特徴とある特徴が連動することが多いことを示した。

Vennemann (1972) と Lehmann (1973) はグリーンバーグの発見をもとにして，二つの語順のタイプを提案した。その概略を表1に示す。彼らの考えでは，主語の位置は重要ではない。

表1　OV 型言語と VO 型言語

	OV 型言語	VO 型言語
(a)	目的語＋動詞	動詞＋目的語
(b)	副詞句＋動詞	動詞＋副詞句
(c)	本動詞＋助動詞	助動詞＋本動詞
(d)	名詞＋後置詞	前置詞＋名詞
(e)	指示詞＋名詞	名詞＋指示詞
(f)	数詞＋名詞	名詞＋数詞
(g)	形容詞＋名詞	名詞＋形容詞
(h)	所有格＋名詞	名詞＋所有格
(i)	関係節＋名詞	名詞＋関係節
(j)	副詞＋形容詞	形容詞＋副詞

角田（1991：3-24）は，表1で示した項目の例文を日本語，タイ語，英語から挙げている。

実は，世界の諸言語が全て，二つのタイプのどちらかに属す訳ではない。Lehmann (1973：47) の指摘する通り，日本語は完璧な OV 型言語である。タイ語はほぼ完璧な VO 型言語である（角田 1991：25 参照）。しかし，英語は一貫性が無い（Lehmann 1973：48, 角田 1991：24-28）。表1について言うと，(e), (f)の点では OV 型言語であり，(a), (c), (i)の点では VO 型言語である。(b), (d), (g), (h), (j)の点では両方の特徴を示す。

Head（主要部）と dependent（付属部）(Nichols 1986 参照）という観点から見ると，OV 型言語は「付属部＋主要部」であり，逆に，VO 型言語は「主要部＋付属部」である。金田一（1957：190）は，付属部，主要部と言う言葉は使わなかったが，日本語が「付属部＋主要部」であることを指摘している。

4. 関係節

Keenan and Comrie (1977) は，関係節の作りやすさについて，(7)に示す名詞句階層を提案した。

(7) 主語＞直接目的語＞間接目的語＞斜格目的語＞所有者名詞句＞比較の対象

関係節による修飾は，(7)の階層で高いほどしやすく，低いほどしにくい。日本語の例を用いて彼らの説を説明する。

(8) 学生が　先生に　レポートを　送った。
　　主語　　間接目的語　直接目的語
(9) 主語の修飾：先生に　レポートを　送った　学生
(10) 直接目的語の修飾：学生が　先生に　送った　レポート
(11) 間接目的語の修飾：学生が　レポートを　送った　先生

マラガシ語（マダガスカル）では主語しか修飾できない。日本語の例で言えば，(9)しか言えないのである。ウェールズ語では直接目的語まで できる。日本語の例で言えば，(10)まで言えるのである。バスク語では間接目的語までできる。日本語の例で言えば，(11)まで言えるのである。カタロニア語では斜格目的語まで言える。日本語の例で言えば，(13)まで言えるのである。

(12) 太郎が　ペンで　手紙を　書いた。
(13) 斜格目的語の修飾：太郎が　手紙を　書いた　ペン

日本語では所有者名詞句まで言える。例は(15)。

(14) 太郎が　学生の　ペンを　盗んだ。
(15) 所有者名詞句の修飾：太郎が　ペンを　盗んだ　学生

英語では比較の対象まで言える。例は(17)。

(16) Mary is taller than the man.
(17) 比較の対象の修飾：the man who Mary is taller than

日本語では言えない。

(18) *メアリーがより背が高い男

以上，形態論と統語論（語順，関係節）の研究を見た。このように，世界の諸言語には多様性があり，同時に，かなり著しい規則性も存在することを言語類型論は示した。

➡格，形態論，後置詞，語順，主要部，対照言語学

■参考文献

金田一春彦（1957）『日本語』岩波書店．
角田太作（1991）『世界の言語と日本語』くろしお出版．〔改訂版 2009 年〕
角田太作（2005）「言語類型論」中島平三編『言語の事典』630-651．朝倉書店．
Comrie, Bernard (1981) *Language Universals and Linguistic Typology*. Basil Blackwell.
Greenberg, Joseph H. (1966) "Some universals of grammar with particular reference to the order of meaningful elements." In Joseph H. Greenberg (ed.) *Universals of Language* (2nd edition), 73-113. MIT Press.

Keenan, Edward L. and Bernard Comrie (1977) "Noun phrase accessibility and universal grammar." *Linguistic Inquiry* 8 (1): 63-99.

Lehmann, Winfred P. (1973) "A structural principle of language and its implications." *Language* 49 (1): 47-66.

Nichols, Johanna (1986) "Head-marking and dependent-marking grammar." *Language* 62 (1): 56-119.

Vennemann, Theo (1974) "Analogy in generative grammar: The origin of word order." In Luigi Heilmann (ed.) *Proceedings of the Eleventh International Congress of Linguists,* Vol. 2: 79-83. Il Mulio.

[角田太作]

■言語類型論[2]

1. 言語類型論の背景

歴史的に早く、また一般に知られた言語類型論 (linguistic typology) の試みは、19世紀に主にドイツにおいて形態論的な観点から行われた。いわゆる 孤立 (isolating) ― 膠着 (agglutinative) ― 屈折 (inflectional) という三分類がこれにあたる。しかしこのやり方は、形態論のみをもって言語の全体像を類型化しようとした点、多総合 (polysynthetic) タイプのようにこの分類にあてはまらない言語が見られる点、および形態論による類型を言語 (ひいては民族や文明) の歴史的発達段階と結びつける思想が背後にあったという点で、過去の遺物である (サピア Edward Sapir は融合 fusion と総合 synthesis の指標によってこの類型を捉え直した。これを要約したものとして、Comrie 1989 を参照)。

20世紀前半においては、プラハ学派のマテジウス (Vilém Mathesius) が「言語の特性論」という名のもとに行った語順と情報構造の研究は、対照研究から一般的な類型論へ向かう試みと見ることができる。同じくプラハ学派のトゥルベツコイ (Nikolaj Trubetzkoy) やヤーコブソン (Roman Jakobson) は音韻体系の類型化を試みた。ヤーコブソンは格理論においても重要な研究を残した。また、ボアズ (Franz Boas) に始まるアメリカ構造主義は、印欧諸語とは構造の大きく異なるアメリカ先住民言語を主な対象としたこともあって、ヨーロッパの伝統的な文法研究の範疇にとらわれない、客観的な記述の方法論を追究した。その姿勢は、今日の類型論につながるものである。

2. グリーンバーグと構成要素順序の類型論

現代的な類型論はグリーンバーグ (Joseph H. Greenberg) による構成要素順序 (constituent order, 語だけでなく句や接辞もあつかうのでこう呼ぶ) についての研究 (Greenberg 1966) から始まると言ってよい。その方法論の特徴は次のとおりである。(i)可能な限り広範囲にわたる言語サンプルを用いて、ボトムアップで一般化を進めた。Greenberg (1966) 自体は30言語しか使っておらず、地域や語族にも偏りがあったが、その後のより新しい類型論研究では、サンプルは大幅に拡大している。(ii) 統計的な傾向性として普遍性をとらえる方法を導入した。すなわち、絶対的な形だけでなく、「大多数の場合」、「偶然を上回る割合で」のような相対的な形でも普遍性を表明した。(iii)「ある言語特徴 p が見られる場合には、言語特徴 q も見られる」という含意的普遍性 (implicational universal) によって普遍性をとらえた。例えば、「偶然をはるかに上回る頻度で、基本順序が SOV である言語は後置詞をもつ」 (Greenberg 1966: 110) は、相対的普遍性の一つで、(1)はこの一般化を支持する日本語の例である。「子供」、「クワガタ」にはそれぞれ後

置詞「が」，「を」が後続する。

(1)子供が　クワガタを　つかまえた

一方，「平叙文において VSO を主要語順とする言語では，疑問詞を常に文頭に置く。平叙文で SOV を主要順序とする言語では，このような固定した規則は一切ない」（Greenberg 1966：111）は絶対的普遍性の一つで，(2)はこの一般化を支持する例（ヤカン語，Brainard and Behrens 2002：114, 139）である。(2 a) は VSO の他動詞文，(2 b) は O を問う疑問文である。

(2) a. Pinogpog we' ne　　　sawehin
　　　他動.打つ　能格 能格.3 単 蛇.定
　　「彼は蛇を打った」
　b. Ine pinogpognun ?
　　何　他動.打つ.能格 2 単.定
　　「あなたは何を打ったのか？」

グリーンバーグ以降，文法構造についての類型論的アプローチ，すなわち多くの言語からのデータに基づいて一般化をはかる試みは盛んになっていった。1970 年代になると，印欧諸語とは異なる続語構造をもった言語の詳細な文法記述が次々に出た。これによって言語構造の多様性への理解は深まった。また，構成要素順序の研究は，その後さらなる一般化を求めて，各配列間に一貫性を見出そうとする，ある種の全体的類型論（holistic typology）がレーマン（Winfred Lehmann）やフェンネマン（Theo Vennemann）らによって出された。具体的には，主要部（head）と，それに対する依存部（dependent）すなわち動詞句ならば動詞―目的語，名詞修飾構造ならば名詞―修飾語，接置詞句ならば接置詞―名詞句，などの順序が一貫したタイプの言語を「理想状態」とした。日本語はこの意味で，主要部後置の典型例である。(1)に加え，次の例では修飾語―名詞（「大きい」―「画面」），指示詞―名詞（「その」―「映画」），動詞―助動詞（「見」―「たい」）の順序が見られる。

(3)大きい画面でその映画を見たい

そうでない言語，例えば北京語などは歴史的な推移の過程にあると考えられた（ただし，北京語についてのこのような見方は現在では支持を減らしている）。

3. 言語類型論の発展

1980 年代に入るまでには，類型論の教科書で取り上げられるテーマの多くが出そろった。その過程では，英語圏に限らず世界各地における少数言語の研究が重要な貢献を果たしたことは銘記せねばならない。具体的には次のようなテーマである：関係節の接近可能性（→対照言語学），能格性と格標識，使役，態と文法関係。同時に，諸言語の類型化の試みは，類型の歴史的な変化への関心へとつながった。類型論は「広く見られる言語類型」ひいては「存在しうる言語類型」について示唆を行うので，印欧祖語の再構などの分野で新たな論争を引き起こすこととなった。同時に，生成文法においても，ロス（John Robert Ross）の島の制約（island constraints）によって本格的な普遍性の提案が行われ，普遍文法の探求は形を変えつつ今日に到っている。

その後も類型論の研究は発展し，今日に到っている。以下に 1980 年代以降の動向をいくつか列挙する。(i)チョムスキー（Noam Chomsky）が普遍文法の中にパラメータを提案して以来，彼の理論では言語間の異なりはパラメータの値の異なりとしてとらえられるようになった。これまで提案されてきたパラメータは，従来の類型論の成果を単純化したもの（主要部パラメータ head parameter），生成文法で初めて体系的に扱われたもの（代名詞主語省略 pro-drop の有無），理論依存性が高くノーマルな類型論では使えないもの（wh 移動の起きる表示レベル）などさまざまである。(ii)機能

的・認知的アプローチが1980年代の特に後半になって広い支持を得るようになった。この方面の研究者たちは，類型論的な一般傾向についての説明として，メッセージの経済性や概念構造との対応といった外在的な視点をとる。これと並行して，類型論の成果をふまえた機能的文法理論の構築も行われている（代表的なものとして Van Valin and LaPolla 1997 を挙げる）。

(iii) データベースの拡大は現在も続き，より広い視野に立った体系化が現在も行われている。ニコルズ（Johanna Nichols）の提案する主要部標示（head-marking）―依存部標示（dependent-marking），およびこの類型を軸とした他の類型との相関や，言語類型の歴史的安定性についての議論は，重要な成果である。(4)は所有構文における主要部標示（ユロク語，Robins 1958：28），(5)は依存部標示（英語）の例である。

(4) pegɹk we-nepuy
　　男　　3-鮭　「(その) 男の鮭」

(5) the man's salmon「その男の鮭」

ユロク語では依存部（意味上は所有者）の「男」にあたる語には標示がなく，主要部の「鮭」にあたる語に，所有者の人称を表す接頭辞がつく。(4)は we-nepuy 単独でも，「彼の鮭」という意味を表しうる。(5)は逆に，所有関係が依存部に標示されている。また，ドライヤー（Matthew Dryer）は基本構成要素順序について言われてきた一般化のいくつかについて，データベースを広げることによる反証と新たな理論化を行った。一例としては，名詞句構造において，形容詞―名詞の順序と関係節―名詞の順序が並行しない言語が少なからず見られることが指摘され，特に前者は目的語―動詞の順序と相関しないことが明らかにされた。

言語類型論の概説としては，Comrie (1989)，角田 (1991)，Whaley (1997)，主要学術誌としては，*Linguistic Typology*, *Sprachtypologie und universalien Forschung*, *Studies in Language* を挙げる。

4．言語類型論から見た日本語

今日でも「日本語の特殊性」がしばしば語られるが，言語類型論の成果に照らして見ると，明らかに「特殊」であると言える面は決して多くないことがわかる。まず，構成要素順序は典型的な主要部後行型であり，世界の言語，少なくともユーラシアでは多数派に属する。対格型（他動詞内の動作性の高い項が自動詞の項と同じ標示を受ける）の格標識，および一貫した依存部標示型という特徴も，広く見られるものである。主語と動詞の一致がなく，それにもかかわらず代名詞主語省略が起きるという特徴は，世界の言語では多数派とは言えないが，稀なものではない。主語と主題がともに文法の中で一定の役割をもつ，という特徴も，現れ方こそ違え，世界各地で報告されている。また，主要部後行型という特徴にともなう，動詞カテゴリーの膠着性，複合述語の文法化，テ形などによる節連鎖（clause chain）の多用，終助詞の発達，といった特徴のクラスタも，程度の差はあるが比較的よく見られる。また，敬語の複雑性についても，確かに日本語独自の体系をなしてはいるが，複雑な敬語の存在そのものは，「特殊」と呼ぶには値しない。

以上の諸点から，文法の概略的な構造を見る限りは，日本語の「個性」はあっても，何千という世界の言語の中で出現頻度が非常に低いという意味での「特殊性」をもつという表明は適切ではないと思われる。もちろん，語彙や個々の構文を見ていけば，特殊と呼びうるものは散見されるが，それはどの言語についても言えるのである。「日本語の特殊性」とは，無意識のうちに英語などを基準として考える性癖から生まれたものであり，類型論的には英語の方が異例と言ってもよい面がいくつもある。例えば，

近世以後の英語は「犬に言葉がわかる」のような経験者の与格標示を失うなど，極度に対格性が強く主語が際立つという特徴を持っているが，他の多くの言語は日本語と似たパタンをとり，この方が「世界標準」と言ってよい。しいて日本語が他から抜きんでている面をあげるとすれば，現存する諸言語の中では際立って複雑な文字体系であろう。

➡対照言語学，歴史言語学

■参考文献

Brainard, Sherri and Dietlinde Behrens (2002) *A Grammar of Yakan*. Linguistic Sociery of the Phillippines.

Comrie, Bernard (1989²) *Language Universals and Linguistic Typology*. Blackwell.〔松本克己・山本秀樹訳 (1992)『言語普遍性と言語類型論』ひつじ書房〕

Greenberg, Joseph H. (1966) "Some universals of grammar with particular reference to the order of meaningful elements." In Joseph H. Greenberg (ed.) *Universals of Language*, pp.73-113. MIT Press.

Robins, Robert H. (1958) *The Yurok Language*. University of California Publications in Linguistics.

角田太作 (1991)『日本語と世界の言語』くろしお出版．

Van Valin, Robert D., Jr. and Randy J. LaPolla (1997) *Syntax*. Cambridge University Press.

Whaley, Lindsay J. (1997) *Introduction to Typology*. Sage.〔大堀壽夫他訳 (2006)『言語類型論入門』岩波書店〕

〔大堀壽夫〕

■謙譲語

●謙譲語とは——敬語を尊敬語・謙譲語・丁寧語と三分する場合の一つ。ただし，この「謙譲語」の中には，実は二種（以上）のものが含まれ，これらを同じ類として括るのは，厳密には不適当である。文化審議会答申『敬語の指針』(2007) でも，旧来の「謙譲語」を「謙譲語Ⅰ」と「謙譲語Ⅱ（丁重語）」に分け，別々に規定した。

●謙譲語Ⅰ——謙譲語Ⅰは，「先生のところに伺います。」の「伺う」や「先生をご案内しました。」の「{お/ご}……する」のように，行為の向かう先を高める（これらでは下線部の謙譲語Ⅰが，向かう先である「先生」を高めている。なお，「向かう先」には多少の補足説明が必要で，詳細は『敬語の指針』を参照）。

●謙譲語Ⅱ——謙譲語Ⅱは，「ちょっとコンビニにまいります。」の「まいる」や「家族を案内いたしました。」の「いたす」のように，その内容（典型的には自分の行為）を話や文章の相手に丁重に述べる（これらでは下線部の謙譲語Ⅱが相手への丁重さを示すが，「コンビニ」「家族」を高めるわけではない）。

●謙譲語Ⅰと謙譲語Ⅱの違い——謙譲語ⅠとⅡの大きな違いは，Ⅰは行為の向かう先への敬語，Ⅱは話や文章の相手への敬語である，という点にある。これに伴って，①Ⅰは，向かう先が「高めるのにふさわしい人物」でなければならないが，Ⅱはそうでなくてもよい（「ちょっとコンビニに伺います。」は変だが「コンビニにまいります。」は可），②Ⅰは「ます」を伴わずに使えるが，Ⅱは一般に「ます」を伴う（「先生のところに伺うよ。」と友人に言うことはあるが「先生のところにまいるよ。」は変），という違いも導かれる。

謙譲語Ⅰは「客体尊称」（松下大三郎 (1924)『標準日本文法』），「受手尊敬」（渡辺実），Ⅱは「丁重語」（宮地裕）等とも呼ばれ，両者の違いは早くから諸家に留意されてきたが，区別すべきことの詳細な論証，及び，両者

の中間種の存在の指摘は菊地康人（1979, 1994）にある。

なお、中古語の「謙譲語」のほとんどは謙譲語Ⅰにあたるが（「きこゆ」「まゐる」等）、「謙譲語」と呼ばれることもある「たまふ」（下二段）は謙譲語Ⅱにあたるものである。

➡待遇表現

■参考文献

菊地康人（1979）「「謙譲語」について」『言語』8-6.

菊地康人（1994）『敬語』角川書店.〔再刊：講談社学術文庫，1997〕

文化審議会（2007）『敬語の指針』（答申）.

宮地 裕（1965）「敬語の解釈──主としていわゆる「謙譲語」とその周辺」『ことばの研究』2，国立国語研究所.

渡辺 実（1971）『国語構文論』塙書房.

[菊地康人]

■現象文と判断文

●**判断文と現象文の区別**──三尾砂（1948）『国語法文章論』は、文と発話の場との関係を重視して文の類型を立て、その中で「判断文」と「現象文」を区別している。「判断文」とは、

(1)東京は日本の首都だ。

(2)この花は美しい。

(3)ねえさんは学校へ行きました。

のように「主題-解説」（課題-解決）の構造を持つ文で、文の表す事態と外界の事実との一致を主張する文である。これに対して「現象文」は、

(4)あ、雨が降ってる。

(5)昔々、ある海岸に、おすのくじゃくとめすのくじゃくが住んでいました。

のように「体言＋が＋動詞」という形の文で、現象をありのままに写し取って、判断の加工を施さない文であるとされる。但し、仁田（1991）が指摘するように、この種の文は動詞述語に限らず、次のような形容詞や名詞述語の例も含む。

(6)（見てみな。）波が荒いよ。

(7)あっ、隣が火事だ。

「判断文」と「現象文」という区別に類似するものは、もう少し単純化した形ではあるが、佐久間鼎（1931）『日本語の特質』の「品定め文」と「物語り文」の区別に既に見られる。

●**「判断」が表す範囲**──「判断」という用語は、論者によって表す範囲が異なる。以下、その範囲が狭い順に挙げる。

①(1)のように「AはBだ」という形式の文を「判断」を表すとする立場。佐久間は、「品定め文」を二つに分け、形容詞・形容動詞述語文を「性状規定」を表す文、名詞述語文を「判断」を表す文と呼んでいる。

②三尾のように、「主題-解説」の構造をなすものを「判断文」と呼ぶ立場。これには、

(8)東京が日本の首都です。（解説-主題）

のように、「が」を取り、「解説-主題」という構造を持つ「転位の判断文」も含まれる。

③「判断」を表す文とは、真偽不確実な命題に対して発話時に判断を下すこと（判断実践）を表す文であるとする立場（田野村1990など）。「判断する」という語は日常的にはこの意味で用いられる。この立場では、「主題-解説」構造を持つ文が常に判断を表すわけではない。(1)「東京は日本の首都だ。」という文に即して言えば、「東京」のことを知らない人が、「東京ってどこの国の町だろう」と思って地図を見、「ああ、東京は日本の首都だ。」という場合は判断を表す。しかし、「東京」のことをよく知っている人が知らない人に対して、「東京は日本の首都だよ。」と教える場合は、知っている事実を述べているのであって、その場で判断を下しているのではない。また、この立場では、「主題-解説」構造を持たない文が、判断を表すこ

ともある。例えば(4)の「が」の文は眼前の現象を描写するものであり，判断を表さないが，

(9)（雲行きを見ながら）あした雨が降るかもしれないね。

という文の場合は，主題を持たないが判断を表している（「ひょっとしたら」という副詞を付け加え得ることが根拠になる）。

④「判断」とは，主語と述語の結合を「承認する」ことであるとする立場（尾上2004など）。この立場では(1)～(9)のどの文も判断を表す。三尾は「現象文」には「直感作用」はあっても「判断作用」はないと述べる。しかし，(4)のような眼前描写文も，直感的ではあっても，外界にその事象が存在することを承認していることに違いはない。

このように，③や④の立場から見ると，主題の有無と判断の有無は独立しており，「主題-解説」構造を持つ文（あるいはその一部）を「判断文」と捉える①②の立場には疑問が呈される。

●現象とは──「現象文」の「現象」というのは，一時的・一回的な事柄を意味する。恒常的・習慣的な事柄を表す文は，基本的に(1)(2)のような「主題-解説」構造か，(8)のような「解説-主題」構造になるが，「現象」を表す場合は，(4)～(7)および(9)のように主題を持たない構造が可能である。

③④の立場から見ると，「現象文」と「判断文」という対立は，「判断」の有無ということよりも，「現象」という事柄の性格が，「主題」の有無に関与しているということを捉えたものと見ることができる。

◆主語，主題

■参考文献

尾上圭介（2004）「主語と述語をめぐる文法」尾上圭介編『〈朝倉日本語講座6〉文法II』朝倉書店.

田野村忠温（1990）「文における判断をめぐって」崎山理・佐藤昭裕編『アジアの諸言語と一般言語学』三省堂.

仁田義雄（1991）『日本語のモダリティと人称』くろしお出版.

丹羽哲也（2006）『日本語の題目文』和泉書院.

三尾 砂（1948）『国語法文章論』三省堂.〔再録：三尾砂（2003）『三尾砂著作集I』ひつじ書房〕

［丹羽哲也］

■ 『現代語の助詞・助動詞』（国立国語研究所）

書名は『国立国語研究所報告3 現代語の助詞・助動詞──用法と実例』。1951（昭和26）年，秀英出版刊。A5判302ページ。執筆担当は永野賢。1949～50年に発行された新聞（6種）と雑誌（28種）の文章から採集した実例約48,000を資料として，現代語の助詞（75種）と助動詞（27種）の意味用法を細かく分類・整理している。資料の性格上書きことばが中心だが，「読まなくっても」のような会話文の表現も取り上げている。序説には，意味用法の説明について「資料の提供を主とするという意味からも，ごく大略の説明にとゞめてある」とあるが，「ので」と「から」の使い分けなど，詳しい記述がなされた部分も多い。助詞・助動詞の認定基準は緩やかで，「～だって」「～ようだ」なども助詞・助動詞扱いされている。助詞・助動詞の用法分類のほか，複合辞（例：～からには，～とすると），文型（例：～を～とする，～も～だが～も～だ），固定的表現（例：そう言えば，次から次へ）も数多く見出しとして立てている点で文型辞典的な性格が強い。「語形からの索引」のほかに「意味からの索引」が付されている。

［井上 優］

■語（単語）[1]

1. 語論

　語（単語）は言語表現における重要な単位の一つである。語形の特徴に基づく言語類型として「屈折語」、「膠着語」、「孤立語」という分類が一般的であるが、日本語は語幹に多様な接辞が付加する点で膠着語の性格が強い言語である。

　膠着語の性格が強い日本語は語の切れ目が判然としないため、語の認定が問題となる。特に、述語部分では語と接辞が複雑に絡み合い、語と語のあいだの境界が定めがたい。事実、語の認定をめぐって見方が分かれている。語の範囲を広く接辞の範囲を狭く見る立場もあれば、語の範囲を狭く接辞の範囲を広く見る立場もある。

　語に関する文法研究（語論）の主たる課題は、語類の問題と語の構造の問題である。前者は語の文法的類型化の問題であり、後者は語がどのような要素で構成され、それが語の意味にどう結びつくかという問題である。語の構造の問題を扱う分野は一般に「形態論」と呼ばれる。

　語の文法的な類型化の問題の中心は品詞分類である。品詞とは、文法機能に基づく語の類型化に他ならない。したがって、日本語にどのような品詞を認めるかは、語の文法機能をどう捉えるかによって違ってくる。一例を挙げると、「形容動詞」という品詞を認めるか否かをめぐる議論があるが、形容詞の文法機能との異同をどう考えるかで見解が分かれることになる。

　語の構造を扱う形態論の中心は、語形変化とその文法的意味を考察する活用（屈折）論と、語が複数の要素からどのように形づくられるかを考察する語形成（語構成）論である。このうち後者は、接辞の付加により形成される「派生語」と、複数の語または語基（語幹）の合成により形成される「複合語」が考察の主たる対象となる。

2. 品詞

　文法の様々な面に関係する品詞は、文法記述における基礎概念の一つである。形態論の主要な課題である活用と語形成の問題を考えるうえでも基礎をなすものである。

　品詞の具体的な種別は言語によって異なるが、中核的な部分はほぼ共通している。大品詞とでもいうべきこの中核部分には、「名詞、動詞、形容詞、副詞、接続詞、感動詞」がある。それに対し、小品詞とでもいうべき周辺部分では言語の個別性が反映され、多様な様相を呈する。

　日本語の品詞については、長い研究史がある。現在一般に知られている品詞分類は「名詞、動詞、形容詞、形容動詞、副詞、連体詞、接続詞、感動詞、助動詞、助詞」という分類であるが、これは、橋本進吉の文法研究に基づく学校文法を通じて普及したものである。橋本の品詞論のもとになったのは、西洋文法と国内の伝統文法を折衷して国文法の基礎を築いた大槻文彦による品詞分類である。

　日本語の品詞分類をめぐる最大の論点は、「助詞・助動詞」という品詞を認めるか否かにある。膠着語の性格が強い日本語では、語と接辞の境界が不分明であるが、この点を典型的に顕現するのが助詞・助動詞の問題である。

　助詞・助動詞を語として認めるかどうかに関して、概略、3つの立場がある。一つは両方とも語と認める大槻文彦や橋本進吉の立場であり、この見方が最も普及している。それに対し、助詞を語として認める一方で、助動詞を語として認めないという立場がある。この立場を代表する山田孝雄は、助動詞を接辞の一種である「複語尾」とみなしている。さらに、助詞・助動詞の両方を認めない立場もある。その代表

が，助詞・助動詞に相当するものを，語の構成要素である「原辞」と見る松下大三郎である。

3. 活用

語には文法的な機能の違いに応じて語形が変化するものがある。このような語形変化を一般に「屈折」(inflection) という。印欧語などでは名詞と動詞のどちらにも屈折があり，名詞の屈折を「曲用」(declension)，動詞の屈折を「活用」(conjugation) というように呼び分ける。

日本語において語形が変化するのは，述語の働きをする動詞，形容詞（形容動詞を含む），「ダ」の類である。これらの語類は総称的に「用言」の名で呼ばれる。日本語の活用（屈折）は江戸時代以来の長い研究史を持ち，現代日本語についても，この伝統的な活用研究の流れのなかから生まれた活用の見方が学校文法を通じて普及している。

しかし，現代日本語の活用に関する伝統的な見方に批判的な見解を持つ文法研究者も多く，新式の活用体系とでもいうべき種々の新たな見方が出されている。佐久間鼎，三上章，奥田靖雄を中心とする言語学研究会，渡辺実，寺村秀夫などがその例である。米国の言語学者ブロック (Bernard Bloch) による活用研究もこれに加えることができる。

どのような活用体系を立てるべきかという問題は，助詞・助動詞を認めるか否か，どの範囲の接辞を認めるか，といった語論・形態論全体のあり方に関係し，活用だけを切り離して論じることはできない。研究者のあいだで見解が分かれるのは，その意味では当然とも言えるが，今後，より高度な体系性・整合性を備えた活用体系を構築することが望まれる。

なお，これに関連して付記すべき事項に，活用を形態論の領域に限定して論じることができるか否かという問題がある。活用が語のレベルを超えて文のレベルにも及ぶのであれば，語論・形態論だけでなく文論・構文論の対象にもなる。活用の問題を語論と文論の両面から考究しようとした研究者に三上章や寺村秀夫がいる。

4. 語形成（語構成）

ある語（語基・語幹）から別の語を作りあげる語形成には主として，接辞の付加による派生と語基・語幹の合成による複合がある。語が諸要素からどのように構成されるかという観点から，「語構成」という名称も用いられる。

語形成を代表する派生と複合には，共通する性質が見られる。すなわち，「松竹梅」のような等位的複合の場合を除き，派生語と複合語は2つの要素の結合に還元でき，後部要素が主要部 (head) になる，という性質が認められる。

派生には接辞の付加が関与する。接辞には，前部要素になる「接頭辞」と後部要素になる「接尾辞」がある。後部要素が主要部になるという語形成の一般的性質から，接尾辞は接頭辞とは異なり，派生語の文法的性格を定める。例えば，派生語の品詞は接尾辞により決定される。そのため，接尾辞は名詞型（「-さ」や「-み」），動詞型（「-させる」や「-がる」），形容詞型（「-たい」や「-にくい」）のようなタイプに分けることができる。「-させる」や「-たい」のような生産性の高い動詞型・形容詞型の接尾辞は，語のレベルを超えて，文の構造と意味を扱う文論にも関係する。

複合語においても，後部要素が主要部になるという原則が成り立つ。そこで，後部要素が名詞，動詞，形容詞である場合，それぞれ複合名詞，複合動詞，複合形容詞が形成される。このうち，文法研究の観点から特に重要なのは複合動詞である。複合動詞には，前部要素が動詞のタイプ（「踏み出す」や「降りだす」），前部要素が名詞のタイプ（「夢見る」や「腰かける」），

後部要素が「する」のタイプ（「破壊する」や「成長する」）などがある。このうち，前部要素が動詞のタイプには，語彙的複合動詞と統語的複合動詞の違いが観察される。同じ「だす」であっても，「降りだす」のように意味的透明性・生産性が高い場合は統語的に形成され，「踏み出す」のように意味的透明性・生産性が低い場合は辞書に登録されるべき語彙的な複合語の性格を持つと考えられる。

▶形態論，語構成，品詞，語形変化，活用

■参考文献
影山太郎（1993）『文法と語形成』ひつじ書房．
城田 俊（1998）『日本語形態論』ひつじ書房．
鈴木重幸（1996）『形態論・序説』むぎ書房．
宮岡伯人（2002）『「語」とはなにか』三省堂．
森岡健二（1994）『日本文法体系論』明治書院．

[益岡隆志]

■語（単語）[2]

● **基本的な特徴**——語（単語）は言語のもっとも基本的な単位である。言語は，文という単位で，現実を反映し，通達する言語活動の最小の単位として機能するが，その文は原則として話し手がその場の必要に応じて，そのたびにつくるものである。言語には，文をくみたてる材料として，数おおくの単語がたくわえられている。個々の単語は一定の音声連続をもっていて，それぞれの音声連続が，つたえたい現実の出来事をくみたてる要素として，人や物，それの動きや動作，状態や性質など，現実の個々の断片を一般的に名づけている。こうした単語の意味を語彙的な意味という（代名詞・コソアドの語彙的な意味は，現実の断片を名づけているものではなく，それをダイクティックにさししめすものである）。

単語は文の成分として機能し，文法的な意味・機能をもつ。文における主語・述語・補語の役わりやテンス（テンポラリティー）・モダリティーなどのカテゴリーは，基本的に単語の文法的な形（語形）や文中の位置によってしめされ，そのため，語尾変化，接辞づけ，語順（配置のし方），一致，イントネーションなど，言語によって多様な文法的な手つづき（方法）がもちいられる。単語は，文を単位とする言語活動のなかに現象し，具体的に実在している。

単語における語彙的な側面と文法的な側面とは，内容と形式（実質的な内容とそれの文におけるあり方）の関係で統一している（奥田靖雄1985のなかの諸論文）。単語は，文法的に形づけられた（形式をあたえられた）語彙的なもの，すなわち，語彙＝文法的な単位である。このような特徴をもつ単語は，言語の体系の中では，いずれかの品詞を構成するメンバーとして，存在する。単語よりちいさい，意味的な単位として語幹，語根，複合語の要素，接辞（接頭辞，接尾辞），語尾などがあるが，これらの単位は，文との相互関係・相互作用にある単語の語彙的，文法的な側面の発達の過程で，単語の内部構造の要素として，文と単語を前提にして，うまれたものである。

言語が有限の単語をもちいて無限の文をつくることができるのは，材料と構築物の関係にある，単語と文という二つの単位が分化していて，個々の言語活動の過程で，単語をつかって文をつくるという，分析・総合の手つづきがとられているからである。

● **特殊な単語**——以上にのべた，単語の特徴は，主要な品詞（名詞，動詞，形容詞，副詞などの類）——語彙的な意味をもつ単語——について論じたものであって，感動詞，接続詞，陳述副詞，後置詞などは別に論じなければならない。感動詞は，単語と文とが未分化な品詞（文＝単語）であり，それ以外は，主要な品詞を前

提として発達した，語彙的な意味をもたない，特殊な品詞である。接続詞，陳述副詞はもっぱら遊離的な成分（独立語）になる品詞であり，後置詞は名詞の格の形とくみあわさる単語の形が文法化したもので，形のうえで単語性をもっているが，文の成分とはならず，名詞の，格の形の機能をおぎなうために発達した，特殊な単語である。

●**日本語における単語の認定**——上にのべた，単語の本質規定は，日本語の研究では，言語学研究会の奥田靖雄の一連の研究にもとづいたものである（奥田1985）。単語を言語のもっとも基本的な単位と位置づけて言語学を組織するたちばを，宮島達夫は「単語中心主義の言語学」とよんでいる（宮島1983「単語の現象と本質」宮島1994所収）。こうしたたちばは，アメリカの構造主義や生成文法の出現以前の伝統的な言語学の特色であった。言語学研究会の言語学は，こんにちの言語学としてこの伝統的な流れをうけついでいるのである。これによると，これまでの学校文法でいう付属語（助詞・助動詞）は原則として独立の単語ではない。これらは，語彙的な意味をもたず，単独で文の成分にならずに，名詞，動詞，形容詞などの文法的な意味・機能をあらわしわける文法的な要素になる。名詞などの単語は，このような要素をうちにふくんで，文法的に語形変化する（引用の「と」などになお問題はのこるが）。

●**学校文法の単語の問題点**——これに反して，助詞・助動詞を単語に位置づけて，名詞，動詞，形容詞からきりはなしてあつかう学校文法は，語形変化してあらわしわける，単語の文法的な意味・機能の体系（動詞のテンス・ムード，名詞の格など）を形態論（単語の文法的な側面を対象とする文法論の分野）で対象にすることができない，という点で重大な欠陥をもっていた（学校文法の動詞のあつかいについては，鈴木重幸1972b，1996のなかの，一連の学校文法批判と四段活用論に関する論文を参照）。

●**現在有力な単語の認定**——現在では，外国語を母語とする者に対する日本語教育の大幅な普及と日本語研究の国際化とともに，日本語文法（とくに現代語）の研究者のあいだでは，学校文法の単語の認定をそのまま維持して研究をすすめる者はすくなくなった。現在多くの日本語研究者は，「よん<u>だ</u>，よも<u>う</u>，よま<u>ない</u>，よみ<u>ます</u>，よま<u>れる</u>」などの助動詞や，「よん<u>で</u>，よん<u>だり</u>，よめ<u>ば</u>」などの助詞は，単語ではなく，単語の文法的な要素（語尾，接尾辞）とみとめるようになった。これらの助詞・助動詞は，学校文法における動詞・形容詞の活用形のうち，単独で文の成分としてもちいられない単位のあとにつづいて，動詞・形容詞の文法的な意味・機能をあらわす要素である（「ます」は語構成要素（語基）としての連用形につづく，とわたしはみる）。ただし，文の成分として機能する単位のあとにつづく類，つまり，外面的に一定の形式的な分離性のみとめられる助詞・助動詞——助詞の大部分と助動詞の一部分（「だ，です，らしい」など）——は，単語である，とみる研究者が多い。こうした単語の認定については，この事典の益岡隆志担当の「語（単語）」の項目を参照。これはローマ字文で分かち書きされるのが普通の単位であり，チェンバレン（Basil Hall Chamberlain），ブロック（Bernard Bloch）など外国人にもひろくつかわれている。服部四郎，渡辺実がこの単語の認定を根拠づけている。

われわれは，単語の文法的な要素のうち，この類の助詞・助動詞を“くっつき”とよんで，語尾や接尾辞から区別している（鈴木重幸1972a参照）。膠着的な接尾辞の一種とみなすわけである（最近では，くっつきのことを，「語尾・接尾辞」から区別して，漢語で「助辞」とよぶ研究者もいる）。

われわれがくっつき（助辞）を単語とせず，単語の文法的な要素とみとめるのは，くっつきは，語彙的な意味を欠き，接続詞，陳述副詞とちがって，独特の独立した文の成分としても機能せず，もっぱら主要な品詞のあとにくっついて，それらの単語の文法的な意味・機能をあらわす形の要素となる単位であるから，である。このうち，格助辞については，奥田靖雄1978「格助詞――渡辺実君の構文論をめぐって」（奥田1985所収）を参照．

●われわれと同類の単語の認定――言語学研究会の単語の認定は，日本語研究の歴史では，松下大三郎をうけつぐものである．現在では，仁田義雄・村木新次郎・石井正彦などにもみられる．橋本進吉は，松下の「念詞，詞」（単語）と現象的に一致する単位を「文節」とよんで，学校文法の単語と共存させた．われわれにとっては，文節という単位は，文に現象している，われわれの単語（単語の現象形態）のことであるから，「文節」という概念と用語は余計である（鈴木重幸1966「学校文法批判――「文節」について」（鈴木1972b所収）参照）．

●補足――単語という単位と，そうでない単位とのあいだには絶対的な壁はなく，連続性がある．歴史的な移行がわかるものもある．名詞には形式名詞，動詞には補助動詞というタイプがあるが，これらは文法的な意味の表現に参加している．二単語からなる分析的な形（「～している」）がある．また，形式名詞「こと」と準体助辞「の」との関係や，後置詞と格助辞との関係などをみよ．

　以上は，シンタグマティックな関係における単語の認定であるが，さらに，パラディグマティックな関係における単語の認定がある．いわゆる同語・異語の認定である．語形変化する単語における，それぞれの文法的な形（語形）のメンバーは同一の単語であるとみとめられるが，さらに，文法的な派生関係にある単位（「～する」と「～しない」，「～する」と「します」など）をどう位置づけるか，という問題もある．

◆品詞，形態論，形態素，語形変化，文，語彙，語構成，文節

■参考文献
奥田靖雄（1985）『ことばの研究・序説』むぎ書房．
鈴木重幸（1972a）『日本語文法・形態論』むぎ書房．
鈴木重幸（1972b）『文法と文法指導』むぎ書房．
鈴木重幸（1996）『形態論・序説』むぎ書房．
宮島達夫（1994）『語彙論研究』むぎ書房．
仁田義雄（2000）「単語と単語の類別」仁田義雄・益岡隆志編〈日本語の文法1〉文の骨格』岩波書店．
村木新次郎（1991）『日本語動詞の諸相』ひつじ書房．
石井正彦（2002）「形態論」飛田良文・佐藤武義編『〈現代日本語講座5〉文法』明治書院．

[鈴木重幸]

■語彙

ある言語の単語の総体．日本語の語彙とは，日本語として話したり書いたりするという言語活動の中で使われる単語の総体をさす．単語は語彙を構成するメンバーである．ある個人が聞いたり読んだりしてわかる語彙を理解語彙といい，話したり書いたりできる語彙を表現語彙という．一般に理解語彙は表現語彙より多い．日常もっとも普通に使われ，社会生活を営むうえで必要とされるものを，とくに基本語彙とよぶことがある．

　語彙は，ある特定の個人，ある作品，ある時代，ある地域など，その範囲を限って，谷崎潤一郎の語彙，『細雪』の語彙，平安時代の語彙，

奈良地方の語彙というふうに用いることもある。

辞書の見出し語は語彙の目録にあたるものである。辞書は，単語を一定の基準にしたがって配列し，個々の単語の意味・発音・表記・文法的特徴・文体的特徴などの情報を記述したものである。

語彙は，文法と対立して，単語の意味的な側面をさすことがある。単語の語彙的な意味とは，個々の単語がもっている固有の意味をいい，他の単語から区別されるものである。単語の語彙的な側面は，それぞれの単語の個別的な意味内容をさし，想像したことも含めて，現実にある，さまざまな対象・性質・運動・時間・空間などを一般的に写しとったものである。ちなみに，単語の文法的な側面とは，文や句に見られる他の単語との結びつきの法則（統語論的な性質）と単語自身の語形変化（形態論的な性質）とをさし，品詞やその下位区分など単語のグループに共通する一般的な形式面をいう。単語という言語の単位は，語彙的な側面と文法的な側面をあわせもつ言語の基本的な単位であるといえる。

➡語（単語）

■参考文献

鈴木重幸（1972）『日本語文法・形態論』むぎ書房.

宮島達夫（1994）『語彙論研究』むぎ書房.

[村木新次郎]

■語彙概念構造

語彙概念構造（Lexical Conceptual Structure；以下，LCSと略）はジャッケンドフ（Ray Jackendoff）の概念意味論で中心となる意味構造であるが，他の理論でも類似の方式が用いられている。

1. 意味の分解

LCSは動詞，形容詞，前置詞など「述語」の概念的意味（特に統語構造に直接反映される意味概念）を表示するもので，使役（CAUSE）や変化（BECOME）を表す基礎的な意味述語（関数）と，それらがとる項ないし補部で構成される。基本的な発想は，killの意味を"x CAUSE y TO BECOME NOT ALIVE"と分析した1970年代の生成意味論に遡る。語の意味を構造化することには，(i)意味的に関連した動詞群の類似と相違が明確に捉えられる（「育つ/育てる」等の有対動詞は〈使役〉という概念で関連づけられるが，「たたく，押す」といった接触・打撃の他動詞は〈使役〉を欠くため，対応する自動詞がない），(ii)多義的な動詞の意味と構文の関係が明瞭に捉えられる（同じ「握る」でも，〈使役〉を含まない「杖を握る」は「*杖が握ってある」と言えないが，使役変化を含む「おにぎりを握る」は「おにぎりが握ってある」と言える），(iii)副詞の修飾関係が明確になる（「私は明日，その本が欲しい」という文の「明日」は，[私は[その本が手に入る]ことを願う]という語彙概念構造の「手に入る」の部分を修飾する）といった利点がある。

2. 主題関係による語彙概念構造

ジャッケンドフのLCSは，「物がどこに存在するか/物がどこからどこに移動するか」というグルーバー（Jeffrey S. Gruber）の主題関係に依拠する。John went home. という空間移動とJohn went crazy. という抽象的変化の共通性は同じ述語（移動を表す"GO"）として捉えられ，両者の違いは空間（[$_{Event}$ GO$_{Spatial}$ ([JOHN], [$_{Path}$ TO [$_{Place}$ HOME]]])）か認定（[$_{Event}$ GO$_{Identificational}$ ([JOHN], [$_{Path}$ TO [$_{Property}$ CRAZY]]])]）かという「意味の場」の違いで表示される。更

に，「主題関係層」とは別に，行為者から被動者への影響を表示する「行為層」が設けられている．

3. 事象構造に基づく語彙概念構造

もう1つのLCSの形式は，継続，完結，状態といった語彙的アスペクト（事象構造）に重点を置いて公式化したものである（影山1996）．

1. 状態：[[ ]y BE AT-[ ]z]
2. 変化：[BECOME [[ ]y BE AT-[ ]z]]
3. 移動：[[ ]y MOVE [PATH] z]
4. 活動：[[ ]x ACT (ON-[ ]y)]
5. 使役：[[ ]x CAUSE [BECOME [[ ]y BE AT-[ ]z]]]（いずれも意味の場は省略）

この表記には次のような利点がある．(i)状態，達成，到達，活動といった動詞が表す様々な事象タイプを明示することができる．(ii)主題関係層と行為層を1つの公式に組み込むことができる．(iii)これらの事象タイプは，人間が外界の状況を認識する際の普遍的な心のパターンを形成すると考えられる．(iv)活動（上記4）を上位事象，状態(1)や変化(2)，移動(3)を下位事象として区別することによって，使役他動詞(5)を上位事象と下位事象の合成と捉え，意味と統語の対応関係（特に自動詞における非対格動詞（主語の制御が効かない自然発生的な出来事や状態を表す自動詞）と非能格動詞（主語によって制御可能な行為や変化を表す自動詞）の区別）が的確に捉えられる．

4. 複雑な述語の形成

LCSは個々の動詞の意味を静的に表示するだけでなく，複合語や派生語などを作り出す動的な語形成操作にも関わる．「飛ぶ」のLCSと「上がる」のLCSを合成することで「飛び上がる」のLCSが構築され，自動詞「建つ」のLCSに使役（CAUSE）を加えることによって他動詞「建てる」のLCSが得られる．「在」という一字漢語のLCSを上記1とすると，そのAT-[ ]zの変項に「日本」という意味概念を代入することによって「在日」（日本にいる）という二字漢語が出来る．このように，LCSは統語構造および形態構造と直接的に結びついていることが特徴である．なお，LCSに主語や目的語の名詞を当てはめ，文全体の意味を表示したものを概念構造と言う．

◆概念意味論

■参考文献

Jackendoff, Ray (1983) *Semantics and Cognition*. MIT Press.

Jackendoff, Ray (1990) *Semantic Structures*. MIT Press.

影山太郎（1996）『動詞意味論』くろしお出版．

影山太郎・由本陽子（1997）『語形成と概念構造』研究社．

伊藤たかね・杉岡洋子（2002）『語の仕組みと語形成』研究社．

［影山太郎］

■項

最も一般的には，述語が表す動作や状態への参与者として不可欠な要素を「項」（argument）と呼ぶ．項をいくつ取るかによって述語は一項述語，二項述語などに下位分類される．「太郎が花瓶を割った」において「太郎」と「花瓶」は述語の項であり，項を二つ要求する「割る」は二項述語である．元来は述語論理の用語であるから，論理形式$P(t, k)$において名辞tとkを述語Pの「項」と呼ぶのと基本的には同じ用法であるが，言語学では，意味上の目的語にあたる「内項」と意味上の主語

に当たる「外項」を区別するのが一般的である（Williams 1981）。意味役割の担い手である項は，意味役割を担わない「非項」（non-argument）と対立する。非項には虚辞の代名詞（*It* seems that John is tired.）などが含まれる。虚辞は意味役割が付与されない位置にのみ生じる要素であり，同じ環境に項は生じないと言われる（*John seems that he is tired.）。項・非項の分布は，特定の統語的位置における意味役割の有無を反映する現象であるため，受動構文や非対格構文をめぐるこれまでの議論においても重要な役割を果たしてきた（Chomsky 1981）。

述語が意味的に要求する項は，統語的には様々な形で表示される。同じ二項述語であっても，例えば「いじる，ふれる，さわる」では項の統語表示が異なる（「花瓶をいじる，花瓶にふれる，花瓶｛を・に｝さわる」）。また，二つの項をガ格とヲ格で表示する動詞であっても，対応する自動詞文の適格性や意味解釈は動詞によって異なる（「花瓶が割れた」「*花瓶がいじれた」）。項の統語的実現を支配する原理の解明は言語研究における中心的な課題の一つであるが，「項実現」と呼ばれるこの分野の研究については，Levin and Rappaport Hovav (2005) に極めて優れた解説がある。

➡非対格動詞と非能格動詞

■参考文献

Chomsky, Noam (1981) *Lectures on Government and Binding*. Foris Publications.〔安井稔・原口庄輔訳（1986）『統率・束縛理論』研究社出版〕

Levin, Beth and Malka Rappaport Hovav (2005) *Argument Realization*. Cambridge University Press.

Williams, Edwin (1981) "Argument structure and morphology." *The Linguistic Review* 1：pp.81-114.

［鷲尾龍一］

■口語・文語

対概念としては，書き記された文章について，その表現が，話し聞く表現に近いか遠いか，ということを言う。現代の日本では，口語は，明治時代の言文一致運動で形成されて以来，展開しているものであり，文語は，源氏物語など平安時代に書き記された文章を基盤とするもの，あるいは漢文訓読を基盤とするものである。ただし，携帯メールのことば遣いは「一層口語的である」と言って，相対化することもできる。中世日本語として狂言は口語であり，謡曲は文語であると言って，歴史上に拡張することもできる。他言語にもあって，例えば古典漢文は現代漢語に対して文語の地位を占める。

日本の口語・文語を分かつ特徴は，多く形式語にかかわり，実質語にほとんどかかわらない。すなわち，用言の活用，助詞・助動詞の選択，係り結びの有無などによって，両者が分かたれる。文語の文章において，もし実質語の意味用法をも平安時代に倣ったならば，擬古文と言うのが適当であろう。

文語は，基づく平安時代語が韻文・散文・訓読文に大きく三分されるのに従って，やはり三分されえ，その際の分別は実質語にかかわるところが大きい。文語については，どのように受け止められ，用いられてきたかという問題が，今後の解明を俟っている。一般的認識では，文語には大きな変遷はなく，例えば，最初に引き合いに出した，現代日本の文語と謡曲の詞章とは，異ならない。

口語は，現代語研究における対象の中心であり，語法・語彙とも詳細によく研究されている。しかし，口語の基盤となっている口頭の音声言語との関係は知られているところがない。口頭の音声言語が，音声的側面を除いて，そも

そもほとんど知られていないことが関係している。あるいは，口語についての知見をもって，口頭の音声言語の知見に代えていて，問題が認識されていないかもしれない。しかも，用語「口語」は，口頭の音声言語を指すことがあり，ために問題が見えにくくなっているとも考えられる。なお，「口語」が口頭の音声言語を指すとき，筆記の文字言語を指すのは「文章語」のようなものであるが，英語教育などにおいては「文語」であることがある。

　口頭の音声言語は歴史的に推移する。言語史研究の課題は，それを，文字資料から，すなわち口語ないし文語から，汲み上げることである。口語・文語がいかに形成され維持されるかという問題も，言語史研究の上に，つまりは音声言語研究の上に，解明されることになるであろう。

◆擬古文の文法的特徴

［石井久雄］

■構造言語学

　言語事象を研究する観点，立場の一つ。言語研究に新たな地平を開くものとして印欧語比較文法の方法が19世紀末にほぼ確立したが，言語学の真の対象は何かという問いは等閑に付されていた。ソシュール（Saussure 1916）はこの問いの答えを模索し，言語学の研究対象としてラング（＝恣意的な言語記号によって構成される（価値）体系）という概念を提起した。言語記号の音と意味は，それぞれある体系の部分を成し，その「恣意的」という性質から必然的に，体系内の他の音と意味との差異によって相対的に規定されるとする。このように，音であれ意味であれ，ラングを構成する項とその価値は，体系と対立関係によって相対的に決まるとし，それに基づいて言語分析を行う立場をヨーロッパの構造（主義）言語学という。このような見方が最も有効に機能するのは，扱う単位の数が比較的少ない音のレベルで，1930年代後半以降，トゥルベツコイ（Nikolaj Trubtzkoy），ヤコブソン（Roman Jakobson）によって提示された「音韻的相関関係」「弁別特徴」「有標」「無標」などの概念を生み出すきっかけとなった。

　アメリカでは，ブルームフィールド（Bloomfield 1933）が structure（構造）という言葉を，ソシュールの système（体系）とは異なって，文を構成する諸単位のシンタグマティックな関係について用いているが，パラディグマティックな関係をも取り入れて，メカニスティックで厳密な分析方法を提示した。この本は，以後アメリカ「構造言語学」のバイブルとなる。サピア（Sapir 1925）は，言語音の分析に当たって，sound pattern という概念を提起し，ある言語の「音素」は，その調音・聴覚的特徴だけでは規定できず，それら相互の「心理的な」ギャップに基いて作り出されるパターン構成によって決まるという，ソシュール流の「構造言語学」に近い考えを示している。その後，structural linguistics（構造言語学）という用語は，音素論，形態論，統語論における共時的・形式的な言語分析を指して用いられるようになり，その方法論は，要素の分割・分布・分類による厳密な分析方法を提示したハリス（Harris 1951）で完成を見た。この「構造言語学」の方法は，以後チョムスキー（Noam Chomsky）による批判の対象になり，アンチテーゼとして生成文法が成立した。ソシュールの「構造言語学」も20世紀末の認知言語学によってその考え方の一面が批判の対象となっている。

◆ソシュール，ラング・パロール・ランガージュ，パラディグマティックとシンタグマティック

■参考文献

Saussure, Ferdinand de (1916) *Cours de*

linguistique générale. Payot.
Bloomfield, Leonard (1933) *Language.* Henry Holt and Company.〔三宅鴻・日野資純訳 (1962)『言語』大修館書店〕
Sapir, Edward (1925) "Sound patterns in language." *Language* 1.
Harris, Zellig (1951) *Methods in Structural Linguistics.* University of Chicago Press.
Hymes, Dell and John Fought (1981) *American Structuralism.* Mouton.

〔長嶋善郎〕

■後置詞

●**名詞の後につく補助的な機能語**——単独では文の成分とはならず，名詞の格の形（およびその他の単語の名詞相当の形式）と組み合わさって，その名詞の他の単語に対する関係をあらわすために発達した補助的な単語。「(日本の将来に) ついて (話す)」「(言語に) おける (諸問題)」「(彼の) おかげで (命拾いをした)」のような単語をいう。このような単語は，印欧語の前置詞，中国語の介詞に相当するものである。前置詞・介詞は，一般に名詞の前に位置するが，後置詞は名詞の後に位置する。後置詞は，実質的な単語である名詞に後置する補助的な単語で，その名詞と後続の動詞や他の名詞などの実質的な単語（内容語）を関係づけるオペレーターの役割をはたす文法的な単語（機能語）である。

日本語の名詞の格を特徴づける「が」「を」「に」などの形式を後置詞とよぶ研究者もいる（たとえば，『国語学辞典』の後置詞（大塚高信執筆）や「助詞」（松村明執筆）の扱い）。松下大三郎は，「を」「に」「と」などは無格の名詞につく助辞であり，客語を統率するものではなく，「を」「に」自身が客語の一部分であるとする。「彼とともに」は with him であって「と」の意味は him の方に属すると説く。英語において，with が前置詞で，him が客語（目的語）であるように，日本語においては，「ともに」が後置詞で，「彼と」が客語であると考えるのが妥当である。松下は，この種の単語を帰著副詞（後置詞）と位置づけた。

●**文法化によって生じた後置詞**——後置詞の多くは，動詞や名詞であった単語に文法化が起こった結果，できたものである。もとの語彙的意味が希薄化・形骸化し，統語的な機能に変化が生じ，語形が固定化した結果，文法的な単語としての後置詞が生まれるのである。典型的な後置詞としては，動詞から派生したものに，「ついて/つき」「関して」「対して」「よって」などがあり，名詞から派生したものに「ともに」「ため (に)」「おかげで」「せいで」「くせに」などがある。動詞から派生した後置詞は，語彙的意味を多かれ少なかれ失い，統語的な特性としての格支配の特徴を部分的にとどめているものの，その語形は「〜て」の形に固定化し（一部「つきまして」などの丁寧形との交替をゆるすものがある），動詞がもつ肯定否定・アスペクト・テンスなどの形態範疇を欠いている。名詞派生の後置詞は，格の範疇を失い，「ともに」「おかげで」「せいで」のように語形が固定化している。このように，後置詞は，主要な品詞である動詞や名詞から移行したもので，その移行が進んで完全に後置詞化したものもあれば，移行の過程にあるものもある。「(〜を) 介して」「(〜を) 通して」「(〜に) したがって」「(〜の) 一方」「(〜の) かたわら」のような単語は，もとの品詞である動詞や名詞の性質を残しながら，後置詞としての特徴もそなえている中間的なものと考えられる。以上，連用形式の後置詞についてふれたが，「(〜に) おける/おいての」「(〜に) 対する/対しての」「(〜と) しての」「(〜の) ための」といった連体形式の後置詞も存在する。

◆機能語，複合辞，文法化

■参考文献

村木新次郎（2012）『日本語の品詞体系とその周辺』ひつじ書房．

鈴木重幸（1972）『日本語文法・形態論』むぎ書房．

松下大三郎（1928）『改撰標準日本文法』紀元社．

［村木新次郎］

■構文論（統語論）[1]

1. 構文論という研究分野

文を対象とする研究分野を文論という。表現の形と意味の関係の解明をめざす文法研究において，文論は文における形と意味の相関の解明をめざす。そのなかで文の形，すなわち文の構造を扱う分野が構文論（syntax）である。

文はさまざまな要素が組み合わさることにより形づくられる。諸要素からどのようにして文が形づくられるかという方向から見れば，文形成論とでもいうべき構文論が考えられる。一方，文が諸要素からどのように構成されるかという方向から見れば，文構成論とでもいうべき構文論が考えられる。文形成論と文構成論は，ボトムアップ式の見方かトップダウン式の見方かという違いである。ここでは，一般になじみのある文構成論の見方を取る。

なお，「構文」という語は「受動構文」や「使役構文」という場合のように，'construction' の意味で用いられることもある。このようなあいまいさを避ける意味では，「構文論」の代わりに「統語論」という名称の使用も考えられる。

2. 言語研究における構文論

言語研究においては，構文論が独立の研究分野として確立している。構文論は音韻論（phonology），形態論（morphology），意味論（semantics），語用論（pragmatics）などと並ぶ言語研究の一分野であり，構文論だけを対象とした入門書や概説書も多い。

構文論では，前節で述べたように，文が諸要素からどのように組み立てられるかという文の構成関係が問題にされる。構成関係の基本は，上位の要素 X が下位の要素 Y・Z で構成されるというものである。例えば，上位の要素 X を「雨が降った。」という文とすると，これは「雨が」と「降った」という下位の要素で構成されている。文を構成する要素を「句」（phrase）と呼ぶなら，文は句で構成される「句構造」（phrase structure）であるということになる。さらに，句の種別を表すために「名詞句」，「動詞句」といった名称を導入すると，文は名詞句と動詞句で構成されるといった文構造の捉え方が可能になる。これに従えば，先の「雨が降った。」という文は(1)のような構造として示すことができる。

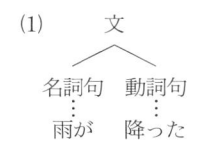

(1)　　　　文
　　　　／＼
　　名詞句　動詞句
　　　⋮　　　⋮
　　雨が　　降った

このような構造を，木が枝に分かれることに擬えて「木表示」や「樹形図」などと呼ぶ。

文の構造については，構成関係の他に依存関係というものを併せて考える必要がある。依存関係というのは要素間の主従関係のことである。文・句を構成する要素 X・Y のあいだに，X の存在が Y の存在を要求する，すなわち Y の存在が X の存在に依存するという関係が成り立つ場合，X と Y をそれぞれ主要素，従要素と見ることができる。先の「雨が降った。」という例で言えば，「降った」が「雨が」を要求するということから，「降った」が主要素，「雨が」が従要素ということになる。この場合，主要素である述語と従要素である補足語（「項

(argument))で構成される構造が考えられる。このような構造を「項構造」(argument structure) などと呼ぶ。

3. 日本語文法研究における構文論

言語研究における構文論が独立した分野として確立しているのに対し，日本語文法研究では一般に構文論は独立の地位を得ているとは言えず，意味の側面を切り離さないかたちで文の研究が行われるのが一般的である。「文法」あるいは「文法論」を冠した著作は『日本文法論』(山田孝雄 1908)，『改撰標準日本文法』(松下大三郎 1928)，「国文法体系論」(橋本進吉 1938)，『日本文法 口語篇・文語篇』(時枝誠記 1950・1954) など枚挙に暇がないが，「構文論」あるいは「シンタクス」を冠した著作は『国語構文論』(渡辺実 1971)，『日本語のシンタクスと意味』(寺村秀夫 1982・1984・1991) など少数にとどまる。

文構造についてはこれまで多くの見方が出されているが，主な見方として3つのものが挙げられる。

その一つは，橋本進吉に代表される構成関係を重視する見方である。橋本は「文を実際の言語としてできるだけ多く区切った最も短い一句切」である「文節」がどのように組み合わさって文となるかを問題にした。橋本の「国文法体系論」によれば，例えば「飛行機が空を飛ぶ。」という文は(2)のような構造になるとされる。

(2)飛行機が｜空を｜飛ぶ‖

文節間の結合様式を考えようとした橋本の見方は，前節で触れた句構造の見方に通じるところがある。

二つ目は要素間の依存関係を重視するものであり，松下大三郎や時枝誠記の見方がそれを代表する。松下(『改撰標準日本文法』) は，文中の成分のあいだには一貫して従属と統率の関係が成り立つと考える。そのうえで，従属と統率の関係には「主体関係」，「客体関係」，「実質関係」，「修用関係」，「連体関係」の5種があるとしている。

同じように依存関係を重視する時枝は，要素間の意味的な依存関係を明確に捉えるために「入子型」の構造を提案した。「辞」(概念過程を経ない形式) が「詞」(概念過程を経た形式) を統一するという時枝の見方は，主要素と従要素のあいだの依存関係を基盤とした文構造論である。時枝(『日本文法 口語篇』)によれば，「梅の花が咲いた。」という文は(3)のような構造を持つとされる。

(3) |梅の花が咲い|た|

もう一つの見方は，南不二男による階層構造論である。南は文に4つの階層からなる構造を設定しているが，そのような構造の認定にあたっては，述語の部分と述語以外の部分における要素の現れ方に4つの段階が認められるという点を重要な根拠としている。南 (1993) では，それらの段階を「描叙段階」，「判断段階」，「提出段階」，「表出段階」と名づけている。南 (『現代日本語の構造』(1974) p.134) は，「そうだな，荷物はたぶんきのう横浜についただろうよ。」という文を挙げ，それが次のような構造を持つとしている。

(4)[そうだな [荷物はたぶん [きのう [横浜につい] た] だろう] よ]

4. 動詞文と名詞文

言語研究においては動詞文（動詞述語文）の研究が重要な位置を占めてきた。2節で触れた述語と項で構成される項構造や，それに先行する「格文法」(case grammar) の研究はそれを代表するものである。動詞文の研究が注目されてきたのは，そこに格，他動性，ヴォイス，アスペクトなど広範な研究課題が存在することによる。それに対し，名詞文（名詞述語文）の研究は動詞文における格や他動性などに対応す

る文法概念を見出しがたいため，研究の立ち遅れの感は否めない。

これとは対照的に，日本語文法研究においては，動詞文と名詞文（あるいは形容詞文）を対立的に見るという問題意識の流れがある。佐久間鼎（「物語り文」と「品定め文」），三上章（「動詞文」と「名詞文」），川端善明（「動詞文」と「形容詞文」）などがその例である。日本語研究において名詞文が動詞文と同様に大きな関心を呼んだ理由の一つは，日本語の文構造に主題（題目）が構成要素として組み込まれている点にある。文構造における主題の位置づけの問題やそれに関連する主語の問題に取り組もうとするとき，動詞文・名詞文といった文類型の考察が不可欠となる（益岡編 2008 を参照）。

➡形態論，品詞論，IC 分析

■参考文献

金水 敏（1997）「国文法」『〈言語の科学 5〉文法』岩波書店．

郡司隆男（2002）『〈現代言語学入門 3〉単語と文の構造』岩波書店．

田窪行則（2005）「日本語の文構造——語順を中心に」早田輝洋編『〈朝倉日本語講座 1〉世界の中の日本語』朝倉書店．

益岡隆志編（2008）『叙述類型論』くろしお出版．

南不二男（1993）『日本語文法の輪郭』大修館書店．

［益岡隆志］

■**構文論（統語論）**[2]

単語からくみたてられる文および連語にかかわる文法現象を意味・機能の体系（内容面）とその表現手段（表現面）との両面にわたってあきらかにする文法論の領域を構文論（統語論）という。構文論は連語を対象とする連語論と文の問題をあつかう文論とにわかれるが，連語をとりだして研究するながれは日本ではおおくなく，研究の中心は文論におかれている。以下では連語論もふくめて，日本語構文論の特徴，問題点を中心にとりあげる。

1. 形態論と構文論

単語が屈折・膠着などのてつづきによって語形変化することは，孤立語タイプの言語があることからみても，言語にとって普遍的ではないが，つたえあいの基本単位が二単語以上のくみたてからなる人間言語にとって，文，連語のような複合的，総合的な単位の存在は普遍的である。また，文は言語の単位としてだけでなく，言語活動の単位（＝発話）としてもあらわれ，文章，テキストのくみたて要素になる。

●**カカリ―ウケの表現手段**——文や連語の構成メンバーのむすびつきがどのような手段で表現されるかをみると，日本語では名詞や動詞の語形に連用形式，連体形式が区別されていて，カカリ部分が一定のかたちをとることによって，連用的な，あるいは連体的なカカリであることが明示される。たとえば，名詞の複合連体形式はヘノ，デノ，トノのような複合連体格だけでなく，ダケノ，バカリノのような副助辞にもおよぶ。一方，他動詞はカカリ部分に名詞の対格をもとめているとみれば，ウケ部分もカカリ―ウケ関係をしめすことになる。なお，方言にはマークなしの名詞＝語幹が連用的にも連体的にももちいられる（サブロ　ナカシュン　三郎をなかせる，サブロ　ホン　三郎の本―奄美大島方言）現象がみられる。カカリ―ウケも日本語ではこの順序に一定していて，連体的，連用的な連語のくみあわせから主述形式までこの語順であらわれる。

●**結合価**——対象的な意味をもつ名詞，動詞ほかの単語には，それが属する単語グループに特徴的な，他の単語とむすびつく文法的な能力としての結合価がそなわっている。単語の結合

価には義務的な結合価と任意的な結合価とがあるが，とりわけ義務的な結合価は，単語グループの語彙的な意味の特徴の具体的な表現者であって，単語の構文論的な能力のにないとして，連語のなづけ的な意味や文の対象的な内容をあらわすためにはたらいている。

●**文法的なカテゴリー**——文法的なカテゴリーのなかには，形態論のレベルから構文論のレベルにまたがっているものがある。そのばあい，形態論のレベルをムード，テンス，アスペクト，構文論など形態論以外のレベルでそれぞれをモダリティ，テンポラリティ，アスペクチュアリティとよびわけることがある。日本語のように形態論をそなえた言語では，形態論と構文論にまたがるカテゴリーがあるとき，一般に形態論的なカテゴリーが中心的である。

2. 連語論

単語の対象的な意味，それによって規定される単語の構文論的なむすびつき能力としての結合価をもつふたつ以上の単語＝自立語が，かざり-かざられの関係にあるとき，そのような単語のくみあわせを連語という。連語論は連語の表現面（関係の形式）をかざられの区別にそって整理しながら，その内容面（むすびつき）をあきらかにしていく。連語は単語とちがって複合的な単位であるが，単語とともになづけの単位としてはたらく。また，連語は文とちがって陳述性をそなえていないことは単語と同様だが，文とともにはなし（言語活動）のなかでつくられ，単語の結合からなる点で，構文論の対象になる。連語の内容面の解明は文の意味構造をとりあげるためのまえおき，第一歩となる。

かざり-かざられという従属的な関係だけでなく，並列的な関係も連語とするたちばがある。また，（一部の）主述関係も連語とみるたちばもある。文の構造を表現面でのカカリ—ウケに解消すると文と連語との区別は実際上なくなるし，連語になくて文に固有の陳述性をきりすてると，文論と称しても文を連語のレベルでかんがえるのとかわらなくなる。

3. 文論

●**陳述**——個々のはなしが言語活動のなかでつくりだす文は，はなしによってとりむすばれる，文の対象としてのコトガラの側面と，コトガラをはなしてのたちばからどう現実と関係づけるかという，のべかたの側面とをもつ点で連語とことなる。こののべかたの側面は，陳述といわれる。モダリティ，テンポラリティ，人称性はモダリティを中軸として文の陳述的な意味の側面を形成する。日本語に形態論的な人称のカテゴリーは存在しないが，構文論的な人称性のカテゴリーはそなわっている。命令文や〜シタイのような希望形容詞文が人称性によってしばられているのはあきらかである。琉球方言にみられるハナシテのメノマエの実景をあらわす（メノマエ性をもつ）文も，その意味からして，ハナシテ自身を主語にできないなど人称制限がある。

●**意味構造と機能構造**——連語における単語のむすびつきにあらわれたような内容面は，文にあってもコトガラをしめす対象的な内容としてさしだされていて，広義のなづけ的な意味ととるならば，連語のレベルとも共通性をもつ。この対象的な内容は，連語とちがって文においては，対象的な内容をどのようにつたえるかの点で，表現に修正をうけることがある。能動文と受動文をくらべたとき，能動文の直格のシテが受動文で斜格に修正されてもシテはシテであって，両文の意味構造に変化はない。一方，なにについてのべているかは，能動文，受動文の主語のちがいによってちがってくるのがふつうである。つまり両文は機能構造に関してはことなっている。文では，この機能構造のちがいを考慮して，文の部分（文の成分）のような，文に

固有のカテゴリーがとりだされる。このように，文の意味構造と機能構造とは区別されるとしても，文はつねに両者の統一を志向している。

●**文の分類**——文はくみたて上，つたえあい上のちがいから，各種の分類が生じる。

《独立語文と述語文》原則として一単語からなり，文の部分にわけることのできない文を独立語文という。二単語以上からなり，はたらき，意味のことなる部分にわけることのできる文を述語文という。言語活動においても，構文論でも，述語文が主役になる。独立語文，喚体の文，一語文などのさししめす内容はまったくおなじではない。

《動詞文・名詞文・形容詞文》述語文は述語単語の品詞によって，一般に動詞文と名詞文にわけるが，日本語では形容詞が名詞とちがってコピュラをともなわずに述語になるため，形容詞文がたつ。この区別が主語の形式（-ガ，-ハ）や時間・空間的な限定のちがいなどと連動すると，現象文-判断文，あるいはものがたり文-しなさだめ文のような，内容面での文の区分へとかかわってくる。

《ひとえ文とあわせ文》述語文ひとつからなる文をひとえ文，ふたつ以上からなる文をあわせ文という。述語文の分析はまずひとえ文からはじまる。

《非拡大文と拡大文》述語文では，主語は述語とひとくみになって，主体-属性関係という文のさししめすコトガラ関係の中核をになっており，原則としてすべての述語文にあらわれる。一方，文の陳述的な中心は述語だが，主語も，文の人称性をきめるなど，積極的に陳述的なくみたてにくわわっている。こうして，主語と述語とからなりたつ文を非拡大文という。拡大文は主語・述語にくわえて，補語（目的語），状況語，修飾語，（連体）規定語のような，コトガラ関係をくわしくする文の部分をもつ。

なお，直接補語の役わりを重視して，他動詞を非拡大文とともにほねぐみ文としてひとくくりにする説もある。名詞の格の形態論で，直格は主格だけでなく対格をみとめる論があること参照。

《のべたてる文，たずねる文，はたらきかける文》はなす目的のちがいにもとづく，あいてに対するのべかたのちがいによって，文はつたえあい的なタイプにわかれる。たずねる文には，あいてに積極的に質問をむけない，うたがいをしめす文もふくまれる。はたらきかける文と別に，はなしての希望やねがいをあらわす希求文がたてられることがあるが，あいてに対して積極的か無関心かの点では，たずね-うたがいとはたらきかけ-希求とには平行関係がみとめられる。同様に，のべたてる文も，あいてへの態度のちがいによって，はなしことばに典型的な特定のあいてにむけられる報告的なのべたて文と，書記言語に特徴的な，特定のあいてを想定しないのがふつうである記述・描写的なのべて文とにわけることが可能である。あいてに対する報告体では，終助辞などが積極的に活用される。

●**文の部分**——文の材料としての単語が文のくみたてにくわわったとき，文中ではたす意味・機能のちがいによって区別される文の要素を文の部分（成分）という。構文的な意味・機能をみないでカカリ-ウケ関係だけから文の部分を認定すると，結局，修飾-被修飾の関係だけになり，主語も修飾語のひとつにされたりするが，通例，述語，主語，補語（目的語），状況語，規定語，のような文の部分がみとめられ，日本語文法ではそこに独立語がくわわる。さらに，提示語，側面語（カレハ性格ガ温和ダ）などがたつことがある。補語はさらに下位区分して，直接補語，間接補語，あいて補語などがとりだされる。日本語ではドコドコヘ　イク，ドコドコニ　アル，ドコドコヲ　スギルの

ような空間的な意味をもつ名詞のかたちも，動詞述語からみて状況語としてでなく補語として文の部分にくわわるので，空間補語もみとめられる。状況語はこれまでの分類では意味的に時間，ばしょ，原因，条件などから，ようす，程度までふくむが，機能的には述語への従属度のひくい前者と，述語にかかっているといえる後者とに区別でき，語順にもちがいがあらわれる。しかし，これらの全体を副詞がうけもつ言語では，状況語（副詞的修飾語）のように一括されやすい。日本語ではようす，程度の意味は副詞が中心になってうけもっていても，時間以下のほうはそのかぎりではない。そこで修飾語が状況語とは区別される。一方，規定語に関しては，形容詞からなる質規定な規定語と，名詞属格からなる関係（規定）的な規定語とは，規定語として統一的にとらえられる。

●**あわせ述語**──文の成分のなかでも述語は，過程，特徴などコトガラ的な意味をになうとともに，文ののべかた（陳述）の中心となるため，くみたてが複雑で，形態論的な語形としての終止形のワクぐみがこみいっているが，さらにそれをこえた各種の複合述語の形式が発達している。たとえば二単語からなる複合述語だと，一方がコトガラをになう中心語，それにつづく他方が陳述的な面などをうけもつ形式語のスルニチガイナイ，スルツモリダ，シテハイケナイなどとともに，うしろにつづく単語が形式化していない，矢野ハ温厚ナ性格ダ．，コノ木ハ十メートルノタカサダ．の類，さらに象ハハナガナガイ．のような述語節も複合述語にくわわる。動詞述語文，形容詞述語文，名詞述語文の区別は，当然中心語によってきまる。

●**文のアクチュアルな分割**──実際にはなしのなかでなにを話題にしてそれについてどんな情報をつたえるかという観点からなされた文の区分をいう。こうして文はあらかじめあたえられた部分（題目）とそれを解説する新情報の部分とにわかれ，前者はテーマ，後者はレーマとよばれることがある。文の部分との関連では，述語がレーマ，主語がテーマにかさなることがおおいが，そうならないばあいもある（ドナタガ王サンデスカ──ワタシガ王デス：主語でレーマの例）。日本語の主語にあらわれた〜ガに対する〜ハのかたちは，文のアクチュアルな分割においては，テーマの文法的な表現者である。

●**あわせ文**──先行節と主節（主文）からなる文をあわせ文（複合文）という。日本語はあわせ文の先行節が動詞，形容詞などの非終止的な語形である連体形，連用形（中止形・条件形，譲歩形）によってくくられるタイプの言語である。このようなあわせ文のつくりは朝鮮-韓国語やモンゴル語，チュルク語などアルタイ諸言語とも共通する。先行述語節としてシ，ガ，ケレドモ，カラなどの接続助詞によってみちびかれる節の述語形式はテンス形の対立のほかにスルガ-スルダロウガのような断定-推量のムード対立をもつ点で，連体形，連用形とちがって終止形的である。これらは準終止，係りの終止法（三上章）とよばれたり，接続形（鈴木重幸）とよばれたりする。この接続形はスルノニ，スルノデのようなテンス形だけをもつつきそい節をなかだちにして，テンス・ムードともあらわれない連用形からなる節に連続していく。これら以外に先行節がつきそい接続詞（ヨガフケルニツレテ，ヨガフケルトトモニ）にみちびかれることがある。また，連体節は規定語（節）としてはたらく。準体節や，形式名詞でくくられた連体節は，主語・補語などの文の部分になる。また，引用節をみちびくト形も，あわせ文のくみたてにかかわる。

あわせ文はならべあわせ文とつきそいあわせ文とに下位区分される。接続形を先行節とするあわせ文は，ならべあわせ文のことがおおい。連用形が先行節だと，つきそいあわせ文のほかならべあわせ文になることもある。

あわせ文はふたつのデキゴトがあらわされる。同一主体にかかわるふたつのデキゴトは，あわせ文のくみたてにおいてふつうひとつの主語ですまされる。この種の文はふたたび述語文とよばれる。

あわせ文の先行節はその述語形式の種類によって，どのような文の部分や句・節をおさめることができるかがちがってくる。このちがいにもとづく先行節の種類，階層性の分類，考察は南不二男が発展させた。

●タイポロジカルな観点からみた文タイプ──動詞文のばあい，日本語には自動詞，他動詞の区別がある。他動詞述語文，自動詞文の主語のかたちは区別される，他動詞文の直接補語のかたちはそれとことなっている。うごきとその主体・客体をめぐるこのふりわけは名格（対格）タイプと一致する。ただし，主語の格に格のマークが明示されているうえ（主語がマークなしであらわれるのが一般的な対格タイプとされる），直接補語にも格のマーク（-ヲ）が付されている点に，一般的な対格タイプとはへだたりがある。また，日本語の動詞文に，ダレカガ（ナニカヲ）スルのかたちをとるタイプと，それにくらべると少数派だが，存在文に代表されるドコドニ　ナニカガ　アルのタイプとがあり，ガ格名詞部分のおもみにちがいがあることが指摘されている（三上章）。なお，方言の文のタイプのなかには，琉球方言のように，直接補語に格のマークの欠如した形式がみられるものがある。そのなかに，ときとして一部の主語的な形式も格マークなしであらわれる方言がある。そのことを対格タイプ的でなく，能格，活格的なタイプの反映とみる見解がでてきている。いずれも日本語のタイポロジカルな面からみた文タイプがひとつではない，あるいは移行現象をしめすことのあらわれとみることができる。日本語の主語をめぐる見解のちがいも，この種のタイポロジカルな面と関連させて考察する必要がある。

◆形態論，連語論

■参考文献

奥田靖雄（1985）『ことばの研究　序説』むぎ書房．
言語学研究会編（1983）『日本語文法・連語論（資料編）』むぎ書房．
『国文学解釈と鑑賞〈特集 連語研究の新段階〉』（2005年7月号）至文堂．
高橋太郎ほか（2005）『日本語の文法』ひつじ書房．
松本泰丈（2006）『連語論と統語論』至文堂．
三上　章（2002）『構文の研究』くろしお出版．
南不二男（1993）『現代日本語文法の輪郭』大修館書店．

［松本泰丈］

■呼応

agreement の訳。特定の先行する要素に対して，後続する要素が特定の意味や形態を取る現象。西洋語では，名詞の性や数・格・人称などと述語の形態の一致（concord）や時制の照応（sequence）などを含める。日本語においては，いわゆる呼応の副詞と述語のモダリティ表現との呼応が代表的。何を呼応と呼ぶかについては，研究者により意見が一定しない。

大槻文彦『広日本文典』（1897）は「上下ノ語義ヲ，互ニ相応ズルヤウ，掛ケ合セテ用キルヲ，呼応トス」と定義し，「自他の呼応」「能所の呼応」「時の呼応」「反語の呼応」「特性副詞の呼応」の五種をあげるが，一文に複数出現する述語同士の呼応と，先行要素に対する述語との呼応が混在する。これに対し，岡田正美『解説批評日本文典』（1902）は，「自他」や「能動，受動」など，複数述語に関わる呼応を否定し，先行要素と述語に関わる呼応として「時」「肯定・否定」「疑念・尋問」「反語」「推量想

像」「希望」「禁止」「仮定」「当然」などをあげる。

大槻は係り結びを呼応と別に扱うが、落合直文『日本大文典』(1897)のように係り結びも呼応と見なす見解もあり、吉岡郷甫『文語口語対照語法』(1912)は、呼応を「特性副詞的修飾語と述語との関渉」「係結の関渉」「条件と結果との関渉」の三種にまとめており、後の木枝増一『文法及口語法』(1935)もこれを踏襲する。

教科用文典では、係り結びと「条件と下に来べき語との呼応」しか扱わない三土忠造『中等国文典』(1898)や、「係結」と条件節を含めた述語のテンス形式に関わる「時」、自他の混用による主語のねじれに関わる「自他」の三種を立てる岩崎春彦『国文典』(1911)など、呼応はむしろ作文に際して注意すべき事項として扱われることも多かった。しかし、現在の学校文法では、いわゆる「呼応の副詞」にしか用いられていない。

➡一致

■引用文献

岩崎春彦(1911)『国文典』皇典講究所.
大槻文彦(1897)『廣日本文典』.
岡田正美(1902)『解説批評日本文典』博文館.
落合直文(1897)『日本大文典』博文館.
木枝増一(1935)『文法及口語法』日本文学社.
三土忠造(1898)『中等国文典』冨山房.
吉岡郷甫(1912)『文語口語対照語法』光風館書店.

[矢澤真人]

■『語学自在』(権田直助)

平田派の国学者、権田直助(ごんだ なおすけ)(1809-1873)編述の文法書で、1885(明治18)年頃成稿し写本として伝わっていたが、権田の没後、井上頼圀、逸見仲三郎の校訂により1984(明治27)年に翻刻刊行された。『続史籍集覧』所収、全二巻。内容については、日本語を「言(コトバ)」と「助辞(テニヲハ)」に分け、さらに活用の有無によって「体言(キヨコトバ)・用言(ハタラキコトバ)・体辞(スワリテニハ)・用辞(ハタラキテニハ)」の四種類に分類している。全体的には、本居春庭の『詞(ことばの)八衢(やちまた)』や『詞(ことばの)通路(かよいじ)』以降の、いわゆる八衢派の学説を受け継いでいるが、自他語格を7格に分けて説明するなど、独自の説を示しているところもあり、近世国学言語論の集大成として、注目すべき部分も多く存在する。

[山東 功]

■語幹

語形変化する単語のすべての語形にあらわれる部分。動詞や形容詞のような語形変化をする単語は変化しない部分と変化する部分とからなる。その変化しない部分を語幹(stem)といい、変化する部分を語尾(ending)という。

現代日本語の動詞は、語形変化のタイプによって、大きくは次の2つのタイプに分けることができる。

(1) 一段動詞。「落ちる」(oti-ru, oti-ro, oti-ta)「寝る」(ne-ru, ne-ro, ne-ta)のように語幹が母音で終わる動詞。
(2) 五段動詞。「書く」(kak-u, kak-e, kai-ta)「読む」(yom-u, yom-e, yon-da)のように語幹が子音で終わる動詞。「書く」には(kak-, kai-)「読む」には(yom-, yon-)のそれぞれ2つの語幹(基本語幹と派生語幹)がある。「思う」のような語幹がwで終わる動詞については、母音aの前でのみwが残るが、他の場合はwが消えて、一段動詞のような語形変化をする。

この他、「する」や「来る」のような特殊な

語形変化をするものがわずかに存在する。

日本語の形容詞には，「悲し。」「熱（atu）。」「痛（ita）。」のように，語幹だけで，用いられる用法がある。多くは，1人称の感情・感覚を表出する場合であるが，予想外の事態に接したとき「（値段が）高（taka）！。」と評価をまじえて発することもある。

日本語の名詞については，「-が」「-を」などの格をマークする形式は助詞として単語あつかいをすることがふつうであるが，「山が」「山を」「山や」などを名詞の格・並列などに依拠する曲用（declension）としてとらえる立場があり，その場合，「山」が語幹，「-が」「-を」「-や」が語尾である。動詞・形容詞における活用語幹に対して，曲用語幹となる。

◆語尾，語形変化

■参考文献

鈴木重幸（1972）『日本語文法・形態論』むぎ書房.

村木新次郎（1991）『日本語動詞の諸相』ひつじ書房.

[村木新次郎]

■語基

合成語を作る際に土台（base）となる要素で，それ自体で単語になるものも含む。1つの語基（base）と別の語基が組み合わさった合成語は「複合語」，語基に接辞が付いた合成語は「派生語」と呼ばれる。「ま-ごころ」「お-菓子」「春-めく」「うれし-さ」は，語基と接辞（接頭辞・接尾辞）からなる派生語の例であり，「あま-がさ（雨傘）」「やま-ざくら（山桜）」「歩き-疲れる」「興味-ぶかい」は二つの語基からなる複合語の例である。語幹が語尾と組み合わさって単語を形成する文法的な形態素であるのに対して，語基は単語つくりに関わる語彙的な形態素である。

文法的な語幹と語彙的な語基とは，つねに明確に区別できるものではない。たとえば，動詞の語基につく動詞性接尾辞として「飲みます」の-mas-〈丁寧〉，「ありうる」「なりうる」の-u/e-〈可能〉，「助け合う」の-aw-〈相互性〉，「わかりかねる」の-kane-〈可能の否定〉などがあるが，「飲みます」の-mas-〈丁寧〉は，生産的であり，語彙的形態素というより文法的な形態素というべきであろう。同様に，動詞の語基につく第一形容詞の接尾辞として，「飲みたい」の-ta-〈希望〉，第二形容詞性接尾辞として，「飲みそう」の-sou-〈様子/可能性〉があり，これも生産性から語彙的とはいいにくい。

なお，語基と接辞の区別はつねに明確に区別できるわけではない。もともとは語基であったものが，次第に接辞へ移行していくこともあり，両者の中間に位置するものもある。

◆接辞，語形変化

[村木新次郎]

■語形変化

●文法的機能の違いに応じて変わる語形——単語の中には，文中での文法的な意味や機能のちがいをあらわしわけるために複数の音声形式をもつものがある。これらの単語は変化詞とも呼ばれ，つねに同一の形式をもつ不変化詞と区別される。変化詞の個々の形式を文法的な形，あるいは語形という。日本語の動詞における「読む」「読んだ」「読め」「読もう」「読めば」は，同一の単語「読む」の異なる語形である。また，形容詞における「高い」「高かった」「高かろう」「高ければ」「高く」も同一の単語「高い」の異なる語形である。述語になる動詞や形容詞の語形変化の体系を活用（conjugation）と呼ぶ。さらに，「山が」「山を」「山に」「山から」のような名詞の格にもとづく諸形式を語形

変化ととらえることもできる。「山-φ」も名詞「山」の一つの格とみなされる。主語や補語などになる名詞の語形変化を曲用（declension）と呼ぶ。文の要素である単語は、文の中で、他の単語と組み合わさって、さまざまな構造をつくりだし、言語主体（話し手）の、語ることがらに対する、あるいは、話し手自身や話し手から聞き手に対する態度を表現するために、単語はみずからの形を変える。

なお、伝統的な国文法では、「助詞」「助動詞」を単語としたため語形変化の体系である動詞の活用や名詞の曲用が正当にとらえられていない。動詞における未然形「読ま（ない）」「読も（う）」・連用形「読ん（で）・仮定形「読め（ば）」などは、文中での文法的な意味や機能をもたず、これらは文法的な語形ではない。「読まない」「読もう」「読んで」「読めば」を動詞「読む」の語形としなければならない。また、格助詞を名詞から切り離すため、名詞は素材だけをあらわし、文法的には無機能の単語であるとみなされた。そこには、曲用の概念が存在しない。

●**語形変化のタイプとシステム**──語形変化には、さまざまなタイプがある。日本語の形態素は、相対的に自立性の高い語基（base）と自立性を欠いた付属辞に分けられ、付属辞は、さらに以下の3種に分けられる。

  (i) 接辞（affix）：語基と組み合わさり、派生語をつくる要素。接辞には語基の前に来る接頭辞と語基の後に来る接尾辞がある。
  (ii) 語尾（ending）：語幹（stem）に後接し、語幹と強く結びついている形式。語幹は変化しない部分で、語尾は変化（交替）する部分。語尾の独立性は、付属辞の中で、もっとも弱い。
  (iii) 助辞（particle）：語基あるいは語幹と語尾からなる形式につく語彙的意味をもたない小さな文法的形態素。

基本的には、語基は合成語（派生語および複合語）をつくる要素で語形成上の単位であり、語幹は同一の単語の文法的な語形をつくる単位である。

日本語では、動詞、形容詞（いわゆる形容動詞を含む）、名詞の3つの品詞が語形変化のシステムをもっている。動詞と形容詞は、述語になる性質と連動し、活用のシステムをもつ。名詞もコピュラの助けを借りて、述語になり、部分的に活用のシステムをもつ。また、名詞は主語や目的語などになるという機能と連動して曲用のシステムをもつ。活用には、語尾、接辞、助辞などが関与する。以下は、動詞と形容詞の語形変化の例である。

  (1) 語尾：（食べ）ru／ta／ro／yoo／reba、（高）i／ku／kereba など
  (2) 接辞：（食べ）mas／rare／na（否定）／sou／nagara、（高）sou／sa
  (3) 助辞：（食べる／食べた）darou／deshou／node／kara／ga など

また、名詞の語形変化は、「山 ga／wo／ni／kara」のように、もっぱら助辞による。

  (4) 補助的な単語：（彼に）とって、（日本に）対して、（将来の）ために、（読んで）いる／ある／しまう／みる／あげる、（ほしく）ない
  (5) 音声的な特徴づけ：アクセントやイントネーションによる。「（もっと）食べる？」としり上がりに発音することで、〈質問〉を特徴づけたり、「（さっさと）食べる！」と強い調子で言うことで、聞き手への〈命令〉を特徴づけたりできる。
  (6) 補充法：動詞の〈丁寧な命令〉は、接尾辞 mas の系列「食べませ」ではなく、nasaru の系列「食べなさい」であるように別の系列で埋め合わせる。
  (7) 反復：「かわるがわる」「泣く泣く」、「高々」「軽々（と）」のような同一の語形

を反復するもの。

なお，(1)語尾，(2)接辞，(3)助辞，(4)補助的な単語の関係は，主要な単語の文法的な形式をつくる手続きではあるが，(1)が総合的（synthetical）であるのに対して，(4)が分析的（analytical）であり，(2)と(3)は，それらの中間的な方法ということになる。

●**日本語の特徴としての膠着性**——日本語の単語のつくられ方の特徴として膠着性が優位であることが指摘できる。

動詞の語形は，語幹に近い部分では，屈折的であり，遠い部分では膠着的である（たとえば，noN-da-darou）。noN-da（飲んだ）は，nomi-tari に由来し，nomi-tari は接辞づけといえるが，noN-da に融合（fusion）が起こっていて，屈折的である。

名詞の語形は，一般に，膠着的ではあるが，方言の中には，名詞に「ツキャー（月は）」「ツキン（月の）」「ツキイ（月へ）」「ツキョー（月を）」のような語形変化をするものがあり，ここでも融合が起こって，屈折的である。

◆語幹，語尾，語基，接辞，活用

■参考文献

鈴木重幸（1972）『日本語文法・形態論』むぎ書房．

高橋太郎（2002）「日本語の活用」『日本語教育』113．

村木新次郎（1991）『日本語動詞の諸相』ひつじ書房．

[村木新次郎]

■語構成[1]

●**語はどのような内部構造をもつのか**——語は文とならぶ言語の基本的単位であり，時枝文法で言うところの質的統一体をなすが，そのことは，文がまさにそうであるように，語が内部構造を有するということ，すなわち，語が一定の関係に立つ幾つかの構成要素（「形態素」または「語構成要素」と呼ばれる）から成り立つということ，を否定しはしない。従って，一般的に，語については，語構成要素に分けられるかどうか，分けられるとすれば，どのような語構成要素に分けられその間にどのような関係が成立しているか，また，語構成要素と一語全体との関係はどうなっているか，といったことが問題になりうるが，語におけるこういった側面を「語構成」（word formation）と言い，語構成について研究する分野を「語構成論」と呼ぶ。また，語構成要素には，意味的に語の中心部分を担う「語基」（base）と，語基の前か後について，語基に形式的な意味を添えたり全体の品詞を決定したりする「接辞」（affix）とが区別される。今，こういった立場に立って，語を語構成の観点から分類するならば，語は「単純語」（語構成要素1個［＝語基］からなるもの。ex. 空，山，歩く，食べる，きっと，ゆっくり，なお，はい，いいえ etc.）と「合成語」（複数の語構成要素からなるもの）とに大きく二分され，後者はさらに，「派生語」（語基と接辞からなるもの。ex. お-寺，ご-馳走，素-肌，高-さ，深-み，大人-ぶる，春-めく，水-っぽい etc. 下線部が接辞）と「複合語」（複数の語基からなるもの。ex. 青-空，草-木，教-室，黒-板，長-患い，腰-掛ける，旅-立つ，切り-倒す，飛び-跳ねる，時-々 etc.）とに分けられることになる。

一方，語構成要素間の関係に関しては，特に複合語について，従来，文における構成要素間の関係，すなわち統語法（syntax）に準えて理解されることが多かった。これは，複合語をいわば「凝縮された文」と捉えていたからに他ならないが，冒頭に述べたように，語も文も一つの質的統一体であり，一方の構造をそのまま他方に当てはめようとするのは必ずしも適切でないと考えられる。

●**語形成と語構造**── 従来，語構成には，語がどのようにして出来たか，または語をどのようにして作るかという動的な面を問題とする「語形成」（造語）の側面と，既に存在している語に関してそれがどのような内部構造を有しているかという静的な面を問題とする「語構造」の側面との二側面が区別されてきた。そういう立場に立つなら，語形成の問題は他言語からの語彙の借用や命名とともに語彙論に属するものであり，語構造の問題は要素間の関係を扱う点で文法論に近いと位置づけられよう。しかし，両側面は密接に関連し合っており，両者を峻別して論じることは実際にはなかなか難しい。ただ，ある共時態において，語構造論の観点から観察される語構成要素間の関係パターンが，その共時態における造語法として実際に機能しているかどうかを問うことは重要である。たとえば，「言う→いわく」「思う→思わく」という造語パターンは過去の一時期のものであり現代では生きていない。

●**いかなる立場から語形成を探るのか**── 最近では，ある語の有する統語的特徴が，それが語構成要素として（合成）語を作る際に一語全体にどのように引き継がれるか，という観点から語構成を問題とする場合に「語形成（論）」という言い方がよくなされる。その背景には，生成文法による語の生成という考え方があるといえるが，そういった立場に関しては，先の語構成要素間の関係の場合と同様，語構成要素と語とを区別することなく扱うことができるかどうかが問題となろう。いずれにしても，語構成をどのように理解し言語研究の中にどう位置づけるかについては様々な考え方がありうることを理解しておくことが必要である。なお，この点との関わりで，文法論の一部として展開された語構成に関する論（たとえば，山田文法の「語の運用論の第一部門」や松下文法の「原辞論」など）を語構成論としてどう取り込むのかが今後の課題の一つとなろう。

◆形態素，語基，接辞

■**参考文献**

影山太郎（1993）『文法と語形成』ひつじ書房．

斎藤倫明（1992）『現代日本語の語構成論的研究──語における形と意味』ひつじ書房．

斎藤倫明（2004）『語彙論的語構成論』ひつじ書房．

斎藤倫明・石井正彦編（1997）『日本語研究資料集1～13　語構成』ひつじ書房．

阪倉篤義（1966）『語構成の研究』角川書店．

［斎藤倫明］

■語構成[2]

語構成は，言語学では「語形成」と呼ばれ，造語法と語（単語）の形態構造とを扱う。語（単語）にはそれ以上内部を分解できない「単純語」と，複数の形態素で構成される「合成語」がある。

1. 語構造

要素を組み合わせて大きな構造を作るとき，一方の要素が他方の要素に機能的に依存する場合と，そうでない場合がある。依存関係の代表は「白馬」のような修飾関係で，修飾（依存）される側（「馬」）を主要部（head）と呼ぶ。主要部は合成語全体の意味と品詞を決定する。「白馬」は馬の一種であり，「白馬」が名詞であるのは「馬」が名詞だからである。依存関係を持つ語は，2つずつの要素の組み合わせによって作られる（二分枝分かれ制約）。そのため，「学生に金を貸す」という意味で「*学生金貸し」という複合語は成立しない。

語は小さいまとまりから大きいまとまりへと順に組み立てられる。最も小さい単位は語根（一字漢語や「楽し-」のような拘束形態素）で

あり，語根と語根が結合して語幹（「積極」のような自立できない二字漢語）になり，更に語（「楽しさ」や「消極的」のように独立できる単位）になる。語であるが句に近い単位として，語＋（語プラス。「元｜首相，超｜人気者，文学部｜哲学科」のように間に短いポーズを伴い，句アクセントで発音される）という単位も想定される（影山 1993）。

2．語形成の過程

語形成過程は，構成要素を左右に並べて一語を作り出す「線形的な語形成」と，そうでない「非線形的な語形成」とがある。前者の代表は複合（「歯」＋「車」→「歯車」）と，接辞化（「器用」という語基に接頭辞「不」を付けて「不器用」，接尾辞「さ」を付けて「器用さ」）である。複合語のほとんどは主要部を持ち（内心複合語），主要部は通常，右側に来る（右側主要部の規則）。例外的に，「着陸，作曲」のように動詞的要素＋名詞的要素という中国語式の語順を持つ二字漢語では左側が主要部である。しかし，これらも更に大きな合成語に組み込まれると，「着陸時刻，作曲家」のように右側主要部に戻る。また，「松竹梅」のように構成素すべてが主要部である並列複合語と，麦粒腫を意味する「ものもらい」のように主要部を欠く外心複合語も，右側主要部の規則に従わない。

内心複合語はその主要部の品詞によって，複合名詞（古本，焼き豚），複合形容詞（蒸し暑い），複合形容動詞（意味深長な），複合動詞（泡立つ，投げ飛ばす，出世する）に分類できる。接辞には，派生接辞（語基の品詞を変えたり語彙的な意味を付け加えたりする）と，屈折接辞（時制を表す「る／た」のように文法的な概念を加える）とがある。派生接辞は「美しさ，男らしい，恥ずかしがる」のような接尾辞と，「か細い，ま上，こ汚い」のような接頭辞に分かれる。品詞決定という性質を重視すると，接尾辞のほとんどが主要部と見なされる。たとえば，「-さ」は形容詞ないし形容動詞に付いて，新たに名詞を作る。他方，接頭辞は通常，主要部にならないが，「景気（名詞）→不景気な（形容動詞）」のように品詞を変える接頭辞は主要部と見なせる。「貸す」→「貸し（がある）」のように明示的な接辞なしで品詞だけが変わる場合は転換ないし転成と呼ばれるが，ゼロ形の接辞を仮定する分析もある。

非線形的な語形成には，短縮（「警察→サツ，メール友達→メル友」のように元になる語の一部を省略する），混成（「ゴ（リラ）＋（く）じら→ゴジラ」のように別々の語の一部分ずつを組み合わせる），畳語（「花→花々」のように元の語を繰り返す）などがある。これらには主要部の概念は関与せず，代わりに音韻的制約が掛かる。「メル友」のような短縮語は通常，2モーラ（拍）ずつの組み合わせが原則であり，「花々」のような畳語も2モーラ語に適用する。短縮語と混成語は口語や隠語など文体的に偏りがある。

◆複合動詞，接辞，畳語

■参考文献

影山太郎（1993）『文法と語形成』ひつじ書房．

影山太郎他（2004）『単語と辞書』第1章「文法と形態論」岩波書店．

窪薗晴夫（1995）『語形成と音韻構造』くろしお出版．

小林英樹（2004）『現代日本語の漢語動名詞の研究』ひつじ書房．

斎藤倫明（1992）『現代日本語の語構成論的研究』ひつじ書房．

斎藤倫明（2004）『語彙論的語構成論』ひつじ書房．

阪倉篤義（1966）『語構成の研究』角川書店．

［影山太郎］

■語根

同一言語の（あるいは同系諸語の）歴史的に再建される，それ以上分割できない単語の基本形。rootの訳語。語幹（stem）が語尾と組み合わさって，文法上の活用や曲用をする不変化の部分をさし，語基（base）が接辞や他の語基と組み合わさって合成語をつくる語形成論上の単位であるのに対して，語根は，いくつかの単語のもとになっている部分をさす，歴史的通時的な単位である。名詞「丈（たけ＝みのたけ）」「高さ」「高み」「高め」「高まり」，動詞「高まる」「高める」，形容詞「高い」，副詞「高々」に共通するtakが，語根にあたる。
➡語幹，語基

[村木新次郎]

■語順

文を作るための文の成分の配列順序および文の成分を構成する単語の配列順序。述語（V）に対する主格（S）と目的格（O）の相対的な位置を「基本語順」と呼び，SVO型，SOV型のように言語を類型化する目安にも用いられる。文の成分を構成する語順では，必ず自立語が付属語に先行する。付属語間でも「太郎・に・は」「読ま・なかっ・た・よ」の語順を変えると意味をなさない。文を構成する語順でも，修飾語は被修飾語に先行するという制約は厳しいが，修飾語同士の語順は，比較的制約が緩やかで，「リンゴを太郎がナイフで切った」のように基本語順を換えても有意味な文となる。

● 述語以外の成分を構成する語順──「太郎・に・は・ね」のように，自立語→格助詞・副助詞→係り助詞→終助詞（間投助詞）という配列になる。「ここ・から・が」「君・と・の」のように意味役割を表す格助詞と文法的関係を表す格助詞が共起する場合は前者が先行する。副助詞は，「日本{だけ・と/と・だけ}」のように先行することも後続することもあるが，文法関係を表す格助詞に対しては「日本{だけ・が/*が・だけ}」のように先行した形で用いられる。

● 述語を構成する語順──動詞文では，「切ら・せ・たく・なかっ・た・だろう・ね」のように，動詞→動詞型活用をする助動詞や補助動詞→希望「たい」や「やすい」などの補助形容詞→打消→過去→推量・伝聞→終助詞といった配列になる。形容詞文や名詞文でも，「面白い（学生・で）・なかっ・た・だろう・か」のように，打消以降，同様の配列になる。動詞型活用の各形式は，「読ん・でみ・させる/読ま・せ・てみる」のように両様の配列で用いられるものも多く，様態「そうだ」や「はずだ」なども「ない」や「た」に対して「来・た・はずだ/来る・はずだっ・た」のように両様に用いられる。

● 文を構成するための語順──「ああ，昨日太郎がリンゴを切ったんだよ」のように，①感動や呼びかけ→②主題や出来事の時や場所→③「が」→④「を」→⑤述語，という配列が一般的。これとは別に，長くて情報量の多い成分は前に出される傾向もある。

時や場所「で」は，②の位置のほか，「が」に後続する位置にも現れる。この場合，「昔は原宿で多くの若者が路上でダンスを踊っていた」のように，「が」に先行するものは出来事の場所や時間を表し，「が」に後続するものは動きを行う場所や時間を表す。「台風で」「入学試験のため」のような原因・理由を表す成分や，「リンゴを，太郎が切ったんだよ」のように焦点化された成分や，指示詞を含んだ成分なども，しばしば②の位置に置かれる。

相手「に」は③と④の間に出る傾向が強いが，場所「に」は述語動詞によって，②と③の

間，③と④の間，④と⑤の間など種々の位置に出現する。存在や所有を表す「ある」や「いる」は「〜に〜がある」という語順を取りやすく，この文型を「存在文」とか「所有文」とも呼ぶ。「駅前に交番が出来る」「課長に太郎を推す」のように指定の場所に新たにものが出現する場合も「〜に〜が」「〜が〜に〜を」の語順を取る傾向がある。一方で，「交番が駅前に移転する」「太郎を席に戻す」のように既存物が移動する場合は「〜が〜に」「〜が〜を〜に」の語順を取る傾向がある。同じ動詞でも，「額に汗が流れる/汗があごに流れる」では，語順によって「〜に」が発生点か着点かの解釈が分かれる。

道具「で」も③と④の間に出やすい。場所「で」と共起する場合は，「{台所でナイフで/??ナイフで台所で} 切る」のように後続し，手段と共起する場合は，「{赤鉛筆で丸で/*丸で赤鉛筆で} 囲む」のように先行する。「{僕が目が/*目が僕が} よい」「{雨の中を子供を/*子供を雨の中を} 探す」のように，総記と中立叙述「が」，状況「を」と対象「を」もこの順で配列されるのが一般的であり，「が」「を」「に」「で」など，複数の意味役割を表す格助詞は，語順の制約が比較的厳しい。

副詞句は，「たぶん わざと ゆっくりと 小さく 切ったんだろう」のように，Aモダリティーの副詞→B動作主の気持ちや状態を表す副詞→C動きの様態を表す副詞→D動きの結果の状態を表す副詞，といった配列が一般的である。Aは②，Bは③の後，Cは④の前後，Dは④の後に出現しやすい。

●**語順研究史**──付属語の相互の語順については，国学のてにをは論や活用論でも二語程度の接続については触れるが，芳賀矢一が「活用連語」として数語にわたる相互承接順位を示している（『中等教科明治文典』1904）。また，文の成分の語順については，明治期の文典で，西洋文法のカテゴリーを当てはめた形で論じられている。岡田正美『日本文法文章法大要』(1900) では，「主部→対部→補部→客部→説述部」（S → IO → DO → C → V）という語順のほか，「時→所・方向・動作の終始→品物→目的・原因または結果」の順，修飾語→被修飾語の順，「副部・提部・独立部」の文頭表示などを「正序」としてあげ，必要によってこれらの順序を変えたものを「顛倒法」とする。

1960年代から80年代にかけて，渡辺実や北原保雄らにより，文構造と関連させた形で文末形式や連用成分の配列順序に関わる研究が進められ，日本語の文法的階層構造と語順との関わりが示された。一方，同時期に計量的な手法による実証的な語順研究も佐伯哲夫や宮島達夫らによって進められ，様々な語順の傾向やパターンが抽出された。副詞の語順についても，1980年代に，仁田義雄や野田尚史・矢澤真人などにより研究が進められた。2000年以降，大規模コーパスの整備が進み，言語工学系の研究者により，コンピュータを駆使してより詳細で徹底的な語順調査も進められている。

◆言語形式

■参考文献

佐伯哲夫（1975）『現代日本語の語順』笠間書院.

佐伯哲夫（1998）『要説日本文の語順』くろしお出版.

宮島達夫（1962）「かかりの位置」『計量国語学』23.

［矢澤真人］

■コソ

●**種類と用法**──係助詞とその他のものとがある。係助詞としては，前件（体言・連用語）と後件（主に述語）とをとりたて機能により結合し，絶対的もしくは相対的に特化して意味用法

を作る。いずれも主観性の高い表現となる。古典語の場合、原則として文末が已然形の係り結びとなり、絶対的とりたての強調構文→(1)が多数を占める。後件の省略によって余情をこめるもの→(2)もあり、中古にはモに下接して将来への不安・心配の意を持つもの→(3)が生じる。相対的とりたてには、前提句（多くが逆接条件句）になるもの→(4)と、同内容との対比において最上のものを指示する卓立のもの→(5)がある。

(1)時の花いやめづらしもかくしこそ（加久之許曾）見し明らめめ秋立つごとに（万葉・4485）
(2)この岡に雄鹿ふみ起こしうかねらひかもかもすらく君故にこそ（君故尓許曾）（万葉・1576）
(3)むげに隔て多からむは、罪もこそ得れ。（源氏・早蕨）
(4)はじめこそ心にくもつくりけれ、いまはうちとけて（伊勢・23）
(5)花よりも人こそあだになりにけれいづれをさきに恋ひむとか見し（伊勢・109）

更に、呼びかけ→(6)、然レバコソ（実のところ、思った通り、の意）→(7)、打ち消し→(8)の慣用句的用法があるが、いずれも係り結びとならないことでは、係助詞とは認め難い。

(6)聞きたまふや、西こそ。（大和・158）
(7)さればこそ馬眠をして、うちおくれまゐらせてありつる。（平治・中）
(8)とてもかうても鎌倉殿によしとおもはれててま（っ）たらばこそ。（平家・12）

古典語の用法は淘汰が進み、現代語になると、ほとんどが対比構文→(9)か、卓立のもの→(10)になる。形式上の体言を承けるものは、どちらの用法も取り得るが、連用語を承ける場合は、連用修飾構造のとりたてが卓立の意味形成と馴染まないため、ほぼ対比構文となる。

(9)おれは言葉や様子こそあまり上品じゃないが、心はこいつらよりもはるかに上品なつもりだ。
(10)彼女こそ彼の一番好きな型の女性だと思った。

かつての絶対的とりたてによる強調構文は激減し、主題的な用法→(11)として残る。古来不変であるコソのとりたて機能が因果関係の意味構成に適合することから、接続助詞（ないし接続詞）に下接するもの→(12)をも現在に残す。

(11)その日のＳさんの接待こそ、津軽人の愛情の表現なのである。
(12)人間の記憶という再現能力が、不安定なものだからこそ正確な記憶が社会的にも高く評価されたのである。

係助詞以外では、古典語に上代のみの希求の意のもの（動詞説あり）→(13)、中古以後の接尾語→(14)があり、現代語に「ようこそ」「こちらこそ」のような感動語構成素がある。

(13)現には逢ふよしもなしぬばたまの夜の夢にを継ぎて見えこそ（都伎提美延許曾）（万葉・807）
(14)花こそといふ文字こそ、女のわらはなどの名にしつべけれ。（宇治拾遺・10）

●変遷——語源「此其」は不詳。もともと文中で働く機能を持っていたと見られ、述部に割り入る形式をも多くする→(15)。

(15)かりてほす山田の稲のこきたれてなきこそわたれ秋の憂ければ（古今・932）

本来的用法は、述語の已然形からなる前提句の中にコソが投入され、それが形式化した対比構文である。コソ前提句が独立し、主句化することで係り結びとなり、表現の伝達性を重視する古典語で強調構文として多用されるが、文末の已然形結びを避けた破格的な様相→(16)～(18)も見せるようになり、誤用→(19)も現れる。

(16)憎しとこそ思ひたれな。（源氏・夕顔）
(17)御方違へこそ、夜深く急がせたまふべきかは。（源氏・帚木）

(18)我こそ山だちよ。(徒然・87)
(19)後の御孝養をこそ能々しまゐらせ給ぬ。
　　(保元・中)

　ことばの普遍化や言語環境の変化に伴い，表現の論理性が強く求められてゆく過程で，伝達法の象徴である係り結びの有効性は消失するが，用法上の個性となり得た卓立のコソについては，現代語での主用法の位置を得る。
➡係助詞，係り結び

■参考文献
大野　晋（1993）『係り結びの研究』岩波書店．
丹羽哲也（1997）「現代語「こそ」と「が」「は」」川端善明・仁田義雄編『日本語文法体系と方法』ひつじ書房．
半藤英明（2003）『係結びと係助詞「こそ」構文の歴史と用法』大学教育出版．
沼田善子・野田尚史編（2003）『日本語のとりたて——現代語と歴史的変化・地理的変異』くろしお出版．

[半藤英明]

■コソアド

●コソアドの体系──日本語の指示語（指示詞）の体系に付けられた呼称。その由来は，表1に明らかなように，語の冒頭にそれぞれコ，ソ，ア，ドという形態素を持つことに依る。
　表1で，それぞれ縦の列に並ぶグループを，

表1　コソアドの体系

	近称	中称	遠称	不定称
もの	これ	それ	あれ	どれ
場所	ここ	そこ	あそこ	どこ
方向	こちら	そちら	あちら	どちら
	こっち	そっち	あっち	どっち
指定	この	その	あの	どの
属性	こんな	そんな	あんな	どんな
様態	こう	そう	ああ	どう

形態素を取ってコ系列，ソ系列，ア系列，ド系列と呼ぶことにする。また横の列のグループを，コ系列の形態を代表としてコレ類，ココ類などと呼ぶことにする。各系列のうち，コ系列，ソ系列，ア系列が特定の指示対象を指し示すのに対し，ド系列は指示対象が不定という点でかなり性質が異なるので，ド系列を除いて「コソア」と総称する場合も多い。なお，これらの基本的な形式の他に，コノヨウナ，コノヨウニ，コンナフウナ，コンナフウニ，コウイウ，コウイッタ等の複合的な形式もある。

　ここで，「近称」「中称」「遠称」という概念は，コソアの現場指示用法におけるふるまいから付けられたものである。即ち，話し手から近い対象をコ系列，遠い対象をア系列，中くらいの位置の対象をソ系列で指し示すというものである。これを，距離区分という。しかしコソアの距離区分による使用は「ここ」「そこ」「あそこ」などの場所の指示に限られ，使用頻度も低い。むしろ話し手に近い対象をコ系列，聞き手に近い対象をソ系列，それ以外をア系列で指すという人称区分による使用が主要であると言える。従ってソ系列に与えられた「中称」という名称は必ずしも適切ではないが，明治以来呼び習わされているので，便宜として今も用いられている。

　コソアドの体系は，品詞を超えた体系である。すなわち，コレ類，ココ類，コチラ・コッチ類は名詞相当であり，コノ類，コンナ類は連体詞相当，コウ類は副詞相当である。また，名詞相当のなかでもコレはものや事柄，ココは場所，コチラ・コッチは方向や選択というように，指示対象の属性によって使い分けがあり，類別詞（classifier）の働きをしている。

●用法の分類──コソアドの用法の分類は，いくつかの観点から可能であるが，大きくは「現場指示」（眼前指示），「文脈指示」，その他（観念指示）に分けることができる（→指示）。現場

指示は，発話現場に存在する対象を指し示す直示的な用法である。文脈指示は，言語的文脈に先行詞を持っていて，それと照応関係を持つものである。ただし，文脈指示と見えるものでも，コ系列，ア系列には直示的な性質が認められる点で，ソ系列とは対立する。またその他の用法を観念指示とくくる場合があるが，かなり意味論的に性質の異なるものが混在している。

ド系列は不定語（または疑問詞）の一種であり，「だれ」「なに」「いつ」「なぜ」と共通の性質を持つ（「なぜ」は他の不定語とは異なる特徴もある）。不定語は，疑問文に用いられるほか，「どれか取って下さい」「どれもおいしくない」「どれでも使えます」のように，限量的なさまざまの用法に用いられる。

➡指示，代名詞

■参考文献

佐久間鼎（1951）『現代日本語の表現と語法』（改訂版）厚生閣．〔復刊：くろしお出版，1983〕

三上 章（1955）『現代語法新説』刀江書院．〔復刊：くろしお出版，1972〕

久野 暲（1973）『日本文法研究』大修館書店．

黒田成幸（1979）「（コ）・ソ・アについて」『英語と日本語と：林栄一教授還暦記念論文集』くろしお出版．〔再録：金水敏・田窪行則編（1992）〕

金水敏・田窪行則編（1992）『〈日本語研究資料集第1期第7巻〉指示詞』ひつじ書房．

〔金水　敏〕

■コーパス言語学

コンピュータで直接に読める電子媒体の言語研究資料——通常，テキストないしそれに品詞などの付加情報を加えた形式のもの——をコーパス（corpus）と言う。広くは，言語研究に用いられる書籍・雑誌・新聞などの出版物テキストの電子データやインターネット上の文書などをすべてコーパスと呼ぶことができる。そうした広義のコーパスに対して，言語研究のために設計・作成されたものだけをコーパスと呼ぶこともある。この狭義のコーパスは通常さまざまなジャンルのテキストをブレンドして作られる。特定の種類のテキストだけを用いることで言語の分析に偏りが生じる可能性を減らすのがその目的である。

コーパスを用いる言語研究，特にコーパスの特性を生かした言語研究を総称してコーパス言語学と呼ぶ。その研究対象や方法論に限定はなく，文法や語彙を始めとする言語研究のさまざまな分野においてコーパスは有用な役割を果たし得る。

紙媒体の言語資料と異なり，コーパスには大量のデータを効率的かつ柔軟に処理できるという利点がある。語句の用例など言語研究に必要な情報を大規模な資料から高速に収集することができ，得られた情報に対して分類・並び替え・統計的分析を始めとする各種の処理を施すことができる。コーパスは用例収集手段としてきわめて効率的で，研究者の内省や少数の用例に強く依存せざるを得なかった従来の言語研究法に大きな改善をもたらすが，コーパスの効用はそれにとどまらない。大量の実例データに基づく統計的分析など，コーパスの利用により従来の方法では望むこともできなかった種類の言語研究への道が拓かれるという意味で，今後の言語研究に対してコーパスの有する価値は大きい。

なお，コーパス言語学においてコーパスは研究の対象ではなく手段である。コーパス言語学で研究される対象は文法，語彙といった言語の諸側面である。この意味で，同じく「○○言語学」という形の名称であっても，例えば歴史言語学や社会言語学が言語の歴史的，社会的な側面を研究対象とするのとは性格を異にする。

もっとも，コーパスを用いて言語を研究するには，コーパスの準備・作成が欠かせない。コーパス利用の前提となるそうした側面の考察もコーパス言語学の一部と考えることは可能である。

■参考文献

齊藤俊雄・中村純作・赤野一郎編（2005）『英語コーパス言語学――基礎と実践（改訂新版）』研究社出版．

McEnery, Tony and Andrew Wilson (2001) *Corpus Linguistics: An Introduction*, 2nd edition. Edinburgh University Press.

McEnery, Tony, Richard Xiao and Yukio Tono (2006) *Corpus-Based Language Studies: An Advanced Resource Book*. Routledge.

Sampson, Geoffrey and Diana McCarthy (eds.) (2004) *Corpus Linguistics: Readings in a Widening Discipline*. Continuum.

Teubert, Wolfgang and Ramesh Krishnamurthy (eds.) (2007) *Corpus Linguistics*, 5 Volumes. Routledge.

［田野村忠温］

■語尾

語形変化する単語の変化する部分。屈折辞 (flection) ともいう。語幹と対応し，単語の変化しない部分を語幹 (stem) というのに対して，語尾 (ending) は語形によって交代する部分をさす。動詞「食べる」では，tabe-ru, tabe-ta, tabe-ro, tabe-yoo などが語尾であり，形容詞「高い」では，taka-i, taka-ku, taka-katta などが語尾である。動詞の語尾には異形態 (allomorph) があり，tabe-ru, tabe-ta と nom-u, non-da の「-ru/-u → Ru」「-ta/-da → Ta」がそれである。禁止を意味する tabe-ru-na や，譲歩を意味する tabe-te-mo における-ru-na や-te-mo は，語尾＋助辞 (particle) であるとも全体が語尾であるとも考えられる微妙な形式である。なお，伝統的な国文法では，語尾にあたる部分を助動詞として優先し，残りの部分を語幹とみなす傾向があった。「食べた」「食べよう」における「-た」や「-よう」を助動詞と位置づけるのは，一般言語学の立場からは否定される。

◆語幹

■参考文献

鈴木重幸（1972）『日本語文法・形態論』むぎ書房．

村木新次郎（1991）『日本語動詞の諸相』ひつじ書房．

［村木新次郎］

■コピュラ（繫辞）

●形式論理学におけるコピュラ――判断の基本的な構造は，伝統的な形式論理学では主概念とそれに結びつけられる賓概念，これらを結びつけるコピュラ（copula，繫辞）からなるとされる。判断が文の形で表現されたものは命題と呼ばれるが，コピュラは「PはQである（だ）」という命題の「である（だ）」に相当し，これがPとQを結合していると考える。否定判断の場合の「PはQでない」の「でない」もまたコピュラであるとされることもあるが，「PはQでない」を「PはQでないものである」と言い換え，「P」と「Qでないもの (not Q)」をコピュラ「である」が結びつけていると考えることもある。概念レベルでも命題レベルでもコピュラという語は使われるが，厳密には概念レベルでは概念を結びつける機能を，命題レベルではその機能を持つ形式をコピュラと呼んでいる。

●日本語におけるコピュラ――言語研究においてもコピュラという概念は転用され，一般に文

が主語名詞句と別の名詞句あるいは形容詞による述語からなり立っている場合（A Whale is a mammal. He is honest. They are poor.），述語の中で使われる動詞をコピュラという。印欧諸語においては，コピュラは動詞の一種と看做され，英語では copulative, copulative verb, link (ing) verb などと呼ばれる。日本語文の場合，名詞文や形容動詞文では「である（だ）」，古典語では「なり，たり」が述語に現れ，それをコピュラということがあるが，形容詞文では形容詞単独で述語になるので「である（だ）」や「なり，たり」は現れない。その場合形容詞文にはコピュラは形式上存在しないということになる。また，「だ，なり，たり」は一般に助動詞とされるが，これらが形容動詞の一部である場合は形容動詞の活用語尾とされ，さらに「である」は教科文法などでは指定の助動詞「だ」の連用形「で」＋補助動詞「ある」，形容動詞語幹に接続する「である」は形容動詞の連用形活用語尾「で」＋補助動詞「ある」とされる。このような分析ではコピュラを統語上の概念として取り扱うのは難しい。

　時枝誠記は「である」を助動詞として一括した。時枝文法では，形容動詞という品詞を認めず，これを体言＋助動詞「である（だ，なり，たり）」としたので，コピュラはすべて助動詞ということになり，すっきりしたものとなる。ただし，時枝はコピュラという考え方を文法概念としたわけではない。

●**山田文法におけるコピュラ**──近代文法学で論理学のコピュラの考え方を文法論の中に位置づけたのは山田孝雄である。山田は文が文として成立するためにはその背後に種々の観念が統合されることが必要であると考え，その作用を統覚作用と呼んだ。この統覚作用の言語における働きを陳述といい，用言に陳述の働き（力）があるとしたのである。そして「この陳述の能力のみの言語としてあらはさるるものを論理学にては copula といへり」（『日本文法学概論』）と述べ，用言一般は「その一語中に用言の実質的方面たる属性と用言の形式的方面たる copula としての力とを混一して存するもの」（同上）であるが，「実質的方面たる属性」即ち存在という概念的意味を失い，「陳述の能力のみ」のある説明存在詞（ナリ，タリ，ダ，デアル，デスなど）がコピュラに相当するものと考えた。用言の中に動詞，形容詞と並んで存在詞を特立し，さらに存在詞の中にコピュラに相当する説明存在詞を分類したのは，山田の文法論が統語的な側面を重視していたことを物語る。

●**コピュラの機能**──一般に日本語におけるコピュラは名詞文，形容動詞文に認められるものであり，山田の説明存在詞も同じであるが，それは形式上のことであり，陳述の働き，即ち山田の言う「copula としての力」はすべての用言に及ぶ。「形容詞文にはコピュラは形式上存在しない」と先に述べたが，それは形容詞文にコピュラの機能が認められないということではないし，動詞文についても同じである。近時，形容詞文などもコピュラ文として分析する研究も見掛けるようになったが，それが単に欧米語でコピュラを用いた文の単純な移し替えであったとしても，理由のあることなのである。さらに，現代日本語には述語にノダを用いる文が数多くあり，その機能や意味について多くの研究がなされているが，このノダをコピュラとして分析することは，ノダ文の原理的な解明につながるであろう。

➡山田文法，存在詞，用言，命題

■**参考文献**
山田孝雄（1936）『日本文法学概論』宝文館．
時枝誠記（1950）『日本文法 口語篇』岩波書店．
奥津敬一郎（1978）『「ボクハウナギダ」の文法──ダとノ』くろしお出版．
西山佑司（2003）『日本語名詞句の意味論と語用論』ひつじ書房．

［大鹿薫久］

■語用論

● 語用論（pragmatics）の登場——'pragmatics'という用語はMorrisの *Foundations of the Theory of Signs*（1938）という著作の中で記号論の3部門の1つを指すものとして使われた（訳語としては「実用論」，「運用論」も使われたが，言語学界では「語用論」が定着している）のだが，本格的に語用論が研究され始めたのは1970年代を過ぎてからである。その後の研究の流れは，大ざっぱに言って，主として話し手の立場からの言語使用を追究する立場とそれ以外の立場に分けられる。

● 言語行為論——日常言語学派の哲学者・オースティン（John L. Austin）の創始によるこの理論（ある時期までの日本では「発話行為理論」と呼ばれた）は「発話は行為である」という理念を基としており，「話し手の立場に立脚する理論」と分類できよう。この理論は，その後サール（John R. Searle），ファンデフェーケン（Daniel Vanderveken）等により，モンタギュー意味論を取り入れた一般的意味論となっており，11の基本原則を備えたきわめて精緻な理論となっているが，その根底にはオースティンの「適切性条件」——発語内行為が適切に遂行されるための必要十分条件は何か——がある。

● グライス——グライス（Herbert Paul Grice）の立てた協調の原理，およびそれを支える4つの格率は，会話参加者が実際に遵守していることを捉えておらず，しかも「言われたこと」をあまりに狭く定義したため，話し手の意図する情報を正しく把握できていない。しかし発話理解における推論の重要性を初めて指摘した点と，関連性理論誕生の端緒を作った点は評価に値する。

● 関連性理論——グライスの協調の原理およびそれに付随する公理が，会話参加者が意識的に遵守する（あるいはそれに意識的に違反する）ものであると考えられたのに対し，関連性理論の措定する語用論的処理法——一義化，飽和，自由補強，アドホック概念構築，および暗意の獲得——は人間の認知に本来備わっているものであり，ほとんどの場合無意識に行使される。これは関連性原理Ⅰ：「人間の認知は，関連性を最大にするように働く性質を持つ」および関連性原理Ⅱ：「すべての顕示的伝達行為は，それ自身が最適な関連性をも持つことを当然視している旨を伝達している」という二つの原理の発見に基づいている。すなわち関連性理論は人間認知に関する明確な原理に支えられた語用論なのである。

また，認知言語学が人間の他の認知活動に見られる特徴から言語ないしその使用を説明しようとすることにとどまっているのに対し，関連性理論は，発話解釈に際して活動する認知モジュールという，「正しい関節部分」に窓を開き，これによって人間認知の全貌の解明の一翼を担っている点，認知科学の発展により多くの貢献を果たすことが期待される。

なお，関連性理論は，これを皮相に見るならば「発話解釈研究の学」であるため，聞き手中心の語用論と思われるかもしれない。しかし実態は解釈過程において，話し手の情報意図は何か，発話はメタファー，メトニミー，アイロニー，誇大表現，過少表現等々であるか，話し手が明示的に伝えようとしていることは何か，非明示的に伝えようとしていることは何か，が聞き手によって明らかにされるのであるから，この理論は話し手の意図解明も包摂するものであると言える。

◆関連性理論，含意，協調の原理，適切性条件

■ 参考文献

今井邦彦（2005）「語用論」中島平三編『言語

の事典』朝倉書店.

今井邦彦・西山佑司（2012）『ことばの意味とはなんだろう――意味論と語用論の役割』岩波書店.

Austin, John L. (1962) *How to Do Things with Words*. Harvard University Press.〔坂本百大訳（1978）『言語と行為』大修館書店〕

Searle, John R. (1969) *Speech Acts : An Essay on the Philosophy of Language*. Cambridge University Press.〔坂本百大・土屋俊訳（1986）『言語行為――言語哲学への試論』勁草書房〕

久保進（2002）「言語行為論への招待」『語用論研究』4.

中村芳久（2002）「認知言語学から見た関連性理論の問題点」『語用論研究』4.

［今井邦彦］

■コンタミネーション（混交・混淆）

意味の類似した二つの語形または構文が互いに交差して，新しい単語または構文ができること．臨時に作られ消えてしまうことも多いが，新語や新しい構文として残ることもある．近接する概念にブレンディング，混成語があるが，区別せずコンタミネーション（contamination）として扱うことが多い．

コンタミネーションには，一言語体系内において無意識的，意識的な類推によって起こる場合と，言語接触が要因となって起こる場合とがある．

前者の例としては，次のようなものがあげられる．トラエル×ツカマエル→トラマエル，ヤブル×サク→ヤブク，便利ダ×都合ガイイ→便利ガイイ，出発サレル×ゴ出発ニナル→ゴ出発サレル，水ガ欲シイ×水ヲ欲シガル→水ヲ欲シイ．わけても意識的に類推を働かせて混淆し，造語した例としては，次のようなものがあげられる．ライオン×タイガー→ライガー，ゴリラ×クジラ→ゴジラ，グローバル×ローカル→グローカル．

また，後者の言語接触が要因となって起こる混淆の例としては，次のようなものがある．信飛国境地帯において〈粗朶（そだ）〉を表すのに，飛騨側に hoje が分布していたところ，野麦街道沿いに信州から boja が伝播し，接触地帯に混淆形 boje が生まれた例．また，〈片足跳び〉を表すのに，長野県上伊那地方南部において古くから ciŋŋara が分布する地域に南部飯田方面から siŋŋoro が伝播し，接触地帯には混淆形 ciŋŋoro とともに siŋŋara が生まれた例．同周辺地域で他に，〈針孔〉を意味する medo×mizu → mizo，medo×mizu → mezo，〈正座する〉を意味するヒザマズク×オシャンコシル→オシャマズク，〈肩車〉を意味するクビウンバ×テンジンサマ→テンジンウンバ，禁止表現ナナシト×シルナ→ナナシルナなど．

混淆に際して，意味の類似は必要条件となるが，音形の類似は必ずしも必要とされない．

■参考文献

馬瀬良雄（1981）「方言分布からみた「混淆」」『方言学論叢Ⅰ』三省堂.

［沖 裕子］

さ行

■再帰性

　動詞文の表す動作が，動作主から発し，その動作の働きかけが動作主自身に及ぶようなものである場合，この意味的特徴を再帰性という。再帰性は，動作の仕手である動作主と働きかけの及ぶ対象という二つの要素を構文的にとりながら，意味的にはその働きかけが動作主に回帰するということに着目して言われるのであり，日本語では構文的に他動詞文（「ＡガＢヲ～」文）について言われるものである。

　日本語の動詞文で再帰性があるとされるのは①述語の動詞が再帰動詞である場合と②述語の動詞は再帰動詞でないが，動作主の身体部位が動作の対象や移動の起・着点であるために文意として再帰性が見いだされる場合（再帰用法）である。

●再帰動詞とは──

　(1)信夫は冷水を浴びた。
　(2)敬子は帽子を目深に被っている。

「浴びる・被る・履く・脱ぐ」は動作主の働きかけが他の存在ではなく常に動作主自身に及ぶとされ，語彙的意味として再帰性を有する，再帰動詞と呼ばれる。

●再帰用法とは──

　(3)子供は手を叩いて喜んだ。
　(4)洋子は右耳にイヤリングを付けた。

例えば「叩く・付ける」といった他動詞は常に動作主自身へと働きかけが及ぶことを表すわけではなく，「敵を叩く・戸に印を付ける」など，他者への働きかけを表すこともある。こうした他動詞が述語となり，ヲ（対象）・ニ（着点）・カラ（起点）格名詞が動作主の身体部位である場合に，文全体として動作主自身への動作の波及が表される。この場合を再帰用法という。

●再帰構文の他動性──再帰動詞文・再帰用法の文を合わせて再帰構文とすると，再帰構文は他動詞文でありながら自動詞文に近づいているとされることがある。

　まず，意味的観点から，自動詞文は動作主以外への働きかけの意味がないが，再帰構文も動作主の働きかけが動作主自身に及び，やはり動作主以外への働きかけを表さず，類義的であるとされる。

　この類義性の現れとして，他の他動詞文（例(6)）とは異なり，再帰構文は直接受動文を作れない（例(5)）という文法的特徴を持つとされる。

　(5)敬子は帽子を被った。
　　→*帽子が敬子｛に/によって｝被られた。
　(6)ヒーローが敵を叩いた。
　　→敵がヒーロー｛に/によって｝叩かれた。

しかし，(5)が直接受動文を作れないのは無生物を受動文の主語とするための意味的条件を満たしていない（受動文主語とする動機がない）ためであり，再帰性のために作れないとは言えない。例(7)は再帰構文であっても直接受動文の許容度が高い。

　(7)私のデザインした帽子が国王によって被られるという夢もかなうかもしれない。

　日本語の自動詞文・他動詞文と再帰構文の位置づけについては今後も検討が必要である。

●再帰構文の文法的独自性──再帰構文独特の文法的特徴として，前項の①ヴォイス的な直接受動文との対応の欠如の他，②アスペクト的に「～ている」文の意味の両義性という特徴が指摘されている。他動詞文は「～ている」でａ「主体の動作の継続」を表すが（例(8)），動作が

状態変化の意味を含む再帰構文の場合にはb「主体の動作の継続」の意味と「主体の状態変化の結果」の意味の両義性がある（例(9)）という指摘である。

　(8)洋子は靴を乾かしている。（aの意味）
　(9)洋子は服を着ている。（a・bの意味）

しかし、再帰構文に等しく言えることではなく（例(10)）、さらなる考察が必要である。

　(10)洋子は足を乾かしている。（aの意味）

→ヴォイス，自動詞と他動詞

■参考文献

天野みどり（1987）「日本語文における〈再帰性〉について――構文論的概念としての有効性の再検討」『日本語と日本文学』（筑波大学日本語日本文学会）7．

高橋太郎（1985）「現代日本語のヴォイスについて」『日本語学』4-4．

仁田義雄（1982）「再帰動詞，再帰用法――Lexico-Syntax の姿勢から」『日本語教育』47, pp.79-90．

村木新次郎（1991）『日本語動詞の諸相』ひつじ書房．

稲村すみ代（1994）「再帰構文について」『日本語学科年報』（東京外国語大学）16．

　　　　　　　　　　　　　　　　［天野みどり］

■再帰代名詞（反照代名詞）

●再帰代名詞とは――一般的に、ある行為がそれを行ったもの自身に帰ってくる場合に使われる代用形式を再帰代名詞(reflexive pronoun)と呼ぶ。フランス語・スペイン語の se，ドイツ語の sich，英語の himself など。現代日本語でこれに対応するのは「自分」、「自分自身」、「彼/彼女/彼ら自身」といった形式と考えられている。

●再帰代名詞の統語的特徴――生成文法の束縛理論(Binding Theory：Chomsky 1981)によると、再帰代名詞の最も重要な特徴は，基本的にその先行詞との間に局所性をもつ点にある。英語を例に特徴をごく簡単に述べると，再帰代名詞は必ず同一節内に先行詞をもち，節を越えると同一指示は不可能となる。

　(1)[John blamed himself]（Johnとhimselfは同一指示）
　(2)*[John said [that Mary blamed himself]]（Johnとhimselfは同一指示不可能）

これは普通の代名詞と相補分布をなす。

　(3)[John blamed him]（Johnとhimは同一指示不可能）
　(4)[John said [that Mary blamed him]]（Johnとhimは同一指示可能）

このように再帰代名詞と一般の代名詞とは局所性という点で分布上の対立をなしている。

●日本語の再帰代名詞――上で見たような局所性を再帰代名詞と普通の代名詞の違いの基準と考えると，日本語の「自分」はかなり複雑な振る舞いを示す。

　(5)[太郎が{自分/彼}のことを責めた]（「自分」は「太郎」と同一指示，「彼」は不可能）
　(6)[太郎は[花子が{自分/彼}のことを責めたと]言った]（「自分」「彼」とも「太郎」と同一指示可能）

(5)では「自分」が同一節内で先行詞をもち，代名詞「彼」と相補分布を示すのに対して，(6)では「自分」は節を越えて「太郎」を先行詞とすることができ，「彼」との相補分布を示さない。このように「自分」には再帰代名詞と普通の代名詞の特性が混在していると同時に，話者を指示する直示的用法といった特別な性質も見られるので，それがどのように分析されるべきかについては統語論だけではなく，意味論や語用論の観点からも様々な考え方が提示されている。また「自分自身」および「彼自身」に関しては

局所性が見られるとの観察もあるが，他言語との再帰代名詞の異同についてまだ多くの研究の余地がある。
■参考文献
Aikawa, Takako (2001) "Reflexives." In Natsuko Tsujimura (ed.) *The Handbook of Japanese Linguistics*. Blackwell.
Chomsky, Noam (1981) *Lectures on Government and Binding*. Foris.〔安井稔・原口庄輔訳（1986）『統率・束縛理論』研究社出版〕

[竹沢幸一]

■サエ

●用法──「副助詞」「とりたて助詞」と呼ばれるものの一つ。次の用法をもつ。
(1) P大学は難しい。A君でさえ失敗した。〈極限提示〉
(2) A君でさえ失敗したのだから，B君では難しいだろう。〈類推〉
(3) 強風と戦っているところへ，雨さえ降り出した。〈累加〉
(4) 時間さえあれば，解決する。〈十分条件性の強調〉

(1)では，A君を「どんな大学にも合格しそうな秀才」，すなわち，いわば〈極限〉的な存在と捉えた上で，そのA君でさえ失敗したと述べることで，P大学の〈極限〉的な難しさを述べてもいる。このような〈極限提示〉が現代語（デ）サエの中核的用法と見られる。だがまた，こうした〈極限提示〉はしばしば，「だから他の人ではさらに難しい」という〈類推〉を働かせることにもなる。そこまで明示的に述べたのが(2)である。このように〈極限提示〉と〈類推〉はしばしば一体であるが，(2)は，A君が必ずしも〈極限〉的な秀才ではない場合でも，B君と差がありさえすれば，発しうる文である。そこで，一応〈極限提示〉と〈類推〉を分けて立てておくが，両者の境界を求める意味はさほど大きくない。(3)の〈累加〉は，「その前までに述べたことだけでも……なのに，それに加えて，……なことがさらに加わった」という用法で，古典語「さへ」を継承するものである。

●サエとデサエ──「涙さえ浮かべていた。」という場合，「涙を浮かべてさえいた。」とも言い換えられるように，「涙を浮かべる」という述語の内容が全体として〈極限〉性をもつ。一方，上例(1)(2)は「A君」その人を（(2)は「B君」との対照で）問題にしている。このように，問題の〈極限〉性などを，述語レベルで問題にする場合はサエ，名詞句レベルで問題にする場合はデサエが使われる，というのが一般的なルールのようである。「この力士は，好調なときは横綱（で）さえ投げ飛ばす。」の場合は，「『横綱を投げ飛ばす』とは凄い」という述語レベルの読みも，「投げ飛ばすのが『横綱』とは凄い」という名詞句レベルの読みもできるため，サエもデサエも使えるのだと見られる。

◆とりたて助詞
■参考文献
菊地康人（1999）「サエとデサエ」『日本語科学』6．
菊地康人（2003）「現代語の極限のとりたて」沼田善子・野田尚史編『日本語のとりたて──現代語と歴史的変化・地理的変異』くろしお出版．
沼田善子（2000）「とりたて」金水敏・工藤真由美・沼田善子『〈日本語の文法2〉時・否定と取り立て』岩波書店．

[菊地康人]

■佐伯梅友（さえき うめとも　1899-1994）

●生涯──埼玉県生まれ。東京高等師範学校，

京都大学文学部卒業。東京文理科大学助教授，東京教育大学教授，大東文化大学教授。1954年に博士号取得。

●**研究業績**——古典の語学的注釈，文法研究において数多くの業績がある。その業績は佐伯文法の名で知られるが，佐伯はその構想する文法を具体的に結実させる場として，主として教科書をえらんでおり，学術書としてその体系を明らかにすることはしていない。佐伯の教科文法は，1937年の『新日本女子国文法』にはじまり，1959年の『明解古典文法』まで，十指にあまるが，基本的に学校文法の枠内におさまるものであった。それらとは別に，佐伯は中学校教科書の編修にたずさわり，1969年度からは，大東文化大学教授の鈴木康之を補佐役にくわえ，当該教科書の1972年度版の別冊指導書において，自身の現代語の文法論に一定の体系化をなしえている。文を直接に構成する主語・述語などの文の部分と文節を明確に区別するところなどに新見を有する，その内容は，佐伯梅友監修・鈴木康之著『現代日本語要説』(1974，池上書店）として公刊されている。

しかし，佐伯文法の本領は，『古典読解のための文法』（三省堂，1988）に代表される古典の解釈文法においてもっともよく発揮されている。そのなかで，「ここで用言というのは，助動詞のついたものも，全体として用言扱いにしていう」と注意していることから，学校文法の助動詞を動詞からきりはなさず，助動詞の付加した全体を動詞の語形と考えていたことが知られる。佐伯の古典文法というと，係り結びや主述の照応が流れて新たに展開していく「筆のそれ」，それに文の流れを一旦中断する「はさみこみ」が有名であるが，上代のク語法の解釈において「く」と「らく」を接辞としてのヴァリアントとして認める立場は今でも一定の支持をうけている。なお，佐伯の古典文法の研究の流れは，その形態論的な立場を発展させて，佐伯の監修する『概説・古典日本語文法』(1988，桜楓社；改訂版1991，おうふう）として結実している。

■**参考文献**
森野宗明・小松英雄・北原保雄（1980）『佐伯文法——形成過程とその特質』三省堂.
青木和男・石川晶子・宇田川義明・白石恭子（1995）「佐伯梅友の文法研究から学ぶ」『国文学解釈と鑑賞』60-7.

[鈴木　泰]

■**阪倉篤義**（さかくら　あつよし　1917-94）

●**経歴**——京都府生まれ。京都大学文学部卒業，文学博士。第三高等学校教授，京都大学教養部教授，甲南女子大学教授を歴任。京都大学名誉教授。国語学会理事，同代表理事を務め，学会運営，研究指導に当たり，また講座・辞書類の監修・編集に携わった。浩瀚な学識と温雅な人格は，広く後進の敬慕するところで，博士の還暦を機に，講筵に列した者たちによって編まれた『論集日本文学・日本語』全六巻（角川書店，1978）は，それを如実に物語るものである。

●**研究業績**——阪倉の研究には，二つの柱があった。一つは，主著たる『語構成の研究』（角川書店，1966）を中心とする語構成・文法研究であり，今ひとつは，『文章と表現』（角川書店，1975）を理論的な中心とする文章論と，それの基礎とも応用とも位置づけうる注釈類（竹取物語，夜の寝覚，今昔物語集）である。

前者，語構成・文法研究の特徴を，『日本文法の話』(1952，改稿版1974）に見ることができる。平易に文法を解説するこの著は，後に詞辞連続説と分類される文法観で知られる。時枝誠記にあって，詞と辞は，文の生成とも言うべき言語過程において抽出される構造的な契機であって，そのゆえに語詞として截然と分かたれ

る二類であった。阪倉は，述語が述語であることの必然として，述語を構成する動詞は，そこに詞的内容と辞的作用を内包することを，活用と接辞という現象を通して説いた。その発想が，語構成論において，母音交替による内的派生と接辞による外的派生が，或る等価性をもって現れるという立論と通うことは興味深い。語構成論を始めて体系として示すことの根柢に文法論があった。但し，発想としてどちらが先行したかは決しがたい。

　文章研究としては，係助詞「なむ」の文法と表現性についての立論によって，「歌語り」という概念を基礎づけたことが，その用語と共に広く知られる。

[内田賢徳]

■佐久間鼎（さくま かなえ 1888-1970）

●略歴——千葉県生まれ。1913年東京帝国大学文学部哲学科（心理学専修）を卒業。大学院満期退学後，ドイツ・フランスに留学。1925年九州帝国大学教授。退官後，東洋大学教授・学長を歴任。その間，国語審議会委員を勤める。文学博士，日本学士院会員（心理学）。

●研究業績——佐久間は，日本語文法の研究者でもあったが，まずもって心理学者であり，日本へのゲシュタルト心理学導入の先駆者であり，日本語音声・アクセントの研究者でもあった。

　『日本音声学』（京文社，1929）は，日本語の音声的特性の包括的記述を試みたもの。

　文法に関する著書には，『現代日本語の表現と語法』（厚生閣，1936），『現代日本語法の研究』（厚生閣，1940），『日本語の特質』（育英書院，1941），『日本語学』（朝日新聞社，1951）があり，論文集ではあるが，『日本語の言語理論』（恒星社厚生閣，1959）や『日本的表現の言語科学』（恒星社厚生閣，1967）などがある。

　主著は，『現代日本語の表現と語法』『現代日本語法の研究』であろう。前者では，受身・使役，移動・やりもらいの表現，それらの相互関連，性状表現，存在・判断の表現などへの考察を行い，佐久間の文法研究の後世への一つの重要な貢献である「コソアド」の定立を行っている。後者は，終助詞・間投助詞・格助詞・係り助詞（提題の助詞を特立）・並立助詞・接続助詞・副助詞に分け，多数の用例を上げながら詳説を施しての，助詞に対する考察を行ったもの，課題の場の提唱，「雪が白い。」と「雪は白い。」に対する眼前描写・判断の表現という説明も注目される。

　また，言語表現が担う機能として，表出・うったえ・演述を取り出し，演述の機能を持つ文を，物語り文と品定め文（性状の表現と判断の表現）に分かっている。

　佐久間の文法分析・文法記述の特徴は，いたずらに抽象的な体系の構築を目指すのではなく，文法事実を豊かに掘り起こし，それを合理的に分析することによって，事実と理論を共に大切にし，事実・現象に潜む法則性を捉えようとしたものである。ただ，その分，体系化や論の追究に希薄なところも存する。現象記述派とでも特徴づけられよう。

▶三上章

■参考文献

芳賀綏（1960）「追悼・佐久間鼎先生」『国語学』81.

田尻英三（1992）「佐久間鼎」『国文学解釈と鑑賞』57-1.

清水康行（1995）「佐久間鼎『日本語の特質』の解題」『日本語の特質（復刻版）』くろしお出版.

仁田義雄（2008）「佐久間鼎の文法研究」『国文学解釈と鑑賞』73-1.

[仁田義雄]

■サヘ

副助詞。主として格成分に後接する。句全体に関わり、その句の表す事態が、既に存在する先行事態に添加・累加されることを表す。なお、先行する事態と後から加える事態は、全くの無関係ではなく、同領域に属する。

(1) 物思ふと寝ねず起きたる朝明にはわびて鳴くなり庭つ鳥さへ（万葉・12・3094）
(2) 一二の目のみにはあらず五六三四さへありけり双六の頭（万葉・16・3827）

(1)は、何かが沈鬱な状態になるという領域において、私が「物思ふと寝ねず起きたる」に「庭つ鳥わびて鳴く」を加えている。このように、サヘは先行事態とは別の事態を加えるので、全体として複数の種類の事態が存在することになる。これは、ノミがただ1種類の事態だけ存在することを表すのと対比的である。

また、(2)では、骰子の「一二の目あり」に「五六三四あり」を加えるが、前者に比べ、後者は起こりやすいとも起こりにくいとも言えない。よって、サヘはスラ・ダニとちがい、事態成立の蓋然性に関わらないと考えられる。しかし、起こりやすい事態を先に示し、それに起こりにくい事態を加える方が、その逆よりも自然なので、サヘが蓋然性の低い事態を加えるように見える例が少なからずある。

(3) 浅みこそ袖は漬つらめ涙河身さへ流ると聞かば頼まむ（古今・13・618）

中世以降、サヘのこうした傾向が特化し、次第に、極限的な事態を表すダニに近接する。そして、やがてサヘはダニの意味を侵蝕し、ダニに替わって極限的な事態を表すようになる。その結果、本来は出現することのなかった仮定条件句内にも現れるようになる。

(4) かの鶏さへないならば、これほど払暁には起こされまじいものを。（エソポのファブラス）

(4)は最低限の事態を譲歩的に仮定するが、これは本来ダニが表していた意味である。

➡スラ，ダニ，ノミ，副助詞

■参考文献

此島正年（1973）『国語助詞の研究 助詞史素描』桜楓社．
沼田善子・野田尚史編（2003）『日本語のとりたて——現代語と歴史的変化・地理的変異』くろしお出版．
鈴木ひとみ（2005）「副助詞サヘ（サエ）の用法とその変遷——ダニとの関連において」『日本語学論集』創刊号，東京大学大学院人文社会系研究科国語研究室．

［小柳智一］

■参照切り替え

●**参照切り替え（switch reference）とは**——言語類型論で用いられる用語。主語を含みうる2つの節の結びつきにおいて、ある節の主語と他の節の主語とが同じである（SS＝Same Subjects）か、異なるか（DS＝Different Subjects）を、前件の動詞に付加された形態的標識によって示すこと。

●**日本語の擬似 switch reference**——日本語では、ある種の複文において、前件の主語と後件の主語が同じであるか異なるかを読み取ることができる。

(1) 太郎が上着を脱いで、ハンガーにかけた。
(2) 太郎が上着を脱ぐと、ハンガーにかけた。

(1)では、後件「ハンガーにかけた」の主語は、前件と同じ「太郎」であるが、(2)では「ハンガーにかけた」のが「太郎」以外のだれかという解釈が普通である。

この違いを、前件の動詞「脱ぐ」に付加された形態的標識「(い)で」と「と」によって引き起こされたものと捉えれば、言語類型論でいうところの switch reference の現象に近い現

象と考えることもできる。

しかし，実際に，(2)のようなト節を含み後件が過去の複文が異主語に解釈されるのは，主に，前件の主語が従属節の中だけに作用する「太郎が」という主題化されていない形で表されていることによるものであり，「と」自体が異主語のマーカーであるわけではない。同じト節を含んでも(3)は同主語となる。

(3)太郎は上着を脱ぐと，ハンガーにかけた。

よって(2)を純粋な意味での switch reference と考えることはできない。

このように，日本語では，場合によって switch reference に類似した現象が観察されるが，文法装置としてそれを表す形式をもたない。

➡複文

■参考文献

野田尚史（1986）「複文における「は」と「が」の係り方」『日本語学』15-8.

三上 章（1970）『文法小論集』くろしお出版.

Givón, Talmy (1990) *Syntax II*. John Benjamins.

［山田敏弘］

■シ

●用法の変遷──主に現代語の重文先行節の述部につく接尾辞で，口語体に多い。出自は，文法化の度合いが深く特定しにくいが，形容詞由来（終止形語尾「し」）説の他，動詞由来（サ変「す」連用形）説などがある。成立期は中世末頃と考えられ，主に否定語形とともに「-ずし」・「-なくし」の形で用いられた。上代からある古代語の接続助辞「して」形（「由なくして」宣命・「喜びに堪えずして」土左）との関わりは軽視できない。近世中頃から「まいし」の形が多用され，用法を拡張していったと考えられる。近代以降，終助詞的な用法（意味合いはノデまたはノニ）も発達させている。

●従属度の低い従属節──従属度の観点では，最も従属度の低いタイプの従属節（南理論のC類段階）を構成する接尾辞の一つである。同類の従属度段階の接続助辞には，「ガ」・「ケレド」・「カラ」などがある。「し」節の主語は，提題の接尾辞「ハ」だけでなく「ガ」格も可能である。「し」節の述部は，肯否の認め方カテゴリー（「〜しないし」）及び丁寧さのカテゴリー（「〜ですし」）を持つ点で，「ナガラ（逆接用法を除く）」・「ツツ」など（同A類段階）と異なり，ムードカテゴリー（「〜だろうし」）及びテンスカテゴリー（「〜したし」）を持つ点で，「ト」・「バ」・「タラ」などと異なる。終止形接続であることが，その述部の文法カテゴリーの豊富さを担保していると考えられる。節の従属度を決定づける最大要因が，主節・従属節間での主語主体交替の有無，及び両節の事態成立時の同期・非同期，の二点だとすると，「し」節は二点いずれについても任意である点で，独立した陳述性を持つ「文」に近い。この陳述的な独立性の強さは，後続節（主節）述部のモダリティー制約の弱さからもわかる。「相手は強そうだし，もう引き上げなさい。」・「*相手は強そうで，もう引き上げなさい。」

●複数の事態の列挙──「し」がしめす機能の第一は，複数の事態を列挙化することであり，これは独立性の強い節として文に組み込まれることで保証されている。このため二つ以上の多数事態を挙げ連ねる機能も持つ（「弁当もつくったし，水筒も持ったし，切符も買ってあるし，ガス栓も閉めたし，あとは行くだけだ。」）。これは同じC類の「ガ」・「ケレド」・「カラ」には見られない振る舞いである。同様に，語レベルの並べ立て語形の「見タリ聞イタリ」・「買うニシロ買わないニシロ」・「来るワ来るワ」などが，対比もしくは反復的な二事項の並列を基本用法としている点で，これらとも異なって

いる。他に「ガ」・「ケレド」・「カラ」との違いとして，仮定条件節での使用になじまないことがあげられる（「もし食事が改善されるけれど運動をしないなら，」・「??もし食事が改善されるし運動もするなら，」）。機能の第二として，理由・根拠を婉曲的に提示するはたらきがある（「日は暮れかかるし僕らは大急ぎに急いで終いには走って下りた。」）。この機能は，事態の列挙化という機能において，複数の事態のうち主要あるいは顕著な事例をとりあげる，という性質から拡張したと考えられる。

➡南不二男の4段階，陳述論，接続助詞

■参考文献

紙谷栄治（1986）「複文についての一考察」『論集日本語研究㈠現代編』明治書院.

鈴木浩（1990）「接続助詞「し」の成立」『文芸研究』（明治大学文学部）64.

須田淳一（1997）「接続助詞「し」の文法進化（覚え書き）」『言語と人間』創刊1号，言語人文学会.

髙橋太郎他（2005）『日本語の文法』ひつじ書房.

［須田淳一］

■使役

●**使役とは**── 人がある動作を自分で行うのではなく他者に働きかけて他者にその動作を行わせること。動詞の未然形に助動詞「させる（せる）」をつけた形（「調べさせる/行かせる」：使役動詞，使役（の）形，使役態などとよばれる）で表される。日本語では，使役は受身とともにヴォイス（voice）の体系をなすとされる。それは，両者がそれぞれ動詞に「させる（せる）」「られる（れる）」をつけて表わされるという形式面の類似性，および，意味的に，使役が主者から対者への働きかけであり，受身が対者から主者へのそれであるという対比性をもつことによる。

使役の助動詞は，古代語では「す・さす・しむ」が用いられ（「調べさす/行かす/言わしむ」），「す・さす」は現代語でもみられる。なお，「させる（せる）/す・さす・しむ」などを接辞，複語尾，動助辞，接尾語とみなす説や，使役を発動性間接作用，つかいだてのたちばとよぶ説もある。

●**使役文の表す事態の種々**── 使役動詞を述語とする文は，元の動詞の動作主体を主語にするのではなく，その動作を他者に行わせる主体（使役主体）を主語にし，動作主体をニ格あるいはヲ格の補語とする（「監督が選手に荷物を運ばせる。」「親が子供を買い物に行かせる。」）。そして，人が相手に対して動作を行うよう命じたり頼んだりといった働きかけをし，それを受けた相手が自らの意志でその動作を行うという事態を表現する。そういった事態には，使役主体が自らのために相手にその動作を行わせる場合（「部下に書類を持ってこさせる。」）や，相手のためになる動作を行わせる場合（「子供に英語を習わせる。」）がある。

使役文の基本的な文法・意味構造はこのようなものだが，使役文はまた，この構造によってこれ以外の種々の事態を表すことができる。基本的な使役文と同じく主語が人であるものにも，使役主体が相手の望む動作を"許容・許可"するという事態（「希望者には日曜日も校庭を使わせる。」），相手の動作をそのままとめずにおくという意図的な"放任"（「言いたい奴には勝手に言わせておく。（しばしば～テオク形）」），相手の動作や変化の生起に対する責任感や無力感を感じつつ受けとめる"不本意"な受け入れ（「子供を戦争で死なせてしまった。（しばしば～テシマウ形）」）などがある。また主語が人でない使役文は，主語の事物が原因となって述語の表す動作や変化が引き起こされるという因果的な関係を表す（「彼の優しさが彼

女を立ち直らせた。」「名演奏が聴衆を感動させた。」）。さらに，相手にあたるものが人でない使役文は，事物の変化の引き起こしを表し他動詞文的である（「バナナを冷凍庫で凍らせる。」「民主主義を根づかせる。」）。

なお，使役文において動作や変化の主体は，元の動詞が他動詞ならニ格，自動詞ならヲ格で表されるのが普通である（「娘に食器を運ばせる」「娘を公園で遊ばせる」「雨を降らせる」）。ただ，自動詞が意志動作を表すときにはニ格でも表される（「娘［を/に］銀行へ行かせる」）。

●使役文に隣接する文——なんらかの点で使役文に似る次の三種の文は，それらとの対照によって使役文の性質を浮き立たせる。

動作要求的な言語活動や態度を表す他動詞を述語とし要求の内容を引用的に表わす動作要求文（「コピーをとるよう秘書に言いつける。」「荷物を運べと後輩を脅す。」）は相手に動作を促す働きかけを表すが，相手の動作実行までは必ずしも含意していない（「～言いつけたのにまだやっていない。」「～脅したが運ぼうとしない。」）。一方，使役文は「*選手に荷物を運ばせたのにまだやっていない。」などはきわめて不自然である。つまり日本語の使役文は，単に相手への動作の促しや仕向けを表現するだけでなく，相手が実際に動作を実行すること（少なくとも着手すること）までを含意している。

使役文で表しうる事態であっても，引き起こし手自身が恩恵を受ける事態はシテモラウ文のほうがふさわしい（「友達に引越しを手伝ってもらった（vs. 手伝わせた）。」）。使役文で表すと相手を自身に従わせるようなニュアンスを帯びやすい。使役文とシテモラウ文とは，待遇性や対人関係への配慮にかかわる微妙な違いを表わし分けるものとして補い合っている。

使役文と受身文とが似た事態を表すこともある（「彼は戦争で｛息子を死なせた/息子に死なれた｝。」「おばあさんは孫に肩を｛もませて/もまれて｝気持ちよさそうだ。」）。主語である人が，身近な人や自身の身体部位に生じた事を自らへの影響として受けとめるという事態に多い。主語である人は，使役文では出来事の生起に責任をもつ積極的な関わり手として，受身文では出来事の消極的な受け手として意識されやすい。

●語彙的使役と文法的使役——他動詞の中には，「見せる，着せる」や「帰す，降ろす，壊す」のように，「見る」や「帰る」の表す動きを引き起こすことを表し，かつこれより一つ多くの項をとるという意味的・統語的な性質をもつ類があり，これらも使役動詞とされることがある。そしてこれらを語彙的使役動詞とし，「させる（せる）」によるもの（「見させる，帰らせる」）を文法的使役動詞として区別する。ここには生成文法などの「causative (verb)」の影響がうかがえるが，両者は「太郎が花子に自分の部屋で写真を｛見せた/見させた｝。」の意味の異同など使役の性質を考える上では興味深い。

➡ヴォイス，受身，やりもらい

■参考文献

青木伶子（1977）「使役——自動詞・他動詞との関わりにおいて」『成蹊国文』10.

大鹿薰久（1986-1987）「使役と受動（一）（二）」『山邊道』（天理大学国語国文学会）30, 31.

佐藤里美（1986, 1990）「使役構造の文」「使役構造の文(2)」『ことばの科学 1・4』むぎ書房.

柴谷方良（1978）『日本語の分析——生成文法の方法』大修館書店.

早津恵美子（2004）「使役表現」尾上圭介編『〈朝倉日本語講座 6〉文法II』朝倉書店.

早津恵美子（2007）「使役文の意味分類の観点について——山田孝雄（1908）の再評価」『東京外国語大学論集』75.

[早津恵美子]

■シカ

　副助詞，または，とりたて助詞。係助詞とする説もある。必ず否定形式と呼応するが，このような拘束的呼応は他の副助詞に見られず，シカを係助詞とする説では，これを一種の係り結びと見る（ただし，特定の活用形と呼応する古典語の係り結びとは異質である）。

　シカは，名詞や格助詞，他の副助詞などに後接して，ある事物以外・ある数量以上を排除し，反転してその事物・その数量に限ることを表す。たとえば(1)は，「彼」以外は知らず，「彼」に限って知ることを表す。この「それ以外（その他）を否定する」という特徴によって，シカの意味は「其他否定」と言われることがある。

　(1)彼しか事情を知らない。
　(2)あの島には漁船でしか行けない。
　(3)小銭を7円だけしか持っていない。

　シカの表す内容とほぼ同じことは，ダケを使っても表せることが多く，(1)は(4)のように言い換えられる。ただし，(4)は，知っているのが「彼」に限られることに主眼が置かれ，其他否定の意味は含意にとどまる。

　(4)彼だけが事情を知っている。

　其他否定の副助詞は古代語になく，ホカが近世前期から現れるのが最初である。シカは，近世後期江戸語から見えはじめる。

　(5)押し事したる其とがめ，因果とほか思われぬ。（長町女腹切）
　(6)おいらがつかいこんででもいるとしかおもはねへばナ。（洒落本・角鶏卵）

　ホカ・ヨリ・キリなど，其他否定の副助詞は一般に，範囲に関わる語（「以外・以上」を表しうる語）が「範囲に関わる語＋係助詞/別の其他否定の副助詞〜否定」という文型を経て副助詞化する。ホカは「ほかは〜否定」から，ヨリは「よりほか〜否定」から，キリは「きりしか〜否定」から副助詞化した。シカの前身は不明だが，他の其他否定の副助詞と同じく，元来は範囲に関わる語だったと推定される。

➡係助詞，ダケ，とりたて助詞，ヨリ

■参考文献

山口堯二（1991）「副助詞「しか」の源流──その他を否定する表現法の広がり」『語源探求』3，日本語語源研究会編．

宮地朝子（2007）『日本語助詞シカに関わる構文構造史的研究』ひつじ書房．

金水敏・工藤真由美・沼田善子（2000）『時・否定・取り立て』岩波書店．

定延利之（2001）「探索と現代日本語の「だけ」「しか」「ばかり」」『日本語文法』1-1．

沼田善子・野田尚史編（2003）『日本語のとりたて──現代語と歴史的変化・地理的変異』くろしお出版．

[小柳智一]

■自敬敬語

●**自敬とは**──自敬とは，自分自身を尊敬することである。話し手が聞き手より上位に自分を位置づけて待遇する敬語表現。自敬表現，自尊敬語，自己尊敬，自己敬語などとも言われている。

●**自敬を表す表現形式**──自敬を表す敬語の表現形式には，次の二種がある。

①第一人称尊敬表現形式：話し手が自分自身に尊敬語を用いる表現。自敬の第一義的な用法であって，古代から用例がある。金田一京助は古代の絶対敬語の一大特質とした。

　(1)手抱きて我は御在さむ天皇朕がうづの御手以ちかき撫でそ労ぎ賜ふ（万葉・978）

②第二人称，第三人称謙譲表現形式：話し手が第二人称（聞き手），第三人称の話し手に対す

る動作に謙譲語を用いる表現。これは、話し手自身を尊敬する表現になる。

(2)是の汝の女は、吾に奉らむ哉（古事記・上）

●**自敬を成立させる条件**——古代の神や天皇の絶対的な威力や権威を言語的に示す必要のある場において自敬表現が行われた。

●**自敬表現の歴史**——自敬表現は、古代の神や天皇のことばの中に用いられているほか、平安時代には仏典の訓点にも見える。

(3)我は最勝の大法の鼓を撃ちたまふ（西大寺本金光明最勝王経古点）

『平家物語』では、天皇・院から摂政・関白という最高位の人々のことばに見える。

(4)(摂政藤原基通が追いついて供をする源蔵人らに）こはいかに、北国凶徒かなとおぼしめしたれば、神妙にまいりたり（平家・8）

このほか伏見天皇自筆日記、足利将軍、徳川将軍の御内書、豊臣秀吉の公私の文書などにも見える。17世紀にコリャードは『日本文典』に「王者でないかぎり自らに敬意をあらわす者はない。」と書いている。

●**問題点**——伝承上、自敬表現は敬意の混入による結果とする説（尾崎知光）もある。

◆尊敬語、謙譲語、絶対敬語と相対敬語

■**参考文献**

西田直敏（1995）『「自敬表現」の歴史的研究』和泉書院.

尾崎知光（1955）「所謂自敬表現について」『名古屋大学文学部研究論集　文学』4．

［西田直敏］

■自己制御性

●**自己制御性とは**——ある動作や状態が、自らの意志で制御（コントロール）できるかどうかを自己制御性（self-controllability）という。「歩く、読む、食べる、（日本に）留まる」などは、自己制御的（self-controllable）な動作や状態を表し、「出会う、飽きる、話せる、慌てる、困る」などは、自己制御的ではない事象を表す。

●**自己制御的動詞の諸特徴**——命令文は、命令の内容を聞き手（命令される人）が自らの意志で実行できると話し手が想定して発する文であるため、命令文には、自己制御的な動詞のみが用いられる。

(1)もっとゆっくり歩け。

(2)早くご飯を食べなさい。

(3)*花子に出会え。

(4)*フランス語ができなさい。

自己制御的でない動詞を否定にすると、命令文が可能となる場合がある。

(5)*犬を恐がれ。/*もっと慌てろ。

(6)犬を恐がるな。/そんなに慌てるな。

これは、「恐がる/慌てる」という事態を引き起こすのは自己制御的ではないが、その事態に陥らないようにするのは、自己制御的であるためである。

さらに、自己制御的でない動詞でも、文脈を与えると命令文になる場合がある。

(7)*悩みなさい。

(8)もっと悩みなさい。

これは、「悩む」が「もっと」という程度表現を伴い、悩むことに程度、度合いが存在するものとして捉えられているためである。つまり、悩もうと努力したり、試みることは可能であり、その点で「悩む」が自己制御的動詞として解釈されている。

「〜しようと」のような目的を表す表現も、自己制御的動詞とのみ共起する。

(9)私は日本に留まろうと思った。

(10)*私はフランス語が話せようと思った。

使役の接辞「させ」は、自己制御的動詞にしかつかない。

(11)太郎は花子にゆっくり走らせた。

⑿*太郎が花子に階段から転ばせた。

これは，使役主が被使役主にさせることができる動作は，被使役主の意志によって制御できる動作でなければならないためである。

打消しの意志・推量を表す助動詞「まい」は，自己制御的動詞に続くと，その動作を行わないという「意志，決心」を表し，自己制御的でない動詞に続くと，その動作が起きないであろうという「推量」を表す。

⒀私はどこへも行くまい。（意志）

⒁私は誰にも出会うまい。（推量）

ただ，「まい」が「意志，決心」を表すのは，⒀のように主語が1人称の場合で，「彼はどこへも行くまい」のように，主語が3人称になると「推量」を表す。

●祈願文との関係——次のような文は，一見，命令文に似ているが，自己制御的ではない動詞が用いられている。

⒂雨，雨，降れ，降れ。

⒃燃えろよ，燃えろよ，炎よ燃えろ。

これらの文は，述語が表す内容を相手が実行できるかどうかに関係なく，話し手の願望や祈りを表す祈願文/願望文である。

➡意志，命令

■参考文献

久野 暲（1973）『日本文法研究』大修館書店.
仁田義雄（1991）『日本語のモダリティと人称』ひつじ書房.

［髙見健一］

■指示

1. 指示とは

「指示」という概念は，言語形式と，言語外の世界に存在する指示対象との対応関係と捉えることができる。しかし詳しく見ていくと，「指示」の概念は多義である。文法用語としては概ね次の3つに分類できる。

(1) 主として形式意味論で広く採用されている捉え方で，あらゆる文およびその成分は，言語外の世界に指示対象を持つと考える場合の，文・文の成分と指示対象の関係。reference に相当する概念であり，「参照」とも訳される。例えば「ミケは猫である」という文において，「ミケ」の指示対象はある個体「'ミケ'」であり，「猫（である）」の指示対象は，個体を取って真理値を返す関数（「個体の集合」と言ってもよい）であり，「ミケは猫である」という文全体の指示対象は特定の真理値（真か偽か）である。なおこの種の捉え方では，名詞句だけでなく動詞句や形容詞句や副詞句も指示を行う。

(2) 名詞句に限り，文中の名詞句と外界の指示対象との対応関係を指す概念。これも reference 相当であり，「参照」と訳されることもある。なお名詞句は指示対象を持たない場合もあり，指示対象の有無によって名詞句は指示的用法（referential use）と非指示的用法（nonreferential use）に分けられる。例えば「猫は利口だ」「猫がテーブルの下にいる」における「猫」はともに指示対象を持つので指示的用法，「ミケは猫である」の「猫」は非指示的用法である。即ち「猫」の意味には，「"猫"としての属性」と「"猫"としての属性を持つ指示対象」の両面の意味があり，後者の機能を持つものを指示的というのである。

(3) 指示詞（指示語）や代名詞と，その指示対象との関係，あるいは指示対象を探索する方法・経路等の分類としての指示。「眼前指示」「現場指示」「文脈指示」「観念指示」「独立指示」等の名称が用いられている。

2. 直示と照応

以下，(3)について詳しく見ていくが，その前に「直示」と「照応」という概念について述べておく。先に示した「ミケ」や「猫（であ

る）」の指示対象は，話し手が誰であるか，いつ，どこでどのように話しているか等の情報に関係なく決まると考えられる。ところが「吾輩は猫である」「これは猫である」等における「吾輩」「これ」はどうか。「吾輩」は当然，誰が話しているかによって，指示対象が変わる。誰が話しているかによって「吾輩は猫である」の真理値が変わる，という言い方もできる。また「これは猫である」の場合は，話し手が何を指しながら話しているかによって，真理値が変わる。このように，「いつ」「どこで」「だれが」「どのように」話しているか，といった発話状況が指示対象や真理値に影響を与える表現を，「直示」(deixis) と呼ぶ。直示に対して，「猫」のように発話状況に影響を受けない指示のあり方を，「概念的指示」と呼んでおこう。直示に関わる言語形式として，「吾輩，私，あなた，彼」のような人称代名詞，「これ，そいつ，あそこ」のようなコソアド（指示語，指示詞），「今日，来週，去年」のような時間語，さらに「行く，来る，やる，くれる」のような境遇性を持った動詞を挙げることができる。なお，「この猫」のように直示形式と概念的指示の形式が組み合わされる場合もある。

　次に，「昨日，田中さんと久しぶりに会った。彼はずいぶん痩せていたので少し驚いた」における「彼」は，先行する「田中さん」と指示対象を同じくすると解釈できる。この場合の「田中さん」と「彼」の関係を「照応」（anaphora あるいは coreference）と呼ぶ。この場合，「田中さん」を「彼」の「先行詞」（antecedent）と言う。

3. 文脈指示，眼前指示，観念指示

　コソアド，代名詞といった語彙は，概念的意味（属性）を持たないか，または極めて薄いため，文脈や発話状況等に依存しなければその指示対象を決定できないという特徴がある。まずその用法を，照応関係の有無という観点から見ると，「文脈指示」と「独立用法」に分けられる。文脈指示は照応用法そのものであり，言語的文脈に先行詞を持つ。独立用法は「眼前指示」（あるいは「現場指示」）とそれ以外に分けられる。後者の「それ以外」は，「観念指示」と呼ばれることもある。

　「眼前指示」は文字通り，目の前にある指示対象を指し示す用法で，例えば指さししながら「これ/あれが私の家です」という場合の「これ」「あれ」の用法が該当する。即ち，典型的な直示用法と言える。なお，「眼前指示」に近い概念として「現場指示」がある。発話現場にあるものを指し示す，という意味で，ほぼ「眼前指示」と同じ概念と言っていいであろう。しかし，「あの音」「この味」「この快感」等，目に見えないが"存在する"と感じ取れる指示対象を指し示す用法は，直示的であると言えるが，しかし「眼前」とは言えない。このような用法を「現場指示」と言うべきか「観念指示」と言うべきかは直ちに決められない。

4. 記憶指示

　さて，以上見てきた分類から，「観念指示」としてまとめられる用法は，意味論的にはかなり雑多で異質なものが混在している。例えば，"カステラ"が買ってあるはずだという前提を踏まえて，「お母さん，あのカステラ食べない？」などという場合の「あのカステラ」は，先行詞を持たないので独立用法というべきであり，また指示対象は発話現場にないので観念指示と言うことができる。しかし，話し手の直接体験に基づく記憶に強く依存した用法であるという点で，主観性が強く，直示と共通の特徴を持っている。一方で，「ちょっとそこまで出かけてきます」「その日のうちに仕上がります」といった用例における「そこ」「その日」は先行詞がなく，「眼前指示」でもないので，仮に

「観念指示」に入れることはできるが，直示性は弱く，さきの「あのカステラ」とかなり機能が異なる．さきに示した「あのカステラ」は，話し手の記憶に異存しているので「記憶指示」と呼ぶこともできる．

なお，「お母さん，昨日カステラ買ったでしょ．あのカステラ食べようよ」などとすると，最初の「カステラ」と「あのカステラ」は照応関係となり，「あのカステラ」は文脈指示ということになる．しかし上に見た独立用法の「あのカステラ」と共通して，話し手の直接経験に依存した表現であるという点では，両方とも「記憶指示」と呼んでよいとも言える．例えば，指示対象の決定が話し手の直接経験に依存しない次のような文脈では，ソ系列は用いられるが，ア系列の指示詞は用いることができない．(例：母「昨日，カステラを買ったよ」子「え，それは知らなかった．じゃあ，{*あの/その}カステラ，食べようよ」)．

以上に見るように，照応関係の有無からだけでは，指示詞の用法の分類は十分とは言えず，直示性の面からも検討を加える必要がある．

➡ コソアド，ダイクシス

■参考文献

金水敏・今仁生美 (2000)『〈現代言語学入門4〉意味と文脈』岩波書店．

金水敏・岡﨑友子・曺美庚 (2002)「指示詞の歴史的・対照言語学的研究——日本語・韓国語・トルコ語」生越直樹編『〈シリーズ言語科学4〉対照言語学』東京大学出版会．

金水敏・田窪行則編 (1992)『〈日本語研究資料集〉指示詞』ひつじ書房．

金水敏・木村英樹・田窪行則 (1989)『〈日本語文法セルフマスターシリーズ4〉指示詞』くろしお出版．

[金水　敏]

■自然言語処理

言語をコンピュータで扱うための言語解析の技術と応用研究に大別できる．

● 言語解析——言語解析は，文を単語に分割し，品詞同定等を行う形態素解析，統語構造を得るための統語解析，さらに意味解析，文脈解析に分けられることが多いが，近年，文内の最小の名詞句や動詞句などの基本句（base phrase），あるいは，固有名詞や日付・数量表現などいわゆる固有表現（named entity）を抽出する技術が形態素解析と統語解析の間に置かれ，チャンキング（chunking）あるいは浅い構文解析（shallow parsing）と呼ばれる．日本語の統語解析は，従来は英語と同様に句構造文法に基づいて行われることが多かったが，現在は，文節間の係り受け解析で済ませることが多くなった．意味解析として主に行われるのは，単語が複数の意味（語義）を持つ場合に文章中の個々の単語がどの語義で用いられているかを特定する語義曖昧性解消である．各単語の語義一覧は既存の辞書やシソーラスを元にすることが多い．他の意味解析としては，動詞等の用言やサ変名詞の意味上の主語や目的語等の意味役割を満たす語や概念を文中から特定する処理があり，意味役割解析（semantic role labeling）と呼ばれる．文脈解析は，文章中の文を越えた言語解析全般を指し，主として，代名詞等の指示表現が指す先行詞を同定する照応解析（anaphora resolution）や文と文の意味関係や文章構造を解析する談話構造解析を指す．日本語では，用言の必須格も省略されることが多いので，意味役割を担う語や概念を文脈から探す必要があり，意味役割解析も文脈解析の一種となる．

1990年代半ばからの言語処理の特徴は，これらの言語解析のほとんどが大規模なコーパスを用いた統計的機械学習によることである．例

えば，形態素解析では，大規模な（100万語規模の）コーパスの単語への分かち書きと品詞や活用形情報の付与を人手によって行い，単語の出現確率や品詞間あるいは単語間の連接確率を推定することによって，高い精度の形態素解析システムを自動構築することができる。係り受け解析においても，文節分かち書きや文節間の係り受け解析を人手で付与したコーパスを用意し，そこから，どのような語を含む文節がどのような語を含む文節に係りやすいかを自動学習させることにより高い精度の係り受け解析器を構築することができる。他の多くの言語解析も，正しい解析情報を付与したコーパス（タグ付きコーパス）を構築し，様々な統計的機械学習法を適用することで，人手で構築されたシステムを上回る解析精度を達成することが示されている。

●応用研究──自然言語処理の応用としては，従来は機械翻訳が，言語解析，意味処理，文生成などの総合技術として取り組まれてきた。機械翻訳も，1990年の統計的機械翻訳の提案以来，大規模な対訳コーパス（parallel corpus）から単語の対応や翻訳モデルを自動構築する手法が取り入れられるようになった。当初の単語単位の翻訳から，句や統語構造を単位とする翻訳方式が取られるようになり，対訳コーパスが存在すれば，任意の二言語間の翻訳システムが構築できるツールキットの整備も進んでいる。翻訳精度の客観的な評価の困難さが機械翻訳システムの妨げになっていたが，BLEUという客観的な指標が提案され，機械翻訳研究に活気が戻っている。

翻訳以外の応用として近年盛んになっているのは，WWWに存在する大規模なテキストデータの解析である。大規模データを利用した質問応答は，現在の単語に基づくネット検索をより高度化する技術として期待されている。また，製品やサービスに対する様々な評判や意見がネット上で多くの人々によって書かれており，これらを自動検索して要約する意見マイニングが新しい応用として注目されている。

■参考文献

田中穂積監修（1999）『自然言語処理──基礎と応用』電子情報通信学会．

北 研二（1999）「確率的言語モデル」辻井潤一編『言語と計算(4)』東京大学出版会．

Mitkov, Ruslan (ed.) (2003) *The Oxford Handbook of Computational Linguistics.* Oxford University Press.

［松本裕治］

■シソーラス

●意味概念にもとづき配列された語彙表──単語間の意味の範列的な関係にもとづいて配列された語彙表。類義関係，対義関係，上位・下位・同位関係が読み取れる語彙表である。そのような日本語の語彙表として，『分類語彙表』『類語大辞典』などがある。『分類語彙表』は，国立国語研究所が行った各種の語彙調査を基礎資料とし，単語の意味の類同関係にもとづいて配列されたものである。この語彙表は，あらかじめ意味（あるいは概念）の世界を分類し，その分類項目に個々の単語を配当してある。著者の林大は，この語彙表のはたす役割として，以下の4点をあげた。(1)表現辞典としての役割。会話や文章作成の際，より適切な表現を選びとるため。(2)方言の分布や命名の変遷を知る手がかりとしての役割。(3)ある個人やある社会の言語体系や言語作品について，表現上の特色を見る物差しとしての役割。(4)日本語の基本語彙を設定するための基礎データとしての役割。

●『分類語彙表』の分類・配列システム──『分類語彙表』は，大分類として，品詞論的な分類，すなわち文法的な分類がほどこされ，(1)名詞の仲間，(2)動詞の仲間，(3)形容詞の仲間，(4)その

他，となっている。(3)には，形容動詞や連体詞，それに副詞のほとんどが含まれ，(4)には接続詞，感動詞，陳述副詞などが収められている。大分類の各類は相互に連関がたもたれ，(1)名詞の仲間については，①抽象的関係（人間や自然のあり方のわく組み），②人間活動の主体，③人間活動−精神および行為，④人間活動の生産物−結果および用具，⑤自然−自然物および自然現象，の各部門に分類される。(2)動詞の仲間と(3)形容詞・副詞の仲間は，①抽象的関係，②人間活動，③自然，のいずれかに配当されている。この5つの大区分のもとに，さらに細分化されている。そこには品詞をこえた意味の類同関係が考慮されていて，相互に検索することが容易にできる。たとえば，「変化」という名詞の (1.1501) に対して，「変わる」という動詞は (2.1500)，「高さ」という名詞の (1.192) に対して，「高い」という形容詞は (3.1920) というふうに細分類の数字が共通するか，きわめて近いようになっている。

西洋では，こうした意味分類体の辞書をシソーラス（thesaurus）と呼び，ロジェによる英語の "Roget's Thesaurus"（Thesaurus of English Words and Phrases）が有名である。

■参考文献

国立国語研究所編（1964）『分類語彙表（国立国語研究所資料集6）』秀英出版.

国立国語研究所編（2004）『分類語彙表――増補改定版（国立国語研究所資料集14）』大日本図書.

柴田武・山田進編（2002）『類語大辞典』講談社.

［村木新次郎］

■視点

●視点とは――ある出来事を描写する際に，話し手（あるいは書き手）が占めている空間的，時間的，心理的な位置，立場を視点という。話し手は，ある出来事を描写するのに，自分自身の視点（カメラ・アングル）から描写するだけでなく，その出来事に参与する人物の視点（カメラ・アングル）から描写することもできる場合がある。例えば，次の(1)は壺井栄の『二十四の瞳』の冒頭であるが，作者は自分自身の視点から描写しており，(2)は夏目漱石の『坊ちゃん』の冒頭であるが，作者は坊ちゃんになりきって，坊ちゃんの視点から描写している。

(1)十年をひと昔と言うならば，この物語の発端は，今からふた昔半も前のことになる。……昭和三年四月四日，……瀬戸内海べりの一寒村へ，若い女の先生が赴任してきた。

(2)親ゆずりの無鉄砲で，子どものときから損ばかりしている。

話し手は，自分の心理状態や感情は分かるが，他人の心理状態や感情は直接には分からないため，(3a, b) のような肯定文（一般に「心理文」と呼ばれる）では，主語が話し手の場合に限り適格である。

(3)a．私は淋しい。
　　b．*君/花子は淋しい。

つまり，話し手は心理文では他人の視点をとることができない。しかし，小説などの「非報告文体」（non-reportive style）では，(3b)のような表現も次のように可能である。

(4)花子は，「ボーン」と鳴る山寺の鐘を一人聞いて，とても淋しかった。

(4)では，話し手（書き手）が，主人公（花子）の立場に立って，「花子」の心の中に入り込み，「花子」の視点から描写していることになる。

●話し手の視点を示す動詞――仮に，太郎が花子に本を読んだとして，話し手はこの出来事を表現するのに次のどれを用いてもよい。

(5) a. 太郎が花子に本を読んだ。
　　b. 太郎が花子に本を読んでやった。
　　c. 太郎が花子に本を読んでくれた。
　　d. 花子が太郎に本を読んでもらった。

　(5a)では，話し手が太郎と花子から中立の立場に立って，この出来事を自分の視点から描写している。一方(5b)では，話し手が太郎寄りの視点をとり，(5c, d)では，話し手が花子寄りの視点をとり描写している。つまり，「〜てやる」は，話し手の視点が主語（行為者）寄りのときに，「〜てくれる」は，話し手の視点が与格目的語（受益者）寄りのときに，「〜てもらう」は，話し手の視点が主語位置に置かれた受益者寄りであるときにのみ用いられる。

● 視点の一貫性──(5b〜d)の「太郎」を「私」に代えると，次のように適格性が異なる。

(6) a. 私が花子に本を読んでやった。
　　b. *私が花子に本を読んでくれた。
　　c. *花子が私に本を読んでもらった。

久野(1978)は，(6a〜c)の適格性を，単一の文は視点関係に論理的矛盾を含んではならないという，「視点の一貫性」という原則で説明する。(6a)では，「〜てやる」が主語の「私」（つまり「話し手自身」）寄りの視点を要求し，さらに話し手は，物事を他人の視点ではなく，自分の視点から描写しなければならないという，「発話当事者の視点ハイアラーキー」により，自分寄りの視点をとることになる。この2つの視点は，相矛盾せず，(6a)は適格となる。一方(6b, c)では，「〜てくれる/もらう」が話し手に「花子」寄りの視点を要求するが，話し手は「発話当事者の視点ハイアラーキー」により，自分寄りの視点をとることを要求される。これら2つの視点関係は論理的矛盾を含んでいるため，(6b, c)は不適格となる。

　話し手の視点という概念を用いて，さらに授受動詞，「行く/来る」，「結婚する/出会う」などの相互動詞，受身文，「自分」という表現，主観表現，願望表現など，多くの現象が説明できることがこれまでの研究で明らかになっている。

■参考文献
久野 暲 (1978)『談話の文法』大修館書店.
大江三郎 (1975)『日英語の比較研究──主観性をめぐって』南雲堂.
澤田治美 (1993)『視点と主観性』ひつじ書房.

［高見健一］

■自動詞と他動詞

　動詞は，目的語をとるかとらないかによって二分され，目的語をとらないものは「自動詞」，目的語をとるものは「他動詞」と呼ばれる。例えば，次の「泣く」は「〜を」の形の目的語をとらないので，自動詞であるが，「叩く」は目的語をとるので，他動詞であると考えられる。

(1) 子供が泣いた。
(2) 子供が太鼓を叩いた。

しかし，ヲ格名詞句を単純に目的語と捉えると，次のようなヲ格名詞句をとる移動動詞を自動詞とみなすのか，他動詞とみなすのかが問題となる。

(3) 生徒が校門を通った。

このような動詞は，ヲ格名詞句が動作の対象を示すわけではないため，他動詞とは言いがたい（これについては後述する）。このため，日本語においては，自動詞と他動詞の区別は有効ではないとする見方もある。

● 自・他の対応──動詞には，目的語をとるかとらないかという違いを除いて，その他の特徴を共有するような動詞の対が存在することがある。例えば，自動詞「あく」と他動詞「あける」の場合，形態的には，/ak/という共通の語根を持つ（形態的対応）。また，意味的には，

他動詞文は自動詞文の表す出来事を含み持つ（意味的対応）。さらに，構文的には，自動詞文の主語が他動詞文の目的語に対応する（構文的対応）。

(4)a. 窓があいた。
　　b. 太郎が窓をあけた。

このような三つの条件を満たす場合，自動詞と他動詞が対応している（自・他の対応）と言う。なお，動詞のとる項としては，他動化は項を1増加させ，自動化は項を1減少させることになる。

　このような自動詞と他動詞の対応は，全ての動詞について見出されるわけではなく，例えば先の「泣く」のように対応する他動詞の存在しない自動詞や，「叩く」のように対応する自動詞の存在しない他動詞も存在する。このような動詞は，「無対自動詞」「無対他動詞」あるいは「絶対自動詞」「絶対他動詞」と呼ばれる。一方，自・他の対応を持つ動詞は，「有対自動詞」「有対他動詞」あるいは「相対自動詞」「相対他動詞」と呼ばれる。

　自・他の対応の観点からは，先の「通る」は，対応する他動詞「通す」が存在するため，自動詞とみなされる。

(5)a. 遅刻した生徒が校門を通った。
　　b.?先生が遅刻した生徒を校門を通した。

ただし，(5b)のような文は，ヲ格名詞句が連続するため不自然ではあるが，次のようにヲ格名詞句が連続しないようにすれば，自然な文となる。

(6)先生が遅刻した生徒を通した。
(7)先生が遅刻した生徒を，うっかりして，校門を通した。

●複他動詞── 他動詞の中には，目的語を二つ（「〜を」の形の直接目的語と「〜に」の形の間接目的語）とるものがあり，「複他動詞」「二重目的語動詞」などと呼ばれる。

(8)先生が生徒に地図を見せた。

このような動詞の場合，対応する目的語を一つしかとらない他動詞（「単他動詞」）が存在し，構文的には，単他動詞の主語が複他動詞の間接目的語に対応する。

(9)生徒が地図を見た。

単他動詞と複他動詞の対応も，自動詞と他動詞の対応と同様，項の増減を伴うため，自・他の対応の一種と考えられる。

●受動詞── 他動詞と対応する自動詞の中には，次のような特殊な対応を示すものがある。

(10)a. 強盗が警官に捕まった。
　　 b. 警官が強盗を捕まえた。

この場合，通常の自・他の対応とは異なり，他動詞の主語が自動詞で「〜に」の形で現れ，項の増減が起こらないのが特徴である。この点で，(10a)のような自動詞は，次のような受動文に類似している。

(11)強盗が警官に捕まえられた。

この点から，「捕まる」の他，「見つかる」「負ける」などのような動詞は，「受動詞」と呼ばれる。

次のような動詞の対は，いずれも他動詞であるが，やはり項の増減を伴わない。

(12)a. 生徒が先生に算数を教わった。
　　 b. 先生が生徒に算数を教えた。

「教わる」の他，「借りる」「言づかる」などのような動詞も受動詞と考えられる。

➡動詞，他動性

■参考文献

奥津敬一郎（1967）「自動化・他動化および両極化転形──自・他動詞の対応」『国語学』70.

佐藤琢三（2005）『自動詞文と他動詞文の意味論』笠間書院.

杉本 武（1991）「ニ格をとる自動詞──準他動詞と受動詞」仁田義雄編『日本語のヴォイスと他動性』くろしお出版.

寺村秀夫（1982）『日本語のシンタクスと意味

I』くろしお出版．
早津恵美子（1989）「有対他動詞と無対他動詞の違いについて」『言語研究』95．

[杉本 武]

■詞と辞

● 詞と辞とは——単語の類別。橋本進吉と時枝誠記の両者が同じ用語を用いているが，規定やどのような語類が含まれるかが異なっている。
● 橋本文法での詞と辞——橋本は，『国語法要説』において，彼の言う文節を構成する際の違いから，単語を詞と辞に分ける。詞は，単独で文節を構成しうるもので，それだけで独立しうる語である。辞は，常に他の語に伴って文節を作るもので，独立しない語である。また，前後に切れ目をおいて発音することのできる詞，できない辞と，外形上の異なりにも言及。

橋本の設定する品詞は，詞・辞に対して次のようになる。詞には，用言（動詞・形容詞）・体言（名詞・代名詞・数詞）・副用言（副詞・副体詞・接続詞）・感動詞が属し，辞には，助動詞と助詞が属する（助詞は当然さらに下位類化される）。

橋本の詞・辞は，いわゆる内容語（実質語）・機能語と呼ばれるものにほぼ対応する。
● 時枝文法での詞と辞——時枝は，自らの言語過程説に基づき，単語を詞と辞に2分し，『日本文法 口語篇』で，それぞれの語性について，「詞は，①表現される事物，事柄の客体的概念的表現，②主体に対する客体化の表現，③主観的な感情・情緒も，客体的・概念的に表現すれば詞，④常に辞と結合して具体的な表現となる，⑤辞によって統一される客体界の表現であるから，文における詞は，常に客体界の秩序である格を持つ。」というような説明を与え，「辞は，①表現される事柄に対する話し手の立場の表現，②話し手の立場の直接的表現だから，常に話し手に関することしか表現できない，③辞の表現には必ず詞の表現が予想され，詞と辞の結合で具体的な思想の表現となる，④辞は格を示すことはあるが，それ自身格を構成し，文の成分となることはない。」というように説明している。

詞には，体言・用言（動詞・形容詞）・代名詞（名詞的代名詞・連体詞的代名詞・副詞的代名詞）・連体詞・副詞が属する。体言には，名詞が含まれ，さらに「暖か」のような形容動詞語幹，「つもり」などの形式名詞，「私たち」「お写真」の「たち」「お」などの接尾語・接頭語も含まれる。陳述副詞は，詞ではなく辞に属するもの，陳述が上下に分裂して表現されたものとされる。いわゆる助動詞のうち，受身等を作る「(ら)れる」，使役等を作る「(さ)せる」，希望を表す「たい」は接尾語であり，詞である。

辞には，接続詞・感動詞・助動詞・助詞が属する。助動詞の中からは「(ら)れる」「(さ)せる」「たい」が除かれ，助詞は，辞に属させながら，感動を表す助詞，「は」「だけ」のような限定を表す助詞，接続を表す助詞だけでなく，いわゆる格助詞をも含ませている。
● 詞辞非連続観と連続説——時枝は，さらに「詞は概念過程を含む形式」「辞は概念過程を含まぬ形式」とし，詞・辞両者は，截然と分かれ，単語であって詞・辞のいずれかでないもの，またいずれか一方以上のものであるものはない，という詞辞非連続観に立ち，それを維持するために，零記号の辞なるものを導入することになる。

それに対して，詞辞連続説の立場から，主に活用語の活用形の扱いをめぐって異論が多出する。大野晋・永野賢・阪倉篤義・金田一春彦・渡辺実諸氏の議論である。用言の活用は，自ら陳述の力を有しており，そのことからすれば，時枝の辞相当になる，というものである。

純粋な機能語は，語彙的意義を含まないにしても，内容語が構文的機能を含まない存在としてしか存しない，というようなことは，保証の限りではないし，通常有り得がたいこと。さらに，格助詞の意義を考えれば分かるが，機能語の意義が必ず時枝の言う主体的なものである，という保証などどこにもない。単語の類別としての，時枝の詞・辞の論は，幾重にも問題点を有している。

➡時枝文法，品詞，品詞論，文節，構文論(統語論)

■参考文献

橋本進吉（1934）『国語法要説』明治書院．
時枝誠記（1950）『日本文法 口語篇』岩波書店．
渡辺 実（1958）「詞と辞」明治書院編集部編『〈続日本文法講座1〉文法各論編』明治書院．
仁田義雄（2005）『ある近代日本文法研究史』和泉書院．

[仁田義雄]

■自発

●自発とは──（動詞の）ラレル形（「いわゆる動詞未然形＋〔現代語〕レル・ラレル，〔古代語〕ル・ラル，ユ」）の意味・用法の一つ。通常意志的に行なわれる行為が，行為主体が意志しないのに（意志に反して）実現すること。かつて「自然勢」「自然可能」などと呼ばれたこともある。英語ではspontaneous, spontaneityと訳される。動詞ラレル形に自発用法があるほか，動詞見エル（見ユ）・聞コエル（聞コユ）・オボユ（オモホユ）や，いわゆる可能動詞思エル・泣ケル・笑エルなどにも自発を表わす場合がある。

●自発を表わす動詞のタイプ──現代共通語の動詞ラレル形による自発表現は，知覚・感情・認識を表わす動詞に限られる（森山卓郎1988）（古代語でもこの3種の動作をめぐる自発表現の例が圧倒的に多い）。

(1)a 居眠りをしている学生がちらほら見られる。〔知覚〕
  b 8回裏のスクイズ策が悔やまれる。〔感情〕
  c 私には，太郎の態度が好ましく思われる。〔認識〕

知覚・感情・認識という3種の動作は，意志的行為として実現する場合もあるが，ある映像が人の視野に飛び込んできたり，感情・認識が心の中にわきおこるなど，無意志的な事態として実現する場合もある。この種の動作に関する自発表現は，意志的行為としての側面を捨象し，無意志的な事態としての側面のみを強調するために用いられるということができる。可能動詞による自発表現も，「君の書く『公』という字はどう見ても『ハム』と読める」など，認識に関する自発表現があるほかは，泣ケル・笑エルなど，意志がなくても成立する動作について用いられるのみである。

一方古代語では，上記のような動詞のタイプの他に，より典型的な行為動詞を用いて自発を表わす例も認められる。

(2)a 乳母は，なかなかものもおぼえで，ただ，「いかさまにせむ，いかさまにせん」とぞ言はれける。(源氏・蜻蛉)
  b 然て，木人共も極く物の欲かりければ，尼共の食残して取て多く持ける其の茸を，……乞て食ける後より，亦木伐人共も不心（こころなら）ず被舞（まはれ）けり。(今昔・巻28第28)

●構文上の特徴──現代共通語の動詞ラレル形による自発表現には，そのほかにもいくつかの制約が存在する。すなわち，用いられる動詞は必ず他動詞であって自動詞は用いられない。また，対象項目が文中に現れる場合は必ずガ格で現れる。古代語はその点でも比較的自由であって，(2b)のように自動詞による自発表現も可

能であり，対象がガ・ノ格で現れる場合のほか，少数ながらヲ格で現れる場合もある．なお，行為者項目が文中に現れる場合，現代語ではニ格（(1c)）または「○○ハ」などで現れるが，古代語ではニ格表示の確実な例が無い（川村大2012などを参照）．

ところで，上の記述から知られるように，自発を表わす動詞ラレル形とそれに対応する無標の形（例えば「悔やまれる」と「悔やむ」）との間には，行為者・対象項目の格表示に交替が見られる（ただし，古代語では義務的とはいえない）．このことから，動詞ラレル形の自発用法を受身の一種だとする立場もある．

●方言の自発形式――東北地方を中心にいくつかの方言には，受身を表わす形式とは別に自発を表わす形式が存在する．ただし，それら諸方言の自発を表わす形式も決してそれ専用ではなく，状況可能やその他の意味を表わすことが多い（渋谷勝己2006ほか）．

●注意すべき「自発」――なお，「壊れる」「伸びる」「詰まる」など，無意志自動詞一般の「自然にそうなる」という意味特徴を捉えてspontaneous（またその訳語としての「自発」）と呼ぶ人もあるが，これは冒頭に定義した「自発」とは異なる意味なので注意が必要である．

◆ヴォイス，受身，可能，可能動詞，出来文，ラレル

■参考文献

尾上圭介（1998）「文法を考える6　出来文(2)」『日本語学』17-10．

尾上圭介（2003）「ラレル文の多義性と主語」『言語』32-4．

川村　大（2004）「受身・自発・可能・尊敬――動詞ラレル形の世界」尾上圭介編『〈朝倉日本語講座6〉文法II』朝倉書店．

川村　大（2012）『ラル形述語文の研究』くろしお出版．

渋谷勝己（2006）「自発・可能」小林隆編『〈シリーズ方言学2〉方言の文法』岩波書店．

森山卓郎（1988）『日本語動詞述語文の研究』明治書院．

[川村　大]

■社会言語学

●社会言語学とは――社会言語学とは，ことばのさまざまな現象を社会と関連させて探ろうとする，言語学の下位分野のひとつである．その研究領域は，(a) 記述的な立場をとるか，ことばを人為的に操作するという立場をとるか，および，(b) 社会を男女・階層・地域などマクロの視点で捉えるか，個人対個人の対面場面といったミクロの視点で捉えるかによって，次の3つにわけることができる．

　①記述的研究
　　①－1 マクロの社会：言語変異研究
　　①－2 ミクロの社会：言語行動研究
　②操作的研究：言語計画研究

言語変異研究は，社会に存在することばの多様性を，話し手の属性や使用場面と相関させて整理し，その多様性の社会的な機能や言語変化とのかかわりを解明することを主な課題とする．また言語行動研究では，対人コミュニケーションのなかで用いられるさまざまな配慮表現やフィラー，スタイルシフトなどが分析対象となり，また聞き手の言語行動としてのあいづちや聞き返しなどもその射程に入れる．言語計画研究は，ことばの多様性等から生じる言語問題を解決することを目指す領域であり，日本では伝統的に表記法（「行う」か「行なう」かなど）がその対象になってきたが，近年では多言語問題にもスポットライトが当てられるようになってきた．

●文法研究との接点――言語変異研究が注目する見ラレルと見レル，書カセルと書カサセルな

どは文法変化の過程にあるもので，それを分析することは文法変化のありかたを解明することになる。また，「ご注文のほうは豚カツとサラダのほうでよろしかったでしょうか」などの「ほう」の用法は，聞き手への配慮ということを視野に入れなければ説明がむずかしく，言語行動研究との連携が必要なところである。さらに，日本語教育で取り上げる文法の内容を決める作業などは言語計画研究の事例と言える。両者の接点は多い。

■参考文献

真田信治編（2006）『社会言語学の展望』くろしお出版．

真田信治・渋谷勝己・陣内正敬・杉戸清樹（1992）『社会言語学』おうふう．

Holmes, Janet (1992) *An Introduction to Sociolinguistics*. Longman.

［渋谷勝己］

■終止形と連体形の合一化（同化）

●定義と呼称——平安時代末から鎌倉時代にかけて，終止形と連体形が形態上の差異を失い，旧来の連体形の形に統合された活用体系上の変化を指す。

この変化をどう呼ぶか，従来様々な呼称が使われている。（終止形と連体形の）'同化' '統合' '合流' '合一（化）' など。このうち，'同化' は，'assimilation' の訳語として主に音韻変化について使われる術語なので，この終止形と連体形の合一化を指す呼称として適当でない。この終止形と連体形の合一化は，英語で言えば 'merger（動詞は merge）' にあたる変化で，『文部省学術用語集言語学編』（日本学術振興会 1997）では '合流' の訳語を与えているが，あまり一般的ではない。本事典では，'同化' 以外で最もよく使われている '合一化' の呼称を用いる。

1. 合一化の原因と意義

「終止形」と「連体形」の合一化というのは，伝統文法の枠組みにしたがった捉え方である。伝統文法における「終止形」「連体形」という活用形は，単一の文法機能に対して設定されたものではなく，それぞれ〈通常の文終止に使われる形〉〈名詞修飾に使われる形〉と同一の形態をとるものを一つの活用形に括ったものである。したがって，古代日本語における「終止形」「連体形」には，大きく分けても次のような異なる文法機能が一つの活用形に含められている。

《終止形》
① 通常の文終止に使われる（終止法）
② その活用語の代表形（基本形，辞書形）
③ 終止形接続の助詞・助動詞を後接する

《連体形》
① 名詞を修飾する（連体修飾法）
② 名詞節を形成する（準体法）
③ 特殊な文終止に使われる
　ア．係り結びの結び
　イ．疑問詞疑問文の文終止
　ウ．いわゆる連体終止法
④ 連体形接続の助詞・助動詞を後接する

〈終止形と連体形の合一化〉とは，上の終止形の機能が全て従来の連体形の形態で担われるようになった変化であると言い換えることが出来る。

したがって，なぜ終止形と連体形の合一化が起こったか，という問い，或いは，終止形と連体形の合一化が活用体系にどのような変化をもたらしたか，という問いに対して，上の終止形の機能のうち〈文終止のしかたの変容〉に重点を置く見方と，〈基本形の変容〉を重視する見方の二つの異なる立場からの説明がある。

●文終止のしかたの変容を重視する立場——もともと連体形で終止する文の例が古代よりあり，その表現性（通常の終止形による文終止に対し

て何らかの強調が含まれる）の愛好による頻用から遂に連体終止が一般化したと見る見方である。これらは和歌表現における〈連体止め〉によるいわゆる余情表現の存在や，

(1)雀の子をいぬきが逃がしつる。(源氏物語)

のような発話主体の感情の切迫をともなう表現の存在を重視したものであるが，日本語活用体系全体に起こった変化を説明するには，古代日本の貴族社会における言語文化のあり方を過度に重視した感を否めない。

ただし，〈終止形と連体形の合一化〉の原因を同じく連体形終止法の一般化と見る見方でも，上のような〈強調表現の愛用・頻用〉としてだけではなく，〈日本語の文構造の論理化〉と捉える見方もある。一概に強調表現と見られている古代日本語の連体終止の例は，上の例文(1)のように主語が格助詞ガ・ノで明示されている例が多い。このタイプの文表現が愛用・頻用され一般化するのは，日本語の文の基本構造が，

　　人　来（く）〔格助詞ゼロ-終止形終止〕

から，

　　人が来る　〔格助詞-連体形終止〕

へと主格表示を明示する構造に変化することであり，〈論理化〉という古代日本語から近代日本語への変化に沿う変化であったと見るのである。

●基本形の変容を重視する立場──〈終止形と連体形の合一化〉を〈連体形終止の一般化〉の面から評価するのではなく，活用語の基本形の変容，即ち，基本形がそれぞれの活用語の活用の種類による形態的特性を獲得したこと，として評価する見方もある。

例えば，「動詞『読む』は五段活用動詞である」「『書く』の可能動詞形は『書ける』」などと言う時の『　』の中は一種のメタ言語であり，実際の発話の中では，様々な活用形として顕現する活用語のその全ての形態をひっくるめ

て代表する基本形（辞書形）である。日本語では終止形が即ち基本形であるわけである。そこで，古代日本語では，例えば，実際の表現で動詞連用形が使われる場合，

(2)心つきたり。（心ガついた＝自動詞・四段）

(3)心つけたり。（心ヲつけた＝他動詞・下二段）

と，動詞の持つ自動・他動という文法的意味は形態の上に明示されているが，終止形においてはともに「つく」であって文法的意味は形態上に明示されない。終止形は即ち基本形であるから，これは文終止の場合にだけたまたま同形になるということではなく，この場合，自動詞・他動詞という明確な二つの動詞は存在せず，動詞としては「つく」という一語しかないということである。それが，〈終止形と連体形の合一化〉によって自動詞「つく」と他動詞「つくる」という二つの動詞（語彙的意味を等しくし，文法的意味を異にする，対の動詞）が成立したこととなる。つまり，〈終止形と連体形の合一化〉は，活用語が，自動詞・他動詞，さらには後の可能動詞等のその語の持つ文法的特性に応じた基本形を獲得した変化であったと見るのである。

2．合一化がもたらした活用体系の変化

〈終止形と連体形の合一化〉は，古代活用体系から近代活用体系へ変化する最も重要な変化であった。合一化が以後の活用体系上にもたらした主要な変化を以下に述べる。

ａ）混合変化型活用の二段活用は，母音変化による形態変化と語尾添加（接辞添加）による形態変化の両様により活用形を形成するが，〈終止形と連体形の合一化〉という基本形の変容により，母音変化による形態変化の意義が薄れ，後の二段活用の一段化（＝語尾添加型活用への統合）を導き，動詞活用の両極分化をもたらした。

b）古代日本語の動詞活用体系の中にあって，ラ行変格活用は極めて特異な活用であった。即ち，日本語の動詞基本形（終止形・ル形）は基本的に母音-uで終わるという形態的特徴を持つ中で，ラ行変格活用（アリとその派生語）のみが母音-iで終わるのである。ところが，〈終止形と連体形の合一化〉によってラ行変格活用の特殊性が消去され，四段活用型に組み込まれ，他の動詞と同じく基本形が-uで終わることとなった。その結果，元来動作性の動詞であったイルとの対の形で近代日本語の動詞における存在動詞グループ（アル-イル）が形成された。

　c）古代日本語の形容詞は，活用にク活用・シク活用の二種がたてられている。これは，基本形において「高シ（ク活用）⇔悲シ（シク活用）」と同じような形態であっても，例えば連用形では「高ク⇔悲シク」となるために，それぞれの語幹と活用語尾を「タカ（語幹）＝ク，シ（語尾）⇔カナ（語幹）＝シク，シ（語尾）」と別にせざるを得ないためであるが，〈終止形と連体形の合一化〉の結果シク活用の基本形が「悲シキ（音便形：悲シイ）」となり，「悲シ」までが語幹となるので，ク活用・シク活用の区別が不要となった。

　d）古代日本語に特徴的な構文法に係り結びがあるが，これは，文中の取り立てられる要素に付く係りの助詞に応じて，その要素が係っていく述語が特定の活用形をとる呼応の現象である。この係り結びの大きな部分を占める「ゾ・ナム・ヤ・カの係り→連体形による結び」が，〈終止形と連体形の合一化〉により，通常の文終止自体が旧来の連体形の形になった結果，その意義を失った。その結果，〈終止形と連体形の合一化〉は係り結び全体の衰退を促進することとなった。

　e）古代日本語においては，活用語の連体形が名詞節の節述語となっていわゆる準体句を形成する（準体法）。この際，終止形と異なる連体形の形態的特徴が名詞節形成のマーカーとして機能していたと考えられるが，〈終止形と連体形の合一化〉が名詞節述語の形態的特徴を無意味化した結果，新たに名詞節マーカー（補文標識）が必要とされ，いわゆる準体助詞ノの発達を生んだ。

➡活用，二段活用の一段化，動詞活用の種類，形容詞活用の種類，準体句，連体形終止法

■参考文献
坪井美樹（2001）『日本語活用体系の変遷』笠間書院．

山内洋一郎（2003）『活用と活用形の通時的研究』清文堂出版．

［坪井美樹］

■終止法

●終止法とは──用言の使用法の一つ。途中で言いさしにするような場合を除いた文において，その末尾に位置し，そこで言い切る用法。

●命令文の述語を終止法に含めるか否か──山田孝雄は，用言の用法を装法（連体・連用の修飾）と述法にわけ，述法をさらに前提の用法（条件法）と終結の用法にわける。終止法は中止法とともに終結の用法に数えられるものであって，つぎのように定義される。

　　◇終止法……委曲に陳述し意義を十分に述べたる処にて終結となす用法

　山田の終止法はさらに定言法と設説法とにわけられる。定言法は「一定の意義を陳述して断案を断言的に下したる終止法」であって，通常は用言の原形（終止形）を用いるが，特別な係助詞が文中にあるときは連体形または已然形が用いられる（連体形や已然形によるものを曲調と呼ぶ）。設説法は，疑問や反語をあらわす疑法と，命令・希求・放任などをあらわす許法とに下位分類される。（『日本文法論』）

また，松下大三郎は，連体格・方法格・中止格・状態格・拘束格・放任格・一致格とならぶ動詞の格（文中の役割）として，終止格をたてている（なお，松下文法でいう「動詞」は一般にいう「用言」にほぼ相当する）。

松下の終止格は，第三活段（終止形）を用いる直截終止格，第四活段（連体形）を用いる再指終止格，第五活段（已然形）を用いる放任終止格と，命令および希望をあらわす欲望終止格に分類される。（『改撰標準日本文法』）

以上の説においては，命令文述語は終止法の下位類とされているのであるが，これに対し，命令文述語を終止法から分離して「命令法」を立てる説もある。

たとえば，三矢重松は，動詞の法（形容詞の法もほぼ同じ）を直説法・命令法・前提法に分け，直説法をさらに終止法・連用法・連体法に下位区分している。（『高等日本文法』）

また，三上章は，「係り」用法である仮定法と「結び」用法である命令法・終止法とに大分類し，終止法を断定法と推量法とに分けている。（『現代語法序説』）

●終止「法」について──終止「法」という名称ではあるが，かならずしも文の「叙法（ムード）」の一類型として扱われてきたわけではなく，単に用言の「用法」という漠然とした意味で使われており，上に見たように，諸家で定義も分類もまちまちである。

日本語に関しては，文の叙法の問題は，多く助動詞の問題として議論され，用言そのものの問題としては捉えられてこなかったため，用言の「〇〇法」という術語も，主題として論じられるものというよりも，なにかほかの主題を論じるための道具立てという位置に置かれているように思われる。

◆活用，きれつづき

■参考文献
松下大三郎（1928）『改撰標準日本文法』紀元社．〔復刊：勉誠社，1996〕．
三上 章（1953）『現代語法序説』刀江書院．〔増補復刊：くろしお出版，1972〕
三矢重松（1908）『高等日本文法』明治書院．
山田孝雄（1908）『日本文法論』宝文館．

［吉田茂晃］

■修飾語

●修飾語とは──文の成分の1つ。文の表す事態の広い意味での成り立ち方を様々な観点から修飾・限定したもの。「男はゆっくり立ち上がった。」の「ゆっくり」のようなものが代表。

「博は洋子に指輪を贈った。」で，主語「博は」や補語「指輪を」「洋子に」が，述語の表す動き・状態・属性・関係を実現・完成させるために必須・不可欠な存在であったのに対して，修飾語は，事態の成立には非必須で付加的である。また，「あの時彼はにこにこ笑っていた。」で，状況語「あの時」が，事態の成り立つ時や所や原因という，事態成立の外的背景・状況を表したものであるのに対して，「にこにこ」のように，修飾語の基本は，事態そのものの内部から事態の実現のあり方を限定し特徴づけたものである。

●学校文法等での扱い──学校文法の多くでは，主語以外で述語に係っていくものは，（連用）修飾語である。「花が美しく咲いた。」の「美しく」だけでなく，「山を見る。」の「山を」，「たぶん来るだろう。」の「たぶん」なども修飾語である。

修飾語という用語は，通例，連体修飾語（規定語）に対して使われることが多いが，連体修飾語・連用修飾語を併せた用語としても使われる。

●修飾語の下位種──従来の修飾語論は，副詞についての扱いが雑多でごみ箱的な存在であったことを受け，多様なものを一括してしまって

いる。少なくとも，結果修飾，情態（様態）修飾，程度修飾，量修飾，時間関係の修飾くらいには分ける必要があろう。

●**結果修飾**――結果の修飾語とは，動きが実現した結果の主体や対象のありように言及することによって，事態の実現のされ方を限定し特徴づけるという結果修飾を行う成分である。

　(1)塀が<u>こなごなに</u>崩れている。

　(2)男は木を<u>二つに</u>折った。

の「こなごなに」「二つに」が結果の修飾語である。結果の修飾語は，「木をポキッと・二つに折った」のように，他の修飾語と共存できる。

●**情態（様態）修飾**――情態の修飾語とは，動きの勢いや動きの展開の時間的ありようや動きの質・様などといった，事態の展開過程の局面に内在するありように言及することによって，事態の実現のされ方を限定し特徴づける，という情態修飾を行う成分である。

　(3)彼は男の肩を<u>激しく</u>ゆさぶった。

　(4)船が<u>ゆっくりと</u>河を下っていった。

　(5)男が<u>にっこり</u>笑っている。

の下線部などが情態の修飾語である。

さらに情態の修飾語に通常一括されているものの中には，「彼は<u>わざと</u>ゆっくり戸を閉めた。」「男は<u>しぶしぶ</u>部屋を出て行った。」の下線部のような，主体の意図性や主体の心的状態・態度のありように言及することによって，事態の実現のされ方を限定・特徴づけたものもある。これらは主体めあての修飾語と仮称してもよい。

●**程度修飾**――程度の修飾語とは，事態が帯びている程度性に対して，その度合いに言及することによって，事態の実現のされ方を限定・特徴づける，という程度修飾を行う成分である。

程度の修飾語は，「北海道の冬は<u>とても</u>寒い。」「AはBと<u>全く</u>等価だ。」の実線下線部のように，形容詞述語を修飾・限定するのが基本である。

ただ，「雪が<u>すごく</u>積もった。」「私はその事で<u>非常に</u>苦しんだ。」の実線下線部のように，動詞述語を修飾・限定する場合もそれなりにある。

●**量修飾**――量の修飾語とは，主体や対象の数量限定および周辺的な用法として運動量の限定を行いながら，結果として事態の実現のありようを特徴づける，という量修飾を行う成分。

「珍しい動物が<u>たくさん</u>いる。」「ミルクを<u>一滴</u>入れた。」「今日は<u>たっぷり</u>遊んだ。」の下線部などが量の修飾語である。

また，程度副詞の中には，「この部屋は<u>少し</u>暑い。」のように程度の修飾語としても，「酒を<u>少し</u>飲んだ。」のように量の修飾語としても，働くものがある。

●**時間関係の修飾**――時間関係の修飾語とは，時間の中での事態の出現や存在や展開のありよう，という事態の内在的な時間的特性に言及することによって，事態の実現のされ方を限定・特徴づける，という時間関係の修飾を行う成分。

「男は<u>しばらく</u>海を眺めていた。」「私は<u>すぐに</u>彼の存在に気づいた。」の下線部がこれ。

➡文の成分，副詞，状況語，連体修飾語，補語，程度副詞

■**参考文献**

鈴木重幸（1972）『日本語文法・形態論』むぎ書房.

仁田義雄（2002）『副詞的表現の諸相』くろしお出版.

工藤真由美（2002）「日本語の文の成分」飛田良文・佐藤武義編『〈現代日本語講座5〉文法』明治書院.

　　　　　　　　　　　　　　［仁田義雄］

■終助詞

● **話し手の気持ちを表すモダリティ表現**——終助詞（文末助詞，文末詞）は，主文末につき，聞き手に対する働きかけや発話時における話し手の気持ちの動きを表すモダリティ表現である。男女差，年齢差，地域差，文体差が大きい。

(1) [強調] 行く<u>よ</u>。行く<u>ぞ</u>〈男〉。そりゃそう<u>さ</u>。大丈夫<u>だって</u>（<u>ば</u>）。早く行こう<u>ぜ</u>〈男〉。
  [疑問] そうです<u>か</u>。そう<u>かしら</u>。これ誰<u>だっけ</u>。どうなること<u>やら</u>。何考えてるん<u>だか</u>。
  [確認] わかった<u>ね</u>。わかった<u>な</u>〈男〉。さっき言っただろう<u>が</u>〈男〉。いいじゃない（<u>か</u>）。いい<u>じゃん</u>。
  [詠嘆] いい<u>ねえ</u>。いい<u>なあ</u>。そりゃすごい<u>や</u>〈男〉。
  [その他] 少し遅れる<u>って</u>（伝聞）。行く<u>な</u>（禁止）。だって寒いん<u>だもん</u>。もちろんです<u>とも</u>。

複数の終助詞が組み合わされて用いられることがある(2)。また，接続助詞が終助詞的に用いられることもある(3)。

(2) わかった<u>わよ</u>〈女〉。そう<u>かね</u>(え)。そう<u>かな</u>(あ)。そう<u>かしらね</u>。そんなこと知る<u>かよ</u>〈男〉。わかった<u>よね</u>。わかった<u>わね</u>〈女〉。いい<u>よね</u>(え)。いい<u>わね</u>(え)〈女〉。いい<u>わよね</u>(え)〈女〉。

(3)「何もなければいいけ<u>ど</u>。」「大丈夫です<u>から</u>。」

終助詞には，聞き手に対する働きかけの意味が明確なものと，基本的に話し手の気持ちの動きの表出を表すものがある。

(4) できる<u>か</u>？［情報要求］
  できる<u>かなあ</u>。［疑問発生］

同じ終助詞でもイントネーションによって意味が大きく異なる場合がある（「↑」「↓」は終助詞部分での上昇・下降を表す。イントネーション表示のないものは文全体が自然下降）。

(5) ええ，いいです<u>よ</u>↑。[承諾]／いや，そんな，いいです<u>よ</u>。[断り]
  いいです（<u>よ</u>）<u>ね</u>↑？[確認]／いやあ，いいです（<u>よ</u>）<u>ね</u>↓。[詠嘆]
  え，そうです<u>か</u>↑？[疑問]／あ，そうです<u>か</u>。[情報受容]

● **文法的性質を記述する際のポイント**——終助詞の文法的性質を記述する際のポイントは次の3つである。

(6) [使用可能な文タイプ]
  おいしかった{よ／ね／さ／ぞ}。[平叙文]
  何やってたんだ{よ／ね／*さ／*ぞ}。[疑問文]
  行こう{よ／ね／*さ／*ぞ}。[勧誘文]
  教えて{よ／ね／*さ／*ぞ}。[依頼文]
  教えろ{よ／*ね／*さ／*ぞ}。[命令文]

(7) [接続可能な要素]
  できる{よ／ね／さ／ぞ}。[非丁寧形]
  できます{よ／ね／*さ／*ぞ}。[丁寧形]
  そりゃそうだろう{よ／ね／さ／*ぞ}。[だろう]
  大丈夫{(だ)よ／(だ)ね／だぞ／*ださ／さ}。[だ]

(8) [組み合わせの可否と順序]
  そりゃそう<u>さ</u>（*さよ，*さね）。行く<u>ぞ</u>（*ぞよ，*ぞね）。
  できる<u>よね</u>（*ねよ）。できる<u>かな</u>（*なか）。そんなこと知る<u>かよ</u>（*よか）。

● **意味記述の際のポイント**——終助詞の意味記述の際には，「終助詞が表す基本的な心的態度」と「具体的な場面で終助詞を使用する際の話し手の気持ち」とを区別し，両者を関連づけて説明することが重要である。たとえば，「さ」は「当然」「達観」「放任」などの気持ちで用いられるが，根底にあるのは「これ以上考える必要はない」という心的態度である。

(9)そりゃそう<u>さ</u>。（あらためて考えるまでもなく当然だ。）

そのときはそのときで，なんとかする<u>さ</u>。（くよくよ考えてもしかたがない。）

好きにすればいい<u>さ</u>。（自分はこれ以上考える気はない。）

●**方言・役割語の終助詞**──方言の終助詞には，標準語と異なる意味を表すものが多い（以下は富山県方言）。

(10)ドモナイ<u>チャ</u>。（（絶対に）大丈夫だ<u>よ</u>。既定事項）

ドモナイ<u>ワ</u>。（（私の見るところでは）大丈夫だ<u>よ</u>。個人的見解）

(11)アレ，田中サン　オラン<u>ゼ</u>↑。（あれ，田中さんがいない<u>ぞ</u>↑。予想外）

アンタ，メズラシー<u>ゼ</u>↑。（あなた，めずらしい<u>じゃない</u>。予想外）

終助詞の中には，小説，マンガ，ドラマなどの登場人物は用いるが，日常生活ではあまり用いられないもの（役割語）もある。

(12)助かった<u>ぜ</u>。〈若年男〉

私，お酒は飲みません<u>の</u>。〈女〉

➡モダリティ，ムード，助詞，間投助詞，詠嘆，確認要求，疑問，禁止，接続助詞，談話標識，ネ，ヨ

■**参考文献**

井上　優（2006）「モダリティ」小林隆編『〈シリーズ方言学2〉方言の文法』岩波書店．

金水　敏（2003）『ヴァーチャル日本語　役割語の謎』岩波書店．

小山哲春（1997）「文末詞と文末イントネーション」音声文法研究会編『文法と音声』くろしお出版．

野田春美（2002）「第8章　終助詞の機能」『〈新日本語文法選書4〉モダリティ』くろしお出版．

［井上　優］

■**従属節（従属句）**

従属節（従属句）とは，主節に従属することで文の構成に参与する節のことである。主節がそれ自身で独立文になり得るのに対して，従属節は主節に依存することにより文の一部を構成する。

従属節の主節に対する依存関係には2つの種類がある。一つは主節と直接的な依存関係を結ぶものであり，もう一つは主節内部の要素に依存することで間接的に主節に依存するものである。従属節の範囲を主節と直接的な依存関係を結ぶものに限る南（1993）のような立場もある。

主節と直接的な依存関係を結ぶ従属節の例として，条件や原因を表す節が挙げられる。条件を表す節，原因を表す節はそれぞれ帰結を表す節，結果を表す節とのあいだで依存関係を構成する。条件や原因を表す節を代表とする，主節と直接的な依存関係を結ぶ従属節を「連用修飾節」などと呼ぶ。連用修飾節には，主節と意味的に対等な関係で結びつくもの（「並立節（並列節）」などと称する）も含まれる。

一方，主節内部の要素に依存する従属節の例には主節内の名詞を修飾する節がある。主節内の名詞を修飾する節は，主節に対し間接的な依存関係を構成するにとどまる。主節内の名詞を修飾する節に代表される，主節と間接的な依存関係を構成する従属節を「連体修飾節」などと呼ぶ。連体修飾節には，形式名詞「ノ」・「コト」を修飾するもの（「名詞節（補文節）」などと称する）も含まれる。

従属節には，文に近い性格のものからそうでないものまで種々のものが存在する。従属節の文らしさを計る一つの物差しは従属節の内部に現れる要素の範囲であり，現れる要素の範囲が広いものほど文に近い性格を持つと言える。この観点から，南不二男は「A類・B類・C類」

という3類の従属句を区別した（南 1993）。
➡節，複文，南不二男の4段階
■参考文献
益岡隆志（1997）『複文』くろしお出版．
南不二男（1993）『現代日本語文法の輪郭』大修館書店．

[益岡隆志]

■縮約

二つ以上の形式が音声的に融合すること。たとえば，「して やる」「して あげる」「して しまう」という本動詞と補助動詞が組み合わさって「したる」「したげる」「しちゃう」になるような現象。名詞と形式的な動詞の組み合わせである「なんと いう」が「なんちゅう」となるのも縮約（contraction）の現象である。主として話しことばにあらわれ，縮音とも言われる。付属的な形式が自立的な形式と組み合わさるときに多く認められる。名詞とそれに付属する助辞が融合して，「それは」「ぼくは」が「そりゃー」「ぼかぁー」となったり，述語の末尾の「するのだ」が「するんだ」となったりするのもこの現象である。また，「するけれども」が「するけれど」「するけど」になったり，語形の一部分が脱落していく現象も，縮約に通じる。名詞の文中での存在形式が標準語で「船は」「船を」「船に」であるのが，鹿児島種子島方言では /hunjaa//hunjoo//hunjee/ のような形で融合し，縮約・縮音の現象がみられる。
■参考文献
国立国語研究所（1959）『日本方言の記述的研究』．

[村木新次郎]

■主語[1]

1．主語とはどのような概念か

主語は，どの言語でも，意味の面で規定することは不可能である。意味の観点に立つと，主語と呼ぶべき意味的立場（属性の持ち主，動作主などを中心として相当広範囲に広がる）とそれ以外とを区別する明確な線引きはありえないからである。

言語学的に主語をどう捉えるかには，二つの立場がある。第一は，「主語」を専ら統語上のある特別な特徴（平叙文では語順上原則として文頭にあるとか，述語動詞の形態を支配するなど）を持つ名詞項として定義する見解である。第二は，その名詞項の論理的（意味役割的）なあり方，表現心理的なあり方（表現の主題），統語的なあり方，格形態的なあり方（ガ格に立つ）などの総合として「主語」概念を捉える見解（Lyons 1977 など）である。

2．日本語の主語はどのように規定されるか

上記第一の立場に立つならば，日本語に主語と呼ぶべき特別な名詞項があると認めることはきわめて難しい。日本語に主語はないという主張は，主語を専ら統語上の概念だと決めてかかる観点に立つものである。しかし，例えば専ら統語的に規定できる英語などの主語と日本語の「ガ格に立つ名詞項」との間には，その項の認識上の立場（事態認識の中核），述語に対する意味的立場（属性の持ち主，動作・変化の主体など）などの点で大きな共通性があり，諸言語の主語とのこのようなつながりに目をふさいで「日本語に主語はない」と言ってしまうことは大きな損失であると考えられる。

主語を専ら意味の面で規定することはできず，また，表現心理面での中心項（主題）は日本語では「○○は」という形式をもって現れ，「新聞は読まない」など動作対象項も主題にな

ることを考えれば、この面で主語を規定することもできない。統語上特別なあり方を持つ名詞項も日本語にはないことを考えれば、日本語の主語を規定できる可能性は、ただひとつ、名詞の格形式に求める以外にない。そこで、日本語の主語は「ガ格に立つ名詞項」（表面上はガ格でなく、ハ・モ・ダケ・サエなど係助詞、副助詞下接であっても、また無助詞であっても、その名詞と述語との関係を格助詞で言うとすればガになる名詞項）として規定できる可能性が浮かびあがる。

3. 主語の内実

上に記した意味での「ガ格に立つ名詞項」をすべて主語と呼び、そうでない名詞項をすべて主語でないと規定することに意義があるか否かは、「雪は白い」「故郷が懐かしい」「私は悔しい」「バラの刺が痛い」「ぼくは痛い」「小指の先が痛い」「色が青い」「水が飲みたい」「私は帰りたい」「水たまりがある」「間違いはない」「時間が要る」「時間が足りない」「歯がうずく」「知恵が浮かんだ」「ひもが切れた」「馬が走っている」「ねこがねずみを追いかけた」「あの娘は母親に似ている」「あの山は富士山だ」「鯨は哺乳動物である」などのすべての「ガ格に立つ名詞項」の間に、格形態上の共通性を超えた深い共通性があるか否かにかかっている。

その深い共通点とは、一言で言えば、事態認識の中核項ということである。このことを内実とし、「ガ格に立つ」ことを表面的な判定基準として、日本語の主語は規定できるであろう。

事態認識の中核項とは、一面では事態認識の基盤である。「雪」というモノに着目し、それを基盤として、「白い」という在り方を（『雪は白い』という事態を）認識する。「馬」に着目し、それを基盤として「馬が走っている」という事態を認識する。そのような事態認識の基盤は紛れもなく「事態認識の中核」の一つの側面である。一方、認識される事態内容（画面）の中心にあるモノ、事態の中のモノ的中核と言えるものも、別の意味で「事態認識の中核」である。「雪は白い」という内容（画面）の中に、唯一、「雪」というモノがあり、「ねこがねずみを追いかけた」という内容（画面）の中心に「ねこ」というモノがある。主語（＝事態認識の中核）というものの第二の面として、このように、事態の中のモノ的中核という側面を指摘することができる。

大部分の主語は、上記の二面、すなわち事態認識の基盤という面と事態の中のモノ的中核という面を同時に兼ね備えているが、まれには、片方の面でのみ「事態認識の中核」と言える主語もある。「南極は寒い」「私はうれしい」などは上記第一の面でのみ、また「水たまりがある」「水がのみたい」などは第二の面でのみ事態認識の中核であると言えるが、これらもすべて主語であると言ってよい。二重主語文の中のあるタイプのもの（第1種二重主語文）は、この「事態認識の基盤」としての主語と「事態中のモノ的中核」としての主語とが分裂して一つの文に同時に並存することになった特殊なケースである（→二重主語文）。

4. モノ主語・場主語・焦点主語

人間はモノに囲まれて生きており、モノに着目して、モノを基盤として事態を認識することが普通だから、ほとんどの場合、主語はモノである。しかし、事態認識の基盤としてモノを指摘することができないような種類の事態も少数あり、その場合は事態成立の場が認識の中核として意識される。「南極は寒い」「私は悲しい」などである。このような類の主語は場主語と呼ぶことができる。これと対比的に、事態認識の基盤とは言いにくいが認識される事態の中の中心項とは言えるという特殊な主語もある。「水が飲みたい」「故郷が懐かしい」「中国語がうま

い」「納豆が食べられない」などであり、モノ主語か場主語かという区別とは別の観点で、焦点主語と呼ぶことができる。

5．述定文に主語がある理由

　述定文（述語を持つ文）には、表面上主語が現れていない場合も含めて、原理的に必ず主語があると、ほぼ言ってよい（「晴れている」「明るい」など、主語を指摘しにくい少数の文タイプもある。気候・天候・体感温度・明るさなどの文）。それはなぜか。

　主語－述語の関係は、認識の側面で言えば、〈認識の対象〉－〈認識の内容〉という関係である。この関係を存在の側面で言えば、〈存在するもの〉－〈存在の仕方（在り方）〉という関係であると言うことができる。認識、存在、二つの側面で言い分けたこの関係は、当然ながら一つのことである。「鯨は哺乳動物である」という文は、「鯨」を対象として「哺乳動物である」と認識する文であると言えると同時に、「鯨」というものが「哺乳動物」として（この世に）存在するという、存在の仕方を語る文であると言うこともできる。

　〈認識内容〉があるのに〈認識対象〉がないということはありえないし、〈存在の仕方〉だけあって〈存在するもの〉がないということはありえない。「まるい」という在り方を認識しているのにまるいという形状をもって存在しているモノを認識していないということはありえない。〈存在するもの〉と〈存在の仕方〉とは必ず一体として認識される。主語と述語とは、一つの存在を、〈存在するもの〉と〈存在の仕方〉とに引き剥がして並べたものであって、原理的に一体である。述語を持つ文には原理的に必ず主語があると言わねばならない。

6．文の種類と主語の存否

　「ねずみ！」という発見・驚嘆の叫びを感嘆文の内に数えるなら、この種の文には主語も述語もない。眼前の存在を名詞一語で受け止めるのみで、存在物と在り方とに剥離、分離していないからである。「きれいな桜！」というタイプの感嘆文は、意味上、「桜」という存在物と「きれいだ」という在り方とに分かれてはいるが、あくまで「きれいな桜」を（私の心を動かした）遭遇対象として、一つのモノとして語っており、「桜」を基盤として「きれいだ」と述べているわけではない。このような非述定文は述語を持たないことと連動して主語も持たないと言うべきである。

　「走れ！」という命令形命令文は、「走れ」を述語の一つの形（述定形式の一つ）として見るか、動詞呼びかけ形と見るかで、述語と言えるか否かの判定は変わってくる。「走った」「走らない」などと並んで「走れ」を動詞の一つの叙法形式（従って当然、述定形式）だと見れば、「走れ」は述語であるから、この命令文には原理的に主語があるということになる。しかし、水の存在を求めて「水！」と叫ぶのと同様に、「走る」という運動の存在・実現を求めて「走れ」と叫ぶのだ（→喚体と述体、文の種類）と考えれば、この文は述語を持たない文だと見ることになり、従って、主語も持たないと考えることになる（活用形の成立事情から考えれば、動詞命令形は［連用形＋呼びかけの助詞（あるいは助詞相当の音形）］、に由来する）。「さっさと歩く！」というような終止形による命令文も、同様に、述定文（述体）と見るか非述定文（喚体）と見るか、両様の可能性があり、主語があるか否かについても、両様の考え方があり得る。命令文において、主語は言わなくてもわかるという以上に、主語を言うと非文に聞こえるということの理由は、命令文が非述定文である（と言える側面を持つ）ことと関係があると考えられる。

　文が原理的に主語を持つのは述定文のみ、す

なわち平叙文と疑問文に限られる。

➡主題，述語，喚体と述体，文の種類，命令，二重主語文

■参考文献

尾上圭介（2004）「主語と述語をめぐる文法」尾上圭介編『〈朝倉日本語講座6〉文法Ⅱ』朝倉書店．

尾上圭介（2006）「存在承認と希求──主語述語発生の原理」『国語と国文学』83-10．

尾上圭介（2014）『文法と意味Ⅱ』くろしお出版．

川端善明（1958）「形容詞文」『国語国文』27-12．

川端善明（2004）「文法と意味」尾上圭介編『〈朝倉日本語講座6〉文法Ⅱ』朝倉書店．

Langacker, Ronald W. (1991) *Foundations of Cognitive Grammar. Vol. II.* Stanford University Press.

Lyons, John (1977) *Semantics. vol. 2.* Cambridge University Press.

［尾上圭介］

■主語[2]

1. 文法分析の四つのレベル

文法研究では，以下の四つのレベルを区別できる（柴谷1978, Comrie 1981, 角田1991参照）。

(a)意味役割：動作者，対象，受取人，道具，場所，行き先，出発点など．

(b)格：主格，対格，能格，絶対格，与格，所格，道具格，奪格など．

(c)情報構造：(i)主題・話題と評言，(ii)旧情報と新情報など．

(d)統語機能：S/A名詞句，S/O名詞句，主語，目的語など．

これらのレベルは性質が違う．例として，意味役割と格の違いを検討しよう．この二つのレベルの違いは，能動文と受動文を比べると，はっきりする．日本語の例を挙げる．

(1)能動文：　太郎が　花子を　褒めた．
　　意味役割：動作者　　対象
　　格：　　　主格　　　対格
(2)受動文：　花子が　太郎に　褒められた．
　　意味役割：対象　　　動作者
　　格：　　　主格　　　与格・所格

動作者は(1)ではガ（主格）で，(2)ではニ（与格・所格と呼ぶ）で現れている．一方，対象は(1)では対格で，(2)では主格で現れている．即ち，動作者を主格で表すとは限らない．対象を対格で表すとは限らない．意味役割のレベルと格のレベルは性質が違うことが明らかである．

意味役割のレベルを設定することは，世界のどの言語でも，問題無いであろう．例えば，動作者を表現しない言語は無いだろう．対象を表現しない言語も無いだろう．

格のレベルを設定することも，問題無い．格は名詞句の形に表れる．したがって，容易に認定できる．格を前置詞で示す言語もあり，後置詞で示す言語もある．接尾辞で示す言語もある．日本語では，ガ，ヲ，ニ，デなど（これらは後置詞である），あるいは，ゼロで示す．格が無い言語は多分無いだろう．

情報構造のレベルは意味役割と格と比べて，ややとらえどころが無い．しかし，世界の言語の全てに存在するであろう．どの言語にも，談話の中に，(i)主題・話題を表す部分と評言を表す部分があり，(ii)旧情報を表す部分と新情報を表す部分があるだろう．

しかし，統語機能のレベルは，全ての言語に必ず設定できるとは限らない．このレベルは，統語的な振る舞い（Keenan 1976：324参照）の違いによる名詞句の分類である．ある言語にこのレベルを設定できるかどうかは，その言語の様々な名詞句の統語的な振る舞いを考察しないと，決められない．

2. 統語機能

Dixon (1994) の用語 A，S，O を用いる。本稿では，A は他動詞の能動文の動作者名詞句，O は他動詞の能動文の対象名詞句，S は自動詞文の唯一の名詞句を指す。

英語では A と S に統語機能が極度に集中している。(i)動詞（または助動詞）との一致，(ii)重文での同一指示名詞句の省略，(iii)命令文での省略，(iv)再帰代名詞の先行詞，(v)語順，(vi)主語繰り上げ，(vii)動詞（または助動詞）との倒置などである（角田 1991：188-191）。英語は極めて S/A 中心の言語である。重文での同一指示名詞句の省略の例を挙げる。四角括弧は省略を示す。

(3) John (S) went and [John (A)] saw Mary (O).　　S＝[A]

日本語では，英語ほどではないが，A と S に統語機能が集まっている。それは，(i)尊敬語の先行詞になれること（例：(4)，(5)）と(ii)再帰代名詞の先行詞になれること（例：(6)，(7)）である（柴谷 1978：179，角田 1991：204-205 参照）。

(4)田中先生が（A）　竹下先生を　お待ちになった。
(5)田中先生が（S）　いらっしゃった。
(6)田中先生が（A）　ご自分を　褒めた。
(7)田中先生が（S）　ご自分の大学に　戻った。

更に，(iii)「…して，…する」の構文で，ハが無い場合には，省略の先行詞になれるし，省略もできる。

(8)与作（A）が　木を（O）　切って，[与作が（S）]　倒れた。　A＝[S]

即ち，日本語も S/A 中心の場合がある。ただし，ハがある場合には，ハがついた名詞句（即ち，話題名詞句）と同一指示であれば，自由に省略できる。先行詞も省略される側も，A とは限らないし，S とも限らない（角田 1991：208）。即ち，話題ハは S/A 中心のメカニズムに優先する。

(9)この木は（O）　与作が切って，[この木が（S）]　倒れた。　O＝[S]

日本語において，(i)尊敬語，(ii)再帰代名詞，(iii)省略の全ての振る舞いを持った名詞句が主語の原型であると言える。振る舞いの数が減るにしたがって，主語らしさの度合いが低くなる。

重文での同一指示名詞句の省略において，英語や日本語とは逆に，S/O 中心に動く言語も非常に少数ながらある。豪州のジルバル語 (Dyirbal) (Dixon 1994) などである。

一方，Kibrik (1979) によると，Archi（コーカサス）では，少なくとも，(i)同一指示名詞句の省略，(ii)関係節化，(iii)再帰化の現象において，中心となる名詞句は無いらしい。

Schachter (1976) によると，フィリピン諸語では，統語機能が話題名詞句と動作者名詞句に分散しているそうだ。

(a)話題名詞句：(i)関係節化，(ii)数量詞遊離，(iii)一致。
(b)動作者名詞句：(i)再帰化，(ii)同一指示名詞句の省略，(iii)命令文での省略，(iv)語順。

即ち，統語機能がある程度集中しているが，一つの名詞句には集中していないらしい。

以上見たタイプは，以下のように分類できる。

(a)統語的機能が集中するタイプ：
　(a-i)一つの種類の名詞句に集中する：
　　(a-i-i) S/A 名詞句：英語。
　　(a-i-ii) S/O 名詞句：Dyirbal。
　(a-ii)二つの種類の名詞句に集中する：
　　(a-ii-i)フィリピン諸語：話題名詞句と動作者名詞句。
　　(a-ii-ii)日本語：S/A 名詞句と話題名詞句。
(b)統語的機能が集中しないタイプ：
　(b-i) Archi。

実は，伝統的に主語と呼んでいたのは(a-i-i) S/A 名詞句に統語機能が集中している場合である。したがって，主語は普遍的ではない。

3. 日本語の主語

日本語についても，三上章が三上（1960）などで，主語を設定する根拠は無いと主張した。しかし，第2節で見たように，日本語に主語を設定する根拠はある。英語の場合ほど根拠は強くないが。

第1節で述べたように，意味役割，格，情報構造，統語機能の四つのレベルは性質が違うものである。しかし，これらを区別しないで，その結果，問題・疑問が生じた場合がある。例を挙げる。

主語と主格を同一視する意見がある（角田 1991: 171-175, 191, 194, 208参照）。この考えにはいくつかの問題・疑問がある。二つ挙げる。

問題・疑問1。もし主語と主格が同じなら，どちらかは，要らないのではないか？例えば，主語と言わないで主格名詞句と言えば，済むのではないか？

問題・疑問2。もし主語と主格が同じなら，以下の文には主語は無いのか？（角田 1991: 171, 176）

(10)「で-を」（場所格-道具格–対格）：
　宮内庁では　今　花嫁候補を　捜しておられます。
(11)「から-を」（奪格–対格）：
　お父さんから　少し　小言を　おっしゃってくださいよ。

第2節で述べた考えでは，このような問題・疑問は生じない。(10)には主語がある。「宮内庁では」である。(11)にも主語がある。「お父さんから」である（角田 1991: 218-220）。ともに，(i)尊敬語，(ii)再帰代名詞，(iii)省略の条件を満たす。従って，場所格・道具格の名詞句が主語になる場合もあり，奪格名詞句が主語になる場合もある。主語は主格とは限らない。主格名詞句が無い文にも主語は存在しうる。

◆意味役割，受身，格，再帰代名詞，主題，新情報と旧情報，尊敬語，文の成分，文法関係，目的語

■参考文献

柴谷方良（1978）『日本語の分析』大修館書店．

角田太作（1991）『世界の言語と日本語』くろしお出版．〔改訂版 2009年〕

三上 章（1960）『象は鼻が長い』くろしお出版．

Comrie, Bernard (1981) *Language Universals and Linguistic Typology*. Basil Blackwell.

Dixon, Robert M. W. (1994) *Ergativity*. Cambridge University Press.

Keenan, Edward L. (1976) "Towards a universal definition of 'subject'." In Charles N. Li (ed.), 303-333.

Kibrik, Aleksandr E. (1979) "Canonical ergativity and Daghestan languages." In Frans Plank (ed.) *Ergativity: Towards a Theory of Grammatical Relations*, 61-77. Academic Press.

Li, Charles N. (ed.) (1976) *Subject and Topic*. Academic Press.

Schachter, Paul (1976) "The subject in Philippine languages: Topic, actor, actor-topic, or none of the above?" In Charles N. Li (ed.), 491-518.

［角田太作］

■主語[3]

1. 主語とは

主語とは文の成分の一つで，単純には，動作や状態の主体を表す成分と考えられている。(1)では，「松田が」がこの文の主語である。

(1)女子マラソンでは松田が優勝した。

しかし，主語の定義や指し示す範囲は研究者によって違う。また，日本語の文法を記述するのに主語という概念が必要であるという説と，必要ではないという説がある。

2．主語のさまざまな定義

日本語に限らず，一般に，主語の定義には，(2)から(5)のようなものがある。

(2)機能：何について述べるかを表すもの
(3)意味：動作や状態の主体を表すもの
(4)形態：主格の形態をしているもの
(5)文法：述語の形態と呼応があるもの

このうち，(2)の「何について述べるかを表すもの」というような機能的な定義はさまざまな言語で古くからあるものであるが，日本語では明らかに不適切である。日本語では，そのような機能をもっているのは，(6)の「その書類は」のような主題を表す成分だからである。

(6)その書類は私が作りました。

(3)の「動作や状態の主体を表すもの」というような意味的な定義も，適切とは言えない。このような定義では，(7)のような受動文の主語は「山田さんに」になってしまい，「私は」は主語ではないということになるからである。

(7)私は山田さんにドライブに誘われた。

(4)の形態的な定義も，明確な定義とは言えない。この定義では，日本語では主語は格助詞の「が」がついた成分ということになる。しかし，(8)の「松田は」のような成分も主語とするためには，この「は」は格としては「が」であるというような説明が必要になるからである。

(8)松田は去年の大会で優勝した。

また，この定義では，(9)の「私は」も「明るい色が」も主語になるが，それでよいのかという問題もある。

(9)私は明るい色が好きです。

(5)の文法的な定義は，述語に現れる尊敬語やモダリティと呼応がある成分とするものである。たとえば，(10)のような命令文では「君は」という成分は二人称に限られる。そのような呼応がある「君は」を主語とする。

(10)君はここにいてくれ。

このような文法的な定義は，生成文法や一部の記述文法で採用されている。主語かどうかの判断がしやすく，有力な定義になっている。

3．生成文法の主語肯定論

日本語の文法を記述するのに主語という概念が必要であるという説を「主語肯定論」と呼ぶ。

主語肯定論としては，生成文法のものと一部の記述文法のものが代表的である。

生成文法の主語肯定論は，原田（1973）や柴谷（1985）が代表的である。主語を，「尊敬語化を引き起こす」ことや「再帰代名詞の先行詞として働く」ことなどの統語的特性を備えた名詞句とする。たとえば，(11)では，「紹介する」を尊敬語「ご紹介になる」にかえるのは「先生が」なので，それが主語になる。

(11)先生が太郎に花子をご紹介になった。

このような定義によって，(12)の「先生に」のような「に」格の名詞句も主語とされる。

(12)先生にはお子さんがおありになる。

このような主語は，英語の主語とほぼ一致するという利点はあるが，主語かどうかを判断しにくい場合が多いという問題点がある。

たとえば，尊敬語化を引き起こすのは人間を表す名詞句に限られる。人間を表す名詞句が出てこない(13)のような文では，「小さな池が」が主語なのかどうか判断しにくい。

(13)中庭に小さな池がある。

4．記述文法の主語肯定論

記述文法の一部に見られる主語肯定論は，鈴木（1992）や仁田（1997）が代表的である。

特に仁田は，主語を，モダリティと相関する成分とする。たとえば，希望を表すモダリティをもった(14)では，「私は」という成分は一人称に限られるので，「私は」が主語になる。

(14)私は酒が飲みたい。

しかし，モダリティとの相関によって主語かどうかを判断できるのは，特定のモダリティを持った一部の文に限られる。モダリティとの相関だけでは，(15)の「カメラが」のような成分を主語だと判断することはできない。

(15)カメラが壊れた。

5. 主語否定論

日本語の文法を記述するのに主語という概念は必要ではないという説を「主語否定論」と呼ぶ。主語否定論の代表は三上（1953）である。

三上は，主語というのは，主格が述語の形態と呼応する言語だけに認められるべきものだとする。たとえば，英語の場合，(16)の「come」と(17)の「comes」で述語の形態が違うのは，「I」と「she」の人称の違いによる。

(16)I come from Hawaii.
(17)She comes from Hawaii.

このように述語の形態と呼応するものを主語とすると，日本語にはそのような成分はないので，日本語には主語はないとする。格助詞「が」で表される主格があるだけだとする。

三上は，主語をもつ言語ともたない言語では，文の構造が(18)と(19)のように違うとする。

(18)源太が［平次に本を貸］した。
(19)［源太が平次に本を貸］した。

英語のような主語専制の言語では，主語の「源太が」が「平次に」や「本を」とは違う特別な地位にあるのにたいして，日本語のような共和制の言語では，「源太が」も「平次に」も「本を」も，基本的には同じ地位にあるとする。

ただし，三上も，「源太が」のような主格補語が「平次に」や「本を」のような他の補語より相対的に優位であるとする。たとえば，「受身は主格を軸とする変換である」ことや，主格は「敬語法で最上位に立つ」ことで，優位だとする。

三上に代表される主語否定論は，主語肯定論と並んで，有力な説になっている。

6. 主語の解体

主語肯定論と主語否定論があり，主語肯定論の中でも主語の定義や指し示す範囲が違うのは，それぞれの論によって「主語」のどんな性質を重視するかが違うからである。

主語と呼ばれているものにさまざまな性質があるとすると，それぞれの性質を別のレベルのものとして独立させることによって，主語を解体していくことが必要だろう。角田（1991）や野田（2002）が示している方向である。

たとえば，主語と呼ばれてきたものを，動作主，主格，意志主，モダリティ主などに解体するということである。

その場合，動作主は，動作の主体というように意味的に定義された成分になる。主格は，「が」という格助詞がつくことができるというように形態的に定義された成分になる。意志主は，「～つもりだ」の形や命令・依頼形になっている動詞をはじめとする意志的な動作の動作主というように，意味的・文法的に定義された成分になる。モダリティ主は，「～てほしい」や命令・依頼形と呼応する成分というように文法的に定義された成分になる。

主語を厳密に考えると，このように主語の性質ごとに別の名称を与え，別のレベルのものだと考えるべきである。しかし，(20)の「私が」のように動作主と主格と意志主とモダリティ主の間で特に不一致がない場合も多い。

(20)私がその仕事を引き受けよう。

「主語」は，そのようなものを指す便宜的な用語として，これからも使われていくだろう。

◆ガ，主題，文の成分

■参考文献

柴谷方良（1985）「主語プロトタイプ論」『日本語学』4-10.

鈴木重幸（1992）「主語論をめぐって」言語学研究会編『ことばの科学5』むぎ書房.

角田太作（1991）『世界の言語と日本語』くろしお出版．〔改訂版：くろしお出版，2009〕

仁田義雄（1997）『日本語文法研究序説——日本語の記述文法を目指して』くろしお出版.

野田尚史（2002）「主語と主題——複合的な概念である「主語」の解体に向けて」『言語』31-6.

原田信一（1973）「構文と意味——日本語の主語をめぐって」『言語』2-2.〔再録：原田信一（2000）『シンタクスと意味——原田信一言語学論文選集』大修館書店〕

三上 章（1953）『現代語法序説——シンタクスの試み』刀江書院．〔増補復刊：くろしお出版，1972〕

〔野田尚史〕

■**主題**[1]

主題は，題目語，トピックと呼ばれることもある。

1.「主題」概念を要請するもの

「雪は白い」「父は二階で寝ている」の下線部のように，一つの文の中で話題になっている名詞項のことを主題と呼ぶ。主題は主語と同じではない。「夕食はもう食べた」のようにヲ格項なども主題になり得るし，「その点はさすが大学生だ」のように格成分ではないものも主題になり得る。主語と似ているが主語とは違う成分が日本語にはあり，これに名前を付けようとして主題，題目語などの用語が要請されたものである。

主題という概念はきわめて定義しにくい。文頭の項目で「名詞＋ハ」という形であっても，「体にいいことやってる？」「うん，ラジオ体操はやってるよ」などは，「ラジオ体操をやってる」ことを譲歩的に語っているだけで，「ラジオ体操」を一文中の話題にして解説を与えているわけではなく，主題とは呼べない。また，「あの時計止まってる？」「猫って飼ってみるとかわいいね」のように「○○ハ」という形をとっていなくても主題と呼びたいものが多数ある。「主題」を形で定義することはできない。

表現の心理的構成や意味の面から規定するとしても，実は「主題」という用語にこめる内容，気分は論者によってかなり異なっており，また，どのような例を「主題」に含めるかについても様々な見解があり得る。

研究史的に見て，「主題（題目語）」という用語にこめる感覚は大きく三種類ある。

[A] 主題は文の中心成分（格成分，修飾成分，述語）の結びつきの外にある，という感覚

主題とは「○○について言えば」と話題を設定し，あるいは話の範囲を限定する要素で，言わば状況語と一面で近いものだと見るような感覚である（三上章など）。この感覚を徹底させれば，文は「Xハ」という主題と「Y」という解説部（叙述部）とから成り，主語などの格成分は解説部の内部構成要素にすぎないという主張にまで至る（佐治圭三など）。

[B] 主題というのは格成分プラスαだ，という感覚

係助詞や副助詞は上接項に何らかの意味や気持ちを添えるもので，「○○ハ」というのもその一つの場合にすぎず，主題として特別扱いする必要は特にないとする感覚であって，伝統的な国語学の主流にある感覚である。この立場では，主語と主題が別にあるのではなく，主語・目的語などのある場合（プラスαの付加した

場合）が主題だということになる。

[C] 主題というのは主語の典型的なあり方だ、という感覚

人間の判断は原理的に「知られるべき対象」対「知る内容ないし働き」という二項構造をなすものであり、それを言語的に実現するものが主語対述語という二項構造であって、そのような二項的な構造を最も典型的に実現するのが「Ｘ ハ Ｙ」という「主題-解説」の姿である、という見方である（森重敏，川端善明など）。もちろん「主語-述語」という論理的格関係はいつも「主題-解説」という大きく二分された断続関係をとるものではないが、「主題-解説」として顕わに二項対立的に現れた場合にこそ主述という関係の本質的なあり方が見えやすいのだ、とするものである。

以上の［A］［B］［C］三種の見方は、互いに他を必ず排除するという関係にはないが、相当に異なるものであって、主題という語を読んだり自ら使ったりする時には、この三種の感覚、観点に留意して、それとの位置関係を常に考える必要がある。

2. 典型的な主題の要件

上記三種の感覚にそれぞれ共感して、その多くの部分を肯定的に受けとめるべく「主題」を規定しようとするならば、主題であるものとないものを峻別するような定義は控えた方がよく、むしろ典型的な主題の要件を書き上げることが望ましい。その要件とは下のとおり。

①一文の中で、その名詞項が表現伝達上の前提部分という立場にある。

　①ａ　表現の流れにおいて、その部分が文の全体の中から仕切り出されて特別な位置にある。

　①ｂ　その項は、後続の伝達主要部分の内容がそれと決定されるために必要な原理的先行固定部分である。

②その項が、後続部分の説明対象になっている。

この要件をすべて満たしていれば典型的な主題であり、要件の一部が欠けていればそれだけ典型的とは言えない、ということになる。「猫は耳は鋭い」（①ａ欠如）、「あ，あの時計止まってる」（①ｂ欠如）、「きのうは珍しい人に会った」（②欠如）、「上海からはきのう帰ってきた」（②欠如）などは、それぞれに要件のある面が欠けており、典型的な主題とは言えない（広い意味では主題と言ってもよい）。

3. 典型的な「主題-解説」の意味関係

「主題-解説」関係とは、文の各部分の表現上の役割の落差のあり方（広義断続関係，情報構造などを含む）に対して付けられた名称であるが、これを主題と解説部との意味関係という観点から見ると、下の6種にほぼ限られる。

(1) モノ-性質
  ・雪は白い。猫はよく寝る。（ガ格項）
  ・あの部屋は窓がない。（存在場所ニ格項）

(2) モノ-なり行き・身の上
  ・大山君は会社員になった。
  ・小山君は今こまっている。（以上，ガ格項）
  ・この時期，甲子園球場は高校野球をやっている。（場所デ格項）

(3) 処置対象-処置内容
  ・スイカは冷蔵庫にしまった。（ヲ格項）
  ・富士山はまだ登ったことがない。（処置対象としてのニ格項）

(4) コト（モノの形で）-その解釈内容，内実
  ・あの顔色はビタミンが不足しているのだ。
  ・あの取り口はさすが横綱ですね。
  ・このにおいはガスがもれているにちがいない。

(5) 異次元にあるモノとモノとの対応関係

- 大山君は廊下，小山君は教室。(人と掃除割り当て場所との対応関係)
- 青森は大山さん，秋田は中山さん。(それぞれの所から来た人物)
- ぼくは紅茶。中山君はコーヒー。(人と注文物品の対応関係)

(6) "先行"主題（格項目でないモノが叙述の単なる前提として主題になる）
- 犯行の場所は屋内説が有力だった。
- 奥さんの家出は君が悪い。

4．主題は既知項か

主題は解説部を言うための表現の前提（上記「要件」の①）として言語場に持ち出されるものであるから，ある名詞項Xを主題とすることが不自然でないためには，おのずからXにある条件が必要である。その条件とは，

(ⅰ) 話し手，聞き手，表現行為のイマ・ココ，およびそれらの関係項目（「君は……」「私の故郷は……」「この店の二階は……」など）

(ⅱ) 話題がいつそこに転じてもおかしくないほどに，すべての人々にとってなじみのあるもの，あるいは話し手と聞き手の間で恒常的に共通の関心の対象になっているもの（「最近の若者は……」，「梅田の駅はいつも混んでるね」——阪急電鉄沿線の住民の会話—など）

(ⅲ) 文脈上既出の項目，およびその関係項目（「お前はメロンが好きなんだってな」「果物はなんでも好きですよ」など）

文脈上既出のものしか主題になれないということではなく，まして既出項なら「Xハ」，新出項なら「Xガ」の形をとると決まっているものでもない。表現の前提として持ち出しておかしくない条件の一つとして既知，既出ということがあるだけである。

5．主題と主語の異次元性と近接性

「主語」は事態認識の構造（論理的格関係と呼んでも大差ない）の次元でのある名詞項の名称であり，その実質は「事態認識の中核項目」というところにある（→主語）。「主題」は，表現構成上の文の各部分の役割の落差構造におけるある役割の部分の名称であり，表現の前提，原理的先行固定部分である。このように異なる次元に位置する概念であるので，主語であるか否かということと主題であるか否かということとは独立に決まる。（「雪は白い（主語であり主題である）」「馬が走っている（主語であるが主題ではない）」「おやつはもう食べた（主語ではなく主題である）」「映画を見た（主語でなく主題でもない）」。）また，論理的格関係の次元では「主語（ガ格項），対格語（ヲ格項），与格語（ニ格項），修飾語，述語」のように，名称のない成分はないが，表現上の落差構造の次元における部分間関係のあり方やその各部分には名前のないのが普通（分類は様々にできそうだから），で，「主題（題目語）-解説部」というのは名前がついている特殊なケースにほかならない。

しかし一方，主語と主題には本質的な近接性もある。表現の構成上ある項が後続説明の前提として意識されてそれが後続部分の説明対象という立場（主題）に立つのは，その項が事態認識の中核（主語）である場合に最も自然な姿である。特に対比の意味をこめるのでないただの主述関係を言うとき，主語を「Xハ」と言うか「Xガ」と言うかは，要するに，表現的にも二項対立的な大きな"断"を含むものとして（格関係上の）主述関係を語るか，そうでない，むしろ一体的に事態を構成しているものとして主述関係を語るかの差にほかならない。それは，わずかな差であるとも言える。「ハとガ」の区別を形態的な手段として持たない言語が多いのも，その意味では当然と言える。

日本語でも古代語においては「花美し」「雨降る」のように主語に助詞をつけないことが普通であった。現代語のハとガで区別されているような違いは，形に出して言い分けられてはいなかったのである。〈存在するもの〉対〈在り方〉として，ただ並んで現れるのが本来の姿であった主語と述語が，準体句の独立文化という中世日本語の歴史的変化の中で「X ガ Y」という形をとるようになるが，どうしても「X ガ Y」という一体的な形と相容れないような場合（形容詞述語文など）は「X ハ Y」と積極的に二項分節的な形をとることになった。それが，現代語の「X ガ」と「X ハ」の使い分けの問題の実質である。

➡主語，ハ

■参考文献

尾上圭介（1977）「提題論の遺産」『言語』6-6.

尾上圭介（1981）「「は」の係助詞性と表現的機能」『国語と国文学』58-5.

尾上圭介（1995）「「は」の意味分化の論理——題目提示と対比」『言語』24-11.

尾上圭介（2004）「主語と述語をめぐる文法」尾上圭介編〈朝倉日本語講座6〉文法II』朝倉書店.

尾上圭介（2014）『文法と意味II』くろしお出版.

川端善明（1958）「形容詞文」『国語国文』27-12.

佐治圭三（1974）「係り結びの一側面——主題・叙述（部）に関連して」『国語国文』43-5.

森重敏（1958）「係結」『続日本文法講座1』明治書院.〔再録：森重敏（1971）『日本文法の諸問題』笠間書院〕

[尾上圭介]

■ **主題**[2]

1. 主題とは

主題とは，その文が何について述べるかを表す成分である。(1)では，「田中さんは」がこの文の主題になっている。

(1)田中さんはあした広島に帰る。

日本語では，「は」のように主題を明示的に表す形式があるため，主題を抜きにして文の構造や機能を考えることはできない。

2. 主題を表す一般的な手段

主題はいろいろな言語に見られるが，主題を表す手段はさまざまである。主題を表す代表的な手段には，(2)から(4)のようなものがある。

(2)形態：「は」のような主題のマーカー
(3)文法：文の前の方におくという語順
(4)音声：後にポーズをおくような音調

このうち，(2)の形態的な手段がもっとも明示的なものである。日本語の「は」や，韓国・朝鮮語の「(n)un」，ビルマ語の「-ha_」などがあげられる。

主題を表すマーカーを持たない言語の中には，主題を表すのに(3)の文法的な手段が使われるものがある。イタリア語やスペイン語，ロシア語などでは，文の前の方におくという語順を使って主題を表す。

主題を表すマーカーも持たず，語順も主題を表すための手段としてあまり使われない言語では，主題を表すのに(4)の音声的な手段が使われることが多い。英語のように主題を表すマーカーも持たず，語順の自由も少ない言語では，主題の後の音声的な休止やイントネーションによって主題を表す。

3. 日本語の主題を表す手段

日本語には，主題を表すマーカーがある。代表的なものは「は」である。書きことばやフォ

ーマルな話しことばでは，(5)のような「は」は，基本的に名詞の後について，主題を表す。

(5)荷物は届きましたか。

インフォーマルな話しことばでは，主題を表す代表的なマーカーは，何も助詞がつかない(6)のような「無助詞」である。無助詞ではなく，「は」を使うと，対比的な意味が強くなる。

(6)荷物φ，届いた？

主題を表すマーカーは，「は」以外にも，「なら」「って」「なんか」などがある。「は」以外のマーカーは，主題を表すだけではない。他の意味が加わる。たとえば，(7)のような「なら」の場合は，その主題は前の相手の発言に出てきたものだという意味が加わっている。

(7)A「プロジェクタ，ないかな？」
　B「プロジェクタなら，そこにあるよ。」

(8)のような「も」も主題を表している。

(8)妹もこの会社に勤めています。

「も」そのものには主題を表す機能はないが，(9)の「妹は」に「も」が加わると，主題を表す「は」が消える。その結果，「も」が主題を表しているように見える。

(9)妹はこの会社に勤めています。

そのほか，主題を表す特別な形態はないが，構文として主題を表す場合もある。(10)では，「店長」が主題になっていると考えられる。

(10)私が店長です。

(10)は(11)とほぼ同じ意味を表している。(11)の「店長は」が主題であれば，(10)の「店長」も主題だと考えたほうがよい。

(11)店長は私です。

(10)のように述語が名詞の文は，基本的に必ず主題を持つ。主格（主語）の「私」が主題でない場合は，述語の名詞が主題になるのが普通である。

日本語では，主題を表す手段は，「は」などの主題を表すマーカーを使う形態的な手段が中心になるが，文法的な手段や音声的な手段も同時に使われる。主題は他の成分より前におかれるのが普通だが，この語順は文法的な手段である。また，主題は強く高く発音されず，主題の後には音声的な休止をおくことができるが，これは音声的な手段である。

4. 主題と非主題の対立

「私は」のような成分を主題と呼び，「私が」のような成分を主格（あるいは主語）と呼ぶとすると，主題と主格はまったく別のレベルのものである。主題であるか主格であるかを選ぶという対立にはなっていない。主題のレベルで主題か主題でないかが選ばれ，格関係のレベルで主格か対格か与格かを選ぶという対立になっている。

たとえば，(12)では，「父は」は主題のレベルでは主題であり，格のレベルでは主格（「が」格）である。「この本を」は，主題のレベルでは非主題であり，格のレベルでは対格（「を」格）だということになる。

(12)父はこの本を買ってくれた。

これを表にすると，次のようになる。

表1　主題・非主題の対立と格の対立

	「が」格	「を」格	「に」格
主題	〜は	〜は	〜には
非主題	〜が	〜を	〜に

表の上下の対立は主題レベルのもので，主題と非主題の対立になっている。表の左右の対立は格レベルのもので，「が」格や「を」格，「に」格などの対立になっている。

5. 文の中での主題

文には，主題を持つ(13)のような文（有題文）と，主題を持たない(14)のような文（無題文）がある。

(13)山口さんはサッカーが上手だ。
(14)新幹線から富士山が見えた。

　名詞や形容詞が述語になっている文は，基本的に主題を持つ文になる。動詞が述語になっている文は，主題を持つ文だけでなく，主題を持たない文にもなる。

　主題を持つ文の場合，文の成分で主題になりやすいのは，(15)のような主格（主語）である。

(15)会議は10時に始まった。

　主格以外の格成分も主題になる。(16)では，「を」格成分が主題になっている。

(16)そうじはもうしました。

　日本語では，格成分の名詞修飾部など，格成分以外のものも主題になる。(17)は，(18)の「田中さんの」が主題になったと考えられる。

(17)田中さんはお父さんが入院中だ。
(18)田中さんのお父さんが入院中だ。

　主題はその文が何について述べるかを表す成分なので，節の中には現れにくい。従属度が低い「～が」や「～けれど」のような節には，(19)のように主題が現れることがある。しかし，従属度が高い「～たら」や「～ために」のような節には，(20)のように主題は現れない。

(19)彼は行くけど，私は行かない。
(20)*タクシーは来たら，知らせてください。

6. 文章・談話の中での主題

　文章・談話の中では，それぞれの文の主題は，発話の状況や前後の文との関係で決まることが多い。

　文章・談話の中で，どんな場合にでも主題になりやすいのは，話の現場にあるものを指す名詞である。そのため，「私」や「これ」は，(21)のように主題になりやすい。

(21)私は準決勝で負けました。

　前の文に出てきた名詞も主題になりやすい。(22)では，前の文の「湖」を指す「その湖」が主題になっている。

(22)そこに行く途中，湖が見えた。その湖はとても広くて，向こう岸が見えなかった。

　前の文に出てきた名詞に関連がある名詞も主題になりやすい。(23)では，前の文の「レポート」に関連がある「締め切り」が主題になっている。

(23)レポートを出してください。締め切りは来週の金曜です。

　(24)のような主題を持たない文は，文章・談話の最初の文や，話題が変わった後の最初の文で使われやすい。

(24)「沈黙は金」ということばがある。

➡八，有題文と無題文，主語，無助詞

■参考文献

丹羽哲也（2006）『日本語の題目文』和泉書院．

野田尚史（2002）「主語と主題──複合的な概念である「主語」の解体に向けて」『言語』31-6．

堀川智也（2012）『日本語の「主題」』ひつじ書房．

三上章（1960）『象は鼻が長い』くろしお出版．

［野田尚史］

■主題[3]

　文中のある要素を提示する成分で，後続部分とともに「～について～」という関係を表すものをいう。助詞の「は」によって表されるのが代表的である。

(1)山田さんは弁護士です。
(2)食器は戻しておいてください。

という例で言えば，「山田さん」について「弁護士だ」という説明を加えたり，「食器」について，「戻しておく」ことを要請するという関係を表している。

● 主題と主語──

「が」(ガ格)は主語を表し,「は」は主題(「題目」とも言う)を表す。主語とは述語の表す動作や変化,状態の主体を表す。

(3)太郎がさっき出かけた。

(4)地球が丸いなら,立っていられないよ。

(4)のような恒常的な状態を表す場合を「属性」,(3)のように一時的な動作や変化などを表す場合を「状況」と呼ぶことにすると,主語は属性・状況の主体を表す。これに対して,

(5)太郎はどうした?

(6)太郎はさっき出かけた。

のような主題を持つ文(主題文)においては,主題「太郎は」は「太郎」についての関心を喚起し,(5)では「太郎」について説明を求め,(6)では「さっき出かけた」とその説明を与える。主題と述部の関係(題述関係)は基本的には主語述語関係を基盤にしている。(5)(6)も,主題に立つ「太郎」と述部との間に,「太郎がどうした」「太郎がさっき出かけた」というガ格関係が成り立っている。

● 関心の在り方(焦点の位置)の対立――

「は」の文と「が」の文は焦点(文の中で重要な情報を担う部分)の位置が異なる。(5)(6)は「太郎は―」という前提のもとに,「どうした」「さっき出かけた」が焦点として割り当てられる関係にある。これに対して,「が」の文では,例えば「花瓶が割れた。」という文の場合,一つは,

(7)どうしたの――花瓶が割れた。

のように,「花瓶が割れた」全体が焦点である場合,もう一つは,

(8)何が割れたの?――花瓶が割れた。

のように,「何が」「花瓶が」に焦点がある場合とがある。これをまとめると次のようになる。

「X は P。」(述部焦点)
　　X がどんな属性・状況を持つかという関心を表す。

「X が P。」(全体焦点)
　　どんな事柄「X‐P」が成立するかという関心を表す文。

「X が P。」(主語焦点)
　　どんな主体 X が,属性・状況 P に当てはまるかという関心を表す文。

「が」はそれ自体の性格として焦点の位置が定まっていないが,主題「は」は述部焦点に定まっている。主題文というのは,述部焦点を一つの構文として固定したものである。

「が」の文は,述語が状況を表す場合は(7)(8)のように全体焦点にも主語焦点にもなる。ところが,述語が属性を表す場合は,全体焦点文になりにくい。

(9)あの人が社長です。

という文は,主語焦点(「誰が社長であるか」という問いに対する答え)に解釈できるが,全体焦点文としては解釈できない。(9)と同じ事柄を表すには,

(10)あの人は社長です。

のように主題文で表すのが普通である。属性というのは X に内在するものであり,X に対する関心という形(述部焦点)で表すのが自然なのだと考えられる。まとめると,

属性叙述 ―― 「は」述部焦点
　　　　　　　「が」主語焦点
状況叙述 ―― 「が」全体焦点

という組み合わせになる。

● 述語への係り方の違い――

主題と主語の違いとして,主題は文末まで係るという性格がある。従属節の中では,「が」は用いられるが,主題の「は」は用いられにくい。

(11)あの人 {が/?は} 社長なら,責任を問われる。

主題「は」は独立文で用いられるのが基本である。一つの文に焦点は一つであるのが原則であり,もし(11)の従属節に「は」が用いられたら,主文と従属節とで別々の焦点を持つことにな

り，その原則に違反するのである。但し，従属節でも独立性の高い従属節は，独立文相当であり，「は」も現れ得る。

(12)あの人｛が/は｝社長であるから，責任を問われるだろう。

●題述関係と主体と属性・状況の関係──
(13)象は鼻が長い。

のような文は，「象」と「鼻」の間に「象の鼻」という所属関係が成り立つとともに，X「象」とP「鼻が長い」の間に主体と属性の関係が成り立つ。

(14)(鼻が長い動物は何か？) 象が鼻が長い。

のように主語焦点文も可能である。(13)の文は，「象」に対して「鼻が長い」という属性を与えることで，「象」についての説明を表すという関係が成り立っている。

また，
(15)(料理の注文の時に) ぼくはウナギ。

といういわゆる「ウナギ文」も，
(16)(ウナギが運ばれてきて) ぼくがウナギ。

のように「が」でも可能である。これは潜在的な関係を補うと，「ぼくは（注文が）ウナギだ。」のような関係にあり，「ぼくは」と「注文がウナギだ」との関係は主体と状況の関係にある。

主題に立つ名詞句と述部の間には，ガ格以外の格関係が成り立つ例も少なくないことが知られている。

(17)この写真は，私が撮りました。
(18)日本は，山が多い。
(19)この交差点は，事故がよく起きる。

(17)は「この写真を私が撮った」というヲ格関係，(18)は「日本に山が多い」というニ格関係，(19)は「この交差点で事故がよく起きる」というデ格関係が成り立っている。一方，これらは，次のような二重ガ格文も可能である。

(20)(そっちじゃなくて，)こっちの写真が，私が撮ったんです。

(21)(どの国が山が多いかというと，)日本が，山が多い。
(22)(事故がよく起きるのはどこかというと，)この交差点で，よく事故が起きる。

すなわち，いずれの例も，先頭の名詞句Xと後続の述部Pとの間に，それぞれの格関係が成り立つとともに，主体と属性・状況の関係も成り立っている。したがって，(17)〜(19)も，上に挙げてきた題目文の例と同じく，主体に対して属性・状況を与えることによって，主題解説関係が成り立つという関係にある。(17)〜(19)の題目文は，「この写真を」「日本に」「この交差点で」が「主題化」して成り立つというように言われることもあるが，上のように捉えた方が整合的である。

●「は」以外の主題──
主題は，「って」「というのは」「なら」「（接続助詞由来の）が」，無助詞形式などによっても表され，それぞれに主題の性格が異なる。

(23)電鐥｛って/というのは｝どういう意味？
(24)クジラ｛って/というのは｝哺乳類だよ。
(25)太郎は？──太郎なら，遊びに行ったよ。
(26)ねえ，あの子，かわいいね。
(27)例の件ですが，あれからどうなっていますか？

「って」「というのは」は(23)のように言葉を引用しそれを主題として提示する用法と，それから派生して，(24)のように通常の主題（対象を提示する）を表す用法がある。後者はその対象について改めて捉え直すという場合に用いられやすい。

(28)太郎｛は/って/というのは｝，いつもそう言うんだ。
(29)太郎｛は/?って/×というのは｝，そう言っていたよ。

(28)に比べて(29)の「って/というのは」が不自然なのは，後者の「そう言っていた」という述語では，「太郎」がどういう人物であるか捉え直

すという関係が把握しがたいからである。

一方，「なら」は(25)のように相手が持ち出してきたものを受けて，それを提示するという場合に用いられ，また，(26)のような「無助詞」は新主題（その文脈で新しく設定された主題）を表す場合に用いられやすい。さらに，(27)のような「が」は，談話の初めや変わり目において新たな話題を持ち出す時に用いられる。

◆八，主語，無助詞

■参考文献

尾上圭介（1985）「主語・主格・主題」『日本語学』4-10.

丹羽哲也（2006）『日本語の題目文』和泉書院.

野田尚史（1996）『「は」と「が」』くろしお出版.

三上 章（1960）『象は鼻が長い』くろしお出版.

[丹羽哲也]

■述語[1]

1．述定文と非述定文，主語述語関係

文には，述語で述べることによって成立する文（＝述定文）と，本質的に述語を持たず，つまり目の前にある対象あるいは話者の心の中にある対象を指示するだけで成立する文（＝非述定文）とがある（→文の種類，喚体と述体）。すべての文が述語を持つわけではない。

述定文は（表面上は主語が現れていないこともあるが）本質的に主語と述語を持つ。主語述語関係を認識の側面で言えば，主語が認識の対象を示すのに対して述語は認識の内容を語る部分であるが，認識の内容があるのに「何についての認識か」という認識の対象がないということはありえないから，原理的に言えば，述語を持つ文はすべて主語を持つということになる。主語述語のこの関係を存在の側面で言えば，主語は〔存在するもの〕であるのに対し述語は〔存在の仕方＝在り方〕を語る部分である。一つの存在を〔存在するもの〕と〔存在の仕方〕の二面に引き剝がして並べたところに述定文が成立する（→喚体と述体）。認識の側面で言った上記の主述関係と，存在の側面で言ったこの主述関係とは，言うまでもなく同じものである。「鯨は哺乳類である」という文は「鯨」を対象として「哺乳類である」という認識を語る文であると言えるが，同時にそれは，「鯨というモノ」が「哺乳類として（この世に）在る」ということを語る文として了解することもできる。

2．述語になる品詞

述語を構成する品詞という観点から見ると，述語は名詞述語文，形容詞述語文，動詞述語文の3種類が数えられる。

「タマは三毛猫である（だ，です，でございます）」のような文が名詞述語文だが，「である，だ，です」（繫辞，コピュラ）こそがこの文の述語であるという観点に立って，この種の文を「コピュラ文」「説明存在詞述語文」などと呼ぶこともある。なお，名詞部分の代わりに情態副詞（「ゆっくり」「ばらばら」など）や学校文法で言う形容動詞語幹（「平ら」「ゆるやか」など）が使われることもあるが，これらも名詞述語文と同様の構造のものと理解してよい。

「雪は白い」「雪が白い」「故郷がなつかしい」「私はうれしい」「小指が痛い」「とげが痛い」「私は痛い」などが形容詞述語文である。「白い」「大きい」など情態形容詞（属性形容詞，性状形容詞）を述語に持つものと「なつかしい」「うれしい」など情意形容詞（感情形容詞）を述語に持つもの，「痛い」「冷たい」などいわゆる温度・痛覚の形容詞を述語に持つものがあり，主語のとり方はそれぞれにやや異なる。

名詞述語文と形容詞述語文は格成分としてはガ格項（その名詞項と述語との意味関係を大きく変えないで格助詞で言うとすれば「○○ガ」になる項）のみをとり（これを主語と呼ぶ），この点で共通だが，動詞述語文は，動詞によって1項または2項，3項の格成分をとる。
　1項動詞述語文（ガ格項のみ）……「水たまりがある」「へいが倒れた」「馬が走っている」
　2項動詞述語文……（ガ格項・ヲ格項）「ねこが水を飲んでいる」「先生が太郎さんをほめた」，（ガ格項・ニ格項）「太郎が次郎に追いついた」「あの娘は母親に似ている」
　3項動詞述語文（ガ格項・ヲ格項・ニ格項）……「太郎が次郎にみかんをやった」「張君が田中君に中国語を教えた」

3．述語が表す文法的意味

　述語の形態によって述語の意味（あるいは文の意味）のある側面（これを語彙的意味と対立して文法的意味と呼ぶことができる）が表し分けられる。その文法的意味とは，①時間にかかわるもの，②話者の主観にかかわると言えるもの，③そのいずれでもない特殊なもの（否定，可能性，必然性，妥当性など），の三つに分けることができる。

　①時間にかかわる意味とは，過去・現在・未来，完了，進行中，過去から現在に至る継続などであるが，文法形式（いわゆる助動詞）によって積極的に表されるのは，既然，確定の方向に限られる（現代語タ，テイル，古代語キ，ケリ，タリ，リなどが表すのは，パーフェクト，過去，現在の状態，現在進行中の運動）。述語の文法的意味のうち②話者の主観にかかわると言える意味とは，話者の主観のごく一部に過ぎない。推量（ウ・ヨウ，ダロウ，カモシレナイ，ニチガイナイ，ヨウダ，ソウダ，ラシイ）と意志（ウ・ヨウ）・命令（ウ・ヨウ）（「下がりおろう！」）と，一人称複数「われわれ」の意志の一用法として数えられる勧誘（ウ・ヨウ）だけであって，話者の主観にかかわる意味とは言っても，未実現の事態，運動に関するものだけである。終助詞が表す話者の主観とは全く異質であることに留意しておく必要がある。③上記いずれでもない特殊な意味とは，カモシレナイ，ニチガイナイ，ハズダ，ベキダ，およびウ（ヨウ）の用法の一部（反語など疑問文終止法の一角，および非終止法の大部分）の場合で表される意味といわゆる助動詞ナイで表される意味とであるが，前者は推理推論上の事態あるいは妥当性次元に存在する事態に関する意味であって観念世界（非事実界）での事態についてのものであり，後者（否定）は実際に起こっていない事を頭の中で思い描く述べ方にほかならないから，やはり観念世界に設定する事態をめぐる意味であると考えることができる。以上をまとめるなら，①は事実界既実現の領域（現実領域），②は事実界未実現あるいは未確認の領域，③は観念世界（非事実界）の事態に関する意味であって，②と③が合わせて非現実領域に在る（あるいは思い描く）事態の成立に関する意味（これがモダリティ）である。

　述語の形が表し分ける文法的意味とは，括って言えば，事態や運動が現実領域に在るか非現実領域に在るかをめぐって生ずる意味である。

4．名詞述語・形容詞述語と動詞述語の相違

　上述のとおり，本質的には一体である一つの存在を〔存在するもの〕と〔存在の仕方（＝在り方）〕の二面に引き剥がして並べた後者を語る部分が述語であるが，〔存在の仕方〕とは「このように在る」ということであり，「このように」の側面を〈存在様態（＝ありさま）〉と呼ぶならば「在る」の側面は〈存在そのこと〉の側面と呼ぶことができる。「三毛猫である」という名詞述語では「三毛猫で」という〈存在様態〉の側面（英語の文法で言えば主格補語の

面）と〈ある〉という〈存在そのこと〉の側面（英語で言えば be）とが外形的にも分離した形で見える。「白い」という形容詞述語では white に相当する〈存在様態〉の面と be に当たる〈存在そのこと〉の面が外形的に分離することなく，いわゆる現在の情態を語る場合には〈存在そのこと〉の面が〈存在様態〉の裏に隠れる形になっているが，「白かった」「白かろう」のように複語尾（いわゆる助動詞）タやウが現れる場合には「白い」の裏面に潜んでいた〈存在そのこと〉の側面すなわち意味としての存在詞がアリの形で顕在化して，「白クアッタ＞白カッタ」「白クアロウ＞白カロウ」となる。

「咲いた」「咲こう」などの動詞述語においては，タ，ウという複語尾部分まで含めて「咲いた」「咲こう」の全体がそれぞれに動詞の一つの形態として〈存在様態〉の面と〈存在そのこと〉の面を含んでいると言ってよい。「咲く」という動詞が「咲いた」「咲こう」という積極的な叙法形式を採ることによって〈存在そのこと〉の面を積極的にかかえこんだと言うのが正確であろう。運動の単なる類別名称に過ぎない語彙項目としての動詞がシタ形，ショウ形などの叙法形式を採って存在に持ちこむことによって動詞述語が成立するのだと言ってもよい。

5. 述語の文法的意味発生の原理と叙法形式

〔存在の仕方〕を語る述語は〈存在様態〉の側面と〈存在そのこと〉の側面から成るが，その〈存在そのこと〉の側面とは，第一に存在領域の別（現実領域か非現実領域かという区別）であり，第二に「存在を承認する」のか「存在を希求する」のかという区別である。現実領域（＝事実界既実現の領域）に存在を承認するとは，既にそうなっていることをそうなっていると言うことだから，完了，過去，現在，現在に至る継続など，既然，確定の側の時間的意味

（上記①）が前面に出ることになる。叙法形式で言えば［現代語］シタ形，シテイル形，［古代語］シキ形，シケリ形，シタリ形，セリ形，シツ形，シヌ形がこれに当たる。既にそうなっていると述べる述べ方だから，ないことを求める希求側の用法はあり得ない。非現実領域（＝事実界未実現・未確認の領域および観念世界）に存在を語る叙法形式としては［現代語］ショウ形，［古代語］セム形，セマシ形があるが，これらはいずれも「存在承認」か「存在希求」かを自身では決めないで，ただ非現実の事態をことばで組み立てるだけの形（非現実事態仮構の叙法形式）であり，非現実事態の存在承認（今のところ起こっていないがいつかどこかで在るという承認）の側で用いられていわゆる「推量」の意味を表すこともあり，存在希求（今のところ起こっていない在り方を話者が求める）の側で用いられて，一人称領域では「意志」二人称領域では「命令・要求」（「下郎め，下がりおろう！」など）の意味を表すこともある（上記②）。古代語では現代語と違って非現実事態の叙法形式が隆盛であり，非現実領域に事態の存在を承認する叙法形式としてスベシ形がある。現代語にはこれに相当する動詞の叙法形式はない。現代語の「咲かない」，古代語の「咲かず」は，「咲く」という反現実（実際には起こっていない）の事態を観念次元に仮構する形にほかならず，否定という意味は反現実（非現実の一種）事態というこの形式で構成された内容を現実との対応において読み直したところに生ずるものに過ぎない。（上代語のズ，ヌには否定の意味を表さない用法もある。）

非現実の叙法形式が衰退してきた文法史の変化によって，古代語ではセム形，スラム形，スベシ形などで多様に表現し分けられていた諸種の推量や推論上の帰結，可能性，必然性などの意味をすべてまかなうだけの動詞叙法形式は現代語ではなくなり，その代わりに，それぞれの

```
図1  現代語の述語の述定形式の全体像

述定形式 ┌ 動詞の叙法形式……シヨウ形・シナイ形・シタ形・シテイル形・スル形
         │ 述語〔＋述語外接形式〕
         └ ヨウダ・ソウダ・ラシイ・ダロウ・カモシレナイ・
            ニチガイナイ・ハズダ（・ベキダ）
```

結果的意味の対応物としての述語外接形式（「大きいようだ」「咲いたらしい」のようにどんな述語にも下接する）が生み出されることになった。現代語の述語の述定形式の全体像はほぼ図1のようになる。

➡助動詞[1]，喚体と述体，モダリティ，文の種類，主語[1]

■参考文献

尾上圭介（2004）「主語と述語をめぐる文法」尾上圭介編『〈朝倉日本語講座6〉文法Ⅱ』朝倉書店.

尾上圭介（2006）「存在承認と希求――主語述語発生の原理」『国語と国文学』83-10.

尾上圭介（2010）「山田文法が目指すもの――文法論において問うべきことは何か」斎藤倫明・大木一夫編『山田文法の現代的意義』ひつじ書房.

尾上圭介（2012）「不変化助動詞とは何か――叙法論と主観表現要素論の分岐点」『国語と国文学』89-3.

山田孝雄（1908）『日本文法論』宝文館.
山田孝雄（1936）『日本文法学概論』宝文館.

[尾上圭介]

■述語[2]

1. 述語とは

文の成分の一つ。述語は，文の中核成分であり，第一次の支配要素である。述語は，動きや状態や属性などの語彙的意味を担い，自らに依存・従属してくる他の諸成分をまとめ上げ，そこで文を成立させうる成分である。さらに，述語は，文を形成するために，肯否・テンス・丁寧さ・モダリティなどの文法カテゴリーを有し，その形態を変化させたり助詞を付加させたりしながら，種々の断続関係を表し，様々なタイプの節の述語になる。

●述語のタイプ――述語は，述語を形成する品詞のタイプによって，動詞述語・形容詞述語・名詞述語に分けられる。「雨がしとしと降っています。」「私たちもすぐに出かけましょう。」が動詞述語，「君，顔色が少し青いよ。」がイ形容詞述語で，「林さんはドイツ語の学習に熱心でした。」がナ形容詞述語，「洋子はその時分は中学生だった。」「君は京都出身ですね。」が名詞述語である。また，名詞述語は，「5月5日は子供の日。」のように名詞だけで出来ている場合もないではないが，通例，「彼は報道カメラマン｛だ/です/かもしれない/にちがいない/らしい/のようだ/みたいだ｝」のように，いわゆる助動詞を付加することによって作られる。ただ，ある種の終助詞は，「あなたが私のパートナーね。」「これ，あなたへの手紙よ。」「彼は学生さ。」のように，助動詞なしでも名詞述語を形成しうる。

2. 述語の担う文法意味

●文法カテゴリー――述語は，肯否・テンス・丁寧さ・モダリティなどの文法カテゴリーに属する様々な文法的意味を担って存在する。たとえば，

(1)彼は弱者にやさしい。

(2)彼は弱者にやさしく・なかっ・た・です。
において，(1)の述語「やさしい」は，肯否において肯定，テンスにおいて現在，丁寧さにおいて普通体である。それに対して，(2)は，否定で，過去で，丁寧体という文法的意味を担っている。モダリティはともに叙述（述べ立て）である。それに対して，「僕が行こう。」は意志のモダリティを，「君が行きなさい。」は命令のモダリティを担っている。

述語がこういった文法カテゴリーを持つのは，述語が，そこで他の諸成分をまとめ上げ，言語活動の単位体的存在として機能しうる文を形成するからにほかならない。文は，単なる事態を表したものではなく，発話時の話し手の立場から把握し，聞き手に発話・伝達すべく（聞き手の存在が極めて希薄な場合をも含めて）描き取られた事態を表したものである。文がそのようなものであることによって，日本語の文の述語は，文の中核・センターとして，言語活動の主体と事態および言語活動の相手との関係を取り結ぶべく，この種の文法カテゴリーを帯びさせられることになる。

述語の有する文法カテゴリーは述語のタイプによって異なる。肯否・テンス・丁寧さ・モダリティは，動詞述語・形容詞述語・名詞述語の全てにわたり出現する。もっともモダリティの中で，意志や命令などは意志動詞にのみ出現する。さらに，動詞述語しかもある種の意味的タイプの動詞述語にしか出現しない文法カテゴリーに，ヴォイス・アスペクトがある。

●**断続関係**──文全体の形成に対して帯びる統語的な関係（切れ続き）のあり方も，述語の担っている文法的意味の一つである。

(3)昨夜僕は偶然彼を見かけた。
(4)天気は良かったが，体感気温は低かった。
(5)もし資金援助が滞れば，計画は中断してしまう。
(6)明日彼に会って書類を手渡すつもりです。

において，(3)の「見かけた」の，文を完成し断止させる関係構成の働き，(4)の「良かったが」の，逆接的につながっていく関係構成の働き，(5)の「滞れば」の，条件としてつながっていく関係構成の働き，(6)の「会って」の，継起的な関係においてつながっていく関係構成の働きなども，述語の担っている文法的意味の一つである。この種の述語の担っている統語的なレベルでの文法的意味の異なりが，その述語が形成する節のタイプを作り出している。

3. 節のタイプと出現する文法カテゴリー

述語は様々な節の述語として働く。どのような節の述語として働いているかによって，出現させうる文法カテゴリーが変わってくる。この種の文法カテゴリーを述語が欠いていくにしたがって，基本的に，その単語連鎖は，文である存在から，従属性の高い従属節といった存在に移っていき，また，述語も，典型的な真の述語から，述語性の低い存在，述語としても働きながら他の成分へ移行した存在へと移っていく。

文を成立させる主節の述語には，それがヴォイスやアスペクトの出現を許す動詞述語であれば，全て文法カテゴリーが出現する。たとえば，主節の述語には，「彼は男に叱ら・れ・てい・なかっ・た・でしょう・ね。」のように，「レ」でヴォイス，「テイ」でアスペクト，「ナカッ」で肯否，「タ」でテンス，「デショウ」で丁寧さと認識のモダリティ，「ネ」で発話・伝達のモダリティが，有標の形で出現している。

文的度合の高い逆接を表す従属節の述語であっても，「明日は雨になるだろうが，さほど激しくはならないだろう。」のように，認識のモダリティは現れうるものの，「静かにしろ！」と「*静かにしろが，なかなか静かにならない。」から分かるように，発話・伝達のモダリティは出現できない。ノデ節では，「雨が降ったので，少し涼しくなった。」のように，テン

スは現れうるが、「*雨が降るだろうので、少し涼しくなるだろう。」のように、「ダロウ」のような認識のモダリティは出現できない。さらに条件節の述語には、「{する/した}なら、〜」を除いて「真面目に勉強しないと、落第するよ。」のように、肯否は現れうるが、「*頑張って勉強したと、合格するかもしれない。」のように、テンスは出現できない。また、「彼は、コーヒーを飲みながら新聞を読んでいた。」の下線部は、節として位置づけるとすれば様態節である。述語「飲みながら」には、モダリティや丁寧さやテンスは現れない。さらに、「??コーヒーを飲まないながら新聞を読んでいた。」のように否定は座りが悪く、肯否すら存在しにくい。節的度合いの低いもので、修飾語という成分相当に移行しているとも捉えられる。

4. 述語の取る文法カテゴリーの階層構造

述語に現れる文法カテゴリーを全て出現させうるのは主節の述語のみであったが、述語に出現しうる様々な文法カテゴリーには、出現順序やその作用域の大きさにおいて、包み包み込まれるという関係にある。ヴォイスとアスペクトでは、「そばに立っ・テイ・ラレ・ると」のような例がないわけではないが、「誉め・ラレ・テイ・た」のように、ヴォイスが先に出現し、アスペクトが後に現れる。アスペクトとテンスでは、「食べ・テイ・タ」のようにアスペクトが先に、テンスが後に現れる。肯否および、アスペクト、テンスの相互関係は、「食べ・テイ・ナカッ・タ」のように、アスペクト、肯否、テンスの順に現れる。さらにテンスと認識のモダリティとでは、「見え・タ・ダロウ」のように、テンス、認識のモダリティの順であり、認識のモダリティと発話・伝達のモダリティでは、「受ける・ダロウ・ネ」のように、認識のモダリティ、発話・伝達のモダリティの順に現れる。出現の順序は、それぞれの文法カテゴリーの作用域の大小に対応している。例外は丁寧さの文法カテゴリーのみ。「受け・マセ・ン」「受け・マシ・タ」で、「マセ/マシ」が丁寧さを表しているが、出現順序に反して、丁寧な述べ方で発せられた限り、丁寧さが、否定されたり、過去になったりすることはない。丁寧さは、存在し発話時のものでしかない。たとえば、「君は彼にいじめ・られ・てい・なかっ・た・だろう・ね。」を例に取れば、丁寧さを除く述語の取る文法カテゴリーは、

[[[[[[ヴォイス]アスペクト]テンス]肯否]認識のモダリティ]発話・伝達のモダリティ]

のような階層構造をなす。

5. 述語の要求する成分

述語が中核成分として文を成立させる要因の一つには、第一次の支配要素として、依存・従属してくる他の諸成分をまとめ上げ、事柄的意味である事態を形成し表す働きがある。その働きの中核が、述語の語彙的意味の表す動き・状態・属性などを実現・完成させるために必要な名詞句の組み合わせを選択的に要求する働きである。「僕は彼と友達だ。」「彼は京都の地理に詳しい。」のように、名詞述語や形容詞述語にあっても、主語（ガ格成分）だけでなく、他にト格補語やニ格補語などを要求する場合もあるが、多様な名詞句の現れを要求するのは動詞述語である。「花が枯れた。」は主語のみを、「子供が戸を開けた。」は主語とヲ格補語を、「犬が子供に噛みついた。」は主語とニ格補語を、「西軍が東軍と戦った。」は主語とト格補語を、「壁からポスターがはがれた。」は主語とカラ格補語を、「洋平が洋子に花束を送った。」は主語とヲ格補語とニ格補語を、「会計が会員から会費を徴収した。」は主語とヲ格補語とカラ格補語を、それぞれ自らの表す動きの実現のため要求する。

◆文の成分，動詞，節，構文論（統語論）

■参考文献

渡辺　実（1971）『国語構文論』塙書房．
鈴木重幸（1972）『日本語文法・形態論』むぎ書房．
北原保雄（1981）『日本語助動詞の研究』大修館書店．
南不二男（1993）『現代日本語文法の輪郭』大修館書店．
仁田義雄（2009）『日本語の文法カテゴリをめぐって』ひつじ書房．

[仁田義雄]

■述語[3]

　述語（predicate）は，主語（subject）とともに二語文（two-member sentence）を形成する，文の中核的な部分である。主語と述語は，たがいに陳述的な関係をとりむすびながら，文の《対象的な内容》の基礎となることから，いずれも，《文の基本的な部分》（principal parts of the sentence）とよばれる。

1．主語に《特徴》をつけくわえる

　述語は，主語によってさしだされる《人・物・いき物・場所》（広義には実体性をもった《物》）に，《動作・変化・状態》をつけくわえることで，現実の世界の出来事を文のなかにうつしだす。

　(1)ポチが　ほえて　いる。（動作）
　(2)ポチが　しんだ。（変化）
　(3)ポチが　ふるえて　いる。（状態）

　述語は，《動作・変化・状態》といった時間のなかで進行する一時的な現象形態ばかりでなく，《特性・関係・質》といった時間から抽象化された恒常的な属性をも表現しうる。

　(4)ポチは　おとなしい。（特性）
　(5)ポチは　母犬に　そっくりだ。（関係）
　(6)ポチは　しばいぬだ。（質）

　述語が文のなかでになう《動作・変化・状態》，あるいは《特性・関係・質》といった意味的なタイプを，《特徴》という用語でくくるとすれば，述語は，主語によって表現される《物》の，《特徴》を表現する文の部分である，ということができる。なお，述語が表現する《特徴》のなかには，このほか，《存在》をあげることができる。《存在》は，一時的な現象形態であったり，恒常的な属性であったりする。

　(7)庭に　ポチが　いる。
　(8)わが家には　ポチが　いる。

　述語が表現する《特徴》は，主語があらわす《物》と意味的に相関しており，主語との関係のなかでしか正確にとらえることができない。

　(9)川沿いを　ポチが　はしって　いる。
　(10)川沿いを　線路が　はしって　いる。

2．品詞による述語の形式的分類

　述語は，そこにもちいられる単語の品詞によって，動詞述語，形容詞述語，名詞述語とに形式的にわけることができる。そして，この分類は，うえにあげた，述語があらわす意味的なタイプと基本的なところで照応関係があるものの，かならずしも一致はしない。すなわち，動詞述語は，基本的には文(1)(2)のように《動作》や《変化》といった動的な《特徴》を表現するが，つぎのような文では，いずれも出来事が時間的なありか限定をうけとっておらず，述語は，主語によってさしだされる個別具体的な《物》，あるいは一般的な《物》，それぞれの《特性》を表現している。

　(11)ポチは　ほえる。
　(12)いき物は　しぬ。

　また，名詞述語は，基本的には文(6)のように《物》の本質的な《特性》のセットであるとされる《質》を表現するが，文(13)(15)のような文では，《特性》や《状態》をそれぞれ表現して

いて，文(14)(16)のような形容詞述語にちかづいている。

(13)太郎は あのころは 子どもだった。
(14)太郎は あのころは おさなかった。
(15)太郎は いま かぜだ。
(16)太郎は いま 熱っぽい。

また，形容詞述語は，つぎの文のように，時間のありか限定性のありなしによって，《状態》をさしだしたり，《特性》をさしだしたりする。

(17)あ，りんごが あかい！
(18)りんごは あかい。
(19)きょうの 那覇は さむかった。
(20)北海道は さむい。

3. 文の陳述性のセンター

このように，文を構造的に分析したとき，主語と述語は，文のなかで，《物》とその《特徴》（いいかえれば，《特徴のもち主》と《特徴》）という意味的な関係で相関していて，構文＝意味的な体系を形成しているわけだが，同時に，《のべられ》と《のべ》という機能的な関係でたがいにむすびつくことで，構文＝機能的な体系を形成している。たとえば，文(1)において，主語「ポチが」は《のべられ》としての《物》（《特徴のもち主》）をさしだし，述語「ほえている」はその《特徴》を《のべ》る，すなわち陳述(predication)するという機能をはたしている。こうして，述語は，主語とともに文の《対象的な内容》の主要な部分をにないながら，文の《陳述性》(predicativity)のセンターとしてはたらく。文の《陳述性》は，現実の世界の出来事と，文のなかにとりこまれた出来事（文の《対象的な内容》）との関係のし方であって，文の《対象的な内容》の存在形式である。はなし手である《私》は，とりまく現実の世界に積極的にかかわることで，《陳述性》という文法的なかたちのなかに，現実の世界の出来事の反映としての，文の《対象的な内容》をつくりだす。

文の《陳述性》は，「けっして」「たしかに」といった独立語（陳述副詞）や，「は」「も」「だけ」「ばかり」といったとりたて助辞をともなう主語や補語などによっても表現されるが，それがもっとも集中しているのは，述語である。現代日本語では，述語としてもちいられる単語は，《テンス》《アスペクト（動詞述語において）》《ムード》《ていねいさ》《みとめ方》といった形態論的なカテゴリーを発達させていて，実際の文の述語として使用される動詞や形容詞や名詞の，特定の形態論的なかたちは，それら形態論的なカテゴリーに属する文法的な意味の複合としてあらわれてくる。たとえば，文(1)における述語動詞の形態論的なかたち「ほえて いる」は，《テンス》の観点からは《現在》を，《アスペクト》の観点からは《継続》を，《ムード》の観点からは《いいきり》を，《ていねいさ》の観点からは《ふつう》を，《みとめ方》の観点からは《みとめ》を，それぞれ文法的な意味として表現していて，かつそれらの複合したものとして存在している。こうして，「ほえて いる」というかたちは，上述のような形態論的なカテゴリーによって整理された，動詞「ほえる」の活用表(paradigm)において，《終止形》(finite form)のひとつとしての位置をしめることになる。なお，ここでいう《終止形》は，検定教科書文法でいうところのそれとはことなっていて，文の述語としてはたらく単語の形態論的なかたちをまとめてよんでいる。すなわち，《陳述形》(predicative form)としての《終止形》である。

4. 合成述語

文の《陳述性》の表現者としての述語は，さらに，むすび(copula)や，さまざまな程度に文法化したその他の補助的な単語を構成要素とする《合成述語》の形式を多種多様に発達さ

せている。
- (21)太郎は かえった らしい。(ようだ，みたいだ，そうだ)
- (22)太郎は かえったかも しれない。
- (23)太郎は かえったに ちがいない。
- (24)太郎は かえったと みえる。(みられる，いう)
- (25)太郎は かえった のだ。(わけだ，はずだ)
- (26)ぼくは きょう かえる ことが できる。
- (27)ぼくは きょう かえっても いい。
- (28)ぼくは きょう かえらなければ ならない。
- (29)ぼくは きょう かえらない わけには いかない。

　これらの述語形式は，いずれも，具体的な文のなかでは，特定のテンス形式や人称の意味をもたされることで，さらには，モーダルな終助辞（よ，ね，ねえ，さ，わ，な，なあ，ぞ，ぜ，……）をとりつけることで，さまざまな陳述的な意味を実現している。

　一方，こうした陳述論の観点とならんで，文の内部構造論（構文論的なむすびつき）の観点からも，つぎのような《合成述語》が検討される。

　残念に おもう，あさましく かんじる；きれいに する，きれいに なる，保育士に なる；がんじょうな たちだ，おだやかな 性格だ；（～は） 目が おおきい，（～は） 性格が おだやかだ；着陸を する，着陸を おこなう，着陸を なしとげる；にこやかに する，にこやかに ふるまう

◆文の成分，用言，動詞文，形容詞文，名詞文，陳述論

■参考文献

奥田靖雄（1956）「ことばの組みたて」大島義夫編〈講座　日本語1〉民族とことば』大月書店．

奥田靖雄（1985）『ことばの研究・序説』むぎ書房．

奥田靖雄（1988）「文の意味的なタイプ——その対象的な内容とモーダルな意味とのからみあい」『教育国語』92．

奥田靖雄（1996）「文のこと・その分類をめぐって」『教育国語』2-22．

工藤真由美（2002）「現象と本質——方言の文法と標準語の文法」『日本語文法』2-2．

佐藤里美（1999）「モダリティーの表現形式としての述語の形式をめぐって」『教育国語』3-5．

鈴木重幸（1972）『日本語文法・形態論』むぎ書房．

[喜屋武政勝]

■述語文

　文はくみたてのうえから，述語文と独立語文にわけられる。述語文は，主語と述語の分化した文であり，独立語文は，独立語だけの文である。述語文は2つ以上の単語からなりたち，文の部分にわけることのできる。主語と述語を中心とし，さらにそのほかの文の部分をつけくわえてひろげることができる。このように，ほねぐみとなる部分に他の部分をつけくわえて，しだいにながくしながら，内容をくわしくしていくことを「文の拡大」という。述語文は，そのほねぐみとなる主語と述語と，それをさらにひろげる補語，修飾語，状況語，規定語などの文の部分とにわかれる。

　述語文は話し手をとりまく現在その場のデキゴトだけでなく，その場からへだたった時間，空間のデキゴトをも表わすことができる。「バス！」のような，1語だけの文では，メノマエにないできごとやありさまをのべることができないが，述語文になると，それが可能になる。文は，単語をくみあわせてくみたてられることによって，場面からの独立が可能になる。この

ことによって，言語は，過去のことでも未来のことでも，また，確かなことでも不確かなことでも，表わすことができるようになる。

述語文という名づけからは，「さいた」などの述語だけの文でもそうよべるが，形のうえでは一語でできていても，それは主語の省略された二語文であるとみなされる。述語文は，「ばらがさいた」のように，主語と述語がセットになっていて，はじめてなりたつ。述語のさししめす属性（広義）は，かならずなんらかの（モノの）属性であり，主語なしには存在しえないからである。述語文は，「ただいま 到着いたしました」のように，主語が省略されていたり，「はやく おきなさい」のように，主語がないのがふつうであったりするばあいでも，文の名づけ的な意味とのべかたが分化していて，述語がのべたての中心としてのやくわりをはたしている。

また，述語文は，デキゴトのほかに，状態や性質をしめしたり，主語と述語の同一性を表わしたりもする。それにとともに，述語になる品詞に応じて，動詞文，形容詞文，名詞文にわかれる。

➧独立語文

■参考文献
鈴木重幸（1972）『日本語文法・形態論』むぎ書房.
髙橋太郎他（2005）『日本語の文法』ひつじ書房.

[鈴木 泰]

■出来文（しゅったいぶん）

「見られる」「泣かれる」「持ち上げられる」などのラレル形述語を持つ文や「見える」「聞こえる」「読める」「書ける」などを述語に持つ文の共通性に注目して，それらの文としての共通構造を説明するために立てた概念。ラレル形動詞や上記の特殊な動詞を総称して出来動詞と呼び，出来動詞を述語に持つ文が出来文であると定義される。ただし，「浮かぶ」「倒れる」「売れる」などの無意志自動詞は出来動詞に含めない。

出来文の表現する意味（出来文の用法）は〈受身〉〈自発〉〈意図成就〉〈可能〉〈発生状況描写〉〈尊敬〉の6種で，さらに古代語では〈非人称催行〉の用法もあるかと思われる。出来文のうちラレル文の表し得る意味の種類（用法）はこの7種に広がって最も多く，他の出来動詞による出来文は7種のうちのいくつかをそれぞれ表し得る。

また，〈自発〉〈意図成就〉〈可能〉の3用法ではラレル形述語文であろうが他の出来動詞の文であろうが，二重主語文になることがあり得る。

どの言語であれ通常の文は事態を個体の運動あるいはありさまとして語るのに対して，出来文は「個体の運動（人の動作）として言えば言える事態を，あえてそれとは異なる認識のスキーマに持ち込み，事態の全体としての出来・生起を語る文」であると理解することができる。個体に着目してそれを認識の基盤とすることを排除するのであるから，出来文における認識の基盤は「事態が全体として生起する場」以外にはあり得ず，これが主語となる。

「父は中国語が話せる」という文は，「父」において「中国語を話す」ということが（その気になれば）起こるという認識を通して結果的に〈可能〉の意味を表現するものであり，「太郎は先生にほめられた」という文は，「太郎」の身の上に「先生が（太郎を）ほめる」ということが生起した，その結果主語者「太郎」が影響を受けたというところから〈受身〉の意味が表現されるものである。このようにして，出来文は上記6種ないし7種の用法を持つことになる。

➧ラレル，主語，二重主語文

■参考文献

尾上圭介（1998）「文法を考える5〜7——出来文(1)〜(3)」『日本語学』17-7, 10, 13.

尾上圭介（2003）「ラレル文の多義性と主語」『言語』32-4.

尾上圭介（2014）『文法と意味II』くろしお出版，第5章第8，9，10，14節.

川村 大（2012）『ラル形述語文の研究』くろしお出版.

［尾上圭介］

■述定と装定

●述定・装定とは——述定とは，文を述べ定めることで，とくに述語形式をもって文を述べ立てることをいう。あるいは，述語形式をもって事態を描ききることをいう。装定とは，名詞句を修飾することで，属性や性状・ありさまなどを付加することによって名詞（句）などを限定したり詳しく描くことである。すなわち，動詞・形容詞などの述語になりうる形式をもって名詞（句）などを修飾することをいう。たとえば，「水が流れる」「空が青い」「猫が魚をくわえる」の「流れる」「青い」「くわえる」は述定をなしており，「流れる水」「青い空」「魚をくわえる猫」「猫がくわえる魚」の場合の「流れる」「青い」「くわえる」は装定をなしている。また，述定・装定概念をデンマークの言語学者イェスペルセン（Otto Jespersen）のネクサス（nexus）・ジャンクション（junction）の訳語として用いる場合もある。述定をなす場合について，これをネクサスに対応させ，また装定をなす場合について，それを同じくジャンクションに対応させる（佐久間鼎）。イェスペルセンのネクサスとは「鳥が飛ぶ」のような主語述語関係のことであり，ジャンクションとは「飛ぶ鳥」のような連体修飾関係のことである。このように，述定・装定の述語は，述べ立てる/修飾するという述語形式の機能として用いられることも，主述関係/連体関係という句をなす項どうしの関係について用いられることもある。また，装定の用語は，述語形式が主語相当あるいは補足語相当の名詞を修飾する場合が最も限定的な用法であって，このような連体修飾について用いられる使い方が多いようであるが，述語形式が連用修飾をなす場合にも拡張して用いられる場合もある。川端善明は連体・連用の修飾を括って装定とよんでいる。さらに，述語形式による修飾にかぎらず，すべての修飾関係を装定とよぶ場合もあり，「日本の首都」「某教授の授業」における「日本の」「某教授の」が装定をなすとする規定のしかたもある。岡澤鉦治がその例で，統属的装定・部分的装定・性質的装定・由因的装定等，装定について12種を分類している。

●述定・装定概念の意義——述語形式の機能として述定・装定概念をみる場合，述定か装定かという違いで，同じ述語形式であってもそこに異なる機能が看取されることがあることが知られる。たとえば，現代日本語においては「〜う（よう）」「〜まい」は，述定の場合では話者の発話時の主観性を表すが，装定の場合では話者の発話時の主観性とはいいにくい。同様のことは古代日本語にもみられる。古代日本語における「〜む」「〜らむ」「〜けむ」の推量を表す形式には，述定・装定の用法がともにみられるが，厳密に「推量」といえるのは述定の場合にかぎられ，装定の場合は，意味的には「推量」からずれ込んだものとなっている。さらに，現代日本語の「〜だろう」のようないわゆる真正モダリティ形式は述定としてはよく用いられるが，装定としては用いられにくいといった違いがある。また，項関係として述定・装定をみる場合，述定とは，事態を描き出すのに主語と述語の二項を対立的に描くものであり，逆に装定はその二項を描くのに主語に相当する項を主と

して描くものだということもできる。なお，述定・装定の概念は日本語の特色をいう場合に取り上げられることがあり，佐久間鼎は「述定を翻して装定をするのに，かなり自由で格別の造作をしない」ということを日本語の特色であるとしている。これを簡単に「日本語の特色」といえるかには留保が必要であろうが，現代日本語においては，いわゆる形容動詞・指定の助辞すなわち形態素「だ」による述語形式をのぞいては全く同じ形態のまま，「水が流れる」「流れる水」のように変換可能である。このことは，他の言語との対照にあたっての視点になり得るものであろう。

◆外心構造と内心構造，川端善明，佐久間鼎
■参考文献

岡澤鉦治（1932）『言語学的日本文典 静辞編』教育研究会．

尾上圭介（2001）『文法と意味Ⅰ』くろしお出版．

川端善明（1979）『活用の研究Ⅱ』大修館書店．

佐久間鼎（1941）『日本語の特質』育英院．〔復刊：くろしお出版，1995〕

Jespersen, Otto (1924) *The Philosophy of Grammar*. Allen and Unwin.〔半田一郎訳（1958）『文法の原理』岩波書店，安藤貞雄訳（2006）『文法の原理』（上・中・下）岩波文庫〕

[大木一夫]

■主要部

名詞（N），形容詞（A），動詞（V）などの統語範疇は，それらが中心となり，[NPその[N車]]，[APとても[A大きい]]，[VP本を[V読む]]のような句（P＝phrase）を構成する。句の中心となるN/A/Vなどを主要部と言う。生成文法では，「から」「と」「へ」「に」その他（「が」「を」以外の格助詞）をまとめて後置詞（postposition；P）と呼ぶことが多いが，統語的には後置詞が主要部となり，[PP東京[Pから]]のような後置詞句を構成すると考える。また，従属節を導く「と」や，間接疑問文を作る「か」などは補文標識（complementizer；C）と称し，これらも[CP太郎も参加する[Cと/か]]（聞いた）という句（CP）の主要部となる。なお，「君はその本を読んだか」のように，疑問を表す「か」は主節末にも生起するが，この場合も[CP君はその本を読んだ[Cか]]という構造を取る。

世界の言語は，基本的には，日本語のように主要部が句の最後にくる後主要部言語と，例えば英語の[VP[Vread] the book]/[PP[Pfrom] Tokyo]/(I heard)[CP[Cthat] John would come]などに見られるように，主要部が句の最初にくる前主要部言語のいずれかに属する。後・前主要部とは主要部と補部（主要部にとっての必須要素）の相対的位置関係を捉える概念である。英語のAPでは，[APvery[Abeautiful]]のように形容詞が後にくるが，副詞（very）は必須要素ではないのでこの概念の射程外である。NPでも，[NP(the)[Ncars]]のように冠詞が必須でない場合もあり，同様のことが言える。

◆主要部，準体句

[三原健一]

■主要部内在型関係節[1]

主要部内在型関係節とは(1)(2)の角括弧部分を指す。

(1) 先生は［学生が帰ろうとする］のを呼び止めた。
(2) ［銀行から強盗が逃走しようとした］のが警官隊に逮捕された。

この構文の特殊性は，(1)では主節述語「呼び

止めた」の目的語として解釈されるべき「学生」が，(2)では「逮捕された」の主語「強盗」が，所定の目的語位置・主語位置に顕現しておらず，前接する節の内部に生起するという点にある。「学生」「強盗」などを内在主要部と言う。(1)(2)は「の」型と呼ばれるが，(3)のような「ところ」型もこの構文に含める研究者が多い。

(3)保奈美は［痴漢が逃げようとする］ところを捕まえた。

この構文は，①「学生」「強盗」などが主節の項であるように振る舞うのと同時に，②角括弧部分が主節に対する背景的事態を表す副詞節的にも機能するという二重性を有している。①を重視する立場（Kuroda 1974-77, Watanabe 1992, 坪本 1998, 黒田 1999 など）では，例えば(1)が「先生は帰ろうとする学生を呼び止めた」のような通常の関係節と同等の意味を表すように思えることなどから，この構文を関係節の一種として捉える。もっとも，いわゆる格の一致現象に対する捉え方を含むこの見解には反論が多い。研究者によって分析は一枚岩ではないが，この立場では，例えば LF 移動といった方法で内在主要部が主節領域に移動されることになる。他方，②を重視する立場（三原 1994, Murasugi 1994 など）では，この構文は副詞節として捉えられ，主節中に内在主要部と同一指示となるゼロ代名詞(pro)を持つ(4)の構造が設定される。

(4)先生は［学生が帰ろうとする］のを pro 呼び止めた。

しかし，坪本（1998），黒田（1999）以降，関係節説を標榜する研究者の一部は，関係節と同一形式を取る副詞節の存在を認めるようになり現在に至っている。

■参考文献

Kuroda, S.-Y. (1974-77) "Pivot-independent relativization in Japanese I-III." *Papers in Japanese Linguistics* 3-5.

黒田成幸 (1999)「主部内在関係節」黒田成幸・中村捷編『ことばの核と周縁』くろしお出版．

三原健一 (1994)『日本語の統語構造』松柏社．

Murasugi, Keiko (1994) "Head-internal relative clauses as adjunct pure complex NPs." In Shuji Chiba, et al. (eds.) *Synchronic and Diachronic Approaches to Language*. Liber Press.

坪本篤朗 (1998)「文連結の形と意味と語用論」中右実編『〈日英語比較選書 3〉モダリティと発話行為』研究社出版．

Watanabe, Akira (1992) "Subjacency and S-structure movement of WH-in-situ." *Journal of East Asian Linguistics* 1(3).

［三原健一］

■主要部内在型関係節[2]（古典語）

関係節が名詞修飾節であるとき，その修飾をうける主要部 (head) となる名詞は関係節の外部に通常存在する。が，関係節の内部にある名詞を主要部として解釈できる例が日本語にある。このような例を「主要部内在型関係節」と呼ぶことがある。(1)がその例である。

(1)男は（奥へ）女の入らむとするを「ただかくて」とて入れず……（大和・第 173 段。「女」は既出で，特定個人をさす。つづく「の」は主格を示す）

下線部を「奥へ引っ込もうとする女」と解釈し，「入らむとする」が下線部の節内にある「女」を修飾している，と見るわけである。

この従属節の特徴は，後続に対して格関係をもつとともに，節の叙述内容も後続と意味的な関連をもちうる点にある。(1)の場合，「女がはいろうとするのを」は「いれ（ず）」の対格補語であるとともに，「はいろうとするから」（または，「はいろうとするのに」）いれない，とい

った接続関係の意味も読みとれる。

●**日本語史との関係**──歴史的に，このような例は上代語資料からも指摘できるが（みどり子のなくをもおきて〔緑児乃哭乎毛置而〕万葉・481），数多く見出されるようになるのは中古以降である。

ガやヲについて，接続助詞としてのそれらが格助詞ガやヲから成立したとする論がある〔ガについて（石垣1944），ヲについて（近藤1986）〕。その通時論的変化のなかだちとなったと位置づけられているものが上記のような「主要部内在型関係節」である。

●**課題**──この用語の使用に関しては，問題点がふたつある。ひとつは，日本語において，用言による名詞修飾は連体修飾節によってなされているため，関係節という見方で名詞修飾の一部を取り上げることは，日本語文法の体系的な理解にならないという点，もうひとつは，他言語において「主要部内在型関係節」と認定されるものは，日本語ではむしろ(2)のような「名詞(句)＋の(属格)＋準体句」の例（湯澤1929）に対してあてはまるのではないか（黒田1999）という点である。

(2)「尊き霊（みたま）の子孫（うみのこ）の遠く流してあるをばみやこに召し上げて臣となさむ」と……（〔尊霊乃子孫乃遠流天在乎方京都仁召上天臣止成无止〕続日本紀宣命・第34詔。「尊霊乃子孫」は初出・不特定と見うる例で，「遠流天在」によって修飾限定される意味関係になる。つづく「乃」は属格を示す）

ただし，(1)のような従属節が日本語に存在するのは事実である。「主要部内在型関係節」は正確な定位を待つ統語現象として日本語文法研究のひとつの論点を提示している。

➡黒田成幸，主要部，準体句，連体修飾構造(連体句)

■**参考文献**

湯澤幸吉郎（1929）「「の」「が」を伴う句の一形式──修飾法の一」『国語教育』．〔再録：湯澤幸吉郎（1940）『国語学論考』八雲書林〕

石垣謙二（1944）「主格「が」助詞より接続「が」助詞へ」『国語と国文学』21-3, 5．〔再録：石垣謙二（1955）『助詞の歴史的研究』岩波書店〕

Kuroda, S. -Y.〔黒田成幸〕(1974) "Pivot-independent relative clauses in Japanese, I ." *Papers in Japanese Linguistics* 3, pp. 59-93.〔再録：Kuroda, S. -Y. (1992) "Pivot-independent relativization in Japanese." *Japanese Syntax and Semantics*. Kluwer Academic〕

近藤泰弘（1986）「接続助詞「を」の発生」『松村明教授古稀記念国語研究論集』明治書院．〔再録：近藤泰弘（2000）「接続助詞「を」の発生時期」『日本語記述文法の理論』ひつじ書房〕

黒田成幸（1999）「主部内在関係節」, 黒田成幸・中村捷編『ことばの核と周縁──日本語と英語の間』くろしお出版〔黒田成幸（1998）「主部内在関係節」平野日出征・中村捷編『言語の内在と外在』（東北大学文学部）の改稿。のち，さらに改稿して再録：黒田成幸（2005）「主辞内在関係節」『日本語からみた生成文法』岩波書店〕

柴谷方良（2009）「日本語準体法再考──体言化と連体修飾」『日本語文法学会第10回大会発表予稿集』日本語文法学会．

［鈴木 浩］

■**順接と逆接**

順接と逆接とは，条件（接続）関係を，前句と後句が表す事態の内容関係によって区分したものである。仮定条件/確定条件/一般（恒常）条件の別とは独立の観点となるから，2×3＝

6つの区分が考えられる（たとえば小林1996）。ただし，一般条件を仮定条件・確定条件と並ぶものと考える点については異論があり得る），これに，時間関係を表す偶然確定条件2種（継起関係と並存関係を表す）を加え，条件関係は8つに分類されることになる。

● **順逆以前：継起と並存**——人間をとりまく環境は，時間の流れにそって刻々と変化する。事態間に内容関係が指摘できない場合であっても，時間的な関係を指摘することは出来る。二事態の時間的な関係は，継起関係と，並存関係とに分けられる。継起関係とは，二つの事態が時間の流れに沿って，相次いであらわれる（先後するものとしてとらえられた）関係であり，一方，並存関係とは，二つの事態が併存している（同時的存在としてとらえられた）関係である。この二つの時間関係は，（内容関係としての）順接/逆接関係と無関係ではなく，前者（継起/並存）が後者（順接/逆接）の前提をなす（川端1958）。それぞれ詳しく見て行く。

● **順接**——順接とは，二つの事態の間の継起関係，あるいは，話手の事態の認識の時間的先後性を前提とし，それにもとづいて，前に起こった（あるいは先に認識された）事態（言語表現としても前句で表される）が，後に起こった（あるいは後で認識された）事態（後句で表される）を引き起こした（あるいは後に起こる事態が，前に起こった事態の成立や存在を前提にしている）という形で二事態の関係がとらえられている場合のことである。つまり，順接関係には，常に継起関係が前提として存在し，その上で，前提・因果関係が認められているのである。そのことの反映として，順接条件では，前句と後句を入れ換えることは困難である（「雨が降れば/降ったから，遠足は中止だ。」と「遠足が中止であれば/だから，雨が降った。」は明確に意味が異なる）。一般に，前句の後句に対する結びつきは強い。

● **逆接**——継起関係を前提に持つ順接に対して逆接は，並存関係を前提とする。逆接関係とは，並存関係を踏まえて両者の間に内容的対立が読み込まれた場合である，あるいは，逆接とは，内容的対立を持った二事態の同時的並存の表現である，ということが出来るであろう。大きく二つのタイプが考えられる。

まず，A）単純な同時的並存タイプが考えられる。これは，単なる同時並存の表現に，内容対立が読み込まれていったものである（確定条件で言えば，「兄は賢いが，弟は愚かだ。」など。例によって，内容対立の濃淡はある）。なお，並存関係を基盤に持つAタイプの逆接条件では，継起関係を基盤に持つ順接条件とは異なり，前句と後句の入れ換えが可能になっている。

一方，逆接には，B）前句から推論される事態の否定として，後句が表す事態が存在することを表すタイプもある（確定表現で言えば，「雨が降ったのに遠足があった。」など）。このタイプでは，前句の表す事態と後句の表す事態の間に時間的な先後が考えられることになるから，順接条件と同じく，前句と後句とを入れ換えることは難しい。Bタイプの逆接は，このように，順接関係（「雨が降ったから遠足はなかった。」）の後件を否定した形ととらえられる限りでは，継起関係との関係が濃厚である。だが，前句の表す事態（「雨が降ったこと」）が，それを可能性として含むと考えられる事態（「遠足がなかったこと」）と，実際に前句と結びつけて主張される事態（「遠足があったこと」）との間の対立の表現であるととらえることも出来，そのかぎりで上に述べた逆接関係の定義（内容的に対立する二事態の同時並存）の枠内で理解することが可能である。確定条件においては，後句の表す事実によって（「いいことをしたのに叱られた。」），仮定条件においては話手の意志や意向によって（「誰が反対して

も俺は国民の審判をあおぐ。｣)，一般条件においては物や人の性質によって(｢この物置は象がのっても壊れない。｣)，それぞれ推論の帰結が否定される。後二者は，譲歩表現に接近していくことになる。

Aタイプの逆接とBタイプの逆接は，理念的に区別されるものであるが，形式の上では必ずしも区別されない。ガ，ケレドモなどは，両タイプを表し得るし，基本的にBタイプを表すと考えられる形式(ノニなど)が同時に成り立つ二事態の間の推論関係を否定する場合(｢兄は愚かなのに弟は賢い。｣)もあって，表面的に区別は難しくなっている。
➡条件

■参考文献
川端善明(1958)｢接続と修飾──｢連用｣についての序説｣『国語国文』27-5.
小林賢次(1996)『日本語条件表現史の研究』ひつじ書房.
松下大三郎(1928)『改撰標準日本文法』紀元社.

[仁科 明]

■準体句

●準体句とは──古典語において，活用語の連体形が名詞(＝体言)に準ずる働きをすることがある。連体形のそのような働きを｢準体法｣と呼び，連体形準体法によって構成される名詞句を｢準体句｣と呼ぶ。

●準体句の2種──準体句は，意味・構造の面から2種に分けられる。

(1)仕うまつる人の中に［心たしかなる］を選びて(竹取)
(2)［いみじき愁へに沈む］を見るに，たへがたくて(源氏・明石)

(1)は｢心がしっかりしている人｣のように，〈ヒト〉の意味を表している。一方の(2)は，｢たいそうな悲しみに沈んでいる｣という〈コト〉(＝内容・事柄)を表している。このように意味の面から，具体的な存在物である〈ヒト〉〈モノ〉を表すタイプと，抽象的な〈コト〉を表すタイプの2種に分けることができる。

このとき，(1)の〈ヒト〉と｢たしかなる｣の関係は，《〈ヒト〉ガ 心たしかなる》のように格関係にある。一方(2)の〈コト〉と｢いみじき愁へに沈む｣の関係は，《｢いみじき愁へに沈む｣＝〈コト〉》のように同等の関係にある。このように，句構造の面からも両者は異なっている(石垣1955では，(1)を｢形状性名詞句｣，(2)を｢作用性名詞句｣と呼んでいる)。

●準体句の変遷──準体句は，室町時代から江戸時代にかけて次第に用いられなくなり，準体助詞｢の｣を句末に付接することが求められるようになった。

(3)姫が肌に，父が杖をあてて探すのこそ悲しけれ(貴船の本地)
(4)せんどそちへわたひたのは何としたぞ(虎明本狂言・雁盗人)

このような準体助詞｢の｣は，次に示すような代名詞用法から発達した。

(5)人妻と我がのとふたつ思ふには馴れにし袖ぞあはれなりける(好忠集・457)

(5)の｢の｣は｢妻｣という〈ヒト〉を指している。したがって，準体助詞はまず〈ヒト〉〈モノ〉タイプから用いられ始め，その後〈コト〉タイプへと拡張したものと見られる。
➡主要部内在型関係節，終止形と連体形の合一化(同化)

■参考文献
石垣謙二(1955)『助詞の歴史的研究』岩波書店.
近藤泰弘(2000)『日本語記述文法の理論』ひつじ書房.
信太知子(1970)｢断定の助動詞の活用語承接について──連体形準体法の消滅を背景とし

て」『国語学』82．
山田孝雄（1908）『日本文法論』宝文館．

［青木博史］

■上位語・下位語・同位語

「蟻」「蜂」「蟬」という語の意味は「〜の特徴を持つ虫」であるから，「虫」という語の全ての意味を含んでいる。このような関係にある時，「虫」を上位語，「蟻」「蜂」「蟬」を下位語と言い，これら下位語同士を同位語（あるいは，共下位語）と言う。包含関係がこのようになるのは，「虫」の意味が一般的で内容が乏しいのに対して，「蟻」等の意味が個別的で内容が豊富なためである。ところが，指示対象を問題とすると，意味内容が乏しい程，多くのものを指示することができるので，包含関係が逆転する。「虫」と言えるものは，「蟻」「蜂」「蟬」と言って指すものを全て含むことになる。そこで，「蜂を捕まえた」を同一場面で「虫を捕まえた」と置き換えることができる。逆方向の「虫を捕まえた」から「蜂を捕まえた」への置き換えは不可能である。しかし，総称的な意味が問題となると，「蜂は怖い」を「虫は怖い」と置き換えることができなくなる。逆方向の「虫は怖い」から「蜂は怖い」への置き換えは可能である。ただし，「昨日は蜂が怖かった」のような個別的な表現は，「昨日は虫が〜」と置き換えることができる。

以上のように，上下関係を説明すると複雑なものとなるが，この関係そのものは動植物の分類と同じものであり，理解しやすい。同位語「蟻」「蜂」「蟬」は同じ意味の次元で対立するので，同一場面で置き換えは不可能，つまり，非両立的である。ただし，人間への影響という観点から分類した語「益虫」「害虫」となると，「虫」の下位語でありながら，（例えば「蜂」のように）「益虫」であり「害虫」でもあるということが起こりうるので，この2語は両立可能となる。このような人為分類と，先の「蟻」「蜂」等の種類による自然分類とは，別に扱う必要がある。

このことと関連するが，自然科学的分類に対して日常語による分類には人間の価値判断が加わることが多い。例えば，植物を日常語で「木」「竹」「草」と分類するが，使い方を細かく見ると，「百合」や「菊」，「ほうれん草」や「白菜」は「草」とは言わず，それぞれ「花」「野菜」と言う。つまり，無用な「草」と有用な「花」「野菜」を区別するのである。本来植物の一器官である「花」が「草」（雑草）と対立的に独立した植物（草花）の意味を与えられている点も注意される。

上下関係は，また，多義語の認定にも有用である。「とり（鳥・鶏）」の場合，「動物」を上位語とする時の《鳥》の意味（同位語は「けもの」等）と，「とり《鳥》」を上位語とする時の《鶏》の意味（同位語は「からす」等）とが，上下関係の体系の中で異なったレベルに位置することから，区別され，「とり」が多義語と認定される。

➡語（単語），語彙

■参考文献

Leech, Geoffrey N. (1974) *Semantics*. Penguin.〔安藤貞雄監訳（1977）『現代意味論』研究社出版〕
池上嘉彦（1975）『意味論』大修館書店．
Lyons, John (1977) *Semantics I*. Cambridge University Press.
国広哲弥（1982）『意味論の方法』大修館書店．

［久島　茂］

■状況語

状況語は，述語と主語（対象語，修飾語）か

らなる事象全体をとりまく時間，場所，場面，原因，目的のような外的状況を表す文の成分（部分）である。

　　時間：来年太郎はドイツに留学する。
　　場所：スイスで二人は山に登った。
　　場面：第1試合で強豪同士が対決する。
　　原因：台風で飛行機が飛ばなかった。
　　目的：実験のために太郎は機器を購入した。

　同じ名詞のデ格であっても，「観客が拍手で選手を迎える」では，述語が表す動作の様子を表す修飾語であるが，「拍手で会場が騒然となる」では，事象が成立する外的状況（原因）を表す状況語である。状況語は事象全体をとりまく外的状況を表すので，対象語（あるいは補語）や修飾語よりも述語から遠い構文的位置になるのが普通である。「スイスで山に登る」とは言えても「山にスイスで登る」とは言い難い。否定の焦点にもなりにくく，「台風で飛行機が飛ばなかった」は飛行機が飛ばなかった原因を表す。

　以上と関わって，状況語が表すのは別の事象であるとも考えられ，2つの事象を捉えている点で複文的になってくる。「雪崩で登山者が死んだ」の場合，「雪崩が起きたこと」「登山者が死んだこと」という2つの事象が捉えられているとも言える。「春には桜が咲く」は「春になると桜が咲く」と言い換えてもよい。

　「川に洗濯に行く」のような目的を表す名詞のニ格は，述語が移動動詞に限定され，述語の前に位置することから典型的な状況語ではない。そのかわりに「ために」という形式名詞のニ格が発達し，目的を表す状況語になっている。述語の制限もなく「*実験に機器を購入する」とは言えないが「実験のために機器を購入する」とは言える。原因の場合も「おかげで，せいで，ために」のような形式名詞のデ格，ニ格の使用が多い。「人混みのなかで子供が迷子になる」は場面を表す状況語と言えよう。

◆文の成分
■参考文献
教科研東京国語部会・言語教育研究サークル（1963）『文法教育』むぎ書房．
鈴木重幸（1972）『日本語文法・形態論』むぎ書房．
言語学研究会編（1983）『日本語文法・連語論』むぎ書房．
奥田靖雄（1984）『ことばの研究・序説』むぎ書房．
工藤真由美（2002）「文の成分」飛田良文・佐藤武義編『〈現代日本語講座5〉文法』明治書院．

[工藤真由美]

■条件

●条件とは──ある事態が別のもう一つの事態を引き起こす原因となるという因果関係のうち，仮定的な因果関係を表す場合を条件と呼ぶ。条件の表現は，前件と後件の因果関係が一回のことを述べるのか，または多回的な事態を述べるのか，まだ実現していない事態について述べるのか，すでに実現している事態について述べるのか，さらに実現していない事態については，今後実現の可能性がある事態として述べるか，実現の可能性のない事態を起こったと仮定して述べるか，という観点から，図1のように分類できる。

具体例を挙げると，それぞれ次のようになる。
①仮説的条件文「もし明日雨が降れば，試合は中止になるだろう」「3時になったら帰ろう」
②仮説的条件文（前件のみが事実である場合）「ここまで来れば，もう警察も追いかけては来ないだろう」
③反事実的条件文（前後件とも反事実である場合）「妻が生きていれば，息子の大学合格を一

図1　条件の分類

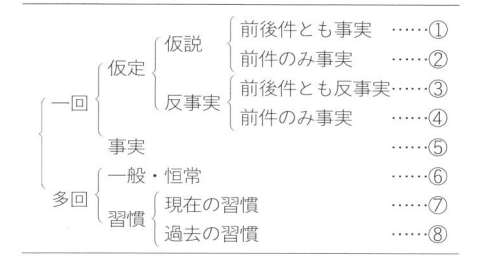

```
        ┌─仮定─┬─仮説─┬─前後件とも事実……①
        │     │     └─前件のみ事実　……②
  ┌─一回─┤     └─反事実┬─前後件とも反事実……③
  │     │            └─前件のみ事実　……④
──┤     └─事実　　　　　　　　　　……⑤
  │     ┌─一般・恒常　　　　　　　　……⑥
  └─多回─┤     ┌─現在の習慣　　　　……⑦
        └─習慣─┤
              └─過去の習慣　　　　……⑧
```

番，喜んだだろう」
④反事実的条件文（前件のみが事実である場合）「君がパーティに来るなら，この前，借りた本を持ってきたのに」
⑤事実的条件文「ボタンを押すと，水が出た」
⑥恒常的条件文（一般条件）「水は100度になると沸騰する」
⑦現在の習慣「食事をするとすぐに横になる」
⑧過去の習慣「酒を飲むと眠くなったものだ」
●「ば」「と」「たら」「なら」の相違──条件形式には方言差があるが，現代標準語において条件を表す代表的な形式には「ば」「と」「たら」「なら」がある。

　①の仮説的条件文は最も典型的な条件であり，これのみが仮定的条件文と呼ばれることもある。まだ起こるかどうか分からない事態を仮定し，それが生起した場合にどうなるかを予想して述べる。副詞「もし」が共起することもある。「ば」「たら」「なら」が用いられ，「と」は現れにくい。なお「ば」には，前件と後件が同一主体である場合，主節に命令・勧誘・意志・希望などのモダリティ表現が現れにくいとの制約がある。「*京都に行けば，金閣寺を見たい」この制約は，前件が状態性述語である場合，解除される。「時間があれば，金閣寺を見たい」なお「たら」「なら」にはこのようなモダリティ制約はないが，「なら」と「たら」は前件と後件の相対的な前後関係に違いがある。「パソコンを買ったら，連絡してください」は「買った後で」の意味であり，「パソコンを買うなら，連絡してください」は「買う前に，買う場合に」という意味である。ただし状態性述語を受ける「なら」では，前後関係の違いは曖昧になる。「この本が欲しいなら，さしあげますよ」

　仮説的条件文のうち，前件のみが事実である②のような条件文は「ば」しか表せない。

　③の反事実的条件文とは，過去または現在において生起していない事態を，仮に起こった場合にどのようになるか，なっていたかを述べる。「ば」「たら」「なら」が用いられ，「と」は現れにくい。④のタイプの反事実的条件文は，前件は事実であり，後件のみ反事実という特殊なもので，「なら」しか表せない。

　⑤の事実的条件文は前件・後件ともに既に起こった事態であり，「たら」「と」によって表される。事実的な条件文には，前件と後件に同一主体の動きが連続する場合「部屋に入ると，ドアを開けた」「薬を{飲むと/飲んだら}，眠くなった」，前後件の主語が異なり，前件が後件の原因・きっかけである場合「ボタンを{押すと/押したら}，爆発した」，前件が後件事態を発見するきっかけである場合「窓を{開けると/開けたら}，富士山が見えた」，前件の継続的状態の最中に後件の発生を認識する場合「本を読んで{いると/いたら}，電話が鳴った」がある。

　⑥〜⑧の多回的な場合は「と」「ば」によって表される。
●条件を表すその他の形式──「ては」は「そんなに近くでテレビを見ては目を悪くする」のように，現在・過去の状況を前件とし，それが望ましくない後件事態を引き起こすことを表す。後件には命令・勧誘・意志などの表現は現れない。また「とすれば/としたら/とすると/とするなら」や「のなら/のでは」「ないことには」のような複合的な形式や，「限り/場合（は）」

なども，主に仮設的な条件を表す形式である。
➡仮定条件，確定条件

■参考文献

益岡隆志編(1993)『日本語の条件表現』くろしお出版．

宮島達夫・仁田義雄編(1995)『日本語類義表現の文法（下）』くろしお出版．

益岡隆志(1997)『複文』くろしお出版．

田中 寛(2004)『日本語複文表現の研究』白帝社．

有田節子（2007)『日本語条件文と時制節性』くろしお出版．

[前田直子]

■条件形式の変遷

●四種の条件形式——前件と後件をつなぐ接続形式のうち，両者の間に因果関係をはじめとして，条件と帰結という密接な関係を表すものは条件形式と呼ばれる。古代語では，事柄を予想的・可能的に仮定する仮定条件の形式と，現実的に確定した事柄を条件にする確定条件の形式とが対立していた。またそのそれぞれに順当な帰結を導く順接と，帰結が条件とは対立する逆接があり，それらの四種がひとつの体系をなした。接続助詞バ・トモによる，(1)未然形＋バ，(2)終止形＋トモが仮定条件の形式，接続助詞バ・ド（モ）による，(3)已然形＋バ，(4)已然形＋ド（モ）が確定条件の形式で，そのうち，(1)(3)が順接，(2)(4)が逆接の形式である。

(1)御いとまあらば，かならず今日立ち寄らせたまへ。（落窪・3）
(2)今は世は逆さまになるとも，思ほし返すべきにもあらず。（宇津保・菊の宴）
(3)風吹けば，え出で立たず。（土左）
(4)文を書きてやれども，返りごともせず。（竹取）

以上は接続助詞による形式で複文を構成するものである。条件形式には，このほかに，それらの前件に相当するものが一語化して，文頭で前文の内容をうけ，後続成分につなぐ接続詞，「さらば」「さりとも」「されば」「されども」なども含められる。

なお，古代語でも前件が形容詞，形容詞型活用の助動詞，打消の助動詞「ず」による場合の仮定条件は，前述の(1)(2)とは異なり，順接に連用形＋ハ，逆接に連用形＋トモが用いられた。

(5)恋しくはとぶらひ来ませ（古今・982）
(6)遠くとも心を近く思ほせ我妹（万葉・3764）

●已然形＋バ，已然形＋ド（モ）の用法——已然形＋バによる前掲の(3)は原因理由を表すが，已然形＋バには，次の(7)のように後件の偶然的なきっかけを表す用法，(8)のように個別的な事態同士の関係ではなく，一般的恒常的に認められる前件と後件の関係を表す用法もあった。

(7)見れば，率て来し女もなし。（伊勢・6）
(8)命長ければ，恥多し。（徒然・7）

これらに相当する用法は逆接の已然形＋ド（モ）にもある。たとえば次の(9)は，(8)に相当する逆接の例である。

(9)少年の春は惜しめども留まらぬものなりければ，（狭衣・1）

●通時的変化——上代には，順接的・逆接的な確定条件は，活用語の已然形だけで接続助詞なしにも表せた。接続助詞の付く已然形＋バ・已然形＋ド（モ）は，その後身と見られる。

(10)山隠しつれ心どもなし（万葉・471）

また，上記四種の条件形式は，いずれも中世を境に少しずつ他の形式と交替し，それらに認められた体系性もその過程で解消する。未然形＋バはその一形態であったナラバ・タラバと交替するようになり，それがそれぞれナラ・タラに変化する。

(11)暇ならござれ。（仮名草子・難波鉦・1）
(12)言うたら，恥であらうぞ。（狂言記・内沙

汰）

終止形＋トモは，その仮定性や逆接性を文脈に依存する方向へと，トテ・トテモなどを経て，テモに変化する。逆接の仮定性を明示化する必要があれば，不定詞その他で補完するようになった。

已然形＋バは，原因理由を表す用法などが，ホドニ・カラ・トなどの形式名詞・格助詞に由来する言い方と交替し，室町期以降，もとの一般的恒常的な関係を表す用法だけが残って，次第に仮定寄りに解釈されるようになる。バを伴う「吹けば」など，現代語では仮定を表す形と見られることになるため，口語文法ではそのバの付く活用形も仮定形と改称されている。

已然形＋ド（モ）は，接続助詞ケレド（モ）を形成し，もとの形式はその過程で衰退した。
➡仮定条件，確定条件，条件

■参考文献
阪倉篤義（1958）「条件表現の変遷」『国語学』33．〔再録：阪倉篤義（1975）『文章と表現』角川書店〕
山口堯二（1980）『古代接続法の研究』明治書院．
阪倉篤義（1993）『日本語表現の流れ』岩波書店．
小林賢次（1996）『日本語条件表現史の研究』ひつじ書房．
山口堯二（1996）『日本語接続法史論』和泉書院．

［山口堯二］

■畳語

畳語（reduplication）とは，語構成論の観点からいえば，同一形態素や同一単語をかさねることによってできた合成語である。もともとは語を感情的に強めるため，くりかえされたのであろうが，それが固定して一語と意識されるようになったものである。子供のことばや詩などの文学作品に多くみられる。素朴ではあるが，いろいろな言語で擬声語・擬態語の構成などにもちいられる，古くからさかんな語構成法である（安藤正次 1935）。

次に，代表的な構成パターンとそれが表わす意味をかかげる。

(A)形態素を重複させたものには，「がんがん，びりびり，ぶらぶら」のように，音や様態を象徴的に示す語基を重複させたものと，「ひろびろ，しぶしぶ，うらら（＜うらうら），ほのぼの」のように，形容（動）詞に派生する情態言を重複させたものとがある。象徴詞の畳語と情態言の畳語とでは，同じ状態性の語をつくっても，その機能がことなる。象徴詞からのものは，基本的に行為または状態が反復継続するさまなどを表わす擬声・擬態語となり，副詞的な修飾語としてもちいられるのにたいして，情態言からのものは，語を感情的に強めたり，程度や範囲や形状のはなはだしさを強調したりして，形容詞的な述語としてもちいられる。（鈴木泰 1993）。

(B)単語を重複させたものには，名詞，動詞，疑問詞などを重複させたものがある。名詞を重複させたものには，「家々，ところどころ，やまやま，みちみち」などの空間名詞を重複させたものや，「日々，時々，常々，おりおり」などの時間名詞を重複させたものがおおく，前者は複数性・枚挙性を，後者は反復性を表わし，状況語としてもちいられる。具体物を表わす名詞では，「人々，神々」などの主体を表わす名詞を重複させたものがおおく，多数性を表わす（玉村文郎 1986）。

また，「泣き泣き，生き生き，思い思い」のように，動詞を重複させたものは，〜シナガラや〜シツツと働きがにかよっていて，行為または状態が反復継続するさまを表わし，動詞の修飾語になる。以上は，連用形の畳語であるが，

「泣く泣く」のように終止形を重複させたものもある。

また，「いついつ，誰々，何々」などの疑問詞を重複させたものは，はっきり指定せず，ある種のものごとを代用するという特殊な用法にもちいられる。

◆語構成
■参考文献
安藤正次（1935）「畳音・畳語の一研究」『藤岡博士功績記念　言語学論文集』岩波書店．
鈴木　泰（1993）「中古における畳語形式の情態副詞の機能と意味」松村明先生喜寿記念会『国語研究』明治書院．
玉村文郎（1986）「古代における和語名詞の畳語について」宮地裕編『論集日本語研究2 歴史編』明治書院．

[鈴木　泰]

■証拠性（エヴィデンシャリティー）

エヴィデンシャリティー（evidentiality）とは，情報の出所を表わす意味であると一括することができるが，そのあり方によって言語を類型化する試みが行われていることからも知られるように，そのあり方は言語ごとに異なっているといってもよい。日本語のエヴィデンシャリティーではネイティヴ・アメリカンの言語のように，視覚に基づくか，聴覚に基づくか，さらにその他の知覚に基づくかといったような情報獲得手段によって区別されることは基本的にはないが，その日本語においても，標準語と方言では違いがあるし，また古典語とも違いがある。

●現代標準語──現代語のエヴィデンシャリティーはもっとも単純で，知覚の質を問うことはなく，もっぱら情報の出所が存在することを示すだけである。現代標準語において，evidentialな意味を表わす形としては，ヨウダ，ラシイ，ソウダなどの形式が存在する。それらの表わす意味は，「話し手が頭の中で考えたり想像したりすることを表わすのではなく，外部に存在する情報を観察したり取り入れたりすることを通じて，その認識が成立していることを表す形式である」（『現代日本語文法4　モダリティ』）とされる。これらは推量の助動詞として用いられるが，単なる推量が想像を表わすだけであるのに対して，証拠に裏打ちされることによって現実性が付与されており，推量と断定のムードのはざまをうめるものとなっている。

●方言──現代語においてエヴィデンシャリティーが積極的に表されるのは，北琉球方言である，それを文法的意味として明確に取り出したのは松本泰丈で，松本はそれをメノマエ性と呼び，次のように規定する（松本1996）。

　　さまざまなすがたで，ココに，イマ，アクチュアルにあらわれているデキゴトと，それをハナシテが目撃していることを表現してつたえているとき，そこにいいあらわされている意味的な内容をメノマエ性といっておく。

それは，奄美喜界島方言（松本1993）では① asasaaja sizi ai. セミハ死ンデアル．や② ʔkaŋ a fatee aqci ai. コドモガハタケヲアルイテアル．のように，シテアル形などによって表わされる。そして，①のような現象動詞的な自動詞ではコトガラそのものを目撃しながらいっており，②のような行為を表わすシテ主語をとる動詞では「シテ主体＝行為者はその場にはもういあわせなくていいが，行為の結果の状態は現にメノマエにある必要がある」といっている。そして，この場合は，「あしがたのおおきさなどをみて，すがたをけしたシテを推理しているのである」と説明される。松本がこの2つの場合を等しくメノマエ性として一括するのに対して，与論方言の同様の事例をあつかった工藤真由美他（2007）は，①のような例を〈直接的

エヴィデンシャリティー〉，②のような場合を〈間接的エヴィデンシャリティー〉といって区別する。ここで問題になるのはエヴィデンシャリティーとムードとの関係である。奄美方言では推量的意味のm語尾形式が無標形として存在していることから，松本は①②のような例を断定の変種とする。工藤も，②のような場合については，推量のムードとの接近をほのめかしているものの，〈確認〉と称していることから，結論的には両者とも断定の変種と考えているものといえよう。つまり，琉球方言のエヴィデンシャリティーとは断定のヴァリエーションであるということなる。松本が，「アクチュアルにあらわれているデキゴト」というのもそういう意味であろう。はじめに見た現代語のエヴィデンシャリティーがむしろ推量の変種と考えられるのとこれは大きな違いである。これは，エヴィデンシャリティーが断定においても推量においても表現されるということであり，エヴィデンシャリティーがいわゆるムード体系とは独立したカテゴリーであることを示している。

●**古代語**——古代語においてはevidentialな意味を表わす形式として，琉球方言に残存しているのと同様の用法がタリ・リ形式に存在する。タリ・リ形式は完了（英語などのパーフェクト）形式であるので，結果や痕跡を手がかりにした情報であることを示す〈間接的エヴィデンシャリティー〉の意味しか生じない。しかし，〈直接的エヴィデンシャリティー〉形式が古代語に存在しないわけではなく，視覚に基づくことを表わす助辞メリ，聴覚に基づくことを表わす終止形接続の助辞ナリがある。これらは発生当初こそ断定の変種と考えられるとしても，すぐに婉曲を介して推量の意味を獲得する。ラシは兆候に基づくことを表わす特異な形式として強い推量性を持っていた。また，性質や心理など抽象的なものが何らかの具体的な形をとっていることを表わす形式として，ゲナリ

もあり，これらは，タリ・リ形式が断定の意味の変種にとどまるのに対して，推量的な意味をもち，現代語の助辞ソウダ，ヨウダ，ラシなどにつながっている。なお，ラムは，松尾捨治郎によれば「見えたる物」に基づいて「隠れたる理」を想像する意味だとされ，evidentialな認識構造をもっているようにも見られるが，隠れたる理があくまで不明であることを表わそうとしているものであって，それが証拠から推測されるという意味ではない。古代語には，このほかに，証拠の質は問わず，それと接することによって，それをもたらした思いがけないできごとの存在に思い至ることを表わすケリ形式が存在する。ケリ形式は推論性が強いが，発見されたできごとの現前性がそれにまさっており，断定のムードの変種とみなされる。ケリ形式のevidentialな意味は，語られる内容が，先行して存在する伝説や伝聞から取材されていることを表わすものとして，物語の語りに用いられ，特に擬古的な文章においては，物語的な過去というテンス的意味を獲得するようになる。なお，同じ過去を表わすキ形式を話し手の直接経験を表わすものとする説があるが，キ形式はエヴィデンシャリティーに関しては中立であると考えるべきであろう。

◆推量，モダリティ，ムード

■**参考文献**

工藤真由美・仲間恵子・八亀裕美 (2007)「与論方言のアスペクト・テンス・エヴィデンシャリティー」『国語と国文学』84-3.

現代日本語記述文法研究会編 (2003)『〈現代日本語文法4〉第8部モダリティ』くろしお出版.

鈴木 泰 (2009)『古代日本語時間表現の形態論的研究』ひつじ書房.

細江逸記 (1932)『動詞時制の研究』泰文堂.

松尾捨治郎 (1936)『国語法論巧』文学社.

松本泰丈 (1993)「〈シテアル〉形おぼえがき

――奄美喜界島（大朝戸）方言から」松村明先生喜寿記念会『国語研究』明治書院.
松本泰丈（1996）「奄美大島北部方言のメノマエ性――龍郷町瀬留」鈴木泰・角田太作『日本語文法の諸問題――高橋太郎先生古希記念論文集』ひつじ書房.
Aikhenvald, Alexandra Y. (2004) *Evidentiality*. Oxford University Press.
Chafe, Wallace L. and Johanna Nichols (eds.) (1986) *Evidentiality : The Linguistic Coding of Epistemology*. 〈Advances in Discourse Processes 20〉 Ablex.

〔鈴木 泰〕

■上代特殊語法ズハ

●二種類の〈～ズハ〉――上代には，次のように二種類に区別されている〈～ズハ〉がある。
　(1)君来ずは形見にせむと我が二人植ゑし松の木君を待ち出でむ（万葉・2484）
　(2)かくばかり恋ひつつあらずは高山の磐根しまきて死なましものを（万葉・86）
(1)は〈あなたが来なかったら〉と仮定条件として理解できるのに対して，(2)は〈恋していなかったら〉と仮定条件のように解すると，意味が通らなくなってしまうものである。そこで，(2)のような用法を上代における特殊語法のズハと呼び，それをどう解するかをめぐって，論議が続けられてきている。なお，かつてはズバと末尾音節は濁音に読まれてきたが，用字法の精査によって，(1)(2)ともにズハと清音であることが明らかになった。

●本居宣長と橋本進吉の解釈――古く通説の位置を占めていたのは，本居宣長（1785）の説で，(2)のような例を(1)と同じように解すると意味が通じにくいところから，これは「んよりは」の意で，「恋ひつつあらずは」は，「恋ひつつあらんよりは」の意であると解したのである。これに異論を呈したのが橋本進吉（1925, 1951）で，宣長説はそのように解すれば一応の解釈が得られるというだけのことであり，ズハという語形がどうしてそのような意味を表しうるかという説明がない，と批判した。

橋本によれば，ズは打消の助動詞の連用形，ハは助詞で，ズハは「ずしては」の意であり，「恋ひつつあらずは」は「恋ひつつあらずしては」の意であるという。この解釈が従来取られなかったのは，連用修飾語にハがつく場合，「絶えずは流れず」「絶えずは流るれど」とはいうが，「絶えずは流る」とはいわないように，末尾との呼応に制限があるが，(2)のケースでは末尾の表現が願望・仮想・意図などさまざまであって，それが〈～ズ〉を連用修飾語と解することを妨げてきた。しかし，古代にはハの用法がもっと広かったものと考えられるという。しかし，古代にはハの用法が後世より広かったという論証はなく，橋本説が現れて通説化して以後も，異論が絶えなかった。

●その後の論議――その後も論議は続けられたが，有力になってきたのは，(1)(2)を統一的に捉えようとする立場である。その一つとして，山口堯二（1980）があり，(2)も(1)と同様に仮定表現と捉えるべきものであること，(2)の類では前句は話し手が実現を願っている事態を，また後句はその実現のための手段・代償を表していることを指摘した。それが普通の仮定表現のように現代語訳できないのは，古代語では，話し手が実現を願っている事態でその実現に話し手が関与する場合に，可能的表現をしなかったことによる。たとえば，「避（さ）らぬ別れ」（古今・901）は，現代語であれば「避けない別れ」ではなく，「避けられない別れ」と表現する。したがって，「かくばかり恋ひつつあらずは」は「これほどに恋しい思いをせずにいられるなら」と現代語訳すべきところだと説いた。

また，比較的最近では小柳智一（2004）が

あり，これも(1)(2)いずれも仮定条件を表す言い方であると捉える論である。ただし，前句には，「可能的未実現」と「不可能的未実現」とがあると考え，また前句と後句との関係は，「因-果」の順に並ぶ「順行的関係」と，「果-因」の順に並ぶ「逆行的関係」とがあるという考え方を導入した。そのことによって，これまで，仮定条件を表さない特殊な用法と見られていた(2)の〈～ズハ〉が，実は仮定条件形式に属し，不可能的仮定条件句を表す場合に位置づけられ，反実仮想の一種であると見なされることになった。この論によって(1)(2)の関係がより明瞭になったと言えよう。

◆条件形式の変遷
■参考文献
本居宣長（1785）『詞の玉緒』．〔再録：大野晋・大久保正編集（1970）『本居宣長全集5』筑摩書房〕
橋本進吉（1925）「奈良朝語法研究の中から」『国語と国文学』2-1．〔再録：橋本進吉（1958）『上代語の研究』岩波書店〕
橋本進吉（1951）「上代の国語に於ける一種の「ずは」について」（未定稿）．〔再録：橋本進吉（1958）『上代語の研究』岩波書店〕
山口堯二（1980）『古代接続法の研究』明治書院．
小柳智一（2004）「「ずは」の語法――仮定条件句」『萬葉』189．

［山口佳紀］

■焦点

「焦点（focus）」は，音韻論では，文中の語句の上に置かれる音声的強さや高さなどの韻律上の「卓立性（prominence）」によってその位置が同定される抽象的特徴である。しかし，文中の韻律上の卓立個所と焦点の位置は必ずしも合致しない（cf. Kadman 2001, Hendriks 2004）。例えば，日本語では，「じょうしきとひじょうしき（下線部が卓立個所）」のように，接頭辞に焦点がある場合でも接頭辞だけ（この例では「ひ」）を強調するようなことはしない（窪薗 1998：134）。（ちなみに，英語ではIMpossibleのように接頭辞だけを強調することが可能である。）

情報構造では，文は，「前提（presupposition）」部と「焦点（focus/information focus）」部に大別され，前者は旧情報を，また，後者は新情報をそれぞれ提供する。その意味で焦点部は談話において話者が最も伝達したい部分でもある。日本語では，提題の係助詞「は」をとる名詞句が前提機能を担い，格助詞「が」をとる名詞句が焦点機能を担うことは周知のことである。日本語では，「私は会場まで車で行った」のように文中の特定の要素が強調されたり，他の要素と対照されたりしない無標文においては，動詞が焦点でない場合に動詞の直前の要素が焦点になる（この例では下線部）。尚，日本語と英語の焦点と後置文の対照的関係については高見（1995）を参照されたい。ちなみに，無標文においてのみ，焦点可能な位置（潜在的焦点位置）は統語的に決定できる（田窪 1987：42）。それに対して，文中に「だけ」のような作用域を持つ「焦点辞（focus particle）」を含む有標文では，焦点範囲と焦点のずれが生じる場合や二重焦点の問題が生じる。例えば，「みんな週末にどこへ行きましたか」という問いに対して，「他のみんなは大阪に行ったが，太郎だけは，京都へ行った。」と答えた場合，問いに対する新情報は下線部であるが，それに加えて焦点辞の「射程（scope）」である「太郎」は，その焦点となる。ちなみに，焦点辞が定める焦点を「束縛焦点（bound focus）」と呼び，そうでないものを「自由焦点（free focus）」とよぶ。

◆前提，新情報と旧情報

■参考文献
窪薗晴夫（1998）『音声学・音韻論』くろしお出版．
高見健一（1995）『日英語の右方移動構文』ひつじ書房．
田窪行則（1987）「統語構造と文脈情報」『日本語学』6-5，pp. 37-48．
Hendriks, Petra (2004) "Optimization in Focus Identification." In Reinhard Blunter and Henk Zeevat (eds.) *Optimality Theory and Pragmatics*. pp. 42-62, Macmillan.
Kadmon, Nirit (2001) *Formal Pragmatics*. Blackwell.

［久保 進］

■譲歩

事態Xが事態Yを引き起こすという因果関係が一般的に予測される場合において，それとは逆の関係，すなわちXがYを引き起こさないことを表す表現を譲歩という。例えば「薬を飲んでも熱は下がらない」は，「薬を飲む」ことによって「熱が下がる」と一般的に予測されるが，それが成り立たないことを述べる。こうした文は逆接的条件文，逆条件文とも呼ばれる。

現代日本語において譲歩を表す代表的な形式は「ても」であり，「タクシーに乗らなくても電車に{間に合うだろう/間に合った}」のように，仮定的な場合も事実的な場合も表す。「ても」は本来「3を自乗すると9になる。−3を自乗しても9になる」のように，条件を「も」によって並べる形式である。多くの条件文では，条件Xが帰結Yを引き起こす唯一の条件であるとの解釈を与えるが，「も」によって条件を並べ，その解釈を否定することから，「ても」は逆条件の意味を持つ。条件を並べる形式であるため，「メールを送っても電話をしても返事がない」のように複数の「ても」が生起できる。「雨が降っても降らなくても試合は行う」のように肯定・否定を並べたり，「食べても食べても太らない」のように同じ条件を反復して強調することもある。また「どこを探しても財布がみつからない」「いつ行っても京都は素晴らしい」のように不定語を含む節に続き，あらゆる場合にその帰結が成立することを示す場合もある。

「のに」は「薬を飲んだのに熱が下がらなかった」のように事実的な場合でのみ用いられる譲歩の形式である。後件には命令・意志・希望の表現は来ないが，「子どもなのに遠慮するな」のように，禁止は可能である。この場合の禁止は，後件が既に実現している事態で，その続行を阻止する禁止となっている場合である。

その他，仮定的な譲歩を表す形式として「としても/にしても」のような複合的な形式や，主に話し言葉で用いられる「たって」がある。事実的な譲歩を表す形式としては「にもかかわらず」があり，主に書き言葉で用いられる。

➡条件，仮定条件，確定条件，原因・理由の表現

■参考文献
坂原 茂（1985）『日常言語の推論』東京大学出版会．
益岡隆志編（1993）『日本語の条件表現』くろしお出版．
田中 寛（2004）『日本語複文表現の研究』白帝社．

［前田直子］

■省略

●省略を受ける要素──話し手は，通例，自分の言いたいことを一字一句もらさず表現するのではなく，聞き手が文法知識や文脈，社会常識から理解できる要素は省略して表現することができる。

(1) a．子供たち＿，向こうで本＿読んでる

b．＿＿昨日，冷蔵庫を買いました。
　　c．［ハリー・ポッターの本が話題で］
　　　　A：もう読んだ？
　　　　B：まだ。

　(1 a)では，主語(主題)と目的語につく助詞「ハ」と「ヲ」が，(1 b)では，主語(主題)の「私は」が，省略されている。さらに(1 c)の談話では，「君はハリー・ポッターを」，「私は(まだ)ハリー・ポッターを読んでいない」が省略されている。

●**省略要素が文中にある場合**——次の文では，省略要素が別の文中に存在する。
　(2) a．太郎はハムレットを＿＿，花子はリア王を読んだ。
　　b．太郎は監督を尊敬し，花子は＿＿軽蔑した。

　(2 a)の第1文の省略要素は，第2文の「読んだ」(「読み」)であり，(2 b)の第2文の省略要素は，第1文の「監督を」である。つまり，(2 a, b)では，省略要素とその指示要素の順序が逆である。一般に，ある要素が提示され，その後でその要素が省略される方が，その逆の省略より理解しやすく，前者の省略パターンが圧倒的に多い。

●**省略順序の制約**——省略は，聞き手にとってより重要度の低い情報(聞き手が知っていたり，文脈から理解できる情報)を表す要素から，より重要度の高い情報(聞き手が知らなかったり，文脈から予測できない情報)を表す要素へと順に行われる。
　(3) A：タクシーで行ったんですか。
　　B：*はい，＿＿行ったんです。
　(4) A：タクシーで行けるんですか。
　　B：はい，＿＿行けるんです。

　(3 A)の質問に対して，(3 B)のように「タクシーで」を省略することはできないが，(4 A)の質問に対して，(4 B)のように「タクシーで」を省略することはできる。(3 A)の質問は，ある所へ行くのにタクシーを使ったかどうかを尋ねているため，(3 B)の答えでは，省略された「タクシーで」の方が，残された「行ったんです」より情報の重要度が高い。しかし，この省略は上の省略順序の制約に違反しているため，不適格となる。一方(4 A)の質問は，ある所へタクシーで行くことができるかどうかを尋ねているため，(4 B)の答えでは，省略された「タクシーで」の方が残された「行けるんです」より情報の重要度が低い。この省略は，上の省略順序の制約に合っているため，適格である。

■**参考文献**
久野暲(1978)『談話の文法』大修館書店．
神尾昭雄・高見健一(1998)『談話と情報構造』研究社．
　　　　　　　　　　　　　　［高見健一］

■助詞[1]

1. 文と助詞の関係・助詞の種類

　日本語は，実体的具体的な意味を示す要素(自立語)の後に，機能的な意味を示す要素が付属する形で構成される。助詞も付属的な要素の一つである。

　付属的な要素のうち，形が変化しないものとしては，他に接尾語がある。接尾語は，上接部分の意義の変更や，別品詞の資格を与えるものであり，上接部分と密接に関連している自立語内部の付属部分である。これに対して，助詞は，付属形式であるという点では同じだが，その性格が大きく異なる。「月モ昇った」「寒くモない」「遠くからモ見える」のモなどは，色々な品詞の自立語，自立語に助詞のついたもの，というように，さまざまな要素に付くことができる。助詞は，このように，上接部分の形式あるいは意義からは独立しており，その点で付属

表1　山田孝雄による助詞の分類

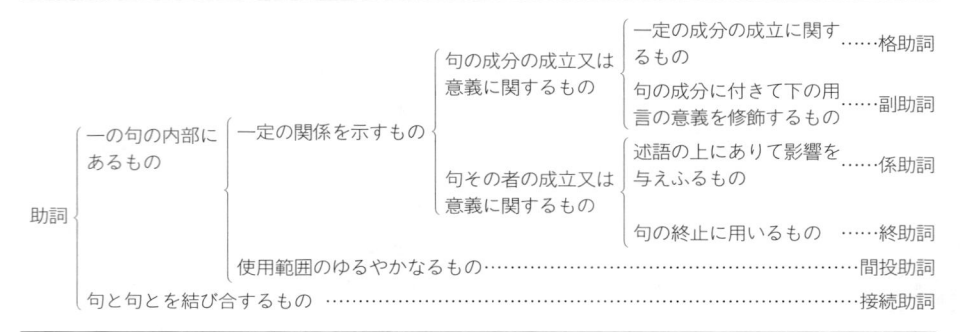

助詞			
一の句の内部にあるもの	一定の関係を示すもの	句の成分の成立又は意義に関するもの	一定の成分の成立に関するもの……格助詞
			句の成分に付きて下の用言の意義を修飾するもの……副助詞
		句その者の成立又は意義に関するもの	述語の上にありて影響を与えふるもの……係助詞
			句の終止に用いるもの……終助詞
	使用範囲のゆるやかなるもの………………間投助詞		
句と句とを結び合するもの ………………………………接続助詞			

山田孝雄（1936）『日本文法学概論』より

的な形式でありながらも，接尾語とは性格が違うのである。

　助詞は，文を作りだす際に生ずる，自立語どうしの関係や，関係づけられた自立語と話し手の表現意図との関係を表すものである。たとえば，「子ども，描く」という自立語のみの語連続では，「子ども」と「描く」の関係は，不明確だが，「子どもヲ描く」あるいは「子どもガ描く」と助詞が使われることで，「子ども」が文の主語であるのか，目的語であるのかが，明確になるのである。

　しかし，助詞の働きは，上のように自立語どうしの実質的な内容関係を示すことに限らない。「子どもハ絵が好きだ」のハのように，文中に置かれることで，文を題目と解説という二つの部分に分割した上で統一し，自身は題目を示すという表現伝達上の働きをするものもある。このほかにも，「雨が降るでしょうカ」のカは，文全体に下接して，文が疑問文であることを決定している。さらに，「君がネ居てくれないと困るんだ」のネのように，他の助詞と同様に，上接部分に付属する位置にありながら，上接部分と他との関係を示すというよりは，聞き手に対する働きかけを第一の機能とするものもある。

　文は，自立語どうしの素材的な意味関係のみならず，話者の思考・意思・感情をさまざまに反映することでなりたっている。助詞は，そのような話者の思考・意思・感情の表現を助けて明らかにするのであるが，その内容には，実にさまざまなものがある。したがって，助詞の働きにも実にさまざまなものがあるのであり，助詞を整然と分類するということには大きな困難がある。

　しかしながら，先のガやヲ，ハ，ネのように，その働きの違いが直観的に捉えられるような典型的なものを中心に，いくつかの類に分類することはできる。山田孝雄（1908）では，助詞が格助詞・接続助詞・間投助詞・終助詞・係助詞・副助詞の六種に分類されている（表1）。六種に分類する根拠の妥当性はともかく，分類そのものは直観に添うものであり，諸家の助詞論でも標準的なものとして扱われる。ここでも，この六種の分類に従って，助詞を概観する。

2．六種類の助詞の概観

●**格助詞**──格助詞は，「次郎ノ本」「りんごヲ食べた」のノやヲのように，体言・体言相当の自立語に下接し，体言と体言，体言と用言の

関係をいくつかの類型に抽象化した上で表示する。古代語においては，主格対格など主要な格を助詞によって表示することは不活発であり，ノ・ガなどによる連体格とニ・ト・ヨリなどによる連用格が主体であった。近代語においては，主格はガ対格はヲによって示されることが一般的になる，など格助詞による格表示が活発になり，ニツイテ，ニヨッテなど助詞の複合形態によって体言と用言の関係をより細かく規定する表現が増えている。なお「帰ルノが遅くなった」のノのように，連体格を示すノが助詞というよりも，上接部分を全体として体言と同じ資格をもつ単位に変える働きに変化したものがあり，これと同様の働きをする他の助詞と合わせて，準体助詞と呼ばれることがある。

●接続助詞──接続助詞は，「雨が降れバ，道路に水があふれる。」「雨がやんだノニ，傘をさしている。」のバやノニのように文的な内容を持つ句と句を結び付けるものであり，格助詞と同様に文内容の構成に働く助詞である。結び付けられた二事態は，単純な継起や並列の関係から，推論によって結び付けられるものまでさまざまにある。

●間投助詞──「我妹子ヤ我を忘らすな」（古代語），「太郎がネ神戸に来るんだ」のヤやネのような間投助詞は，語一つで一文と同じ力価を持つ感動詞と連続するものであり，話し手の情意を表現する働きをするものである。助詞と直上部分との関係は希薄であるので，文頭以外のさまざまな位置に置くことができる。現代語の間投助詞は，聞き手への働きかけを示すものが多いのだが，古代語では，聞き手への働きかけがあるとは言えないものについても，他の助詞に含められないものは間投助詞に入れられることがある。

●終助詞──終助詞は，もっぱら文末に置かれるところからこの名称が与えられるが，そこに属するものには二つのタイプがある。ひとつは，「梅の花が咲いたヨ」のヨのように文の伝達に際しての話し手の情意や意向を付け加える働きをするものであり，間投助詞と連続するものである。もうひとつは，「不正を許すナ」の禁止のナや「あなたは医者ですカ」の疑問のカなどのように文の意味的な種類を決定付けるものである。後者は，古代語において活発であり，特に「いまひとたびの御幸待たナム」のナムのような広義希求を表す終助詞が豊富であった。

●係助詞──係助詞は，古代語において「雪ゾ降りける」「雪コソ降りけれ」のように，文中の係助詞に応じて文末の述語の形態が変わる係り結びの現象に着目して立てられたものである。しかし，係り結びという現象に共通の事情があるわけではなく，係り結びをする助詞にすべて等質な性格があるわけではない。ハやモのような係り結びをしない助詞も係助詞の中に入れられていることも見逃せない。

係助詞は，「ぬばたまの夜渡る月の隠らく惜しモ」のモのように，文末に置かれた（終止用法）場合には終助詞に近い働きをする。一方，文中用法に用いられる場合（係用法）には，終止用法と同様に文全体の意味に関与しているのだが，同時に文全体を二つの部分に分けることにも働いている。ただし，文全体を二つに分けるということの内実はさまざまである。ゾやカなどは，上接項目を表現上の焦点として表示する助詞である。一方，ハ，モ，ヤは，文全体を二つに分けた上で，前後両項の結合の承認の仕方を示す助詞である。これら以外のコソやナムの位置づけに関しては，議論が分かれるところである。いずれにせよ，係助詞と呼ばれる助詞全体の共通性はあるのか，あるとすればそれはどのようなものであるかは，今後の検討課題である。

●副助詞──「香をダニ残せ梅の花」「昼寝バカリしている」「食べてバカリいる」などの副

助詞は，さまざまな語に下接して，他との比較の上で範囲や量を示す助詞である。副助詞は，「二人ダケの秘密」のように，格助詞の上にあって，上接項目にのみ意味を付与する場合があり，その場合は接尾語に近いことになる。しかし一方で，上接項目へ量的把握の表示が，結果的に文事態全体の量的な把握を示す場合もある（「双方に不満ダケ残って解決にはいたらなかった」≒「双方に不満が残ったダケで解決にはいたらなかった」）。このように副助詞が結果的に文事態全体の量的な把握を示す場合であっても，それはあくまで文事態の量的側面をめぐってのことであり，係助詞が文の部分ないし全体を語ることをめぐる話し手の立場の表明であることとは質的な差がある。

➡格助詞，接続助詞，間投助詞，終助詞，係助詞，係り結び，副助詞

■参考文献

山田孝雄（1908）『日本文法論』宝文館.
山田孝雄（1936）『日本文法学概論』宝文館.
此島正年（1966）『国語助詞の研究——助詞史の素描』桜楓社.
阪倉篤義（1966）『語構成の研究』角川書店.
森重敏（1971）「助詞はどんな役目をする言葉か」『日本文法の諸問題』笠間書院.
渡辺実（1971）『国語構文論』塙書房.
尾上圭介（2002）「係助詞の二種」『国語と国文学』79-8.

［近藤要司］

■助詞[2]

品詞の一つ。語彙的な意味をもたず，ある単語に後置して，他の単語との関係をあらわしたり，言語主体の心的態度に関わる意味をあらわしたりする。日本語文法の世界で，助詞を単語と認めず，接尾辞の一種とみなす研究者もいる。

●単語としての助詞のとらえ方各説——古くは，「てにをは」と称され，助詞・助動詞・活用語尾・接尾語などが一括して扱われた。大槻文彦は，助詞を一品詞として定位した。ただし，終助詞は感動詞として扱っている。大槻は，第一類（名詞にのみ属すもの），第二類（種々の語に属すもの），第三類（動詞にのみ属すもの）の三種に分けた。山田孝雄は，体言・用言・副詞などの観念語に対して，それらに付属して文法上の地位を明らかにする関係語として助詞を位置づけた。大槻の第一類は格助詞に，第三類は接続助詞に相当する。山田は，他の単語に付属して用いられる機能と関係を基準にして，格助詞・副助詞・係助詞・終助詞・間投助詞・接続助詞の六つに分類し，助詞研究の基礎を築いた。橋本進吉は，断続をもって，副助詞・準体助詞・接続助詞・並列助詞・準副体助詞・格助詞・係助詞・終助詞・間投助詞の九つに分類した（のちに，準副助詞を追加した）。また，これらの助詞の相互承接に言及している。渡辺実は，素材表示をせず，関係構成する単語を助詞類とした。各種の成分を作る，陳述助詞・並列助詞・接続助詞・誘導助詞・連用助詞・連体助詞と，連用展叙に累加されるもののうち，叙述内容との関係を累加する副助詞と陳述との関係を累加する係助詞の八つに分類した。それらは，それぞれの機能（渡辺の用語では職能）によって分かたれ，命名されている。成分を作る六つの各助詞は，陳述副詞・並列副詞・接続副詞・誘導副詞・連用副詞・連体副詞に対応し，それらは動詞のとる各語形とも対応していて，体系をなしている。

宮田幸一は，独自の日本語文法を構築したが，「取立て助詞」という名のものに，「は」「も」「なら」「でも」といった形式の働きを，「文または句の一部を特に取立てて，その部分のそれぞれを特別の意味において強調する助詞である。」とした。格助詞が事態そのものに依

拠しているのに対して，取立て助詞は，言語主体に依拠し，名詞を中心とする当該の単語に後置して，強調や評価など陳述的な意味をそえるものである．

● 助詞を単語とみとめない立場——以上のような助詞を単語とみとめない立場もある．松下大三郎は，いわゆる助詞を単語の部分（原辞）であるとし，原辞は単語（詞）を構成するという．松下は若くして俗語（口語）文典を著わし，「ツキャー（月は）」「ツキン（月の）」「ツキイ（月へ）」「ツキョー（月を）」などの形式を名詞の語尾変化とみなした．「ツキャー」「ツキン」などを詞とした．松下の詞は単語，原辞は形態素と考えれば理解しやすい．松下の文法は，つとに形態論をもっていたし，さらに詞を核とした格論と相論を明確にとらえていた点で，先駆的であった．格論とは，継起的（syntagmatic）な側面であり，相論は共起的（paradigmatic）な側面とみることができる．ロシア人の言語学者ポリワーノフ（Evgeny D. Polivanov）は，古代日本語の（pa）を主格接尾辞ととらえた．「川」を意味する kaϕa が kawa のようになったのに対して，入れ物を意味する（pati）「鉢」は，Φati, hati, haci へと変化したとし，音韻変化において，語頭子音と語中子音の区別があったことを説き，接尾辞頭音が語頭音（アンラウト）ではなく，語中音（インラウト）にあてはまる音にしたがって発達したことを指摘している．「川は　流る」の「川は」の最後の音節は「は」ではなく「わ」である．「川は」の「は」が単語だとするなら，「わ」ではなく，「は」でなければならない．奥田靖雄を代表とする言語学研究会に所属する人たち（鈴木重幸・高橋太郎・宮島達夫ら）は，助詞の多くをくっつき（助辞）とみなしている．格助詞の用法は，名詞と動詞の連語という単位のタイプ分けとして説明される．「(歴史) について」「(彼) にとって」などが複合格助詞とする立場もあるが，「(歴史に) ついて」「(彼に) とって」を，に格の名詞を支配する「後置詞」と位置づけたのは，松下大三郎や鈴木重幸である．

◆品詞，語（単語），形態論

■ 参考文献

大槻文彦（1897）『広日本文典』．〔復刊：勉誠社，1980〕

鈴木重幸（1972）『日本語文法・形態論』むぎ書房．

橋本進吉（1959）『国文法体系論』岩波書店．

ポリワーノフ，E. D.〔村山七郎編訳〕（1976）『日本語研究』弘文堂．

宮田幸一（1948）『日本語文法の輪郭——ローマ字による新体系打立ての試み』三省堂．〔増補復刊：くろしお出版，2009〕

山田孝雄（1936）『日本文法学概論』宝文館．

[村木新次郎]

■ 助詞[3]（方言）

● 助詞の認定と記述——岡山県方言で，「傘ヤコーいらん．（傘なんていらない．）」「酒ヤナンキャー出すなよ．（酒なんて出すなよ．）」「死ぬジャコトナゆーな．（死ぬなんて言うんじゃない．）」のように，共通語の「なんて」に相当する助詞が多様にあらわれる．地域方言の文表現に即して，助詞認定は自在に考える必要がある．

　助詞の記述はまだ十分とはいえない．個々の助詞の詳細な用法や，モダリティに関わる語，共通語と同形の語の記述などは特に遅れている．地道な調査が必要なことからも緊急の課題である．

● 地理的変異からの考察——助詞の地理的バリエーションについては，国立国語研究所編『方言文法全国地図』によってある程度明らかになった．ただこの資料を用いた研究が盛んである

とは言いにくい。言語地理学的・比較言語学的・言語類型論的な観点からの考察が必要である。例えば、共通語と同一語形の助詞でも意味用法の違いがあるが、その違いに大きく二つの場合がある。一つは、方言で独自に派生した用法であり、西日本で、「こそ」は、反語用法や終助詞用法が発達しているが、東日本では強調用法にとどまるといったものである。もう一つ、用法の幅が方言と共通語とで異なる場合であり、「ばかり」などが相当する。共通語では「限定」用法にほぼ限定されるが、方言では「概数量」用法が、まだひろく分布している。これらの事象を日本語方言形成史や共通語文法の相対化といったなかにどう位置づけていくかが課題である。

● 研究の進展が期待される分野──

《準体助詞》準体助詞についての研究は遅れている。準体助詞は二次的な助詞概念であり、文表現の現実に即して自在に認められるべきもので、固定的に考えるものではない。「10円玉バーが（10円玉ばかりが）なんぼーあってもやくにゃーたたん。」の「10円玉バーが」の「バー」などは準体助詞と認められていいものであろう。方言文構造論の立場から、自在な準体助詞論が期待される。

《文末詞（文末助詞）》伝達や表出など、モダリティにつよく関わる文末詞は重要な研究分野であるが、その文末詞の微妙な意味的ニュアンスが理解できるような、記述方法から見直しての詳細な分析が期待される。

《文法化》地理的な変異を前提とする方言学では、文法化の研究も重要な分野である。出雲方言で「酒はちっとダリ飲めん。（酒は少しも飲めない）」は「ダリ」は、「〜であれ」の文法化したものである。このような各方言で独自のものがみられるとともに、同一語の文法化の地域差をみることで類型論的な研究が可能となろう。

◆準体助詞，終助詞，琉球方言の文法

■参考文献

藤原与一（1982，1985，1986）『方言文末詞〈文末助詞〉の研究（上）（中）（下）』春陽堂．

沼田善子・野田尚史編（2003）『日本語のとりたて──現代語と歴史的変化・地理的変異』くろしお出版．

［友定賢治］

■叙実性

叙実性（factivity）とは、出来事を既定の事実として提示することを表し、動詞の意味的な種類や補文の標示と関係する。

(1)彼は息子が合格したことを喜んだ。

(2)彼は息子が合格したと思った。

(1)は「息子が合格した」という命題を事実として捉え、それを前提に「喜ぶ」という評言を加えている。この前提は、動詞を否定して「彼は息子が合格したことを喜ばなかった」と言っても保持される。「嘆く/忘れる」なども同様。肯定文・否定文ともに補文内容を事実として含意する動詞を叙実動詞と呼ぶ。「喜ばしい/意義深い」のような形容詞も含まれる。他方、(2)の「思う」や「考える、推測する」のように補文の事実性を含意しない動詞は非叙実動詞と呼ばれる。なお、叙実動詞でも、「彼は息子が合格したことを喜ばなかった。なぜなら、彼にはもともと息子がいないのだから。」と言うことができるが、これは「喜んだ訳がない」という意味の文否定であるから、補文の叙実性とは関係ない。

一般に、叙実動詞はコトまたはノという形式名詞を補文に用い、非叙実動詞はトで補文を標示する。「太郎は自分が間違っていた{コトを/ト}後悔した」のように、叙実動詞でもコトとトの両方が可能な場合があり、その場合、コト

節は叙実的，ト節は非叙実的と思える。しかし実は，感情を表す叙実動詞は「太郎は，自分が間違っていたと，その日のことを後悔した」のようにコトとトの両方を同時に表出することができ，「コトを」が目的語であるのに対して，その場合のト節は副詞節である。叙実性が関係するのは目的語（補部）の場合だけで，副詞節は関係ない。他方，「〜と思う」のような非叙実動詞が取るト節は補部で，非叙実的である。コトとノは共に叙実的で，両者の違いは，ノ節は「主動詞の行為と同時的に発生し，主語が直接的に知覚する出来事」を表し，コト節は「主動詞の表す行為と切り離して，抽象的に把握された出来事」を表すということである。

■参考文献

井上和子（1976）『変形文法と日本語（上）』大修館書店．

久野 暲（1973）『日本文法研究』大修館書店．

Kiparsky, Paul and Carol Kiparsky (1970) "Fact." In Manfred Bierwisch and Karl E. Heidolph (eds.) *Progress in Linguistics*, pp. 143-173. Mouton.

Josephs, Lewis S. (1976) "Complementation." In Masayoshi Shibatani (ed.) *Japanese Generative Grammar*, pp. 307-369. Academic Press.

［影山太郎］

■『助辞本義一覧』（橘守部）

てにをは研究書。橘守部（天明元年（1781）〜嘉永2年（1849））述，橘冬照（守部の息）撰。天保6年（1835）11月序，天保9年（1838）3月刊。2冊。

係りの語を「指辞（さしことば）」，文末の語を「受辞（うけことば）」と呼び，それぞれの語の用法や，指辞・受辞の関係を論じる。本居宣長『詞の玉緒』批判の姿勢が著しく，語の配列も『玉緒』に準じている。

主に音義説の手法を用いて，それぞれの助辞の本義を究明する。例えば「は」は「刃，歯，葉，羽，端」などのように「物を切分ち離つ意」があるとし，この了解に基づいて，対比も題目も含めた「は」の全用法を説明する。また，「も」については，マ行音の発音時の唇の形から「相合比（タグ）ふ事」を表す働き，「相並ビ兼る意」を認めようとする。こうした，助辞の意味に注目する立場から，『玉緒』の，もっぱら形式的な面に注目して「てにをは」の用法を細分，列挙する態度を批判する。しかし，音義説の立場自体，成立し得ないことは今日明かである。また，個々の助辞の意味了解については，助辞の意味的個性を鋭く洞察していると思われる点もある一方，問題のある解釈も少なくない。

なお，『玉緒』の「ぞのや何」から「の」を除くべきだとし，一方「か」を半ば指辞と認める態度を示しているのは，『てにをは係辞弁』に先行する指摘のひとつとして注目されている。

➡『てにをは係辞弁』，本居宣長

■参考文献

鈴木一彦（1971）「橘守部の国語意識(7)——『助辞本義一覧』について（上）」『山梨大学教育学部研究報告』22．

鈴木一彦（1976）「橘守部の国語意識(8)——『助辞本義一覧』について（下）」『山梨大学教育学部研究報告 第一分冊 人文社会科学系』27．

橘 純一（1921）「橘守部全集解題」橘純一編『橘守部全集　首巻』国書刊行会．〔復刻：久松潜一監修『新訂増補橘守部全集　首巻』東京美術，1967〕

橘 純一編（1922）『橘守部全集　第十二』国書刊行会．〔復刻：久松潜一監修『新訂増補橘守部全集　第十二』東京美術，1967〕

[川村 大]

■助動詞[1]

1. 助動詞と補助動詞

英文法などの auxiliary verb の訳語として日本文法にも導入された用語であるが，日本文法で通常「助動詞」と呼ばれているものは，英語の auxiliary verb とは大きく異なる。auxiliary verb はもともと本動詞であった語が文法化して補助的に用いられるようになったもので，日本語でそれに対応する語を挙げるならテイルのイル，テクルのクル，テシマウのシマウなどが挙げられるが，これらは通常「補助動詞」と呼ばれており，「助動詞」はそれとは異なる意味で用いられている。

学校文法などで最広義に助動詞と呼ばれているものには少なくとも3種類の異質なもの（下の2, 3, 4）がある。

2. ある動詞を基にして他の動詞を派生する接尾語的な形式

［現代語］セル（サセル），［古代語］ス（サス）・シムは，行ク→行カセルのように，「行ク」という動詞を基にして使役の意味を表す別動詞「行カセル」を派生する。［現代語］レル（ラレル），［古代語］ル（ラル），ユ（ラユ）は，同じく自発・可能・受身などの意味を表すことになる別動詞を派生する。

ある動詞（行ク）が基になって，その動詞の語形や概念化と関係を持ちつつ一面で異なる概念化を持つ別動詞（行カセル，行カレル）が形成される現象を広義にヴォイスと呼ぶ（格体制の交替が必ずしもヴォイスの要件ではないと考える立場）ならば，セル（サセル）・レル（ラレル）はもとより，（押シアウの）アウ・（沈ミカケルの）カケル・（減ッテクルの）テクル，（見テシマウの）テシマウ，（飛ンデイルの）テイルなども理論的にヴォイス形式であると見なされる可能性は十分にあるが，通常これらがすべて助動詞と呼ばれているわけではない。上記のうちセル（サセル）・レル（ラレル）だけが，①本動詞由来ではないという点，②納豆ヲ食ベル→納豆ガ（ヲ）食ベラレルのように格体制の変更を伴う（ことがある）という点をもって，特別な文法形式であると意識され，学校文法などで助動詞と呼ばれる。山田文法では「属性のあらはし方に関する複語尾」，時枝文法では（「助動詞」とは別の）「接尾語」として扱われている。

3. 動詞の複語尾（叙法形式の語尾部分）

［現代語］ナイ・タ・ウ（ヨウ）・（テイルも近似的に複語尾として扱い得る一面がある），［古代語］ツ・ヌ・タリ・リ・キ・ケリ・ケム・ラシ・ベシ・（終止形に続く）ナリ・メリ・ラム・ム・マシ・ズ。これらはすべて動詞の一次的語尾（未然形・連用形・終止形）から分出される二次的な語尾である。いわゆる「時の助動詞」「推量の助動詞」「打ち消しの助動詞」などと呼ばれるものはこのグループに属するが，これらを動詞の一部（複語尾）と認める立場に立てば，動詞のほかに「助動詞」という別の単語があるわけではない。

この類の複語尾は，動詞を述語として働かせる時に必要になるものである（山田文法では「統覚の運用に関する複語尾」がこのグループに該当する）。述語とは，認識の側面で言えば（主語が示す認識の対象に対して）認識の内容を語る部分であるが，同じことを存在の側面で言えば，（主語が示す［存在するもの］に対して）述語は［存在の仕方＝在り方］を語る部分である。［在り方］とは「どのように在るか」ということであって，名詞述語や形容詞述語の場合は「どのように」の側面（存在様態）が名詞・形容詞で表され，「在る」の側面（存在そ

のこと）がデアル（いわゆる繋辞）の中に含まれるアルで表される（「白イ」という形容詞述語は裏面に意味としてのアルを含んでいると考えられる。白カッタになると潜んでいたアリが顕在化する。英語の場合の be に相当）。動詞をもって［在り方］（存在様態＋存在そのこと）を語るには，運動の類別名称に過ぎない動詞概念をもって存在様態（山田文法流に言えば属性）を語るだけでは足りず，そのような存在様態がどの領域に存在・成立するのかを別に表示する手段がなければならない。それが「統覚の運用に関する複語尾」である。

　言わば運動の類別的な名称に過ぎない動詞概念を存在にまで持ちこんではじめて動詞述語が成立するのであるが，3の複語尾は動詞概念を存在に持ちこむための文法形式であると見ることができる。「どのように在るか」の内の「在る」の側面（存在そのこと）を実現するものがこの類の複語尾にほかならない。動詞述語がこの類の複語尾の選択によって語り分ける「存在そのこと」の側面とは，第一にどの領域にその運動（動作・変化）が存在・成立するのかということであり，第二にその存在・成立を承認するのか，希求するのかという区別である。第一の「存在領域の別」とは，(a)事実世界で既実現の領域に存在する（完了・過去・現在進行中・現在に至る継続など）か，(b)事実世界で未実現ないし経験的に未掌握の領域に存在する（推量，未来，意志，不確実など）か，(c)観念世界に存在する（可能性・必然性・妥当性など推理推論上の存在，仮定条件の下での存在，ものの道理の次元での存在，など）かの別である（(a)が現実領域，(b)と(c)が非現実領域と呼ばれる）。(a)領域に存在する運動は連用形分出の複語尾によって示される。（［現代語］タ・テイル，［古代語］ツ・ヌ・タリ・リ・キ・ケリ。(b)(c)の領域の存在は未然形分出の複語尾（［現代語］ウ（ヨウ）・ナイ，［古代語］ム・マシ・ズ・ジ）ないし終止形分出の複語尾（［古代語］ラム・ラシ・ベシ）によって示される。(a)領域，(c)領域の存在は承認する以外にあり得ず，従って3のほとんどの複語尾分出形は存在承認の側で働くが，(b)の中の事実世界未実現の領域に関しては，存在承認（未来における存在の承認は，すなわち推量）と希求（1人称領域では意志，2人称領域では要求・命令，3人称領域では願望）と両方があり得る。複語尾ムとマシの分出形はこの両方の用法にわたる。

　存在そのことを表す存在詞（［現代語］アル，［古代語］アリ・ハベリなど）や存在を表す動詞（［現代語］イル・イラッシャルなど，［古代語］オハス・サブラフなど）を中心とする状態動詞（［現代語］ミエル・ウズクなどを含む）は，運動動詞の場合とは異なって，複語尾不分出形（すなわち動詞終止形）でも「存在そのこと」までを表し，述語になることができるが，当然，この3の類の複語尾を分出して，上記の様々な意味を語り分けることもある。（古代語では運動動詞の終止形でも，その運動の現在進行中の存在を反射的に描写する用法がかなり広くある。）

　なお，(a)の現実領域か(b)(c)の非現実領域かによって動詞述語の形態が変わるという現象は，言わば英語の indicative mood 対 subjunctive mood の対立にも相当するもので，これこそ叙法（ムード）形式と呼ぶにふさわしいものであろう（細江逸記 1933 を見よ）。3の類の複語尾を分出した（つまり複語尾こみの）動詞の形態は，この意味で日本語の動詞の叙法形式と呼ぶことができる。現実叙法も非現実叙法も，それぞれに複語尾の選択により，さらに一段と詳しく述べ方の種類の語り分けが為されるわけである。

4. 述語外接形式

　［現代語］ヨウダ・ソウダ・ラシイ・ダロ

ウ・カモシレナイ・ニチガイナイ・ハズダなど。［古代語］にはない。これらは，形容詞述語の直下にも連なることがあり（オオキイヨウダ・オオキイダロウ・オオキイニチガイナイなど），動詞の複語尾ではない。動詞述語に下接する場合でもスルヨウダ・シナイヨウダ・シタヨウダのように多様な形に下接する。これは，形容詞述語であろうが名詞述語であろうが動詞述語であろうが，一旦半ば成立した述語の外に下接して，様々の意味を付加するものである。その意味で述語外接形式と呼ぶのが妥当であろう。上記3の類の複語尾がそれぞれの述べ方の種類の対応物としてある（山田文法における統覚複語尾の了解はそういうこと。その意味で叙法形式と言える。）のとは異なり，これは推量・可能性・必然性・推理推論上の成立など，個別の意味の対応物としての語形式が用意されていて，それを述語末に外から付加するものである。時枝文法やその延長上にある戦後陳述論諸流派の助動詞理解は，前記3の類の複語尾（叙法形式の一部）もこの述語外接形式も同一視して，個別意味の対応物としての助動詞が文末に付いて文の全体を包むという図式的理解に立つものである。

5. 文法史的変化の方向

述語外接形式の意味はすべて非現実領域に在る事態を語る時に出てくる意味であって，また，この形式は古代語にはない。古代語ではム・マシ・ズ・ラシ・ベシ・ラムなど非現実叙法の形式が多様にあり，また事実界未現実の事態には（主文述語であろうが従属句述語であろうが）義務的にムを使わねばならないなど，非現実叙法が積極的に生きていたが，古代語から近代語への文法史的変化の結果，近・現代語では叙法としての非現実叙法が衰退し，その穴を埋めるために非現実事態叙述にまつわる個別意味の対応形式として述語外接形式が創り出されたと理解することができる。

なお，動詞の複語尾ム分出形（セム形）が非現実叙法の叙法形式から単なる推量・意志の印に成り下がったことによって，現代語で単に未実現の運動，観念世界の運動を語る時は動詞複語尾不分出形（スル形）が古代語セム形の肩代わりをもすることになった。現代語で，運動動詞のスル形が未来を表すことが多いというのは，このためである。

➡述語，モダリティ，山田文法，接辞

■参考文献

尾上圭介（2001）『文法と意味Ⅰ』くろしお出版，第3章第2〜6節．

尾上圭介（2006）「存在承認と希求――主語述語発生の原理」『国語と国文学』83-10．

尾上圭介（2010）「山田文法が目指すもの――文法論において問うべきことは何か」斎藤倫明・大木一夫編『山田文法の現代的意義』ひつじ書房．

尾上圭介（2012）「不変化助動詞とは何か――叙法論と主観表現要素論の分岐点」『国語と国文学』89-3．

坂原 茂（2003）「ヴォイス現象の概観」『言語』32-4．

細江逸記（1933）『動詞叙法の研究』泰文堂．

山田孝雄（1936）『日本文法学概論』宝文館．

Langacker, Ronald W. (1991) *Foundations of Cognitive Grammar Vol. II*. Stanford University Press.

Shibatani, Masayoshi (2006) "On the Conceptual Framework for Voice Phenomena." *Linguistics* 44 (2).

［尾上圭介］

■**助動詞**[2]

学校文法をはじめとする伝統的な日本語文法論で立てられる品詞の一つ。学校文法では，単

独で文節を構成できない付属語のうち，活用するものと規定する。文部省『中等文法一』では，代表的な口語の助動詞として「せる・させる」「れる・られる」「ない」「ぬ（ん）」「う・よう」「たい」「ます」「た（だ）」「そうだ」「まい」「やうだ」「らしい」「だ・です」をあげ，『中等文法二』では，代表的な文語の助動詞として，「す・さす」「しむ」「る・らる」「ず」「む（ん）」「じ」「まほし」「まし」「き」「けり」「ぬ」「つ」「たり」「たし」「けむ（けん）」「べし」「まじ」「らむ（らん）」「めり」「り」「ごとし」「らし」「なり」「たり」をあげる。現在の中学校国語教科書では「たがる」「みたいだ」「だろう・でしょう」などを加えるものもある（「だろう・でしょう」は「だ・です」と「う」の連語とする立場もある）。

1．他の品詞との関係

　助動詞は，「活用する付属語」という規定から，1）単語か否か，2）付属語か否か，3）活用するか否かという3つの点で他の範疇との境界が問題になる。例えば，1）では活用語尾や接尾語との区別の問題がある。「笑わす/笑わせる」「飛ばせる/飛ばす」など，しばしば自動詞に「せる」や「す」が付いて他動化されるが，口語の学校文法では，「せる」は助動詞と認めるが，「す」は他動詞の活用語尾とされる。「男らしい」の「らしい」，「惜しげだ」の「げだ」，「ほしがる」の「がる」なども生産性は高いが，接尾語とされることが多い。一方で「たい（たし）」は，大槻文彦『語法指南』や『廣日本文典』では接尾語としてあげられており，時枝誠記『日本文法口語篇』でも「れる・られる」「せる・させる」「たい」は，助動詞ではなく接尾語とすべきだとする。

　2）では，「ている」「てしまう」「ておく」などの補助用言や「はずだ」「つもりだ」「ものだ」「にちがいない」「かもしれない」など自立語的要素を含む連語的な文末表現との境界が問題になる。なお，学校文法は形態重視とされるが，文部省『中等文法一』では，「である」「になる」「ている」「てしまう」などについて，「助動詞のような働きをしている」として，助動詞の後に触れており，これらの表現と助動詞の連続性も配慮されている点には注目される。

　3）では，助詞との境界が問題となる。文語では形態変化があるが口語では形態変化のない「まい」「う・よう」などは，文語と口語の連携から，口語文法でも助動詞とされるのが普通であるし，文語でも否定の「じ」や推量の「らし」など，形態変化を持たないにもかかわらず助動詞と認定されるものがある。一方で，いわゆる誂えの終助詞「なむ」は，大槻文彦『語法指南』や関根正直『国語学』では「希望」を表す「助動詞（助働詞）」とするように，助詞との境界では，種々の事情から個別の認定もしばしばなされている。

　述部に含まれるさまざまな文法形式をどのように切り出すか，またその切り出した要素をどのような単位と見なすか，その要素をどのように分類するかで，助動詞の認定に差が生じるのである。

2．研究史

●西洋文典からの移入──「助動詞」という用語は，英文法の auxiliary verb に当てられたもので，古くは，洋式文典の田中義廉『小学日本文典』，中根淑『日本文典』などに見られるが，単独の品詞ではなく，動詞の下位範疇として位置づけられている。このようなとらえ方は，古川正雄『絵入智慧の環』にも見られ，「動詞」の説明の中で，「他動詞」「所動詞」「自動詞」などと並べて，「たすけことば（助詞ともいふ）　はたらきことばのあとにつきて，そのこころばへをたすくることばあり。これをたすけことばとなづく」といった説明がなされ，

「けり」「たり」「らん」「べし」「かな」「たまふ」「あたふ」などの例が挙げられている（四編下）。「動詞に付く（＝動詞を助ける語）」と「それ自身も動詞である（＝助けるための動詞）」という二つの規定が見て取れる。後に示す大槻の規定以降も，飯田永夫『日本文典問答』で「助動詞は動詞の一種にして常に，他の動詞と連合して，其の足らざる所を助け補ふ詞なり」とされるなど，洋式文典で付与された側面はしばらく踏襲されている。また，松下大三郎『標準日本文法』では，補助動詞や形式動詞などを「助動詞」と呼び，古い用法を復活させている（助動詞に相当するものを「動助辞」と呼び，単独の品詞としない）。

●国学流の文法論——一方，国学流の文法論では，富樫広蔭『詞の玉襷』が付属語（辞）を「動辞（うごきてにをは）」と「静辞（すわりてにをは）」に分けている（否定の「じ」や推量の「らし」は「静辞」とする）。この「うごく」は「はたらく」と同じく「活用する」ことを表すもので，「付属語で活用する（＝助ける語で動くもの）」という規定である。ただし，明治期の和式文典では，付属語は「禁止」や「希望」などの意味で区分されて示されることが多く，必ずしも活用・非活用の形態的な区分が優先されたわけではない。堀秀成『日本語学階梯』では「動辞／静辞」の区別を受け継ぐが，やはり「願辞，歎辞，禁辞」などの意味分類と並んで示されるに過ぎない。形態的な分類よりも実用性の高い意味的な分類が優先されていたことがわかる。

●大槻文彦による「助動詞」の確立——助動詞を単独の品詞として立て，ほぼ現在の範囲にとりまとめたのは大槻文彦『語法指南』である。大槻は，洋式文典の「助動詞」という用語を踏襲し，「助動詞ハ，動詞ノ変化ノ其意ヲ尽キザルヲ助ケムガ為ニ其下ニ附キテ，更ニ，種々ノ意義ヲ添フル語ナリ」と「動詞を助ける」側面を受ける形の規定を示す一方で，名詞や形容詞，副詞などに付くものや助動詞の畳用も見られることを指摘し，形態変化や法をもつこと，形態的にも動詞的なものも形容詞的なものもあること，文章を結ぶのに用いられること，独立して用いないことなどから，「てにをは」に混在させたり動詞に付属させるのは適切ではないとする。大槻の「助動詞」は実質的には「動辞」の範囲とほぼ重なるが，「文末を結ぶ」という側面を重視し，「其一二ニ無変化ノモノ（Defective）モアレド亦尚能ク文章ノ末ヲ結ベリ」として，「じ」「らし」「なむ（誂え）」なども「助動詞」としている。『語法指南』の「てにをは」は，洋式文典の「後詞」を拡張したもので，格助詞だけでなく係助詞・副助詞や接続助詞までは広げられたが，終助詞の多くは「感動詞」に入れられていた。「感動詞」には入れにくいが，「文末を結ぶ」ものが「助動詞」に入れられたのである（「なむ」は後に『廣日本文典』で「感動詞」に入れられている）。

●大槻文彦以降——大槻の「助動詞」は，国学流の「助ける語で動くもの」だけではなく「文末を結ぶ（付属語）」という側面を加えた範疇であったが，「てにをは」と「助動詞」は付属語の下位分類として明示的に対立させられてはいない。堀の文典に見られたように，明治期の和式文典でも付属語の区分では意味的分類が優先的であったが，大槻により，助動詞が単独の品詞として立てられたことを受けて，自立語に対応する形で付属語にも活用／非活用の区分を優先的に当てはめて，大槻の品詞分類を構造化する試みも行われた。例えば，関根正直『普通国語学』では，単語を「主語（＝自立語）」と「助語（＝付属語）」に分け，それぞれに「体言」と「用言」を区別し，「主語」の「体言」に「名詞，代名詞，副詞，接続詞，感動詞」，「主語」の「用言」に「動詞，形状詞（＝形容詞）」，「助語」の「体言」に「助詞」，「助語」

の「用言」に「助動詞」を立てるといった，ほぼ現在の品詞分類図と同様のものも出された（なお，関根『普通国語学』では「じ」「らし」「たし」は「助動詞」，「なむ」は「助詞」とするなど，所属の語の面でも現在の助動詞の範囲と重なるが，これに先立つ関根『国語学』では全く別の説明がなされており，学説の潮流の激しさが窺われる）。

山田孝雄『日本文法論』が，助動詞の大半を用言の「複語尾」，「なり，たり，です，だ」などを「存在詞」，「ごとし」を「形式用言」として，単独の品詞として助動詞を立てない立場を示し，時枝が「せる・させる」「れる・られる」「たい」を接尾語とする提案をしたりするなど，多くの文典で「助動詞」が一般的に立てられるようになっても，助動詞そのものの位置づけや，個々の助動詞の認定は，必ずしも安定したものではない。

3. 現代の文法研究・文法教育における「助動詞」の位置づけ

助動詞は，述部の文法形式や文末表現をどう類型化するか，また，活用をどう規定するかによって，認定が大きく異なってくる。表音式のローマ字で「arukô（歩こう）」と書くならば，長音符だけを助動詞として抽出するよりは，全体を活用として処理する方が自然であろう。述部の比較的前の位置に現れるヴォイスやアスペクトなどを表す文法形式では，形態変化を伴うことが多いが，テンスやモダリティを表す文法形式は形態変化を伴うことが少ない。文法形式との関わりの上では，活用の有無を基準とする助動詞という品詞の有効性は少なく，近来は，日本語教育だけでなく，国語教科書でも，助動詞や終助詞といった用語ではなく，補助用言や連語なども含んだ「文末の表現形式」といった概念で説明されることも少なくない。現在の文法研究で，「助動詞」という範疇が現在の規定のまま，理論的に必要とされることはほとんどなく，汎用的な術語として用いられるにすぎない。

一方，汎用的な術語としての「助動詞」は，一般人の「常識」にもなっており，国語辞典や啓蒙的な文法書ではかなり用いられている。また，自立語か付属語か，活用するかしないかといった基準で，自分自身で単語を大まかに区分してみるといった追体験型の文法学習では，なお，助詞と助動詞を対比的に意識づけることにも意義が見いだせる。

◆品詞，接辞

■引用文献

飯田永夫（1891）『日本文典問答』上原書店．
大槻文彦（1889）「語法指南」大槻文彦『言海』〔小林新兵衛版，1889年，『語法指南』（勉誠社，1996年）による〕．
大槻文彦（1897）『廣日本文典』．
関根正直（1891）『国語学』弦巻書店．
関根正直（1895）『普通国語学』六合館発行．
田中義廉（1874）『小学日本文典』猫窠書屋．
富樫広陰（1829）『詞の玉襷』．
時枝誠記（1950）『日本文法口語篇』岩波書店．
中根　淑（1876）『日本文典』．
古川正雄（1970〜1973）『絵入智慧の環』．
堀　秀成（1877）『日本語学階梯』永井尚服．
松下大三郎（1924）『標準日本文法』紀元社．
山田孝雄（1908）『日本文法論』宝文館．

■参考文献

梅原恭則編（1979）『〈論集日本語研究7〉助動詞』有精堂．
北原保雄（1981）『日本語助動詞の研究』大修館書店．
鈴木一彦・林巨樹編（1984）『〈研究資料日本文法6〉助辞編2　助動詞』明治書院．

［矢澤真人］

■所動詞と能動詞

●三上章による動詞分類──三上章の提唱した動詞分類。本格的に論じられるのは三上 (1943)「用言の種類」(三上 1975 所収) 以後。三上自身による英語名は active verb (能動詞), inactive verb (所動詞)。

最も有名な三上 (1953：104) の定義では,「まともな受身」(いわゆる直接受身文)・「はた迷惑の受身」(いわゆる間接受身文) のいずれかの述語になる動詞が「能動詞」であり, どちらの述語にもならない動詞が「所動詞」である。三上 (1953) はさらに, 能動詞のうち「まともな受身」の述語になるものを「他動詞」, 能動詞の残りと所動詞を合わせて「自動詞」とする。

図1

```
┌所動詞      ┐
┤            ├自動詞
│能動詞┌     ┘
└     │
      └──────他動詞
```

出典：三上 1953：105

三上 (1953：105 f) は, 図1の動詞分類を, 権田直助『語学自在』の「おのづから然る/みづから然する/ものを然する」という動詞分類 (本居春庭『詞の通路』に遡る) の「隔世相続」であると述べる (つまり, 無意志自動詞の多くが所動詞ということになる)。また,「能動/所動」の対立は「(主体の) 有情/非情」の対立,「(動詞の意味の) 動的/静的」の対立と連動すると説く。

なお, 同書の「索引」(三上 1953：371) には「意志的な行為/非情無意志的な作用や状態」という違いに注目した定義が見られ, また前掲「用言の種類」(三上 1975：29) では「有情の行為/非情の現象」の違いによって定義する。

このように, 動詞のどのような側面に注目しての分類なのかは, 三上自身においても時々に異なっている。

なお, 三上以前に佐久間鼎 (1936) が「ある」「足りる」などは受身化できないと述べており,「能動詞/所動詞」の区分はこの指摘に触発された可能性がある。

●区分をめぐる問題点──「所動詞/能動詞」の区分をめぐっては以下の3点が注目される。

I 「受身文述語に成るか否か」は, 動詞の分類基準としてはそれほど截然としたものではない。普通受身文述語にならないと思われる動詞 (例えば「壊れる」) でも, 適切な文脈を与えれば受身文が成立する場合がある。「こう次から次へと買ったばかりの電気製品に壊れられては, 我が家は破産してしまう (高見・久野 2002：251)」など。三上自身, 後に, 受身化の成否は程度問題であり, 動詞分類の基準にはできないことを認める (三上 1963：3)。

II 「能動詞/所動詞」の区分は「非能格動詞/非対格動詞」の区分に大きく重なると言われることがある。ただし, 例えば意味上非対格動詞と見られる「倒れる」「寝込む」などは容易に (間接) 受身文述語となり, 所動詞とは認められない。日本語における非対格動詞の認定方法を含め, 両者の区分の異同をめぐっては検討が必要である。

III 「能動詞/所動詞」の区別をめぐる三上自身の関心は, 主に主格 (ガ格) 名詞の構文的性質の違いにあるといってよい。受身化の可否自体, 主格をめぐる格交替現象の有無の問題なのだが, 三上はその他にも, (1)所動詞を述語とする文 (の一部) では語順が「△△に○○が動詞」となり, 能動詞の主格が他の格項目に先立つのとは異なる, (2)所動詞の主格は尊敬語によって待遇されない, などの現象を指摘する。取り上げられる所動詞の例も, 三上 (1953) までは「ある」「要る」「見える」「聞える」や可

能動詞（つまり，「△△に○○が動詞」の構文を取り得るもの）が中心で，その他はわずかに「（匂いが）する」「（うまく）いく」「（波が）立つ」「似合う」などだけであり，いわゆる有対自動詞一般には広がってはいない。それ以降，特に1960年代以降は，「（戸が）あく」「（目が）さめる」を挙げるなど，受身にならないという一点の共通性を重視して有対自動詞に広がりかけているものの，三上にとっての「所動詞」概念の出発点および中心は，「△△に○○が動詞」の構文を取る存在詞およびその仲間であったと言ってよさそうである。

このように，三上の「所動詞/能動詞」論は，主語・主格論の一角として位置づけられるべきものである。

➡受身，主語，自動詞と他動詞，存在詞，存在文，非対格動詞と非能格動詞，三上章，本居春庭

■参考文献

佐久間鼎（1936）「受身・使役と動詞の自他（上）（下）」『現代日本語の表現と語法』（初版）厚生閣．

三上 章（1953）『現代語法序説』刀江書院．〔増補復刊：くろしお出版，1972〕．

三上 章（1963）『日本語の構文』くろしお出版．

三上 章（1975）『三上章論文集』くろしお出版．

高見健一・久野暲（2000）「日本語の被害受身文と非能格性（上）（中）（下）」『言語』29-8，9，10．〔大幅に加筆の上再録：高見健一・久野暲（2002）『日英語の自動詞構文』研究社〕

［川村 大］

■自立語と付属語

自立語，付属語は，橋本文法を根幹とした教科文法の教科書（『中等文法一，二』1944，『中等文法 口語』『中等文法 文語』1947）に見られ，その後教科文法において広く採用され普及している用語である。

橋本文法においては，語を二種に分け，第一種（自立語）は「それ自らで一文節をなし得べき語」（『国語法要説』），第二種（付属語）は「それ自らで一文節を形づくる事なく，常に第一種の語に伴い，これと共に文節を作るものである。」（『国語法要説』）と説明している。ここにも橋本文法の特徴である形式重視の姿勢が見られる。

語を二種に分けることは語の出入りはあるものの伝統的に広く行われ，橋本自身も用いている「詞」・「辞」，「独立する語」・「独立しない語」の他，「観念語」・「関係語」，「独立語」・「附属辞」などと呼んで区別している。文節の構成方法によって区別している点が橋本の特長である。

学校文法においては，語（付属語）として認めている助動詞の一部について橋本自身，次のように述べていることは注目したい。「助動詞はその性質が接尾辞と区別し難く，むしろ接尾辞に収むべきである（但し，用言以外のものに付く助動詞は語と認むべきである）。」（『国語法要説』）「かように，第二種の語と接辞との区別が問題になるのは，両者の別が根本的のものでなく，むしろ程度の差に過ぎないからである。」（『国語法要説』）「使役・受け身（可能・自発）及び希望の助動詞に於ては，今述べたように，これを付けた為に他の文節を承ける関係に変動を及ぼす場合がある事，接尾辞とほぼ同様であって，右のような点から，助動詞と接尾辞を区別する事は困難である。」（『国語法要説』）なお，用言以外に付く助動詞は語と認むべきである，とする考え方は既に山田にも見られる。

➡文節，品詞，詞と辞，橋本進吉

■参考文献

橋本進吉（1934）『国語法要説』明治書院．

〔再録：橋本進吉（1948）『〈橋本進吉博士著作集2〉国語法研究』岩波書店〕

[丹保健一]

■新情報と旧情報

1. 情報の「新・旧」の意義と内容

●新情報とは——1. 話し手が，聞き手は知らないと推定する情報を指す。2. 伝達プロセスで省略しにくい文や文の一部（レーマ＝題述，レーマに含まれる焦点）。

プラハやブルノの言語学派では，情報の新しさを「伝達動力」として数値化している。つまり情報の新しさの度合いは，文の一部を省略したときに生じる談話・文章の一貫性の損失度として表すことができる。このアプローチは，特に自由語順の言語（チェコ語，ロシア語，ラテン語，ゴート語など）に適用できる。

●旧情報とは——1. 聞き手がすでに知っている，あるいは何らかの手掛かりを得ていると推定される情報。2.「旧情報1.」に挙げた情報の中で，話し手が発話の起点として選んだ文や文の部分——トピック（主題，題目），前提。

旧情報はさらに推論可能な情報と喚起された情報とに分けられる。喚起は，総記・指示・文脈照応あるいは説明・記述・描写などによって成立する。ある概念の説明などのステージングは，その概念の固定，「投錨」（anchoring）と呼ばれる。旧情報は一旦省略されても，文脈やコミュニケーションの状況に基づいて再現可能である。

旧情報と新情報が同一の表現に含まれることがある。次の2例では，下線の部分は新情報（主題の分岐，対比など）を含むので省略できない。

(1)「おじいさんとおばあさんがありました。おばあさんは……」。

(2)「犬は好きだが，猫は嫌い」。

●複数の命題の融合について——自然言語では，複数の命題を一つのセンテンスに融合させることができる。

たとえば発話「彼だけがその事件のことをよく知っている」の中では，二つの命題（「彼はその事件のことを（旧）/よく知っている（新）」と「その事件のことは（旧）/彼だけがよく知っている［＝彼以外の人はよく知らない］（新）」）が融合したとみることができる。ひとつの命題で登場した旧情報「彼」は，もう一つの命題では新情報「彼だけ」として登場する。

2. 日本語における新情報と旧情報の表現

日本語では，文内・節内の述語の位置と，修飾成分・被修飾成分の順序が固定しているので，旧情報から新情報へと進む談話・文章の流れを語順だけで表すことはできない。ただし主題やとりたての助詞は旧情報の位置を明示している。

大野晋は「未知・既知」という用語を導入し，久野暲はこれを「新情報・旧情報」に改めた。神尾昭雄（1990）は，話し手の情報のなわ張り領域と聞き手の情報のなわ張り領域を想定し，「近・遠」の対立として扱っている（pp. 239-258）。神尾昭雄・高見健一（1998）は，話し手・聞き手の間に生じる情報のなわ張りを細かく数値化している（pp.29-45）。

一方，聞き手の知識状態を想定することが難しいとし，話者の直接知識（自分の経験で得た知識）と間接知識（他の情報源から得た知識）の対立を重視する考え方もある。

野田尚史（1996）は，主題助詞「は」の選択について次のように考える。「「は」が使われる文を，文の中でどんな成分が主題になっているかによって，「象は鼻が長い」，「カキ料理は広島が本場だ」構文など，6つにわける。……「が」が使われる文を，主題をもたない「富士山が見えるよ」構文と，述語が主題になってい

る「君が主役だ」構文の2つに分ける。……使い分けは、一つの文の中だけでは決まらない。」(pp.xiii-xiv)。

　主題助詞としての係助詞「は」は、主題明示の選択を前提とした判断文の主節でしか使用できない。主題・主語の作用範囲は文の境界を越えることもあり、主題引継ぎの持続、分岐、転換などが研究されている。

　係助詞「は」は、主節構文の外層に所属するが、文・節内では格助詞「が」を無形化させるので、「が」の代行としても働く。「東京の方が$_{(NP1)}$店が$_{(NP2)}$多い」という文でみられるように、文・節の枠内で助詞「は」のライバルであった助詞「ガ$_{(NP1)}$」は、格助詞のレベルから文・発話・談話全体のレベル、つまり助詞「は」と同じレベルに「格上げする」ことができる（フィアラ 2000）。

　係助詞の二重の働きから、主題の次の二重解釈が生じる：

　　1．（より狭い解釈）名詞句の主題成分、
　　2．（より広い解釈）他の統辞成分と重なる情報構造のみの成分。この2．を「前提」とみることがある（堀川 2012 参照）。

　新情報と旧情報の対立の処理は、副助詞、「のだ」などの文末助動詞の機能から係り結びの機能までに及ぶ。

　古代には、特殊な結びを求めない主題表示の係助詞「は」「も」などと、特殊な結びを求める焦点表示の係り助詞「か、こそ、そ/ぞ、なむ/なん、や」があった。この二種類の助詞の区別も、情報の「新・旧」と関わっていた。

　しかし、日本語の構造は古代から中世にかけて単純化しつづけ、その階層数も減少した。

　中世初期には、主節の構造は従属節の構造に同化し、従来の主節構文に固有の構造が失われたことによって、係り結びは消滅した（フィアラ 2000, pp.412-442）。

➡係り結び，格助詞，ガ，焦点，助詞，助動詞，主題，談話（ディスコース），とりたて助詞，ノダ，ハ

■引用文献

神尾昭雄・高見健一（1998）『〈日英語比較選書2〉談話と情報構造』』研究社出版．

野田尚史（1996）『〈新日本語文法選書1〉「は」と「が」』くろしお出版．

フィアラ・カレル（2000）『日本語の情報構造と統語構造』ひつじ書房．

益岡隆志・野田尚史・沼田善子編（1995）『日本語の主題と取り立て』（特に「文の階層構造からみた主題ととりたて」pp.1-36）くろしお出版．

■参考文献

大野 晋（1993）『係り結びの研究』岩波書店．

神尾昭雄（1990）『情報のなわ張り理論――言語の機能分析』大修館書店．

金水敏・田窪行則（1990）「談話管理理論からみた日本語の指示詞」日本認知科学会編『認知科学の発展』3，講談社．

定延利之他（1999）「（用語解説）旧情報と新情報」，音声文法研究会編『文法と音声II』くろしお出版．

高見健一・久野暲（2008）『日本語機能的構文研究』大修館書店．

堀川智也（2012）「日本語の「主題」をめぐる基礎論」『大阪大学世界言語センター論集』4．

フィアラ，カレル（2008）「日本語とチェコ語語順の対照研究」『福井県立大学論集』30，pp.33-59．

メイナード，泉子・K．（2008）『マルチジャンル談話論――間ジャンル性と意味の創造』くろしお出版．

［カレル・フィアラ］

■推量[1]

1. 認識的ムードとしての推量

●叙述法と認識的ムード──叙述文とは，基本的に，話し手が現実世界のできごとを確認して聞き手に伝える文であり，その文の対象的な内容には，話し手の確認したできごとが描き出され，一方，終止形述語の叙述法（indicative mood）には，できごとの確認のしかたが表現される。「読む―読むだろう」「忙しい―忙しいだろう」「学生だ―学生だろう」のように，動詞述語，形容詞述語，名詞述語のすべてにおいて，断定形（無標形式）と推量形（ダロウを伴う形）の対立があり，基本的に，話し手の確認のしかたの違いが表し分けられる。これを認識的ムードという。

●断定形と推量形の対立のありかた──認識的ムードとしての断定形と推量形の対立は，基本的には，現実世界のできごとに対する直接的な認識（経験や知識）か，経験的な知識や一般的な法則に媒介された間接的な認識（想像や思考）かという，話し手の確認のしかたの違いにもとづいている。現在や過去の個別具体的なできごとを新情報として聞き手に伝える場合には，「雨が降りだした」と「むこうの山でも雨が降っているだろう」，「昨日太郎に会った」と「花子も太郎に会っただろう」のように，断定の文は話し手の感性的な経験にあたえられるレアルなできごとをさしだし，推量の文は想像の世界のできごとをさしだす。ところが，ポテンシャルな未来のできごとは，もはや直接的な経験によってはとらえようがなく，人の意志で決められること（予定）は別として，「この分じゃ，明日は大雪に{なる/なるだろう}」のように，断定形と推量形で確認のしかたに違いがなくなり，断定形は，話し手の確信を表すようになる。さらに，仮定された条件のもとで実現するポテンシャルあるいは反レアルなできごとの確認は，想像（仮想）によらざるをえず，この場合も，「タクシーで行けば，{間に合う/間に合うだろう}」「タクシーで行けば，{間に合った/間に合っただろう}」のように，断定形と推量形で確認のしかたに違いがなくなる。人や物の恒常的な特徴は，知覚・体験できず，思考による一般化の判断によって確認されるのであるが，このとき，断定形は，すでに確証されている判断だけでなく，「あの体型からして，彼は運動選手だ」のように，発話時における推論にも使用され，確信的な判断を表す。このように，レアリティや時間的限定性との相関によって，断定形もまた想像や判断を表すことがあり，断定形と推量形の対立は，確認のしかたの対立から，確かさの対立に移行する。ただし，これは部分的な現象であり，断定形と推量形が表現するのは，基本的には，確認のしかたの違いであって，確かさの違いではない。確かさの違いの中心的な表現手段は，「絶対に，きっと，たぶん，おそらく」などの陳述副詞である。また，疑問文における断定形と推量形は，「あの会社の株は買ったか」と「景気はよくなるだろうか」のように，相手に答えを求めるか否かで対立する。

●共有情報を表す推量形──断定形が間接的な認識を表すケースとは逆に，「あそこに喫茶店があるだろう。休んでいこうよ」「さっき電話があったでしょう。誰からだったの？」のように，直接的な認識によってとらえられている事実に対して推量形が使用される場合がある。この場合，推量形を用いた文は，話し手と聞き手の共有情報を提示し，談話構造上，主張，提案，質問等に対する前提や根拠として機能している。その点で，この用法の推量形も，新情報の主張である断定形と，情報構造の点で対立しているといえる。断定形と推量形は，できごとの確認のしかたという認識的（epistemic）な側面において対立するだけでなく，聞き手に対

2. 推量とその周辺

●日本語の命題的モダリティ──パーマー（F. R. Palmer）によると，モダリティの表現手段には，助動詞的な表現であるモーダル・システムと形態論的なムードがある。日本語には，命題の真偽あるいは事実性に対する話し手の態度にかかわる命題的モダリティ（propositional modality）を表すモーダル・システム（推量，推定，伝聞などを表す助動詞類）が存在している。ダロウは，スル―スルダロウの対立のなかではムードの表現であるが，カモシレナイ，ニチガイナイ，ラシイ，ヨウダ，ミタイダ，ソウダなどからなるモーダル・システムのメンバーでもある。命題的モダリティには，命題の事実性に対する話し手の判断を表す認識的モダリティ（epistemic modality）と命題の事実性に対する証拠を表す証拠的モダリティ（evidential modality）の２つの主要なタイプがある。カモシレナイとニチガイナイは，認識的モダリティであり，「彼はまだ会社にいるかもしれない」と「彼はまだ会社にいるにちがいない」のように，結論の強さ（認識論的な可能性と必然性）を区別する。ダロウとラシイも認識的モダリティであり，「今５時だ。彼はまだ会社にいるだろう」と「駐車場に車がない。彼は帰ったらしい」のように，知識・経験にもとづく判断（推量）と観察にもとづく判断（推定）を区別する（この区別は，証拠性（evidentiality）の違いともいえる）。なお，ラシイには伝聞用法があり，これは証拠的である。ヨウダ，ミタイダとソウダは，証拠的モダリティであり，「見たところ，彼はここにはいないようだ（みたいだ）」と「知人に聞いたところ，彼はここにはいないそうだ」のように，知覚的証拠と言語的証拠（伝聞）を区別する。ヨウダ，ミタイダには推定用法があり，これは認識的である。

●認識的モダリティとテンポラリティ──命題的モダリティのうち，テンスが本来の機能を実現するはなしあいにおいて，それ自体が過去形になるのは，ヨウダ，ミタイダだけである（ダロウ以外の他の形式も過去形になることがあるが，ほぼ小説の地の文等に限られる）。本来，認識的モダリティには過去形は必要ない。はなしあいに使用されるヨウダッタ，ミタイダッタは，過去の推定ではなく，「見たところ，彼はそのことに気づいていないようだった（みたいだった）」のように，過去の知覚印象を表す。一方，認識の対象となるできごとを表す述語には，テンスが分化する（逆に，知覚印象の場合は，知覚とその対象となる現象とは同時的でなければならないので，テンスは分化しない）。ただし，実際の使用において，ダロウ，カモシレナイは未来のできごとである場合が多く，ラシイ，ヨウダ，ミタイダは過去や現在のできごとである場合が多いという，明確な偏りが見られる。ニチガイナイは両者の中間である。

●推論の過程──推量の根拠となる事実や判断が先行する文に描かれているとき，「この映画はおもしろい。ヒットするだろう」のように，推論の過程が表現される。この場合，根拠となる事実や判断を原因や理由として，ダロウは，その結果や帰結を推量する。ダロウが説明の形（ノダ）をとったとき，この関係は逆転し，「彼女の様子が変だ。何かあったのだろう」のように，推量の根拠となる事実に対して，ノダロウはその原因や理由をつきとめるために推量する。カモシレナイとノカモシレナイの関係もこれと同様である。推定を表す文の場合も，根拠となる事実が先行する文に描かれているとき，「彼女の様子が変だ。何かあったらしい」のように，推論の過程が表現され，ラシイは観察された事実に対してその原因や理由を推定する。

ヨウダ，ミタイダが推定を表す場合も，ラシイと同様である。このように，因果関係という観点から見れば，ノダロウとラシイには共通性があるが，ラシイは，観察される「それらしさ」を通して受け取られた現象や本質を述べているのであり，「次郎が来ない。道に迷っているのだろう」のように，「それらしさ」が観察されていないときは，ノダロウは使えても，ラシイは使えない。ニチガイナイは，基本的には，ダロウやカモシレナイと同様であるが，ノニチガイナイという説明の形は未発達であり，「次郎が来ない。道に迷っているにちがいない」のようにも用いられる。

➡エピステミック・モダリティ，証拠性（エヴィデンシャリティー），ダロウ，断定(確言)，ムード，モダリティ，ラシイ

■参考文献

大鹿薫久（1999）「叙法小考」『日本文藝研究』（関西学院大学日本文学会）50-4．

奥田靖雄（1984，1985）「おしはかり(一)(二)」『日本語学』3-12，4-2．

工藤真由美（2014）『現代日本語ムード・テンス・アスペクト論』ひつじ書房．

仁田義雄（2000）「認識のモダリティとその周辺」森山卓郎他『〈日本語の文法3〉モダリティ』岩波書店．

三宅知宏（1995）「「推量」について」『国語学』183．

宮崎和人（2002）「認識のモダリティ」宮崎和人他『〈新日本語文法選書4〉モダリティ』くろしお出版．

森山卓郎（1989）「認識のムードとその周辺」仁田義雄・益岡隆志編『日本語のモダリティ』くろしお出版．

Palmer, Frank. R. (2001) *Mood and Modality*, 2nd edition. Cambridge University Press.

［宮崎和人］

■推量[2]（古代語）

1.「推量」に関する理解

「推量」は，述語形式によって表される，事態のあり方に関わる意味の一つである。「推量」と区別して「推定」という別の用語が用いられることもある（後述）。「推量」，「推定」ないし「推し量り（推し量る）」という語が一般的に持つ意味からすれば，文によって表現される内容（事態）を「推論」によって判断することを表す，あるいは，表される事態が「推論」によって（のみ）知られるものであることを表す，ということになろう。「現実事態」を「話手の知識や経験が及ぶ範囲での既実現の事態」ととらえるとすると，「推量」は「非現実事態」一般と関わることになる。表示領域はかなり広い範囲におよび，表現する手段もさまざまであり得る。また，論者によって，「推量」をどのようなものとして考えるかには揺れがあり得，ここではそのような立場は採らないが，例えば，判断の不確かさが強調されて，「不確かな判断」と同じものと考えられたりもする。

以下，古代語で「推量」を表すとされる諸形式について，3つに分けて見ていく。

2.「推量」を表す諸形式

● A．ム・ラム・ケム・マシ・ジ——ム・ラム・ケム・マシは，いずれも非現実領域に関わる。そのうち，ムが未来および可能性の領域の，ラムが現在未確認の領域の，ケムが過去における未確認の領域の，マシが純可能性領域（特にその内，現実のあり方に反する領域）の事態を表す。これらの形式は，非現実事態を表す性質から，ある条件下——文末言い切り，あるいはそれに近い構文環境で用いられ，かつ，自らの意志によって制御出来ない事態を表す場合——において「推量」を表し得る。

・来むと言ふも来ぬ時あるを来じと言ふを来

むとは待たじ（将来常者不待）来じと言ふものを（万葉・527）
・憶良らは今は罷らむ子泣くらむそれその母も我を待つらむそ（吾乎将待曽）（万葉・337）
・世に例あり難かりける仲の睦びを、「いで、さりとも、いとさのみはあらざりけむ」と、残りありげに問ひなしたまふぞ、わりなき御心ならひなめるかし。（源氏・早蕨）
・世の中にたえてさくらのなかりせば春の心こころはのどけからまし（古今・53）

とは言え、それ自身として「推論」と結びつくわけではないから、「推量」以外の用法——ム・マシの「意志（希望）」用法などや、ラム・ケムの「伝聞」用法など——も当然持つ。
・憶良らは今は罷らむ（今者将罷）…（万葉・337）
・大橋の頭に家あらばま悲しく一人行く児に宿貸さましを（屋戸借申尾）（万葉・1743）
・古に恋ふらむ鳥は（戀良武鳥者）ほととぎすけだしや鳴きし我が恋ふるごと（万葉・112）
・我を待つと君が濡れけむ（君之沾計武）あしひきの山のしづくにならましものを（万葉・108）

これらの例で表されているのは、上に見た「推量」の例と同じく、非現実領域にある事態であるが、「推論」によって知られるわけではないのである。

なお、これら以外に、（ムに対する否定的対応形式として、）未来および可能世界（非事実世界）での否定的事態の存在に関する「推量」を表し得るジ（当然、行為をしないことへの「意志」をも表す）も、この類に入れて考えることも出来るであろう。
・かく人迎へたまへり、と聞く人、「誰ならむ。おぼろけにはあらじ」とささめく。（源氏・若紫）（「推量」）
・限りあらむ道にも後れ先立たじと、契らせたまひけるを。（源氏・桐壺）（「意志」）

● B．ベシ・ラシ・マジ（マシジ）——Aに挙げた形式とはあり方が異なるが、やはり、非現実態に関わる述語形式として、ベシ・ラシが挙げられる。このうち、ベシが未来および可能世界（非事実世界）の事態に、ラシが話手の経験的把握の及ばない既実現領域の事態に、それぞれ関わると整理することができる（ただし、ラシは中古には古語化して使われなくなり、表していた「推量」その他の意味は、AやCに属する形式——ラムや終止ナリ・メリ——の用法拡張によって補われた）。

ベシ・ラシも、Aに属する諸形式と同様に、「推量」を表し得る。
・かへる山ありとはきけど春がすみたちわかれなば恋しかるべし（古今・370）
・沖辺より潮満ち来らし（之保美知久良之）可良の海にあさりする鶴鳴きて騒きぬ（万葉・3642）

これらの形式も、「推量」に限定されるわけではなく、ベシには、他にも現実内に未来の事態の兆候を見る用法や「可能」や「当為」など多様な用法があるし、ラシにも「伝聞」用法が指摘できる。
・十月しぐれの常か我が背子がやどのもみち葉散りぬべくみゆ（可落所見）（万葉・4259）
・人がらのたをやぎたるに、強き心をしひて加へたれば、なよ竹の心地してさすがに折るべくもあらず。（源氏・帚木）
・ひぐらしの鳴きぬる時はをみなへし咲きたる野辺を行きつつ見べし（遊吉追都見倍之）（万葉・3951）
・古の七の賢しき人たちも欲りせしものは酒にしあるらし（酒西有良師）（万葉・340）

ベシ・ラシとAの諸形式との違いは、ベ

シ・ラシが常に事態成立への積極的な承認を含んでいる点に求められる。判断の確かさという観点からは、確かな場合も不確かな場合もあり、一概に「不確かな判断」を表すとは言いにくい。

また、ムに対する否定的な対応形式としてジをAにふくめたのに対応して、ベシに対する否定的な対応形式として、マジ（マシジ）をBに属するものと考えることが出来よう。

- うち合ひてすぐれたらむもことわり、これこそはさるべきこととおぼえて、めづらかなることと心も驚くまじ。（源氏・帚木）（「推量」）
- 御馬にもはかばかしく乗りたまふまじき御さまなれば、また惟光添ひ助けて、おはしまさするに、…（源氏・夕顔）（「不可能」）

● C. 終止ナリ・メリ──終止ナリとメリは、次のような感覚的にとらえられた事態の描写を基本とする。

- …よく鳴る琴をあづまに調べて掻き合はせ賑はしく弾きなすなり。（源氏・花散里）
- 簾すこし上げて、花奉るめり。（源氏・若紫）

このように、もともとは経験的（感覚的）にとらえられる限りでの現実事態を表す形式であったが、二つの方向で「推量」ないし「不確かな判断」と関わっていく。

第一の方向は、「見る」「聞く」ということの拡張に関わる。終止ナリ・メリが感覚（見聞きされた事態）に兆候として現れた背景事態の判断を行うようになったのである。

- …鐘の声かすかに響きて、明けぬなり、と聞こゆるほどに、…（源氏・椎本）
- 今日は、いとよく起きゐたまふめるは。（源氏・御法）

これらは、一種の推論的判断、すなわち「推量」を表すとみることが出来よう。

第二の方向は、感覚的な把握である、ということに関わる。感覚によって捉えられた事態は、話手一個の把握に過ぎず、あくまで不確かである、という見方も出来る。このことから、次のような、「婉曲」などと呼ばれる用法が派生したようである。

- 独りものすらんこそなかなか心やすかなれ。（源氏・宿木）
- 心やすく若くおはすれば、馴れきこえたるなめり。（源氏・若菜下）

つまり、Cの形式（終止ナリとメリ）は、上で見てきたAの形式ともBの形式とも違った形で「推量」や「不確かな判断」と関わっているのである。

3.「推量」にまつわる注意点

以上、古代語で「推量」を表すとされる形式をA、B、Cに分けて見てきた。最後に、「推量」という用語について注意すべき点を二点ほど確認しておきたい。

第一は、上で確認したとおり、「推量」を専一に表す形式はなく、また、「推量」を表すとされる形式（上に見たA、B、C）すべてに通ずる共通点はない、という点である。「推量」は（「伝聞」などと同様）、さまざまな形式がそれぞれ、さまざまな理路によって、結果的に表す意味（の一つ）なのだと考える必要がある。推量助動詞、推量形式といった用語は、個々の形式の本質を「推量」という意味に求めている、といった印象を与えるが、実際には個々の文法形式の基本的性格に関わるものではない。結果的意味の一つによる便宜的なラベルに過ぎないという点を頭においておく必要がある。

第二は、用語法の問題である。論者によって、「推量」という語が指す範囲は微妙に異なっている。例えば、Aが表すもののみを「推量」と呼んで、B、Cの表すものを「推定」と呼びわける用語法や、終止形に接続する助動詞（とそれが持つ用法）に対してのみ「（現実）推

量」という用語を与えて，未然形に接続する助動詞に対しては別の用語を用いる用語法などもある。注意が必要である。

➡モダリティ，助動詞，ム，ラム・ケム
■参考文献
小松光三（1980）『国語助動詞意味論』笠間書院.
高山善行（2001）『日本語モダリティの史的研究』ひつじ書房.
中西宇一（1996）『古代語文法論——助動詞篇』和泉書院.
山口堯二（2003）『助動詞史を探る』和泉書院.

[仁科 明]

■推量[3]

1. 推量とは

●推量の定義——推量とは，命題内容を，不確実性を含むものとして，推論や想像によって捉える心的行為を表す。ただし，厳密な定義は定まっていない。一般に，断定と対立する概念として理解されている。

●推量の二種——推量には広義推量と狭義推量の二種がある。以下では，前者を〈推量〉，後者を《推量》で表すことにしよう。〈推量〉は，古代語ムや現代語ダロウなど，いわゆる「推量の助動詞」が表す意味領域全体を指す。判断的意味が中核となるが，《予想》《想像》などをも含んだ広い意味で用いられる。一方，《推量》は，〈推量〉の部分領域を範囲とし，《推定》と対立する概念である。伝統的な助動詞研究では，《推量》《推定》の対立が重視された。

2. 古代語

●〈推量〉形式の分類——古代語の〈推量〉形式（「モダリティ形式」とも呼ばれる）は各時代ごとに多様なものが存在する。たとえば，中古語では表1のような形式が見られる。

表1　中古語の〈推量〉形式

	肯定系	否定系
(a)	ム，ラム，ケム，マシ	ジ
(b)	ベシ，メリ，推定ナリ，（ラシ）	マジ

表1では，(a)類が《推量》，(b)類が《推定》のグループである。(a)類はテンス形式が後接せず，疑問文（反語も含む）で生起可能である。一方，(b)類はテンス形式が後接し，疑問文に生起しにくい。ただし，ベシは疑問文に生起する例がかなり見られ，(b)類の例外となる。意味の面では，(a)類は主観性が強く，(b)は客観性が強いとされる。なお，ラシは文章で用いず，原則的に和歌で使用されるという制約がある。

●〈推量〉の下位タイプ——〈推量〉にはいくつかの下位タイプがある。たとえば，否定と一体化した否定推量（マジ・ジ），テンスの区分による，未来推量・現在推量・過去推量（ム・ラム・ケム），事態間の因果関係を表す原因推量（ラム・ケム），「証拠性」(evidentiality) に関わる証拠性推量（メリ・推定ナリ）である。

3. 現代語

●〈推量〉形式の分類——現代語の〈推量〉形式は多岐にわたるが，古代語と同様に，疑問文での生起，「た」の後接の可否という基準によって二類に分けることができる。

表2　現代語の〈推量〉形式

	肯定系	否定系
(a)	ダロウ，（ウ，ヨウ）	（マイ）
(b)	ラシイ，ソウダ（様態），ヨウダ，カモシレナイ，ニチガイナイ，など	

表2で，(a)類は古代語の《推量》，(b)類は《推定》に対応する。古代語で見られる〈推量〉

形式の二類構造は，現代語でも保持されているのである。現代語のモダリティ論では，上記の二類を真性モダリティ・疑似モダリティとして区別することがある。

古代語では「否定推量」「過去推量」の形式があったが，現代語では，否定＋推量（〜ナイ＋ダロウ），過去＋推量（〜タ＋ダロウ）のように複合形で表す。ウ，ヨウ，マイは文章語的性格が強く，会話では用いられにくいものである。

●ダロウの意味・用法── ダロウは，以下のように推量用法と確認用法をもつ。

(1)そのピアニストが弾くのなら，きっとすばらしい演奏だろう。(推量用法)
(2)あの映画は十年前に観ているだろう。(確認用法)

このように，ダロウは古代語，現代語の〈推量〉形式のなかで唯一，確認用法をもつ。推量用法と確認用法とを関係づけた記述，説明は今後の課題となろう。

4．現代語と古代語の違い

●ダロウとム── 現代語の代表的な〈推量〉形式はダロウ，古代語ではムであるとされることが多い。しかし，古代語で意味上ダロウに近いのは，ナラム（断定ナリ＋ム）・ラムであり，ムが単独でダロウに対応するわけではない。尾上（2001）が指摘するように，ムは未然形叙法であるが，ダロウは事態を外接的に受ける。両者はかなり異質であり，〈推量〉という術語のもとで同一視するのは適切でない。

●連体用法── 現代語と古代語の〈推量〉形式では，連体用法で違いが見られる。現代語〈推量〉形式は連体用法で用いにくいが，古代語ではかなり自由に用いられる。

(3)?きのう来ただろう人／これから起こるにちがいない事件
(4)思はむ子を法師になしたらむこそ，心ぐるしけれ。(枕)

●その他── 現代語では，「たぶん〜だろう」「もしかしたら〜かもしれない」のように，特定の叙法副詞と〈推量〉形式との呼応が見られる。古代語では，叙法副詞が未発達であったため，このような呼応は見られない。

また，古代語マシは専ら，事態の反事実性を表す標識として働くが，現代語で反事実性専用の〈推量〉形式は見あたらない。

「推量とは何か」という問題は，モダリティ論の核心的テーマである。今後，モダリティ体系の変遷を記述・説明していくことによって，解明に近づいていくこととなろう。

➡モダリティ，断定(確言)，ダロウ，ウ(ヨウ)，ム，ケム・ラム

■参考文献

森山卓郎（2000）「基本叙法と選択関係としてのモダリティ」仁田義雄他『〈日本語の文法3〉モダリティ』岩波書店．

近藤泰弘（2002）『日本語記述文法の理論』ひつじ書房．

宮崎和人他（2002）『〈新日本語文法選書4〉モダリティ』くろしお出版．

尾上圭介（2001）『文法と意味Ⅰ』くろしお出版．

高山善行（2002）『日本語モダリティの史的研究』ひつじ書房．

［高山善行］

■数

文法的カテゴリーの一つ．

●単数・複数── 英語における可算名詞の単数と複数の区別がその一例である．日本語の名詞には，そのような単複を区別するカテゴリーが存在しない．「人々」「山々」「国々」のような反復形を使って，多数性をあらわすことがある．しかし，そのような語形をとる単語は限ら

れていて（たとえば，「川々」「本々」とはいえない），それは文法的なカテゴリーではなく，語彙的な性質である。ヒトをあらわす名詞につく接尾辞「－たち」「－ら」（たとえば，「学生たち」「子供ら」）は多数性をあらわすが，その接尾辞がない形式（「学生」「子供」）は，多数であるか否かに関与しない。「学生がひとり訪ねて来た。」「学生が3人訪ねて来た。」の例における，名詞「学生」の語形は同じである。ただし，「わたし」と「わたしたち」，「きみ」と「きみたち」のような人称代名詞の場合は，単数と複数の区別が生じる。「彼」と「彼ら」にも同じように単複の対立がみられる。

● **双数**──単複の区別に加えて，双数（両数とも，dual）をもつ言語もある。眼鏡，はさみといった対になるものを特徴づける。古く印欧語でみられたもので，現代でも，リトアニア語，スロベニア語，ソルブ語，エスキモー語にある。また，数のカテゴリーは名詞だけでなく，名詞を限定する形容詞に連動して関与したり，その名詞が主語になるとき，述語になる動詞と数のうえで一致関係が成立したりする言語もある。

● **数詞と助数詞**──数（かず）をあらわす単語「ひとつ」「ふたり」「三匹」「四個」などを数詞として，一つの品詞とみる立場がある。また，これらを名詞の一部とみなす立場もある。これらの単語は，名詞の格をマークする形式をともなわない使用が多く，副詞の性質を帯びている。

「ひと-つ」「ふた-り」「三-匹」「四-個」などの形式は，伝統的には助数詞と呼ばれているが，「つ」「り」「匹」「個」などは，単語の部分であるから，助数辞とするか，類別辞（classifier）とすべきであろう。中国語をはじめ，東アジアの言語には類別詞が発達している。日本語の類別辞は，対象そのものや対象の形態にもとづくものがほとんどである。人間には，「－り」「－ニン（人）」が広く用いられ，書類やフォーマルな談話では「－メイ（名）」が，話し手が対象者に敬意をあらわすときには「－かた」が用いられる。動物には，「－ヒキ（匹）」が広く使用され，大きな動物には「－トウ（頭）」が，鳥には「－ワ（羽）」が，魚には（主に文書で）「－ビ（尾）」が用いられる。無生物には，「－つ」や「－コ（個）」が広く使用されるが，細長いものには「－ホン（本）」，平たいものには「－マイ（枚）」が用いられるというふうに対象の形に依拠して区別される。「－ホン」は，「鉛筆」「バナナ」のようなものから，「カセット（テープ）」「映画」「手紙」「ホームラン」「シュート」「（剣道や柔道などの）試合」のようなものにも拡張される。行為には，あまり用いられないが，「花火」「げんこつ」「パンチ」など勢いのあるものに「－ハツ（発）」，「注文」「解決」などに「－ケン（件）」が用いられることがある。「－コ（個）」は，「りんご」や「箱」のような3次元的なものに用いられたが，「あの子より2個年上だ」「電車1個遅れた」のような使用が最近めだってきた。「たんす」「三味線」などに使われた「－さお」，「手袋」に使われた「－ソウ（双）」などは，今日の言語生活から消えつつある（和語系を「ひらがな」で漢語系を「カタカナ」で示した）。

➡類別詞

[村木新次郎]

■数量詞遊離

● **数量詞遊離構文とは**──「3人」など数量を表す表現（数量詞）が次の(1a)のように名詞句を直接に限定せず，(1b)のようにその名詞句（先行詞）から離れた位置に生起する構文である。

(1)a．3人の留学生が昨晩パーティに出席した。

b．留学生が昨晩，3人パーティに出席した．

英語では，all，each，bothに限り同様な現象が見られる．

(2) a．All of the students came to the party.
b．The students all came to the party.

遊離(floating)という名称は，「3人の留学生」という表現をベースに，数量詞が名詞句から「遊離して」離れた位置に現れるとみなす立場に由来する．慣用的にこの名称が使われることが多いものの，現在でははじめから(1 b)の位置に数量詞があるとみなす立場の方が主流で，その点を重視する立場からは「遊離」という名称を避け「数量詞連結」と呼ばれることがある．

●**数量詞遊離構文の成立条件**——この構文を分析した嚆矢である奥津(1969)は，主語と直接目的語のみが先行詞になりうるとする文法関係説を提示した．この説により「花子は級友にチョコレートを3人渡した」が非文なのは，「級友」が間接目的語に過ぎず，主語でも直接目的語でもないからだと説明できる．

●**統語論的条件**——Miyagawa(1989)はこの問題を純粋に統語論的な問題としてとらえ，「数量詞又はその痕跡とそれが修飾する名詞句又はその痕跡は，互いにC統御していなければならない」とする「相互C統御条件」を提示した．

(3) a．[s友達が2人[vp新宿で田中先生に会った]]．
b．*[s友達が[vp新宿で田中先生に2人会った]]．

(3 a)は先行詞と数量詞がS節点に直接支配されており相互C統御条件を満たすので適格だが，(3 b)は数量詞がVP内にあって条件を満たさないため非文になると説明できる．

●**主題条件説**——宮川の提示した統語論的条件はエレガントに見えたが，90年代に入り反例の指摘があいついだ．高見(1998)は「灘高の生徒は，毎年東大を80人以上受験する」のように相互C統御条件には反するが適格である例を挙げ，「文の主題として機能する名詞句に限り数量詞遊離を許す」という主題条件説を提示した．

「閣僚が，訪問先の国から3つ戻ってきた」が非文なのは「閣僚が訪問先の国から戻ってきた」の下線部を主題化した「*その訪問先の国は，閣僚が戻ってきた」が非文であることに対応する，と高見は主張する．

この反論は説得的で，相互C統御条件という統語論的条件では問題解決が困難であることを明らかにした反面，日本語文法においてある名詞句が文の主題として機能するか否かを明確には判定しがたい面があるため，やや曖昧性を残す説であることも否めない．

●**アスペクト限定説**——三原(2004)はアスペクト性制約(限界性)こそが数量詞遊離の可否を決定すると主張した．

(4)子供がおもちゃをもう2つ壊した．
(5)校長先生は生徒を，今学期，朝礼で6人誉めた．
(6)ポリーニはソナタをコンサートで4つ演奏したそうだ．

(4)のように限界動詞の場合はいうまでもなく，非限界動詞であっても(5)のように期間句の設定によって文脈的アスペクト限定がなされる場合や，(6)のように項限定詞や付加限定詞によって限界用法を獲得する場合も数量詞遊離が許される．三原説は現時点で最も説得力のある論で，相互C統御条件説には反対するものの，できる限り統語論的解決を目指した説だといえよう．

●**数量詞の名詞性と副詞性**——そもそも数量詞遊離現象が起こる根本的な原因は，数量詞が名

詞性と副詞性の二重性を帯びていることによる。数量詞遊離は，どのような立場での解決を目指すにせよ，一次的にはモノの数量を表す数量詞がどのような条件下でコトの数量としてもとらえられるか，という観点をベースに分析することが肝要であろう。

➡数・量の副詞

■参考文献

奥津敬一郎(1969)「数量的表現の文法」『日本語教育』14，42-60．

高見健一(1998)「日本語の数量詞遊離について：機能論的分析」『言語』27(1) 86-95，(2) 86-95，(3) 98-107．

堀川智也(2000)「数量詞連結構文の本質」『国語と国文学』77-2，44-57．

三原健一(2004)『アスペクト解釈と統語現象』松柏社．

Miyagawa, Shigeru (1989) *Structure and Case Marking in Japanese: Syntax and Semantics 22*. Academic Press.

［堀川智也］

■数・量の副詞

●数・量の副詞とは──副詞は普通，用言（から成る句）を修飾すると規定されるが，次の(1)〜(4)に挙げる数・量の副詞は，そのような機能の他に，主体や対象の数量を限定する機能を持つという特徴がある。

(1)かなり，随分（と），少し，など
(2)たくさん，たっぷり（と），いっぱい，など
(3)すべて，大部分，半分，ほとんど，など
(4)5人，5冊，5こ，5枚，5本，など

この他に，否定文脈に用いられる数・量の副詞として「あまり，たいして，さほど，まったく」などがある。

●数・量の副詞の修飾対象──程度副詞に分類される副詞でもある(1)は「かなり大きい」のように形容詞などが表す状態の程度性を修飾しうる。(1)が数・量の副詞として機能するのは主に動詞と共起した場合である。(2)〜(4)の副詞も動詞と共起した例が多い。

(1)と(2)の副詞は，動詞の表す動作についての量的な限定，あるいは，主体や対象の数量的な限定を表す。たとえば，継続動詞あるいは活動動詞と共起した(5)は動作量（走った距離・時間・回数）を表し，変化動詞，存在動詞と共起した(6)(7)は主体や対象の数量を表す傾向がある。

(5)太郎が｛かなり／たくさん｝走った。
(6)窓ガラスを｛かなり／たくさん｝割った。
(7)犬が｛かなり／たくさん｝いる。

しかし，主体や対象についての数量限定解釈は，動詞の意味的な性質（もっと言えばアスペクト的な性質）だけでなく，名詞句の数性や(特)定性にも依存する。(5)の「太郎」を「学生」に換えると，「学生が｛かなり／たくさん｝走った」のように主体の数量限定の解釈もできる。また，変化動詞でも「体がかなり温まる」のように状態変化の程度性や，変化後の状態の程度性が修飾される例もある。

(3)と(4)の副詞は，次に挙げる例のように主体や対象の数量限定しかできないように見える。

(8)学生が｛5人／大部分｝走った。
(9)窓ガラスを｛5枚／すべて｝割った。

(3)と(4)は数量詞あるいは量化詞（quantifier）として一括することができる。これらが主体や対象の数量限定を表すように見えることは，数量詞遊離のような現象があることからも理解される。また，数詞から成る数量詞を構成する助数詞は，例えば「本」を数えるなら「冊」というように計量対象となる名詞によって決まることがあることからも名詞句と何らかの関係を持つことがわかる。しかし，(8)と(9)のような数量詞は動詞を(も)修飾しているとすべきである。

次の例の適格性の差は動詞の違いによる．
　(10)春子が友人を駅前で（4人）殺した．
　(11)春子が友人を心から（*4人）憎んだ．
このような動詞（句）との共起制約は，他の副詞類でも観察される．

● 数量化副詞——英語の *always*, *sometimes* のような副詞は数量化副詞（adverbs of quantification）と呼ばれることがある．これらは数量概念を持つ点で数・量の副詞と似ているが，単に出来事が起こる頻度を数えるものではなく，*always* は "in every case" に，*sometimes* は "in some cases" に書き換えられるというように「場合（cases）に関する量化」をする．(12)では不定名詞句の *a man, a donkey* が *always* から無差別束縛（unselective binding）されて「すべての」という意味の普遍数量解釈を受ける．
　(12)A man always beats a donkey.
数・量の副詞の周辺的な例である「いつも，時々」などが数量化副詞の性質を持つかどうかについてはなお検討を要する．

◆ 数量詞遊離，副詞，程度副詞，定・不定

■ 参考文献
北原博雄（1996）「運用用法における個体数量詞と内容数量詞」『国語学』186．
工藤 浩（1983）「程度副詞をめぐって」渡辺実編『副用語の研究』明治書院．
仁田義雄（2002）『副詞的表現の諸相』くろしお出版．
三原健一（2004）『アスペクト解釈と統語現象』松柏社．
Heim, Irene R. (1982) The Semantics of Definite and Indefinite Noun Phrases. Ph. D. Dissertation, University of Massachusetts, Amherst.〔Published by Garland Publishing Inc., 1988〕
Lewis, David (1975) "Adverbs of Quantification." In Edward L. Keenan (ed.) *Formal Semantics of Natural Language*. Cambridge University Press.

［北原博雄］

■スコープ（作用域）

● スコープとは——スコープ（scope）とは，もともと論理学の基礎概念である．一般に「論理演算子（logical operator）のスコープとは，ある表現の中でその演算子の作用を受ける部分」をさす（Allwood, et al. 1977：44）．自然言語においても，演算子（ないしはその意味特性を内在的にもつ量化表現）が存在する．否定辞（ナイ，not，等）を例にとると，「否定のスコープ」とは「否定要素がその上に作用を及ぼす領域である」（Klima 1964：316，太田 1980：54 f）．スコープを一般的に(1)のように定義する．
　(1)スコープとは，ある量化表現がその作用を及ぼしうる最大の領域である．
つまりスコープの中に入っていれば当該の量化表現の作用を受ける可能性がある（潜在的には可能であっても，作用を受けないこともある）が，その外にあるものは決してその作用を受けることはない．この点をもっとも直接的に示す事例の一つは，否定のスコープの中にあるときのみ認可されるシカなどの，いわゆる否定極性項目（negative polarity item）の分布である．
　(2)花子は［太郎がリンゴを食べなかった］と言った
　(3)a．花子は［太郎しかリンゴを食べなかった］と言った
　　b．花子は［太郎がリンゴしか食べなかった］と言った
　　c．*花子しか［太郎がリンゴを食べなかった］と言った
例(2)において，補文の否定辞ナイのスコープが

[　]で示した補文の領域だけであることは，シカが(3a, b)のようにその領域内の要素にはつくが，(3c)のようにその外の主文の要素にはつかないことにより示される。

●**構造的条件**——スコープの定義(1)が経験的な実質をもつためには，そこでの「最大領域」が実際にどのような概念によって指定されるのかが明らかにされなければならない。従来この点については，述語の項構造，否定辞との隣接性と情報構造，統語的な構造関係，などいくつかの提案がある（詳しくは，加藤（2003）参照）。いずれのアプローチをとるにせよ，構造的条件は不可欠であるので，ここでは構造関係による定義をとる。

(4) ある量化表現のスコープは，そのc-統御領域（c-command domain）である。

ここで，任意の構成素 α のc-統御領域とは(5)において，β およびそれに含まれる構成素群からなる領域である（Reinhart 1983。なお左右関係は関与しない）。

(5) [$_K$ α [$_\beta$ …]]

この観点から例(2)をみると，より正確な構造は(6)であり，その内側の［　］が否定辞ナイのスコープとなる。これは事実観察(3)と一致する。

(6) 花子は［［太郎がリンゴを食べ］なかった］と言った

●**相対的作用域**——スコープの概念が問題になるもう一つのケースは，複数の量化表現が一つの文の中に同時に現れ，相互に意味的な作用を示す場合である。たとえば，

(7) a．全員が来なかった
　　b．全員は来なかった

ここには量化表現として共に「全員」という量化子と「ない」という否定辞があらわれている。しかし意味は異なる。(7a)は「一人も来なかった」の意味，(7b)は，特に「は」に強勢をおくと「一部の人たちだけが来た」という意味が少なくとも優勢である。(7a)では「全員」は否定されておらず，(7b)では否定されていることになる。このようなとき，(7a)では否定辞が「全員」に対して狭い作用域（narrow scope, Q〜と表記。Qは量化表現，〜は否定）をとり，(7b)では広い作用域（wide scope, 〜Q）をとるという。このような意味関係を相対的作用域（relative scope）ということがある。

➡否定

■**参考文献**

太田 朗（1980）『否定の意味——意味論序説』大修館書店．

加藤泰彦（2003）「否定のスコープと量化」北原保雄監修・編〈朝倉日本語講座5〉文法I』pp.157-180，朝倉書店．

Allwood, Jens, et al. (1977) *Logic in Linguistics*. Cambridge University Press.〔公平珠弓・野家啓一訳（1979）『日常言語の論理学』産業図書〕

Klima, Edward S. (1964) "Negation in English." In Jerry A. Fodor and Jerrold J. Katz (eds.) *The Structure of Language: Readings in the Philosophy of Language*, pp. 246-323. Pentice-Hall.

Reinhart, Tanya (1983) *Anaphora and Semantic Interpretation*. Croom Helm.

［加藤泰彦］

■**鈴木重幸**（すずき　しげゆき　1930-　）

言語学研究会，教育科学研究会国語部会などで，奥田靖雄を助け，主に現代日本語の文法研究において指導的役割をはたした。言語学研究会には，1956年の発足とともに入会し，橋本進吉の文法観にもとづく学校文法の問題点を鋭く指摘し，それにとってかわる日本語文法を追究した。鈴木は，「四段活用の成立」（1975）で，古代からの活用論の成立過程を追い，本居

宣長，冨士谷成章らの国学の文法論を検討し，さらに「明治以後の四段活用論」(1978)で，大槻文彦，山田孝雄，松下大三郎，橋本進吉，時枝誠記の活用論を批判的に論じた。あわせて，現行の学校文法の動詞のあつかい方の問題点をあきらかにし，それに代わるものを提示した。鈴木は，単語が，現実の断片を一般化してさししめすという語彙的な側面と，文の中で各種の文の成分として機能するという文法的な側面との統一体として，言語のもっとも基本的な単位であるととらえた。

教育科学研究会国語部会のテキスト『にっぽんご4の上』の解説書として書かれた『日本語文法・形態論』(1972)によって，単語のとりだし，単語の分類など日本語の科学的な形態論の基礎を位置づけた。その後，形態論的なカテゴリーなどの研究を進め，『形態論・序説』(1994)にまとめられている。鈴木の功績は，文法研究にとどまらず，文法指導にもおよび，理論と実践の両面にわたって研究と教育の世界に貢献した。

➡奥田靖雄

[村木新次郎]

■すすめ

「すすめ」とは，聞き手のために，聞き手にある行為を実現するよう働きかけるもので，広義命令の下位に位置づけられる。その行為を実現した場合，動作の主体である聞き手に利益があり，話し手利益という特徴を持つ「依頼」とは，利益という観点からちょうど対になる意味である。

「すすめ」専用の形式はなく，スベキダ，シタホウガイイ，スルトイイ，シタライイ，スレバイイのような，当為表現を述語とする文，あるいはシタラドウカ，シテハドウカ，シタラ，スレバのように条件表現の問いかけ（または言いさし）で構成される文が，一定の形態・構文的条件を満たした場合，「すすめ」の意味を表す。その条件とは，①動作主体が2人称，②動詞が意志動詞，③述語が非過去形，④文末にノダ，ダロウ，「と思う」など話し手の判断を表す表現が後接しないこと，である。これらの文は本来は判断を述べ立てる文，あるいは問いかける文であるが，上記の条件のもとで，命令文とほぼ同等の力を持つ。特に，シタホウガイイ，シタラドウカ，シタラ，スレバでは，この条件を満たす例，すなわち「すすめ」を表す例が多く見られる。これらを述語に持つ文は，上記の形態・構文的条件のもとで，述べ立て文，問いかけ文から命令文への文法的な移行を起こしていると言える。

この他，「すすめ」にはもう一つ，話し手自身が聞き手に利益を提供するという意味特徴を持つものがある。「どうぞお上がりください」「泊まっていきなさい」のような例である。これは，文脈や，動詞の語彙的な意味に依存した語用論的な意味である。主に，敬体の動詞の命令形（特に依頼の形式オ～クダサイが多く使われる）や，否定の疑問形（シマセンカ）を使って表現される。

両方ともが日本語では「すすめ」と呼ばれているが，両者を表す中心的な形式や，意味は異なる。いうなれば，「すすめ」には，主に文法的条件に依存する「助言型すすめ」（シタホウガイイ，シタラドウカ等による）と，主に語用論的条件に依存する「利益提供型すすめ」（「どうぞお座りください」等）との二つのタイプがある。

➡命令，依頼，デオンティック・モダリティ，モダリティ

■参考文献

仁田義雄(1991)『日本語のモダリティと人称』ひつじ書房.

齋美智子(1999)「働きかけ文における「勧

め」」『人間文化論叢』第1巻，pp.95-108，お茶の水女子大学大学院人間文化研究科．

［齋美智子］

■スラ

副助詞。主として格成分に後接する。スラは句全体に関わり，その句の表す事態の成立する蓋然性が低いことを表す。ただし，句末の述語は肯定の確言になり，その事態が予想に反して成立していることを表す。

(1)言問はぬ木すら妹と兄ありと云ふをただ独り子にあるが苦しさ（万葉・6・1007）

(2)夢のみに見てすらここだ恋ふる我は現に見てばましていかにあらむ（万葉・11・2553）

(1)は，「木に妹と兄あり」が成立する蓋然性は低いと予想されるのに，実際には成立していることを表す。ここから文脈の展開が大きく2つに分かれ，1つは(1)のように，それなのにより蓋然性の高い事態（自分に兄弟がいること）が成立しないと展開し，もう1つは(2)のように，ましてより蓋然性の高い事態（現実に逢って恋しく思うこと）は必ず成立すると展開する。スラが「類推」を表すとする説は，後者の展開を念頭に置いたものである。

上代のスラは，事態の成立蓋然性の高さを表すダニと相補的な関係にあったが，中古以降，漢文訓読文専用になり，そこでは次第にダニの意味を侵食していく。(3)のスラは「善師を敬する」という成立蓋然性の高い事態を表すが，これは本来ダニの表す意味だった。

(3)善師をすら尚敬することを能くせず。（石山寺本蘇悉地羯羅経略疏寛平点）

こうなると，スラは単に極限的な事態を表すようになったと言える。以後，スラは口頭語で使用されることは少なく，現代語でもスラは主として文章語で用いられる。なお，現代語では，事態の極限性を示すのにスラを，事物の極限性を示すのにデスラを使うとする指摘がある。

(4)マンガすら読まない。

(5)小学生ですらわかる理屈

ただし，現代の口頭語では通常，スラ・デスラの代わりにサエ・デサエを使う。

➡サエ，ダニ，副助詞

■参考文献

此島正年（1973）『国語助詞の研究 助詞史素描』桜楓社．

大坪併治（1981）『平安時代における訓点語の文法』風間書房．

岡崎正継（1996）『国語助詞論攷』おうふう．

沼田善子・野田尚史編（2003）『日本語のとりたて――現代語と歴史的変化・地理的変異』くろしお出版．

［小柳智一］

■制限的修飾と非制限的修飾

「制限的（restrictive）/非制限的（non-restrictive）修飾」は連体修飾の意味的機能についての区分である。

(1) 一流のシェフが作る宮廷料理をじっくり味わった。

この文には次の二通りの解釈がある。

(2)a．宮廷料理のうち，一流のシェフが作るものをじっくり味わった。
　b．宮廷料理というものは一流のシェフが作るもので，その宮廷料理をじっくり味わった。

(2a)のように，修飾節が被修飾名詞の表わす事物の一部分のみに関する叙述となっている場合を「制限的修飾」と呼ぶ（「限定的修飾」とも）。一方，(2b)のように，修飾節が被修飾名詞の表わす事物を制限せず，その全体に関する叙述となっているものを「非制限的修飾」とい

う（大島（2010）は，制限的修飾のうち，修飾節が被修飾名詞の表わす事物の集合から一部分を取り出すものを「集合限定」と呼んでいる）。(1)のような文は，前後の文脈によって，制限的修飾か非制限的修飾かの解釈が決まる。

また，(3)のように，連体修飾節を含む文の中でいずれの解釈が優先されるかが定まる場合もある。

(3) a. 大学院生には，生半可な知識しか持たないものもいるが，このプロジェクトには，<u>高度な知識を身につけた大学院生</u>が多数参加している。（制限的）
　　b. <u>高度な知識を身につけた大学院生</u>は，学部卒業者と違って一般の職場では敬遠されてしまうことがある。（非制限的）

なお，非制限的修飾の典型的なものは，被修飾名詞が固有名詞の場合である。

(4) a. 毎日ジムに通う田中氏
　　b. 夏目漱石によって書かれた『こころ』

このような非制限的修飾の働きとして，背景的な情報を付け加える（例文(5a)），主名詞についての定義を示す（例文(5b)）といったものがある。

(5) a. ヨーロッパ歴訪を終えて帰国した首相は記者会見でこう語った。
　　b. 薄い生地にソースとチーズをのせて焼いたピッツァ

➡連体修飾構造(連体句)

■参考文献

大島資生（2010）『日本語連体修飾節構造の研究』ひつじ書房．

大島資生（2014）「現代日本語の非制限的連体修飾節の特性について」小林賢次・小林千草編『日本語史の新視点と現代日本語』勉誠出版．

加藤万里（2005）「日本語の制限・非制限修飾に関する一考察」『日本語文法』5-1．

金水　敏（1986）「連体修飾成分の機能」『松村明教授古稀記念国語研究論集』明治書院．

　　　　　　　　　　　　　　　　［大島資生］

■『生成日本文法論』（奥津敬一郎）

1974年に大修館書店から刊行された文法研究書。日本語の連体修飾構造を，書き換え規則，補文，補足句，繰り返し規則といった生成文法に基づくベース・ルールを用い，明示的に記述した。連体修飾構造を同一名詞連体修飾と付加名詞連体修飾に二分類し，さらに，付加名詞連体修飾には相対名詞連体修飾と同格名詞連体修飾の二別があることを明らかにしている。

連体修飾構造「キノウ　銀座デ　ボクガ　食ベタ　ウナギ」の被修飾名詞「ウナギ」は，「キノウ　銀座デ　ボクガ　ウナギヲ　食ベタ」と文中にもどすことができることから，「キノウ　銀座デ　ボクガ　ウナギヲ　食ベタ　ウナギ」をその深層構造であると分析する。「ウナギヲ」の「ウナギ」と被修飾名詞にある「ウナギ」は同一の対象を示すものでなければならないことから，それを名詞同一の条件と呼び，同一名詞連体修飾構造の本質とする。一方，付加名詞連体修飾構造は，被修飾名詞を文中にもどすことができず，従って，名詞同一の条件も満たさない。それには，「戦争ガ　終ワル　3日マエ」のように相対的な概念を表す相対名詞連体修飾と，「戦争ガ　終ワッタ　トイウ　コト」のように「戦争ガ　終ワッタ」と「コト」が意味的に同格の関係にある同格名詞連体修飾の2種類があるとする。前者には，「マエ」「アト」「アイダ」といった時を表すものと「マエ」「ウシロ」「ウエ」「ミギ」といった空間を表すものがある。後者には「コト」「サマ」のようないわゆる形式名詞のほか「考え」「気持」「経験」などの名詞も同格名詞連体修飾の被修飾名詞となる。このようなことから，相対名詞，同格名

詞といった名詞の分類もなされることとなる。
　このような分析を通じ，名詞を「文中にある要素でその文末に転位しても有意義で文法的に機能し得る形式を作れるもの」とする。このような機能を有しない，文頭詞，文末詞，判断詞，時制詞などを名詞から弁別する。被修飾名詞の観点から格の分析へと展開し，時，所，主語，第1目的語，第2目的語，手段，出発点，目標，対称，共同，引用，期間，移動，目的，理由などの格を示している。また，連体修飾文に入り得るかどうかの観点からは，詞・辞弁別の論が展開され，連体修飾構造の分析が文構造の分析に他ならないことを示している。

▶連体修飾構造（連体句），相対名詞

■参考文献

北原保雄（1975）「〈書評〉『生成日本文法論』」『国語学』102.
奥津敬一郎（1978）『「ボクハウナギダ」の文法』くろしお出版.
奥津敬一郎（1996）『拾遺日本文法論』ひつじ書房.
奥津敬一郎（2007）『連体即連用？　日本語の基本構造と諸相』ひつじ書房.

［加藤久雄］

■生成文法

　生成文法（generative grammar）とは，*Syntactic Structures*（Chomsky 1957）によって，アメリカ構造主義言語学の発展・解消を目指す理論が提唱されて以来，ほぼ10年ごとに大規模な理論の修正を経つつ，半世紀に亘り発展を続けている理論言語学の一分野である。

1. 句構造

　言語の構造を統語的に示す，語順（ヨコの構造），階層性（タテの構造），構成素の統語的範疇名（S/NP/VP/N/V など）に関する情報の総体を句構造と言う。句構造は(1)の樹形図で示されることが多いが，(2)のラベル付き括弧表示でも同等の情報が表される（D は決定詞（determiner）を示す。なお，句構造は一部を簡略化してある）。

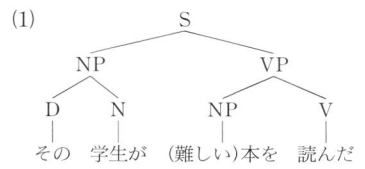

(1)
```
           S
         /   \
       NP     VP
      /  \   /  \
     D   N  NP   V
     その 学生が (難しい)本を 読んだ
```

(2) [$_S$[$_{NP}$[$_D$その][$_N$学生が]][$_{VP}$[$_{NP}$(難しい)本を][$_V$読んだ]]]

　句構造の表示方法は理論の変遷と共に修正されてきた。(1)(2)は古典的生成文法の時代に用いられていたものであるが，NP/VP などには主要部 N/V が設定されるのに対し，S の主要部が示されていないなどの不備があり，1986年の障壁理論では(3)に変更された。

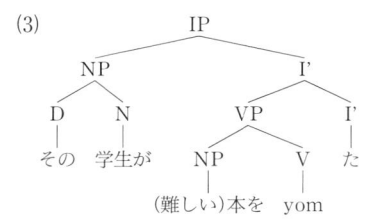

(3)
```
           IP
         /    \
       NP      I'
      /  \    /  \
     D   N  VP    I
     その 学生が /  \  た
              NP   V
              (難しい)本を yom
```

この句構造では，かつての S は，テンス（T）と，一致を司る一致要素（AGR）が含まれる屈折辞（Inflection；I）を主要部とする句（IP）であるとされる。なお，全ての句が主要部を持つという考え方は X-bar 理論に基づく。

　その後，テンスと一致要素は別の主要部を構成するという考え方が現れ，初期ミニマリスト理論ではこれらを主要部とする TP と AGR-P が設定されたが，1995年モデル以降は(4)の句構造が標準となっている。

(4)

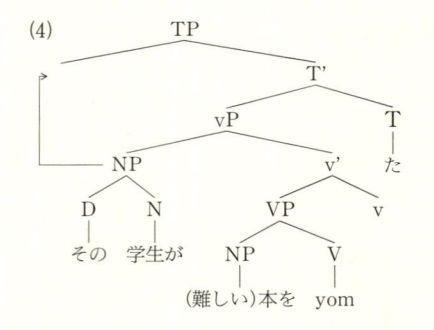

```
        TP
       /  \
      /    T'
     /    /  \
    /    vP   T
    |   /  \  |
    |  NP   v' た
    |  /\  /  \
    | D  N VP  v
    | |  | /\  |
    その 学生が NP V
            |  |
         (難しい)本を yom
```

vは小動詞（small verb）と呼ばれ，主語に動作主の意味役割を与える，音形を持たない抽象的な動詞である。また，いわゆる動詞句内主語仮説に基づきvP内に生成された主語が，後に主語位置に移動される。

2. 意味役割

文中に現れる名詞句は，「太郎」「ロバ」などといった個々の単語が持つ語彙的意味とは別に，文中においてある共通する意味を担いつつ，文の統語構造に関わっている。「太郎がロバを蹴った」と「ロバが太郎を蹴った」は意味が異なるが，共に主語が動作主（意志を持って動作を行う主体）であり，目的語が被動作主（動作を受けるもの）であるという点では共通している。名詞句が文中で担う，動作主・被動作主などの意味機能を意味役割（θ-role）と言う。

意味役割には下の(5)–(7)で例として挙げるものの他にもあるが，とりあえず幾つかを見ておこう。

(5)この子［経験者］が雷［原因］を怖がる。
(6)湖［対象］が凍った。
(7)荷物［対象］を花子［着点］に届ける。

経験者は感情の影響を受ける人で，原因は意志を伴わずに動作や感情の原因になるものを指す。対象は，状態変化を受ける(6)の「湖」や位置変化を受ける(7)の「荷物」などを含み，移動する対象の到着点を着点と言う。なお，対象とされる意味役割には幾つかのものが含まれるので，多少の注意を要する。

意味役割は，主語・目的語など述語にとっての必須要素では述語の意味特性によって決まるのが基本だが，「カッターで縄を切る」「花子と映画に行く」での下線部分のような随意要素では，「で」「と」などの後置詞が，それぞれ「カッター」に道具（物理的動作の何らかの意味での道具），「花子」に随伴（動作の相方）という意味役割を付与する。また，上で「基本」と書いたのは，副詞句などの要素によって意味役割が異なることもあるからである。「花子が{わざと/誤って}花瓶を割った」では，「わざと」があると「花子」は動作主だが，「誤って」と共起すると原因になるといった具合である。

3. 項構造

述語にとって必須の要素（これを項と言う）が持つ意味役割をリストしたものを項構造と呼ぶ。まず文例を挙げる。

(8)先生はその生徒を誉めた。
(9)太郎はテーブルに皿を並べた。
(10)汽車が青森駅に到着した。
(11)このパンはおいしい。

(8)では「先生」が動作主（agent；AG），「その生徒」が被動作主（patient；PAT）であり，「誉める」は(12)の項構造を持つ。(9)では「太郎」がAG，「皿」が対象（theme；TH），「テーブル」が場所（location；LOC，対象の存在する場所）であり，「並べる」は(13)の項構造を有する。また(10)では「汽車」が対象，「青森駅」が着点（goal；G）なので，「到着する」の項構造は(14)となる。さらに，形容詞なども項構造を持つ。(11)では，「パン」に対象（状態について言及されているもの）という意味役割が付与されるので，「おいしい」は(15)の項構造を持つ。

(12)誉める［AG PAT］

(13)並べる ［AG LOC TH］
(14)到着する ［TH G］
(15)おいしい ［TH］

　項構造は，項が有する意味役割をリストしたものなので，「先生は（教室で）その生徒を誉めた」や「花子は（ナイフで）ケーキを切った」で丸括弧内に示した要素（なくても文が成立する要素で付加詞と呼ぶ）の意味役割は項構造中に含めない。ただ，何を必須項とするかは微妙な場合もあり，(9)での「テーブル（に）」を必須項とは捉えない話者もいるであろう。

　項構造が理論的に重要であるのは，個々の意味役割を担う名詞句の，統語構造上への写像が問題になるからである。上で示した項構造の表示では意味役割が並列的にリストされており，個々の意味役割が統語的にも同等であるような印象を受けるが，意味役割間には主題階層に則る優劣関係があるとされている。主題階層については，研究者によりどの意味役割を優位とするかで異見があるが，例えば「太郎が花子に手紙を渡した」における3つの意味役割には，AG＞G＞TH という階層があるとするのが標準的見解である。この文は ［ₛ太郎が ［ᵥₚ花子に ［ᵥ手紙を渡した］］］ という構造を持っており，派生の始発階段（受動化などの移動が生じていない段階）では，主題階層において優位な意味役割（AG）が句構造の最も高い位置に写像され，階層の低い意味役割（TH）が最も低い位置に写像される。G はその中間に位置する。このように，意味役割によって写像される統語的位置が固定されているとする考え方を，統一意味役割付与仮説と言う。

　ここで問題になるのが心理動詞である。心理動詞には，(16)のように経験者が主語となるタイプと，(17)のように経験者が目的語となるタイプがある。

(16)農民［経験者］が日照りに苦しむ。
(17)日照りが農民［経験者］を苦しめる。

経験者を主題階層のどこに位置付けるかは悩ましい問題だが，どのような階層を設定するにせよ，(16)(17)が相互に矛盾することになる。この問題は現在に至るまでさかんに論争されている。

4. 島

　要素を移動しようとする時，ある構造を越えると非文が生じるという発見は，1967年に脱稿したロス（John Robert Ross）の博士論文によってなされた。そこからの要素の摘出を阻む構造を島と呼ぶ。(18)において，「イタリアで」を角括弧で示す関係節（＋主名詞句）内から摘出した場合，話者によって文法性判断に多少の揺れがあるが，非常に落ち着きの悪い文が生じる（文頭に移動した要素の元位置を下付き指標を付した「t（痕跡）」で示す）。また，従属節内ですでに WH 句（what）の移動が行われている(19)の場合も，摘出が極めて困難である。関係節や間接疑問文は典型的な島を構成する。

(18)*イタリアで$_i$，その記者は［ピカソが t_i 描いた風景画を］発見した。

(19)*To whom$_i$ did Bill wonder ［what John gave t_i］?

ロスは，この他に主語名詞句や副詞節，あるいは等位接続された節が島となることを正しく指摘し，島の「カタログ」を作ることに成功した。しかし，生成文法の発展におけるこの段階ではやむを得ないことであったが，島の現象が「なぜ」起こるのかについての本質的説明の提示は将来に持ち越された。

　1980年代に入り，統率・束縛（GB）理論が整備されるにつれて，ロスがカタログ化した島を構造の観点から統一的に説明しようとする試みがなされ始める。試みの最初の結実は下接条件という形で抽出される（1981年）。この条件は，移動は2つ以上の境界節点を越えてはならないと規定するもので，英語や日本語などで

はNPとIP（S）が境界節点にとなるとされた。(18)の関係節部分は(20)の構造を取り、「イタリアで」の移動が関係節を越える時点で（外の）NPとIPを越えることになる。(21)では、WH句が主節IPの外（下線部分）に移動されるので、このIPと従属節のIPを越える。

(20) … [$_{NP}$[$_{IP}$ピカソがイタリアで描いた] [$_{NP}$風景画]]（を発見した）

(21) ＿ [$_{IP}$Bill wondered [what [$_{IP}$John gave to whom]]]

主語名詞句や副詞節の島に対しても、基本的には同等の説明がなされるが、等位接続の島は別の現象である可能性が高いと思われる。

下接条件による説明は統一的解決への第一歩であったと言えるが、NPとIP（言語によってはCP、かつてのS′）という範疇特定的な説明をする時、なぜその範疇だけが島になるのかを説明する仕事が新たに生じることになる。範疇特定的な説明を廃して、1つの理論で島の現象を説明しようとした野心的な試みが、障壁という概念の下になされる（1986年）。このモデルでは、障壁を1つでも越える移動は容認性を低下させるが、語彙的主要部（例えばV）の補部は障壁を免れるとする。(20)の外の角括弧部分のNPは「発見した」の補部なので障壁ではないが、その内部のIPが補部ではないので、このIPが障壁になると考えるのである。補部とは主要部と横並びになる要素（姉妹要素）であるが、(20)のIPは、NではなくNP（風景画）と横並びになっているので補部とは認定されない。

しかしながら、主要部Nの補部となる同格節（外の関係の連体修飾節）が示す島の現象に対して不自然な分析をする必要があることなど、無理な点も多く、最終解に至る（至ろうとする）道程の中での暫定的解答であったと言えよう。

ロスが発見した島の現象の総体が、現行のミニマリスト理論においてどのような処遇を受けるのか不明な点も多いのだが、繰り上げ構文（John$_i$ seems [t$_i$ to be happy].）、主要部移動（Will$_i$ John t$_i$ do it?）その他、広範な構文に対して適用される最小連結条件（移動を最短距離に留める原則）の中に関係節の島やWHの島が組み込まれ、他は別の説明がなされることになるように思われる。しかし、島の発見が移動研究の端緒であり、生成文法理論の発展を駆動した力の一つであることは、ここで強調しておきたい。

5. かき混ぜ操作

日本語は英語などに比して語順の自由な言語であり、動詞を文末に置く限り、「太郎は上司に（新入の）花子を紹介した」のような文での3つの項の生起位置を自由に変えることができる。1980年代初頭頃までは、日本語は(22)のような平らな構造を持つ言語であり、動詞句を欠くために自由語順が許されるという見解が支配的であった。

(22) S
太郎は 上司に 花子を 紹介した

しかしこの構造では、「花子」と「彼女」が同一人物を指すという解釈（同一指示指標を付けて示す）の下での、(23)の文法性を説明することができない。

(23)太郎は花子$_i$の上司に彼女$_i$を紹介した。

代名詞には、それを支配する最初の枝分かれ節点が支配する領域の中に、その先行詞を持つことができないという性質がある（正確にはc統御という概念で説明される）。(23)の文は、(22)の構造化では、「彼女を」を支配する最初の枝分かれ節点（S）の領域中に「花子の上司に」があるので、誤って非文法的であると予測してしまうのである。

その他の根拠からも、日本語に動詞句がない

という見解は誤りであることが示され，日本語が，英語などと同様にVP構造を持つことが証明されたのが1983年頃のことであった。そして，日本語の自由語順は，(24)のようなかき混ぜ操作という移動規則が適用された結果であるとされるに至った。

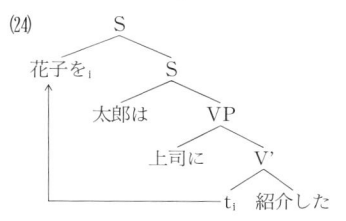

(24)
```
        S
       / \
   花子を₁  S
        /  \
     太郎は  VP
           /  \
        上司に  V'
              / \
             t₁  紹介した
```

(24)では，元のS（下位のS）の上にS節点を加え，これに「花子を」を支配させているが，このような操作を付加と言う。付加は複数回の適用が可能なので，「花子を，上司に，太郎は紹介した」のような文も生成される。

かき混ぜ操作には，単文頭に要素を移動する(24)の短距離かき混ぜの他，従属節内から主節頭に要素を移動する(25)の長距離かき混ぜや，(26)のようなVP内かき混ぜがある。

(25) [ₛ卒論を₁, [ₛ太郎は [ₛ花子がもう t₁ 提出した] と聞いて]] (焦った)。

(26) 太郎は [ᵥₚ手紙を₁, [ᵥₚ花子に t₁ 渡した]]。

日本語以外の言語でもかき混ぜ操作を有するものは多いが，短距離・長距離双方のかき混ぜ操作を持つヒンディ語や韓国語などと，短距離かき混ぜ操作のみを持つドイツ語やオランダ語などの類型的差異がある。

短距離かき混ぜ操作と長距離かき混ぜ操作では，着地点（移動する句の到着地点）に関して特質の違いがあるという議論が，1980年代末頃からなされてきた。その発端は次のような文における文法性の違いである（tはかき混ぜ句の元位置を示す）。

(27) 彼ら₁を，昌夫はお互い₁の先生に t 紹介した。

(28) *彼ら₁を，昌夫はお互い₁の先生に [花子が t 批判した] と言った。

照応形（「お互い」など）はその先行詞（「彼ら」など）に束縛されなければならないが，その際，先行詞がA位置（項の位置）になければならないとされている。(27)では「彼ら」がA位置にあるが，(28)ではA位置にないというのが主論点である。

しかしながら，この論点が成立するためには「お互い」が照応形であることが前提となるが，文中に先行詞を持たない「お互いが不満に思っているのなら，この結婚は失敗だったということだ」のような文が可能なので，かき混ぜ操作の着地点に関する議論は再考の余地があると思われる。

6. パラミター

生成文法の究極的目標は人間の言語脳の解明にある。この目標達成に向けて，直接的・間接的に言語脳が関わると考えられるものを明らかにするために，幾つかの研究プログラムが設定されている。普遍文法の探求もその一つである。世界の言語は表面的には多種多様であるが，人間言語として，全ての言語に共通する部分が含まれると考えられており，これを普遍文法と称する。普遍文法は，人間言語の最大公約数を明示的に示すと同時に，言語の多様性をも説明できるものでなければならない。

普遍文法は，①全ての言語に共通し，子供の言語獲得過程において獲得する必要のない部分と，②言語間の差異を現出させ，獲得過程において値を固定していく必要がある部分に分かれる。このうち②に関わるのがパラミターである。

世界の言語は，主要部の位置に関して後主要部言語（日本語・モンゴル語など）と，前主要部言語（多くのヨーロッパ系言語など）のいずれかのタイプに属するが，これを主要部パラミ

ターという形で捉える（言語によっては，後・前主要部が部分的に混在しているものもある）。日本語は［＋後主要部言語］，英語は［−後主要部言語］という訳である（前主要部の観点から±を設定してもよい）。子供は，後・前主要部のいずれでも対応できるような，±未指定の主要部パラミターを持って生まれてくると考えられている。そして，周りで喋られている言語をある種の「刺激」として受け，主要部パラミターを［＋］［−］のいずれかに固定する。

WH句が顕在的に移動する言語とそうでない言語についても同様で，±未指定のWHパラミターが，刺激によって［＋］または［−］に固定される。この他，仮定される少数のパラミター値がP(arameter)1［＋］，P2［−］，P3［＋］…のように全て固定された時，日本語や英語などの個別言語が獲得され終えたとする。

普遍文法におけるパラミター仮説は，極めて短期間に子供が母国語を獲得することや，個々の言語を他言語から区別する「原則」が驚くほど少数のものに収束するなどといったことを，あり得ると思われる想定のもとに説明してくれるという点で非常に有望な仮説である。しかし，下手をすると，言語Aと言語Bは違うということをパラミターという言葉で言い換えているに過ぎないという危険性も孕んでいる。また，理論の枠組みが変われば，かつて設定されていたパラミターが廃止されるということも常に起こり得る。統率・束縛理論の時代に，島からの要素の摘出を規制するにあたって，境界節点パラミター（境界節点としてのIP/CPがパラミター化されているというもの）が設定されたことがあったが，このモデルが廃止された今，境界節点パラミターの理論的生命は既に尽きたと言える。

さらに，設定すべきパラミターの数の問題がある。多過ぎるパラミターは子供の言語獲得にとって障害になるであろうし，少な過ぎるパラミターでは言語の多様性を説明し切れない。理論のサイズが変わっても生き延びるであろう有望なパラミターは，既に幾つか発見されているが，パラミターの完全なカタログ化は今後の重要な課題である。

➡チョムスキー

■参考文献

三原健一（1994）『日本語の統語構造』松柏社．

三原健一・平岩健（2006）『新日本語の統語構造』松柏社．

長谷川信子（1999）『生成日本語学入門』大修館書店．

中村捷他（1989）『生成文法の基礎』研究社．

中村捷他（2001）『生成文法の新展開』研究社．

［三原健一］

■節

●節とは──文や語，文章・談話（テクスト）や句とともに言語上の単位の1種。山田文法・時枝文法など日本では，節と同等のもの（あるいは同等にもなりうるもの）を句と呼ぶ習慣がある。

節とは，1つの述語と通常それに従属していくいくつかの成分とから成り立っている。意味的には，単一の叙述内容つまり単一の事態を表している。ただ，叙述内容は，世界の機械的な写し取りではない。話し手の立場からした描き取りである。したがって，そのことを表す文法的カテゴリーを伴って成り立っている。

もっとも，節のタイプによって，生起する成分に制限が存在するし，出現する文法カテゴリーにも制限がある。

●節のタイプ──節には，主節とそれに依存・従属している節とがある。依存・従属していく

節には，従属節と埋め込み節と連体修飾節がある。

《主節》主節は，「明日晴れれば，私たちも出かけよう。」のように，そこで文が成立するところの，文の中核となる節。命令や勧誘や問いかけなどの発話・伝達のモダリティや終助詞などが現れ，すべての文法カテゴリーが出現しうる。

《従属節》従属節には，主節との関係のあり方や節的度合い・文への近さなどから，いくつかの下位種に分けられる。

成分に近いのが副詞節。「僕は，{叱られながら/顔を上げないで}その話を聞いていた。」の下線部が副詞節。これらのように，受身や否定が現れることはあるが稀（否定はさらに稀）。

最も従属節らしい従属節には，条件を表すもの，理由を表すものがある。また，用法の広いものとして中止節が存在する。「彼が{来れば/来ると/来たら}，いつでも出発できる。」などが，いわゆる条件節。条件を表すものの中で，「たとえ雨が{降っても/降ったって}，明日決行する。」などが，逆条件（譲歩）節と言われるもの。これらには，ヴォイス・アスペクト・肯否が現れる。丁寧さも現れうるが稀。テンス以上は現れない。理由を表す節は，「彼が来たので，すぐに出かけた。」や「時間になったから，もう会議は終わるだろう。」などがこれである。これらは，主に「ノデ」「カラ」の付加で形成。ヴォイス・アスペクト・肯否・テンスが現れる。丁寧さも出現。丁寧さの出現は，カラ節の方がノデ節より多い。カラ節には「ダロウ」も現れうる。また，「あんなに勉強したのに合格しなかった。」の下線部も，原因・理由になりうるものでありながら，効力を発しなかった原因・理由を表している。

中止節とは，「彼に会い，意見を聞こう。」「勉強をしなくて，試験に落ちてしまった。」の下線部のように，連用形・テ形で出来ているもの。

文的度合いの高いものに，並列節（接続節）がある。これは，「A氏はたぶん正直者だろうが，B氏はそうではないだろう。」「彼女も行きますし，私も参ります。」の下線部のようなもので，題目の「ハ」や推量の「ダロウ」が現れうる。

《埋め込み節》埋め込み節は，節でありながら，文の構造において成分等価として働いているもの。成分節とも。節から成分への格下げが行われている。「僕は子供が走っているのを見た。」「地震発生を予知することに成功しなかった。」「僕は彼が何をしようとしているかを知らない。」の下線部などがこれ。節を埋め込むためには，「ノ」「コト」「カ」などが使われる。また，「僕は彼にすぐ家に帰るよう（に）言いつけた。」の下線部も，埋め込み節として扱ってよいだろう。

《連体修飾節》連体修飾節の主節へのつながりは間接的。連体修飾節は，名詞を修飾限定する節。修飾限定される名詞を主名詞と呼ぶことがある。

(1)運動場で遊んでいる子供たちを見た。
(2)戦争が終わった翌日，洋子は生まれた。

の実線部などがこれ。(1)は，主名詞を［子供たちが運動場で遊んでいる］のように，連体修飾節の述語の従属成分に戻して意味解釈できるもので，内の関係と呼ばれることのあるタイプ。それに対して，(2)の「翌日」は，［［戦争が終わった日の］翌日］という意味的関係であり，外の関係とも呼ばれるタイプ。

●節か成分か──副詞節「彼は泣きそうな顔をして立ち上がった。」は，「彼は泣きそうな顔で立ち上がった。」に相当し，成分にきわめて近い。副詞節などは，節か成分かが微妙な存在。

連体修飾節も，節的度合いの高いものから語であり成分であるものまで，様々なものが存する。「簡単な手紙」「高くない本」の下線部は，

規定語(連体修飾語)。「来る人去る人」も規定語。「昨日あんなに激しかった雨が今はすっかり上がっている。」の下線部は、主節とは異なったテンスを有しており、節そのもの。「とても簡単な手紙」では、「簡単な」が程度副詞を取るが、「簡単な」は述語ではないだろう。では、「内容が簡単な手紙」はどうだろう。ガ格を取っている分、節性が上がっているものと思われる。さらに「内容が簡単であった手紙」は、自らがテンスを生起させており、節である存在。

➡文、句、中止法、連体修飾構造(連体句)、南不二男の4段階、従属節(従属句)、準体句

■参考文献
山田孝雄(1936)『日本文法学概論』宝文館.
仁田義雄(1995)「日本語文法概説(複文・連文編)」宮島達夫・仁田義雄編『日本語類義表現の文法(下)』くろしお出版.

[仁田義雄]

■接辞

●**接辞とは何か**——語構成要素の一種。語を構成する要素の内、語の意味的な中核をなし、単独で語を構成することもできる要素を「語基」(base)と呼ぶのに対し、単独で語を構成することができず、語基と結合して形式的な意味を添えたり語の品詞を決定したりする要素を指す。接辞と語基によって構成される語を派生語という。語基の前に位置するのを「接頭辞」(prefix)、語基の後に位置するのを「接尾辞」(suffix)と呼ぶ。語基の内部に生じる「接中辞」(infix)というのもあるが、日本語には存在しないと言われる。たとえば、「お寺」「素足」「真水」「たばかる」「か弱い」「小僧らしい」「図太い」の下線部が接頭辞で、「一個」「花子さん」「君たち」「一枚」「高さ」「深み」「汗ばむ」「大人びる」「春めく」「懐かしがる」「水っぽい」「子どもらしい」「差し出がましい」「細やか」「安らか」の下線部が接尾辞である。日本語は接頭辞よりも接尾辞が豊富な言語である。

●**接辞の機能**——接辞の機能には、(1)語の品詞を決定する(場合によっては語基の品詞性を変える)、(2)語基に何らかの意味を付け加える、の2種類が見られ、接尾辞は両機能を有することが多いが、接頭辞は一般的には(2)の機能しか有さない。ただし、例外的に、漢語の否定の接頭辞「不・未・無」は、「不道徳な」「不安定な」、「未確認な」「未成熟な」、「無関心な」「無責任な」というように、名詞性や動詞性の語基と結合し形容動詞語幹を構成する。接尾辞のみが(1)の機能を有する点については、「右側主要部の規則」(Righthand Head Rule)の観点から説明することができる。なお、英語などの(派生)接辞に見られる「レベル順序付けの仮説」(Level Ordering Hypothesis)に関しては、日本語ではあまり議論されていない。

●**接辞の分類**——上記の機能との関わりから、接辞は、接頭辞についてはどのような語基と結合するか、接尾辞についてはどのような語を構成するか、といった観点から分類されることが多い(意味的な観点から分類されることもある)。上に挙げた例の場合なら、接頭辞に関しては、(a)名詞性の語基と結合するもの…お、す、ま、(b)形容詞語幹と結合するもの…か、こ、ず、(c)動詞性の語基と結合するもの…た、接尾辞に関しては、(i)名詞を構成するもの…こ、さ、さん、たち、まい、み、(ii)動詞を構成するもの…がる、ばむ、びる、めく、(iii)形容詞を構成するもの…がましい、っぽい、らしい、(iv)形容動詞(語幹)を構成するもの…やか、らか、といった具合にである。なお、日本語のいわゆる助動詞の大半は接尾辞と見ることができるが、伝統的には使役(せる・させる)、受身(れる・られる)、希望(たい)の助動詞の帰属

が特に問題にされてきた。

●**接辞と語基の相違**──接辞と語基の相違は程度的なものであり，両者が常に明確に区別されるとは限らない。この点は，たとえば，「動詞＋動詞」型の複合動詞において，「取り出す」「取り戻す」「取り決める」「取り乱す」，「運び上げる」「焼き上げる」「調べ上げる」「誉め上げる」，あるいは字音形式において，「国際法」と「治療法」，「着色料」と「手数料」といった語を並べてみればよくわかる。また，字音形式については，「積極性」「社交性」，「参考人」「料理人」の「性」「人」を接辞とした場合，「性質」や「人魚」の「性」「人」をどう考えるか，という問題もある。

●**句と結合する接辞**──接辞は派生語を構成するのが一般的であるが，句と結合していると見られる場合（「句の包摂」）がある。これには，「［歴史に埋もれた名作］展」，「［病気で入院する時］用」「［伝統的な行事］っぽい」，「［子どもの面倒をみ］ながら」「［ペンキを塗り］たて（の）」等幾つかの種類があることが指摘されている。

◆語基，派生

■参考文献

影山太郎（1993）『文法と語形成』ひつじ書房．

野村雅昭（1978）「接辞性字音語基の性格」『電子計算機による国語研究IX』国立国語研究所．

宮岡伯人（2002）『「語」とはなにか──エスキモー語から日本語をみる』三省堂．

森山卓郎（1986）「接辞と構文」『日本語学』5-3．

［斎藤倫明］

■**接続語**

主語，述語，修飾語などとならぶ文の成分の一つ。後続の内容の理由・原因・条件などを表したり，後続部分と他の部分とがどのような関係であるかを示したりする。

接続語を文の成分として認めない立場もあるが，学校文法ではおおむね接続語を認めている。接続語になりうるものには以下のようなものがある。

(1) 接続助詞を伴う表現（例：「雨がふっているから，出かけるのはやめよう。」「雨がふったら，出かけるのはやめよう。」）
(2) 接続助詞「て」を伴う表現（例：「この傘は小さくて，持ち歩くのに便利だ。」「知らせを聞いて，驚いた」），用言の連用中止形（例：「この傘は小さく，持ち歩くのに便利だ。」「知らせを聞き，驚いた」）
(3) 接続詞（例：「雨が降っている。だから出かけるのはやめよう。」「雨がふっている。しかし出かけよう。」等）
(4) 接続詞相当語句（例：「にもかかわらず」「以上まとめると」「話は変わりますが」等）

接続語には，その認定をめぐって，いくつかの問題がある。まず，接続助詞を伴う表現や「て」を伴う表現によってある内容が後続部に接続され理由や条件を示している場合，それは同時に後続部を修飾しているとも考えられることである。そのため，これらを複文における従属節として扱い，接続語に入れない立場もある。また，「新聞または雑誌」のように接続詞が接続語として語や節をつないでいる場合，「新聞」と「または雑誌」はそれぞれ並立語という別の文の成分として分析することも可能なことである。さらに，文の成分論では文が基本単位であるため，「まず野菜を切ります。次に肉に下味をつけます。」のように後続部を談話全体に関係づける談話標識は，接続詞や接続詞相当語句からなる接続語が語や文の関係を示す場合と共通する点が多いにもかかわらず，接続

語ではなく独立語と見なさざるを得ない。

このように，文の成分を基本とした「接続語」というカテゴリーには，語用論的，意味的，統語的観点から見ると多種多様なものが含まれている。

➡接続詞，接続助詞，文の成分

■参考文献

信太知子（1989）「接続語と独立語」北原保雄編『〈講座日本語と日本語教育4〉日本語の文法・文体（上）』明治書院．

[浜田麻里]

■接続詞

●接続詞とは──後続の内容が先に提示されている内容とどのような関係にあるかを表示する形式。「がんばって勉強した。しかし不合格だった。」「電車あるいはバスでお越しください。」のような語。前後の関係を表示する表現は「がんばって勉強した。それにもかかわらず不合格だった。」「がんばって勉強した。その甲斐もなく不合格だった。」など無数に存在するが，特に出現頻度が高く一語として機能していると認められる形式が接続詞とされる。無限に存在する表現の中からどこまでを接続詞と認定するか明確に規定することは難しい。また，山田孝雄をはじめとして，接続詞を独立の品詞とせず副詞の一種とする研究者もいる。

●意味からみた接続詞の分類──接続詞をどのように分類するかについてもさまざまな意見があるが，総合すると，接続詞が示す意味関係はおおむね次のように分類される。

①順接：後続の内容が先の内容から推論されることを示す（だから，それで，したがって，すると，等）

②逆接：後続の内容が先の内容から推論される内容に反することを示す（しかし，だが，でも，ところが，等）

③添加・累加：後続の内容を先の内容に付け加える（そして，ついで，そのうえ，また，等）

④対比・選択：後続の内容を新たな選択肢として付け加える（あるいは，それとも，というより，そのかわり，等）

⑤転換：後続の内容が先の内容とは別ものであることを示す（ところで，さて，それでは，ともあれ，等）

⑥換言・説明：後続の内容が先の内容の言い換えであることを示す（すなわち，つまり，例えば，要するに，等）

⑦補足：後続の内容が先の内容の注釈であることを示す（ただし，もっとも，ちなみに，等）

●機能からみた接続詞の分類──接続詞には語と語，節と節等，文の要素同士の関係を示すもの，前後の論理的関係を示すもの，後続部と談話全体との関係を示すものがある。

「日曜および祝日」「このサービスを知らないまたは使ったことがない人」では，接続詞はその前後が文の中の意味的，統語的に同等な要素として並列されていることを示す。

「明日は雨だ。だから，傘がいる。」「漢字は難しい。しかし，おもしろい。」のような場合，接続詞は後続の文が先行する内容からの推論の結論である，あるいは結論と異なる，ということを示す。前後の論理的な関係は元々文脈に内在しているが，これらの接続詞があることによってその関係が確定的に示される。なお，このように文と文をつなぐ場合，後続文の文末に制限があることがある。後続文に来ることができるモダリティの種類を「可展性」と呼ぶ。例えば，「明日は雨だ。{*それで/だから}傘を持ってきなさい。」で，「それで」と「だから」は共に後続部が先行部から推論された結論であることを示す接続詞だが，「それで」は文末に働きかけを表す形式をとることができず，両者は可

展性の点で違いがあると言える。

　なお，「おいしいオムレツの作り方。まずフライパンを温める。火は中火。つぎに卵を割りほぐす。卵を泡立てないのがこつ」「相変わらず忙しそうだねぇ。ところで，夏休みのことだけど。」「しかし，暑いですね。」のような用法では，接続詞に先行する内容が明示的でない場合もあり，先行する内容というより，むしろ談話全体において後続部がどのような位置づけで発話されているかが示されている。これらの接続詞は談話展開を示す談話標識として機能している。

●接続詞と他の品詞の連続性──接続詞はその構成要素に指示詞を含むものが多く，指示の表現と連続性を持つ。「椅子に腰を下ろした。それから大きなため息をついた。」では「それから」は「椅子に腰を下ろしてから」を意味し，「それ」は直前の内容を指示する性質を完全には失っていない。また「この映画はとにかくおもしろい」のような副詞の用法を持つ語が，「映画なんて，興味ないし，暇もないし……」「とにかく，この映画は見た方がいいよ」のように接続詞として談話展開を示す，という例もある。

➡接続語，品詞，並立語(並列語)

■参考文献

加藤重広（2001）「照応現象としてみた逆接──「しかし」の用法を中心に」『富山大学人文学部紀要』34，pp. 47-78．

佐久間まゆみ・杉戸清樹・半澤幹一（1997）『文章・談話のしくみ』おうふう．

宮島達夫・仁田義雄編（1995）『日本語類義表現の文法（下）』くろしお出版．

[浜田麻里]

■ 接続助詞

● 連用的な従属節を形成する助詞──活用語の基本形・過去形（ナ形容詞およびダの場合は連体形）に後接して連用的な従属節を形成する助詞。当該の節で表された内容をほかの節の内容と関係づける働きをする。「なら」「と」「から」「ので」「のに」「けれど（も）」「が」「し」がこれに相当する。

　節と節とを関係づけるという点では接続詞と同様であるが，接続詞が独立した形で当該の節の前に置かれるのに対して，接続助詞は当該の節の述語に付属した形で後接するという点が異なる。

　連用的な従属節を形成する形式には，このほかにも，活用語の連用形や活用語尾「て」「ば」「たら」「たり」（「ても」を含める立場もあり），接辞「ながら」「つつ」をはじめ，名詞由来の「とき」「ところ」「ため（に）」「ほど」「くらい」など，多数の接続辞がある。接続助詞の中に活用語尾・接辞も含める立場もある（学校文法はこの立場による）。

●従属節とほかの節との意味的関係──広義の接続助詞によって形成される従属節とほかの節（多くの場合，主節）との意味的な関係には，①条件（「なら」「と」「ば」「たら」），②原因・理由（「から」「ので」），③逆条件（「ても」），④逆原因（「のに」「けれど（も）」「が」），⑤同時進行（「ながら」「つつ」），⑥並列（「て」「し」「たり」）などがある。なお，「し」「たり」は，「〜し〜し」「〜たり〜たり」のように従属節どうしの並列関係を表すのが基本である。

●従属度の違い──従属節は，節内に主題の「〜は」が現れ得るか，モダリティ形式が現れ得るか，述語が丁寧形になるか，主語の「〜が」が現れ得るかなどの統語的な性質によって従属度の違いが見られ，従属度の高いもの，中程度のもの，低いものに分類できる（それぞれ，南（1993）や田窪（1987）のA類，B類，C類に相当する）。接続助詞によって従属節の従属度は異なる。

《従属度の高い従属節》「～て」(様態)，「～ながら」(同時動作)

《従属度が中程度の従属節》「～て」(理由・継起)，「～れば」，「～たら」，「～から」(行動の理由)，「～ので」(同左)

《従属度の低い従属節》「～から」(判断の根拠)，「～ので」(同左)，「～が」，「～けれど」，「～し」，「～て」(並列)

たとえば，次の(1)(2)において，「山田さんは」という主題が(1)のタラ節では不可能で(2)のカラ節では可能なのは，タラ節とカラ節との従属度の違いの現れとして説明できる。

(1) 〔山田さん{が/*は}来たら〕，会議を始めましょう。

(2) 〔山田さん{が/は}明日来るから〕，明日会議をしましょう。

●関係づけられる節の位置──接続助詞は，関係づけられる節が後続する場合が多い(特に書き言葉)が，次の(3)のように前の節に補足的に関係づけたり，(4)のように関係づけられる節がない場合もある。

(3) ねえ，レポート，手伝ってよ。夕食，ご馳走するからさぁ。

(4) お客さんがいらっしゃいましたけど。

このような場合，元の語順からの倒置や主節の省略と考えたり，接続助詞の終助詞化と考えたりすることが多いが，ある種の従属節は，本来的には，言語化された節が後続することが予定されていない，文の「言い終わり」の一形式であると考えることも可能だろう。

➡従属節(従属句)，複文，助詞

■参考文献

白川博之(2009)『「言いさし文」の研究』くろしお出版．

田窪行則(1987)「統語構造と文脈情報」『日本語学』6-5.

寺村秀夫(1984)『日本語のシンタクスと意味Ⅱ』くろしお出版．

前田直子(2009)『日本語の複文──条件文と原因・理由文の記述的研究』くろしお出版．

南不二男(1993)『現代日本語文法の輪郭』大修館書店．

[白川博之]

■絶対敬語と相対敬語

●絶対敬語・相対敬語とは──日本語の敬語の発達段階として，金田一京助が，第一期タブー(禁忌)の時代，第二期絶対敬語の時代，第三期相対敬語の時代とし，古代の絶対敬語から現在の相対敬語になったと説いた(『国語研究』1942)。絶対敬語は，一定の対象について，常に一定の敬語表現が行われる敬語のありかたで，人称や場面によって変化することがない。英語のHis Majestyのようなもので，ドイツ語，フランス語の敬語，また，アイヌ語，朝鮮語，蒙古語，トルコ語の敬語などに見られる。古代日本語のように第一人称に敬語形が用いられるのも絶対敬語の特色であるとした。

(1) 手抱きて我は御在さむ天皇朕がうづの御手以ちかき撫でそ労ぎ賜ふ(万葉・978)

(2) (法皇)「御行水を召さばやとおぼしめすはいかがせんずる」と仰ければ(平家・3)

なお，第一人称者に対する第二人称，第三人称の動作を謙譲表現で述べても第一人称尊敬表現と同様である。

(3) こはいかに，北国凶徒かなとおぼしめしたれば神妙にまいりたり。ちかう候て守護つかまつれ(平家・8)

現代語では，第一人称尊敬表現(いわゆる自敬表現)は，尊大語とも呼ばれる。

(4) 御主人様がまず召しあがるとしよう。

親子の間などでは，親愛表現と見られる。

(5) かず子や，お母さまがいま何をなさっているか，あててごらん。(太宰治『斜陽』)

相対敬語は，現代日本語の標準的敬語の用法で，一定の対象について，人称や場面によってことばづかいを変える敬語表現のありかたである．社交型敬語とも言われる．

●絶対敬語から相対敬語への移り行き——古代の絶対敬語から日本語の敬語はどのように相対敬語へ移っていったか，詳細はなお明らかではない．平安時代中期の『枕草子』に自分の召し使う者が自分の夫のことを「なにとおはする」「のたまふ」など尊敬語で述べるのは腹だたしい，そこに「侍り」という語をいわせたいものだと言い，また，貴族たちが天皇の御前とその他の場所で自称を言いかえているさまがとりあげられている（262段）．これは相対敬語意識の自覚的表明である．

絶対敬語では，従者は主人のことを高貴な人の前でも尊敬語で述べ，妻は夫のことを誰の前でも尊敬語で述べる．

(6) 相伝の主，備前守殿，今夜闇討にせられ給ふべき由，承り候（平家）〈平家の侍から蔵人頭への返事〉

(7) 平六どのは三とせ前に空しう成られて御座る（狂言 塗師）〈平六の妻が師匠に〉

17世紀のロドリゲス『日本大文典』に「関白と公方は，書状や渡航免許状において自分自身に敬意を払った言い方をする」として，「仰せ出ださるる」「思召す」「聞召す（きこしめす）」などをあげている．豊臣秀吉は北の方ねね宛に自筆かな書状に，次のように記している．

(8) やがてやがて大かうさまも御ざ候はんとおぼしめし候

絶対敬語は，現代においても天皇・皇族について行われている．また，方言において，加藤正信の名づけた「身内尊敬用法」として，東は新潟県・富山県・石川県・福井県，そして近畿地方を中心として，西は九州・沖縄に至る広い地域に絶対敬語が行われている．

これに対して，東京を中心とする東日本（愛知県・岐阜県・長野県以東）では，「身内尊敬用法」がなく，現代の標準的敬語と同じ相対敬語が行われている．即ち話題にする人・物が話し手側に属するか，相手側に属するかの認識によって敬語を使うか使わないかの選択をするのである．加藤正信は「他者尊敬表現」という．

なお，現代韓国語の敬語には，相対敬語化が見られるという（安秉禧1981）．

➡自敬敬語，待遇表現

■参考文献

西田直敏（1998）『日本人の敬語生活史』翰林書房.

金田一京助（1959）『日本の敬語』角川新書.

安 秉禧（1981）「敬語の対照言語学的考察」森岡健二他編『〈講座日本語学9〉敬語史』明治書院.

加藤正信（1973）「全国方言の敬語概観」林四郎・南不二男編『〈敬語講座6〉現代の敬語』明治書院.

加藤正信（1977）「方言区劃論」大野晋・柴田武編『〈岩波講座日本語11〉方言』岩波書店.

［西田直敏］

■節の単語化

●句の包摂——現代語において，「風」「的」は，形態素ないし語を対象とする接辞要素であり，通常は「洋風」「神秘的」のように用いられる．ところが，「西洋の中世時代風」「ジャパニーズ・ハードロックの先駆け的」のように，合成語の前部分が句にまで拡張することがある．このように，語の内部に句が包み込まれる現象を「句の包摂」と呼んでおく．この現象は，現代語に限らず，古典語においても見られる．(1)は「メク」，(2)は「ダツ」の例である．

(1) 今めく，［あやしの山賤］めく

(2) 気色だつ，［かの大弐の甥］だつ

　　　　　（用例はいずれも源氏物語より）
●節の単語化──古典語における「句の包摂」現象は，2種に分けられる。1つは上に掲げたように，合成語の前部分が名詞から名詞句へ拡張したものであるが，もう1つは次に掲げるように，前部分が用言句へ拡張したものである。

　(3)したり顔，［夏を待ち］顔

「ヲ」が現れることからも明らかなように，［　］内は動詞句を形成しており，「動詞連用形＋顔」という語の内部に用言句が埋め込まれている。ここで「夏を待つ顔」という連体節の形ではなく，「夏を待ち顔」とすることは，節を単語の形で表したものと見ることができる。

　このようなタイプの「句の包摂」，すなわち「節の単語化」は，「〜ヤウ（様）」「〜ゲ（気）」などの形式においても見られる。

　(4)この［御参りを妨げ］様に思ふらんはしも，めざましきこと（源氏・竹河）
　(5)［あはれを知り］げに聞こえかはさんを，いと憂くのみおぼゆれば（夜の寝覚・3）

この場合，いずれの形式も「ナリ」を伴っている点が注目される。すなわち，ここでは「〜ヤウナリ」「〜ゲナリ」といった形容動詞（ナリ形容詞）を形成しているのである。

　次に掲げる形式も，これに類するものとして捉えられる。

　(6)サテ［此ノサシ図ヲミセ］サマニコロサウトシタゾ（玉塵抄・13）
　(7)［身ヲ正直ニモチタ］サニ此カサヲキルゾ（蒙求抄・5）

「〜サマ」「〜サ」という語であるはずの形式が，用言句を含んだ形になっている。ただしこれらは後ろに「ニ」を伴い，接続助詞的なものとなっている点で，(4)(5)の例と異なる。

　以上のように，用言句へ拡張するタイプの「句の包摂」には，形容動詞的な場合と接続助詞的な場合の2つがある。そしてこの2つの区別は，現代語においてもそのまま適用できる。

　(8)［仕事にかかり］っきり（だ）
　　　［授業を休み］がち（だ）
　(9)［学校から帰り］しなに
　　　［仕事が片付き］次第

古典語と現代語の間にこのような一致が見られるということは，「句の包摂（節の単語化）」という現象が，歴史的に普遍的な文法現象であることを示している。

　このように，合成語の前部分の用言性を活かして句へ拡張することができるのは，主要部が右側にあるためであると考えられる。述部や接続部であるとの認識が，合成語の前部分が再び用言性を発揮することを可能にするのであろう。そして，このような「句の包摂」が起こる際の条件に歴史的普遍性が見られるのは，「右側主要部の規則」それ自体が，古今を通じて変化していないからであると考えられる。

◆連体修飾構造(連体句)，節，句

■参考文献
青木博史（2002）「古代語における「句の包摂」について」『国語国文』71-7.
影山太郎（1993）『文法と語形成』ひつじ書房.
関　一雄（1971）「体言的接尾語分類試案」『山口大学文学会誌』22.

　　　　　　　　　　　　　　　　［青木博史］

■説明の構造

1. 説明の構造とは

●説明とは──「説明」とは，事物について十分に理解できていない（あるいは，そう推測される）聞き手や読み手に対して，その理解を助けるために行われる言語行動である。具体的には，換言による説明や，事情の説明などがある。

　すでに言語化されている事物について聞き手や読み手を正確な理解に導きたい場合，よりわ

かりやすい表現で換言することが，説明となる。

(1)保護者の方は入れません。<u>本人だけで面接を受けてもらうわけです。</u>

ある事態について聞き手や読み手をより深い理解に導きたい場合，その事態が成立した事情を示すことが，説明となる。

(2)「どうして遅刻したんだ？」
　「<u>電車が事故で遅れたんです</u>」

●説明の構造の基本——説明の構造の基本となるのは，名詞文である。名詞文「AはBだ/です」では，主題Aについての聞き手や読み手の理解を助けるための情報がBの部分で示されることが多い。

(3)この牛肉は，国産です。

説明であることを明示した，次のような名詞文もある。

(4)「役不足」<u>と</u>(いうの)は，与えられた役目が軽すぎる(<u>という</u>)ことです。

さらに，名詞化に基づいた次のような構造の文によって，「説明」が表される。

(5)A。B｛のだ/わけだ/ことになる｝。

2．説明の形と機能

●「のだ」による説明——「のだ」は，先行する文や状況について，換言による説明や事情の説明を幅広く表すことができる。

(6)今日も勝ちました。とうとう，優勝した<u>ん</u><u>です</u>。（換言による説明）

(7)今日は嬉しい日です。母校のチームが優勝した<u>んです</u>。（先行する文の内容の事情の説明）

(8)［咳をして］風邪をひいた<u>んです</u>。（状況の事情の説明）

説明を求める質問文にも用いられる。

(9)どうして遅刻した<u>ん</u>ですか？

●「わけだ」による説明——「わけだ」は，論理的な帰結，必然的な結果を示す性質をもっており，聞き手や読み手にも論理を追ってもらう説明になる。

(10)この試合に勝ったことで，勝率1位が決定しました。優勝が決まった<u>わけです</u>。（論理性を伴う換言による説明）

(11)日曜日は正門が開いていません。だから，裏門からお入りいただく<u>わけです</u>。（必然的な結果の説明）

「のだ」とは異なり，論理性や必然性を伴わない説明には用いられにくい。たとえば，次の(12)のように，先行する文の具体的内容を提示する換言では，「わけだ」は不自然である。

(12)考えごとをしていました。夕食の献立を考えていた｛んです/??わけです｝。（換言による説明）

●「ことになる」による説明——「ことになる」も，「わけだ」同様，論理を追ったうえでの帰結を示す。

(13)田中が退職するということは，創業時からの社員はいなくなるという<u>ことになる</u>。（論理性を伴う換言による説明）

ただし，「のだ」「わけだ」が，聞き手・読み手に理解させようとする話し手の心的態度も表すのに対し，「ことになる」にはそういう性質はない。

3．説明の周辺

●説明の機能の周辺——説明を表す代表的な形である「のだ」「わけだ」には，狭義の「説明」と連続した，次のような用法もある。まず，話し手自身が事態を把握したことを表す用法である。

(14)今日も勝った！　優勝した<u>んだ</u>！（cf.(6)）

(15)［咳をしている人を見て］きっと風邪をひいた<u>んだ</u>。（cf.(8)）

(16)これで，勝率1位が決定した。ということは，優勝が決まった<u>わけだ</u>。（cf.(10)）

また，説明の構造は成しておらず，聞き手に

理解させようというニュアンスだけが残ったような用法もある。

(17)思いきって聞いてみた{の/わけ}、そしたら簡単に教えてくれた{の/わけ}、……

●説明の形の周辺——このほか、次のような「はずだ」「もの(だ)」も、説明を表す形式と呼ばれることがある。

(18)道理で人が少ないはずだ。

(19)犯人は衝動的に犯行に及んだものと思われる。

➡ノダ

■参考文献

奥田靖雄(1992)「説明(その2)——わけだ」言語学研究会編『ことばの科学5』むぎ書房.

久野 暲(1973)『日本文法研究』大修館書店.

寺村秀夫(1984)『日本語のシンタクスと意味II』くろしお出版.

野田春美(2002)「説明のモダリティ」宮崎和人他『〈新日本語文法選書4〉モダリティ』くろしお出版.

益岡隆志(2007)「説明のモダリティ」『日本語モダリティ探究』くろしお出版.

[野田春美]

■選択制限

ある語が別の語と統合されるときに、一定の意味特徴をもつ語だけを許可するという制限。例えば、「__が笑う」の「__」の位置に入るのは、「男/先生/山田」など、意味特徴〈人間〉を主要素に含む語に限られ、そうでない「木/空」だと不整合を生じる。「笑う」が統合される語を制限するのである。選択制限は生成文法で言う selection(al) restriction の訳語で、統語構造(深層構造)に具体的な語を当てはめる際に、意味的な不整合を排除するしくみとして考えられた(ほぼ同じ趣旨のことを「共起制限(coocurrence restriction)」ともいう)。

しかし、特定の理論によらなくても、語の統合に関する意味的な条件を述べることは必要であり、一般にこの用語を、語が他の語あるいは句と共起する際の意味的条件という広い意味で用いることがある。広義の選択制限の規定はさまざまに考えられるが、ある語がそれと統合される語・句に一定の意味特徴を付与するという意味的制限、という規定のしかたがありうる。例えば、「__をかぶる」の「__」に入る語に、意味特徴〈頭部・顔面に装着するもの〉を付与すると規定すれば、「帽子をかぶる」に対して「ストッキングをかぶる」は普通の出来事ではないものの、この特徴を付与された「ストッキング」が「帽子・覆面」のようなものと見なされて、意味的な不整合のない普通の表現になるということが説明できる。「かぶる」が意味特徴〈帽子〉を持つ語だけを「許可する」という考えだと「ストッキングをかぶる」は許されない文になってしまう。「付与」の考え方だと、「それをかぶった」の「それ」が普通は付与された特徴を典型的に持つ帽子と解釈されることも説明できる。なお、「付与される特徴」を「統合的意味特徴」ということがある。

ところで、語の統合に関する意味的条件をすべて、統合される語・句に付与される意味特徴で規定できるとは限らない。「__が吠える」の主体には「イヌ・オオカミ・ライオン・トラ・ゴリラ」などが適合するが、これらの動物に共通する意味特徴は考えにくい。このような場合は、統合される典型的な語を列挙するしかない。

以上の選択制限ないし統合的意味特徴は、動詞が、それと統合される名詞に対して課すものであるから、動詞の意味に含まれる。これらは、形容詞が名詞に対して(「若い+〈大人〉」→「×若い子供」)、副詞が動詞に対して(「ぐっすり+〈眠る〉→「×ぐっすり起きる」)、名

詞が名詞に対して（「〈人・物〉＋横」→「×川の横」）など動詞以外の品詞にも認められる。
➡呼応
■参考文献
Cruse, Alan (2011) *Meaning in Language : An Introduction to Semantics and Pragmatics*, 3rd edition. Oxford University Press.
Katz, Jerrold J. and Jerry A. Fodor (1963) "The structure of a semantic theory." *Language* 39(2).

［山田　進］

■前提

「前提（presupposition）」は，文あるいは命題の間の論理関係の一つで，「文qが文pの前提であるのは，文pの真偽にかかわらず，文qが必ず真になる場合で，その場合に限られる」と定義される。この種の前提は，「意味論的前提」（「論理的前提」）と呼ばれる。例えば，(1)は，(2)でも，その否定の(3)においても真であるから，(1)は(2)の意味論的前提である。

 (1)山田が花瓶を壊した。
 (2)山田は花瓶を壊したことを後悔している。
 (3)山田は花瓶を壊したことを後悔していない。

ところで，(4)は，先行文と後続文の間に真理条件的矛盾を生じるから，先行文の前提は，「取り消しができない（indefeasible）」。しかし，(5)のように，先行文における主語が指示する人物の信念と後続文への話者の信念とが異なることが明らかな場合や，(6)のように先行文と後続文の発話者の信念が異なる場合は，先行文と後続文の間に真理条件的矛盾が生じないから，先行文の前提は取り消しが可能である。

 (4)山田は花瓶を壊したことを後悔している。
  しかし，山田は花瓶を壊していない。
 (5)山田は花瓶を壊したことを後悔している。
  しかし，実は，山田は花瓶を壊していない。
 (6)A：俺は美奈子を殺したことを後悔している。
  B：心配するな！　美奈子は死んじゃいないよ。

前提を持つ文が他の文や談話の構成要素としてその一部を成すとき，その前提が，文や談話全体の前提として成り立つか否かという現象は，「投射問題（projection problem）」と呼ばれる。話者の信念や文脈が関わる発話や談話においては，この種の前提は文や談話全体の前提とはならない。そして，このような，文脈依存の前提は，「語用論的前提」（「話者前提」）と呼ばれる。

今日では，意味論的前提は，「含意（entailment）」に還元され，前提としては取り扱われなくなってきている。
➡命題，含意
■参考文献
Gazdar, Gerald (1979) *Pragmatics: Implicature, Presupposition, and Logical Form*. Academic Press.
Jaszczolt, Katarzyna M. (2002) *Semantics and Pragmatics*. Longman.
Kadmon, Nirit (2001) *Formal Pragmatics*. Blackwell.
Van der Sandt, Rob A. (1988) *Context and Presupposition*. Croom Helm.

［久保　進］

■ゾ

ゾは，古くは「ソ」と清音であった。古代語では係助詞として働き，現代語では終助詞として働いている。

1. 係助詞

● **文末用法**——体言や活用語連体形を承けて、指定強調する意味を表す。

> うまし国ぞ（曽）蜻蛉島大和の国は（万葉・巻1）
> 憶良らは今は罷らむ子泣くらむそれその母も我を待つらむぞ（曽）（万葉・巻3）

「なり」が成立する以前は、「〜ハ〜ゾ」が典型的な断定の形式であり、「なり」が成立した後も並んで使いつづけられた。平叙文に用いられるが、不定語部分にあてはまる答を要求する説明要求疑問文の文末に置かれることも多い。この形は中世から近世にかけて、説明要求疑問文の標準的な形式であった。

> 遅う届けば飛脚はいらぬ、何がそなたの商売ぞ、サア今渡してあげましや（浄瑠璃冥途の飛脚）

● **文中用法**——上接項目を他から際立たせて、すなわち卓立して強調する。素材を直接に指示し、卓立強調をする。文中用法では、係り結びとなり、文末述語が連体形となる。

> み吉野の耳我の嶺に時なくぞ（曽）雪は降りける（万葉・巻1）

不定語（疑問詞）に下接する場合には、説明要求疑問文になるが、その場合、質問に用いられる事が多い。

> 「いかにぞ」など、とひ給ひて（源氏・末摘花）

● **副助詞**——文中の不定語に下接して、不定の意味を表す。係助詞から変化したもので、中世以後の用法である。

> 但し近日御前の人々私に對せられて何ぞたくませらるゝ仔細があると云ふ儀を傳へ承つて（天草版平家・巻第1）

● **ゾモ，モゾ**——ゾはハと重ね用いられる事は少ないが、モと合することは多い。上代では、ゾモが「いつの間にぞも（曽毛）我が恋ひにける」（万葉・巻4）のように説明要求疑問文に多く用いられた。モゾは、中古以後に多く用いられ、モコソと並んで将来を危ぶむ意味を表した。

> さかしらする親ありて、思ひもぞつくとて、この女をほかへ追ひやらむとす（伊勢・40）

2. 終助詞

係り結びの衰退以前では係助詞の文末用法であったが、衰退以後は終助詞に分類される。文末にあって、聞き手に話し手の判断を強調する働きを示す。

> 「愚な事を言わんで、早くあとを云うが好い。早く告訴をせんと品物が返らんぞ」（夏目漱石『我輩は猫である』）

➡係助詞，終助詞，副助詞，係り結び，カ，コソ，ナム

■参考文献

此島正年（1966）『国語助詞の研究——助詞史の素描』桜楓社．

伊牟田経久（1981）「ゾ・ナム・コソの差異——蜻蛉日記を中心に」『馬淵和夫博士退官記念国語学論集』大修館書店．

阪倉篤義（1993）『日本語表現の流れ』岩波書店．

野村剛史（2002）「連体形による係り結びの展開」上田博人編『〈シリーズ言語科学5〉日本語学と言語教育』東京大学出版会．

尾上圭介（2002）「係助詞の二種」『国語と国文学』79-8．

［近藤要司］

■総記と中立叙述

● **総記と中立叙述とは**——格助詞「ガ」が表す意味。（1a，b）の「ガ」は総記を、（2a，b）の「ガ」は中立叙述を表す。

(1) a．A：昨日誰が学校を休みましたか。

B：山田君と本田さんが休みました。
b. 花子がフランス語を話せる。
(2) a. 宅急便が届いた。
b. あれっ，雪が降っている。

(1aA)の質問に対し，(1aB)は，「誰」に該当する人を総て列記（総記）しなければならない。つまり，(1aB)は，問題となっている人たちの中で，他の誰でもなく，山田君と本田さん（のみ）が昨日学校を休んだと述べている。このように，「ガ」が，他の人や物ではなく，X（のみ）が…であるという意味を表す場合を「総記」(exhaustive listing) と言う。したがって，(1aA)の「誰が」の「ガ」も総記の意味を表す。また(1b)でも，話題になっている人の中で，他の誰でもなく，花子（のみ）がフランス語を話せると述べており，「ガ」が総記の意味を持つ。一方，(2a, b)は，「宅急便」や「雪」が他の物と対比的に用いられているのではなく，話し手が観察できる動作・一時的状態を中立的に述べている。このような場合の「ガ」の表す意味を「中立叙述」(neutral description) と言う。

● 述部との関係——述部が，(1b)のように恒常的状態を表したり，(3)のように習慣的動作を表す場合は，「ガ」が総記の意味に解釈される。

(3) 我が家では，祖父が毎朝5時に起きる。

一方，述部が動作，存在，一時的状態を表す場合は，「ガ」が中立叙述と総記の二義をとり得る。例えば，(2a, b)や次の(4a〜c)では，「ガ」が中立叙述の解釈となる。

(4) a. 花子が旅先から絵葉書を送ってくれた。
b. 壁にピカソの絵が架かっている。
c. 今日は，空が澄んでいるね。

しかし(5)では，述部が一時的状態を表しているが，「ガ」は総記と解釈され，(2a)のような文でも，例えば(6)のような文脈で用いられると，「他の物ではなく，Xが…」という意味で

解釈され，総記の意味になる。

(5) 我が家では，祖父が病気だ。
(6) A：何が届いたの？
B：宅急便が届いた。（＝2a）

(6A)の質問に対する(6B)は，「他の物ではなく，宅急便が届いた」という意味であり，「ガ」は「総記」の意味になる。

➡ガ

■参考文献

Kuroda, S.-Y. (1965) *Generative Grammatical Studies in the Japanese Language*. Ph. D. Thesis, MIT.〔repr., Garland Publishing, 1979〕

久野 暲（1973）『日本文法研究』大修館書店.
野田尚史（1996）『〈新日本語文法選書1〉「は」と「が」』くろしお出版.

[高見健一]

■相互構文

● 対称的なインタラクションを表す——たとえば文「一郎が二郎と殴り合う」は，一郎が二郎を殴り，殴られた二郎が一郎を殴り返す（この順序は逆でも，あるいは同時でもよい）といった，モノ（一郎・二郎）どうしの対称的なインタラクション（影響し合い）を表す。相互構文とは，このようなモノどうしの対称的なインタラクションを表す構文を指す。

相互構文には「殴り合う」のような「動詞連用形＋合う」型複合動詞や，「お互い(に)」などの副詞がよく現れるが，「一郎が花子と結婚する」のように，モノどうしの対称的なインタラクションが述語（「結婚する」）の意味の中にかくれている場合もある。「結婚する」のような動詞は対称動詞と呼ばれることもある。

相互構文にとって重要なのは，単に動作が対称的におこなわれることではなく，あくまで対称的なインタラクションである。たとえば，あ

るパーティで一郎が二郎を遠くに見かけて「あれが二郎という人なのか」と二郎を知り，やはり二郎がそのパーティで一郎を遠目に見て「あの人が一郎か」と一郎を知ったというように，「知る」という動作が相互になされただけでは「一郎が二郎とそのパーティで知り合った」ことにはならない。「知り合った」と言うには，対面のような，お互いの情報がいわゆる相互知識（mutual knowledge）になるための対称的なインタラクションが必要である。

モノどうしの対称的なインタラクションがあれば，モノの動作は完遂されなくてもかまわないということさえある。たとえば「一郎と二郎が一つのボールをとり合った」は，「が，結局二人ともとれなかった」と続けることができるように，二人ともボールを「とる」ことができなくても，ボールを「とり合う」ことはできる。「とり合う」と言うには，ボールを相手にとられず自分がとろうと小競り合いをするといった，対称的なインタラクションがあるだけでよい。

●同じ場の中での相互影響——「一郎が二郎と散歩する」のように，文の形は「XがYと述語」であっても，述語動詞（「散歩する」）が「動詞連用形＋合う」型複合動詞や対称動詞ではなく，「お互い（に）」のような副詞も現れなければ，相互構文とはされない。この場合，X（一郎）とY（二郎）の対称的なインタラクションはなく，単にデキゴト（一郎の散歩・二郎の散歩）の並行が表されるにすぎないと考えられることもある。だが，実はその場合でも「場を共有することによる影響し合い」という弱い形ではあるが，X（一郎）とY（二郎）の対称的なインタラクションが認められる。「一郎が二郎と散歩する」と言うには，一郎の散歩と二郎の散歩が同時並行的に生じればそれで十分というわけではなく，一郎と二郎が散歩中に会話する，歩調を相手に合わせるとまではいかなくても，一郎と二郎が同じ場の中で意識し合い，影響し合うことが必要である。「一郎が二郎と立ち上がる」もふつう，単にイスから立ち上がるタイミングが一郎・二郎で同時並行的だといったことよりも，一郎と二郎の示し合わせた蜂起のような，意識のし合いを含んだデキゴトを表す。「XがYと述語」だけでなく「XをYと述語」も同様で，「タコをダイコンと煮る」には，両者を別々のナベではなく，同じ一つのナベの中で煮る（両者を同じ場の中で加熱して味をお互いに染み込ませ，お互いに影響させる）必要がある。

●ヴォイスの表現類型——なお相互構文は，ヴォイスの定義によっては，相互態という一つのヴォイスの表現類型とされる。受動態の受身構文がまともの受身構文，持ち主の受身構文，第三者の受身構文に分けられるのとある程度並行的に，相互構文も，まともの相互構文（たとえば「一郎が二郎と殴り合う」），持ち主の相互構文（「一郎が二郎と（お互いの）頬を殴り合う」），第三者の相互構文（「馬たちがいななき合う」）に分けられることがある。

➡ヴォイス

■参考文献

定延利之(2000)「意味役割・深層格：一郎は二郎と立ち上がれるか？」『日本語学』19-5.

仁田義雄(1998)「相互構文を作る「Vシアウ」をめぐって」『阪大日本語研究』10.

姫野昌子(1982)「対称関係を表す複合動詞——「～あう」と「～あわせる」をめぐって」『日本語学校論集』9.

三宅知宏(2002)「日本語の相互構文」佐藤喜代治編『〈国語論究 第10集〉現代日本語の文法研究』明治書院.

森山卓郎(1988)『日本語動詞述語文の研究』明治書院.

[定延利之]

■総称性

● 総称性とは──名詞句および文に関する意味的概念の一つ。名詞句に関しては，特定の個体ではなく，ある種類（kind）全体を指すものを総称名詞句（generic noun phrase）という。文に関しては，特定の出来事や状況を記述したものではなく，それを超えた一般的・普遍的な特徴付けが成立することを述べた文を総称文（generic sentence）という。総称文は，日本語では通常「は」を用いた主題文で表される。定・不定や数の概念が文法化されている英語のような言語ではそれらの概念と総称性との関わりが問題となるが，日本語では「は」が表しうる意味特性の一つとして総称性があるといってよい。

● 2種類の総称文──総称文には大まかに分けると2種類あり，主題の名詞句が種類を表す場合（すなわち「総称名詞句」の場合）と，主題が特定の個体を表す場合がある。例えば「猫はよく眠る。」という文は「猫」という種に属するもの一般に対して成り立つ属性を述べているという解釈と，特定の猫（例えば「自分の飼っている猫」など）に対していつも成り立つ属性を述べているという解釈の二通りがあるが，いずれの解釈も広義の「総称性」の中に含まれる。Kuroda（1992）の用語を借りて，それぞれ universal-generic と individual-generic とも呼べる。主題が固有名詞である「ミケはよく眠る。」のような文は一義的に individual-generic である。

● 総称文の成立条件──総称文として成立するためには，述語が恒常的状態や繰り返し起こる出来事を表すものでなければならない。例えば「猫はあそこで眠っている。」という文は，（特定の猫に関する）特定の出来事を述べた特定文となり，総称文ではない。すなわち，主題の「は」がいつも総称性を表すわけではなく，文の総称性は述語の意味的特質にも依存する。また，「が」でも，「［猫がよく眠る］ことは知っている。」のような埋め込み文であるか，「が」がつく名詞句が文の焦点（focus）として解釈されるのであれば総称文になりうる。

◆定・不定

■参考文献
野田尚史（1996）『「は」と「が」』くろしお出版．

益岡隆志（1987）『命題の文法』くろしお出版．

Carlson, Gregory N. and Francis J. Pelletier (eds.) (1995) *The Generic Book*. University of Chicago Press.

Kuroda, S.-Y. (1992) "Judgment forms and sentence forms." *Japanese Syntax and Semantics: Collected Papers*. Kluwer Academic Publishers.

［石居康男］

■ソウダ

「ソウダ」は，まず，接続の違いから「伝聞」と「様態」とが区別される。

(1) 昨日，フィリピンで津波の被害が出たそうだ。「伝聞」

(2) 明日にも桜が咲きそうだ。「様態」

活用語の終止形に接続する「ソウダ」は「伝聞」を表わし，動詞の連用形，形容詞・形容動詞の語幹に接続する（「ない」「よい」の場合「さ」が挿入される）「ソウダ」は「様態」を表わす。様態の「ソウダ」の用法の詳細は以下の通りである。

(3) 妻子を危険にさらすことは，どうやら彼の本意ではなさそうだ。〈推測〉

(4) 台風16号は明日千葉県に上陸することになりそうだ。〈予測〉

(5) のどをさすってやると，タマはとても気持

ちよさそうだ。〈様態〉
(6)桜のつぼみもふくらんで，もう花が咲きそうだ。〈寸前〉
(7)今夜は空気が澄んでいて，星に手が届きそうだ。〈非実〉

様態の「ソウダ」は，「ソウダ」によって言及される事態Xが現実と何らかに接近していることを述べる形式である。このとき，事態Xになぜ言及するかという観点から，用法が二分できる。一つは，事態Xが現実である（になる）蓋然性が高いことを述べる場合（〈推測〉〈予測〉）であり，もう一つは，現実を直接述べるのとは異なる方法で現実を描写する場合（〈様態〉〈寸前〉〈非実〉）である。従来の先行研究では，前者の用法群に注目して（様態の）「ソウダ」を推量系の助動詞として扱う研究と，後者の用法群に注目して「ソウダ」を描写系の助動詞として扱う研究とがあった。最近では，推量系の用法群と描写系の用法群の共通点を，事態Xと現実との「近接性」というキーワードで説明しようとする研究が増えてきている。

➡モダリティ，伝聞，推量

■参考文献

大場美穂子（1999）「いわゆる様態の助動詞「そうだ」の意味と用法」『東京大学留学生センター紀要』9．
菊地康人（2000）「いわゆる様態の「そうだ」の基本的意味——あわせて，その否定形の意味の差について」『日本語教育』107．
木下りか（2001）「事態の隣接関係と様態のソウダ」『日本語文法』1-1．
田野村忠温（1992）「現代語における予想の「そうだ」の意味について——「ようだ」との対比を含めて」『国語語彙史の研究12』和泉書院．
森田富美子（1990）「いわゆる様態の助動詞「そうだ」について——用法の分類を中心に」『東海大学紀要　留学生教育センター』10．

［大場美穂子］

■相対名詞

名詞の中で相対的な意味を表すもの。名詞は連体修飾されることで，指示対象がより明らかになる。例えば，名詞「花」は「バラの花」「父が育てた花」というように，下線部の連体修飾成分による連体修飾を受け，その意味をより具体化する。相対名詞に対する連体修飾も同様に，修飾される相対名詞の意味を具体化するが，連体修飾成分が相対的な基準点を表すという点に特徴がある。例えば，「前（まえ）」「後（あと）」という相対名詞が，ある時点を具体的に表すためには，「クリスマスの前」「試合が終わった後」というように連体修飾されねばならない。下線部の連体修飾成分が，「何の前か」「何の後か」といった基準点を示している。連体修飾されることによって相対的な意味に対しての基準点が示され，相対名詞を被修飾名詞とする連体修飾が具体的な意味を付加することになる。このような連体修飾構造の被修飾名詞となることができるのが相対名詞である。

基準に対して相対的な意味関係を構成することができるのは，時間と空間についてであり，相対名詞には，「先」「前」「後」のように時間に関するものと，「先」「前」「後ろ」「上」「下」「東」「西」「南」「北」「右」「左」のように空間を表すものがある。このほかに，「Aさんの兄」「甲氏の部下」の「兄」「部下」なども，「Aさんの兄＝Bさんの弟」，「甲氏の部下＝乙氏の上司」という関係が成り立つことや，基準を示す連体修飾成分によって，その意味が具体化することから相対名詞とすることがある。同様に，「昨日，投函しました。」「明日，帰国します。」の「昨日」「明日」なども基準点が示されないと具体的な日が定まらないことから相対名詞とみなすことがある。この場合，発話の時

点が基準点となっている。名詞を絶対名詞と相対名詞に二分する考え方もあるが，必ずしも絶対名詞の対概念として「相対名詞」が用いられるわけではない。

➡連体修飾構造(連体句)

■参考文献

井手 至（1967）「形式名詞とは何か」時枝誠記監修 松村明・森岡健二・宮地裕・鈴木一彦編『〈講座日本語の文法3〉品詞各論』明治書院．

奥津敬一郎（1974）『生成日本文法論――名詞句の構造』大修館書店．

寺村秀夫（1975〜78）「連体修飾のシンタクスと意味（その1）〜（その4）」『日本語・日本文化』（大阪外国語大学留学生別科）4〜7．〔再録：寺村秀夫（1992）『寺村秀夫論文集I――日本語文法編』くろしお出版〕

西山佑司（2003）『日本語名詞句の意味論と語用論――指示的名詞句と非指示的名詞句』ひつじ書房．

[加藤久雄]

■挿入句

文中に話し手（書き手）のコメントを挿入する際，「〜か」という形式は，高い生産性を示す（安達1995，服部1992）。

(1) a. 今朝起きたら，<u>昨夜飲みすぎたせいか</u>，頭がひどく痛んだ。
  b. 佐藤さんは，<u>よほどうれしいことがあったのか</u>，たいそう機嫌がいい。
  c. <u>何年ぐらい前だったか</u>，高橋さんが突然訪ねてきたことがあった。
  d. <u>なんと言ったらいいか</u>，あの男はどうも虫が好かないのだ。

これらは，当該文の表わす事象に対する話し手（書き手）のコメントを表わし，「面白いことに」「残念ながら」など注釈的な成分と連続す

ると考えられる。

なお，古語ではこういった挿入句が数多く見られ（佐伯1953のいう「はさみこみ」），形式上，豊富なバリエーションがある（小田1990）。

(2) 「…。この暁より，<u>しはぶきやみにやはべらむ</u>，頭いと痛くて苦しくはべれば，いと無礼にて聞こゆること。」などのたまふ。
  （源氏・夕顔）

➡語順

■参考文献

安達太郎（1995）「「カ」による従属節の不確定性の表示について」仁田義雄編『複文の研究（上）』くろしお出版．

小田 勝（1990）「挿入句（はさみこみ）の構造――『源氏物語』を資料として」『國學院雑誌』91-1．

佐伯梅友（1953）「はさみこみ」『国語国文』22-1．

服部 匡（1992）「現代語における「〜か」のある種の用法について」『徳島大学国語国文学』5．

[大島資生]

■相補分布

ある2つのものが，互いに重なり合うことなく，また，その2つを合わせればすべての場合を尽くすとき，この2つは相補的分布（complementary distribution）をなすと言う。この考え方は，構造主義言語学の時代の音韻論で音素の認定法の一部として最初に用いられた。

例えば，日本語では，サ行の「シ」の子音は，英語のsheの子音に似た音［ʃ］であり，サ行の他の音「サスセソ」に用いられている音（英語のseaの子音と同じ［s］）とは別の音である。しかし，日本語では，英語と異なり，

she と sea のように，この2つの子音がまったく同じ環境にあらわれるということがない。「シ」の子音は「イ」という母音の前のみであり，それ以外の母音の前には「サスセソ」の子音があらわれる。つまり，この2つの子音——[ʃ]と[s]——は相補分布をしている。

2つの音が相補分布をしているときには同じ音素の2つの異音である可能性がある。相補分布している以上，1箇所の音の違いで別の単語になってしまうような対（最小対）が存在せず，音韻的に対立しないからである。実際，「シ」の子音は，「サスセソ」の子音が「イ」音の前という環境で変化したものと考えることができる。変化の要因が後続する音であるから，現われる環境が異なるのである。

この考え方は音韻論以外にも適用することができる。例えば，日本語の物の移動をあらわす表現の「もらう」と「くれる」は，第三者が話し手に本を与えるという同じ状況をあらわすのに，話者の視点を主語に置くか，目的語に置くかで次のような分布を示す。

(1)私は彼に本を｛もらった/*くれた｝。
(2)彼は私に本を｛くれた/*もらった｝。

(1)は主語の「私」に視点があり，「もらう」は使えるが「くれる」は使えない。(2)では視点が目的語の「私」にあるので，逆の分布になる。このようにこの2つの語は相補分布をなす。この場合には，一方の語が変化して他方になったというわけではなく，両者の関係は静的なものである。

➡構造言語学

■参考文献

郡司隆男・西垣内泰介編（2004）『ことばの科学ハンドブック』研究社．

Swadesh, Morris (1934) "The phonemic principle." *Language* 10, pp. 117-129.〔Reprinted in Martin Joos (ed.) (1957) *Readings in Linguistics*, pp. 32-37. The University of Chicago Press.〕

Twaddell, W. Freeman (1935) "On defining the phoneme." *Language Monograph* 16,〔Reprinted in Martin Joos (ed.) (1957) *Readings in Linguistics*, pp. 55-80. The University of Chicago Press.〕

Hockett, Charles (1942) "A system of descriptive phonology." *Language* 18, pp. 3-21.〔Reprinted in Martin Joos (ed.) (1957) *Readings in Linguistics*, pp. 97-108. The University of Chicago Press.〕

［郡司隆男］

■**ソシュール**(Ferdinand de Saussure 1857-1913)

スイスの言語学者。弱冠21歳で『印欧諸語における母音の原初体系に関する覚え書き』(1878) を発表。ジュネーブ，ライプツィヒ，ベルリンに学ぶ。

ジュネーブ大学での彼の講義に基づいてバイイ（Charles Bally）とセシュエ（Albert Sechehay）が編纂した『一般言語学講義』(1916) は，言語研究の真の対象を求めて全く新たな方法論を導入したもので，19世紀の歴史比較的な研究から，特定共時態におけるラングの研究へと方向転換を促し，20世紀構造言語学の基盤を構築するものとなった。この『講義』では，聴覚心像（シニフィアン signifiant ⟨表わすもの⟩）と概念（シニフィエ signifié ⟨表わされるもの⟩）から成る言語記号とその恣意性，言語記号の価値体系としてのラング，対立的・相対的に規定される言語単位，共時態・通時態，シンタグマティックとパラディグマティックなど，構造言語学における基本概念が提示されており，その後の，トゥルベツコイ（Nikolaj Trubetzkoy），ヤコブソン（Roman Jakobson）による構造的音韻論，イェルムスレウ（Louis Hjelmslev）の言理学な

どへの方法論的基礎を与えた。
→ラング・パロール・ランガージュ，パラディグマティックとシンタグマティック，構造言語学

[長嶋善郎]

■措定文

●**主語の属性を表す**──措定文（predicational sentence）は，「AはBだ」（Bは名詞句）の形を有する「名詞文」の一種であり，Aで指示される対象にBで表示する属性を帰すという特徴をもつ。措定文の典型例は(1)である。

(1) 彼らは画家だ。

たとえば，(1)は，「彼ら」によって人物を指し，その人物について画家という属性を帰している。この場合，主語の「彼ら」は指示的名詞句であるが，述語の「画家」は対象を指示する表現ではなく，属性を表しており，「叙述名詞句」と呼ばれる。

●**注意すべき5つの点**──措定文について第一に注意すべきことは，(2)に見られるように「BがAだ」という形にすると文意が変わるという点である。

(2) 画家が彼らだ。

この点が，同じ，「AはBだ」の形を有する「名詞文」であっても(3)のような文と大きく異なるところである。

(3) 責任者はあの男だ。

(3)は「誰が責任者かといえば，それはあの男だ」という倒置指定文の意味を有するが，同じ意味を「BがAだ」という指定文（specificational sentence）(4)で表すことができる。

(4) あの男が責任者だ。

措定文について第二に注意すべきことは，措定文の主語は，(1)の「彼ら」のように，話し手・聞き手にとって同定可能な具体的対象を指示する場合もあるが，(5)の「鯨」のように，個体ではなくて種を指示する場合もあるという点である。

(5) 鯨は哺乳類だ。

措定文について第三に注意すべきことは，「AはBだ」におけるBの位置には，「ぼく」「彼」のような人称代名詞，「あいつ」「この車」のような直示的な要素，「お互い」「自分」のような照応形は現れない，という点である。

(6) あの少年はぼくだ。
(7) この男はあいつだ。
(8) 洋子は自分だ。

「ぼく」「あいつ」「自分」は属性を表す機能をもたないので，これらを措定文として読むことはできない。また，Bの位置には，「全員」「何人かの」のような量化を含む表現は不可能である。

(9) ?彼らは画家全員だ。
(10) ?彼らは何人かの金持ちだ。

量化表現は指示的名詞句についてのみ可能であって，叙述名詞句のような非指示的名詞句には不可能だからである。

措定文について第四に注意すべきことは，「AはBだ」のBの位置に名詞の連言が現れた場合の制約である。次例を見よう。

(11) a. *洋子は，金持ちと天才だ。
　　 b. 洋子は，金持ちで天才だ。

洋子について，金持ちであると同時に天才でもあるという属性を帰す表現としては，(11a)は許容されず，(11b)で表現しなければならない。このように，2個以上の叙述名詞句を連言にする場合「と」で結ぶことはできず，「で」で結合しなければならない。名詞句を連言にする場合，「と」で結ぶことができるのは，それら名詞句が指示的名詞句である場合に限られるからである。

措定文に関して最後に注意すべきは，「AはBだ」のBの位置に固有名詞が現れた(12)のような場合である。

(12) あの人は田中太郎だ。

(12)に対するひとつの自然な読みは，(12)を(13)によって言い替えることができる措定文の読みである．

(13)あの人は「田中太郎」という名前を有している．

この事実は，固有名詞はつねに指示的名詞句であるわけではなく，叙述名詞句として用いられる可能性があることを示している．

●措定文と倒置指定文の区別──「A は B だ」の形だけでは，措定文の読みと倒置指定文の読みの両方が可能で曖昧になる場合がある．たとえば，(14)は(15)のように解釈すると措定文であるが，(16)のように解釈すると倒置指定文である．

(14)ハイドンが最後に作曲した作品はピアノソナタだ．

(15)ハイドンが最後に作曲した例の作品はピアノソナタなのだ．

(16)ハイドンがどの作品を最後に作曲したかといえば，それはピアノソナタだ．

結局，措定文と倒置指定文の区別は，「A は B だ」の A，B の名詞句の指示性に依拠するのである．

◆名詞文

■参考文献

今井邦彦・西山佑司 (2012)『ことばの意味とはなんだろう──意味論と語用論の役割』岩波書店．

西山佑司 (2003)『日本語名詞句の意味論と語用論──指示的名詞句と非指示的名詞句』ひつじ書房．

［西山佑司］

■尊敬語

●尊敬語とは──敬語の一種．「先生がおっしゃいました．」の「おっしゃる」，「先生はお忙しいですか．」の「お忙しい」，「先生のお名前」等，動作・状態の主体や，ものの持ち主を高めて待遇するもの（上例では，いずれも下線部の尊敬語が「先生」を高めている）．「高める」とは，言葉の上で「上」と扱う意で，「尊敬」という心の働きとは必ずしも対応しないが，名称は「尊敬語」が定着している．

高められる主体や持ち主は，話や文章の相手と一致する場合（＝「先生」に対して上のように述べる場合）も，第三者の場合（＝「先生」以外の人に対して上のように述べる場合）もある．つまり，尊敬語は対者敬語（専ら話の相手への敬語）ではなく素材敬語（話題の人物への敬語）であり，その高められる話題の人物がたまたま相手でも第三者でもよい，ということである（これに対し，上例中の「ます」「です」は，話の相手への対者敬語（丁寧語）である）．

なお，尊敬語は古代語から存するが，現代語の標準的な使い方では，自身や身内のことを尊敬語で述べるのは不適当とされている．

●語例──現代語の主な語例としては，上例の他「いらっしゃる」「なさる」「{お/ご}……になる」「……(ら)れる」，「お若い」「お元気」，「おからだ」「ご住所」などがあげられる．

●「主語」との関係──尊敬語は社会言語学の観点からも研究対象となるが，純粋に文法現象としても，例えば「主語」の認定との関係で注目される．すなわち，尊敬語（動詞）が高める対象は，「主体」等の意味的な概念で捉えるより，「主語」というシンタクティックな概念で捉える（その際「先生には財産がおありになる．」の下線部のようなニ格名詞句の一部も主語と認める）のがよく，また，このような尊敬語と「主語」との対応関係が「主語」を認める一根拠ともなる，とする論が有力である．

なお，文化審議会答申『敬語の指針』(2007) では，一般向けに，「主体」「主語」の用語をどちらも避け，「相手側又は第三者の行為・ものごと・状態などについて，その人物を

立てて述べるもの」という規定の仕方をしている。

➡待遇表現，丁寧語，謙譲語

■参考文献

菊地康人（1978）「敬語の性格分析——先学の敬語論と私自身の把握」『国語と国文学』55-12.

菊地康人（1994）『敬語』角川書店．〔再刊：講談社学術文庫，1997〕

菊地康人（2004）「三上章の敬語論——日本語の主語論への貢献も含めて」『国文学解釈と鑑賞』69-1.

原田信一（1973）「構文と意味——日本語の主語をめぐって」『言語』2-2.〔再録：原田信一（2000）『シンタクスと意味——原田信一言語学論文選集』大修館書店〕

山田孝雄（1924）『敬語法の研究』宝文館.

［菊地康人］

■存在詞

●山田孝雄による存在詞の規定——山田孝雄は「陳述」即ち文を統一する働きを持つ語を用言とし，これを動詞，形容詞，存在詞に分類した。「あり（ある）」は，その実質的な意味として「ここに梅の樹がある」のようにあるものが存在していること（在り），あるいは「この会社は多額の負債がある」のようにあるものを所有していること（有り）を表すが，「これは梅の樹である」のように実質的な意味は持たず，陳述のみを担うことがある。この点で形容詞や動詞とは異なる。また実質的な意味という点では存在や所有は状態的（非推移的）であり形容詞の意味に近いといえるが，しかし活用という点では動詞の四段活用に近似していて——しかし終止形の語末母音は「i」であり，その点では形容詞にも似ている——，形容詞，動詞のどちらにも分属するとは言い難い。このような点から山田は「あり（ある）」と「あり」を語構成上あるいは語成立上の語末要素として持つ一群の語「あり，をり，はべり，いますかり」などを動詞，形容詞とは別の一類とし，これらを「存在詞」とした。

●存在詞の下位分類——この下位類として，学校文法でいうカリ活用（補助活用）する場合の形容詞，即ち「多かり，高からず，広かった」などを「形容存在詞」，動詞に学校文法で完了・存続の助動詞として扱われる「り」の接したもの，即ち「勝てり」「給へらば」「詠める歌」などを「動作存在詞」と呼んだ。また同じく学校文法で指定（断定）の助動詞とされる「なり/たり」「だ/です」，形容動詞の活用語尾として扱われる「なり/たり」「だ/です」などを「説明存在詞」とする。さらに連体形の用法しかないが「春日なる三笠の山」のような存在を表す「なる」，指示詞と「あり」とが縮合した「しかり」「かかり」「さり」なども存在詞と考えた。

●存在詞の特異性——本来的に存在や所有を表す語は，例えば英語（be, have），ドイツ語（sein, haben），フランス語（être, avoir）などのように文法上特異な性質を持つことがある。日本語の場合も，「あり」が存在・所有を未分化のまま表し，「にあり，とあり」の縮合形である所謂指定の助動詞「なり，たり」がコピュラとして機能したり（山田はこれを「陳述」と呼ぶ），形容詞に助動詞を接続する場合にその間に介在して形容詞の補助活用を形作ったりして，用言の中でも特異な存在である。すでに江戸期に富士谷成章は「装」（よそひ—用言に相当すると考えてよい）を「事」（こと—動詞相当）と「状」（さま—形容詞相当）に分かち，「事」をさらに狭義の「事」と「孔」（ありな—「あり」）に分け，動詞として分類しながらも，動詞一般から独立した位置を与えた。意味と活用の仕方，また文中での機能などから

「あり」の特異性を認識していたといえるが，山田がさらに動詞からも独立させ，用言を存在詞，動詞，形容詞と三分したのは慧眼であった。

● **存在詞をめぐる問題点**——しかし，上記のように「あり」を語構成・語成立上の語末要素とする一群の語のほとんどを存在詞として位置づけるのは適切な処理であったかどうかは疑問が残る。例えば，「動作存在詞」とされる一群の語は，確かに動詞（四段動詞とサ行変格動詞のみ）と「あり」との縮合によって成立したと考えられるが，全体として「陳述」の意味のみを担ったり，文法上様々な機能を持つということはない。「あり（ある）」が特異であるのは，山田も述べるように「陳述」の意味のみに特化しうるからである。存在詞という術語を用いるかどうか，「あり」を特立させるかどうかはともかくとして，用言についてより原理的，体系的な解明が必要である。

➡ 山田文法，用言

■ 参考文献

山田孝雄（1936）『日本文法学概論』宝文館．
春日和男（1968）『存在詞に関する研究——ラ変活用語の展開』風間書房．
坂本賢三（1982）『「分ける」こと「わかる」こと』講談社．

[大鹿薫久]

■存在文

● **存在動詞の構文的特徴**——存在文の特徴は構文と意味の両面で規定される。構文としては，「あそこに銀行がある」，「あそこに私服刑事がいる」のように「場所ニ＋主語ガ＋存在動詞（いる/ある/おる，およびその否定形）」という語順を取るのが基本であり（久野1973），ニ格で表される場所にガ格で表される事物が存在することを述べる。「あなたが探している銀行はあそこにある」，「私服刑事があそこにいる」のように主語に当たる名詞句が文頭に置かれることがあるが，その場合の主語は主題あるいは意外性といった特別の意味を担うから，基本語順の位置から文頭へ移動したものと捉えられる。また，「病気をしても絶対病院に行かない人もいる」のように見かけ上はニ格名詞句が現れていない場合，場所格を取らない一項述語構文と捉える説（西山2003，金水2006）もあるが，「世の中には」といった場所表現が表面上，省略されているものとも見なせる。

● **存在動詞の意味的特質**——意味的性質として重要なのは，(i)動詞の状態アスペクトと(ii)主語による動詞選択である。状態アスペクトとは，単純現在時制で用いると，いま現実にその物体が存在することを表すことで，これに該当する動詞は「いる，ある，（おる）」あるいは「存在する」などである。「いる，ある，（おる）」の選択は主語名詞の意味特性に依存し，主語が有生物あるいは自ら動く力のある物体の場合は「いる」，それ以外の主語（無生物，あるいは有生であっても「植物」のように自ら動かないもの）」には「ある」が選択される。「おる」の分布は方言や文体によって制限される（金水2006）。なお，「屋根に雪が積もっている」という例は「場所ニ＋主語ガ」という形式を取って現在の状態を表してはいるものの，動詞に「ている」が付いて初めて雪の存在を表すから，この文自体は存在文の規定から外れる。

● **存在文に該当しない「ある」**——「ある」は「いる」には見られない用法が2つある。1つは，主語が「事故，地震，会議」のように出来事を表す名詞の場合であり，「あした小学校で運動会がある」や「あの交差点でたびたび事故がある」のように場所がデ格で標示される。この構文はたとえ現在時制形であっても，いま現在の姿を表すのではなく，出来事の近い将来の発生あるいは繰り返しの発生を意味するから，

存在文には該当しない。むしろ，「あした小学校で運動会が行われる」や「あの交差点でしばしば事故が発生する」のように動作や出来事の発生を表す文と同じ性質になっている。「ある」が持つもう１つの特殊な用法は，「音楽会に行ってずっと寝ている人がある」のように人間主語に「ある」が使われる場合で，この「ある」は一見，「いる」と交替できるように思える。しかし「今あそこに，寝ている人が{いる/*ある}」のように「ある」は，いま現在の存在を表すことができない。「シンポジウム会場に大勢の参加者がいる」が現在の状態を表す存在文であるのに対して，「シンポジウムには大勢の参加者がある」は現在の状態ではなく，近い将来に起こる事態の予測，あるいは過去から将来にわたって繰り返し起こる事態の記述である（影山 2004）。したがって，この用法の「ある」は存在文から除外される。

●**所有や属性を表す「ある」**──世界の多くの言語に見られるように，日本語でも存在を表す文は，同じ形で所有を表すようになる。「彼女には{大金/大きな夢}がある」のような場合だけでなく，「彼女には{男兄弟/婚約者/弟子}がある」のようにガ格名詞が親族名称ないしそれに準じる人間名詞の場合も，存在というより「所有」を表す（影山 2004，岸本 2005）。さらに，「彼には変な癖がある」のようにガ格名詞が「癖」等の性質を表す名詞になると，所有から属性に近い意味になる。ちなみに，このような属性の意味は「彼女には逆上がりができる」のように能力等を表す状態文とつながる。

●**存在以外の意味を表す「ニ-ガ」構文**──格配列は「ニ-ガ」であっても，動詞が変化動詞になると「発生」の意味になり，更に使役動詞になると「作成」の意味になる。たとえば，「駅前にパチンコ屋がある」は存在文であるが，「駅前にパチンコ屋ができた」は発生を，「業者は駅前にパチンコ屋を作った」は使役を意味する。後の２つは状態アスペクトではない。

◆存在詞，文の種類

■ 参考文献

金水 敏（2006）『日本語存在表現の歴史』ひつじ書房.

西山佑司（2003）『日本語名詞句の意味論と語用論』ひつじ書房.

岸本秀樹（2005）『統語構造と文法関係』くろしお出版.

久野 暲（1973）『日本文法研究』大修館書店.

影山太郎（2004）『存在・所有の軽動詞構文と意味編入』影山太郎・岸本秀樹編『日本語の分析と言語類型』くろしお出版.

［影山太郎］

た行

■タ[1]

1. 課題とアプローチの方向性

●**課題**──「た」の用法は多様である。

主節の「た」には次の用法がある。①過去（現在と切り離された過去）。②実現済み（完了，現在と結びついた過去）。③実現（直前の過去）。④ムードの「た」と呼ばれる一連の用法（発見，認識修正，思い出し，反事実，後悔，命令）。

(1)田中さんならあそこにい<u>た</u>よ。［過去］

(2)「昨日田中さん来<u>た</u>？」「いや，来なかっ<u>た</u>。」［過去］

(3)「田中さん（もう）来<u>た</u>？」「いや，まだ来ていない。」［実現済み（完了）］

(4)ピッチャーふりかぶって，第一球，投げま<u>した</u>。［実現］

(5)あ，（見たら）あっ<u>た</u>。［発見］

(6)なんだ，（本当は）ここにい<u>た</u>のか。［認識修正］

(7)そういえば明日は休みで<u>した</u>ね。［思い出し］

(8)昨日手紙を出せば明日届い<u>た</u>のに。［反事実］

(9)こんなことなら明日来るんだっ<u>た</u>。［後悔］

(10)ちょっと待っ<u>た</u>！［命令］

従属節の「た」には次の用法がある。①発話時以前（絶対テンス）。②主節時以前（相対テンス）。③状態。④仮定。

(11)昨日彼からもらっ<u>た</u>本をなくしてしまった。［発話時以前］

(12)明日勝っ<u>た</u>チームが来年の世界大会に出場できる。［主節時以前］

(13)まっすぐ伸び<u>た</u>道（＝まっすぐ伸びている道）。［状態］

(14)今100万円あっ<u>た</u>とします。［仮定］

このような用法の多様性をいかに説明するかが，「た」の研究の基本的な課題である。

●**アプローチの方向性**──「た」の意味用法に関する研究は，大きく3つのタイプに分かれる。

Ⅰ：多様な用法の根底にあると考えられる抽象的な概念や機能を「た」の基本義として設定し，その中で個々の用法を位置づけようとするもの（尾上2001など）。

Ⅱ：ある特定の用法を「た」の基本義を最も直接的に反映したものとみなし，そこから他の用法が派生されるしくみについて考えようとするもの（井上2001など）。

Ⅲ：「た」と関連形式との対立関係をもとにテンス・アスペクトおよびムードの体系を考え，その中に「た」の各用法を位置づけようとするもの（工藤1995など）。

いずれのアプローチにおいても，次の点に関する姿勢や見方は研究者によって異なる。①テンス，アスペクトおよびムードの関係をどのようにとらえるか（例：それぞれ独立したものと見るか，分かちがたい形で体系化されていると見るか）。②どの範囲までの用法を関連づけて説明するか（例：過去の「た」とムードの「た」を統一的にとらえるかどうか）。③何を「た」の基本義と考えるか（例：基本義をテンス，アスペクト，ムードのいずれに求めるか）。④基本義から個々の用法が生ずることをどのように説明するか（例：意味の拡張と見るか，文脈との関わりで生ずる意味と見るか）。

用法分類や用語の使い方が研究者によって微妙に異なることも多く，現状では研究者の数だ

け「た」に関する見方があると言ってもよい。以下，「た」に関する議論において特に重要な2つのポイントを取り上げる。

2. ポイント⑴——過去と実現済み

「た」に関する議論の第一のポイントは，過去と実現済みの「た」を別のものと見るか，基本的に1つのものと見るかである。具体的には，(2)(3)に示したように，「した」に対応する否定形に「しなかった」「していない」の2つがあることをどのように説明するかが問題になる。

過去と実現済みの「た」を別のものと見る立場では，「した」はそもそも二義的であり，「しなかった」「していない」という2つの応答も，それに対応するものと説明される。

過去と実現済みの「た」を基本的に1つのものと見る立場からの説明は，たとえば次のようになる。「した」は基本的に過去の事態を表し，(2)の「した」は「現在と切り離された過去」，(3)の「した」は「現在と結びついた過去」を表す。「現在との結びつき」の意味は，共起要素（「もう，すでに」など）や文脈（発話時前後に事態実現の可能性がある）により生ずる。「しなかった」「していない」という2つの応答があるのは，「しなかった」が「せずに終わった」という意味を含むために，発話時以降の事態実現が見込まれる間は未実現を表す「していない」しか使えないからである。

「ピッチャーふりかぶって，第一球，投げました」のような実現の「した」も，実現済みと同種の用法と見る立場と，過去の一種（直前の過去）と見る立場がある。

3. ポイント⑵——ムードの「た」

「た」に関する議論の第二のポイントは，ムードの「た」の扱いである。この場合，次の3つの見方がある。①「た」の基本義がムード的な意味を包含する抽象的なものである。②基本義からムード的な意味に意味が拡張している。③「た」は過去を表すだけで，一定のしくみによりムード的な意味が生ずる。以下では，③の立場からの説明の一例をあげる（金水 2000, 井上 2001, 定延 2004）。

●**発見の「た」**——発見の「た」について考える際のヒントになるのは次のことである。

(a) 現在存在する状態について過去形を用いると，その状態が判明した時点に観察された内容を述べる文になる。

たとえば，生まれた子供の性別を報告するのに「男だった（＝見たら男だった）」と言う場合は，子供の性別を「子供の性別が分かった時に観察された」ことがらとして述べている。小学生になる子供の性別を聞かれて「男でした」と答えるのが不自然なのも，子供を初めて見た場面にさかのぼって子供の性別を述べることが不自然だからである。

発見の「た」もこの延長線上で説明することができる。すなわち，当該の状態を「発話時直前に観察された」ことがらとして述べるのが発見の「た」である。

(15) (探していたものを見つけて)
　　あ，ここにあった。（＝見たらここにあった）

●**認識修正の「た」**——同じ発見の文脈でも，次の「た」は発見の「た」とは異なる。

(16) (探していたものを見つけて)
　　なんだ，ここにあったのか。（＝本当はここにあったのか）

(16)は，「別の場所にある」と思っていた話し手がそれまでの認識を改めるという意味の文である。過去の認識の修正を表すのに「た」が用いられているのであり，「見えた」ということを述べているわけではない。外国語において過去形の発見用法と言われるものには，認識修正と見るべきものがある。

(17)(探していたものを見つけて)
　아, 여기있었네. (韓国語)
　あ　ここに　あった-詠嘆
　(あ、ここにあったのか。)

韓国語では，発見の「た」のような意味で過去形が用いられることはない。

(18)(名簿で田中の名前を捜している)
　田中，田中…。あった！
　있다！／*있었다！
　ある　　あった

●発見の「た」の背景――上に述べた日本語と韓国語の相違は，次のことから生ずると考えられる（井上・生越・木村2002）。

　(b)日本語では，眼前の状態を知覚したまま，その状態に接した時に観察された内容を独立に述べることができる。韓国語で過去形が使えるのは，当該の状態が直接知覚されなくなった後である。

発見の「た」は，(a)のしくみと(b)の日本語の性質とに支えられた用法と見られる。

●思い出し，反事実，後悔の「た」――思い出し，反事実，後悔の「た」も，「過去」と関連づけて説明することができる。

「そういえば明日は休みでしたね」のような思い出しの「た」は，情報入手時が過去であることを表す。

「昨日手紙を出せば明日届いたのに」のような反事実の文では，昨日の時点では「明日届く」という可能性があったことを述べるのに「た」が用いられている。

「こんなことなら明日来るんだった」のような後悔の「のだった」は，過去において当該の動作を選択すべきであったことを表す。

なお，「ちょっと待った！」のような命令の「した」は，丁寧形にできない（*ちょっと待ちました！）こともあり，統一的な説明の対象とされないことも多い。

➡テンス，テンポラリティ，アスペクト，パーフェクト，タクシス，反実仮想，従属節（従属句），キ・ケリ，タリ・リ，ツ・ヌ

■参考文献

井上優（2001）「現代日本語の「タ」――主文末の「…タ」の意味について」つくば言語文化フォーラム編『「た」の言語学』ひつじ書房．

井上優・生越直樹・木村英樹（2002）「テンス・アスペクトの比較対照――日本語・朝鮮語・中国語」生越直樹編『〈シリーズ言語科学4〉対照言語学』東京大学出版会．

尾上圭介（2001）『文法と意味Ⅰ』くろしお出版．

金水敏（2000）「時の表現」『〈日本語の文法2〉時・否定と取り立て』岩波書店．

工藤真由美（1995）『アスペクト・テンス体系とテクスト』ひつじ書房．

定延利之（2004）「ムードの「た」の過去性」『国際文化学研究』（神戸大学国際文化学部）21．

鈴木重幸（1979）「現代日本語の動詞のテンス――終止的な述語につかわれた完成相の叙述法断定のばあい」言語学研究会編『言語の研究』むぎ書房．

寺村秀夫（1984）『日本語のシンタクスと意味Ⅱ』くろしお出版．

［井上　優］

■タ[2]

いわゆる学校文法に沿って言えば，「咲いた」「あった」などの下線部は助動詞タと記述されるが，正確に言えばこれは動詞の一部，語尾部分の一角と見るべきものであって，山田文法に従えば動詞の複語尾であり，形態そのものへの名付けとして言えば動詞のシタ形の語尾部分ということになる。

1．シタ形の用法

　シタ形述語が表す意味は，大きく一括するなら，「その運動（変化・動作）や状態は基準時点においてはすでに存在している」ということであって，そういう叙法的性格が様々な条件の違いによって様々な意味として現れる（図1）。

(1)運動動詞（変化・動作）におけるシタ形
① 〔完了―確認〕

　意味を客観的に描写すれば完了，話者の主観の側で描写すれば確認と言える。そのように二面で描写できる一つの意味である。

　1．動作・変化の完了
　　　「裏で猫がニャーと鳴いた」「大変だ。塀が倒れた」
　2．現在の状態
　　　「病気はもう治った」「雨がやんだ」「宿題はとっくに済ませた」
　3．動作・変化の反復継続的既存在
　　　「これまでずいぶん苦労をかけた」「あれからずっと泣いて暮らした」

② 〔過去―回想〕
　　　「先週の日曜日は六甲山に登った」「台風で塀が倒れた」「おじいさんは胃がんで死んだ」

③ 〔想起〕
　　　「君は，たしかたばこを吸いましたね」

④ 〔獲得〕
　1．見通しの獲得
　　　「よし，これで勝った」
　2．方針の決定
　　　「よし，買った」「面倒だ，やめた」

　「その運動は基準時点（終止法では発話の現在）においては（運動全体として）すでに終了している」というこの叙法形式の性格（叙法としてパーフェクト。意味として原完了と呼んでおく。）は，直接的には上記①〔完了―確認〕用法として現れるが，表現心理において発話の現在とのつながりの意識が薄れていくと，現在から切り離された過去のできごとという意味（②〔過去―回想〕用法）になる。②の意味のうち客観面を失って主観面だけが強く意識される用法も出現し，過去ではなく現在のことだがあたかも昔のこと（知っていたこと）を思い出して言う回想風の表現として③〔想起〕用法が

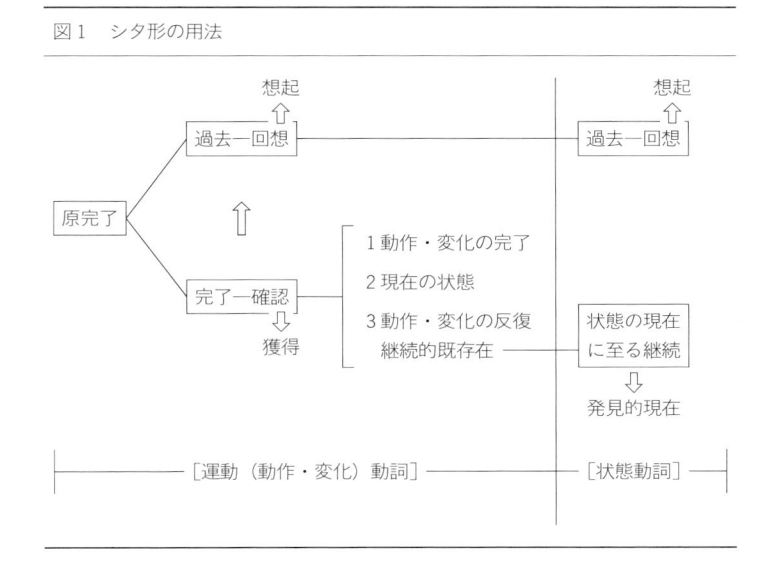

図1　シタ形の用法

```
                想起                          想起
                 ↑                            ↑
         ┌─ 過去―回想 ───────────── 過去―回想
         │       ↑
  原完了 ─┤                ┌ 1 動作・変化の完了
         │                 │ 2 現在の状態      ┌─────────┐
         └─ 完了―確認 ───┤                    │状態の現在│
                 ↓         │ 3 動作・変化の反復─│に至る継続│
                獲得          継続的既存在      └─────────┘
                                                      ↓
                                                  発見的現在

  ├────── ［運動（動作・変化）動詞］ ──────┤ ├─［状態動詞］─┤
```

成立する。④〔獲得〕用法は，①〔完了―確認〕用法の主観面だけが独り歩きして，客観的には未実現だが話者の気持ちの上では行為が完了し，変化を獲得したと表現するものである。

(2)状態動詞におけるシタ形

状態動詞の意味は非時間的なものであり，運動動詞の場合とは異なって，いつの時点でそれが終了したと言えないから，パーフェクト（運動全体が基準時点において終了ずみ）という用語は使えない。基準時点における状態の既存在を表すことになる。

① 〔過去―回想〕
「そのころ，この部屋は私には大きすぎた」
② 〔状態の現在に至る継続的存在〕
「さっきからずっとここにあった」
③ 〔想起〕
「そうだ。おれにはお前という強い味方があった（のだ）」
④ 〔発見的現在〕
「あった！あった！こんなところに隠れていた」「あっ！熱すぎた」

現在とは切り離された過去のある時点における状態の存在として語られたのが①用法であり，状態の既存在が現在への関心を濃厚に帯びて現在までひき続いているものとして語られたのが②用法である。①用法のうち，話者の主観面が独り歩きして（客観的には）現在の状態をも回想風に語ったのが③用法であることは，運動動詞の場合と同様である。④はもっぱら現在の存在や状態（両者含めて広義に存在）を発見の驚きをもって表現する特殊なシタ形の用法で，〔発見的現在〕と呼ばれたりするが，これは「ある」「隠れている」（テイルこみで状態動詞）「熱すぎる」などの状態が以前から継続して既存在であった（②用法）ということに今気がついたという認識の表明であって，②用法から離れた特別な用法ではない。

(3)従属句述語のシタ形

上の(1)(2)は主文述語としてのシタ形の用法であり，基準時点は発話の現在であるが，従属句（節）の述語としてのシタ形は上記と同様に発話の現在を基準時点にとる用法（「家に着いたとき，電話が鳴っていた」「去年までここにあった教会は10年前にできた」）のほかに，発話の現在との関係においてではなく，ただ事態の実現を完了風に想定する場合がある。

「今度先生に会ったら（会ったとき），その件を報告しなさい」
「ちょっと練習したら失敗しなくてすむよ」
「出かける前に届いたら持って行くよ」
「ちょっと教えてくれたら，恥をかかずにすんだのに」

第1～第3例はシタ形の表すできごととしては未来，第4例は過去である。

なお，(1)(2)(3)とは別に，シタ形には「さあ，買った！　買った！」「さっさと歩いた，歩いた」（「歩いたり，歩いたり」）のような要求表現もあるが，これは実現を要求する相手の動作を完了風（その動作が実現した姿を描く）に言語化して相手につきつける表現であり，スル形が用いられる「さっさと歩く！」などと同様に，言わば喚体句的な希求表現であって，シタ形の述語としての用法（運動・状態の存在承認としての用法）とは別に考えるべきものである。

2．シタ形の叙法論的性格

動詞が述語として働くとき，その動詞概念が存在に持ちこまれることになるが，その存在の領域は現実領域（事実界既実現の領域）と非現実領域（事実界未実現の領域＋観念世界＋話者にとって不明の領域）とに分かれる。いわゆる過去用法（運動動詞上記②用法）も含めて運動動詞シタ形の全体は，上記のとおりパーフェク

トという述べ方に対応する形態であり，パーフェクトは現実領域に運動の存在を承認する述べ方の一つである。状態動詞シタ形は，パーフェクトではないが，上記のとおり，過去すなわち現実領域の一角に状態の存在を承認する述べ方である。かくして，シタ形は現実領域に主語のモノがそのような運動・状態をもって存在する，すなわち事態が現実領域に存在することを承認する叙法形式であるということになる。

現代語には非現実領域に事態の存在を承認する動詞の叙法形式はない（あえて言えば動詞＋述語外接形式：スルヨウダ，シソウダ，スルラシイ，スルダロウなどがその位置にある）が，古代語には非現実領域（観念世界や事実界未実現領域）に事態の存在を承認するスベシ形がある。

◆助動詞，パーフェクト，述語

■参考文献

尾上圭介（1982）「現代語のテンスとアスペクト」『日本語学』1-2.〔再録：尾上（2001），第3章第1節〕

尾上圭介（1986）「感嘆文と希求・命令文——喚体・述体概念の有効性」松村明教授古稀記念会編『松村明教授古稀記念・国語研究論集』明治書院.〔再録：尾上（2001），第1章第8節〕

尾上圭介（2001）『文法と意味Ⅰ』くろしお出版，特に第3章第2節.

［尾上圭介］

■タ³

1.「タ」のテンス，アスペクト，ムード用法

形態素「タ」の意味用法は，概略，事象の時間的位置を表すテンス，動的事象（運動）の時間的展開を表すアスペクト，事象の現実性の有無や話し手による命題（文の対象的内容）と現実との関係づけを表すムードに跨っている。これは，テンス，アスペクト，ムードが切り離せない関係にあることを示すものである。

「太郎が留学した」において，形態素「タ」を含む「留学した」全体は，「太郎が留学する」との対立の中では，テンス的に過去を表すと言えるが，「太郎は留学していた」との対立のなかでは，アスペクト的に完成を表していると言える。さらに「太郎，留学しろ」との対立のなかではムード的に「叙述（断定）」を表すと言える。このように考える立場では，「留学した」全体が，テンス・アスペクト・ムード的意味を複合化していることになる。

　留学していた。〈継続（過去・叙述）〉
　　　　↕
　留学した。　　←→留学しろ。〈命令〉
〈完成・過去・叙述〉
　　　　↕
　留学する。〈非過去（完成・叙述）〉

以下では，全体のなかに形態素「タ」を位置づけて，それぞれの用法を多少割り切って記述することにする。

2. テンス用法の「タ」

「タ」は，終止の位置では，発話時以前であること，つまりは過去であることを表す。「昨日来た」のように現在と切り離された過去（正確には過去の完成的運動）を表す場合もあれば，「もう来た」のように現在とむすびついた過去（正確には現在に結果や効力が残っている過去の完成的運動）を表す場合もある。「昨日映画見た？」と聞かれた場合の答えとしては「いや，見なかった」であるが，「あの映画もう見た？」の場合には「いや，見てない」と言うのが普通である。同様に「昨日まで来ていた」が現在と切り離された過去（正確には過去の結果継続）であるとすれば，「昨日から来ていた」は現在とむすびついた過去（正確には過去から現在に至る結果継続）である。従って「昨日ま

で来ていたの？」の答えは「いや，来ていなかった」であるが，「昨日から来ていたの？」の答えは「いや，来ていない」である。

非終止の位置では，「来年留学した時に洋書を買おう」のように，出来事時を基準にして，それ以前であることを表す。このような場合を相対的テンス用法という。従って，「留学する前に」とは言えても「*留学した前に」とは言えず，逆に「留学した後で」とは言えても「*留学する後で」とは言えない。

「1850年は飢饉の年だった」のような場合は「1850年は飢饉の年だ」に言い換えることができる。ただし，「1850年は飢饉だった」とは言えても「1850年は飢饉だ」とは言い難い。「飢饉の年だ」というのは判断であるが，「飢饉だ」というのは一時的現象を表すからである。

3．アスペクト用法，形容詞的用法としての「タ」

非終止の位置では，「タ」は，「結果」というアスペクト的意味を表すか，「恒常的特徴」という形容詞的な意味を表す。「濁った水が澄んだ」と「澄んだ水が濁った」を比べてみると，非終止の「濁った（水）」は「濁っている（水）」あるいは「汚い（水）」に言い換えることができるが，終止の「濁った。」は「濁っている。」に言い換えると意味が違ってくる。「汚い。」には言い換えることができない。このように，終止か非終止かで，「タ」の意味用法は違ってくる。「曲がったネクタイ」は，以前の変化を前提とした「結果」を表しているが，「曲がった道」では以前の変化を前提としない恒常的特徴を表している。

「ばかげた噂」「優れた論文」のように，非終止に固定された用法もある。終止では，「この噂はばかげている」「この論文は優れている」とは言えても「*この噂はばかげた」「*この論文は優れた」とは言えない。

4．ムード用法の「タ」

終止の位置の「タ」には，次のようなムード的用法がある。

①「ちょっと待った」「どいた，どいた」のように「差し迫った要求」を表す場合がある。これは運動動詞のシタ形式のごく一部に限定されている。以下はすべて，運動動詞のシタ形式以外のムード用法である。

②「呆れたなあ」「疲れたね」のように，1人称主語に限定された，現在の感情・感覚表出用法がある。「呆れるなあ」「疲れるなあ」に言い換えても現在の感情・感覚表出である。「やった！」のようになると，もはや感動詞といった方がよいだろう。

③「確か明日は休講だった」「そう言えば，彼は無口な人でしたね」のような想起（記憶の検索による事実の再確認）を表す場合，「あ，こんなところにあった」「あら，お二人は親友だったんですか」のような発見（新事実の確認）を表す場合もある。事象自体は，未来あるいは現在のことであり，話し手の事実確認に関わるムード的意味が前面化される。

④「明日も行きたかったなあ」のように「実現不可能な希望」や「地震さえなかったら，今頃は海外旅行に行っていた」のように「反事実仮想」を表す。「今頃」という時間副詞と共起していることから分かるように，現在のことではあるが，過去形を使うことによって，反事実であることを明示する。「明日も行きたいなあ」では実現の可能性があり，「地震さえなかったら，今頃は海外旅行に行っている」では必ずしも反事実仮想ではない。このような過去形は「非現実」というムード的意味を表している。

このような過去形のムード用法は世界の様々な諸言語にあり，日本語の特殊現象ではない。今後，世界の諸言語を見渡した研究が重要になろう。

5. モダリティ形式の「タ」

「〜だろう」のようなモダリティ形式には「タ」はありえない。発話時における話し手の推量を表すからである。「〜かもしれなかった」「〜にちがいなかった」のような過去形が頻繁に使用されるのは小説の地の文である。もし，日常会話（会話文）で使用されるとすれば，反事実仮想になるだろう。「〜らしかった」も頻繁に使用されるのは小説の地の文である。日常会話では「昨日駅前で太郎に会った。疲れているらしかったよ」とは言い難い。一方「〜ようだった（みたいだった）」は，「昨日駅前で太郎に会った。疲れているようだったよ」のように日常会話でも使用される。

また，「私がやるべきだった」「私がやるはずだった」のような場合には，日常会話では，単純な過去の意味ではなく，過去時の非実現を表す。「〜のだった」も単純な過去の意味を表すわけではない。「あの時一緒にやるのだった」では，過去時の非実現を表すし，「明日は私がやるのだった」では，想起である。

➧テンス，テンポラリティ，アスペクト

■参考文献

工藤真由美（2013）『現代日本語ムード・テンス・アスペクト論』ひつじ書房．
鈴木重幸（1996）『形態論・序説』むぎ書房．
高橋太郎（1985）『現代日本語動詞のアスペクトとテンス』〈国立国語研究所報告〉，秀英出版．
寺村秀夫（1984）『日本語のシンタクスと意味II』くろしお出版．
益岡隆志（2000）『日本語文法の諸相』くろしお出版．
三上章（1953）『現代語法序説』刀江書院．〔増補復刊：くろしお出版，1972〕
Bhat, D. N. Shankara (1999) *The Prominence of Tense, Aspect and Mood*. John Benjamins.
Chung, Sandra and Alan Timberlake (1985) "Tense, aspect and mood." In Timothy Shopen (ed.) *Language Typology and Syntactic Description III*. Cambridge University Press.

［工藤真由美］

■ダ

一般的には指定あるいは断定の助動詞とされ，コピュラ（繋辞）としての機能を持つ。語史上ニテアリ→デアル→デア→ダと変化してきた。その過程でダの方言形であるヂャやヤも発生した。デアルは現代も文章語としてごく普通に用いられる。山田孝雄は語としては助動詞を認めず，その大半を動詞語尾（複語尾）とするが，ダはアリが持っていた存在の意味を失い陳述のみを担う存在詞（説明存在詞）とした。現代語ではデスはダの丁寧形とされる。また所謂形容動詞（ナ形容詞）の活用語尾とされるダはこれと同根であり機能も変わらないが，形容動詞の場合，語幹部分の意味が属性的なので，ダとともに状態，性質を表し，一般には用言とされる。また，形容動詞の活用語尾の場合，連体形がナ（「穏やかナ人」）になるが，「学生ダ」の場合普通は連体形を持たず，「とても熱心な学生（ダ/ナ）ものだから」など限られた環境の中でのみ現れる。いわゆる同格のノと呼ばれる助詞をこのダの連体形として活用体系を整理することも可能である（身分が学生ノ人）。

ダには概念的意味がないので，概念的意味はあるが陳述の機能を持たない語とともに用いられ，全体で用言相当になり，述語として機能する。ダが後接するのは，(1)体言および体言相当句，(2)一部の副詞，であるが，所謂分裂文構造や不定語疑問文に対する応答文という状況などに支えられて(3)のように助詞に後接する場合もある（助詞が現れない場合もある）。

(1)彼は学生ダ/東京は日本の首都ダ/これが松が枯れた原因ダ/彼は親の言うままダ
(2)開演はまもなくダ/表面がぱりぱりダ/これはさすがダ
(3)出掛けたのは普段着でダ/雨が少ないからダ/誰に見せたの？父にダ

　なお，(1)のバリエーションと言っていいが，形式名詞などによる体言句にダが接した場合，「〜ノダ/〜コトダ/〜モノダ/〜トコロダ/〜バカリダ/〜ヨウダ/〜ソウダ……」など，文構造上もはや「体言句＋ダ」と分析するより「用言＋ノダ/コトダ/モノダ……」と分析するほうが適切な形式が数多くある。「ヨウダ/ソウダ」などは一般的には助動詞とされることが多い。

　統語的には基本的に「AハBダ」という構造の中で用いられ，AとBを結びつけるコピュラとして機能する。(3)のような文が可能なのはコピュラの働きによる。またコピュラとして働くということは，Bダの形で叙述性をもつということであり，(2)の場合，副詞＋ダでほぼ形容詞・形容動詞相当として働き，また(1)の場合も「彼はやっぱり男ダねぇ」などの例からも分かるように，Bが名詞として単にあるものを指示するだけでなく，全体として叙述性をもっていることに注意する必要がある。

◆コピュラ（繋辞），存在詞

■参考文献
山田孝雄（1936）『日本文法学概論』宝文館.
春日和男（1968）『存在詞に関する研究——ラ変活用語の展開』風間書房.
国立国語研究所（1952）『現代語の助詞・助動詞』秀英出版.

　　　　　　　　　　　　　　　[大鹿薫久]

■対義語

　反義語，反意語，反対語とも言う。語の意味関係の中で最もよく知られたものであるが，その内容は多様である。ほぼ3種に分けられる。①「男-女」「うそ-本当」のように，一つの意味領域が二分されているために排他的な関係にあり，一方の否定が他方の肯定の意味になるもの。②「長い-短い」「古い-新しい」のように，一方の否定が必ずしも他方の肯定の意味とはならず，「長くも短くもない」のような中間段階のあるもの。③「売る-買う」のように，一つの事態を反対方向から捉えたもの，また，「夫-妻」のように，互いに相手を前提として成り立っているもの。肯定・否定の関係にはない。

　類義語が2語以上の関係であるのに対して，対義語は基本的に2語の関係であり，「固体・液体・気体」や「日曜日・月曜日・火曜日・〜」のような2語以上の関係の場合は対義語となりにくい。しかし，「先輩・同輩・後輩」の「先輩-後輩」のように，2語の対立性がかなり強く認められるものは，対義語の②のタイプに近づく。また，対義語とは多くの意味特徴を共有し，ただ一つの意味特徴で対立するものであるので，「兄・弟・姉・妹」の中で，最も対義性が高いのは，世代差の点で対立する「兄-弟」，「姉-妹」であり，世代差と性差という二つの点で対立する「兄-妹」，「姉-弟」は，差異が大きくなるにもかかわらず，対義性が弱まるというところが重要である。このような中核的な意味の外に，文体の違いや品詞の違い等も対義性に影響を与える。「父-母」，「おやじ-おふくろ」の対義性は高いが，文体が違う「父-おふくろ」，「母-おやじ」の対義性は弱い。「ひま」の対義語として，共に和語であるが品詞が異なる「忙しい」と，同じ品詞であるが和語と漢語の違いがある「多忙」の2語が考えられるが，共に和語であり文体が同じ「忙しい」の対義性の方が高いであろう。

　「嬉しい-悲しい」や「薬-毒」は対義語らしく感じられるが，認めがたい。この点注意が必

要である。合格の知らせを聞いて「嬉しくない」と言っても，「悲しい」かどうかは関与しない。菓子袋の中の乾燥剤が「毒ではない」と言っても，「薬」かどうかは関与しない。「暑い‐寒い」も同様で，「暑くない」と言っても，「寒い」かどうかは関与しない。名詞形を見ると，「長さ」は「長い」だけでなく「短い」の意味も含んでいるが，「嬉しさ」「暑さ」は，「悲しい」や「寒い」の意味を含まないのである。このように，対となる語に共通の意味の基盤が設定できるかどうか，慎重に考慮しなければならない。

◆上位語・下位語・同位語，類義語

■参考文献

池上嘉彦（1975）『意味論』大修館書店．
山崎幸雄（1976）「反義関係に関する一考察」『富山大学文理学部文学科紀要』3．
Lyons, John (1977) *Semantics I*. Cambridge University Press.
国広哲弥（1982）『意味論の方法』大修館書店．
村木新次郎（1987）「対義語の輪郭と条件」『日本語学』6-6．
荻野綱男・野口美和子（1996）「反対語意識の構造」『日本語研究』16．

[久島 茂]

■待遇表現[1]

1. 待遇表現

敬語を中心に，人の「扱い」に関わる諸表現をより広く指す術語。具体的には，次のようなものが含まれる。①狭義の敬語（この中の細分類は後述），②敬語とはいわば逆向きの，「……やがる」の類のもの（「軽卑語」「卑罵語」と呼ばれることがある），③その他，敬語や軽卑語に類する，「扱い」に関わる諸表現。

③としては，例えば，人を「○○ちゃん」と呼ぶようないわゆる親愛語や，相手に「来る」ことを求めるときに「来い」「来てくれ」「来てくれる？」「来てくれますか」「いらっしゃってくださいませんか」などと言う場合の諸表現が含まれる（「来てくれますか」は「ます」の部分が，「いらっしゃってくださいませんか」は「いらっしゃる」「くださる」「ます」の部分が，狭義の敬語にもなっているが，狭義の敬語を用いていない「来い」「来てくれ」「来てくれる？」等も，待遇表現である）。

ただし，③として，どこまでを待遇表現に含めるかについては，立場によって，次のような点で差がある。

(1) 言語表現だけにとどめるか，非言語表現まで含めるか。
(2) 「扱い」に関わる言語表現には，(a)「内容は同じだが，述べ方によって扱いの違いが出るもの」（上の各例はいずれもそうした例）と，(b)「その内容自体が評価等を含むもの」（例えば，人を罵って「鬼」と言ったり，相手の持ち物を「かわいいね。」とほめたりする）とがあるが，(a)までにとどめるか，(b)まで含めるか（その中間的な立場もある）。なお，(b)まで含めると，対象が著しく広がることになる。
(3) 「いらっしゃる」「来やがる」のように，はっきり「色」をもつ語だけにとどめるか，「来る」のようにニュートラルな待遇も含めるか。

菊地康人（1994）は，(1)に関しては言語表現，(2)に関しては(a)までにとどめる一方，(3)に関してはニュートラルな表現まで含めて，「基本的には同じ意味のことを述べるのに，話題の人物/聞き手/場面などを顧慮し，それに応じて複数の表現を使い分けるとき，それらの表現を待遇表現という。」としている。この定義だと，「基本的には同じ意味」という条件が付くので，範囲はかなり明確に限定される。

その上で，待遇表現を，「待遇的意味」の種類により，《上下》《丁寧←→ぞんざい・乱暴》《改まり←→くだけ/粗野/尊大》《上品←→卑俗》《好悪》《恩恵の授受》の6種に分け，また待遇表現の使い分けに関係する諸ファクターを，社会的ファクターと心理的ファクターに大別した上で，それぞれをさらに細分している。

2. 敬語

●敬語とは——同じ事柄を述べるのに，述べ方を変えることによって，敬意または丁寧さをあらわす，そのための専用の表現。

例えば，「先生が帰る。」「先生がお帰りになる。」を比べると，内容自体は同じだが，後者は「お帰りになる」と述べることで「先生」への敬意をあらわしており，「お……になる」はそのための専用の表現である。このようなものが敬語である（この例は尊敬語）。

●敬語の捉え方(1)——敬語は，①〈言語体系内の原理〉と，②〈社会的・心理的な観点からの言語運用上の原理〉とが複合的に働いて成り立つ言語現象である。例えば「A先生がお帰りになる。」という場合，

・「お帰りになる」は，主語を高く待遇する（高める）言語形式である。（＝上記①）
・「A先生」は，社会的・心理的に高く待遇するのにふさわしい対象である。（＝上記②）

という2つのことが一体となって，当該の文は適正な文として成り立っているわけである。

このうち②は，上例では，「A先生」という個別の具体的な人物をどう待遇するかということであったが，②についても，一般性の高い原理としては，例えば「(現代の標準的な敬語使用では）身内を高く待遇してはいけない」といった原理があげられる。

実際の敬語使用では①②は一体であるが，敬語を言語学的に分析する上では，①と②を区別して捉えることが重要である（詳しくは菊地康人編（2003，1章）などを参照）。

●敬語の捉え方(2)——上記の第1点，すなわち「「お帰りになる」は，主語を高く待遇する言語形式である。」ということは，さらに，

・〈語形〉の問題：「帰る→お帰りになる」として尊敬語を作ること，
・〈機能〉の問題：こうしてできた尊敬語「お帰りになる」が，主語を高く待遇すること，

に分けて捉えられる。一方，上の第2点，すなわち「「A先生」は，社会的・心理的に高く待遇するのにふさわしい対象である（だから尊敬語を使って待遇する）。」ということは，上述のように運用あるいは〈適用〉の問題である。

このように，敬語は〈語形〉〈機能〉〈適用〉の3つの面に分けて捉えられる。〈語形〉は形態論的，〈機能〉は統語・意味論的，〈適用〉は社会言語学的現象，といってもよい。

●敬語の種類——敬語の分類については，多くの研究者が自説を展開してきた。学校教育等で行われてきた「尊敬語・謙譲語・丁寧語」の三分法は，実は敬語研究者の間ではあまり支持を得てこなかったといってよい。三分法の最大の問題点は，「謙譲語」とされるものの中に実は二種（以上）のものが含まれ，これらを同じ類として括るのは不適当である，ということである。文化審議会答申『敬語の指針』(2007)では，三分法の「尊敬語」はそのままとし，元の「謙譲語」を「謙譲語Ⅰ」と「謙譲語Ⅱ（丁重語）」に分け，かつ，元の「丁寧語」を狭義の「丁寧語」と「美化語」に分け，全体として五種を立てている。ただし，同指針の細部を見ると，「謙譲語Ⅰ兼謙譲語Ⅱ」の存在も指摘されている。

●敬語と文法研究——敬語について文法研究の立場から取り組むべき最も基礎的で重要な課題は，「上述の〈語形〉〈機能〉について適正に記述する。つまり，各敬語形式がどのような待遇機能をもつか（例えば，「お……になる」が主

語を高く待遇する，といったこと）を，適正に記述する。」ということである。その記述は，「具体的な敬語形式を用いた文やテキストが与えられたときに，当該の記述に基づいて，『それに登場する具体的な人物がどのように待遇されているか』を機械的に算出することができるような記述でなければならない」ということを目標に置くべきである。

例えば，「田中先輩が（私たちの意を汲んで）山田先生にそのように申し上げてくださった。」は，複雑だが適正な敬語使用であり，「山田先生」は「田中先輩」より高く，かつ「田中先輩」もニュートラルよりは高く（また「私たち」よりも高く）待遇されている。このような関係が算出できるような記述を，「申し上げる」や「くださる」に与える必要がある，ということである。菊地康人（1980）は，現代のいわゆる共通語の敬語について，それをめざしたものである。

このほか，複数の敬語を重ねて用いる，いわゆる「敬語の承接」のルールも，文法記述の対象となる（菊地康人1994，VI章3など）。

以上は，敬語自体についての文法研究の例であるが，このほか，敬語と他の文法現象との関係を問題にする（例えば，尊敬語との関係で「主語」を認定する；従属節の階層分けをする上で，その中に丁寧語を含みうるか否かを一つの手がかりとする）とか，文法現象の中での敬語の位置を問う（例えば，丁寧語を〈言表態度に関わる文法カテゴリ〉と見る）という研究もある。

なお，別の観点からではあるが，山田孝雄『敬語法の研究』（1924，宝文館）は，文法現象としての敬語に注目した，初期の優れた研究である。

●敬語史・社会言語学の研究——敬語史や社会言語学・方言敬語の観点からも，多くの研究が行われてきたし，今後の研究テーマも潤沢だと見られる。その際，個別の事実の精査が基礎になることは言うまでもないが，同時に，「古代から現代までの敬語の変化に見られる法則性（例えば，絶対敬語から相対敬語へ）を見出す」ことや，「敬語史の中での現在を分析し，今後の敬語の変化を展望する」視点も重要である。

◆尊敬語，謙譲語，丁寧語，美化語

■参考文献

菊地康人（1980）「「上下待遇表現」の記述」『国語学』122．

菊地康人（1994）『敬語』角川書店．〔再刊：講談社学術文庫，1997〕

菊地康人編（2003）『〈朝倉日本語講座8〉敬語』朝倉書店．

菊地康人（2005）「「敬語とは何か」がどう変わって来ているか」『日本語学』24-11．

北原保雄編（1978）『〈論集日本語研究9〉敬語』有精堂出版．

〔菊地康人〕

■ **待遇表現**[2]（古典語）

1. 敬語と待遇表現

待遇表現とは，対人関係において，話し手（書き言葉においては書き手となるが，以下省略）が，話題となる人物，または聞き手（読み手）に対して，いかなる配慮をするかによって異なってくるさまざまな表現についての総称である。話し手と聞き手，話題の世界の動作主とその動作の対象となる受け手，それら各項の身分・年齢・社会的な地位など，上下関係を中心として，公的な場か私的な場かといった場面・状況，心理的な優位さといった各種の要素が関連しあうものとなっている。「敬語」としての把握の場合も，文法的な機能を重視した敬語法としての面，語彙的な面を重視した敬語語彙としての面，表現全体を対象とした敬語表現といったとらえかたがなされるので，待遇表現とし

ての把握と重なる点もある。ただし，敬語とは対照的に，相手を低く表現する軽卑語（卑罵語），親しみを持って待遇する親愛語，自らを上位者として待遇する尊大語などを同時に視野に置いてとらえる立場では，待遇表現としての把握が有効にはたらくことになる。

2. 尊敬語と謙譲語

待遇表現の中でも，やはり敬語を中心としてその機能や体系，また歴史に関して，多くの研究が積み重ねられてきている。話題となる動作主を尊敬する尊敬語については，共通の理解が得られやすいが，いわゆる謙譲語の場合，そのとらえ方をめぐって，問題が提起されてきている。従来，謙譲の動詞・謙譲の助動詞は〈動作主を低めることによって，その動作の対象・受け手に対する敬意を表す〉のように言われてきたのであるが，たとえば，森野宗明は，

(1)(桐壺帝ハ) 弘徽殿などにも渡らせ給ふ御供には，(光源氏ヲ) やがて，御簾(みす)の内に入れ奉り給ふ。(源氏・桐壺)

のような文において，最高位者である動作主・帝を低めて表現するものではありえず，「奉ル」は被動作主の光源氏に対する敬意を表すものと説いた（「敬語の分類」『月刊文法』1・2，1968）。こうした見方は，「為手尊敬」に対する「受手尊敬」を立てる渡辺実の立場なども共通であり（『国語構文論』塙書房，1971），基本的な考え方として現在広く認められているところである。

もっとも，従来の謙譲語がすべて受け手尊敬語としてとらえられるかとなると，必ずしもそうはいかない点もある。古代語における下二段活用の謙譲語「給ふ」などは，「見給ふる」「思ひ給ふる」のように自己の動作にしか用いられず，話し手のへりくだりを表すものということになる。これに対して，(1)の「奉る」や，「致す」「参る」「申す」などは，前述の受け手尊敬語に相当するものであり，特に「致す」以下は，現代語においては「致します」「参ります」「申します」の形で，常にマスを伴い，「物音がいたします」「雨が降ってまいりました」「母がうるさく申しますので，……」のようにことがらの表現にあずかるものにも転じている。こうした用法は，宮地裕が「丁重語」と呼び（「現代敬語の一考察」『国語学』72，1968。『文論』明治書院，1971 所収），大石初太郎が「謙譲語B」と「丁重語A」に識別してとらえているように（『待遇語の体系』『佐伯博士喜寿記念国語学論集』表現社，1976。『現代敬語研究』筑摩書房，1983 所収），本来の受け手尊敬の表現とは大きく異なる性格を有しているのである。

3. 丁寧語の発達

時枝誠記は，詞辞論の立場から，『国語学原論』（岩波書店，1941）などにおいて，「詞の敬語」と「辞の敬語」の識別を主張した。その論は後世に大きな影響を与えている。辻村敏樹の「素材敬語」と「対者敬語」との二大別は，基本的に時枝の論を継承するものである。そこで主張されている辞の敬語（対者敬語）は，話題の内容，素材にはかかわらず，話し手が聞き手に対して敬意を持って待遇するものをいう。これが一般にいうところの丁寧語である。その発達過程は，待遇表現の変遷の中で，きわめて大きな意味を持っている。その流れを簡単に追ってみよう。

● 「侍リ」と「候」——上代においては，敬語はもっぱら話題となる人物に対する敬意を表すものであり，丁寧語に相当するものはなかったと言われている。「這ヒアリ」の転というハベリは日本書紀の古訓などに見えるが，上代にさかのぼるものかどうかは疑問であろう。はいつくばう動作から貴人のもとにいさせていただくという意味になり，補助動詞としての用法も発達するようになった。また，サブラフも，上代

に例のある「サ守ラフ」の転かと言われている。そばにお仕えしてお守りする意である。貴人の配下に身を置くという実質的な意味から次第に形式的・抽象的な意味・用法に転じてきたものであり，こうした敬語の変遷は，文法化の典型的な例となる。平安初期から発達してきたハベリは，謙譲語としての性格が強いものであったが，第三者の行為にも用いることがあり，丁寧語化の道をたどってきていることが知られる。中世（院政期頃）にハベリと交替する形で発達するようになったサブラフは，サムラフさらにはサウラフに転じ，丁寧語としての性格がより強くなる。

 (2)「いかにかうはうちとけてわたらせ給ひ候ぞ（＝ドウシテコンナニノンビリシテイラッシャルノデスカ）。御敵すでに河原までせめ入て候に…」（平家・9）〔木曽義仲に対する家来のことば〕

このように相手の動作を敬っている尊敬語「給フ」に「候」の接した例が現れるということは，「候」が，現代語のマスに近い丁寧語になりきっていることを示すものである。

●ゴザアルとゴザル，マラスルとマスル──「侍リ」や「候」が謙譲語出自であるのに対して，ゴザアル・ゴザルの場合は，もともと天皇などがそこにいらっしゃる意の尊敬語「御座有リ」から転じたものである。その対象となる範囲の拡大とともに，丁重語・丁寧語化が進み，音の短縮も生じて室町時代末にはゴザルの形で定着する。また，「参ラスル」から転じたマラスルは，語形の変化と並行する形で謙譲語から丁寧語への推移が一般化し，近世の初期にはさらにマスルに転じて，完全な丁寧語となる。のちのデス・マス体，すなわち，普通体（常体）に対する丁寧体（敬体）の隆盛につながる表現として一般化するのである。なお，このゴザルにマスルが接したゴザリマスルは，近世において次第に発達し，現代のゴザイマスのもととなる。ゴザル単独での敬意の下落を補うために二重敬語の形をとったもので，こうした動きもきわめて自然な現象として把握できる。

4．絶対敬語と相対敬語

「絶対敬語」「相対敬語」の名称は金田一京助による（「女性語と敬語」『婦人公論』昭和16年9月号，1941。『金田一京助全集』第3巻，三省堂，1992所収）。ちなみに山田孝雄が絶対敬称・関係敬称のように用いているのは（『敬語法の研究』宝文館，1924），他者すなわち動作の受け手との関係を有するか否かという観点からの規定であり，内容が異なるので注意が必要である。金田一の分類は，敬語の発達段階を示したもので，絶対（的）敬語は，身分の上下関係を絶対的なものとし，一定の人物には常に一定の敬語を用いるもの，相対（的）敬語は，話し手と聞き手との場面的な関係によって，話題の人物に関する待遇が異なってくるものをいう。絶対敬語の典型は上代の歌謡に見られるような，天皇などが自らに対して尊敬語を用いる自敬表現，相対敬語の典型は，現代語で，聞き手が外部の人間である場合，「部長はただいま外出しております」のように，会社・家族など内側の人間に関しては低めて表現するという，聞き手・場面に応じた待遇がなされることをいう。古代語から近代語への変遷において，絶対敬語の性格から次第に相対敬語の性格を強めてきていることが知られており，その推移を把握することも重要な課題となる。

◆尊敬語，謙譲語，丁寧語，絶対敬語と相対敬語

■参考文献

穐田定樹（1976）『中古中世の敬語の研究』清文堂出版．

北原保雄編（1978）『〈論集日本語研究9〉敬語』有精堂出版．

辻村敏樹編（1971）『〈講座国語史5〉敬語』大修館書店．

西田直敏（1987）『敬語』東京堂出版．
林四郎・南不二男編（1973-74）『敬語講座1〜10』明治書院．

[小林賢次]

■待遇表現[3]（方言）

●敬語の地域差——敬語の地域差については，「西高東低型」（西日本で複雑，東日本で単純）ということが言われる。西日本では，複数の敬語形式を段階的に使い分ける方言が多く，敬語の使用頻度も高い。東日本では，複数の敬語形式を使い分ける方言は少なく，敬語の使用頻度も低い。ただし，東日本でも旧城下町には敬語の発達している地域があり，西日本でも都市から離れた山間部や海岸部などには敬語の発達が認められない地域もある。

●待遇表現の分化の地域差——敬語が複雑であるか単純であるかは，待遇差のある表現体系全般に関わってくる。たとえば，秋田方言では，日常会話で敬語を用いることはあまりないが，一方で，標準語ではぞんざいに感じられる表現の待遇的意味は，さほど低くない。「オレ（俺）」「オメァ（お前）」などは女性でも用い，「ハエグオギレ（早く起きろ）」のような直接的な命令表現も，親しい者同士の会話では普通に現れる。一方，標準語では目上に対して使う複数接辞「がた」が，「オラガダ（私たち）」「コドモガダ（子どもたち）」のように自称詞や目下に対しても用いられる。このように，表現体系全般にわたって待遇的意味を区別する意識が薄い。それに対し，敬語が発達している近畿方言では，アスペクト形式の「ヨル」が軽卑語化し，「（シテ）ケツカル」「（シ）クサル」「（シ）サラス」などの卑罵語も多彩である。敬語の複雑な地域では，一方で，下向き待遇の表現も多様に分化していると言える。

●聞き手めあての敬語の発達——尊敬語，謙譲語，丁寧語のうち，地域的なバリエーションが豊富なのは，尊敬語と丁寧語である。「お・ご〜する」に当たるような謙譲の助動詞類は，方言ではあまり発達していない。近畿中央部の「ハル」，近畿西部から中国地方の「テヤ・テジャ」など，多様な尊敬語形式を持つ西日本に対し，東日本には生産的な尊敬語形式を持たない方言が広く分布するが，そうした方言も丁寧語は持つ場合が多い。終助詞類で聞き手に対する敬意を表すことも盛んであり，方言の敬語は全般的に，聞き手を意識した敬語が発達している。

標準語では，「（ら）れる」や「お・ご〜になる」などの尊敬の助動詞類は命令形にならないが，方言の尊敬の助動詞類は命令形を持つものが多い。富山方言の「（ラ）レル」は，「オキラレ」「ヨマレ」のように命令形を持つ。生産的な尊敬語形式を持たない方言が，命令形に特化した尊敬語形式を持つ場合もある。このことからも，方言が聞き手に対する配慮を明示するための表現体系を発達させていることが分かる。

●敬語運用の地域差——西日本の方言には，外部の人に身内のことを話す場合に話題の人物である身内に対して尊敬語を用いる身内尊敬用法や，同じ人物に対する待遇表現が常に一定のものとなる絶対敬語的用法があると言われている。こうした敬語の運用法は，地域社会の人間関係の緊密性とも関わっており，一つの地域社会全体がいわばウチ（身内）と見なされ，かつ地域内の階層差が固定的である社会において成立したものと言える。したがって，人の流動性の高まった現代社会では，西日本においても，聞き手に応じて話題の人物に対する待遇表現を使い分ける，相対敬語的な敬語の運用法が浸透しつつある。

一方で，こうした敬語の平準化には相反する敬語運用を維持する方言も見られる。近畿中央部の方言（特に京都方言や滋賀方言）には，話

題の第三者に限って用いられる尊敬語形式がある。この敬語の運用法には、聞き手に対する配慮を軸とする現代敬語とは異なる運用メカニズムが働いている。この第三者に対する尊敬語は、機能的には敬意を表すものではなく、「待遇される人物との間柄やその人物に対する認識・評価を話し手が言語化した表現」（宮治弘明「方言敬語の動向」）として機能している。方言の敬語は、全般的に聞き手めあての表現体系を発達させる一方で、話題の登場人物と話し手との関係把握を示す機能を発達させる方言もあるのである。

➡尊敬語，丁寧語，絶対敬語と相対敬語

■参考文献

井上史雄（1989）『言葉づかい新風景（敬語と方言）』秋山書店．

加藤正信（1973）「全国方言の敬語概観」林四郎・南不二男編『〈敬語講座6〉現代の敬語』明治書院．

国立国語研究所編（2006）『方言文法全国地図』第6集, 国立印刷局．

真田信治（1990）『地域言語の社会言語学的研究』和泉書院．

宮治弘明（1996）「方言敬語の動向」小林隆・篠崎晃一・大西拓一郎編『方言の現在』明治書院．

［日高水穂］

■ダイクシス

●「いま」「ここ」を基準に──言語表現のなかで発話場面の情報を組み入れなければ定義できない性質のことをダイクシス（deixis：直示性，境遇性などとと訳される），このような発話場面の情報を組み入れたダイクシスの性質を持つことをダイクティック（deictic）といい，そのような表現をダイクティック表現（deictic expressions, deictics）という。ダイクシスは，認知主体としての話し手（＝「私」），発話時（いま），発話場面（ここ）を基準とした情報管理のシステムであり，これらを基準点として相対的に定義される表現である。場合によって，聞き手と聞き手の場所も基準となる場合があるが，原則として話し手，聞き手とで発話時は共有される。

●人称，空間関係──人称を表す名詞類は，基準となる「話し手（＝［私，僕，おれ等］）」がまず定義され，話し手が決めた「聞き手」が次に定義される。次に，話し手からの距離により指示詞（demonstratives）が定義できる。これは空間のダイクシス（spatial deixis）と呼ばれる。日本語などでは，さらに話し手と聞き手との相対的な距離が使用規則に関与しているとされる（＝「ソー系列」）。マエ，ウシロや，タテ，ヨコなどの空間関係も場合によっては話し手を基準とする定義が用いられる用法を持つ。

●時間──時間の基準点は発話時（＝「いま」）である。「今日」「今年」「明日」「来年」などの時間名詞は発話時を基準として定義される時間，あるいは，それに「〜の次」「〜の前」という述語をつけることによって定義される。「今月」は，「今」を含む月，「明日」は「今日の次の日」，「来月」は，「今月の次の月」，「先月」は「今月の前の月」の如くである。多くの言語で，発話時を基準とする時間名詞は副詞としても機能する。

●テンス──テンスも発話時を基準にして意味解釈が行われるという意味でダイクシスである。発話時より以前が過去，以後が未来となる。日本語の述語の「タ形」「ル形（基本形ともいう）」は，主文では，タ形は発話時より前の時間に起こった出来事や状態を表し，ル形は，状態述語では発話時で成立している属性，非状態述語では，発話時より後に起こる出来事を表す，とするのが適切である。そのため，主

文では「??明日山田が来た。」「??昨日山田が来る。」は時間副詞との解釈が矛盾し解釈できない。したがって，これらはテンスを表すとしなければならず，発話時を基準として意味解釈が定義される。中国語のように動詞にテンスの区別がない言語では，ダイクティックな時間副詞がテンスの役割をはたす。

●**移動**——移動を表す動詞のなかにもダイクシスと解釈されるものがある。日本語の「くる」のような移動を表す動詞は着点が話し手でなければいけない。また，授受動詞の「くれる」は授受の着点が話し手（あるいは，家族など話し手が自分のグループとみなすもの：以下同じ）でなければならない。日本語の文では，通常話し手の視点を優先するという視点の制約があるため，動作が話し手を着点に含む場合，主文では，「くる」「くれる」などの動詞を補助動詞としてつけることが語用論的には義務的である。「??田中が私に手紙を送った。」対「田中が私に手紙を送ってきた。」，「??田中が私に本を読んだ」対「田中が私に本を読んでくれた」。これらと対を成す「いく」「やる」も，話し手が着点であってはいけないという意味でダイクシスによる定義を必要とする。

●**敬語**——敬語に関する制約も話し手，聞き手の関係に言及する必要がある。これらは社会的ダイクシス（social deixis）と呼ぶことがある。たとえば，丁寧語は聞き手に対する話し手の敬意を表す。文法的には尊敬語は主語に対する話し手の敬意，謙譲語は主語の非主語に対する敬意を表すが，現代日本語では実際の使用では，どちらも話し手の聞き手に対する敬意を表すため使われるのが普通である。

➡指示，コソアド，テンス，人称，やりもらい

■参考文献

Lyons, John (1977) *Semantics*. Cambridge University Press.
田窪行則（1988）「語用論」林栄一・小泉保編『言語学の潮流』pp.169-189，勁草書房．
田窪行則（1990）「ダイクシスと談話構造」近藤達夫編『〈講座日本語と日本語教育 12〉言語学要説（下）』明治書院．

[田窪行則]

■体言

「体言」は「用言」とともに日本語文法の世界で広く用いられてきた用語である。一般には，文法的な単語の分類とみなされ，名詞と同じ意味で用いられる。

明治初年に権田直助は，詞（実詞）と辞（虚詞）の対立と体と用の対立とを組み合わせ，以下のような表を示した。

詞	体言	ゐことば
	用言	はたらきことば
辞	体辞	すわりてには
	用辞	はたらきてには

山田孝雄は，「体言」を，概念をあらわす語とし，語形変化を有せず，文の主位に立ちうるもので，「花よ，咲け。」のように，呼びかけの対象となるものであるとした。副詞や接続詞の類はこれらの特徴を欠いているため，体言には含まれない。これを，実(質)体言＝名詞と形式体言（主観的＝代名詞，客観的＝数詞）とに下位区分している。橋本進吉は，体言を「主語になりえ，それ自身に断続を示すしるしがない」としている。文法的には分類の必要がないとしながらも，体言を，名詞・代名詞・数詞に分けることがある，としている。時枝誠記は，単語の形式を変えないものを体言と呼び，名詞の他にも，「形容動詞」の語幹などを含んでいる。

➡用言，名詞

■参考文献

時枝誠記（1950）『日本文法 口語篇』岩波書店．

橋本進吉（1938）『新文典別記　口語篇』冨山房．

山田孝雄（1908）『日本文法論』宝文館．

［村木新次郎］

■対照言語学

　言語の比較・対照にはいくつかの方法がある．対照言語学（contrastive linguistics）は多くの場合，二つの言語の共時態からある側面を取り上げて比べ，互いの相違を明らかにすることを目標とする．

　一例として，日本語と英語の関係節を比べる．

(1) a．［昨日私たちを訪ねてきた］客
　　b．the guest [who visited us yesterday]

ここからは次のことがわかる．(i)日本語では修飾節が名詞の前に，英語では名詞の後に来る．(ii)日本語には英語の関係代名詞（thatやwhichなど）にあたるものがない．さらに，より多くの例を見ると，次のことがわかる．(iii)英語では前置詞の目的語を関係節化した時，前置詞残留（preposition-stranding）が起きるが，日本語には対応する現象はない．

(2) the girl [that I'm going with]（私が付き合っている彼女）

また，(iv)日本語の関係節では被修飾名詞との文法上の関係が特定されないことがある．

(3) ［人生がバラ色になる］ワイン

ここでは「ワイン」が「人生がバラ色になる」という節内でもつ役割を理解するためには語用論的な仲介を要する．

　対照言語学と言語類型論（linguistic typology）の間には，次のような相違がある．言語類型論は，少数言語を含む世界のあらゆる言語を取り上げ，その中の一般傾向を定式化することを目的とする．例えば，日本語と英語はどちらも主語(1)や目的語だけでなく，前/後置詞句(2)も修飾することができる．しかし，世界中には，関係節の対象となるのが主語と直接目的語に限られる言語（ルワンダ語），主語だけが対象となる言語（マラガシ語）がある．ここから，主語＞直接目的語＞間接目的語＞斜格語句（前/後置詞句を含む）＞所有語句というように，関係節化の容易さによる接近可能性の階層（accessibility hierarchy, Keenan and Comrie 1977）が類型論的一般化として得られる．

　これに対し，対照言語学では，人間の言語の一般傾向に照らして個別言語の特徴を考察することはあまりない．この意味で，池上（1981）のように日英の二言語を主に取り上げる場合でも，一般的な視点があれば類型論的と言える．対照言語学では，教育・学習への応用がしばしば意図される．例えば，(2)のような前置詞残留は英語以外にはあまり見られない，かなり特異な現象である．このことを知っていれば，外国語としての英語学習者にとっての困難が予測できる．また対照研究では，二・三の言語に集中し，かつ質量共に十分なデータが利用可能なため，意味論や語用論についても，精度の高い分析が可能である．この意味で，対照言語学と言語類型論は，目的や方法を異にしながらも，相互に貢献できる分野といえる．

◆言語類型論

■参考文献

池上嘉彦（1981）『「する」と「なる」の言語学』大修館書店．

石綿敏雄・高田誠（1990）『対照言語学』桜楓社．

Keenan, Edward L. and Bernard Comrie (1977) "Noun phrase accessibility and universal grammar." *Linguistic Inquiry* 8.

生越直樹編（2002）『対照言語学』東京大学出版会．

この他,「日本語と外国語の対照研究」シリーズ（くろしお出版）を参照.

［大堀壽夫］

■対象語

時枝誠記の用語。次の(1)(2)のガ格名詞句が主語であるのに対して，(3)(4)のガ格名詞句を主語とすることに問題があることから，このようなガ格名詞句を「対象語」，また，その格を「対象語格」と呼ぶ（例文は，時枝（1950）による。表記は適宜改めた）。
(1)山が高い。
(2)川が流れている。
(3)仕事がつらい。
(4)算術ができる。

これは，(3)(4)の場合，次のように，別に主語をたてることができることによる。
(5)私は仕事がつらい。
(6)彼は算術ができる。

一方，次のような場合は，ガ格名詞句を主語とも対象語とも捉えることができる。
(7)山が見える。
(8)犬がこわい。

これらの文は，(3)(4)と同様，ガ格名詞句を対象とする主観的な知覚，感情を表現したものとも，(1)(2)と同様，そのような知覚，感情を引き起こす事物の客観的な属性を表現したものとも考えられるからである。

近年においても，このようなガ格名詞句を「主格目的語」などと呼び，ガ格をとりながら目的語として機能しているとみなす議論がある。

➡文の成分，目的語，時枝文法

■参考文献
時枝誠記（1941）『国語学原論』岩波書店.
時枝誠記（1950）『日本文法 口語篇』岩波書店.
久野 暲（1973）『日本文法研究』大修館書店.

三上 章（1953）『現代語法序説』刀江書院.
〔増補復刊：くろしお出版，1972〕
Kishimoto, Hideki (2004) "Non-Canonical Case Marking of Transitive Predicates in Japanese.",影山太郎・岸本秀樹編『日本語の分析と言語類型』くろしお出版.

［杉本 武］

■代名詞

●代名詞とは―― 名詞の代わりに用いられる語句で，指示語（コソアド）の一種である指示代名詞と，人称代名詞とに2分される。ただし，研究者によっては「自分」「おのれ」などの再帰代名詞を設ける場合もある。

●指示代名詞の特徴―― 指示代名詞は照応の対象が，発話の現場にあるか（直示），前後の文脈にあるか（文脈），聞き手との共通の知識の中にある（知識）という意味で，情報構造的には旧情報を担う。ただし，店頭で品物を選ぶ時に「これがいい」という場合のように，直示という点では確かに旧情報であるが，どの品物を選ぶかという文脈のうえでは新情報を担うというような二面性を持つ場合もある。また，コソアの使い分けに関しては，話し手領域と聞き手領域とが対立するコ-ソ（対立型）と，話し手（および聞き手）の近傍領域と遠方領域とが対立するコ-ア（融合型）とが組み合わさった構造を成しており，ここには視点の原理が機能している。このように，指示代名詞（ないし指示語一般）は，情報構造と視点構造という2つの談話機能が複合したものであると了解できる。

●人称代名詞の特徴―― 人称代名詞も，旧情報を担う点では指示代名詞と同様であるが，一・二人称は直示のみ，三人称は直示，文脈，知識いずれの場合もありうる。ただし，一人称は話し手と，二人称は聞き手と対応する場合が多いが，原理的には話題内容としての人称代名詞

と，発話場面の人間関係としての話し手と聞き手とは区別すべきである。独り言で自分のことを「太郎，おまえはなんてばかなんだ」と言う場合のように，話し手のことを三人称，二人称で表現することもある。また，日本語において，三人称代名詞「彼」「彼女」は，欧米語の影響を受けて，明治10年頃に生まれ，明治20年頃には一般化したと言われる。それ以前は，指示代名詞がそれを担っていた。理論的にも，対話の当事者に対応する一・二人称と，もっぱら話題の人物しか表わさない三人称とを同列に扱うことは適当ではない。

◆指示，人称，新情報と旧情報，視点
■参考文献
佐久間鼎(1936)『現代日本語の表現と語法』厚生閣.
堀口和吉(1978)「指示語の表現性」『日本語・日本文化』(大阪外国語大学) 8.
金水敏・田窪行則編(1992)『指示詞』ひつじ書房.

[井島正博]

■**高橋太郎**(たかはし たろう 1927-2006)

●経歴——京都大学文学部哲学心理学専攻を卒業後，1953年に国立国語研究所に入所し，1988年に言語体系研究部長として退職する。以後麗澤大学教授，立正大学教授，関西外国語大学教授を歴任している。この間，1995年に大阪大学より博士号を取得している。

●業績——高橋太郎の研究は，指示語「こ」，「そ」，「あ」の選択を規制する要因として客観的な場と主観的な場面とを区別し，その具体的な選択のあり方をはじめて実験心理学的な方法をとりいれて解明した「場面と場」(1956『国語国文』25-9)にはじまる。研究所における業績は，形態論と構文論の両方にまたがり，形態論としてはテンス・アスペクトの研究，構文論としては連体動詞句と名詞のむすびつきの研究がある。

『現代日本語動詞のアスペクトとテンス』(1985，国立国語研究所報告82)に全面的に展開されている高橋のアスペクト論は，「アスペクトは，動詞のあらわす動作過程のなかの一定の局面をとりだして，それを非分割的または分割のすがたでさしだすもの」とアスペクトを規定しつつ，同時に「基準時間」という用語を提出し，「基準時間をまたいでいるか，いないかということは，継続相と完成相を区別する重要な特徴である」とするものである。また，高橋のアスペクト論は，パーフェクト性は，文レベルでシテイル形がもったアスペクチュアルな意味であるとして，形態論的なアスペクトではないとするところにも特徴がある。

『動詞の研究——動詞らしさの発展と消滅』(1994，むぎ書房)所収の「連体動詞句と名詞のかかわりについての序説」において，高橋は，連体動詞句と名詞の意味的関係が名づけ的な意味の問題と陳述的な意味の両方にまたがるものであるとの認識から，連体動詞句が特定の時点に位置づけられる個別性をもっているか否かという陳述性に着目しながら，修飾する動詞句の名づけ的意味と修飾される名詞の名づけ的意味の関係をもとに，両者の関係を考察している。これは，連体動詞句と名詞のむすびつきを，超論理的関係であるとしてほとんどその分析を放棄してしまう立場と異質であるだけでなく，それを装定関係が述定関係におきかえうるかどうかという構文論的な基準のみによって考察する立場とも明らかに異なる，高橋の独自のものである。同時に，同書では，動詞が連体形や中止形をとることによって動詞が動詞ばなれをおこし，形容詞化や副詞化するさまや，後置詞や接続的な機能語に転成していくさまをあとづけ，動詞における文法化の議論の先駆となっている。

また，高橋他の『日本語の文法』（2005，ひつじ書房）は，高橋の考える文法論の全体像を日本語学習者にも十分利用可能なように平易に解説したものである。その記述の基盤となる動詞の形態論的カテゴリーを詳細に検討し，そのカテゴリーからの逸脱のさまを丹念にあとづけたものとして，『動詞九章』（2003，ひつじ書房）がある。

■参考文献

澤田和浩（1996）「連体動詞句研究の検討――高橋太郎1979を読む」鈴木泰・角田太作編『日本語文法の諸問題――高橋太郎先生古希記念論文集』ひつじ書房．

杉本武（1995）書評：高橋太郎『動詞の研究――動詞らしさの発展と消滅』『国語学』182．

松本泰丈（1995）書評：高橋太郎『動詞の研究――動詞らしさの発展と消滅』『立正大学国語国文』31．

［鈴木 泰］

■タクシス

●タクシスとは――ヤコブソン（Roman Jakobson）により提唱された言語学的な概念であるタクシス（taxis）は，複述語文や複文に表された，発話時と関係づけられずにさしだされる，一つの時間帯の中にある動作の間の時間的な相関性（同時・先行・後続）と規定される（Бондарко 1996）。研究史的に，まず，日本語におけるタクシスの表現手段として取りあげられたのは，動詞の中止形（シ，シテ）である。一般的には従属的な動作を表す中止形は，文の中で，動詞の語彙的な意味の作用を受けながら，その個別的な意味において，終止の位置の動詞のさしだす動作に対するさまざまな時間的な関係を表す。その一方で，タクシスを，より明確に，より細分化して表す形として，さまざまな時間的な関係を表す従属文（節）（〜トキ（ニ），〜マエ（ニ），〜アト（デ），〜アイダ（ニ），〜マデ（ニ），〜カラなど）があげられる。これらは，日本語において，動作の間の時間的な相関性を表す代表的な表現手段と言えるだろう。また，文の中の連体の位置にある動詞などが表す相対的なテンスも，タクシスの一種とされることがある。

タクシスは，形態論的なカテゴリーではなく，以上のように，文における，さまざまな言語的な（構文論的，形態論的，語彙的な）手段の相互作用によって表されるものなので，工藤（1995）やБондарко（1996）では機能・意味的なカテゴリー（機能・意味的な場）とされている。

●テクストにおける時間的な関係――以上のような文のレベルのものにくわえて，工藤（1995）は，テクストにおける，いくつかの独立した文のさしだす出来事の間の時間的な関係も，タクシスと呼んでいる。それは，文の述語動詞のアスペクト的な形の持つテクスト的な機能であり，他の文の表す出来事に対して，完成相（スル・シタ）は継起的な関係を表し，継続相（シテイル・シテイタ）は同時的な関係を表すという。また，シテイル・シテイタの表すパーフェクトも，一時的な後退性というタクシス的な機能をはたすとされている。

➡アスペクト，パーフェクト，テンス，テンポラリティ

■参考文献

工藤真由美（1995）『アスペクト・テンス体系とテクスト』ひつじ書房．

言語学研究会・構文論グループ（1989）「接続詞『とき』によってむすばれる，時間的なつきそい・あわせ文」『ことばの科学3』むぎ書房．

言語学研究会・構文論グループ（1989）「なかどめ」『ことばの科学3』むぎ書房．

Jakobson, Roman (1957) "Shifter, verbal categories and the Russian verb." Department of Slavic languages and literatures, Harvard University.［Reprinted in Jakobson, Roman (1963) *Essais de linguistique générale*, pp. 176-196. Éditions de Minuit.］〔川本茂雄監修（1973）『一般言語学』みすず書房〕

Бондарко, Александр Владимирович (1996) *Проблемы грамматической семантики и русской аспектологии.* Санкт-Петербург．［Bondarko, Aleksandr Vladimirovich (1996) *Problemy grammaticheskoi semantiki i russkoj aspektologii.* Sankt-Peterburg.］〔ボンダルコ，A. V.（1999）『文法的な意義とロシアのアスペクト論の諸問題』サンクト・ペテルブルク〕

［須田義治］

■ダケ

副助詞。ただし，限定を表す場合をとりたて助詞，相当量を表す場合を形式副詞・形式名詞と区別する立場もある。

限定のダケは，名詞や格助詞，動詞・形容詞などに後接して，ある事物・事態を唯一のものとして示し，それ以外はないことを表す。この点で，同種の事態が複数あることを表す限定のバカリと異なる。文中・文末の両方に現れ，文末に現れた場合は，強い不足感を伴う（(2)）。

(1)ビールだけ飲んだ。

(2)ビールを飲んだだけだ。

また，ダケは他の副助詞と異なり，格助詞との承接順によって意味の変わることがある。(3)は他の治療法を取らなくても「この薬」で治り，(4)は「この薬」が唯一の治療法である。

(3)この薬だけで治る。

(4)この薬でだけ治る。

相当量のダケは，指示語や動詞・形容詞などに接続し，前接部の示す事態が有する量と同じくらいの分量を表す。(5)の木材の分量は「必要である」量に相当するものである。

(5)木材を必要なだけ運ぶ。

また，相当量のダケは，慣用的な接続表現を構成する。例えば，「～だけ～から」は，前件に見合う結果を後件で期待することを表す。

(6)あれだけ練習したのだから，必ず勝てる。

「～だけに」は，前件に見合う結果が起こって当然の場合（(7)）と，起こらないためにかえって評価が低くなる場合（(8)）とを表す。

(7)専門家であるだけに，詳しく答えた。

(8)専門家であるだけに，答えられず面目を失う。

「～ば～だけ」は，前件の事態が累積して程度が高くなると，それに比例して後件の事態も程度が高くなることを表す。

(9)文句を言えば言うだけむなしくなる。

なお，歴史的に見ると，ダケの出現は新しく，相当量のダケは近世後期頃から，限定のダケは近代（明治時代半ば）から見えはじめる。

◆副助詞，シカ，とりたて助詞，バカリ

▌参考文献

菊地康人（1983）「バカリ・ダケ」国広哲弥編『意味分析』東京大学文学部言語学研究室．

安部朋世（1999）「ダケの位置と限定のあり方——名詞句ダケ文とダケダ文」『日本語科学』6．

金水敏・工藤真由美・沼田善子（2000）『時・否定・取り立て』岩波書店．

沼田善子・野田尚史編（2003）『日本語のとりたて——現代語と歴史的変化・地理的変異』くろしお出版．

［小柳智一］

■他動性

英語の transitivity に対する訳語として広く用いられる。日本語研究の伝統では，大槻文彦（『語法指南』）が「動詞の性」として二種を立て，「動作の，他の事物を處分する意あるもの」を「他動性」，「自ら動作して，他の事物を處分することなき意のもの」を「自動性」と呼んで区別したが，文法用語としての transitivity が英語で用いられるようになるのは大槻の時代より後のことであるから，大槻の「他動性」は transitivity の訳語ではない。しかし，動詞を他動と自動に二分した上で，前者の定義に関与する性質を指して「他動性」と呼ぶこと自体は，現在の transitivity にも通じる用法である。他動性と深く関係する概念に「ヴォイス」があるが，後者の概念規定にも大槻は重要な役割を果たしている（斉木・鷲尾 2012）。

現代言語学における他動性の概念は，単に動詞の語彙的性質を捉えるだけのものではなく，節全体の性質を決定する重要な概念であると考えられているため，動詞の自他をめぐる諸問題，他動詞文の統語的・意味的性質，他動詞文と自動詞文の関係，使役文と他動詞文の関係，他動詞文と受動文の関係などが，様々な理論的文脈において他動性の問題として取り上げられる。1970 年代後半以降，典型的な他動詞文が備えている性質を他動性のプロトタイプと位置づけ，典型からの逸脱の仕方によって様々な度合いの他動性が存在するとの考え方が，特に認知言語学において強く打ち出されている。

他動性の決定に関与する要因として，Hopper and Thompson (1980) は，(1)参与者数 (PARTICIPANTS)，(2)動性 (KINESIS)，(3)相 (ASPECT)，(4)瞬間性 (PUNCTUALITY)，(5)意志性 (VOLITIONALITY)，(6)肯定・否定の別 (AFFIRMATION)，(7)叙法 (MODE)，(8)動作主性 (AGENCY)，(9)被動者が受ける影響 (AFFECTEDNESS)，(10)被動者の個体性 (INDIVIDUATION) という 10 項目を挙げ，それぞれの項目について認定される他動性の高低が組み合わされることにより，節全体の他動性の度合いが決定されるというモデルを提案している。他動性に連続性を認めることで，例えば，他動性が低い動詞は一般に受動化しにくい傾向にあり，同じ動詞であっても，動作主や被動者の性質によって受動可能性が変化する，などの観察を自然な形で捉えることが可能になると言われる。ただし(1)〜(10)による他動性の定義だけでは説明のつかない現象も多く (Rice 1987)，他動性の観点から日本語の受動文などを考察する場合にも様々な問題が生じる。Hopper and Thompson (1980) およびそれ以降の発展については Jacobsen (1992)，角田 (1991)，大堀 (2002)，中村 (編)(2004) などを参照。

「生成文法」においても，他動性をめぐる諸問題は重要な研究対象となっている (Hale and Keyser 2002)。扱われる現象の範囲は認知言語学の場合と重複するが，概念の連続性やプロトタイプ性に力点を置かずに「他動性」という用語を使うことが多い。例えば Beth Levin (1993) *English Verb Classes and Alternations* では，中間構文と他動詞文の交替，いわゆる使役交替，目的語の省略，動能交替，前置詞の脱落などを含む多様な現象が，一括して「他動性交替」と呼ばれている。このようなタイプの研究では，非対格仮説との関連で他動性が問題になることも珍しくない。そのため，他動・非能格・非対格という述語分類が顕在化する様々な現象に対して「他動性」という概念を用いることもある。

➡非対格動詞と非能格動詞

■参考文献

大堀寿夫 (2002)『認知言語学』東京大学出版会.

角田太作（1991）『世界の言語と日本語』くろしお出版．
斉木美知世・鷲尾龍一（2012）『日本文法の系譜学——国語学史と言語学史の接点』開拓社．
中村芳久編（2004）『〈シリーズ 認知言語学入門5〉認知文法論II』大修館書店．
Hale, Ken and Samuel Jay Keyser (2002) *Prolegomenon to a Theory of Argument Structure*. MIT Press.
Hopper, Paul and Sandra Thompson (1980) "Transitivity in grammar and discourse." *Language* 56：pp.251-299.
Jacobsen, Wesley (1992) *The Transitive Structure of Events in Japanese*. Kurosio Publishers.
Rice, Sally (1987) "Towards a transitive prototype：Evidence from some atypical English passives." *BLS* 13：pp.422-434.

［鷲尾龍一］

■ダニ

副助詞。格成分・修飾成分などの連用成分に後接する。ダニは句全体に関わり，その句の表す事態の成立する蓋然性が高いことを表す。ただし，上代では，句末に否定・希求（意志・願望・命令）・仮定が現れ，その事態が予想に反して成立していないことを表す。

(1)(ほととぎす) 一声だにもいまだ聞こえず（万葉・19・4209）
(2)君は来まさずほととぎす汝だに来鳴け（万葉・8・1499）
(3)鳴く鳥の声だに聞かば何か嘆かむ（万葉・10・2239）

(1)では，「一声聞こゆ」は成立する蓋然性が高いと予想されるのに，成立していないことを表す。これは，より蓋然性の低い事態（ほととぎすの姿が見える，鳴く声がずっと聞こえる，など）が当然成立しないことを含意するので，ダニの意味は「類推」と称されることもある。また，(2)(3)のように希求・仮定すると，「せめて〜だけでも」という最低限の事態を譲歩的に望む意になる。

上代では，ダニが成立蓋然性の高い事態を表すのと相補的に，スラが成立蓋然性の低い事態を表した。これが中古になると，和文ではダニ，漢文訓読文ではスラ（少ないがダニも見られる）という文体上の対立に変わり，意味上の相補性は崩壊する。その結果，ダニの意味が拡大し，スラが表していた意味も表すようになる。

(4)虫だに時節を知りたるよ。(蜻蛉)

この結果，中古のダニは単に極限的な事態を表し，述語が否定・希求・仮定なら，成立しそうな事態が予想に反して成立しないことを，肯定なら，成立しそうにない事態が予想に反して成立することを表すようになった。

中世後期以降，サヘが意味を拡大してダニの意味を侵食し，ダニは衰退に向かう。現代ではほとんど使わず，「微動だにしない」という慣用句の中に残存する程度である。

➡サヘ，スラ，副助詞

■参考文献

此島正年（1973）『国語助詞の研究 助詞史素描』桜楓社．
岡崎正継（1996）『国語助詞論攷』おうふう．
沼田善子・野田尚史編（2003）『日本語のとりたて——現代語と歴史的変化・地理的変異』くろしお出版．
衣畑智秀（2005）「副助詞ダニの意味と構造の変化——上代・中古における」『日本語文法』5-1．
鈴木ひとみ（2005）「副助詞サヘ（サエ）の用法とその変遷——ダニとの関連において」『日本語学論集』創刊号，東京大学大学院人

文社会系研究科国語研究室.
[小柳智一]

■タリ・リ

●**パーフェクトを表わす用法**——動詞にタリまたはリのついた形（タリ・リ形）は，時間的意味としては〈パーフェクト〉を表わし，何らかの意味でむすびついた二つの時間のことを述べ，先行する段階の運動は完成したこととしてとりあげ，後続する段階の状態や存在は継続しているものとしてとりあげるものである。タリ・リ形のパーフェクトの意味は，(1)のように，主体の変化した結果もたらされる状態の継続を表わす〈状態パーフェクト〉の意味と，(2)のように，後続する段階において何らかの効力をもつ運動が先行する段階において成立したことを表わす〈動作パーフェクト〉の意味とにわかれる（鈴木徳子 2000）。

(1) はは宮も，すこしいざり出でつつ，「など，かう夜深く<u>起き給へる</u>。五月の空に恐ろしき物のあんなるを」と，鼻声になりて，（狭衣・1）

(2) 乳母，「仁寿殿の女御の，『女一の宮の御産屋の残り物』とて<u>賜へるぞや</u>」とて，引き開けつつ見て，（宇津保・蔵開・上）

●**情報のでどころを表わす用法**——同時に，タリ・リ形は，情報のでどころを表わす証拠性（evidentiality）にかかわる意味をもっており，話し手の運動の把握が目の前にその結果や痕跡を目撃していることに基づいていることを表わす。松本泰丈（1996）はこの性質を〈メノマエ性〉といっているが，メノマエ性はしばしばその運動の確実性を示すモーダルな意味に転じることがある

〈状態パーフェクト〉はメノマエ性の有無にかかわらず，結果状態の持続を表わすものと一括できるが，〈動作パーフェクト〉においては，運動の結果や痕跡にメノマエ性があるものと，ないものとは意味的に区別される。(2)は，贈られてきた品物がいま話し手のメノマエにあるという意味で，その結果や痕跡にメノマエ性があるパーフェクトである（鈴木泰 1995）。一方，運動の結果や痕跡に空間的なメノマエ性がないパーフェクトは，(3)のように，効力が記録や主体の経歴などとして存在していることを表わすものや，(4)のように，結果や痕跡がメノマエにあるかのように述べることによって，報告に現在性があることを表わすものがある。

(3) 「なほ世にありがたく，めづらかなる人なりや。かゝる人の世の事をさへわたり行きて<u>見たるよ</u>」と仰せらるゝを，（浜松・3）〔「お前はやはりめったにない，並外れた人なのだね。こんな美人のいる唐の国のことまでもお前は渡航して<u>みているのだね</u>」と中納言に帝が言う〕

(4) 「六条院には，離れたる屋ども<u>倒れたり</u>」など人々申す。（源氏・野分）〔六条院では，台風で離れた建物などが<u>倒れている</u>と人々が報告する〕

●**その他の用法**——このほかに，タリ・リ形には，「似る」のような特徴や関係を表わす動詞などを中心に，恒常的状態を表わす用法がある。また，地の文に多くみられる例であるが，(5)のように，「思ふ」のような動詞において，点線部のような何らかの証拠に基づいて，本来目撃できない心理活動を現在客観的に存在するものとして表わす用法もある（鈴木泰 2006）。

(5) 「今だに。いと見苦しきを」と，いとわりなく恥づかしげに<u>思したり</u>。（源氏・総角）〔薫と夜を過ごすうちに，明かるくなってきたので，大君は薫に，「<u>せめて今のうちにお帰り下さい。とても見苦しいことですもの</u>」と言って，ほんとうに堪えがたいほど<u>恥ずかしそうにしている</u>。〕

●**タリ・リが表わす意味**——タリ・リ形の意味

については，明治後期ごろまでは，過去の一種とされることが多かったが，明治後期から完了として，過去とは区別されるようになった。その後，タリ・リ形の意味は，テイル，テアルと訳される存続と，タと訳される完了の二つがあるとされてきているが，タリ・リ形が具体的な動作過程の継続の意味でもちいられることは基本的にはないにもかかわらず，教科書的な記述では，存続の用法がパーフェクトだけではなく，動作過程の継続をもふくむかのように記述されていることは注意を要する。

なお，これらのほかに，タリ・リ形を現実性を表わす形式であるとする見解や（吉田茂晃1993），タリ・リ形は存在様態を表わすという見解（野村剛史1994）もある。前者は，タリ・リ形のモーダルな意味への拡張に注目したものであり，後者は「あり」をふくむということから，タリ・リ形をパーフェクトを表わす語形ではなく，存在動詞の一種と見ようとするものである。

●リ・タリの発生と用法の変遷──接辞リは，発生的には「咲き」プラス「あり」がちぢまって「咲けり」となってうまれたもので，タリとくらべるとリがふるいが，中止法に「あり」がついてうまれたこの形は，存在を表わす派生動詞であり，四段またはサ変の動詞の中止形からしかつくれないという制約があった。それをおぎなうものとしてうまれたのがタリで，「咲きて」プラス「あり」がちぢまって「咲きたり」になってうまれたものである。この形づくりの方法によるなら，どんな活用の種類の動詞からでもつくることができるという意味において，パーフェクトという文法的意味の表現手段としては，リより適格性があったので，平安時代以降は，リが「給へり」などの固定した用法でもちいられる以外は，タリがもちいられるようになった。

そのタリも，上代では規定語としてもちいられることが多いことに確かめられるように，状態パーフェクトとして発生したものと考えられるが，動作パーフェクトの意味が中心になっていく。近代語では，形が「た」となるとともに，状態パーフェクトの意味を失い，さらには後続する段階についての言及をよわめ，現代語においては，単なる過去の意味にもなる。

➡パーフェクト，証拠性（エヴィデンシャリティー）

■参考文献

鈴木泰（1995）「メノマエ性と視点（Ⅰ）──移動動詞の〜タリ・リ形と〜ツ形，〜ヌ形のちがい」『築島裕博士古稀記念国語学論集』汲古書院．

鈴木泰（2006）「古代日本語の心理表現における恒常性・客観性と過程性」『ことばの科学』11，むぎ書房．

鈴木泰（2009）『古代日本語時間表現の形態論的研究』ひつじ書房．

鈴木徳子（2000）「中古語におけるタリ，リ，テアリ──そのアスペクト的意味と現実性をめぐって」『國文』（お茶の水女子大学国語国文学会）93．

松本泰丈（1996）「奄美大島北部方言のメノマエ性──龍郷町瀬留」鈴木泰・角田太作『日本語文法の諸問題──高橋太郎先生古稀記念論文集』ひつじ書房．

野村剛史（1994）「上語のリ・タリについて」『国語国文』63-1．

吉田茂晃（1993）「「存続の助動詞」考──万葉集の「り」について」『万葉』147．

[鈴木　泰]

■ダロウ[1]

「だろう（でしょう）」は断定を表す「である」に「う」が接続して成立した形式である。そもそも「う（よう）」は，本来は非現実を広く表す形式「む」だったが，現代語では，主に

意志，勧誘を表す点で，認識を表す「だろう」と分業している。基本的にテンスを分化させることはできず，文末に現れることが多い。

基本的意味は，結論を出そうとするプロセスにある（その意味で結論として決まった述べ方をしない）という述べ方を表す点にあり，

(1)(提案に対して) まあ，いいだろう。

のように，その場で考えながら了承するような用法もある。

話し手も聞き手も未知のことについて言う場合は，結論を出さないというとらえ方が，いわゆる推量の意味に通じ，不確かな述べ方となる。未来や仮定，想像などの文脈が典型的である。

(2)明日は晴れだろう。

ただし，聞き手との認識の一致に誘導するという用法もあり，「お疲れでしょう」のように聞き手に伺ったり，「ほらあるだろう？」のように確認をさせる意味になることもある。これら聞き手の判断を関与させる場合は共通の理解へ至るプロセスを表し，もともとの認識に理解に距離がありそうな時に使われる。

また，「だろう」は「疑問詞＋だろう」「だろうか」というように疑問文にでき，相手が答えられないことでも，

(3)いいだろうか。cf. *いいか。

のように言える（従って独り言でも使える）。こうした用法も，結論を出そうとするプロセスにあることを表すという意味から説明できる。

これに対し「たぶん～に違いない」などの「そうでない余地を残した判断をする」という典型的推量形式は疑問文にできない。

このように「だろう」は，思考過程の途中を表し，聞き手の判断も含める用法がある。これは意志の「しよう」が勧誘をも表すことに通ずる。

➡推量，断定（確言）

■ 参考文献

宮崎和人・安達太郎・野田春美・高梨信乃（2002）『モダリティ』くろしお出版.

森山卓郎・仁田義雄・工藤浩（2000）『モダリティ』岩波書店．

［森山卓郎］

■ダロウ[2]

● ダロウの特徴── 推量判断の助動詞的接尾辞。「人だろう，きれいだろう」のように，名詞や形容動詞語幹に付いて述語構成的な働きをする点で，特異である。この点は指定のダに似ているが，他方「行くだろう，白いだろう」のように活用語に付いて，特にモーダルな意味だけを担う点で共通語のダと異なる。主に終止的用法のみが現れるため，活用現象を持たない「不変化助動詞」と呼ばれることもある。

● ダロウの基本義── 古代語のムが設想を基本義として推量・予想・意志・勧誘等さまざまな意を分化的に表しうるのに対して，ダロウの意味は推量だけに特化している。「行くだろう↑」のように，主に上昇調のイントネーションを伴って「確認・同意を求める」と言われることがあるが，これは話し手が「私はこう思うが，あなたはどうか？」と問うような，推量の語用論的な用法である。推量とは何事かを根拠として，事柄を一般的・事実的に推し量って判断することである。述語の位置を，主文末と接続部と連体・準体部に分けて考えると，ダロウは主文末と独立性の高い接続部にしかなかなか現れない。「白く咲くだろう花」というたぐいの表現が全く存在しないわけではないが，言いにくいのもまた事実である。これは，ダロウが単なる設想を超えて，推量の判断決定性に達しているためである。

● ダロウの文法的振る舞い── 連体部のダロウと終止部のダロウとを，それぞれ典型として比

較して考えてみる。「白い花が咲いている。」の中の名詞「花」は「花である何ものか」を表しているが，このとき「それが花である」ということは，文判断以前に，一々判断せずとも決定している。一語文「花。」が判断決定以前の印象を与えるのもそのためである。「花である何ものか」の「花である」を名詞「花」の一番目の装定部と考えれば，「白い花」の「白い」は名詞の二番目の装定部である。この意味で名詞の装定部は，名詞そのものに似て，一々判断せずとも文判断以前に決定している。そこで推量判断にまで達しているダロウは，連体部に現れにくいのである。とは言うものの，論理学的には装定述語も命題の述語であるから，終止部と同様，強引に「白いだろう花」と言って言えないことはない。ダロウによる連体装定の実際の用例がある程度認められるのは，このためである。以上はダロウが身に帯びている「判断決定性」に関わることであって，モダリティだの主観性だのという事柄とは，直接には関係しない。また，（断定の）判断決定性に達している点ではダもダロウと同様の性格がある。ダ同様の指定的な意味を持つというだけで助詞のノ（の一部）をダの連体形として扱うのは問題が残ることになる。

●**ダロウの成立**——ダロウは近世後期の江戸語に現れ始める「であろう」の縮約形と言われるが，縮約形が生じるほど「であろう」が多用されたかどうかは分からない。室町後期には「つろう」（ツは完了，ローはもともとラム），「やろう」（ニヤアラム→ヤラウ→ヤロー），「有ろう」（アリ＋ムからアラウ→アロー）などと「ろう」という形式が多量に存在している。これが類推によって，既に確立していたジャ・ダなどに接してジャロウ・ダロウなどの形式が確立した可能性がある。

➡推量，モダリティ

■参考文献

金田一春彦（1953）「不変化助動詞の本質」『国語国文』22-2, 3.

渡辺 実（1971）『国語構文論』塙書房.

奥田靖雄（1984）「おしはかり(1)」『日本語学』3-12.

森山卓郎（1992）「日本語における「推量」をめぐって」『言語研究』101.

大鹿薫久（1993）「「だろう」を述語にもつ文についての覚書き」『日本文藝研究』（関西学院大学文学部文学研究科）45-3.

野村剛史（2003）「モダリティ形式の分類」『国語学』212.

［野村剛史］

■断定（確言）

●**断定とは**——認識のモダリティの一種。広い意味での推量や概言に対立する命題内容に対する捉え方。断定とは，命題内容の成立を確かなものとして捉える捉え方である。それに対して，推量とは，命題内容の成立を不確かさを含むものとして，自らの想像・思考や推論の中に捉えたものである。

●**断定の２種**——断定を〈確認〉と〈確信〉の２種に分ける。確認とは，命題内容の成立を，疑いのはさみようのないもの，その真なることの確認済みのものとして捉えたもの。確信とは，命題内容の成立を，自らの想像・思考や推論の中で確かなものとして捉えたものである。

(1)君のおかげで僕は命拾いをしました。君が注意してくれなかったら崖から落ちていたでしょう。
(2)彼が犯人だ。
(3)やっぱり彼は会議に参加する。

(1)の前文が確認の文。それに対して，(2)(3)が確信の文。確認の文は，「＊君のおかげで僕は命

拾いをしただろう。」が示すように，対応する推量の文を持たない。それに対して，確信の文は，「彼が犯人かもしれない。」「やっぱり彼は会議に参加するだろう。」のように，推量との対立を形成する。

● 述語の形式──断定を表す述語の形式は，「だろう」や「かもしれない」「らしい」などの広義の推量の意味を表す形式を何ら伴わないものである。「学生だ─学生だろう」「来た─来たかもしれない」などの左側が，断定を表す形式である。文全体が表す命題内容に対する捉え方をモダリティと呼び，断定表示のための語形を断定形と呼び，推量形との述語の形態的対立をムードと呼び分けることがある。

「今日はたぶん休講だ。」のような文は，動詞の語形が断定形であるものの，文全体のモダリティ的意味が，「たぶん」の付加によって推量になっているといったものである。

➡ モダリティ，推量

参考文献
仁田義雄（2000）「認識のモダリティとその周辺」仁田義雄・益岡隆志編『〈日本語の文法3〉モダリティ』岩波書店．
奥田靖雄（1984・1985）「おしはかり㈠㈡」『日本語学』3-12，4-2．

[仁田義雄]

■単文

● 単文とは──節という構成要素から見た文の構造上の種類。複文に対するもの。単文とは1つの節で出来ている文。1つの述語と通常それに従属していくいくつかの成分とから成り立っている。意味的には，単一の叙述内容つまり単一の事態を表している。

● 単文の例──「昨日は激しい雨が降ったが，今日はとても良い天気だ。」などが典型的な複文の例。それに対して，「雨が降っている。」「柿の実は赤い。」「洋平は昨年まで大学生だった。」などが単文の例。

「博は楽器を弾き，歌を歌った。」は，問題なく複文。「博は楽器を弾いたり歌を歌ったりした。」も，述語が2つ存在し，2つの事態を表していることから複文。「博や武が歌を歌った。」は，表されている事態は2事態的であるが，述語が1つであることから，通例単文に扱う。

➡ 複文，節，句

参考文献
仁田義雄（1995）「日本語文法概説（単文編）」宮島達夫・仁田義雄編『日本語類義表現の文法（上）』くろしお出版．

[仁田義雄]

■談話（ディスコース）

談話（discourse）は，複数の文の集合を指す場合もあれば，一定のまとまりをもった言語・非言語行動の単位を指す場合もある。前者は，文の構造，結束性，一貫性等を考察するテクスト分析で，後者は言語使用の過程が対象となる談話分析と文法化の研究で用いられているものである。談話は，話し言葉・書き言葉の両方を含む場合と，文章と対立させ話し言葉のみを指す場合とがある。いずれにせよ談話は，様々な文体，ジャンル，場面を含むため，構造的，機能的な面での分析が複雑になり，多角的な観点を必要とする（佐久間2010，Szatrowski 2010）。

談話をひとまとまりとして見る場合に何によって単位が区分されるのかが問題となる。南（1991）は談話の認定の手がかりとして，表現された形そのもの（ポーズで囲まれることが多い），話題，コミュニケーションの機能，表現態度（フリ），参加者，使用言語，媒体，全体的構造という8つを挙げている。談話は，複数

の手がかりが切れているところで相対的に区分される。

談話の下位単位として「話段」が挙げられる。「話段」は，談話の内部の発話の集合体（もしくは一発話）が内容上のまとまりをもったもので，それぞれの参加者の談話の目的によって相対的に他と区分される部分である（ザトラウスキー 1993）。例えば「勧誘の談話」には，「勧誘の話段」と「勧誘応答の話段」がある。「勧誘の話段」は，勧誘者が「勧誘」に関する情報を提供し，被勧誘者が「勧誘」の情報を要求・確認し，感想を述べる。一方，「勧誘応答の話段」は，被勧誘者が自分の事情に関する情報を提供し，勧誘者が情報を要求・確認し，感想を述べる段階である。二人の参加者が協力して，「勧誘」と「応答」という各自の目的を達成しようとする動的な過程を示しており，参加者の発話機能の用い方によって認定できる。「話段」を接続表現，指示表現，提題表現，叙述表現，反復表現，省略等で認定する研究もある（佐久間 2003）。

➡文章，談話分析，談話標識

■参考文献

佐久間まゆみ（2003）「第5章 文章・談話における『段』の統括機能」北原保雄監修，佐久間まゆみ編『〈朝倉日本語講座7〉文章・談話』朝倉書店．

佐久間まゆみ編（2010）『講義の表現と理解』くろしお出版．

佐久間まゆみ・杉戸清樹・半澤幹一編（1997）『文章・談話のしくみ』おうふう．

ザトラウスキー，ポリー（1993）『日本語の談話の構造分析——勧誘のストラテジーの考察』くろしお出版．

Szatrowski, Polly (2010) *Storytelling across Japanese Conversational Genre*. John Benjamins.

南不二男（1991）『現代日本語研究』三省堂．

[ポリー・ザトラウスキー]

■談話標識

談話標識（discourse marker）は談話の前後の構造に依存し，談話の単位を区切る機能を持つものである（Schiffrin 1987）。文をつなぐ 'and' 'but' 'so' 等の接続詞，情報の受け取りを示す 'oh' 等の間投詞，話者の主観的態度を表示する 'y' know' 'I mean' 等の語句であり，それぞれ談話を区分すると同時に構造的（structural）・認知的（cognitive）・社会的（social）な機能を持つ形式である。談話の全体構造を指し示すものや語用論的態度を指し示すものを含む。ザトラウスキー（1993）では談話の展開そのものに言及するメタ言語的発話，接続表現等を談話表示と呼んでいる。

「メタ言語的発話」は，言語行動を注釈したり，説明する言語表現（杉戸 1983，杉戸清樹・塚田実知代 1993）である。実際の電話の会話では，談話の始まりを示す「話は変わるけどね？」，談話の展開を示す「そういえば，」，「あの，Hさんのことでお話したいんですけどね？」，談話の終わりを示す「そういうわけで，」「それだけなの。わたし。」等のメタ言語的な発話による談話表示が見られる（ザトラウスキー 1993）。西条（1999）は，メタ言語の機能（話題の提示，焦点化，総括，サブポイント提示，補正，表現の検索，宣言）を7つに分類し，討論では聞き手の理解の助けになると指摘している。接続表現は文脈を展開するために用いられ，話を開始する機能（ソレデハ，ジャア），話を展開する機能（重ねるソシテ・サラニ，進めるソコデ，深めるタトエバ・スナワチ，そらすタダ・モットモ・チナミニ，戻すトコロデ/サテ・ソモソモ，さえぎるデモ・ダケド・シカシ，うながすソレカラ，はさむダカラ/ダケド・デモ，まとめる要スルニ/ユエニ/

トニカク），話を終了する機能（コウシテ・トイウワケデ）をもった文脈形態である（佐久間2002）。

◆談話，談話分析

■参考文献

西条美紀（1999）『談話におけるメタ言語の役割』風間書房．

佐久間まゆみ（2002）「接続詞・指示詞と文連鎖」仁田義雄・益岡隆志編『〈日本語の文法4〉複文と談話』岩波書店．

ザトラウスキー，ポリー（1993）『日本語の談話の構造分析——勧誘のストラテジーの考察』くろしお出版．

杉戸清樹（1983）「待遇表現としての言語行動——「注釈」という視点」『日本語学』2-7．

杉戸清樹・塚田実知代（1993）「言語行動を説明する言語表現——公的なあいさつの場合」国立国語研究所報告105『研究報告集14』秀英出版．

Schiffrin, Deborah (1987) *Discourse Markers*. Cambridge University Press.

［ポリー・ザトラウスキー］

■談話分析

●談話分析の方法——談話分析（discourse analysis）は書き言葉を分析することもあるが，ここでは話し言葉を中心に説明する。話し言葉を分析する際には自然に交わされた会話を録音・録画し，文字化したものを作る。発話の重複，沈黙の長さ，発話末のイントネーションを記述することもある。文字化の精密度，表記方法等は分析の仕方や結論に影響を与えるため，理論と密接な関係をもつ。また，何を文字化単位とするのかも研究者の目的によって異なる。

杉戸（1987）は，「発話」を他の参加者の音声言語連続とポーズで区切られる単位と定義し，「相づち的な発話」と「実質的な発話」に分け，発話の受け継ぎを分析している。Chafe(1987)は，ポーズの後の，一つのイントネーション曲線に含まれる言葉の連続をイントネーション単位（intonation unit）と呼び，その単位をもって旧情報，新情報に関する認知や情報管理の問題を研究している。

会話分析（conversation analysis）は，実際の会話に繰り返し起こるパターンを抽出し，会話の組み立て方，参加者の理解，予測を理論的に仮定する経験的・帰納的なアプローチである（Sacks, Schegloff and Jefferson 1974）。話者交替を元に会話の線条的構造における相互連関的な特質を解明しようとする。また，逸脱した場合を分析し，会話の参加者が実際にそうした手順，予測等に方向づけられていることを示す。

●話者交替のルール——話者交替は，ターン（turn）の交替であり，ターンは，文・節・句などの統語上の要素，イントネーション，トーン，ピッチのような韻律上の要素等による「ターン構成の単位（turn-constructional unit, TCU）」から構成されるものである。TCUの終わりは話者が変わる可能性がある「話者交替適確箇所(transition relevance place, TRP)」であるが，そこで「話者交替ルール1」が適用される。

《ルール1》

a．C（現在の話者）がN（次の話者）を次の話者として選ぶ場合，Cは話すのを止め，Nは次に話すことになり，交替はNが選ばれた後の最初のTRPで起こる。

b．CがNを選ばない場合，ほかの誰もが名のりをあげられるが，最初に話し始めた人が交替者の権利を得る。

c．もしCがNを選ばず，また，bの条件で誰も話し出さなかった場合，Cは，必ずというわけではないが，話し続ける。

《ルール2》：二番目以降のTRPで適用される。

ルール1cがCによって適用されたとして，次のTRPでルール1のa〜cが適用，さらにその次のTRPで適用というように，話者が実際に変わるまで繰り返し適用される。

TCUの終わりが予測可能であるため，話者交替は正確なタイミングでほとんど発話が重複することなく行われる。万一発話の重複が起こった場合には，話者交替のルールによって，例えばルール1bの誰でも名のりできる位置で2人以上の参加者が発話したというように説明できる。

● 応答ペア——応答(隣接)ペア (adjacency pairs)とは，問い－答え，挨拶－挨拶，申し出－受容，陳謝－軽い否定のような，一対になった発話の組合せのことである。状況的適切性 (conditional relevance) によって第1発話に対して第2発話が予測されるが，もし発話されない場合には(1)のようにその欠如が認識され，その後の発話から参加者がその予測に方向づけられていることが分かる。

(1) B　出てこれる－？
　　A　（1.0秒の沈黙）
　　B　来れなさそう？

第1発話に対する第2発話はすべてが同等というわけではなく，「優先的な (preferred) 応答」と「非優先的な (dispreferred) 応答」とがある。しかし，これは，会話の参加者が好む，好まないという心理的な意味での応答ではない。

(2) ああ，いいよ。
(3) あのー，申し訳ありませんけどー，ほとんど興味ないんですね。そういうの。そういうものでねー？体を締めてー，あの細くし，しようとか，そこまでそういう気持ちはありません。

優先的な応答は，引っ越しの手伝い依頼に対する(2)のように即座に発話され，より単純な無標な形をとる。一方，非優先的な応答は，体形補正の下着試着の誘いに対する(3)のように共通性・規則性（遅延，前置き，説明，拒否）があり，構造上複雑で有標な形をとる。これは「優先応答体系（preference organization）」による。

◆文章論，談話，談話標識

■参考文献

ザトラウスキー，ポリー（1993）『日本語の談話の構造分析——勧誘のストラテジーの考察』くろしお出版．

杉戸清樹（1987）「発話の受け継ぎ」『談話行動の諸相——座談資料の分析』〈国立国語研究所報告92〉三省堂．

Atkinson, J. Maxwell and John Heritage (eds.) (1984) *Structures of Social Action*. Cambridge University Press.

Chafe, Wallace L. (1987) "Cognitive constraints on information flow." In Russell S. Tomlin (eds.) *Coherence and Grounding in Discourse*. John Benjamins.

Levinson, Stephen C. (1983) *Pragmatics*. Cambridge University Press.

Sacks, Harvey, Emanuel A. Schegloff and Gail Jefferson (1974) "A simplest systematics for the organization of turn-taking in conversation." *Language* 50(4).

［ポリー・ザトラウスキー］

■ **チェンバレン**（Basil Hall Chamberlain 1850-1935）

● 生涯——自署はチャンブレン。王堂と号する。英国・ポーツマス生まれ。幼い頃から家庭や健康上の理由のため，ヨーロッパ各国に滞在。その後1873年に来日。多方面にわたる日本での教育・研究活動の後，1911年離日。その後スイスのジュネーブにて暮らす。1935年

没。

●**教育業績**——来日後，海軍兵学校教師を経て，1886年帝国大学文科大学教師となり，その後4年間にわたり日本語学・博言学を教授する。日本語・日本文学の研究にはじめて西欧の研究方法を導入した成果は大きく，各方面の研究の礎を築いた。上田万年，岡倉由三郎など多くの優秀な教え子が輩出している。1891年東京帝国大学名誉教師となる。

●**研究業績**——日本文化や日本語の研究に多数の業績がある。

日本文化の研究には，『英訳古事記』(1883)に代表される古典文学研究や，日本を海外に紹介した『日本事物誌』(初版1890)などが著名である。

日本語の研究では，文語文法の研究成果として，A Simplified Grammar of the Japanese Language. (1886)，文部省編輯局蔵版『日本小文典』(1887)，口語文法の研究成果として，A Handbook of Colloquial Japanese. (初版1888) が著名である。その他にも比較言語学の実践である琉球語に関する研究，アイヌ語の研究，狂言の中世口語についての研究などがある。また，羅馬字会の会員として国語国字運動にも参加している。

上記 A Handbook of Colloquial Japanese. は1888年(初版)，1889年(再版)，1898年(第三版)，1907年(第四版)と改版されており，内容にも若干の改訂が施されている。その構成は，理論編と実践編に分かれ，理論編では文法事象について体系的な記述がなされる。単なる形式的な説明に留まらないその記述は，彼の日本古典や多種多様な言語への知識と理解を背景にしたものであろう。当時の音声に関する記述，「ハ」「ガ」の使い分けに関する記述，敬語に関する記述，統語論に関する記述など，注目すべき点が多い。実践編は当時の話し言葉を考える上での資料となる。

■**参考文献**

楠家重敏（1986）『ネズミはまだ生きている』雄松堂出版.

国際文化振興会（1935）『バジル・ホオル・チェンバレン先生追悼記念録』.

Collected Works of Basil Hall Chamberlain : Major Works. 8 vols. Bristol：Ganesha, Tokyo：Edition Synapse, 2000.

[常盤智子]

■中止法

●**中止法とは**——述語の切れ続きのあり方の一種。

したがって，節の切れ続きのあり方からしたタイプの1つ。終止法・連体法などに対するもの。なかどめとも呼ばれる。

一度事態を節としてまとめ，主節につなげていくもの。中止法は，条件(法)などと異なって，主節への様々な意味的あり方を表し，固有のつながり方を焼きつけていない。中止法で結びつけられる前後の事態の意味的なあり方が，つながり方の異なりに深く関わっている。

「僕は彼に{会って/会い}，事情を説明した。」のように，述語がテ形や連用形によって形成されたもの。テ形と連用形によって形成されるものは，同一の文章で混在することも多く，基本的に同じ働きをする。ただ，連用形からなるものは，文体的に古く，書き言葉で使われ，話し言葉に使われることはあまり多くない。

●**中止法の諸用法**——次のような用法がある。

①継起的に生起する出来事を表す。

「僕は，6時に起きてすぐ歯をみがき，7時に食事をした。」「ドアが開いて，男が出てきた。」

②主たる事態実現の起因を表す。

「彼は冷たい物を飲み過ぎ，お腹をこわし

た。」
③逆接的なつながりを表す。
　「彼は知っていて，教えてくれない。」「あれだけ叱られて，まだ止めない。」
④並列する事態を表す。
　「兄は弁護士で，弟は会計士だ。」「彼は力もあり，心も優しい。」
　①継起用法には，「彼は呼び出され叱られた。」のように，受身は現れるものの，アスペクトや否定は基本的に現れない。継起用法以外には，アスペクト「夢中で話していて，遅れた。」，否定「雨が降らず，干ばつが起きた。」の出現は可能。テンスやモダリティは出現不可。丁寧さは，「お父様はお医者さまでして，お母様は弁護士さんでいらっしゃいます。」のように，並列の用法で出現しうるものの，極めて稀。また並列用法では，テ形によるものより，連用形によるものの方が多い。
　他に「彼はうなだれて話を聞いていた。」「僕は歩いて学校まで来た。」のように，様態や手段・方法を表すものがあるが，節性が低い。
➡きれつづき，終止法，テ形，複文，従属文（従属句）

■参考文献
南不二男（1964）「複文」時枝誠記・遠藤嘉基監修『〈講座現代語6〉口語文法の問題点』明治書院．
鈴木重幸（1972）『日本語文法・形態論』むぎ書房．
仁田義雄（1995）「シテ形接続をめぐって」仁田義雄編『複文の研究（上）』くろしお出版．
　　　　　　　　　　　　　　　［仁田義雄］

■注釈語
●注釈語とは──多く文頭にあって，話し手の立場から以下に続く叙述内容に注釈を加える語句のこと。渡辺実の文法理論の術語で，正確には注釈の誘導成分（略して注釈成分）という。
●研究史──山田文法では，副詞を情態副詞・程度副詞・陳述副詞に3分類し，そのうち陳述副詞は，断定・否定・推量・決意・仮定・比況など，文頭にあって文あるいは節の結び方を予告するものであった。それに対し，渡辺文法では，文中で働く展叙の職能を連用・連体・並列・接続・誘導に5分類するが，そのうち誘導の職能は，叙述内容そのものを増減するわけではないが，話し手が予定する表現のありかたを予告し導き出す働きであり，その職能を担う成分を誘導成分と呼ぶ。ここで陳述副詞と誘導成分とを比較すると，誘導成分の外延は，陳述副詞よりも広いことになる。すなわち，「きっと勉強するだろう」「たとえ彼が学生でも〜」のような，陳述副詞に対応する態度の誘導成分の他，「もちろんこの絵は美しい」「幸い今日は持ち合わせがある」のような注釈の誘導成分，「確かに昨日のお客さんだ」「今日は珍しく静かだね」のような批評の誘導成分，さらには「彼は父に似て背が高い」「いつもの癖で左手を振っていた」のような解説の誘導成分に細分化される。品詞としても，副詞だけでなく，形容詞・形容動詞の連用形や複合的な副詞句が用いられることもある。注釈語という文法範疇は，このような議論の中から生まれた。また，北原保雄の文法理論によれば，誘導成分のうち，態度の誘導成分すなわち陳述副詞のみが陳述修飾成分となり，他の誘導成分は一括して叙述修飾成分に入れられる。さらに，南不二男の文法理論によれば，「感心｛にも/なことに｝」「幸い｛にも/なことに｝」などのような，ここで言う注釈の誘導成分は，なんらかの動作・状態の実現した結果についての評価を行うものであるとして，個別の事態の認定を行うB段階すなわちいわゆる命題側に位置づけられている。
➡陳述副詞，文の成分

■参考文献

山田孝雄(1901)『日本文法論』宝文館.
渡辺 実(1971)『国語構文論』塙書房.
南不二男(1974)『現代日本語の構造』大修館書店.
北原保雄(1981)『日本語助動詞の研究』大修館書店.

[井島正博]

■チョムスキー (Noam Chomsky 1928-)

米国，フィラデルフィア生まれ。フィラデルフィア大学において言語学の修士号・博士号を取得。現在，マサチューセッツ工科大学言語・哲学科 Institute Professor Emeritus of Linguistics。1955年の博士論文は，1975年になって The Logical Structure of Linguistic Theory (Plenum Press) という表題で公にされたが，この要約である Syntactic Structures (1957年 Mouton社，勇康雄訳『文法の構造』が1963年に研究社出版より刊行されている) によって，生成変形文法理論を言語学に確として位置付けることになる。公式には引退した現在においても活発に理論言語学研究を先導しており，最近では，進化生物学者との共同研究が注目を集めている。明晰な論理に基づく政治的活動によっても知られ，20世紀最大の知識人の一人である。主著書として，上で挙げたものの他，Aspects of the Theory of Syntax (1965, MIT Press)，Essays on Form and Interpretation (1977, North-Holland)，Lectures on Government and Binding (1981, Foris)，The Minimalist Program (1995, MIT Press) など，多数の著作がある。

◆生成文法

[三原健一]

■陳述副詞

●陳述副詞とは何か——山田孝雄が創設した副詞の下位類で，述語用言の二大要素としての〈属性〉と〈陳述〉とに対応して「語の副詞」を「属性副詞」と「陳述副詞」とに二大別した，その一つ。山田の「陳述」という用語が批判・修正を受けてきたため，陳述副詞も多少の異同がある。

機能面で叙述副詞，形式面で呼応副詞と呼びかえられながらも，ほぼ共通理解となっていることは，否定・推量・仮定などの文法的な意味を補足したり明確化したりする副詞で，「けっして 行かない」「たぶん 行くだろう」「もし 行ったら」のように一定の文法形式と呼応して用いられる，ということであろう。代表的な語例として，〈否定〉：けっして，必ずしも/たいして，ちっとも/ろくに，めったに；〈推量〉：きっと，おそらく/さぞ；〈否定推量〉：まさか，よもや；〈依頼〜願望〉：どうぞ，どうか，ぜひ；〈疑問〉：なぜ，どうして/はたして，いったい；〈条件〉：もし，まんいち，仮に/たとえ/いかに，いくら；〈比況〉：あたかも，さも，まるで；などが通常あげられる。

●陳述副詞の範囲——典型的な陳述副詞は，情態・程度の属性副詞とは逆に，もっぱら述語の陳述的な側面にかかわって，属性的な意味の側面には関係しない。その現われとして，(1)それを取り除いても文の属性的内容＝知的意味には変化がないこと，(2)用言述語だけでなく体言述語にも自由に共起しうること，という二つの副次的な特徴が指摘される。山田は「いやしくも，さすが」など必ずしも呼応現象をもたないものも，断言（強める意）を要するものとして陳述副詞としているが，この二特徴はあてはまる。逆に，一般に陳述副詞の代表的な例とされるものの中にも「大して，ろくに，さぞ」など，否定や推量と呼応するとともに，程度や情

態の属性的な意味をあわせもつものがあり、これらは上の二特徴はあてはまらないし、疑問と呼応する「なぜ、どうして」は、状況語的な意味をもつため、体言述語とも共起しうるが、取り除けば判定疑問文にかわってしまう。また、比況「ようだ」と呼応するものについては、比況自体を〈陳述〉とは認めず、似かよいの程度を限定する程度副詞の一種とみなす説もある。こうした、いわば中心的典型的でないものについては、陳述性という意味機能を重視するか、呼応性という形式を重視するか、また陳述あるいは叙述という概念をどう捉えるか、という問題がからんで説がわかれるのである。

●陳述副詞を規定するための下位区分──渡辺実は、陳述副詞にあたるものを「後続する本体を予告し誘導する」機能をもつ「誘導副詞」と捉えなおした上で、「もちろん我輩は大政治家である／幸い京都に住むことになった」など「後続する叙述内容に対する表現主体の註釈を表わすもの」や「せめて半額でも……／おまけに次男まで……」など「素材概念を誘導対象とするもの」をも一括する考えを示している（ちなみに渡辺の陳述副詞はいわゆる感動詞をさす）。これを受けて工藤浩は、山田孝雄以来の陳述副詞を、(1)叙法副詞：たぶん（…だろう）、どうぞ（…してください）；(2)評価副詞：あいにく（雨が降ってきた）、奇しくも（その日は父の命日だった）；(3)とりたて副詞：ただ（君だけに）、少なくとも（十年は）」の、三種に下位区分する形で拡充することを提案し、その概略を記述している。

●異なる視角からの捉え方──なお、以上とは術語も規定のしかたも大きく異なるが、森重敏は、応答詞の分化として系列づけられる「第二機構」に「群数副詞」「(実現)程度量副詞」として位置づけ、川端善明は「情意の句装定」（複文）から単文化する道筋に「望・不望（の副詞）」「確認（副詞）」「関係副詞」「陳述副詞」

などを位置づけて、複合事態（複文・連文）の意味・機能論として示唆に富む視角と興味深い分析とを示している。

◆副詞, 山田文法

■参考文献
山田孝雄（1936）『日本文法学概論』宝文館．
渡辺実（1971）『国語構文論』塙書房．
森重敏（1959）『日本文法通論』風間書房．
川端善明（1983）「副詞の条件」渡辺実編『副用語の研究』明治書院．
工藤浩（2000）「副詞と文の陳述的なタイプ」仁田義雄・益岡隆志編《日本語の文法3》モダリティ』岩波書店．

［工藤　浩］

■陳述論[1]

述語を持つ文（述体句）においては述語の陳述（述べること）によって文が成立すると考えた山田孝雄の議論を出発点として、その後「文を成立させるものは何か」という観点から様々の主張が為された。この種の議論が（広義）陳述論と呼ばれる。

1. 陳述論の共通性格

陳述論と総称される議論は、後述のとおり多様であり、ことに山田の陳述概念と時枝以後の陳述概念との異質性に留意することが重要であるが、ほとんど唯一の共通性は、「異次元の二種の要素の重なりによって文は成立する」とする見方である。山田孝雄1908（『日本文法論』）、同1936（『日本文法学概論』）は、「材料たる観念」とそれを結びつける「統覚作用」によって文が成立するとし、時枝誠記1941（『国語学原論』）は、客体的対象を表す「詞」を主体的判断を表す「辞」が包んで文が成立するとした。渡辺実1971（『国語構文論』）は、「文つくりのいとなみ」に参加する「素材

表示の職能」と「関係構成の職能」の二種を立てた。

2. 文の成立要件を問う二つの方向

陳述論的諸論考が問う「文の成立要件」の内実としては、論者によって異なる二つないし三つの方向があると言える。(α) 文的内容（文的意味）の成立要件を問う立場（山田）と、(β) 言語単位としての成立要件を問う立場（時枝、渡辺）とがあり、(β) の延長上に (β') 言語活動の成立要件を問うという立場（渡辺、仁田ら）がある。

山田は、述語を持つ文（述体句）では主語と賓語などの材料観念が述語の統覚作用によって結びつけられる（多くの場合、賓語と述語とは外形的に重なる）ところに文としての内容が成立するとした (α)。時枝は、述語を持つ文であろうが持たない文であろうが、文末辞の統一作用によって上の詞的内容が包まれると、そこに一つの質的統一体（＝文）が成立するとした。文の内容は問わず、言語主体の何らかの判断、把握（文末辞の働き）があれば言語単位としての文が成立するとしたのである (β)。渡辺 1971 は、言語的に構成された叙述内容と話し手との関係構成、あるいは話し手と聞き手との関係構成（両者がひき続いて現れることもある）によって文が成立するとしたが、これは終助詞や述語言い切りなどで話し手が決定的に文に顔を出せばそこで文が成立すると見た点（完結性重視）で時枝の延長上にある (β) ものの、話し手の行為としての文の言語場的な成立様相を重視した結果、文の、言語活動としての成立要件を強く意識する議論 (β') となっている。仁田義雄らのいわゆるモダリティ論は、この (β') タイプの陳述論の「陳述要素」をモダリティと呼びかえたものであり、学史的には陳述論の中に含められるべきものである。

3. 戦後陳述論（β から β' へ）

時枝以降の陳述論は大きく共通の問題関心を持ち、また山田の文法論とは大きく異質であるために、山田のそれとは区別して戦後陳述論と呼ぶのが適当であろう。戦後陳述論の大きな共通性は、(A)〔主観表現ないし主体の態度表明〕の中に (B)〔文成立の力〕を見ようとする視点である。

時枝陳述論への最も早い時期の異議申し立ては金田一春彦 1953（「不変化助動詞の本質——主観表現と客観表現の別について（上）（下）」『国語国文』22-2, 3）であった。時枝が文末辞に数えたいわゆる助動詞の中でも主観表現 (A) を担うものは一部に過ぎないとの主張である。金田一は (B) については言及しなかったが、時枝が文成立の決め手とした文末辞は必ずしも主観表現 (A) ではないとの指摘として読むことができる。

芳賀綏 1954（「"陳述"とは何もの？」『国語と国文学』23-4）は後述の渡辺実 1953（「叙述と陳述——述語文節の構造」『国語学』13・14集）に対する修正意見という形で提出された議論だが、実質的には渡辺の観点とかなり異質である。(A) の中に (A1)「述定的陳述」（対内容の態度表明）と (A2)「伝達的陳述」（対聞き手の態度表明）を区別し、いずれかがあれば文は成立する (B) とした。また、文成立の決め手 (B) を、文末辞の語形態の存在にではなく、断定、命令、勧誘などの意味の中に見た点で注目される。これは後述の南不二男などに継承される視点である。

渡辺実の陳述論（1953, 1971 など）は、時枝の「文末辞の統一作用」の内実を精密化したものとして、直接的には時枝の延長上に位置づけられるが、時枝においては詞的内容の構成の次元（陳述以前）にあるとされた主述の結合などを「統叙」と呼んで「陳述」の連続面に位置づけた点で、山田の主張と時枝の主張との大胆

な折衷を試みたものと了解される。

　山田から戦後陳述論までを含む広義陳述論で「文を成立させるもの」とされたものは、大別すると主語・賓語の結合など文の内容構成の一面（以下（T）と仮称する）と、主体の態度表明の一面（上記（A）。時枝，芳賀らの陳述。芳賀は（A）を（A1）と（A2）とに分けた。）との二面であるが，渡辺は（T）→（A1）→（A2）の連続性を主張し，この全体を「文つくりのいとなみ」という用語の中に飲みこんだ。（T）が渡辺の「統叙」の職能であり，（A2）が渡辺の「陳述」の職能であり，（A1）は両者の中間者（渡辺1953），あるいは「陳述」の一角（渡辺1971）という位置づけである。「統叙」（Tに相当）だけでは文は成立せず，「陳述」（A2に相当）まで届いて初めて文が成立するとした。

　南不二男1974（『現代日本語の構造』），同1993（『現代日本語文法の輪郭』）は，文の格的構成（上記のT）や（A1）（A2）のみならず，当該内容の対文脈の位置づけ（接続助詞による従属句）や題目提示など諸レベルの意味が多段階的重層的に決定して文を成立させる（B）と見た。異質なレベルの意味の重なりが文である（文の意味的階層性）との見解の下に，文を成立させる要素を文末だけでなく文中にまで認めた点と，文成立要素を芳賀と同じく意味に認めた点が陳述論としては注目される。

　仁田義雄1991（『日本語のモダリティと人称』），同2009（『日本語のモダリティとその周辺』）は，言表事態を主体の言表態度が包んだものが文であると見るが，これは「文末辞の統一作用が詞的内容を包んで文が成立する」という時枝の立場と基本的には同じであり，その「言表態度」（A）を「言表事態めあてのモダリティ」と「発話・伝達のモダリティ」とに分けている点は，芳賀の「述定的陳述」と「伝達的陳述」を分ける視点を（その内容は異なるものの）大きく継承しようとしている。また，「発話・伝達のモダリティ」は文の存在様式であり，これを帯びることによって初めて文は言語活動の単位となりうる（仁田1991：20-21を要約）という文成立論的な主張をも持っており，仁田のモダリティ論は上記（A）と（B）とを重ねるものであって，戦後陳述論の基本的見解そのものであると言える。

　仁田は，後年（仁田2009など），発話伝達のモダリティの一部（発話機能のモダリティ）のみが文類型（文の存在様式）を決定すると修正し，言表態度（A）のすべてが文を成立させる要素（B）であるとする主張を弱めているが，そもそも戦後陳述論は，（A）主観表現ないし主体の態度表明の詳細を語るという側面と，（B）文を成立させるものは何かを語るという側面とを持ち，その両面の重なりと振幅の中に多様なあり方を有するものであって，また，戦後陳述論における（B）文の成立ということ自体も，話し手-聞き手関係の構成（場面内存在としての表現の成立）そのことに見る（渡辺など）か，非素材的（非客体的）意味を含めた多様な意味の決定に見る（南など）かなど，様々な観点の相違を含むものであるから，文類型の決定（≒文の成立（B））に関わらない言表態度（A）もあるという見解の変更があったとしても，そのことを含めて，仁田のモダリティ論はその全体において戦後陳述論の振幅の中に位置づけられるものである。

4. 文的内容（文的意味）の成立様相を問う陳述論

　山田孝雄の文法論において，陳述とは「述語で述べること」という意味であり，文を成立させる精神の作用である統覚作用の一つの現れ方であった。述体の文（述語を持つ文すなわち述定文）において統覚作用は述語の陳述という形に現れるが，喚体の文（非述定文）では統覚作

用は（述語を持たない以上当然のことながら）陳述という形では現れない。もし仮に，戦後陳述論の用語法に沿って「文を成立させること」を「陳述」と呼ぶならば，山田文法においては統覚作用の様々なあり方の議論の全体が「陳述」論だということになる。

　山田の論においては，上記（T）の面も（A1）の面も区別されず（つまり，そのように区別するという見方を排除して），一つの統覚作用であった。また，非述定文で表される感動，欲求なども統覚作用の一つのあり方とされた。山田の統覚作用とは，表現論的観点によって上記の（T）（A1）（A2）のように分けようと思えば分けられる幾つかの表現行為の層（結果としては意味の層）の重なりなのではなく，述体の文であれ喚体の文であれ，語的概念を材料として文的内容（文的意味）を成立させる精神の作用そのものなのであり（上記 α），それはせんじ詰めれば対象の存在承認か希求という精神の活動であると了解される。

　文を文として成立させるものは何かを問う議論（文成立論）を「陳述」論と呼ぶならば，山田文法の延長上には，存在承認と希求こそが統覚作用の内実であるとして，その観点から文の種類や述定形式（いわゆる助動詞層）の性格，述定形式で結果的に表現される主観的，非主観的意味の成立様相を描き上げるという種類の「陳述」論が開けてくるであろう。それはすでに，陳述論と言うより文法論そのものである。

◆山田文法，喚体と述体，述語，不変化助動詞

■参考文献

尾上圭介（1990）「文法論──陳述論の誕生と終焉」『国語と国文学』67-5．〔再録：尾上圭介（2001）『文法と意味Ⅰ』くろしお出版〕

尾上圭介（1996）「文をどう見たか──述語論の学史的展開」『日本語学』15-9．〔再録：尾上圭介（2001）〕

尾上圭介（1999）「南モデルの内部構造」『言語』28-11．〔再録：尾上圭介（2001）〕

尾上圭介（1999）「南モデルの学史的意義」『言語』28-12．〔再録：尾上圭介（2001）〕

尾上圭介（2006）「存在承認と希求──主語述語発生の原理」『国語と国文学』83-10．

尾上圭介（2012）「不変化助動詞とは何か──叙法論と主観表現要素論の分岐点」『国語と国文学』89-3．

［尾上圭介］

■陳述論[2]

●陳述論とは文への問いかけ──陳述論とは，文をどのようなものとして認識するのか，文の成立をどのように捉えるのか，文への定義はどのようにあるべきかへの問いかけであった。

1. 山田孝雄の問題提起

●一語文の存在──山田は，主・述の完備といった従来の文規定が，「火事！」のような一語文的表現を文として捉えることのできない不備を指摘し，一語文をも包摂しうるあり方で自らの文規定を行なうことに努める。その結果，山田は，当該表現が文であることの決め手を，「これを一つの文として見るといふことは，これを或る思想の発表として用ゐたるが為にして」（『日本文法学概論』1936, p.913）というふうに，「思想」に求めることになる。

●統覚作用──思想に文成立の決め手を求めた山田は，その思想成立を説明するために，「統覚作用」という用語を導入することになる。

　　惟ふに思想とは人間意識の活動状態にして，各種の観念が或一点に於いて関係を有する点に於いて合せられたるものならざるべからず。この結合点は唯一なるべし。意識の主点は一なればなり。この故に一の思想には一の統合的作用存す。之を統覚作

用といふ。(『日本文法論』1908, pp. 1183-1184)

山田の統覚作用とは，個々の観念を一点において結合する意識の作用であり，そして，それによって，思想を思想として成立させる作用である。ただ，山田の統覚作用は，これに止まらず，説明・想像・疑問・命令・禁制・欲求・感動など，統合されて出来上がった全体表象をあるあり方で把握するという作用を含むことになる。統覚作用のこういった拡張に，時枝誠記以後の陳述論を言語主体的意義寄りに歩ませる，一つの契機を読み取ることができよう。

● 文と句，述体の句と喚体の句──山田は，文を構成する単位体的存在として「句」という概念を導入する。「句は文の素」であって，「文は句の運用」といったもの。一つの句でできたものが単文。そして，句は，「統覚作用の一回の活動により」組織されたもの，というふうに説明されることになる。山田の展開している成立論は，基本的に句の成立論である。そして句は，思想発表の形式の違いによって，「述体の句」と「喚体の句」に分かれる。述体の句とは，「山田は学者だ」のように，二元性を有する句であって，述格を中心に構成されたものであり，喚体の句とは，直感的な一元性の句であって，呼格体言を中心に構成されたもの，たとえば「妙なる笛の音よ」といったものである。山田の述体・喚体は，松下大三郎の思惟断句・直感断句に比することができる。

● 陳述──述体の句は，述格を中心に形成される。述格に立つことができるものは，用言である。その用言は，「……用言の用言たる特徴は実にその陳述の作用をあらはす点にあり。(『概論』pp.148-149)」というふうに，「陳述」なる概念・用語でその本質規定を施されるようになる。陳述なる用語は，山田にあっては，まずもって用言の品詞としての本質を表す用語なのである。陳述は，用言が述格として述体の句成立の不可欠の成分であることによって，句成立論と密接に結びつくことになる。

● 陳述と統覚作用と句の成立──統覚作用は，一語文をも含めて，したがって，喚体の句をも含めて，句成立の決め手になる思想成立のために導入されたもの。それに対して，陳述は，統覚の一部，述体の句の観念内容として対立する主格と賓格，および個々の概念を結合・統一させ，述体の句を成立させることになる作用を，文法機能として捉えたものである。また，山田は，「花の咲く樹」といった連体句の述格について，陳述の力が全くないわけではないが，不十分な状態にある，と述べている。

2. 三宅武郎の陳述論

陳述なる用語に再び焦点を当て，戦前の陳述論史のスタートを切ったのが，三宅武郎である。①山田孝雄が陳述の所在を用言に限定したのに対して，三宅は，それをイントネーションにまで拡大させた，②山田が不十分な陳述をなせるものとした用言の連体形について，三宅は，陳述の力は全くないとした，という2点を，三宅の陳述論の特徴として指摘することができる。三宅は，「節」(Clause, 山田が言う「句」) そのものの成立に陳述は直接関係しない，と考えていた。陳述は，句より一段上の単位，文の成立を説明するものなのである。句の成立を問題にした山田の陳述は，三宅のところで一度変容することになる。また，語幹と語尾についても，「いはゆる語尾が陳述の力の宿るところ，語幹が属性概念（即ち意義）の宿るところ (『音声口語法』1934, p.23)」としている。

3. 時枝誠記への展開

● 詞と辞──時枝誠記は，言語を人間の表現行為・理解行為そのものであるとする，言語過程説を提唱している。この考えが直接的に反映

しているのが，彼の「詞・辞」の論である。詞は，概念過程を含む，主体に対立する客体化の表現，事物・事柄の客体的概念的表現（「本」「走る」など）であり，辞は，概念過程を含まない，表現される事柄に対する話し手の立場の直接的表現（「を」「だろう」など）とされている。

●**時枝の陳述**——時枝は，山田と同じ陳述なる用語を使いながら，山田とは基本的に関係なく自らの詞・辞の論の中で陳述を使ったに過ぎない。時枝の陳述は，広狭両用の使われ方をされる。終助詞にすら陳述を認めないという使われ方もあれば，判断的陳述・推量的陳述という命題態度的なものから，敬語的陳述・否定的陳述といったもの，さらに，連体や連用修飾的陳述という構文機能とほぼ等価な使われ方すら存在する。時枝の陳述は，「私が，陳述作用（或は統覚作用）の表現と，辞とを，その本質から見て同類のものと考へ…（『国語学原論』1941, p.334)」からも分かるように，辞の機能と密接な関係を持つものである。

●**時枝の文成立論**——山田の成立論が，文の素たる句成立論であったのに対して，時枝のそれは，文そのものの成立を問題にした論である。時枝は，文の統一性形成に主体的な表現が重要な役割を果し，表現がそこで切れる形を取るという，完結性こそが文成立の決め手である，としている。

4. 詞辞連続説

時枝が，詞と辞は截然と分かれ，詞と辞を兼ねるような語は存在しない，「咲く。」という文は零記号の辞により成立するという，詞辞非連続説を主張したのに対して，大野晋・永野賢・阪倉篤義などが，それに疑問を呈し，詞辞連続説を唱えている。詞辞連続説とは，詞か辞かが明確な語もあれば，詞・辞の性格を合わせ持つ語もあり，活用は陳述の違いに応ずるもの，というもの。また，文の統一性形成に重要な役割を果たすとされる主体的立場の表現に対して，何が主体的立場の表現で何が客体的表現であるのかを再吟味したのが，金田一春彦の「不変化助動詞の本質」（『国語国文』22-2・3, 1953）である。

5. 渡辺実の提言

山田の成立論は，文成立への踏み出しを有するにしても，基本的に句成立論である。したがって，一個体たる文と文中の句との成立原理の違いを明確に指摘していない。思想や事柄の内容を描き上げる営みを「叙述」と名づけ，言語主体が，叙述内容・聞き手と自分自身との間に何らかの関係を構成することによって文を成立させる職能である「陳述」とを区別することで，句的存在の成立と文の成立の違いを説明してみせたのが，渡辺実である。渡辺の陳述は，述定・伝達という芳賀綏の批判を取り入れたものになっている。

➡文，文の種類，モダリティ，不変化助動詞，山田文法，時枝文法

■参考文献

大久保忠利（1968）『日本文法陳述論』明治書院.

尾上圭介（1990）「文法論——陳述論の誕生と終焉」『国語と国文学』67-5.

仁田義雄（2005）『ある近代文法研究史』和泉書院.

［仁田義雄］

■ツ・ヌ

●**完成相の表わし方と用法のちがい**——動詞にツまたはヌのついた形（ツ形，ヌ形）は，発話時の直前または直後における一回的な具体的な運動の成立を表わしており，過去のニキ形，テキ形との対立においてテンス的には非過去であ

り，不完成相のはだかの形との対立においてアスペクト的には完成相である。完成相というアスペクト的意味を表わすものであることがうごかない以上，ツ形とヌ形のちがいは，両者がどのような内的な時間的構造をもって，完成的な意味を表わしているかという点から説明される必要がある。そこで，ツ，ヌがつく動詞の種類について，アスペクトの点から分類してみると，ツは，動作過程または状態性をもつ無限界的な動詞につき，ヌは，変化動詞を中心とした限界性を有する動詞についている。変化動詞につくことから，ヌ形は，運動が〈限界到達〉したことを表わすのにたいして，ツ形は，無限界的な動詞につくことから，運動の持続過程をひとまとまりのものとして〈一括〉する意味を表わすといってよい。ツ形の一括性については，特に状態動詞や形容詞がツ形をとる場合，発話時を限界点として，それまでの状態が一括的にとりあげられていると見られることからも確かめられるが，ヌ形と対立する次のような例からもその意味は確認できる。

(1)「…うれしうこの君を得て，生ける限りのかしづきものと思ひて，明け暮れにつけて，老のむつかしさも慰めんとこそ思ひつれ…」（源氏・少女）
〔雲居雁が連れて行かれるというときに，「この姫君を預かってから，命あるかぎり大切に育て，明け暮れにつけて，老いの憂さも慰めようと思っておりましたのに」と大宮は言う〕

(2)「いはけなかりし時より隔て思ふことなきを，そこには，かく忍び残されたることありけるをなむ，つらく思ひぬる」（源氏・薄雲）
〔夜居の僧都が，重大な隠し事をしていたのを知って，帝は，幼い頃から分け隔てのない仲だったのに，お前にそんな隠し事があったとは，ひどいと思うぞと言う〕

(1)で，ツ形の「思ひつ」はこれまでの思いの全過程を一括的にさしだしているのにたいして，(2)では，ヌ形の「思ひぬ」は思いの出現という，限界到達の意味を表している。

●ツ・ヌの意味のちがいをめぐる諸説——ツとヌの助動詞としての意味のちがいについては，江戸時代以来議論があり，多くの説が提出されている。ツとヌは完成相を表わすものとしてアスペクト的意味に差はないという立場にたてばむしろ当然であるともいえるが，初期のものにはツとヌの意味を区別しないものが多い。明治以後の諸説においては，ツとヌの区別をしようとするものが多いが，ツは他動詞につき，ヌは自動詞につくというような，ツ形とヌ形のちがいをそれがつく動詞の意味のちがいに解消してしまう説が多かった。それについで，有力な説は，ツは意志動詞につき，ヌは無意志動詞につくという見解である。これは，アスペクト的意味のちがいの議論にただちにつながらない説であるが，ツ形をとる動詞の主体が活動体であり，ヌ形をとる動詞の主体が不活動体であるという活動主体のちがいの議論にもつながっており，「ある」と「いる」のちがいなどとともに日本語の古層が活格言語であるという見方に，一定の根拠を与えるものである。中西宇一(1957)の，ツは完了的動作を表わす動詞につき，その動作がただ終了したことを表わすのにたいし，ヌは発生的変化動作を表わす動詞につき，動作の結果として状態が発生したことを表わすものとするという説は，ツ形とヌ形のちがいをアスペクト的意味のちがいとする見方に先鞭をつけたものである。これらとはことなり，ツ形とヌ形のちがいを，ムード的観点から説明しようとした説で代表的なものは，ツを対抗的完了，ヌを逸走的完了とする，松下大三郎(1924)の説であるが，これはツの語源を「うつ」にもとめ，ヌの語源を「いぬ」にもとめる，江戸時代以来の語源説の影響のもとにある

と見られる。なお、ツ、ヌの共通的意味を確認ととらえる山田孝雄（1902）のような説もあるが、それはのべたての断定で用いられる場合だけでなく、命令法や推量法や仮定法で用いられる場合もすべてふくめた結果、希薄化されたモーダルな意味がとりだされたものといえる。

●ツ・ヌの意味と用法の変遷──ツ・ヌ形の個別的意味をみると、具体的な事実を表わす意味（例(3)）は、それが完成相であることを特徴づける意味で、不完成相のはだかの形の、具体的な過程にあることを表わす意味と対立している。このとき発話時以前に完成した事実を表わすものが多いが、発話時以後に完成する事実を表わす用法（例(4)）もある。抽象的なできごとを表わす意味として、ツ・ヌ形は、くりかえしを一つの典型的な事例に集約して例示的に表わす意味（例(5)）と将来においてその運動が実現する可能性を表わす意味（例(6)）をもち、はだかの形の同様の意味と競合している。

(3)「雀の子を犬君が逃がしつる。伏篭の中に篭めたりつるものを」とて、いと口惜しと思へり（源氏・若紫）
(4)「はや舟に乗れ、日も暮れぬ」といふに、乗りて渡らんとするに、（伊勢物語・9）
(5)男などのうちさるがひ、ものよくいふが来たるを、物忌なれど、入れつかし（枕草子・140・つれづれなぐさむもの）
〔つれづれがなぐさめられるので、冗談が上手で話の面白い男が来たりすると、物忌みの時でも内にいれてしまう〕
(6)儀式など例に変らねど、この世のありさまを見はてずなりぬるなどのみ思せば、よろづにつけてものあはれなり。（源氏・御法）
〔この世の方々の行く末も最後まで見届けないで終わってしまうのかという、紫の上、晩年の心境〕

なお、ツ形、ヌ形は、完成相を表わすものとして、パーフェクトを表わすタリ・リ形と対立している。タリ・リ形が後を追う段階において何らかの効力をもつ運動が先だつ段階において成立したことを表わすのに対して、ツ・ヌ形も直前の出来事を表わす点において現在とつながる意味をもち、タリ・リ形が明示的にパーフェクトを表わすものであるとすれば、暗示的にパーフェクトを表わすものということができる。

なお、中世の後期、ヌ形はもちいられなくなり、変化動詞においても、ツ形がもちいられるようになり、ツ形がタ（リ）形とともに過去一般をになうようになる。

➡テンス、アスペクト、パーフェクト

■参考文献

井島正博（2005）「古典語完了助動詞の研究史概観」『成蹊大学一般研究報告』36-4.
鈴木泰（2009）『古代日本語時間表現の形態論的研究』ひつじ書房.
鈴木泰（2012）『語形対照 古典日本語の時間表現』笠間書院.
中西宇一（1957）「発生と完了──「ぬ」と「つ」」『国語国文』26-8.
松下大三郎（1928）『改撰標準日本文法』紀元社.〔改訂再版：勉誠社、1984〕
山田孝雄（1902）『日本文法論』宝文館.

［鈴木　泰］

■デ

現代語における「で」は、品詞の上で主に次の3つの用法を持つ。

・格助詞
・助動詞「だ」の連用形（中止形）
・接続詞（eg.「で、どうしますか？」）

この中でも格助詞の「で」は多くの用法を持つ。

①動作・出来事の場所
　(1)庭でバーベキューをした。
　(2)近所で火事があった。

②道具・手段

(3)包丁で野菜を切った。

(4)バスで大阪に行った。

③材料

(5)折り紙で鶴を折った。

(6)麦で焼酎を作る。

④原因

(7)風邪で仕事を休んだ。

(8)強風で街路樹が倒れた。

⑤範囲

(9)1時間で山頂に着いた。

(10)2人で一皿の料理を食べた。

⑥動作の主体

(11)この問題は我々で対処します。

(12)国会でこの法案を審議している最中だ。

このうち「動作・出来事の場所」と行為の媒介物を示す「道具・手段」「材料」「原因」「範囲」の用法は、意味的に大きく異なり、構文的にも共起が許される。

(13)風呂場でお湯で顔を洗った。

(14)図書館で2時間でその本を読んだ。

このことから、両者は異なった格とみなすことができる。一方、「道具・手段」「材料」「原因」のデ格は共起しないことから、同一の格と考えることが可能である。

(15)*木切れでのみで仏像を作った。

(16)*列車事故でバスで帰った。

それぞれの用法の違いは、動詞の意志性や名詞句の具象性などによるものと考えられる（山梨1993、山田2003を参照）。

また、「動作の主体」は、(12)の「国会」が場所性を持つこと、(11)を次の(17)のように単一の動作主にすると非文になり、文法的な文にするためには、(18)のように場所表現化しなければならないことから（(11)は「我々の側で」のような場所的な解釈が与えられていると考えられる）、「場所」の用法に近いと考えられる。

(17)*この問題は私で対処します。

(18)この問題は私の方で対処します。

なお、「で」には、次のように、主語や目的語の様態を示す用法もある。

(19)警官が裸足で犯人を追いかけた。

(20)肉を生で食べた。

このような「～で」は、状態修飾の2次述部（secondary predicate）と呼ばれることもあり、この「で」は助動詞「だ」の連用形（中止形）であるとする議論もある。

➡格助詞

参考文献

神尾昭雄（1980）「「に」と「で」——日本語における空間的位置の表現」『言語』9-9.

仁田義雄（1995）「格のゆらぎ」『言語』24-11.

矢澤真人（1994）「「格」と階層」『森野宗明退官記念論集 言語・文学・国語教育』三省堂.

山田敏弘（2003）「起因を表す格助詞「に」「で」「から」」『岐阜大学国語国文学』30.

山梨正明（1993）「格の複合スキーマモデル——格解釈のゆらぎと認知のメカニズム」仁田義雄編『日本語の格をめぐって』くろしお出版.

［杉本 武］

■提示語

●**提示語とは**——文の主題や焦点を示すために、ある語句をはだかのままで、あるいは「は」などの係助詞や副助詞を伴って文頭に置いたもので、多くの場合、統語的に文の中に位置付けることができない。また「生か死か、それが問題だ」「会長は、会員がこれを選挙する」のように、文中で当該の語句が入るべき位置が、しばしば代名詞を代入することによって示される。

●**研究史**——提示語をもつ文に生ずる代名詞の代入が、漢文訓読の影響によって生じた語法

であることは，山田孝雄によって指摘されているが，戦後，不自然な表現として公用文書から排除された。提示語は，松下大三郎，佐久間鼎，三上章によって議論されたが，他方，橋本進吉は連用修飾語に一括しようとした。また，「は」を伴う提示語は，主題・題目の議論のなかに解消すべきである，また提示語全体を独立語の一種と考えるべきである，という議論もある。

➡主題

■参考文献

松下大三郎(1928)『改撰標準日本文法』紀元社.

山田孝雄(1935)『漢文の訓読によりて伝へられたる語法』宝文館.

佐久間鼎(1936)『現代日本語の表現と語法』厚生閣.

三上 章(1953)『現代語法序説』刀江書院.〔増補復刊：くろしお出版，1972〕

［井島正博］

■程度副詞

●意味と構文型——状態性の意味をもつ語にかかって，その程度を限定する副詞。組み合わさる語は「非常に大きい／大変静かだ／かなりゆっくり歩く／ずいぶん疲れた／ずっと昔」のように種々の品詞にまたがるが，程度副詞が単なる意味分類ではない文法的な（下位）品詞として認められているのは，主として動詞と組み合わさる情態副詞に対して，程度副詞が〈種々の形容詞（いわゆる形容動詞を含めて言う）と組み合わさるのを基本とする〉という特徴をもつからである。構文型の面で，(1)社会標準や個人予想という「隠れた基準」に基づく［Nは＿＿＿Ａ］型：たいへん，ずいぶん，すこし／けっこう，なかなか；(2)他との比較に基づく［Ｎ１はＮ２より＿＿＿Ａ］型：もっと，ずっと，はるかに，よけい(に)；(3)時間的変化量をはかる［Nは＿＿＿Ａニナル］型：ますます，いよいよ，だいぶ，に下位区分しうる。

●意味用法の境界——意味の面で程度副詞に近いものとして，量副詞「たくさん，いっぱい」や概括量副詞「ほとんど，ほぼ」がある。量副詞は形容詞と共起しない点で一応区別できるが，程度副詞の中には「ごはんを＿＿＿食べた」のような量副詞の用法に立つものが，「すこし，かなり，もっと」などをはじめ少なからず存在する。概括量副詞は「正しい，満員だ，同時だ」のような非相対量的な形容詞と共起し，意味的にもその非相対的な状態への近づきの程度を表す。これに対して，通常の程度副詞は非相対量的な形容詞とは共起しにくく，相対量的な形容詞と組み合わさるのであり，両者はほぼ相補的な分布をなす。「ほとんど・ほぼ」のこの用法を極限的な程度を表す特殊な程度用法とみなせば，さらに「まるで，いかにも，さも」など比況と呼応する副詞も，似かよいの程度を極限的に限定する特殊な程度用法とみなすことも可能である。「{ほとんど／まるで／ちょっと}馬のような顔」を比較。

●構文面の特徴——形態・構文機能の面では，「すこし，ちょっと，多少／いくらか」のような数量名詞性をもつものが例外となるが，その他の程度副詞は，(1)とりたて助詞「は・も」などを下接しない。(2)「だ・です」を伴って述語に立つこともない（「あんまりだ」「随分な人」などは形容詞に転化したものとして別扱いすべきだ）。(3)修飾語を受けえない（cf.ほんのすこし，もうちょっと），という特徴をもつ。これは，「は」でとりたてたり，主語の属性を規定したり，他の語によって限定されたりするだけの属性概念性がないためである。この三つの特徴は，陳述副詞と共通し，情態副詞とは相違する特徴である。

●陳述面の特徴——陳述的な面では，程度副詞

はく肯定・平叙〉の文にほぼ限られる。「*相当寒くない」などと否定形式と共起することは通常なく「さほど寒くない」などと言うのがふつうだ。否定と呼応する副詞の中に「ちっとも、たいして、さほど、あまり、全然」など程度副詞の性質を兼ねそなえたものがあり、それらとの張り合い関係の中でいわゆる程度副詞は肯定文にかたよるのだが、両者をあわせて〈程度性〉と〈肯否性〉とは相関する概念だとも言える。また「*だいぶ たくさん 作{れ/ってくれ/ろう}」のように、命令・依頼・勧誘・決意など、ことがらの実現をはたらきかける叙法とは、累加性の「もっと、もうすこし、一層」などを除いて、ほぼ共起しない。[非動態性]や[無意志性]という意味特性を想定しうる。また〈肯定・平叙〉とはつまりは陳述的に無標の出発点的な形式でもあった。

●**体系の中での位置づけ**──要するに、程度副詞は、いわゆる情態副詞と陳述副詞との中間にあって、陳述の面では肯定・平叙の叙法と関わって評価性をもちつつ、ことがらの面では形容詞と組み合わさって程度性をもつ、という二重性格をもつものが大半である。精密な記述と厳密な体系化または再編成は今後の課題として残されている。

◆副詞, 数・量の副詞

■参考文献
山田孝雄 (1936)『日本文法学概論』宝文館.
渡辺 実 (2002)『国語意味論』塙書房.
工藤 浩 (1983)「程度副詞をめぐって」渡辺実編『副用語の研究』明治書院.

［工藤 浩］

■**丁寧語**

●**丁寧語とは**──敬語の一種。話や文章の相手に対して丁寧に述べるもの。「学生だ。」「書く。」と比べた場合の「学生です。」「書きます。」には、相手への「丁寧さ」が感じられ、このような「です」「ます」が丁寧語の代表例である。

●**特徴**──①聞き手（読み手）が想定できる場合でなければ使わないこと、②話題に関係なく使えることが特徴である。同じ敬語でも、例えば尊敬語は、「先生がお帰りになる。」はよいが「ポチがお帰りになる。」はおかしいというように、話題に依存して使う「話題敬語」である。したがってまた、聞き手（読み手）が想定できなくても、話題の人物を高める意図さえあれば、例えば日記に「先生がお帰りになった。」等と尊敬語を使って書くことがありうる。これに対し、丁寧語「です」「ます」は、〈聞き手（読み手）が想定できて、その聞き手（読み手）に対して話し手（書き手）が丁寧に述べようとさえすれば、話題には関係なく使える〉という性質の敬語であり、いわゆる「対者敬語」である。

●**語例など**──「です」「ます」は使用頻度も高く、その分、敬度はさほど高くないが、敬度の高い丁寧語としては「(で)ございます」がある。この他、謙譲語Ⅱの「いたす」「まいる」等も丁寧語に近い性質をもつが、これらは、基本的には自分側のことに使う（二人称者や然るべき第三者には使えない）というように、話題に制約があるので、丁寧語には含めない。なお、歴史的には、丁寧語は尊敬語・謙譲語より遅れて生まれた。「はべり」が早い例とされる。

●**文体的現象としての面**──「です」「ます」は、文体的現象としての面ももつ。使うなら一貫して使い（いわゆる「丁寧体」「敬体」「です・ます体」）、使わないなら一貫して使わない（「普通体」「常体」）のが一般的であるが、さらに精査した研究に野田尚史 (1998) がある。

●**文法現象としての面**──〈丁寧さ〉はモダリティとともに〈言表態度に関わる文法カテゴリ〉であるとされる（仁田義雄 1991）。なお、

従属節の中には，丁寧語を含みうるもの（例，「雨が降りますと……」）と含み得ないもの（例，「新聞を読みましながら……」は不可。「新聞を読みながら」でなければならない）があり，これが従属節の階層分けの一つの手がかりになる，といった面も注目される。

●**美化語**——「お酒」「お料理」等は，今日では丁寧語と区別して美化語とされるに至っているが，敬語を粗く分類する（例えば尊敬語・謙譲語・丁寧語と三分する）場合は，美化語も丁寧語に含めることになる。

➡待遇表現，謙譲語，美化語，尊敬語

■**参考文献**

菊地康人（1994）『敬語』角川書店．〔再刊：講談社学術文庫，1997〕

仁田義雄（1991）「言表態度の要素としての〈丁寧さ〉」『日本語学』10-2．

野田尚史（1998）「「ていねいさ」からみた文章・談話の構造」『国語学』194．

森山由紀子（2003）「謙譲語から見た敬語史，丁寧語から見た敬語史——「尊者定位」から「自己定位」へ」菊地康人編『〈朝倉日本語講座8〉敬語』朝倉書店．

[菊地康人]

■**定・不定**

●**定性とは**——文法的カテゴリーの一つで，その意味・語用論的用法は多岐にわたる。例えば英語の定冠詞は，名詞句が指示するものに関してそれが，(i)話し手と聞き手の両方によく知られているものである，(ii)聞き手が同定できると話し手が思っている，(iii)状況から特定のものに決まってくる，(iv)総体（totality）であるなどを示す。定ではない名詞句を不定名詞句という。英語の定冠詞・不定冠詞等に相当するものがない日本語においては，定・不定の区別は統語的に表示されることはなく，文法化された概念ではない。さらに単数・複数という数の概念も日本語では文法化されていないため，「犬」という表現は，単独では，英語のa dog, dogs, the dog, the dogsのいずれにもなりうる。そのいずれになるかを決定するのは文脈のみである。固有名詞や指示詞によって修飾された名詞は，意味的に定名詞句に対応することが多い。

●**「は」と「が」との関係**——上記(i)-(iv)のような典型的に定性に関わるとされる意味は，日本語では「は」と「が」の対立によって表現されることがある。「昔あるところにおじいさんとおばあさんがいました。おじいさんは山へ芝刈りに，おばあさんは川へ洗濯に行きました。」のような例では，意味的には「が」は不定を，「は」は定を表しているといえる。しかし，いつも「は」と「が」が定・不定の区別をするわけではない。「猫があそこで眠っている。」という文における「猫」は，文脈により，定にも不定にもなりうる。他方，「猫はあそこで眠っている。」とすると，「猫」は特定の猫を指す。主題は定の解釈を持たなければならないが，非主題は定・不定のいずれもありうるからである。

●**総称性との関係**——総称性と定・不定の区別は独立である。英語のように文法的カテゴリーとしての定性を持つ言語でも，総称名詞句・総称文は定名詞句・不定名詞句のいずれを用いても表現できる。

➡総称性

■**参考文献**

寺村秀夫（1991）『日本語のシンタクスと意味III』くろしお出版．

野田尚史（1996）『「は」と「が」』くろしお出版．

Lyons, Christopher (1999) *Definiteness*. Cambridge University Press.

[石居康男]

■デオンティック・モダリティ

●デオンティック・モダリティとは——古くから主に西欧語の研究において，モダリティにエピステミック・モダリティ（epistemic modality）とデオンティック・モダリティ（deontic modality）という下位類を認めるとらえ方がある。前者は命題の真偽に対する話し手の態度を表すのに対し，後者は義務，許可など主語（行為者）に課せられた拘束または拘束からの免除を表すとされる。西欧語と事情は異なるが，日本語にも「なければならない」「てもいい」などデオンティック・モダリティに該当する意味を表しうる形式が存在する。これらを含め叙述文に分化して事態の当為や評価的な捉え方を示す形式をまとめ，モダリティの一類として認める立場がある。こうしたモダリティは，研究者によって「価値判断のモダリティ」「当為評価のモダリティ」「評価のモダリティ」など異なる名称で呼ばれており，定義も完全には一致しないが，ここでは「デオンティック・モダリティ」と概括して述べる。

●形式の形態による分類——形態面から見ると，①「べきだ」「ものだ」などの助動詞，②「といい」「なくてはいけない」のように「いい」「いけない」などの評価形式を含む複合形式，③「ざるを得ない」「必要がある」「までもない」など，その他の複合形式の3種類に分けられる。ただし，文法化の度合いが①のように高いものから③の一部のように低いものまで様々であることから，モダリティ形式として認める範囲は研究者によって異なる。

●形式の意味による分類——意味の面からは，おおむね4種類に分けられる。①妥当，義務，当然など広い意味で事態の「必要」を表すもの…「タクシーで行けばいい」「早く帰ったほうがいい」「自分からあやまるべきだ」「頑張らなくてはいけない」「出勤する必要がある」「あきらめるしかない」「子供は外で遊ぶものだ」「とにかく努力することだ」など。②事態の「不必要」を表すもの…「明日は早く起きなくてもいい」「出勤する必要はない」「君があやまることはない」「病院へ行くまでもない」など。③事態の「許容」を表すもの…「もう帰ってもいい」など。④事態の「非許容」を表すもの…「ここに入ってはいけない」「先生にお金を借りるわけにはいかない」など。

●特徴——（1）デオンティック・モダリティは，基本的に未実現の事態を対象としてとるものであり，形式自体の前にル形/タ形の対立をもたない（「{行く/*行った}べきだ」）。この点では，働きかけや意志のモダリティと共通する。そして，大半の形式が使用条件が整えば聞き手に対する勧め，許可，禁止などの働きかけとして機能できる（「この薬を飲むといいよ」「入ってもいいよ」「ここで携帯電話を使ってはいけません」）。また，「てもいい」は話し手自身の意向を表すこともできる（「私が行ってあげてもいいよ」）。広い意味で未実現の事態の望ましさを述べるという点では，希望の表現（「早く行きたい」「彼に行ってほしい」）とも関連をもつ。

（2）「なくてはいけない」「てもいい」「てはいけない」など多くの形式は，事態の実現に対する，発話時における話し手の評価的なとらえ方を示す用法（「今度こそ頑張らなくちゃいけないな」）をもつ一方で，客観世界のしくみ，秩序，事情などのあり方として事態が必要であるかどうか，許容されるかどうかを描写する用法（「卒業するためには100単位以上取得しなくてはならない」「この部屋には土足で入ってはいけない」）をもつ。このようにデオンティック・モダリティは，エピステミック・モダリティに比べるとより客観的であり，命題内部に近いと言える。そのことは，両モダリティの形式が共起する場合，必ず「デオンティック＋エピ

ステミック」の順で接続する（「行くべきかもしれない」「見てはいけないようだ」）ことにも表れている。また，大半の形式が質問文で自然に用いられること（「タクシーで行ったほうがいいですか」「休んではいけない？」）や，名詞修飾節や「〜こと」の内部に現れうること（「読むべき本はすべて読んだ」「学生が参加してもいいことを知らなかった」）も関連する性質である。

➡エピステミック・モダリティ

■参考文献

奥田靖雄（1985）「文の意味的なタイプ——その対象的な内容とモーダルな意味とのからみあい」『教育国語』92.

高梨信乃（2010）『評価のモダリティ——現代日本語における記述的研究』くろしお出版．

益岡隆志（2007）『日本語モダリティ探求』くろしお出版．

森山卓郎（2000）「基本叙法と選択関係としてのモダリティ」森山卓郎・仁田義雄・工藤浩『〈日本語の文法3〉モダリティ』岩波書店．

［高梨信乃］

■テキスト言語学

●テキスト言語学とは——文脈や発話状況にそくしてテキストの仕組みや意味・機能・構造などを研究対象とする言語学の分野の一つである。テキストとは，人間のコミュニケーションによって産出されたまとまりのある言語表現をさし，話し言葉か書き言葉かを問わない。談話（ディスコース）・文章などと区別が曖昧にされるが，談話が話し言葉をさすときは，書き言葉・文章に対応することが多い。

●テキスト言語学の提唱——テキスト言語学の研究領域は，1970年前後，主にヨーロッパでヴァインリヒ（Harald Weinrich），ドレスラー（Wolfgang U. Dressler），ヴァン・デイク（Teun A. van Dijk）らにより提唱された。その後，談話分析・会話分析，語用論，認知言語学，自然言語処理，修辞学，物語論などと相補的な関係で研究が展開している。現在，英語文献では「談話分析」を包括的な概念として用いる傾向にある。従来の日本語学では，文章論や文体論がこれに近接する。

●テキスト言語学の研究領域——ヴァン・デイクは，テキストの形式的な構造を説明するテキスト文法を提案し，文の連続する関係を記述するマイクロ部門と，テーマ・トピック，要約などを扱うマクロ部門を設定する。また，物語・証明など文化的に慣習化されたスキーマ的な型である機能的な範疇として，スーパー構造を仮定する。ボウグランド（Robert-Alain de Beaugrande）らは，テキストがコミュニケーションの出来事として満たすべきテキスト性の基準として，テキスト中心の結束性・一貫性，及び使用者中心の意図性・容認可能性・情報性・場面適切性・間テキスト性を提案し，これらはテキスト言語学の中心的な研究課題とみなされている。テキストの中間的な規模では，話題の維持やまとまりかたが問われるが，テーマ進行の型をモデル化したダネシュ（František Daneš）の機能的構文論によるモデルの提案がある。

テキスト言語学は，機能または関係（構造），状況，認知のどの側面からアプローチするか，コミュニケーションの二者関係モデルと三者関係モデルのどちらを採用するかなどによってもおもむきが異なり，トップダウンとボトムアップの両方向から多様な接近が試みられている。

➡談話分析，結束性

■参考文献

野村眞木夫（2000）『日本語のテクスト——関係・効果・様相』ひつじ書房．

de Beaugrande, Robert-Alain and Wolfgang U. Dressler (1981) *Introduction to Text*

Linguistics. Longman.〔池上嘉彦他訳（1984）『テクスト言語学入門』紀伊國屋書店〕

Daneš, František (1974) "Functional sentence perspective and the organization of the text." In František Daneš (ed.) *Papers on Functional Sentence Perspective*. Mouton.

van Dijk, Teun A. (1980) *Macrostructures*. Lawrence Erlbaum Associates.

Schiffrin, Deborah, Deborah Tannen and Heidi E. Hamilton (eds.) (2001) *The Handbook of Discourse Analysis*. Blackwell.

Weinrich, Harald (1977) *Tempus: Besprochene und erzählte Welt*, 3. Auflage. Kohlhammer.〔脇阪豊他訳（1982）『時制論──文学テクストの分析』紀伊國屋書店〕

〔野村眞木夫〕

■適切性条件

●オーストィンの用法──たとえば「被告人を死刑に処す」と裁判官でもない人が，あるいは裁判官であっても路上で通りがかりの人に対して言っても，それは適切な遂行文とはならない。オースティン（John L. Austin）の適切性条件（felicity condition）は，発語内行為（illocutionary act）が適切に遂行されるための一般的な必要十分条件を指した。

●サールによる改訂──サール（John R. Searle）は適切性条件を(1)命題内容条件，(2)予備条件，(3)誠実性条件，(4)本質条件から成るものとした。(1)は発語内行為に用いられる文の内容，(2)は発語内行為が遂行される場面やその関係者，(3)は発語内行為の遂行者の意志，(4)は発語内行為の性格に関わる条件である。

●その後の発展──オースティンの創始した発話行為理論は旧来の日常言語学派の理論にモデル理論的意味論を統合した一般的意味論に発展しており，この説を奉じる日本人研究者の間では「言語行為論」と呼ばれている。言語行為論は11の基本原理を持つが，その最初にある「発語内行為は成功と充足の条件を持つ」を例示すれば，成功条件とは話し手がある文脈で発語行為を「首尾よく」遂行するために満たされるべき条件である。これによって首尾よく，かつ欠陥のない発語内行為と，首尾はよいが欠陥のある発語内行為とが区別される。たとえば「明日うちへ飯を食いに来いよ」という要請は上記の(1)～(4)の条件のほか，聞き手に命題内容を遂行させようという「発語内目的」がすべて満たされれば首尾よくかつ欠陥のない発語内行為となるが，実はあまり来てほしくないのだが行きがかり上誘った場合は予備条件ないし誠実性条件を欠くため，首尾はよいが欠陥のある発語内行為となり，発語内目的が満たされない場合は不首尾，つまり成功を得られない発語内行為となる。現今の言語行為論は談話における発語内行為の連鎖や談話参与者の動的営みをも射程に入れた公理体系の構築に進み始めている。

◆遂行文，発話行為

■参考文献

Austin, John L. (1962) *How to Do Things with Words*. Harvard University Press.〔坂本百大訳（1978）『言語と行為』大修館書店〕

Searle, John R. (1969) *Speech Acts : An Essay on the Philosophy of Language*. Cambridge University Press.〔坂本百大・土屋俊訳（1986）『言語行為──言語哲学への試論』勁草書房〕

今井邦彦（2002）「真の語用論──関連性理論の斬れ味」『語用論研究』4．

久保進（2002）「言語行為論への招待──関連性理論からの批判に答えて」『語用論研究』4．

Vanderveken, Daniel (1990-91) *Meaning and Speech Act* (2 vols.). Cambridge University Press.

Vanderveken, Daniel and Susumu Kubo (eds.) (2002) *Essays in Speech Act Theory*. John Benjamins.

［今井邦彦］

■テ形

● **テ形とは**──活用形の一種。従来は，連用形に助詞「て」の加わった形（「食べ＋て」）とされていた。第二なかどめ（中止）形と呼ばれることもある。異形態「テ」「デ」（「書いて」「読んで」）がある。テ形という用語は，動詞に対して使われるのが通例であるが，「高く」「学生であり」のような形容詞やコピュラ（繋辞）の連用形に対して，「高くて」「学生であって」もテ形である。

● **テ形の用法**──テ形の用法は，［1］従属節の述語を形成する場合と，［2］文法形式の一部として複合述語を形成する場合とに，大きく分かれる。

● **従属節の述語になる場合**──テ形と連用形によって形成される節は，基本的に同じ使われ方をする。ただ，連用形からなるものは，文体的に古く，書き言葉で使われ，話し言葉に使われることはあまり多くない。

テ形が述語になって作られる従属節には，次のような用法がある。

《事態実現のための手段・方法を表す》

「僕は自転車に乗って学校まで来た。」
手段・方法は，節的度合いが低く，成分に近い。

《主たる事態が実現する時の様態を表す》

「彼は，足を投げ出して，話を聞いていた。」
様態を表すテ形では，「*彼は腰を浮かして，彼は外を見ていた。」のように，主体は同一主体であり，テ節の主体は省略されなければならない。様態を表すテ形の節性も高くない。

「シナガラ」も様態を表す。「シナガラ」では，「彼は，陸橋を渡りながら，下を見た。」のように，主体の運動を表す動詞から作られるが，この種の動詞は，テ形では，「彼は，陸橋を渡って，下を見た」が示すように，基本的に継起になる。

《継起的に生起する出来事を表す》

「彼は，朝6時に起きて，7時に家を出た。」
継起を表す用法も，「彼はペンを置いて，立ち上がった。」のように，主節とテ節の主体が同一である場合が多いが，「ドアが開いて，男が姿を現した。」のように，異主体の場合もある。継起を表すテ節の動詞は，動きを表す動詞である。

継起を表す用法には，「彼に会ってから，出かけた。」のように，「テカラ」になり，先行性が焼きつけられた形式で使われる場合もある。

《主たる事態実現の起因を表す》

「冷たい物を飲み過ぎて，お腹をこわした。」
起因を表す用法では，「僕は，妙にいらいらして眠れなかった。」「大雨が降って，家がたくさん流された。」のように，主節とテ節の主体は同一・異種の双方がある。理由を明示的に表す「ノデ」では，「明日人が来るので，部屋の掃除をした。」のように，後に生じる事態を理由にすることができる。テ節では，このような場合，「*明日人が来て，部屋の掃除をした。」のように，起因を表すことは不可能。

《逆接的なつながりを表す》

「彼は知っていて，教えてくれない。」「顔は優しくて，心は鬼だ。」
逆接の場合，状態性の述語が多い。この用法は，「テモ」で表され，テ形はさほど多くない。

《並列する事態を表す》

「兄は気が優しくて，弟は気が強い。」
並列では，述語は，テ形より連用形が多い。動

き述語も使われるが，状態述語が多い。

　もっとも，様々な意味をテ形が形式の意味として分化させているのではなく，テ形で結びつけられる前後の事態の意味的なあり方が，テ形の意味の現れに深く関わっている。

●**文法形式を形成する場合**──これには，次のようなものがある。①「走っている」「落ちている」のように，基本的なアスペクト形式を形成するもの。②「増えてくる」「死んでいく」のように，アスペクトや方向性に関わる形式，「食べてしまう」「置いてある」のように，情意的な意味やヴォイスと深く関わりながらアスペクトに関わる形式を作る場合。③「読んでもらう」「書いてやる」「行ってくれる」のように，やりもらい述語を形成する場合。④「運んでおく」「着てみる」「やってみせる」のように，いわゆるもくろみを表すといわれるもの。⑤「見てくれ」「起きて下さい」「来てちょうだい」のように命令や依頼を表す形式を形成する場合などがある。

➧活用，中止法，付帯状況

■**参考文献**

鈴木重幸（1972）『日本語文法・形態論』むぎ書房．

仁田義雄（1995）「シテ形接続をめぐって」仁田義雄編『複文の研究（上）』くろしお出版．

　　　　　　　　　　　　　　　　［仁田義雄］

■**『てには網引綱**（あびきづな）**』**（楫井道敏）

てにをは研究書。楫井道敏（とがのいみちとし　享保10年（1725）～天明5年（1785））著。明和7年（1770）9月初刊。2冊。のち，『蜘（くも）のすがき』と合して『詞（ことば）のあきくさ』として刊行（文化11年（1814））。

　「てには」の機能を「切れ」「続き」の2つであると主張し，上巻では文中に現れるもの（つまり続くもの。ほとんど助詞）を取り上げ，下巻では文末に現れるもの（つまり切れるもの。助動詞や「かし」「つつ」「かな」）を取り上げている。また，従来のてには秘伝書では「てには」とされている「ただ」「なほ」「など」「いとど」を「詞（ことば）」であるとするなど，「てには」の範囲をほぼ現在の助詞・助動詞に絞っている。個々の「てには」（助詞・助動詞）の意味をめぐっては，和歌一首全体の在り方との関係でさまざまな意味が出るのだと主張し，一つの「てには」の意味を予め列挙する従来の秘伝書を批判する。また一面，係り結びの規則を否定するかのような議論もしている。実際の用法記述においては，「軽重」「緩急」という用語を多用するなど，漢語助字研究の成果をそのまま引き当てる態度が目立つ。

　『歌道秘蔵録』などに見られる「てには＝出似葉」説を批判し（同様の批判はすでに貝原益軒『点例』にもある），ヲコト点由来説を主張するなど，歌学の秘伝・秘説化を排するものの，全体としては『八雲御抄』ほかの中世歌論書などの説を尊重する姿勢が著しく，旧来の歌学の伝統をほとんど出ていない。

➧係り結び研究，てにをは

■**参考文献**

新川正美（1981）「近世における国語文典と漢語文典との関係──『てには網引綱』の場合」『香川大学国文研究』6．

井上誠之助（1979）「『てには網引綱』と『てにをはの辨』」『日本文学研究』15．

西田直敏（1979）『資料日本文法研究史』桜楓社．

根来　司（1980）「てには網引綱」『てにをは研究史』明治書院．

福井久蔵編（1944）『国語学大系　第十五巻　手爾葉二』厚生閣．〔復刻：『国語学大系　第八巻』国書刊行会，1981〕

　　　　　　　　　　　　　　　　　［川村　大］

■『手爾葉大概抄』・『手爾葉大概抄之抄』

●成立・著者──『手爾葉大概抄(てにはたいがいしょう)』の成立,著者は未詳。『手爾葉大概抄之抄』は,室町時代の連歌師宗祇(そうぎ)(1421-1502)による注釈書。伝本は全てこの2巻が合冊されている。宗祇は,藤原定家が子息為家の暗記用に作ったてにはの心得書とするが,定家の作物ではない。

●内容──『大概抄』は640字ほどの漢文である。和歌の留りとてにはの用法について,「つつ留」「見ゆ留」「こそ」「や」「ぞ」「か」「はね字」(けん,んなど),「ものを」「かは」「やは」「めや」「も」「かも」「かな」「にて」「かし」を説き,呼応関係を注意している。まとまったてには論の最初である。

本書に「詞如₌寺社₋,手爾葉如₌荘厳₋」と詞と手爾葉を対比したことは,時枝誠記(1900-67)によって,言語過程説の「詞」「辞」の考え方に共通するものとして高く評価された。

■参考文献
時枝誠記(1940)『国語学史』岩波書店.
時枝誠記(1941)『国語学原論』岩波書店.
山田孝雄(1943)『国語学史』宝文館.

　　　　　　　　　　　　　　　　　　　［西田直敏］

■てにをは

時代や分野,使用者によって内容が異なるが,近代以降は品詞論の術語として,助詞を指す。「てには」とも。

●「てにをは」登場まで──奈良時代,後の「てにをは」に相当する類は認識されていた。万葉集にモ・ノ・ハなどの「辞」なしに作った旨を注記した歌があり(万葉・19・4176),宣命小書体では「此乃食国天下乎調賜比(このをすくにあめのしたをとゝのへたまひ)」(続日本紀宣命第3詔)のように,「てにをは」の類を小字で記している。日本語と中国語を対照し,日本語にあって中国語にない(つまり正訓字で表記できない)語類に気づいたのだろう。

「てにをは」という名称は,漢文訓読の際のヲコト点(博士家点)に由来するが,この名称自体が,日本語と中国語の対照の中で認識されるようになったことをうかがわせる。

「てにをは」が術語として登場するのは,中世前期の歌学の分野である。順徳院『八雲御抄(やくもみしょう)』(1234頃成)が初出とされ,藤原定家(1162-1241)『下官集』や阿仏尼『夜の鶴』(1278-1283成)にも見える。和歌の実作と結びついた歌学書の関心は,「てにをは」の文法的特徴(品詞)ではなく,作歌における「てにをは」の効果的な使用(表現)にあるので,「てにをは」は表現論の術語として使用されはじめた。

●表現論の術語として──中世後期の歌学や連歌論の分野でも,「てにをは」は表現論の術語として使われ続けた。例えば,二条良基『連理秘抄』(1349頃成)は,句における「てにをは」の位置(上句に置くか下句に置くか)や,表現上の断続(切れるか否か。やがて切字論に発展する)に関心を持ち,同じく『知連抄』(1374頃成)は,「ざりけり・ざれば・ざるらん,是を不可好,鎌倉連歌のてには也」として文芸的な価値や風格に注意する。さらに,上句と下句の付合をも「てにをは」と呼ぶ(「歌てには」「心てには」など)。これは連歌の修辞・技巧の問題であって,完全に表現論的である。

一方,いわゆる秘伝書には品詞論的な面もある。『手爾葉大概抄(てにはたいがいしょう)』は「詞は寺社の如く,手爾葉は荘厳の如し。荘厳の手爾葉を以て,寺社の尊卑を定む」と記して,言葉を素材的・実質的な「詞」と,関係的・形式的な「手尓葉」に二分するが,関心の持ち方はやはり表現論に傾く。このことは,助詞ダニ・サヘと副詞タダ・ナホ・ナド・イトドをまとめて「魂を入れべきてには」(姉小路式(あねがこうじしき))とする括り方にも認めら

れる。品詞論的な分類では，この2つを一括りにはしないだろう。

●**品詞論の術語として**──近世に入ると，品詞論的な関心が昂じ，「てにをは」の外延を「付属語」に限定する動向が生じる。つまり，「てにをは」は品詞論の術語に移った。栂井道敏『てには網引綱』(1770)は，先の「魂を入れべきてには」を批判し，ダニ・サヘを「てには」，タダ・ナホなどを「詞」と区別した。鈴木朖『言語四種論』(1803頃成)は，中世的な見方を継ぎ，助詞・助動詞と感動詞・副詞などを括って「てにをは」とするが，「てにをは」を主体的な意味(「心の声」)を表すとしている点では，かえって近代的である。

その後，富樫広蔭『詞 玉橋』(1847成)は，「てにをは」を活用の有無によって，助動詞に相当する「動辞」と助詞に相当する「静辞」に分け，大槻文彦『語法指南』(1890)に至って，「てにをは」は助詞に特定された。

●**現代の「てにをは」**──「助詞」という術語の普及以降，文法研究の分野で「てにをは」を使用することはもはやなくなったが，日常の場では今でも，「日本語は『てにをは』が大事」のように使うことがある。この時思われているのは，品詞としての助詞そのものではなく，それを使って日本語をいかに適切に表現するかであるように思われる。つまり，表現論的な価値を見ているのであり，中世につながるこのような感覚は現代でも生きている。

なお，近世以前の「てにをは」研究のうち，特に鈴木朖に示唆を得た文法論として時枝文法がある。そのため，時枝文法は，語の文法的特徴よりも，意味上の質的な差(主体的か客体的か)に重点を置くものとなっている。

◆大槻文彦，詞と辞，助詞，『手爾葉大概抄』『手爾葉大概抄之抄』，『てには網引綱』，時枝文法，品詞論

■**参考文献**

笹月清美(1939)「中世歌学におけるテニヲハ論」『文学』7-10.

青木伶子(1961)「てにをは研究の歴史」佐伯梅友他編『国語国文学研究史大成15』三省堂.

永山勇(1963)『国語意識史の研究』風間書房.

時枝誠記監修(1968)『講座日本語の文法1』明治書院.

古田東朔・築島裕(1972)『国語学史』東京大学出版会.

小柳智一(2011)「『手爾葉大概抄』読解──「手尓葉」と「詞」」釘貫亨・宮地朝子編『ことばに向かう日本の学知』ひつじ書房.

小柳智一(2012)「「てには」と「てにはの字」」『国語文字史の研究』13.

小柳智一(2013)「たましゐをいれべきてには──副助詞論の系譜」『日本語の研究』9-2.

[小柳智一]

■ **『てにをは係辞弁』**(萩原広道)

『てにをは紐鏡』『詞の玉緒』の末書の一つ。萩原広道(文化12年(1815)～文久3年(1863))著。1冊。弘化3年(1846)2月序。最古の刊記は嘉永2年(1849)正月であるが，初版はさらに古いとする説もある(舩城俊太郎1981)。

本居宣長の言う「かかり」を「係辞」と称する(鈴木重胤『詞のちかみち』で既に使用)。

主な論点は以下のとおり。Ⅰ『紐鏡』右ノ行(くだり)の「徒(ただ)」は，「は」「も」を含んで「て・に・を・の・ど・で・より・まで・へ」などまで広がるものであり，「は」「も」だけを別に取り出すべきではない。Ⅱ『同』中ノ行「の」は(1)係り結びを構成しない。(2)連体形で終止する例は，文末に体言や終助詞などが省

略された「略語の格」である。III『同』中ノ行「何」(「誰」「何」など，いわゆる疑問詞の総称)の係り結びとされる例は(1)「か」が文中にあるものは「か」の係り結びの例と解釈するべきである。(2)「か」を伴わず連体形で終止する例は「略語の格」である。(3)『玉緒』が「変格」とする終止形終止の疑問詞疑問文は，「何」が係辞でない以上「正格」と考えるべきである。

このうち，Iは「徒」の内容を誤解しているとされ，山田孝雄などが批判しているが，この点は宣長の主張の意図をどう理解するかと連動する微妙な問題である。一方，II(1)III(1)は現在の係り結び了解の通説となっている。最後のIIIについては「疑問詞疑問文は連体形で終止する」という説(舩城 1973 ほか)もあり，宣長説が誤りとはいえない可能性がある。

上記の主張の多くは先行する文献に類似の主張が指摘でき，必ずしも創見とは言えない。しかし，宣長の係り結び説批判に絞った形で，従来提起された論点をほぼ網羅しつつ分かりやすく論じていることから，宣長の係り結び説批判の代表的な著作と考えられている。

➡係り結び，係り結び研究，疑問詞，本居宣長

■参考文献

井上誠之助 (1962)「係り結び研究史稿 (第一期)」『研究』(神戸大学文学会) 26.

西田直敏 (1979)『資料日本文法研究史』桜楓社.

舩城俊太郎 (1973)「疑問詞疑問文は連体形で終止する」『国文学言語と文芸』76.

舩城俊太郎解説 (1981)『てにをは係辞弁』(勉誠社文庫) 勉誠社.

山田孝雄 (1908)『日本文法論』宝文館.

山田孝雄 (1943)『国語学史』宝文館.

[川村 大]

■寺村秀夫 (てらむら ひでお 1928-90)

●略歴──兵庫県生まれ。大阪外事専門学校(後の大阪外国語大学)英米科，京都大学法学部(旧制)を卒業。市立高校の英語教諭を勤め，この間，ハワイ大学に留学し修士号を得る。その後，大阪外国語大学留学生別科の教官，筑波大学文芸言語学系教授，大阪大学文学部教授を歴任。大阪外国語大学時代，三上章との親交を得る。

●研究業績──主著に『日本語のシンタクスと意味Ⅰ・Ⅱ・Ⅲ』(くろしお出版，1982・1984・1991) があり，さらに『寺村秀夫論文集Ⅰ・Ⅱ』(くろしお出版，1992・1993) がある。

寺村の文法研究は，日本語教育の現場と深く結びついたもの。寺村が目指したものは，良質で取り扱い対象の広い組織的な記述文法の作成であった。さらに，日本語の形式と意味との結びつきが有している規則性を明示的に呈示することであり，日本語を第一言語とする者が，自然と無意識のうちに身につけている言語運用能力を明るみにだすことであった。

『日本語のシンタクスと意味Ⅰ』には，第1章「文の基本的構成」，第2章「コトの類型」，第3章「態──格の移動と述語の形態との相関」が収められ，『Ⅱ』には，第4章「活用」，第5章「確言の文」，第6章「概言の文と説明の文──二次的ムードの助動詞」が収録され，『Ⅲ』には，第7章「取り立て──係りと結びのムード」，第8章「構文要素の結合と拡大──連用と連体」が収められている。

コトの類型では，述語がどのような補語を必要とするかを記述している。態の章では，文法的な態として，受動態・可能態・自発態・使役態を設定し，語彙的な態として自動詞・他動詞の対立を考察。テンスやアスペクトは，確言のムードの章で扱われ，テンスはムードの一種と

いった位置づけ。概言や説明のムードを表す諸形式への分析・記述はきめの細かいもの。取り立てについても，影の他の要素との範列的な対比的効果と捉えた上で，行き届いた観察を実施。

➡三上章

■参考文献

仁田義雄（1993）「寺村秀夫の人と学問」『寺村秀夫論文集II』くろしお出版．

益岡隆志（2003）『三上文法から寺村文法へ』くろしお出版．

［仁田義雄］

■テンス[1]

●テンスとは──テンスとは元来，（西欧諸語において）「発話時を基準とした出来事の先後関係」と対応する「動詞の形態的対立」を指す概念である。これを日本語の「会う」「会った」という形態的対立に当てはめた場合，例えば「今日佳子に会う。」と言えば，発話時以降，すなわち「未来」の出来事を指し示し，また「今日佳子に会った。」と言えば，発話時以前，すなわち「過去」の出来事を指し示すという点で，テンス的対立があると見なすことができる。

●テンスを担わない形──ところで英語の場合，定形動詞（finite verb）は必ず何らかのテンスを担うが，この点で日本語は同様には捉えにくいところがある。次の例を見られたい。

(1) a．I met and kissed her.
　　b．私は彼女に会ってキスした。

(1a)において，met, kissedはれぞれ過去を表している。これに対し，(1b)の「会って」は文末の「キスした」と並列の関係をなすことによって過去の意味を持つことができる。ところが次の例の「会って」は未来の意味を担う。

(2) 私は明日彼女に会ってキスする。

また次のように，主節と従属節が異なる時間を表すこともできる。

(3) 私は昨日は佳子に会って，明日は純枝に会う。

このように日本語には，「会う」「会った」のように特定のテンスを担う形態（ル形，タ形と呼んでおく）の他に，テ形あるいは中止形のようなテンス・フリーの形態があり，文脈によって時間的な意味が与えられるという現象がある。テ形，中止形が独自の文法範疇を担わず，文脈によって解釈が与えられる現象は，受身（「られ」）や否定（「ない」）やモダリティ（「だろう」等）との関連でも同様に指摘できる。

●動的述語のテンス──テンスは動的述語と静的述語で振る舞いが異なっている。動的述語は，動作や変化など，時間的な局面の進展を意味として持つ述語で，通常の動詞および動詞にラレル，サセル，テシマウ等の接辞が付いたものがこれに当たる。静的述語は，時間的進展性のない特性，一時的状態，存在等を表す述語，すなわち形容詞・形容動詞，名詞述語（名詞＋「だ」「である」等の判定詞），「ある」「いる」等の存在動詞や，動詞にテイル，テアルその他の接辞が付いた形等がこれに当たる。動的述語の場合，ル形，タ形は，アスペクトの面では，運動を局面に分解せずまるごと捉える「完成相」（perfective）を表し，且つテンスの面でそれぞれ未来，過去を表すと見ることができる。例えば次のような例である。

(4) a．昨日佳子に会った。
　　b．明日純枝に会う。

しかし，動的述語のル形，タ形動詞がいつも未来・過去を表すわけではない。埋め込み文の中に見える次のようなタ形，ル形はテンスとは見ず，限界達成・未達成のようなアスペクト的意味を表すと考える。

(5) a．読んだ本の感想を書きなさい。
　　b．これから読む本を間違って返してしま

った。

また，「曲がった釘」「肉で巻いた野菜」のような名詞修飾節の中のタ形動詞は，単純な結果状態を表す。また次のようなル形動詞は，習慣・繰り返しや特性を表す。

(6) a．佳子は朝7時に<u>起きる</u>。
　　 b．この可動部は左右に100度まで<u>曲がる</u>。

以上のような用法は，テンス形式としてのル形，タ形動詞の多義性と捉えておく。

●**静的述語のテンス**——次に静的述語について考える。動的述語と同様に，接辞「た」を持つ形態をタ形，持たない形態を（便宜的に）ル形と呼んでおく。静的述語のル形は，現在を表す。すなわち，発話時において述語が示す特性・状態等が成立している（真である）という意味を指し示す。一方，タ形が表すのは「過去」であるが，その意味するところはやや複雑である。静的述語には，動的述語における開始限界，終了限界のような時間的な境界が意味に含まれていない。従って，発話時と区別される過去を表すためには，時間的境界が文脈的・外的に与えられなければならない。その境界付けの一つが，状態の変化である。例えば，心臓に痛みを感じて「苦しい！」と言った場合，発話時において「(胸が)苦しい」という状態が成立していることを表すが，痛みが和らいで「ああ，苦しかった」と言った場合，状態の変化によって「苦しい」という状態が過去のものとなったことを表す。また，この場合発話時現在には「苦しい」という状態が成立していない（偽である）という含みを持つことになる。

他に，特性や状態の帰属先の，存在・消滅が境界付けとなる場合がある。例えば，A氏が生存中であれば「A氏は立派な人格者だ。」と言うが，A氏が亡くなったあとでは，「A氏は立派な人格者だった」と言う場合がある。英語ではこの点，かなり厳格であり，人物等の生存・死亡によって現在と過去が使い分けられる（例：Mr. A is/was a person with a fine character. isならば生存，wasならば死亡）が，日本語では比較的ゆるやかである。例えば「出雲の阿国は歌舞伎の創設者だ/だった」のように，過去の人物についての特性でも，ル形，タ形の両方で言える。

加えて，状態述語で境界付けが行われる際の大きな動機として，発話者が情報にアクセスした時点を境界とするという場合がある。これを金水は「情報的テンス」と呼んでいる。例えば，先の例で，発話者がA氏に会って，その時「A氏は立派な人格者だなあ」と思ったとする。後にそのことを回顧し，「A氏は立派な人格者だった。」と言うことができる。この場合，A氏の死亡も，また「現在，A氏は人格者ではない」ということも含意されない。金水(2001)などでは，次のようなタ形の用法も，情報的テンスの一部として説明している。

(7) a．期待（＝過去の心象）の実現（例，「傘はやっぱりここにあった」）
　　 b．忘れていたことの想起（例，「君ビール飲むんだったね？」）
　　 c．過去の実現の仮想を表わす過去形（例，「やればできた」）
　　 d．さし迫った要求（例，「どいた，どいた」）
　　 e．判断の内容の仮想（例，「早く帰ったほうがいい」）

これらの用法は，既に客観的な特性や状態ではなく，主観的な発話者の認識に依存しているので，テンスの側面とモダリティの側面の両面を持っている。さらに，「〜はずだった」「〜らしかった」「〜かもしれなかった」等のモダリティ形式のタ形も，モダリティの問題でありながら，ここで言う情報的テンスとの連続性の中で捉えることができる。

➡アスペクト，モダリティ，タ，運動動詞と状態動

詞

■ **参考文献**

井上 優（2001）「現代日本語の「タ」——主節末の「…タ」の意味について」つくば言語文化フォーラム編『「た」の言語学』ひつじ書房.

金水 敏（2001）「テンスと情報」音声文法研究会編『文法と音声Ⅲ』くろしお出版.

工藤真由美（1995）『アスペクト・テンス体系とテクスト——現代日本語の時間表現』ひつじ書房.

定延利之（2001）「情報のアクセスポイント」『言語』30-13.

寺村秀夫（1971）「'タ'の意味と機能」『言語学と日本語問題』くろしお出版.

　　　　　　　　　　　　　　　〔金水　敏〕

■ **テンス**[2]

1. テンスとは

どのような言語でも、コミュニケーション活動においては、時間的にみて、出来事が「いつ、どのように」起こる（起こった）のかを伝えなければならない。「昨日、さっき、昔／今、今日／明日、将来、やがて」「しばらく、ずっと／だんだん／毎日、時々、たまに」のような時間副詞、時間名詞は、どのような言語にもあって、出来事が「いつ、どのように」成立するかを表す。日本語ではこのような語彙的な表現手段のほかに、述語が文法的に形を変えることによって、出来事の時間を表し分ける。これがアスペクトとテンスであり、2つの文法的カテゴリーはともに時間を捉えている点で共通する。

テンス（時制）は、事象の時間的位置を表す文法的カテゴリーであり、すべての述語にある。終止の構文的位置では、発話時を基準にして発話時以前か、発話時と同時あるいは以後かを表し分ける。「昨日学校に行った」「昨日は忙しかった」とは言えても、「*昨日学校に行く」「*昨日は忙しい」とは言えない。逆に、「明日学校に行く」「明日は忙しい」とは言えても、「*明日学校に行った」「*目下忙しかった」とは言えない。世界の諸言語を見渡すと、テンスのない言語もあるのだが、現代日本語では、過去形と非過去形の対立としてのテンスが成立している。

「過去形」行った、いた／忙しかった、元気だった／小学生だった

「非過去形」行く、いる／忙しい、元気だ／小学生だ

文法化の観点からは、より具体的な時間を表すアスペクトから、抽象的な時間を表すテンスが発達する。現代語のシタ形式もかつてはアスペクト形式であった。

なお、非終止の位置では、発話時ならぬ出来事時が基準になることが多い。(1)の場合では、お風呂に入る時点以前であることを表し、(2)の場合では、以後であることを表し分けている。

(1) 明日<u>注射をした</u>人はお風呂に入ってはいけません。

(2) 翌日<u>注射をする</u>人はお風呂に入ってはいけなかった。

2. 運動動詞におけるテンスとアスペクト

アスペクトのある運動動詞では、次のような体系になる。

アスペクト＼テンス	完成	継続
非過去	スル	シテイル
過去	シタ	シテイタ

スル形式は、基本的に未来を表し、シテイル形式は現在や未来を表す。ただし、スル形式は、次のような場合には、テンス的に現在とな

る。第1に「ほら，沖を船が通るよ」のような眼前描写の場合。第2に「約束します」「感謝するよ」「困るなあ」のような，1人称主語に限定された態度表明の場合。また，スル形式が反復習慣の意味を表す時も現在を表す。「人は死ぬ」といった恒常的特徴（普遍的真理）を表す時は，もはや脱時間的である。

シタ形式とシテイタ形式はともに過去を表すが，シタ形式では「大きくなったね」「ほら朝顔が咲いたよ」のように，現在パーフェクトも表す。また「困ったなあ」「呆れた」のような場合は，話し手の現在の感情表出となる。シテイタ形式もまた，「昨日は故障していた」のような現在と切り離された過去も，「昨日から故障していた」のような過去から現在に至るテンス的意味を表すことができる。

非終止では，上述の(1)(2)の例のように，出来事時基準となるのが普通であるが，さらにスル形式が(3)進行，シタ形式が(4)結果を表す場合もある。この場合はシテイル形式に言い換えることができて，アスペクト的意味になっている。また「優れた論文」のように，恒常的特徴を表す場合もある。このように，非終止では，テンス的意味を表さない場合があるので注意が必要である。

(3)注射をする時，痛くて大声を出した。
(4)壊れた窓を修理しよう。

3. その他の述語におけるテンス

「嬉しい，痛い，ショックだ，病気だ，無言だ」のような一時的状態を表す場合には，過去の状態か，現在の状態かのテンス対立がはっきりある。「太郎は{病気だった/無言だった}」と言えば，過去のことであり，「太郎は{病気だ/無言だ}」と言えば現在である。

一方「実母だ，先輩だ」といった時間のなかでの変化がありえない恒常的特徴（関係）を表す場合には，「彼女は山田氏の実母だった」のように過去形を使用すると主体の死亡を表すことになる。「病弱だ，無口だ，優しい，しっかり者だ」といった恒常的特徴を表す場合の過去形でも「山田氏は{病弱だった/無口だった}」と言うと主体の死亡を表すことが多いが，「山田氏は若い頃は無口だった」のように長期的時間副詞と共起すると過去の意味になる。「私には親友がいた」の場合，親友が死亡したのか，あるいは喧嘩別れしたのかは，談話のなかで判断しなければならない。

また，「昔はブラジルは遠かった」といった場合には過去の特徴であって，現在は飛行機の発達で近いことを表すが，「この前行ってきたけど，ブラジルは遠かった」といった場合には，ブラジルは今も遠いのだが，話し手の体験（認識）時が過去であることを表す。

4. テクストタイプとテンス

テンスは，基本的に発話時を基準とする点でダイクシスの1つである。従って，発話時が基準とならない小説の地の文等では，テンス形式の意味・機能が異なってくる。小説の地の文では過去形が基本的に使用されるが，「二人は戸外に出た。来る時と違って，今は涼しい風が吹いていた」のような「今」と過去形の共起が起こる。また「二人は玄関を出た。ふと気づくと，日が落ちかかって山頂が赤く染まっている」のように，作中人物の視点から非過去形が使用されることがある。この場合，「吹いている」「染まっていた」のように過去形に言い換えても時間的意味は違わない。

5. 方言におけるテンス

世界の諸言語を見渡すと，過去形が複数ある言語もある。東日本のなかにも，2つの過去形がある方言がある。遠い過去か近い過去かといった時間の長さの違いではなく，話し手の体験したことかそうではないのかを表し分ける。標

準語では「交通事故があった」「隣の犬が死んだ」といった場合，目撃したかどうかは分からないのだが，2つの過去形がある方言では，「交通事故あったった」「隣の犬死んだった」といえば目撃証言となる。「昔ここで戦があった」「信長は本能寺で死んだ」のような話し手が体験しえない歴史的事実の場合には「あった」「死んだ」であって，「あったった」「死んだった」ということはできない。このような複数の過去形は琉球語でも見られる。

➡タ，アスペクト，運動動詞と状態動詞，テンポラリティ

■参考文献

工藤真由美（1995）『アスペクト・テンス体系とテクスト』ひつじ書房.

工藤真由美編（2004）『日本語のアスペクト・テンス・ムード体系——標準語研究を超えて』ひつじ書房.

鈴木重幸（1979）「現代日本語動詞のテンス」言語学研究会編『言語の研究』むぎ書房.

八亀裕美・佐藤里美・工藤真由美（2005）「宮城県登米郡中田町方言の述語のパラダイム——方言のアスペクト・テンス・ムード体系記述の試み」『日本語の研究』1-1.

Comrie, Bernard (1999) "Tense." In Keith Brown and Jim Miller (eds.) *Concise Encyclopedia of Grammatical Categories*. Elsevier.

［工藤真由美］

■転成

●別の品詞への転換——ある語が形を変えずに別の品詞に変わること。たとえば，「大きな川がゆったりと流れている。」「川の流れに身を任せる。」という文を比べてみた場合，どちらにも「流れ」という形式の語が見られるが，前者は動詞の連用形であり，後者は名詞である。こういう場合に，動詞の連用形が名詞に転成したという。

●転成の捉え方——転成に関しては，範囲をどう捉えるかという点が基本的な問題点として挙げられるが，この点については，狭く限定する立場と広く解釈する立場とが見られる。前者の立場では，動詞連用形の名詞への転成（「光」，「試み」，「務め」……）や形容詞連用形から名詞への転成（「近く」「遠く」「多く」）のように，全く語形に変化を起こさない場合のみを転成とするが，後者の立場では，「高い」→「高まる」，「長い」→「長さ」，「悩む」→「悩ましい」のように，品詞の変化をもたらすための接尾辞の着脱を伴う場合をも含めて転成と考える。また，「しっかり」→「しっかりする」，「運動」→「運動する」のように，広く品詞を変える働きをも含めて転成とする考え方もある。なお，品詞にこだわらず，「いる」「くる」「ところ」などが「走っている」「再び読んでくる」，「読んでいるところだ」のように使われる場合や，「席を立ち掛ける」「雨が降り始める」のような場合をも視野に入れて考える場合には，転成ではなく「機能変化」（functional change）という捉え方になろう。

　転成を狭く限定して考える場合，通常，品詞の変化はゼロ接辞の付加によって生じると解釈されるが，そう考えるなら，転成を有形・無形の接辞付加による現象と一般化することも可能であろう。ただし，転成をゼロ接辞で解釈する場合には，どのような種類のゼロ接辞を幾つ認めればよいのか明確でないという問題が残る。また，一般に転成と言われている現象には，通時的な現象と共時的な現象とが混在しているという問題点も指摘されている。「露」（名詞）→「つゆ」（副詞）や「酸し」（形容詞）→「寿司」（名詞）といった古典語に関わる現象はもちろん，「及ぶ」（動詞）→「および」（接続詞），「帯びる」（動詞）→「帯」（名詞）なども，両

語間の関連性が薄く，上に挙げた動詞連用形の名詞化のような共時的に生産性のある場合とは区別して考えるべきであろう。なお，通時的な観点から見るならば，日本語の副詞（「あまり」「おそらく」……），接続詞（「つまり」「それから」……），連体詞（「あらゆる」「いわゆる」……），感動詞（「どれ」「なるほど」……）などには転成によってできた語が多い。

●**転成とは認められないケース**——転成に関しては，「魚を釣りに行く」「ここまでお出でをいただき」等，複数の品詞の性質を同時に有する場合，「過ぎたるは及ばざるがごとし」「穴を深く掘る」「花がきれいに咲く」等，用言の一活用形が他品詞の機能を有する場合，また「明日学校へ行きます」「友だちが3人来た」等，特定の語群が他品詞の機能を有する場合の扱いをどうするか，といった問題があるが，通常はこれらを転成に含めることはしない。ただし，文法論的には，最初の2例のように，品詞性が揺らいでいる場合こそが問題である，という意見もある。

●**複合名詞の意味形成**——意味的には，たとえば，動詞連用形を後項とする複合名詞の場合，動作ないし出来事（「栗拾い」「玉つき」……），状態・性質（「肩凝り」「父親譲り」……），結果・産物（「人だかり」「卵焼き」……），人間（「酒飲み」「物盛り」……），道具（「ねじ回し」「筆入れ」……），時間（「日暮れ」「夜明け」……），場所（「犬走り」「日だまり」……）のように様々な意味を表わすが，これらの多様な意味のでき方を語彙概念構造や特質構造を使って説明しようとする試みも見られる。

➡品詞

■**参考文献**

影山太郎（1993）『文法と語形成』ひつじ書房.

影山太郎（1999）『形態論と意味』くろしお出版.

木枝増一（1936）「語性移動論」『国語と国文学』30-10.

西尾寅弥（1967）「品詞の転成」『く講座日本語の文法3＞品詞各論』明治書院.

西尾寅弥（1988）『現代語彙の研究』明治書院.

　　　　　　　　　　　　　　　　［斎藤倫明］

■**伝聞**[1]

●**伝聞とは**——文が担っている命題内容の仕込み方・入手の仕方に関わる様式を表したもの。伝聞は，[1] 命題内容である事態は第三者からの情報である，[2] 第三者からの情報を聞き手に取り次ぐ，という伝達性を基本的に持っている，という2つの特性を有している。

●**伝聞の表現形式**——

①基本で代表的な形式は，「（スル）ソウダ」「問題は解決したそうです。」

②「ッテ」の系列「彼，来るって。」これには，他に「（ン）ダッテ」「また税金が上がるんだって。」などがある。話し言葉で用いる。

③「｛トノ／トイウ｝コトダ」系列「ただ今A地方に地震が発生したとのこと。」他に「トノ話ダ」「トノ噂ダ」「トノ由」などがある。

④「トカ」「彼，また離婚したとか。」伝達情報を噂や風聞として述べるもの。

⑤「ラシイ」も伝聞的に使われる。「聞いたところによると，株価は急落しているらしい。」

●**意味・文法的な特徴**——[1] 第三者からの情報を聞き手に取り次ぐ，という性格を受けて，伝聞は，対話性を有し独り言では使わない。したがって，「*また税金が上がるそうだと思う。」のように，心内発話であることを表す「と思う」の前に来ることができない。

ただ、「A通信によれば、和平会議が開かれるそうだが、本当かな。」のように、従属節に存する場合、対話性の解除が起こりうる。

［２］伝聞は、真の意味で話し手の命題に対する認識のありようを表してはいない。

(1)*彼が犯人だろうが、僕はそう思わない。
(2) 彼が犯人だそうだが、僕はそう思わない。

(1)が示すように、一度「ダロウ」と判断しておきながら、それをすぐさま否定することは論理矛盾である。それに対して、伝聞では、(2)が示すように可能になる。これは伝聞が話し手の認識のありようを真に表していないからである。

また「A君によれば、事態は好転するかもしれないそうです。」のように、「ソウダ」の中に第三者の認識のありようを含むことができる。

［３］伝聞は、１文の命題内容を作用対象にするだけでなく、「A国に行った連中からの報告だ。A国は既に爆弾を完成した。しかもそれらをもう発射装置に搭載したそうだ。」のように、文連続を作用対象にすることができる。

➡モダリティ、引用、話法

■参考文献

仁田義雄（1992）「判断から発話・伝達へ——伝聞・婉曲の表現を中心に」『日本語教育』77.

森山卓郎（1995）「「伝聞」考」『京都教育大学国文学会誌』26.

日本語記述文法研究会編（2003）『〈現代日本語文法４〉モダリティ』くろしお出版.

［仁田義雄］

■伝聞2

自らの直接経験による情報ではなく、人伝てに得た情報を知識として表明することがある。このようにして表明された内容を「伝聞」情報と呼ぶが、日本語にも、述べられる内容が「伝聞」情報であることを表す手段がある。

(1)古の七の賢しき人たちもほりせしものは酒にしあるらし（酒西有良師）（万葉・340）
(2)あなかま。みな聞きてはべり。尚侍になるべかなり。（源氏・行幸）
(3)み吉野の耳我の山に時じくそ雪は降るといふ（雪者落等言）
　間なくそ雨は降るといふ（雨者落等言）…（万葉・26）

(1)は、古代語のラシが「伝聞」を表した例である。ラシは、既定ではあるが話し手が直接経験できない事態の表現に関わることから、「伝聞」を表し得るのだと考えられる。同様の理由で「伝聞」を表す形式には、古代語のラムや、現代語のラシイなどがある。(2)は、古代語の（終止）ナリが「伝聞」を表した例である。（終止）ナリは感覚的描写を行う用法を基本として用法を広げてきたが、「伝聞」用法もその一角である。他に古代語のメリや、中・近世のゲナ（ゲナリ）、現代語のソウダ（ソウナ）やヨウダなども同様の理解が可能である（この類の形式の「伝聞」用法獲得の過程については山口(1997)が詳しい）。(3)は、古代語で主語を消去された（助動詞化した）トイフが「伝聞」に用いられた例である。情報源が不特定で漠然としていることを、動作主を消去した言語行為動詞を用いることによって表したものである。他に、古代語ではトイフの異形態としてのトフ、チフ、テフなどがあり、現代語でもトイウなどが挙げられる。また、(1)から(3)のような方法以外に、(4)情報源を示すことによって表現することもある。古代語の〜イハク（…トイフ）など（元来は引用の形式）や、現代語の〜ニヨレバなどがその類である。

上に見た４種に共通性があるとは考えにくい。「伝聞」とは、改めて規定すれば、ある既定事態が、①直接経験によって知られるのでは

ない（しばしば①'不確かな）内容であり，特に，②他の情報源（人，噂，文書等。a 不特定なことも，b 特定されていることもある）から得た言語情報によって知られたものであることを指す用語である，ということになるが，さまざまな方法で表現され得るのであって，(1)(①による)，(2)(①'による)，(3)(②aによる)，(4)(②bによる)は，それぞれ異なる理路で「伝聞」を表現しているのである。

➡引用，ラシ

■参考文献

藤田保幸（2003）「伝聞研究のこれまでとこれから」『言語』32-7.

森山卓郎（1995）「「伝聞」考」『京都教育大学国文学会誌』26.

山口堯二（1997）「助動詞の伝聞表示に関する通史的考察」『京都語文』（仏教大学）2.〔再録：山口堯二（2003）『助動詞史を探る』和泉書院〕

[仁科 明]

■テンポラリティ

●テンポラリティとは──文レベルの事象の時間的位置づけを表す機能・意味的カテゴリー。現代日本語におけるテンポラリティの主たる表現手段としては，文法的（形態論的）カテゴリーとしてのテンスと，語彙的なものとして時間副詞がある。

世界の諸言語をみわたすと，時間副詞のない言語は考えられないが，文法的カテゴリーとしてのテンスのない言語はある。従って，テンポラリティは普遍的であるが，テンスがあるかどうかは言語によって異なる。テンスのある言語では，「さっき来た」「今来ている」「近々来る」のように，テンスが発話時以前か発話時と同時・以後かといった抽象的な時間的位置づけを義務的に表し，その具体化は語彙的な時間副詞が任意に表し分けることになる。

表現内容としては，発話時を基準軸とする絶対的テンポラリティと，出来事時を基準軸とする相対的テンポラリティがある。テンスとテンポラリティを区別しない立場では，テンスという用語が広義に使用される。

●絶対的テンポラリティと相対的テンポラリティ──語彙的表現手段である時間副詞では，次のように(A)発話時を基準軸とするダイクティックなものと，(B)出来事時を基準軸とする非ダイクティックなものとが分化している。

(A)明日，来年/今日，今年/昨日，去年
(B)翌日，翌年/当日，その年/前日，前年

「明日，来週，いまに」のような時間副詞は，発話時以後を表すので過去形とは共起できず，逆に「昨日，さっき，この前」のような時間副詞は，発話時以前を表すがゆえに非過去形とは共起できない。しかし，「翌日，その後」「前日，その前」のような出来事時基準の時間副詞は，過去形とも非過去形とも共起する。

・「日曜日は都合が悪いので，翌日行きます」
「日曜日は都合が悪かったので，翌日行きました」
・「来週予防注射がありますが，用紙は前日に渡します。」
「先週予防注射がありましたが，用紙は前日に渡しました」

文法的テンスでは，時間副詞のような形式的分化はなく，終止では発話時基準になり，非終止では，発話時基準の場合もあるが，基本的に出来事時基準になる。

➡テンス，歴史的現在，タ

■参考文献

金水 敏（2000）「時の表現」仁田義雄・益岡隆志編《日本語の文法 2》時・否定と取り立て』岩波書店.

工藤真由美（1995）『アスペクト・テンス体系とテクスト』ひつじ書房.

［工藤真由美］

■ト

格助詞の「と」は次のような用法を持つ。

①相手
　(1)太郎が花子と結婚した。
　(2)太郎が次郎と旅行の行き先を相談した。
　(3)家具の色が壁の色と同じだ。
　(4)A案をB案と比較した。
②共同者
　(5)太郎は図書館で花子と勉強した。
　(6)太郎は溺れている子供を警官と助けた。
③変化の結果
　(7)需要の落ち込みが景気回復の足かせとなった。
　(8)上杉謙信は春日山城を居城とした。
　(9)街は一瞬にして廃墟と化した。

「相手」の「〜と」は、必須成分として機能し、「〜が」や「〜を」と名詞句を入れ換えることができる。

　(10)花子が太郎と結婚した。
　(11)次郎が太郎と旅行の行き先を相談した。
　(12)壁の色が家具の色と同じだ。
　(13)B案をA案と比較した。

このように、「A｛ガ／ヲ｝Bト…」が成り立つと、「B｛ガ／ヲ｝Aト…」が成り立つことから、相手の「と」をとる述語は、論理学で言う「対称関係」を表し、「対称関係述語」などと呼ばれる。一方、(11)のように、「と」の代わりに「に」を用いることもできる述語（仁田(1975)の「半対称動詞」）もあるが、この場合は、対称関係を表さなくなる。

　(14)太郎は次郎に旅行の行き先を相談した。
　　　⇒×次郎は太郎に旅行の行き先を相談した。

この点で、このような「と」は「対称的な相手」を示し、「対称格」とも呼ばれる。

一方、「共同者」の「〜と」は、多くの述語と任意に共起する。このため、相手の「と」と共同者の「と」で曖昧になる場合もある。また、(6)のような他動詞の場合であっても、相手の「と」と異なり、「子供と警官を助けた」ことにはならず、主語の共同者と解釈される。なお、共同者の「と」は、相手の「と」と異なり、「と一緒に」「とともに」で置き換えることが可能である。

　(15)太郎は図書館で花子｛と一緒に／とともに｝勉強した。
　(16)太郎は溺れている子供を警官｛と一緒に／とともに｝助けた。

これらの「と」は、次のように、並立助詞の「と」で言い換えることができる。

　(17)太郎と花子は結婚した。
　(18)太郎と花子は図書館で勉強した。

ただし、(17)(18)は、(1)(5)の持つ解釈の他に、「一緒ではなく、それぞれ同様の行為を行なった」という、もう一つの解釈が可能になる。この場合、独立した事態を表すため、「太郎が図書館で勉強した。花子が図書館で勉強した。」のような文接続と等価であると考えられる。

「変化の結果」の「と」は、共起する動詞が「なる」「する」「化する」などに限られ、「に」と置き換えが可能な場合と不可能な場合がある。

　(19)需要の落ち込みが景気回復の足かせになった。
　(20)上杉謙信は春日山城を居城にした。
　(21)*街は一瞬にして廃墟に化した。

▶格助詞、相互構文

■参考文献

奥津敬一郎（1975）「「太郎は花子と結婚している」ならば「花子は太郎と結婚している」——名詞の並列と格」『〈新・日本語講座2〉日本文法の見えてくる本』汐文社.

久野暲（1973）『日本文法研究』大修館書店.

菊地康人（1991）「「XとYが（は）」と「Xが（は）Yと」——用法の整理と言語学的な解析」『東京大学留学生センター紀要』1．

定延利之（1993）「深層格が反映すべき意味の確定に向けて——対称関係・対称性を利用して」仁田義雄編『日本語の格をめぐって』くろしお出版．

仁田義雄（1975）「対称動詞（Symmetrical Verb）と半対称動詞（Meso-symmetrical Verb）と非対称動詞（Anti-symmetrical Verb）——格成分形成規則のために」『国語学研究』13，東北大学．

[杉本　武]

■動作動詞と変化動詞

奥田（1977）は，主にシテイル（シテイタ）の表すアスペクト的な意味の違いに基づく，金田一（1950）の継続動詞と瞬間動詞という動詞分類を，その規定の仕方の面から批判した。そして，それらを，スル（シタ）とシテイル（シテイタ）との対立からなるアスペクトの形態論的なカテゴリーの中で規定しなおし，あらたな動詞分類として提起したのが，動作動詞と変化動詞である。

奥田（1977）は，まず，金田一（1950）の四つの動詞分類のうち，継続動詞と瞬間動詞を，スル（シタ）とシテイル（シテイタ）とのアスペクト的な対立をもつ動詞として，それをもたない状態動詞と第四種の動詞から区別し，アスペクトの研究対象を継続動詞と瞬間動詞にしぼった。そして，シテイル（シテイタ）が変化の結果の継続を表す「太る，やせる，はげる，行く，帰る」は瞬間的でないこと，「たたく，あたる，すれちがう，またたく，切る」は瞬間的だがシテイル（シテイタ）で動作の（繰り返し的な）継続を表すこと，「結婚する，就職する」は瞬間的か継続的か判断できないことなどをあげて，動作・作用の時間的な長さという特徴により規定された金田一の動詞分類を批判した。このように金田一の分類の問題点を明らかにしたあと，奥田は，シテイル（シテイタ）で変化の結果の継続を表す動詞（金田一の瞬間動詞）を，《変化》（《変化をともなう動作・うごき》《主体の変化》）を表す動詞と規定し，シテイル（シテイタ）で動作の継続を表す動詞（金田一の継続動詞）を，《動作》（《変化をともなわない動作・うごき》《主体の動作》）を表す動詞と規定したのである（厳密に言うと，それらが動作動詞・変化動詞と呼ばれるようになるのは奥田（1979）からである）。これは，のちに明確にされるように，動作・作用のカテゴリカルな時間的な内部構造の特徴に基づく分類である（奥田 1994）。

また，奥田（1978）は，金田一の考えを受け継ぎ，継続動詞と瞬間動詞という分類に，結果動詞と非結果動詞という分類を重ね，十字分類（四分類）とした藤井（1966），高橋（1969），吉川（1971），鈴木（1972）らの考えに対しても批判をくわえ，動作・変化という二分法の分類を強く主張している。

➔アスペクト，継続動詞と瞬間動詞，運動動詞と状態動詞

■参考文献

奥田靖雄（1977）「アスペクトの研究をめぐって——金田一的段階」『宮城教育大学国語国文』8．〔再録：奥田靖雄（1985）〕

奥田靖雄（1978）「アスペクトの研究をめぐって」『教育国語』53，54．〔再録：奥田靖雄（1985）〕

奥田靖雄（1979）「意味と機能」『教育国語』58．〔再録：奥田靖雄（1985）〕

奥田靖雄（1985）『ことばの研究・序説』むぎ書房．

奥田靖雄（1994）「動詞の終止形（その2）」『教育国語』2-12．

金田一春彦 (1950)「国語動詞の一分類」『言語研究』15.〔再録：金田一春彦編 (1976)〕

金田一春彦編 (1976)『日本語動詞のアスペクト』むぎ書房.

鈴木重幸 (1972)『日本語文法・形態論』むぎ書房.

高橋太郎 (1969)「すがたともくろみ」.〔再録：金田一春彦編 (1976)〕

藤井 正 (1966)「「動詞＋ている」の意味」『国語研究室』5.〔再録：金田一春彦編 (1976)〕

吉川武時 (1971)「現代日本語動詞のアスペクトの研究」.〔再録：金田一春彦編 (1976)〕

〔須田義治〕

■動詞[1]

1. 動詞の基本的な性格

品詞の1つ。動詞は，名詞とともに基本的な単語類。単語が名詞的な単語と動詞的な単語に分かれることで，二語文が出来上がり，文法も存するようになったと考えられる。

典型的で大多数の動詞は，動きや動作を表すという語義を有する。動きを表すことが基因となり，動詞は様々な節の述語になるという文法機能を持つ。そのことと結びついて，日本語の動詞は語形を変化させる。

日本語では，いわゆる形容動詞（ナ形容詞）をも含め，形容詞も，語形を変え述語になりうるが，これらは，語義が属性・状態を表すことを受け，用法の中心は，「新しい計画が発表された。」「体の丈夫な人がうらやましい。」のような連体修飾（装定）用法である。それに対して，動詞では，「遊びに来る人が居ない。」のような装定用法は多くなく，用法の中心は，「雨が降れば，運動会が中止だ。」「激しい雨が降った。」のように，述語を形成する用法（述定）である。

2. 活用と文法カテゴリー

●**文法カテゴリーのタイプ**——日本語では，述語が様々な文法カテゴリーを帯びて，文や節を成立させる。動詞が述語になった場合だけではなく，述語一般が帯びる文法カテゴリーには，「彼は泣き虫で（は）ない。」「彼は強くない。」「彼は来ない。」のような肯否（みとめ方），「彼は泣き虫だった。」「彼は強かった。」「彼は来た。」のようにテンス，「彼は泣き虫です。」「彼は強いです。」「彼は来ます。」のように丁寧さがある。さらに，「彼は{健康だ/健康だろう}。」「彼は{来る/来るだろう}。」のように，断定・推量の対立が基本である認識のモダリティも，動詞述語だけでなく，形容詞や名詞からなる述語にも現れる。

動詞は，他に，「博は武を叱った。←→武は博に叱られた。」のようにヴォイスや，「部屋の前を通った時，彼は{笑った/笑っていた}。」のように，アスペクトをも取りうる。

●**活用と出現する文法カテゴリー**——動詞は，語形を変化させ，文形成のために様々な節の述語となる。この種の語形変化を活用と呼ぶ。活用の捉え方にはいろいろあるが，活用は文の成分として働きうる語の変化形である，という立場に立てば，動詞の活用として，たとえば，「書いたり（並列形）」「書きながら/書きつつ（副詞形）」「書き/書いて（中止形）」「書けば/書いたら/書くと（条件形）」「書いても/書いたって（逆条件形）」「書く/書いた（連体形）」「書く・書いた/書こう/書け（終止形）」などが取り出せる。さらに，「なら」「ので」「が」などの助詞を取り，「書くなら」「書くので」「書くが」という形式で述語をなすものもある。

どのような節の述語であるかによって，出現可能な文法カテゴリーが異なってくる。それに応じて，述語をなす動詞の呈する形式も異なってくる。副詞形には「叱られながら」のような受身の形は現れるが，肯否などは極めて稀。そ

れ以外は出現しない。「叱られていながら」は，副詞的な用法ではなく，逆接を表してしまう。中止形には「部屋の中に閉じ込め・られ・てい・て」や「勉強し・ない・で」のように，受身やテイル形や否定形が現れうる。ただ，「角を曲がり・まし・て」のような丁寧体形は，現れないわけではないが，その出現は稀。丁寧体は，条件形・逆条件形・連体形にも現れるが，文末の丁寧度がかなり高い場合でないと現れにくい。テンス形式の出現は，連体形・終止形のみ。中止形・条件形・逆条件形は，テンス形式を出現させない。認識のモダリティは，「?雨が降るだろう日」のように，連体形では現れがたく，十全に現れるのは，「彼は来るだろう。」のように，終止形のみである。

3. 動詞の結合能力

述語になることを第一の機能とする動詞は，述語として文を成立させるために，様々な連用成分と結びつき，それらをまとめ上げる機能を有する。「男はパンを急いで食べた。」の「男は」「パンを」「急いで」は，いずれも動詞「食べた」に係っていき，それと結びついている。

動詞の結合能力の最も中核をなすものは，動詞の格支配である。これは，動詞が，自らの表す動きや状態を実現・完成するために，名詞句の組み合わせを選択的に要求する働きである。

たとえば，「湿る」は「Xガ（湿る）」のようにガ格名詞句のみを，「割る」は「XガYヲ（割る）」のようにガ格名詞句とヲ格名詞句を，「吠える」は「XガYニ（吠える）」のようにガ格名詞句とニ格名詞句を，「結婚する」は「XガYト（結婚する）」のようにガ格名詞句とト格名詞句を，「贈る」は「XガZニYヲ（贈る）」のようにガ格名詞句とヲ格名詞句とニ格名詞句を，「奪う」は「XガZカラYヲ（奪う）」のようにガ格名詞句とヲ格名詞句とカラ格名詞句を，それぞれに要求する。

4. 動詞の語彙-文法的下位的タイプ

動詞は，ヴォイスやテンス・アスペクトや意志・命令などに対する振る舞い方の点において，いくつかの下位類に分かれる。

ヴォイスにおいては，受身が中心になり，直接受身と間接受身を区別することが重要。動詞は，「博は武に叩かれた。」「洋子は洋平から花束を贈られた。」の「叩く，贈る」のように，直接受身を作りうる動詞，「博は恵子に結婚された。」「私は赤ん坊に泣かれた。」の「結婚する，泣く」のように，間接受身は形成しうるが，直接受身を作らない動詞，「*僕は大事件に生じられた。」の「生じる」のように，直接受身にも間接受身にもなりえない動詞などに分かれる。

また，動詞には，「預ける，教える，やる，捕まえる」のような，能動動詞とともに，「預かる，教わる，もらう，捕まる」のような，それに対応する受身動詞の存する場合がある。

テンスに関しては，ル形（基本形）で，「あっ，荷物が落ちる。」のように，未来を表す動き動詞と，「この部屋には机がある。」のように，現在を表す状態動詞とに分かれる。また，動き動詞は，「彼はワインを{飲んだ/飲んでいた}。」のように，アスペクトの存在・分化を持つが，状態動詞は，「机の上に本が{有る/*有っている}。」のように，アスペクトが存在・分化しない。さらに，アスペクトの分化を持つ動詞の中にあっても，（シ）ハジメル形の可否に関して，「*男は死にはじめた。」の「死ぬ」のように，それが不可能な動詞と，「男は走りはじめた。」の「走る」のように，可能な動詞とがある。さらに，（シ）ハジメル形が可能な動詞には，「*男は太りおわった。」の「太る」のように，（シ）オワル形が無理な動詞と，「彼は本を読みおわった。」の「読む」のように，（シ）オワル形が可能な動詞とがある。

意志・命令に対しては，「公園に行こう。」

「公園に行け。」「公園に行くな。」のように，意志・命令・禁止を作りうる意志動詞と，「*困ろう。」「*うんと困れ。」「*そんな事で困るな。」のように，意志・命令・禁止になれない無意志動詞がある。さらに，「*驚こう。」「*うんと驚け。」「そんな事で驚くな。」のように，意志・命令を作らないが，禁止にはなりうる動詞などがある。

「走れる」「話せる」のような可能動詞は，語彙-文法的な下位種を作る派生動詞。

5．動詞らしさの喪失

動詞は，動きを表し，主節の述語になりうるものが，典型的な動詞である。状態を表すことによって，「ある」は，アスペクトを持たないし，形態的にも否定形の「*あらない」がない，など典型から外れている。また，「馬鹿げている，しゃれている」なども，述定用法ではテイル形しかなく，また，述定より装定用法の方が多い，という形容詞に近い性質を有している。さらに，「連れる」は，「子供を公園に連れて行く」のように，テ形を中心とした限られた用法しかない。

◆活用，動詞文，動作動詞と変化動詞，可能動詞，ヴォイス，アスペクト，テンス

■参考文献

宮島達夫（1972）『動詞の意味・用法の記述的研究』秀英出版．

高橋太郎（2003）『動詞九章』ひつじ書房．

[仁田義雄]

■動詞[2]

1．動詞とはなにか

動詞は主要な品詞の一つである。品詞とは，語彙・文法的な特徴によって単語が分類されたものである。動詞に属する単語は，事物の動きをあらわし，文の中で述語になることを第一の機能とする。事物の動きを意味するものがすべて動詞に所属するというわけではない。事物の動きをあらわす単語の所属先は，典型的には動詞であるが，動作名詞として名詞に所属することもある。また，動詞の中には「ある」「違う」「矛盾する」のように動きをあらわさない単語も存在する。単語の語彙的意味は，単語の文法性をささえるものではあるが，それを決定づけるものではない。品詞の分類に，単語の語彙的意味が関与していることは否めないとしても，品詞の認定には，その単語の文法的な特性を問わなければならない。

2．動詞の機能

動詞は，文の中でさまざまな機能をはたす。動詞は，述語になることを第一の機能とする品詞で，述語として機能することに関連して，多くの形態論的なカテゴリーを発達させている。形態論的なカテゴリーとは，少なくとも二つ以上の文法的な意味や機能の点で対立する語形の系列をかかえこんでいて，たがいになんらかの共通部分をもちながら，異なった側面をもつということを意味する。すべての動詞が《肯定否定（＝みとめ方）》《テンス》《対事ムード》《丁寧さ（＝スタイル）》のカテゴリーをもち，一部の動詞が《アスペクト》《ヴォイス》《対人ムード》のカテゴリーをそなえている。

《肯定否定》とは，当該の事態が存在するか存在しないかをあらわしわける言語形式にもとづく形態論的カテゴリーである。

　　彼は　友だちと　会った。〈肯定〉
　　彼は　友だちと　会わなかった。〈否定〉

《テンス》とは，話の時点（発話時）を基点として，話されている内容が過去・現在・未来のいずれかを言い分ける言語形式にもとづく形態論的カテゴリーである。動きをあらわす動詞は「スル」の語形で未来を，動きをあらわさない動詞は現在をあらわす。

```
 ┌(きのう) 友だちと 会った (*会う)。
 │〈過去〉
 │(あした) 友だちと 会う (*会った)。
 └〈未来〉
```

《対事ムード》とは，言語主体（話し手）が当該の事態をどのように認識し，判断するかに関わるものである。断定するか断定をひかえるか〈推量〉による対立をあらわしわける形態論的なカテゴリーがある。

```
 ┌彼は 友だちと 会った。〈断定〉
 └彼は 友だちと 会っただろう。〈推量〉
```

《丁寧さ》とは，ある事態を〈丁寧〉にいうか〈普通（ぞんざい）〉にいうかをあらわしわける言語形式にもとづく形態論的なカテゴリーである。

```
 ┌友だちと 会いました。〈丁寧〉
 └友だちと 会った。〈非丁寧/普通/ぞんざい〉
```

動詞「たべる」の，①《肯定否定》，②《テンス》，③《対事ムード》，④《丁寧さ》の対立は図1のようになる。カテゴリーは文法的な形式（語形）と文法的な意味との対立の中に存在する。

図1 「たべる」のカテゴリーの違いによる語形変化

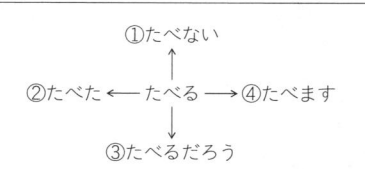

```
                    ①たべない
                       ↑
        ②たべた ← たべる → ④たべます
                       ↓
                    ③たべるだろう
```

以上，4つのカテゴリーは，形容詞や名詞が述語になるときにもみられる。動詞には，他の品詞にみられない，《ヴォイス》《アスペクト》《対人ムード》が存在する（ただし，すべての動詞にこれらが存在するわけではない）。

《ヴォイス》とは，文を構成する動詞の語形と名詞の格関係が交代する統語的な現象をいう。以下の(1)の〈はたらきかけ（能動）〉と(2)の〈うけみ（受動）〉がヴォイス上の対立を示し，(3)では〈基本（非使役）〉と(4)の〈使役〉がヴォイス上の対立をしている。

```
 ┌(1)太郎が 次郎を なぐった。〈はたらきかけ〉
 │(2)次郎が 太郎に なぐられた。〈うけみ〉
 │(3)太郎が 次郎を なぐった。
 │   〈基本/非使役〉
 │(4)三郎が 太郎に 次郎を なぐらせた。
 └   〈使役〉
```

《アスペクト》とは，事態の時間的な局面を特徴づけている言語形式にもとづく形態論的なカテゴリーである。以下の(5)は，その運動をひとまとまりとしてとらえている（単純相と呼ぶ）のに対して，(6)は，その運動を時間的な幅の中でとらえている（持続相/継続相）という違いがある。持続相では分析的な形式をとる。

```
 ┌(5)太郎が 次郎を なぐった。〈単純相〉
 │(6)太郎が 次郎を なぐって いた。〈持
 └   続相/継続相〉
```

《対人ムード》とは，話し手と聞き手にかかわるもので，話し手に関与する〈意志〉(7)，聞き手に関与する〈命令〉(8)，両者に関与する〈勧誘〉(9)がある。

```
 ┌(7)わたしが 行こう。〈意志〉
 │(8)君が 行け。〈命令〉
 └(9)いっしょに 行こう。〈勧誘〉
```

動詞が述語として文末（終止用法）に用いられるときには，多くの形態論的なカテゴリーが展開されるが，連体用法や広義の連用用法では，これらのカテゴリーが限定される。連体用法では，《みとめ方》《(相対的な)テンス》《アスペクト》を除いて，他のカテゴリーはあらわれないか，あらわれにくい。連用用法（中止用法）では，形態論的なカテゴリーがおおむね消え，〈条件〉というムードの形式をもつ。終

止・接続（連体・連用）用法も《断続》という形態論的カテゴリーの一つと考えられる。

　動詞は述語以外にも二次的な機能として主語・補語，修飾成分，規定成分，状況成分にもなる。

　動詞は，主語や補語になることがある。現代語では，「－の」「－こと」のような名詞化の手続きを要するが，「負けるが勝ち。」「飲む・打つ・買うは男の三道楽だ。」のような例もある。

　動詞は，「あわてて部屋をかたづけた」「急いで買い物に行った」「出されたものは，残さず食べた」のような修飾成分としても用いられる。副詞に移行したと考えることもできる。

　動詞は，「太った女性」「しなびた野菜」のように，規定成分として用いられる。

　動詞は，「雨がはげしく降ったので，外出できなかった。」「いくら注意しても彼らはいっこうにそれを聞こうとしない。」のように，他の成分をうけて状況成分として用いられる。

3．動詞の形式

　動詞には，語幹が子音で終わる子音語幹動詞（5段動詞，強変化動詞とも）と，語幹が母音で終わる母音語幹動詞（1段動詞，弱変化動詞とも）と，それらに属さない若干の不規則動詞とがある。「飲む（nom-）」「飛ぶ（tob-）」は子音語幹動詞の，「食べる（tabe-）」「見る（mi-）」は母音語幹動詞の例である。不規則動詞の代表は「来る」と「する」である。これらは，語形の違いがあるだけで，システムは共通している。

　動詞の語幹や語基に接尾辞がついて，派生動詞がつくられる。形態，例，文法的意味を記す。

　動詞の語幹に動詞性接尾辞がつくもの。

-Sase-　「飲ませる」「食べさせる」〈使役〉
-Sas-　「飲ます」「食べさす」〈使役〉
-Rare-　「飲まれる」「食べられる」〈受動/可能/尊敬〉
-Re-　「飲める」「(食べれる)」〈可能〉

　動詞の語幹に形容詞性接尾辞がつくもの。

-Ana-　「飲まない」「食べない」〈否定〉

　動詞の語基に動詞性接尾辞がつくもの。

-mas-　「飲みます」「食べます」〈丁寧〉
-u/e-　「ありうる」「なりえる」〈可能〉
-aw-　「助け合う」「殴り合う」〈相互性〉
-kane-　「わかりかねる」「見かねる」〈可能の否定〉

　動詞の語基に第一形容詞性接尾辞がつくもの。

-ta-　「飲みたい」「食べたい」〈希望〉

　動詞の語基に第二形容詞性接尾辞がつくもの。

-sou-　「飲みそう」「泣きそう」〈様子/可能性〉

4．動詞の種類

　動詞は，形式や文法的意味によって，分類できる。以下の(1)(2)は形式による分類であり，(3)(4)は文法的意味による分類，(5)は統語的な特性による分類の例である。

　(1)活用による分類：（3．動詞の形式を参照）

　(2)単純動詞と合成動詞（図2）：複合動詞は，生産的で文法的なものと，非生産的（臨時的）で語彙的なものに分けられる。

　(3)アスペクトによる分類：動詞が主体の動きをあらわすか否か，動きをあらわすものは，持続する動きか変化かによって，動きをあらわさないものは，存在か状態かによって分類される（表1）。

　動きをあらわす動詞の「している」の形式は，動作動詞では，「主体の運動の継続」を，変化動詞では，「主体の変化の結果の継続」を意味する。

　(4)ムードによる分類：意志動詞と無意志動詞

図2　単純動詞と複合動詞

動詞
　├単純動詞　　「食べる」「飲む」
　└合成動詞　├派生動詞：食べられる，食べさせる，食べます，…
　　　　　　　└複合動詞：食べ続ける，食べ終わる，食べ比べる，食べ疲れる，…

表1　動詞のアスペクトによる分類

動詞	動きをあらわす動詞	動作動詞	食べる　飛ぶ　話す　照る　歩く
		変化動詞	死ぬ　倒れる　寝る　開く　沸く
	動きをあらわさない動詞	存在を表す動詞	ある　存在する　点在する
		状態を表す動詞	すぐれる　似る　そびえる　違う

に分類でき，運動が「人間（あるいは動物）の意志」に関与するか否かによって分かれる。命令法や意志法などの用法は，意志動詞にのみ可能である。

(5)他動詞と自動詞：目的語をとるか否かによる分類。目的語をとる他動詞ととらない自動詞に分かれる。

◆述語，動詞文，ムード，テンス，アスペクト，活用

■参考文献

奥田靖雄（1978）「アスペクトの研究をめぐって――金田一的段階」『宮城教育大学国語国文』8．

鈴木重幸（1972）『日本語文法・形態論』むぎ書房．

鈴木重幸（2008）「文法論における単語の問題」『國語と國文學』（東京大学国語国文学会）85-1．

高橋太郎（2003）『動詞九章』ひつじ書房．

村木新次郎（1991）『日本語動詞の諸相』ひつじ書房．

［村木新次郎］

■動詞活用の種類

学校文法において動詞活用の種類は表1のように分類される。

表1　学校文法における動詞活用の種類

●文語（9種類）

四段活用，上一段活用，上二段活用，下一段活用，下二段活用，カ行変格活用，サ行変格活用，ナ行変格活用，ラ行変格活用

●口語（5種類）

五段活用，上一段活用，下一段活用，カ行変格活用，サ行変格活用

分類の原理は，活用における形態変化の型によるもので，動詞の意味や文法的機能によるものではない。活用における形態変化は，活用語尾（動詞という単語の捉え方によっては動詞語基末尾）の母音変化，及び，ル・レ・ロ等の接辞の添加によって示されるが，それぞれの活用の種類の名称は，このうち活用語尾の母音変化が五十音図のどの列（段）に渉って変化するかによる命名である。

これらの動詞活用の種類のうち，〈〜段活用〉

の名称を持つ活用は規則変化活用であり，〈変格活用〉は不規則変化活用である。規則変化活用は，〈母音変化型活用〉〈語尾添加型活用〉〈混合変化型活用〉に分けられる。上の学校文法における分類と対応させて示せば，表2のようになる。

表2 活用変化型に基づく動詞活用の分類

●規則変化活用

〈母音変化型活用〉…四段活用，五段活用
〈語尾添加型活用〉…上一段活用，下一段活用
〈混合変化型活用〉…上二段活用，下二段活用

●不規則変化活用

カ行変格活用，サ行変格活用，ナ行変格活用，ラ行変格活用

日本語教育などでは〈母音変化型活用〉〈語尾添加型活用〉〈不規則変化活用〉の動詞をそれぞれ〈Ⅰ類〉〈Ⅱ類〉〈Ⅲ類〉の動詞と呼ぶ。

文語ラ行変格活用動詞アリは，〜ニ・〜トで終る副詞，形容詞連用形〜クに接続・熟合し，情態性を表す活用語を形成する。これらの活用は，それぞれ，〈ナリ活用〉〈タリ活用〉（以上，いわゆる形容動詞）〈カリ活用〉（いわゆる形容詞補助活用）と呼ばれる場合がある。

➡活用

■ 参考文献
橋本進吉（1934）『国語法要説』明治書院.〔再録：橋本進吉（1948）『国語法研究』岩波書店〕

［坪井美樹］

■『動詞の意味・用法の記述的研究』
（宮島達夫）

1972年に，国立国語研究所の研究報告43として公刊された。第1部「意味特徴の記述」，第2部「個別的研究」，第3部「意味とほかの性質との関係」からなる。第1部では，動詞の意味に関与するさまざまな意味特徴が抽出されている。観念的な理論よりも具体的な記述を重視するとして，多くの実例から帰納するという方法が貫かれている。第2部では，個々の動詞の多義のあり方を詳細に記述し，当該の動詞がもつ意味の基本とその派生の関係が構造化される。第3部は，動詞の意味と文法的な性質や文体的な性質との関係を述べたものである。「うがった」「さばけた」「きりたった」「殺気だった」などの語形は，連体形式のみあって，終止形式が存在せず，動詞としての基本的な性質を失っていることを指摘した。

この研究報告の最大の特徴は，大量の用例にもとづく記述である点にある。当時，文脈の影響を取り除き，発話や文の意味が混入しない「意義素」を追究しようとする服部四郎や國廣哲彌らによる研究があった。著者の意味記述の方法は，用例の中に意味を求めるという立場で，この研究成果は，意義素説に対するアンチテーゼとも受け取れる。

本書の発表が契機となって，類義語研究をはじめ，語彙論・意味論が発展した。さらに，辞書の質的な向上にも寄与した。

［村木新次郎］

■動詞文

●動詞文とは——述語が動詞（動詞述語）で出来ている文。形容詞文や名詞文に対するもの。「北海道の冬は寒い。」「西の空が真っ赤だ。」などが形容詞文であり，「鯨は哺乳類だ。」「彼はまだ副社長でした。」などが名詞文であるのに対して，「雨が降っている。」「彼は帰った。」などが動詞文。

●動詞文の文法的な特徴——動詞の基本で大多数は，その語義が動きを表すもの。そのことを

受けて，動詞文には，形容詞文や名詞文にはない文法的な特徴が存在する。

《動詞文だけでなく，形容詞文・名詞文にも存在する文法カテゴリー》「彼は副社長で（は）あり・ませ・ん・でし・た。」「仙台はさほど寒く・なかっ・た・です。」「彼はここには現れ・ませ・ん・でし・た。」のように，肯否やテンスや丁寧さは，これら3種の文に現れる。さらに，断定・推量も，このタイプである。

《動詞文にのみ現れるもの》ヴォイスやアスペクトがこれである。

命令や意志の文の実現を規定している要因は，事態に対する主体の自己制御性であるが，そのことに動詞文か否かが関わっている。「僕は当分学生である。」「僕は当分学生でいる。」これらはともに，動きではなく状態の文であるが，「*当分学生であろう。」は逸脱性を有しているが，「当分学生でいよう。」は適格文である。

《時間的性格》アスペクトが動詞文にしか存しないのは，動詞文が動きを表しているからである。したがって，動詞文であっても，「彼は家に｛いる/*いている｝。」のように動きを表さないものは，アスペクトを分化させない。

テンスを典型的に持つものは，動きを表す動詞文。形容詞文や名詞文でのテンスのあり方は，大多数の動詞文とは異なっている。ともに述語はタ形だが，「彼は来た。」では過去に出現した事態を表しているのに対し，「富士山は高かった。」「彼は秋田生まれだった。」のようなものは，過去に存し今は存在しない事態ではない。

《題目の有無》形容詞文・名詞文は，「西の空が真っ赤だ。」「隣が火事だ。」のように無題文がないわけではないが，有題文が普通。それに対して，時間の中に発生する動きを表す動詞文では，有題文も少なくないが，「あ，雨が降っている。」のように，文全体で新情報の現象を表す無題文も，また少なくない。

▶動詞，形容詞文，名詞文

■参考文献

宮島達夫（1972）『動詞の意味・用法の記述的研究』秀英出版.

高橋太郎（1994）『動詞の研究』むぎ書房.

［仁田義雄］

■倒置

日本語の基本的な語順では，文末に述語が位置する。この原則に反して，述語のあとに文の構成要素が現われることを「倒置」という（以下，「後置」と呼ぶ）。

(1) a. 私，見たんです，彼の姿を。

b. おいしいですね，このケーキは。

これらの文では，後置された要素（「彼の姿を」）が先行する部分（「見たんです」）にかかって，一文をなすという直観がある（宮地1984）。

従来，後置については，文の情報構造に着目した研究がなされている（久野1978，藤井1991など）。以下では，後置文の情報構造と生成過程について述べる。

1. 後置文の情報構造

素朴な直観として，後置文には，一旦述語を配して終結させた文に，あとから要素を付加するという意識が伴う。だが，付加できる要素については制約がある（久野1978）。たとえば，質問文に対する応答文で焦点要素を後置することはできない。

(2) A：誰が来たんですか。

Ba：太郎が来たんです。

Bb：*来たんです，太郎が。

久野（1978）は，後置文の非後置部分も後置部分も省略文と考えている。この考え方では，上の（2Bb）文は非後置部分で省略してはなら

ない要素（焦点要素）を省略したために不適格になると説明される。

しかし，後置要素までが一つの文であるならば，後置要素として発話することで焦点要素を補うことがなぜできないのだろうか。久野(1978)ではこの点が説明されていない。

さきほどの素朴な直観に戻ると，後置文では，非後置部分の発話が終わって（それ自体一つの文として終結して）から，いわば「追いかける」ようにして，ある要素を付加する。この直観から，後置文の非後置部分と後置部分とでは情報をやりとりする場としての性格が異なると考えられる。すなわち，非後置部分が情報のやりとりの基幹の部分を担うのに対し，後置部分はあくまでも二次的なもので，補足的な役割にとどまると考えるのである。

ただし，一旦終結した非後置部分に対して，あえて「追いかける」のだから，後置要素にはそのコストに見合うだけの情報がなければならない。

(3)A：きのう研究室へ行きましたか。
　Ba：??はい，行きました，研究室へ。
　Bb：はい，行きました，田中さんといっしょに。

(3Ba)は情報が全く増えないために不適格となる。これに対し，「田中さんといっしょに」という補足的情報をもたらす(3Bb)は自然な応答となる。

2．後置文の生成過程

先述の通り，久野(1978)は後置文を［省略文＋省略文］と考えている。たとえば「馬鹿ダヨ，山田ハ」という文は次のようにして成立すると考える。

(4)［山田ハ］馬鹿ダヨ，山田ハ［馬鹿ダヨ］

だが，二文が並置された構造から単文を導くという考え方は，後置要素が非後置部分にかかって一文をなすという直観には合いにくい。

一方，後置要素が独立した発話に接近する場合もある。

(5)きのう，ワインを飲んだんですよ，極上のね。
(6)A：きのう，ワインを飲んだんですよ。
　B：へえ，そうですか。
　A：しかも，極上のね。

(5)の文は，(6)のように二発話に分割されることもありうる（ここでは特に「しかも」という語があることで，独立した発話であることが明確になっている）。このような例から，後置文の生成過程として次のようなものが考えられる。すなわち，本来二つの独立した発話である要素が，文とその直後の後置要素として現れる。このとき，両者を関連づけて意味解釈が行われるため，両者で一文をなすという意識が生じるのだと考えるのである。

上では，単文要素の後置を考えたが，日本語では複文の従属節からの後置が可能な場合もある（大島1988など）。

(7)a．最近，やめる人が多いんですよ，たばこを。
　b．太郎があの日誰に会ったか知っていますか，あの公園で。

◆語順，省略

■参考文献

大島資生(1988)「連体節内要素の後置について――研究する人がいないんですよ，後置文を」『論集　ことば』東京都立大学．

久野暲(1978)『談話の文法』大修館書店．

高見健一(1995)『機能的構文論による日英後比較――受身文，後置文の分析』くろしお出版．

藤井洋子(1991)「日本語文における語順の逆転――談話語用論的視点からの分析」『言語研究』99．

宮地裕(1984)「倒置考」『日本語学』3-8．

［大島資生］

■時枝誠記（ときえだ もとき 1900-67）

● **略歴**——東京生まれ。東京帝国大学文学部国文科を卒業。旧制中学校の教諭を極短期間勤める。当時の植民地にあった京城帝国大学助教授・教授を経て、昭和18年から東京帝国大学教授。東京大学退官後、早稲田大学文学部の教授に。

● **研究業績**——明治以降の日本語研究の西洋言語学化に疑問を抱き、自らの研究を日本人による日本語研究の歴史への考察から始める。研究史への彼の考察は、『国語学史』（岩波書店、1940刊）としてまとまる。彼の言語観は、言語過程説と呼ばれ、それは『国語学原論』（岩波書店、1941）に結実。さらに言語過程説を展開させた書として『国語学原論 続篇』（岩波書店、1955）を刊行。また、詞・辞や入子型構造という考えを使って記述された日本語文法の書『日本文法 口語篇』（岩波書店、1950）、『日本文法 文語篇』（岩波書店、1954）を出す。文章を1つのまとまった統一体として捉え研究すべきだとした宣言の書『文章研究序説』（山田書院、1960）を刊行。また、国語問題にも関心が深く、『国語問題のために』（東京大学出版会、1962）などを刊行。時枝の研究は、渡辺実など戦後の文法研究に影響を与えた。

➡時枝文法, 詞と辞, 陳述論

■参考文献

時枝誠記（1976）『国語学への道』明治書院.
鈴木一彦（1997）「時枝誠記伝」明治書院企画編集部編『日本語学者列伝』明治書院.
仁田義雄（2005）『ある近代日本文法研究史』和泉書院.

［仁田義雄］

■時枝文法

1. 時枝誠記の基本的な言語観

● **時枝の出発点**——明治以来の日本における言語研究は、西洋の言語学を学ぶことにより自らの研究を推し進めてきた。時枝は、そういった日本語研究の西洋言語学化に疑問を抱きながら、日本人による日本語研究の歴史への考察を通して、自らの言語観を模索し確立していった。

● **言語過程説**——模索の後、時枝が辿り着いた言語観が、彼の言語過程説である。時枝は、言語に対する自らの捉え方を、

> 言語は、人間の表現行為そのものであり、また、理解行為そのものである。この考へ方は、表現理解の行為とは別に、或はそれ以前に、表現理解において使用される資材としての言語（ソシュールのいはゆる「ラング」）が存在するといふ考へ方を否定するものである。（『国語学原論 続篇』1955, p.7)

のように述べている。これが言語過程説の大要であり、中核である。時枝は、言語を、行為・活動の一形態として「こと」的側面において捉え、言語学の対象は、特定個人の特定言語行為以外にはありえない、とする。

2. 時枝文法の概要

● **時枝文法の特徴**——言語を人間の表現・理解活動そのものと捉えることにより、時枝の文法研究は、言語主体との関わりを強く打ち出すことになる。それは、語・文・文章という文法上の単位の認定においても、単語分類のあり方においても、観察される。

　時枝にあっては、語・文・文章は、主体の意識において1つの統一体として認定された質的単位であることによって、文法上の単位となる。たとえば、語は、体験される言語過程に存するもの、1単語はその過程が1回的遂行であ

ることによって成立するもの，と規定される。

　ただ，文法書が編めること自体，時枝の否定にも拘わらず，言語が資材性（もの的側面）を有していることの現れ。したがって，時枝の言うような姿勢で文法分析を隅々まで行いきることは，基本的に無理。

●**単語の分類**——時枝の言語過程説・主体主義的文法研究が最も明確に直接的に現れているのが，詞・辞への単語分類である。

　詞は，客体的表現であり，概念過程を含む形式，表現される事物・事柄の客体的概念的表現，主体に対する客体化の表現などと性格づけられる。詞には，体言・用言（動詞・形容詞）・代名詞・連体詞・副詞が属する。「暖か」のような形容動詞語幹は体言の1種。

　それに対して，辞は，主体的表現であり，概念過程を含まぬ形式，表現される事柄に対する話し手の立場の直接的表現，常に話し手に関することしか表現できないなどと説明される。辞には，接続詞・感動詞・助動詞・助詞が属する。さらに，陳述副詞も，詞ではなく辞に属するもの。いわゆる助動詞の中からは，「(ら)れる」「(さ)せる」「たい」が接尾語として除かれる。「たぶん雨が降るだろう。」の「たぶん」や「だろう」が主体的表現として辞に属させられるのは，理解しやすいだろうが，「男が本を読んでいる。」の格助詞「が」「を」が，話し手の立場の直接的表現として辞に属させられるのは，そう分かりやすいことではない。

●**辞の機能**——時枝の言語観がさらによく現れているものに，辞の機能に対する捉え方・説明のし方がある。時枝は，辞の機能を，客体界に対する言語主体の統括機能の表現・統一の表現とし，詞と辞の関係を，風呂敷を喩に出し，包まれるものと包むものとの関係として説明。さらに，辞の喩として出した風呂敷について，風呂敷は，観察的立場においては1つの物としての存在だが，主体的立場においては物を包むことに本質があるのだ，と説明している。

●**零記号（の辞）**——時枝にあっては，詞・辞の2類への下位類化は絶対的であって，詞は，自らの中に辞の概念を絶対含んではならないものである。したがって，「降る。」や「寒い。」という文が成り立つ時，用言である「降る」「寒い」が陳述作用をも同時に表すと考えるのではなく，

　　　降る■　　　寒い■

のように，零記号の辞「■」によって，零記号の陳述が存し，それが「降る」「寒い」という語を包んでいるからである，としている。

●**時枝の文認定**——時枝にあっては，質的統一体であることによって文法上の1単位である文の考察・認定においては，文を構成する単語連結のありようが重要になるのではなく，文を言語における1つの統一体として記述すること，文を1つの統一体とする条件を明らかにすることが重要になるのである。

　文は，「客体的なものと，主体的なものとが結合して，完結した形式を持つもの」（『国語学原論』1941, pp.388-389）と規定されることになる。

●**文成立の3要件**——時枝は，このような文の成立要件として，①具体的な思想の表現であること，②統一性があること，③完結性があること，の3つを挙げている。

●**具体的な思想の表現**——これは，たとえば「犬だ。」において，客体界の表現「犬」と，それに対する判断を表す主体界の表現「だ」との結合において成立する，とされる。さらに，具体的な思想の表現は詞と辞の結合においてなる，とも表現されている。

●**時枝の句**——［詞＋辞］の結合を具体的な思想の表現上の単位として，時枝はそれを句と名づける。同じ句という用語を使いながら，時枝の句は，山田孝雄のそれとは極めて異質。時枝は，句を語と文や節との中間的存在である，と

位置づけるが，詞・辞の結合と規定することにより，彼の句は，「彼が来るのに，」のような節的な存在や，「雨が」のような存在だけでなく，「雨が降っているよ。」のような文である存在をも指しうる伸縮自在性を持ってしまう．

● 統一性——そこで，文以下の存在を文から区別するために，彼は統一性という要件を持ち出すことになる．①文を意識しうるのは思想の統一があるから，②思想の統一は辞の統括機能によるもの，③統括機能を持っているものには，助詞・助動詞・用言に累加される零記号の辞である，と説明している．ただ，「雨か。」の「か」は統一性を与える助詞であるにしても，「雨が」の「が」は，それと同等の意味で統一性を与える助詞ではない．1つであるべき辞にこのような差異が出てくるのは，そもそも辞の定立のし方に問題があるからであろう．

● 完結性——詞・辞の結合や統一性という文成立の要件は，文成立の最終的な決め手のために，さらに完結性という概念で補われなければならない．文と認識されるのは，詞に辞が結合するとともに，その辞が完結する処の辞であり，完結する陳述作用を有しているためである，ということになる．たとえば，(1)「裏の小川はさらさら流れ，」が文でないのは，これが終止形という切れる形をとっていないことによる，と説明される．より彼の論に忠実に述べれば，(1)が文でないのは，完結する処の零記号の辞に累加されていないため，ということになろう．

● 入子型（構造）——時枝は，文において句が重なり，どのようにして思想の統一した表現になるかを，(2)「梅の花が咲いた。」という文を，

梅	の	花	が	咲い	た

のように，句を含む句，という入子型構造を設定することによって説明している．(2)の文は入子型構造で説明がつくにしても，(3)「博は武に本を貸した。」のような文は，

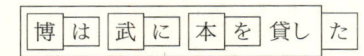

博	は	武	に	本	を	貸し	た

のようになり，入子型構造ではうまく行かない．

➡時枝誠記，詞と辞，陳述論

■参考文献
時枝誠記（1941）『国語学原論』岩波書店．
時枝誠記（1950）『日本文法 口語篇』岩波書店．
時枝誠記（1955）『国語学原論 続篇』岩波書店．
時枝誠記監修（1967-68）『講座日本語の文法（全4巻）』明治書院．
仁田義雄（2005）『ある近代日本文法研究史』和泉書院．

［仁田義雄］

■時の副詞・時の名詞

「いま」を原点として出来事を時間的に位置づける単語群があり，基本的に副詞として機能するが，日本語では通常，出来事が生起する時期（時点と期間）をあらわす「時の名詞」と，出来事間または出来事内部の時間量を相対的に量り位置づける「時の副詞」とに分けて理解されている．名詞か否かの差は，時期は出来事の舞台として対象＝モノ化されやすく，主語や補語としても働くために格変化をもちやすいのに対し，相対的時間量は出来事の様相＝サマとして認識されて，副詞＝不変化詞として機能しやすい，という事情による．「いま」は，原点として分水嶺の位置に立ち，用法としては当然両面性をもつし，いわゆる頻度は，一定の期間の生起量であるから境界をまたぐようにして働く．

● 時の名詞——《A 時の名詞》は，出来事の生起する〈時期〉の示し方によって，(1)発話時（イマ）を基準とする「きのう‐きょう‐あした」

(2)他の出来事や場面時（ソノ時）を基準とする「前日-当日-翌日」(3)客観時「朝-晩 昼-夜/日曜日 月曜日 …/2007年 …」などに分けられる。(3)は「日・暦・特定の記念日などを「隠れた基準」とすると言ってもいいか。以上の例は、〈時点〉をあらわすとともに一定の長さのあるもの（例：先週、2007年）は〈期間〉もあらわしうるが、それを明示するには、(4)「ひと月・一日中・三日間」のような時間数詞と接辞とによるか、(5)「朝から晩まで」のように起点と終点（またはその片方）を明示して表わす。〈頻度〉は、(6)「（週に）一度」などの度数詞や、(7)「毎日・一日おきに・日曜ごとに」などの接辞によって半ば副詞化して表わす。以上を通じて、時の名詞とはいっても「基準」に基づく意味の相対性と関連して、多かれ少なかれ格助辞を伴わずに「副詞的用法」にも立つ。

●時の副詞──《ab/AB時の名詞と副詞との両面性をもつもの》まず、時の名詞に大きくは対応しながら副詞用法に傾斜するものとして、(1)時期に対応：発話時を基準とする前後関係「〈現在〉いま、目下」「〈過去〉いましがた、かつて」「〈未来〉いまに、いずれ」(2)期間に対応：概括的時間量「しばらく、しばし、いつまでも」(3)頻度に対応：反復量「たえず、しばしば、ときどき、たまに」(4)恒常「つねに、いつも」などがある。(1)は述語動詞のテンスと呼応して出来事時を設定するもの。(2)は述語動詞の継続時間量を規定するもので、単純相（スル）とも持続相（シテイル）とも共起することに注意。所属語彙が少ないのは、程度副詞「ちょっと、すこし、だいぶ、かなり」なども時間量をあらわしうるからだろう。(3)は、語彙が豊富で、独自形態をもたない述語の〈反復〉のアスペクトに呼応するというより規定するもので、反復量を規定することは、時の名詞の〈頻度〉用法も含めて副詞らしい働きだといっていい。(4)は(3)の延長だが、形容詞述語と共起しうる。

《B副詞に独自なもの》として、まず《B₁出来事と基準時との関係をあらわすもの》に、(5)変化の生起と基準時との前後関係「もう・すでに（・とっくに）⇔まだ・いまだに」(6)基準時から動作や変化の起こるまでの時間量「すぐ、ただちに／やがて、まもなく／同時に」(6′)時間量小＋無前兆「とつぜん、急に、ふいに、いきなり」(6″)時間量大＋困難性「やっと、ようやく、とうとう、ついに」などがある。もとは複文・連文において複数の出来事間の前後関係（タクシス）を量的に位置づけるものであり、単文においては発話時・場面時を基準とする前後関係を規定することとなって、テンスやパーフェクトなどの補充や補強（例：まもなく、もう）の役もはたす。

次に《B₂一連の出来事の内部の時間的な様態をあらわすもの》として、(7)変化の進行「しだいに、徐々に、だんだん」、(8)同類の累加「ぞくぞく、つぎつぎ」、(9)不変化の持続「ずうっと、依然として、相変わらず」などがある。これらは、述語部分の「していく・してくる」などの新しい分析形式とともに、文＝出来事のアスペクト性（aspectuality）を変化量の面で（異様なほどの不変化をも含め）補充・補強するものである。

なお、(6)「すぐに」や(6′)「急に」などは〈変化の速度〉とも見るが、動作の速度（等速度）の「ゆっくり・あわてて」などは、時の副詞というより動作様態の副詞（または用言副詞形）と見るべきであろう。すくなくとも述語の階層的構造との相関関係からはそう見るべきであり、〈時〉の認識が、事態の〈変化〉の認知に始まるものだ、ということとも符合する。以上の概観にもれたもの、規定の不十分なもの、また分類の枠組自体の修正革新などについて、研究はいまなお進行中である。

➡アスペクト，テンス，タクシス，パーフェクト

■参考文献

川端善明（1964）「時の副詞（上・下）」『国語国文』33-11，12．

工藤 浩（1985）「日本語の文の時間表現」『言語生活』403．

矢澤真人（2000）「副詞的修飾の諸相」仁田義雄・益岡隆志編『〈日本語の文法1〉文の骨格』岩波書店．

仁田義雄（2002）『副詞的表現の諸相』第7・8章，くろしお出版．

［工藤 浩］

■独立語

●**独立語になる品詞**——独立語は，ほかの文の部分と直接むすびつかない文の部分のことである。そうした独立性のつよいものとして，独立語は，基本的には対象的な内容を表わすことはできず，その文の陳述性を構成する側面にのみかかわる。そして，独立語になる単語は，基本的には，感動詞，接続詞，陳述副詞である。

　つぎに感動詞の例をあげる。

　〈さけび〉　<u>ああ</u>，くたびれた。

　<u>チクショー</u>，逃がしたか。

　〈よびかけ〉　<u>おおい</u>，こっちへ こいよ。

　〈うけこたえ〉　<u>はい</u>，すぐ いきます。

　<u>ダメ</u>，あげないわ。

　〈あいず・かけごえ〉　<u>ソレ</u>，いけ。

　<u>ガンバレ</u>，すぐゴールだ。

　〈あいさつ〉　<u>コンニチワ</u>，わたなべです。

　<u>失礼シマス</u>，そこどいてください。

　感動詞には，感動詞本来のもの（平仮名でかかれた例）と，言語として蓄積された感動詞以外の単語を感動詞としてもちいるもの（片仮名でかかれた例）との2種類がある。

　つぎの例のように接続詞はひとつひとつの文の部分とはむすびつかないけれども，全部の文の部分によってえがきだされた内容をまえの文に関係づけるというはたらきをすることにおいて，独立語である。

　AとBはひとしく，BとCもひとしい。<u>ゆえに</u>，AとCはひとしい。

　また，陳述副詞は，一般に陳述の強調にもちいられ，文のことがら的意味にかかわらないので，独立語とみなされるものである。

　<u>どうぞ</u>，こちらにおかけください。

　また，名詞がよびかけにもちいられた(1)は独立語とされるが，名詞が提示にもちいられた(2)については，独立語とはみなさないのが普通である。

　(1)<u>ねえさん</u>，会いたかったよ。

　(2)<u>赤・黄・青</u>，これを色の三原色という。

●**独立語だけでなりたつ文**——文は主語と述語からなりたつことを基本とするが，主語と述語の未分化な独立語だけによってなりたつ文もある。そのような文を，述語文にたいして，独立語文という。感動詞は，他の個々の文の部分とむすびつかないだけでなく，文全体ともむすびつかない。「ああ，はらが へった。」という文は，はじめに情動をあらわにして，つぎにその内容をのべたということであって，その表わす内容をなにかと関係づけているわけではない。だから，感動詞は，独立語という文の部分をつくるだけでなく，1語だけで独立語文をつくることも，その基本的なしごとのひとつである。そして，独立語文をつくる単語は基本的に感動詞だけである。接続詞や陳述副詞による独立語文もあるが，それは，それらの品詞の基本的なありかたではない。

◆述語文，独立語文

■**参考文献**

高木一彦（1994）「独立語文の研究のために」『日本文学研究』（大東文化大学）33．

高木一彦（1998）『文とは何か——そのシンタクチックな構造の研究』海山文化研究所．

高橋太郎他（2005）『日本語の文法』ひつじ書房．

[鈴木 泰]

■独立語文

●**独立語文とは**——文は主語と述語からなりたつことを基本とするが，主語と述語の未分化な独立語だけによってなりたつ文もある。このことから，文のくみたては，述語文と独立語文にわけられる。独立語文をつくる中心的な品詞は感動詞である。感動詞による独立語文は，現実からのなんらかの刺激にたいする話し手の情動の直接のまるごとの表明であるという意味的特徴をもつ。

独立語文にはつぎのようなものがある。

〈さけび〉：ああ。　おう。　クソッ。

〈うけこたえ〉：はい。　ああ。　うん。　いいえ。　えっ。　ウソ。　チガウ。

〈かけごえ〉：ソレ。　（いち　にの）サン，はい。

〈あいさつ〉：コンバンワ。　アリガトウ。　オメデトウ。　オハヨウゴザイマス。

〈よびかけ〉：おい。　もしもし。

●**何が独立語文を形成するのか**——感動詞による独立語文には，聞き手にかまわず，現実からの刺激におもわず話し手の情動があふれだしたことを表わすものと，その情動を聞き手に対して話し手の態度としてつたえ，反応を期待するものとがある。前者にあたるものは，さけびの例で，かけごえ，あいさつ，よびかけの例は後者にあたり，うけこたえの例は両方の面をもつ。独立語文の出発点的なものは前者の場合である。独立語文には，うえの例で平仮名で示されているような，感動詞によってつくられるものと，例でカタカナでしめされているような，感動詞以外の単語をもちいるものとの2種類がある。後者は，すでに独立語文と述語文の対立が成立しているなかで，述語文のなかで生まれた単語が感動詞としてもちいられたものである。接続詞や陳述副詞が，「でも…。」とか「どうぞ。」などと単独でもちいられるのもこれにあたる。また，池になにかがおちた音を「ポチャン！」と擬音語で表現したりするのなども，独立語文と考えられる。さらにまた，述語文でできた単語をもちいた独立語文には，「あつっ！」，「おお，さむ！」などのような，話し手の感情，感覚を表わす形容詞の語幹だけからなるものや，「火事だ！」，「あめだ！」のような，自然現象をはじめとするその場のデキゴトをさししめす現象名詞が，ダをともなってできた一語文もある。

●**名詞をもちいた独立語文**——文の部分への分化のない独立語文は，2つ以上の単語からなりたつことはないし，さらに文の部分をつけくわえてひろげることができないはずだが，名詞をもちいた独立語文は，よびかけの「そこのおにいさん！」や感動の「いやな男！」のように，連体的な文の部分でひろげられることがある。独立語文は，ふつうデキゴトにたいする話し手の態度を表わすだけで，その対象的な内容を表わすことはできないのだが，このような名詞からなる独立語文においては，よびかけのむけられる相手や感動の対象のあり方をさししめすこともできる。しかし，いかなる場合も話し手のメノマエのデキゴトをさししめす。

なお，表札の名前や，見出し語や論文の題名などメタ言語と考えられるものについては，独立語とすべきかどうか，議論がわかれる。

◆述語文

▨**参考文献**

高木一彦（1994）「独立語文の研究のために」・『日本文学研究』（大東文化大学）33．

高木一彦（1998）『文とは何か——そのシンタクチックな構造の研究』海山文化研究所．

高橋太郎他（2005）『日本語の文法』ひつじ書房．

[鈴木 泰]

■とりたて助詞

とりたて助詞は「とりたて」の機能を持つ語の一つであり、ほぼ同様の語が奥津（1974）、沼田（1986）などでとりたて詞とされて以来、とりたて助詞とする研究ととりたて詞とする研究がある。両者の内容には個々の研究で多少の違いがあるものの、おおむね次の(1)の語が含まれる。

(1) も，まで，さえ，すら，だって，しか，ばかり，だけ，のみ，でも，など，なぞ，なんか，なんて，こそ，くらい，は

ここでは沼田（1986）などのとりたて詞として(1)の語について述べるが、これらはその意味特徴から互いに意味上の体系を成すと同時に、共通の統語特徴を持ち、一つの文法範疇を成す。

●とりたての焦点と作用域

(1)の語によるとりたてとは、文中の要素 X に関して、X と範列的（paradigmatic）に対立する同類の他者を暗示し、X を「限定」「累加」「特立」などの種々の意味で他者と関係づけて示す文法的操作であり、X を「とりたてる」という。この関係づけは厳密には X について文中に明示される述語句 A と他者について暗示される述語句 B の間で行われ、X を「とりたての焦点」といい、A を文中でとりたての意味的作用が及ぶ範囲として「とりたての作用域」という。

(2) (〈太郎〉も来る)。

（〈 〉は焦点，（ ）は作用域を示す。）

たとえば(2)の「も」は、「太郎」について「太郎が来る」ことを示すと同時に、暗示される他者「太郎以外」が「来る」ことが前提であり、これに「太郎が来る」ことが加わるという「累加」の意味を表す。ここでは「太郎」が「も」の焦点であり、「太郎が来る」が作用域となる。

とりたての焦点は名詞、副詞、述語句など様々であり、とりたて詞は基本的に焦点に後接できる。しかし常に焦点に後接し、これを表示するわけではない。焦点は他者との関係で語用論的に決まるが、焦点に後接する(2)や次の(3)の場合の他に、焦点となる述語句の先頭要素に後接する(4)の場合と、焦点から離れ、それを含む述語句の後に現れる(5)の場合とがある。

(3) 〈間違いを責める〉ばかりで、次にどうすればよいかを教えない。

(4) 彼女は美人で、〈人柄も申し分ない〉。

(5) 卵は〈黄身の部分〉を使うだけで、白身は使いません。

一方、とりたての作用域は当該のとりたて詞を含む最小節中の述語を中心とした範囲で、節境界を越えることはない。(6)と(7)では、作用域が異なるため、文の意味も異なる。

(6) (〈太郎〉だけが映った) 写真を集める。

(7) (〈太郎が映った写真〉だけを集める)。

●とりたての機能のない同形語

ところで(1)の中にはとりたて詞とは異なる意味や統語特徴を持つ同形の語が存在するものがある。たとえば、

(8) 酒が｛飲みたいだけ／存分に｝飲める。

の「飲みたいだけ」は、「存分に」と同様、「飲める」量を表す副詞句であり、「だけ」はその主要素であって、「飲みたい」をとりたてているのではない。また(9)の二つの「は」は「対比」の意味で「数学」と「理科」を各々とりたてるが、(10)の「は」は他者を問題としない「主題提示」の「は」である。

(9) 〈数学〉は好きだが、〈理科〉は嫌いだ。

(10) はじめまして。私は田中花子と申します。

このように、とりたて詞をめぐっては、とりたて詞と、とりたての機能を持たない同形異義異機能の語との差違と連続性も問題になる。

なお、とりたては格助詞「が」や音声的な卓立によることもあるが、この場合は「排他」の意味で、「が」に前接する名詞や卓立の置かれ

る要素が常にとりたての焦点となる。

➡モ，サエ，スラ，ダケ，バカリ，ノミ，ナド，コソ，クライ，焦点，スコープ(作用域)

■参考文献

奥津敬一郎（1974）『生成日本文法論』大修館書店．

澤田恵美子（2007）『現代日本語における「取り立て助詞」の研究』くろしお出版．

寺村秀夫（1984）『日本語のシンタクスと意味III』くろしお出版．

沼田善子（2000）「とりたて」仁田義雄・益岡隆志編『〈日本語の文法2〉時・否定と取り立て』岩波書店．

沼田善子（2009）『現代日本語とりたて詞の研究』ひつじ書房．

[沼田善子]

な行

■ナド

語の列挙の最後に置かれ，他の類似要素の存在に含みを持たせる「なに」に並列の「と」がついた「なにと」を語源とし，平安期に成立したとされる「など」は，一部を挙げ他の類似要素の存在を示す意味から，意味・用法を広げ，現代語では次の三つに大別することができる。

一つは「並列」の「など」で，並列要素を全て列挙する(1)の場合と，一部だけを挙げる(2)の場合がある。

(1)国語，算数，理科，社会など，四教科の成績を重視。
(2)誕生日には，宝石や花などを贈る。

他の二つは，(3)の見せかけの他者を暗示することで婉曲的な表現にする「擬似的例示」の「など」と，(4)の同類要素の中から当該要素をふさわしくないものとして特に否定的に取り上げる「否定的特立」の「など」である。

(3)この品などお似合いになりそうですが…。
(4)私達は君の言うことなど信じられない。

「並列」の「など」は列挙項の各々に後接するのとは異なるが，(5)(6)のように連体修飾文を受ける名詞句の一部になれるなどの点で「と」や「や」と同様の統語特徴を持つ。一方，他の二つの「など」は(7)(8)のようにこうした特徴を持たず，統語特徴が異なる。

(5) [成績を重視する [国語，算数，理科，社会など]]
(6) [誕生日に贈る [宝石や花など]]
(7)*[お似合いになりそうな [この品など]]
(8)*[私達が信じられない [君の言うことなど]]

「など」は従来副助詞とされたが，上のような統語特徴の異同から，「並列」の「など」と他の二つを分け，前者を「並列詞（並列助詞とも）」，後者を「とりたて詞（取り立て助詞とも）」とする考え方もある。この際，「擬似的例示」の「など」は「も」や「でも」との異同，「否定的特立」の「など」は「こそ」や「くらい」との異同などを明確にしつつ，とりたて詞の体系の中での位置づけを考える必要がある。

➡とりたて助詞

■参考文献

此島正年（1996）『国語助詞の研究——助詞史素描』桜楓社．〔増訂版：1973〕
澤田美恵子（2007）『現代日本語における「とりたて助詞」の研究』くろしお出版．
寺村秀夫（1991）『日本語のシンタクスと意味III』くろしお出版．
沼田善子（2000）「とりたて」仁田義雄・益岡隆志編『〈日本語の文法2〉時・否定と取り立て』岩波書店．
山田孝雄（1952）『平安朝文法史』宝文館．

［沼田善子］

■ナム

1. 係助詞

上代ではナムの形ではほとんど用いられず，ナモの形が用いられた。ナモは和歌にはほとんど用いられず，宣命など散文に多く用いられた。ナムは，平安時代初期から中期にかけての和文には盛んに用いられたが，ナモと同様に和歌の用例は極めて少ない。また訓点資料にも用いられない。文中で各種の連用成分の下に付く。係り結びを行い，文末の活用語は連体形となる。文中用法のみで，文末に用いられるナム

は終助詞とされることが多い。

　　その男，信夫摺の狩衣をなむ着たりける
　　（伊勢・1）

上接項目を他から際立たせて，すなわち卓立し，聞き手へ呼びかける意を表わす。

●ゾとの違い──同じように強調に用いられるゾとの違いについては，平安朝散文において，物語・日記の地の文では文献によって両者のいずれかに偏り，また同じ文献でも地の文や心話文と比べて会話文にナムが多いという。そこで，ナムには口頭語的な性格が強いとされる。そのようなことから，ゾは，素材を卓立的に強調するのみであるが，ナムはそれに加えて，聞き手へ語りかける意味あいを併せ持つとされている。

●結びの省略──ナムは，他の係助詞と比較して「かかることなむ」「いと嬉しうなむ」のように，結びの述語文節が省略されることが多い。

　ナムは平安末期にはすでに衰退し始めていて，その後は擬古文に用いられるのみとなった。

●他の係助詞との重用──ナムは他の係助詞と重用される事はほどんどない。

2．終助詞

　文末にあって，動詞および助動詞の未然形につき，他者に対して望む（誂え）を示す。

　　今年より春知りそむる桜花散るといふこと
　　はならはざらなむ（古今・巻1）

上代には「三輪山をしかも隠すか雲だにも心あらなも（南畝）隠さふべしや」（万葉・巻1）のようにナモの形も少数あることから，古くはナモの形であると考えられるが，万葉集でも多くの用例はすでにナムの形になっている。

●係助詞のナムとの関係──山田孝雄は，係助詞には文中用法と文末用法がそろっているものだという観点から，これを係助詞ナムの文末用法と考えたが，両者の意味にかなりの相違があるので，別語とするのが一般的である。中世に入っては衰退し，和歌や擬古的な文章にのみ用いられた。

➡係助詞，終助詞，コソ，ゾ

■参考文献

此島正年（1966）『国語助詞の研究』桜楓社．
伊牟田経久（1981）「ゾ・ナム・コソの差異──蜻蛉日記を中心に」，『馬淵和夫博士退官記念国語学論集』大修館書店．
阪倉篤義（1993）『日本語表現の流れ』岩波書店．
野村剛史（2002）「連体形による係り結びの展開」，上田博人編《シリーズ言語科学5》日本語学と言語教育』東京大学出版会．

　　　　　　　　　　　　　　　　[近藤要司]

■ナリ・タリ

　指定・断定の助動詞とされ，主に近代語以前に用いられた。コピュラとして機能する。

　ナリは，体言＋ニにアリが後接したニアリが熟合して出来たものである。上代には，「今こそば我鳥にあらめ，後は汝鳥にあらむを」（古事記・歌謡）のように体言＋ニアリも，「梅の花いま盛りなり」（万葉・820）のように体言＋ナリ（体言ナリ）も見られ，宣命のように体言ナリのほうが多く見られる資料もある。中古になると「女もしてみむとてするなり」（土左）のような用言連体形に接続するナリ（連体ナリ）が現れるが，これも指定・断定の助動詞として一括されることが一般である。ただし，体言ナリはすべての活用形に活用するのに対し，連体ナリは未然，用言，終止形にしか活用せず，またそれぞれの活用形の用法も体言ナリに比べて制限があるので，一括する場合は注意が必要である。体言ナリにはコピュラとしての用法以外に「駿河なる宇津の山辺の」（伊勢・

9）のようにアリ本来の存在の意味を残した用法もある。また，前接語は体言，あるいは副助詞，助動詞ズの連用形などが接した体言相当の語のみならず，助詞ト，テ，バなどにも接続する。なお，用言終止形に後接するナリとは意味も用法も異なり，別語である。

　タリは，体言＋トにアリが後接したトアリが熟合したものであるが，上代には，熟合したタリはまだ見られず，「なかなかに人<u>とあらずは</u>」（万葉・343）のようなトアリのみである。中古になると「（地蔵は）衆生ノ導首<u>タリ</u>」（地蔵十輪経元慶七年点）のように漢文訓読の中でタリが発生するが，所謂和文の中で用いられることは極めて少ない。また訓点資料の中で使われる場合も多くは漢語体言に後接する。院政期になって和漢混淆文が多くなると，「仏，太子トオハセシ時，我レニ嫁ギテ御妻<u>タリキ</u>」（今昔・1），「清盛は太宰大弐<u>たる</u>上」（平家・1）などのように，説話，軍記物などの中で多く用いられるようになったが，トアリも並行して用いられている。なお，ナリとは異なり前接するのはほぼ体言に限られる。

　ナリもタリもその連用形として語源の一部であるニ，トを認めてよいが，このニ，トという助詞は副詞語尾と呼ばれることのあるニ，トと同源であり，文法論としてこれらをどのように位置づけ，分析するかは興味のある問題である。また所謂ナリ活用，タリ活用と呼ばれる形容動詞の活用語尾もこのナリ，タリと同源である。

➡コピュラ（繋辞）

■**参考文献**

北原保雄（1967）「なりの構文的意味」『国語学』（国語学会）68.

春日和男（1968）『存在詞に関する研究──ラ変活用語の展開』風間書房.

松村明編（1969）『古典語・現代語 助詞助動詞詳説』学燈社.

　　　　　　　　　　　　　　［大鹿薫久］

■ナリ・メリ

　古代語の助動詞。ラ変型の活用を持つ。活用語の終止形に接続する。中古以後はラ変型活用語には連体形に接続するとされることが多いが，アナリ（＜アリにナリが下接），ナメリ（＜断定ナリにメリが下接）などのように熟合形で現れるのが普通である。ナリについては「ネ（音）」が，メリについては「メ（目）」ないし「ミ（見）」が，それぞれ語源であるとの説も根強いが，終止形接続であることへの説明も含め，証明は難しい。また，ナリは活用語の連体形に接続する連体ナリと区別して，終止ナリとも呼ばれる（終止ナリと連体ナリに関する学説史については，高山（1990）に詳しい）。

●**四つの用法**──ともに，大きくa）「感覚的描写」，b）「感覚に基づく推量」，c）「伝聞」，d）「不確かな断定・婉曲」の四用法が区別される。

a）・あきののに人まつ虫のこゑ<u>すなり</u>我かとゆきていざとぶらはん（古今・202）

　　・簾すこし上げて，花奉る<u>めり</u>。（源氏・若紫）

b）・「頭中将にこそ<u>あなれ</u>。いとわざとも吹きなる音かな」とて，立ちとまりたまふ。（源氏・篝火）

　　・母屋の中柱にそばめる人やわが心かくると，まづ目とどめたまへば，濃き綾の単襲<u>なめり</u>，何にかあらむ上に着て，…（源氏・空蟬）

c）・又きけば，侍従の大納言の御むすめ<u>なくなり給ひぬなり</u>。（更級日記）

　　・「このごろの上手にすめる千枝，常則などを召して，作り絵仕うまつらせばや」と，心もとながりあへり。（源氏・須磨）

d）・独りものす<u>らんこそ</u>なかなか心やすか<u>なれ</u>。（源氏・宿木）

　　・心やすく若くおはすれば，馴れきこえた

るなめり。(源氏・若菜下)

●**聴覚・視覚との関わり**——両形式の違いとしては、メリが基本的に視覚に関わり、ナリは聴覚に関わるとされることが多い(この点、a)の用法に関しては、特によく当てはまる)。上述の語源説もこの考えにもとづくものであるし、近年では、情報をどうやって入手したかに関わる「証拠性(evidentiality)」の形式として両形式を位置づける議論もある。

●**伝聞説をめぐる論議**——ナリについては、近年では、終止ナリと連体ナリとの区別を否定する論者はほぼ皆無であるが、終止ナリが何を表す形式であるかについては、現在でも議論が分かれる。松尾(1936)以来の伝聞説、すなわち、聴覚に関わることをナリの意味の基本に据え、b)やc)もそこからの派生と見る考え方(上述の証拠性形式としての把握もその一種)が定説化しているが、伝聞説を否定する議論も根強い(塚原1959・竹田1986・小松1987など)。制限があるとはいえ、メリにも「伝聞」用法があるし、用法の広がり方において共通点が多い(山口1997)後代のゲナ(ゲナリ)やソウダ(ソウナ)は、必ずしも聴覚に関わらないのだから、「伝聞」用法を聴覚に関連づける決定的根拠があるわけではない。

●**上代と中古以降との用法の変化**——なお、ナリは上代から用いられているが、上代では、ラ変型の活用語についても「ありなり」と明らかに終止形に接続した例がある。また上代では、a)以外の用法は指摘しにくい。メリは、上代には万葉集東歌に一例(終止形接続ではない)が指摘できるのみで、視覚描写には動詞の終止形に接続するミユが用いられた。

・乎久佐男と乎具佐受家男と潮舟の並べて見れば乎具佐勝ちめり(乎具佐可知馬利)(万葉・3450)
・海人娘子玉求むらし沖つ波恐き海に舟出せり見ゆ(船出為利所見)(万葉・1003)

➧伝聞²

■**参考文献**

小松光三(1987)「古文解釈と助動詞」山口明穂編《国文法講座2》古典解釈と文法』明治書院.
高山善行(1990)「連体ナリと終止ナリ——研究のながれとその意義」国語語彙史研究会編『国語語彙史の研究11』和泉書院.〔再録:高山善行(2002)『日本語モダリティの史的研究』ひつじ書房〕
竹田純太郎(1986)「「終止ナリ」の考察——上代の用例を中心として」『国語国文』55-12.
塚原鉄雄(1959)「活用語に接続する助動詞〈なり〉の生態的研究——王朝仮名文学作品を資料として」『国語国文』28-7.
松尾捨治郎(1936)『国語法論攷』白帝社.
山口堯二(1997)「助動詞の伝聞表示に関する通史的考察」『京都語文』(佛教大学国語国文学会)2.〔再録:山口堯二(2003)『助動詞史を探る』和泉書院〕

[仁科 明]

■難易文

難易文(*tough* constructions)とは(1)のような英語構文を指し、比較的初期の生成文法で盛んに論じられた。

(1) a. His story is hard/tough (for me) to believe.
(彼の話は、私には信じがたい。)
b. My boss is easy to get along with.
(私の上司はつき合いやすい人だ)

この英語構文は次のような特徴を持っている。

(ア) 統語的には「主語+be動詞+hard/difficult/tough/easy/pleasantなどの形容詞(+for 人)+to不定詞」という構造を取る。

(イ) 意味的には「主語は(〜にとって)…し

にくい/しやすい」という主語の特性を表す。(1a)は，His story is hard (for me)という主節と to believe という補文で構成されるが，全体の意味は，彼の話が難しいというのではなく，It is hard (for me) to believe his story. すなわち「彼の話を信じることは難しい」ということである。

㈦ 難易文の主語は，to 不定詞の他動詞あるいは前置詞付き自動詞の目的語に対応する。例えば (1a) の his story は to believe his story，(1b) の my boss は to get along with my boss ということである。逆に，to 不定詞の意味上の主語が難易文全体の主語に対応することは決してない（下例 (2a, b, c) の英文はすべて非文法的）。

この構文を日本語に置き換えると，文法的性質が英語とはかなり異なることが分かる。日本語では，上掲㈦にあたる制限は見られず，統語上の主語が補文動詞の目的語にあたる場合(1)だけでなく主語にあたる場合(2)も可能である。

(2) a．私は朝早く起きにくい。
　　　　（*I am hard to get up early in the morning.）
　　 b．父は人の名前を忘れやすい。
　　　　（*My father is easy to forget people's names.）
　　 c．冬は火事が起こりやすい。
　　　　（*Fires are easy to break out in winter.）

(1a, b) および (2a) のように補文動詞が意図的に制御可能な意味を表す場合，日本語の「～しやすい/しにくい」は動作の難易を表すが，(2b, c) のように意図的制御がきかない動詞の場合は難易ではなく「傾向」や「習癖」を表す。英語の難易文には傾向・習癖の意味はない。

なお，日本語でも形容詞によって動詞の制限に違いが見られる。「～難い」と「～づらい」は「*火事が起こり{難い/づらい}」のように無意志の自動詞（非対格動詞）にはつかない。
◆非対格動詞と非能格動詞

■参考文献
井上和子 (1976)『変形文法と日本語』（上・下）大修館書店.

Inoue, Kazuko (1978) "Tough sentences in Japanese." In John Hinds and Irwin Howard (ed.) *Problems in Japanese Syntax and Semantics*, pp. 122-154. Kaitakusha.

影山太郎編 (2001)『動詞の意味と構文』第8章，大修館書店.

[影山太郎]

■ニ[1]

「ニ」は格のクッツキ，または格助辞のニとよぶ。これがくっついて，文または連語メンバーとのなかで，他のメンバーに対するその一定の関係表示のために機能する名詞は，その文法的形態によって，形式面から，ひとくちに「ニ格の名詞」とよぶ。ニ格の名詞はそれが関係する他のメンバーとの意味的かかわりからみて，さまざまな種類にわけられ，また説明される必要も生じる。以下は，意味的関係からみたニ格の名詞の使用例。

①間接的な対象をあらわす。
　［あいて］
　これは先生にきくよ。/あの少年はあの曲をだれにならったのだろう。
　［くっつくところ］
　スタッフが指先に針を刺した。/この印をつくり，友人にだす手紙などにベタベタおしつけた。
②かかわりあいの対象。
　［かかわってくるもの］
　森のなかで，一人のビルマ人にであった。/このシャツなら，ちょうどぼくにあうよ。/けさ

も大きな電車事故にあったよ。
[心理的にむかう対象]
われわれは南国の海のうつくしさにうっとりした。/かれは竪琴(たてごと)に夢中だ。/終戦前後の空腹に私はひどくこたえた。
③状態や性質がなりたつための基準。
そのやりかたは礼儀にはずれている。/うちはみな猫にあまい。/かれはジャズにこっている。
④動作主体は，それをふくむ能動文からつくられるウケミ，または使役文においては，二格の名詞の形態をとる。
（ウケミ文例）牛は柵(さく)はやぶられ，畑はふみあらされた。/みるみるうちに四方が濛々としたしぶきにとざされた。
（使役文例）底井武八は，つづいて運転手に後を追わせた。/酋(しゅう)長は水牛の角からしきりに酒をのんで，私にものませました。
⑤動作や状態のかかわる場所をあらわす（場所名詞，ヒト名詞など）。
[ありか]
（a 場所名詞）臥仏像(がぶつぞう)の背のところに入口があります。/こうした方面に大切なことがある。
（b ヒト名詞など）
1）私には恋人がある（いる）の。/2）名人にはずいぶんガール・フレンドがいる（ある）。3）連中にはなかなか偉い奴もいる（注：1）2）では、アリカと主語のあいだに愛憎関係があるから，存在をしめす動詞にアル，イル両者の使用が可能だが，3）にはそれがないから，生物の存在のために使用されるイルしか使用できない）。
[二格名詞の形式であらわれる能力主体]
私にはなんだってできるわよ。/私には常識ということがわからない。/わたくしにはそのみわけがよくつきません。
[移動の到達点]
私はそしてまたムドンにきました。/弟は，あのころ，年二回，春と秋にヨーロッパに出張した。
[あらわれる場所，きえる場所]
岩山の穴に白旗がかかげられました。/そのうしろ姿は崖(がけ)の上のかなたに消えました。
⑥動作や状態がなりたつ状況をあらわす。
[動作や状態がなりたつとき]
五分以内に決定をねがいます。/やまねこならけさまだくらいうちに馬車でみなみの方へ飛んでいきましたよ。
[移動動作の目的（動作名詞，事件名詞）]
うん？──なに，使いにきたのか。/われわれは後片(あとかた)づけの作業に行きました。
[原因]
トウモロコシの黄色い穂が風にゆれた。/部長は省内(しょうない)の汚職(おしょく)事件に神経をとがらせている。
⑦結果やようす，認識の内容をあらわす。
[結果]
この猿すら，気まずい口喧嘩(くちげんか)の種になりました。/さまざまの色紙や人形が炎になった。
[ようす]
刀や槍がキラキラと左に右にゆれています。/トンボの群れが空をカスリ模様(もよう)に彩(いろど)っている。
[認識の内容]
家は病妻を養うにふさわしい構(かま)えにみえた。/生きていると思うから竪琴の音があれの作った曲にきこえるのです。
⑧補助的な単語（高橋太郎他『日本語の文法』第16章）とくみあわさる。
[「ナル」，「スル」とくみあわさる]
戦場に出るなら，軍医になる……。/しばしの別離(べつり)は再会をいっそう快いものにする。
[コピュラとくみあわさる]
あのビルマの僧はそれに相違ない。/暇を出されたのもこの衰微(すいび)の小さな余波(よは)にほかならない。

[後置詞とくみあわさる。多種類あり]
東京に｛おける/おいての｝災害対策会議は有効だった。/東京において災害対策会議があった。

➡連語論

■参考文献

高橋太郎他（2005）『日本語の文法』ひつじ書房．

鈴木重幸（1972）『日本語文法・形態論』むぎ書房．

奥田靖雄（1983）「に格の名詞と動詞とのくみあわせ」言語学研究会編『日本語文法・連語論（資料編）』むぎ書房．

　　　　　　　　　　　　　　　[金子尚一]

■ニ²

●古代語のニから現代語のデへ──古代日本語の格助辞としての「に」は意味領域は現代語とそれほどおおきくはかわらないので，用法にちがいのある場合のみをとりあげる。しかし，平安時代以降，動作のおこなわれる空間を表わす用法，動作の原因・理由を表わす用法，および道具を表わす用法は，主として「にて」格，およびその後身の「で」格によってになわれるようになる。

　その理由は，空間を表わす用法は，「に」格で表わされる場合は，「さるまじき所に旅寝し給ふらむことと思ひつるは」（源氏・浮舟）「罫かけたる金の筋よりも，墨つぎの上に輝くさまなども」（源氏・鈴虫）のように，存在するもののありかを表わしている用法ともとれる例がおおいことから，動作のおこなわれる場所という状況性がより明確になる「にて」「で」格が好まれたものである。その結果，「に」格は，場所を表わすに際してはありかに特化されることになった。

　また，動作のおこなわれる原因・理由を表わす用法は，「に」格で表わされる場合は，「女御，夏ごろ，物の怪にわづらひ給ひて，いとはかなくうせ給ひぬ」（源氏・宿木）のように，態度のむかう対象であることを表わす用法ともとれる例がおおいことから，対象ではなくその動作をとりまく別の動作であることが明確になる「にて」「で」格がこのまれたものである。

　また，道具を表わす用法は，「に」格で表わされる場合は，「蛍を薄きかた（＝布）に，この夕つ方いと多く包みおきて」（源氏・蛍）のように，対象がなにかにくっつけられることを表わす用法ともとれる例がおおいことから，はたらきかけの第二の対象を示す用法のない「にて」「で」格がこのまれたものである。

　「に」格の表わす機能は，おおきく，ありかを表わすものと，はたらきかけの対象を表わすものと，動作のおこる状況を表わすものとの三つに大別することができる。対象を表わす用法の中で，道具を表わす用法は「で」格に交替したが，「に」格から「で」格への交代はひろい意味での状況的なむすびつきにおいておこっている。これは，「に」格の古代語から現代語への変化が，ありかと対象へのはたらきかけという，動作の成立にとって必須の客体を表わすむすびつきに特化していくというながれがあることをしめしている。

●古代語のニ格特有の用法──なお，古代語の「に」格には，動作のおこなわれる空間を表わす用法からの派生として，婉曲にそこにいる人がうごきの主体であることをしめす「人にうとまれ奉り給ふ御名のりなどの，出で来ける事，かの院にはいみじう隠し給ひけるを」（源氏・鈴虫）「宮に御覧ぜさせ給ひて」（源氏・葵）のような用法がある。この用法は現代語では，「先生におかれましては，このたび，文化勲章を受章されました」のように，後置詞「おいて」などをもちいて表わすか，「警察では，それに関心をもっている」のような，組織を表わ

す名詞の場合には，「で」格によってになわれるようになるが，古代語の「にて」格にはまだあらわれていない。また，現代語には「私にはその姿が見える」のように，内的知覚を表わす状態動詞において，その知覚者を表わす「に」格がふつうに見られるが，古代語には明確な例を見出すことはできない。しかし，「さだ過ぎたる御目どもには，目もあやに好ましう見ゆ」（源氏・若紫）のように，一人称ではなく，しかも「…目に」という形でなら，知覚の主体が「に」格で表出されることはある。

➡ニテ

■参考文献

奥田靖雄（1962）「に格の名詞と動詞のくみあわせ」．〔再録：言語学研究会編（1983）『日本語文法・連論論（資料編）』むぎ書房〕

松本泰丈（1979）「「に格の名詞と形容詞とのくみあわせ」試論」言語学研究会編『言語の研究』むぎ書房．

矢藤節子（1964）「に格と名詞と動詞のくみあわせ——平安時代における」．〔再録：『対照言語学研究』15（2006）〕

［鈴木　泰］

■二重主格文

一文を構成する一つの述語が二つの主格（＝ガ格）を持つ文をいう。三つ以上の主格を持つ場合を含めて多重主格文・多主格文・複主格文ということもある。二重主格文「XがYがZ」文は以下のようにタイプ分けできるが，いずれも「YがZ」部全体で「X」の性質を表す，性質叙述の文である。

● 二重主格文の種類——「XがYがZ」型の二重主格文は，ほぼ同じ意味を「XにYがZ」で表せるタイプⅠ（＝(1)）・「XのYがZ」で表せるタイプⅡ（＝(2)）・「Xに」「Xの」で表せず，「Yを」で表せるタイプⅢ（＝(3)）に大別されてきた。

(1)私が家がある。/私が金が必要だ。
(2)私が背が高い。/私が娘が事故死した。
(3)私が情報がほしい。/私が絵が見たい。

タイプⅠは「に」型・与格型・位格型などといわれるもので，このタイプをつくる述語には①存在・所有の「ある・居る・少ない・多い」②能力の「できる・書ける・可能だ」③必要の「要る・必要だ」④感覚・知覚の「見える・聞こえる・わかる」⑤内部感情の「怖い・うらやましい・心地よい」などがある。これらの述語で表される事象・属性の物理的・抽象的位置を表す「Xに」が，「YがZ」部で表される性質の主体であると解釈されるとき，「X」は主格でマークされ二重主格文として成立する。位置を表す「Xで」が「Xが」と対応する場合（例(4)）もこのタイプの延長上にある。

(4)スイスが（←で）会議がよく開かれる。

つまり，このタイプは，「Xに」「Xで」など述語「Z」に対して連用格関係にある成分が「Xが」で表されるタイプである。

タイプⅡは，「の」型と呼ばれたり意味的に「全体部分」二重主格文と呼ばれたりしてきたものである。タイプⅠに対して，連体格成分が「Xが」で表されるものとされることもある。しかし，必ずしも「XのYがZ」と対応するわけではなく，このタイプの本質も「X」が「YがZ」部で表される性質の主体として解釈されるということである。述語「Z」に制約はなく，「YがZ」部全体で表される事象・属性が，意味論的・語用論的に「X」の何らかの性質を表すものであると解釈できることが必要である。この性質叙述文としての解釈のしやすさにより，このタイプの二重主格文の許容度には差がある。また，このタイプは，「YがZ」部の「Z」がさらに「Y′がZ′」となり，三つ以上の主格を持つ多重主格文となり得る。

タイプⅢの「Yが」は「Yを」で表すことも

でき，「対象語」「目的語」ともされる。このタイプを構成する述語には①内部感情の「好きだ・嫌いだ・ほしい」，②動詞＋「たい」の「見たい・食べたい」などがある。以下のような述語も，「Yが」の性質が同じとみて，タイプⅢを構成するものといわれることがある。③能力の「できる・書ける・上手だ・得意だ・うまい」④感覚・知覚の「聞こえる・見える・わかる」⑤所有の「ある」⑥必要の「要る」など。このようにタイプⅢは一部がタイプⅠと重複する。

●主題文「XはYがZ」文との関係──主題文「XはYがZ」文とは成立条件が異なり，異なる構文である。「Xは」は多様な成分をとりたて，「XはYがZ」文も多様である。

(5)あのケーキは（←を），紀子が食べた。

他方，二重主格文「XがYがZ」文の「Xが」と対応する成分は限られている。

(6)*あのケーキが（←を），紀子が食べた。

主題化と異なり，二重主格文の成立には「X」が性質主体で「YがZ」部がその性質の叙述として解釈できる必要があり，そのため「YがZ」部が構文的・意味的に自立的・状態的であるといった制約がある。「Xを」と異なり「位置」の「Xに・で」が「Xが」と対応し得るのは，制約に反せず「X」が「YがZ」部で表される性質の主体として解釈しやすいためである。

➡主題，二重主語文

■参考文献

久野暲（1973）『日本文法研究』大修館書店．
杉本武（1995）「大主語構文と総記の解釈」『日本語の主題と取り立て』くろしお出版．
菊地康人（1996）「「XがYがZ」文の整理──「XはYがZ」文との関連から」『東京大学留学生センター紀要』6．
益岡隆志（2000）『日本語文法の諸相』くろしお出版．

天野みどり（2002）『文の理解と意味の創造』笠間書院．
加賀信広（2003）「日本語二重主格文──意味役割理論からの提案」『筑波英学展望』（筑波大学現代語現代文化学系）22．
眞野美穂（2004）「非規範的構文と概念空間の予備的考察」『神戸言語学論叢』（神戸大学文学部言語学研究室）4．

［天野みどり］

■二重主語文[1]

主語とは，事態認識の中核項目であるから，一つの文事態認識において一つであることが原則である。にもかかわらず，一文に二つの主語があると言える文がある。これには質的に異なる二種のものがある。

1．第1種二重主語文

①情意文…「私は故郷がなつかしい」「ぼくは水が飲みたい」「太郎は頭が痛いのだ」

②可能・自発などの出来文…「大山さんは中国語が読める」（可能），「この店は冬でも氷が食べられる」（可能），「私は近ごろ中学校時代のことがしきりに思い出される」（自発），「中山さんはやっと60キロの米俵が持ち上げられた」（意図成就）

②′能力評価の文…「小山さんはピアノがうまい」

②″難易文…「このゲームは人に説明するのが難しい」

③存在文……「あの部屋は大きな窓がある」

事態認識の中核項目（主語）は，通常の場合，(A) 一つの事態を認識するときの着目点，すなわち認識の基盤であると同時に，(B) 語られる事態の中のモノ的中核（画面の中心にあ

るモノ）でもある。しかし、述語の意味によっては、通常の文で一致している（A）と（B）が分裂することもある。それが、この第1種二重主語文である。

①情意文では、情意的事態の発生の場（「私」という人格）が（A）認識の基盤として第一主語に立ち、そこで発生している情意的事態の中心に意識されるもの（「故郷」）が（B）画面の中のモノ的中核として第二主語に立つことがある。「なつかしい」「悲しい」などの感情的事態は、特にその内容にモノ的中核が意識されていない場合でも認識され得るもので、その認識の基盤を求めるなら感情発生の場である人格しかあり得ない。これに加えて情意を生ぜしめた機縁（温度・痛覚の場合はそれに加えてその発生場所＝感じる身体的部位も）が情意のモノ的中核として意識される場合には、（A）（B）別方向の二つの「認識の中核」すなわち二つの主語が一文に共存することになる。

②は、出来文（しゅったいぶん）と呼ぶべき特殊な事態認識の方法をとることによって可能・自発・意図成就の意味を表す場合である。出来文とは、出来動詞（ラレル形動詞、読メル・書ケル・ミエル・キコエルなどの動詞の総称）を述語とする文で、「人の動作（個体の運動）として語れば語れる事態をあえてそのように捉えないで、事態が全体として生起するというように認識する文」である。「大山さん」において（を場として）「中国語を読む」という事態が（その気になれば）起こるのだという認識の型に持ち込むことを通して、可能という意味を表現するものである。事態全体の生起という特殊な認識に持ち込む以上、その認識の基盤はモノ（個体）ではあり得ず、事態生起の場に求める以外にない。それが（A）としての第一主語である。これに加えて出来する事態の中の（B）モノ的中核（「中国語」）も別の意味で「認識の中核」と意識され、それが第二主語となる。

③モノの存在を表す文は、「窓」に着目してそれがどうかと言うと「ある」、ということではない。存在文においては存在物（「窓」）の認識と存在そのこと（「ある」）の認識とが、原理として同時的である。存在物は（A）認識の基盤という意味での「認識の中核項」ではあり得ない（だからこそ、存在を語る文において存在物を主語とせず目的語とする中国語のような言語もあり得るのである）。そのような存在文においてあえて認識の基盤を求めるとすれば、それは存在の場所であり、通常は「○○ニ」という形で文に表れる。（中国語のように存在場所を主語にとる言語もあるが、）日本語ではニ格にとどまり、主語とは言えない。ただ、存在場所がモノ扱いされて性質説明の対象となる（「あの部屋」の性質として「大きな窓がある」が語られる）（存在文と所有文とを区別する用法では所有文となる）とき、存在場所は完全な（A）認識の基盤として主語の形をとることになる。これと（B）画面の中のモノ的中核（＝存在物）としての主語とが一文中に共存することになるのである。

第1種二重主語文とは、述語の意味の特殊性あるいは採用する認識の型の特殊性ゆえに、(A)(B)二つの方向で「認識の中核項」を取り出すことができる文なのである。

2．第2種二重主語文

「象は鼻が長い」などを典型とする文である。「XハYガZ」という文において、「Xの一部ないし一面であるYのあり方を語ることによってX自身のあり方を語る」という意味構造を持つゆえにXを主語とする文の内部にYという主語も出てくるというものである。これは当然、述部（文の一部）に「YがZ」という従属句を持つ複文である。

Yのあり方を語ることによってXのあり方

を語るというものであるから，YはXと無関係ではあり得ない．XとYの間に「XノY」と言えるような関係が内在していることが，第2種二重主語文成立の条件である．それは「象は鼻が長い」の場合のような[全体-部分]関係を典型として，[個体-能力]の関係（「私はもの覚えが悪い」），[個体-関係項]の関係（「あいつは父親が医者だ」）などにまで広がる．

　第2種二重主語文は，「象は 鼻が長い」などを典型として，これとは異なる面をも指摘できる①「神戸の街は 緑が美しい」，②「この壺は 色が青い」，③「いわしは 頭がうまい」などにわたる広がりを持つが，④「焼き魚は さわらがうまい」，⑤「唐辛子は 熱帯アメリカが原産地だ」「カキは 広島が本場だ」などは「Xの一部，一面であるYのあり方を語ることによってXの…」という上記の意味構造を持つのでないゆえに，第2種二重主語構文には含められない．⑤のタイプは「カキは本場が広島だ」（これは第2種二重主語文）のYとZの述部内主述入れ換わり形として了解されるものであり，④のタイプは二重主語文でない（この文のXは単なる話題設定）と言うべきものである．

➡形容詞文，出来文，ラレル

■参考文献

尾上圭介（1998）「文法を考える5〜7——出来文(1)〜(3)」『日本語学』17-7, 10, 13.

尾上圭介（2003）「ラレル文の多義性と主語」『言語』32-4.

尾上圭介（2004）「主語と述語をめぐる文法」尾上圭介編『〈朝倉日本語講座6〉文法II』朝倉書店.

尾上圭介（2014）『文法と意味II』くろしお出版, 第5章第7節, 第8節.

尾上圭介・木村英樹・西村義樹（1998）「二重主語とその周辺——日中英対照」『言語』27-11.

［尾上圭介］

■二重主語文[2]

　日本語には，次のように，ガ格名詞句が複数現れた文が存在する．

(1)花子が髪の毛が長い．
(2)この町が総合病院がない．
(3)日本が都市部が夜間人口が少ない．

このような文は，「二重主語文」「大主語構文」などと呼ばれる．(3)のようにガ格名詞句が三つ以上現れるものもある．これらの文は，次のような二重主語文ではない文と対応関係を持つ．

(4)花子の髪の毛が長い．
(5)この町に総合病院がない．
(6)日本の都市部の夜間人口が少ない．

　これに対して，次のような文の場合，ガ格名詞句が複数現れているが，二番目のガ格名詞句は目的語として機能しており，上のような対応関係を持つ文が存在しないため，二重主語文ではないと考えられる．

(7)太郎が中華料理が好きだ．

●二重主語文の構造と意味——二重主語文は，次のような構造を持つと考えられる．

(8)[$_{S1}$ 花子が [$_{S2}$ 髪の毛が長い]]

ここで，下位の文（S2）は述語のように機能しており，最初のガ格名詞句の属性を表していると考えられる．以下では，上位の文（S1）のガ格名詞句を「大主語」，下位の文（S2）を「文述語」，そのガ格名詞句を「小主語」と呼ぶことにする（大主語と小主語の違いについては，三原（1990）に議論がある）．

　二重主語文の中には，次のように文述語の述語が動作を表す動詞であるものもあるが，文述語自体は事象叙述であっても，二重主語文全体は属性叙述になっていると考えられる．

(9)太郎が弟が医者になった．

●二重主語文の成立条件——二重主語文は，生成文法においては当初（久野1973など），文頭のニ格名詞句，ノ格名詞句が「主語化」され

派生されると考えられていた。例えば，(1)～(3)がその例である。しかし，これ以外にも，文中の様々な要素を大主語とした二重主語文が可能である。

(10)この町が伝染病が発生した。(場所デ格)
(11)この接着剤が革がよくつく。(手段デ格)
(12)この大学が中国のP大学が協定を結んでいる。(ト格)
(13)夏がビールがうまい。(副詞的成分)

また，カラ格，マデ格の場合，その格助詞を残したまま大主語とすることも可能である。

(14)ここからがステージがよく見える。
(15)山のふもとまでが道が通じている。

さらに，従属節や述語名詞句の中など深く埋め込まれた成分が大主語になる場合もある（以下の例では大主語の元の位置を「（φ＋格助詞）」で示す）。

(16)このドラマが，(φに)出演していた俳優がロケ中に大けがをした。
(17)そのプロジェクトが，(φを)立案した人が辞職してしまった。
(18)太郎が，緊張すると耳を掻くのが(φの)癖だ。

しかしながら，このような文が常に成り立つわけではなく，二重主語文の可否は文法外の要因にも左右される。例えば次のように，同じ格成分であっても，文によって大主語になる場合とならない場合がある。

(19)a.その店がジャズのライブが(φで)よくある。
　　b.*その店が小学校の同窓会が(φで)あった。
(20)a.その大学が，(φに)在籍している学生が芥川賞をとった。
　　b.*その大学が，(φに)在籍している学生が芥川賞作家の小説を読んだ。

これは，文述語が大主語の有意味な属性を表していると解釈できるかどうかということによる

と考えられる（詳しくは，天野（2004），杉本（1990）を参照されたい）。

●**大主語と主題**──二重主語文では，大主語に総記の解釈が与えられる。そのため，文脈なしでは，大主語を「〜は」の形にした方が自然な文となる。

(21)花子は髪の毛が長い。
(22)この町は総合病院がない。

一方，主題にはなっても大主語にはならない場合がある。

(23)a.太郎がその本を持っている。
　　b.その本は太郎が持っている。
　　c.*その本が太郎が持っている。

これは，b.のように主節中の成分は比較的自由に主題にできる（この場合，主題の属性を表す文である必要はない）のに対して，大主語には，文述語が有意味な属性を表していなければならないという制限があるからである。これに対して，次のような現象から，従属節中の成分に関しては，大主語にできないものは主題にならないことがわかる。

(24)a.*その政府高官には，(φに)賄賂を贈った会社が特捜部の捜索を受けている。
　　b.その政府高官は，(φに)賄賂を贈った会社が特捜部の捜索を受けている。
　　c.*その政府高官にが，(φに)賄賂を贈った会社が特捜部の捜索を受けている。
　　d.その政府高官が，(φに)賄賂を贈った会社が特捜部の捜索を受けている。

通常，ニ格名詞句を主題化する場合，「〜には」の形が許されるが，a.のように，従属節中のニ格名詞句の場合，それが許されない。これは，c.のように「〜にが」の形の大主語が許されないためであると考えられ，b.のように，一見，従属節中の成分が主題化されているようにみえるものも，d.のような二重主語文の大主語が主題化されたものとみるべきであろう。つまり，大主語になるものが主節中の成分に限られない

のに対して，主題は主節中の成分に限られるのである。

◆二重主格構文，主語，主題

■参考文献

天野みどり（2002）『文の理解と意味の創造』笠間書院．

菊地康人（1988）「従属節中の語句の主題化と分析できる「XはYがZ」文について」『東京大学言語学論集'88』東京大学．

久野 暲（1973）『日本文法研究』大修館書店．

杉本 武（1986）「格助詞――「が」「を」「に」と文法関係」奥津敬一郎・沼田善子・杉本武『いわゆる日本語助詞の研究』凡人社．

杉本 武（1990）「日本語の大主語と主題」『九州工業大学情報工学部紀要（人文・社会科学篇）』3．

杉本 武（1995）「大主語構文と総記の解釈」益岡隆志・野田尚史・沼田善子編『日本語の主題と取り立て』くろしお出版．

益岡隆志（1987）『命題の文法』くろしお出版．

三原健一（1990）「多重主格構文をめぐって」『日本語学』9-8．

[杉本 武]

■二重分節

マルティネ（André Martinet）の用語（"Arbitraire linguistique et double articulation." *Cahiers Ferdinand de Saussure* 15, 1957)。様々な話者が種々の場面で発した，たとえば『門の前に人がいる。』という発話は，その音声と意味において，それぞれその場面ごとに微妙に異なる。これらの発話から，その場面のみに関わる諸々の特徴を捨象すると，社会習慣的に一定と考えられる音形と意味を備えた文「門ノ前ニ人ガイル。」が得られる。日本語の母語話者であれば，この文を，たとえば，「門ノ前ニ-人ガイル。」，「門ノ前-ニ-人ガ-イル。」など，意味のまとまりを成す幾つかの単位に分けることができる。この分割を進めていくと，この文は，たとえば「家-ノ-外-ニ-男-モ-イ-タ。」といった文との対比から，それぞれその意義を持つ単位としてはこれ以上分けられない「門-ノ-前-ニ-人-ガ-イ-ル。」が得られる。これら「門，ノ，前，ニ，人，ガ，イ，ル」の形式は，その意義を分割できない最小の意義単位である。このように，ある文を，それを構成する最小意義単位へと分割することを第一次分節と言う。

ところで，〈門〉の意義を担う音形は，hoN〈本〉，meN〈面〉などとの対比から，moNという3つの単位に分割できる。このmoNを構成するm, o, Nは，それ自身意義を持たず，語形を互いに区別するという機能を果たす最小の音単位である。上記の文をこのように分割し，整理すると，ここで用いられている最小の音単位は，i, e, a, o, u, t, g, h, m, n, N, rとなる。このように，ある文の意義単位を最小の音単位へと分割することを第二次分節といい，第一次分節と合わせて二重分節（double articulation）という。

最小の音単位の数は有限であり，またこれを組み合わせて作られる意義単位（語彙）の数も，廃語・新語などの出入りはあっても，有限である。ある言語の語彙と文法規則（有限個）が許す範囲で，その言語でのあらゆる表現が可能となるが，この，有限個の手段を用いて「無限」のことを表せるという経済性は，言語の持つ二重分節性に基づくものであり，人間言語すべてに見られる特徴と考えられる。

◆パラディグマティックとシンタグマティック

[長嶋善郎]

■二重ヲ格制約

　日本語には，次のように，同一節中におけるヲ格名詞句の連続を嫌うという現象があり，「二重ヲ格制約」などと呼ばれる。

　(1)*先生は生徒を作文を書かせた。
　(2)?警備員はその男を門を通した。

使役文では，自動詞の場合，次の(3)のように被使役者「生徒」を「を」でも「に」でも標示できるが（「を」使役文と「に」使役文），(1)の他動詞の場合，「を」使役文が許されず，(4)のような「に」使役文が用いられる。

　(3)先生は生徒{を/に}保健室で休ませた。
　(4)先生は生徒に作文を書かせた。

また，(2)のような移動他動詞の場合，移動格のヲ格名詞句とともに，目的語のヲ格名詞句も現れ得るが，許容度が低くなる。ただし，この場合，一方のヲ格名詞句が省略されたり（(5)），「を」が現れなくなったりすると（(6)），許容される文となる。

　(5)警備員はその男を φ 通した。
　(6)警備員はその男を門は通したが，建物には入れなかった。

また，次のように，他の成分を介在させて，ヲ格名詞句が連続しないようにしても，許容度が上がる。

　(7)警備員はその男を，同僚が見回りに行っているすきに，門を通した。

一方，(1)の他動詞の使役文の場合，このような許容度の変化は生じない。

　(8)*先生は生徒を φ 書かせた。
　(9)*先生は生徒を作文は書かせたが，感想文は書かせなかった。
　(10)*先生は生徒を，校長に呼ばれている間に，作文を書かせた。

このような点から，(1)と(2)に働く制約は異なったものであり，前者は目的語が複数現れることを禁止する「二重目的語制約」，後者はヲ格名詞句が連続することを嫌う「ヲ格名詞句連続制約」と区別して扱う必要がある。

　ただし，次のように，引用節をとる動詞の使役文においては，ヲ格名詞句をとっていなくても，被使役者を「を」で標示することができないという現象がある（阿部（1996）の「潜在的二重ヲ格制約違反現象」）。

　(11)*花子は太郎を A が犯人だと信じさせた。
　(12)花子は太郎に A が犯人だと信じさせた。

「信じる」は「～を信じる」のように目的語をとることもできることから，「信じる」の目的語とは別の目的語をとることができないと考えられる。この点から，二重目的語制約は，単に「二重」であることが問題なのではなく，動詞の対格付与の問題とみなすべきであろう。

➡ヲ，目的語

■参考文献

阿部　忍（1996）「二重ヲ格制約と日本語の使役構文」『大阪大学日本学報』15．

杉本　武（1986）「格助詞」奥津敬一郎・沼田善子・杉本武『いわゆる日本語助詞の研究』凡人社．

Harada, S. I. (1973) "Counter Equi NP Deletion," *Annual Bulletin* 7, University of Tokyo.〔再録：原田信一（2000）『シンタクスと意味』大修館書店〕

Kuroda, S.-Y. (1978) "Case Marking, Canonical Sentence Patterns, and Counter Equi NP in Japanese." In John Hinds and Irwin Howard (eds.) *Problems in Japanese Syntax and Semantics*. Kaitakusha.

〔杉本　武〕

■二段活用の一段化

　二段活用型の動詞・助動詞が一段活用型に活用するようになること。〈二段活用の一段化〉とは，伝統文法の概念・用語による呼称であ

る。別な言い方をすれば，混合変化型活用の動詞（母音変化と語尾添加の両様による語形変化を持つもの）が，語尾添加（接辞添加）型活用の動詞に変化すること。特に日本語史上の出来事としては，中世末〜近世初にかけて体系的に二段活用が一段化し，二段活用が消滅した事実を指すことが多い。

●古代日本語における一段化── 平安時代に一段活用動詞として認められている動詞にも，平安時代初期，更に奈良時代以前には二段活用であった痕跡が認められるものがある。

　(1)蜻蛉鼻ふくはなふ（波奈布）とも（琴歌譜）
　　（平安時代は一般に「鼻ひる」と上一段活用）
　(2)急居此云蒐岐于（つきう）（崇神紀）
　　（平安時代は一般に「居る」と上一段活用）

平安時代唯一の下一段活用動詞である「蹴る」も，奈良時代以前は「くう」というワ行下二段活用動詞であったと考えられている。

　(3)くゑはららかす（倶機簸邐々箇須：「蹴散」の訓注）（神代紀・上）

これらは，古代日本語でも早い時期に起こった二段活用の一段化の例と考えられる。

　平安時代から鎌倉・室町時代にかけても一段化する事例がある。

　(4)経　ヘル（前田本色葉字類抄）

以上の古代日本語の事例は，個別的・散発的な事例であり，単音節語幹動詞に多いことから，語幹を固定化することにより，語のアイデンティティを得ようとする心理的要因に基づく変化であると考えられる。

●古代語から近代語への体系的変化── 中世末〜近世初（室町時代末〜江戸時代初，16世紀末〜17世紀初）に，全ての二段活用動詞が一段活用動詞に転化した。これは，古代日本語中に見られた個別的変化ではなく，また，単なる個別的変化の量的拡大でもなく，活用体系の体系的変化である。この結果，近代日本語においては，二段活用の語が消滅した。

●活用体系上の意義── 二段活用の一段化がなぜ起こったかについて，二段活用より活用のしかたの単純な一段活用に類推されて起こった変化とする考えがある。しかし，多数の二段活用語が少数の一段活用語になぜ類推され収斂されたのか，説明が難しい。

　日本語活用体系の歴史にとって重要なことは，二段活用の一段化の結果，規則動詞の活用の型が，母音変化型（五段活用）と語尾添加（接辞添加）型（一段活用）に両極分化したことである。

　上二段活用動詞「起く」と下二段活用動詞「受く」を例として二段活用の変遷を見てみよう。

表1　平安時代の二段活用

未然形	連用形	終止形	連体形	已然形	命令形
おき	おき	おく	おくる	おくれ	おきよ
うけ	うけ	うく	うくる	うくれ	うけよ

表2　終止形と連体形の合一化

未然形	連用形	終止連体形	已然形	命令形
おき	おき	おくる	おくれ	おきよ
うけ	うけ	うくる	うくれ	うけよ

平安時代の活用（表1）が，終止形と連体形の合一化の結果，表2のようになり，それまで連用形と終止形の形態的差異が母音の差（-i/-e⇔-u）であったものが，接辞ルの有無（-φ⇔-ru）が主要な形態的差異となり，混合変化型として二段活用が持っていた母音変化と語尾添加（接辞添加）の両様の形態変化のうち母音変化の意義が薄れた。そして，二段活用の一段化の結果，表3のようになる。

本来の一段活用語は少数であり，単音節語幹の語に集中していたので，二段活用語が一斉に一

表3　二段活用の一段化

未然形	連用形	終止連体形	已然形	命令形
おき	おき	おきる	おきれ	おきよ（ろ）
うけ	うけ	うける	うけれ	うけよ（ろ）

段化しても衝突は起こらなかった。また，終止連体形，すなわち基本形が，「おくる/うくる」（上一段・下一段ともに-uru）から「おきる/うける」（上一段-iru⇔下一段-eru）に変わることによって上一段と下一段の形態的差異も明確になったことにも注意すべきである。

このように，二段活用の一段化は，終止形連体形の合一化による動詞基本形の分化を受けて，各活用形における活用の種類に応じた形態的差異を明確化する変化であった。

➡活用，終止形と連体形の合一化(同化)，動詞活用の種類

■参考文献

坪井美樹（2001）『日本語活用体系の変遷』笠間書院．

山内洋一郎（2003）『活用と活用形の通時的研究』清文堂出版．

［坪井美樹］

■ニテ

〜ニテは〜ニシテの動詞シが消失してちぢまったものである。それが，さらに音韻変化をおこしたものが現代語のデである。機能的には，(1)のように，1つの主語にたいして述語が2つ以上ある文の先行節をなし，空間名詞につき主語のありかを表わしていたものである。ニテアリは後世コピュラとなるが，古代語ではまだ十分コピュラになりきっておらず，(2)のように「あり」が存在動詞としてはたらいている。

(1)家にてもたゆたふ命波の上に思ひし居れば奥処知らずも（万葉・3896）

(2)くまのの物語の絵にてあるを，「いとよく描きたる絵かな」とて御覧ず。（源氏・蛍）

それが，(3)のようにコピュラの中止形となり，

(3)其レガ妹ニ年二十七八計ニテ，形チ・有様美麗ナル女有ケリ。（今昔・23）

さらに次のようなむすびつきをつくる格形式となった。

(4)此ノ床ノ傍ノ土ヲ鼻ニテ穿チ，足シテ堀ル。（今昔・3）

(5)いともの思ひ顔にて，荒れたる家の露しげきをながめて，（源氏・帚木）

(6)此ノ后ハ，毎年ニ二度定マレル事ニテ，季ノ御読経ヲナム行ヒ給ケル。（今昔・19）

(7)若君は，道にて寝たまひにけり。（源氏・薄雲）

(4)は手段を表わす対象的なむすびつきであるが，古代語では，まだ手段はシテ格やニ格で表わすのが普通であったため，対象的なむすびつきはあまり発達していない。(5)は運動の様態を表わす規定的なむすびつき，(6)は原因を表わす状況的なむすびつき，(7)は運動のおこなわれる場所を表わす空間的なむすびつきをつくっているものである。平安時代の訓読語では，おなじはたらきが〜ニシテと〜トシテに分属して表わされているが，和文語ではその両方の意味が〜ニテ一つで表わされる。その分，中古のニテ格は，現代語のデ格より用法がひろく，規定的関係は，(8)のように現代語では〜トシテで表わされる資格を表わすものが見られる。

(8)母は筑前守の妻にて下りにければ，（源氏・絵合）

また，原因的関係には，(9)のように準体句がニテ格をとり，因果関係を表わすものもあり，接続助辞とまぎらわしい用法もある。

(9)我あさごと夕ごとに見る竹の中におはするにて，知りぬ。ことなり給ふべき人なめり。（竹取）

➡ニ

■ 参考文献

鈴木 泰（1977）「指定辞トシテ，ニシテの句格」『国語学と国語史――松村明教授還暦記念』明治書院.

鈴木 泰（1978）「指定辞「ニテ」の句格」『山形大学紀要（人文科学）』9-1.

［鈴木　泰］

■ 『日本語助動詞の研究』（北原保雄）

　題名からすると「助動詞」のみを扱う研究書のように見うけられるが，助動詞を軸に，日本語の文構造や構文機能に関して考察した総合的な文法研究書（1981年，大修館書店刊）。

　「序章」「本編1」「本編2」「終章」の3編よりなる。「本編1」は，現代日本語の構文を軸とした考察。助動詞の相互承接順位に関する検討を糸口に，述部の階層性を明示し，連用成分も述部の階層に応じて関係を結ぶことを示し，日本語の文が階層構造をとることを述べる。この過程で，渡辺実の構文論を批判的に継承し，構文的機能の再検討を行い，連用成分を大きく「補充成分」（名詞に格助詞がついた成分で，述語の統括機能と結びつくことにより，文を構成するもの）と「連用修飾成分」（形容詞や形容動詞の連用形，副詞などによる成分で，被修飾成分の素材概念を修飾限定するもの）とに分けるほか，連用修飾成分を「情態修飾成分」「程度修飾成分」「時の修飾成分」「叙述修飾成分」「陳述修飾成分」に分けるなど，連用成分の再編を行う。「本編2」は，接続の仕方や構文的機能，活用，表現性，意味などの観点から助動詞の分類を検討することを通じて，上古から現代までの幅広い範囲で助動詞に関わる種々の現象を扱い，日本語の文法について考察する。

　本書は，いわゆる伝統的な文法論の枠組みで論じられているが，埋め込み構造を含む文の階層性やアスペクトの構文への関与，モダリティ副詞と文末モダリティ表現の関わり，格成分や副詞的成分の分類など，さまざまな点で次代の文法研究に影響を及ぼす。

　著者の北原保雄（1936- ）は新潟県生まれ。筑波大学名誉教授・元学長。新潟産業大学学長。上代語から現代語まで幅広い時代で文法研究を行うとともに，狂言を中心とした中近世語の研究や敬語研究などでも多くの業績をあげるほか，国語教育や国語辞典などの分野でも活躍する。『問題な日本語』シリーズ（大修館書店）など，日本語研究の成果の一般への普及・啓蒙にも大きな貢献をなす。

［矢澤真人］

■ 『日本語文法の輪郭』（宮田幸一）

●著者――宮田幸一（1904-89），文博，鶴見女子大学教授に就く。英語学者。日本語文法研究，アクセント研究にも優れた業績を残す。

●概要――三省堂から昭和23年刊行（復刊：くろしお出版，2009）。B6判，本文198頁の小冊子ながら「ローマ字による新体系打立ての試み」という副題を持ち，語の認定などに斬新な考えを示し，言語学研究会などに影響を与える。語・語形や例文はローマ字表記。

《語》「桜が咲きました」という文は，本書では，「桜」「が」「咲きました」の3語に分かれる。「桜」が名詞，「が」が格助詞，「咲きました」が動詞である。また，「犬だ」の「だ」も1語で後続動詞と名づけられるもの。「来たらしい」の「らしい」も語である。したがって，'arukô'は1語だが，'aruku darô'は2語。

《活用・語形》活用形を終止的に用いられる本詞と，連用的に用いられる分詞に分ける。動詞については，まず原形「話し」を取り出し，本詞を，現在形「話す」，過去形「話した」，現在叙想形「話そう」，過去叙想形「話したろう」，命令形「話せ」に分け，分詞を，シテ分

詞「話して」, スレバ分詞「話せば」, シタラ分詞「話したら」に分ける。「た」「ば」は接尾辞。また, 基本態「話す」に対して, 「話します」はシマス態, 肯定の形「話す」に対して, 「話さない」は否定の形のように, 動詞の1つの形として位置づける。「ます」「ない」は（活用）接尾辞。

《語類》語は, まず自立詞・前行詞・後続詞と助詞に分けられる。自立詞は, 名詞や動詞や形容詞など。いわゆる形容動詞語幹「静か」は, 無活用形容詞として位置づける。受動や使役は, 受動態動詞「話される」, 使役態動詞「話させる」のように, 派生動詞としての位置づけ。また, 動詞に関して, 様態を表す形式として, 「読んでいる」「読んでおく」「読んでしまう」「買ってみる」「買ってくる」「買ってやる」などを問題にしている。

前行詞は, 自立詞や句や文の前に用いられるもの, いわゆる副詞・連体詞・接続詞がこれ。後続詞は, 助詞を除き, 自立詞の後に続く語。後続名詞「本など」の「など」, 後続無活用形容詞「犬みたい」の「みたい」, 後続形容詞「来たらしい」の「らしい」, 後続動詞「犬だ, 卒業する」の「だ, する」などがこれ。助詞には, 格助詞と取立て助詞がある。

取立て助詞の名称は, 宮田の提唱になるもの。これには, 「は, も, こそ, なら, でも, さえ, まで」などが含まれる。後世誤解があるようだが, 本書では, 「だけ, くらい, ばかり」などは取立て助詞には含まれていない。

◆奥田靖雄, 活用, とりたて助詞
■参考文献
高橋太郎（1992）「宮田幸一『日本語文法の輪郭』について」『国文学解釈と鑑賞』57-1.
鈴木重幸（2009）「『日本語文法の輪郭』の復刊によせて」宮田幸一『日本語文法の輪郭』解題, くろしお出版.
仁田義雄（2012）『日本語文法研究の歩みに導かれ』くろしお出版.

[仁田義雄]

■『日本文典初歩』（馬場辰猪）

馬場辰猪（1850-88）著（初版1873, ロンドン）の原書は英文で書かれ（ただし日本語はローマ字による），第三版まで出された〔*An Elementary Grammar of the Japanese Language with Easy Progressive Exercise* 序文をのぞく部分は金子訳のものが『国語学論説資料』18・19にある〕。この本はおそらく英語ではじめて書かれた実用目的の日本語入門書だろう。明治のごく初期, 欧米列強の植民地化をおそれ, これをさけるため, 日本では, 種々の方面での提案や行動やさわぎがあったが, 馬場のこの本も, 言語に関する方面のこの問題を知る具体例だろう。馬場は自由民権思想家であり, 語学者ではないが, 当時世界最強の英国で, 英国人に向かって, 日本語は日本人の基礎教育にたえうる十分な能力をもつ言語であると日本語を擁護し, 日本が, 日本の言語として, 英語を採用するのはエリートと民衆の間にみぞをつくり, 民族分裂を引き起こすと反対論を展開してみせたのである（この議論は初版の序文のみに出ている）。この日本語擁護論は日本国内の英語採用論者への影響をも考慮したものだろう。ただし, われわれには, 明治初頭に, 馬場がこの本のためにある種の定型表現を日本語の共通用語のパターンのように選択した基準も不明だし, 文法の解説は, 日本語の知識の低さと英文法等の不完全な理解による模倣のためか, 賞揚できるほどのものはもたないだろう。

●内容概観──本書は文法編と課題編に分かれる。文法編では, 品詞を「Noun, Adjective, Pronoun, Verb, Adverb, Preposition, Conjunction, Interjection」の八種に分かっている。Prepositionについては, 名詞

に対する位置関係から，Postposition と呼ぶ方がふさわしい，と注記している．事実，二版からはそうなっている．

■参考文献
山田孝雄（1935）『国語学史要』岩波書店．

［金子尚一］

■『日本文法』（草野清民）

草野清民（1869-99）が著した文法書で，草野の没後，1901（明治34）年に冨山房から刊行された（背表紙書題は『草野氏 日本文法 全』）．本書は「前篇」「詞篇」「文法篇」「附録」からなり，特に「附録」所収論文「国語ノ特有セル語法―総主」（『帝国文学』5-5, 1899, 初出）は，「仁者は命長し」という文の「仁者」を「再度ノ主語」とする，いわゆる「総主」の論として草野の名を一躍有名にしたものである．この「総主」の論については，三上章が自著で取り上げたことから，一般的にも知られることとなった．他には助動詞「き」と「けり」の相違を富士谷成章の『あゆひ抄』にならって「対談」と「記録」として説明するなど，研究史的に注目すべき部分も多く存在する．なお本書については覆刻本（北原保雄・古田東朔編，勉誠社，1995）も刊行されている．

［山東 功］

■人称[1]

●人称とは――名詞が話し手（に属するもの）のことを指示しているのか，聞き手（に属するもの）のことを指示しているのか，それ以外のものを指示しているのか，という違い，および，それに対応するかたちで述語などに形態変化等が起こる現象を言う．

話し手（群）を指示する場合を1人称（自称），聞き手（群）を指示する場合を2人称（対称），それ以外のものを指示する場合を3人称（他称）と言う．

●人称代名詞――日本語では，英語の am, are, is のように，動詞が人称に応じて語形変化することはない．人称は，代名詞という語彙的手段によって表され，語彙的な現象である．

ただ，日本語の人称代名詞は，英語などと違って，その語数が多く，その語の有している待遇性や老若男女等の使用者の違いなどによって，用法の違いや複数の体系を有している．たとえば，「わたくし」は丁寧だが，「おれ」はぞんざいである．「あたし」は女性的，「小生」は男性の書き言葉用であり，若者は使わない．

人称代名詞の待遇度は，述語の示す待遇度と呼応し合う必要がある．

(1)お前はここの人間か．
(2)あなた様はここのお方でいらっしゃいますか．
(3)*お前はここのお方でいらっしゃいますか．
(4)*あなた様はここの人間か．

(1)(2)の適格性，(3)(4)の逸脱性は，このことを示している．

また，日本語には待遇性を有する語構成要素があり，それによってその語の人称が定まってくることがある．「拙稿」「愚息」「卑見」は1人称性を有している．それに対して，「おん身」「貴社」は，話し手に属するものには使えず，通例2人称性を有している．

●人称詞の言語社会学的側面――人称に関わる語（人称詞）の使い方には，自分や相手の捉え方，人間関係に対する認識のあり方が反映している．

相手に対して人称代名詞でもって呼びかけることができるのは，「おい，{君/お前}．」のように，相手が話し手より地位が下の場合のみ．したがって，子供や弟や社員である私が，相手に向かって「あなた」と呼ぶことができず，「お父さん」「お兄さん」「社長」のように，親

族名称や役職名で呼ぶ。これらの人々に対して，自分のことを言い立てるには，「僕」「私」という人称代名詞を用いる。

また，自分が，自分の子供や弟に向かって，彼らを呼ぶ時，名前や人称代名詞を使い，親族名称を用いることはない。彼らに向かって自分のことを言い立てる時，人称代名詞を使わないこともないが，通常「お父さん」「お兄さん」という親族名称を用いる。

したがって，「お父さんも水が飲みたい。」「先生もこちらに来て下さい。」の「お父さん」「先生」は，それぞれ，指示対象の点から言えば，自称であり対称である。

●文の表現類型と主語の人称制限──日本語には人称代名詞と述語との間に，一致や呼応という現象はない。ただ，これに類する現象が全く存在しないわけではない。

　(5)そこへは｛僕/*君/*彼｝が行こう。
　(6)｛私/*あなた/*あの人｝は彼に会いたい。
　(7)そこは｛*僕/君/*彼｝が読みなさい。

(5)のように，意志の文では，主語の人称は1人称に限定されているし，(6)のように，希望の文でも，主語は1人称名詞に限られている。それに対して，(7)のような命令や，依頼・禁止の文では，主語の人称は2人称に限定。そして，「当局は弱者救済に力を尽くせ。」のように，3人称主語を取れば，命令形も，意味−機能的には「スベキダ」相当の当為の表現へとずれていく。また，勧誘では，「｛君も/私たちも｝行きましょう。」のように，主語は1人称と2人称とを含む存在である。

このように，伝達機能からした文の表現類型の異なりが主語の人称を指定している，という現象が存する。日本語における人称の問題も，語彙論的なレベルだけに止まる問題ではない。

◆代名詞
■参考文献
鈴木孝夫（1973）『ことばと文化』岩波書店．

仁田義雄（1991）『日本語のモダリティと人称』ひつじ書房．

　　　　　　　　　　　　　　　［仁田義雄］

■人称[2]

●人称と人称詞──言語活動の根底には「話し手」の思想・感情内容が「聞き手」に伝達される作用がある。その伝達内容の基本的単位が文である。人称は文中の登場人物・事物が「話し手」「聞き手」「それ以外」のいずれを示すかを区別する文法カテゴリーである。「話し手」に言及するものは一人称，「聞き手」に言及するものは二人称，それ以外が三人称である。人称を表す言語形式を人称詞と呼ぶ。

人称詞は，近代英語やその他の西洋語では動詞が主語人称によって変化するので，主語となる人称代名詞を通じて理解することが一般であった。主語代名詞は動詞の表現する事態（動作・状態）の主体を指示する形式である。例えば「誰が書いたか」を指示するとき英語では一人称 I（wrote），二人称 you（wrote），三人称 he/she（wrote）を用いる。日本語では「私（ぼく，おれ）が書いた」「あなた（君，お前）が書いた」「彼（彼女）が書いた」と言える。しかし日本語の代名詞と西洋語の人称代名詞は大きく異なるので，人称詞と代名詞は区別しておかなければならない。

●日本語の人称詞と代名詞──日本語の人称詞は，話し手が誰に向かって話しているか，誰について話しているかにより，話し手自身の捉え方，聞き手の捉え方，それ以外の主体の捉え方が変わる。対人関係フィルターを通さない人称詞はない。日本語の対人関係は言及主体が目上，目下，同等かどうかが基準となり，敬語（待遇表現）の原理と密接な関係がある。英語では誰に向かっても you といえるが，日本語では，目上の相手には敬称により「先生，お父

さん」と言い，同等・目下には「君，お前」など敬称がない。

　日本語の代名詞は話し手・聞き手の空間に対象をどのように関係づけるかにより，コレ・ソレ・アレの三列があるが，人称と直接の関係はない。英語ではＩを一人称代名詞と分類する。代名詞は名詞句の代わりに主語や補語位置に置かれる語であり，英語では名詞句を用いなければ必ず代名詞を必要とするが，日本語では既知情報の名詞句は省略するのが原則である。例えば人に呼ばれてI'm coming というとき，Ｉは必須の項なので名詞がなければＩのように代名詞を入れる。それに対して「ただいま参ります。」という日本語では，誰が来るのかが既知なので省略され，さらに「参ります」によって，目下の話し手が目上の聞き手に話していることが理解される。

●**対人関係フィルター**──人称の原理として対人関係フィルターを置いてみると，どの言語においても多かれ少なかれ対人関係を考慮に入れた発話が存在することを発見する。例えばフランス語の一人称代名詞 je は対話の文脈で時に聞き手を示す語として用いられることがある。一つは赤ちゃんや犬に向かって「なんておめめがかわいいのでしょう」のような場合。(Qu'est-ce que *j*'ai de beaux yeux!) または激昂して相手に「お前は首をつっこむな」(De quoi *je* me mêle!) という場合。いずれにも聞き手をまともな話し相手と認めないときには二人称 tu ではなく，一人称 je を用いる。そのほか対人関係を考慮した人称代名詞の用法には，英語の医者や看護師が患者に向かって用いる親身の we や尊者の we など様々な用法がある。

　日本語には対人フィルターを通さずに人称に関わる表現に「自分」「ひと」がある。「自分」は事態の当事者，思考主体を表す。「太郎は自分は助かると思った。」において「自分」は思考主体である太郎を言及する。聞き手との関係で決定する自己を公的自己（私・ぼく），事態の場で決定する自己を私的自己（自分）と呼ぶ。

➡代名詞

■**参考文献**

青木三郎（1989）「文法の対照研究──フランス語と日本語」山口佳紀編《講座日本語と日本語教育5》日本語の文法・文体（下）』明治書院.

金水　敏（1989）「代名詞と人称」北原保雄編『《講座日本語と日本語教育4》日本語の文法・文体（上）』明治書院.

鈴木孝夫（1973）『ことばと文化』岩波書店.

廣瀬幸生（1988）「私的表現と公的表現」『文藝言語研究. 言語篇』（筑波大学文芸・言語学系）14.

［青木三郎］

■認知言語学

1. 認知言語学のアプローチ

　言葉のメカニズムを明らかにしていくためには，ミクロレベルからマクロレベルのどのレベルであれ，言語現象の背後に存在する言語主体のダイナミックな認知プロセスを明らかにしていく必要がある。認知言語学のアプローチでは，言語現象を，人間の一般的な認知能力の反映，あるいはこの種の能力にねざす認知プロセスの反映として規定していく。この種の認知プロセスの一面は，表1に示される。

表1　言語に反映する認知プロセスの一面

〈基本的認知プロセス〉
焦点化，焦点シフト，図・地の分化，図・地の反転　スキャニング，イメージ形成，ズームイン/ズームアウト，メタファー変換，メトニミー変換，イメージ・スキーマ変換，スーパー・インポジション，前景化/背景化，等

表1の認知のプロセスは，外部世界の解釈のモード，外部世界の意味づけのモードを反映している。形態，構造，意味をはじめとする言葉のさまざまな側面は，この種の認知のプロセスの発現の結果として理解することができる。

2. 図・地の分化/反転と前景化/背景化

外部世界の解釈には，全体と部分に関するこの種のゲシュタルト的な知覚の他に，図/地の分化（figure/ground segregation）と図/地の反転（figure/ground reversal）の認知プロセスが重要な役割をになう。われわれが外部世界を知覚する場合，外部世界のある部分は背景化し，他の部分は前景化されて立ち現れる。換言するならば，外部世界は，何らかの形で，前景（foreground）と背景（background）に分かれて出現する。図（figure）と地（ground）の観点からみるならば，外部世界は，前景としての図と背景としての地への分化の認知プロセス（すなわち，図・地の分化の認知プロセス）を介して知覚される。

図・地の区分は，次のような言語現象に反映している。

(1) a．窓が半分閉まっている。
　　b．窓が半分開いている。
(2) a．仕事が半分終わっている。
　　b．仕事が半分残っている。

(1)のa，bは，真理条件的にはパラフレーズの関係にある。しかし，両者は，問題の窓が半分閉まっている状態に焦点が当てられているか，半分開いている状態に焦点が当てられているかに関して異なる。基本的に同様の点は，(2)の対の文に関してもあてはまる。この種の図と地の関係は，図1に示される。

図1の①は，図・地の分化が起こる前の状況を示す。この状況に対し，網かけの部分が焦点化され図として認知され，白抜きの部分が地として認知された状況は②に示される。これ

図1　図と地の関係

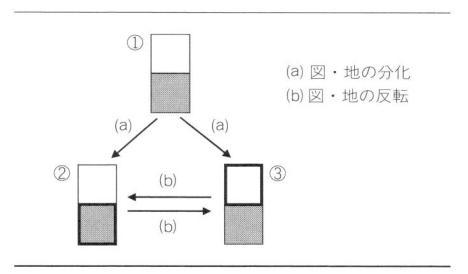

(a) 図・地の分化
(b) 図・地の反転

に対し，図・地の関係が反転した状況（すなわち，白抜きの部分が焦点化されて図として認知され，網かけの部分が地として認知された状況）は③に示される。上の(1)と(2)のa，bの対の文は，図1に示される図・地の分化と図・地の反転によって関係づけられている。

3. 認知言語学の基本的な概念

認知言語学のアプローチでは，言語主体の認知能力によって動機づけられる基本概念（e.g. ベース/プロファイル，トラジェクター/ランドマーク，認知のスコープ，等）に基づいて，形式と意味にかかわる言語現象の体系的な記述と説明を試みていく。

●ベースとプロファイル——認知的な規定では，言葉の意味は，直接的な認知のスコープとしてのベースのドメインに立ち現れるプロファイルとの関係によって相対的に規定される。言葉の意味を特徴づける基本的な概念は，プロファイルの性質によって，基本的にモノ（thing）と関係（relation）に区分される。

●トラジェクターとランドマーク——認知のドメインにおいてプロファイルされる存在のうち，相対的により際立って認知される対象はトラジェクター（trajector＝tr），これを背景的に位置づける対象はランドマーク（landmark＝lm）として区別される。日常言語の意味は，認知のドメインにおけるこの種の対象と

の関係によって相対的に特徴づけられる。
　一例として，認知のベースのドメインに二つの存在がプロファイルされた場合の両者の関係を考えてみよう。(3)の対は，複合前置詞（to the right of, to the left of）が複数の存在（hotel と bank）の位置関係を示す例である。

(3) a． The hotel is to the right of the bank.
　　b． The bank is to the left of the hotel.

　これらの例のうち，主語として選ばれている存在がトラジェクターで，前置詞の目的語に選ばれている存在がランドマークに相当する。(3)の a では hotel が，b では bank が，それぞれトラジェクターに対応する（図2）。

図2　トラジェクターとランドマーク

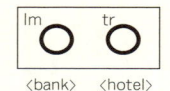

　(3)の対は，二つの存在の左右関係を相補的に特徴づける表現である。両者の基本的な違いは，a の場合には，ランドマークとしての bank が，トラジェクターとしての hotel を位置づけるための参照点（ないしは基準点）として機能しているのに対し，b の場合には，逆に hotel がランドマークとして，トラジェクターとしての bank を位置づけるための参照点として機能している点にある。

● 連続的スキャニングと一括的スキャニング──
非時間的な関係を時間軸にそって連続的に展開していく認知のモードは，連続的スキャニング（sequential scanning）と呼ばれる。プロセスによって特徴づけられる典型的な動詞（e.g. fall, fly, run, 等）には，この連続スキャニングの認知のモードがかかわっている（図3(a)）。これに対し，プロセス的に捉えられる世界を，時間を捨象して，一つのまとまった全体として静的に捉える認知のモード（e.g. take a fall の名詞 fall）は，一括的スキャニング（summary scanning）と呼ばれる（図3(b)）(Cf. Langacker 1990：80)。

図3　連続的スキャニング(a)と
　　　一括的スキャニング(b)

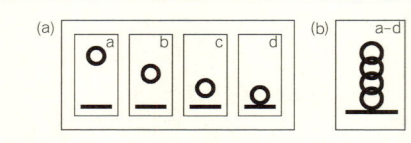

　一括的スキャニングは，プロセスを非時間化する認知のモードであり，これによりプロセス的に捉えられる世界を，一つのまとまりのあるゲシュタルトとして（すなわち，静的なモノ的世界として）捉え直すことが可能となる。

4．イメージスキーマと意味の創造的拡張

　日常言語の概念構造は，空間認知，運動感覚，五感，等の身体的な経験を反映するイメージスキーマによって特徴づけられている。イメージスキーマは，さまざまな形で日常言語の概念構造の創造的な拡張を可能としている。その一例としては，容器（container）のイメージスキーマの物理的空間から社会的空間ないしは心理的空間への比喩的な拡張が考えられる。この種の拡張は，次のような例に反映されている。

(4) a． 彼は寝室に入った。〈物理的空間〉
　　b． 彼は新しいクラブに入った。〈社会的空間〉
　　c． 彼は躁状態に入った。〈心理的空間〉

　(4)の a の「寝室」は，物理的空間に基づく容器として理解される。これに対し，b の「新しいクラブ」は，社会的な空間に基づく容器に，また c の「躁状態」は，心理的な空間に基づく容器のイメージスキーマに比喩的に拡張

されている。

　もう一つの拡張は，イメージスキーマそれ自体の存在の背景化（ないしはブリーチング）のプロセスである。この種の認知プロセスは，次の例の〈から格〉を伴う述部の表現に反映されている。

(5) a．カエルが（穴から）出た。
　　b．新しい本が（Xから）出た。
　　c．月が（Yから）出た。

(5)の例では，a〜c にいくに従って，出所としての容器のイメージスキーマが，相対的に背景化し薄れていく。この容器の背景化の認知プロセスは，図4の(a)〜(c)に示される（図4のサークルは容器のイメージスキーマ，ボックスは移動体を示している）。

図4　容器の背景化の認知プロセス

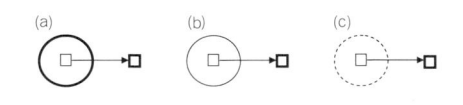

　これはイメージスキーマの相対的な背景化（ないしはブリーチング）の典型例であるが，この場合には，問題のイメージスキーマが比喩的に具象レベルから抽象レベルに変容していくのではなく，そのイメージスキーマの指示する世界（例えば，容器のイメージスキーマの場合には空間を限定する領域）の実在性それ自体が背景化されていく点に特徴がある。

5．参照点構造と認知プロセス

　一般に，われわれが何かをターゲットとして探索する場合，常に探しているターゲットとしての対象が直接的に把握できる保証はない。実際には，そのターゲットに到達するための参照点（すなわち，対象に到達するための手がかり）を認知し，この参照点を経由して，問題のターゲットとしての対象を認知していくのが普通の探索のプロセスである。この種の認知プロセスは，図5のように規定される（Langacker 1993：6）。

図5　参照点経由のターゲットの認知プロセス

C＝conceptualizer
R＝reference point
T＝target
D＝dominion
┄┄▶＝mental path

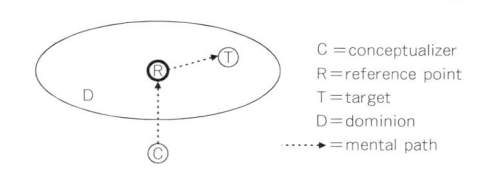

　この場合，C は認知主体（conceptualizer），R は参照点（reference point），T はターゲット（target），楕円形のサークル（D）は，参照点によって限定されるターゲットの支配領域（dominion），破線の矢印（┄┄▶）は，認知主体が参照点を経由してターゲットに到達していくメンタル・パス（mental path）を示す。

　参照点とターゲットの認知プロセス自体は，言葉の問題ではなく，われわれの認知能力にかかわる問題である。この種の認知プロセスは，メトニミー，省略表現，等をはじめとする言語現象にさまざまな形で反映されている。次のメトニミーがかかわる事例を考えてみよう。

(6) a．学生服が手を振っている。
　　b．父がミカンを握りつぶした。

(6)の a，b の例では，〈学生服〉（ないしは〈父〉）は参照点であり，この参照点を介して，そのターゲットの意味としての〈(手を振っている) 学生〉（ないしは〈(ミカンを握りつぶした) 手〉）が理解される。この種のメトニミー表現の理解の認知プロセスは，図6の参照点構造によって規定することが可能となる。

　参照点能力にかかわる認知プロセスは，日常言語の記号の表層分布を統一的に予測し，一般的に規定していく際に重要な役割をになう。この種の認知プロセスは，本節でみたメトニミー

図6　メトニミー表現の認知プロセス

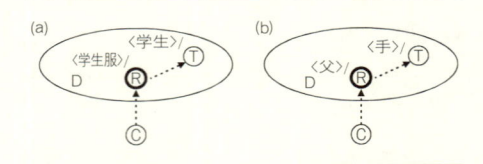

現象だけでなく，文レベルと談話・テクストのレベルにかかわる話題化，二重主語化，トピック・シフト，照応，省略，推論，等にかかわる言語現象の統一的な記述と説明を可能とする。

6. 展望

　認知言語学のアプローチでは，言語能力は，生物の延長としての人間の身体性を反映する一般的な認知能力によって動機づけられ，この認知能力からの発現の一形態として位置づけられる。換言するなら，認知言語学のアプローチは，いわゆる言語能力にかかわる知識は，五感，運動感覚，イメージ形成，視点の投影，カテゴリー化，等にかかわる人間の一般的な認知能力から独立した自律的なモジュールとしての言語知識としては規定できないという視点に立っている。この視点は，身体性にかかわる前‐表象的，前‐記号的な生きた経験の場から，言語的知識の発現と分節化のプロセスを根源的に問い直していく立場を意味する。日常言語の形式と意味はどのように発現し，実際の伝達の場においてどのように機能しているのか。日常言語としての記号系は，どのようなカテゴリー化と意味の拡張のプロセスをへて概念体系を発展させてきたのか。言語能力の根源は，どこに求められるのか。言葉の意味と形式の関係は，どのように変化しどのようにゆらいでいるのか。言葉の獲得過程は，どのような経験的な基盤に動機づけられているのか。言葉の創造性の根源は，どこに求められるのか。日常言語の記号系の発現のプロセスをダイナミックに規定していく認知言語学のアプローチを通して，以上の問題にかかわる多様な言語現象を包括的に捉え直していくことが可能となる。

■参考文献

池上嘉彦・河上誓作・山梨正明編（2003-続刊）『シリーズ認知言語学入門（全6巻）』大修館書店．

Lakoff, George (1987) *Women, Fire, and Dangerous Things*. The University of Chicago Press.〔池上嘉彦他訳（1993）『認知意味論』紀伊國屋書店〕

Langacker, Ronald W. (1986) "An introduction to cognitive grammar." *Cognitive Science* 10 : pp.1-40.

Langacker, Ronald W. (1990) *Concept, Image, and Symbol*. Walter de Gruyter.

Langacker, Ronald W. (1993) "Reference-point constructions." *Cognitive Linguistics* 4 (1) : pp.1-38.

辻 幸夫編（2002）『認知言語学キーワード事典』研究社．

山梨正明（1995）『認知文法論』ひつじ書房．

山梨正明（2000）『認知言語学原理』くろしお出版．

山梨正明（2004）『ことばの認知空間』開拓社．

山梨正明編（2007-2009）『講座 認知言語学のフロンティア』（全6巻）研究社．

[山梨正明]

■ネ

　「ね」は，典型的には聞き手との認識の一致を確認する気持ちを表す終助詞である。「いいお天気ですね」のように聞き手に同意を要求したり，「失礼ですが，山田さんですね」のように聞き手に確認を要求したりする場合に用いられることが多い。そのため，しばしば，話し手

と聞き手の認識が対立することを示す「よ」と対比的に特徴づけられる。

　一方,「ね」には,次のようにもっぱら話し手の認識に関わり,聞き手の認識との一致がそもそも見込めないような場合に用いられる用法もある。

(1)「そのときの様子はどうでしたか？」
　　「うーん,ちょっと憶えていませんね」
(2)〔スーパーのレジ係がレジスターの合計金額の表示を見ながら〕「1,260円ですね」

この場合,話し手が確認しているのは聞き手の認識との一致ではなく,自らの記憶を検索した結果や自分の目で確かめた結果などであり,いわば,「自己確認」の用法である。

　このように,「ね」は,それが付加された文の内容が聞き手の認識や自分の判断結果と食い違わないことを確認しながら聞き手に提示する機能を持つ。

　なお,「ね」は,基本的には対話場面において聞き手めあてで用いられる。その点においても,独話場面でも用いられる「よ」とは異なる。また,「な」との用法の重なりが多いが,「な」は独話場面でも用いられる点で「ね」とは異なる。

◆ヨ,終助詞,モダリティ
■参考文献
神尾昭雄（1990）『情報のなわ張り理論』大修館書店.
北野浩章（1993）「日本語の終助詞「ね」の持つ基本的な機能について」『言語学研究』（京都大学言語学研究室）12.
金水　敏（1993）「終助詞ヨ・ネ」『言語』22-4.
蓮沼昭子（1988）「続・日本語ワンポイントレッスン（第2回）」『言語』17-6.
　　　　　　　　　　　　　　　　[白川博之]

■ノ

●格助詞ノ——ごく一般的な日本語の文法書での「ノ」の扱いは,助詞として,①格助詞,②終助詞（君も帰るの？）,③準体助詞（言うのは楽だ。）としている。③については,①格助詞の特殊な用法として扱い,特設しない場合も少なくない。「ノ」の用法を①と②とに限定したとして,もちろん①格助詞が基本と言える。

　格助詞「ノ」は,いわゆる従属節（母は兄の帰る時間を知った。）や準体節（母は兄の帰るのを知った。）での主語（兄の）の用法を除くと,ほとんどが「名詞＋格助詞ノ＋名詞」に限定される。ここでは,「名詞＋格助詞ノ」と後続する「名詞」とのくみあわせ（ノ格の名詞と名詞との連語）に注目して,格助詞「ノ」の扱い方を考えてみる。

●場面や文脈に限定された用法——ノ格の名詞と名詞との連語は,ごく一般的な用法と場面や文脈に限定された用法とで,かなりの違いがある。場面や文脈に限定された用法とは,たとえば二葉亭四迷『平凡』に使用された「伯父さんの先生」「伯母さんの奥さん」である。ごく一般的な用法では,「伯父さんの先生」は,文字どおり伯父さんを助言・指導する先生のことを意味するのだが,『平凡』では,「伯父さんのことを先生と呼べ。」と言われて,結果として「伯父さんの先生」という呼称が生じるのである。同様に,伯母さんのことも奥さんと呼べと言われて,「伯母さんの奥さん」ということになる。ごく常識的な用法としては,「伯母さんの奥さん」などは意味をなさない。一般に,何らかの意味での関係づけが存在すれば,このような場面・文脈に限定された用法は,ほとんど無制限に可能である。

●一般的な用法——このような場面・文脈に限定された場合を除外し,ごく一般的なノ格の名

詞と名詞との連語の特徴について，「メダカの先生」という連語を例として考えてみよう。カザリ名詞「メダカの」とカザラレ名詞「先生」との関係のしかたには，いくつかの可能性が存在する。

まず，①「メダカという種類に属する先生の意味」で「女性の先生」「日本人の先生」などと同類である。②「メダカを教育対象（生徒）とする教師の意味」で「花子の先生」「息子の先生」などと同類である。「メダカの」は教える生徒がしめされていて，先生はメダカではなく，コイやカエルでもかまわない。③「メダカを教育内容とする教師の意味」で「理科の先生」「鳥類の先生」などと同類である。

●カザリとカザラレとの関係——「メダカの先生」という連語は，このように多義的なのだが，そのことは，カザリとカザラレとの関係づけの違いによるものである。そして，その違いは，まずはカザラレの名づけ的な意味に規定されるのである。カザラレ名詞の名づけ的な意味に注目するとすれば，カザラレ名詞「先生」は，①人間を意味する名詞であること，②だれかを指導するという立場の人間であること，さらには，③特定の分野を専門とする指導者であるということを意味するのだが，そのようなカザラレ名詞の名づけ的な意味がカザリとカザラレとの関係を規定している。そして，結果として，①「メダカという種類に属する先生」，②「メダカを教育対象（生徒）とする教師」，③「メダカを教育内容とする教師」の意味が実現しているのである。

カザリの性格も連語を特徴づける。たとえば，①「女性の先生」「日本人の先生」でのカザリ「女性の」「日本人の」は，個別的・具体的な女性・日本人を指さず，一般的・普遍的な種類を示している。もしもカザリを個別化・具体化し，「あの女性の」「さっきの日本人の」としたとすれば，②「花子の先生」「息子の先生」と同類になる。逆に言えば，②のカザリは，①とは違って個別化・具体化されている。

カザリが個物を指定するか（個別的・具体的），特徴を規定するか（一般的・普遍的）によって，一般に連語の性格が異なる。「妹のカバン（持ち主）」「小林清親の美人画（作者）」「飯島の夫人（人間関係）」「富士の夕焼け（主体）」「隠居の世話（対象）」などでは，カザリの意味するものは個別的・具体的である。「白壁の家（特色）」「女のセーター（種類）」「レンガのテラス（材料）」「トラックの運転手（職種）」などでは，カザリは一般的・普遍的である。ちなみに，「女のセーター」「トラックの運転手」のカザリを個別化・具体化すると，持ち主「あの女の＝セーター（種類ではない）」，行為の対象「このトラックの＝運転手（職種ではない）」ということになる。

➡格助詞，連語論

■参考文献

鈴木康之（1987）「ノ格の名詞と名詞とのくみあわせ（1・2・3・4）」『教育国語』55〜59，むぎ書房．

中野はるみ（2004）『名詞連語「ノ格の名詞＋名詞」の研究』海山文化研究所．

［鈴木康之］

■ノダ[1]

●「のだ」とは何か？〜構文的理解——「〜は〜だ」（「〜は〜である」）という形をした主題-解説型の文において，解説を担うコピュラ述語「〜だ」の位置にはさまざまな種類の表現が入り得る。頻度上最も多いのは

(1)あの人は音楽家だ。

(2)キツネザルは南の島に住む動物だ。

のように名詞ないしそれを主要素とする表現であるが，解説の位置に用言を主要素とする表現が現れるときは，しばしば，用言の直後に特に

積極的な意味を表さない「の」（くだけた文体では「ん」）が挿入されて次のようになる。

　(3)まもなく，川に出た。川は真赤な色をしている。これは，鉱山の土が水に押し流されているのである。

　このようにして生じる「の」とコピュラ「だ」（「である」）の連接が一般に「のだ」（「のである」）と呼ばれる。解説の位置に「〜だ」という形のコピュラ述語（例えば「学生だ」）が入るときは，その「だ」は「な」に置き換えられ，「〜だのだ」ではなく「〜なのだ」（「学生なのだ」）となる。

　コピュラ述語は「学生だ」「学生である」「学生です」「学生でございます」のように文体的に異なる形を持ち，また，「学生か」「学生だろう」「学生ではない」「学生なら」「学生だから」「学生だった」など表すべき意味に応じてさまざまな形を取って現れる。「のだ」もそれにほぼ対応して「行くのだ」「行くのである」「行くのです」「行くのでございます」などの文体的変異形を持ち，「行くのか」「行くのだろう」「行くのではない」「行くのなら」「行くのだから」「行くのだった」などさまざまな形で現れる。「私は学生」「君も学生？」のように名詞で言い終わる文に対応して，「私は行くの」「あなたも行くの？」のように「の」で終わる「のだ」の文も可能である。

　「のだ」を伴う文では(3)における「これは」のように主題が明示されることもあるが，多くの場合主題は文脈から明らかであるため表現されない。(3)から主題を省いて次のようにしても，理解に支障は生じない。

　(4)まもなく，川に出た。川は真赤な色をしている。鉱山の土が水に押し流されているのである。

　以上が構文的な見地から見た「のだ」の概略である。なお，次のような文は表面上「のだ」の文型に合致しているが，「のだ」の例ではない。

　(5)私のカバンは（右カラ2番目ノ）黒いのだ。

　ここで「黒いの」は"黒いカバン"という意味であり，この文は「のだ」とは無関係である。ただし，括弧内の表現がなければ，(5)は「のだ」の文として解釈することもでき，その意味で両義的な表現である。

● 「のだ」の意味・機能——「のだ」はどのような意味を表すのか？　正確に言えば，上述のような「の」「だ」の連接を伴う主題=解説の文型はどのような機能を果たすのか？　その問いへの手がかりは，「のだ」の文が「〜は〜だ」という主題=解説型の文の一種だという事実の中にすでに半ば与えられている。

1）《背後の事情》

　「のだ」の表す意味，その働きは一見多様であるが，その中核的な機能は，あることがらの《背後の事情》を表すことにある。つまり，あることがらを受けて，それはこういうことだ，その内実はこういうことだ，その背後にある事情はこういうことだ，といった気持ちで特定の命題を提出する。

　具体的な例に即して説明すると，

　(6)A：あの音は何でしょう。
　　　B：庭とすれすれの所を小田急線が走っているんです。

という対話において話し手Bは，会話の状況で何かの音が聞こえた——そして，相手Aがそれについての問いを発した——のを受けて，その音に関して自分の知っている事実をAに告げている。"背後"の事情と述べたのは，音自体は現実に会話の場で聞こえているのに対し，それが近くを通る小田急線の音だということは（話し手Bはよく承知しているが）相手Aにとっては未知のことがらに属するということである。先に挙げた(3)は対話の例ではないが，「のだ」を含む第3文は，前文で述べた川

の色の話を受けてその内実を解説している。

「のだ」がこのような働きをするということは，「のだ」を伴う文を「〜は〜だ」という主題-解説型の表現と見る構文的な理解からしても自然なことである。そして，「のだ」の機能をそのように捉えることで，「のだ」の一見多様な用法を統一的に理解することができ，「のだ」に関する様々な事実を合理的に説明できることになる。

2）《実情》

ただ，実際には，「のだ」を伴う文であっても，特定のことがらを受けてその背後の事情を述べているとは言いがたい場合も少なくない。

(7) A：血液型はA型ですか？
　　B：いえ，私はAB型な<u>んです</u>。

この対話においてBは，何か特定のことがらを受けてその背後に「血液型がAB型だ」という事情があると語っているわけではない。

しかし，こうした用法においても，「〜は〜だ」という主題-解説の構造は潜在していると考えられる。すなわち，表現のうえには現れなくても，「実は」「本当のところは」「真相は」といった気持ちが主題としてある。実際，この種の「のだ」の用法においても次のように明示的な主題の表現を伴うことがある。

(8) そう考えるのは，あの辺の雪を知らないものの想像で，<u>事実は決して困らないのです</u>。

このような「のだ」の用法を筆者は《実情》を表す用法と呼んでいる。この用法は，話し手が内心や個人的事情を打ち明けたり，自分の熟知している知識などを披瀝したりするときによく見られる。

●「のだ」は1単位か？——通常の連体修飾句においては可能な"ガノ可変"が「のだ」の文には適用しない。例えば，次の文の「が」を「の」で置き換えることはできない。

(9) 虫の声がする。秋 {が/?の} 来たのだ。

ガノ可変の不適用を理由に三上章は「のだ」は一体化した1単位であるとした（『現代語法序説』刀江書院，1953）。しかし，ガノ可変の不適用は「秋が来た-の」に通常の連体修飾句とは異質な面があることを意味するに過ぎない。ガノ可変が適用しないケースは「のだ」の文以外にもいくらでもある。

(10) 日本からは外務大臣が {が/?の} 出席する予定だ。

(11) 近ごろ風邪が流行し，わが家でも次々と子ども {が/?の} 寝込む有り様だ。

これらの事実から「予定だ」「有り様だ」を一体化した1単位だとするのは思考の短絡であろう。「のだ」についても同じことである。

「のだ」を1単位と見なければならない理由は実はない。「のだ」の文の意味・機能を「の」「だ」の意味・機能の複合として単純に説明することが困難である（それは要は「の」が形式上挿入された無意味な要素であることの結果であるが）という意味において「のだ」を単一のいわゆる複合辞として扱うことは可能である。実際，そうした扱いが古くから日本語研究における慣用になっている。

しかし，「のだ」の問題を考えるうえで重要な意味を持つのは「のだ」を含む文型全体である。それを構成する「の」と「だ」の連接を他から切り離してそれが1つの単位かどうかを論じることに意味はない。「のだ」を1つの複合辞として扱うことの価値はもっぱら便宜上の次元にとどまる。

ちなみに，母語話者の感覚として「のだ」が1単位のように感じられるとしても，そうした感覚はあてにならない。「学生なのだ」という述語を素朴な感覚で分割するならばおそらく「学生-なのだ」となろう。「学生な」を1つのまとまりとする文法上適切な見方は母語話者の感覚には合致しない。

●おわりに——「のだ」をめぐっては構文の面

でも意味・機能の面でも観察・分析に値する問題が多い。「のだ」は現代日本語において話しことば・書きことばの別を問わずきわめて頻繁に使われ,しかも,その働きが例えば否定や過去を表す文法的要素のように明確ではない。「のだ」は非母語話者に対する日本語教育などの実用的観点からしても大きな研究の価値を有するテーマである。

➡説明の構造,主題

■参考文献

田野村忠温（1990）『現代日本語の文法Ⅰ――「のだ」の意味と用法』和泉書院.

田野村忠温（1993）「「のだ」の機能」『日本語学』12-11.

寺村秀夫（1980）「ムードの形式と意味(2)――事態説明の表現」『文藝言語研究（言語篇）』（筑波大学文芸・言語学系）5.

野田春美（1997）『「の（だ）」の機能』くろしお出版.

山口佳也（1975）「「のだ」の文について」『国文学研究』（早稲田大学国文学会）56.

[田野村忠温]

■ノダ[2]

●「のだ」とは――活用語の連体形を準体助詞のノで承けていったん体言句とし,そこに述語化要素（断定助動詞ダまたは終助詞ネ・サ・ヨなど）を後続させた文末形式。述語化要素が可視的な形態をとっていない（準体助詞ノで文が終止する）場合もある。また,準体助詞ノが音便化してンとなる場合もある。

●「のだ」は特定の"語義"を持たない――「のだ」は,内容の体言化と再述語化だけを機能とする要素であって,明確な語義をそれ自身の内にもっているわけではない。そのため,文の発話者の具体的な表現意図を背負いこみ,それをその文における限りでのみずからの表現内容とするという,特殊な性質をもっている。

したがって,「のだ」を含む文に生じる意味合いは,文脈や発話状況から大きな影響を受けてさまざまな変化を見せる。また,「のだ」自体に含まれる述語化要素の種類・性質（平叙か疑問か,過去か現在かなどといった）によっても,「のだ」の表現内容はまったく異なったものとなる。

●平叙・現在の「のだ」（文内表現効果）――たとえば,「のだ」を末尾に据える現在時制の平叙文が帯びる表現意図は,つぎの4類に大別することができる。

(a)換言（顔が赤いのは熱があるのだ）

主語句「～のは」と述語句「～のだ」とが,見る角度は違っているものの,結局は一致するものであるということを述べる用法である。主語句の内容を述語句で言い換えた,というニュアンスを持つ。

(b)得心（なるほど,これがスイッチなんだ）
　再認識（そうだった,君もA型なんだ）

その内容を自身の知識に加えること,あるいは加え直すことの表現である。ノで括ることによって,その内容が一つの独立した知識項目であることを示しているのであり,ここでのノは,知識というデータベースに登録するためのフォーマットの役割をはたしていると,比喩的には言うことができる。

(c)告白（実はぼくもその村の出身なんだ）
　教示（その村は県境にあるんだ）
　強調（村には本当に河童がいるんだ）

自身の知識項目の一つを相手に提示する表現である。(b)はインプットであったが,(c)はアウトプットである。ノは,(b)におけるノと同様,知識というデータベースのためのフォーマットの役割をはたしているものと思われる。

(d)決意（ぼくはどうしても行くんだ）
　命令（君はここで待ってるんだ）

聞き手の眼前で,実現が望まれる事態を指定

することによって，決意・命令の意図を伝える表現である。(c)と同じく相手への提示であるが，提示されるものは"知識"ではなく"要実現の事態"である。

●**平叙・現在の「のだ」（文間表現効果）**——上記のほかに，「のだ」の文には，前後の文とのあいだにある種の意味効果を生じさせる場合がある。

　(1)捉え直し
　　・庭の木が揺れている。風が吹いてる<u>んだ</u>。

例文の「風が吹いてる<u>んだ</u>」は，前項で解説した(b)得心という文内表現効果を持っているが，同時に，前文の内容の別角度からの捉え直しとしても機能している。(b)類（得心・再認識）と(c)類（告白・教示・強調）の「のだ」を含む文には，いずれも，この文間表現効果を実現させる場合がある。

なお，文内表現効果の(a)換言は，捉え直しにおける2文が，それぞれ主語句・述語句となって，より大きな文を構成したものだと見ることもできる。

　(2)根拠づけ
　　・こっちに来てくれ。話がある<u>んだ</u>。

例文の「話がある<u>んだ</u>」は，前項(c)の告白という文内表現効果を持っているが，同時に，前文の表わす〈依頼〉に対する根拠づけとしてもはたらいている。

〈命令/依頼/禁止/勧誘/質問〉といった対聞き手的な要求や，聞き手を説得するためになされる〈推量/評価/判定〉などを表わす"行為"の文に，「のだ」の文が先行または後続する場合，しばしば，「のだ」文はそれらの"行為"の根拠づけという役割をはたしているように見えるのである。

なお，この根拠づけという文間表現効果が生じうるのは，前項(c)類（告白・教示・強調），および(d)類のうち決意を表わす「のだ」を含む文が，"行為"の文の前後にくる場合だけである。

●**平叙・過去の「のだった」**——つづいて，過去時制の平叙文に用いられる「のだった」の表現内容を見てみよう。

「のだった」という文末形式は，通常"「のだ」の過去形"と捉えられることが多い。しかし，上に見た「のだ」の表現効果は，いずれも過去に位置づけられるようなものではないのであるから，「のだった」は，「のだ＋た」と解すべきものではなく，「の＋だった」と解すべきものであって，したがってそれを「のだ」の過去形と見るのは，実は不適当だということになる。

さて，「のだった」の表現効果は，おおよそつぎの3種にわけることができる。

　(A)実現しなかった当為
　　・どうせなら父も連れてくる<u>んだった</u>。

過去の時点でなら採用することのできた選択肢をノで括って示し，ダッタを用いてそれを過去時点に位置づけることによって，その選択肢をもう選ぶことができないということを，悔恨の情とともに示す用法である。

　(B)想起
　　・しまった，今日は父さんが早く帰ってくる<u>んだった</u>。

過去の時点でいったん認識していた内容をノで括って示し，ダッタを用いてそれを過去時点に位置づけることによって，その内容を失念してしまっていたということを，いま想い出したというニュアンスとともに表わす用法である。

　(C)物語的過去
　　・雨で船が出ないときは，父は昼間から焼酎をあおる<u>のだった</u>。

過去の情景をいったんノで括っておくことによって，現在時と完全に分断された記憶の世界のなかにその情景を位置づける，という用法である。(A)(B)は話しことば的であるが，(C)はほぼ

書きことば専用である。

●**文の表現スタイルとしての「のだ」**──さて，このように「のだった」は「のだ」とは大きく表現性が異なっており，その意味で「のだった」は"「のだ」の過去形"とは見なしえないのであるが，それと同じ意味において，「のだろう」は"「のだ」の推量形"ではないし，「のか」も"「のだ」の疑問形"とは見なしがたい。したがって，「のだ」「のだった」「のだろう」「のか」…といった，一見"「のだ」の活用"と見えるヴァリエーションは，実は一語の助動詞としての統一性を有してはいないと考えるべきであろう。

むしろ，「のだ」は，文内容をいったん体言化しておくという，文にとっての一種の表現スタイルと解すべきである。「のだ」が連体法を持っていない（雨が降っているのだ →*降っているのだ雨）のも，「のだ」が文の表現スタイルであるからではないかと思われる。

◆モダリティ

■参考文献

山口佳也（1975）「「のだ」の文について」『国文学研究』56.

吉田茂晃（2000）「〈のだ〉の表現内容と語性について」『山辺道』（天理大学国文学研究室）44.

［吉田茂晃］

■ノミ

副助詞。古典語では，格成分・修飾成分などの連用成分に後接する。句全体に関わり，その句の表す事態1種類だけが存在し，それ以外の種類の事態がないことを表す。

(1)心の限り，行く先の契りを<u>のみ</u>し給ふ。（源氏・明石）

(2)いとど暑き程は息も絶えつつ，いよいよ<u>のみ</u>弱り給へば，（源氏・若菜下）

1種類であることが際立つのは，複数の対象がすべてその1種類で尽くされる場合なので，ノミは複数性・多数性と関わることが多い。(1)は何度もくり返し「行く先の契りをする」ことを表す。ただし，1回だけの事態にも言え，(3)は見舞いが1回だけあったことを表す。

(3)（致仕の大臣は）おほぞうの御とぶらひ<u>のみ</u>ぞありける。（源氏・柏木）

また，ノミは句中に分節的に挿入されるので，ノミに前接する成分が焦点・卓立点として解釈される。その結果，前接部分の表す事物を限定するように見える場合がある。

(4)御匣殿，なほこの大将に<u>のみ</u>心つけ給へるを，（源氏・若菜上）

古典語のノミとバカリはともに限定を表すが，事態がただ1種類あることを表すノミに対し，バカリは前接語の表す事物だけに限り，序列的にそれより上位の事物がないことを表す。

ところで，ノミはもともと名詞に直接して，その名詞の表す事物を唯一のものとして示し，対象の複数性には関わらなかったと考えられる。上代にはその名残が見られ，(5)は(1)とちがい，ノミが名詞に直接して格助詞に前接している。

(5)音<u>のみ</u>を聞きてありえねば（万葉・2・207）

この類のノミは中古以降も漢文訓読文で行われた。また，中世以降ノミが文語化し，和文での使用が衰退しても，漢文訓読色の強い文体では用いられ続け，現代の文章語で用いられるノミも，これを受け継いでいる。

◆サヘ，バカリ，副助詞

■参考文献

此島正年（1973）『国語助詞の研究 助詞史素描』桜楓社．

小柳智一（1998）「中古の「ノミ」について──存在単質性の副助詞」『国学院雑誌』99-7.

小柳智一 (1999)「万葉集のノミ——史的変容」『実践国文学』55.
沼田善子・野田尚史編 (2003)『日本語のとりたて——現代語と歴史的変化・地理的変異』くろしお出版.

[小柳智一]

は行

■ハ[1]

1. 前後両項の結合を分説的に語る第一種係助詞

ハは，古代語を見ても，係り先に必ず終止形終止を要求するということはなく（この点はモも同様），形態的な係り結びを構成することはない。ハは題目提示（提題）の働きを持つという一面があるが，同類の係助詞であると考えられるモには題目提示の働きは認められず，ましてやゾ，ナム，カなどの係助詞には提題性は認められない。題目提示の機能（提題性）を持つということと係助詞であるということとは別のことである。

現代語のハはモと共に，その用法において古代語と大きな相違はない（実は古代語のハには，命令や願望の相手を文中で「〇〇ハ」と示す用法や，「真白にぞ富士の高嶺に雪は降りける」のような額縁的詠嘆の用法が多いことなど，興味深いいくつかの相違はある）が，古代語の係助詞には少なくとも大きく異なる二種類があったと考えられる（尾上 2002）。

第一種係助詞——前後両項の結合の承認の仕方をめぐって働くもの（ハは「分説的承認」，モは「合説的承認」，ヤは「承認留保＝疑問」）

第二種係助詞——上接項目になんらかの意味ないし気持ちを加えるもの（ゾは「確定的な感覚の中で上接項に嘆きをかぶせる」，カは「不確定的な感覚の中で上接項に嘆きをかぶせる」）

ハは，現代語においても，第一種係助詞として，ハの前にある項と後にある項との結合を分説的に（他の事態との対立を意識して）語るという性質の助詞である。「春は来たが，暖くならない」というのは，「暖くならない」という他の事態との対立の意識をもって「春（前項）―来た（後項）」の結合を語るものであって，ハの分説性（区別，排他性など）とは，ハの上のある項目（春）についてのことではなく，前後両項結合（春―来た）ことをめぐっての，事態単位の分説性である。これはハの全ての用法について言えることである。

2. ハの用法

● (1) 対比（事態単位，項目単位）――
- 春は来たが，暖くならない。
- おじいさんは山へ芝刈りに，おばあさんは川へ洗濯に行った。
- 妹には話した。

第一種係助詞としての性格が直接的に見てとれるのが第1例のような「事態単位の対比」の用法であるが，第2例のように，「おじいさんが山へ行った」ことと「おばあさんが川へ行った」こととの事態単位の対比が，「行った」という述語部分の共通性によって，あたかも「おじいさん」対「おばあさん」の項目単位の対比であるかに見えてくることも多い。

〈譲歩〉
- 役には立つが，おもしろくない。
- 読みはしたが，よくわからなかった。

〈極限表示・部分否定〉
- 50人は集まらないだろう。（多くとも）
- 30人は集まるだろう。（少なくとも）
- 全部は食べなかった。

〈逆接的対比〉
- 納豆は平気で食べる大山さんが甘納豆を食べないなんて…

〈述語内容の妥当範囲の限定〉

- ヨーロッパの人々は，アメリカ人よりは魚をよく食べる。

〈否定補足〉
- くじらは魚ではない。
- この地方では夏に雨は降らない。
- おしゃべりしてはいけない。
- きれいには書けなかった。

などの諸用法も，本質的には対比用法の一角にある。(尾上 1981)

「40人集まることはないかも知れない」との対立を意識して「30人―集まる」ことの成立を主張するところに「30人は集まる」という〈極限表示〉用法が成立し，「少し食べた」との対立を意識して「全部―食べなかった」ことを主張するところに，「全部は食べなかった」という〈部分否定〉用法が成立する。

否定表現は本質的に「対比」を内包しているもので，〈否定補足〉のハは対比用法の一角にある。「くじら」の例は，「魚である」と思いやすいが「魚でない」のだと，対立相手の事態(「魚である」)を一旦意識した上で「そうではなくて」と当該事態の成立を主張するものであり，「おしゃべり」の例は，「ほかのことはよい」と他の行為一般が許されることとの対立の意識をもって「おしゃべりして―いけない」というこの事態を分説的に主張しているものである。

● (2) 題目提示──
- 雪は白い。
- ペンギンは鳥だ。
- 太郎は次郎にりんごをやった。

題目語(主題)という用語は，一文の中で各部分が表現上の役割という面で落差構造を持つ，その落差構造の中でのある成分に与えられる名称であり，定義も(題目語であるか否かの)線引きもきわめてむずかしい。結局，「典型的な題目語」とは何かを言う以外にない。「典型的な題目語」の要件は下のとおり。

① 一文の中で，その名詞項が表現伝達上の前提部分という立場にある。
 ① a　表現の流れにおいて，その部分が文の全体の中から仕切り出されて特別な位置にある。
 ① b　その項は，後続の伝達主要部分の内容がそれと決定されるために必要な原理的先行固定部分である。
② その項が，後続部分の説明対象になっている。

ハが何ゆえに題目提示という働きを持ち得るのかについては次のとおり。

ハは第一種係助詞として文事態の構成要素を前後二項に大きく分けた上で結びつけるものであるから，ハが一文の流れを大きく切って前項を仕切り出す可能性は十分にある。(ただしあくまで可能性であって，「春は来たが，暖くならない」のようにハがそう働かないこともある。)これが前記要件① a。

要件① bの実現には，ハの分説性が決定的に関与している。要件① aが実現している場合の「AハB」という分説的承認とは，AがAでなくてA'ならBと結びつかないかも知れない，つまり前項AがAであることを条件として後項がBと言えるということであるから，認識としては原理的にAがBに先行固定されることになる。

かくして，分説的承認の第一種係助詞ハは，典型的な題目を提示する働きを持ち得ることになる。

ただし，この論理からも明らかなとおり，題目提示という働きと意味的に対比の色を与えるという働きとは一つの用例において十分に共存できる。

- 雪は白いが，氷は白くない。
- 納豆は食わない。

題目提示という働きの中にハの分説性が生きている以上，構文的，言表状況的条件によっては

その分説性が直接的に（事態単位あるいは項目単位の）対比の意味を強く感じさせることは，むしろ当然である。注目すべきは，対比の色が表面上見えなくなることがあり得る（「雪は白い」「ペンギンは鳥だ」）ことの論理である。（尾上 1995）

ハの「前後両項の結合を分説的に語る」という性質は，
［条件Ａ］①その二項結合が外形的結合範囲の面で文そのものであり，且つ，
②その二項結合が意味の面で文そのものである。
という条件のもとでは，「文そのものの成立を排他的に承認する」こととなる。それがさらに，
［条件Ｂ］ハがもたらす排他性と文一般に内在する排他性とが重なる。
という条件のもとでは，ハは単に「文の成立を承認する」のみ（繋辞にも見える）で，文に排他性や対比の色を感じさせなくなる。そもそも，あり得る無数の文事態の中から一つの事態だけを取りだして語るという意味で，（文中にハがあろうがなかろうが）すべての文は他の事態のすべてを敵にまわす排他性（根源的排他性）を内包するものである（そのような排他性はふつう意識されない）が，文中にハを用いていることによってその文が積極的に身に帯びる文単位の排他性がこの根源的排他性と溶けあってしまう場合には，当該事態をカオスから特立するというだけで，ハゆえの対比の色は特に感じられなくなり，無色の題目提示のように見えることになる。

●⑶ 当該事態への集中（非題目，非対比）——
⑶ ①事態列挙
・雨は降ってくる。電車は止まる。どうしようかと思った。
・くつは踏まれる。サイフは落とす。会社には遅刻する。今朝はさんざんだった。

一つ一つの事態をくっきりと確認しながら列挙するときにハが使われる用法である。格助詞を使って「雨が降ってくるわ，電車が止まるわ」「くつを踏まれるわ，サイフを落とすわ」と言うのに近く，「雨」や「くつ」を説明の題目としているのではない。

⑶ ②額縁的詠嘆
・飲んで騒いで丘にのぼれば　はるかクナシリに白夜は明ける
・雨はふるふる　城が島の磯に　利休鼠の雨がふる

「白夜が明けることよ」「雨が降ることよ」とほぼ言い換え得るとおり，一つの情景を額縁に入れて遠くからながめるような性質の詠嘆の表現である。

⑶①と⑶②の用法はいずれも，対比の意味もなく題目提示でもない。他の事態のすべてを闇のむこうに押しやって，ハを含んで語られるこの事態一つにスポットライトを当てる表現であって，事態を分説的に語る係助詞のハには当然あり得る用法である。古代語では「ま白にぞ富士の高嶺に雪は降りける」のように⑶②の用法はかなり多く観察される。

◆モ，主題，係助詞

■参考文献

尾上圭介（1979）「助詞「は」研究史に於ける意味と文法」神戸大学文学部編『三十周年記念論集』．〔再録：尾上圭介（2014）〕

尾上圭介（1981）「「は」の係助詞性と表現的機能」『国語と国文学』58-5．〔再録：尾上圭介（2014）〕

尾上圭介（1995）「「は」の意味分化の論理——題目提示と対比」『言語』24-11．〔再録：尾上圭介（2014）〕

尾上圭介（2002）「係助詞の二種」『国語と国文学』79-8．〔再録：尾上圭介（2014）〕

尾上圭介（2014）『文法と意味Ⅱ』くろしお出版．

森重敏 (1970)「係助詞は・も」『国文学　解釈と鑑賞』442.〔再録：森重敏 (1971)『日本文法の諸問題』笠間書院〕

[尾上圭介]

■ハ²

1. 主題を表すハと対比を表すハ

助詞「は」には，主題を表す用法と対比を表す用法がある。(1)は主題を表す「は」，(2)は対比を表す「は」である。

(1)あの島は歌島です。

(2)第1章は読みましたが，他の章はまだ読んでいません。

主題を表す「は」は，その文が「は」の前にある名詞について述べていることを表す。(1)の「は」は，この文が「あの島」について述べていることを表している。

対比を表す「は」は，他のものと比べて，それとは違うことを表す。(2)の「は」は，「第1章を読んだ」ことと「他の章をまだ読んでいない」ことを対比するために使われている。

「は」は，必ず主題と対比のどちらかを表すわけではなく，主題を表しながら対比も表すことがある。(3)の「は」は，「私」と「姉」が主題であることを表すとともに，「私はまだ学生だ」ということと「姉は働いている」ことを対比している。

(3)私はまだ学生だが，姉は働いている。

対比を表す「は」は，「も」や「さえ」などと同じくとりたて助詞とされる。主題を表す「は」はとりたて助詞とされることもあるが，主題助詞，提題助詞などとして，区別されることもある。

2. 主題を表すハ

主題を表す「は」は，(4)の「このかさ」のような指示対象がわかる「定」の名詞にしかつかない。

(4)このかさは高橋さんのものです。

(5)の「だれか」のような指示対象がわからない「不定」の名詞にはつかない。

(5)*だれかはスイッチを押したようです。

主題を表す「は」は，その文が何について述べるかを表すものなので，指示対象がわからない「不定」の名詞について述べることはできないからである。

主題の「は」は，格成分のほか，格成分の名詞修飾部や，述語名詞の名詞修飾部，被修飾名詞，節などにつくことができる。

格成分のうち，「が」格成分と「を」格成分につく場合は，「が」や「を」が落ちて，「は」になる。(6)の「食事を」に「は」がつくと，(7)の「食事は」になる。

(6)食事をもう済ませました。

(7)食事はもう済ませました。

「に」格成分や「で」格成分などにつく場合は，(8)のように，「に」や「で」のあとに「は」がつくのが普通である。

(8)この町にはお寺がたくさんあります。

格成分の名詞修飾部に「は」がつくこともある。(9)の「象の」に「は」がつくと，(10)になる。

(9)象の鼻が長い。

(10)象は鼻が長い。

述語名詞の名詞修飾部に「は」がつくこともある。(11)の「かき料理の」に「は」がつくと，(12)になる。

(11)広島がかき料理の本場だ。

(12)かき料理は広島が本場だ。

被修飾名詞に「は」がつくこともある。(13)の「辞書」に「は」がつくと，(14)になる。

(13)新しい辞書がいい。

(14)辞書は新しいのがいい。

述語を含む節に「は」がつくこともある。(15)の「花が咲く」に「は」がつくと，(16)にな

る。これは「分裂文」と呼ばれるものである。
(15) 7月ごろに花が咲く。
(16) 花が咲くのは7月ごろだ。

3．対比を表すハ

対比を表す「は」は，典型的には，(17)のような形の文で使われる。

(17) 魚は食べますが，肉は食べません。

対比を表す典型的な文では，「は」がつく「魚」と「肉」は同類の名詞であり，述語は「食べます」と「食べません」のように肯定と否定で対立する同類の述語である。そして，対比される「魚は食べる」と「肉は食べない」は，逆接の接続助詞「が」や「けれど」でつながれている。このような文では，(18)のように対比の「は」を使わないと，不自然になる。

(18) *魚を食べますが，肉を食べません。

対比を表す「は」は，対比の一方だけを表し，もう一方を表さない形でも使われる。(19)のような文である。

(19) 魚は食べます。

このような文では，対比されるもう一方が「肉は食べません」のようなものであることが暗示される。「魚」と対比される相手としては，「魚」と同類の「肉」が思いつきやすく，「食べます」と対比される相手として，否定の「食べません」が思いつきやすいからである。

対比の「は」がつくのは，(20)の「彼から」のような格成分や，(21)の「きのう」のような時を表す副詞的成分である。

(20) 私は彼からは何ももらっていない。
(21) 中村さんはきのうは来なかった。

(22)のような時間節や，(23)のような仮定節にも「は」がつく。

(22) 故障したときは，電話をください。
(23) はっきり言わなくては，だれも気づいてくれません。

仮定節の場合は，「〜たら」などにそのまま「は」はつかず，「〜ては」のような形になる。

述語との構造的な結びつきが強すぎる(24)のような「〜ながら」節や「〜まま」節には「は」がつかない。

(24) *テレビを見ながらは食事しません。

逆に，述語との構造的な結びつきが弱すぎる成分にも「は」はつかない。たとえば，(25)のようなモダリティを表す副詞的成分や，(26)のような理由節などである。

(25) *たぶんはうまくいくでしょうね。
(26) *雨だからは出かけません。

4．主題になるか対比になるかの条件

「は」が主題を表すか対比を表すかは，(27)から(29)のような条件による。

(27) 述語から遠い位置にあるものは主題，近い位置にあるものは対比になりやすい。
(28) 対になる名詞を思いつきにくいものは主題，思いつきやすいものは対比になりやすい。
(29) 普通に発音されると主題，強く高く発音されると，対比になりやすい。

(27)は，(30)の「私は」と「焼きそばは」では，「私は」の方が主題，「焼きそばは」の方が対比になりやすいということである。

(30) 私は焼きそばは好きです。

(28)は，(31)と(32)では，(31)の方が主題，(32)の方が対比になりやすいということである。

(31) 門は閉まっています。
(32) 東側の門は閉まっています。

なお，話しことばでは，主題を表すときは(33)のような無助詞の形になりやすい。「は」は対比を表すことが多い。

(33) 山田さん φ，遅れるって。

5．否定文のハ

否定文では「は」が使われやすい。肯定文の(34)では「ドイツ語が」になりやすいが，否定文

の(35)では「ドイツ語は」になりやすい。

(34)田中さんはドイツ語が話せます。

(35)田中さんはドイツ語は話せません。

　否定文に使われる「は」は，基本的には対比を表すものである。(35)の「ドイツ語は」のように「は」を使うことによって「フランス語は話せる」などの意味を暗示するものである。ただし，否定文の「は」は特に対比の意味がなくても使われることが多い。

➡主題，有題文と無題文，とりたて助詞，定・不定，分裂文，否定

■参考文献

青木伶子（1992）『現代語助詞「は」の構文的研究』笠間書院.

久野暲（1973）『日本文法研究』大修館書店.

丹羽哲也（2006）『日本語の題目文』和泉書院.

野田尚史（1996）『〈新日本語文法選書1〉「は」と「が」』くろしお出版.

三上章（1960）『象は鼻が長い』くろしお出版.

　　　　　　　　　　　　　　　[野田尚史]

■ハ[3]

　係助詞の一つ。文中で，それに上接する要素を何らかの点で提示する働きを持つ。具体的な用法としては，主題を表す用法，対比を表す用法，この両者を兼ねた用法，および，主題でも対比でもないが提示を表す用法（単純提示用法）とがある。以下，「は」を含む文を「XはP」という形で示すことがある。

1. 主題用法のハ

(1)地球は青い。

(2)彼女はきのう旅行に出かけました。

のような文において，「地球は」「彼女は」の部分を主題という。主題とは，それがいかなる属性を持つか・いかなる状況にある（あった）かなどという関心のもとに提示される要素のことで，後続部分でその関心が具体的に述べられる。この「Xは」と「P」の関係を「題述関係」と言う。題述関係は，(1)(2)のように，Pの部分がXについての説明・解説を表す場合が多い（「主題解説関係」と呼ばれる）。一方，

(3)ぼくはもう故郷に帰りたい。

(4)支払いは現金でお願いします。

という例では，「ぼく」「支払い」がどのようになるのが望まれるかという意向をPの部分で表しており，これを「説明・解説」と呼ぶのはふさわしくない。このように，Xについてどのように述べるかという点で主題は2つに分けられる。

(5) { 説明型（Xについての説明を表す）
　　 意向型（Xについての話者の意向を表す）

どちらであっても，Xの属性や状況に対する関心を表す文であることに違いはない。

　主題に立つ名詞句Xは，多くの場合，定名詞句（聞き手にXが何を指示するかが同定できると話し手が考える名詞句）である。上の「地球」「彼女」「ぼく」はもちろん，「支払い」についても，誰が誰に何に関して支払うものであるか，文脈上聞き手にもわかる。これらに対して，

(6)?最近，一人の女性はマスコミで活躍している。

という文の「一人の女性」は不定名詞句である。誰かわからない人について，その人がどういう状況にあるかという関心を抱くということは考えにくいので，この文は不自然である（「は」でなく「が」なら自然）。ところが，Xの存在の有無を問題にする場合は，この制約が働かない。

(7)お客様の中にお医者様はいらっしゃいますか？

この「お医者様」は誰を指すのか定まっていない。Xが存在するかどうかを問題にする時に、Xが定か不定かは関与しないのである。このようなXの何についての関心を表すかという点で主題は2つに分けられる（この分類は(5)の分類とは独立）。

(8) ｛ 属性・状況の主題
　　　　（Xはいかなる属性・状況にあるか）
　　　存否の主題（Xは存在するか否か）

なお、主題がどのようなものであるかという問題は、主語「が」との違いを見る必要もある（→主題）。

2. 対比用法・対比主題用法のハ

「は」には対比を表す用法もある。
　(9)きのうは来たけど、あしたは来ない。
　(10)太郎とは会った。

(9)は「きのう」と「あした」の対比、(10)は対比項の一方が潜在しているが、「花子とは会わない」などとの対比である。

対比関係と題述関係とは独立した関係である。例えば、
　(11)山田は銀行員、田中は公務員だ。
という文は、対比関係を表すと同時に、「山田」「田中」の属性を説明している。つまり、これは対比主題を表す文である。

対比関係は、「XはP、X′は￢P」と表示できるような関係、つまり、X・X′に対して、Pの肯定を割り当てるか否定を割り当てるかという対立である。(9)は「きのう」に「来る」の肯定を、「あした」に「来る」の否定を割り当てることにおいて、対比関係が成立している。(11)は肯定と否定の形を取っていないが、「山田は銀行員→公務員ではない」と「田中は公務員だ」という肯定と否定の関係を推論できる。また、
　(12)空気は汚いが、花は咲く。
という例では、「空気が汚い」から「花が咲かないと予想される」ということが推論され、それと「（現実には）花は咲く」とが対立する。それが「空気」と「花」の対立という形で表されているのである。

「対比」という名称からは、XとX′の間の範列的な関係（paradigmatic relation）のみが喚起されやすいが、その対立を支えているのは、上のように、Pの肯定または否定を割り当てるという統語的な関係（syntagmatic relation）である。

なお、数量詞に「は」がつく場合、
　(13)100人は入れる。
のように「最低限」を表すが、これは「それより多くは入れないかもしれないが、100人は入れる」という対比が成り立つことによる。

また、次のように「は」があってもなくても大差がないという場合もあるが、
　(14)続きまして(は)ニュースをお送りします。
　(15)一方で(は)自分が正しいとも思っていた。
これは「続いて」「一方で」という副詞自体の意味に、「その前」「他方で」との対比的な関係が含み込まれており、「は」の対比の意味と重なり合っているからである。

3. 「課題構造」

題述関係は、Xを提示して、それがどんな属性を持つか、どんな状況にあるかという関心を喚起し、それを後続部分で具体的にPと述べるという関係である。また対比関係は、X・X′にPが割り当てられるかどうかという関心のもとに、XにはPの肯定が、X′には否定が割り当てられるという関係である。この二者の関係は、ともに、Xに何が割り当てられるかという問題意識のもとにXを提示し、それに対して具体的にPが割り当てられるという構造を持つ。これを「課題構造」と呼ぶ。「は」という助詞は、この課題構造を持つという性格において一貫しており、それは、次に挙げる

「単純提示用法」にも当てはまることである。

4. 単純提示用法のハ

「は」には主題でも対比でもない用法がある。

(16)幸いなことには，軽傷で済んだ。
(17)弁護士になるには，資格がいる。
(18)一旦了承した以上は，認めるしかない。
((17)(18)は対比用法としても理解できる)

これらの例についても，(16)「幸いなこと」としてどんなことが成り立つかというと，「軽傷で済んだ」ということが成り立つ。(17)「弁護士になる」ためにどんなことが必要かというと，「資格がいる」，(18)「一旦了承した」ということが成り立ったのであるから，それに伴って「認める」ということが必然的に成り立つ，のように，やはり課題構造が成り立っている。

格助詞に「は」が下接する場合，

(19)彼女には，それは難しかった。
(20)あいつとは，(君は)いつ会ったの？
(21)この大学からは，優秀な人材が出ている。

こういう「は」も主題を表すと言われることがあるが，(19)で言えば「彼女に」の説明をしているわけではない。しかし，「彼女に」を提示して，それにどんなことが結びつくかというと，「それは難しい」ということが結びつく，という課題構造が成立しており，単純提示用法に属すると考えることができる。(20)(21)も同様だが，(21)の方は，

(22)この大学は，優秀な人材が出ている。

と「この大学」を主題に立てて言うこともできる。これは「優秀な人材が出ている」が「この大学」の属性として把握できるからである。(19)(20)はそのような把握が難しいので，「彼女は～」「あいつは～」と言い換えにくい。こういう点から見ても，「名詞＋は」の主題用法と「名詞＋格助詞＋は」の単純提示用法とは区別される。

➡主題，主語，定・不定

■参考文献

尾上圭介（1985）「主語・主格・主題」『日本語学』4-10.
丹羽哲也（2006）『日本語の題目文』和泉書院.
野田尚史（1996）『「は」と「が」』くろしお出版.
三上章（1960）『象は鼻が長い』くろしお出版.

[丹羽哲也]

■バカリ

副助詞。ただし，限定を表す場合をとりたて助詞，程度を表す場合を形式副詞，概数量を表す場合を形式名詞と区別する立場もある。

限定のバカリは，名詞や格助詞などに後接して，複数の事態がただ１種類で尽くされることを表す。(1)は時間上の複数である反復を，(2)は空間上の複数である並存を表す。また，(3)のように，テイルに挿入することもできる。

(1)僕ばかりが廊下に立たされた。
(2)右の棚にばかり本が置いてある。
(3)弟はテレビを見てばかりいる。

程度のバカリは多くニを伴い，動詞を述語とする句に後接し，主句の表す事態の程度が，バカリの前接句の表す事態が出現するくらいであることを表す。このバカリは現代では文章語的で，口頭語ではホドを使うのが普通である。

(4)声もかれるばかりに泣き叫んだ。

概数量のバカリは，主に数量詞に後接し，大体の数量を表す。ただし，このバカリは，算出した結果の数量を表すとする説もある。

(5)ざっと50人ばかりが押し寄せた。

バカリはさらに，限定の用法から派生して，事態完成以前（(6)）や動作完了直後（(7)）を表す述語形式を構成したり，ニを伴って原因を表す接続助詞（(8)）を構成したりする。

(6)あとは彼が来るのを待つばかりだ。
(7)さっき到着したばかりです。
(8)予測を誤ったばかりに被害が拡大した。

　バカリを歴史的に見ると，程度の用例は上代からあるが（概数量もわずかに見られる），限定の用例は中古にならないと現れない。また，古典語のバカリが表す限定は，序列の下位にある事物だけに限り，それより上位の事物を排除するというもので，むしろ，現代語のダケに近い。バカリは中世から徐々に変化し，現代のような，複数の事態についての同種性を表すようになった。なお，古典語では，事態に関わる限定は，事態の数が1つか複数かを問わず，ノミが表していた。

➡ダケ，とりたて助詞，ノミ，副助詞，ホド

■参考文献
此島正年（1973）『国語助詞の研究 助詞史素描』桜楓社．
菊地康人（1983）「バカリ・ダケ」国広哲弥編『意味分析』東京大学文学部言語学研究室．
金水敏・工藤真由美・沼田善子（2000）『時・否定・取り立て』岩波書店．
茂木俊伸（2002）「「ばかり」文の解釈をめぐって」『日本語文法』2-1．
沼田善子・野田尚史編（2003）『日本語のとりたて――現代語と歴史的変化・地理的変異』くろしお出版．

　　　　　　　　　　　　　　　［小柳智一］

■橋本進吉（はしもと　しんきち　1882-1945）
●生涯──国語学者。福井県敦賀市に生まれ，1906年（明治39年）東京帝国大学文科大学言語学科を卒業，1909年同大助手，1927年助教授を経て，1929年教授となる。上田万年のあとをついで国語学科の主任教授となり，1943年定年退官，翌年国語学会初代会長となる。
●研究業績──その研究は多岐に亘るが，日本語の歴史的研究（とりわけ音韻史の研究）及び文法研究に大きな足跡を残している。音韻史の研究は，著作集（『国語音韻の研究』『国語音韻史』『上代語の研究』）によって知ることができる。

　氏の文法研究は，『新文典初年級用』（1931），『新文典上級用』（1933），『中等文法一，二』（1944），『中等文法 口語』（1947），『中等文法 文語』（1947）等に取り入れられて以来教科文法の主流となっている。

　このように後世に大きな影響を与えているにもかかわらず，氏自身による文法学研究書は，『国語法要説』（1934）1冊があるにすぎず，自身によって公にされた論文は，「国語の形容動詞について」（1935）「助動詞の分類について」（1936）を数えるのみである。しかし，著作集の刊行により講演や東京大学における講義・案の内容が公にされ，連文節の考え方を含め，氏の文法学をより詳しく知ることができるようになった。

　氏の文法研究は，言語の外形を重視するところに特色がある。しかし，これは意味を無視することを意図しているわけでない。その主旨は次の氏自身の言葉によって知ることができよう。「しかし，概していえば，従来の研究は，言語の意義の方面が主となっているのであって，言語の形に就いては，猶観察の足りない所が少なくないように思われる。かような方面の研究によって，従来の説を補いまた訂すのも必要であろうと思う。」（『国語法要説』）

　橋本文法のもう一つの特色として，「文節」を挙げることができる。橋本以前にも文節に相当する松下大三郎の「念詞」などがあったが，橋本は外形に着目しつつ分かり易く規定し，かつそれを中心として語論（品詞分類），文論（文の構造）を考えたところにその特色を見ることができる。

　橋本文法はいわゆる学校文法と同一のものと

考えられがちであるが，一致しない点も多い。細かな文法的差違を学校文法に反映させないことが得策と考えたものと思われる。そのことは，「助動詞はその性質が接尾辞と区別し難く，むしろ接尾辞に収むべきである（但し，用言以外のものに附く助動詞は語と認むべきである）。」「両者の別が根本的のものでなく，むしろ程度の差に過ぎない。」（『国語法要説』）としているものの，教科文法に於いては助動詞を一語と認めていることなどによっても知ることができる。

外形重視の分かり易さから教育界に大きな影響を与え，今も教科文法の主流となっている橋本文法であるが，種々の問題点も指摘されている。「美しい花が咲いている」における「美しい」の係り先が氏の文節の考え方によれば「花が」であることになるが，実際は「花」である。また，文節の定義において「音の切れ目を置くことができる」としているが，「降っています」「降るそうだ」などにおいては，子供達は混乱することになろう。

■参考文献
永野 賢（1958）『学校文法概説』朝倉書店．
渡辺 実（1974）『国語文法論』笠間書院．
仁田義雄（2005）『ある近代日本文法研究史』和泉書院．

［丹保健一］

■派生

●接辞を付して新たな語を作る──語形成の一種。語基の前，あるいは後ろに接辞を付して新たな語を作ることを言う。派生法と言うこともある。語基と語基とを結合して新たな語を作る複合（法）に対する。派生によって作られた語を派生語と呼ぶ。例えば，「お酒」「素肌」「真水」「嬉しがる」「科学的」「大人ぶる」などがそうである（下線部が接辞）。なお，「動く」→「動き」（名詞）等の（品詞の）転成もゼロ接辞の付加と考えるなら派生の一種ということになる。

●語基との関係──派生は，複合と異なり，元になる形式（語基）が存在するため，それとの関わりで問題にされることが多い。例えば，接辞が語基の品詞性を変えるか否かという観点から，接頭辞よりも接尾辞の方に品詞決定力のあることが指摘されたり，特定の品詞性の語基に接辞がどれくらい自由に付くかといった観点から，形容詞語幹に付く接尾辞「-さ」と「-み」の違いや，「体言類語基＋性」「用言類語基＋化」「相言類語基＋的」といった漢語系接辞の接辞性の相違などが論じられたりする。もちろん，派生（語）においても，構成要素に形態変化（「真水」「真っ黒」「真ん中」）やアクセント変化（オ＋ニク→オニク）が生じたり，構成要素間の切れ目がなくなり一語化する（「こども」「おでん」）ことがある点は複合（語）と同様である。なお，派生と複合とは常に区別できるわけではない。

●語彙的な派生と文法的な派生──一方，アメリカ構造主義言語学では，新たな一語の形成か（派生），一語内の変化か（屈折）という点で，派生は屈折と対をなす。しかし，日本語では両者の区別が明確でなく，むしろ，個別的な一語形成である「語彙的な派生」と，表面的には一語形成でありながら，丁寧さ（「行きます」）やヴォイスといった文法カテゴリーに関わる語形成という点で結局は一語内の変化と見なしうる「文法的な派生」との区別が重要であろう。なお，英語などで提案されている「（拡大）レベル順序づけの仮説」については，語形成における複合と派生との異同を究明するためにも，日本語での検証が求められる。

➡語基，語構成，接辞，転成

■参考文献
鈴木重幸（1972）『日本語文法・形態論』むぎ

水野義道（1987）「漢語系接辞の機能」『日本語学』6-2.
村木新次郎（1991）『日本語動詞の諸相』ひつじ書房.
森山卓郎（1986）「接辞と構文」『日本語学』5-3.

［斎藤倫明］

■八丈方言の文法

1. 消滅の危機に瀕する八丈方言の概要

　八丈方言はおもに伊豆諸島南部の八丈島と青ヶ島で使用され，万葉集東歌などにみられる東国方言の特徴を色濃く受け継ぐ方言として知られる。推定方言人口は，八丈島が，純粋な方言話者と呼べそうな数は人口約八千人のうち多くても数百人，青ヶ島にいたっては同約170人のうち10人以下である。この数字は，東北から琉球に連続する方言の幹から細い接ぎ木のように突き出た異質の方言にとって，きわめて深刻な状況にあることを意味する。なお，小笠原諸島と沖縄県の南北大東島にわずかに存在する八丈出身者やその子孫もある程度の方言を使用できる。

　八丈町は統合前の旧5か村が現在も地域の単位として機能しており，それが方言の違いとしてもあらわれている。平坦地の三根（みつね）・大賀郷（おおかごう）地区（坂下（さかした）と称される）と，かつては難所だった大坂峠（おおさかとうげ）を挟んで三原山の中腹に隣接する樫立（かしたて）・中之郷（なかのごう）地区（末吉（すえよし）とともに坂上（さかうえ）と称される）とで，母音連続などが融合した長い母音のあらわれ方に大きな違いがあるが，文法的な違いはごく少ない。島の南東端に位置する末吉地区は，音声的に独自の特徴を持ちつつ，両地区の中間的な様相もみられる。その結果，この3地区は発音によって明確に区別され，高齢者ではさらに旧村ごとの違いもみられる。

　2009年2月にはユネスコによって，アイヌ語や6つの琉球諸方言とともに，世界で約2500の危機「言語」リストに加えられた。これを受けて，町教委などによる方言の保存継承のための取り組みが近年活発になっている。しかし，この方言においても共通語の影響はきわめて大きく，地区によっても違うが，壮年層周辺では共通語的な終止語形に方言の終助辞だけを付したような擬似的な方言がおおく使用される。さらに青年層以下では方言的な要素がほとんどみられず，まさに消滅の危機に瀕した状態にある。

2. 音声・音韻・アクセントの特徴

　上代まで清音の［脱ぐ］や室町まで清音の［かしぐ（米麦などを蒸す）］が清音のまま，ヌク，カシクを保っている。

　短い母音は基本的に共通語とおなじ5母音である。長い母音（長母音と二重母音）では母音連続などからの融合が著しく，それが地区ごとの大きな特徴となっている（［母が元へ］が三根でホーゴーテイ，中之郷でホアゴアティー，末吉でハーガーチー）。アクセントの対立はみられず，イントネーションについては地区ごとに若干の違いがみられる。以下では三根地区の例をあげる。

3. 語彙の特徴

　上代や中古の古語が多く保存される。上代語の名詞ではシタダミ［小さな巻貝］，タナシネ［種籾］，タコウナ［筍（竹蜷）］，カコー［ぼろ布］，ママ［崖］，ウケ［釣りの浮き］など，動詞ではナベロワ［並べる］，モウワ［思う］，ウラナゲロワ［嘆く］，マバロワ［じっと見る］，マロワ［大便をする］，ヨモワ［数える］，ホウモワ［口に含む，頬張る（頬む）］など，感動詞のオウ〔<をを>に対応〕など。中古語の名詞ではメナラベ［若い娘］，トンメテ［早朝］，

モチイ［餅］，ベチ［別のもの］など，動詞ではトギロワ［誘う，同伴させる］，ネブロワ［居眠りする］，ナブソワ・ナブレロワ［隠す・隠れる］など，副詞のヨーラ［おもむろに］など。

親族語彙のホー［母］，アセイ［兄］，敬語語彙のタモウロワ［くれる］，タボワ［くれる］，ゴウジロワ［みる］，ワソワ［いく・くる・いる］，オジャロワ［いく・くる・いる］などもこの方言の古さを示すものである。

4．文法の特徴
●**奈良時代東国方言の名残り**──この方言の特徴は文法にもっともよくあらわれる。奈良時代の東国方言にみられる動詞のオ連体形（フロ雪［降る雪］），形容詞のケ連体形（タカケ山［高い山］），推量ラムの方言形であるナム推量形（フルノウワ＜＊フルナモワ［降るだろう］），ノメリに対応するノマロ形などの存在があげられる。この方言の終止語形の多くは連体形がもとになっているが，推量形や伝聞形（フルテイヤ［降るそうだ］）にあらわれるフルは，古い終止形の残存とみられるもので，単独の叙述終止用法はもたない。

●**アスペクト表現**──人やものの存在にはすべてアリ（アロワ）が使用され，アスペクト形式を構成する材料にもなる。また，ヲリ（オーラ）もかろうじて使用される。イル（イロワ）は［すわる］の意味でしか使用されない。動詞のテンス・アスペクト形式には，テンス・アスペクトの未分化な古いタイプの［のむ。─のんだ。］に対応する総合形ノモワ─ノマラと，［のんでいる。─のんでいた。］に対応する共通語タイプの分析形ノンデ アロワ─ノンデ アララとがある。強変化動詞の総合形ノマラはノミアリの，弱変化動詞の「見る」の総合形ミタラはミテアリの連体形に由来するもので，基本的にはより近い過去をあらわしながら，完了的な意味を保存して過去形に移行しきっていない。これは死語化しつつあるとはいえ過去のキをもつ語形（ノンジ＜＊ノミシ，ノマッチ＜＊ノミアリシ）がかろうじて保存されたことと表裏の関係にある。強変化動詞に古代語のノミタリに対応するノミタラのような語形はないが，のちの移入形とみられる東北方言的なノンダ・ノンダッタは存在する。在来型の動詞のタイプにおけるリとタリのこうした相補分布は，奈良時代にノメリ・ノミタリが共存する段階以前をおもわせる。

古代語のアスペクト的意味は動詞の感情表出文にとくによく保存されていて，目の前に存在する動作や変化の進行（ノモウ！［飲んでる！］）と結果の状態（ノマロウ！［飲んでる！］瓶が空になっている，顔が赤くなっている，など）とを，発見や気づきなどのニュアンスをともないながらあらわしわける。

●**用言の活用の特徴**──連用形にはいくつかの終止用法がみられる。助辞などのつかない語形が，疑問詞の有無とはかかわりなく過去についての質問（オミモ ミ？［あなたも見た？］）や，直前過去にかかわる表出や独話（ゼンブ ヘーリ！［ぜんぶ入った！］）などに使用されるが，古代語でわずかに確認できる連用形の終止用法との関連で興味深い。

古代語の用法に類似した仮定条件のノマバと確定条件のノメバの区別が動詞にみられる。また，打消のズ以前の段階にさかのぼりうる否定形式（ノミンジャララ＜＊ノミニシアリアロワ［飲まなかった。］）が，より古い語形を保存する坂上地区や青ヶ島で多く使用されるが，人口の集中する坂下地区では新語形（ノミンナララ［飲まなかった。］）が多い。

第1形容詞の語幹のいくつか（ナガ，フカ，フトなど）はそのままで名詞として使用され，また，そのままで連体的に使用されることもある。さらに，サ名詞形のほかにミ名詞形が共通

語以上にみられ，サ名詞形と同様に程度の意味で使用される。

●**敬語と係り結び**——敬語においても古層が保たれていて，身内のことであってもソトに対して尊敬語を使用する絶対敬語的な使用がみられる。1人称代名詞には個にかかわりやすいア系と，イエにかかわりやすいワ系とがあるが，これらに待遇差はない。

また，強調と疑問の係り結びがみられる。コソに由来するカおよび，これにワの融合したコーで強調されると，述語は已然形（コーでは断定ナリの已然形ナレが変化したネー）になる。疑問のカによる係り結びでは推量ナムをもつ語形の連体形が結びとなり，おもに答えを義務としないうたがいの用法に使用される。

●**独自の変化**——動詞の活用や敬語表現などにおいて古い特徴を保存している一方で，名詞の格変化ではコイガカ［これがこそ］，コレイモ［これをも］などのように係助辞をともなっても主格と対格の明示の義務性が高いという，古代語にはみられなかった側面もある。

また，名詞の格表示において，全体と部分，所有者と所有物などの関係にある二つの名詞をともに同一の格で表示する用法が主格，対格，与格などにみられる。［このネコのはしっぽが黒い］，［ネコのをエサを買ってこい］といった格の二重表示である。

●**新たな変化**——古代語では上代から中古にかけて起こった，テのないノメリが消滅してテのあるノミタリへ一本化するという変化が，2013年現在八丈方言のなかで坂下を中心に起こりつつある。ミトー（見た）人，ミタラ（見た。）にあわせるように，ノモー（飲んだ）酒ではなくノンドー酒，ノマラ（飲んだ。）ではなくノンダラの使用が徐々に増えているのである。現代における中央からの影響ともいえるが，起こるべくして起こった変化でもある。むしろ，強変化動詞のノメリ系の語形が千年以上のあいだ消滅しなかった点に注目したい。

➡️活用，タリ・リ，キ・ケリ

■**参考文献**

Dickins, Frederick V. and Ernest Satow (1878) "Notes of a Visit to Hachijo in 1878."『日本亜細亜協会会報』6．

保科孝一（1900）「八丈方言」『言語学雑誌』冨山房．

国立国語研究所（1950）『八丈島の言語調査』秀英出版．

飯豊毅一（1959）「八丈方言の語法」国立国語研究所『ことばの研究』秀英出版．

金田章宏（2001）『八丈方言動詞の基礎研究』笠間書院．

［金田章宏］

■**服部四郎**（はっとり しろう 1908-95）

●**生涯**——三重県亀山生まれ。東京大学（当時は東京帝国大学）文学部言語学科卒業。中国東北部（旧満州）でモンゴル語などアルタイ諸語の調査の後，東京大学文学部言語学科講師・助教授・教授を歴任。自ら各方面に業績を残すとともに，多くの門弟を育て，日本の言語学界をリードした。この間，文学博士の学位を受け，米国ミシガン大学でも講義。1969年東京大学を停年退職し，名誉教授。以後は，退職前に自ら創設した東京言語研究所の運営委員長として，特に理論言語学講座の運営に努めた。この講座は，さまざまな機関の言語学者を講師に迎え，言語学に関心のある学生・一般人に受講の機会を提供するもので，その受講者から多くの研究者が育った。日本言語学会会長，日本学士院会員，文化勲章受章。

●**業績**——言語としては日本語，アイヌ語，モンゴル語，満州語，チュルク語，朝鮮語，中国語，英語等；分野としては音声学，音韻論，意味論，日本語系統論等，その業績は広範に及

ぶ。著書多数。主著に『音声学』（岩波書店，1951，1984），『言語学の方法』（同，1960）など。

●**学問の特徴**——輸入学問でない，科学としての日本の言語学の確立に努めた；綿密な事実観察から出発し，特に音声学的観察を重視した；アメリカ構造言語学全盛期にあって内省を重視し，意味論にも光をあてた；外国の学説の安易な移入を戒めた；などがあげられる。

●**日本語文法に関係する業績**——言語学者は内省の働く母語の観察に努めるべきだとして，自らも日本語を研究した。音声・音韻・方言アクセント等の研究に比べて文法関係の業績は多くはないが，日本語文法について（も）対象としたいくつかの論考がある。また，特に琉球方言の文法記述を詳細に行った。この他，時枝誠記が自らの言語過程説に対立するものとしてソシュール学説を批判した際，服部はこの批判が当たっていないとして的確な反論も行った。これらの論考は，下記参考文献所収。なお，服部門下の日本語文法研究者として黒田成幸・久野暲，意味論研究者として国広哲弥らがいる。

■**参考文献**

金城朝永・服部四郎（1955）「琉球語」市河三喜・服部四郎編『世界言語概説　下巻』研究社．〔一部再録：服部四郎他編（1979）『〈日本の言語学 4〉文法II』大修館書店〕

服部四郎（1960）『言語学の方法』岩波書店．

服部四郎他編（1978）『〈日本の言語学 3〉文法 I』大修館書店．

服部四郎他編（1979）『〈日本の言語学 4〉文法II』大修館書店．

[菊地康人]

■**発話機能**

●**発話機能とは**——話者がある発話を行う際に，その発話が聴者に対して果たす対人的機能を概念化したものが発話機能(speech function)である。「命令，依頼，許可，拒否，受諾，主張，同意，質問，許可要求，同意要求」などはすべて発話機能の範疇である。発話機能がこのように多様な範疇化を必要とするのは，主に言語コミュニケーションの原初的形態である話し言葉においてである。

●**発話機能の決定要因**——発話機能はモダリティ形式として文法化される場合もあるが，そうした動詞形態を含む命題内容は発話機能の決定要因の一つに過ぎず，当該発話における話者と聴者との人間関係，両者の共有知識，先行文脈の状況等の語用論的諸要素も決定要因として考慮しなければならない。例えば命令は，「聴者に対する行為遂行の強要」のように定義されるが，この機能が文法化した動詞命令形や〜ナサイなどの形式よりも，話者の権限などの語用論的要素の方が，決定力において優っている。ゆえに，上司から「当分地方で休養しないか」と言われれば，提案ではなく命令として機能し，逆に，対等な子供同士が動詞命令形で「貸せ」「返せ」と言い合っても，命令として機能しているとは言えない。

　発話機能の決定要因である語用論的諸要素は，上述の命令の権限を見てもわかるように，概ね個別言語を超えて普遍的である。その意味で発話機能研究は，文法論において最も汎言語的に探究し得るテーマの一つであり，対照研究の基盤となる可能性をも有している。

●**発話機能研究の展開**——日本語文法史として見ると，ビューレル（ビューラー：Karl Bühler)の「表出，訴え，演述」の三機能説を佐久間鼎が紹介したのが最も古い（『日本語の特質』1940）が，この理論は仁田義雄によって発話・伝達のモダリティの範疇化に取り込まれ，隣接領域の概念へと移行した。

　それとは全く別系統で，日本語会話分析（国研『談話行動の諸相』1987 等）に応用された

理論に，ハリデー(M.A.K. Halliday)の機能文法における発話機能がある。概要としては，あらゆる発話の基礎機能を，「付与」か「要求」かのいずれかであるとし，その発話の聴者に対して次にどのような行為・発話を期待しているかを特性として含意していると記述する。例えば「提供」は，事物を「付与」する機能を持ち，聴者がその事物を「受領」することを期待として含意している。この理論は，あらゆる発話は話者と聴者の交換作用であって相互依存的であるということを理論に組み込んでいるため，話者と聴者が頻繁に交替しながら一連の談話を形成する会話の分析に効力を発揮している。

1980年代以降，日本語教育における教材文の特徴記述として「表現意図」が広く用いられたが（初出は国研『話しことばの文型』1960），これもその実質は発話機能であり，コミュニカティブ・アプローチや機能シラバスが普及する1990年代後半からは，実際に発話機能の名称が用いられるようになってきている。ただしその定義や範疇群は一定しておらず，各研究者の直観的把捉に依存しているのが実状である。

なお，サール(John R. Searle)らによる発話行為理論(Speech Act Theory)も，発話機能と共通の現象を，話者の意図に基づく行為の遂行という別の視点から記述したものであり，その理論的成果である適切性条件（felicity conditions）などは，発話機能における命題内容と語用論的諸要因の記述に応用が可能である。

こうした諸理論の成果と日本語使用の実態とを踏まえた発話機能理論の確立は，語用論と統語論との連動性の解明や，日本語教育での機能シラバスの理論基盤確立のためにも急務である。

➡発話行為（言語行為），モダリティ，ハリデー，命令

■参考文献

Bühler, Karl (1934) *Sprachtheorie*. Gustav Fischer Verlag.〔脇坂豊他訳（1983, 1985)『言語理論（上・下）』クロノス〕

Searle, John R. (1979) *Expression and Meaning*. Cambridge University Press.〔山田友幸監訳（2006)『表現と意味』誠信書房〕

Halliday, Michael A. K. (1985) *An Introduction to Functional Grammar*. Edward Arnold.〔山口登他訳（2001)『機能文法概説』くろしお出版〕

ポリー・ザトラウスキー（1993)『日本語の談話の構造分析』くろしお出版．

山岡政紀（2008)『発話機能論』くろしお出版．

〔山岡政紀〕

■発話行為（言語行為）

●オースティンによる概念創出——言語表現の意味は，それが会話の文脈でどのように用いられているかということを知らずして理解することはできない。「発話行為（speech acts）」〔「言語行為」とも呼ばれる〕の概念は，オースティン（Austin 1962）が，「語ることは行為である」と発話を行為の一種と位置づけ言語哲学の研究対象としたことにより誕生した。これまでの発話行為の研究の主たる対象は，「発語内行為（illocutionary act）」であった。発語内行為は意図的行為で，発話の遂行に際して，どのような「発語内効力（illocutionary force）」を持つかが重要になる。ここで言う発語内効力とは，「言明」や「約束」や「命令」といった発話の文脈での命題の用いられ方のことである。なお，発語内行為が特定の発語内効力を持つことを示すために，発話の文中で字義通りに用いられる自然言語の表現を「発語内効

力標識（illocutionary force marker）」とよぶ．日本語では文末の終助詞などがその機能を果たす．しかし，一つの発話の文になんらかの発語内効力標識が含まれているとしても，その発話の発語内効力が一意的に決まるわけではない．

　発語内行為は，当初，「確認文（constative sentence）」との対比で「遂行文（performative sentence）」の発話を分析するためにオースティンによって導入された．そこでは，確認文の発話は，事態や行為の記述の発話で，その命題内容は真偽の値を持つとされた．一方，遂行文の発話は，行為の記述ではなく，行為の遂行の一部またはそのもので，その命題は真偽ではなく，適切か不適切かで評価されるとされた．しかし，この区別は，両者共に発語内行為の遂行に当たるとして，後にオースティン自身によって破棄された．なお，遂行文は1970年代の言語学では明示的遂行文と黙示的遂行文を変形操作で結びつける遂行文分析でも利用されたが，今日では，この分析法は採用されていない．

　また，オースティン（1962）は，発語内行為を，「発語行為（locutionary acts）」，「発語媒介行為（perlocutionary acts）」とともに，発話行為の遂行に際して，同時に遂行される3つの行為の一つと見なした．まず，発語行為は，一定の音を発する行為である「音声行為（phonetic acts）」，一定の言語音が語彙的にも，文法的にも，音調についてもその言語に属していることを認識しながら口に出して言うことである「用語行為（phatic acts）」，一定の意味を持つ語句を用いる行為の遂行である「意味行為（rhetic acts）」の3つから成る行為で，特定の言語の有意味な発話を口に出して言う行為であると定義された．また，発語媒介行為は，話者による発語内行為の遂行の結果，話者の意図にかかわらず，聴者や第三者，または，話者自身の気持ち，思考や行動に影響（「発語媒介効果（perlocutionary effects）」）を及ぼす行為でのことである．例えば，「脅し」の発語内行為は相手を「怖がらせる」という発語媒介効果を伴う．

●**サールによる発展的理論展開**──ところで，サール（Searle 1968）は，意味行為を構成要素に持つ発話行為は発語内行為の特殊な場合であるとして，両者の区別を認めず，発話行為から意味行為をはずし，音声行為と用語行為からなる「発言行為（utterance act）」を設けた．また，サールは，意味行為を構成する「指示（reference）」と「叙述（predication）」をまとめて「命題行為（propositional acts）」を設けた．このことにより，サール（1969）以降の発話行為論においては，発話行為は発言行為，命題行為，発語内行為，発語媒介行為の4種から構成される．

　サール（1969，1979）は，発語内行為を，一定の条件の元での文のトークンの産出と見なし，言語によるコミュニケーションの最小の単位と位置づけた．そして，発語内行為を遂行することは，一つの規則に支配された形式をとる行動の遂行とされ，その規則は，「構成規則（constitutive rule）」とよばれた．構成規則は，言語行為の根底に，それを支配する規則として存在すると仮定されており，単に行動を統制する道徳の規範のようなものではなく，新たな形式の行動を創造するタイプの規則と考えられた．

　ちなみに，サールは，発語内行為の遂行に際して，話者は，(i)一定の発語内効果を生み出すつもりであるという自身の意図を聴者に認識させることによって，その効果を生み出すことを意図したり，(ii)自身が字義通りに言葉を使用している場合，自身が発した表現を用いるための規則が字義通りの表現とその発語内効果とを結びつけるという事実によって，この聴者による

認識が達成されることを意図するとしている。なお，発語内行為は「慣習（convention）」に従って遂行される「慣習的行為（conventional act）」であるともされる。

　サール（1979）は，また，発語内行為を，言明解説型，権限行使型，行為拘束型，判定宣告型，態度表明型の5つに分類するオースティン（1962）の分類を，それが発語内行為動詞の分類であり，発語内行為の分類としては不適切であるとして，構成規則に基づき，断言型，行為拘束型，行為指示型，宣言型，感情表現型の新たな分類を提案した。なお，これらの分類は現代の言語行為理論（cf. Vanderveken 1990）では，言葉と世界との対応関係が，「言葉から世界への合致」，「世界から言葉への合致」，「二重の合致」，「空の合致」の4つでしかも4つに限られると定める「合致の方向（directions of fit）」の理論によって演繹的に導出できることが示されている。さらに，最近の発話行為の研究は，単独の発話行為の研究から，対話あるいは談話行為の研究に移るとともに，研究の対象を命題態度（propositional attitude）や調整（regulation）などに向けつつある（cf. Vanderveken and Kubo 2002, Kubo 2007，久保 2013）。

◆語用論

■参考文献

Austin, John L. (1962) *How to do Things with Words*. Oxford University Press.〔坂本百大訳（1978）『言語と行為』大修館書店〕

Kubo, Susumu and Mitsuyo Suzuki (2007) *Politeness and Regulation*. Koyo Shobo.

久保 進（2013）『言語行為と調整理論』ひつじ書房．

Searle, John R. (1968) "Austin on locutionary and illocutionary acts." *The Philosophical Review* LXXVII. 405-424.〔Reprinted, in Jay F. Rosenberg and Charles Travis (eds.) (1971) *Readings in the Philosophy of Language*, 262-275. Prentice-Hall.

Searle, John R. (1969) *Speech Acts*. Cambridge University Press.〔坂本百大・土屋俊訳（1986）『言語行為——言語哲学への試論』勁草書房〕

Searle, John R. (1979) *Expression and Meaning: Studies in the Theory of Speech Act*. Cambridge University Press.〔山田友幸訳（2006）『表現と意味——言語行為論研究』誠信書房〕

Vanderveken, Daniel (1990) *Meaning and Speech Acts*. Cambridge University Press.

Vanderveken, Daniel and Susumu Kubo (2002) *Essays in Speech Act Theory*. John Benjamins.

〔久保　進〕

■話し言葉と書き言葉

●話し言葉と書き言葉とは——話し言葉とは音声によって話された言語であり，書き言葉とは文字によって書かれた言語である。

　話し言葉は典型的には複数の人間で行われる会話で使われるような言語であり，書き言葉は典型的には新聞記事や専門書で使われるような言語である。それぞれは文法の面でもかなり大きな違いがある。

●話し言葉と書き言葉の即時性の違い——話し言葉は考えると同時に話さなければならないという即時性が強いのに対し，書き言葉はゆっくり考えて書くことができるので，即時性が弱い。

　そのため，話し言葉では文を整える時間的な余裕がなく，(1)のように呼応が乱れている文や，(2)のように重複がある文などが現れやすい。

(1) 私はどう考えてもこれはおかしいんじゃないでしょうか。
(2) きのう聞いたんですけど，締め切りは来週の木曜だって，きのう聞きましたよ。

　また，話し言葉では，すぐに適当な言葉が出てこなくても話を途切れさせないように，「あの」や「ええと」のようなフィラーや，実質的には意味のない「やっぱり」や「なんか」のような言葉が使われる。

●話し言葉と書き言葉の対人性の違い──話し言葉では特定の相手に話している意識である対人性が強いのに対し，書き言葉ではそのような対人性が弱い。

　そのため，話し言葉では，丁寧体の文が使われることが多い。普通体の場合も，デアル体ではなく，対人性が強いダ体になる。書き言葉では，対人性が弱いデアル体が広く使われる。

　また，話し言葉では「ね」や「よ」のような対人性のある終助詞が現れやすい。命令・依頼や質問など対人性のあるモダリティも現れやすい。

●話し言葉と書き言葉の現場性の違い──話し言葉は「今ここで私があなたに話している」という現場性が強いのに対し，書き言葉はそのような現場性が弱い。

　そのため，話し言葉では(3)のように，「私」や「あなた」のような語は省略されることが多く，現場指示の「これ」や「あの」のような指示語が使われる。

(3) これ，どこから持ってきた？

●話し言葉と書き言葉の規範性の違い──話し言葉は規範性が弱く，変化しやすいのに対し，書き言葉は規範性が強く，変化しにくい。

　そのため，話し言葉では，「～のだ」が「～んだ」になり，「～では」が「～じゃ」になるように音が脱落したり融合した「縮約形」が使われることが多い。また，「食べられる」が「食べれる」になったり，「きれいではない」が「きれくない」になるような活用の変化も起きやすい。

　方言の使用も，話し言葉が中心である。

●話し言葉と書き言葉の音声情報の違い──話し言葉では，文のイントネーションがはっきりわかるほか，声の大きさや高さ，スピード，声の調子などから，話し手の感情も推測しやすい。それに対して，書き言葉ではそのような音声情報はほとんど表されない。

　小説の会話文や，メールなどで，(4)のように「？」を使って上昇イントネーションを表したり，「！」を使って強い調子を表したりすることがあるくらいである。

(4) もう帰る？

●話し言葉と書き言葉の連続性──話し言葉と書き言葉ははっきりとどちらかに区別できるものではなく，互いに連続したものである。

　話された言語であっても，用意した原稿を読み上げる講演などの言語は，書き言葉に近い。また，書かれたものであっても，マンガのせりふなどは，話し言葉に近い。

　携帯電話から親しい相手に送るメールなどは，書き言葉と話し言葉の中間に位置づけられるような言語が使われることがある。イントネーションや声の調子を絵文字や顔文字で表すといった特徴も見られる。

◆イントネーション，終助詞，省略，談話（ディスコース），談話標識，丁寧語，『話しことばの文型』，文章，無助詞

■参考文献

串田秀也・定延利之・伝康晴編（2005）『〈シリーズ文と発話1〉 活動としての文と発話』ひつじ書房．

串田秀也・定延利之・伝康晴編（2007）『〈シリーズ文と発話3〉 時間の中の文と発話』ひつじ書房．

現代日本語研究会編（1997）『女性のことば・職場編』ひつじ書房．

現代日本語研究会編（2002）『男性のことば・職場編』ひつじ書房．

国立国語研究所（1960）『話しことばの文型(1)——対話資料による研究』秀英出版．

国立国語研究所（1963）『話しことばの文型(2)——独話資料による研究』秀英出版．

三尾 砂（1942）『話言葉の文法』帝國教育會出版部．〔復刊：くろしお出版，1995〕

［野田尚史］

■『話しことばの文型』（国立国語研究所）

『談話語の実態』（1955年）に続く国立国語研究所の話しことば研究の報告書．『話しことばの文型(1)——対話資料による研究』（1960年，A5判347ページ），『話しことばの文型(2)——独話資料による研究』（1963年，A5判283ページ）の2冊からなる．ともに秀英出版刊．担当は大石初太郎（1・2），宮地裕（1・2），飯豊毅一(1)，吉沢則男(1)，南不二男(2)，鈴木重幸(2)．録音談話の書き起こし資料（対話28.5時間分，独話15.5時間分）をデータとして，話しことばの「表現意図」「構文」「イントネーション」の型を抽出し，表現意図の型と構文・イントネーションの型の相互関係を「総合的文型」として整理することが試みられている．文の認定など話しことばのデータを扱う方法について検討するだけでなく，種々の実験的調査を通じて，表現意図やイントネーション等，扱いが困難な問題に正面から取り組んでいる点で，現在でも参考になる点が多い．

［井上 優］

■パーフェクト[1]

1．定義

基準時点において運動（動作・変化）がすでに終了ずみであるという述べ方がパーフェクトと呼ばれる．パーフェクトは，通常は運動の開始から終結までの全過程の終了を表すが，場合によっては開始限界の達成のみを表すこともある（「この地点は5時46分30秒にはすでに揺れている」）．

英語の現在完了，過去完了などの完了が本項目のパーフェクトであるが，日本語では動詞のシタ形，シテイル形が用いられる．英語の現在完了を日本語に翻訳するとき，多くはシタ形かシテイル形になることからもこのことは了解される．

2．シタ形によるパーフェクト

シタ形は基準時点を発話の現在にとるパーフェクトの形式であって，過去や未来の一時点を基準時点にとることはない．いわゆる過去用法（「去年の台風で塀が倒れた」）と呼ばれる用法も，現在を基準時点とするパーフェクト（「塀が倒れた」）が発話の現在とのつながりの意識を次第に失って（運動の既終了の面だけが意識され），専ら現在から切り離された過去のできごとという意味を表すようになったものと了解されるので，やはりパーフェクトと別ものではない．（英語などの過去形のようなテンス形式ではない．）

3．シテイル形によるパーフェクト

シテイル形には，ある基準時点において①運動が進行中であることを表す用法（いわゆる〈進行中〉用法）と，②運動が終了ずみであることを表す用法（いわゆる〈結果〉〈経験（記録）〉〈反復（複数運動）〉などの用法）とがあるが，②がパーフェクトである．日本語のシテイル形を英語に翻訳しようとすると，約半数が進行形になり，約半数が現在完了になることからも，このことは了解される．

シテイル形によるパーフェクトのうちいわゆる〈結果〉用法（「ガラスが割れている」）は運

動（この場合は変化）が終了したことの結果，ある状態がそこに存在しているということを表すものであって，運動が継続しているのではない。同じくいわゆる〈反復〉用法も，「15世紀ヨーロッパでは何万人もの人がペストで死んでいる」など異主体同一動作（あるいは変化）の例を考えればただちにわかるとおり，同一運動が反復的に継続しているものではない。（従って〈反復〉という呼び方は正確ではない。）いわゆる〈経験（記録）〉用法も，現在から見てその事実は動かせないものとしてあると言うのみで，必ずしも効果が残存しているとは言えない場合（「豊臣秀吉は1598年に死んでいる」）さえあり，継続という意味がその本質ではない。

シテイル形の上記①用法と②用法とに積極的な共通性を認めたいという立場からすれば，〈進行中〉〈結果〉〈反復〉の3用法に「継続」という共通の意味を認めて，そこからはみ出す〈経験〉用法だけをパーフェクトとみなす考え方もあるが，「継続」と言えるのは上記①〈進行中〉用法だけであり，他はすべて②パーフェクトであると考える方が無理がない。シテイル形に①と②の大きく異なる（従って連続性が認められない）二つの用法があるのは，テイルがもともと〜テとイルとの接続形式であり，テ形接続の意味の二種類（同時共存，附帯状況のテ形と継起のテ形と）に応じてテイルが①進行中（歩クという附帯状況をもってイル→歩イテイル）の意味になったり②パーフェクトの意味になったり（割レルという変化の後にモノが現在のように存在している→割レテイル）するということにほかならない。

上の動詞の意味的な種類（大まかに言って動作動詞か変化動詞か）によってシテイル形の意味が①進行中か②パーフェクト（の中の〈結果〉用法）かに分かれるのは，運動概念を基準時点の存在に持ちこむ方法が二つあって二つしかないことに拠る。基準時点において運動がその時間的途中経過の相において存在するのが①進行中であり，運動がすべて終了ずみであるという在り方で存在するのが②パーフェクトであって，この二つしかあり得ない。（未実現，未発生というのは基準時点における（その運動の）存在ではない。）「基準時点における存在」に持ちこみやすい方法（①か②か）は運動概念の意味的性格（動作か変化か）によって異なるということであるが，②パーフェクトの中の〈経験〉（と言うより正確には〈動作・変化の既存在〉）や〈反復〉（と言うより正確には〈同一動作・変化の複数既存在〉）の用法を考えれば，動詞の意味の種別とシテイル形の意味が①か②かという別とが完全に連動するものでもない。

4．シタ形パーフェクトとシテイル形パーフェクトとの近似と相違

シタ形はその全用法が（いわゆる〈過去〉用法も含めて）本質的にパーフェクトであり，シテイル形の半分（①用法以外）がすべてパーフェクトであるので，シタ形とシテイル形の表す意味は，大きく重なる。実質的にほぼ同一の意味を表すと言えるシタ形とシテイル形の用法の対応関係を示せば下のようになる。

・シタ形〔過去―回想〕用法（「豊臣秀吉は1598年に死んだ」）と，シテイル形〈動作・変化の既存在〉用法（いわゆる〈経験〉用法）（「豊臣秀吉は1598年に死んでいる」）

・シタ形〔完了―確認〕用法のうち1．「動作・変化の終了」タイプ（7回裏までにブレーブスが2点リードしました）とシテイル形〈動作・変化の既存在〉用法（「7回裏までにブレーブスが2点リードしています」）

・シタ形〔完了―結果〕用法の2．「現在の状態」タイプ（「雨はもうやんだ」）とシテイル形〈結果の状態〉用法（「雨はもうやんでいる」）

・シタ形〔完了―確認〕用法の3．「動作・変

化の反復継続的既存在」タイプ（「この10年間おおぜいの学者がその問題を口々に指摘した」）とシテイル形〈同一動作・変化の複数既存在〉タイプ（いわゆる〈反復〉用法に含まれる）「この10年間……口々に指摘している」）・シタ形〔完了―確認〕用法の3.「動作・変化の反復継続的既存在」タイプ（「あれから1カ月，ずっと泣いて暮らした」）とシテイル形〈動作・変化の継続的既存在〉タイプ（いわゆる〈反復〉用法に含まれる）（「あれから1カ月ずっと泣いて暮らしている」）

　シタ形パーフェクトとシテイル形パーフェクトとの相違は，基準時点が発話の現在に固定されるか否かという点にある。シタ形のパーフェクトは基準時点は常に現在にあり，いわゆる過去完了とか未来完了はあり得ないのに対し，シテイル形のパーフェクトは基準時点を過去にとる場合（「あの時までに3回も確かめている」）や未来にとる場合（「来年の9月にはきっと完成している」）がある。

　シテイル形はシテイタ形をとることにより，過去時点基準の進行中やパーフェクトを表し得ることから，シテイル形はテンスと十字に交差するアスペクトの形式であると言えるかにも見えるが，シテイタ形で現在を基準時点にとる用法（状態動詞シタ形の②〔状態の現在に至る継続的存在〕用法。→タ²）（「さっきからずっとここに隠れていた」。～シテイルは本来イルを主要部に持つ状態動詞である）もあるから，テンスとクロスするカテゴリーにあるとは簡単に言えない。もし，シテイル形をアスペクトの形式だと呼ぶとすれば，その場合のアスペクトとは，パーフェクト（完了）か進行中か（両者ともに既発生）あるいは未発生かの意味的区別を指すのであって，継続か非継続かの区別を指すのではない。

➡タ²，アスペクト

■参考文献

尾上圭介（2001）『文法と意味Ⅰ』くろしお出版，第3章第2節.

[尾上圭介]

■パーフェクト²

●パーフェクトとは――パーフェクトという用語のもとに，その本格的な研究がはじまるのは，工藤（1989）からである。工藤は，藤井（1966）や高橋（1969）が，シテイルの一つの意味として取り出した「経験」「記録」という意味を，パーフェクトと呼び，それを，「ある設定された時点において，それよりも前に実現した運動がひきつづき関わり，効力を持っていること」と規定した。工藤は，それまで，シタの表すアスペクト的な意味とされてきた「完了」という用語を避け，パーフェクトという用語を用い，さらに，パーフェクトの中心を，シタではなく，シテイル（シテイタ）に置いた。これにより生じた重要な転換は，完了を表すシタにおいては未分化なままにとらえられていた，完成相（perfective）のアスペクト的な意味とパーフェクト（perfect）の意味という二つの異なる意味の明確な区別，すなわち，動作自体の完成と，その結果の残存との区別にある。

　パーフェクトは，テンスとも異なる概念である。いわゆる完了のシタは，発話時に関係づけられた動作しか表すことができないが，シテイル（シテイタ）の表すパーフェクトは，現在パーフェクト，過去パーフェクト，未来パーフェクトというように，発話時以外の時点にも関係づけることができ，テンスを持つのである。

　シテイル（シテイタ）の表すパーフェクトについて，工藤は，テクスト的な機能の違いによる二つの変種を指摘している。その一つは，「一時的後退性（フラッシュバック性）」として機能するものであり（「禅智寺に行ってみると，

業行はすでに2ヶ月程前に，筆写した経巻類を詰めた箱を数個預けたまま，姿を消していた」），もう一つは，「理由の説明性」として機能するものである（「足利の叔父は昨年死亡しております。暁子が足利に行く理由はありません」）。この二つのうち，工藤は，前者を，パーフェクトの主要なものとみていて，後者を「経験」「記録」としてとりあげていた藤井や高橋とは，パーフェクトの典型のとらえ方が異なっている。

●パーフェクトの研究をめぐる問題点──パーフェクトの研究が抱える問題としては，「ガラスが割れている」のような，結果継続（resultative）（既然態・既然相とも呼ばれる）をパーフェクトとみるかどうかという問題がある。設定された時点に先行する「割れる」という変化が，設定された時点に，その結果を残していることから，これも，やはり，パーフェクトであるとする見方がある。その場合は，本来のパーフェクトを動作パーフェクトと呼び，これを状態パーフェクトと呼ぶことによって，それぞれ，パーフェクトの変種として位置づけられることになる。

また，文法体系におけるパーフェクトの位置づけの問題は，なおも解決されていない。パーフェクトをアスペクトの一種（継続相の派生的な意味）とする考えもあるが，多くのアスペクト論者の規定のように，アスペクトが動作の内的な時間構造を表すものであるとすれば，パーフェクトは，基本的に，その規定からはみだしてしまうはずである。一方，パーフェクトがアスペクトでないとしたら，アスペクト・テンス体系との関係において，パーフェクトをどのように位置づけるか，難しい問題が生じてくる。パーフェクト的な意味を表す，二つ以上の対立する形態論的な形がないとすれば，パーフェクトは独立した形態論的なカテゴリーでもない。いずれにしても，完成相・継続相と並ぶものとして「パーフェクト相」という形態論的な形をたてることはできないのである。

以上，シテイル（シテイタ）を中心にしてパーフェクトについて説明してきたが，パーフェクトを表す形としては，シテイル（シテイタ）やシタのほかに，シテアル，シタコトガアル，シテオクなどがあげられるだろう。

➡アスペクト，テンス，タクシス，タ

■参考文献

金田一春彦編（1976）『日本語動詞のアスペクト』むぎ書房.

工藤真由美（1989）「現代日本語のパーフェクトをめぐって」『ことばの科学3』むぎ書房.

工藤真由美（1995）『アスペクト・テンス体系とテクスト』ひつじ書房.

鈴木重幸（1972）『日本語文法・形態論』むぎ書房.

髙橋太郎（1969）「すがたともくろみ」．〔再録：金田一春彦編（1976）〕

藤井 正（1966）「「動詞＋ている」の意味」『国語研究室』5．〔再録：金田一春彦編（1976）〕

［須田義治］

■パーフェクト[3]

●パーフェクトとは──ロシアの言語学者マスロフ（Maslov 1984）によれば，パーフェクト（perfect）とは，そのあいだに何らかのむすびつきが存在している，先行する段階と後続する段階という二つの時間の段階のことをのべる形式のことである。このなかで，後続する時間の段階に重点をおき，先行する変化や動作によってもたらされている状態や関係がつづいているという意味を表わすものが〈状態パーフェクト〉であり，先行する段階に重点をおき，先行する動作の終結を焦点化するが，その動作が何らかの痕跡や特殊な場面をつくりだす結果を後

続する段階に残していることを表わすのが，〈動作パーフェクト〉である。現代日本語のシテイル形式がパーフェクトを表わすというとき，それは，マスロフのいうパーフェクトのうち，〈動作パーフェクト〉のことをいう。それにたいして，古代日本語の動詞にタリ，リのついた形（タリ・リ形）がパーフェクトを表わすというとき，そのパーフェクトは，〈動作パーフェクト〉も〈状態パーフェクト〉もともにふくんでいる。古代日本語のタリ・リ形は，次のようにもちいられる。

(1) はは宮も，すこしいざり出でつつ，「など，かう夜深く<u>起き給へる</u>。五月の空に恐ろしき物のあんなるを」と，鼻声になりて，（狭衣・一）
〔狭衣が夜遅く起きて経を読んでいると，母宮が起きだしてきて，「何でまたこんな真夜中に<u>起きていらっしゃるのか</u>」と鼻声で聞く〕

(2) 乳母，「仁寿殿の女御の，『女一の宮の御産屋の残り物』とて<u>賜へるぞや</u>」とて，引き開けつつ見て，（宇津保・蔵開・上）
〔届けられた贈り物を前にして，乳母は，「仁寿殿の女御が『女一の宮の出産祝いの残り物だ』と言って<u>下さった</u>」と言って，開けてみる〕

(1)は〈状態パーフェクト〉の例であり，シテイルと訳すことができ，主体が変化した結果もたらされる状態の継続を表すものである。(2)は〈動作パーフェクト〉の例であり，シタと訳すことができ，後続する段階において何らかの効力をもつ運動が先行する段階において成立したことを表わすものである（鈴木泰 1988）。

●タリ・リ形とメノマエ性──パーフェクトという時間的意味は，情報のでどころを明らかにする evidentiality（証拠性）にかかわる意味へと意味を拡張させることが多いが，タリ・リ形もその例にもれず，evidential な意味をもっており，後続する段階における結果や痕跡が話し手に目撃されていることを表わしている。松本泰丈（1996）はこれをメノマエ性とよんでいるが，それにしたがえば，(1)においては結果的な状態にメノマエ性があり，(2)においては，とどけられた贈り物は今話し手のメノマエにあり，おくるという運動の存在を明かす痕跡にメノマエ性がある例ということになる。

テンスの観点もくわえれば，古代日本語においては，語形つくりの手つづき上からは，それにキのくわわったタリキ形，リキ形が過去パーフェクトといえるのにたいして，タリ・リ形は現在パーフェクトを表わすといえる。ただし，タリキ・リキなどの形は，意味的には英語などの過去完了や大過去と同じ意味を表わすとはいえない。タリキ形，リキ形は，過去のある時点を基準にしてさらにそれより以前に起こった事実であることを表わす用法をもたないので，むしろ過去テンスの変種として位置づけられるべきものである（山本博子 2004）。

タリキ・リキ形の意味には，状態パーフェクトと動作パーフェクトがあるが，それらはメノマエ性の有無によって意味をかえることがある。(3)は状態パーフェクトの場合で，現在と切り離された過去において，話し手が，運動の結果を目撃していたことを表わすものである。それにたいして(4)は動作パーフェクトの場合であるが，過去において運動の結果が目撃されていたかのように表現することを通じて，主体の経歴や記録の意味を表わすものになっている。

(3) 民部卿おはして，物語し給ふついでに，「…御服，いと重く<u>着給へりき</u>。…」と聞こえ給へば，（宇津保・国譲・中）
〔実正が，実忠の北の方の様子について，「御喪に十分<u>服</u>しておいででした」などと話す〕

(4) 上，問はせ給ふ，「院の御方へは，いつか<u>渡らせ給へりし</u>。いく度ばかりか参上り給

ひぬる」。蔵人，「ついたち，上になむ渡らせ給へりし。さては，夜，一夜なむ参上り給へりし。…」と聞こゆ。（宇津保・国譲・上）
〔藤壺が春宮に仕えている蔵人に，「春宮は小宮の所にはいつ行ったのか。小宮はいくたび春宮のもとに参上したのか」たずねると，蔵人は，「春宮は先日小宮の所へ渡られた。夜は小宮が参上された。…」と答える〕

●完成相を表わすツ形・ヌ形──不完成相を表わす動詞だけのはだかの形にたいして，アスペクト形式として完成相の意味を表わす動詞のツ形，ヌ形も，〈動作パーフェクト〉に近い性質をもつ。これは，ツ形，ヌ形が直前の出来事を表わす点において現在とつながる意味をもつためであり，タリ・リ形が結果の現在性を強調し明示的にパーフェクトを表わすものであるとすれば，ツ・ヌ形は運動の以前性を強調し暗示的にパーフェクトを表わすものということができる。なお，パーフェクトは日本語では完了にあたるが，完了というときにはperfective（完成）の意味でつかわれることがあるので，注意を要する。

➡アスペクト，テンス，タリ・リ

■参考文献

鈴木　泰（1988）「「たり」と「り」=継続と完成の表現」『国文学』43-11.
鈴木　泰（2009）『古代日本語時間表現の形態論的研究』ひつじ書房．
松本泰丈（1996）「奄美大島北部方言のメノマエ性──龍郷町瀬留」『日本語文法の諸問題──高橋太郎先生古希記念論文集』ひつじ書房．
山本博子（2004）「中古語におけるタリキ形の意味──キ形との比較を通して」『国語と国文学』16-4.
Маслов, Юрий Сергеевич (1984) *Очерки по Аспектологии*. Ленинград. [Maslov, Jurij Sergeevich (1984) *Ocherki po Aspektologii*. Leningrad.] 〔菅野裕臣訳（1992）「Ju. S. マスロフ「アスペクト論の基本概念について」」『動詞アスペクトについて（II）』学習院大学東洋文化研究所調査研究報告35〕

〔鈴木　泰〕

■**林　四郎**（はやし　しろう　1922- ）

●略歴──東京都生まれ。文学博士。1947年，東京大学文学部卒業。国立国語研究所，筑波大学教授，北京日本学研究センター主任教授，明海大学教授を歴任。

●業績──主著に『基本文型の研究』（明治図書，1960），『文の姿勢の研究』（明治図書，1973），『文章論の基礎問題』（三省堂，1998），主要編著に『敬語講座』（10巻，明治書院，1974），『応用言語学講座』（6巻，明治書院，1985-92），さらに著作集として『言語表現の構造』（1974），『言語行動の諸相』（1978）など四冊（すべて明治書院）がある。

●文法学説──林四郎の言語に関する省察は『基本文型の研究』に始まる。その特異な足跡をたどるための三つのルートマップを以下に提示する。

　第一に，記号論の探究者としての足跡である。林は言語行動に対人距離・身振り・表情・音調を想定したうえで，音調と単語連鎖を言語の範囲に含め，単語連鎖の中核部から外側に向けて順に，描叙，判断，表出，伝達と名づけて，行動に同心円状の四つの階層を認める。このような階層を想定したのち，本書の大半を単語連鎖の例示と考察とに捧げる（ただ，音調の表示には改訂の余地があるように思われる）。

　第二に，透徹した分布主義者としての足跡をたどることもできる。林は文の構造に「起こし文型」「運び文型」「結び文型」という三つの視

点を導入する。このうち運び文型は命題部に関わって英語の五文型に最も近い。これこそが「文型」の名にふさわしいとも思える。ところが，林自身は，運び文型が起こし文型と結び文型とを包含するという。これは英語の五文型で徹底して無視された接続詞や副詞句と，英語ほど単純ではない助動詞連鎖とを，文型の中に含めることを意味する。こうして林は「文型」という用語に，テキスト構成に参加する文の類型と，文構成に参加する句の類型という二つの構想を同時に見る。しかし，単文を基に構想された英語の第五文型SVOCに複文の可能性が否定できないとすれば，運び文型の基礎を複文に置く林の立場は一般の文型概念を再考させる批評性を依然秘めている。

　林の頭には時代とジャンルを自在に往来する多彩なコーパスが満載されている。こうして，第三の道筋は表現論の探究者として，その思索をたどることになる。文とそこから構成されるテキストとの間に厳密な一線をひかないのは，時枝誠記から受けついだ教えが，動的な言語観と表現論を支えているからだ。例えば，現代語で便宜的に接続詞とされるダガやシタガッテは，それぞれ助動詞-助詞，動詞連用形-助詞の連鎖からなる。文中央で句を連結する接続表現が文頭に分布する例を初めとして，日本語はこうしたサイクルの繰り返しから様々な表現を生み出した。起こし文型を扱って一書となった『文の姿勢の研究』はテキスト研究にとって記念碑的な作品であり，多様な読みを誘引する書物である。

➡山田孝雄，時枝誠記，南不二男の4段階
■参考文献
南不二男（1974）『現代日本語の構造』大修館書店．
仁田義雄（1985）「日本語の骨組――文末の文法カテゴリーをめぐって」『〈応用言語学講座1〉日本語の教育』明治書院．

小林一仁（1988）「林四郎」国語教育研究所編『国語教育研究大辞典』明治図書．
池上嘉彦（1995）『〈英文法〉を考える』筑摩書房．

［青山文啓］

■パラディグマティックとシンタグマティック

　ソシュール（Saussure 1916）に基づく用語。言葉の音形は，絵画などと違って，時間の流れにそって生じ，一次元の線として捉えられる事象である。

　たとえば，「面白い本」という句は，「面白い」，「本」という2つの単位がこの順序で前者が後者を修飾するという関係で時間軸上に配列されている。「とても面白い本」では，「とても」が「面白い」を修飾し，この句全体が「本」を修飾するという関係，また，「とても面白い本を読む」では，「とても面白い本」という句全体に「を」がかかり，「読む」行為の「対象」を表すという関係になる。このように，文を構成する個々の単位が時間軸上の前後の位置によって結ぶ関係をシンタグマティックな関係（統合関係 rapports syntagmatiques, syntagmatic relations）という。この関係は，句や文のレベルだけでなく，たとえば「お-米」「面白-がる」，「読む」（yom-u）「食べる」（tabe-ru）のように，語を構成する形態素の間でも認められる。このようなシンタグマティックな関係にある一つのまとまりを，ソシュールは，その大小を問わず「連辞」（syntagme）と呼ぶ。

　一方，シンタグマティックな関係で結ばれている個々の単位は，その位置で他の単位と置き換え得る場合がある。「とても面白い本を読む」という「連辞」では，「とても」→「ちょっと」，「面白い」→「おいしい」，「本」→「ケーキ」，「読む」→「食べる」のように置き換える

と,「ちょっとおいしいケーキを食べる」という「連辞」が得られる。これらの有意味な諸単位では,置き換えられる単位同士の間には何らかの共通点がある。語の例で言えば,yom/kak—u/e/...,tabe/oki—ru/ro/...のような置き換えが可能となる。このように,「連辞」のある位置で他の単位との置き換え可能/不可能の関係をパラディグマティックな関係（範列関係 rapports paradigmatiques, paradigmatic relations）あるいは「連合関係」（rapports associatifs, associative relations）と呼ぶ。

この2つの関係は,形態（あり得る/あり得ない語形,語の音節構造,合成語,動詞の活用体系など）,文法（語順,構文,品詞の認定など）,意味（意義特徴と選択制限,語の意味分類など）と,言語の機構をあらゆる面で支えている重要な原理である。

➡二重分節
■参考文献
Saussure, Ferdinand de (1916) *Cours de linguistique générale*. Payot.〔小林英夫訳（1972）『一般言語学講義』岩波書店（改訳版）〕

［長嶋善郎］

■**ハリデー**（Michael Alexander Kirkwood Halliday 1925- ）

英国のリーズ生まれ。幼少期より言語に興味を持ち,中等学校では文学作品の中で,言語がどのように機能するかを理解しようとした。中等学校卒業後は,自ら中国語の勉強を選択し,1942年に兵役開始後インドに派遣される。1947年に兵役が解かれると,北京大学に赴き1年ほどの間に英語を教えながら,中国文学や中国語などを学ぶ。さらに北京大学大学院で本格的に中国語学の研究を始め,これが後の *The Language of the Chinese Secret History of the Mongols*（「元朝秘史の中国語」）という Ph.D. 論文となる。

1949年に帰国後はケンブリッジ大学で教鞭をとるが,その間にロンドン大学のファース（John R. Firth）から言語の本質論や社会的コンテクストとの関係を含む言語理論を学び,これが後の選択体系機能言語学理論を提唱する強い契機となる。その後1956年にエディンバラ大学に移るが,1963年にはロンドン大学に移り,2年後には言語学科教授となり,1970年まで勤めた。それ以後ブラウン大学,スタンフォード大学,イリノイ大学,エセックス大学などで教育と研究に携わるが,1976年シドニー大学言語学科創設にあたり,その創設科長として迎えられ,その後1987年に退職するまでの12年間,選択体系機能言語学の発展,教育に全身全霊で関わり,偉大な業績を挙げるとともに多くの後継者を育てている。現在はシドニーに居をかまえ,国際会議を始め,世界各国の大学からの招聘に応じ,集中講義など世界中を精力的に駆けめぐっている。ハリデーの著作を集大成した文献として2002年に刊行が開始されたハリデー著作論文集全10巻（英国 Continuum 社）が2007年に完成している。

➡機能主義言語学[1]
■参考文献
Halliday, Michael A. K.［Webster, Jonathan (ed.)］(2002-2007) *The Collected Works of M. A. K. Halliday*, Vol. 1-10. Continuum.

［龍城正明］

■**反語**[1]

反語とは,疑問文によって問いかけることによって,聞き手や読み手が当然認識しているべき内容を再認識させるというものである。質問

の形をとりながら，実際には強い主張を表すという形式と機能とのずれをとらえて，修辞疑問文（rhetorical question）と呼ばれることもある。

　反語的な解釈は肯否の反転によって生じる。「そんなに暇な人がいるかい？」や「じゃあ，君はできるの？」のように，反語的な疑問文に存在動詞や可能動詞を述語とするものが多いのは，これらの動詞が「存在−非存在」「可能−不可能」のような判断の反転を想起させやすいからである。また，「誰がそんな提案を受け入れられるだろうか」のような疑問詞をとる疑問文は，「誰も受け入れられない」というように，疑問詞の全量否定解釈を背景として，反語的に解釈される。

　反語は，聞き手や読み手の知識を利用して，当該の判断の正当性を再認識させるものであるから，聞き手や読み手に再認識させやすい，一般性の強い内容や共有知識を問いかけるのが基本である。そのため，「あいつが引き受けるもんか。すぐ断ってきたよ。」のように，過去の事態についても非過去形を用いることがあるといった表現上の特徴がある。

　反語的な解釈を持つ疑問文の形式には，「か」「のか」あるいは自問的な「だろうか」，反語の解釈が固定化した「ものか」のほかに，「と思うか」「というのか」といった形式がある。「時間にルーズな彼が待ち合わせ時間に来たと思う？」のように聞き手の個人的な意見を問う「と思うか」や，「私が何をしたというのですか？」のように相手の意図を問う「というのか」は，聞き手に再考を求め，それがあり得ないことを認識するよう求めるものである。

◆疑問，疑問詞，モダリティ

■参考文献
安達太郎（2005）「疑問文における反語解釈をめぐる覚え書き」『京都橘女子大学研究紀要』31．

阪倉篤義（1975）『文章と表現』角川書店．
山口堯二（1990）『日本語疑問表現通史』明治書院．

[安達太郎]

■**反語**[2]（古典語）

　反語は，通常，疑問形式を手段に，表層の肯定・否定を反転させる形で話し手の判断を表す言い方をさす。その肯否を反転する力で，普通の言い方よりも，その表現は確認的主張的になる。その手段になる疑問形式には，歴史的に見ても，疑問詞や疑問の助詞（係助詞）カ・ヤが用いられた。疑問詞による言い方では，カを伴うナニカハ・ナジカハ・タレカハ・イツカハなどや，カを含むイカガなどによることが多い。上代には「いづち行かめと」（万葉・1412）のように疑問詞が助動詞ムの已然形メと共起する反語もある。カ・ヤを標識とする言い方には，上代を中心にムの已然形メによる「人妻ゆゑに我恋ひめやも」（万葉・21）のように，もっぱら文末に現れるメヤ（モ）もあるが，一般には係り用法・結び用法のいずれによる言い方も多い。カ・ヤはそれだけでも反語を表せるが，次のようにその直下にハを重ねたカハ・ヤハの形で用いられることも多い。

(1) 男多かる簾(す)のもとなどには，出(い)づるものかは。（宇津保・国譲中）
・何の憚(はばか)りかははべらむ。（源氏・宿木）

(2) さりとも，つひに男あはせざらむやは。（竹取）
・さやうなる例(ためし)，なくやはある。（源氏・総角）

　係り結びが崩壊して疑問の助詞の用法が大きく変動する中世室町期には，確言系の係助詞コソによる，「身こそ貧なりとも，心は貧にあらばこそ」（曽我・6）など，バコソ・テコソなど，疑問形式以外の言い方にも，その肯否の反

転性や確認主張性の点で反語的と言える言い方が生じる。が、近代語の体制が整う近世にはそれらも衰える。反語に多用された助詞を語源として中世にはヤハカ・ヤハヤなどの反語副詞も形成された。現代語で最も端的なモノカ＞モンカがめだってくるのは近世後期以降である。

➡疑問，モダリティ

■参考文献

本居宣長（1785）『詞の玉緒』．
山口堯二（1990）『日本語疑問表現通史』明治書院．
山口堯二（1998）「非疑問形反語形式の史的考察」『佛教大学文学部論集』83．〔再録：山口堯二（2000）『構文史論考』和泉書院〕

〔山口堯二〕

■反実仮想

●反実仮想とは──現実にある事実，あるいは，過去に起こった事実に反する事態を想定し，〈現実には反するが，その条件が仮に成立するものとすれば〉，という形で，ある事態を想像する仮定表現。仮定条件表現の一類型として，反事実的条件文のようにも呼ばれる。西欧語の仮定法（subjunctive mood）に相当する表現であり，そうした表現が古代語において発達し，現代の日本語で衰退していることは，興味深い現象である。

●古代語における反実仮想の表現──マシによる表現がそれに該当する。助動詞マシが，その語の本来の意味として〈事実に反する内容を仮定するもの〉と言えるのかどうかについては議論の分かれるところであるが，上代以来「マセバ……マシ」「マシカバ……マシ」などの形でマシが条件表現に用いられている場合は，事実に反する仮定，実現不可能な内容の仮定表現に限られると言ってよい。この意味で，マシの意味そのものは，非現実的な想像・推量を表すも

の，というように理解すべきであろうが，条件表現をとることによって，本来的に反実仮想を表す助動詞として機能していたものとして位置づけられよう。

●条件句の形態──条件表現に用いられた反実仮想のマシは，次のように，条件句（従属節）と帰結句（主節）のいずれにも使用される場合があり，これが典型的なものということになる。

(1) 思ふにし死にするものにあらま<u>せば</u>〔麻世波〕千たびぞわれは死に返ら<u>まし</u>（万葉・603）

「セバ……マシ」の形式もこれに準ずる。ただし，条件句は一般の「未然形＋バ」の形式で表されることもあり，帰結句にマシが用いられるか否かが重要なものとなる。また，中古にはいると，次のように，条件句のみにマシが用いられ，帰結句にはベシやマジを用いた例も現れている。

(2)「まことに君をこそ，今の心なら<u>ましかば</u>，さやうにもてなして見つ<u>べかりけれ</u>」（源氏・玉鬘）

もっとも，中古には勿論のこと，中世においても「マシカバ……ム（ジ）」のような呼応例はまず見られない。帰結句におけるベシやマジは，〈……べきであった〉という，当然的・確信的推量を表すものとして，マジによる表現内容を補完する形で用いられていたものと考えられる。

●反実仮想の表現の推移──中古になると，マシは，条件文においては反実仮想の表現をとるが，「ものやいひ寄らまし，と思せど」（源氏・末摘花）のように「……ヤ……マシ」の形で〈躊躇・逡巡〉の気持ちを表す用法が発達してくる。これは，明らかに上代語法とは異なるものであり，マシが反実性を弱めてきていることを物語る。こうした変化をも背景として，中世の終わり頃には，マシは次第にムとの相違があ

まりないものとなり始める。マシの独自性が薄れ，ムの中に吸収されていく現象と言ってよいであろう。

●**近代語における反実仮想の表現**——近代語（現代語）では，反実仮想専用の形式は消滅している。その代わりに，帰結句に，モノヲ・ノニなどの形式を取り，過去の事態の表現であることなどを示そうとするようになっている。

　(3)「かくあるべしと知りたらば，十郎が在りし時，恥しながら見参に入るべかりしものを，……」(大山寺本曽我・10)

中世においても，このような例になるとすでにマシは使用されず，条件句においては，過去の事態に関して「タラバ」によって表現しているのである。〈こんなことになるとわかっていたら，……お目にかかっておくのだったのに〉。これはもはや現代語のタラ（あるいは強調的にタナラ）による表現につながるものとなっていると言ってよいであろう。

◆条件，モダリティ，仮定条件，条件形式の変遷，マシ

■参考文献

木下正俊（1972）『萬葉集語法の研究』塙書房．

小林賢次（1996）『日本語条件表現史の研究』ひつじ書房．

田辺正男（1976）『上代語中古語の研究』桜楓社．

山口堯二（1980）『古代接続法の研究』明治書院．

山口堯二（1996）『日本語接続法史論』和泉書院．

[小林賢次]

■反復

●**反復とは**——個別具体的な時間における1回的事象ではなく，不特定の時間帯に繰り返し起こることを表す。アスペクト的意味の1つと考えられることが多いが，基本的には時間的限定性に関わっており，またテンスやムードとも相関する。

●**時間的限定性と反復**——個別具体的時間に起こる事象か否かをスケールとして表す機能・意味的カテゴリーを時間的限定性と言うとすれば，次のような連続性を考えることができる。1）では個別の時空間における特定の事象を表し，2）では異なる時空間における不規則的な繰り返し，3）では規則的繰り返しを表し，4）では形容詞文に相当する主語の特徴づけとなる。1）から4）へと時間の抽象化が進む。反復は，広義には2）と3）の場合を含めて言い，1）と4）の中間に位置づく。

　1）個別具体的＝1回的事象「太郎が洋書を読んでいる／今晩太郎は洋書を読む」
　2）反復的事象「太郎はときどき洋書を読んでいる／読む」
　3）習慣的事象「太郎は毎日洋書を読んでいる／読む」
　4）恒常的特性「太郎は洋書を読む」

●**アスペクトとテンスの観点から見た反復**——標準語のシテイル形式は，個別具体的事象を表す場合には，動詞のタイプによって，動作継続の意味になるか結果継続の意味になるかが決まるが，反復というアスペクト的意味はすべての動詞が表す。

　今太郎は本を読んでいる。「動作継続」
　　→太郎は毎日本を読んでいる。「反復」
　今太郎は海外に行っている。「結果継続」
　　→太郎は毎年海外に行っている。「反復」

標準語のスル形式は，個別具体的事象を表す場合には未来を表し，反復の場合には，現在を表す。そして，「太郎はときどき海外に行っている」のようにシテイル形式に言い換えることができる。

　太郎は海外に行く。「未来」

太郎はときどき海外に行く/行っている。

「現在」

●ムードの観点から見た反復——反復では時間が抽象化されていることから，話し手の知覚体験そのものではなく，思考による一般化（判断）というムード的意味が前面化してくる。反復は，個別具体的な時間に釘づけされないポテンシャル（潜在的）な事象を表すからである。「太郎はたまに酒を飲む」から「太郎は酒を飲む」のようにさらに時間の抽象化が進むと，「太郎は酒飲みだ」に相当する形容詞文に近づき，太郎の特徴づけになって，現象描写ではなくなる。

●反復を表す副詞——「たまに，時々，毎朝，いつも，いつでも」のような副詞は反復のありようを具体化する。ただし，単純に反復と言っただけではすまない問題があり，ムードと相関する場合もある。「困った時はいつも先生が助けてくれる」の場合は，「いつでも助けてくれる」に言い換えることができるが，「困ったらいつでも来なさい」とは言えても，「*困ったらいつも来なさい」とは言えない。なお「会うたびに，大きくなっている」のような複文も反復を表す。

●方言文法における反復——標準語のスル形式やシテイル形式は，個別具体的事象も反復的事象も表し，「たまに，時々，毎日，いつも」のような副詞が反復を明示するが，東北方言では，「太郎，本，読んでだ（読んでら）」「太郎，いっつも，本，読んでる」のように，個別具体的事象と反復的事象とで異なる語形が使用される。

➡アスペクト，アスペクチュアリティ，テンス

■参考文献

奥田靖雄（1996）「文のこと・その分類をめぐって」『教育国語』2-22.

工藤真由美（2002）「現象と本質——方言の文法と標準語の文法」『日本語文法』2-2.

工藤真由美編（2004）『日本語のアスペクト・テンス・ムード体系』ひつじ書房.

高橋太郎（2003）『動詞九章』ひつじ書房.

Khrakovskij, Viktor S. (ed.) (1997) *Typology of Iterative Constructions*. LINCOM EUROPA.

［工藤真由美］

■美化語

●美化語とは——「お酒」「お料理」のように，ものごとを美化して述べる語。狭義の敬語ではないが，敬語に類するものである。

●丁寧語と美化語——かつては，「です」「ます」も「お酒」「お料理」も，ともに丁寧語とされたが，前二者は聞き手（読み手）が想定される場合に限って使われる対者敬語であるのに対し，後二者は独り言や，読み手を想定しない日記でも使われるという違いがある。辻村敏樹はこの点に注目し，後者を美化語（当初は美称語）と名づけ，丁寧語から区別すべきことを主張，次第に学界の受け入れるところとなった。

●美化語は敬語か——例えば，親が子に「お酒は百薬の長なんだ。」と言う場合の「お酒」は，酒の持ち主を高めたり，聞き手に丁寧に述べたりする働きはなく，「酒」を美化して述べているだけである。こうした意味では，美化語は狭義の敬語に含めるべきものではない。ただし，聞き手（読み手）に丁寧に述べたり，然るべき人を話題にしたりする場合に，美化語が使われやすいことは確かで，例えば，日頃は「酒」と言う人でも，場面によっては「先生はお酒をめしあがりますか。」と言う，といったことはある。こうした意味では，美化語は敬語に準じるものと見られる。文化審議会『敬語の指針』(2007)でも，五種の敬語の一つとして美化語を立てている。なお，敬語を尊敬語・謙譲語・丁寧語に三分する場合は，丁寧語に含めて扱わ

●**尊敬語と美化語**——尊敬語（例「お体」）は自分のことに使えないが，美化語（例「おなか」）は自分のことにも使える点が違いである。
●**語例など**——上例の他「お金」「お花」など。ほとんどが「お」の付く名詞である。「お料理」のように漢語でも「お」が付くことが多い。「ご」の例は「ご飯」（「飯(めし)」に対する）など。個々の美化語の使い方には，男女差・個人差も大きい。これを語の側から見ると，付けるのが当たり前のような語から，付けるとおかしい語まで，段階が付けられるということにもなる。

◆待遇表現，丁寧語

■**参考文献**

菊地康人（1994）『敬語』角川書店．〔再刊：講談社学術文庫，1997〕

辻村敏樹（1958）「ことばの使い方——敬語」『〈日本文法講座5〉表現文法』明治書院．

辻村敏樹（1963）「敬語の分類について」『言語と文芸』5-2．〔再録：北原保雄編（1978）『〈論集日本語研究9〉敬語』有精堂出版〕

［菊地康人］

■**比況**

比況とは，「ようだ」「みたいだ」「ごとし」（古典語）などの，比喩や例示を表す助動詞の「非推量的意味」を総称して使われる便宜的な文法用語である。ただし典型的には「あたかも～」のように比喩的に状況を表す場合を指す。これらの形式は状況との類似を表し，状況を根拠とする判断をも表す（「らしい」には同様の推量の意味があるが比況の意味はない）。

まず類似しつつも，本来は別のものを表すという意味が「比喩」である。比喩の場合には，

(1)彼はまるで狼のようだ。

のように，一つの独立した判断になり得，独立した述語になることができる。節を形成することもでき，名詞修飾や述語修飾の用法もある。「まるで」「あたかも」のような副詞が共起できる。

(2)これは狼が群れで襲うような襲撃だ。

(3)狼が群れで襲うように敵を襲撃した。

一方，「狼のような動物（は肉食だ）」のように，集合の代表的例を提示するのが「例示」である。この場合，「狼が群れで襲うような襲い方」のように，名詞を修飾する用法と，「さっき狼が襲ってきたように，ここは危険だ。」のように，述べ立てを修飾する用法とがあるが，独立した判断ではない点で述語の用法はない（「*動物は狼のようだ」とは言わない）。

さらに，事態や事物相互の例示関係ではなく，同類的な認定を発話や判断に関連させた，

(4)君が言うように，ここは危ない。

(5)先に見たように，この議論は正しい。

のような，述べ方の注釈を表す用法もある。これは比況そのものではないが，関連する表現と言える。

なお，比喩的様態は否定領域に入り，「彼は［私のように(は)　泳がない］。」のように言うことができるが，述べ方の注釈では，事態修飾ではない点で，「彼は私のように，［泳がない］」のように，否定領域には入らない。

◆ヨウダ

■**参考文献**

紙谷栄治（1995）「助動詞「ようだ」「らしい」について」『宮地裕・敦子先生古稀記念論集：日本語の研究』明治書院．

森山卓郎（1995）「推量・比喩比況・例示」『宮地裕・敦子先生古稀記念論集：日本語の研究』明治書院．

［森山卓郎］

■**比況の助動詞**

直喩表現をつくる，形態変化をもつ付属語を

比況の助動詞と呼ぶ。古典語ではゴトシ（如し）が代表で，それに加えて類似の語形であるゴトクナリと，同様の使われ方をするヤウナリとがその例として通常挙げられる。

比況とはくらべたとえる意味で，事物Aについて，その特徴を，別の事物Bになぞらえることであらわすものである。(1)では「君」がAで，「川藻」（B）にそのさまがなぞらえられている。また(2)では「玉」がA，「（真っ赤な）すもも」がBである。

(1) 臥(こ)やせば 川藻の如く（川藻之如久） なびかひの よろしき君が（万葉・196）

(2) すもものやうなる玉（竹取）

●ゴトシとヤウナリとの差異──上のようにゴトシは奈良時代から見られ，一方，ヤウナリは平安時代に入って和文にあらわれる。両者の出現はとくに平安中期以降文体による差がはっきりし，漢文訓読の文章および和歌にはゴトシ・ゴトクナリが，和文にはヤウナリが用いられた。このヤウナリが現代語のヨウダにつながる。

●他の用法──これらの形態には比況以外に次のような使い方もある。(3)は例示，(4)は不確かな断定と呼ばれる。

(3) 金と銀と瑠璃と硨磲と瑪瑙と珊瑚と虎魄(こ)と真珠との等(うった)キ宝（西大寺本金光明最勝王経古点）

例示は，このようにB（金と銀と……真珠）が具体例としてA（「宝」）に包まれる意味関係になるのが特徴である。

(4) 嘉運，一ノ官曹ニ至テ大門ニ入ル。男子数十人有リ，門外ニ有テ 訴(うった)ヘスル者ノ如シ（今昔・9・30）

不確かな断定は，このようにA（「男子数十人」）についての推測内容を述べるのが特徴である。

●問題点──これらの形態が(1)〜(4)のように「体言＋の/が」を承けるのは「ごと」「やう」が名詞性の形態素であるためと考えられる。このような承接のあり方は助動詞一般に照らして特異であり，そのためゴトシ・ヤウナリとも助動詞と認めない立場がある。また，古典語のヤウナリに関して名詞ヤウ＋助動詞ナリであるとして一語としない扱いもある。このように，「比況の助動詞」には形態論のレベルで未解決の問題がある。

◆助動詞，比況，ヨウダ

■参考文献

大坪併治(1958)「訓点語で「等」をゴトシと読む場合について」『訓点語と訓点資料』10.

築島 裕(1969)『平安時代語新論』東京大学出版会.

北原保雄(1972)「比況の助動詞」鈴木一彦・林巨樹編『〈品詞別日本文法講座8〉助動詞II』明治書院.

山口堯二(2001)「「やうなり＞やうだ」の通時的変化」『京都語文』（佛教大学国語国文学会）8.〔再録：山口堯二(2003)『助動詞史を探る』和泉書院〕

［鈴木 浩］

■非対格動詞と非能格動詞

伝統的な動詞分類によれば，動詞は他動詞と自動詞に二分される。他動詞とは意味上の主語（外項x）と意味上の目的語（内項y）を要求する二項動詞（〈x 〈y〉〉）であり，自動詞とは項を一つだけ要求する一項動詞である。自動詞が要求する唯一項は，伝統的に意味上の主語であると考えられてきたが，いわゆる非対格仮説をめぐる1970年代の研究において，唯一項が意味上の目的語であるような自動詞も存在するとの主張がなされ，その後の言語研究に多大な影響を与えた（Levin and Rappaport Hovav 1995）。この考え方によれば，伝統的に自動詞と呼ばれてきた動詞類は，外項を唯一

項とする非能格動詞（〈x 〈 〉〉）と内項を唯一項とする非対格動詞（〈 〈y〉〉）に大別される。

非能格動詞には，PLAY，LAUGH，DANCE，CRY などを意味する自動詞が含まれ，非対格動詞には ARRIVE，FALL，GROW，RISE などを意味する自動詞が含まれると言われる。非能格動詞の唯一項が多くの場合《動作の主体》であるのに対し，非対格動詞の唯一項は一般に《変化の対象》であるので，後者を他動詞の内項と同列に扱うのはいずれにしても自然な分析である。例えば他動詞 break の項構造が〈x 〈y〉〉であるとすると，自動詞 break の表面上の主語は，意味的には y に相当する。この break のように，いわゆる自他交替を示す動詞が自動詞として使われた場合，その項構造として〈 〈y〉〉を設定するのは自然であるが，非対格仮説は，自他交替を示さない自動詞の一部（上記 ARRIVE など）に対しても同様の分析を仮定すべきであると主張していることになる。

非能格・非対格の区別が関与すると言われる現象には次のようなものが含まれる。①過去分詞の形容詞用法（e.g., the *kissed* girl）は，修飾される名詞が動詞の内項に対応する解釈しか許さない。したがって，自動詞の場合，内項を持つ非対格動詞のみが形容詞用法を許す（*the worked boy/the fallen boy）。②完了の助動詞として HAVE と BE を使い分ける言語では，一般に他動節と非能格節は HAVE を選択するが，非対格節は BE を選択する。③非人称受動という仕組みによって自動詞を受動化できる言語にあっても，非対格動詞に基づく受動文は不適格である（Er wordt door de kinderen {gedanst/*gegroeid}. 'It is {danced/*grown} by the children.'（例文はオランダ語））。④結果構文における二次述語は直接目的語（動詞の内項）を叙述対象とするため，非能格節の主語を叙述する結果構文は許されない（He hammered the metal flat/*He danced tired/The river froze solid.）。

日本語についても，⑤数量詞の解釈，⑥結果構文に基づく上記④と同様の現象，⑦「ている」の解釈（「壊れている」「走っている」），⑧「かけ」名詞構文（「溺れかけの子供」「*働きかけの作業員」），⑨複合動詞に関する他動性調和の原則（「逃げ回る，*流れ回る」「座り直す，*燃え直す」「*走り落ちる，燃え落ちる」），⑩間接受動の可否（「子供に騒がれる，*祖父に亡くなられる」）などの現象に，非能格・非対格の区別が関与していると言われてきた。これらの指摘がすべて正しいとすると，日本語では⑤〜⑩のような基準によって常に同じ動詞の集合が非能格あるいは非対格と認定されるはずであるが，事実は必ずしもそうではない。例えば「死ぬ」という動詞は，⑩の基準によれば非能格と判定されるが，⑦や⑧の基準では非対格となる（松本 1998）。複数の基準が矛盾する結果を生むという事態は，他の言語についてもしばしば指摘されてきたところであり，その原因を多角的に検討することにより，現象の本質に対する理解が深まるものと期待される。

その後の研究では，上記④の結果構文や②の助動詞選択などについて，これまで非対格節を特徴づけるとされてきた現象が他動節においても観察されるとの指摘もなされており，他動詞と非対格動詞の関係をめぐる新たな問題が提起されている（Washio 2004, Levin and Rappaport Hovav 2005）。また，上記⑨について，従来の複合動詞研究では想定されていなかった「萌え殺す」などの組み合わせが成立しつつあるとの興味深い指摘もある（斉木 2010）。

➡項，他動性

■参考文献

影山太郎（1993）『文法と語形成』ひつじ書房．

斉木美知世（2010）「文学作品に見る複合動詞の語法――三島由紀夫の"笑い殺す"を中心に」『日本エドワード・サピア協会研究年報』24：pp.15-26.

松本曜（1998）「日本語の語彙的複合動詞における動詞の組み合わせ」『言語研究』114.

Levin, Beth and Malka Rappaport Hovav (1995) *Unaccusativity*. MIT Press.

Levin, Beth and Malka Rappaport Hovav (2005) *Argument Realization*. Cambridge University Press.

Washio, Ryuichi (2004) "Auxiliary selection in the East." *Journal of East Asian Linguistics* 13：pp.197-256.

［鷲尾龍一］

■否定[1]

1. 現代日本語の否定

否定文のない言語は考えられないが，否定の表現手段は言語によって様々である。現代日本語では，「する/した」に対する「しない/しなかった」のように，述語形式の違いとして表現される。否定文の意味・機能は，様々な面で肯定文より複雑である。否定文は，基本的に肯定的想定をプラグマティックな前提としているため，否定文で談話を始めるのは普通ではない。「地震が起こらなかったよ」と言われれば，「そんな予報が出ていたの？」と聞き返すことになる。

2. 文法的否定形式と語彙的否定形式

「幸せではない/出席しない」といった述語否定（文法的否定形式）と，「不幸だ/欠席する」のような語否定（語彙的否定形式）とは異なる。文法的否定形式である(1)は「けっして」「必ずしも」という陳述副詞と呼応するが，(2)は不可能である（動詞「否定する」は，文法的否定形式ではなく，語彙的否定形式である）。

(1)彼女はけっして（必ずしも）幸せではない。

(2)*彼女はけっして（必ずしも）不幸せだ。

次の場合も，(3)は「ちっとも」と呼応し，「非常に」とは共起しえないが，(4)は「ちっとも」と呼応しえず，「非常に」とは共起する。

(3)彼女はちっとも幸せではない。

　*彼女は非常に幸せではない。

(4)*彼女はちっとも不幸せだ。

　彼女は非常に不幸せだ。

このような事実は，文法的否定形式は，「主語と述語（広義ものとその属性）とのむすびつき」を否定するものであり，従って陳述副詞との呼応があることを示す。肯定と否定の文法的対立はすべての動詞，形容詞，名詞述語にあるが，標準語では，存在動詞「ある」の普通体には「*あらない」という形式がなく，形容詞「ない」が補充法として機能する。

3. 文法的否定形式と派生形容詞化

「くだらない」のような形式は，もはや否定の意味がない派生形容詞とみなさなくてはならない。動詞の否定形式から形容詞への品詞の転成は，次のように段階的である。

	肯定形式の有無	ケッシテとの呼応	チットモとの呼応	〜マセンの有無
来ない	○	○	○	○
かまわない	×	×	○	○
たまらない	×	×	○	○
くだらない	×	×	×	×

「くだらない」は陳述副詞とも呼応せず，「くだるものか」とも言えず，丁寧体「くだりません」もなく，派生形容詞化が完成している。従って「非常にくだらない」と言える。重要なことは，肯定と否定との対立がなくなれば，派生

形容詞化が進行することである。「だらしがない，しかたがない，申し訳がない」のような形式も，「自信がない，興味がない，人気がない」とは違って，肯定形式との対立がない。従って，陳述副詞とは呼応しえず，「非常にだらしがない」と言える。

- だらしがない/*だらしがある，しかたがない/*しかたがある
- 自信がない/自信がある，興味がない/興味がある

4．否定と呼応する形式

●**陳述副詞**——呼応する述語のタイプに応じて，否定と呼応する陳述副詞は3分類される。「彼はけっして犯人ではない」のように名詞述語と呼応しえて，述語のタイプを選ばない①が典型的な陳述副詞であり，概念的内容（素材的意味）をもたず，否定を強調，補足する。

①動詞・形容詞・名詞述語：けっして，必ずしも，あながち，まんざら，まさか
②形容詞・動詞述語：ちっとも，少しも，まるっきり，たいして
③動詞述語：とうてい，どうにも，めったに

なお，「とても，なかなか/あまり/まるで/そんなに/さっぱり」のような副詞は，肯定的形式とも共起するが，構文的条件や指示性，語彙的意味の有無等が異なる。「あまり」は従属文では「あまりおいしいので」と言えるが，主文では「*あまりおいしい」とは言えず「あまりおいしくない」である。「とても」は，動詞述語では「とても行けない/*行ける」だが，形容詞述語では「とても優秀だ/*優秀ではない」である。

●**その他の形式**——「一つも，一人も，一度も/指一つ，口答え一つ/つゆほども，夢にも/半年と，二度と/誰一人，何一つ」のような形式も文法的否定形式と呼応するが，陳述副詞と違って，素材的意味があり，呼応上の制限がある。「一人も，誰一人」は人間に限定され，「つゆほども，夢にも」は心理活動に限定される。なお「5人しか来なかった」の「しか」も否定と呼応する形式である。以上の諸形式は，否定対極項目（表現）とも言われる。

5．数量・程度に関わる否定

完全否定と不完全否定の場合がある。

①完全否定：ちっとも，少しも，みじんも/一つも，一度も，つゆほども
②不完全否定：それほど，あまり，たいして/半分も，半年と，期待したほど

①の「も」を伴った形式は，「少量以下＝0」というかたちで完全否定を表す。「風がそよとも吹かない」「ピクリとも動かない」も同様である。②は「半年と（も）もたない」「たいして暑くない」のように不完全否定を表す。なお，「1時間は（も）かからない」は，1時間以下の意味であるが，「1時間では終わらない」では，1時間以上の意味になる。

6．否定のスコープと焦点

複雑な構造の文では，何をどのように否定するかが問題になる。可能な否定の範囲を否定のスコープ，実際の否定の対象を焦点として区別するとすれば，(5)(6)では，否定の焦点が違う。否定の焦点がどこにあるかはコンテクストが絡む。

(5)太郎は<u>大学の先生</u>ではない。新聞記者だ。
(6)太郎は<u>大学</u>の先生ではない。高校の先生だ。

次の(8)が否定しているのは「人を見て」の部分であって「法を説く」の部分ではない。

(7)木を見て<u>森を見ない</u>から困る
　　＝森を見ないで木を見るから困る。
(8)<u>人を見て</u>法を説かないから困る
　　＝人を見ないで法を説くから困る。

この違いが出てくるのは，(8)の「人を見て」

は修飾語として機能しており、(7)の「木を見て」は従属文として機能しているからである。「彼は意見を強く主張しなかった」のように、修飾語「強く」は否定のスコープ内にあり、否定の焦点になる。一方、「雨が降ったので図書館に行かなかった」のような従属文は、否定のスコープ外にある。否定の焦点にするためには、「雨が降ったから図書館に行ったのではない」のように「のではない」を使用する。

また、「あまり上等な店には行かない」と「上等な店にはあまり行かない」では意味が違ってくる。「あまり」のような形容詞とも動詞とも呼応する副詞では、構文的位置が重要である。

7. 否定とモダリティ、テンス

「言わずにはいられない/言わざるをえない/言わなければならない」のような二重否定形式は、必然（必要）のモダリティ形式となる。

「信じているわけがない/信じているわけではない」のように、「わけだ/はずだ」等のモダリティには2つの否定形式がある。「あの発言は太郎らしくない」のように派生形容詞の場合には否定形式があるが、「あの発言をしたのはどうも太郎らしい」のような推定の場合には否定はありえない。推量の「だろう」や伝聞の「そうだ」にも否定はない。「太郎は驚かなかった」に対して、「太郎は驚いたのではない。呆れたのだ」のように「のではない」を使うと、メタ言語的な否定になる場合がある。

肯定のスル形式は基本的に未来を表すが、シナイ形式は、現在や過去も表す。「もう2時だよ。来ないねえ」はテンス的に現在を表す。また、「昨日出かけた？」の答えとして「いや、出かけないよ」と言うことが可能である。

なお、アスペクト副詞は、「やっと、突然、ただちに、次第に、だんだん」のように否定と共起できないタイプと、「しばらく、ずっと、あいかわらず」のように共起できるタイプがある。

➡陳述副詞、スコープ（作用域）、疑問詞

■参考文献

太田 朗（1980）『否定の意味』大修館書店.

加藤泰彦（2003）「否定のスコープと量化」北原保雄編『朝倉日本語講座5〉文法Ⅰ』朝倉書店.

川端善明（1979）『活用の研究Ⅱ』大修館書店.

工藤 浩（2000）「副詞と文の陳述的なタイプ」仁田義雄・益岡隆志編『〈日本語の文法3〉モダリティ』岩波書店.

工藤真由美（2000）「否定の表現」仁田義雄・益岡隆志編『〈日本語の文法2〉時・否定と取り立て』岩波書店.

久野 暲（1983）『新日本文法研究』大修館書店.

寺村秀夫（1979）「ムードの形式と否定」林栄一教授還暦記念論文集刊行委員会編『英語と日本語と』くろしお出版.

三上 章（1963）『日本語の構文』くろしお出版.

宮地 裕（1971）『文論』明治書院.

Givón, Talmy (1979) *On Understanding Grammar*. Academic Press.

Horn, Laurence R. (1989) *A Natural History of Negation*. The University of Chicago Press.

Jespersen, Otto (1924) *The Philosophy of Grammar*. George Allen and Unwin. 〔半田一郎訳（1958）『文法の原理』岩波書店〕

〔工藤真由美〕

■否定[2]

●**否定の形式**——否定は古典語ではズ、ジ、マジ（後二者は否定推量）、現代語ではナイ、マ

イ（後者は否定推量）のような助動詞，および「決して」「少しも」「一人も」のような否定対極項目（否定対極表現，打ち消しの陳述副詞を含む）によって表わされる。

● **論理学的否定の問題点**──否定文は，論理学的・意味論的には，肯定文（P）に否定辞を加えたもの（〜P）と了解され，さらにもう一つ否定辞を加えれば再び肯定文になる（〜〜P≡P）ことからもわかるように，両者は対等な対照物であると考えられている。しかし，情報量という観点からすると，肯定文「雨が降っている」に対する否定文「雨が降っていない」は，雨が降っているという事態を除いたそれ以外のすべての内容を指すことになり，ほとんど情報量がないことになる。このように，自然言語の否定文を，論理学的・意味論的に扱うことには無理がある。

● **否定とは**──日常言語において，眼前の事実を描写する場合には「雨が降っている」のような肯定文が用いられる。「雨は降っていない」という否定文が用いられるのは，ザアザアというような音を聞いて雨が降っているのだろうと予想したり，徒競走に参加したくなくて雨が降って欲しいと思ったりしながら外を見たような場合だろう。要するに，予想や希望のような肯定的な「期待」に対して，それと対比的な現実を述べるような場合であろう。否定文が成立する背後には，このような語用論的な契機が伏在している。

● **否定文の類型**──肯定的な内容との対比という基本的な構造を基にして，否定文には大きく四つの類型が考えられる。第一に，「ロンドンやローマで写真を撮った」のような他の肯定的な事態と対比して，「パリで写真を撮らなかった」という否定的な事態を述べる場合（事態間対比，(1)），第二に，他者の「パリで写真を撮った」という期待と対比して，それを打ち消す場合（対期待対比，(2)），第三に，「パリでこの写真を撮った」ことを前提に，他者の「それはこの写真であろう」という期待と対比して，それを打ち消す場合（要素独立対比，(3)），第四に，「今日会社に来た」ことを前提に，他者の「それは車（を運転して）であろう」という期待と対比して，それを打ち消し，その上で，選択肢の一つが消えたためにたとえば「バスで来た」ことを暗示する場合（要素連動対比，(4)）である。

(1) パリで写真を撮らなかった。（ロンドンやローマでは写真を撮ったが）
(2) パリで写真を撮ったのではない。（君はパリで写真を撮ったと思っているだろうが）
(3) パリでこの写真を撮ったのではない。（君はパリでこの写真を撮ったと思っているだろうが）
(4) 今日は会社に車で｛来なかった／来たのではない｝。（君は車で来たと思っているようだが）

これらは，独立した他の事態との対比である「事態間対比」と，単一の事態に関する期待と事実との対比であるそれ以外（事態内対比）とが対になり，さらにその中で，事態の成立そのものが問題になる「対期待対比」と，事態の成立は前提され，そこに含まれる要素の適否が問題となるそれ以外（要素間対比）が対になる，という形で階層構造を成している。ちなみに，ノダが用いられるのは，期待との対比が見られる「事態内対比」である。

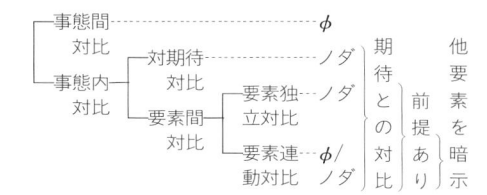

```
┌事態間対比 ························ φ           他
│         ┌対期待対比 ········ ノダ    期    要
│         │                           待    素
└事態内対比┤         ┌要素独立対比 ノダ  と    を
          │         │                 の    暗
          └要素間対比┤                 対    示
                    └要素連動対比 φ/ノダ 比  前
                                              提
                                              あ
                                              り
```

いわゆる全部否定と部分否定との違いは，前者がそもそも当該の事態が成立しなかったとい

う意味で，事態間対比ないし対期待対比にあたり，後者が事態の成立は前提としつつも，焦点となる要素を否定するという意味で，要素独立対比ないし要素連動対比に相当する。

➡数量詞，スコープ(作用域)，焦点

■参考文献

井島正博(1991)「否定文の多層的分析」『成蹊国文』24．

井島正博（2013)「数量詞と否定文」『成蹊人文研究』21．

井島正博（2013)「副詞句と否定文」『成蹊大学一般研究報告』47．

太田 朗(1980)『否定の意味――意味論序説』大修館書店．

中右 実(1997)『〈日英比較選書4〉指示と照応と否定』研究社．

橋本進吉(1959)『〈橋本進吉博士著作集7〉国文法体系論』岩波書店．

Yamada, Masamichi(2003) *The Pragmatics of Negation: its Function in Narrative.* Hituzi Syobo.

［井島正博］

■否定[3]（古典語）

●**文法的否定**――古典語で文法的否定をあらわす助動詞はズである。ズに動詞アリの接続したザリ形の，ザリキ形やザリケリ形で過去をあらわすことが可能であり，ザルベシ形やザ(ン)メリ形でムードの意味をあらわすこともできる。

(1)今日明日とも知ら<u>ず</u>。（竹取）

(2)御覧じいるることもはべら<u>ざり</u>き。（源氏・蜻蛉）

(3)こなたには女などもさぶらは<u>ざり</u>けり。（源氏・若紫）

(4)御文などは絶え<u>ざる</u>べし。（源氏・賢木）

(5)御位の程にはあは<u>ざ</u>めり。（源氏・朝顔）

ズ以外にも，ムード系の助動詞ム・ベシの否定とされるジ・マジがある。上代語ではマジの語形はマシジである。否定の接続助詞デもある。

(6)家のあたりだに，今は通ら<u>じ</u>。（竹取）

(7)人の御恨みもあるま<u>じ</u>。（竹取）

(8)玉くしげ三室の山のさな葛ず寝ずはつひにありかつ<u>ましじ</u>（万葉・94）

(9)わが命をば何とも思したら<u>で</u>，雀慕ひたまふほどよ。（源氏・若紫）

上代語の東国方言には，現代語のナイにつながるともされるナフの例が見られる。

(10)子ろが上に言をろはへて未だ寝<u>なふ</u>も（万葉・325）

否定の助動詞のナイは，ロドリゲスの『日本大文典』には「卑語」の項目で東国で使用されるとの指摘がある。近世初頭ではまだ活用形も整備されず，近世後期以降の江戸語資料で現代語と同様の使用例が見られるようになる。

●**語彙的否定**――カヌやカタシやナシを後項とする，複合動詞や複合形容詞がある。

(11)世の中を憂しとやさしと思へども飛びたちかねつ鳥にしあら<u>ねば</u>（万葉・893）

(12)げにこそひと忍びがた<u>う</u>はべりけれ。（源氏・桐壺）

(13)思ふにたがふことをばかひ<u>なし</u>とは言ひける。（竹取）

漢語の例も見られ，和文作品である『源氏物語』でも，「非参議」「非常」「不意」「不断」「不定」「無下」「無徳」「無紋」「無礼」等がある。

また，「けしかり」と「けしからず」のように肯定と否定で同じ意味に使用される語のあることや，否定と共起することの多い「飽く」が「満足する」と「飽きる」の両方の意味に使用されるのも，注意される現象である。

●**否定対極表現**――古典語でも否定表現と呼応する陳述副詞には，サラニ，ツユ等がある。た

だし，つねに否定と共起するわけではなく，ツユでは仮定条件と共起する例も見られる。

　⒁ さらにいらへをだにせず。（大和）
　⒂ 人につゆ見せはべらず。（枕）
　⒃ つゆ悪しうもせば，沈みやもせむと，（枕）

●部分否定──部分否定としては，複合辞シモの使用される例がある。副詞カナラズシモもある。

　⒄ 取りわきたる御気色にしもあらず，（源氏・若菜上）
　⒅ かならずしもあるまじきわざなり。（土左）

ただし，カラナズシモについては，現代語にも通じるような部分否定とする考え方と古典語においては全否定とする考え方がある。カナラズが否定と共起する例が全否定でカナラズシモのそれが部分否定と使い分けられていたと見る可能性もあるが，複合辞のシモが強意の意味を付与したのみとすると全否定という理解もありうることになる。

●二重否定──二重否定では，先のシモアラズの例がある。否定された事態を形容詞ナシで受けて，否定的事態を非存在とする例もある。

　⒆ あはれとおぼさぬにしもあらねど，（源氏・夕顔）
　⒇ まめまめしき筋におぼしよらぬことなし。（源氏・須磨）

➡助動詞，陳述副詞

参考文献

吉田金彦（1973）『上代語助動詞の研究』明治書院．
此島正年（1973）『国語助動詞の研究　体系と歴史』桜楓社．
浜田敦・井手至・塚原鉄雄（1991）『国語副詞の史的研究』新典社．〔増補版：新典社，2003〕
高山善行（2002）『日本語モダリティの史的研究』ひつじ書房．

　　　　　　　　　　　　　　［西田隆政］

■被覆形と露出形

●現象──上代日本語において，複数の語形にまたがる語が観察される。ツキ（月）に対するツク（ツクヨ月夜），キ（木）に対するコ（コダチ木立）とク（クダモノ果物　但し倭名抄まで降る），サケ（酒）に対するサカ（サカヅキ酒杯）などである。こうした場合，古形と新形の共存といった，いわゆる二重語形状態が考えられやすいが，音節構成において規則的に現れる場合，母音交替の結果という共時的な現象と判断される。

●説明──有坂秀世は，これらを母音交替によるものとして，⑴エ列-ア列，⑵イ列-ウ列，⑶イ列-オ列というように分類した。さらに⑴⑵⑶の前項群，エ列，イ列は，名詞的語根にある場合は単語の末尾をなし（サケ〈酒〉ツキ〈月〉キ〈木〉），動詞的語根にある場合は連用形末尾をなし（アケ〈明〉ツキ〈尽〉オキ〈起〉），後項群，ア列，ウ列，オ列は，名詞的語根にある場合は他の語根がついて熟語をなし（サカヅキ〈酒杯〉ツクヨ〈月夜〉コダチ〈木立〉），動詞的語根にある場合は，必ず接尾辞がついて一つの派生語をつくる（アカス〈明〉ツクス〈尽〉オコス〈起〉）という図式を得た。両類型は，その構成上のはたらきに応じて，それぞれ露出形，被覆形と名付けられた。動詞的語根にあっては，連用形が助詞，助動詞を接することも考慮されるが，それを越えてこの区別の有効性が説かれる。そして，これらが上代特殊仮名遣上の音節の区別にも亙って存する現象であることを，次のように示した。⑴エ列乙-ア列，⑵イ列乙-ウ列，⑶イ列乙-オ列甲，⑷イ列乙-オ列乙。イ列-オ列については，キ乙〈木〉-コ乙ダチ〈木立〉とは別に，ナギ乙〈和〉-ナゴ甲ヤ〈和やが下〉という交替をあげ，二分した。

●展開──母音交替はさらに「ア列-オ列乙」

などが指摘され，大野晋などによって，より広範な現象として示された。既に有坂において示唆されていたように，この区別は名詞，動詞の区別を越えた現象であり，そこから品詞の成立を説明することが行われている。

■参考文献

有坂秀世（1944）『国語音韻史の研究』明世堂書店．〔増補新版：三省堂，1957〕

大野　晋（1953）『上代特殊仮名遣の研究』岩波書店．

阪倉篤義（1966）『語構成の研究』角川書店．

川端善明（1978，1979）『活用の研究ⅠⅡ』大修館書店．〔増補版：清文堂出版，1997〕

山口佳紀（1985）『古代日本語文法の成立の研究』有精堂出版．

［内田賢徳］

■品詞[1]

●品詞の分類基準——品詞とは単語の意味的・文法的な分類である。一般に品詞分類の基準としてとりあげられる主なものには，(1)意味，(2)形態，(3)統語，の三つがある。形態論的な基準と統語論的な基準は，文法的な基準に属する。

意味的な基準とは「運動をあらわすか状態をあらわすか」「素材表示をするかしないか」のようなもの，形態論的な基準とは，「語形変化があるかないか」「命令形があるかないか」のようなもの，統語論的な基準とは「主語になるかならないか」「用言を修飾するか，体言を修飾するか」のようなものである。さらに，同じ分布をもつかという基準がもちいられることもある。意味的な基準は「奥歯に痛みがある」「奥歯が痛む」「奥歯が痛い」における「痛み」「痛む」「痛い」の同一の感覚をあらわすが，その意味は品詞を区別するものではない。運動をあらわす単語は，典型的には「動詞」に所属するが，動作名詞として「名詞」にも所属する。

状態をあらわす単語は典型的には「形容詞」に所属するが，ときに，状態動詞や状態名詞として「動詞」や「名詞」に所属することもある。日本語の名詞は，具体物だけではなく，動作名詞・状態名詞をはじめ，時間・空間・数量といった概念にいたるまで，ひろく自らの中におさめこむため，名詞の意味的な特徴は漠然としてあいまいである。

形態論的な基準は，動詞や形容詞のように語形変化の体系をもつ単語群については有効であるが，副詞や接続詞など不変化詞については，分類の決め手にならない。しかし，名詞の曲用であれ，動詞・形容詞の活用であれ，単語の語形変化のシステムは，統語論的な機能に対応して発達している。すなわち，名詞は，主語・補語などをあらわしわけるための格の範疇を，動詞・形容詞は文の末尾にあって述語として文をしめくくったり（終止用法），文の途中で述語としての機能をはたしながら，後続の形式に接続したりする（連用・連体用法）という機能を持つために，また，テンスやムードなどの文法的な意味をあらわしわけるために語形変化を発達させているのである。すなわち，単語の形態論的な構造は，そのグループ（品詞）がになう統語論的な役割に照応している。単語の形態論的な構造は統語論に従属している。

統語論的基準とは，当該の単語が文の中ではたす役割をさし，すべての単語がこれに関与する。品詞分類が単語の文法的な分類だと理解するなら，この統語的な基準にもとづくべきであろう。

●単語とは何か——どのような品詞を立てるかの前に，なにを単語と認めるかという問題がある。いわゆる助詞や助動詞をめぐって，これらを単語とする説と単語を構成する形態素とする説とがある。江戸時代の富士谷成章による『あゆひ抄』は，日本語の品詞論の嚆矢といってよい。富士谷は，「名をもて，物をことわり，装

表1 品詞分類をめぐる諸説

	品詞分類
富士谷成章（1778）	名・装・挿頭・脚結
大槻文彦（1897）	名詞・動詞・形容詞・助動詞・副詞・弖爾乎波・接続詞・感動詞
山田孝雄（1908）	体言・用言・副詞（副詞・接続詞・感動詞）・助詞
田丸卓郎（1920）	名詞・代名詞・関係詞・動詞・形容詞・副詞・広さ詞・数詞・接続詞・呼びかけ語
松下大三郎（1928）	名詞・動詞・副体詞・副詞・感動詞
橋本進吉（1934）	用言（動詞・形容詞）・体言（名詞・代名詞・数詞）・副用言（副詞・副体詞・接続詞・感動詞）助詞・助動詞
鈴木重幸（1972）	名詞・動詞・形容詞（連体詞を含む）・副詞・接続詞・陳述副詞・後置詞・むすび・感動詞
仁田義雄（2002）	動詞・イ形容詞・ナ形容詞・名詞・連体詞・副詞・接続詞・感動詞
村木新次郎（2008）	名詞・動詞・形容詞・副詞・陳述詞・接続詞・感動詞・後置詞・従属接続詞・助動詞（大槻・橋本とは異なる）

をもて事をさだめ，「挿頭」・「脚結」をもてことばをたすく」というふうに文から品詞論を説いた。「名」は体言を，「装」は用言を，挿頭・脚結は，それぞれ副詞類と助詞・助動詞を意味する。「事」は，文に相当し，「装」は用言であり，述語でもあり，この述語が文を統一するものであると理解できる。山田孝雄は，富士谷の考えを継承していて，「用言とは陳述の力を遇せられてある語」と規定する。山田のいう「陳述」は，文を統一することを意味する。品詞は，文の部分（parts of speech）であり，文の成分（構成要素）にもとづくべきものであろう。

●品詞の分類——以下，いくつかの品詞分類を表1にしめす。大槻文彦と橋本進吉は，助詞と助動詞を認める立場であり，山田孝雄と田丸卓郎は助動詞の多くを単語と認めない立場であり，松下大三郎，鈴木重幸，仁田義雄，村木新次郎は，助詞・助動詞の多くを単語と認めない立場である。

以下，いわゆる助詞・助動詞を，単語を構成する単位であるとする見方から記述を進める。

品詞には，主要な品詞と周辺的な品詞とがある。

(A)主要な品詞：名詞・動詞・形容詞・副詞
(B)周辺的な品詞：接続詞・陳述詞・感動詞・後置詞・従属接続詞・助動詞

品詞を，ふたつにわけたのは，次のような理由による。

(A)に属する品詞は，つねに新しい単語を補充していくことができるという特徴があり，その意味で開いているといえる。一方，(B)の品詞は，原則として閉じていて，つねに新しい単語ができるといった性質をもたない。(A)に所属する単語は，基本的には，語彙的意味と文法的な機能との統一体として，文の中に存在する。動詞・名詞・形容詞は，統語論的にも，形態論的にも形づけられている。副詞は，統語論的に形づけられているが，不変化詞に属し，形態論的に形づけられていない。ただし，副詞には例外が多い。(B)に所属する単語の多くは，語彙的意味が欠けているか，もしくはそれが稀薄である。統語論的にのみ形づけられていて，形態論的には形づけられていない。(B)に所属する品詞

のうち，接続詞と陳述詞（いわゆる陳述副詞）と感動詞は文中で自立できる成分である。一方，(B)に所属する品詞の中で，後置詞と従属接続詞と助動詞は，自立できず，他の単語や単語の組み合わせによって，文の成分となるものである。後置詞は実質的な意味をもつ名詞に後置する補助的な単語で，その名詞と後続の動詞・形容詞・名詞などの実質的な意味をもつ単語とを関係づける役割をはたす機能語である。従属接続詞は文相当（＝節，直接には述語）に後置する補助的な単語で，その節と後続の節とを関係づける役割をはたす機能語である。また，助動詞は述語になる動詞などの文法的な形式をつくる補助的な単語であると位置づけられる。後置詞の例としては，「(彼と) ともに」「(日本に) 対して」「(彼の) ために」などがあり，従属接続詞の例としては，「(居酒屋を営む) かたわら」「(なんにも知らない) くせに」「(としをとるに) したがって」「(定年が近づくに) つれて」などがある。これらの多くは，名詞や動詞のある語形に由来し，それらの文法化によってできたものである。また，助動詞とは，複合述語をつくるための補助的な単語で，名詞に由来する「わけだ」「ものだ」「はずだ」「ところだ」の「わけ」「もの」「はず」「ところ」，動詞に由来する「卒業するに {いたる/いたらない}」の「いたる/いたらない」や「行くかも しれない」の「しれない」などである。これらは，述語のムードやアスペクトなどに関わるものである。

➡文の成分

■参考文献

大槻文彦（1897）『廣日本文典』『同別記』吉川平七.

鈴木重幸（1972）『日本語文法・形態論』むぎ書房.

田丸卓郎（1920）『ローマ字文の研究』日本のローマ字社.

仁田義雄（2000）「単語と単語の類別」仁田義雄・益岡隆志編『〈日本語の文法1〉文の骨格』岩波書店.

橋本進吉（1934）『国語法要説』明治書院.

富士谷成章（1778）『脚結抄』.

松下大三郎（1928）『改撰標準日本文法』紀元社.

宮田幸一（1948）『日本語文法の輪郭』三省堂.〔復刊：くろしお出版，2009〕

村木新次郎（2008）「日本語の品詞体系のみなおし」『日中言語研究と日本語教育』創刊号 好文出版.

山田孝雄（1908）『日本文法論』宝文館.

［村木新次郎］

■品詞[2]

●**品詞の分類**——品詞とは文法的な働きや形によって語を分類するものである。part of speech とか，文法範疇 grammatical category などと呼ばれることがある。

学校文法では，表1のように分類される。

ただし，文法論の考え方によって品詞の分類はそれぞれに違う。

また名称も違うことがある。例えば，学校文法での「形容詞」「形容動詞」は日本語教育ではそれぞれ「イ形容詞」「ナ形容詞」などと言われることがある。

●**品詞分類の問題点**——品詞論には下位分類のあり方や例外処理などの課題もある。例えば「毎日」「明日」など時制性を持つ名詞は，

　　*昨日に見た。→昨日見た。

のように格助詞がつかないまま直接述語を修飾するという副詞的側面があるし，数量をあらわす名詞（数量詞）も，

　　ビールを三本飲んだ

　　（cf. 三本のビールを飲んだ）

のように副詞的側面がある。

表1　学校文法における品詞の分類

A　それだけで文節を作れる（自立語）

《活用がない》
- 主語になるもの：名詞（体言）
- 修飾語になるもの：
    用言を修飾するもの：副詞
    名詞を修飾するもの：連体詞
- 独立して使われるもの
    接続詞
    感動詞

《活用がある》（用言と呼ばれる）＝述語になる
    終止形がウ段音：動詞
    終止形と連体形〜イ：形容詞
    終止形〜ダ，連体形〜ナ：形容動詞

B　付属語：非自立的（単独で文節を作れない）

《活用がない》：助詞（格助詞，接続助詞，副助詞，終助詞など）

《活用がある》：助動詞

　主語にならない点で名詞とみるべきかどうかに異論のあるものもある。例えば「とびきり，命がけ，仮」などは「〜の，〜だ，〜に」などの形で使えるが，「〜が，〜を」という形にはなりにくい。属性を表示する点で名詞としての実体性に欠けると言え，一種の形容詞的表現と見る考え方がある。「大きめ，汗びっしょり，海千山千」など接辞のついた語や複合的な語でも名詞としての安定性に欠け，同様の特徴が観察されるものがある。

　また，「訪問」などは，「〜する」をつけて，「訪問する」などと言え，意味的に動詞性を持つ（動名詞とも呼ばれる。このほか「うっかりする」のように副詞的なものに「する」がつくこともある）。

　活用に関連しても，「同じだ」は「同じな」とは言えないほか，「同じく」などの言い方ができ，いわば形容動詞と考えると例外的な語となる。なお「暖かい〜，暖かな〜」のように形容詞と形容動詞の両方の用法を持つものもある。

● 単語認定の問題点——さらに，どの段階までを一つの「単語」として認めるかという問題も大きい。「自立語，付属語」という場合，生産的な文法操作という点で「語」と見ることができても，そもそも「付属語」という名称にあるように，用法的な独立性はなく，語彙的意味と文法的意味の両側面をもつ「語」とはいいがたい面もある（その立場では，例えば「〜られる」「〜を」などは語ではなく接尾辞として扱うことになる）。

● 品詞認定のフレキシビリティ——品詞とは，固定的なものではない。例えば，「〜しておく」「〜してみる」「〜している」などにおける「おく」「みる」などのように，本来は語彙的な形式が文法形式として使われるようになることがある。これらは「補助動詞」と呼ばれることがある。「寒くない」の「ない」も同様に補助形容詞と呼ばれることがある。

　用法から品詞が変わることもある。例えば「事実」は本来は名詞だが，「事実としていえば」という用法から，「事実，〜だ」のように，それだけで副詞としての用法を持つにいたっている。

◆品詞論，自立語と付属語，動詞，名詞，形容詞，副詞，助詞，助動詞

■ 参考文献

影山太郎（1997）「文法と形態論」『〈岩波講座 言語の科学3〉単語と辞書』岩波書店．

鈴木重幸（1972）『日本語文法・形態論』むぎ書房．

鈴木重幸（1996）『形態論・序説』むぎ書房．

寺村秀夫（1982）『日本語のシンタクスと意味Ⅰ』くろしお出版．

時枝誠記（1950）『日本文法　口語篇』岩波書店．

橋本進吉（1948）『国語法研究』岩波書店.
村木新次郎（2002）「第三形容詞とその形態論」佐藤喜代治編『〈国語論究10〉現代日本語の文法研究』明治書院.
森山卓郎（1997）「形態重視から意味重視の文法教育へ」『日本語学』16-4.
渡辺実（1971）『国語構文論』塙書房.
Heine, Bernd, Ulrike Claudi and Friederike Hünnemeyer (1991) *Grammaticalization : A Conceptual Framework*. University of Chicago Press.

［森山卓郎］

■品詞論

単語を文の構造をとらえるための単位体としてとらえ、その全てを、形態（語形・活用）、意味（語義）、構文的職能（文の成分）などの観点から類別しようとする研究。その類別の結果、得られた分類カテゴリが品詞となる。どのような品詞（種類・名称・分類基準）を設けるか、また、個々の単語の品詞認定など、「品詞体系」「品詞分類」が考察される。このようなことから、品詞論は文法理論と深い関わりをもち、立脚する文法理論の違いによって品詞論も異なってくる。

橋本進吉（1882-1945）の文法学説を取り入れた学校文法では、動詞、形容詞、形容動詞、名詞、副詞、連体詞、接続詞、感動詞、助動詞、助詞の10品詞を設ける。10品詞に代名詞を加え11品詞とする考え方もある。名詞の下位分類として、普通名詞、固有名詞、数詞を設け、また、副詞の下位分類として、状態副詞、程度副詞、陳述副詞を設ける。

山田孝雄（1873-1958）の文法学説は助動詞を設けない。用言の語尾が複雑に発達した「複語尾」とする。また、時枝誠記（1900-67）の文法学説は、形容動詞を設けない。「体言＋指定の助動詞」とする。また、受け身の助動詞「れる・られる」と使役の助動詞「せる・させる」は助動詞とせず、「接尾語」とする。このように、品詞分類は文法理論によって違いを見せる。

このような品詞分類は、大槻文彦（1847-1928）の『廣日本文典』（1897）の名詞、動詞、形容詞、助動詞、副詞、接続詞、弖爾乎波、感動詞の8品詞の分類に端を発する。しかし、日本語研究における単語の分類の歴史は、『手爾葉大概抄』（鎌倉末期・室町初期）の「詞」と「手爾葉」の分類や、富士谷成章（1738-79）の『挿頭抄』（1767刊）『脚結抄』（1778刊）の「名（な）」「装（よそい）」「脚結（あゆい）」「挿頭（かざし）」の4分類、鈴木朖（1764-1837）の『言語四種論』（1824刊）の「体ノ詞」「テニヲハ」「形状（ありかた）ノ詞」「作用（しわざ）ノ詞」の分類などにさかのぼることができる。

「数量詞」「限定詞」「とりたて詞」「応答詞」「指示詞」「疑問詞」など、品詞の一類と見なされるカテゴリーがある。いずれも、ある文法的特徴を有する単語をグループとして、その文法的なふるまいを研究するために名づけられた名称である。他の品詞との関係や品詞体系全体の中での位置づけなどが論じられないまま、用いられることもあり、品詞論から抜け出した品詞の側面がある。

◆品詞

■参考文献

阪倉篤義（1973）「日本文法における品詞」鈴木一彦・林巨樹編『〈品詞別日本文法講座1〉品詞総論』明治書院.
杉浦茂夫（1976）『品詞分類の歴史と原理』こびあん書房.
渡辺実（1976）「品詞分類」大野晋・柴田武編『〈岩波講座日本語6〉文法Ⅰ』岩波書店.

［加藤久雄］

■複合辞

● **複合辞とは**——幾つかの語が複合して一まとまりの形で辞的な機能を果たす表現で、「複合助辞」とも言う。近現代日本語の分析的傾向を示す表現である（複合辞一覧は松木（1990），国立国語研究所（2001），田中（2010）等参照）。

(1)それは嘘だ<u>とばかりに</u>眉をつりあげた。
(2)どんなに努力した<u>ところで</u>将来は見えている。
(3)地球温暖化<u>をめぐって</u>議論をたたかわす。
(4)彼の無責任な態度に腹が立<u>ってならない</u>。
(5)うれしい時には素直に喜ぶ<u>ものだ</u>。

(1)〜(3)は助詞相当語（「複合助詞」）、(4)(5)は助動詞相当語（「複合助動詞」）である。構成要素としては，(1)「と」＋「ばかり」＋「に」，(4)「て」＋「なら」＋「ない」などと分析されるが，これらは単なる単語の連続ではなく，一つの表現形式として独自な意味・機能を担っているととらえるのが一般的である。

● **複合辞の特徴**——複合辞の構成要素は多様である。(1)は助詞のみの形式，(2)(5)は名詞を中心とした形式，(3)(4)は動詞を中心とした形式である。(2)〜(5)については，中心となる名詞や動詞が本来の意味・機能を失って形式化しており，そのことから文法化の問題として論じられることも多い。動詞の場合は，ヴォイス・否定・テンス・丁寧体などの文法範疇を，名詞の場合は格範疇を失ってそれぞれ固定化している。しかし，一形式としての固定化の度合いは様々で，「によって」のように「により・によると・によれば・によりまして・による（連体）」等の諸形態がそろったものもあれば，「にとって」のように連体用法が「にとる」ではなく「<u>にとっての</u>」と固定化したものもある。固定化した表現は，構成要素の入れ替えや助詞の挿入を許さず，(4)に「は」を挿入して「てはならない」とすると，全く別の禁止表現に変わってしまう。さらに，構成要素の合計以上の独自な意味が生じていることも特徴で，(1)"まるでそうであるかのように"，(2)"無意味・無駄といったマイナス評価"，(4)"その程度がひどくてがまんできない"といった意は，それぞれの構成要素を単に合計してみても説明できない性質のものである。

● **複合辞の認定と複合辞性**——上記のような形態的・意味的特徴を備えた表現を複合辞と認定し，「てから」「あとで」「を連れて」のような単なる単語の連接にすぎない表現と区別しようとする試みが松木（1990）等で行われたが，明確な基準を立てることは極めて困難である。それは，複合辞というもの自体が，単語の連接から一語化した助詞・助動詞までの間に連なる辞的表現群の総称であり，その複合の程度が実に様々であることによる。そこで，複合辞らしさを示す「複合辞性」という尺度の導入も検討された。

(6)考え<u>てみれば</u>，私が絶対正しいというわけでもない。
(7)気がつい<u>てみれば</u>，あたりはすっかり暗くなっている。
(8)長年後遺症で苦しんだ人であっ<u>てみれば</u>，その判決は実に不当なものだっただろう。

同じ「てみれば」でも，(6)意志動詞に接続→(7)無意志動詞に接続→(8)助動詞に接続して「であってみれば」の形で"なのでなおさら"の意を表す，という順に動詞「みる」の文法化が進んでいるが，それにともなって複合辞性も高くなると判断することが可能である。

● **複合辞の位置づけ**——複合辞は日本語史的には過渡的な境界領域とも言えるため，複合辞か否かを厳密に区分するより，辞的な機能を有する表現群の中でその特異性を探る方向に研究が進んでいる。例えば(3)は複合格助詞として「を」「について」との比較で論じられ，(2)は従

属節を構成する接続助詞的表現の中で，評価を誘導する点で「からといって」「ても」などとも関連する。(4)(5)は主にモダリティを担う文末表現に位置づけられ，(5)は形式名詞「わけ・はず・こと・の」と同様その用法の広がりが興味深い。単独で辞的機能を持つ「ため・上・以上・とき・次第・あまり」なども含めて考察する必要があろう。

ちなみに田中（2010）では，「動詞テ形後置詞」として「を含めて」「にならって」「が災いして」などを認めるほか，「後置詞の"萌芽的な"形態」として「が引き金になって」「を待ちかねて」「に甘んじて」なども挙げる。また，「をきっかけに」「を境に」などの〈XをYに〉形式や，「つもりで」「証拠に」「反面」など従属節を構成する接続助詞的な「名詞性接続成分」，「意向だ」「術はない」などの「名詞述語文」もある。これらの周辺的な諸表現も視野に入れた分析が求められている。

◆後置詞

■参考文献

田中 寛（2010）『複合辞からみた日本語文法の研究』ひつじ書房．
永野 賢（1953）「表現文法の問題——複合辞の認定について」『金田一博士古稀記念言語民俗論叢』三省堂．
松木正恵（1990）「複合辞の認定基準・尺度設定の試み」『早稲田大学日本語研究教育センター紀要』2．
松木正恵（1992）「複合辞性をどうとらえるか——現代日本語における複合接続助詞を中心に」『辻村敏樹教授古稀記念論文集 日本語史の諸問題』明治書院．
森田良行・松木正恵（1989）『日本語表現文型用例中心・複合辞の意味と用法』アルク．
グループ・ジャマシイ（1998）『日本語文型辞典』くろしお出版．
国立国語研究所（2001）『現代複合辞用例集』．
藤田保幸・山崎誠（2006）『複合辞研究の現在』和泉書院．

［松木正恵］

■複合動詞

複合動詞とは後部に動詞を含む複合語で，格関係など文法と深い関わりを持つ。

1. 動詞＋動詞型の複合動詞

動詞＋動詞型の複合動詞には2種類がある（影山 1993）。1つは「通り過ぎる，押し出す，駆け込む」のような語彙的複合動詞，もう1つは「飲み過ぎる，話し始める，助け合う，言い忘れる」のような統語的複合動詞である。後者は，「彼は［酒を飲み］過ぎた」のような統語的な埋め込み構造から派生される。「酒を飲み」の部分が独立した統語構造に由来することは，主語尊敬化（先生はお酒をお飲みになり過ぎた），「そうする」の代用（彼はそうし過ぎた），「動名詞＋する」の埋め込み（彼は飲酒し過ぎる）などから証明される。これらの表現は統語構造に限って現れるから，語彙的複合動詞の内部からは排除される（「駅を通り過ぎる」という意味で「*先生は駅をお通りになり過ぎた/*そうし過ぎた/*駅を通過し過ぎた」は不適格）。

語彙的複合動詞は，前部と後部の意味関係によって(a)手段（切り倒す，踏みつぶす），(b)原因-結果（歩き疲れる，おぼれ死ぬ），(c)動作様態（忍び寄る，転げ落ちる），(d)付帯状況（探し歩く，遊び暮らす），(e)並列関係（忌み嫌う，慣れ親しむ），(f)補文関係（死に急ぐ，聞き漏らす）などに分類される。一般的に，(a)〜(d)では組み合わされる動詞の自他に制限がある。他動詞＝他，非能格動詞＝非能，非対格動詞＝非対（→語彙概念構造）と略すと，他＋他（切り倒す），非能＋非能（歩き疲れる），非対＋非対

（転げ落ちる），非能＋他（目を泣き腫らす）は可能であるが，非能＋非対（*走り転ぶ），非対＋非能（*転び降りる），他＋非対（*切り倒れる）は認められない．影山（1993）ではこの制限を「他動性調和の原則」として一般化している（松本1998，由本2005も参照）．

　格と項の選択については，右側主要部の規則（→語構成）に従って後部動詞の項と格が文全体に受け継がれる．「海を泳ぐ」と「岸に着く」を合わせると「*海を泳ぎ着く」ではなく「岸に泳ぎ着く」となる．同様に，「ごみを掃く」と「舞台を清める」を合わせると「{舞台/*ごみ}を掃き清める」となる．例外的に，付帯状況を表す場合は，「国中を，行方不明者を探し歩く」のように前部動詞からも項が受け継がれる．

2．名詞＋動詞型の複合動詞

　この型で動詞が時制を持つ例は「旅立つ，手間取る，身構える，骨折る」など少数である．数が多いのは，「皿洗い，医者がよい」のように動詞部分が連用形名詞になるもので，述語として使われるときは「〜をする」を伴う．「旅立つ」型も「皿洗い」型も，複合される名詞は，動詞部分の内項（目的語ないし補語）に限られるという特徴を共有する．この特徴は「洗車，着陸」のような二字漢語や「意思表示，取材制限」のような四字漢語にも共通し，名詞＋動詞型の複合述語に普遍的に見られる．

3．「動名詞＋する」型の複合動詞

　動名詞（Verbal Noun）とは，「する」と複合して動詞として働く名詞のことである．動名詞は「チケットを予約の際」や「会議に出席のこと」のようにそれ自体で目的語や補語を取るが，時制を表すために「する」（およびその可能形「できる」）と複合する．従って，「会議に出席する」は「[[会議に出席]をする]」のような統語構造から，「出席」を「する」に複合（編入）して作られると考えられる．その際，動名詞に付いていた「を」は消えるが，「胸焼けがする」のような「ガ格名詞」は編入できない（*胸焼けする）．「出火，出水」のように「が」も「を」も付かず，必ず「する」に編入される動名詞もある．「を」を伴った構文は軽動詞構文と呼ばれ，「出席をする」全体で一つの述語として機能する．そのため，「出席をする」から「出席を」だけ取り出して，「*出席を私は会議にした／*私が会議にしたのは出席だ」のように言うことはできない．

◆動詞，語構成，主要部，非対格動詞と非能格動詞

■参考文献

姫野昌子（1999）『複合動詞の構造と意味用法』ひつじ書房．

影山太郎（1980）『語彙の構造』松柏社．

影山太郎（1993）『文法と語形成』ひつじ書房．

Matsumoto, Yo (1996) *Complex Predicates in Japanese*. Kurosio Publishing.

松本 曜（1998）「日本語の語彙的複合動詞における動詞の組み合わせ」『言語研究』114, pp. 37-83.

由本陽子（2005）『複合動詞・派生動詞の意味と統語』ひつじ書房．

小林英樹（2004）『現代日本語の漢語動名詞の研究』ひつじ書房．

　　　　　　　　　　　　　　　［影山太郎］

■副詞[1]

●副詞の認定に関わる二つの立場──副詞が語を文法的に分類した〈品詞〉の一種だという点は動かないが，日本語文法ではその認定のしかたに大きく異なる二つの立場がある．一つは，それ自身語形変化せず，もっぱら連用修飾機能に働く品詞とする立場であり，もう一つは，体

言や用言のように主語・補語・述語といった文の骨組み成分とならず、それに副える形で補助し調節する機能に働く品詞とする立場である。前者は、西洋文典接触以降の大槻文彦、山田孝雄、橋本進吉といった流れで、教科文典も多くこの立場であり、後者は、古く富士谷成章の「かざし（挿頭）」に淵源をもち、近くは松下大三郎から森重敏、川端善明、渡辺実といった流れである。もっとも目立つ相違点は、いわゆる状態副詞を含むか否かであるが、その差を生む根底には、前者が無活用という形態が先で連用という機能が後だとすれば、後者は非骨組み・補助・調節という機能が先で語順活用など形式は後だ、という方法上の差がある。西洋文典の術語でいえば、adverbを動詞添えと理解するのが前者で、adverbをことば添えと理解し小詞（particle）に近い発想で考えるのが後者だといってもよいかもしれない。

教科文典では通常、「わざわざ、ゆっくり（と）、すぐ（に）」などの状態副詞、「やや、もっと、非常に、すごく」などの程度副詞、「けっして、おそらく（は）、もし（も）」などの陳述副詞（または呼応副詞）、の三つに下位分類されるが、問題の状態副詞をしばらく除いていえば、形態の面では、用言のように断続・テンス・ムードで活用することもないし、体言のように格・とりたてで曲用することもなく、構文の面では修飾語を受けることもない。それは、体言や用言が文の中で主語・補語・連用修飾語・連体修飾語・述語などの種々の構文的機能に立ち、曲用や活用によってその諸機能を表わし分けるのに対して、副詞は構文的機能がほぼ単一に固定した語であるために曲用や活用をもつ必要がなく、意味の面ではとりたてられたり修飾されたりするだけの属性概念性がないという事情による。活用や曲用をもたず一つの機能に固定されているという点は、接続語にのみなる接続詞、独立語にのみなる感動詞、それに少数派だが連体修飾語にのみなる連体詞も同様であり、いずれも文の骨組みをなす主語や述語になりえず副次的依存的な機能にほぼ固定しているところから山田孝雄は「副用語」と総称し、接続詞・感動詞をも副詞の一種とした（連体詞は認めなかった）。松下は感動詞は副詞と認めず接続副詞は認めた。こうした小異はあるが、状態副詞を棚上げにしたここまでの説明においては、各々の立場にくいちがい・矛盾は生じない。副詞の下位分類の細部は各項目に譲り、問題の状態副詞の検討に移ろう。

●状態副詞——状態副詞は、動作や変化のしかた（様態 manner）、あるいは出来事のありかた（状態 state）を表わして、主として動詞を修飾する副詞であり、語構成上「おのずと、ゆっくり（と）、ついに、すぐ（に）」のように着脱可能な語尾ト・ニをもち、ト語尾系には「バタリと、バタンと、バタッと、バタバタ（と）」の型をした〈擬音擬態語〉が多く、また「道々、いきいきと、おそるおそる、ちかぢか、重々」などの〈畳語（重複）〉の形も多いことも、この副詞の語構成上の特徴としてあげられる。「情態副詞」の創設者山田孝雄は、いわゆる形容動詞の語幹「静か、堂々」などをも情態副詞と扱ったが、のちに文語でナリ タリ、口語でダの語尾をとって活用する「静かなり、堂々たり／静かだ」などは形容動詞という品詞として立てるのが通説となっている。したがって現在のいわゆる状態副詞は、形容動詞と意味機能に一定の共通性をもちながらも、活用しえない点でいわば取り残された語群である。擬音擬態語や畳語という特殊な語構成をした語が多いこと、また語尾にト・ニをとるものが多いことは、こうした事情による。と同時に、具体的で形象的な意味をもつ本来の擬音擬態語からしだいに一般化された意味を獲得しながら「かなりはっきり（と）、ずいぶんのんびり（と）」など、副詞一般と異なり程度修飾を受けうるようにな

ったものや，さらに「ぴったり（と）合う，ぴったりな(の)服，服がぴったりだ」のように，不整合ながら活用を半ばもつに至るものも存在し，両者の間は連続的につながっている。ここに，両者の共通性を優先させて，これら状態副詞を，形容動詞とともに用言または体言の一種と考え，副詞から除こうとする説が出てくる根拠がある。

●**挿頭の系統**──挿頭の系統は，富士谷成章(1778)『脚結抄』の大旨において「名をもて物をことわり よそひ（装）をもて事をさだめ かざし（挿頭）あゆひ（脚結）をもてことばをたすく」と述べ，体言にあたる「名」，用言にあたる「装」，助詞・助動詞にあたる「脚結」に対して，副用語にあたるものを「挿頭」と呼んだことにはじまる。挿頭の中には現行の状態副詞は含まず，指示詞「こそあど」を含んでいて，意味・機能の面で，感動・応答・接続・陳述・評価・程度・指示など，なんらかの点で「話し手の立場（基準）」に関与しつつ「ことばをたすく」る語群を一類として考えたのである。松下大三郎は，副詞を「叙述性の無い詞であつて，属性の概念を表わし他語の上へ従属して其の意義の運用を調整するもの」と規定し，状態副詞の大部分は「威風堂々と行進する」のように独自の主語「威風」をとれ述語になれるつまり「叙述性」が認められるので「（無活用の）動詞」──形容詞を含めた用言（verb）に相当する──として除く。森重・川端・渡辺については評論できないが，状態副詞とそれ以外の副詞とのあいだに叙述性・述語性の有無という機能の差があることを重く見て，活用の有無より優先させる点では共通する。成章の後継を自任する山田孝雄の「副用語」も定義上，非自用語⇒非述語＝非用言が本質であったはずであり，形容動詞を含む情態副詞を副詞＝副用語とすることは理論的には調和しにくいのである。矛盾と考えないのは，ナリ・タリに内在するアリを山田が「存在詞」という独立の品詞としたことと関係しよう。つまり「静かなり」は一語ではなく賓格の「静か（に）」が存在詞アリとともに述語をつくる二語だと考えるのだろう。奇妙に時枝の形容動詞否定論と似てくる。山田は存在詞の普遍性から，時枝誠記は詞辞の非連続性から。残念ながら副詞の解説としてはこれ以上立ち入れない。

●**今後の課題**──こうして，意味機能の面で「ゆっくり，のんびり，どっしり，たんまり」など動作の様態や量的な状態を表わすものは，状態副詞から除くことができるし，少なくとも構文機能を重視する立場からは除いた方がすっきりするのであるが，通常この副詞の中には，このほか「かつて／まだ，もう／ようやく，とうとう／突然，不意に／たちまち，すぐ」など時に関するもの（→時の副詞）や，「わざと，あえて，ことさら(に)／つい，思わず，うっかり」など動作主の意志性に関するものや，「みずから，直接，かわりに／一緒に，互いに，かわるがわる／おのおの，めいめい，それぞれ」など行為者間の関係のありかた（広義のヴォイス性 diathese）に関するものや，「ただ，単に／とくに，おもに／すくなくとも，せめて／せいぜい，たかだか／たった，わずか」など名詞句の取り上げ方に関するもの（限定副詞・とりたて副詞とも。→陳述副詞）なども，吟味しないまま放り込まれている。これら広義のテンス，ムード，ヴォイスといった，動詞の文法的カテゴリーに対応するものは，もちろん用言・体言にもどすべきものではなく，副詞の下位組織の中にきちんと位置づけなければならない。まさに「ハキダメ」の感のあった状態副詞は，解体・再編成が必要なのである。その作業は現在も進行中である。なお用言研究も，たとえば「はやく，すばやく，せわしく（?おそく），ゆっくり，のんきに，のんびり，あわてて…」などの（連用）修飾法のセットの中で，

意味機能の研究がより広く深く進行するであろう。

◆程度副詞, 陳述副詞, 畳語

■参考文献

富士谷成章（1767）『かざし抄』〔竹岡正夫（1973）『かざし抄新注』風間書房〕

富士谷成章（1778）『あゆひ抄』〔中田祝夫・竹岡正夫（1960）『あゆひ抄新注』風間書房〕

山田孝雄（1936）『日本文法学概論』宝文館.

松下大三郎（1928）『改撰標準日本文法』紀元社.

渡辺 実（1971）『国語構文論』塙書房.

[工藤 浩]

■副詞[2]

1. 副詞とは

品詞の一つ。自立語のうち、用言や述部、文に対する修飾限定（副詞的修飾）を行う単語をとりまとめたもの。「ゆっくり歩く」のように動きの様子や「とても寒い」のように状態の程度、「たぶん来ないだろう」のように文の内容に対する発話者の主観的な捉え方を表すものなどがある。学校文法では、活用しない自立語で専ら副詞的修飾をなす品詞とする。用言や体言の認定が優先され、「帽子を軽く打つ」や「元気に走り回る」などは形容詞や形容動詞、「昨日」や「20回」など直接用言を修飾する時や数量の語句は名詞と見なされることが多い。他で認定されにくいものが副詞に残されることもあり、副詞は「品詞の掃き溜め」とも称される。

副詞の認定は、構文機能や単語の規定によって大きく影響される。単語をほぼ文節に相当する単位で認定することで、「軽く打つ」や「粉々に割る」も副詞と見なす立場もあるし、明治期には「帽子を軽く打つ」を副詞、「帽子を軽く作る」を形容詞とする見方もあった。品詞の規定を措いて、広く副詞的修飾をなす成分が副詞と称されることもある。

2. 副詞研究の歴史

●明治初期の副詞研究——1872（明治5）年公布の「学制」の「文法」下等小学第一級の指導事項にすでに副詞の語が見られる。江戸期にも、富士谷成章の「かざし」や鈴木朖の「詞ニ先立ツテニヲハ」など、現在の副詞を含む範疇が立てられているが、いずれも漢文法の「蓋・将・未・況」など実字に先行する助字に倣ったカテゴリーであり、学校文法の副詞と直接には結びつけられない。芳賀矢一が「徳川時代の国学者多くは副詞をいはず、富士谷のかざし抄、稍之を説けるのみ。之を一品詞となせる、全く西洋文法に拠って立てたる名目とす」（『中等教科明治文典中古文典参考書』）と述べるように、副詞は、西洋文法の"adverb"を翻訳したものである。明治初期の洋式文典である中根淑『日本文典』（1876）では、「善シ」を動詞、「深キ川」を「形容詞」、「善く読む」を「副詞」と3品詞に分けたり、副詞の分類も『英吉利文典』（木の葉文典）と全く重なるなど、副詞が"adverb"の日本語への当てはめであることがよく窺える。

●大槻の副詞論——現在の学校文法の副詞の規定は、大槻文彦が『言海』に付載した文典「語法指南」に由来する。「語法指南」の品詞の認定は、国学に見られる代表的な品詞類を優先させ、それで処理しにくいものについて、西洋流のカテゴリーで補ったと思われる。名詞や動詞、形容詞、テニヲハ、助動詞などの品詞は、詞/辞、活用/不活用などの対立をもとに、国学でも相当する範疇が立てられている。「善い」と「善く」を品詞の違いと見なさず、同じ品詞で活用が違うと処理することは、構文機能とのずれを引き起こすが、辞書の品詞認定としては

きわめて経済的である。一方，富士谷の「かざし」は辞的な面を持つが自立語であり，テニヲハや助動詞には入れにくい。「ゆっくり」のように体言に入れにくい不活用の自立語もある。こうした体言以外の不活用の自立語を西洋文典に倣って機能的に分類したのが，副詞，接続詞，感嘆詞の各品詞であった。品詞認定の優先性も「掃き溜め」もすでに大槻の規定に内在していたとも言える。また，大槻は，一定の表現と呼応する副詞類についても注目して，これらを一類として立てる。大槻の文法論が教科教育文法の基準となったことで，これらはすべて，現在の学校文法にまで踏襲されることになった。

●**副詞の意味分類**——明治初期の英文典では，しばしば，「manner, situation, quantity, time, affirmative, denial」（『英吉利文典』）といったような副詞の意味的な分類が見られる。日本語の文典類でも，田中義廉『小学日本文典』（1874）13種，チェンバレン『日本小文典』（1887）5種，石川倉次『はなしことばのきそくのふろく』（1901）13種，前掲の中根『日本文典』と金井保三『日本俗語文典』（1901）が『英吉利文典』に倣い6種というように副詞の分類を行っている。しかし，大槻は，「世ノ文典ニ，副詞ヲ地位・時刻・順序・分量・決定ナド数種ニ分類シテ説ケルガアリ。若シ語義ノ分類ヲ文典上ニ説カバアラユル名詞・動詞・形容詞ノ意義分類モ皆説カザルヲ得ザラム。何ノ究極スル所ゾ。」と副詞の意味的分類を否定する。名詞は格助詞の解説により，用言も活用や助動詞の解説により，用法の違いが補われるが，副詞はそうはいかない。副詞の意味的分類は，修飾の多様性に対する素朴な相違感をそれなりに満たすのである。もし，副詞の意味的分類を否定するなら，副詞の修飾機能の違いを示して手当を行う必要があるのだが，大槻はそこまで至らなかった。

●**山田孝雄の副詞論**——機能的な側面から副詞及び副詞的修飾成分の分類を示したのが山田孝雄『日本文法論』（1906）である。山田は，スウィート（Henry Sweet）の英文典の副詞の機能的分類を参考に，まず，「接続副詞」と「先行副詞」の対立を立てる。ついで「先行副詞」を，文を対象とする「感応副詞」と語を対象とする「語の副詞」に分け，さらに「語の副詞」を述語の陳述のあり方を装定する「陳述副詞（決素副詞）」と述語の属性のあり方を装定する「属性副詞」とに分け，最後に「属性副詞」を「程度副詞」と「情態副詞」に分ける。山田は情態・程度・陳述という分類を「情態の修飾語」「程度の修飾語」「陳述の修飾語」のように副詞的修飾成分の分類にも適用している点にも注目したい。

山田の副詞論は，教科教育文法には大槻の見解を補う形でしか取り入れられず，接続副詞や感応副詞が接続詞や感動詞に替わることもなく，情態・程度・陳述の分類も副詞の下位分類として継承された。しかも，山田の陳述という概念は，学校文法では大槻の呼応に吸収され，名称だけが伝えられたのである。

●**戦後の副詞研究**——戦前の多くの文典では，格成分は主語や客語，補語などに切り分けられ，形容詞・形容動詞の連用形や副詞などは「副詞的修飾語」として区別された。「軽く打つ」を形容詞と認定しても，情態を表す副詞的修飾語として，副詞の分類と結びつけることができ，副詞と副詞的修飾成分との緊密性はそれなりに保持される。しかし，橋本進吉により，主語を除く格成分と副詞的修飾成分が「連用修飾語」としてまとめられると，副詞と連用修飾語は特段の結びつきを持つものとは言えなくなった。

戦後の副詞研究は，山田の陳述の再検討と肥大化した連用修飾語の再分類とを軸に進められた。陳述副詞については，修飾機能から誘導機

能へととらえ直す渡辺実の研究，英語の文副詞との比較からモダリティ論を導入した中右実の研究，特定の部分を取り上げる副詞（限定副詞）など山田の副詞論では収まりの悪いものも含めて副詞の再構築をもくろむ工藤浩の研究などが出された。一方，連用修飾語の再編成では，格成分と副詞的修飾成分との再分割と文の階層的構造性を指摘する北原保雄の研究や，情態的な連用修飾語に「属性・内容・結果を抽出した修飾語」の区別があることを指摘した橋本四郎の研究，副詞と動詞の組み合わせを詳細に記述した新川忠の研究，結果修飾に用いられる副詞（結果副詞）の詳細な分析を試みた仁田義雄の研究などが出された。さらに，結果副詞については，他言語の結果構文との比較を含めてより一般化を目指す研究も出されている。

　副詞は，副詞的修飾機能をどのように認定するかにより，様々な分類が可能である。また，副詞的修飾機能をそのまま分類するのではなく，副詞的修飾機能を素性に分割して記述しようとする試みも進められており，副詞研究も新しい段階に入りつつあると言える。

➡品詞

■参考文献

大槻文彦（1889）「語法指南」大槻文彦『言海』〔小林新兵衛版，1889年，『語法指南』（勉誠社，1996年）による〕.

工藤　浩（1982）「叙法副詞の意味と機能――その記述方法をもとめて」『研究報告集(3)』国立国語研究所.

仁田義雄（2002）『副詞的修飾の諸相』くろしお出版.

矢澤真人（2000）「副詞的修飾の諸相」仁田義雄・村木新次郎・柴谷方良・矢澤真人『〈日本語の文法1〉文の骨格』岩波書店.

山田孝雄（1908）『日本文法論』宝文館.

［矢澤真人］

■副助詞

●副詞性の助詞――山田孝雄の命名による。古典語（中古語）ではサヘ，スラ，ダニ，ナド，ノミ，バカリ，マデ，ヨリ，現代語ではクライ，サエ，シカ，スラ，ダケ，デモ，ナド，バカリ，マデなどが該当する。副詞のうち，中心をなす程度副詞と陳述副詞は，事態に関する程度量を表す。程度副詞は，例えば「顔がとても赤い」では，顔が赤いという存在している事態の程度量（存在程度量）が高いことを表し，陳述副詞は，例えば「きっとよくない事が起こる」では，よくないことが起こるというこれから成立することの程度量（成立程度量，すなわち確率）が高いことを表している。副助詞は，ある集合や領域の中から1つの要素を取り出し，それと残りの諸要素との関係を表す。これは数量的な意味であり，そのため副助詞は副詞性の助詞とされる。数量の基本は単複・多少なので，副助詞は，当該要素だけで他を含まないもの（単数的）と，当該要素のほかに他も含むもの（複数的）に大きく分けられる。

●古典語の副助詞――古典語では，統語上の特徴によって，「直衣ばかりを」のように，格成分の内部に現れるもの（第1種副助詞）と，「心をのみ」「あはれにのみ」のように，格成分を含む連用成分の後に現れるもの（第2種副助詞）に分かれ，2つは意味的に関わる範囲が異なると考えられる。前者は前接語だけに，後者は節全体に関わる。また，第1種と第2種が承接する時は第1種が前置し，同種同士は原則として相互承接しない。なお，ナドは格成分の内部に現れる一方で，形容詞連用形などの連用成分にも後接するので，第1種と第2種にまたがる中間的なものである。古典語の副助詞を分類すると，おおよそ表1のようになる。

　第1種は，接尾辞的な性格を有し，限定や程度といった複数の用法に応じて，名詞性から副

表1　古典語の副助詞の分類

単数的	第1種：バカリ（限定・程度・概数量）	
	第2種：ノミ（限定）	
複数的	第1種：マデ（極限・極度・延長持続）	
	ヨリ（比較程度・延長持続）	
	第2種：サヘ（添加）	
	スラ，ダニ（極限）	
中間的：ナド（例示）		

詞性にわたる語性の幅を持つことを特徴とする。マデ・ヨリはさらに格助詞にもわたる。第2種は，数量と同時に，事態の存在・成立にも関わる。ノミ・サヘは，事態が現にあることに関して，その事態が1種類だけか何種類もあるかを表すので，事態の存在に関わり，程度副詞に対応する。スラ・ダニは，ある事態が起こりそうか起こりそうもないかを表すので，事態の成立に関わり，陳述副詞に対応する。このように，第2種は副詞との対応がより明瞭である。

● **現代語の副助詞**——現代語は古典語とちがい，統語的な出現位置と，関わる範囲との間に相関が認めにくい。意味的には，数的（可算的な対象を要素とする）か量的（不可算的な対象を要素とする）か，数的な場合は単数的か複数的か，複数的な場合は要素間に序列があるか否か，量的な場合は中立的（非多量的）か多量的かによって，概略表2のように分類される。

表2　現代語の副助詞の分類

数的	単数的：ダケ，バカリ，シカ	…Ⅰ
	複数的：序列的：マデ，サエ，スラ	…Ⅱ
	非序列的：デモ，ナド	…Ⅲ
量的	中立的：クライ（程度・概数量）， 　　　　ダケ（相当量）	
	多量的：マデ（極度）	

Ⅰは「限定」，Ⅱは「極限」，Ⅲは「例示」を表す。各々にいくつもの副助詞があるのは，限定・極度・例示の表し方が細かく分かれているからで，古典語と異なる特徴である。

● **形式と意味の捉え方**——なお，副助詞研究では，同一形式のものは同じ副助詞として扱い，それが複数の意味を表す場合には，多義的な副助詞と考えるが，とりたて研究では，数的な意味を表す場合だけをとりたてとし，量的な意味を表す場合を除外する傾向がある。例えば，ダケについて，副助詞研究では，ダケという1つの副助詞が限定と相当量を表すと考えるに対し，とりたて研究では，限定のダケはとりたてとするが，相当量のダケは別物（形式名詞・形式副詞）とする。

◆サエ，サヘ，シカ，スラ，ダケ，ダニ，とりたて助詞，ナド，ノミ，バカリ，マデ

■ 参考文献

山田孝雄（1908）『日本文法論』宝文館．
森重　敏（1970）『日本文法通論』風間書房．
丹羽哲也（1992）「副助詞における程度と取り立て」『人文研究』（大阪市立大学）44(13)．
近藤泰弘（2000）『日本語記述文法の理論』ひつじ書房．
小柳智一（2008）「副助詞研究の可能性」『日本語文法』8-2.

　　　　　　　　　　　　　　　　［小柳智一］

■ **複文**[1]

1. 複文の規定と対象

　複文は単文との対比において規定される。「単文」は述語を中心としたまとまりである。それに対して，述語を中心としたまとまりのいくつかが結合することにより形成される文を「複文」という。複文を構成する，述語を中心としたまとまりを「節」（clause）という。複文を構成する節のうち，文の中心となるものを「主節」，主節に従属することで複文の構成に参与するものを「従属節（従節）」と呼ぶ。日本語では，文の中心となる主節は原則として文の

後部に位置する。

このような複文の規定と関わって，どの範囲の文を複文とみなすかが問題となる。ここでは，①単文との境界，②重文との関係，③連用修飾・連体修飾の区別，という3つの面から問題点を整理する。

第1に，単文と複文をどこで線引きするかという問題がある。従属節を構成要素に取るものが複文となるわけであるが，当該の従属成分が節に相当するかどうかは自明のことではない。節と認められるかどうかは判定基準の立て方によって異なるが，どのような基準を立てたとしても，節と認められるものと認められないものとのあいだに中間的なものが存在することから，単文と複文とは連続的であると見るのが現実に即しているであろう。

第2の問題は重文との関係である。文を構成する複数の節のあいだに主従関係が成り立つ複文に対し，複数の対等な関係にある節が等位構造をなす場合を「重文」と呼ぶ。日本語においても，文を構成する複数の節が意味的に対等な関係に置かれる場合があることは間違いないが，それらが等位構造をなすかどうかは判定しがたい。ここでは，重文を特立することはしないで，広義の複文に包含しておく。

もう一つの問題は，連用修飾と連体修飾の区別に関するものである。従属節は主要素を修飾するところの従要素であるが，従属節が修飾する主要素には大別すると，主節の述語と主節内の名詞の2種がある。この違いに基づいて，従属節は大きく「連用修飾節」と「連体修飾節」の2類に分けられる。南(1993)などは，複文を従属節が連用修飾節である場合に限定しているが，ここでは，複文を従属節が連体修飾節である場合を含む広義のものとしておく。

2. 従属節の類型

複文の類型は従属節のあり方によって特徴づけられる。複文の類型を定める従属節には次のような4つのタイプが認められる。

従属節はまず大きく，連用修飾節と連体修飾節に二分される。前節で述べたように，連用修飾節はそれが修飾する主要素が主節の述語であり，連体修飾節はそれが修飾する主要素が主節内の名詞である。

前者の連用修飾節のなかで特異な性格を有するのが，主節に対して意味的には対等な関係を結ぶ，(1)の「太郎が文案を{作成し/作成して}」のような従属節である。このタイプの従属節を「並立節(並列節)」と名づける。

(1)太郎が文案を{作成し/作成して}，次郎が最終稿を仕上げた。

並立節は述語の連用形(「作成し」のような形)やテ形(「作成して」のような形)で表される。

並立節を除く連用節は，構造的のみならず意味的にも主節に従属する。(2)の「今度の選挙に勝てば」のような従属節がその例である。並立節を除く狭義の連用修飾節を「連用節」と名づける。

(2)今度の選挙に勝てば，さらに改革を進めることができる。

連用節には条件を表すもの，原因理由を表すもの，逆接を表すもの，時を表すものなどがある。

他方の連体修飾節にも，特異な性格のものが見出される。連体修飾節はそれが修飾する名詞が主要素になるわけであるが，その主要素が形式名詞「ノ」・「コト」の場合がある。(3)，(4)がその例である。

(3)太郎が走り去るのを見た。

(4)この政策が支持されることを切に望みます。

形式名詞「ノ」・「コト」はその先行部分に名詞の性格を付与すると言ってよい。名詞の性格が付与されたこのような従属節を「名詞節」と名づける。なお，「ノ」・「コト」は「補文標識」

と呼ばれることもある。この名称に従えば，名詞節を「補文節」と呼び換えることもできる。

名詞節を除く狭義の連体修飾節を「連体節」と名づける。連体節には(5)のような「内の関係」などの名で呼ばれるタイプと，(6)のような「外の関係」などの名で呼ばれるタイプの2類がある。

(5)景気回復をリードした業種
(6)景気が回復した事実

(5)のタイプでは被修飾名詞が意味的に修飾節の事態に関与する（「その業種が景気回復をリードした」）。それに対し，(6)のタイプでは，被修飾名詞は修飾節が表す事態の外にある存在である（「景気が回復したことは事実だ」）。

3. 複文研究の観点

複文はこれまで主に2つの観点から研究されてきた。一つは従属節の内部構造に着目する観点，もう一つは従属節と主節の関係に着目する観点である。

このうち，従属節の内部構造に着目する観点を代表するのが南（1993）の複文研究である。南は連用修飾節を対象に，従属節（南は「従属句」と称する）の内部にどの範囲の要素が出現するかを検討した。その結果に基づき，出現要素の範囲が狭いもの，中間的なもの，広いものという従属句の3類（それぞれ「A類」，「B類」，「C類」と呼ばれる）に分けられるとした。南は，従属節におけるこれら3類の区別をもとに文の階層構造という独自の見方を示し，文の構造分析に多大の貢献をした。

他方の従属節と主節の関係については，まず連用修飾節と主節のあいだの相互依存関係を問題にすることができる。なかでも特に重要なのが，連用修飾節と主節のあいだに緊密な意味的依存関係が成り立つ場合である。そこでは，「仮定／確定」，「順接／逆接」という2組の対立概念に基づく「条件」・「逆条件（譲歩）」・「原因理由」・「逆接」という4つの表現型が成り立つ。これらは複文における接続表現を代表するものであり，これまでの複文研究でも大きな関心が寄せられてきた。

これに対して，従属節と主節のあいだの構造的関係を考察の対象とする研究は，いまだ未開拓である。そのような状況のなかで注目に値する試みとして，三上（1953）による「単式・軟式・硬式」の3式を区別する見方を挙げることができる。これは，連用修飾節を主な対象として，主節に対する従属節の係りの強さに3段階の程度差を認めるという見方である。構文論の構築という目標のもとで述語の活用の研究に力を注いだ三上は，述語の中立形，条件形，終止形（終止形＋接続助詞）がそれぞれ係る力の弱いもの（単式），中間的なもの（軟式），強いもの（硬式）を代表すると見る。三上の従属節の3式は南の従属節（従属句）の3類と重なりあう面がある。

従属節と主節のあいだの構造的な関係を明らかにしようとする試みには他に，主節に対する従属節の従属度に着目する研究がある（益岡1997を参照）。これは，従属節（連体修飾節を含む）が主節に対してどのくらい従属的であるかという観点から，主節の不定性や丁寧さが従属節にまで及ぶかどうかといった文法現象を説明しようとするものである。

総じて，複文の意味的側面・構造的側面の研究はいまだ多くの課題を残している。

➡節，従属節（従属句），単文，南不二男の4段階

■参考文献

橋本 修（2003）「日本語の複文」北原保雄編『〈朝倉日本語講座5〉文法Ⅰ』朝倉書店．
益岡隆志（1997）『複文』くろしお出版．
三上 章（1953）『現代語法序説』刀江書院．
　〔増補復刊：くろしお出版，1972〕
南不二男（1993）『現代日本語文法の輪郭』大修館書店．

Lehmann, Christian (1988) "Towards a typology of clause linkage." In John Haiman and Sandra A. Thompson (eds.) *Clause Combining in Grammar and Discourse*. John Benjamins.

［益岡隆志］

■複文[2]

1. 導入

本項では，複文（complex sentence）について一般言語学および言語類型論の立場から述べる。複文の定義を行うには，文および複合性の定義が必要となる。ここでは暫定的ながら，述語をもち単一の発話行為をなす単位を「文」と定義する。そして「複合性」とは，単一でも生起しうる述語が二つ以上存在する構造をいうものとする。なお，この定義では，複数の発話行為からなる単位，例えば談話は考慮から除外される。

2. 依存関係による分類

複文を上記のように「二つ以上の述語をもち，単一の発話行為をなす言語単位」と定義した場合，そのタイプ分けは伝統的には接続の仕方（依存関係の有無）によって，等位接続（coordination「連文」，「重文」に該当）と従位接続（subordination 狭義の「複文」に該当）という二分法によって行われてきた。前者は構造上の依存関係がないが，後者は構造上の依存関係をもち，従属節にはその関係を示すための形式的な標示がされる。従位接続は主節に対する従属節の文法機能から分けることができる。従属節が名詞句と同じ位置に現れる時は，補文節（complement clause）または名詞節という

(1) a. 名詞句[その男]を知っている
　　b. 補文節[その男が嘘をついていること]を知っている。

従属節が形容詞と同じ現れ方をする時は，関係節（relative clause）あるいは形容詞節/名詞修飾節という。

(2) a. 形容詞[おいしい]ケーキ
　　b. 関係節[評判の店から買った]ケーキ

従属節が副詞句と同じ現れ方をして事態の何らかの側面を修飾する時は副詞節（adverbial clause）という。

(3) a. 副詞句[学校から]すぐに帰った
　　b. 副詞節[風邪をひいたから]すぐに帰った

従位接続においては，主節が文の発話行為をになうと同時に焦点となる情報を与え，従属節は原則として固有の発話行為を遂行せず，背景的な情報を与えるはたらきをもつ。

ここで問題となるのが，テ形による接続のようなケースである。次の文は等位接続に見えるかもしれない。

(4) ドアを開けて部屋に入った

しかしテ形の部分は「テンス」の標示が抑止されており（結果，相対テンスとなる），この点で後続する節に依存している。しかし，テ形の節は補文節や関係節ではなく，副詞節という分析にも難がある。このように，意味的には継起や並列の意味をもち，構造的には主節に埋め込まれたとは言えないのだが（＝等位的），一部の文法特徴が標示されずに抑止され，主節に依存している（＝従位的）タイプの接続を，連位接続（cosubordination）と呼ぶ。テンスやムードなどの文法特徴が抑止された節が幾つも連なって節連鎖（clause chain）を作り，長大な文となるケースは，日本語だけでなく，動詞末尾型で膠着性の強い言語ではしばしば見られる。この意味で，連位接続は類型論的妥当性をもった複文の枠組みには必要な接続タイプである。以上，等位，従位，連位の三通りを含む依存関係のことを接合（nexus）と呼ぶ。

3. 接続レベルによる分類

複文を規定するもう一つの視点は，接続の構造的レベルである。第一に，完全な節（clause）レベルの接続，すなわち節連接がある。第二に，項の共有をともなう接続構造，すなわち中核（core）レベルの接続がある。(4)のような文は，主語にあたる項が共有されており，文をNP（名詞句）＋VP（動詞句）とする立場からすると，VPの接続と分析することが可能である。また，言語によっては次の中国語の文のような構造もある。

(5) 我教他写字（私が彼に字の書き方を教える）

この文では，「他」を中継点としてあたかも「我教他」（私が彼に教える）と「他写字」（彼が字を書く）という二つの他動詞節が接続されているような構造になっている。(5)のように接続の標識をもたず，項を共有した構文を連動詞構文（serial verb construction）と呼ぶ。多くの場合，連動詞構文は動詞句レベルでの接続であり，テンス，モダリティ，人称などの動詞形態の標示をもつ言語でもその一部が抑止される。この種の構文は中国，東南アジア，アフリカ（特に西部），オセアニアなどに見られる。

このように，項構造が満たされた完全な節ではない単位どうしの接続もまた「複文」の範疇に入れることが可能である。英語などでも，次のような不定詞を使った構文は，連動詞とは異なるが，中核連接である。

(6) I asked them to leave.（私は彼らに立ち去るように頼んだ）

(7) We believe him to be the boss.（私たちは彼がボスだと信じている）

加えて，中核連接はさらに統合が進んで，複合動詞になったり，次の例文のように補助動詞になることがある。

(8) 薬を飲んでおいた

この場合，主語・目的語ともに二つの述語によって共有され，項構造の一体化が起きているとみなすことが可能である。このような構文を接続として捉えれば，節の内核（nucleus）レベルの接続，すなわち内核連接も複文をめぐる考察の対象となりうる。文法化（grammaticalization）の過程を考える際には，とりわけこうした視点は有効にはたらく。以上，節，中核，内核の三通りを含む接続レベルのことを連接（juncture）と呼ぶ。

以上を総合し，広義の接続構造の類型をまとめると表1のようになる（Van Valin 2005；大堀 2000）。

表1　広義の接続構造の類型

内核	等位接続（補助動詞）	↑強い統合性
	従位接続（補助動詞）	
	等位接続（複合動詞）	
中核	連位接続（連動詞構文）	
	従位接続（不定詞補文）	
	等位接続（動詞句の並列）	
節	連位接続（節連鎖構文）	
	従位接続（補文節，関係節，副詞節）	
	等位接続（節の並列）	↓弱い統合性

注：カッコ内は代表的な構文

4. 研究領域

複文をめぐってこれまで論じられてきた点としては，次のようなものがある。(i)基本類型のより的確な定義および相互の関係づけ。等位接続─従位接続という旧来の二分法に対する代案は上で示した。しかし他にも上記の分類にはあてはめることの難しい構文がある。次はその一例である。

(9) 私がリンゴをテーブルの上に置いたのを誰かが食べた

これはいわゆる主要部内在型関係節と呼ばれる構文である。また，南不二男の4段階（南 1974, 1993）として知られるような，よりきめの細かい接続タイプの階層化の試みは，今後

も必要であろう。(ii)構文ごとの詳細な分析。これまでの日本語の研究でも，条件を表すタラとナラとレバの違い，理由を表すノデとカラの違い，補文標識ノとコトの違いなどについて，多くの成果があがっている。他の言語でも，英語におけるsinceとbecauseの使い分けや，補文節でのthatの有無などは多くの研究がなされてきた分野である。伝達機能まで視野に入れた，より精緻な構文の分析は教育的な価値も大きい。(iii)他の文法領域との関係。例えば，複文のタイプによって助動詞的要素の現れ方や解釈が違うことが知られている。この他にも，複数の節にまたがる同一指示の関係をどのように表すか（例：従属節中における「自分」の解釈）などは研究の盛んな分野である。また，中核連接まで含めて考えるならば，不定詞補文の扱い（いわゆる「繰り上げ」や「コントロール」を含む文）は統語理論の中心課題の一つとなってきた。(iv)歴史的研究。古代の日本語では純粋な接続助詞といえるものはなく，連用形の他に，格助詞ガ，ヲや係助詞モ，ハ（バに転），およびテ（助動詞ツを起源とする説もある）が用いられたことが知られている。複文の歴史的変化について通言語的視点に立った研究は，重要な領域をなす。

複文の類型論については，既出のVan Valin (2005)，大堀（2000）に加え，Lehmann (1988) が重要である。日本語の複文についての概説としては，益岡（1997）を挙げる。

➡従属節（従属句），順接と逆接，接続語，接続詞，接続助詞，複合動詞，補助動詞

■参考文献

Lehmann, Christian (1988) "Towards a typology of clause linkage." In John Haiman and Sandra A. Thompson (eds.) *Clause Combining in Grammar and Discourse,* pp.181-225. John Benjamins.

益岡隆志（1997）『複文』くろしお出版．
南不二男（1974）『現代日本語の構造』大修館書店．
南不二男（1993）『現代日本語文法の輪郭』大修館書店．
大堀壽夫（2000）「言語的知識としての構文——複文の類型論に向けて」坂原茂編『認知言語学の発展』ひつじ書房，pp.281-315．
Van Valin, Robert D., Jr. (2005) *Exploring the Syntax-Semantics Interface.* Cambridge University Press.

[大堀壽夫]

■**富士谷成章**（ふじたに なりあきら 1738-79）

●生涯——江戸時代中期の国学者・歌人。東福門院御殿医皆川成慶の二男。長男は，儒者の皆川淇園。初め，兄とともに漢学を学ぶ。19歳の時，富士谷家の養子となり，筑後柳河藩に仕えた。京都に在住。成章は，初め，屋城，仲達などと漢学者風の名を称したが，国学に転じてからは，北辺と号した。柳河藩邸内の成章の居所が北辺左大臣源信（810-867）の邸跡にあったことから称した。

●業績——『かざし抄』（1767刊），『あゆひ抄』（1778刊）は，江戸時代の代表的文法研究書。成章は，ことばを，物を理る「名」，事を定む「装」，言霊を助く「挿頭」と「脚結」に分類した。和歌の文表現に基づいた体系的な品詞分類の最初である。「かざし」は，下にくることばにかかる語句をいい，今日の用語でいえば，副詞，連用修飾語，連体修飾語，感動詞，接続詞，代名詞，接頭語などを含む。『かざし抄』は96種のかざしを五十音順に配列し，語義，里言（口語訳），用法（引歌）について説明する。「あゆひ」は，語の下につく助辞で，今日の用語でいえば助詞・助動詞・接尾語をいう。『あゆひ抄』は，総論にあたる「おほむね」で

語の分類，装図（「事」〈動詞〉と「状」〈形容詞・ナリ活形容動詞〉の活用体系図），経緯図（五十音図），六運（和歌のことばを六つの時代に区分）などを説く。本文では総計164種の「あゆひ」を属，家，倫，身，隊の五種に分類して，それぞれに属するあゆひについて承接法，口語訳，語義，用法，証歌，継脚結（あゆひの複合語）などを詳述する。『装抄』は企画されながら完成しなかった。成章は語の分類と用言の活用の体系的把握（脚結との接続を基準にして，帰納的に活用形式を整理した結果），かざし，あゆひの一語一語の精細な考察にすぐれた成果をあげた。また，古歌の口語訳のしかたにも工夫が見られる。が，その学統は，長男の御杖（1768-1823）以後，有力な継承者に恵まれなかった。明治になって，山田孝雄が『日本文法論』（1902）で高く評価した。

➡『あゆひ（脚結）抄』

■参考文献

竹岡正夫編著（1961・1962）『富士谷成章全集上下』風間書房．

竹岡正夫（1971）『富士谷成章の学説についての研究』風間書房．

［西田直敏］

■付帯状況

●付帯状況とは――規定・適応現象に対して，従来さほど明確ではないし，この用語の使用は未だ確固たるものでもない。文の表す主たる事態が実現する際に，主たる事態とともに生じ，主たる事態の実現のされ方を限定する働きを有する表現を概略言う。

●付帯状況を表す表現――「（シ）ナガラ」「（シ）ツツ」「（シ）テ/シ」「（シタ）ママ」などが付帯状況を表す主な形式である。主たる事態に併存する付随的事態を表すことから，付帯状況を表す節の主語は，主語と同一であり省略される。

《（シ）ナガラ》「彼は日記を書きながら，昔のことを考えた。」「笑いながら駆け寄ってきた。」の下線部がこれである。基本的に過程を持つ動作動詞から形成される。過程があり，動作の終端の定まった動詞（限界動詞）では，「彼は日記を書いて，昔のことを考えた。」のように，テ形で付帯状況を表すことはできない。

《（シ）ツツ》「汽車は煙を吐きつつ駅を出て行った。」の下線部。使用動詞は，基本的に「（シ）ナガラ」と同じ。文章語で，あまり使わない。

《（シ）テ/シ》「彼女は赤い服を着て現れた。」「僕は目を伏せその話を聞いていた。」のような下線部がこれ。ただ，連用形で付帯状況を表すことは多くない。このような姿勢変化動詞や着脱動詞の場合，「僕は目を伏せながらその話を聞いていた。」のように，「（シ）ナガラ」にすると，付帯状況の内容は，動作後のあり様ではなく，動作中のあり様に変化してしまう。

「彼は笑って見送ってくれた。」などの下線部もこれ。終端の定まっていない過程を持つ動詞では，「彼は笑いながら見送ってくれた。」のように，「（シ）ナガラ」でも可能。

《（シタ）ママ》「彼はうつむいたまま，話を聞いていた。」「僕は服を着たまま寝てしまった。」の下線部がこれ。「彼は{うつむいて/うつむきながら}，話を聞いていた。」のように，「（シタ）ママ」と同じ内容の付帯状況を表しうるのは，「（シ）テ」である。

●他の表現――従属節ではないが，「洋子はカバン1つの身軽な格好で家を出た。」「彼は泣きそうな顔で立ち上がった。」「子供が裸足で跳ねている。」などの下線部も付帯状況を表している。

➡テ形，中止法

■参考文献

三宅知宏（1995）「～ナガラと～タママと～テ

――付帯状況の表現」宮島達夫・仁田義雄編『日本語類義表現の文法（下）』くろしお出版．
仁田義雄（1995）「シテ形接続をめぐって」仁田義雄編『複文の研究（上）』くろしお出版．
　　　　　　　　　　　　　　［仁田義雄］

■不定語

1. 不定語とは

　この用語は3つほどの異なった意味に用いられている。

　第一は，「なにか」「だれか」というような，内容が明瞭でないある対象，つまりsomething, someoneのことを不定語と呼ぶものである。第二は，「不定語」を「疑問詞」と同じ意味だとして疑問項目を指す語を不定語と呼ぶ用語法である。第一の用語法に立てば，「あれはだれですか」の「だれ」を不定語と呼ぶことはできず，「なに」「だれ」などのある一部の用法（後述の（C）不明確項指示用法）のみの名称としてこの用語を使うことになり，しかも「なに」自身の意味と「なにか」の意味との区別を無視することになる。第二の用語法に立てば，「なにも知らない」の「なに」を（疑問詞と言えないから）不定語と呼ぶことができず，これも「なに」「だれ」などの一部の用法（後述の［α］特定・明確化志向系用法）だけを「不定語」と呼ぶことになってこの種の語の用法の半分が名前を与えられないことになる。そこで，そのいずれでもない第三の用語法が要請される。

　第三の用語法では，「（物，人，時，場所，数などの）内容が不明，不定であること」「（物，人…などを指す）空欄」が「ナニ，ダレ，イツ，ドコ，イクツ」などの語自身の意味の姿だと認定して，このような性質の語を「不定語」と呼ぶ。「コソアド」（指示語）において「コ・ソ・ア」がそれぞれ近称，中称，遠称と呼ばれるのに対し，「ド」の系列が不定称と呼ばれることがあるが，第三の用語法の「不定語」はこの意味で不定称の語と言ってよいものである。

2. 不定語の用法

　第三の用語法に立てば，不定語の用法分化の論理と用法の全体像は下のように把握される。

　いわば空欄としてその実質を持たないというような特異な語性を持つ不定語は，通常の名詞や副詞のようにどのような文にでも自由に用いられるということはあり得ない。その一部が空欄になっているような特別な姿の事態表現（文）が伝達的に有効な意味を持つ場合は，大別すれば次の二つに限られる。

　［α］事態中の不定不明部分の特定，明確化を求めて行くことそのものがその表現の意味であるというような場合（特定・明確化志向系用法）
　［β］事態中のその部分は特定しなくてよいのだということを主張するような場合，すなわち特定，明確化を目指さないことが積極的にその表現の意味であるという場合（特定・明確化不志向系用法）

不定項 x が解を求めて使われているのが［α］の用法（大きく言えば助詞カと連携）であり，不定項 x が代入自由の空欄として使われているのが［β］の用法（大きく言えば助詞モと連携）である。

［α］特定・明確化志向系用法
［α・I］特定要求型用法
　（A）疑問用法
　（A1）驚嘆的受理タイプ
　　・なんだ！　もう来ていたのか。
　（A2）詠嘆タイプ
　　・なんと大きな仏様だなあ。
　（A3）疑タイプ
　　・何時ごろ出かけるかな。

(A 4) 問タイプ
- あれは何ですか。

(A 5) 反語タイプ
- そんなことだれが信じる（もの）か。

(B) 希求用法
- どうぞ堪忍してください。
- いつしかも見むと思いし粟島を…（万葉）

[α・2] 未定対象指示型用法

(C) 不明確項指示用法
- 何かがまちがってますよ。
- 青い鳥が何羽か飛んでいる。

(D) 不明確事態指示用法
- どこで買うやらわからない。
- あの人がどうなったか教えてよ。

[β] 特定・明確化不志向系用法
[β・1] 特定放棄型用法
[β・1・1] 特定不要型用法

(E) 汎称用法

(E 1) 汎称否定タイプ
- だれも知らない。
- どの本にも書いてない。

(E 2) 少数少量タイプ
- あれからいく日もたっていない。

(E 3) 汎称肯定タイプ
- だれからも愛される好青年

(E 4) 多数多量タイプ
- いくつもあるから，好きなだけ持っておいで。

(E 5) 一般性状況語タイプ
- いつも陽気に暮らしましょう。
- どうにも笑いが止まらない。

(F) 条件一般化用法

(F 1) 汎称性条件タイプ
- いつ見てもおきれいね。

(F 2) 逆接条件任意タイプ
- どこで死のうと生きようとままよ。

(F 3) 任意項対比タイプ
- 何はなくともこれさえあれば安心。
- いづくには鳴きもしにけむほととぎす我家の里に今日のみそ鳴く（万葉）

(F 4) 不限定注釈タイプ
- どこと定めず…
- 誰かれの別なく…

[β・1・2] 特定不能型用法

(G) 限定拒否用法
- どことなく元気がない。
- いつはなも恋ひずありとはあらねども…（万葉）

(H)「裏面からの指定」用法
- 勉強は，誰に頼まれてやるというものではない。
- 恋ひ死なばたが名はたたじ…（古今）

[β・2] 特定不要対象指示型用法

(I)「某」項指示用法

(I 1) 引用中「某」項指示タイプ
- 誰はどこ誰はどこと，分担を早く指示してください。

(I 2) 定対象指示タイプ
- うちのナニが文句を言いますので…
- ナンでしたら，私の方から参りますが…

➡疑問詞

■参考文献

尾上圭介（1983）「不定語の語性と用法」渡辺実編『副用語の研究』明治書院．〔再録：尾上圭介（2001）『文法と意味Ⅰ』第1章第6節〕

森重敏（1964）『日本文法通論』風間書房，第3章第2節の2．

[尾上圭介]

■不変化助動詞

金田一春彦が「不変化助動詞の本質（上，下，再論）」(1953)で提出した概念。助動詞ウ・ヨウ・マイ・(動詞，形容詞に下接する)ダロウの終止形（実は活用形の問題ではなく終止法用法を指していると考えられる。——尾上注）について，これらは「話者のその時の心理の主観的表現をするのに用いられるもの」であって，他の助動詞（客観的表現に用いられる）とは異なるものと見て，「不変化助動詞」と命名した。

金田一の着目点は，下のように整理される。
① これらの助動詞は，終止形（実は終止法用法のこと——尾上注）と連体形（実は連体法を含む非終止用法のこと——尾上注）とで，意味が全く異なる（終止形では意志・推量。連体形では仮想-「行こうが行くまいが…」「校長先生ともあろう人が…」，可能性-「あろうはずがない」「人もあろうに…」，スルコトガ許サレテイルの意-「あろうことかあるまいことか…」）。
② 意志・推量を表す場合は，（表す意味の観点から，）終止形だけしか持たない別の助動詞として扱う（「不変化助動詞」）。
③ 不変化助動詞の意味的性質は，「話者のその時の心理の主観的表現をするのに用いられるもの」である。
④ 主観的表現に用いられる語（不変化助動詞，感動助詞など）は文の末尾以外に立ち得ない。

この観点から，想起・命令を表すタ（「きょうはぼくの誕生日だった」「おい，ちょいと待った」），注意を促すダ（「そこでだ，あんたに頼みがあるのだが」），誘いかけに用いるナイ（「あなた，もう寝ない？」）の三者も，金田一は不変化助動詞に含めている。

金田一がこのような主張・提案を行ったのは，時枝誠記の文法論に対する一種の異議申し立てであろう。時枝は語を詞（客体的対象を表す）と辞（主体的判断，捉え方を直接的に表示する）の二類に峻別し，助動詞（サセル，ラレル，タイ以外）をすべて辞であるとしたが，助動詞の中で主観的な意味を直接的に表現するものはこの不変化助動詞だけであろうという批判である。時枝の側から言えば，「主体的な判断の直接的表示」と「主観的意味の表現」とは違うということであろうが，金田一のこの主張は，その後，いわゆる陳述論の学史の中で，渡辺実の「第三類助動詞」の中間的性格（助動詞と終助詞領域の）などとして受けつがれていくことになる。

➡ウ（ヨウ）¹，陳述論，モダリティ

■参考文献

尾上圭介 (1999)「文の構造と"主観的"意味」『言語』28-1．〔再録：尾上圭介 (2001)『文法と意味Ⅰ』くろしお出版〕

尾上圭介 (2012)「不変化助動詞とは何か——叙法論と主観表現要素論の分岐点」『国語と国文学』89-3．

金田一春彦 (1953)「不変化助動詞の本質——主観的表現と客観的表現の別について（上）（下）」『国語国文』22-2，3．

金田一春彦 (1953)「不変化助動詞の本質，再論——時枝博士・水谷氏両家に答えて」『国語国文』22-9．

渡辺 実 (1953)「叙述と陳述——述語文節の構造」『国語学』13・14集．

[尾上圭介]

■プロソディー

●プロソディー(prosody)とは——母音や子音が連続したときに生じる音声現象（超分節音現

象）の中で，特にアクセント，リズム，イントネーション，ポーズなどの現象を総称した用語。アクセントは単語のレベルで起こり，リズム・イントネーション・ポーズは文レベルの発話に観察される。プロソディーは話し言葉において，語や文のレベルで意味の区別に役立つ。

●**プロソディーと語彙構造**──語レベルのプロソディー特徴であるアクセントは，語の意味を区別する機能を持つ。東京方言では「雨-飴」「端-橋-箸」のような単純語の区別だけでなく，「宮城山-宮城産-宮城さん」や「秋田県-秋田犬」のような複合語の区別，さらに［［日本舞踊］［協会］］と［［日本］［舞踊協会］］，［［国民性］［調査］］と［［国民］［性調査］］のように異なる内部構造を持つ複数の複合語表現の区別にも役立っている。

●**プロソディーと文法構造**──文のレベルではイントネーションやポーズによって，「ただの水」（単なる水／無料の水），「図書館にある本を持っていく」（図書館にある本／ある本を持っていく），「警官は血まみれになって逃げる犯人を追いかけた」（警官は血まみれになって／血まみれになって逃げる犯人），「数学得意じゃない」（得意ではない，得意でしょう）などの表現が持つ二義性が区別される。プロソディーはまた「誰が来ましたか」-「誰か来ましたか」，「太郎は学生です」-「太郎が学生です」などのペアに見られる焦点（focus）の違いを表すこともできる。

●**リズム**──何かが繰り返されること，それによって生じる快適な感覚がリズムである。文の発話では，音節や拍（モーラ）がほぼ同じ繰り返される音節拍リズム・モーラ拍リズムと，強勢（アクセント）が等間隔に生じる強勢拍リズムが観察される。前者は日本語の，後者は英語のリズムである。

➡アクセント，イントネーション，プロミネンス

■**参考文献**

杉藤美代子監修(1997 a)『〈日本語音声1〉諸方言のアクセントとイントネーション』三省堂．
杉藤美代子監修(1997 b)『〈日本語音声2〉アクセント・イントネーション・リズムとポーズ』三省堂．
音声文法研究会編(1997-2004)『文法と音声』（1〜4）くろしお出版．

［窪薗晴夫］

■**ブロック**（Bernard Bloch 1907-65）

●**生涯**──米国の構造言語学研究者で，Yale大学教授，アメリカ言語学会会長などを歴任。Trager との共著による *Outline of Linguistic Analysis*（1942）が代表的な著書であるが，米国における日本語研究の創始者でもある。

●**研究業績**──1940年代に行われたブロックの日本語研究の成果はミラー（Roy A. Miller）編の *Bernard Bloch on Japanese*（1970）に集録されている。アメリカ構造言語学の分析手法により米国在住の日本語話者をインフォーマントとして現代日本語の構造を解明しようとした労作である。

ブロックの日本語研究は音韻論（音素論）と文法論の2つを柱とし，その文法論は形態論と構文論からなる。形態論の中心は活用（inflection）と活用語の派生（derivation of inflected words）であり，アメリカ構造言語学の立場から，伝統的な日本語研究とは異なる独自の活用論・派生論を展開した。ブロックの活用の考え方とそれに基づく活用表，また自動詞・他動詞における派生の捉え方などは現在でもその価値を失っていない。

さらに，構文論についても，節の主要部は述語であり，名詞に助詞が付いた句は述語を修飾する句であるとした点は，日本語の文構造の見方として注目に値する。「は」と「が」の構文

機能の違いが考慮されていない，分析の対象が文の表面的な構造に限られているといった問題点はあるものの，構造言語学の方法を適用した構文分析の一つの見本として高く評価されてよいであろう。

ブロックの日本語研究を引き継いだ米国の研究者に，*A Reference Grammar of Japanese* (1975) の著者であるマーチン（Samuel E. Martin）がいる。また，ブロックの日本語文法研究に注目した日本の文法研究者に三上章や寺村秀夫がいる。

■参考文献

Miller, Roy A. (ed.) (1970) *Bernard Bloch on Japanese*. Yale University Press.〔林栄一監訳（1975）『ブロック日本語論考』研究社〕

[益岡隆志]

■プロトタイプ

●プロトタイプ（prototype）とは──人間が外界の事物を一つの共通性を持ったまとまり（カテゴリー）として他の事物と区別して認識する際の基礎となる，そのカテゴリーの中心的メンバー。例えば，人間は「鳥」というカテゴリーを，「雀，鷲，にわとり，ペンギン」など複数の具体例に基づいて，「人間，犬，魚，虫」などと区別して認識している。このような外界の事物の認識の仕方をカテゴリー化（categorization）という。あるカテゴリーに属するメンバーの中には，そのカテゴリーを特徴づける属性（例：「翼を持つ」「飛ぶ」「卵を産む」）をより多く含む中心的なメンバー（「雀，鷲」）と，属性のいくつかを欠く，より周辺的なメンバー（「にわとり，ペンギン」）がいる。あるカテゴリーを特徴づける属性をより多く含んでいるものはそのカテゴリーのプロトタイプであり，逆に属性を欠くものはプロトタイプから遠ざかるが，プロトタイプと周辺的なメンバーの間は断続しているのではなく，連続的である（Rosch 1978, Taylor 2003, Aarts et al. 2004 を参照）。

●プロトタイプと品詞分類──プロトタイプに基づくカテゴリー化は人間の基本的な認知様式の特徴の一つであり，言語現象においても，音韻，語彙，形態，統語といった様々なレベルにおいて反映している。プロトタイプの概念がその説明に有効な言語現象の一つに品詞分類がある。名詞，動詞，形容詞というのは，通言語的に見ると概念的にはそれぞれ「存在物」「事象」「属性」を典型的に表すことが知られている（Croft 1991 を参照）。(1)はそれぞれの品詞のプロトタイプに当たる例である。

(1)(a)名詞：机，みかん
　　(b)動詞：走る，こわす
　　(c)形容詞：白い，暖かい

しかし，実際には品詞のプロトタイプから外れた(2)のような例がある。

(2)(a)名詞：到着
　　(b)動詞：似る
　　(c)形容動詞：健康な

(2a)の「到着」は名詞であるが概念的には「事象」を表しており，(2b)の「似る」は動詞でありながら「事象」というよりは「属性」「状態」を表しているという点で，それぞれ名詞，動詞のプロトタイプから概念的に逸脱している。そのため，これらは(3a)のように名詞でありながら「する」を伴い動詞として用いることができる，(3b)のように動詞であるがテイル形でしか用いることができない，といったように統語的にも変則的なふるまいをする。

(3)(a)列車が到着する。
　　(b)あの人は私の弟に似ている。

また，(2c)の「健康な」は，(3c)のように名詞としての用法も有していることから，品詞としては「形容詞」と「名詞」の両方の性質を有

している。

(3)(c)健康の重要性

「健康(な)」のような「形容動詞」,「到着(する)」のような「動名詞」といった品詞の存在は,形容詞,名詞,動詞といった品詞(カテゴリー)の連続性を如実に示している。

●**プロトタイプと文法現象**──プロトタイプの考え方は,日本語をはじめ様々な言語の文法現象の分析に応用されてきた。例えば柴谷(1985)は,日本語の「主語」という文法的概念にプロトタイプの考え方を応用した。柴谷によれば,「主語」という概念は単一の形態,統語的特徴によって規定できるものではなく,「主格助詞「が」でマークされる」,「尊敬語化を引き起こす」,「再帰代名詞「自分」の先行詞となる」「文頭に位置する」といった「主語」を規定する複数の形態的,統語的特徴によって規定される。これらの特徴をすべて有する(4)の「小泉先生」のような名詞句は日本語における主語のプロトタイプを体現している。一方,(5)の「あなた」は,尊敬語化を引き起こしているものの,「与格助詞「に」でマークされている」「文頭に位置していない」など主語名詞句の特徴のいくつかを欠いている。そのため,(5)の文における「あなた」は日本語の主語のプロトタイプから逸脱した名詞句とみなすことができる。

(4)小泉先生が私たちを自分の車で送ってくださった。

(5)私の気持ちがあなたにお分かりになりますか。

■**参考文献**

柴谷方良(1985)「主語プロトタイプ論」『日本語学』4-10.

Aarts, Bas, et al. (eds.) (2004) *Fuzzy Grammar*. Oxford University Press.

Croft, William (1991) *Syntactic Categories and Grammatical Relations: The Cognitive Organization of Information*. University of Chicago Press.

Rosch, Eleanor (1978) "Principles of categorization." In Eleanor Rosch and Barbara B. Lloyd (eds.) *Cognition and Categorization*, 27-48. Lawrence Erlbaum Associates.

Taylor, John R. (2003) *Linguistic Categorization*, 3rd edition. Oxford University Press.〔辻幸夫訳(1996)『認知言語学のための14章』紀伊國屋書店〕

[堀江 薫]

■プロミネンス

●**プロミネンス(prominence)とは**──音声的卓立,際立ちを意味する。音の物理的4要素(強さ,長さ,高さ,音質)を使って作り出される際立ちのことである。

●**プロミネンスの種類**──プロミネンスは,アクセント,リズム,イントネーションなど複数の現象に現れる。単語のレベルではアクセントがプロミネンスを作り出す。多くの言語において1語は1箇所際立った部分を持っており,それにより語のまとまりを作り出そうとする。日本語のような高低アクセントの言語では高の部分が低の部分よりもプロミネンスが高く,またピッチの下降を伴う語(起伏式の語)の方が平坦に発音される語(平板式の語)よりもプロミネンスは高い。

●**焦点とプロミネンス**──文のレベルでは焦点(フォーカス)が置かれる部分──話者が相手に伝えたい部分──にプロミネンスが置かれる。たとえば同じ(1)の文でも,(2a, b)のいずれに答えているかによって焦点が異なっており,(2a)に答える場合には「昨日」,(2b)に答える場合には「東京」に焦点が置かれ,これらの語句が強さ,高さといった音声特徴によっ

て強調される。これが焦点によるプロミネンスである。

(1) 太郎は昨日，東京へ行きました。
(2) a. 太郎はいつ東京へ行きましたか？
　　b. 太郎は昨日どこへ行きましたか？

焦点は文脈に依存せずに，語彙あるいは構文によって生じることもある。たとえば，(3a)のように疑問詞（何を）を含む文では疑問詞に，(3b)のように不定詞（何か）を含む文では不定詞に後続する部分に焦点が置かれ，その部分が音声的なプロミネンスを受ける。

(3) a. 何を飲みましたか？
　　b. 何か飲みましたか？

➡アクセント，イントネーション，プロソディー，焦点

■参考文献
杉藤美代子編(1989)『〈講座日本語と日本語教育2〉日本語の音声・音韻（上）』明治書院.
田中真一・窪薗晴夫(1999)『日本語の発音教室』くろしお出版.

[窪薗晴夫]

■文[1]

1. 文を内容面で見る二つの立場

文は外形的に規定することができない。述語で述べることをもって成立する文（述定文，述語文）もあれば，「ねずみ！」「きれいな空！」「(おい，) 水たまり。」「みず！((砂漠で倒れて))」「(おおい，) お茶。」のように述語によらずに成立している文（非述定文）もある。述定文であっても外形的に主語を持っていない文は当然あるし，「これは？」「先にあれを読んでから。」「やっぱり。」など述語が省略された例も多数あり，「ありがとう。」「おはよう。」「ごめん。」のように，由来は述定文であっても述定文であることを意識しにくいような文さえある。文を外形で規定することはできず，あることばで文としての内容が表現されていればそれを「文」だと言うしかない。問うべきことは，「文としての内容」とは何かということに尽きる。

「文としての内容」とは，(A)意味の基本的単位（文的意味）であるという面と，(B)言語活動の単位（場面内的言語活動の構成単位）であるという面と，二つの別の側面で考えることができる。「水たまり。」という文は，「（そこに）水たまりがある」という文的意味(A)を表しているが，同時にそれは「水たまりがあるぞ（だから注意せよ）」という対聞き手の働きかけ（この場合は〈注意喚起・教え〉），あるいは「水たまりだなあ」という〈確認・詠嘆〉のつぶやきを実現する場面内的言語活動の単位(B)でもある。「雨降ってる？」という文は，「雨が降っているかどうか（言語主体に）判断できない」という文的意味(A)を持っていると同時に，ある場面である話し手がある聞き手に対して，そのことについての答えを求めるという言語活動(B)を実現している。疑問文をめぐって，従来，「疑問とは対内容の問題か，対聞き手の問題か」という形で意識されることが多かった上記(A)(B)の二側面は，すべての文において原理的に区別される必要がある。

2. 場面内言語活動の単位として文を見る観点

時枝誠記に始まるいわゆる戦後陳述論と呼ばれる学史，ことに渡辺実やその延長上にあると言える仁田義雄らの文法論においては，文は(B)言語活動の単位であるという側面が重視された。渡辺の「叙述内容」や仁田の「言表事態」は，上来の区別に持ちこむなら，(A)〈文的意味〉の側面に正当な位置を与えようという関心に立つものとも言えるが，〈文的意味〉の成立のメカニズムやその内実に立ち入ることはなく，「叙述内容」「言表事態」は〈文的意味〉から抽出された素材的な一面だけを指すものとな

っていて，もっぱら(B)の側面「陳述」や「発話・伝達のモダリティ」が発動されるための材料としてのみそれを見ることになっている。

　時枝は，(A)の側面における文の成立と(B)の側面における文の成立とは別のことではないはずだという楽観的直感を維持しようとして，（文を成立させる）文末辞の作用の中に，文内容統一の面(A)と終助詞的な言語場内的な文のあり方を決定する面(B)とを未分化に混在させた。その理論的あいまいさが後に戦後陳述論の精緻な議論を要請することになったが，その頂点とも言える渡辺の陳述論においても，述語の職能の一面である「叙述」が「叙述内容」を生み，述語の職能の他の一面である「陳述」（対言語場の関係構成）がそれを受けついで「文」を成立させるとしているのみである。すなわち，(A)の側面における文の成立と(B)の側面における文の成立とが漸次移行的かつ重層的になされるとしているのみであって，文成立の働きはあくまで「陳述」に認めており，そこでは結局，(A)の側面（のうちの一面）は(B)の側面の材料であるに過ぎない。渡辺は，ともかくも，(A)の側面における文の成立と(B)の側面における文の成立とをひとつながりのこととして語ろうとしたのであったが，渡辺より後の階層的陳述論，階層的モダリティ論の諸家となると，もはや，文の(A)(B)両側面の緊張関係が意識されることもない。そこでは，(A)（の一面）は(B)の意味での文の材料としてのみ位置づけられることになる。

　この戦後陳述論およびその延長上の学史は，(A)の面で文を見ることと(B)の面で文を捉えることとが一つの文法論の中で本質的には両立しがたいということを裏から体現して見せた学史として受けとることができよう。文をもっぱら(B)場面内的な言語活動の単位として見るという視点は，それはそれできわめて普遍的な，それゆえに魅力的な視点でありうる。

3．文的意味の単位として文を見る観点

　人が概念を持つ語やその連鎖を聞いてそこに〈文的意味〉を感じとるとすれば，その〈文的意味〉とは，何かの〈存在承認〉か〈希求〉である。

　「ねこが寝ている」という文は，主語「ねこ」と述語「寝ている」が結びついて一つの文事態を構成していると言えるが，これを正確に言うなら，「ねこ」という存在物が「寝ている」という在り方をもって存在しているという〈存在承認〉をその内容とするものだということになる。「雪は白い」という文は，主語「雪」の性質を述語「白い」をもって承認するものであるが，これを存在の面で見れば，この文は「雪」というモノが「白い」という存在様態をもって（この世に）存在するという〈存在承認〉をその内容とするものだということになる。「へいが倒れた」という文は，「へい」が「倒れる」という変化の痕跡を身に帯びて（現実界に）存在しているという，やはり〈存在承認〉の文である。「へいが倒れるだろう」という推量（＝事実界未実現事態の成立）ないし仮想（＝仮定世界での事態成立）を語る文も，非現実界（事実界未実現領域および観念世界）における事態を語るものであり，その意味で「へい」のある在り方における（非現実界での）存在を承認するものである。

　上記(A)の側面で〈存在承認〉の意味を持つこれらの文が，(B)言語活動の側面で見れば，具体的な聞き手への教えであったり，話し手の一方的な主張であったり，あるいは，話者自身においてそのことを発見したつぶやきであったり，まちがいなくそうだという確認の表現であったりする。つまり，それらの言語活動の実現単位である文は，(A)〈文的意味〉の観点で見れば，すべて〈存在承認〉という意味を持つということになる。

　疑問文の意味も，存在を承認することへの留

保であり，その〈文的意味〉は〈存在承認〉の特殊タイプだということになる。

〈存在承認〉の意味を持つのは述定文（平叙文と疑問文）だけではない。「ヘビ！」というような遭遇の感嘆表現（感嘆文）は，「ヘビ」がそこに存在することを認めた発見・驚嘆の叫びとして，まぎれもなく〈存在承認〉の一語文であるし，「（まあ，）きれいな桜！」というような感嘆文も，「きれいな桜」の存在を目の前に認めた〈存在承認〉の文である。

〈存在承認〉と並んで人が〈文的意味〉として理解する第二のものは〈希求〉である。

だれもいない砂漠で倒れた人が水を求める「みず！」にせよ，台所にいる家人に要求する「お茶！」にせよ，これらはそのことばで指示されるモノの存在を求める文であり，〈文的意味〉としては〈希求〉と呼ぶことになる。人の存在を求める場合は，「おかあさーん」「先生！」「太郎（よ）！」のような呼びかけ文となるが，これは人の存在希求を原理的出発点として，そこから招来欲求，対象との関係構成欲求へとつながり，最終的には（命令，禁止，問いかけ，訴え，注意喚起・教え，あいさつなど）他者に対する働きかけの意志一般へと広がる。これらをすべて含めて呼びかけ文の文としての意味，〈文的意味〉は〈希求〉である。

「立て！」「新聞を読め！」「テレビを見るな！」というようないわゆる命令（禁止を含めて）の文の〈文的意味〉が〈希求〉であることは言うまでもない。存在の仕方に関する〈希求〉である。「ミズ！」「お茶！」などのモノ希求文と呼びかけ文とが存在物の側の〈希求〉であることに対して，この広義命令文は在り方の側の〈希求〉であると了解される。

〈文的意味〉として〈希求〉である文を，(B)言語活動の単位という観点から見れば，命令，依頼，要求，禁止，意志，勧誘など種々の場合がありうる。また，平叙文の〈文的意味〉は，ほとんどの場合〈存在承認〉であるが，動詞ショウ形述語を持つ平叙文は，意志（一人称領域の〈希求〉），勧誘（一人称複数の意志をワレと隣の他者との関係で言えば勧誘），命令（二人称領域の〈希求〉。「下郎め，下がりおろう！」）など，〈希求〉の意味によって文となっている場合もある。

4. (A)(B)両観点と文の成立

(B)言語活動の面で文を見る立場に立てば，(聞き手を含む) 言語場内への文の定置，あるいは対面語場の話し手の態度表明こそが文を成立させる要素だということになる。渡辺実，仁田義雄らの文成立観に共通するところである。一方，(A)〈文的意味〉の成立において文の成立を見る観点に立てば，文の成立とは〈存在承認〉ないし〈希求〉がそこに読みとれるということであり，言ってしまえば，文的内容理解の成立そのことである。山田文法において，述語を持つ文（陳述によって成立する文。述体句）も述語を持たない文（陳述によらずに成立する文。喚体句）も共に文でありうる根拠は，（外形の問題ではなく，話者のナマの態度表明の文末辞の存否の問題でもなく）〈存在承認〉ないし〈希求〉という〈文的意味〉を持つものこそが文であるという一点に求められるであろう。

山田文法の喚体句（述語によるのでなく，対象を指示するだけで成立する文）に感動喚体句（話者の直面した外界の対象を指示）と希望喚体句（話者の意識の中にある対象を指示）の二種があって，この二種以外にないのは，対象を指示するだけで表現される〈文的意味〉とは，〈存在承認〉と〈希求〉の二つあって，二つしかないからである。

➡文の種類，山田文法，喚体と述体，陳述論，モダリティ，一語文，呼びかけ，主語，述語

■参考文献

尾上圭介（2001）『文法と意味Ⅰ』くろしお出

版（第1章第2節，第8節，第10節，第2章第2節，第3節）．
尾上圭介（2006）「存在承認と希求——主語述語発生の原理」『国語と国文学』83-10．
尾上圭介（2010）「山田文法が目指すもの——文法論において問うべきことは何か」斎藤倫明・大木一夫編『山田文法の現代的意義』ひつじ書房．
時枝誠記（1941）『国語学原論』岩波書店．
仁田義雄（1991）『日本語のモダリティと人称』ひつじ書房．
山田孝雄（1908）『日本文法論』宝文館．
渡辺 実（1971）『国語構文論』塙書房．

［尾上圭介］

■文²

1. 文とは

　文に対する十全な規定は，単語のそれに劣らず難しい。リース（John Ries）の *Was ist ein Satz?*（1931）は，140ほどの文規定を挙げているし，フリーズ（Charles C. Fries）の *The Structure of English*（1952）は，文の定義が200あまりあることを指摘している。文とは何かという問題は，文法研究の出発点であるとともに，終着点でもある。また，どのような文の捉え方をするかは，文法分析・文法記述のあり方そのものに影響を与える。

● **多様な文・文規定の困難さ**——文への十全な規定が困難であるのは，その形態・現れや内容が多様であることが関係している。

　(1)男がうつぶせに倒れていた。
　(2)彼女はとてもやさしい。

(1)や(2)のようなものは，一つの文であるということの分かりやすい典型的な文である。

　(3)大阪市の主な外郭団体の見直しを進めてきた市管理団体評価委員会は27日，07年度までに7団体を解散，13団体を6団体に統合・再編するなどして，現在66ある団体数を22に減らすよう求める提言をまとめた。

のように，内部構造の複雑なものも，一つの文である。

　(4)お巡りさんだぜ，俺は。

も，文の成分の配列が通常とは異なるものの，全体で一つの文である。

　(5)「おふくろさんも，そうだったのか？」宏が言った。「らしいですね。」

(5)の「らしいですね。」のように，通例付属語と呼ばれているもののみで出来ているものも，一つの文である。「宏が言った。」「らしいですね。」は，全体で一まとまりになる意味的関係を有し，「宏がらしいですねと言った。」にすれば一つの文になるが，二つの文である。

　(6)あら！　電話。
　(7)うわ！　川に！

(6)，および(7)の「うわ！」は，いわゆる独立語文や一語文と呼ばれるもので，それぞれ二つの文が含まれている。(7)の「川に！」も，省略を含むが，一つの文である。

　(8)清水寺——桓武天皇の延暦24年（805）の創建。西国三十三ヵ所観音霊場の十六番札所。

は，ある観光ガイドブックからの引用である。「清水寺」は見出しであり，それを題目的に文の一部分に取り込みながら，二つの文が含まれている，と考えられる。

　(9)8月21日，12時30分，「白川院」ロビー集合　13時～18時，会議

のような予定表は，どのように扱えばいいのだろうか。文なのか，単語連続なのか，文であるとすれば，二つの文なのか。

　(10)場所：京都市左京区岡崎法勝寺町16「白川院」

も，全体で一つの文相当と扱うべきなのだろうか（一つの文相当として扱いたいが）。また，

本事典のタイトル「日本語文法事典」や表札のようなものは、単なる単語ではないだろうが、どのように扱えばよいのか。文（相当）ないしは文に近似するものが現象的に多様な現れを示すことから、それら全体を十分に包括する十全な文規定は、なかなか困難である。

●**文の暫定的規定**──文とは、言語活動の所産である発話において独立する最小の単位体的存在である。私たちは、言語を使って言語活動を行っている。言語活動は、話し手が外在的世界や内在的世界との関係において形成した判断や情報や感情や意志や要求を聞き手（聞き手の存在が必要にならない場合もないわけではない）に発話・伝達することによって成り立っている活動である。文は、言語活動の場において、単語を構成材料として文法規則にのっとって組み立てられた構築物である。言語活動の所産であり、言語活動の基本的単位であるということからの起因および結果として、文には、分化・未分化を問わず、話し手が外在・内在的世界との関係で描き取った対象的な事柄的内容と、対象的事柄的内容をめぐっての話し手の主体的な捉え方および話し手の発話・伝達態度のあり方とが含まれている。言い換えれば、文には、伝えられる対象的な内容と、その対象的な内容をめぐっての、話し手の捉え方および述べ伝え方とが含まれている。

文には、言語活動の基本的単位であることを受け、その前後には音声の切れ目があり、末尾には特有のイントネーションを伴う、また書き言葉では、通例末尾に句点「。」が打たれる、という外形的な特徴が存在する。

(11)明日の会議は２時から始まります。
(12)すぐに仕事に取りかかって下さい。
(13)車！
(14)おーい！

(11)の文は、[明日の会議が２時から始まる] コトという対象的な事柄的内容と、事柄的内容が確かであると捉えているという話し手の捉え方、それを情報として聞き手に伝えるという話し手の発話・伝達的な態度、さらに聞き手に丁寧に伝えているという話し手の述べ伝え方とが、担われている。述語を中核として出来ている文（述語文）の場合、事柄的な内容に対する話し手の捉え方、話し手の発話・伝達的な態度、聞き手への述べ伝え方は、一次的には述語の形態変化によって表し分けられる。(11)では、述語の「始まります」という形式にこれらが担い表されている。(12)の「すぐに仕事に取りかかって下さい。」という文の場合、[(君が) すぐに仕事に取りかかる] コトという対象的な事柄的な内容と、その事柄的な内容の実現・遂行を聞き手に依頼するという話し手の発話・伝達的な態度とが、担われている。(13)の「車！」という文の場合、[車の接近] という事態の未分化なままの描き取り、およびその事態に対する切迫的把握や聞き手への注意喚起といった発話・伝達的態度とを、未分化に一体的に表現している。(14)の「おーい！」のような呼びかけを表す感動詞で形成された文の場合、呼びかけられる対象が話し手の呼びかけるという発話・伝達的な態度の中に、未分化なまま一体的に表現されている。

●**述語文の基本的な意味・統語構造**──文には、基本的に、対象的な事柄的内容（命題）と、対象的な事柄的内容をめぐっての話し手の主体的な捉え方および話し手の発話・伝達的態度のあり方（モダリティ）とが含まれている。独立語文では、未分化で分離することはできないが、述語文では、

| 命題 | モダリティ |

のように、命題とモダリティを表す二つの存在を、階層的な関係において、意味・統語構造に指摘することができる（もっとも、この二つの存在の階層性は、線状的な配列関係に解消でき

るものではない)。

2. 文の成立

　述語文を中心に，言語活動の基本的単位としての文と，それ以下の存在を最終的に分けるものについて考える。

　(15)雨が降る。
　(16)雨が降る日は天気が悪い。

(15)が文として働いているかぎり，(15)には，[雨が降る]コトという対象的な事柄的内容のみならず，断定という事柄的内容をめぐっての話し手の捉え方と，その事柄的内容を聞き手に述べ伝えるという，話し手の発話・伝達的態度が付け加わっている。そのことが末尾の音声の断止や特有のイントネーションや句点として現れている。もっとも，「雨が降る。」は，事柄的内容をめぐっての話し手の捉え方に関して，「降る」という，積極的な形式ではない無標の表示形式で表されている。したがって，[雨が降る]コトのように，事柄的内容をめぐっての話し手の捉え方をそぎ落とした存在にすることが可能になる。そのことが，(16)「雨が降る日は天気が悪い。」のように，連体修飾節への移行を可能にしている。テンス性までもが希薄ないしは欠落している(16)の中の「雨が降る」は，「雨天の日は天気が悪い。」との近さからも分かるように，既に単語相当に近づいた存在である。対象的な事柄的内容だけでは，単語連鎖は，文にはなりえない。文以下の存在に落ちていく。

　また，事柄的内容をめぐっての話し手の捉え方を一度含んでしまえば，その単語連鎖は，決して文以下の存在になれない，というわけではない。

　(17)雨が降るだろう。
　(18)雨が降るだろうが，さほど激しくはならないだろう。

(17)の「降るだろう」は，事柄的内容をめぐっての話し手の捉え方に関して，「だろう」という積極的な形式を含んでいる。したがって，それをそぎ落とすことはできない。ただ，発話・伝達的態度に関しては，積極的な形式を含んでいない。発話・伝達的態度をそぎ落とすことが可能である，といった文である。したがって，これは，(18)のように，逆接の従属節として文の一部になることができる。

　(19)もう少し静かにしろ！
　(20)*もう少し静かにしろが，なかなか静かにならない。

(19)の「もう少し静かにしろ！」のような単語連鎖は，事態の遂行を聞き手に要求するという，発話・伝達的態度が，命令形という形式によって明示的に表されている。したがって，発話・伝達的態度をそぎ落とすことができない。(20)が示しているように，このような単語連鎖は，もはや，文以外のなにものでもなく，文の一部にはなりえない。

　(21)父は子供達にもう少し静かにしろと怒鳴った。

話し手の発話・伝達的態度を明示的に表す形式を含んだ単語連鎖が文の一部に含みこまれるのは，(21)のような引用の場合を除いてはない。話し手の発話・伝達的態度を明示的に表す形式を含む単語連鎖は，文そのものであり，文以下の存在にはなりえない。

　話し手の発話・伝達的態度を明示的に表す形式を含んでしまえば，文以下の存在にはなれないが，話し手の発話・伝達的態度を明示的に表す形式を含まなければ文にはなれない，という逆は真ではない。「歩いて出勤。委員会に出る。会議は非常に有意義であった。」は，いずれも文である。

　単語が一般的な構成材であったのに対して，文は，話し手による言語活動の場における構築物であった。単語連鎖が話し手の把握・言表の態度，特に発話・伝達的態度を持つということは，まさにその単語連鎖が言語活動の場におけ

る構築物として機能する，ということである。言い換えれば，発話・伝達的態度は，文の存在様式である。発話・伝達的態度が文の存在様式であるのは，文が言語活動の基本的単位であることによっている。

➡文の種類，一語文，モダリティ，命題，陳述論，呼びかけ，単文，複文，構文論（統語論）

■参考文献
山田孝雄（1936）『日本文法学概論』宝文館.
石橋幸太郎（1966）『英文法論』大修館書店.
渡辺　実（1971）『国語構文論』塙書房.
仁田義雄（1991）『日本語のモダリティと人称』ひつじ書房.

[仁田義雄]

■文章

●文章の定義──「文章」とは，通常，複数の文のつながりが統一のある内容を表し，完結した形式を備えたまとまりの全体のことである。「文章論」提唱者の時枝誠記による「それ自身完結し統一ある言語表現」（『国語学大辞典』1980：763）という定義に基づくが，現在は，「文章」は文字，「談話」は音声を媒体とする最大かつ最も具体的な言語単位とされている。

「文章」と「談話」は，日本語のコミュニケーションにおける唯一の実現形態である。「文章」は書き言葉，「談話」は話し言葉の「質的統一体」として，それぞれ，固有の性質と構造を有する一方，いずれも「文を越える単位」としての共通の機能を持っている。

「文章・談話論」とは，文章・談話による言語行動の共通性と固有性を，動態的な現象として総合的に研究する日本語学の一領域である。

●文章の本質──文章は，内容の「統一性」と形式の「完結性」を要件として，両者を併せ持つ機能の「統括性」を本質とする言語単位である。「統括」とは，文章中の複数の文の「つながり」が大小の「話題」の相対的な区分による「まとまり」を形成する働きであるが，文章は，一つの「主題」により統括された複数の話題の相対的なまとまりが多重構造をなしている。

文章の統括機能とは，複数の文集合における意味のつながりとまとまり，即ち，大小の話題の相対的な一区分としての「文段」を作り上げる働きのことである。「文段」は，「語」「文」「連文」等とは別個の，独自の統一原理を有する文章の主要な成分として位置づけられる。

●文章の成分──従来，改行一字下げによる「段落」は，「恣意性」を伴うことから，文章の成分としての疑義が論じられてきた。しかし，欧米の言語学の「談話論」の展開を受け，「文を越える単位」としての中間的単位の必要性が明らかとなった。談話と発話の間にも，話題や参加者の目的により相対的に区分される内容上のまとまりの「話段」が認められるため，文章と文の間にも，「文段」を設ける必然性が生じたのである。さらに，文段の「中心文」に対する話段の「中心発話」の統括機能についても検証され，「文章・談話論」としての新たな領域設定の有効性が認められつつある。

●文章の構造──原則として，複数の文の連続からなる文章の基本構造は，複数の文段からなる「完結した質的統一体」として規定され，「主題文」の統括する「中心文段」と，複数の「中心文」による「副次文段」から構成される。

文章構造は，巨視的観点では「大文段」，微視的観点では「複文」を単位として形成される。また，中間的観点では，話題の一区分を示す「中心文」の統括する「文段」を主成分とする動態的な多重構造を記述する必要がある。

●文章の分類──文章は，構造上，単独の「基本文段」からなる短い「単一文章」と，複数の次元の異なる「連合文段」からなる長大な「複合文章」に分類される。

文章は，単独の文や語のみ，または，複数の

文章からなるものもある。俳句や諺，標語，看板，論文集，新聞，小説，戯曲等，種々の形式と長さの文章がある。従来，文章の「断片」と見なされてきた日記やメモ，字幕，eメール，ブログ等の電子文書類も文章の一種である。

市川孝（1978）は，伝達目的と理解主体（読み手）の違いから，(1)特定，(2)不特定，(3)後日（特定・不特定）の相手に向けた文章の3種を設け，(1)「通信・告知・申告・報告・証明・契約」，(2)「解説・報知・実録・表出・表明・論説・宣伝・教戒・公示・課題と解答・規約」，(3)「記録」等に細分している。

文章の分類には諸説あるが，映像や電子等の伝達媒体の拡張に伴い，談話資料も含めた，言語教育等の実用目的にも対応しうる分類原理の検討が急務となっている。

◆文章論，談話，談話分析，テキスト言語学，結束性

■参考文献

市川 孝（1978）『国語教育のための文章論概説』教育出版．

北原保雄監修・佐久間まゆみ編（2003）『〈朝倉日本語講座7〉文章・談話』朝倉書店．

国語学会編（1980）『国語学大辞典』東京堂出版．

時枝誠記（1950）『日本文法 口語篇』岩波書店．

永野 賢（1986）『文章論総説』朝倉書店．

[佐久間まゆみ]

■文章論

●文章論とは──最大かつ最も具体的な文字言語の単位である「文章」の性質と構造を解明する日本語研究の一部門である。音声言語の「談話」を対象とする「談話論（談話分析）」と併置される「文章・談話論」として目下構築中の分野であるが，欧米の「テキスト言語学」「談話分析」「語用論」等に対応し，20世紀後半以降新たに展開されつつある学際的研究として位置づけられる領域である。

●文章論の位置づけ──国語学における「文章論」は，従来の修辞学や文体論，文章心理学等ではなく，戦後の国語教育の要請を受け，時枝誠記（1950）が「語論」「文論」と並ぶ「文法学」の一部門として提唱した。1960年代に国語学一般の「文章研究」が分離され，1970年代に欧米のディスコースやテキスト研究が流入して，1990年代以降，新たに「文章・談話」論としての研究が展開されている。

●文章論の課題──「文章論」は，「文法論」との接点や「文体論」「表現論」「レトリック」「語用論」等との関連が問われるが，「談話論」とも相互補完し合いつつ，より包括的な研究分野としての再編を図るべきである。

「文章論」の主要な研究課題としては，時枝誠記（1950）・市川孝（1978）・永野賢（1986）等から，以下の6項目が設定されている。

a. 文章とは何か（文章本質論）。b. 文章をどのように分類するか（文章分類論）。c. 文と文はどんな語句によりどのようにつながるのか（文連接論）。d. 文段はどのように成立するのか（段統括論）。e. 文段と文段はどのようにまとまるのか（連段統括論）。f. 文章全体はどのように構成されるか（文章統括論）。

今後は，特に，文段を主な成分として，「段統括論」「連段統括論」「文章統括論」を発展させ，「談話論」とも関連づけた伝達機能の実証的な解明が不可欠である。

◆談話分析，テキスト言語学，文章，語用論

■参考文献

市川 孝（1978）『国語教育のための文章論概説』教育出版．

北原保雄監修・佐久間まゆみ編（2003）『〈朝倉日本語講座7〉文章・談話』朝倉書店．

時枝誠記（1950）『日本文法 口語篇』岩波書

店.
永野 賢 (1986)『文章論総説』朝倉書店.
林 四郎 (1998)『文章論の基礎問題』三省堂.
[佐久間まゆみ]

■文節

文節は，橋本文法において根幹を成す概念である。橋本文法を取り入れた教科文法を通して広く知られている概念でもある。

橋本は，性質が音節に似ている点が多いことから「文を実際の言語として出来るだけ多く区切った最も短い一区切り」を文節と名付け，形の上から次のような特徴を指摘している。
1．一定の音節が一定の順序に並んで，それだけはいつも続けて発音せられる。
2．文節を構成する各音節の音の高低関係が定まっている。
3．実際の言語に於いては，その前と後とに音の切れ目をおく事が出来る。
4．最初に来る音とその他の音，又は最後に来る音とその他の音との間には，それに用いる音にそれぞれ違った制限がある。(『国語法要説』)

また，「文節は，文を分解して最初に得られる単位であって，直接に文を構成する成分である。」とし，文の構造を文節と文節の関係によって説明しようとしたが「美しい 桜の 花」の三つの文節の関係を示し得ないといった不自然さが残った。後に，平面的な分析の不自然さを克服するために連文節という概念を設定している。連文節は，「美しい＋桜の＋花」における「美しい桜の」のように，二つ以上の文節が結合して意味的なまとまりを有するものを指す。

また，文節・連文節相互の関係として「主語・述語」，「修飾・被修飾」，「対等」，「附属（補助とも）」，どの関係にもあてはまらない「独立」の五つを挙げている。

文節は橋本の語論・品詞分類の考え方においても重要な位置を占めている。文節は語からなるとし，語を単独で文節になるか否かによって詞（教科文法では自立語）または辞（教科文法では付属語）に分けていることなどにそのことが現れている。

橋本文法の文節は，分かり易いという点では首肯出来る点もあるが問題も多い。例えば，「長い 冬の 後」においては，橋本の文節の考え方によれば，「長い」が「冬の」を修飾することになってしまう。言うまでなく「長い」は「冬」を修飾しているのである。

➡文の成分
■参考文献
橋本進吉 (1934)『国語法要説』明治書院.
〔再録：橋本進吉 (1948)『〈橋本進吉博士著作集2〉国語法研究』岩波書店〕
岩淵悦太郎 (1948)「解説」『〈橋本進吉博士著作集2〉国語法研究』岩波書店.
[丹保健一]

■文の種類[1]

1. 表現意図で文を分類することの限界

文の形式に大きく異質な4種（平叙文，疑問文，命令文，感嘆文）がある英語などとは異なり，日本語では文の形式の種類や文形式と意味の対応関係は簡単ではない。

表現意図を基に文を分類するという立場に立って，相手に対する要求を持つ文と持たない文とに文を大別し，行動要求の文が命令文，解答要求の文が疑問文，要求なしの文が平叙文と感嘆文だとする見方もあり得ようが，相手に対して要求を持つ文はこれ以外にも多種あり（禁止，要求，依頼の平叙文），そもそも，「相手に対する要求」ということが多様にあり得る「相手に対する働きかけ」一般（後述）の中の一角に過ぎないことを考えれば，表現意図の一面として「要求を持つか否か」という点だけを過大

視して文の種類分けの第一原理とすることは適当ではない。また何よりも，命令文であっても相手に行動要求をしない願望の表現（「早く終ってくれ」，「雪よ降れ降れ」，運動会での応援「ガンバレー」）があるし，疑問文であっても相手に解答要求をしない自問の表現（「あれっ？終ったのか？」）もある。要求を持つか否かで文の種類を大別することには限界がある。

表現意図の種類は多種多様であり，表現意図の種類分けをもって文の種類分けとすることはできないとすれば，文の種類を考えることは，結局，下の二つの観点（2「文的意味の種類」と3「文的意味を実現する方法」）の交差，重なりとして文の多様性を見渡すことになる。

2．表現される「文的意味」の種類による分類

文を内容面で見るならば，（α）「文的意味（文としての意味）」の単位として見る見方と（β）言語活動の単位として見る見方とがあり得るが，前者の観点に立つならば，「文的意味」とは，何かの〈存在承認〉か〈希求〉である。

「雪は白い」という文の意味は「雪」が「白い」という存在様態（ありさま）をもって現実界に在るという〈存在承認〉であり，「へいが倒れた」という文の意味は「へい」が「倒れる」という変化の痕跡を身に帯びて現実界に存在しているという〈存在承認〉である。「（わっ）ねずみ！」という発見・驚嘆の叫びも，〈文的意味〉としては眼の前のねずみの〈存在承認〉である。一方，「早く歩け！」「だまってこっちを見る！」「「（下郎め，）下がりおろう」などは，ある在り方（この場合は運動）の実現を相手に求める〈希求〉（すなわち命令・要求）であり，「ひとりで行こう」「ぼく，帰る」などは1人称領域の在り方を話者自身において求める〈希求〉（すなわち意志）である。「おかあさーん」「太郎（よ）！」「先生！」などの呼びかけ文の「文的意味」も，モノ（人もモノの内）の存在を求める〈希求〉である。「おはよう（ございます）」「ありがとう（ございます）」などのあいさつ文が，「文的意味」としては〈存在承認〉にほかならず，「元気でね」「がんばって」などが〈希求〉であることは疑いない。

このように，すべての文を「文的意味」という観点で見るならば，〈存在承認〉と〈希求〉の二つがあり，この二つ以外にはない。

3．概念を用いて「文的意味」を実現する方法による分類

概念を材料として用いて，概念の指示対象の意味やその足し算ではなく，文としての意味（「文的意味」）を実現する方法としては，述語によらない，つまり対象を指示するだけで成立する文（非述定文）を用いる方法と，述語を持つ文（述定文）に持ちこむ方法とがある。前者が喚体（的な）文であり，後者が述体文である（尾上2010参照）。

「（わっ）ねずみ！」（発見・驚嘆）や「きれいな桜！」（感動）が文として機能しているのは，話者に急激な心の動きをもたらした眼の前の対象を言語化（言語的に指示）するだけで結果的に話者の驚きや感動という心情を表現するからにほかならず，（砂漠で倒れて）「みず！」，（茶の間で寝ころがって）「お茶！」と叫ぶことが希求，要求の表現であり得るのは，希求対象を言語化するだけで，結果的に話者の希求感情を表現することになるからにほかならない（尾上1986参照）。このように，述語をもって述べることなく，（眼前の，あるいは心の内の）対象を言語的に指示するだけで文となるものがあり，これが喚体（的な）文と呼ばれる。そこに成立している「文的意味」の側面で言えば，前二例が〈存在承認〉，後二例が〈希求〉である。

一方，〈存在承認〉を，主語と述語に分けて並べて実現する方法もある。一つの存在を，存

在するモノ「ねこ」と存在の仕方（在り方）「寝てる」の二面に引き剝がして並べたところに「ねこ，寝てる」という文が成立するが，これが主語と述語の原理的発生にほかならない。「へいが倒れた」は存在物「へい」と在り方「倒れた」を並べ，「雪は白い」は存在物「雪」と在り方「白い」を並べ，また「日本は島国である」は「日本」というモノと「島国である」という在り方とを並べることによって〈存在承認〉の意味を実現している文である。もちろん，主語が表面に現れないこともあるが，存在の仕方を認識するところには原則として必ず存在物が認識されているのであり，述語をもって成立する文（述定文）には原則的に必ず主語があると言わねばならない。

　述定文は，文的意味で言えば〈存在承認〉を表すことが多いが，シヨウ形述語文（「一人で行こう」意志，「下郎め，下がりおろう」命令）は述定文でありながら〈希求〉側の意味を持ち，「〜するべきだ」「〜した方がよい」などのデオンティック・モダリティ形式を持つ文も，〈希求〉側の意味を持つ述定文である（モダリティ形式は述語の一部）。

　「本を読め」などの命令形命令文は，当然〈希求〉側の意味を持つ。動詞命令形を述定形式の一つと見る限り，これは述体文（述定文）の内であるが，動詞命令形（上ゲヨ，咲ケ）を連用形（「上ゲ」「咲キ」）＋ヨ（あるいは呼びかけ助詞相当の音形 a，sakia → sake）に由来するものと見て，命令形は動詞概念への呼びかけ形だと考えると，「太郎よ」「桜よ」などと平行的に喚体(的な)文だと見ることもできる。

4．上記両観点の重なりによる分類

　上記第一の「文的意味」の観点によって分類すれば，文にはA〈存在承認〉を語るものとB〈希求〉を語るものとがあった。上記第二の観点によって分類すればⅠ喚体(的な)文とⅡ述体文とがあった。この両観点の交差として，文は下の4種に大別できる。

AⅠ―〈存在承認〉・喚体的―

・原理的感嘆文（山田孝雄の感動喚体，擬喚述法，尾上の〈存在承認〉一語文，その延長の文）

　「ねずみ！」「きれいな桜！」「（わっ）動く！」「（きゃっ）人形が笑う！」「妙なる笛の音よ」

AⅡ―〈存在承認〉・述体的―

・平叙文（の大部分）

　「雪は（が）白い」「（あっ）笑っている」「鯨は哺乳類だ」「ねこが寝ている」「雨が降るだろう」「雪が降るかもしれない」

・疑問文

　「今度の台風は大きいですか？」「雨が降っているかい？」「タマは寝ているか？」

BⅠ―〈希求〉・喚体的―

・モノ希求一語文（存在物希求。山田孝雄の希望喚体の内「モノもが」タイプ，尾上の〈希求〉一語文）

　「水！」「もっと冷たい水！」「お茶！」「老いず死なずの薬もが」

・呼びかけ文（存在物希求）

　「太郎（よ）！」「おかあさーん」「先生！」

・スル形希求文（在り方希求）

　「まわる。まわる。もっとまわる」「（ほら）もっと笑う」「そこで止まる」「さっさとすわる」

・命令形命令文（在り方希求）

　これは，上記のとおり，考え方によってはBⅡに含めることもできる。

　「本を読め」「はやく歩け」

BⅡ―〈希求〉・述体的―

・平叙文（の一部。シヨウ形述語文の一部）

　「（下郎め）下がりおろう！」「火の用心さっしゃりましょう」

・平叙文（の一部。スルナ形禁止）

「ぼやぼやするな」「そこで寝るな」

5. 言表行為としての文／内容自立の文

上記，1，2，3，4で述べた区別とは全く別の観点で，文を大きく二つに分類することができる。〈推量〉(「雨が降るだろう」)や〈命令〉(「早く歩け」)などは，ある言語場（書きことばも含む）である話者（書き手を含む）が行う一つの言表行為を実現するものとしての文であり，その文の意味から推量する，命令するなどの行為の側面を捨象することはできない（＝言表行為としての文）が，〈記述〉(「赤道の長さは約4万キロである」)，〈記録〉(「大雪が降った」)，〈描写〉(「ねこが寝ている」)などは，断言する，描写・報告するという話者の行為の側面を捨象して，内容が一つの事態として自立しているものとして受け取ることができる（＝内容自立の文）。

〔甲〕言表行為としての文には，〔甲1〕相手（聞き手あるいは手紙などの読み手）に対する言表行為（対相手的行為＝働きかけ）である文と，〔甲2〕相手不要行為である文とがある。

〔甲1〕対相手的行為（働きかけ）の文

〔甲1aア〕「相手に対して要求を持つ働きかけの文（相手の意向不問）」には，①〈命令〉，②〈禁止〉，③〈要求〉，④〈依頼〉，⑤〈問いかけ〉の文があり，〔甲1aイ〕「相手に対して要求を持たない働きかけの文（相手の意向不問）」には⑥〈相手状況評価〉(「父よ，あなたは強かった」)，⑦〈訴え〉(「由良之助，待ちかねたぞ」)，⑧〈注意喚起・教え〉(「社長，お電話です」)，⑨〈誓い・宣言・宣告〉(「先生，きっとやります」) がある。また，〔甲1b〕「相手の同意めあての働きかけの文」には，⑩〈同意確認〉(「大山君，寒いね」)，⑪勧誘(「愚痴はよそうぜ，お富さん」) がある。これらのほかに，〔甲1c〕「非分析的表現による感情的働きかけの文」として，⑫〈あいさつ〉(「こんにちは」「さようなら」など) がある。(尾上1975参照)

〔甲2〕相手不要（非働きかけ）行為の文

〔甲2a〕①〈推量〉(「あしたは寒いだろう」)，〔甲2b〕②〈受理・納得〉(「なんだ，もう終ったのか」「おお，初雪だ」)，③〈確認・詠嘆〉(「たしかに今日は寒い」)，〔甲2c〕④〈意志表明〉(「一人で帰ろう」「わしは漫才師になる」)，⑤〈願望表明〉(「早く終ってほしい」「終ってくれないかなあ」「もう終ってくれ」) などがある。

〔乙〕内容自立の文

上述のとおり，〔乙1〕〈記述〉，〔乙2〕〈記録〉，〔乙3〕〈描写〉などがある。いずれも発話者の行為の側面を捨象しても文内容が内容として自立し得るもので，本質的には書きことば的な言語世界（演説，講義などテクストが場面から独立しうる話しことばも含む）である。

〔甲2〕の中で既実現側の確定的事態を内に持っている文（〔甲2b〕のうち）は話者の行為の側面を捨象すると，〔乙〕タイプの文として了解できる可能性が開けてくる。俗に「断定の文」「断定の助動詞」などと言われるときの「断定」とは，文の，〔甲2b〕のあり方と〔乙〕のあり方とを重ねてしまうところに成立する用語法であり，また〔甲2a〕と〔甲2b〕の近さを意識した場合には，「推量も断定の一種である」という言い方が為されることもある。

◆文，喚体と述体，主語，述語，一語文

■参考文献

尾上圭介 (1975)「呼びかけ的実現――言表の対他的意志の分類」『国語と国文学』52-12.〔再録：尾上圭介 (2001)〕

尾上圭介 (1986)「感嘆文と希求・命令文――喚体・述体概念の有効性」『松村明教授古稀記念・国語研究論集』明治書院.〔再録：尾上圭介 (2001)〕

尾上圭介（2001）『文法と意味Ⅰ』くろしお出版.
尾上圭介（2006）「存在承認と希求——主語述語発生の原理」『国語と国文学』83-10.
尾上圭介（2010）「山田文法が目指すもの——文法論において問うべきことは何か」斎藤倫明・大木一夫編『山田文法の現代的意義』ひつじ書房.

［尾上圭介］

■文の種類[2]

1. 文の分類のタイプ

　文の分類には，大きく構造的な分類と意味的な分類とがある。構造的な分類とは，文がどのような下位的構成要素からいかに構成されているのか，という文の内的構造のあり方による分類であり，意味的な分類とは，文の表している事柄的な内容の類型的な意味的あり方や，その文の担っている発話・伝達的な機能のあり方による分類である。構造的な分類として，独立語文・述語文や，動詞文・形容詞文・名詞文や，単文・複文などがあり，意味的な分類として，動きを表す文・状態を表す文・属性を表す文や，平叙文・疑問文・命令文・勧誘文・意志文・感嘆文などがある。さらに，その文が属するテキストがどのようなものであるかも，文のタイプに影響を与える。対話文・独話文といったものがこれである。

2. 構造的な分類

●**独立語文と述語文**——構造的な分類としては，文の内部構造への分化・統合のありようという点から，まず独立語文と述語文に分かれる。独立語文とは，述語とそれへ従属していく成分という分化を有していない文であり，述語文とは，述語とそれに従属する成分という分析・総合の過程を有している文である。

●**独立語文の下位類化**——独立語文は，独立語を形成する語の性質から感動詞（応答詞を含む）で形成された無分化的独立語文と，名詞で形成された独立語を有する分化的独立語文とに大きく分かれる。

(1)まあ！
(2)お〜い！
(3)火事！
(4)洋平！

(1)(2)が，無分化的独立語文であり，(3)(4)が，分化的独立語文である。無分化的独立語文は，他の何らかの成分で展開させられることはないが，分化的独立語文は，「そこにいる洋平！」のように，他の成分による展開を許す文である。

　また，独立語文は，表現・伝達的な機能の点から，聞き手の存在を前提としない表出的独立語文と，聞き手の存在を前提とする伝達的独立語文とに分けることができる。表出的独立語文とは，「あれっ！」「雪！」のように，驚きや詠嘆などを表すものである。伝達的独立語文とは，「はい！」「洋平！」のように，応答や呼びかけなどを表すものである。

　独立語文と述語文の区別が，常に明確であるとは限らない。分化的独立語文の中には，内部構造がかなりの程度に分化的展開を示し，述語文に近づいていくものもないわけではない。

(5)なんという彼の手際の鮮やかさ！
(6)彼の手際はなんと鮮やかなんだろう。

(5)は，独立語文と考えられるが，(6)の述語文と，さほど遠くないところに位置している。ただ，述語文が，過去の事態を表しうるのに対して，独立語文の表すものは，発話時の驚き・詠嘆や応答・呼びかけである。

●**動詞文と形容詞文と名詞文**——述語を有し，内部構造に対する分化を有している文が述語文であった。述語文は，述語の品詞性の観点から，述語が動詞で形成されている動詞文，イ形

容詞およびナ形容詞で形成されている形容詞文，名詞で形成されている名詞文というタイプに分けることができる。

(7)雨が降っている。
(8)僕は彼にまんまとだまされたようだ。
(9)西の空がまっ赤だ。
(10)武は博より背が高かったそうです。
(11)山田は偉大な文法学者だった。
(12)君は洋平君と友達か。

(7)(8)が動詞文であり，(9)(10)が形容詞文であり，(11)(12)が名詞文である。名詞は，「今日は日曜日。」のように，単独で述語になれないわけではないが，通例，述語を形成するにあたっては，「だ」「です」「だろう」「か」「ね」「よ」「さ」などの助動詞や助詞に伴われる。

●**単文と複文**──述語文は，節の含まれ方から，大きく単文と複文に分かれる。

(13)雄二の誕生日が近づいてきました。
(14)ソ連文化省のシャリドリン局長が，リュビーモフ氏を主任演出家の地位からはずす決定が下されたことを発表した。

単文とは，(13)のように，一つの節で成り立っている文である。(14)が複文の例である。複文とは，構成要素として節を二つ以上含む文である。(14)は三つの節から出来上がっている複雑な複文である。「ソ連文化省のシャリドリン局長が（あること）を発表した」という主節と，その「あること」の部分に該当する「（ある）決定が下されたこと」という節，さらに「ある決定」の「ある」の部分に該当する「リュビーモフ氏を主任演出家の地位からはずす」という節の三つである。

●**複文のタイプ**──複文は，主節に依存・従属していく節のタイプから，従属節を含む複文・埋め込み節を含む複文・連体修飾節を含む複文に分けることができる。

《従属節を含む複文》従属節とは，節が主節に対して節としての地位を保ちながら連用的な関係において連なり従属していくものである。従属節は，主節との関係のあり方や節的度合い・文への近さなどから，いくつかの下位種に分けられる。「朝6時に起きて，7時に家を出た。」「これ以上雨が降れば，川は氾濫するだろう。」「頑張ったので，僕も合格した。」「風が強いが，さほど気温は低くない。」などが，従属節を含む複文である。

《埋め込み節を含む複文》埋め込み節とは，文や節の成分として働いている節である。埋め込み節の代表は，補語として働いているものである。「僕は子供が運動場で遊んでいるのを見た。」「体調が回復しないことが彼を悩ませた。」「どうか皆が読めるように書いて下さい。」などが埋め込み節を含む複文である。

《連体修飾節を含む複文》連体修飾節とは，名詞を修飾したり説明したりする節である。「部屋の中にいた男が声をかけてきた。」「戦争が終わった翌日，洋子は生れた。」などが連体修飾節を含む複文である。

3. 事柄的な内容の意味類型からの分類

文は，それが表している事柄的な内容の類型的な意味的あり方から，動きを表す文・状態を表す文・属性を表す文などに分けられる。

(15)あっ，ザイルが切れる。
(16)このところ体がすごく軽い。
(17)彼は北海道生まれだ。

(15)が動きを表す文であり，(16)が状態を表す文であり，(17)が属性を表す文である。

動きの文は動詞述語で構成されており，状態や属性の文は形容詞述語や名詞述語で構成されている。しかし，常にこうであるわけではない。「たくさんの人があの部屋にいる。」の「いる」は，動詞ではあるが，状態を表す文を作るし，「彼女はよく喋る。」も，動詞文ながら，文全体の表す事柄的な内容のあり方として属性を表している。

動きの文には，アスペクトの分化が存在するが，状態・属性の文は，アスペクトを分化させていない。さらに，テンスの現れ方においても，この二つのタイプで異なりが存する。動きの文の述語をなす動詞のル形は，通例，現在ではなく，未来を表す。「すぐ行く。」は，未来を表し，現在を表さない。それに対して，「この部屋には学生がたくさんいる。」という状態の文は，現在を表している。また，動きや状態の文は，テンスを持っているが，属性の文には，テンスから解放されているものが少なくない。たとえば，「柿の実は赤い。」「彼は北海道生まれだ。」「自由はわがままと違う。」などは，テンスから解放されている。

4. 発話・伝達的な機能からの分類

文がどのような類型的な発話・伝達的な機能を担っているかによる文の分類には，平叙文・疑問文・命令文・勧誘文・意志文・感嘆文などがある。

●命令文——命令文は行為要求の文の一種である。行為要求の文とは，話し手が聞き手に行為の実現を求めるという発話・伝達の機能を担った文である。

　(18)静かにしろ！
　(19)どうぞお座りください。
　(20)そこを動くな！
　(21)どうか行かないで下さい

(18)が狭義の命令の文である，(19)が依頼の文であり，(20)が禁止の文，(21)が依頼的禁止を表す文である。「こっちへ来なさい。」なども命令の文である。

●勧誘文・意志の文——勧誘の文とは，話し手の行為遂行を前提にして聞き手に行為の実現を求めるというものである。意志の文とは，話し手の行為実現への意志を取り立てて他者への伝達を意図することなく発した文である。

　(22)一緒に帰ろう。
　(23)今年こそは留学しよう。

(22)が勧誘の文であり，(23)が意志の文である。「我々も行かないか。」も勧誘文である。

●平叙文——平叙文とは，確認済みのこととしてあるいは思考の中で推し量ったこととして叙述内容である事態を成立させた文である。

　(24)あっ，雨が降っている。
　(25)評議委員には彼が選ばれたらしいよ。

平叙文には，(24)のように眼前の状況を描写した文全体が新情報の文や，(25)のように判断を述べた文がある。平叙文には，(24)のように，取り立てて聞き手に伝えるという意図を持たない状況でも発話される。

●肯定文・否定文——叙述内容である事態には肯定事態と否定事態がある。「彼は善人だ。」「男がやって来た。」のように，肯定事態を表しているのが肯定文である。「彼は善人ではない。」「男はやって来なかった。」のように，否定事態を，述語を否定形にすることによって表しているのが否定文である。「彼は不親切だ。」は，「彼は親切だ。」に対して否定事態を表していることになるが，否定文とは通例呼ばない。

「こちらに来い！」「こちらに来るな！」は，共に広義の命令であるが，肯定・否定の点で，前者が肯定，後者が否定という関係にある。

●疑問文——疑問文とは，話し手が，自らの有している疑念を解消し判断を成立させるために，聞き手から情報を求める文である。

　(26)君は学生ですか？
　(27)彼，どこから来たの？

(26)が，「はい」「いいえ」で答えられる真偽疑問文であり，(27)が，判断内容に存在する不明な部分の解明のために聞き手から情報を求める，という補充疑問文である。

●感嘆文——感嘆文とは，物事のありようが誘因となって引き起こされる話し手の驚き・感動などを表した文である。

　(28)これ，なんてきれいな花なんだろう。

(29)わぁ，大きな岩！

(28)が感嘆を表す文である。このタイプの文には，(29)のように独立語文であるものも少なくない。

➡文，モダリティ，述語文，一語文，複文，単文，喚体と述体，構文論(統語論)，従属節(従属句)

■参考文献

山田孝雄（1936）『日本文法学概論』宝文館．
三尾 砂（1948）『国語法文章論』三省堂．
国立国語研究所（1960，1963）『話しことばの文型(1)，(2)』秀英出版．
仁田義雄（1995）「日本語文法概説（単文編）」宮島達夫・仁田義雄編『日本語類義表現の文法（上）』くろしお出版．

[仁田義雄]

■文の成分

●文の成分とは——文を分節して得られる第一次的な構成要素。逆に言えば，文の成分が，ある規則・関係に従って組み合わされることによって文が構成される。成分にはどのようなものがあるか，成分相互を組み合わせる規則・関係にどのようなものを設けるかは，文法理論によってさまざまに異なる。原理的には，文の頭から形態的な単位で竹の節のように区切って得られる「形態論的成分」，文の構造という観点から文全体を二分法的に木の枝のように分けて得られる「統辞論的成分」，述語を中心にさまざまな項を網の目のように結びつける意味関係によって得られる「格構造論的成分」の3つの典型的な成分設定の立場がありうる。ただし，各文法理論では，純粋にいずれかの立場に立った成分の設定が行われることはまずなく，成分ごとに異なった立場が組み合わされたり，複数の立場が重ね合わされたりして成分が設定されている。

●山田文法では——山田孝雄は，近代日本語文法の草創期にあたり，形態論，統辞論，格構造論それぞれの観点を必ずしも明確に分けた理論構成をしているわけではない。すなわち，成分にあたるものを語の位格と呼び，呼格・主格・賓格・補格・述格・連体格・修飾格・接続格の8つを設ける。山田文法では，いわゆる助動詞を複語尾と呼び用言の中に繰り込むため，結果的には述語は形態論的な文節という単位に近くなる。さらに，連体格・修飾格・接続格は統辞論的な観点から，主格・補格と述格との関わりは格構造論的な観点から議論されている。

●橋本文法では——橋本進吉は，文章—文—文節—語—接辞ないし語根という形態論的な階層を設定するのであるから，文を構成する第一次的な構成要素である文節は本来形態論的成分である。しかるに，そこで設けられた文節間に統辞論的な関係を重ね合わせ，それを担う成分を種類分けする。すなわち，前の文節が従で後の文節が主である従属関係およびそれを担う従属文節（主語—述語，修飾語—被修飾語，補語—被補足語，接続語—被接続語），前後の文節が対等である対立関係（または並立関係）およびそれを担う対立文節（「ペン及び一鉛筆」の類），前の文節が主であとの文節が従である付属関係およびそれを担う付属文節（「見て—いる」の類）の3者が設けられている。

●松下文法では——松下大三郎は，形態論的観点を根本に据える橋本文法の文節論と近いものであり，詞の相関論の中で連詞を構成する関係およびそれを構成する成分として，主体関係（主語・叙述語），客体関係（客語・帰着語），実質関係（補語・形式語），修用関係（修用語・被修用語），連体関係（連体語・被連体語）の5つの関係とそれを構成する成分を設定する。

●時枝文法では——時枝誠記は，言語過程説の立場に立ち，文を入れ子型構造として分析するのであるから，そこで設けられる文の単位は第

一義的には統辞論的成分ということになる。しかも，文の中でも述語格を中心に据え，そこから主語格・客語格・補語格・対象語格・修飾語格が分出すると考える（対象語格には意味論的な観点が混在する）が，それ以外にも述語と直接関わらないものとして独立格さらには連想格を設ける。

●**渡辺文法では**——渡辺実は，統辞論的理論をある意味では究極的に突き詰め，文を構成する7つの職能とそれを担う7つの統辞論的成分を立てる。すなわち統叙の職能（統叙成分），陳述の職能（陳述成分），連用の職能（連用成分），連体の職能（連体成分），並列の職能（並列成分），接続の職能（接続成分），誘導の職能（誘導成分）を立てたが，そのうち統叙成分と陳述成分は形態との対応がない。

その後，北原保雄は，渡辺文法に独自の修正を加え，幾層もの格とそれを受ける格統叙の関係を組み込み，格構造論の方向に議論を向け変えていくが，文全体を分節して得られる成分といったものは見出しにくくなる。

➡構文論（統語論）

■参考文献

山田孝雄（1901）『日本文法論』宝文館．
松下大三郎（1928）『改撰標準日本文法』紀元社．
橋本進吉（1959）『国文法体系論』岩波書店．
時枝誠記（1941）『国語学原論』岩波書店．
渡辺 実（1971）『国語構文論』塙書房．

［井島正博］

■**文法化**

●**文法化(grammaticalization)とは**——日本語をはじめ多くの言語で観察される，語彙的な意味を表す名詞，動詞といった品詞が，機能的な意味を表す側置詞（例：助詞），接続詞，副詞，助動詞といった品詞として用いられるように変化する通時的なプロセス。

日本語における文法化の例としては，古代語の存在動詞「あり」が，完了の助動詞となり，さらに現代語の過去・完了の助動詞「た」となった歴史的な過程(1)があげられる。

(1)てあり＞たり＞た

●**文法化と「形式化」**——日本語の研究に文法化という概念が用いられるようになったのはごく最近のことである（『日本語の研究』1-3, 2005）が，文法化と類似した概念で「形式化」という用語が国語学者によって用いられてきた。例えば，三上（1972：194）は形式化を「或る単語が慣用の結果，一方的な用法に固定して原義からもれ，時には品詞くずれも引起す，というような場合にその単語は形式化したという」と定義している。三上が形式化の例としてあげている現象には以下のようなものがある。

(2)本ヲ枕元ニ置イテ読ム＞本ヲ枕元ニ於テ読ム (p. 197)

このように文法化の研究に通じる問題意識は従来の国語学の研究の中にもあったと考えられるが，「形式化」のメカニズムを理論的，体系的に研究するという方向性は見られなかった。日本語の文法化の研究はまだ緒についたばかりである（Ohori 1998も参照）。

●**文法化の通言語的側面**——文法化は，通言語的に観察される現象である。このため，言語類型論的な観点から，どのような語彙的意味を持つ品詞からどのような文法的意味を持つ品詞が通時的に派生されるか，という文法化の経路についての研究が進んでいる。実際に日本語の(1)(2)のような文法化の経路も，日本語に特殊なものではなく(1')(2')のように通言語的に観察されるものである。

(1')存在動詞＞結果相＞完了相＞過去時制
(2')副動詞(例：動詞の連用形)＞側置詞

例えば，(2')のような文法化の経路は，英語の

「〜に関して」という意味を表す regarding (< regard), concerning (< concern) といった現在分詞の前置詞への機能変化においても見られる。

●**文法化の共時的側面**——文法化には通時的な側面以外に，談話の中で頻繁に用いられる形式や構文が特定の語用論的な意味を帯びて用いられそれが慣用化してくるという，まだ完全に通時的現象として固定しない共時的現象としての流動的，創発的な側面がある。一例として，Kitano (2001) が分析している「ていうか」という談話標識 (discourse marker) を取り上げる。「ていうか」には以下のような用法がある（例文は Kitano 2001 より）。このうち，(3a) の用法は相手の発言を引用しつつ訂正する接続助詞的なもので，(3b) の用法はその類例だが直接相手の発言を引用せず文頭に生起する接続詞的用法である。最後に (3c) は (3b) と同様に文頭に生起する接続詞用法だが，(3b) とは異なり，相手の発言を引用，訂正することなく，単に話者の意見を述べるために用いられている。

 (3)(a) A：じゃあみんな 24 万ということになる。
   B：みんな<u>っていうか</u>，もう，まあ世の大体の人は。
  (b) A：なんか読むの遅くなったのかなあ。
   B：<u>ていうか</u>，やっぱりあれだよ。
  (c) A：はやいでしょ。
   B：<u>ていうか</u>，はやい。

Kitano はこれらの用法間の出現時期の相違には触れておらず，実際に談話の中で使用されるこのような談話標識の現在進行中の機能変化を捉えるのは容易ではないが，「より従属的な形式（例：接続助詞）」から「より独立的な形式（例：接続詞）」という，通時的な文法化のプロセスでしばしば観察される機能変化から推察すると (3a) の用法が (3b, c) の用法に先行し，さらに「て」が本来の引用機能を果たしている (3b) の用法が，本来の引用機能を喪失している (3c) に先行するものと考えられる。

◆補助動詞，後置詞，複合辞

■参考文献

日本語学会編 (2005)『日本語の研究』1-3,「特集：日本語における文法化・機能語化」.

三上 章 (1953)『現代語法序説』刀江書院.〔増補復刊：くろしお出版, 1972〕

Hopper, Paul J. and Elizabeth C. Traugott (2003) *Grammaticalization*, 2nd edition. Cambridge University Press.〔日野資成訳 (2003)『文法化』九州大学出版会〕

Kitano, Hiroaki (2001) "Quotation in Japanese conversational interaction and its implications for the dialogic nature of language." In Kaoru Horie and Shigeru Sato (eds.) *Cognitive-Functional Linguistics in an East Asian Context*. Kurosio Publishers.

Ohori, Toshio (ed.) (1998) *Studies in Japanese Grammaticalization*. Kurosio Publishers.

        ［堀江 薫］

■文法関係

主語，目的語のような，述語に対して名詞句が果たす統語的な機能のことを「文法関係」と呼ぶ。

生成文法においては，このような文法関係は一次的なものとはみなされず，名詞句の統語構造上の位置から二次的に定義されるものとされる。一方，関係文法のような理論においては，文法関係はむしろ一次的なものとされ，文法において決定的な役割を果たす。

ただし，日本語においては，文法関係を統語

構造上の位置に単純には還元できない場合がある。例えば、次の文はいずれも、「ある」を述語とし、同様の格配列を持っており、ニ格名詞句は同様の統語構造上の位置を占めているようにみえる。

(1)<u>机の上</u>に本がある。

(2)<u>山田さん</u>には別荘がある。

ところが、(1)のニ格名詞句は主語として機能しないのに対して、(2)のニ格名詞句は主語として機能するとされる。このようなニ格名詞句の文法関係の違いを統語構造上の位置の違いとして説明するためには、文の階層構造をどのように仮定するかということを考える必要があるが、これは、理論的な枠組みにも依存する問題となるであろう。

また、文法関係には、ある名詞句の文法関係をどのようにして判定するかという問題もある。主語に関しては、しばしば尊敬語の対象となるかどうかということが挙げられる。

(3)山田さんには別荘が<u>おありになる</u>。

目的語に関しては、形式名詞「こと」の付加ができるかどうかということなどが挙げられる。

(4)子供は母親の<u>こと</u>が好きだ。

➡格, 構文論(統語論)

■参考文献

柴谷方良 (1978)『日本語の分析』大修館書店.

柴谷方良 (1984)「格と文法関係」『言語』13-3.

杉本 武 (1986)「格助詞」, 奥津敬一郎・沼田善子・杉本武『いわゆる日本語助詞の研究』凡人社.

Kishimoto, Hideki (2004) "Transitivity of Ergative Case-Marking Predicates in Japanese." *Studies in Language* 28(1).

[杉本 武]

■文法史の時代区分

●古代語と近代語──歴史的変遷から見ると、日本語の文法は古代と近代に大きく分かれる。画期をなすのは、広めに見て西暦の1100年くらいから1400年くらいの時代であろう。

古代語の文法と近代語の文法の大きな違いは、次に求められる。①古代語に存在した連体形で結ぶ係り結びが、近代語では消滅する。已然形結びも消滅する。②古代語では文終止にはふつう終止形が現れるのであるが、近代語では古代語の連体形が現れる。よってこの古代語の連体形を、近代語では終止形（終止・連体形）と呼ぶ。③古代語では主格はふつう無助詞形態で現れるが、近代語ではガが積極的に使われる。④アスペクト・テンス、モダリティを表す接尾辞群（助動詞類）がほとんど交代・変化する。以上の全体をごく簡単に見れば、「花、有り」「花ぞ有りし」のような文が「花が有る」「花が有った」のような文に変化するのである。④によって活用形の役割も次のように変化した。古代語ではズ・ム・マシのような「助動詞」の意味は、活用形としての未然形の意味によく対応していた。「未だそうなっていない」ことを表す「助動詞」は未然形に付く。アスペクト的に完了、テンス的に過去を表す助動詞群は、「既にそうなっている」という既然態的な意味を表す連用形に付いた。その他の助動詞は、未然・既然に関してニュートラルな終止形に付いた。動詞の終止形は、ニュートラルに現在の動作を表すこともできた。一方、近代語の活用形と助動詞群との承接は、より機械的・形式的になっている。

●文法史の資料──中古中期までの日本語の書き言葉は、話し言葉の文法を土台としていた。すなわち和文の書き言葉はおおむね口語体だった。ところが中古末あたりから、書き言葉は前代の書き言葉を手本にするようになる。すなわ

ち書き言葉が文語体化する。仮名遣い問題がこの頃に生じるのもこのためである。そこで，15世紀以降の抄物・狂言・キリシタン資料など，新たな口語体資料が現れる以前の話し言葉の状況は，口語体資料に乏しいために不明なところが多い。先に「1100年くらいから1400年くらい」と大雑把に画期を設定せざるを得なかったのは，このような事情によりやむを得ず規定されているところがある。

　中古前期，9世紀くらいも和文資料に乏しいために，言語の実態が分かりづらい。一口に古代と言っても，この期間を間に挟んで上代と中古では相当の変化があるから，注意が必要である。また近代と言っても，室町期とその前後は，資料上の制約から畿内，特にミヤコの言葉を中心に日本語を考えざるを得ない。ところがミヤコに集合していた武家たちは，江戸時代初期に集団で江戸に移転した。いわゆる「本江戸」は，このような上方語の系列に連なる教養層の言語と思われる。これらは一種の共通語でもある。一方，庶民の言語は上方方言，江戸方言などに大いに分化した。もちろんその他の方言もある。

　現代の「標準語・共通語」は，「東京山の手の教育ある人々の言語」を基盤にしていると言われるが，むしろ江戸期以来の共通語の流れの中にある。現代語の文法研究は，小説などに現れた共通語の書き言葉口語体を，資料として多く利用している。この共通語もまた，多くの方言と同様，日本語の一言語態様と考えた方がよい。江戸期以前の各地の方言は資料不足から不明な点が多いのは仕方がないが，現代語研究の場合は，時代区分の内部において，方言分化をも考慮に入れることが必要だろう。

◆終止形と連体形の合一化(同化)，条件形式の変遷，二段活用の一段化

■参考文献

阪倉篤義（1970）「「開いた表現」から「閉じた表現」へ」『国語と国文学』47-11.

松村明他（1975）『〈シンポジウム日本語1〉日本語の歴史』学生社.

築島裕他（1982）『〈講座国語史4〉文法史』大修館書店.

　　　　　　　　　　　　　　　　［野村剛史］

■文法性

●文法性の度合い——生成文法では，ある文が文法的であるとか文法的でない（非文法的である）とかいう言い方をすることがある。文法的であるとは，大雑把に言って，その言語の文法的制約を満たしているということであり，非文法的であるとは，何らかの文法的制約に違反しているということである。非文法的な文は非文とも言う。

　文法的である度合いを文法性（grammaticality）と言うが，これを文法的，非文法的の2値的なものと考える立場ばかりでなく，研究者によっては，しばしば，完全に非文法的なものを「*」で，やや悪い程度のものを「?」であらわしたりする流儀がある。さらに細かく，「*」と「?」の間に「?*」や「??」を設けたり，「*」よりさらに悪いものを「**」であらわしたりする研究者もいるが，これらの記号の使い分けの基準が明示されることは少なく，あまりにも多くの記号を使い分けるのは恣意的であるとの批判を免れない。

　また，たとえ何段階に分けようとも，各々の文の悪さは一様ではないのだから，文法性を共通の尺度であらわすのは不可能であるという考え方もある。結局，連続的な「悪さ」の差でしかないのだからということで，「文法性」という代わりに「容認度」（acceptability）という言い方を好む研究者もいる。

●広義の文法性——文法とはそもそも音韻論，統語論，意味論を含む概念である。そのため，

「文法性」もこれらの側面をもつことになる。音韻的な「悪さ」は，その言語の音韻法則に従っていないということであり，人によっては鼻濁音を使わない「音楽」の発音がそれに相当するかもしれない。ただし，音韻的な悪さは「非文法的」とは言わないことが多い。

「文法性」を狭義に使うときには統語的な悪さのことを言うことが多い。もちろん，文が悪く感じられるのが統語的な要因なのか，意味的な要因なのかの判別は必ずしも簡単ではないが，区別が可能な場合には，後者を意味的な逸脱と言う。

統語的な要因の非文法性の典型的な例は，自動詞が目的語をとったり，他動詞の目的語の格助詞が間違っていたりするものであり，(厳密)下位範疇化のあやまりと呼ばれる。それぞれの動詞は補語としてとるべき範疇の数・種類によって分類されており，その分類からはずれるという趣旨の命名である。

一方，目的語の数やそれぞれの格助詞は正しいにもかかわらず，語順がおかしかったり，特定の代名詞の使用法がおかしいものもある。代名詞の解釈に関する非文法性は統語的現象とも意味的現象とも考えることができる。

意味的に逸脱している場合の典型的な例は選択制限の違反と呼ばれるものである。人間でないものが能動的な行為をおこなったり，現実世界では起こりそうもないような目的語と動詞の組み合わせの場合がこれにあたる。

一般に明確に統語的な下位範疇化のあやまりだと考えられている助詞の間違いなども，「*彼を勝つ」のような場合には明らかだが，「?彼を泣く」のような場合には微妙である。彼のことを思って泣くという意味で使えないこともないからだ。また，「彼を数える」は異様だが，四方鏡の部屋で彼の姿を数えるという状況ならば意味をなす。このように，意味的な逸脱は，想定する状況・文脈に左右されるので，一概によい・悪いを言えないことが多い。

●**文法性の判定**——文法性に関するもう1つの問題は，文法性の判定を誰がするのかということである。生成文法では多くの場合，研究者自身が判定し，社会言語学では，大規模なアンケート調査をおこなうことが多い。それぞれのやり方に一長一短があることが指摘されているが，特に，前者では，理論に都合のよいように判断が歪まないか，後者では，結果の信頼度がどれほどあるか，という問題がある。

文法性の判定は単によく響くかどうかの問題ではなく，その文が使われる状況が想定できるかということに関わる。そのため，アンケート調査をするとしても，単語の使用度の調査などに比べて，一つ一つの文に十分に時間をかける必要があるだろう。

➡生成文法

■参考文献

郡司隆男 (1995)「言語学的方法」伊藤正男他編『〈岩波講座認知科学1〉認知科学の基礎』第5章，岩波書店．

Chomsky, Noam (1957) *Syntactic Structures*, p. 13. Mouton.〔勇康雄訳 (1963)『文法の構造』研究社〕

Chomsky, Noam (1965) *Aspects of the Theory of Syntax*, p. 11. MIT Press.〔安井稔訳 (1970)『文法理論の諸相』研究社〕

[郡司隆男]

■**文脈**

文脈は広くcontextの訳語として用いられるが，さらに言語的文脈(co-text)と非言語的文脈(=状況, situation)に細分できる。前者が狭義の文脈と言うこともできよう。前者は，語，句，節，文，発話等の言語的単位同士が構成する連続体・構造体のことを指し，また個々の語，句，節，文，発話等に対して，それが包

摂されるさらに大きな連続体・構造体を指して言う場合もある。後者は，個々の発話に対して，その話し手，聞き手，発話現場，発話の動機・意図，発話の効果等，発話が影響を受け，また発話が影響を与える状況一般を指し示す。言語的文脈と非言語的文脈の両方を，例えば話し手や聞き手の知識に還元して統合的に扱う立場もあり得る。

文脈を構成する原理として，整合性(coherence，首尾一貫性，または一貫性とも)と結束性(cohesion)がしばしば問題にされる。整合性は，文や発話の自然なつながりのよしあしを表す概念で，言語的要素による場合と非言語的要素による場合とがある。一方，結束性は，言語的手段を使って文脈の言語的なつながりを指す。整合性と結束性は截然と分けられるものではなく，結束性を形成する表現が増えると整合性が増す。

結束性に関わる表現（結束表現）として，指示表現(referring expression)，代用表現(substitution)，接続表現(connective expression)等を挙げることができる。指示表現は，先行詞と照応表現(anaphoric expression)の関係を形成する。指示表現には，固有名詞によるもの，普通名詞によるもの，指示詞・代名詞によるもの，ゼロ代名詞によるもの等がある。

整合性を生み出す関係（整合関係）として，亀山(1999)では，類似関係(resemblance)，因果関係(cause or effect)，時空的つながり(configuity in time or place)，論証関係(argumentation relation)を立て，さらに細分している。また市川(1978)では，「文の連接関係の基本的類型」として，順接型，逆接型，添加型，対比型，転換型，同列型，補足型，連鎖型の8種を立てていることが参考になる。

◆結束性，テキスト言語学

■参考文献

亀山 恵(1999)「談話分析：整合性と結束性」『〈岩波講座 言語の科学7〉談話と文脈』岩波書店.
市川 孝(1978)『国語教育のための文章論概説』教育出版.
佐久間まゆみ(2002)「接続詞・指示詞と文連鎖」『〈日本語の文法4〉複文と談話』岩波書店.

［金水 敏］

■分離不可能所有

所有（possession）には分離可能所有または譲渡可能所有（alienable possession）と分離不可能所有または譲渡不可能所有（inalienable possession）の二種類があると言われる。違いは以下のように言える。分離不可能の所有物は所有者と一体であり，切り離すことができないが，分離可能の所有物はそうではない（Haiman 1985：130）。分離不可能の所有物は生まれながらに持っているが，分離可能の所有物は後に与えられる（Nichols 1988：119）。分離不可能の所有物の代表的なものとされるのは身体部分であり，分離可能の所有物の代表とされるのは道具などである。

分離不可能所有と分離可能所有は峻別できないで，連続帯を成すという意見もある。例えば，角田（1991：119），Tsunoda（1995：576）は(1)に示す階層を提案した。所有傾斜（Possession cline）と呼ぶ。

(1) 身体部分 ＞ 属性 ＞ 衣類 ＞ 親族 ＞ 愛玩動物 ＞ 作品 ＞ その他の所有物

所有傾斜は所有物と所有者の間の近さ・密接さの度合いを表すのであろう。

連続帯であることを示す例を日本語から挙げる（角田1991，Tsunoda 1995）。所有者敬語（尊敬語の一種。所有物を通して所有者に敬意を表す表現）では，いわゆる自動詞主語の場

合，身体部分（例：(2)の髪），属性（例：(3)の体温）では言えるが，衣類から下は，次第に不自然になる。

(2) 最近，天皇陛下の髪がすっかり白くなられました。
(3) 天皇陛下のご体温はもとの状態に戻られました。

所有のノとガの交替は，身体部分（例：(4)の「目」）では言いやすいが，所有傾斜で下に行くにしたがって言いにくくなる。その他の所有物（例：(5)の「別荘」）ではかなり不自然である。

(4) a. 花子の目が大きい（こと）。
　　b. 花子が目が大きい（こと）。
(5) a. 花子の別荘が大きい（こと）。
　　b. ?花子が別荘が大きい（こと）。

➡尊敬語

■参考文献

角田太作（1991）『世界の言語と日本語』くろしお出版．〔改訂版2009年〕

Haiman, John (1985) *Natural Syntax : Iconicity and Erosion*. Cambridge University Press.

Nichols, Johanna (1988) "On alienable and inalienable possession." In William Shipley (ed.) *In Honor of Mary Haas*, 557–609. Mouton de Gruyter.

Tsunoda, Tasaku (1995) "The possession cline in Japanese and other languages." In Hilary Chappell and William McGregor (eds) *The Grammar of Inalienability: A Typological Perspective on Body Part Terms and the Part-whole Relation*, 565–630. Mouton de Gruyter.

〔角田太作〕

■分裂文

分裂文とは，主語が節で構成され，述語がその節から取り出された特定の成分によって構成される次のようなコピュラ文のことを言う。

(1) 秀吉に勝ったのは家康だ。
(2) 家康が勝ったのは秀吉だ。

これらの文は次の(3)と同じ意味を表しているが，語順が異なっている。

(3) 家康が秀吉に勝った。

日本語には(1)と(2)に示した「XのはYだ」タイプの分裂文の他に，「XのがYだ」タイプの分裂文もある。

(4) 秀吉に勝ったのが家康だ。
(5) 家康が勝ったのが秀吉だ。

「XのはYだ」と「XのがYだ」という2種の分裂文には次のような文法的な違いがある。

どちらのタイプもYに主格・対格，あるいは時・場所などの名詞を用いることが可能だが，「〜から」「〜ため」などの理由節や「初めて」「2度目」などの副詞的な表現をYに許すのは「XのはYだ」だけである。

(6) 太郎に会ったの {は/*が} あやまりたかったからだ。
(7) 太郎に会ったの {は/*が} 初めてだ。

また，「XのはYだ」のYは格助詞を伴えるが，「XのがYだ」のYは格助詞を伴いにくい。

(8) 家康が勝ったの {は/?が} 秀吉にだ。

さらに，機能面に関しては次のような違いがある。

「XのはYだ」は「Xのは」の部分で聞き手と共有する前提的な情報を述べ，「Yだ」の部分で聞き手に最も伝えたい情報（＝焦点）を述べる。

(9) 悪いのは（あなたじゃなくて）この私だ。

それに対して，「XのがYだ」では，次の(10)のように「Yだ」のほうが前提で「Xのが」が焦点となる場合と，(11)のように「Yだ」の部分や「XのがYだ」全体が焦点となる場合がある。

(10) (この人じゃなくて) さっき出ていったの

が犯人だ。

(11) なんと最後に現れたのが一匹の蛇だった。

これまでは生成文法の立場からの文法研究が盛んであったが，最近では分裂文の談話分析や会話分析も行われるようになっている。

◆焦点，名詞文

■参考文献

井上和子(1976)『変形文法と日本語（上・下）』大修館書店．

熊本千明(1989)「日・英語の分裂文について」『佐賀大学英文学研究』17．

砂川有里子(2005)『文法と談話の接点――日本語の談話における主題展開機能の研究』くろしお出版．

砂川有里子(2007)「分裂文の文法と機能」『日本語文法』7-2．

森 純子 (2008)「会話分析を通しての「分裂文」再考察――「私事語り」導入の「～のは」節」『社会言語科学』10-2．

[砂川有里子]

■へ

方向や移動先を表す格助詞。もと，外向的な移動に用いられていたが，平安期に移動先を表すのにも用いられるようになり，格助詞「に」との接近が生じたとされる。室町期には，「京へ，筑紫に，板東さ」と言われるような移動先を表す格助詞の地域差も生じた。江戸では，商家層の影響で，関東圏でも例外的に移動先に「へ」がよく用いられた。標準語でも「へ」と「に」の併用は継承されたが，明治期から現代にかけて，徐々に「へ」が用いられる割合が減少している。現代日本語では，移動先を表す無標の形式「に」に対して，「へ」は動作性や方向性を示す有標の形式として用いる傾向がある。

●「に」と「へ」の違い――「学校{に/へ}行く」「東{に/へ}向かう」など，移動先や方向を表す場合には「に」と「へ」が併用されるが，「駅前{に/??へ}交番がある」「彼{には/??へは}弱点がある」「大きく海{に/??へ}向いた窓」など，存在や所有，静的な状態を表す場合にはもっぱら「に」が用いられる。また，「花子{に/へ}与える」「彼{に/へ}話しかける」など，人に向かう動作には普通「に」が用いられるが，「へ」もまれに用いられる。

現代語で，動詞別に移動先や方向を表す「へ」と「に」の比率を見ると，「来る」では1：2，「帰る」では1：3，「通う」では1：7といずれの動詞でも「に」が用いられる傾向が強い。その中で，「行く」では1：1.2，「向かう」では1：1.6と，内から外への移動には「へ」を用いる比率が比較的高く，現代語でも「へ」の外向性という傾向性が見られる。

しばしば，「に」は静的で，「へ」は動的であるといった説明もなされるが，「歌を歌いながら家{に/へ}帰ろう」「どたばたと部屋{に/へ}戻っていった」のように，動きを取り立てる副詞句を添えた場合でも「に」が不自然になるとはいえない。静的と動的という対立ではなく，無標の「に」に対して，動的な面で有標の「へ」と位置づけるのがよい。

「日本に留学する→日本{??にの/への}留学」のように，「に」は「の」を後続させることが出来ないが，「へ」は「の」を後続させて連体修飾することが出来る。単独では「人に」の方が「人へ」よりも圧倒的に多く用いられるが，連体修飾の場合には，「彼への負担」「花子へのプレゼント」のように，「??人にの」の代わりに「人への」の形が用いられる。

●「へ」と「へと」の違い――方向を表す表現には，「へ」や「に」のほかに「へと」や「の方に」「に向かって」などの複合的な形式も用いられる。一般的に，「山道を降りる」のような経路ヲ格は，「山道を麓{??に/??へ}降り

る」のような地点を移動先とする表現とは共起しにくいが，「へと」や「の方に」など，複合的な形式は「山道を麓｛へと/の方に/に向かって｝降りる」のように共起する。「山道を東側｛に/へ｝降りる」のような移動先ではなく方向を表す方向では，「に」「へ」ともに用いられる。

➡格助詞，二

■参考文献

青木伶子（1956）「「へ」と「に」の消長」『国語学』24．

原口 裕（1969）「近代の文章に見える助詞「へ」」『北九州大学文学部紀要』4．

[矢澤真人]

■並立語（並列語）

●並立語とは──主語・述語・修飾語あるいは文など，いずれの構文レベルにおいても，対等の構文要素が複数並べられたとき，最後の要素より前にあるものを並立語という。最後の要素は被並立語と呼ばれ，並列語と一体となって全体として主語・述語・修飾語あるいは文として働く。

●研究史──並立という意味ないしその意味を担う並立助詞に関しては，橋本進吉などにも議論があるが，文を構成する成分の一つとして並立語（並立成分）を設定したのは，杉山栄一を最初とし，関根俊雄などに受け継がれるが，体系的な理論の中に位置づけたのは渡辺実である。

●特徴──並立語は他の成分よりも特殊な性格を持っている。たとえば，主語-述語，修飾語-被修飾語（連用，連体），条件節-主節のように，日本語の文の構造は，一般的に後にあるものが主で前にあるものが従となる（前方分岐）のが原則であるが，並立語に限っては，いくら並立語-被並立語という言い方をしても，前後両成分はむしろ対等の関係にあると言うべきである。また，並立の関係は，はじめに述べたように，文のさまざまなレベルに現れることができ，主語（「バナナとリンゴが好きだ」），述語（「降ったり晴れたりする」），修飾語（「清く 貧しく美しく生きる」），はては文（「花は咲き鳥は歌う」）にまでいたる。さらに，並立語は主語・述語・修飾語の一部（あるいは重文）となるのであって，文を直接構成することはない。ただこの点は，連体修飾語も同様である。

●問題点──渡辺は「清く 貧しく美しく生きる」「赤く甘いリンゴ」のように，並列語となっている用言の連用形を，並列形と呼ぶべきであると主張しているが，統語構造の次元と，意味構造あるいは格構造の次元とを区別すれば，統語的には連用修飾語でありかつ意味的には並列（並立）を表わすということも可能である。同様に「太郎と次郎」「太郎と遊ぶ」も，統語的には連体と連用という違いがあるが，意味的にはともに並列（並立）を表わすということもできる。

➡文の成分，並立（並列）助詞，中止法

■参考文献

橋本進吉(1934)『新文典別記 文語篇』冨山房．

杉山栄一(1943)『国語法品詞論』三省堂．

関根俊雄(1957)『文章法序説』明治書院．

渡辺 実(1971)『国語構文論』塙書房．

[井島正博]

■並立（並列）助詞

並立関係を表す助詞のことで，「と，や，に，やら，だの」は名詞のみに付き，「か，なり，とか」などは名詞にも述語にも付く。また，「たり」は述語に付いて並立関係を表し，あとに「する」などの述語要素が付く。形態的には，「AとBと（が）」のように最終項にも付

加して後に格助詞を接続できるタイプ（「と，やら，なり，か，だの」）と，「A や B*や（が）」のように最終項には付加せず後に格助詞を接続できないタイプ（「や，に」）がある。

「と」のみは「老人と海」のような異質な要素の結合を表すことができる（そのため全数列挙で，「と」の結合によるタイトル名もある）。

「か」も全数の列挙を表すが，選択的関係を表す。そのため，「本か雑誌を｛買うべきだ/買ったらしい/買え/??買った｝」のように，一つの事態だけに確定したことを表す述語（一般に過去の断定）とは基本的に共起しない。このように列挙の意味は文末表現と相関することがある。

「に」「とか」「だの」は，元の集合の要素を順次加えて数え上げる操作を表す。「に」は全数の列挙を表し，「鬼に金棒」など付加を表す表現に連続する。「とか」「だの」は思い付いたものを例示的に列挙する（「だの」は典型的には実体験的文脈で使われ，列挙要素が複数必要だが，「とか」は一例だけの例示もでき，曖昧な表現に使われる）。いずれも発話現場の思いつきを表し，話し言葉的である。

「や」「やら」は例示的列挙を表す。そのため，「や」の結合によるタイトル名は一般的ではない。すでに確定した文では「筆やペンで書いた（＝ほかの文房具も）」のように他の同類要素の存在が暗示される。しかし，確定した文でない場合には，「筆やペンで書け」のように，「〜と〜とそのほか」には置換できない場合がある。

「なり」は必要なことについて例示的に挙げるという用法があり，文末に単一事態の確定的な内容の表現は来ない（「*私は乗るなり走るなりした」）。並立要素に節相当のものや動詞句相当が来ることもある。例えば「乗るなり走るなりしなさい」のように述語を並列させる構文もある。「とか」「か」も同様の用法をもち，述語の並列ができる。

また，「たり」は複数の下位事態を表す並列述語であるが，「怒ったりして，ごめん」のように，単一での用法もある。同類要素を暗示することで，異常性など，質を取り上げることになる。なお「たり」は名詞の並列はできない。

➡助詞，並立語(並列語)

■参考文献

寺村秀夫（1982）『日本語のシンタクスと意味 II』くろしお出版．

森山卓郎（1995）「並列述語構文考」仁田義雄編『複文の研究（上）』くろしお出版．

森山卓郎（2005）「「と」「や」の違いをどう説明するか」『京都教育大学国文学会誌』32．

［森山卓郎］

■ベシ

いわゆる推量の助動詞の一つ。古代語。語源は，形容詞ウベシ（宜）由来説や，情態言「○○マ」と交替する「○○バ」の転音ベの形容詞化であるとする説などがあるが未詳。

●**活用，他の語との接続**——終止形接続（ラ変に対しては連体形接続）。ただし，上代の上一段活用動詞に対しては「みべし」「にべし」という接続例がある。活用は命令形を欠くことを除いて形容詞ク活用型（表1）。

表1　ベシの活用

未然形	（ベケ）	ベカラ
連用形	ベク	ベカリ
終止形	ベシ	
連体形	ベキ	ベカル
已然形	ベケレ	
命令形	○	

他の助動詞等への接続の仕方も含めた各活用形の用法は，ほぼ形容詞に準じ，他の推量の助動詞（ム・メリなど）には無いものが多い。①

連用形中止法・修飾法を有する。②（ベクハで）仮定条件句を形成し得る（中古以降見られる）。③連体形ベキにナリが下接する。④時の助動詞キ・ケリ・ツ・ヌが自由に下接し得る（他の推量の助動詞では，メリツ・メリキ・ナリツがあるのみ）。⑤ベシに他の推量の助動詞が下接し得る。⑥ベカラズ，ベクモアラズ，ベキニアラズなど，否定形式が後に現れ得る（ただし，ベカラズの用例はほぼ漢文訓読文（の影響を受けた文体）のみに現れる）。

●**意味と用法**——推量をはじめ，予定，兆し（シソウダの表す意味），可能，義務，命令，意志など，非現実性の意味を幅広く表す。また，これらの用例の多くの場合に「この事態は（推理推論上）当然成り立つ」というような気分が伴う（この気分はしばしば「当然」という用語で捉えられる）。用法の詳細は，中西宇一（1969），大鹿薫久（1999），川村大（2002），高山善行（2002）や，それぞれの参考文献を参照。

(1)「御子三人，帝，后必ず並びて生まれたまふべし。中の劣りは，太政大臣にて位を極むべし」（源氏・澪標）〈推量-未来〉

(2)「いましばしかくあらば，浪に引かれて入りぬべかりけり」（源氏・須磨）〈推量-反実仮想〉

(3)「殿は御むすめまうけたまふべかなり。あなめでたや。……」（源氏・行幸）〈予定〉

(4)桜を植ゑてありけるに，やうやく花咲きぬべき時に，かの植ゑける人身まかりにければ，その花を見てよめる（古今・哀傷・850詞書）〈兆し〉

(5)宮ののたまひしさまなど思ひ出づるに，げにながらへば心の外にかくあるまじきことも見るべきわざにこそはと，もののみ悲しくて，水の音に流れそふ心地したまふ。（源氏・総角）〈運命・不可避〉

(6)「……。されど，かしこしとても，一人二人世の中をまつりごちしるべきならねば，上は下に助けられ，下は上になびきて，事ひろきにゆづらふらん。……」（源氏・帚木）〈可能〉

(7)「今朝，大将のものしつるはいづ方にぞ。いとさうざうしきを，例の小弓射させて見るべかりけり。……」（源氏・若菜上）〈適当〉

(8)「……もの一言言ひ置くべきことありけり。」（竹取）〈義務〉

(9)「さらにえ分けさせたまふまじき蓬の露けさになむはべる。露すこし払はせてなむ，入らせたまふべき」（源氏・蓬生）〈命令〉

(10)「御徳に年ごろねたき者うち殺し侍りぬ。今よりはながき御守りとなり侍るべき」（大和・147）〈意志〉

ベシの多義の構造はどのように在るのかをめぐっては，様々な議論があるが，問題の焦点は，ベシがいわゆるエピステミック・モダリティともデオンティック・モダリティとも呼びにくいものも含めて，非現実をめぐる意味をほとんど網羅的に表す点にある。

近世以降，文章語として多用され，現代語でもベク，ベキ（ダ）の形で用いられる。一方，東国方言では中世に終止形ベイが定着し，推量や意志を表す形式として盛んに用いられた。

◆意志，エピステミック・モダリティ，可能，推量，デオンティック・モダリティ，ム，マイ/マジ，命令，モダリティ

■**参考文献**

大鹿薫久（1999）「「べし」の文法的意味について」『森重先生喜寿記念　ことばとことのは』和泉書院.

川村大（2002）「叙法と意味——古代語ベシの場合」『日本語学』21-2.

高山善行（2002）『日本語モダリティの史的研究』ひつじ書房.

中西宇一（1969）「「べし」の意味——様相的

推定と論理的推定」『文法』2-2．〔再録：梅原恭則編（1979）《論集日本語研究7》助動詞』有精堂出版、中西宇一（1996）「「べし」の推定——様相的推定と論理的推定および意志」『古代語文法論　助動詞篇』和泉書院〕

〔川村　大〕

■変体漢文（記録体）の文法的特徴

●表記体の特色——変体漢文の文章上の特色は、表記体・文体両面から観察することができる。表記体の面で見出される特色は、漢文体の特徴を形成する倒置記法（所謂、返読）が時に行われないところにある。即ち、その倒置記法は、「不（ず）」「令（しむ）」「被（る・らる）」各字に依る助動詞の表記については良く守られるが、目的語・補語などの表記は国語の語序に従うことがある（例、「競馬装束新調令レ着」〔御堂関白記・長保元年二月二十五日〕）。変体漢文と言われる所以である。これと共に、その漢字使用について、語義の識別のために複数の漢字を使用することもあるが（例、【聞】但摂政若聞ニ此事一有レ所レ思歟〔小右記・永祚元年十二月五日〕・【聴】度レ堂聴レ講説云々〔小右記・長和元年六月七日〕）、一語に一定の漢字表記の定着する傾向が著しい。又、時に、借字表記（所謂、宛字）・仮名表記の交用されることなどの特徴もある（借字表記の例、「【疋絹】官人疋見［御堂関白記・長保元年八月二十日］・【假屋】借屋数屋立［御堂関白記・寛弘四年八月十三日］」。仮名表記の例、「是見ニ吾心地頗宜ームつかる也者〔小右記・長和四年四月十三日〕）。

●文法・構文上の特徴——文法的特徴は、語彙上の特徴と共に、文体の特色を形成する重要な要素であるが、変体漢文のそれは、和文のそれと対比して見ると、際立って理解することができる。和文では、文の連接の上で、接続助詞などを多用して、長文を作り上げることが多いが（例、「そのころ、五月廿よ日ばかりより、四十五日のいみたがへむとて、あがたありきのところにわたりたるに、宮、たゞかきを（ほ）へだてたるところに、わたり給ひてあるに、みな月ばかりかけて、あめいたうふりたるに、たれもふりこめられたるなるべし」〔蜻蛉・上〕）、変体漢文では、単文を連続させて文章を構成する（例、「雪、早朝参レ殿、次参ニ内、大相府被ニ参入一、申時召ニ公卿一、応レ喚参上、太相府被レ候」〔小右記・天元五年正月二十八日〕）。又、その文も和文では、複雑な文構成の技法が行われるが（例、「いづれの御時にか、女御・更衣あまたさぶらひ給けるなかに、いとやむごとなきゝはにはあらぬが、すぐれて時めき給、ありけり」〔源氏・桐壺〕）、変体漢文では、単純な主語・述語・目的語・補語の組み合わせで一文の構成されることが多い（前例など）。修飾関係もそれほど複雑ではない（例、「中宮可レ被レ遷ニ御内裏一之雑事、相共被レ定」〔小右記・天元五年四月五日〕）。その構文に関わる語のなかにも変体漢文の特色を形成するものがある。その主なものを例示する。【間】大将取レ盃間、一座六人部仲信立レ座〔御堂関白記・寛弘元年二月五日〕【処】而被レ尋ニ前例一処、去永観例如レ此〔御堂関白記・寛弘三年十二月二十九日〕【条】祈申之後可レ候之条、何難有乎〔後二条師通記・康和元年二月八日〕【件】即挿ニ件解文於文刺一〔権記・長徳元年九月二十二日〕【副詞】＋以〕前々大極殿内太以狼藉〔小右記・長和四年五月十五日〕【而】而晩景天晴〔御堂関白記・寛弘七年正月十五日裏書〕【而間】而間御悩極重〔御堂関白記・寛弘八年六月十四日〕【令…給】夕方可下令ニ出家一給上有レ仰〔御堂関白記・寛弘八年六月十四日〕【（若）…歟】是不レ知ニ公事一歟、若行人非ニ其人一歟〔御堂関白記・長保二年正月一日〕【云…者】仰云、

久不ㇾ参，可ㇾ参者〔御堂関白記・寛弘元年二月十六日〕【…云々】有ㇾ数献ㇾ云々〔御堂関白記・長保二年正月二日〕。

●和文特有の語の使用——猶，変体漢文の文章表現の中には，漢文体の文章でありながら，漢文訓読の語とは異なる和文特有の語もこだわりなく自由に使用されるようで（例，先掲の動詞「むつかる」。又，【…様】命給様，宮不ㇾ快，左大臣任ㇾ心者〔御堂関白記・寛仁元年八月六日〕【…程】事了還程，山東口雨降〔御堂関白記・長和二年十二月二十二日〕【…御】事了入御〔御堂関白記・長和元年十一月二十三日〕【…覧】何等事侍覧〔後二条師通記・寛治三年正月一日裏書〕など），そこにも変体漢文における文体上の特色を見て取ることができる。

➡漢文訓読文の文法的特徴，和漢混淆文の文法的特徴

■参考文献

峰岸 明（1986）『変体漢文』東京堂出版．

［峰岸 明］

■ 弁別的素性

音韻論では，現実の音を抽象化した音素を設定するが，音素は各単音に1対1に対応しているので，そのままでは音素どうしの共通性をとらえることができない。例えば，/t/と/d/は調音法も調音点も同じで，有声・無声という点のみが異なるが，このような情報は，音素記号からは読みとれない。

そこで，音素を単一の記号であらわすのでなく，いくつかの特徴の集まりとしてあらわすことが提案された。個々の特徴はその音素を他の音素から区別するためのものなので，弁別的素性(distinctive feature)と呼ばれる。上の例では，/t/は，例えば，[破裂音，歯茎，無声]という組み合わせで，/d/は[破裂音，歯茎，有声]という組み合わせであらわすことができ，どちらも調音点が歯茎の破裂音であるという共通点が明確になる。また，/s/が[摩擦音，歯茎，無声]となることから，/t/と調音点・有声性が共通の摩擦音であるということが一目瞭然となる。

このような素性の考え方を語彙意味論に応用しようとする試みが1960年代にあった。例えば，「少年」を[男，低年齢]，「少女」を[女，低年齢]とあらわす。こうすると，「少年」と「少女」の共通点が[低年齢]という素性によってとらえることができる。しかし，このやり方では，必要な素性の一覧が不明な上に，文の構成的意味論を進めていくのに役立たず，今日ではあまり使われない。

素性は統語論にも使われ，特に，1970年代以降，系統的な使用法が台頭した。例えば，名詞的な性質をあらわすNという素性と動詞的な性質をあらわすVという素性の組み合わせで，英語の動詞，名詞，形容詞，前置詞をそれぞれ[−N, +V]，[+N, −V]，[+N, +V]，[−N, −V]という形であらわすと，動詞と形容詞の共通点が[+V]によって捉えられる。素性の使用は，1980年代以降の最近の句構造文法でより徹底しており，品詞以外に，項構造，文法的一致，意味的性質などがすべて素性であらわされている。

➡意味特徴，音韻論，句構造文法

■参考文献

郡司隆男・西垣内泰介編（2004）『ことばの科学ハンドブック』研究社．

Jakobson, Roman and C. Gunnar M. Fant and Morris Halle (1952) *Preliminaries to Speech Analysis : The Distinctive Features and Their Correlates*. MIT Press.

Halle, Morris (1959) *The Sound Pattern of Russian*. Mouton.

Chomsky, Noam and Morris Halle (1968) *Sound Pattern of English*. MIT Press.

Chomsky, Noam (1970) "Remarks on nominalization." In Roderick A. Jacobs and Peter S. Rosenbaum (eds.) *Readings in English Transformational Grammar*, pp. 184-221. Ginn and Co.〔安井稔訳（1976）「名詞化管見」『生成文法の意味論研究』pp. 3-75, 研究社〕

［郡司隆男］

■方言文法

●**方言文法とは**——共通語文法と対立するものとされるが，共通語が特定地域の言語体系でないとすれば，どの地点の文法も方言文法とされる。隣接する地点で少しずつ異なる体系の文法が，全国に存在しているということになる。

本格的な研究は，国語調査委員会編『口語法調査報告書』（1906）に始まり，その後，国立国語研究所『日本方言の記述的研究』（1959）で全国主要地点の記述が示され，『方言文法全国地図』（1989～2006）で，表現法を含めた全国分布の様相が明らかになった。ただ，研究を概括的にみれば，共通語文法の枠組みにあわせた方言訳式の概説的な記述であったり，文法形式にかかわる語彙研究であったりということが多かったが，近年，真に文法的な研究が隆盛化している。

各地の方言文法の詳細な記述がすすんでいけば，方言文法からの発信ということが多くなってくるであろう。それは共通語文法を相対化してみることでもあり，さらに世界の言語の中で言語類型論的な考察を試みようとする動きになってくるだろう。方言文法から一般言語学への発信である。

●**方言文法の研究方法**——次に記すような観点からの方言文法研究が考えられる。

《特定方言体系の研究⇒記述言語学的観点》特定共時態の文法体系を記述するのは，共通語の場合と変わりはない。現代語での文法研究の進展にともない，精緻な記述がなされるようになった。ただ，そのためには，調査項目も多くなり，調査自体が困難になるという矛盾を抱えることになっている。

《複数の体系の地理的対照による研究⇒比較言語学的観点》地域差を内包するのが方言文法であり，当然，方言間の比較をもとに，歴史的変化過程を明らかにしようとする研究が存立する。

《地理的に連続した分布をもつ⇒言語地理学的観点》『方言文法全国地図』によって，さまざまな文法項目の全国分布が明らかになった。それによって，方言文法の古態性とともに改新性も明白になった。

《共通語との対立による文体的変種⇒社会言語学的観点》現在，文法に限らず，共通語は深く浸透している。そして，共通語への転換や，共通語との混交，文体的に対立しつつ両者が並立するなど種々のすがたが観察される。これからの方言文法を考える場合，共通語の影響を無視しては考えられないであろう。

《表現法や周辺事象への研究の広がり》現代日本語の文法研究のレベルにまで達している方言文法研究はまだ多くない。したがって，従来の文法研究項目の詳細な分析や記述が必要であるが，それとともに，あまり注目してこなかった周辺事象や，表現法を対象とすることが求められる。

《方言文法からの発信・共通語文法の相対化》共通語を基準とした日本語の説明ではなく，方言の多様性を明らかにすることで，共通語を相対化し，その性格を明らかにしようとする研究である。

➡八丈方言の文法，琉球方言の文法

■**参考文献**

小林隆編（2007）『〈シリーズ方言学2〉方言の文法』岩波書店．

工藤真由美編（2004）『日本語のアスペクト・テンス・ムード体系――標準語研究を超えて』ひつじ書房．

[友定賢治]

■補語

文の成分の一つ。述語となる動詞・形容詞・名詞の対象となるもの。日本語の補語の位置づけには，研究者による差異が大きい。

●大槻の客語, 山田の補充語――大槻文彦は，文の成分として，主語，説明語，客語，修飾語を立て，「物を　乾かす」「波を　岸に　寄す」「山へ　帰る」「（水は）流動物　なり」などを挙げ，動作の対象，通過地点，到達点なども客語とみている。山田孝雄は，「木を　倒す」「友に　筆を　贈る」「車に　荷を　載す」のような用言の意義の不足を補うものとしてとりあげ，補充語と呼ぶことを提言した。補語は補充語を略したものという。そして，「を」格補語，「に」格補語，「と」格補語，「へ」格補語，「より」格補語，「から」格補語，について例示した。ちなみに，山田は，「補語のうち特に生物であるものを客語」としている。

●補語を取り出さなかった橋本――橋本進吉は，西洋語の客語・補語・修飾語等の区別は，日本語においては形式上の区別がみられないとして，これら，すべてを（連用）修飾語とした。橋本は，文の要素間の機能をみなかったために，補語の取り出しに失敗している。

●寺村, 鈴木, 三上の補語のとらえ方――寺村秀夫は，文の成分として，補語と修飾語を分けている。補語は，「名詞（句）＋格表示語」という形式をとり，「述語を中心として描かれる事象や心象に登場する人，物，概念などを表す」要素として，必須補語と副次補語に分けた。必須補語は「ある述語にとって，それがなければそのコトの描写が不完全であると感じられるような補語」であり，副次補語は「ある述語にとって，それがなくてもそのコトが不完全であると感じられないような補語」であるとした。必須か副次かは，反問誘発テストによって決まるという。鈴木重幸は，文の成分を主語・述語・対象語・修飾語・状況語・独立語に分類したが，鈴木のいう対象語は，述語があらわす動きや状態の成立にくわわる文の部分をさす。対象語は，基本的には，述語になる単語の性格によってそれ相応のものが要求されるとする。また，三上章は，日本語には主語がないという見方から，「甲が　乙を　丙に　紹介する。」における三つの名詞をすべて補語とし，「甲が」を主格（第一）補語と位置づけた。

●補語と修飾語の区別――（連用）補語と（連用）修飾語の区別をめぐって，さまざまな議論がある。ひとつには，名詞句によるものが補語で，副詞によるものが修飾語であると考える立場がある。たとえば，「わずかな時間を　過ごす」は補語で，「しばらく　過ごす」は修飾語であるとする。しかし，両者は意味的に近似している。「1時間　歩く」は修飾語であろうが，「この料理には　{時間が／1時間}　かかる」における「1時間」は「時間が」と同じように補語の可能性がある。

●補語と状況語の区別――また，補語と状況語の区別をめぐっても，問題がある。「京都に住む」「部屋に　残る」と「京都で　下宿する」「部屋で　夕食を　食べる」は，いずれも空間を限定する成分ではあるが，前者は補語よりであり，後者は状況語よりである。「雨に　濡れる」「雨で　濡れる」や「借金に　悩む」「借金で　悩む」は，補語か状況語か判断がむずかしい。「稽古に　通う」「出張に　でかける」は，補語か状況語か，意見が分かれる可能性がある。

●補語としてはたらく形容詞・副詞――補語になるのは，一般に名詞であるが，「{若々しく／

わがままに｝ ふるまう」の「若々しく」や「わがままに」のような形容詞も「ふるまう」にとって不可欠な成分であり，補語とみなされてよい。また，「修理するのに ｛一週間/しばらく｝ かかる」の「しばらく」のような副詞も，「かかる」にとって不可欠な要素で，補語とみなす必要があろう。

▶文の成分，状況語

■参考文献

大槻文彦（1898）『廣日本文典・同別記』．〔復刊：勉誠社，1980〕

鈴木重幸（1972）『日本語文法・形態論』むぎ書房．

寺村秀夫（1982）『日本語のシンタクスと意味Ⅰ』くろしお出版．

橋本進吉（1984）『新文典別記文語篇』冨山房．

山田孝雄（1908）『日本文法論』宝文館．

[村木新次郎]

■**補助動詞**

●**補助動詞とは**──補助動詞は補助用言の一つ。補助用言とは，もともと内容語として使用されていた用言が属性概念を表わすよりも機能語的な役割を果たすようになったもののことであり，補助動詞の他にも補助形容詞があるが，現代語の補助形容詞は「ない」一語である（例「大きくない」「有名でない」「何も書いてない」など）。

橋本進吉は補助動詞を次の五つに分類した。(1)形容詞・形容動詞の連用形につく「ある」という意味の動詞（例「すずしくありません」「静かである」「遅うございます」），(2)「名詞＋で」に接続する「ある」の意味の動詞（例「私は級長ではありません」），(3)他の動詞の連用形について敬語を作るもの（例「お読みくださる」「お訪ねいたします」），(4)動詞に助詞を接続させるために使われる「する」（例「笑いもしない」「誰が眠りなどするものですか」），(5)動詞のテ形に接続していろいろな意味を添える動詞（例「降っている」「書いてみる」）。この他に，「読み始める」「泣き続ける」などのような複合動詞の後項をアクチオンスアルトを表わし分けるものとして，特に補助動詞と呼ぶことがある。

●**動詞テ形に接続する補助動詞**──これらのうち，最近の研究では，特に橋本の分類(5)に分類されるものが「補助動詞」の名で呼ばれることが多く，研究も盛んである。アスペクト，モダリティ，ヴォイス，視点などと関わるからである。動詞テ形に接続する補助動詞には次のようなものがある。

　(1)机の上に花が飾ってある。
　(2)あの人は本を読んでいる。
　(3)来年まで雛人形をしまっておく。
　(4)山田さんが部屋の中に入っていく。
　(5)九州の母から荷物を送ってくる。
　(6)私はもう宿題をしてしまった。
　(7)母が自転車を買って｛くれる/くださる｝。
　(8)私は母に人形を作って｛もらう/いただく｝。
　(9)木から降りられなくなった子猫をおろして｛やる/あげる｝。（「さしあげる」）
　(10)車のボンネットにさわってみると，まだ温かかった。
　(11)彼は私に向かって，にやっと笑ってみせた。

●**テ形接続の補助動詞の分類**──先行研究においては，多少の異同はあるものの，一般にテ形接続の補助動詞を次の3つのグループに分類する。また，Aグループの「いく/くる」とBグループを「視点」という面から論じることもある。

　Ａ：アスペクトに関係するもの→いる，ある，しまう，いく，くる，（おく）

B：授受に関係するもの→もらう，くれる，あげる，やる
C：その他（または意図・もくろみに関係するもの）→おく，みる，みせる

テ形接続の補助動詞は，本来「御飯を<u>食べて</u>，学校へ<u>でかけた</u>。」のような「テ形動詞＋本動詞」という形式から生じたものであるため，補助動詞になっても意味的特徴にその名残をとどめていることが多い。すなわち，「テ形動詞＋本動詞」という接続は，前項と後項の時間的関係が，継起的な場合（例「歯を<u>磨いて寝る</u>」）と同時的な場合（例「君がピアノを<u>弾いて</u>僕がバイオリンを<u>弾く</u>」）と2つあり，これを反映して，補助動詞になって概念的意味を失った後も，この2つの時間関係がともに保持されている場合が多い。例えば，補助動詞「いる」はアスペクトを表わす形式として盛んに研究されているが，補助動詞「いる」の代表的な2用法は，「進行中」（例「今本を読ん<u>でいる</u>。」）と「結果残存」（例「花瓶が割れ<u>ている</u>。」）である。前者はテ形の同時的関係から，後者はテ形の継起的関係から派生したことが予想される。

➡アスペクト，視点

■参考文献

金田一春彦編（1976）『日本語動詞のアスペクト』むぎ書房．
鈴木重幸（1972）『日本語文法・形態論』むぎ書房．
高橋太郎（2003）『動詞九章』ひつじ書房．
橋本進吉（1935）『新文典別記上級用』冨山房．
山田敏弘（2004）『日本語のベネファクティブ——「てやる」「てくれる」「てもらう」の文法』明治書院．

［大場美穂子］

■ホド

1．「ほど」は(1)のように数量を表す語に付いて概数を表すことができる。また，(2)のように数量が明確である場合に付けて，聞き手に選択の余地を残す丁寧表現として婉曲的に使用することもできる。数量であっても(3)のように時刻には付くことができない。

(1)あと一週間ほどで，論文は完成すると思います。
(2)すみませんが，2台ほどテープレコーダーを貸して頂けませんか。
(3)1時（くらい，*ほど）に，来て下さい。

2．「ほど」が付いた語が，程度の基準となる。「くらい」と置換できる場合がある。

(4)今年も去年ほど，点がとりたい。
(5)考えていた（想像していた，思っていた）ほど，大変ではなかった。

3．「〜は〜ほど〜ない」の文型で，(6)(7)のように，「ほど」が付いた語が比較の基準となり，他方の比較の対象は，「ほど」が付いた語より程度が低いことが表される。

(6)今日は，昨日ほど寒くない。
(7)太郎は，次郎ほど真面目ではない。

4．「〜ほど（他に）〜ない」は，(8)(9)のように，「ほど」が付いた語は，他と比べて同じ程度のものがなく，最も程度が高いことを表す。「くらい」と置換できる。

(8)花子ほど美しい人はいない。
(9)あの国ほど，住みやすい国はない。

5．「ほど」が付いた語の程度が高くなれば，他方の程度も高くなることを表す。(10)のように「〜ば〜ほど」の形で使われることが多い。

(10)考えれば考えるほど，腑に落ちない。

➡クライ，とりたて助詞

■参考文献

仁田義雄（1982）「助詞類各説」小川芳男・林大他編『日本語教育事典』大修館書店．

宮島達夫・仁田義雄編（1995）『日本語類義表現の文法』くろしお出版．
グループジャマシイ編（1998）『日本語文型辞典』くろしお出版．
奥津敬一郎・沼田善子・杉本武（1986）『いわゆる日本語助詞の研究』凡人社．
益岡隆志・田窪行則（1992）『基礎日本語文法（改訂版）』くろしお出版．

[澤田美恵子]

■補文標識

●補文標識とは――述語に要求される埋め込み文を補文（補足節）と言い，補文をマークする形式を補文標識（complementizer）と呼ぶ。日本語では「と」「か」「よう（に）」「こと」「の」「ところ」などが補文標識とされる。

(1)私は将来医者になりたいと思っている。
(2)誰が次の監督になるか決まっていない。
(3)社長は秘書にメモをとるよう指示した。
(4)立てこもり犯は逃走用の車を用意することを要求した。
(5)通行人はバスが電柱に接触するのを見た。
(6)カメラは男がドアから出てくるところをとらえた。

●補文標識の選択――文中にどの補文標識が現れるかは，補文をとる述語の意味からある程度決まってくる。たとえば「言う」「思う」「誤解する」といった思考・言語活動を表す述語は「と」をとる。

(7)妻は私が嘘をついた｛と/*ことを/*のを｝思っている。

また「要求する」「提案する」「祈る」といった，あることの実現を目指すという意味を含む述語は「こと」をとり，「見る」「聞く」など直接的な感覚を表す述語や「待つ」「手伝う」など具体的な事態と密接に結びついた動作を表す述語は「の」をとる。

(8)議長は会議を延期する｛ことを/*のを/*と｝提案した。
(9)付近の住民の多くが公園で男が叫び声をあげる｛のを/*ことを/*と｝聞いている。
(10)オーケストラの指揮者は会場が静まる｛のを/*ことを/*と｝待った。

ただし，複数の補文標識が相互に置換可能なケースも多い。

(11)明日重要な会議がある｛ことを/のを/と｝思い出した。
(12)皆，彼が数学の天才である｛ことを/のを/と｝知っている。

➡複文，節

■参考文献

井上和子（1976）『変形文法と日本語（上）』大修館書店．
久野暲（1973）『日本文法研究』大修館書店．
日本語記述文法研究会編（2008）『〈現代日本語文法6〉第11部 複文』くろしお出版．

[阿部忍]

■ポライトネス

「ポライトネス（politeness）」は，「円滑なことばによるコミュニケーションと調和のとれた人間関係の維持のために不可欠（Usami 2002：1）」な対人関係行為である。従来のポライトネス研究の代表は，ポライトネスを人間の相互行為に普遍的な原理と位置づけるBrown and Levinson（1987［1978］）の面子理論（face theory）である。面子理論では，人は互いに相手の面子を尊重する努力をするとされた。面子は，他人からの認知・尊敬・評価を期待する「前向きの面子（positive face）」と，他人の干渉や抑圧からの自由を願う「後ろ向きの面子（negative face）」から成り，前者に働きかける方略は「前向きのポライトネス（positive politeness）」，また，後者に働きか

ける方略は「後ろ向きのポライトネス（negative politeness）」と呼ばれた。しかし，その後 Matsumoto (1988) や Ide (1989) などが，「社会的自己同一性（social identity）」の重要性に言及し，ポライトネスの普遍性に対して疑問を唱えた。これらの指摘を踏まえて，Spencer-Oatey (2000) は，面子には，自己の資質への正当な評価を求める「質への面子（quality face）」と社会的自己同一性の認知への欲求である「社会的自己同一性への面子（identity face）」の二つの側面があることを示した。彼女は，自己の公平な取り扱いを求める「公平権（equity right）」と人とつき合う権利である「交際権（association right）」から成る「社交権（sociality right）」と面子をその構成要素に持ち，談話参与者間の調和と非調和のマネジメントを説明するラポールマネジメントという，面子理論に代わる対人関係の理論を提案している。Watts (2003) も参照されたい。

➡尊敬語，謙譲語，丁寧語

■参考文献

Brown, Penelope and Stephen C. Levinson, (1987 [1978]) *Politeness: Some Universals in Language Usage*. Cambridge University Press.〔田中典子訳 (2011)『ポライトネス――言語使用におけるある普遍現象』研究社〕

Ide, Sachiko (1989) "Formal forms and discernment: Two neglected aspects of universals of linguistic politeness." *Multilingua* 8 (2/3).

Matsumoto, Yoshiko (1988) "Reexamination of the universality of face: Politeness phenomena in Japanese." *Journal of Pragmatics* 12.

Spencer-Oatey, Helen (2008 [2000]) *Culturally Speaking: Managing Rapport Through Talk Across Cultures*. Continuum.

Usami, Mayumi (2002) *Discourse Politeness in Japanese Conversation: Some Implications for a Universal Theory of Politeness*. Hituzi Syobo.

Watts, Richard J. (2003) *Politeness*. Cambridge University Press.

［久保 進］

■ポリヴァーノフ

（Евгений Дмитриевич Поливанов, Yevgeny Dmitrievich Polivanov 1891-1938）

●生涯── ロシア〜ソビエト連邦の言語学者。ペテルブルグ大学日本語科でクルトネ（Jan Baudouin de Courtenay），シチェルバ（Lev Vladimirovich Shcherba）らに学ぶ。1912年卒業後，調査のために来日したことも。14年修士取得，ペトログラード大学で教鞭をとる。21年モスクワ。ついでウズベキスタンのタシケント大学に勤務。26年モスクワに戻るが，失職して再びタシケントに移り，37年逮捕，投獄され，38年1月25日死去。63年名誉回復，68年主要論文を集めた『一般言語学論集』が刊行された。

●学派── 1916年ヤコブソン（Roman Jakobson）らとともに詩的言語研究会に参加，また，ペテルブルグ（レニングラード）学派に属す。言語の体系性を重視して，言語構造の研究の発展をめざすが，ポリヴァーノフのばあい，通時面への目配りが随所にあらわれる点で，ソシュール門下とは異なる「構造」理解であったことがうかがわれる。マール（Nikolas Yakovlevich Marr）の新言語学説に対しては一貫して批判をあびせた。タシケントへの二度目の移住，その後の逮捕・投獄には，このことが関係。『マルクス主義言語学のために』はこの方面の主著。

●**研究業績**──一般言語学,音韻論からウズベク語,ドゥンガン語,中国語,さらに日本語など個別言語研究に及ぶ。音韻論ではトゥルベツコイ(Nikolai Sergeyevich Trubetzkoy),ヤコブソンらとともに音韻論のしあげに貢献し,通時音韻論にも研究をすすめた。また,シラビーム,モーラなど音節構成の問題をとりあげ,声調学 tonology もてがけた。正音法やソ連邦内の民族語の表記実践にからんだ新アルファベットにもかかわる。対照研究も,ウズベク語-ロシア語を対象に実践。また,比較言語学の伝統的な祖語理論にとどまることなく,トゥルベツコイ,ピザーニ(Vittore Pisani)らとともに言語連合の観念をとりあげ,アルタイ語学に関しても先陣を張った。さらに社会言語学方面の業績もかかせないものとなっている。

●**日本語研究への寄与**──ポリヴァーノフは日本語方言の体系的な研究のさきがけとなった。そのなかでも20世紀前半に,ロシア=ソビエトの言語学だけでなく,世界の言語学でも最初に日本語のアクセントの研究に着手し,長崎県三重村(当時)をはじめとする九州各地のアクセントの比較考察によって,日本語アクセントの変遷の研究に先鞭をつけた。また本土標準語と対照させつつ琉球方言の音声現象をあつかった研究では,ポリヴァーノフは伊波普猷ら日本の研究者に先行しており,琉球方言研究でチェンバレンや同国人のネフスキー(Nikolai Aleksandrovich Nevsky)とともに先駆者のひとりであったことをしめす。また,日本祖語の音韻体系の復元をこころみ,アウストロネシア語族と日本語との類似点を指摘して,日本語の混合言語的なハイブリッド性をさししめした。なお,日本への紹介は,雑誌『方言』などに断片的にだが第2次大戦前からあらわれている。まとまった訳書としては村山七郎編訳(1976)『日本語研究』(弘文堂)がある。

　　　　　　　　　　　　　　　　［松本泰丈］

ま行

■マイ/マジ

いわゆる否定推量・否定意志の助動詞の一つ。マジは古代語で、マイはそれに対応する現代語の形式である。以下、説明の便宜上マジから説明する。

1. マジ

マジは中古にあらわれる。上代の助動詞マシジが変化したものと言われるが、マシジの語源は未詳。終止形接続（ラ変に対しては連体形接続）。活用は命令形を欠くことを除いて形容詞シク活用型（表1）。

表1　マジの活用

未然形	○	マジカラ
連用形	マジク	マジカリ
終止形	マジ	
連体形	マジキ	マジカル
已然形	マジケレ	
命令形	○	

ベシに対する否定形式の位置を占める。ベシが肯定的内容の「推量」「可能」「義務」などを表すのに対し、マジは否定的内容の「推量」「可能」「義務」などを表す（川村大 1999 ほか）。

なお、ベシに対応する否定形式としては、マジのほかにザルベシやベカラズ・ベクモアラズ・ベキニアラズなどの諸形式もある。これら分析的な形式とマジとの意味の違いについては既に小林賢次（1977）・田中雅和（1997）などの論考がある。また、そもそもなぜベシに対応する特別な否定形式マジが要請されたのか、また、マジとは別に分析的諸形式が並存する理由は何か、などの点は、古代語の述定形式の体系を考える際の根本的問題であると言える。

中世には、終止形と連体形の同化の結果、旧終止形が滅びたことに伴い「乗せまじ」「見まじ」「せまじ」など、一段・二段動詞などの未然形（更には四段・ラ変動詞の未然形など）にマジが接続する例が現れる（山内洋一郎 2003 や同論文の参考文献）。また、連体形イ音便のマジイが終止形としても用いられるようになった。このマジイが変化してマイが生じたと言われる（ベシの新しい終止形としてベイ・ベシイ二形が生じたことへの類推である、という説もある）。

2. マイ

マイは今日では書き言葉で用いられるのが普通である。中世から近世にかけてジとベシが口頭語から姿を消したのに伴い、ム（口頭語としてはウ）に対する否定形式の位置を占めるようになり、主に文末で否定推量・否定意志を表す。

(1)a 今日は雨は降るまい。〈否定推量〉
　 b そんなところへは二度と行くまい。〈否定意志〉

禁止の意味を表す場合もあったが、現在では文語的な表現を除き用いられない。

(2)「赤兵衛、いまから斬り込む。命を惜しんで運をとり落す<u>まい</u>ぞ」（国盗り物語）

マイはいわゆる不変化助動詞であって、複文前句に用いられるのは、カラ・ケレドモを伴う場合が主で、そのほか、「猫であろうがあるまいが」「行こうと行くまいと」「見世物じゃああるまいし」などの表現で用いられる。連体の位置で現れるのは「あろうことかあるまいことか」

「～まいものでもない」などの表現に限られる。五段活用の動詞には終止形に，その他の動詞には未然形および終止形に接続する。また，サ変の場合はこの他に旧終止形に接続する「すまい」も見られる。

➡意志，ウ（ヨウ），可能，推量，否定，ベシ，禁止，モダリティ

■参考文献

川村 大（1999）「マジの表す意味──ベシとの比較において」『日本研究教育年報（1997・1998年度版）』（東京外国語大学）．

小林賢次（1977）「院政・鎌倉時代におけるジ・マジ・ベカラズ」『言語と文芸』84．

田中雅和（1997）「中世和漢混淆文における「ベシ」の否定表現──和文語「マジ」との関係から」『鎌倉時代語研究第二十輯』武蔵野書院．

山内洋一郎（2003）「終止・連体形と助動詞「ベシ・マジ」──現代語「マイ」の接続不整の源」『活用と活用形の通時的研究』清文堂．

山口尭二（2003）『助動詞史を探る』和泉書院．

［川村 大］

■マシ

●特殊な活用──いわゆる推量の助動詞の一つ。古代語。語源は，ムやキとの関係が示唆されているが未詳。未然形に接続する。

活用は特殊で，表1のとおりである。未然形マセは上代を中心に用いられ，中古では和歌にのみ用いられる。マシカは中古以降現れた。どちらも助詞バを伴い仮定条件表現を構成する用法（マセバ・マシカバ）しかない。連体形マシは，係助詞の結びになったり，接続助詞ヲ・モノヲなどにつく場合が主であり，連体法や準体法の例は少ない。已然形マシカは中古以降に現れ，ほぼコソの結びにしか用いない。なお，未然形マシカ（つまりマシカバのマシカ）は已然形であるとする説がある。この場合は，マシカバそれ自体は恒常条件の表現であるものの，マシが仮想の意味を持つことから，結果として仮定条件の意味を帯びると解釈する。

表1　マシの活用

未然形	マシカ（マセ）
連用形	○
終止形	マシ
連体形	マシ
已然形	マシカ
命令形	○

●用法と意味──用法は大きく二つに分けられる。

《Ⅰ　いわゆる反実仮想の用法》

①狭義の反実仮想。事実に反する事態や生起困難な事態をあえて仮定する（マセバ，マシカバ。また，連体法の場合）。また，そのような事態が成立した状況のもとで別のある事態が成立することを推量する（終止法，また，ヲ・モノヲなどを伴う場合）。後者の場合は反事実的な意味の仮定条件表現（マセバ・マシカバ，（動詞連用形＋）セバなど）を伴う場合が多い。

　(1)一つ松人にありせば太刀佩けましをきぬ着せましを（古事記・中）

　(2)ぬばたまの夜渡る月にあらませば家なる妹に逢ひて来ましを（万葉・巻15・3671）

　(3)「作文のにぞ乗るべかりける。さてかばかりの詩を作りたらましかば，名のあがらむこともまさりなまし。……」（大鏡・頼忠）

　(4)「……，我も人も命たへずなりなましかば，言ふかひあらまし世かは」（源氏・若菜上）

　(5)花のごと世の常ならば過ぐしてし昔はまたもかへりきなまし（古今・春歌下・98）

②反実願望用法。実現しなかった事態や実現不可能な事態を述べ，その実現をあえて願望する。

　(6)妹が家も継ぎて見ましを 大和なる大島の嶺に家もあらましを（万葉・巻2・91）

(7) ひとりのみながむるよりは女郎花わが住む宿に植ゑてみましを（古今・秋歌上・236）

《Ⅱ　行為をめぐる躊躇・逡巡を表す用法》
話手の意志的行為をめぐる疑問文の述語に用いて，そうすべきか否か，何をすべきか，どうすべきか，などをめぐる迷い・ためらいの態度を表す。

(8)「いかにせまし。なほや進み出でて気色をとらまし」（源氏・梅枝）
(9)「これに何を書かまし。上の御前には史記といふ書をなむ書かせ給へる」（枕・跋文）

この用法は，Ⅰと異なり反事実の意味合いはない。しかし，これから行う行為の「候補」を，実行するかどうかが留保された，現実と切り離されたものとして述べているところに，Ⅰとの共通性を認めることができる。

マシは，叙法形式としての性格において，非現実領域（事実界で未実現，または観念世界）に存する事態を語る形式であって，その限りではム・ラム・ケム・ジなどと共通の性格を持っていたと考えられる。そのうち，ム・ラム・ケムは，（終止法において）事態を，いつかどこかで話手のいるこの世に存在するもの（現在の話手にとっては未確認だが）として述べるのに対して，マシは，事実に反するもの，あるいは，実際にはあくまで事実界には存在しないものとして事態を述べる点で異なる。

鎌倉時代末期には既に口頭語としては用いられなくなった。また，反実性の無い，ムと同じ意味でも用いられるようになり，近世文語ではこの意味で用いられることが多い。

➡推量，反実仮想，ム，モダリティ

■参考文献
尾上圭介（2001）『文法と意味Ⅰ』（第3章所収論文）くろしお出版．
近藤泰弘（1991）「中古語のモダリティの助動詞の体系」『日本女子大学紀要』40．〔加筆の上再録：近藤泰弘（2000）「中古語におけるモダリティの助動詞の体系」『日本語記述文法の理論』ひつじ書房〕
高山善行（2002）『日本語モダリティの史的研究』ひつじ書房．
中西宇一（1966）「反実仮定を表す推量の助動詞の意味構造――「まし」と「む」」『女子大国文』（京都女子大学国文学会）43．〔加筆の上再録：中西宇一（1996）「反実仮想の表現――「まし」の表現構造」『古代語文法論　助動詞篇』和泉書院〕
山口堯二（1968）「「まし」の意味領域」『国語国文』37-5．〔再録：梅原恭則編（1979）『〈論集日本語研究7〉助動詞』有精堂出版，山口堯二（2003）『助動詞史を探る』和泉書院〕

［川村　大］

■**松尾捨治郎**（まつお　すてじろう　1875-1948）

●生涯――茨城県生まれ。1893年に国学院大学を首席で卒業（一期生）。青森，山形，佐賀，福井，静岡の中学校教諭・校長を経て，1927年国学院大学講師，1930年教授。主に国文法と国語学史を講義する。大学在学中は，落合直文・物集高見の講義を受け，同期に三矢重松がいたが，文法研究に取り組んだのは中学赴任後である。『語法指南』『広日本文典』を独学し，大槻文彦に私淑する。国学院着任後は，松下大三郎と親交を持つ。1942年に『助動詞の研究』で博士号取得。1943年に退職。郷里で歿し，菩提寺は曹洞宗太田山金龍寺，戒名は国学院文教徳澤居士。なお，名を「捨次郎」と書いたものがあるが，「捨治郎」が正しい。

●研究業績――業績は文法研究・国語学史研究・文法教育にわたる。主著に『国語法論攷』（文学社，1936．追補版：白帝社，1961）『助動詞の研究』（文学社，1943）がある。『国語

教学の体験』（白水社，1942）は，文法教育に関する著作だが，自伝的な内容を含む。

松尾は，漢文法や西洋言語学の影響を受ける以前の，生粋の日本語研究を重視し，①事物の研究は全体から部分へ及ぶべき，②日本語は語の断続が重要，③品詞は文中での語の機能がわからなければ説けない，という理由から，広義の「係結」を文法論の根幹に据え，構文論を品詞論に優先させる。『国語法論攷』の主要部も大きく「係の論」と「結の論」から構成され，前者で名詞・副詞・助詞を，後者で動詞・形容詞・助動詞を主に扱う。

また，読解に役立てるべく助詞・助動詞の意義用法を詳細に観察し，『助動詞の研究』は特に推量・推定系の助動詞について著す。松尾の本分はこの方面で発揮され，終止形接続の「なり」が連体形接続の「なり」とちがって「推定・伝聞」を表すことや，「らむ」に「原因推量」の用法があることなどを指摘し，以後の助動詞研究に大きな影響を与えた。

◆三矢重松
■参考文献
和田利政（1969）「松尾捨治郎『国語法論攷』」『月刊文法』1-11．

[小柳智一]

■松下大三郎 (まつした だいざぶろう 1878-1935)

明治11年（1878）遠江國（現静岡県）に生まれ，昭和10年（1935）脳溢血のため死去。

明治30年國學院大学在学中に生育地方言の記述「遠江文典」を同窓会雑誌『新國学』に三回連載。卒業論文の『俗語文典』を翌32年から1年半にわたって雑誌『國文学界』に連載し，明治34年『日本俗語文典』（誠之堂書房）として刊行。同年から39年にかけて，和歌索引の『國歌大観』，古典47種収録の『國文大観』を編集・刊行。明治38年宏文学院教授として清国留学生に日本語を教えはじめ，大正2年には自ら日華学院を創立し経営にあたる。その過程で，明治39年『漢訳日語階梯』（誠之堂書房）を刊行。さらに大正6～11年にかけては邦文タイプライターの改良・特許出願に力を注ぎ，大正11年アインシュタインの来朝に際しては『國學院雑誌』に「ア氏の相対性原理は迷妄なり」を載せるなど，破天荒な多芸多才ぶりを発揮する。

大正12年國學院大学講師となり，13年『標準日本文法』（紀元社）を刊行，15年教授に昇進。その後も，昭和2年『標準漢文法』（紀元社），3年『改撰標準日本文法』（紀元社），5年『標準日本口語法』（中文館書店），5年『改撰標準日本文法（訂正版）』（中文館書店）と，精力的に研究活動をつづけたが，翌6年脳溢血に倒れ，それ以降後遺症のため学問的執筆活動はなく，最後の著作の第三篇「詞の本性論」により，昭和7年病床で博士号を授与された。

まさに波瀾万丈の生涯で，同時代人の理解はえられにくく，歴史に生きる人物だった。

◆松下文法
■参考文献
塩澤重義（1992）『国語学史における松下大三郎——業績と人間像』桜楓社．
徳田政信編（1974）『改選標準日本文法』解説篇，勉誠社．

[工藤 浩]

■松下文法

1. 松下文法の目標と概観

●実用的日本文典の目標──松下大三郎（1878-1935）は自らの生育地の方言文法「遠江文典」（1897）と，口語文法の嚆矢ともいえる『日本俗語文典』（1901）とから出発した。少年の頃読んだ日本語と英語の教科文典を比べて，その

体系の優劣のはなはだしいことに驚いた彼は，「英米人に日本文典と英和辞典とを与へれば日本の文が作れる」そのような日本文典を作ろうと志を立てた。当代の実用が問題であった彼は現代口語の体系に直接立ち向かった。中国人留学生への日本語教育の実践も積み，教科書『漢訳日語階梯』(1906) も刊行した。山田文法との差は，まずここにある。また，大槻文法を修正発展させた『高等日本文法』の著者三矢重松も，日本語教育の同僚としていた。大槻文法の不徹底を乗り越えて，本格的な形態論的体系を松下が構築しえたことには，こうした事情が関係していると考えられる。

● 松下文法の概観── 言語に「原辞・詞・断句」の三階段があるとし，「詞」を〈文の構成部分 (parts of speech)〉としての〈単語 (word)〉と考えることによって，〈詞の副性論〉という画期的な試みが可能になり，日本語の重要な文法的範疇のほとんどが取り出された。そこには，西欧語では説かれない日本語独自の，敬語（待遇）法や利益態や題目態などの範疇も，もちろん含まれている。大槻が試みて失敗（「折衷」）に終わった理論的体系化に成功したのである。「原辞」とは，接頭辞や接尾辞，それにいわゆる助動詞や助詞のことであり，文の部分としての詞＝単語を構成する下位単位を指す。原辞論は，形態素論・語構成論に相当する。「断句」とは，切れる句つまりいわゆる文のことであり，したがって断句論は文論（構文論）に当たるはずだが，そうはなっておらず，統語論や連語論に相当するものとして「詞の相関論」があるが，断句論（構文論・陳述論）自体はないに等しい。原辞論を含めた文法学の部門の構成は図1の通りである。

2. 文の構成要素としての詞

● 詞の本性論──「詞の本性論」において，品詞としては，「名詞・動詞・副体詞・副詞・感

図1 松下大三郎による文法学の部門構成

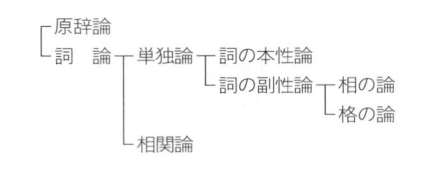

```
┌原辞論
│           ┌単独論┬詞の本性論
└詞 論┤          └詞の副性論┬相の論
          │                          └格の論
          └相関論
```

動詞」の五つが立てられ，名詞：事物の概念を表示する，動詞：作用の概念を叙述する，副体詞：他の概念の実体に従属する属性の概念を表示する，副詞：他の概念の運用に従属する属性の概念を表示する，感動詞：観念を主観的に表示する，というように意味（事物・作用・属性など）と機能（表示・叙述・従属など）の面から規定する。これは，日本語にはないがと断って，漢文の「諸（＜之於）」仏語の "du（＜de le)" など二つ以上の性能を兼ね備える「複性詞」を品詞枠として立てようとすることとも関係し，各国語の法則は「一般的なる根本法則に支配される所の特殊法則」であって「一国語の文法は一般理論文法学の基礎の上に行はれなければならない」（『改撰』の緒言）という普遍文法への志向がとらせた方法だと言える。この分類は図2のような「数回の両分法を重ねて到達したもの」だという。

松下の言う「動詞」とは，いわゆる動詞のほか，形容詞・形容動詞をはじめ，擬音語・擬態語などの状態副詞をも含めたもので，「叙述性のある」もの，いいかえれば主語をとりえて述語になれるという機能をもつ品詞である。したがって，たとえば「学生だ」のような名詞述語の形も「名詞性の（変態）動詞」であり，「堂々と」も「選手団が<u>威風堂々</u>と行進する」と言えるから動詞（無活用の象形動詞）だ，ということになる。伝統的な術語で言えば，用言 (verb)［および用言複合体 (complex)］に相当する。「名詞」も，「代名詞」や「未定名詞

図2　品詞分類

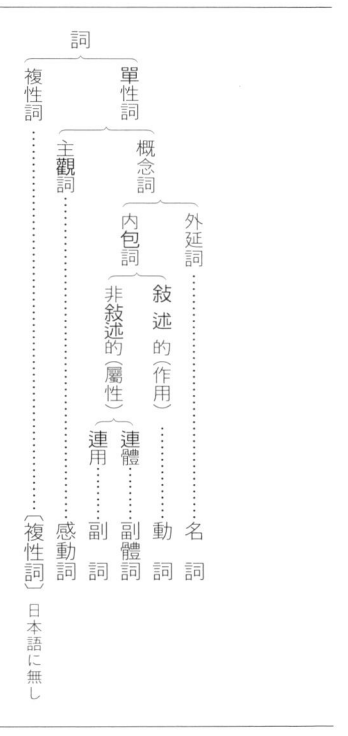

```
                    詞
         ┌──────────┴──────────┐
       複性詞                 單性詞
    ┌────┴────┐         ┌──────┴──────┐
   主觀詞    (略)      概念詞
                    ┌────┴────┐
                  内包詞     外延詞
              ┌────┴────┐       │
           非叙述的    叙述的   │
          (屬性)     (作用)   │
          ┌──┴──┐            │
         連用  連體           │
    ┌──┬──┤    │            │
  感 副  副   動             名
  動 詞  體   詞             詞
  詞    詞
  (複性詞)
  日本語に無し
```

松下大三郎『改撰標準日本文法』p.217

（＝疑問詞)」や「形式名詞」を小別として含むもので，体言 (noun) に相当する。副体詞（＝連体詞）という新しい品詞を発見したことも，副詞の性格を「非叙述的」で「運用に従属する属性」ととらえることで，いわゆる状態副詞を用言として除き，副詞の機能的純一性をとらえ，富士谷成章の「挿頭」論を継承・再発見しえたことも，普遍を志向する意味機能論がプラスに作用したといえよう。「詞の小別」（下位品詞）の細部は省略に従う。

●詞の副性論──「詞の副性論」のうち，〈相〉とは，「連詞または断句中における立場（資格）に関係しない詞の性能」つまり〈文法的な派生態〉のことをいい，〈格〉とは「断句における立場（資格）に関する性能」つまり〈文法的な語形（活用形・曲用形）〉のことをいう。その際，原辞として詞から除いた助辞や接辞の膠着した全体を，その助辞・接辞という形式に基づいて枚挙的網羅的に記述し，範例的 (paradigmatic) な組織つまり形態論的パラダイムとしてとらえることに，ひとまず（非階層的でやや平板ながら）成功したのである。

名詞の相として，尊称・卑称［待遇法］，複数と例示態・特提態［とりたて］，帰着態［例：維新より60年・花と月］，叙述性の有無による表現法（表示態［格成分］・叙述態［述語用法］・指示態［名詞止め］・喚呼態［呼びかけ］）が扱われ，動詞の相としては，原動（する）と使動（させる)，原動（する）と被動（される）との対立［ヴォイス］，「べし・していい・してはいけない」などの可然態［ムード的ヴォイス］，「してやる・してもらう・してくれる」のような利益態［やりもらい］，「する・しない」の肯定否定の相［みとめかた］，「する・した・しよう・だろう」の時相［テンス・ムード］，「している・してある」の既然態・「してしまう」の完全動［アスペクト］，「らむ・らし・めり」などの（文語のみの）推想態［evidentials］，尊称・卑称・荘重態［待遇法］など，さまざまな文法的範疇が扱われている。なお，文語の「せむ・せじ」や口語の「しよう・だろう」は，時相の下位類としての「未然態」であり「推想態」とは区別する。推想態は口語にないというが，現在なら「ようだ・みたいだ」を認めたかもしれない。〈未来予想〉と〈（根拠にもとづく）推定〉との区別だと，（当時の）テンスムード組織をとらえたのだと思われる。

名詞の格と動詞の格は，〈図3・4〉のように，論理的階層にしたがって組織されている。

名詞と動詞に助辞のつかない無標の形を，省略とはせず「一般格」としていること，とくに名詞の「月 明らかなり」「ぼく パン 食べた

図3　名詞の格

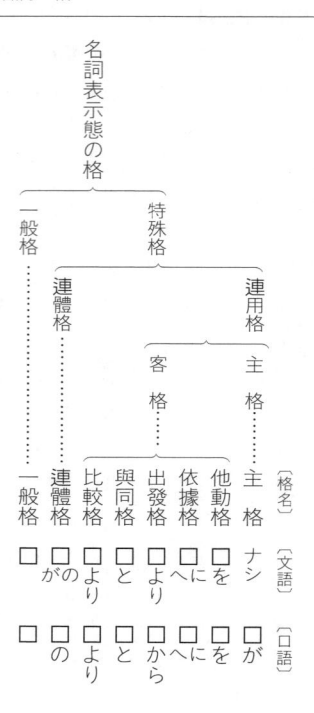

名詞表示態の格
- 一般格
- 特殊格
  - 連體格
    - 一般格：□の〔文語〕／□の〔口語〕
    - 連體格：□の／□の
    - 比較格：□より／□より
    - 與同格：□と／□と
  - 連用格
    - 客格
      - 依據格：□より／□から
      - 出發格：□より／□から
      - 拘束格：□に／□に
      - 他動格：□を／□を
    - 主格
      - 主格：□が〔文語〕ナシ／□が〔口語〕
      - 〔格名〕

松下大三郎『改撰標準日本文法』p.470

図4　動詞の格

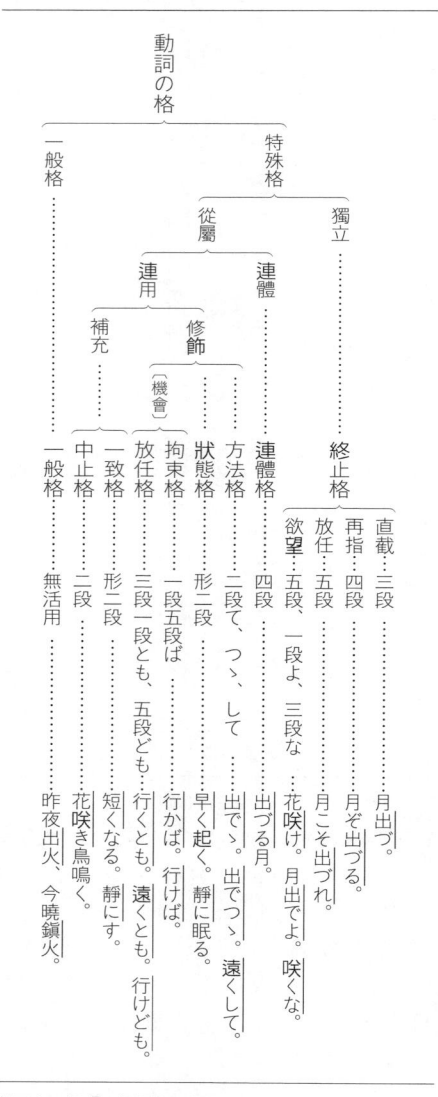

動詞の格
- 一般格：無活用……昨夜出火、今曉鎭火。
- 特殊格
  - 從屬
    - 連用
      - 補充
        - 一般格
        - 中止格：一段……花咲き鳥鳴く。
        - 一致格：二段……短くなる。靜にす。
      - 修飾（機會）
        - 放任格：形二段……行くとも、行けども。
        - 拘束格：三段一段とも、五段ども……行かば。行けば。
        - 狀態格：一段五段ば……早く起く。靜に眠る。
        - 方法格：形二段……出でゝ。出でつゝ。遠くして。
        - 連體格：四段……出づる月。
    - 連體
      - 終止格
        - 直截：三段……月出づ。
        - 再指：四段……月ぞ出づれ。
        - 放任：五段……月出でよ。
        - 欲望：五段、一段よ、三段な……花咲け。月こそ出づれ。咲くな。
  - 獨立

松下大三郎『改撰標準日本文法』p.577

よ」など格助辞を伴わないもの（はだか格・名格 nominative）を，主格など（の特殊格）と別に立てたのは注目すべきである。

　動詞の拘束格は「連用＞修飾＞（機會）」という階層の下位項目に入れられ，さらに〈図5〉のようにも下位分類される。

　この「未然仮定・現然仮定／必然確定・偶然確定」という分類——上からの論理意味分類と下からの接続形態分類とに一部ずれがあり，『口語法』では「仮定（未然・常然）／確定（偶

図5　動詞の拘束格の分類

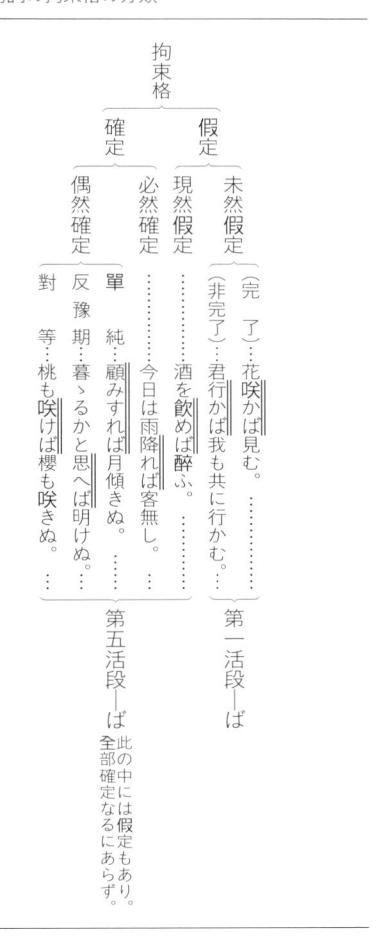

```
                    拘
                    束
                    格
        ┌───────────┴───────────┐
        確                       假
        定                       定
   ┌────┴────┐              ┌────┴────┐
   偶    必                  現        未
   然    然                  然        然
   確    確                  假        假
   定    定                  定        定
 ┌─┴─┐   │                   │      （非完）（完了）
 對 反  單                    │
 等 豫  純                    │
 ：｜   ：                    ：       ：      ：
 桃 暮  今                    酒       君      花
 も るる日                    を       行      咲
 咲 か はは                   飲       か      か
 け と雨                      め       ば      ば
 ば 思降                      ば       我      見
 櫻 へれ                      醉       も      む
 も ばば                      ふ       共      。
 咲 月客                      。       に
 き 傾無                               行
 ぬ きし                               か
 。 ぬ。                               む
    。                                 。
  ：  ：                    ：       ：
  第 五活 段 ─ ば          第 一活 段 ─ ば
  全部の中には假定なるもあらず。
```

松下大三郎『改撰標準日本文法』p.544

然・因果)」にかわる──は, 阪倉篤義らの条件表現の歴史的変遷の研究にも利用され, 論理面の分析としてはいまも参照される価値をもつ。

　さらに〈格の間接運用〉として, 1) 格の実質化 (≒名詞化):「人との争い」のようなもの, 2) 提示態:題目態・係の提示態・特提態など, いわゆる副助詞・係助詞のついたもの, 3) 感動態:いわゆる終助詞・間投助詞のついたもの, 4) 格の含蓄:「私の（物）」「雪は降りつつ（あり）」「また（会おう）ね」など, 省略された語を吸収・含蓄する表現と見なしたもの, の四つが説かれる。題目態において, ハの分説, モの合説とともに, 助辞のない (unmarked な)「一般格」に「単説」の題目態と無題の「平説」とがあると指摘しているのは, いまなお絶えない助辞省略説にくらべ, 理論的に数段上を行くといってよい。

●詞の相関論──「詞の相関論」においては, 成分の統合・配列・照応の三つが説かれる。1) 成分の統合においては, 関係自体は「従属と統率の一関係だけ」だがその関係のしかたに「主体・客体・実質・修用・連体」の五種があるとし, これは「世界人類に共通普遍の範疇」だという。その普遍的な枠には日本語独自の「提示態」を入れるべき位置はなく, すべて修用語の一種とされる。2) 成分の配列では, 意識の流れの方向によって正置法と倒置法とがあるとして語順を扱う。また, たとえば「こどもが大きくなる」における「子ども」と「大きく」との関係を,（述語を介しての）〈間接関係〉と呼び, その先後＝語順は「述語との統合の親疎」に起因するのが原則だが, この原則は「概念の新旧」によって崩されるといい, さらに, 題目語「─は」は「旧概念の最も著しいもの」だとも指摘して, たとえば「日曜日にはあの人を訪ねる」と「あの人は日曜日に訪ねる」との違いを説く。近年の機能論的・情報論的文分析の先駆である。3) 成分の照応としては, 係結法と未然法を説く。未然法とは, 未然の拘束格と放任格（逆接）という条件表現を受ける部分（主文の述語）が未然態という相（ムード）で照応する用法をいい, 係結法とともに文語に著しく口語には著しくないという。いずれも有形のものだけでなく, 無形の照応も認めようとしており, 2) の成分の配列の記述とともに, 1) の普遍的な「成分の統合」関係だけで

図6　原辞の分類

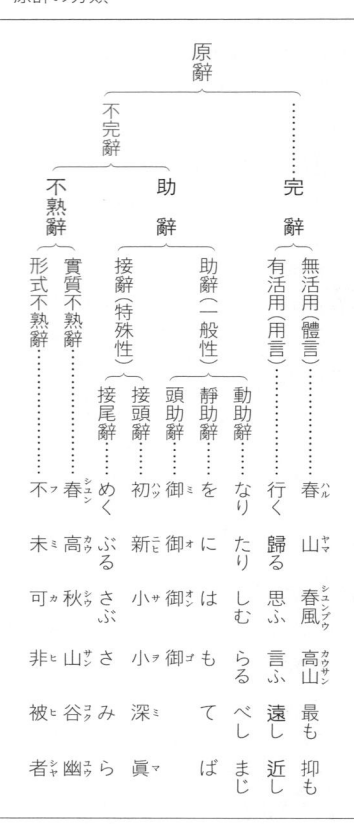

```
                    原辭
         ┌───────────┴───────────┐
      不完辭                    完辭
    ┌────┴─────┐            ┌────┴────┐
  不熟辭      助辭        有活用    無活用
  ┌─┴─┐    ┌──┴──┐       (用言)   (體言)
形式  實質 接辭   助辭
不熟  不熟 (特殊性)(一般性)
辭    辭  ┌─┴─┐  ┌─┴─┐
         接尾 接頭 靜  動
         辭   辭  助  助
                 辭  辭
```

形式不熟辭	實質不熟辭	接尾辭	接頭辭	靜助辭	動助辭	有活用(用言)	無活用(體言)
不フ	春シュン	めく	初ハツ	御ミ	を	なり	春ル
未ミ	高カウ	ぶる	新シン	御オ	に	たり	山ヤマ
可カ	秋シウ	さぶ	小セウ	御ギョ	は	しむ	春風シュンプウ
非ヒ	山サン	さ	小ヲ	御ゴ	も	らる	高山カウザン
被ヒ	谷コク	み	深ミ	て	べし	言ふ	最も
者シャ	幽イウ	ら	眞マ	ば	まじ	歸る,遠し,近し	抑も

松下大三郎『改撰標準日本文法』p.577

は抜け落ちてしまう，提示態の構文機能や，拘束格・放任格という条件帰結関係の構文機能を扱おうとしている。

●原辞論──「原辞論」は詞の材料（要素）である原辞の性質やその結合を扱う。原辞の分類は〈図6〉のようになっている。

「完辞」とは単独で詞（語）となりうるもの，「不完辞」とは単独では詞（語）となりえない「唯形式的意義を有するもの」で，接辞のほか，いわゆる助詞助動詞も含む。不完辞のうちの「不熟辞」は「海-洋」「未-決」など主として漢語で，不完辞どうしの結合としてしか用いられないものを言う。このほか，用言・動助辞の活用や音便等の「音の転変」と，原辞の相関として原辞の結合とその際の音の転変を説く。

なお，口語に関して『日本俗語文典』（1901年）で新機軸を打ち出した松下も，『標準日本口語法』（1930年）では，原辞論を中軸にすえて記述し，外見上の組織としては教科文法とたいして変わらないものに見えるが，これは普及のための妥協，教育的配慮に基づく枠組の組替えだったと言うべきかもしれない。記述のなかみは，体系性を失ってはおらず，豊かである。

3. 詞の総和・結果としての文

松下には，断句（文）は詞（単語）の算術的総和に等しいという考えが強く，断句は詞の連なり（連詞）に等しい。違いは，断句には「断定（了解）」もしくは「統覚」があることだというが，その中身が具体化されることはなかった。「長い説話はただ断句の累積である。断句に到達すればもはや文法学の論ずべき何物をも残さない」とし「断句論はわざわざ立てる必要がない」とまでいっている。総論でかろうじて示す断句の質的な種類は，「断定」の種類と同じ「思惟＝判断」と「直観」の二つの断句であり，量的には「意識の流れの数」にしたがって「単流」と「複流」の二つの断句があるとする。「断定」のさらなる下位分類は，動詞の相の論つまりムードで十分であって，（断句レベルの）モダリティは不要だ，なぜなら説話（文章）は断句の累積にすぎず，断句を要素として構成される構造体ではないから，文の相（モダリティ）には独自性はなく動詞の相（ムード）の総和にすぎない，というのであろう。松下は，要素・部分の総和が構造・全体をなすという19世紀を支配した要素主義・統覚心理学の時代の子であって，構造・全体の独自性・優先性を見ようとする20世紀を彩る構造主義・ゲシュタルト心理学を基礎教養とはしなかった。断句論

がなく陳述論もなく，複文論もないのはこのためであるが，先述した動詞拘束格，題目態・提示態などの興味深い分析や着想が，各所に分散して扱われ，総合的に記述を尽くすような枠組（体系的組織）が与えられていないように感じられるのもこのためだろう。だが詞と連詞の世界の限りでは，松下文法の論理体系は，一貫して精緻で明晰である。

4. 要素主義・汎時主義の限界

松下文法がアメリカ記述言語学流の形態論の先駆をなすということが「再評価」として指摘されているが，それとともに論理主義だとする古くからの評価も当たっている。この二つの評価が両立しうるのが松下文法の特徴なのであって，1）論理・意味と形態との一対一的な対応，つまり内容と形式との調和が信じられており，しかも「口語の動詞の終止格は第三活段（終止形）ではなく第四活段（連体形）である」と考えるべきで「この主義でなければ国語の沿革が説けないし，この主義ならば文語と口語と活用図が略一致する」と『改撰』の「緒言」に特筆するように，2）時間をも超えた普遍性を求める汎時論的性格をもつ，という二つの面での調和を信じえた「古き良き時代の大文典」と言うべきなのである。たとえば，接続助辞の「が」を認めず主格助辞の「が」と同一と扱うために，「〜するが」の「する」を「動詞の体言化」だとするような強引な扱いをする部分もあり――「〜するが」は何に対して主格なのか？「静かだが」のような調和を乱すものはどうするのか？――，松下文法の遡源的・汎時論的な性格の現われの一つといえるわけだが，それを理論的に防ぎえなかったのは，やはり断句論・陳述論・複文論を欠く「語論・形態論時代の大文典」だからだともいえるであろう。

◆松下大三郎

[工藤 浩]

■マデ

現代語のマデは，助詞の分類において格助詞もしくは副助詞とされることが多いが，品詞自体の捉え方にもより，その分類上の位置付けにはいまだ議論が残されている。

一方，意味的な側面では，動作や作用が及ぶ時間・空間的な限界点，程度的な極限といった各用法から，おおよそ「範囲の限度」という共通性を抽出することができる。

●空間・時間のマデ――主に名詞に後接し，空間的な移動の到達点（(1)）や時間的な事態の終了点（(2)）を表す。(2)のマデは，節にも後接する（(3)）。

(1)駅まで歩いた。
(2)8時まで働いた。
(3)書類が全部片付くまで働いた。

また，伝達などの動作の相手を表す場合もある。

(4)希望者は事務員まで申し出てください。

時間的な(2)のマデとマデニとの相違は，マデは瞬間動詞と共起しない，というように，主節動詞のアスペクト特性から説明されてきた。

(5)年末 {*まで/までに} 結婚する。

また，特に移動動詞と共起する(1)のマデは，限界性を付与する要素として，動詞句レベルのアスペクトに影響を与えるとされている。

●範囲のマデ――名詞などに後接し，空間や時間，要素の範囲を示すことで数量や集合を表す。しばしばカラと共起する。

(6)今日から明後日までお休みします。
(7)小学生から大人までが対象の陶芸教室

前述の空間・時間のマデと区別しにくい例もあるが，範囲のマデには格助詞が後接する。このマデを特に「順序助詞」と呼ぶ立場もある。

●とりたて・強調のマデ――名詞や格助詞，動詞テ形などに後接し，極端な例を挙げて，事態の意外性を表す。モが後接し，マデモの形をと

ることもある。

(8)市民まで（も）が犠牲になった。
(9)子供にまで怒られた。
(10)昼食を抜いてまで本代を貯めている。

同様の意外性はサエによっても表されるが、マデは極端な例に至るまでの序列を明示しやすく、累加のニュアンスをより強く帯びる。

(11)卒業式には、両親と姉だけでなく親戚まで駆けつけた。

●**その他のマデ**—— 主にマデニやマデモの形で程度を表す句を形成するマデは、「形式副詞」とも呼ばれる。

(12)敵を完膚なきまで（に）叩く。
(13)自分で餌をとるまでに成長した。
(14)不可能ではないまでも実現は難しい。

また、文末において慣用的な句（の一部）として用いられるマデもある。

(15)改めて考えるまでもない。
(16)こうなったら訴えるまでだ。
(17)求められたから発言したまでだ。
(18)取り急ぎお礼まで。

➡カラ，サエ，格助詞，副助詞，とりたて助詞

■**参考文献**

奥津敬一郎（1966）「「マデ」「マデニ」「カラ」——順序助詞を中心として」『日本語教育』9．〔再録：奥津敬一郎（1996）『拾遺 日本文法論』ひつじ書房〕

北原博雄（1998）「移動動詞と共起するニ格句とマデ格句——数量表現との共起関係に基づいた語彙意味論的考察」『国語学』195．

寺村秀夫（1991）『日本語のシンタクスと意味III』くろしお出版．

沼田善子（2000）「（第3章）とりたて」仁田義雄・益岡隆志編《日本語の文法2》時・否定と取り立て』岩波書店．

森田良行（1980）『基礎日本語2』角川書店．

［茂木俊伸］

■**三尾 砂**（みお いさご 1903-89）

●**略歴**—— 国語学者，ローマ字教育研究者。香川県生まれ。早稲田大学で西洋哲学を専攻し，1928年文学部哲学科を卒業，その後早稲田大学大学院で心理学を研究。理想的な児童教育を求めて，1946年福島県に青葉学園を設立。児童心理学から出発して文法研究に向かう。ゲシュタルト心理学に基づく佐久間鼎の理論を受け継ぎ，伝統的な国語学アカデミズムの主流とは流れを異にしてはいたが，三上章などにも影響を与え，その独創的な研究は今も高く評価されている。

●**研究業績**—— 三尾の文法研究の特徴は、生きた言語事実に向き合うということである。それまでほとんど注目されなかった話し言葉の研究に着手，言語活動を思考の流れに力学的に働く諸要因の総体と捉え，従来の概念を超えた，より広い視野を提示した。「雨だ！」という言葉がある場面で発話されれば，それは文であるという定義などもその一例だが，言葉を生きたものたらしめる「場」という概念を確立したのは画期的なことであった。また，言葉の統計的処理，自然な語意識による品詞分類の再構築の試み，連文や基本文型の研究など，時代を先取りしたものもある。

『話言葉の文法（言葉遣篇）』（1942）において「だ体」「です体」「ございます体」という文体形の概念を示し「文の終止部に用いられた用言の文体形が文の文体を決定し，文の内部（接続部，連体部）に用いられた用言の文体形が，文の丁寧さを決定する」という原則を提示した。他にも話し言葉の文法研究上の重要な指摘をしている。『国語法文章論』（1948）で，「場」との関連において文を「現象文」「判断文」「未展開文」「分節文」の4分類に分けて提示したことは「場」の理論に着目した新しい視点による重要な指摘である。

三尾の文法研究は子どもの言語発達研究の必要性から始まったことであったが，戦後はローマ字教科書や国語教科書の執筆に力を注ぎ，その活動を通して新しい言語教育の実践に貢献した．それらの教科書の中で三尾は子どもの言語能力を高める文法を目指している．それは表現文法とも言えるもので，現在の外国人に対する日本語教育にも寄与し得る普遍的なものと言えよう．

➡佐久間鼎

■参考文献

服部四郎他（1978）「解説」服部四郎・大野晋・阪倉篤義・松村明編『〈日本の言語学3〉文法Ⅰ』大修館書店．

須賀一好（1981）「三尾砂の文法」『言語』10-1．

三尾 砂（2003）『三尾砂著作集Ⅰ』・『同Ⅱ』ひつじ書房．

小嶋栄子（2008）「三尾砂の文法」『国文学解釈と鑑賞』73-1．

[石川康恵]

■**三上 章**（みかみ あきら 1903-71）

●生涯——東京大学建築科を卒業，数学教育に従事しながら1940年代から佐久間鼎や金田一春彦の支援のもと独学で現代日本語文法の研究を開始する．65年に大谷女子大学教授に就任，70年にハーバード大学に短期滞在した．

●研究業績——三上の研究活動は1950年代を中心に行われ，『現代語法序説』（1953）に主たる見解が示されている．より体系だった記述は博士論文『構文の研究』（1959，公刊は2002年）に見られる．

三上の文法研究は，当時は未開拓であった文論（三上のいう「シンタクス」）を中心に行われた．文論の構築において要とされたのが，日本語に主語を認めないという「主語否定論」である．三上の主語否定論は，文の基本構造が英語のように「主語-述語」になる言語と日本語のように「題目-解説」になる言語があるという，言語類型論的あるいは対照言語学的観点から提出されたものである．主語否定論を展開する代表的な著作に『象は鼻が長い』（1960）がある．

三上が力を注いだもう一つのテーマは活用である．文論の構築をめざす三上は，活用を語（形態論）のレベルではなく文論のなかで展開していった．その探究のなかから，述語の後続部分への係り方という問題が提起されることになる．三上によれば，述語の後続部分への係りの強さには3段階があり，係る力の弱いほうから順に「単式」，「軟式」，「硬式」と名づけられた．三上のこの3式の考え方は，南不二男による従属節（従属句）の3類（A類・B類・C類）という見方に通じるところがあり，複文研究などを進めていくための重要な視点を提供している．

三上の文法研究を受け継いだ研究者に寺村秀夫がいる．さらに，その文法研究は久野暲や柴谷方良などを通じて海外の日本語研究者にもよく知られている．

➡寺村秀夫

■参考文献

『国文学解釈と鑑賞 特集：三上章と奥田靖雄』69-1（2004），至文堂．

益岡隆志（2003）『三上文法から寺村文法へ』くろしお出版．

[益岡隆志]

■**ミ語法**

主に奈良時代の韻文に用いられた，形容詞の語幹相当部などに接尾辞-ミが付いた用言の総称，またはこのミ形用言を述部に持つ構文の総称．その形態・統語・意味論特徴から，分詞

（participle）の一種だと考えられる。

●**形態論的な特徴**——出自は，主に動詞由来・形容詞由来の二説あるが，むしろそれら主要品詞から脱カテゴリー化（品詞転成）する段階以前の，形状言（語根）を語幹として成立した用言だと考えられる。語幹部の意味範疇は，関係（遠ミ・近ミ），永続属性（高ミ・広ミ）など時間展開性の無いものから，存在（多ミ・無ミ），一時属性（痛ミ・寒ミ），動詞連用形ミ語法を加えるなら運動（引きミ・緩べミ）など時間展開性のあるものまで，広汎な範疇をしめしている。ミ語法は複文従属節の述定部となることを基本用法とする点で，非定形用言（non-finite verbals）の一つである。なお，主節述語にもその用法を拡張させようとした痕跡があるが，その場合コピュラ的な補助単語など（「思ふ，す，か（も），と」）を後接することが義務的となる。ミ語法は体言ではないので曲用しないが，他の活用もない。この点が，同じく非定形用言のク語法と異なっており，肯否の認め方やムードなどの文法カテゴリーによる活用形態を持たない点で，ミ形は文法的な派生度が最も小さい屈折語尾である。

●**統語論的な特徴**——格支配はあるが制約が強い。ミ語法用言が節内で持つ名詞句の項は一つだけで，その格は直格（casus rectus）に相当するゼロ接尾辞（「山φ高み」）または斜格の一つとされる特定の接尾辞（「山ヲ高み」）に限られる。古代語接尾辞ヲはしばしば直接補語を標示するので，この格支配は他動詞的である。しかし，実際の節（「瀬を速み」）のなかでミ語法用言のはたらきかけ性は，ごく低い（瀬ガ速イ・瀬ガ速マル）か，あるいは再帰性によって中和している（瀬ガ自ラヲ速メル）。このため接尾辞ヲについてみると，自動詞性の構文で唯一項名詞句（主語）を標示していることになる。一見この振る舞いは格組織類型の観点で，古代日本語の格的内容の分裂（split）に見えるが，接続助辞機能などもある古代語接尾辞ヲは対格として特化するまでには至らないため，当たらない。一方，文成分の観点から，ミ語法節がほぼ例外なく文の状況語成分相当の節となっている点に注目すれば，特定の従属節（状況語節）において主語の標示のしかたに生じている変則であり，格組織類型までは関与しない局所的な振る舞いである。

●**意味論的な特徴**——ミ語法の意味機能は，通説では原因理由（ノデ義）を伴う一種の感情表現などとされるが，原因理由義はミ語法節が南理論A類従属節相当の状況語成分であることによって生じる通釈意味の一つで，ミ語法本来の機能ではない。ミ語法節は，テンス形式を欠くこと，主節（後続節）の事態とミ語法節の事態とは時間的に同一の位置づけとなること，などが義務的である点で，南理論A類段階の従属節と等価的である。また，ミ語法の項は一項に限られるが，その項種は体言（名詞句や体言化節）または連用節（「已然形＋バ」節など）である。役割意味（role-semantics）の観点で，体言項は主に〈属性の持ち主〉，連用節項は〈とりまく状況〉となる。例えば，属性の持ち主「山」とその属性「高ミ」（「雨隠り　三笠の山を　高みかも　月の出で来ぬ　夜は更につつ」万葉・980），とりまく状況「使ひの来れば」とその属性「嬉しミ」（「……玉梓の　使いの来れば　うれしみと　吾が待ち問ふに……」万葉・3957）。他方，評価づけ構造（epistemic semantics）の観点からは，〈属性の持ち主〉または〈とりまく状況〉という参加体は，〈評価づける主体〉という第二の参加体の存在が不可欠である（「三笠の山を高ミ」と評価づけする「月」，使者が来たという状況を「嬉しミ」と評価づけする「吾」）。ミ語法構文ではこの〈評価づける主体〉が，一定の複文構造（南理論A類）によって主節で間接的にしめされることが義務的で，有生性の制約はない

が有情性の制約（有情物であること）が義務的である。また，時間構造の観点で，ある属性の持ち主となることやある状況となることは，主節主体による評価づけの局面（その属性や状況をそのようなものとして認識すること）よりも，時間的に常に先行する点でタイムラグがある。これらのしくみは，構文としては，参加体を一定の手続きで特定の文成分に振り分ける点，文があらわす事態としては，先行するコトガラが誘因体となり第三者的な反応体に何らかの評価づけを結果的に誘発させる点で，「第三者の受身」の受動態原理と等価的である。ミ語法に介在するガル義（自発的不可避的ニ〜ト感ジル）は，この受動性に起因する。以上のことからミ語法は，受動性の分詞（passive participle）相当の用言派生形であり，それを述部とする節はいわゆる分詞構文に相当する。

◆ク語法，状況語，形容詞，ヲ，南不二男の4段階

■参考文献

須田淳一（2005）「ミ語法の時と主体」『国語と国文学』82-11．

須田淳一（2006）「ミ語法とヴォイス」『日本語学』25-5．

山口堯二（1980）『古代接続法の研究』明治書院．

山口佳紀（1986）『古代日本語文法の成立の研究』有精堂出版．

[須田淳一]

■三矢重松（みつや しげまつ 1871-1923）

●生涯──山形県鶴岡生まれ。国学院大学を卒業後，文部省官房図書課勤務を経て，中学校教諭として各地を転々とする。折口信夫は大阪府第五中学校（現大阪府立天王寺高等学校）勤務時代の教え子である。1899（明治32）年，嘉納治五郎の誘いを受け上京，亦楽書院において中国留学生の教育にあたる。東京高等師範学校，東京外国語学校でも教鞭をとり，1903年からは母校である国学院大学に勤務する（1921年に教授昇任）。文学博士。

●研究業績──主著に『高等日本文法』（明治書院，1908・増訂改版1926），『作歌と助辞』（明治書院，1911）などがあり，没後，未刊行論文等が『文法論と国学論』『国語の新研究』『国文学の新研究』（中文館書店，1932）としてまとめられている。

三矢の文法論の特徴は，大槻文彦の『広日本文典』を継承しつつ，平安時代語を中心とした穏当な解釈文法を確立させた点にある。文語助動詞「まし」を反実仮想として捉えることや，文語助動詞「らむ」を現在の推量（三矢の用語では「想像」）とすることなどは，今日でも学校国文法の中で取り上げられている。

また，文法論の他には，博士論文「古事記に於ける特殊なる訓法の研究」に代表される古訓研究や，源氏物語研究（国学院大学にて源氏物語全講会を主催），さらには『荘内語及語釈』（刀江書院，1930，没後刊行）などの方言研究が広く知られている。

◆松尾捨治郎

■参考文献

徳田政信編（1983）『近代文法図説』明治書院．

諸星美智直（2001）「国学院大学国語学史稿」『国語研究』64．

[山東 功]

■南不二男の4段階

南不二男は1960年代から現代日本語を対象に文法研究を行っている。その文法研究は一貫して文の構造の研究である。南の文法研究の全容は，『現代日本語文法の輪郭』（1993）で知ることができる。

文の構造に関する南の見方の特色は，文構造

に4つの段階・階層を認める点にある（「段階」と「階層」の違いについては，南（1993）に「階層は，文または各種の句の構造を，いわば固定的な対象として見た場合に認められるもの，段階は，文または各種の句を，表現なり理解なりの過程を前提として見た場合に認められるものとする」(p.22) とある）。文構造に段階性・階層性を認めるこの見方は，日本語の言語事実の観察に基づく独創的な見解であり，文構造に関する一般的なモデルとなり得るものである。

南の文構造の見方は，従属節（南は「従属句」と呼ぶ）の内部にどの範囲の要素・成分が現れるかという点に着目して組み立てられたものである。

従属句の内部に現れる要素の範囲は従属句の種類により広狭の差がある。南は従属句を，その内部に現れる要素の範囲が狭いもの（「A類」），中間のもの（「B類」），広いもの（「C類」）の3類に分ける。

A類の従属句とは，「〜ナガラ〈非逆接〉」や「〜ツツ」のように，述部に「(サ)セル，(ラ)レル」や「オ〜ニナル，(テ)モラウ」が現れ，述部以外の部分に格成分（主格を除く），状態副詞，程度副詞などが現れるものをいう。

B類の従属句とは，「〜ノデ」や「〜ノニ」のように，A類のものに加えて，述部に「ナイ」や「タ」が現れ，述部以外の部分に主格や時間的修飾語が現れるものをいう。

また，C類とは，「〜ガ」や「〜カラ」のように，A類・B類のものに加えて，述部に「ダロウ」や「マイ」が現れ，述部以外の部分に主題の「〜ハ」や陳述副詞の「タブン」などが現れるもののことである。

このように，A類・B類・C類という従属句の分類は，句内部に出現する要素の分布状況を基本に据えた分類である。

A類・B類・C類の3類は，言い方を換えれば，それぞれの従属句が文に近い性格をどの程度備えているかということである。この観点に基づいて，南は文（述題文）の構造を，これら3類に対応する3つの段階（「描叙段階」，「判断段階」，「提出段階」と呼ばれる）にもう1つの段階（「表出段階」と呼ばれる）が加わった4つの段階を経て形成されるものと考える。つまり，文をこれら4つの段階の総和と見るわけである。例えば，「そうだな，荷物はたぶんきのう横浜についただろうよ。」という文は，以下の4つの段階を経るものとされる。

描叙段階：（荷物ガ）横浜ニ ツク
判断段階：キノウ 荷物ガ 横浜ニ ツイ タ
提出段階：荷物ハ タブン キノウ 横浜ニ ツイ タ ダロウ
表出段階：ソウダナ 荷物ハ タブン キノウ 横浜ニ ツイ タ ダロウ ヨ

このような「段階」を「階層」に置き換えて文の構造を捉えたとき，文は4つの階層からなるという，階層構造論とでも呼ぶべき独自の立場が生まれることになる。

なお，南の階層構造の見方と関連して，同時期に英語を対象に類似の階層構造論を提出したKajita（1968）と，1980年代を中心に英語を対象として同様の階層構造論を展開したDikの分析（Dik 1989）を挙げることができる。

➡複文，従属節（従属句）

■参考文献

尾上圭介（2001）『文法と意味Ⅰ』くろしお出版．

益岡隆志（1997）『複文』くろしお出版．

南不二男（1993）『現代日本語文法の輪郭』大修館書店．

Kajita, Masaru (1968) *A Generative-Transformational Study of Semi-Auxiliaries in Present-Day American English*. Sanseido.

Dik, Simon C. (1989) *The Theory of Func-*

tional Grammar Part I: The Structure of the Clause. Foris Publications.

［益岡隆志］

■ム

●ムの基本義とバリエーション——設想の助動詞的接尾辞。山田孝雄が「設想」と述べたその規定が，ムの意味をよく捉えている。ムの基本義を「推量」と規定すると，混乱を招くので，避けるべきであろう。

設想とは事柄を想定的・想像的に示す働きを言う。実際には文脈に応じて，①単なる想定，②予想，③仮想，④推量，⑤疑い，⑥意志，⑦聞き手への意志，⑧聞き手の意志，⑨勧誘などの意味に分化する。仮に，現代語のダロウのようにムの意味が「推量」に特化してしまったとしたら，もはや「意志」の意味を表すことはできなくなる。この点，注意が必要である。以下例を挙げる。大きく，推定系と意志系に分化する。①「道守の問はむ答へを言ひ遣らむすべを知らにと立ちて爪づく」（万葉・543）②「現にも夢にも我は思はずき古りたる君にここに逢はむとは」（万葉・2601），次の「ヤ〜ム」のパターンは「望まざる予想性」が「こんな風に嘆かなければならないのか」風の詠嘆を呼んでいる。「山河のそきへを遠みはしきよしかくや嘆かむ妹に逢はずして」（万葉・3964）③例①の「道守の問はむ答へ」を「もし問うたら」と考えることができる。④「世の中はむなしきものとあらむとそこの照る月は満ち欠けしける」（万葉・442）⑤特に項目を立てる必要はないかもしれないが，多くの言語ではふつう疑問と推量は同居しないので，注意が必要である。「鴨島の岩根し枕ける我をかも知らにと妹が待ちつつあらむ」（万葉・223）⑥話し手の意志の力が吹き込まれた表現と解することができる。「雲の上に鳴くなる雁の遠けども君に逢はむとたもとほり来つ」（万葉・1574）⑦現代語の「早く歩く。」型の命令表現に似て，特別な形式無しで命令になる。やはり意志の力の吹き込まれたもの。「鳴り高し，鳴り止まむ」（源氏・少女）⑧テムヤの形でよく現れるが，ヤは聞き手への伺いである。「かの過ぎ給ひにけむ御かはり（＝亡くなった方の身代わり）に思しなしてむや」（源氏・若紫）⑨「いざ子ども敢へて漕ぎ出む庭もしずけし」（万葉・388）

●ムの文法的振る舞い——ムによる設想は，話し手の「いま，ここ」からの想定である。だからムは，これを文法的な過去文脈に置くことはできない。「咲かむ花を折りき」と述べたら，本来なら今から咲くことが予想される「花」を過去の時点で折ってしまったことを表すことになる。過去のある時点で「咲く」ことが予想された「花」を「折った」ということではない。どうしてもそのような意味を表したいならば，「咲くべき花を折りき」くらいにしなければならない。次は「と」による引用句内の例であるから，文法的な過去文脈にあるわけではない。「心ゆも我は思はずきまた更に我が古里に還り来むとは」（万葉・609）

ムは体言形式としてマク（ク語法）を持つ。体言形式があるくらいだから，連体形で体言を自由に修飾することが可能である。その点でも現代語のダロウとは異なる。古代語は動詞の無助動詞形式（裸の形）だけで設想型の意味を表すことができないわけではないが，設想型の意味は，ふつうにはム系の助動詞群（ム・ラム・ケム・マシなど）を伴って現れることも現代語と異なるところである。

➡ウ（ヨウ），推量，ダロウ，モダリティ

■ 参考文献

山田孝雄（1908）『日本文法論』宝文館．

山口堯二（1991）「推量体系の史的変容」『国語学』165．

山口明穂（1991）「平安時代の言葉と思考」

『国語と国文学』68-11.
野村剛史（1995）「ズ，ム，マシについて」『日本語の研究——宮地裕・敦子先生古稀記念論集』明治書院.

[野村剛史]

■無助詞

●**無助詞とは**——助詞が用いられてもおかしくない位置に，その助詞が現れない形。「φ」という記号で示されることが多い。

(1)雨が降っている。/雨 φ 降ってる。
(2)私は知っています。/私 φ 知ってます。
(3)面白いね/面白い φ。
(4)帰ってきた時に，何か言っていた？/
　帰ってきた時 φ，何か言ってた？

それぞれ右側の文はどれも無助詞を含んでいる。しかし慣用的には，(1)のように格関係が無助詞である場合と(2)のように主題が無助詞である場合を言うことが多い。前者を「無助詞格」，後者を「無助詞主題」と呼ぶことにする。なお，

(5)お茶だけ φ 飲んだ。/お茶だけを飲んだ。

という例の「だけ φ」は，格助詞が現れていないが，「だけ」という助詞があるため，普通こういう場合を無助詞とは呼ばない。

(2)のような無助詞主題は，「は」が表す主題と性格に違いがある。まず文体的に言って，無助詞は話し言葉に現れるのが原則である。また意味機能上も，「は」は対比性を伴う主題を表し得るが，無助詞は対比性を持たない。

(6)ぼく {は/?φ} 行くが，あいつ {は/?φ}
　行かないだろう。

「は」は新主題（その文脈で新しく設定された主題）としては用いられにくいことがあるが，無助詞は新主題に立ちやすい。

(7)（電話で）もしもし，俺 {?は/φ} 山田。

というような違いがある。但し，文語文の名残として書き言葉に現れる無助詞もある。

(8)人間 φ 万事塞翁が馬。

一方，無助詞格は，(1)のようなガ格，(9)のようなヲ格，(10)のような着点・方向を表すニ格・ヘ格に現れる。

(9)今ご飯 φ 食べた。（を）
(10)どこ φ 行くの。（に・へ）

これらの無助詞格は，格助詞がある場合と比べて，口語的であるという文体差はあっても，意味機能の点では特に異なりがない。

これらの格以外の格関係においては，無助詞にはなりにくい。

(11)誰?φ（と）つきあっているの？
(12)外?φ（で）会おう。

ニ格でも，着点・方向以外の用法では，

(13)あいつ，女の子?φ（に）電話してた。
(14)彼も最近は仕事?φ（に）打ち込んでいる。

のように不自然であることが多い。但し，

(15)この店 φ（で），よく待ち合わせをしたね。
(16)あの子 φ（に），みんなが電話してるよ。

という例は無助詞が自然だが，これは「この店 φ」「あの子 φ」が無助詞主題として働いているからである。

●**古代語の無助詞**——古文においては，無助詞は地の文でも現れる。

(17)むかし，男 φ 初冠して，奈良の京春日の里にしるよしして，狩にいにけり。その里に，いとなまめいたる女はらから φ すみけり。この男 φ かいまみてけり。（伊勢・1）

この例を現代語訳すると，一つ目と二つ目の「φ」は「男が」「姉妹が」に，三つ目は「この男は」に対応する。古代語では，主格は無助詞で表し，主題は無助詞または「は」で表されるのが普通であった。また，ヲ格の無助詞格が地の文に現れることも珍しくない。

(18)その沢のほとりの木のかげにおりゐて，かれいひ φ 食ひけり。（伊勢・9）

ニ格の場合は，無助詞格は少なく，次のような無助詞主題の例が多い。

(19)祇園精舎の鐘の声φ，諸行無常の響きあり。（覚一本・平家・巻一）

●現代語方言の無助詞——現代語の方言においては，『方言文法全国地図』によると，ヲ格の無助詞格は全国的に広い範囲に見られ，ガ格がそれに次ぐ。但し，その用法にもより一様ではない。他の助詞については，ニ格においては，「大工になった」のような変化の結果を表す用法の場合に無助詞で表され得る所が，秋田方言や琉球方言に見られる。また，中国・四国から西近畿にかけての方言では「と言う」「と思う」のト格が無助詞で表され得る。あるいは，連体格において，「おれの手拭い」のような「一人称・二人称代名詞＋連体格」の場合に無助詞で表され得る所が，秋田方言や琉球方言の中にあるという。

➡主題，ハ，格助詞

■参考文献

井上史雄（1992）「社会言語学と方言文法」『日本語学』11-6.

金水 敏（1995）「「語りのハ」に関する覚書」益岡隆志他編『日本語の主題と取り立て』くろしお出版.

工藤力男（1977）「上代における格助詞ニの潜在と省略」『国語国文』46-5.

国立国語研究所（1989）『方言文法全国地図 第一集』大蔵省印刷局.

小西いずみ（2010）「西日本方言における引用標識ゼロ化の定量分析」『広島大学大学院教育学研究科紀要』2-59.

小林 隆（2002）「格助詞」大西拓一郎編『方言文法調査ガイドブック』科学研究費報告書.

仁田義雄（1992）「格表示のあり方をめぐって」『日本語学』11-6.

丹羽哲也（2006）『日本語の題目文』和泉書院.

野原三義（1984）「沖縄那覇方言の助詞——格助詞等を中心にして」日野資純・飯豊毅一・佐藤亮一編〈講座方言学10〉沖縄・奄美地方の方言』国書刊行会.

日高水穂（2000）「秋田方言の文法」秋田県教育委員会編『秋田のことば』無明舎出版.

［丹羽哲也］

■ムード

●モーダルな意味とムード——文の対象的な内容としてのできごとは，必ず話し手の立場から現実と関係づけられて存在する。話し手は，たとえば，自らが確認したこととして現実のできごとを描き出したり，観念のなかで欲求の対象としての非現実のできごとを描き出したりするのである。このように，現実との関係をめぐって文の対象的な内容としてのできごとを話し手がどのように意味づけているのかといったことをモーダルな意味という。モーダルな意味の表現手段は多種多様であるが，形態論的なカテゴリーとしてのムードは，モーダルな意味の表現手段として最も文法化の進んだものである。ムードの関連語としてモダリティがあるが，一般言語学では，これを文レベルの意味・機能的なカテゴリーとして用い，単語レベルの形態論的カテゴリーであるムードから区別するのが普通である。現代日本語には，叙述法，勧誘法，命令法の3つのムードが，テンス・アスペクトとからみあいながら，動詞の終止形の語形変化の体系のなかに存在している。

●ムードと人称性・テンス・時間的限定性——「昨夜雨が降った」「今雨が降っている」「明日は雨が降る」のように，現実世界のできごとを確認し，伝えるというモーダルな意味を表す叙述法には，テンス・人称性・時間的限定性の制限がない。すなわち，過去のことでも現在のこ

表1　現代日本語の動詞終止形の語形変化

ムード	テンス	アスペクト	
		完成相	継続相
叙述法	非過去	スル	シテイル
叙述法	過去	シタ	シテイタ
勧誘法		ショウ	シテイヨウ
命令法		シロ	シテイロ

とでも未来のことでもよく，話し手のことでも聞き手のことでも第三者のことでもよく，一時的な現象でも恒常的な特徴でもよい。これに対して，「一緒に本を読もう」「もっと本を読め」のように，話し手が聞き手に実行を求めるというモーダルな意味を表す勧誘法と命令法には，テンスの分化がなく，人称制限がある。勧誘法は1・2人称，命令法は2人称である。また，文の対象的な内容は，時間的限定性のある意志的動作に限られる。ただし，これらはあくまでも基本的なモーダルな意味が実現するための条件であって，形態論的ムードがモーダルな意味を独占的に決定するわけではない。たとえば，叙述法や勧誘法は，1人称の未来の動作という条件のもとで，話し手の意志を表し（「私は帰ります」「その仕事は僕がやろう」），2人称の未来の動作という条件のもとで，命令を表す（「そこのあなた，さっさと立つ！」「太郎君，手を洗おう」）。また，無意志的な事象という条件のもとで，命令法は願望を表す（「春よ，来い」）。

●認識的ムード——現実世界のできごとを確認し，聞き手に伝えるというモーダルな意味を表す叙述法には，認識的ムードの分化があり，直接確認か間接確認かという確認のしかたの違いが無標の断定形と有標の推量形（～ダロウ）によって表し分けられる（認識的ムードは，動詞述語だけでなく，形容詞述語や名詞述語にも分化している）。確認のしかたは，時間的限定性やテンポラリティと相関する。知覚体験が可能なのは，「昨日は寒かった」「花が散っている」のような時間的限定性のある過去や現在のできごとであり，「太郎は勤勉だ」「子供はよく泣く」のような時間的限定性のない特徴や「明日も雨だ」のような未来のできごとは知覚体験できず，想像や思考によって確認しなければならない。知覚体験やすでに確証されている事実を新情報として伝える場合は，必ず断定形が使用されるが，想像や思考によって確認されるできごとは，「あいつが犯人｛だ/だろう｝」「彼ならこの仕事を｛やりとげる/やりとげるだろう｝」のように，断定形でも推量形でも表される余地があり，推量形が想像や思考という確認のしかたそのものを伝えているとすれば，断定形は，想像や判断の確かさ（確信）を伝えている。このように，断定形は，直接確認のみならず，確信といった間接確認をも表し，具体的な確認のしかたを背景化させているが，「モナリザは美しかった」「たしか明日が締め切りだったよね」「やっぱりここにあった」のような過去形の用法には，知覚体験，想起，発見といった確認のしかたの前面化が見られる。

◆意志，活用，勧誘，終止法，推量，断定（確言），命令，モダリティ

■参考文献

奥田靖雄（1997）「動詞（その1）——その一般的な特徴づけ」『教育国語』2・25．

工藤真由美（2014）『現代日本語ムード・テンス・アスペクト論』ひつじ書房．

鈴木重幸（1989）「動詞の活用形・活用表をめぐって」言語学研究会編『ことばの科学2』むぎ書房．

Palmer, Frank. R. (2001) *Mood and Modality*, 2nd edition. Cambridge University Press.

［宮崎和人］

■名詞[1]

1. 名詞とはなにか

名詞は主要な品詞の一つである。品詞とは、語彙・文法的な特徴によって単語が分類されたものである。名詞に属する単語は、さまざまな対象をあらわし、文の中で、補語（主語や目的語など）になることを第一の機能とする。ひとやものをあらわすのが名詞の典型ではあるが、動詞に典型的な運動や形容詞に典型的な状態をも、動作名詞や状態名詞として、さらに、空間、時間、数量にいたるまで、広くみずからの中におさめこむ。

日本語の名詞には、代名詞や数詞も含まれる。代名詞には、人称と数のカテゴリーがみられる点、数詞には、副詞の特徴がみられる点に、特殊性がある。日本語のほとんどの名詞は、性（gender）や数（number）のカテゴリーをもたない。

2. 名詞の機能

名詞は、文の中でさまざまな機能をはたす品詞である。さまざまな機能のうち、主たる機能は、補語（主語や目的語など）になることである。名詞が補語になることと対応して、名詞には名詞固有の格形式（曲用）という語形交替のシステムが発達している。伝統的な国文法では、助詞を独立の単語と認め、名詞の語形交替を認めなかった。しかし、松下大三郎や鈴木重幸は、いわゆる助詞を単語と認めず、「先生-が」「先生-を」「先生-に」などを名詞の語形とみている。「先生-φ」も名詞の格の一つとみなした。この格のシステムをもつことが名詞の名詞たる特徴である。名詞以外の品詞が補語になるためには、名詞化の手続きをへなければならず、補語は、名詞固有の機能であるとみなすことができる。「黙っていることは失礼だ」「丸いのをください」における「こと」や「の」は、動詞や形容詞を名詞化する形式である。

それに対して、名詞が述語・規定成分・修飾成分・状況成分・独立成分などになるのは、名詞にとって副次的二次的機能である。名詞は、「彼は先生だ。」「ぼく　ドラえもん。」のように「だ」のようなコピュラと組み合わさったり、あるいは単独で、述語として用いられる。また、「先生の魂と生徒の魂がふれあう」のように規定成分として、「先生のように知的な女性」のように修飾成分として、「先生のために言いたい」のように状況成分（「ために」は後置詞）として、「先生、質問があります。」のように独立成分として用いられる。

名詞に属する単語が、補語以外で用いられるときに、他の品詞の特徴を帯びることがある。「美人」「紳士」「金持ち」のような単語が述語として用いられるとき、「あの人は　とても（美人/紳士/金持ち）だ」のように程度副詞で修飾できる点で、形容詞性が認められる。また、「彼は　山田君と（友達/仲間）だ」という例では、「山田君と」という連用格と結びつくという点で、用言性が認められる。また、「授業中」のような単語は、「目下　授業中です。」で、動詞の機能に近い。さらに、「根なし草の国際人」「がけっぷちの外交」「朝飯前の仕事」といった用法では〈不安定な様子〉〈危険な様子〉〈簡単な様子〉をあらわし、それぞれの意味が属性化していて、形容詞的である。また、「花と散る」「山と積まれた野菜」では、比況性が関わり、それぞれ〈いさぎよく〉〈高々と（たくさん）〉という意味で副詞化している。「おのれ！」「畜生！」「大統領！」といった用法では、名詞としての対象をしめす性質をうしなって、ののしりや呼びかけの機能をはたす感動詞に近づいている。

数量や時間をあらわすものは、格助辞のつかない用法に偏る（「2キロ太った」「1時間歩く」）。「魚を釣りに行く」の「釣りに」は、「魚

を」に対して動詞としてはたらき,「行く」に対して名詞としてはたらく,分詞の特徴をもつ。

3. 名詞の形式

名詞が文の他の要素に対してどのような意味的関係をあらわすかという文法的なカテゴリーが格で,格助辞によってマークされる。日本語の名詞の格は,連用格と連体格から構成され,連用格に「-が」「-を」「-に」「-へ」「-で」「-と」「-から」「-まで」「-までに」「-φ」が,連体格に「-の」「-への」「-での」「-との」「-からの」「-までの」がある。「弟が 歩く」で〈動作の主体〉を,「弟を なぐる」で〈動作の対象〉を,「弟に 渡す」で〈動作の相手〉を,「山へ 上る」で〈動作の方向〉を「棒で なぐる」で〈動作の手段〉を,「友人と 争う」で〈動作の共同者〉を「山から 下りる」で〈動作の出発点〉を,「5時まで(に) 仕事する」で〈動作の帰着点〉をあらわし,名詞の格形式は文法的な意味の区別に関わっている。「棒で なぐる」が〈動作の手段〉,「風邪で 休む」が〈動作の原因〉,「運動場で なぐる」が〈動作の行われる場所〉であるのは,「棒で」がものを,「風邪で」が現象を,「運動場で」が空間をあらわす名詞であることにもとづき,単語のカテゴリカルな意味が文法的意味の区別に関わるものである。

連体格は連用格より少なく,「先生の 教育」は,〈動作の主体〉とも〈動作の客体〉とも理解される。「先生による 教育」とすれば,〈動作の主体〉に限定される。

名詞は,文中で同じ機能をはたすとき,並列助辞を後置させることがある。並列助辞には,「-と」「-や」「-か」「-なり」「-だの」「-とか」「-やら」「-に」がある。「プラハ,ブダペスト,パリが 素晴らしかった」のように,名詞のはだかの形「-φ」も,並列の機能をはたす。

4. 名詞の種類

松下大三郎は,名詞を「本名詞」「代名詞」「未定名詞」「形式名詞」の4種に分けた。「形式名詞」は実質的な意味を欠き,他の3種の名詞は実質的意味を有するとする。「誰」「何」のような不定の実質的意味をもつものを「未定名詞」とし,定まった意味をもつ他の2種と区別される。さらに,常に定まった実質的意味をもつ「本名詞」と,臨時に定まる実質的意味をもつ,「我」「これ」などの「代名詞」とが区別される。松下は,「本名詞」を,「普通名詞」「固有名詞」「模型名詞(引用名詞とも)」の3種に分類し,さらに他のものに関係せず,単独に考えられる「絶対名詞」と,他のものと関係して単独では意味を具備しない「相対名詞」があるとした。松下の名詞の分類は,文法的というより意味的なものである。ただし,「形式名詞」や「相対名詞」は,他の形式を必要とするという点で,文法的な特徴をもっている。

寺村秀夫は,名詞の下位分類に関連して,「実質性」「モノ性」「トコロ性」「有情」「非情」「コト性」「相対性」「形容詞性」について言及した。

日本語の代名詞は,ひとをあらわすものについては,「わたし」「僕」「俺」「自分」「お父さん(子供に対して)」「先生(生徒に対して)」など自称にあたるものや,「あなた」「君」「おまえ」「お父さん(子供たちから)」「先生(生徒から)」など対称にあたるものが,人称専用語にくわえて,親族名称や職業・地位をあらわすものにまで及んでいて,語彙的である。また,「これ」「それ」「あれ」「どれ」のような事物を指示するものは,「ここ」(場所)「こちら」「こっち」(方向)「こいつ」(ひと)のように,指示するものによって使い分ける。また,これらの指示詞は,名詞だけではなく,「こんな」(形容詞)「こう」(副詞)「こうする」(動詞)「こら」(感動詞)および,品詞を超えてい

る。

名詞以外の単語をメタ言語風に名詞なみに使用することがある。たとえば、「飲む・打つ・買うは男の三道楽だ。」「彼の「困った」は、相手が困ったという意味だ。」「「らしい」ではなく、ちゃんとした証拠が必要なんです。」などの例である。これらは広義の引用といえようか。

➡ 主語，補語，数，格，体言

■ 参考文献

鈴木重幸（1972）『日本語文法・形態論』むぎ書房．
鈴木孝夫（1973）『ことばと文化』岩波書店．
寺村秀夫（1968）「日本語名詞の下位分類」『日本語教育』12．
松下大三郎（1928）『改撰標準日本文法』紀元社．
村木新次郎（1996）「意味と品詞分類」『国文学　解釈と鑑賞』61-1．
村木新次郎（2008）「日本語の名詞をみなおす」『同志社女子大学大学院　文学研究科紀要』8．

[村木新次郎]

■ 名詞[2]

1. 定義

品詞分類における自立語の一類。裸のままで事物（数を含む）を名付け、提示すると共に文中でガ／ヲをとり主語／目的語に、ダをとり述語に、ノをとり連体修飾語になり、かつ、連体修飾を受けることができるという外容上の特徴を持つ。他の語との関係を示す手段は膠着的であり、屈折的手段を持つ動詞と著しい対照をなす。内容上の特徴をあげれば、動詞が事柄を動態（流れ・変化）として表わすのに対し、名詞は事物を静態（静止・不変化）として表わす（ただし、言語外的事態としての変化や静止が言語的事実である品詞区分に機械的に反映されるというわけではない。その関係は相互的である。「歩ク」が流れとして動的に、「歩行」が物事として静的にとらえられるのは前者が動詞、後者が名詞であることによる）。

2. 機能と独自性

他の自立的品詞は文に存在基盤を持つ。かつ、その存在は付属要素（例　ル（u），イ，ダ，タ，テ，タリ）の支えを必要とする。名詞は事物の名を示し、提示する機能において文以外にも活動の場を持つ。例　看板，名刺，名簿，呼び掛け。かつ、この機能を裸ではたす。命名・提示機能は名詞の根本的機能と目される。文中に置かれても名詞は他の品詞がはたせない機能をはたす。格助詞と結び、動詞・形容詞等が表わす事柄に参加するもの（主体・客体・場所・手段等）を示し、事柄を具体化する。この機能を他の品詞がはたすためには名詞に転化するほかない（そのため他の品詞を名詞化したり、名詞扱いにしたりする手段が多様に備えられている。5参照）。名詞はダをとり述語になり、ノをとり連体修飾を、一部の格助詞をとり連用修飾を行う。他の自立的品詞がはたす機能で名詞がはたせないものはない。名詞は、他の品詞がはたせない機能をはたしながら最も多機能な根元的品詞である。名詞（特に中核たる普通名詞・固有名詞）は時代に密着して存在し、短期間で新語を生み、死滅させる。出入りの少ないほかの品詞には見られぬ現象である。

3. 種類

《普通名詞》同じ性質を持つ事物を1つにまとめて示す類：山，魚，責任。記述は日本語辞典の役割。

《固有名詞》1つの対象につけられた名：富士，一郎。記述は当該言語の辞典の役割ではな

く，事典的なものにゆだねられるべき性質をもつ。

《代名詞》示される対象が辞典では定められず，話し手との関係で発話時に定められる類。人称代名詞（私，君，彼），指示代名詞（これ，それ，あれ），再帰代名詞（自分）等が区別される。

《数詞》数に名を与え，数を計り，順序を数える類：1, 2, 3…助数詞（接辞）と一体となって，通常用いられる。

《形式名詞》実質的意味が希薄で連体修飾を受けて用いられる類：こと，もの，時。

4. 形容動詞・副詞との区別

旅ノ安全ヲ祈ルにおいて，安全は名詞であるが，安全ナ方法，安全ニ作業ヲ進メルにおいては形容動詞（ナ形容詞）である。意味は同じとしても理論的には名詞（安全）と形容動詞（安全ダ/ナ/ニ）に分属させる必要がある。本当ヲ言ウト…において，本当は名詞であるが，本当ニ良ク働クでは副詞として働く。本当は連体修飾に当りノをとる（本当ノコト）ので形容動詞（ナ形容詞）とは言えないが，もしダをとり述語に，ノをとり連体修飾語に，ニをとり副詞的連用修飾語になる，ノ形容詞とも名付けられるような特別の形容動詞を品詞論上設定するなら問題は解決される。現代の話し言葉，書き言葉で完全な資格をもって名詞として生きているか疑わしいとしても，本当（名詞）と本当ダ/ノ/ニ（ノ形容詞）に分属できるからである。このような語は名詞や形容動詞や副詞に二股をかけるかたちで多数存在する：一般（名詞），一般ダ/ノ/ニ（ノ形容詞）；早メ（名詞），早メダ/ノ/ニ（ノ形容詞）；正常ダ/ナ/ニ（形容動詞），正常ダ/ノ/ニ（ノ形容詞）；スグ（副詞），スグダ/ノ/ニ（ノ形容詞）。夜ガ明ケタの夜は名詞，夜働イタの夜は副詞である。時を示す名詞には一般に副詞用法があるが，理論的には夜（名詞），夜（副詞）の2語に分解すれば，品詞分類上の困難は克服できる。数詞＋助数詞も名詞（烏ノ一羽ヤ二羽ヲ捕マエタッテドウッテコトハナイ）及び副詞（烏ガ一羽飛ンダ）の用法がある。同様の解決法で足りる。

5. 名詞化

いかなる品詞も表現も名詞に変えたり，名詞扱いにすることができる。他の品詞を名詞化したり，新たな意を加えて名詞にする手段は接辞を含めて多数にのぼる。語や表現を文中で臨時的に名詞として扱ったり，一定の意味を持つ臨時的複合名詞を形成したりする手段に触れる。

引用のかたちをとるならいかなるものも名詞に扱える：小サイハ形容詞，小サナハ連体詞ダ。動詞は終止形のままで名詞として扱い得る：行クガイイ。抽象度の高い形式名詞を用いれば，いかなる品詞も表現も名詞扱いにできる：憧レル−憧レルコト；今朝遅刻シタ−今朝遅刻シタノ（ガ躓キノモト）。君ノハコレダの下線部（名詞＋「準体助詞」）は「君」に所属する事物を表わしつつ臨時的名詞となり，文中で名詞として働く。副助詞といわれるダケ，グライ，バカリ，以外等は，副詞的に（小学校ヲダケ卒業サセタ），形式名詞的に（軽ク一杯ヤルダケヲ好ンダ）働くだけでなく，限定を表わす接辞となって臨時的複合名詞をつくる働きもある：箱根ニ泊ッタ2日ダケガ楽シカッタ。注意したいのは上掲例において連体修飾（箱根ニ泊ッタ）はダケには及ばないことである。

6. 「性」「数」「格」「定・不定」

日本語の名詞は文法範疇「数」「定・不定」に無関心である。その表現は語彙的手段でなされる：一人の人，人々，人達，ある人，その人。ハとガが「定・不定」の区別に関与することが指摘される：犬ガ人ニ噛ミツイタ。（ソノ）犬ハ保健所ニツレテイカレタ。上記範疇を持つ

言語では冠詞と単数・複数の形態選択に際し，名詞の意味が決定要因となるため，具体/抽象/物質/集合名詞の如き分類が文法上必要となる。持たない日本語では分類は3であげたもので足りるとされる。しかし，格助詞の意味の発現は名詞の意味によって決定される。例えばデが手段の意になるのは具体名詞（刀デ切ル），原因の意になるのは抽象名詞（病気デ休ム），空間の意になるのは場所名詞（工場デ働ク）である。また，動作名詞はスルをとって動詞に変る：勉強-勉強スル。名詞の意味的分類が文法上不必要というわけにはいかない。

「性（gender）」もないように見えるが，助数詞と数えられる名詞との間に「性」の呼応に似た現象がある：3匹ノ犬/小豚；3人ノ女/学生；3枚ノ紙/板…名詞がケモノ，ヒト，薄イ物等に分類されており，ケモノなら匹，ヒトなら人，薄イ物なら枚というふうに，分類に応じて異なる助数詞が出現し，印欧諸語の形容詞が名詞の「性」の分類に応じて異なるかたちをとるのを彷彿させる。イル・アルの使い分けからみると「生キ物・非生キ物」の区別を名詞は持つように思われる。

印欧諸語の形容詞はコピュラの補助を受けて初めて述語となるため名詞と共通点を持ち，名詞類に扱われる。日本語の形容詞は他の語の補助を受けずに述語化し，動詞に近い。「格」は印欧諸語では名詞類を特徴づける文法範疇であるが，それにパラレルを求めて考察される格的現象は日本語では名詞に限られることなく，形容詞にも及ぶ。例えば美人ニナルが名詞のニ格なら，美シクナルも形容詞の（名前はともかく）ニ格とされねばならない。日本語においても「格」が名詞類の特徴的文法範疇と考える向きがあるが，形容詞が名詞類にはいらないがゆえに正しくない。

◆体言，語構成，接辞，転成，格

■参考文献

奥津敬一郎（1974）『生成日本文法論』大修館書店.
城田　俊（1998）『日本語形態論』ひつじ書房.
城田　俊（2000）「日本語における格」『日本語学』19-5.
鈴木重幸（1972）『日本語文法・形態論』むぎ書房.
高橋太郎（1980）「名詞」国語学会編『国語学大辞典』東京堂出版.

［城田　俊］

■名詞文[1]

●コピュラ文──文の述語が名詞句であるタイプの文を「名詞文」もしくは「名詞述語文」と呼ぶ。主語は通常，名詞句であるので，名詞文は主語の名詞句と述語の名詞句を「繋辞」（コピュラ）と呼ばれる特殊な動詞「デアル」「ダ」で結びつけた構文であり，「コピュラ文」と呼ばれることもある。日本語にはハとガの区別があるため，(1)と(2)という二つの名詞文の形式が存在する。

(1) A は B だ。
(2) A が B だ。

●措定の読みと指定の読み──形式的には単純に見える日本語の名詞文はその意味構造はかなり複雑である。三上章は三上（1953：40-50）において，(1)のタイプの名詞文に，措定の読み（predicational reading）と指定の読み（specificational reading）とがあるということを指摘した。この区別はその後の日本語研究者のあいだでほとんど無視されてきたが，最近の研究（上林1988，西山1990）では，この区別の重要性が再認識され，西山（2003）では，名詞文はこの区別をも含めて表1のように分類すべきであるという提案がなされている。

●名詞句の指示性・非指示性──これらのなか

表1 名詞文の分類案

「AはBだ」	「BがAだ」
①措定文	———
「あいつは学生だ」	
②倒置指定文	指定文
「『変身』の作者はカフカだ」	「カフカが『変身』の作者だ」
③倒置同定文	同定文
「こいつは山田村長の次男だ」	「山田村長の次男がこいつだ」
④倒置同一性文	同一性文
「ジキル博士はハイド氏だ」	「ハイド氏がジキル博士だ」
⑤定義文	———
「眼科医とは目の医者のことだ」	
⑥———	提示文
	「特におすすめなのがこのワインです」

でも特に重要なのは，①「措定文」，②「倒置指定文」，③「倒置同定文」である．まず，措定文は，Aで指示される対象にBで表示する属性を帰す文である．Aは指示的名詞句であるが，Bは叙述名詞句であり，非指示的名詞句である．措定文については「BがAだ」という形は存在しない．

倒置指定文は，Aの記述を満たす値をBで指定するタイプの文である．Aは世界のなかの個体を指示しているのではなく，[…x…]という命題関数を表しており，「変項名詞句」と呼ばれる．Bは変項xを満たす値を表す．たとえば，(3)の意味は(4)で表すことができる．

(3)『変身』の作者はカフカだ．

(4) [xが『変身』の作者である] を満たすxの値はカフカだ．

つまり，(3)は，「どの人が『変身』の作者か」という疑問とそれに対する答えを一文中で表現しているといえる．倒置指定文「AはBだ」は，指定文「BがAだ」という形にしても意味は変わらない．

倒置同定文は，Aの指示対象の正体をBの記述で同定する文である．Aは，Bという特徴をもつ「モノ」として，他から区別される．Aが人の場合「Aって何者」という疑問の答となる．AもBも指示的名詞句である．

このように，これらの名詞文のタイプの区別に決定的に効いてくる要因は，A，Bに登場する名詞句の指示性・非指示性である．なお，(5)のようないわゆる「ウナギ文」も名詞文ではあるが，これをいかなる構文とみなすかは議論の余地がある．

(5)ぼくは，ウナギだ．

ひとつの可能性は，西山（2003：pp. 321-350）が論じているように，(5)の述語「ウナギだ」を語用論的に解釈した結果，「注文料理はウナギだ」のような属性を構築し，それを「ぼく」に帰していると考えることであろう．この場合，属性表現「注文料理はウナギだ」自体は倒置指定文の構造，すなわち

(6) [xがぼくの注文料理である] を満たすxの値はウナギだ．

の構造を有していることに注意すべきである．したがって，この考えでは，ウナギ文は述部に倒置指定文が内蔵された指定文の一種となるであろう．

➡コピュラ(繋辞)，措定文

■参考文献

今井邦彦・西山佑司（2012）『ことばの意味とはなんだろう——意味論と語用論の役割』岩波書店．

上林洋二（1988）「措定文と指定文——ハとガ

の一面」『文藝言語研究・言語篇』（筑波大学文芸・言語学系）14，pp. 57-74.

三上 章（1953）『現代語法序説』刀江書院．〔増補復刊：くろしお出版，1972〕

西山佑司（1990）「コピュラ文における名詞句の解釈をめぐって」『文法と意味の間：国広哲弥教授還暦退官記念論文集』pp.133-148，くろしお出版．

西山佑司（2003）『日本語名詞句の意味論と語用論──指示的名詞句と非指示的名詞句』ひつじ書房．

[西山佑司]

■名詞文[2]

●**名詞が述語になっている文**──主語・述語の分化のある二語文（two member sentence）のうち，名詞が述語になっている文のこと。名詞述語文ともいう。述語になる名詞は，むすび（繋辞 copula）としてはたらくくっつき（膠着的な接尾辞）「だ・です」をつけたり，そのなかどめのかたち「-で（は）」と，むすび「ある，ない」とをくみあわせたりしてつくられる。テンス・ムード・みとめ方・ていねいさのカテゴリーにしたがって活用するほか，なかどめ・ならべたて・条件・逆条件などの構文的な機能をあらわす形態論的なかたちをもつ。

●**質や特性をあらわす名詞文**──名詞文はおもに，主語にさしだされる物の質や特性をあらわす（「太郎は会社員だ」「花子は美人だ」）。特性は物の側面における特徴であり，質は物の本質的特性のセットである。特性は形容詞文や動詞文もあらわせるが，質をあらわせるのは名詞文だけである。名詞文は，形容詞文とおなじように，関係や状態をあらわすこともある（「一郎は花子の兄だ」「次郎は病気だ」）。まれには動作や存在をあらわすこともある（「三郎は今仕事だ」「四郎は留守だ」）。基本的に，質や特性は，時間にしばられることなく物に内在するがゆえに，判断や推論によってとらえられる。動作や変化は，具体的な時間のなかに現象するがゆえに，知覚によってとらえられる。名詞文と動詞文のそれぞれの典型はこの点で対照的であり，このことが両者のもつ陳述性とりわけ時間性のちがいにかかわってくる。

●**名詞文と時間性**──名詞文は静的特徴をあらわすがゆえに，形容詞文とおなじようにアスペクトのカテゴリーをもたない。また，恒常的な本質的特性をあらわすがゆえに，一時的現象をあらわす動詞文とはテンスのつかいわけもことなる。たとえば，発話時以前に実現した具体的な動作を非過去形であらわすことはできない（「亡父はこの絵をかきました・*かきます」）が，発話時以前に存在した質・特性は，過去形でも，非過去形でもあらわせる（「亡父は絵かきでした・絵かきです」）。また，質・特性の判断が発話時においても成立するばあい，過去形はテンス表現であることをやめ，ムード表現として機能する。たとえば，発見や想起（再確認）をあらわしたり（「そうか，彼は医者だったんだ」「そうだった，彼は医者だった」），不確かな知識の意識的確認をあらわしたりする（「彼はやっぱり医者だった」）。

●**複合述語を構成する名詞**──単独では述語を構成せず，義務的なかざりをともなって複合述語を構成する名詞がある。そのなかには，名詞そのものが自立性をうしないつつあるもの（「太郎はかしこいやつだ」「次郎さんは約束を守る方です」），主語にさしだされる物の側面を名づけているもの（「三郎はいちずな性格だ」「四郎は北海道の生まれだ」）などがある。また，述語の名詞のあらわす意味が，主語の名詞のあらわす意味との関係において前提に属し，焦点に属するかざりとくみあわさってはじめて有意味な情報をつたえるばあいがある（「一郎はまじめな子だ」「花子は既婚の女性だ」）。こ

れらも複合述語をもつ名詞文ないしはそれに準じる文である。

●同定文──名詞文には，質や特性など，物の特徴を表現する特徴づけ文（措定文）のほかに，主語と述語にさしだされる物が同一であることをあらわす同定文（指定文・一致認定文とも）がある。特徴づけ文の述語名詞が属性概念をあらわしているのに対して，同定文の述語名詞は実体をさししめしている。同定文「委員長は君だ」は，転位の文「君が委員長だ」にいいかえられるが，特徴づけ文「君は委員長だ」はこのいいかえができない（「*委員長が君だ」）。属性を主語に，その属性に関連のある関与者や状況を述語にさしだす，いわゆるひっくりかえしの文（分裂文）の述語も，同定の機能をはたす（「ぼくが買ったのは本だ」「本を買ったのはぼくだ」「ぼくが本を買ったのはきのうだ」）。文脈・場面にささえられて，前提となる用言部分を省略した文は，うなぎ文とよばれている（「ぼくはうなぎだ」＝ぼくはうなぎ丼を注文する）。特徴づけ文，同定文が本来の名詞文であるのに対して，転移の文，ひっくりかえしの文，うなぎ文は，通達的・場面的な条件のもとで通常の述語文から派生した，特殊な構造的なタイプに属する二次的な名詞文である。なお，「きれいな空だね」などは名詞を核とする一語文（one member sentence）であって，上述のすべてのタイプ（二語文）から区別される。

➡形容詞文，名詞，分裂文

■参考文献

奥田靖雄(1988)「文の意味的なタイプ──その対象的な内容とモーダルな意味とのからみあい」『教育国語』92.

工藤真由美(2004)「現代語のテンス・アスペクト」尾上圭介編『〈朝倉日本語講座6〉文法II』朝倉書店.

佐藤里美(1997)「名詞述語文の意味的なタイプ」『ことばの科学』8.

鈴木重幸(1972)『日本語文法形態論』むぎ書房.

三上 章(1953)『現代語法序説』刀江書院.〔増補復刊：くろしお出版，1972〕

［佐藤里美］

■命題[1]

●真・偽が帰されるべき対象──「命題」（proposition）とは，本来，論理学の術語であり，それについて「真である」「偽である」という論理的述語が帰されるべき対象をいう。そこから，「PとQは矛盾している」とか「PはQを含意している」「PはQの前提である」のような論理的関係が成立するPやQは命題であるとされる。この意味での命題は，平叙文の言語的意味と混同されやすいが両者は別ものである。文の言語的意味はしばしば曖昧である。たとえば，(1)は，良寛さんが子供達を好むと読むか，子供達が良寛さんを好むと読むかに応じて文全体の意味は異なる。

(1)良寛さんが好きな子供達がやってきた。

(1)についてその真・偽を問題にできるような命題を定めるためには，この曖昧性を除去しておかなければならない。また，文には，(2)のように，「わたくし」「昨日」といった指標詞（indexicals）や「あいつ」のような直示表現が含まれていることが多い。

(2)あいつは，わたくしの本を昨日盗んだ。

この場合，文の意味は一定であるが，それが表す命題は発話状況に応じて異なる。これらの表現の指示対象を確定し，「わたくし」と「本」の関係を固定することによって，たとえば，(3)のような命題を固定することができる。

(3)《太郎は，花子が持っていた本を2005年12月2日盗んだ》

(3)についてはじめてわれわれは，その真・偽を問うことができるのである。

● **信念や仮定の対象**──命題は特定の発話の力（たとえば，「陳述」）とは結びついていないという点にも注意すべきである。われわれは，(4)〜(6)のように，ある命題について考えたり，いぶかったり，仮定したりすることができる。

　(4) 太郎は，<u>洋子は死んだ</u>と信じている。
　(5) 太郎は，<u>洋子は死んだ</u>かどうか怪しいと思っている。
　(6) もし<u>洋子が死んだ</u>ならば，太郎は悲しむだろう。

これらの文の下線部はいずれも《洋子が死んだ》という共通の命題を表しているが，話し手の個々の陳述行為から中立的である。このように，命題は信念や仮定の対象となるものである。

　命題に関して注意すべきことは，命題は，文と異なり，個々の言語から中立的であるという点である。(3)と同じ命題は，いろいろな言語でも表し得るであろう。

● **発話の表出命題**──言葉によるコミュニケーションが行われるとき，聞き手は，通常，発話の表出命題 (proposition expressed by the utterance) を確保するとされるが，これは，話し手が相手に伝達しようと意図した内容を復元するということにほかならない。このような「発話の表出命題」は，上述の「真・偽の担い手」としての命題とは異なる概念である。たとえば，ある病院で，医者が患者の傷を診て(7)を口にしたとしよう。

　(7) この傷が治るには時間がかかります。

(7)は「この傷」の指示対象が定まれば，真理値を担うという意味での最小命題は確保できる。しかし，どんな傷でも治るまでには時間がかかる以上，(7)の発話はトリヴィアルに真なる命題を表していることになる。しかし，それは話し手である医者が(7)を用いて患者に伝達しようと意図した命題ではないであろう。むしろ，(7)の話し手が意図している命題はおそらく(8)のようなものであろう。

　(8) 《この傷が治るには患者が予想している以上に時間がかかる》

(7)の発話に対するこのような特定の解釈(8)は語用論的な推論の結果である。そのような表出命題は，真理値の担い手としての最小命題よりはるかに特定的な情報を有している。このように，発話が表している命題を同定するためには，単に「真・偽を帰すことができる対象」を認定するだけでは十分ではなく，むしろコンテクストを参照して，話し手の意図している要素を補充していく必要がある。この点で，「命題」にたいする論理・哲学者の用法と語用論学者の用法は大きく異なるので注意を要する。

■ **参考文献**

今井邦彦・西山佑司 (2012)『ことばの意味とはなんだろう──意味論と語用論の役割』岩波書店.

西山佑司 (1974)「文，命題，言明，発話」『慶應義塾大学言語文化研究所紀要』6．

野本和幸・山田友幸編 (2002)『言語哲学を学ぶ人のために』世界思想社．

Recanati, François (2002) *Literal Meaning*. Cambridge University Press.〔今井邦彦訳 (2006)『ことばの意味とは何か──字義主義からコンテクスト主義へ』新曜社〕

〔西山佑司〕

■ **命題**[2]

● **述語文の基本的な意味・統語構造**──「あれぇ？」や「おーい！」のような未分化な一語文（独立語文）を除けば，文は，大きく命題 (proposition) とモダリティという質的に異なった二つの存在から成り立っている。命題とモダリティは，静的・線状配列的なあり方ではなく，過程的・立体構造的に，

| 命題 | モダリティ |

のような階層性をなしている。命題は，日本語学の世界においては，言表事態・コト・叙述内容などと呼ばれることがある。

● **命題とは**──命題とは，話し手が外界や内面世界という現実との関わりにおいて描き取ったひとまとまりの事態，文の意味内容のうち客体化・対象化された出来事や事柄を表したものである。命題は現実そのものではない。話し手の描き取りを経由したものである。

(1)子供なら運動場で遊んでいるだろう。

(2)講演会に千人も集まりました。

(1)(2)の文が担っている命題は，［子供が運動場で遊んでいる］コト，［講演会に千人集まった］コトという事柄的内容を表している。

論理学などでは，命題の存在を平叙文に限ることがあるが，日本語学などでは，以下の文もすべて命題を担っているとするのが通例である。

(3)彼が代表選手に選ばれたのかな？

(4)明日15時に部屋に来てください。

(5)さあ我々もすぐに出かけませんか。

(6)明日天気になあれ！

(3)は疑いの文であるが，［彼が代表選手に選ばれた］コトが命題の内容である。(4)は依頼の文であり，［(君が) 明日15時に部屋に来る］コトが，(5)は勧誘の文であるが，［我々がすぐに出かける］コトが，(6)は願望を表す文だが，［明日天気になる］コトが，それぞれの文の命題が表している事柄的内容である。

● **命題の外に存在する成分**──命題が担い表しているのは，対象的な事柄的内容である。

(7)ねえ，困ったことにたぶんこの不景気当分続くだろうね。

では，［この不景気が当分続く］コトが，命題の表している事柄的内容である。「ねえ」「ね」は，話し手の聞き手への発話・伝達的態度を表し，「困ったことに」は，事柄的内容に対する話し手の評価的な捉え方を表し，「たぶん」「だろう」は，事柄的内容に対する話し手の認識的な把握のあり方を表している。いずれも事柄的内容の増減・変更に関わらない。事柄的内容の増減・変更に関わらない成分は，命題外の成分である。命題内部に存する成分は，命題の表す事柄的内容の増減・変更に関わるものである。

● **命題内に存在する文法カテゴリー**──日本語の文は，文末の述語部分に様々な文法カテゴリーが局在化して現れる。様々な文法カテゴリーの中には，命題内に属するものもあれば，事柄的意味の増減・異なりに関与しない命題外に属するものがある。

命題内に属するか命題外に属するかの分水嶺的な文法カテゴリーが，テンスである。

(8)あっ，荷物が<u>落ちる</u>。

(9)あっ，荷物が<u>落ちた</u>。

(8)(9)はテンスの点で対立する文である。テンスは，事態の成立時と話し手の発話時との時間的前後関係，というあり方で，話し手が関わってくるものの，事柄的内容の異なりを招来するものである。テンスは命題内に属する文法カテゴリーである。

テンス以前に出現するアスペクト・肯否における異なりは，「彼はここに<u>来る</u>。」「彼はここに<u>来ない</u>。」（肯否），「その時，彼は水を<u>飲んだ</u>。」「その時，彼は水を<u>飲んでいた</u>。」（アスペクト）が示すように，いずれも文の事柄的意味の異なりを招来する。これらは命題内の文法カテゴリーである。

(10)明日彼が<u>来る</u>。

(11)明日彼が<u>来るでしょう</u>。

(10)(11)の文が有している命題は，ともに［明日彼が来る］コトという事柄的内容を表している。(10)は普通体で断定の文であり，(11)は丁寧体で推量の文である。普通体・丁寧体は丁寧さという

文法カテゴリーを形成し，断定・推量は認識のモダリティのメンバーである。これらが文の事柄的意味を変えることはない。これらは命題外の文法カテゴリーである。

命題内に存する文法カテゴリーは事柄的意味の変容を招くという点からすれば，能動・直接受身の対立であるヴォイスは例外的である。

⑿博は武を叱った。

⒀武は博に叱られた。

⑿は能動であり，⒀は直接受身である。これらは，ともに同じ事柄的意味を有している。

テンスは，命題内・命題外の分水嶺的存在である。テンスの有無と命題内か命題外かが深く関わる。基本は，テンスを持つ形式は命題内であり，テンスを持たない形式は命題外である。「だろう＋た」という形式の連鎖はない。「だろう」は命題外である。「行きまし＋た」では，「ます」は，「た」の後接に拘わらず，「ます」の表す丁寧という述べ方は，現在のものであり，過去のものになっているわけではない。

⒁あの時彼は酒が飲みたかった。

⒂あの時君はすぐに行ったほうがよかった。

⒁の「たかった」は，主体が過去に有していた希望を表しており，命題内的存在である。それに対して，「ほうがよかった」は，「た」の後接に拘わらず，過去における価値づけではなく，過去の事態に対する現在の話し手の価値づけを表し，命題外的存在である。

➡文，モダリティ

■参考文献

三上 章（1959）『新訂版・現代語法序説』刀江書院．（復刻版『続・現代語法序説』1972．くろしお出版）

仁田義雄（1991）『日本語のモダリティと人称』ひつじ書房．

中右 実（1994）『認知意味論の原理』大修館書店．

益岡隆志（1999）「命題との境界を求めて」『言語』28-6．

［仁田義雄］

■命令

●命令とは——文に担われている話し手の発話・伝達的な態度（発話・伝達のモダリティ）の一種。命令は，話し手が自らの願望に沿った事態の実現を聞き手に働きかけるというもの。命令は，広義には《依頼》や《禁止》を含む。狭義命令は，事態実現への働きかけ方において依頼と分かれる。話し手が聞き手の上に立って事態実現を要求するというあり方を取るものが狭義命令。それに対して，事態実現を聞き手に訴えかけお願いするというのが依頼。また，狭義命令は実現を要請される事態が肯定事態であるもので，禁止はそれが否定事態であるもの。

●命令を表す表現形式——狭義の命令・依頼を作るものには，

①命令形「戸を開けろ！」

②ヤリナ形「さっさと食べな。」

③ヤリタマエ形「そこに掛けたまえ。」

④［(オ)ヤリナサイ，オヤリナサイ{マセ/マシ}]系「しばらく静かにお休みなさい。」

⑤［ヤッテ(オ)クレ，ヤッテクレタマエ]系「直ぐに現場に飛んでくれ。」

⑥［ヤッテクダサイ，オヤリクダサイ，(オ)ヤリクダサ{マセ/マシ}]系「どうか正直にお話し下さい。」

⑦ヤッテチョウダイ形「ずっと側にいてちょうだい。」

などがある。

依頼は，狭義命令と異なり，「どうか」が共起でき，聞き手配慮の問いかけ化が可能。たとえば，「??どうか僕の話をお聞きなさい。」は変だが，「どうか僕の話を聞いてくれ。」は適格であり，「お聞きなさる？」は事態実現の要請にはならないが，「聞いてくれる？」は事態実現

の要請になる。⑤「シテクレ」以後の形式が依頼，それ以前の形式が狭義命令を作る形式である。

　禁止を作る形式には，
　⑧ヤルナ形「廊下を走るな！」
　⑨［ヤッテクレルナ，ヤラナイデクレ］系「勝手なことを言ってくれるな。」
　⑩［ヤッテクダサルナ，ヤラナイデクダサイ］系「そこに入らないで下さい。」
などがある。

●命令を成立させる要件──その表現が命令として機能するにはそれなりの要件が要る。

　(1)話し手からの働きかけを受け，事態を実現する聞き手がいる。これは，「｛*私/お前/*彼｝が行け。」のように，通常の命令文のガ格は二人称に限定されるという形で現われる。事態の実現者が眼前にいない「誰か助けてくれ。」のような文では，機能は命令から願望にずれていく。また「人は約束を守れ。」のような総称の三人称ガ格の文は，「人は約束を守らなければならない。」のような当為判断の文にずれていく。

　(2)聞き手は自分の意志でもって事態の実現を図り遂行することができる。「*そこにたたずめ！」のように，自らの意志でもって制御できない事態の実現を要請することはできない。また，「まあ，落ち着け。」と「さあ走れ。」とでは命じられているものが違う。前者で命じることのできるものは，［落ち着く］という事態の達成そのものではなく，達成への過程・企てである。それに対して，後者では事態の達成そのものが命じられている。前者を《過程命令》と呼び，後者を《達成命令》と呼ぶことにする。

　(3)実現を要請される事態は未実現である。既に座っている人間に「そこに座れ。」と命じることはできない。

　(4)実現を要請される事態は，話し手にとって，望ましいものであり，その実現を望んでいる。したがって，「勝手にしろ！」のように，自らの望んでいない事態の実現を命じる場合は，反語的な意味を帯びる。また，事態実現の願望が話し手ではなく聞き手にある，「食べたければ，お食べなさい。」は，許可に近づいていく。

●命令への派生・移行形式──命令を生み出す要件を満たすことによって，その表現の伝達的な機能は命令へとずれこんでいく。否定疑問を表す「シナイカ」は，「静かにしないか！」のように，二人称ガ格が想定され，意志による制御可能な未実現の事態であることによって，命令を表す形式になる。それに対して，「彼は静かにしなかったか。」は否定疑問のままである。

　また，「こちらに来てもらおう。」「君に来てほしい。」などは，話し手の意志や希望を表しながら，命令の力をも持つ。

◆モダリティ，禁止，希望，依頼，希求

■参考文献

仁田義雄（1991）『日本語のモダリティと人称』ひつじ書房．
佐藤里美（1992）「依頼文」『ことばの科学5』むぎ書房．
村上三寿（1993）「命令文」『ことばの科学6』むぎ書房．

　　　　　　　　　　　　　　　　［仁田義雄］

■メトニミー（換喩）

●伝統的修辞学におけるメトニミー──伝統的な修辞学では，メトニミー（換喩）を「ある言語表現がその通常の指示対象Xと近接の関係にある対象Yを指示するのに用いられる比喩」と定義している。（それに対して，「山が笑う」のようなメタファーは類似性に基づく比喩の一種である。）メトニミー表現の典型例としてしばしばあげられる「赤ずきん」で考えると，Xが［赤いずきん］に，Yが（あの有名な童話

の主人公である）［赤いずきんを着用した女の子］に，それぞれ相当する。この場合XとYの間に（空間的な）近接性が成立していることは明らかであるが，一般にメトニミーの例とされる「村上春樹を読んでいる」や（食堂の店員の発話という想定での）「カツ丼が食い逃げした」の下線部のXとYの関係などにも適用できるようにするためには，近接性や近接の関係を（類似性を除く）密接な関連性ないし連想関係のようにかなり広く解する必要がある。

●**認知言語学の捉え方**── 認知言語学における近年の研究では，以上のような典型的なメトニミー表現のXとYの間には，Xが参照点（reference point），Yが標的（target）である，という関係が成立していると考えられている。〔ある対象への心的なアクセス（注目，想起など）が，その対象と密接に関連していると同時に（注目の対象になりやすいなどの理由で）よりアクセスしやすい対象を経由して，間接的に行われることが（言語使用以外の領域でも）よくあるが，そのような場合に，後者の（最初にアクセスされる）対象を参照点（以下Rと略記），前者を標的（以下T），あるRによって活性化され，その範囲内を探索すればTを容易に発見できる認知領域（あるいは特定のRを介してアクセス可能な潜在的なTの集合）をRの支配域（dominion，以下D）と呼ぶ。〕例えば，文学作品がその（著名な）作者との関連でアクセス（想起，議論など）されるのは自然であるから，「村上春樹を読んでいる」の意味が構築される際に［村上春樹］本人がRとして，［村上春樹の作品］がTとして，それぞれ機能していると考えることは理にかなっていると言えるであろう。RとTの間には，前者を媒介して後者がアクセスされるという点で，密接な関連性が成立していなければならない（Tの探索に適切な領域DがRによって立ち上げられる必要がある）ことは当然であるが，この密接な関連性（D内でTがRと共在すること）こそが伝統的な修辞学でメトニミーの特徴とされてきた近接性の本質であると考えられる。

適切なメトニミー表現として産出・理解された「村上春樹を読んでいる」の下線部のDは，話し手と聞き手が共有していると想定される［村上春樹］に関する知識（現代日本を代表する世界的な作家であり，いくつもの著名な小説の作者であることなど）であると言える。ある言語表現の意味の成立に関わる（百科事典的な）知識のまとまりを（認知言語学の慣習にしたがって）フレーム（frame）と呼ぶことにすると，典型的なメトニミー表現におけるDはその表現の通常または臨時的な使用と結びついたフレームであると考えることができる。

●**広義のメトニミー**── ある対象の全体を介してその対象の一部分にアクセスするのが自然であることを考えると，「自転車をこぐ」（cf.「ペダルをこぐ」），「電球が切れる」（cf.「フィラメントが切れる」）等を（［自転車］，［電球］など全体をR，［ペダル］，［フィラメント］などをTとする）メトニミー表現とする分析は自然であると思われるが，これらがメトニミーであるとするならば，「ブザーを押す」と「ブザーが鳴る」，「電話が鳴る」と「電話を取る」と「電話が切れる」，「ビデオを見る」と「ビデオが切れる」と「ビデオを朝8時にセットする」等のそれぞれの組（の下線部）の用法間の関係を（複数の下線部が互いに密接に関連する部分ないし局面を指示しているという意味で）メトニミー的であると考えていけない理由はないであろう。典型的なメトニミーとの違いは，いずれの用法の指示対象がRであるかを（場合によっては，何がその表現の通常の指示対象であるかさえも）決めがたいという点であると言える。こうしたいわば広義のメトニミー現象をも視野に入れるならば，メトニミーは次のよ

うに特徴づけることができる。

　　　ある言語表現の複数の用法が，単一の共有フレームを喚起しつつ，そのフレーム内の互いに異なる局面ないし段階を焦点化する現象。

●**動詞のメトニミー的多義**——次のような例は，このように特徴づけられたメトニミーが名詞以外の文法カテゴリーに属する表現をめぐっても生じうることとメトニミーが文法と深く関わることを示す点で重要である。

(1) a. パイプにゴミが詰まっている。
　　b. パイプが詰まっている。
(2) a. ｛冷たい水/煙｝が｛歯/目｝にしみる。
　　b. ｛歯/目｝がしみる。

例えば(1)の「詰まる」は，aとbいずれの用法でも，〈流体等を通す管を移動中のものが途中で移動しなくなることによって管が流体等を通しにくくなる〉というフレームを喚起するが，このフレームの中で，aでは〈ものの移動停止〉の局面が，bでは〈管の機能不全〉の局面が，それぞれ意味の焦点になっている——「詰まる」の2つの用法間にはメトニミー的な関係が成立している——と考えられる。〔(1b)の十全な解釈には何かが(1a)の意味で「詰まって」いることが含まれる点と(1a)と(1b)が焦点化する局面間に因果関係が成立している点にも注目されたい。〕また，〈(ゴミの)移動停止〉を意味の焦点とする(1a)では「ゴミ」が，〈(パイプの)機能不全〉を意味の中心に据える(1b)では「パイプ」が，それぞれ主語になっていることから，このような例における同じ動詞による異なる主語の選択がその動詞のメトニミー的な多義と連動していることが明らかになる。

➡認知言語学，主語

■**参考文献**

西村義樹（2002）「換喩と文法現象」西村義樹編『認知言語学Ⅰ：事象構造』東京大学出版会．
Langacker, Ronald W. (1993) "Reference-point constructions." *Cognitive Linguistics* 4.

[西村義樹]

■メンタルスペース理論

　フォコニエ（Gilles Fauconnier）が創始した言語理論。言語に対していわゆる認知的アプローチをとる言語理論の一つであり，語用論と意味論の厳格な分離を仮定せず，言語の解釈装置として人間の認知モデルが積極的に関与していることを主張するモデルである。人間の意味の構築にはさまざまな認知計算が関与するが，言語表現自体が関与する意味計算はその一部にしかすぎず，十全な意味の構築のためには，一般常識，推論，比喩，理想認知モデル（ICM）など，文脈により補充が必要である。メンタルスペースとは，この文脈の補充を行うため，言語表現と認知プロセスの仲介を行うインターフェイスである。

　メンタルスペースは要素とそれと結びついた情報（属性〔例：学生（x）〕，他の要素との関係〔例：愛する（x, y）〕など）により構造化される。これらの情報は述語論理というより，フレーム的知識と結びついている（「学生」というフレームは，「大学」，「学費がいる」，「先生がいる」「自活していない場合が多い」などの文化的背景と結びついている）。メンタルスペース同士は互いに結合し，ネットワークをなす。言語表現は，メンタルスペースを導入し，そこに要素を導入したり，フレーム的知識を結び付けるための指令である。この構築は「認知レベル」でおこり，文脈から与えられる情報により精緻化される。

　このレベルは，言語の表示レベルではなく，

また，可能世界といった外部世界のモデルの表現でもない。談話において設定されたメンタルスペースは結合した他のメンタルスペースとその内部構造を交換しあい融合的なスペースを構築することで新たな認知構築がなされる（例：コンピュータインターフェイスのアイコンは，事務用品のファイルとコンピュータのファイル操作の間で融合スペースを構築したものといえる）。この操作は融合（blending）と呼ばれ，創発的な認知構築を支援する。

■参考文献

Fauconnier, Gilles (1985) *Mental Spaces : Aspects of Meaning Construction in Natural Language*. MIT Press.〔Reprint, Cambridge University Press, 1994〕〔坂原茂他訳（1996）『メンタル・スペース──自然言語理解の認知インターフェイス』（新版）白水社〕

Fauconnier, Gilles (1997) *Mappings in Thought and Language*. Cambridge University Press.〔坂原茂他訳（2000）『思考と言語におけるマッピング──メンタル・スペース理論の意味構築モデル』岩波書店〕

［田窪行則］

■モ[1]

1. 前後両項の結合を合説的に語る第一種係助詞

モは，古代語を見ても，係り先に必ず終止形終止を要求するということはなく（この点はハも同様），形態的な係り結びを構成することはない。題目提示の働きを持つということは，意味的に排他，分説の側にあるハの表現的機能の一つとしてあるだけのことであって（尾上1995），係助詞であることとは別のことだが，並列，合説の側にあるモにおいてはこの働きは認められない。では，モはいかなる意味で係助詞であるのか。そもそも係助詞はどのように副助詞と区別されるのか（「取りたて助詞」という名称は，格助詞でも接続助詞でも終助詞でもない"その他助詞"を便宜的に一括しているだけのものであって，係助詞と副助詞とが助詞として同じ性質のものであるという積極的な主張を含むものではない）。

現代語のモはハと共に，古代語と大きな相違はないが，古代語の係助詞には少なくとも大きく異なる二種類があったと考えられる（尾上2002）。

第一種係助詞…前後両項の結合の承認の仕方をめぐって働くもの（ハは「分説的承認」，モは「合説的承認」，ヤは「承認留保＝疑問」）

第二種係助詞…上接項目になんらかの意味ないし気持ちを加えるもの（ゾは「確定的な感覚の中で上接項に嘆きをかぶせる」，カは「不確定的な感覚の中で上接項に嘆きをかぶせる」）

モは，現代語においても，第一種係助詞として，モの前にある項と後続する項との結合を合説的に（他の事態との共存，並起を意識して）語るという性質の助詞である。「心配で夜<u>も</u>寝られない」というのは，「食事がのどを通らない」「じっとしていられない」というような他の同類，同趣の事態と並存するという意識をもって「夜（前項）-寝られない（後項）」の結合を語るものである。モの合説性（並列，累加など）とは，モの上にある項目（夜）についてのことではなく，前後両項結合（夜寝られない）をめぐっての，事態単位の合説性である。これはモのほぼ全ての用法に関して言えることである。

2．モの用法

(1)並列（事態単位，項目単位）

・夕食<u>も</u>食べたし，ふろに<u>も</u>はいった。

・バス<u>も</u>タクシー<u>も</u>来ない。

(2) 理由の一例
- 時間<u>も</u>なかったので行かなかった。

(3) 形象化一例
- 目をあげた前髪の小さな櫛<u>も</u>忘られぬ。

かわいかったということを形象化する一例事態。当然，他の事態も想定される。

(4) 比喩的表現の中のモ
- なんだか夢のような心地<u>も</u>する。

喩えなのだから，他の喩え方もあり得る。比喩表現は，本質的に多数ありうる中の一例であらざるを得ない。

(5) 極端な例示（サエに通う）
- 顔<u>も</u>見たくないほど嫌われるなんて。

「話をしたくない」などに加えて「顔を見たくない」ことまでも成り立つ。事態単位の累加。

(6) 可能性表現「かもしれない」など
- あの人は来ないか<u>も</u>わからない。

「来るかわからない」に加えて「来ないかわからない」が語られる。可能性とは所詮反対の事態の成立をも視野に入れてのこと。

(7) 許可，許容
- 外に出て<u>も</u>よい。

「内にいてよい」ことに加えて「外に出てよい」ことが成立。許可・許容とはすべて語られなかったことに加えてそのことも許されるもの。

(8) 比較「よりも」
- 太郎は次郎より<u>も</u>背が高い。

ふつうに「背が高い」だけでなく「次郎より背が高い」ことまで成り立つ（累加的承認）。「次郎より高い」は単なる比較ではなく程度がそこまで至るという程度の大きさの修飾。それゆえ「より」と「よりも」とで意味がほぼ変わらない。

(9) 逆接前句中の安定要素として

- 君の気持ち<u>も</u>分かるけど　故郷じゃ父さん母さんたちが死ぬほど心配してるだろ
- 三味と踊りは習い<u>も</u>するが

逆接関係とは，共起しにくい前句と後句の共存関係を語るもの。後句事態との並存を意識した上で前句事態を承認する。

(10) 逆接の接続助詞の一部
- 雨が降って<u>も</u>運動会をやります。

「降らなくて—やる」ことに加えて「降って—やる」ことをも主張する合説。

(11) 体言＋モ　→逆接前件句相当
- 鬼部長<u>も</u>今日ばかりはほめてくれた。
- 北風吹きぬく寒い朝<u>も</u>心ひとつで暖くなる

「普段やさしい人がほめてくれる」という当然のことに加えて「鬼部長がほめてくれる」ということまでも起こった。結びつきにくい前項と後項をモで結合すると，前項と後項の逆接的関係が表現される。

(12) 背景状況への合致
- 君の元気な呼び声聞けば　夜勤の疲れ<u>も</u>忘れるぜ

朝刊配達の少年の元気な声に合致していく事態として「夜勤の疲れを忘れる」ということが起こる。

(13) 事態成立可能性容認（ダッテ相当）
- 我慢だ待ってろ　嵐が過ぎりゃ　帰る日<u>も</u>来る　春が来る
- そんなことをしたらあいつ<u>も</u>怒るよ。

(14) ［主語＋モ＋形容詞述語］全体で情態修飾句
- 足音（<u>も</u>）高くかけこんできた。
- ひづめのひびき<u>も</u>軽く郵便馬車がやってくる。

通常は形容詞による情態修飾成分の中に主語ははいらないが，このような特殊タイプは許される。「けたたましく」というよう

な形容詞一語で言える情態の形象化事態の一例として「足音が高い」ことを言うのであり，「足音」そのものが問題なのではない。ほかの形象化もありうるという立場で合説のモが現れやすい。

(15) ［〜＋モ＋否定述語］全体で情態修飾句，理由の句，逆接前件句
- まばたきもしないで見つめている。
- 人の気も知らず，こまった男だ。
- 風もないのにハラハラと散る。

「一所懸命に」という情態の目に見える姿の一例として「まばたきをしない」ことが語られている。「まばたきをするか否か」は問題ではない。

(16) 話し手の感情を事態へ移入
- 黒いおもかげ夜霧に濡れて　ギターも泣いてる　ジョニーよどこに
- 懐かしい面影のひとつ星もまたたくよ

その事態が単独であるのではなく，話者の感情に寄り添い並ぶものとしてある。

(17) 不定語＋モ　→全称表現
- なにも食べなかった。
- だれからも愛される好青年
- どうもぐあいがよくない。

「xを食べなかった」のxに何を代入してもこの文は成り立つという全称命題。ナニ，ダレ，イツ，ドコ，ドウなど（不定語）は代入自由の空欄として働いている（尾上1983）。背後に多数の文をかかえこんで一挙に語る代表一行としての文であるので，合説のモが必要になる。

(18) 不定数＋モ　→多数
- 何日も歩きつづけた。

「何日」の所に「3日」「5日」「10日」などどんな数を入れてもこの文は成り立つ。それで多数という意味になる。(17)と同様の趣旨で合説。

(19) 「一」＋モ＋否定　→全量否定
- ひとりも来なかった。
- ひとつの誤りもない。

他の数だったら当然成り立つということの上に，最小の自然数「1」を問題にしてもこの文が成り立つことを合説的に承認。

(20) 数量詞＋モ＋否定　→その数までは至らない
- 50人も集まらなかった。
- いくらも残っていない。

48人でも51人でも「来なかった」と言えるのだが50人近辺の数の代表としての数が「50」（合説性）。第二例は，どんな数でもよいのだが「いくらと言えるほどの数」を仮に持ち出すと「残っていない」と言えるという合説的承認。

(21) 数量詞＋モ＋仮定　→ほぼその数ぐらい
- 三日も寝ていれば治るでしょう。

その近辺の数の一例としての「三日」。

(22) 数量詞＋モ＋肯定　→それほど多く
- 50人も集まった。

「40人集まった」「45人集まった」ことに加えて「50人集まった」ということまで成立する。累加的承認であり，合説的承認。

合説性で説明できる以上の用法のほかに，「今じゃ呼び名も切られの与三よ」「早くも三日目に攻略した」「おじいさんも年をとりましたねえ」「歌も楽しや東京キッド」などの用法タイプもある。これらの中には合説性で説明できるものもあるかに見えるが，上代のモには詠嘆の係助詞としか言えない（合説性で説明できない）用法がかなりあり，それとの連続が感じられる用法が現代語にも残っていることを認めておくべきであろう。

◆八，係助詞，不定語

■参考文献

尾上圭介（1983）「不定語の語性と用法」渡辺実編『副用語の研究』明治書院．〔再録：尾

上圭介（2001）『文法と意味Ⅰ』くろしお出版〕

尾上圭介（1995）「「は」の意味分化の論理——題目提示と対比」『言語』24-11．〔再録：尾上圭介（2014）〕

尾上圭介（2002）「係助詞の二種」『国語と国文学』79-8．〔再録：尾上圭介（2014）〕

尾上圭介（2014）『文法と意味Ⅱ』（第4章7節）くろしお出版．

松尾捨治郎（1936）『国語法論攷』白帝社．

森重敏（1970）「係助詞は・も」『國文学 解釈と鑑賞』442．〔再録：森重敏（1971）『日本文法の諸問題』笠間書院〕

吉田茂晃（1990）「万葉集における助詞「も」の文中用法」『島大国文』（島根大学国文会）19．

〔尾上圭介〕

■モ²

「も」は「係助詞」「副助詞」等，種々の説があるが，ここでは「も」を「とりたて詞」「形式副詞」その他として考え，とりたて詞としての「も」についてその特徴を述べる。

とりたて詞は次の(1)のように定義できる語群で，「も」はとりたて詞の中でも中心的な語，典型的な語と言える。

(1)とりたて詞は，1．分布の自由性，2．任意性，3．連体文内性，4．非名詞性の四つの統語論的特徴を持つ。また，文中の種々の要素を「自者」とし，「自者」と範列的に対立する他の要素を「他者」とする。そして「自者」について明示される文である「主張」と，「他者」について暗示される文である「含み」を同時に示し，両者の論理的関係を表す。その論理的関係は，「断定」と「想定」，「肯定」と「否定」のような対立する概念で表される。

以下，「も」の統語論的特徴，意味論的特徴について具体的に見ていくことにする。

1. 統語論的特徴

とりたて詞「も」には「累加」の「も₁」と「意外」の「も₂」の2種がある。

「も₁」「も₂」共に，1．分布の自由性，2．任意性，3．連体文内性，4．非名詞性の四つの統語論的特徴を持つ。

「も₁」「も₂」は名詞のみの連用成分，格助詞を伴う成分に後接する他，次のように副詞句，述語等といった成分にも後接でき，文中での分布が相当に自由で，分布の自由性を持つ。

(2)長い車の列は，そろりとも₂進まない。

(3)花子は丈夫でも₁ないし優秀でも₁ない。

任意性は，それがなくても文の成立に支障がなく，文構成上任意の要素であるという特徴を指す。次のように文中から「も₁」「も₂」を除いても，文の成立には支障がない。

(4)彼は山田さんと {も₁/φ} 仲がよい。

ただし，次の例では，「も₁」を除くと非文になる。

(5)富士山 {も₁/*φ/が}，かって大噴火を起こしたことがある。

しかしこの場合は，「も₁」が後接することにより義務的に消去されている格助詞「が」を復活させれば文が成立する。このように(5)の「も₁」にも，任意性は認められる。

連体文内性は，とりたて詞が連体修飾成分の構成要素となる特徴を指す。いわゆる主題を提示する「は」が，連体修飾成分と成り得ないといわれるのに対して，「も₁」「も₂」はこの連体文内性を持つ。次の「も₁」「も₂」は，いずれも連体文内の要素となっている例である。

(6)君にも₁随分迷惑かけた仕事だけど，あの作品ネ，やっと今日買い手がついたヨ。

(7)今日は，初心者にも₂無理なくできる庭木の手入れ法をご紹介します。

非名詞性は，いわゆる準体助詞の「の」のような体言相当の統語論的特徴がとりたて詞にあるか否かを考える際に有効な特徴である。この特徴の有無が特に問題になるのは「だけ」等で，「も₁」「も₂」にはそうした問題はないが，勿論非名詞性は認められる。

(8)筍も₁この時季にうまいのが沢山出回る。
　　a　この時季にうまいのが沢山出回る筍
　　b*この時季にうまいのが沢山出回る筍も₁
(9)被害者は，自分の名前も₂覚えていない。
　　a　被害者が覚えていない自分の名前
　　b*被害者が覚えていない自分の名前も₂

上の例はいずれも「も₁」「も₂」が非名詞性を持つため連体文を受ける主名詞の一部になれず，bは非文となる。

2．意味論的特徴

●「累加」の「も₁」——とりたて詞の意味は，原則として「自者と他者」「主張と含み」「肯定と否定」「断定と想定」の4組8個の基本的特徴とその組み合わせで体系的に記述できる。

「も₁」の意味を考えてみよう。

(10)太郎も₁来た。

上の「も₁」は，「自者」「太郎」をとりたて，文中に明示される意味である「主張」で「太郎が来た」を真であるとして肯定している。同時に，暗示される意味である「含み」で「他者」「太郎以外」についても「来た」という述語句に対して，「太郎以外が来た」という文が真であるとして「肯定」する。

「含み」の「他者—肯定」は，「断定」であるため，これを取り消す文脈とは共起しない。

(11)*太郎も₁来たが，太郎以外は来なかった。

また「も」を含む文の疑問文化によって影響を受けず，疑問の対象にならない。次で問われているのは，「太郎が来たかどうか」だけであって，「太郎以外が来た」ことは含まれない。

(12)太郎も₁来ましたか。

従って「含み」である「他者—肯定」は「自者—肯定」の「主張」に対する前提となっていると考えられる。

そこで「も₁」の意味を次のように表す。

(13)「累加」も₁：主張・断定・自者—肯定
　　　　　　　含み・断定・他者—肯定
　　　　　　　二次特徴：「含み」は前提

●「も」の「不定用法」——「も₁」には，次のように文脈によっては「他者」が現れず，「他者」を具体的に想定しにくい場合がある。

(14)a　春も₁たけなわになりました。
　　b　私も₁何とか無事定年を迎えることができまして，……。
　　c　お前も₁サア，もうちょっと気をつけてものを言えよ！

(14)は「も₁」の中でも「他者」が特に何と定めにくい，いわば不定の「他者」となるもので，これを「も₁」の「不定用法」と呼ぶ。

「不定用法」の「も₁」を含む文は，談話の視点から考えると，その文で明示的に述べられる事柄を積極的に相手に伝えようとするのではなく，その後に続く文を発話するためのいわば背景づくりをするような機能を果たすものであることが多い。例えば先の

(14)a　春も₁たけなわになりました。

は，「春がたけなわになったコト」を積極的に伝えるというより，

(15)春も₁たけなわになりましたが，その後，お変わりありませんか。

のように，その後に相手の近況を問うような文を続ける，手紙文の冒頭に現れるのが典型的な現れ方である。ここでは，話し手は（14ａ）の内容が特に伝えたいのではなく，むしろそれをふまえて「だからどうだ」と後の文を述べる背景づくりの機能，つまり話し手が相手に，相手の近況を問う必要を自然に感じさせるためや，次の行動を起こさせるための理由づけを行うのに，発話時がそれに見合うだけの十分な状況を

備えていることを把握させる機能を(14a)に果たさせている。

なお「不定用法」の「も₁」と「擬似的例示」の「など」は、「他者」をぼかして示すことで、次のようにいずれも婉曲的な表現に用いられることがある。

(16)君{も₁/など₁}この件についてはいろいろ言いたいことがあるんじゃないかね。

しかし次のような場合、いずれか一方が非文となる。

(17)a 春{も₁/*など₁}たけなわになりました。
　　b お客様、こちらの品{*も₁/など₁}いかがでございましょうか。

これは、先に述べた「も₁」の二次特徴とした、「含み」が「前提」であることによるもので、上でも「他者―肯定」の「含み」が「前提」となるのに対し、「など」にはそうした「前提」がないためと考えられる。

●「意外」の「も₂」──

(18)(彼の放蕩には)親も₂愛想を尽かした。

上の「も」は「親」を「自者」としてとりたて、「他者」は「親以外」と共に「愛想を尽かした」という共通の述語句に対して肯定している。この点では「も₁」と変わらない。しかし、(18)の「も」は「さえ」と置き換えても文意が変わらず、「親が愛想を尽かす」ことが極端な事態として強調されている。(18)の「も」は次の(19a)を「主張」として断定する一方で、(19b)を「含み」とすると考えられるのである。

(19)a 親が愛想を尽かした。
　　b 親以外──例えば他人──は愛想を尽かすが、親は愛想を尽かさないと思った。

(18b)では、「親」以外の「他者」はすべて「親以外が愛想を尽かす」と肯定されても、「親」は「親が愛想を尽かす」ことはないと否定されている。つまり「他者―肯定」、「自者―否定」である。ただし、この「自者」、「他者」に対する「肯定」・「否定」は「……と思った」という、「愛想を尽かす」ことの想定におけるもので、「断定」ではない。従って「主張」の「自者―肯定」と「含み」の「自者―否定」が両立する。一方「含み」の中で、「他者」はすべて「肯定」されても、「自者」だけは「否定」されるという、「自者」、「他者」の「肯定」・「否定」での対立に加えて、「主張」における「自者―肯定」の「断定」と「含み」における「自者―否定」との矛盾が、「親が愛想を尽かす」という「自者―肯定」の事柄を強調することにつながると考えられる。他のものはそうでも、これだけは違うと思ったものが、案に相違して他と同じになれば意外さを感じる。意外なものには他のものに対してよりはより強く注意、関心が向けられる。これが「も₂」による「強調」につながると考えられるのである。

この「意外」の「も₂」の意味を次のように表示する。

(20)「意外」も₂：主張・断定・自者―肯定
　　　　　　　　含み・想定・他者―肯定／
　　　　　　　　　　　　　　　自者―否定

なお、「も₂」の「含み」における「他者―肯定」も「想定」であって「断定」ではない。従って、これと矛盾し「他者―肯定」が取り消される次のような文脈と共起することも可能である。この点で、「も₁」とは異なり「他者―肯定」は「前提」でもない。

(21)(彼の放蕩には)親も₂愛想を尽かしたのに、伯父だけは彼を見捨てなかった。

さらに「も₂」の「他者」は文脈中に明示されないことが多い。「も₂」の「自者」は「想定」で「否定」されるような意外性の高い極端なものであるが、それに対する「他者」は意外性がなく文面から大体予想されるものとして一括される。そこで「他者」は「自者以外のもの」というだけで、あえて提示される必要がない場合が多くなるのだろう。次もそうした例で

ある。

(22)緑化運動は首相も₂乗り出すほど，力を入れられた。

3.「も」の重複構造

「も₁」「も₂」には，次のように「も」を一文中に複数並列させる「〜も〜も」という形で示される「も」の重複構造がある。

(23)a 太郎も₁次郎も₁親切だ。

　b 食事も₂睡眠も₂とらずに一心に勉強している。

上はそれぞれ二つの文が縮約されたものである。例えば（23 a）は，次の二つの文が縮約されてできている。

(24)a 太郎も₁親切だ。

　b 次郎も₁親切だ。

「も」の重複構造は並列詞による並列構造とは，次のように明らかに統語論的に異なる。

(25)a 設計も施工も田中工務店に任せた。

　b *田中工務店に任せた設計も施工も

(26)a 設計と施工（と）を田中工務店に任せた。

　b 田中工務店に任せた設計と施工（と）

（25 a）の重複構造「設計も施工も」は，これを一つの名詞句相当として連体修飾節の主名詞にすることはできないが，(26 a）の「と」による並列構造は主名詞になる。

因みに「は」は文を並列できる点で「も」と共通するが，「は」は重複構造はとれない。

(27)a 勉強もできるし，運動もできるし，言うことなしだ。

　b 勉強はできるし，運動はできるし，言うことなしだ。

　c*勉強は運動はできるし，言うことなしだ。

さて，「も」の重複構造には二つの場合がある。その一つは各々の「も」の「自者」が互いに相手の「他者」でもあり，相互に対応し，それ以外に「他者」が存在しない場合である。

(28)〈父〉自・他も₁〈母〉他・自も₁健在です。

上では「両親」という集合の要素である「父」と「母」を二人ともあげ，相互に対応させた上で，共に「健在です」に対して「肯定」している。これらは対応するべき同類のものの集合について，その要素を網羅的にあげるいわば閉じられた「も」の重複構造であり，これは「も₁」にしか見られない。

もう一つは，開かれた「も」の重複構造で，これには「も₁」「も₂」どちらの場合もある。

(29)〈花子〉他a/b/cが歌いだすと，〈太郎〉自・他b/c も₁a〈次郎〉自・他c も₁b〈三郎〉自も₁c歌いだし，やがて皆の大合唱になった。

上は「も₁」の例である。(29)では「も₁a」の「自者」「太郎」に対する「他者」は「花子」であり，「も₁b」の「次郎」に対する「他者」は「花子」と「太郎」になる。「も₁b」は「花子」と「太郎」が「歌いだす」のを前提として，それに「次郎」を「累加」するのである。そして最後に「も₁c」が「花子」「太郎」「次郎」という「他者」が「歌いだす」のを前提として，「自者」「三郎」を「累加」することになる。この場合は，閉じられた重複構造と異なり，それぞれの「も₁」がとりたてる要素は，相互に「自者」・「他者」として対応しない。

次は「も₂」の例である。

(30)お国のために〈大切な夢〉自・他b も₂a〈命〉自も₂b捧げる。

(30)では，「も₂a」の「自者」「大切な夢」に対する「他者」は，明示されないが「捧げる」対象として考えられるもの一般であり，「も₂b」の「自者」「命」に対する「他者」は「大切な夢」を含めた「捧げる」対象として考えられるものとなる。「も₂」には閉ざされた重複構造はなく，「意外」の「も」が重なるので，全体として強調された表現になる。

4. その他の「も」

上記の「も」以外に次のような「も」があるが、これらはとりたて詞からは除かれる。

(31)a 南も南、赤道直下だ。
　b 食いも食ったり、一人で10杯ペロリとたいらげた。
(32)いやしくも、微生物を研究する以上この問題は避けて通れなかった。

(31)は慣用的強調の「も」であり、(32)は文副詞の主要素となる形式副詞の「も」である。

➡とりたて助詞

■参考文献

奥津敬一郎他（1986）『いわゆる日本語助詞の研究』凡人社．

佐治圭三（1985）「「は」と「も」——係助詞、副助詞、前提助詞」『日語学習与研究』1985年4,5号．

定延利之（1995）「心的プロセスからみた取り立て詞モ・デモ」益岡隆志・野田尚史・沼田善子編『日本語の主題と取り立て』くろしお出版．

高橋太郎（1978）「「も」によるとりたて形の記述的研究」『国立国語研究所報告62 研究報告1』国立国語研究所．

寺村秀夫（1991）『日本語のシンタクスと意味Ⅲ』くろしお出版．

沼田善子（1995）「現代日本語の「も」」つくば言語文化フォーラム編『「も」の言語学』ひつじ書房．

沼田善子（2009）『現代日本語とりたて詞の研究』ひつじ書房．

Kato, Yasuhiko (1985) *Negative Sentences in Japanese.* ⟨Sophia Linguistica 19⟩, Sophia University.

［沼田善子］

■目的語

文の成分の一つ。述語となる動詞の（まれに形容詞の）運動の対象となるもの。客語や対象語とも呼ばれることがある。目的語になるのは、一般に名詞か名詞相当語である。名詞相当語とは、「黙っていること」や「丸いの」のように、動詞や形容詞を「こと」や「の」で名詞化したものを意味する。目的語をとる動詞は他動詞とされ、目的語をとらない自動詞と区別される。英語では、直接目的語と間接目的語を区別するが、日本語では、この分け方は一般的ではない。目的語は、「パンを　食べる」「パン　食べる」のように、「-を」や「-φ」でマークされる。目的語は、一般に受動文で主語になれる。「豆を　ひく」「粉を　ひく」「臼を　ひく」はいずれも広義の目的語であるが、動詞に対して、〈対象の起点〉〈対象の着点〉〈道具〉という異なる文法的意味をになう。なお、「舞を　舞う」「歌を　歌う」「寝を　寝」のように動詞と同じような形式・意味をもつ目的語を同族目的語と呼ぶことがある。また、「空を　飛ぶ」「坂を　上る」「マラソンを　走る」「駅を　出る」などの移動をあらわす動詞と結びつく対格（を格）の名詞は、目的語とするか否か見解が分かれる。

また、「ひとに　かみつく」「親に　あまえる」のような成分を目的語、あるいは準目的語とみる立場もある。これらは、受動文の主語になれるという特徴がある。さらに、「彼と　争う」「彼と（彼を）　離婚する」「（彼は）　料理が　好きだ」「英語が　得意だ」をも目的語と考える立場もある。

「身体｛を/に｝　さわる」「苦痛｛を/に｝　耐える」「カラクリ｛を/に｝　気づく」「顔｛を/に｝　見入る」のように、目的語の格形式がゆれているものもみられる。

➡対象語、自動詞と他動詞

[村木新次郎]

■モダリティ[1]

1.「モダリティ」の用語法の2種

現在の日本語学の世界では、モダリティという用語を全く異なった意味に用いる大略二つの考え方がある。

A説（と仮称する）では、非現実領域（事実界未実現の領域および観念世界）にある事態を語るための専用の文法形式をモダリティ形式と呼び、モダリティ形式によって文にもたらされる意味をモダリティと呼ぶ。これは様相論理学におけるmodality概念の延長上にあり、英米の言語学で採用されている用語法である。英語では、may, must, will, shall, can, should, ought to, have to, need toなどの表す意味がモダリティである。

B説では、発話時の話者の主観や言表態度が文法形式によって表されたものをモダリティと呼ぶ。バイイなどフランスの言語学で見られる用語法と通ずるものであるが、B説モダリティ論は国語学の時枝誠記の流れをくむ戦後陳述論の陳述要素をモダリティと呼びかえたという面も無視できない。そもそも客体的対象を主体の把握が包むという時枝の考え方自体が、小林英夫経由でフランスの言語学の考え方を取り入れたものであるという可能性も考えられる。

A説とB説でモダリティと呼ぶものはある程度重なるが、ずれる所も大きい。「推量」「意志」などの意味は両説ともにモダリティであるが、事態の客観的なあり方の一面である「論理的（数学的）可能性・必然性」や、述語の非終止法において現れる「単なる未実現」（今にも手が届こうという時に…）、「事態一般化」（校長先生ともあろう人が…）、「仮定」（ひとたび走り出そうものなら…）、「仮想的譲歩」（たまになら歓迎もしようが…）などは、A説ではモダリティに数えられるにもかかわらずB説ではモダリティに含めにくい。B説で言う「言表態度」を拡大解釈して話者の主観でないものまで含むとすれば、これらもモダリティに含められる余地はあるが、そのように拡大解釈した「言表態度」とは実は非素材的意味の全般に対応するものとなってしまい、モダリティという用語をあえて使う意義がうすれてくる可能性がある。また一方、（拡大解釈しなくても）B説でモダリティに数えられるものの中に、A説ではモダリティに含められないものもある。「疑問」、終助詞による「伝達態度」、デス・マスによる「丁寧さ」などである。これらは非現実領域の事態を語ることとは関係なく、A説で言うモダリティではない。

A説とB説の相違をもたらしているものは、結局、文をどのように見るのかという観点の相違であろう。A説では、文をその表す事態内容の面で見ようとする。述語を持つ文（述定文）は一つの事態を語るものであるが、その事態の存在領域が事実界未実現の領域または未確認の領域であったり、（推理推論上の事態やものの道理の世界の事態など）観念世界の領域であったりする場合には、既にあることをあるとして語る場合（現実領域＝事実界既実現の領域）とは異なって、述語に特別な文法形式が必要になる。それがモダリティ形式である。B説では、文を言語活動の面で見ようとする。具体的な発話場面における言語活動としての文は、表現論的に言えば、素材となる事態なりモノなり行為なりを話者の把握が包み、それを聞き手を含む言語場の中に位置づけるところに成立するが、その際の発話者の把握、態度表明こそがB説のモダリティである。

それゆえにまた、A説では述定文の述語部分で専用の文法形式によって明示されるものだけがモダリティであるが、B説では述定文であろうが（一語文のような）非述定文であろう

が，意味の面で話者の言表態度が表現されている限り（すべての文はそうなのだが），そこにモダリティがあるということになる。

2. A説におけるモダリティの内容と形式

●**動詞の叙法形式と述語外接形式**——述語において非現実事態を語る場合専用に表れる形式には，動詞の複語尾（いわゆる助動詞）分出形のうちのあるものと，述語の品詞にかかわらず半ば成立した述語の外に接して非現実領域特有の意味を付け加えるものとがある。前者は動詞の叙法形式（述べ方の種類に応じて動詞が形を変える現象は mood（叙法）と呼ばれる）と呼ぶことが妥当であり，後者は述語外接形式と呼ぶことができる。モダリティの叙法形式としては，現代語ではショウ形・スルベキダ形，古代語ではセム形，スラム形，シケム形，セマシ形，セズ形，スベシ形が挙げられる。述語外接形式には，ヨウダ・ソウダ・ラシイ・ダロウ・カモシレナイ・ニチガイナイ・ハズダ・ナケレバナラナイ・テモヨイなどがある。古代語には述語外接形式はない。

●**モダリティの全体組織**——広義に「推量」と呼ばれている意味は，今のところ実現していない（あるいは，確認していない）ことを「いつかそうある」「本当にどこかでそうある」と考えることだから，事実界未実現（あるいは未確認）の存在を承認することにほかならない。「必然性承認」「可能性承認」「妥当性承認」と呼ばれる意味は，事実としてそうあるということではなく，推理推論の上で，あるいは「あるべき姿」を語る世界で，つまり両者あわせて「理屈の上で」そうあると言うのであるから，観念世界での存在を承認することである。「学生は本を読むべきだ」というような文にしても，ものの道理，あるべき姿として「学生は本を読む」ということが言える（成立する）ということであり，対人的な行為の指示，要請である前に，まずは妥当性次元での事態の存在（成立）の承認として捉えられるべきものである。

「意志」「要求」「願望」と呼ばれる意味は，いずれも実際には起こっていない在り方を，話者が事実世界でひき起こしたいと求めることであって，求める事態の人称領域により1人称領域なら「意志」，2人称領域なら「要求」，3人称領域なら「願望」と呼び分けられるものの，全体としては要するに事実界未実現の在り方の希求にほかならない。

この全体像を整理すれば，表1のようになる。このうちの（B）と（C）がモダリティの内容であり，それぞれに対応する述定形式（動詞の叙法形式と述語外接形式）は表に示したとおりである。

モダリティは，（日本語だけでなく一般に）エピステミック・モダリティとデオンティック・モダリティに分けられるが，前者は非現実領域に存在を承認するところに生ずるモダリティであり，後者は非現実領域に在り方を希求する（ないことを求めるのだから非現実領域に決まっている）ところに生ずるモダリティである。モダリティがエピステミックとデオンティックの二つに分けられるのは，述語が語るものがせんじ詰めれば存在承認か存在希求かの二つであるということの表れにほかならない。

なお，エピステミック・モダリティのスコープは主語・述語を含んだ事態（コト）であるが，デオンティック・モダリティのスコープには主語は含まれない。これは存在を承認する対象は事態である（モノがある存在様態をもって在るということの承認は，主述から成る事態の存在承認にほかならない）が，希求する対象はモノ（「水！」あるいは呼びかけ文「太郎（よ）」などで表現される）か，在り方（「走れ！」「消えろ！」命令形，「下におろう！」などショウ形で表現される）かのいずれか一方になるということである。A説のモダリティは

表1　モダリティの全体像

```
                    (A)
                  ┌─ 現実領域承認　〔既実現承認〕
    ┌─ 在り方の承認 │ (B)
    │             └─ 非現実領域承認
    │                〔事実界未実現存在承認＝広義推量〕
    │                    動詞・存在詞の叙法形式
    │                        …ショウ形（終止法）
    │                    述語外接形式…ヨウダ・ソウダ・ラシイ・ダロウ
    │                            ・カモシレナイ・ニチガイナイ
    │                〔観念世界存在承認＝必然性・可能性・妥当性承認〕
    │                    述語外接形式…ニチガイナイ・カモシレナイ・ハズダ
    │                    動詞・存在詞の叙法形式
    │                        …スルベキダ形
    │                        ショウ形（疑問文述語の場合の一部）
    │ (C)
    └─ 在り方の希求　〔人称領域により　①意志・②要求・③願望〕
                    動詞・存在詞の叙法形式
                        …ショウ形（終止法）（・スル形）
                    述語外接形式…ナケレバナラナイ・テモヨイ
```

述語の一側面であるから，希求の側のモダリティ（デオンティック・モダリティ）では，在り方希求しかあり得ず，当然，希求対象の中に主語（存在するモノ）が含まれることはあり得ないということになる。

➡陳述論，述語，ウ(ヨウ)¹，希求

■ 参考文献

尾上圭介（1999）「文の構造と"主観的"意味」『言語』28-1.〔再録：尾上圭介（2001）『文法と意味Ⅰ』くろしお出版，第3章第6節〕

尾上圭介（2004）「主語と述語をめぐる文法」尾上圭介編『〈朝倉日本語講座6〉文法Ⅱ』朝倉書店.

尾上圭介（2012）「不変化助動詞とは何か──叙法論と主観表現要素論の分岐点」『国語と国文学』89-3.

TUCHAIS Simon（2007）「モダリティと主観性──用語としての『モダリティ』の歴史をめぐって」（東京大学国語研究室）『日本語学論集』3.

[尾上圭介]

■ モダリティ[2]

1. モダリティを求めて

「あれっ！」のような未分化な一語文（独立語文）を除けば，文は，大きく命題とモダリティという質的に異なった二つの存在から成り立っている。命題とモダリティは，静的・線状配列的なあり方ではなく，過程的・立体構造的に，

| 命題 | モダリティ |

のような階層性をなしている。

ほぼモダリティに該当するものは，日本語学

の世界では言表態度・陳述・叙法性などと呼ばれることがある。また、ムードという用語がモダリティと等価で使われることもある。

モダリティに何を含ませ、どのように規定するかは、命題に何を含ませどのように規定するかと深く関わり合う。命題の意味的な類型がモダリティの現れに影響を与えるし、モダリティのタイプが命題のありように影響する。

命題とは、話し手が外界や内面世界という現実との関わりにおいて描き取ったひとまとまりの事態、文の意味内容のうち客体化・対象化された出来事や事柄を表した部分である。文の担い表している事柄的な内容・側面である命題は、現実そのものではない。ある場面の中にある話し手が現実からの制約・反映の下に自らの立場において描き取ったものである。肥って頑丈な体格の男を指して「彼は熊のような体格をしている。」と表現するか、「彼は丸太のような体格をしている。」と表現するかは、命題内容の違いであって、モダリティの違いではない。

●モダリティとは——モダリティとは、典型的には、現実の関わりの中において、発話時の話し手の立場からした、文の対象的な事柄的内容に対する主体的な捉え方、および、それらについての話し手の発話・伝達的態度のあり方を表したものである。典型的・中核的なモダリティだけでなく、命題とモダリティの中間に位置する存在、どちらにも入れられそうなものも存在する。

(1)ねえ、困ったことにたぶんこの雨あと4時間も続くだろうね。

において、[この雨があと4時間続く]という事柄的内容を表している部分が命題であり、それ以外がモダリティである。「ねえ」「ね」は、話し手の聞き手への発話・伝達的態度のあり方を、「困ったことに」は、事柄的内容に対する話し手の評価的な捉え方を、「たぶん」「だろう」は、事柄的内容に対する話し手の認識的な把握のあり方を表している。この文では、「も」も事柄的内容の変容・増減には関わらず、事柄的内容を構成する「4時間」という要素に対する話し手の評価的な捉え方を表している。

●モダリティとムード——日本語の述語は、モダリティを表し分けるために形態変化を起こす。通常ムードという用語は、モダリティを表し分けるための形態論的なカテゴリーを指す。「する」「するだろう」「しろ」「しよう」のような対立が作り出すものである。モダリティは、文全体の帯びている意味的なカテゴリー・質である。

ムードは、テンスなどに比べて、形態論的カテゴリーとして確立度が低い。

「{昨日/*明日} 会議が行われた。」のように、タ形は、意味的に矛盾する未来を表す時の成分と共起しないし、「{*昨日/明日} 会議が行われる。」のように、ル形は、過去を表す時の成分と共起しない。テンス形式としてのタ形には過去が、ル形には非過去が焼き付けられている。

(2)彼はもう部屋に居る。

(3)彼はもう部屋に居るだろう。

(4)たぶん彼はもう部屋に居る。

「居る」は断定形であるし、「居るだろう」は推量形である。(2)は断定の認識のモダリティを帯びており、(3)のモダリティは推量である。(4)は、述語のムード語形が断定形であるにも拘らず、「たぶん」の付加によって、文の帯びるモダリティ的意味は、推量に転化している。

2. モダリティのタイプ

●モダリティの2種——モダリティには、大きく〈事態めあてのモダリティ〉と〈発話・伝達のモダリティ〉がある。事態めあてのモダリティとは、文の対象的な事柄的内容に対する主体的な捉え方を表したものである。発話・伝達のモダリティとは、文をめぐっての話し手の発話・伝達的な態度のあり方を表したものであ

●**事態めあてのモダリティ**──事態めあてのモダリティには、さらに〈認識のモダリティ〉と〈評価のモダリティ〉がある。認識のモダリティとは、事柄的内容を話し手がどのような認識的な態度・あり方で捉えたのかを表したものである。評価のモダリティには、当為評価と価値評価がある。当為評価は、事態実現に対する当然性や望ましさを捉えたもので、「(し)なければならない」「(する)べきだ」「(せ)ざるをえない」「{した/する}ほうがいい」「(し)てもいい」「(し)てはいけない」などのように、述語形式の異なりによって表される。価値評価は、「幸いにも事態は大事に至らなかった。」「残念なことに時間がない。」のように、文法形式ではなく、副詞的成分という語彙的手段で表され、事柄的内容に対する話し手の価値・好悪の評価を表す。

評価のモダリティは、認識のモダリティに比べて、文法化の度合いが低く、体系的に対等な存在ではない。「彼らは行くべきだろう。」のように、認識のモダリティの内部に収まりうる。

●**認識のモダリティ**──事態めあてのモダリティの中核は、認識のモダリティである。

(5)彼は京都に行くそうだ。

(5)のように、第三者から得た情報であるという情報の仕入れ方だけを表し、事態成立に対する話し手の判定作用が関与していない伝聞が、まず取り出される。

(6)彼は京都に着いた{かな/だろうか}。

は、判定放棄を表した疑いという認識のモダリティである。

(7)彼は京都へ着いた。

は、事態の成立を確かなものとして捉えた断定である。断定は述語に有標の形式が付かないことによって表される。

(8)彼は京都に着いただろう。

は、事態成立を不確かさを有するものとして、話し手の想像・思考の中で捉えたことを表す推量である。不確かさを有するものとして事態成立を捉えたものには、他にも、

(9)彼は京都に着いた{かもしれない/にちがいない}。

(10)どうやらあの飛行機、飛び立つ{ようだ/みたいだ/らしい}。

がある。(9)は、事態がどれくらいの確からしさを持って成り立っているかを捉えたもの、(10)は、事態が周りに存在している兆候・証左から引き出されたものであることを表している。

●**発話・伝達のモダリティ**──発話・伝達のモダリティには、対聞き手あて性の明確なものと対聞き手あて性の希薄・不要なものがある。

対聞き手あて性の明確なものに、働きかけや問いかけがある。

(11)すぐ来てくれ。

(12)私たちも行きましょう。

などが働きかけで、(11)が働きかけの中の命令、(12)がさそいかけである。

(13)彼がここの責任者ですか。

は、問いかけのモダリティの文である。

対聞き手あて性の希薄・不要なものには、述べ立てや意志表出や感動表出などがある。

(14)たぶん彼がやってくるだろう。

は、話し手の捉えた世界・情報や判断を、聞き手への伝達を必ずしも前提とせず発する、という述べ立てのモダリティの文である。

(15)今年こそ頑張ろう。

は、話し手の意志を聞き手への伝達を意図することなく発する意志表出である。

(16)なんてきれいな夕焼けだろう。

は、感動の表出という発話の態度を表している。

事態めあてのモダリティは、「雨になるだろうが、さほど激しくはならないだろう。」のように、それを含んでも、文の一部になりえる

が,「*なんてきれいな夕焼けだろうが,これほどのものはないだろう。」のように,発話・伝達のモダリティとして働いているものを含めば,もはや文そのものであり,文の一部にはなりえない。

3. モダリティらしさ

モダリティを表す形式には,中核的なものもあれば,周辺的なものもある。中核的な形式は,形式自体が過去形になることもなければ,否定形になることもなく,常に話し手の心的態度しか表しえないものである。

「そこを動くな!」は,禁止の発話・伝達のモダリティを担っている形式である。禁止に含まれる否定は,働きかけがないという,モダリティそのものの否定ではなく,否定事態という事態の否定である。また,「動くな」が過去形になることはないし,話し手の聞き手への発話・伝達的態度を表わすのみである。「だろう」も,「*来るだろう+た」「*来るだろう+ない」のように,過去形にも否定形にもなることはないし,話し手以外の推量という捉え方を表すことはない。禁止の形式や「だろう」は,中核的なモダリティ形式である。モダリティとしての真性度の高い形式である。

(17)彼はひょっとして誤解しているのかもしれなかった。

(18)彼はどうも誤解しているようだった。

(17)(18)のように,「かもしれない」も「ようだ」も形式自体が過去形になりうる。その意味で「だろう」に比べてモダリティ形式の真性度が落ちる。ただ,(18)は,「ようだった」の過去形を受け,過去の様相を表しているが,「かもしれなかった」の過去形は,「かもしれない」の表す確からしさの度合いが過去に存したということを表していない。(17)は「誤解していたのかもしれない」と差はない。「かもしれない」は,「ようだ」に比べて真性度が高い。

(19)雨が降りそうでなかった。

「(し)そうだ」は,過去にも否定にもなりうる。その意味でさらに真性度の低い形式である。

「手当てを怠れば悪化することがある」の「ことがある」などは,モダリティの周辺,命題内のモダリティ寄りに位置する形式であろう。

●出現位置と形式の真性度——文的度合の低い節の述語には,モダリティの出現はない。モダリティは,その現れを節のタイプによって決定されている。「この様子だと明日は雨になるかもしれない。」のように,主節末に現れる「かもしれない」は,話し手の発話時における事柄的内容に対する捉え方を表している。だが,「来るかもしれない人が来なかった。」のように,連体修飾節の述語に現れた「かもしれない」は,「来る可能性のある人」にほぼ相当し,事柄的内容の中に収まりそうな存在である。形式がどのような構文位置に現れるかによって,形式のモダリティとしての真性度が異なってくる。

◆ムード,エピステミック・モダリティ,デオンティック・モダリティ,文,文の種類,命題,陳述論

■ 参考文献

渡辺 実(1971)『国語構文論』塙書房.

仁田義雄(1991)『日本語のモダリティと人称』ひつじ書房.

奥田靖雄(1988)「文の意味的なタイプ——その対象的な内容とモーダルな意味とのからみあい」『教育国語』92.

仁田義雄(2000)「認識のモダリティとその周辺」仁田義雄・益岡隆志編『〈日本語の文法3〉モダリティ』岩波書店.

尾上圭介(2001)『文法と意味Ⅰ』くろしお出版.

工藤 浩(2005)「文の機能と叙法性」『国語と国文学』82-8.

益岡隆志（2007）『日本語モダリティ探求』く
　ろしお出版．

［仁田義雄］

■モダリティ[3]

1. ムードに対応する構文論的範疇

　この項でモダリティ（modality）という術語は，動詞の形態論的範疇としてのムード（mood）に対応して立てられる構文論的範疇，という意味で用いる．それぞれ「（叙）法性」「（叙）法」という訳語が古くからあるが，参照の便宜のためここでは用いないこととする．この定義は，ムードに対応する意味的範疇とか，意味・機能的範疇という定義に似ているが，厳密には異なる．構文論的範疇は形式・意味・機能の三者を兼ね備えたもので，文レベルのものという限定がある．意味（・機能）的範疇という場合，文レベルという限定が薄れてまたは無視されて，あるいは既成の論理（学）的範疇に鋳込まれたり，あるいはプラグマティックな機能（効果や意図目的）の枚挙に流れたり，へたをすると語彙レベルの意味と形態（論）レベルの意味と文レベルの意味と文脈的な意味合い（含意・含み）とが無秩序に羅列されたり，といったことも起こりかねない．それを避けるために構文論的形式をまず踏まえるところから出発しようとするのが，構文論的範疇と定義する立場である．もちろん文法学における形式・意味・機能の「三位」は，宗教とちがって一体とは限らず，ずれやくいちがいをはらみ，それ故に歴史的変化も生じるわけで，形式に絶対権があるわけではないが，感覚に確実にとらえられる形式から（質料的な外形も形相的な型もふくめて）はじめるのが，経験科学としての文法学の定石だと主張するのがこの立場である．

2. モダリティの表現形式

　まず，モダリティの表現手段として働く形式の概略を整理しよう．文は語の集合だから，構文論的形式は形態論的形式を含む．語彙の種類も共起制限という型（pattern）に抽象できる限りで連語の型として構文論的形式になる．語順（位置）・ポーズ（休止）・プロミネンス（卓立）・イントネーションも，テーマ性・とりたて性・モダリティ等の表現手段になる．

　現代日本語の動詞の形態論的ムードは，「書く‐書け‐書こう」「起きる‐起きろ‐起きよう」といった語尾変化による叙述‐命令‐勧誘の3語形を中核にもち，合成の手順による「書か‐ない，書き‐そうだ，なり‐やすい」のような「文法的派生態」によって語彙文法的な範疇を広げ，「（Nφ）だろう，（Nダ）そうだ，（Nナ）のだ」のような膠着的な手順によって，動詞のほか形容詞や名詞叙述態にも「述語のムード」を拡張する．さらに「補助動詞」「形式語」などとの組合せによる「分析的な手順」として「と思う，にちがいない，かもしれない，てもいい，はずだ，ことができる」などがあり，さらに語彙表現性の高い「迂言的な手順」として「おそれがある，公算が大きい，ことは必至だ」なども，報道文体では多用される．以上をとおして，前のものほど文法形式化されており，後のものほど語彙性が高く文法性は低い．最後の迂言的な表現などは，文レベルでもモダリティといってよいか，大いに議論の余地があるだろう．これは，〈文法化 grammaticalization〉の度合いの問題であって，周辺部には種々の新表現が連なっていて一線で区切ることはできないだろうと思われる．これは膠着的タイプといわれる日本語にとって避けがたい連続性であって，周辺部の境界画定にあまり神経質になるのは得策ではないと思われる．とともにここで確認しておかなければならないことは，形態論的なムード語形によってあらわされる〈命令‐勧

誘〉をモダリティから排除し，叙述文にのみモダリティを認めようとするのは，論理主義的偏向（鋳込まれ）——しかもこの（カントに淵源する）論理範疇自体，無自覚のうちにかなりの程度ドイツ語のモーダルなシステムに制約されている——と言うべきだ，ということである。

3. 従来のモダリティの主要な定義

以上のような連続的な広がりにおいて存在するモダリティ表現を定義する参考としては，次の三つの学説が有用であろう。まず(1)スウィート（Henry Sweet）のムードの定義「主語と述語との間の種々に区別される諸関係を表わす文法形態」があり，日本では山田孝雄の「陳述」に受け継がれており，(2)イェスペルセン（Otto Jespersen）のムードの定義「文の内容に対する話し手の心の構え」があり，これは時枝誠記の「辞」にその精神は受け継がれており，(3)ヴィノグラードフ（Viktor V. Vinogradov）のモダリティの定義「ことばの内容と現実との様々な諸関係を表わす文法形式」があり，奥田靖雄の「モダリティ」に受け継がれている。スウィートは「話し手」を持ち出さずに，主語と述語の関係が「事実」か「想念」かといった分類をするわけで，これを客体面からの定義だとすれば，イェスペルセンは話し手の心の構えと，主体面から定義している。ただ「主観的態度」とは言っていないことにも注意。ヴィノグラードフは主述関係もはずし，言語内容と場面（状況）との関係と抽象化した。やはり客体面からの定義と言うべきだが，三人とも，関係とか構え（態度）という用語を用いて，関係を結ぶ主体や，客体に対する構え（態度）という，もう片方もほのめかす定義になっていることも忘れてはならない。「主観的態度」という理解は正統とは言えない。

4. 言語場と主体-客体を総合する視点

こうした遺産から学び日本語のモダリティ形式で検証するとき，次の2点が重要に思われる：モダリティという範疇の，文の外部との関係における要点は「言語場を構成する必須の四契機である話し手・聞き手・素材世界・言語内容という四者間の〈関係表示〉だ」ということであり，文の内部における部分関係としての要点は「モダリティは〈客体面と主体面との相即・からみあい〉として存在する。客体面は文内容の〈ありかた・存在様式〉であり，主体面は文内容の〈語りかた・叙述態度〉である」という内-外・主-客にわたる2点である。外的には，状況や聞き手との関係づけによって，いわゆる〈場面・文脈的な機能〉が生じ，内的には，意味・機能の，次のような〈両面性〉を生み出す。(1)助詞「か」の意味構造における，主体的な〈疑問〉性と客体的な〈不定〉性とのからみあい：文末の終止用法「あした行かれますか？」において，〈疑問性〉が表面化し，文中の体言化用法「どこか遠くへ行きたい」において，〈不定性〉が表面化し，そして，その中間の「どこからか，笛の音が聞こえてくる」のような挿入句的な間接疑問句の場合に，〈疑問性〉と〈不定性〉とはほぼ拮抗する。(2)助動詞「ようだ」の意味構造における，客体的な〈様態〉性と主体的な〈推定〉性とのからみあい：「まるで山のようなゴミ」「たとえば次のように」などの「連体」や「連用」の「修飾語」用法においては，ことがらの〈比喩性〉や〈例示性〉といったことがらの〈様態性〉の面が立っており，「どうやらまちがったようだ」のような「終止」の「述語」用法において，主体的な〈推定性〉が表面化することになるが，「だいぶ疲れている{ようだ/ように見える}」のように，〈様態性〉と〈推定性〉とがほぼ拮抗する場合も多いし，「副詞はまるでハキダメのようだ」のように，〈様態性〉ないし〈比喩性〉の叙述に

とどまることもあって，複雑である。この複雑さは，文構造的には陳述副詞との呼応を促すが，連文構造の中——たとえば根拠と推定という連文構造か，場面描写の構造の内部の一様態か——で意味が定まることも多い。以上のような両面性は，文内における位置によって，表面化したり裏面化したりはするが，デュナミス（潜勢態）として共存すると考えるべきだと思われる。文内での「位置」のちがいや，他の部分との「きれつづき（断続関係）」にもとづく「機能」のちがいといった〈構造的な条件〉を精密に規定しないまま，モダリティ形式の意味の「本質」を「主観的か客観的か」とか「辞か詞か」などと，大上段に振りかぶって単純二項対立的に峻別しようとするような議論は，もはや無効だと言うべきだろう。どちらにも一面の真理はやどっているのだから，いまやその総合こそが課題なのである。

➡ムード，文

参考文献

Sweet, Henry (1891) *A New English Grammar, Part I. Introduction.* Oxford University Press, London.〔半田一吉（抄訳）(1980)『新英文法——序説』南雲堂〕

Jespersen, Otto (1924) *The Philosophy of Grammar.* George Allen & Unwin, London.〔半田一郎訳（1958）『文法の原理』岩波書店〕

Vinogradov, Viktor V. (1955) "Osnovnye voprosy sintaksisa predlozhenija"（構文論における基本的な諸問題）〔1975年の『ロシア語文法 著作集』ナウカ，モスクワに所収〕

奥田靖雄（1985）「文のこと 文のさまざま(1)」『教育国語』83．

工藤 浩（1989）「現代日本語の文の叙法性 序章」『東京外国語大学論集』39．

工藤 浩（2005）「文の機能と叙法性」『国語と国文学』82-8．

［工藤 浩］

■本居宣長（もとおり のりなが 1730-1801）

●生涯——江戸時代中期の国学者，歌人。先祖の本居家は武士であったが，後に姓を小津と改め，伊勢の松坂在住の商家となる。江戸にも店を持つ定利と妻かつの子として宣長は松坂本町に生まれ，小津富之助と名づけられた。1740年父と死別。1748年伊勢の紙商今井田家の養子となるが，離縁して実家に戻り家督を継ぐ。母かつは，1752年宣長を京都に出し，医学を修業させた。宣長は初め堀景山に儒学を学び，荻生徂徠の古文辞学，契沖の日本古典研究を知り，啓発された。その後，堀元厚に東洋医学を学び，武川幸順に小児科の医術を学んで医師免許を得た。この間に，姓を本居に改め，名を宣長とし，医者名を春庵と名乗った。1757年松坂に帰り，医師を開業。そのかたわら，同好の人々に『源氏物語』などの講釈を始める。1762年草深玄弘の娘たみ（かつと改名）と結婚。翌年長男春庭誕生。宣長は賀茂真淵の『冠辞考』に深く感銘し，真淵が伊勢参宮の途中，松坂の新上屋に宿泊することを知り，訪ねて一夜を語らい，古学の道に志す決意を固める（1763年5月）。12月に真淵に入門。師のすすめにより『古事記伝』の執筆を始める。以後の宣長は，古事記研究のために語学的，文学的，注釈的な研究を幅広く進めるとともに古道論を深化していった。門人は全国にわたり，500人に及んだ。1772年に松坂に在宅のまま紀州藩に仕官した。1798年ライフワークの『古事記伝』を完成。1801年死去。長男春庭は失明していたため，門人稲懸大平を養子とした。宣長の死後，大平が後を嗣いで紀州藩に仕官した。

●業績——宣長の学問は古代研究を主とするもので，みずから「古学（いにしえまなび）」と称した。特に

『古事記』を神典として古道の研究を行うべきことを主張した。古代人の心を正しく理解するには，古語，古典の表現の精確な把握が前提とならねばならない。宣長が『古事記伝』の詳細な注釈に力を注いだ理由でもある。宣長の研究は，語学，文学，古道など多岐にわたるが，語学研究の面では，第一に，テニヲハ研究があげられる。テニヲハと用言との呼応関係として，係り結びの法則を「かかり」が「は・も・徒(ただ)」，「ぞ・の・や・何」，「こそ」の三種に限られること，そして結びの活用語が43段の型のどれかに必ず属することを一覧表にまとめた『てにをは紐鏡』(1771) と，その表の実例を八代集から証歌をあげて詳しく示し説明を加えたのが『詞の玉緒』(1779) である。係り結びの結びとなる活用形を悉く示したことから宣長はそれらを五十音図の行によって整理することを試みた。弟子の田中道麻呂の手を借りて仕上げた『活用言の冊子』では，宣長は動詞の活用の種類として四段・上一・上二・下二・カ変・サ変・ラ変をほぼ認識していた。『活用言の冊子』は，その後の本居派の活用研究の源泉となった。鈴木朖の『活語断続譜』，柴田常昭の『詞つかひ』，本居春庭の『詞八衢(ことばのやちまた)』など。

第二は漢字音の研究である。『字音仮字用格(じおんかなづかい)』(1776) は，紛れやすい字音仮名遣を中心に古代の用法に即して漢字音を仮名で書く場合の書き分けを古典の用例と「韻鏡」を用いて定めた。『漢字三音考』(1785) では，日本語の音と漢字の三音（呉音，漢音，唐音）の伝来の略史を説き，日本の音は「単直」「純粋正雅」であることを国粋主義的に力説する。付録として「音便」を詳述，用例を数多くあげる。このほか，近世の雅文の誤用を正す『玉あられ』(1792) がある。

宣長の文学的研究は『排芦小船(あしわけおぶね)』(1758) 以来『紫文要領』『石上私淑言(いそのかみのささめごと)』などで文学の本質を「もののあわれ」に見出し，文学の独自

性を主張した。宣長は『源氏物語玉の小櫛』(1796) 総論にも「もののあわれ」論を主張するが，それは古道の階梯と位置づけた。『古事記伝』の総論として書かれた『直毘霊(なおびのみたま)』(1780) に宣長の古道論は最もよく示されている。このほか，『古今集遠鏡』，『新古今集美濃の家つと』『歴朝詔詞解』など著述が多い。

■参考文献
大野晋・大久保正編『本居宣長全集』全20巻，別巻3 (1968-1977) 筑摩書房．
尾崎知光 (1983)『国語学史の基礎的研究』笠間書院．
小林秀雄 (1977)『本居宣長』新潮社．
吉川幸次郎 (1978)『本居宣長』筑摩書房．
相良亨 (1978)『本居宣長』東京大学出版会．
　　　　　　　　　　　　　　　[西田直敏]

■**本居春庭**（もとおり　はるにわ　1763-1828）

●生涯——江戸時代中・後期の国学者。幼名健蔵。後に建亭。春庭とも称した。本居宣長の長男。眼病のため32歳で失明。鍼医となる。家督を宣長の養子本居大平(おおひら)に譲る。紀州侯に仕えた大平が和歌山に移住した後も春庭は松坂にとどまり，後鈴屋社を組織して門人を育成した。家族や門人の協力によって，文法研究史上不滅の金字塔というべき『詞八衢(ことばのやちまた)』(1808刊)，『詞通路(ことばのかよいじ)』(1828序) を完成した。

●業績——春庭の語学研究は，まず，『詞八衢』において父宣長の「活用言の冊子」を発展させ，宣長の弟子鈴木朖の「活語断続譜」の活用研究の方法をとりいれて，古語の用言の断続における，その語尾が五十音図のどの段に位置するかという観点からあらゆる用言を整理分類し，活用の法則と活用体系を明確にした。すなわち，宣長以来の27種の活用の種類を，春庭は「四段の活(きだのはたらき)」，「一段の活」（上一段），「中二段の活」（上二段），「下二段の活」の四種を本

体と考え，それらと多少変わっているものを「変格」として，「カ行変格」「サ行変格」「ナ行変格」（往ヌル 死ヌル）を立て，このほかに「シ・シキ・シク」「シ・キ・ク」の2種の活用を立て整理した。ラ変（あり）はラ行四段に含め，下一段（蹴る）はとりあげていない。これは，多くの門弟の祖述するところとなり「八衢家」などと世間に称されるほどの広まりを見せた。その後，僧義門によって，活用形に将然言，連用言，截断言，連体言，已然言，希求言の名称がつけられた。こうしたことが今日の文語文法の基盤をなしている。

『詞通路』では，文中の活用によって自他の意味が分かれることを「詞の自他の事」に詳しく説き，「詞の兼用」では掛詞，「詞の延約」では，延言（言ふ―言はくの類），約言（恋ひあり―恋へりの類）を説く。「詞てにをはのかかる所」では，和歌における詞と詞の関係，上下の呼応などを明らかにする工夫として図式化による方式を示している。

■参考文献
足立巻一（1974）『やちまた』河出書房新社．
渡辺英二（1995）『春庭の語学研究――近世日本文法研究史』和泉書店．
尾崎知光（1983）『国語学史の基礎的研究』笠間書院．

［西田直敏］

■**森岡健二**（もりおか けんじ 1917-2008）
●略歴――宮城県に生まれ，佐賀県で育つ。1940年，東京帝国大学文学部国文科を卒業。国立国語研究所所員，東京女子大学教授を経て，1970年に上智大学文学部教授。この間，国語審議会委員，国語学会理事を務める。
●研究業績――コンポジション，訳語・文体を中心にした近代語成立，語彙や漢字など，研究は多岐にわたる。一般意味論にも興味を持つ。

文法研究の著書としては，主著の『日本文法体系論』（明治書院，1994）があり，他に前書の中核部分をまとめた『要説日本文法体系論』（明治書院，2001）や，文法研究の論文を集めた『〈現代語研究シリーズ3〉文法の記述』（明治書院，1988）がある。

森岡の文法研究は，アメリカ構造言語学，松下文法，橋本文法の影響を受けている。統語論に比べ形態素論・語論が充実したものになっている。統語論では，橋本の（連）文節の影響が大きい。形態素に関する記述・分析はまとまった優れたものになっている。

形態素を，語構成上の機能から，まず語の核をなす語基と語基に付く従属的な接辞に分け，接辞を，語基に付いて派生語を作る派生辞と語基に付いて屈折語を作る屈折辞に分けている。語基は，単独で語を構成する自立語基と他と結合して初めて語を構成する結合語基に分けられている。「春，たけなわ！」は，「春」と「たけなわ」という2つの自立語基からなっている。「おなか」の「なか」や，「高さ」の「高」，「しずか」の「しず」，「ころり」の「ころ」などが結合語基である。派生辞とは，「お菓子」の「お」，「帰りしな」の「しな」，「はるか」の「か」，「ゆらめく」の「めく」などのようなもの。派生辞には，「お花」の「お」のように自立語基について派生語を作る使われ方と，「おーとうーさん」の「お」や「さん」のように結合語基について派生語を作る使われ方がある。屈折辞として働くのは助辞である。「月が」の「が」や，「見るのに」の「のに」など。「山道を登りながら」の「ながら」などは，語を副用語に準用させる再屈折という位置づけ。

■参考文献
森岡健二（2008）『ことだま の おぼつかなさに』大空社．

［仁田義雄］

■森重 敏（もりしげ さとし 1922-2007）

　鹿児島県出身。京都帝国大学文学部卒業。奈良女子大学名誉教授。天理大学教授。森重敏の文法論の主著としては、雑誌『国語国文』に連載された論文の索引ともいうべき『日本文法通論』(1959)と、通論において「形態論的な方面を簡略にし、説き足りなかったいわゆる構文論に主力を注いだ」とする『日本文法――主語と述語』(1965)がある。また、文体論にも造詣が深く、著書に『文体の論理』(1967)があり、音韻論に関しても「上代特殊仮名遣とは何か」(『万葉』89, 1975)があり、8母音説を否定し、5母音説をとなえた。

　森重敏の言語観は、「言葉は所詮、意味であり意味であるほかないものである」(主語と述語 p.11)という立場に基づき、「文法は、こうして、特定の具体的な場の表現・理解において成りたつ言葉の意味内容を、抽象的－一般的な意味の形において見る立場である」(同上 p.10)とし、言語としての「文法」と言語活動としての「表現理解」を対立させる。表現・理解は場の外面における個別者の表現であり、文法は場の内面における全体者の表現であるといって、両者を峻別しながら、文学研究と言語研究との相即をめざすという意図が見られる。一方、山田孝雄の文法論にしたがって、その統一が統覚作用によってもたらされるものを表現・理解とするのに対して、その統一が主語述語の結合を表わす陳述によってもたらされるものを文法とする。そして、文は言語として定義するとき主語述語を基盤とする判断であり、山田の述体と喚体との区別を重視しながらも、一語文も自同判断として成り立つものと考える。

　一方で、言語としての文は、主述関係に基づくところの意味的な論理的格関係にとどまらず、それを含んでそれを超える情意的な係結的断続関係との統一としての相関関係であるとする。そして、日本語の変化の重要なポイントを係り結びの消滅ととらえ、日本語の変化は情意性の卓越したものから、論理性の卓越したものへの変化であるとする。

　しかし、また森重敏の文法論は、こうした構文論にとどまらず「語彙はつねになんらかの文法的な語としての形態においてある」(通論 p.58)として形態論にもおよぶ。森重敏の形態論は、構文論との関係が深く、語の文法的形式とは、文の構文的な側面における陳述が、文節において語から分出したもの、ないしは内在のまま合入しているものであるとする。その分出的ないしは合入的な陳述と語との関係から、主述により成り立つ文は次のような品詞的な系列によって構成されるものとし、それを第一機構と称し、次のように三分類する。

○ (連体詞, 数詞, 状態副詞) 語尾が軽いか、語幹に内在的なもので、語幹が語相当といえるもの。
○ (形容詞, 名詞, 動詞) 語幹と語尾の関係が緊密で、両者あいまってはじめて語を形成し、語尾は普通は分出しているが、内在的な場合もあるもの。
○ (副詞語尾, 格助詞, 助動詞) 副詞語尾はやや異なるものの、作用的意味とともに対象的意味をも有する二次的な分出語尾で、遊離性がつよく、語尾が語相当といえるもの。

　この分類は、「語の独立依存の段階的程度差を認めなければならない」(主語と述語 p.71)としているところからも知られるが、当時の陳述論争において詞辞連続論の立場を標榜したものととらえることができる。

　森重敏は同時に、論理的な性格の第一機構に対して、副詞と助詞の品詞系列からなる、情意的な性格の第二機構をたてる。

○間投副詞―係副詞―接続副詞―並立副詞―群数程度量副詞
○間投助詞―係助詞―接続助詞―並立助詞―副

助詞

　副詞-助詞という対応的な系列は富士谷成章の「かざし，あゆひ」の説の深い影響のもとに成り立ったものと考えられるが，それを森重敏は，応答詞の陳述からの分化的発展として位置づける。第二機構においては，第一機構の品詞によって形づくられる主述相関による陳述に対して，副詞は先行文としての価値をもってその成立に関与し，助詞は後続文としての価値をもってその成立に関与するものとしている。この第二機構の設定は，副詞の機能が助詞の機能と相応ずるものであることを明らかにしたことによって，後の副詞論に大きな影響をあたえた。また，副詞が文相当の価値をもつという考え方は川端善明の構文論にも大きな影響をあたえている。

　このなかで，係り結びに文構成の積極的な役割を認め，係助詞に係りだけでなく結びの機能も認め，終助辞のなかにも積極的な文構成の役割をもつものがあることを認めた論は，後の研究に大きな影響を与えた。また，指示語を係助詞に対応する係副詞として位置づけ，不定語もそれに含め，定・不定の指示の機能をその作用的側面としたことは，指示語を文法論的に位置づけたものとして他に類をみない。

　また，副助詞についての議論においては，その機能を群数性から把握する見方は独自であるが，そこにおいて副助詞の系列が明指と暗指に基づくパラディグマティックな把握を示すことを明らかにしたことは後のとりたて助詞論の基礎となっている。同様に，副詞の系列がひろい意味での相対関係による把握によってもたらされるとする立場は群数副詞の定立に生かされ，後のとりたて副詞の議論の出発点となっている。

■参考文献

鈴木重幸（1966）「森重敏『日本文法──主語と述語』を読んで」『国語学』65．
森重　敏（1959）『日本文法通論』風間書房．
森重　敏（1965）『日本文法──主語と述語』武蔵野書院．
森重　敏（1966）「論外──鈴木重幸氏の書評（本誌第65集）を読んで」『国語学』67．
森重　敏（1971）『日本文法の諸問題』笠間書院．

[鈴木　泰]

や行

■ヤ

助詞ヤは，古代から現代まで活発に用いられた助詞で，古代語では間投助詞，係助詞，終助詞として働き，現代語では終助詞，並立助詞として働いている。

1. 間投助詞
種々の語について，語調を整えたり，詠歎を表したりする。
● 囃子言葉の内部に用いられる。──
　「ええしや（夜）」（古事記・中）
● 連用語をうける。──
　我れはもや（也）安見児得たり皆人の得かてにすとふ安見児得たり（万葉・巻2）
● 連体語をうける。──
　石見のや（也）高角山の木の間より我が振る袖を妹見つらむか（万葉・巻2）
● 呼びかけに用いる。──
　我妹子や（哉）汝が待つ君は沖つ波来寄る白玉辺つ波の寄する白玉求むとぞ（万葉・巻13）
　汝背の子や（夜）等里の岡道しなかだ折れ我を音し泣くよ息づくまでに（万葉・巻14）

2. 係助詞
● 文末用法──文内容をめぐる判定要求疑問文を構成する。質問や反語に多く用いられる。
　大和恋ひ寐の寝らえぬに心なくこの洲崎廻に鶴鳴くべしや（哉）（万葉・巻1）
　これより珍しき事は候ひなむや（源氏・帚木）
● 文中用法──文内容をめぐる判定要求疑問文を形成する。質問や反語よりも疑問に多く用いられる。なお「見む人や誰」（万葉・巻10）のようにヤの後に不定語（疑問詞）が置かれて，説明要求疑問文が構成される場合があるが，ほぼ和歌に限られる。
● カとの違い──ヤは問いかけや反語に多く用いられる，ヤは文全体を疑問の対象とする，などが指摘されている。
● ヤモ，ヤハ──上代にはモと合したヤモ，中古にはハと合したヤハも用いられた。これらは反語を表す事が多かった。

3. 終助詞
平安時代から見られるものである。間投助詞由来だが，もっぱら文末に用いられる。
　「をかしの御髪や」（源氏・若紫）のような特殊な形態の感動喚体句を構成する。あるいは「あな，かしこや」（源氏・若紫）「はかなしや」（源氏・蜻蛉）のように，形容詞形容動詞の語幹あるいは終止形について詠歎を表す。この形は，現代でも「やっぱりなんだか寂しいや」のような形で用いられる。

4. 並列助詞
間投助詞由来ではないかと考えられている。平安中期から少数見られ，現代でも活発に用いられている。
　女ばらのいやしからぬや又尼などの世を背きけるなども（源氏・葵）

➡ 係助詞，間投助詞，終助詞，並立（並列）助詞，カ

■ 参考文献
此島正年（1966）『国語助詞の研究』桜楓社．
松村明編（1969）『古典語現代語助詞助動詞詳説』学燈社．

阪倉篤義（1993）『日本語表現の流れ』岩波書店.

野村剛史（2002）「連体形による係り結びの展開」上田博人編『〈シリーズ言語科学5〉日本語学と言語教育』東京大学出版会.

尾上圭介（2002）「係助詞の二種」『国語と国文学』79-8.

[近藤要司]

■ヤコブソン（Roman Jakobson 1896-1982）

モスクワに生まれ，アメリカ・ケンブリッジで死去。プラハ，オスロ，ストックホルム等に滞在。激動の20世紀を生き，言語における「関係的不変性（relational invariance）」の追究を終生のテーマとして言語研究のあらゆる分野で多大な業績を残した。

ソシュール（Ferdinand de Saussure）の影響のもと，1920～30年代，音韻的相関関係の概念から「音素」を規定し，「音素」の弁別特徴への分析を示唆。また，個々の音変化を音韻体系の変化として捉え直すことをスラブ語史的音韻論で例示。40年代，幼児の言語音獲得の順序と失語症患者におけるその喪失が逆の順序になることを見出し，「含容の法則（implicational law）」を提示した。この「法則」は，後年，類型論と史的再構の考察へとつながり，印欧祖語閉鎖子音体系の再解釈を促すきっかけとなった。

1941年に渡米後，諸言語の音韻体系を音響学的観点から12の二項対立から成る普遍的特徴によって説明するという仮説を提唱。また，言語の諸機能を分類しなおし，特に，メッセージの音形に焦点を置く「詩的機能」を重視して，ポー，パステルナーク，シェイクスピアなどの韻文を分析している。晩年には，分子遺伝学によって解読されたDNAコードと言語コードとの相似性を認め，言語学の自律性を重んずるとともに学際的研究の必要性を説いた。

[長嶋善郎]

■山田孝雄（やまだ よしお 1875-1958）

●**生涯**——富山県富山市生まれ。富山県尋常中学校中退後，小学校の教員をしつつ文部省教員検定試験により国語科教員免許を取得。各地で中学校教員を経た後上京し国語調査委員会補助委員となる。日本大学講師を経，東北大学に奉職。その後，神宮皇學館大学学長，貴族院議員。昭和28年文化功労者，昭和32年文化勲章受章。

●**研究業績**——山田孝雄の業績は，多岐に亘るが，中心は国語学，特に文法研究である。山田の創始した山田文法は，ドイツのヴントの心理学やハイゼの独文典，英国のスウィートの英文典などの影響を受けつつも，独自の緻密な体系を作り上げたものであり，近代的日本文法学の成立を告げるものである。その特色は，言語の外形よりも内面に重点を置くことで，特に，文の成立の根源を問う陳述はその後の文法論に大きな影響を与えた。主な文法関係の著作は，山田文法の最初の著作である『日本文法論』（1908），山田文法の完成形とされる『日本文法学概論』（1936）の他，『奈良朝文法史』（1913），『平安朝文法史』（1913），『日本口語法講義』（1922）など。

➡陳述論，山田文法

■参考文献

大岩正仲（1968～1969）「学者列伝　山田孝雄伝（その一～その五）」『月刊　文法』1-1～1-5.

佐藤喜代治（1959）「山田孝雄先生を追慕して」『国語学』36.

佐藤喜代治（1983～1984）「日本語学者列伝　山田孝雄伝㈠～㈢」『日本語学』2-12～3-2.

山田忠雄・山田英雄・山田俊雄編（1959）『山

田孝雄年譜』宝文館.
山田俊雄（1959）「山田孝雄著述目録抄」『国語学』36.

[斎藤倫明]

■山田文法

世に山田文法と呼ばれる山田孝雄（1875-1958）の文法理論は，『日本文法論』（1908，宝文館），『日本文法講義』（1922，宝文館），『日本口語法講義』（1922，宝文館），『日本文法学概論』（1936，宝文館）などによって知られる。当時の西洋の心理学，哲学の精神をわがものとしつつ，日本語（特に古典語）の文法事実の詳細な調査と精密な思索によって精緻な文法論の体系を完成したものであって，この山田文法は近代的日本文法学の輝かしい成立を告げる位置に立つ。

1. 山田文法の特色

「統覚作用」という概念を論理的出発点として句（いわゆる単文に相当）の構造，分類から語の分類原理，複語尾（いわゆる助動詞）の性質記述まで精緻な体系を形成した山田文法は，その主張内容において以下の5つの大きな特色を持つ。

①係助詞という助詞カテゴリーを発見，主張したこと。②「述語において文は成立する」ということを，積極的に理屈を立てて語ったこと。述語で述べる（陳述する）ことによって文が成立するという直感を理論化したもので，江戸時代以来の文法研究の伝統をこの点でも継承している。③文の材料たる諸観念を結びつける精神の統一作用である「統覚作用」というような異次元の精神活動を文法論に基本概念として導入したこと。④文には述語で述べることによって成立する文（いわゆる述定文）と述語によらずに成立する文（いわゆる非述定文）との二種類があるとの主張。両者（述体句と喚体句）は文としての成立事情が全く異質であるとしている。⑤「統覚の運用に関する複語尾」（いわゆる助動詞にほぼ相当）の性質の捉え方が独特で，その複語尾によって結果的に表現される意味によって記述するのではなく，事態の捉え方（＝述べ方）の種類に複語尾が対応していると見ていること。

2. 山田文法の構造

●係助詞,「統覚作用」概念の要請——山田は，助詞「は」の正体を問うことから文法に関する思索を開始した。「は」は主語にも付くし，様々な格成分や修飾成分にも付く。時，場所などの状況語にも付く。「は」は一体何をする助詞か。山田（1908）は，哲学者大西祝氏の見解に依拠する形で，『は』は繋辞（コピュラ）であると，直感的に把握した。つまり，句（いわゆる単文に相当）の内容は材料観念を結びつけたところに成立するが，その結合する精神の作用が「統覚作用」であって，「は」はこの統覚作用に直接に関与するとの把握である。本居宣長の『てにをは紐鏡』などに記された「結び」と呼応する助詞は「は」「も」「ぞ」「や」「こそ」など，ほとんどすべて統覚作用に関与するものだという見解に立ち，これらを「係助詞」と名付けた。

●賓語, 述語, 統覚作用, 用言——述定文において文内容を構成する材料観念は，基本的に，実在と属性であり，山田文法では，実在に対応する語が主語，属性に対応する語が賓語と呼ばれる。主語と賓語とを結びつける位置に立つ（統覚作用を担う）語が述語であるが，述語を構成する語類は用言（存在詞，形容詞，動詞）のみである。「日本は島国である」というような文では，賓語（属性を表す語）である「島国」と述語（統覚作用を担う語）である「(で)ある」（現代語「である」「だ」「です」，古代語

「なり」「たり」などは存在詞の一種として説明存在詞と呼ばれる）とが形の上で分離して現れるが，「桜は美しい」「雪が降った」など，形容詞，動詞の場合は，賓語と述語が形の上では重なって現れる。

山田の言う「実在」とは［存在するもの］のことであり，「属性」とは［存在様態（ありさま）］のことであろう。形容詞自身の意味は［存在様態］そのものであり，運動動詞の概念としての意味は［存在様態］の時間的変容である。名詞の意味は属性の集合であり，［存在様態］を表すことをもって賓語として働くと言うことができる。

山田文法において，文（述定文）を文たらしめる統覚作用を宿すことができる語類は用言のみであり，用言という語類が特別に重要な位置を占めることになる。用言の本質が統覚作用を担う点にあるという立場に立つ限り，「属性」を表すのでない用言すなわち存在詞（「あり」など。説明存在詞も含めて）こそが用言の中の用言とも言うべき位置に立つ。

このような観点に立って，山田文法では用言を陳述語と呼び，陳述語と概念語（＝体言つまり名詞）が自用語（文の中心骨子をなす語類）と呼ばれる。自用語以外に文内容のうちの非中心部分を表す副用語（いわゆる副詞，感動詞，接続詞など）があり，以上の観念語のほかに関係語（助詞）がある。いわゆる助動詞は，動詞・存在詞の語尾部分とされ，複語尾と名付けられている。

単語 ｛観念語 ｛自用語 ｛概念語／陳述語／副用語｝／関係語｝

●述体句と喚体句── 古典の文学言語を中心的な関心の対象とする山田文法においては，述語で述べることなく完全な文（何かの省略でなく，つまり言表状況に頼らなくても言語面だけで十分に文としての意味を表現している文）として成立している文（例えば和歌の体言止めなど）があることに注目することになり，述語の陳述で成立している「述体句」に対して，これらを「喚体句」と呼んだ。喚体句には，「美しき花かな」「妙なる笛の音よ」「もれいづる月のかげのさやけさ」のような感動喚体句と「老いず死なずの薬もが」「世の中にさらぬ別れのなくもがな」のような希望喚体句とがある。

ただし，同じ感動の表現，希求の表現であっても，「さくら！」「水！」などは，山田文法では不完備句（言語面だけではその文表現の意味が十分に決まらない文）として，喚体句の内に数えられない。述体句，喚体句は，あくまで完備句（言語面だけで意味が決まる自足性を備えた文）の下位分類としてある。

述体句は，主格・賓格の対立を述格において統一するという二元性をもった理性的な発表形式であるとされているが，述体句は「賓格の語における陳述態度のあり方」によって「叙述体の句（説明体と疑問体）」と「命令体の句」とに分類されている。そしてまたこの分類とは別に，すべての述体句は「対者に話かくる態度」の句とそうでない句に分けられることも指摘されている。

●「統覚作用」の内実── 山田文法の「統覚作用」は，表面的に見れば相当に異質ないくつかの内容を含んでいる。第一は，「は」や「なり」（繋辞）が担っている，主語と賓語を結びつけて一つの文内容を結成する働きである。第二は，述語の陳述（述べること）一般が担っている文内容結成の働きである。第三は，述体句と喚体句の別を超えて，すべての句（文）が句（文）として成立するところに働いている精神の活動である。この表面的混質性は，山田が「は」の本質を追究するところから要請した統覚作用概念を，文一般の成立原理として設定するために概念拡張した結果なのだと了解される。

従って，意味の面で見ても，統覚作用がもたらす意味とは，「何がどうである」「何がどうした」というような事態の承認から始まって，「統覚の運用に関する複語尾」が文にもたらす意味（過去・完了などの時間的意味，意志・推量・可能性・妥当性・否定などの非現実事態にかかわる意味），述体句が句（文）として表す説明・想像・疑問・命令・禁制などの行為的意味（文の言語場内行為としての意味）や喚体句が句（文）として表す欲求・感動という行為的意味も，すべて統覚作用の結果だということになる。

●句と文——山田文法においては，一回の統覚作用の活動によって一つの内容（「思想」と呼ばれている）が結成されているものが言語の基本的単位であり，これが句と呼ばれる。一つの句によって成立している文が単文であり，複数の句によって成立している文が複文である。二つの句が並立関係にある複文が「重文」（「松青く，砂白し」など），合同関係にある複文が「合文」（「月清くば，庭に出でて眺めむ」など），主従関係にある複文が「有属文」（「東西の市に人集まる所なり」「君は余念なく文章を起草し居られたり」「あの人は交際がうまい」など）と呼ばれている。

●複語尾——学校文法などに言ういわゆる助動詞は，山田文法では複語尾と呼ばれ，動詞・存在詞の二次的な語尾として扱われる。複語尾は，「属性のあらはし方に関するもの（ル・ラル・ス・サス・シム）」と「統覚の運用に関するもの」（上記以外）とに大別され，動詞，存在詞の何形（未然形・連用形・終止形）から分出されるかに留意して分類が為される。統覚の複語尾は，完了，推量などの（その複語尾が結果として表す）意味によってではなく，「陳述を確むるもの」（ツ・ヌ・タリ），「回想をあらはすもの」（キ・ケリ・ケム），「非経験の陳述をなすもの」その中で「非現実性の陳述をなすもの」（ズ・ザリ・ム・マシ）などと，陳述の仕方（述べ方，事態の捉え方）という観点によって分類されている。

3. 重要概念の意義と学史的継承

●係助詞——助詞「は」は述語の陳述の仕方に関係するものとの理解に立って係助詞であるとされたが，「は」と係り先述語の陳述との関係についての把握の内容は，山田文法の内部でもかなり変化していると言わねばならない。『日本文法論』（1908）では，「は」の意味が排他的であって，「事物を判然と指定し，他と混乱することを防ぐ」ことから，「述素（述語のこと）に関してそを明確ならしむる」ものであるとしている。つまり，「は」の意味的性格（排他性）が述語の陳述を明確にしていると見ているのであって，「は・も・ぞ・なむ・や・か・こそ」の係助詞は「述素（述語）に影響を及ぼせる助詞」だとされているのみである。これが『日本文法講義』（1922）になると，係助詞は「陳述に勢力を及ぼす」ものとされ，『日本口語法講義』（1922）では「その支配する点は陳述の力にある」とされる。『日本文法学概論』（1936）では，係助詞は「陳述の勢力を支配する」とされ，いわゆる係り結びは（「は・も」も含めて）この陳述支配の形態的なあらわれであると把握されている。

宣長の『紐鏡』以来巷間に広く伝わっている係り結びという現象を，山田はこのように係助詞の述語陳述支配という見方で理論化しようとしたのであるが，その陳述支配の内容は不明確なままだと言わなければなるまい。「は」はその意味の排他性ゆえに述語を明確化する，それが陳述支配だと言うなら，排他性と逆の意味を持つ「も」はどのような内実をもって陳述の勢力を支配するのか，「は」「も」の陳述支配と疑問の「や」「か」の陳述支配とは一つに括れるのかどうか，ということが正面から論じられる

必要があるが，山田文法の中にその検討はない。そもそも「係助詞が述語に（意味的な）影響を及ぼす」ということがいつの間にか「係助詞が陳述の勢力を支配する」ということに置き変わっており，それが形態的呼応の根拠とされている。「は」「も」のような，形態的呼応を要求しない助詞と曲調終止を要求する助詞とがどのように一つの係助詞範疇に括れるのか，係助詞とは何か，係助詞という助詞カテゴリーはどのような内実をもって成立するのかということは，今後の研究課題として残されていると言うべきであろう。（尾上2002参照）

　ただし，「は」「も」が（陳述を支配するからではなく）直接に統覚作用に関わるという直感は正しいものと思われる。

●述語，統覚の複語尾——通常は「知ることの対象」対「知る内容」と，認識の側面で語られることが多い主語・述語関係を，山田は，実在に対応するのが主位観念，属性に対応するのが賓位観念というように，存在の次元でも語ってみせた。文を存在を語るものと見るならば，実在とは［存在するもの］であり，属性とは［存在様態（存在のありさま）］である。この両者を結びつける統覚作用とは，存在の次元で言えば［存在そのこと］の承認である。「鯨は哺乳動物である」という文は，「鯨」という対象に対して「哺乳動物」だということを知る文（認識の側）として読めるが，その文は同時に，「鯨」という［存在するもの］が「哺乳動物」という［存在様態（属性）］をもって（この世に）存在する（［存在そのこと］）ということを語る文である（存在の側）とも読める。日本語をはじめ相当に多くの言語で（説明）存在詞が繋辞として働くことは理由のないことではない。

　いわゆる述語とは，山田文法における賓語と述語とを合わせたもので，［存在様態］と［存在そのこと］とを合わせて［存在の仕方］＝［在り方］と呼ぶならば，いわゆる述語とはモノの［在り方］を語る部分である。一つの存在を［存在するもの］（主語）と［在り方］（いわゆる述語）の二面に引き剝がして並べたところに成立するのが述体句（述定文）である（尾上2006参照）が，山田が「述体句は二元的な発表形式である」とすることの内実はこのようなことである。述体句の述語に立つことによって統覚作用を担う語類は，山田文法においては，用言のみとされるが，用言とは自身の意味によって，また統覚の複語尾を分出することによって，［存在そのこと］の側面を語り得る語類である。用言の中の用言として存在詞が山田文法の中で特別な地位を占めるのも当然である。

　山田が「統覚の運用に関する複語尾」を分類するに際して，経験した事態を語るか非経験の事態を語るか，現実界の事態を語るか非現実界の事態を語るかというキーワードをもってしたことも，統覚作用を実現する（＝［存在そのこと］を語ることに関与する）複語尾として最も重要な区別は，存在領域の別——現実領域（事実世界で既実現の領域）の存在か非現実領域（それ以外の領域）の存在か——であることを考えれば，当然のことだと言える。山田の述語論はカントの論理学など西洋哲学の思索を素直に受けとめているものと見られるが，そのことの成果はこの点にも見られる。山田のこのような複語尾理解は，「時間的意味を表す助動詞」「主観的意味を表す助動詞」というような，後世の表現論的な文法論の助動詞描写とは大きく異なるものである。

●述体句と喚体句——二元的か一項的か，理性的か直感的か，という発表形式の相違として区別されている述体句と喚体句の本質的な違いは，ことばが文的意味（文としての意味）を担う担い方の異質性にあると考えられる。上述のとおり，一つの存在を［存在するもの］と［在り方］（［存在の仕方］）に分けて語るのが述体

句であるのに対し，話者の心の中心を占めている対象の名前を呼ぶことによって感動・欲求という文的意味を表現するのが喚体句である。対象を（言語的に）指示するだけで文的意味を表すことができるのは，「ヘビ！」「水！」などの一語文と同じく，遭遇対象，希求対象の名前を叫ぶことが遭遇による驚き，感動や希求感情を表すことになるからである。

山田は上記のような一語文を不完備句として，（完備句の下位区分である）喚体句の中に含めないが，それは山田文法が（状況を見なくても文の意味が十全に定まるという）書記言語としての自足性，自立性を完備句に求めたからであって，喚体句の句（文）としての成立原理を一語文に見ることを否定することにはならない。山田は感動喚体句の用件として（「美しき花かな」のように）意味上の主語（「花」）と賓語（「美し」）の具備を求めたが，それは書記言語としての自足性を要求したまでのことであって，喚体句成立の原理は山田自身が「其の思想（文内容のこと，引用者注）の要点又は対象をあぐるのみにて一定の意義を寓しうるなり」（『日本文法論』）と述べているとおり，一語文が文的意味を表現し得る原理と同じことである。

述体句も喚体句もともに句（文）であり得る根拠については，いずれも意味上の主語と意味上の賓語を備えて判断に対応しているからであるとする考え方もある（川端善明 1963，同 1965）が，ともに語的概念（やその連鎖）をもって文としての意味を表し得ている点に求めることが妥当であろう。文としての意味（文的意味）とは，何かの存在承認もしくは希求にほかならない。主述に分離して語る（述体句）のであろうが，対象を一項的に指示する（喚体句）のであろうが，語的概念を材料としつつ存在承認あるいは希求という文としての意味を表し得ていることをもって，両者はともに句（文）なのである。（尾上 2006，同 2010 参照）

山田はこのように，述体句と喚体句を文としての成立原理の異なる二者として捉えたのであるが，後世の時枝誠記 1941（『国語学原論』）は両者ともに「詞（客体的対象を表す部分）＋辞（話者の主体的把握を表す部分）」という構造を持つものとして，一つの図式で説明した。時枝の考え方を大筋において継承した渡辺実 1971（『国語構文論』）も，山田の喚体句に相当する文を「無統叙陳述成分」，述体句に相当する文を「統叙陳述成分」として区別したが，要するに客体的対象を主体的把握が包むところに文が成立するという一つの図式に持ち込んでいるわけである。

●統覚作用——上述のとおり，山田文法の統覚作用の内容，統覚作用がもたらす意味は，見方によっては異質な多次元にわたると言うこともでき，結果的に言えば，文の意味のうちで体言，用言などの材料観念に帰することができない意味はすべて統覚作用の意味的側面だと言えるかにも見える。文の表現としての成立過程を問う観点あるいは文の意味的構成を問う観点からすれば，文成立の決め手としての「統覚作用」概念は未分化であった，これを分化，整備することこそが陳述論の精密化であると考えることもできる（仁田義雄 2005）。山田文法の中で統覚作用概念が何段階かで拡張していることからも，その面は否定できない。しかしながら，拡張を経た山田の「統覚作用」概念のすべての中に一貫して変わらないものも認めることができる。それは，語的概念を材料として文としての意味（存在承認と希求）をつくり上げる働きが統覚作用であるとの一点である。上述の「統覚作用」の内実の諸側面はすべてここに収斂する。文を言語場内表現活動の単位として見るのでなく，意味の単位として見る限り，文とは語的概念を用いて何かの存在承認か希求を為しているものと言わざるを得ず，それを実現す

るものが統覚作用だということになる（尾上圭介2010参照）。これこそが文法論としての「統覚作用」の論であろう。

(1)述語で述べることによって文が成立するという直感、(2)いわゆる助動詞が述語末尾で様々な意味を表し、それはほぼすべて文の全体にかかわる意味であること、(3)文として表す行為的意味（文の言語場内行為としての意味）がほぼすべて文末のいわゆる助動詞や文末の語形式によって表されること、などをめぐってそれらに理論的な説明を与えようとする思索がその後様々に展開されたが、それは（陰に陽に）山田文法の統覚作用概念をどう受けとめるかという精神をもって主張された。「山田の陳述は……」「時枝の陳述は……」という用語法が当時一般的であったことから、それらの議論は陳述論と呼ばれている。述語で陳述することは山田文法の統覚作用を実現する仕方の一つに過ぎず、「陳述」という用語自身は山田文法では文法概念ですらないが、文の材料観念のほかに異次元の作用を文法論に導入するという山田文法の「統覚作用」の論は、その後、時枝誠記以降の戦後陳述論の諸論考を導き出す元になった。

➧係助詞、喚体と述体[1]、文、文の種類、主語、述語、陳述論、モダリティ[1]

■参考文献

川端善明（1963）「喚体と述体——係助詞と助動詞とその層」『女子大文学』（大阪女子大学国文学科）15.

川端善明（1965）「喚体と述体の交渉——希望表現における述語の層について」『国語学』63.

森重敏（1965）「山田文法批判」『国文学解釈と鑑賞（至文堂）』30-12.〔再録：森重敏（1971）『日本文法の諸問題』笠間書院（「山田文法の再評価」と改題）〕

尾上圭介（2002）「係助詞の二種」『国語と国文学』79-8.

仁田義雄（2005）『ある近代日本文法研究史』和泉書院.

尾上圭介（2006）「存在承認と希求——主語述語発生の原理」『国語と国文学』83-10.

尾上圭介（2010）「山田文法が目指すもの：文法論において問うべきことは何か」斎藤倫明・大木一夫編（2010）所収.

斎藤倫明・大木一夫編（2010）『山田文法の現代的意義』ひつじ書房.

［尾上圭介］

■やりもらい

●**やりもらいとは**──授受を表す動詞の中で、特に、主語と話し手の視点によって使い分けられる「やる」、「くれる」、「もらう」とその待遇形式である「あげる」「さしあげる」、「くださる」、「いただく」の3系列7形式によって構成される動詞群（授受動詞）。補助動詞としての用法を含み、「くれもらい」「受給表現」「授受表現」などと呼ばれることもある。

●**方向性と視点**──授受動詞が「与える」や「受け取る」などと異なる特徴をもつ1つの類と捉えられるのは、恩恵的意味と授受の方向性のためである。

(1)私は太郎に本を｛やった/*くれた｝。

(2)太郎は私に本を｛*やった/くれた｝。

日本語では、話し手自身である「私」、聞き手、第三者と、ウチからソトへの階層によって人間関係を捉えている。授受動詞のうち「やる」は、話し手からソトへの遠心的方向の移動には使える((1))が、ソトからウチへの求心的方向の移動には使えない((2))。「くれる」はその逆である。

「もらう」は受取手からの表現であるが、ふつうウチからソトへの移動に対しては使われない。

(3)私は太郎に本をもらった。

(4) ?太郎は私に本をもらった。

ただし，「太郎は私にもらった本を大事にしている」のように，従属節の中に入った場合には適切な文となる点で，「もらう」の方向性に関する制限は弱い。

「与える」や「受け取る」にはこのような方向性に関する制限がない。

●補助動詞の用法——補助動詞「てやる」「てくれる」「てもらう」の3系列は，単に物の授受を表すのではなく，「てやる」「てくれる」の場合，主語以外の名詞句にとって，また「てもらう」の場合，主語名詞句にとって，出来事が恩恵的であると話し手が捉えていることを表す。

(5) お母さんがケーキを焼いた。
(6) お母さんがケーキを焼いてくれた。

(6)は(5)という出来事が，話し手にとって恩恵的であることを表現している。(6)の場合，恩恵を受ける「私」が「ケーキ」の受取手である直接構造と，「けがをしていて作れない私にかわって息子に」のような受益者と受取手が異なる間接構造の解釈がある。

作製を表す動詞の場合，動詞単体では表れないニ格が受益者として現れ，項が1つ増えることがある。

(7) 母が私にケーキを{?焼いた/焼いてくれた}。

ウチからソトへの方向性をもつ「てやる」は意志的な動作とともに用いるが，ソトからウチへの方向性をもつ「てくれる」は無情物主語の非意志的な出来事に対しても用いられる。

(8) 雨が降ってくれて，マラソンが中止になった。

「てもらう」は動作主が有情物でなければならない。

(9) {*木/子どもたち} に倒れてもらった。

「てもらう」は，恩恵を受ける人が主語になり，動作主がニ格（あるいはカラ格）で表されることから，迷惑を表す間接受身と，意味の上では対照的である。

(10)（私は）息子に一晩中，歌ってもらった。
(11)（私は）息子に一晩中，歌われた。

恩恵という意味とともに，これらの補助動詞がよく用いられる理由に，省略された談話に参加する人物の関係が読み取れるという，方向性を援用した談話参与者を特定する機能が挙げられる。

(12) 寂しいとき，電話するの。
(13) 寂しいとき，電話してくれるの。

(12)で「電話をする」のは話し手であるが，(13)は第三者である。このように省略された名詞句を補いやすくするのも方向性という性質によるものである。

「てやる」「てくれる」「てもらう」は，恩恵を表す用法が中心であるが，非恩恵のタイプもある。

(14) この野郎，いためつけてやる。
(15) とんだことをしてくれたものだ。
(16) 勝手に入ってきてもらっては困る。

これらは文脈や状況に依存する性質が強い。

➡ヴォイス，補助動詞，視点

■参考文献

久野 暲（1978）『談話の文法』大修館書店．
山田敏弘（2004）『日本語のベネファクティブ——「てやる」「てくれる」「てもらう」の文法』明治書院．

[山田敏弘]

■有生性

有生性（animacy）とは，生き物であるかどうかが言語表現に表れる現象である。言語現象に現れる分類は生物学の分類とは違うことがある。(1)に示す分類は多くの言語に見られるであろう。

(1) 生物（人間，動物）　対　無生物（植物を

含む)

日本語で存在を表す際に，生物（人間，動物）についてはイルを用いる（例：(2), (3)）が，無生物にはアルを用いる（例：(4)）。植物にはアルを用いる（例：(5)）。したがって，植物は生物学の分類では生物であるが，この点では，無生物扱いである。オーストラリア原住民語のある種の表現では，身体部分も無生物扱いである。

(2)教室に学生がいる。
(3)庭に犬がいる。
(4)教室に机がある。
(5)庭に木がある。

人間と動物を区別する現象がある言語も存在する。例えば，北米のナバホ語（Navajo 又は Navaho）である（Frishberg 1972, Hale 1973, 角田 1991：53-55）。更に，ナバホ語では，人間と動物と無生物が対等の資格をもつのではなく，(6)で示す階層を成す。

(6)人間 ＞ 動物 ＞ 無生物

Silverstein（1976）は(6)を更に細分化した階層を提案した。この階層について，その後の研究で訂正や追加の提案があった。その結果を図1に示す（角田 1991：39）。

この階層が何を表すかについて，Dixon（1979：85）は，話し手にとっての重要さの度合いを表すと言う。話し手にとって，左の端，即ち，話し手自身が最も大切であり，右に行くほど，大切さの度合いが低くなるということである。同様に，Zubin（1979）は，話し手の egocentrism（自己中心性）を表すと見ている。Wierzbicka（1981：64-65）も，話題に なりやすさの度合い，あるいは，話し手にとっての身近さを表すのであろうと言っている。

図1の階層が反映している例を日本語から挙げる（角田 1991：41-61）。山田（1981）によると，動作が階層の上で高い方から低い方に向かった場合には，能動文が自然で，受動文が不自然である傾向がある。例は(7)と(8)。逆に，動作が低い方から高い方に向かった場合には，受動文が自然で，能動文が不自然である傾向がある。例は(9)と(10)。

(7)私は 焼き芋を 食べた。（1人称と無生物名詞）
(8)?焼き芋は 私に 食べられた。
(9)?大波は 私を さらった。（無生物名詞と1人称）
(10)私は 大波に さらわれた。

久野（1973：27-35）によると，ハの用法には主題と対照があり，ガの用法には総記と中立叙述がある。非常に大まかに言って，主題は「……について言えば」を表す。対照は自明であろう。総記は「……だけが」を表し，中立叙述は，主題でも，対照でも，総記でもなく，いわば無色透明の表現である。図1の階層の観点から見ると以下の傾向がある。ハは階層の高い方では主題を表すが，低い方では対照を表す。ガは階層の高い方では総記を表すが，低い方では中立叙述を表す。

(11)主題：私は勉強しています。（1人称）
(12)対照：雨は降っています。（無生物）
(13)総記：私が勉強しています。
(14)中立叙述：雨が降っています。

複数またはグループを表す接尾辞「-達」は，

図1	Silverstein(1976)にもとづく名詞句の階層					
代名詞			名詞			
1人称	2人称	3人称	親族名詞, 固有名詞	人間名詞	動物名詞	無生物名詞

1人称から人間名詞までは自然である。例は，1人称：「私達」，2人称：「君達」，3人称：「彼女達」，固有名詞：「花子達」，親族名詞：「おじさん達」，人間名詞：「学生達」。しかし，動物名詞（例：?「犬達」）と無生物名詞（例：*「机達」）では不自然である，または，言えない。「夜空に輝く星達」というような表現を見たことがあるが，やはり不自然である。

➡存在文，主題，総記と中立叙述，代名詞

■参考文献

久野 暲 (1973)『日本文法研究』大修館書店．
角田太作 (1991)『世界の言語と日本語』くろしお出版．〔改訂版 2009 年〕
山田宗弘 (1981)『M. Silverstein の hierarchy は日本語にいかに反映しているか』卒業論文．名古屋大学文学部言語学研究室．
Dixon, Robert M. W. (1979) "Ergativity." *Language* 55 (1)：59-138.
Frishberg, Nancy (1972) "Navaho object markers and the great chain of being." In John P. Kimball (ed.) *Syntax and Semantics*, Vol. 1：259-266. Seminar Press.
Hale, Kenneth L. (1973) "A note on subject-object inversion in Navajo." In Braj Kachru, et al. (eds) *Issues in Linguistics: Papers in Honor of Henry and Rênee Kahane*, 300-309. University of Illinois Press.
Silverstein, Michael (1976) "Hierarchy of features and ergativity." In Robert M. W. Dixon (ed.) *Grammatical Categories in Australian Languages*, 112-171. Australian Institute of Aboriginal Studies and Humanities Press.
Wierzbicka, Anna (1981) "Case marking and human nature." *Australian Journal of Linguistics* 1 (1)：43-80.
Zubin, David (1979) "Discourse function of morphology：The focus system in German." In Talmy Givón (ed.) *Discourse and Syntax* (*Syntax and Semantics* Vol. 12), 469-503. Academic Press.

［角田太作］

■有題文と無題文

●**有題文と無題文とは**——有題文とは主題を持つ文であり，無題文とは主題を持たない文である。主題は「は」で表されることが多い。(1)は「私は」という主題を持つので有題文であり，(2)はそのような主題を持たないので無題文である。

(1)<u>私</u>は 3 時ごろ駅に着いた。
(2)きのう山田から<u>メール</u>が来た。

(2)のような無題文は主題を持たないので，主語は「が」で表される。

●**有題文と無題文の範囲**——(3)のような文は，「〜は」という主題は持たないが，有題文と考えられることが多い。(4)のような文と意味がほぼ同じで，「責任者」が主題になっていると考えてのことである。

(3)田中さんが<u>責任者</u>です。
(4)<u>責任者</u>は田中さんです。

ただし，「〜は」という主題は持たないので，無題文とされることもある。

●**有題文と無題文の特徴**——有題文は，述語が意志的な動作や恒常的な状態を表すものであることが多く，主語は現場にあるものや文脈に出てきたものであることが多い。それに対して，無題文は，述語が偶発的な出来事や一時的な状態を表すものであることが多く，主語は現場にないものや文脈に出てきていないものであることが多い。

また，有題文は何かについて説明し，話題を継続する働きをすることが多いのに対し，無題文は意外な出来事の発生を表し，話題を設定し

たり転換したりする働きをすることが多い。

●**有題文・無題文と判断文・現象文の関係**——有題文と無題文の区別は，その文が主題を持つかどうかによるものである。有題文は判断文であることが多く，無題文は現象文であることが多いが，必ずそうであるわけではない。たとえば，(5)は推量という判断が入っているとして判断文に分類されることが多いが，主題を持たないので無題文である。

(5)近いうちに地震が来るかもしれない。

➡主題，八，現象文と判断文，総記と中立叙述

■**参考文献**

西山佑司（2000）「倒置指定文と有題文」『慶應義塾大学言語文化研究所紀要』32.

丹羽哲也（1988）「有題文と無題文，現象（描写）文，助詞「が」の問題(上)(下)」『国語国文』57-6，7.

野田尚史（1984）「有題文と無題文——新聞記事の冒頭文を例として」『国語学』136.

［野田尚史］

■有標性

ある文法範疇において，意味的，形式的な対立がある場合，その一方が特別の特徴をもち，他方がそれをもたないという場合がある。特別の特徴をもっていることを有標（marked）であるといい，際立った特徴がないことを無標（unmarked）であるという。有標の一般的意味は，ある特徴の存在をいうことであり，これに対応する無標は，その特徴の不在をいうことである。しかし，無標は，その特徴の存在・不在に関与しないこともある。このような現象は中和と呼ばれる。有標性や中和は，もともと音韻論の世界で言われたが，これが文法論にも拡張された。

動詞における〈受動〉の意味をあらわす形「殴られる」は「-られ-」という接辞をもち，特別の語形を有していて有標である。一方，〈能動〉の意味をあらわす形「殴る」はそのような接辞をもたず，基本形で無標である。日本語の動詞の形態論的なカテゴリーの中には，一方の項が有標形であるのに対し，他方は無標形であるものが多い。「読むだろう」「読んだだろう」という〈推量〉の意味をあらわす形は，「読む」「読んだ」という〈断定（非推量）〉をあらわす形に対して，助辞「-だろう」によって，特徴づけられ，断定形は，その助辞の不在によって特徴づけられている。当該の文に，「たぶん」「もしかしたら」のような〈推量〉を特徴づける陳述的な単語が存在すると，文末の述語は，「読む」「読んだ」であっても，「読むだろう」「読んだだろう」であっても，〈推量〉を意味し，「読む」「読んだ」は〈断定（非推量）〉を意味する形式ではなくなる。ここでは，「読む」と「読むだろう」の対立は中和している。また，「読みます」の〈丁寧〉をあらわす形は「読む」の〈非丁寧〉をあらわす形（普通形）に対して，接尾辞-mas-の存在によって特徴づけられ，〈非丁寧〉は，その接尾辞の不在によって，特徴づけられている。このような対立は形態論的なカテゴリーと呼ばれ，少なくとも二つ以上の文法的な意味や機能の点で対立する系列を抱え込んでいて，そうした対立の中からとりだされたものである。対立するということは，互いになんらかの共通部分をもちながら，異なる側面をもつということである。これらの対立は，一定の条件で解消することもある。たとえば，「読みます」と「読む」は，終止用法で，《丁寧さ》によって対立するが，「(若者が) 読む/(読みます) 本」のような連体用法においては，「読みます」の使用はほとんど見られず，「読みます」と「読む」は中和し，「読む」で代表される。「読んで/読みまして」のような連用用法においても，同じような傾向がある。名詞に単数・複数の区別がある言

語では，普通，複数の方が有標である（たとえば，英語における books の-s）。言語範疇の有標性は，人間による自然界をどのように認知するかという認知のあり方を反映しているものであろう。

➡言語形式

[村木新次郎]

■ゆれ

●**ゆれ**とは何か──言語には正用法と並んで，適切度で評価される慣用法や個人の好みによる用法があり，「あることを表わすのに二つ以上の語形その他があるときに「ことばのゆれ」があるといいます。」（野元菊雄 1994）。ゆれが生じる現象の背景には，統一化と個性化の拮抗がある。

国家の標準化施策は，一般に「近代化」・「洗練化」への動きとして評価される。特に日本語教育，メディアの表現の規定などに関しては，統一化は積極的に受け止められている。その反面，国家が自然言語を統制することを特殊な政治的意図の追求とみて，警戒や批判の声もある。

「日本語が乱れた」という苦情に対し，金田一春彦は，戦後になってゆれは実際には少なくなったと指摘している。金田一は，言い方が二つ以上ある，あるいは特定の表現に特殊なニュアンスもあることを自然な現象とみて（金田一 2004，第 2 巻，pp.30-31），「乱れ」という概念は，「オーソドックスな言語学にない概念である」と指摘する（同，p.96）。

現在の情報化社会では，言語使用の統一化への傾向は自然に強まってきた。

他方，どの時代にもゆれは確かに存在し，多様であり，さらに避けがたい現象である。たとえば「蠅」・「ハエ」・「はえ」のような表記のゆれ，「かかと」・「かがと」のような発音のゆれ，東京地域にみられる「雨が降れば」・「雨が降ると」の文型のゆれなどがある。

また地域差・年齢差・性別・職業差などに伴い，評価しにくいアクセントの位置のゆれも観察される。

語彙形態のゆれの例を挙げると，「だのに」・「なのに」，「ニホン」・「ニッポン」，「ユク」・「イク」などがある。

また語法のゆれの例を挙げると，「いろいろの」・「いろいろな」，「やわらかい」・「やわらかな」，「意外に」・「意外と」などがある。

現代日本語では，五段活用の動詞「書く」・「読む」の可能法「書ける」・「読める」は慣用法であるが，類推でできたラ抜き言葉「来れる」・「見れる」・「食べれる」の扱い方は一様ではない。ラ抜き言葉の使用は学校教育などでは規制されているが，これらの語形を用いると，受身や日常の待遇表現「来られる」・「見られる」・「食べられる」と区別できる点は評価に値する（井上史雄 1999）。

また 2010 年の報告書『平成 22 年度「国語に関する世論調査」について』（文化庁）では，「食べられない/食べれない，来られますか/来れますか，見られた/見れた」などの使用について報告している。

井上（1999）によると，述語形に「です」を付ける傾向は形容詞から始まっているが，将来は徐々に動詞にも及ぶだろうと思われる。

また平仮名にもカタカナの長音符号をつけるなどの現象が，ゆれながら進展している。

関西で普及している「させていただく」は，関東でもいずれ一般化するだろうと思われる。

つまり言語システム周辺の現象は徐々にシステムの中心に迫り，浸透しつづけている。

統辞構造のレベルでは，統一化傾向が目立ち，話しことばでは動詞の他動詞化が進んでいる（例：「英語を分かる」,「花子を好きだ」）。

●**文型「水 {ガ/ヲ} 飲みたい」**──他動詞化の

ゆれは室町時代以前に遡る。松村明（1951）は，抄物では文型「水を飲みたし」が中世から頻発することを明らかにした。原本が13世紀中期に成立したとみられる『平家物語』の「延慶本」にも，同類の文型が見られる。

「英語｛ガ/ヲ｝話せる」の文型では，72.3％の話者が「ガ」を選んだことに対し，「水｛ガ/ヲ｝飲みたい」の文型では，52％の話者が「ガ」を選んだ。この文型では，「補語の格助詞」としての「ガ」の使用に関し，抵抗感を示す話者がかなり多かった。

他動詞文型を採用するとき，統辞構造がより明瞭になるという考え方がある。

歴史を経て，複合動詞「飲みたし」の構造は，動作を表す -u 語尾で切れる他動詞「飲む」の文型と，状態を表す -i (-si) 語尾で切れる非他動詞（＝形容詞）「痛し」の文型とが融合してきた。話者は，重要と見なす情報を焦点化し，これらの二つの文型から適切な結合価を持つ枠を選ぶことができる。

「ガ」を選ぶとき，「飲む」という作業よりも，願望の実感が強く焦点化される（フィアラ 2000, p.198）。

渡辺実（1971, p.113）の分類では，「たい」は「乙種第一類の助動詞」の階層に所属し，動詞が支配する成分の格を引き継ぐ助動詞と，独自の格成分を支配する助動詞の中間にある。

◆ガ，形容詞文，語尾，助詞，モダリティ，文脈，ヲ

■引用文献

野元菊雄（1994）「〈特集〉現代語のゆれ」『国文学 解釈と鑑賞』59-7, pp.6-13.
井上史雄（1998）『日本語ウォッチング』岩波新書.
井上史雄（1999）『敬語はこわくない――最新用例と基礎知識』講談社現代新書.
文化庁（2010）『平成22年度「国語に関する世論調査」の結果について』.
金田一春彦（2004）『金田一春彦著作集』第2巻，玉川大学出版部.

■参考文献

小林英樹（2012）「コーパスに基づく現代語表記の揺れの調査」国立国語研究所（言語資源研究系）.
フィアラ・カレル（2000）『日本語の情報構造と統語構造』ひつじ書房.
文化庁（2005）『語形のゆれの問題』（第2部会審議報告の別冊）.
松村明（1951）「「水を飲みたい」という言い方について」『東京女子大学論集』1-2.
渡辺実（1971）『国語構文論』塙書房.

［カレル・フィアラ］

■ヨ

「よ」は，その文の内容を認識すべきだという話し手の心的態度を表すために文末に付加される終助詞である。「あ，忘れ物ですよ」のように，対話場面で用いられて聞き手に認識を促す気持ちを表すことが多いが，「やっぱり京都っていいよなあ」のように，独話場面で用いられて話し手が自分の認識を確認していることを表す場合もある。

話し手と聞き手の認識が一致することを示すのが「ね」で対立することを示すのが「よ」であるというように，話し手と聞き手の認識をめぐって「ね」と対照的な心的態度を表す終助詞として捉えることが一般的であったが，「これ，もう言ったよね？」のように「よ」と「ね」の共起が説明できないこと，また，独話場面でも使用可能なことから，聞き手めあて性は「よ」の本来的な性質ではなく，また，認識すべきだという気持ちも聞き手に対してだけでなく話し手自身に対しても向けられると考えられるようになってきている。

聞き手めあてに使われた場合，イントネーシ

ョンによってニュアンスが変わる。「李さんは中国人だよ↑」「早く寝なさいよ↑」のように上昇イントネーションで発話された場合（こちらのほうが多い）は，聞き手に言い聞かせたり聞き手の反応を伺ったりするニュアンスだが，「李さんは中国人だよ↓」「早く寝なさいよ↓」のように下降イントネーションでは，単に聞き手の認識が不足していることを一方的に指摘するようなニュアンスになる。

➡ネ，終助詞

■参考文献

陳常好（1987）「終助詞——話し手と聞き手の認識のギャップをうめるための文接辞」『日本語学』6-10．

蓮沼昭子（1996）「終助詞「よ」の談話機能」『言語探求の領域——小泉保博士古稀記念論文集』大学書林．

宮崎和人・安達太郎・野田春美・高梨信乃（2002）『〈新日本語文法選書4〉モダリティ』くろしお出版（第8章）．

［白川博之］

■用言

●「用言」の由来—— 文法上の諸性質によって分類される語類の一つで，一般には動詞，形容詞などの活用語を包括する概念として用言と呼ぶ。仏教の影響下で文化概念として伝統的に「体（たい）」と「用（ゆう）」という概念が用いられてきた。元来「体」が物の本体，実体のことをいうのに対して，「用」は概ね物の作用，働き，属性などを意味する。これがことばそのものの説明に転用され，体言，用言という概念が成立した。契沖が「もろこしには，見花見月など，先用をいひて，後に体をいふを，ここには花を見る月を見るとやうに，先体よりいひ……」（『和字正濫鈔』）と述べるのは，意味的な捉え方だが，その濫觴といえよう。その後，動詞の活用を「はたらき」と捉えることが行われ，活用語を「活語」などとともに鈴木朖が「用の詞」（『言語四種論』，東条義門が「用言」（『玉緒繰分』）と呼ぶようになり，これが明治以降の近代文法論に引き継がれた。

●橋本，時枝，山田による「用言」の規定—— 橋本進吉は自立語（詞）のうちで活用する語を用言とし，さらに活用の仕方によって用言を動詞，形容詞，形容動詞の品詞に分けた。時枝誠記は独自の言語過程説に基づき品詞分類を行ったが，やはり用言については概念過程を経ている語（詞）のうちで断続を活用で示す語を用言，活用しない語を体言とし，用言を動詞と形容詞に分けた。形容動詞を用言の下位類としないのは，時枝が形容動詞という品詞を認めず，「体言＋助動詞（なり，たり，だ……）」とするからである。しかし，山田孝雄は「「活用あるものは用言なり」とは決していふべきことにあらざるなり」と述べ，用言を「陳述の力が寓されてある語」（『日本文法学概論』）とした。山田の「陳述」は文（句）の統一原理であり，構文上の働きから用言を導こうとしたのである。したがって，語の形態上の特徴からではなく句の構成という点から概念語，陳述語，副用語，関係語に四大別し，それぞれ体言，用言，副詞，助詞として四つの品詞を立てた。また，用言を動詞，形容詞，存在詞に三分し，用言の本質的用法は述格にあるとした。ただし，山田は所謂助動詞を語として認めずこれらを動詞の語尾（複語尾）として扱うから，用言は単位として他の学説のものより大きく，むしろ述語に近くなるが，結果的に用言は活用する語であると言える。用言を所謂叙述文（述体句）構造の中心に据えた点は評価される。

●「用言」再考—— 近時個別の文法研究では用言という用語を用いることがやや少なくなってきた。シンタクティックな視点を重視するからだと考えられる。しかし，山田のような概念規

定もあるのであり，必ずしも単なる分類上の概念ではない。Verb Phraseの訳語として動詞句なる語が無批判に日本語の文法研究で用いられることもあるが，山田は，verbと日本語の動詞とは異なる，むしろverbは日本語の動詞，形容詞を包含する概念で用言なのだということを指摘していることは注意されていい。

➡体言，陳述論，存在詞，動詞，形容詞

■参考文献

山田孝雄（1936）『日本文法学概論』宝文館．

川端善明（1976）「用言」，『〈岩波講座日本語6〉文法Ⅰ』岩波書店．

渡辺実（1971）『国語構文論』塙書房．

[大鹿薫久]

■ヨウダ

「ヨウダ」をモダリティ形式の一つとして扱う場合には，終止法とそれ以外とで分けて考えるのが一般的である。非終止法には，終止法にはない用法（「例示」や「目的」など）が存在し，これらはモダリティとは直接関わらないからである。「ヨウダ」の終止用法には次の三つがある。

(1) あの人の笑顔といったら，まるで花が咲いたようだ。「比況」
(2) （目の前の人の脇にハンカチが落ちているのを見つけて）失礼ですが，ハンカチを落とされたようですよ。「不確かな断定」
(3) （目の前の人のポケットからハンカチが落ちるところを目撃して）失礼ですが，ハンカチを落とされたようですよ。「婉曲」

この3用法は，「ヨウダ」の基本義「現実が事態Xに見える」という意味から生じる。現実と事態Xとの関係は，1）事態Xが単に現実と似ているだけで現実そのものではない場合（「比況」），2）現実がまさに事態Xである場合（「不確かな断定」「婉曲」）の2つがある。後者について，現実が事態Xであるならば確言形式で述べればよいところに「ヨウダ」を用いる要因として次の2つが考えられる。一つは，「確信が持てないので確言しない」という場合であり「不確かな断定（推量）」がこれに当たる。もう一方は，「確信はあっても相手に対する配慮から確言しない」という場合で，これが「婉曲」である。例えば上の(3)では，ハンカチがポケットから落ちるところを目撃しているので相手がハンカチを落としたことは確実である。にもかかわらず確言を避けるのは，「そう見えるだけである」と述べることによって相手がそれを否定する余地を残すという相手に対する配慮があるからであろう。ただし，「確信が持てないこと」と「相手に対する配慮をすること」とは両立可能であり，ゆえに，一つの例で「不確かな断定」とも「婉曲」とも言える例が存在することもある。

➡モダリティ，推量

■参考文献

大場美穂子（2002）「日本語の助動詞「ようだ」と「らしい」の違いについて」『マテシス・ウニウェルサリス』（獨協大学外国語学部言語文化学科）3-2．

菊地康人（2000）「「ようだ」と「らしい」――「そうだ」「だろう」との比較も含めて」『国語学』51-1．

田野村忠温（1991）「「らしい」と「ようだ」の意味の相違について」『言語学研究』（京都大学言語学研究会）10．

寺村秀夫（1979）「ムードの形式と意味(1)――概言的報道の表現」『文藝言語研究　言語篇』（筑波大学大学院人文社会科学研究科文芸・言語専攻）4．

早津恵美子（1988）「「らしい」と「ようだ」」『日本語学』7-4．

[大場美穂子]

■呼びかけ[1]

　人は，モノ（人を含む）の存在を求めたり，対象とのつながりを希求したりするとき，「水！」「桜よ！」「太郎（よ）！」「おかあさん！」のように，そのモノ（人）の名前を叫ぶ。この行為およびその言語形式が広義の呼びかけである。このうち，人を対象とする場合が狭義の呼びかけである。

　人格を対象とする呼びかけ（必ずしも人でなくてよい。「ポチ！」「タマ！」なども）は，対象の存在を求める場合，その延長として対象がここに来ることを求める場合（招来欲求）のほか，対象との人格関係の構成を求める場合もある。人格関係構成の欲求は，訴え・問いかけ・命令・要求など他者に対する働きかけの意志一般へと広がる。呼びかけ形（呼びかけ文として一つの文だと言える）それ自身は人格関係構成欲求のみの明示的な形式であるとしても，具体的な表現の現場，文脈の中では，ほとんどすべての場合，他者に対する何らかの具体的な働きかけの意志を帯びたものとしてある。「太郎，来い」においては「太郎」という呼びかけ自体にも命令の意志が担われていると言うべきであろう。対他者的働きかけの内容という面で，呼びかけ自身は無色であるからこそ，文脈的にすべての種類の働きかけを帯びることができる。呼びかけに担われ得る対他者的意志の種類は，（もちろんそれは他者に対する発話者の働きかけのすべての種類であるが，）次のように12種類に分類することができる。

①命令　　　「眠れよい子よ」「雨よ降れ降れ」
②禁止　　　「泣くな妹よ」「愛しの妻よ泣くじゃない」
③要求　　　「友よ，がまんだ」「みよ子，お茶」
④依頼　　　「おつた，おれと別れてくれ」
⑤問いかけ　「大山さん，あしたも行く？」
⑥相手状況評価
　　　　　　「父よあなたは強かった」（賞賛）
　　　　　　「太郎，もう少しだ」（激励）
　　　　　　「太郎，何というばかな奴だ」（叱責）
　　　　　　「社長，それは横暴だ」（抗議）
⑦訴え　　　「由良之助，待ちかねたぞ」
　　　　　　「先生，聞こえませーん」
⑧注意喚起・教え「太郎，あぶない！」
　　　　　　「次郎さん，こっちこっち」
⑨誓い・宣言・宣告
　　　　　　「先生，きっとやります」（誓い）
　　　　　　「国民の皆さん，日本は永久に平和に徹します」（宣言）
　　　　　　「大山君，君はクビだ」（宣告）
⑩同意確認「おじいさん，お互いに年をとりましたねえ」
⑪勧誘　　　「愚痴はよそうぜお富さん」
⑫あいさつ「こんにちは赤ちゃん」
　　　　　　「兵隊さんよありがとう」
　　　　　　「玉の海，がんばれ！」

　なお，名詞の希求形が呼びかけであることに対応して動詞の側にも希求形がある。命令形である。活用形の成立事情を見ると，いわゆる命令形「起キヨ」「咲ケ」は連用形に呼びかけの助詞「ヨ」あるいは助詞相当の音形「a」が加わったもの（「起キ＋ヨ」，「咲キ＋a」→「咲ケ」）として了解される。動詞連用形が動詞の体言形でもあり得ることを考えれば，動詞命令形は動作を対象とする希求という意味であるほかに形においても名詞呼びかけ形と対応しており，動詞の呼びかけ形と言うことも許されるであろう。

➡希求

■参考文献

尾上圭介（1975）「呼びかけ的実現——言表の対他的意志の分類」『国語と国文学』52-12.〔再録：尾上圭介（2001）『文法と意味Ⅰ』くろしお出版〕

尾上圭介（2006）「存在承認と希求――主語述語発生の原理」『国語と国文学』83-10.

[尾上圭介]

■呼びかけ[2]

聞き手がある発話では，聞き手に向けた表現によって，話し手と聞き手の間での伝達関係を構築，調整することがある。これを広く「呼びかけの表現」と呼ぶ。通常，そうした呼びかけの形式は文頭に来ることが多いが，文末や，場合によっては文中に来ることもある。

まず文頭の表現としては，「おい，ねえ」のような実質的な意味が希薄な直接的な注意喚起表現のほか，「すみません」のような挨拶表現，「みなさん」「○○先生」のような，聞き手を指示する表現，「あのう」のような発話意図を持っていることを示すいいよどみ系の表現などが挙げられる。

こうした呼びかけ表現では，様々な音調があり，「おい」「おーい」，「すみません」「すみませーん」のように，談話のカジュアル性を出す場合や聞き手との間に物理的距離がある場合には引き伸ばし音調が使われることがある。

一般に，聞き手を指示する表現には，注意喚起の機能があり，改まって発話する，たしなめる，などの文脈効果を持つことがある。また，そのほかに，聞き手との待遇的関係を規定するという機能もある。特に英語など丁寧語がなく，また二人称代名詞での親疎の使い分けがない言語の場合にはこうした関係規定的な呼びかけ表現によって，上下親疎関係が表示される。ただし，日本語の場合，文末の敬語（特に丁寧語）によってこうした関係が表示されるので，呼びかけ表現がコミュニケーションにおいて持つ機能は敬語がない言語に比べると相対的には軽いといえる。

文中は，呼びかけ表現が通常発生しない場所であるが，「それは，先生，ねえ，おかしいですよ。」のように，まったく生じないわけではない。

文末では，間投的な「ほら」のような確認表現，「さあ」のような動きの喚起などの感動詞が使われることがある。方言では，例えば「ぞなもし」（明治期伊予方言など）のように，こうした聞き手への呼びかけ表現が終助詞に移行することもある。しかし，「よう」「ねえ」など，呼びかけの感動詞に対して終助詞の「よ」「ね」には伝達や同意要求など，特殊な意味が加わる。

➡感動詞

■参考文献

今村洋美（1996）「呼びかけ表現」田中春美・田中幸子編著『社会言語学への招待』ミネルヴァ書房．

[森山卓郎]

■ヨリ

●**助詞としてのヨリ**――一般的には格助詞とされる。古語で「いづくより」「明日より」のように空間・時間の起点を表す用法や「AはBよりなる」のような構成要素を表す用法は現代語の格助詞カラと交替できるが，ヨリは書き言葉に傾き，カラを使うほうが一般的である。比較の表現に使われるヨリは特別な議論もなく格助詞とされることが多いが，格助詞一般の特徴からすると異質な点を持っている。格を用言（動詞，形容詞，形容動詞）ないし状態性の名詞（友だち，仲間）が表す語彙的な意味にとって必須のメンバーであると規定するならば，比較を表すヨリを伴う名詞句は必須のものではないと考えられる。

比較の表現は，比較される二つの事物や事態の状態的な概念における相対的な違いを表すものである。「AがBより大きい（こと）」のよう

に，表面的には形容詞「大きい」がガ格とヨリ格を支配しているように見えるが，深層では「Aがある大きさを持っている（こと）」と「Bがある大きさを持っている（こと）」の二つの状態を比較したものであるという想定が可能であり，「大きい」という属性に二つの格が関わっていると見ることは難しい。従って，比較のヨリを格助詞として扱うことには慎重でなければならない。

●**副詞としてのヨリ**——ヨリはまた，副詞としても認定される。明治以降使われるようになり（「まだ気の毒な亡者も，より気の毒な生き残りも二三あります。」徳富健次郎『みみずのたはこと』），近代オリンピックの標語「より速く，より高く，より強く」が1964年の東京オリンピックで歌の歌詞に使われて以来，副詞としてのヨリが一般化したと考えられる。

心より，何より，もとより，などのように名詞にヨリがついた形で副詞になっているものもある。

複合助辞「ニヨリ」は原因や理由を表す。

➡格助詞

■**参考文献**

北原保雄編（1989）『〈講座日本語と日本語教育4〉日本語の文法・文体（上）』明治書院．

飛田良文（2002）『明治生まれの日本語』淡交社．

[小矢野哲夫]

ら行

■ラシ

古代語の助動詞の一つ。活用語の終止形（ラ変型活用語については連体形、上一段動詞には語幹形）に接続する。形容詞型の語尾を持つが、活用は整わない。中古には既に古語化していたらしい（したがって、現代語のラシイとの間に直接の語源関係は考えにくい）。

(1) ゆふされば小椋の山に臥す鹿し今夜は鳴かず寝ねにけらしも（寐家良霜）（万葉・1664）
(2) 春過ぎて夏来るらし（夏来良之）しろたへの衣ほしたり天のかぐ山（万葉・28）
(3) おのがじし人死にすらし（人死爲良思）妹に恋ひ日に異にやせぬ人に知らえず（万葉・2928）
(4) 玉にぬく花橘をともしみしこの我が里に来鳴かずあるらし（伎奈可受安流良之）（万葉・3984）
(5) 古の七の賢しき人たちもほりせしものは酒にしあるらし（酒西有良師）（万葉・340）

まず、(1)から(4)を考える。(1)では、物理的に隔たった場所での出来事（「鹿-寝にけり」）を、その出来事の結果となる知覚された出来事（「鹿-今夜は鳴かず」）にもとづいて、(2)ではそれ自身は目に見えない出来事（夏の到来）を、その現れ（「しろたへの衣ほしたり」）にもとづいて、(3)では一般的言明（「おのがじし人死にす」）を、自分の境遇にもとづいて、それぞれ確実なこととして判断しているものと見られる。(4)は原因推量と呼ばれるタイプの例であるが、こうした例についても、原因を含んだ内容を、これまた観察可能な結果から判断するものと考えれば、(1)と同様の理解が可能である。(5)は、伝聞情報にもとづく言明である点で(1)から(4)までとは異なるが、経験的事実でない内容を確実なこととして判断している、という点では変わるところがない。

以上のように、「らし」は、話し手と事態との位置関係（距離や障害物の存在）や、事態そのものの性質（抽象的、一般的事態であること）によって話し手が直接に知ることの出来ない現実（現在ないし過去）の事態が、しかしながら、話し手の手持ちの知識や情報によって、確実なこととしてとらえられることを表す。典型的には、知覚されている事態から、背景事態への（両者の間の強い関係にもとづいた）推論を表す（例(1)～(4)）ことになり、推論の方向が、対にして考えられることの多い「らむ」の「推量」用法（眼前状況から未知の事態を推論）とは反対向きになるので、その点が強調されもするが、「らし」も「らむ」も推論にもとづく判断に縛られるものではない。そのことは、「伝聞」を表す場合がある（例(5)）ことからも窺われるであろう。

➡伝聞、推量

■参考文献

大鹿薫久（1997）「助動詞「らし」について」『語文』（大阪大学国語国文学会）67.

中西宇一（1964）「「らし」と「らむ」の推量性」『女子大國文』（京都女子大学国文学会）35.〔再録：中西宇一（1996）『古代語文法論 助動詞篇』和泉書院〕

中西宇一（1986）『日本文法入門 構造の論理』和泉書院.

仁科 明（1998）「見えないことの顕現と承認──「らし」の叙法的性格」『国語学』195.

松尾捨治郎（1943）『助動詞の研究』文学社.

[仁科 明]

■ラシイ

「ラシイ」は「ヨウダ」と言い換えられる場合が多く，そのため，両者は比較して論じられる場合が多い。

「ラシイ」には「推定」「伝聞」の用法がある。

(1) (肩を震わせている人を見て)あの人は泣いているらしい。「推定」
(2) (同僚の話を聞いて)今日の未明に社長が倒れたらしい。「伝聞」

「ラシイ」の意味の記述の際に重要なのは，「当該事態は間接的に把握されたものである」という点と，「話し手が当該事態を真であると考えている」という点の2つである。

特に，「ラシイ」の「当該事態は間接的に把握されたものである」という特徴は多くの先行研究で指摘されており，これと対比させる形で「ヨウダ」が「直接的把握」を表すなどと言われることさえあった。上の例を見ると，(1)の「泣いている」というのは肩を震わせていることからの間接的な認識であり，また(2)も「社長が倒れたこと」は伝聞による間接的認識であると言えるから，少なくとも「ラシイ」が「間接的把握」という特徴を持つことは間違いないが，「ヨウダ」が「直接的把握」を表すかどうかについては再考の余地があろう。

また，「ラシイ」と「ヨウダ」の大きな違いの一つに，比況用法の有無が挙げられる。「ラシイ」に比況の用法がないのは，「ラシイ」には当該事態が話し手に真だと認識されていなければならないという制約があるからだと考えられる。上記の例(1)(2)にしても，当該の事態が話し手に真であると認識されていると言ってよいだろう。

ただし，「ラシイ」に「話し手が当該事態を真であると考えている」という特徴が認められるか否かについては，別の意見も存在する。詳細は，大鹿薰久(1995)などを参照されたい。

◆ヨウダ，モダリティ，推量

■参考文献

大鹿薰久(1995)「本体把握——「らしい」の説」『宮地裕・敦子先生古稀記念論集　日本語の研究』明治書院．

大場美穂子(2002)「日本語の助動詞「ようだ」と「らしい」の違いについて」『マテシス・ウニウェルサリス』(獨協大学外国語学部言語文化学科) 3-2．

菊地康人(2000)「「ようだ」と「らしい」——「そうだ」「だろう」との比較も含めて」『国語学』51-1．

田野村忠温(1991)「「らしい」と「ようだ」の意味の相違について」『言語学研究』(京都大学言語学研究会) 10．

[大場美穂子]

■ラム・ケム

● ラム・ケムの基本義——ラムは現在推量を，ケムは過去推量を表す。「行くらむ人」のように自由に連体修飾語になることができるから，その点でムと同様に設想系の助動詞である。しかし，ムとは異なって，時制的に現在・過去に固定されるので，「推量」として混乱は生じないだろう。ラムのラ，ケムのケはそれぞれ，ラ変「有り」の未然的な要素ラ，過去の助動詞キの原型(助動詞キにまで分化する以前の形)の未然的要素ケと関係していそうだが，詳細は不明である。

● ラム・ケムの用法——次のようなラム・ケムの用法に注意が必要である。用例の多いラムで示す。①「今さらに妹に逢はめやと思へかもこだ我が胸いぶせくあるらむ」(万葉・611)
訳「もはやあなたに逢えないと思われるために

我が胸はこんなに苦しいのだろうか」。この歌では「思へかも」に疑問点があり、「いぶせくある」は想定される事態ではなくて、現在の事実である。主文の述語部分は「事実句＋ラム」の形式になっているが、ラムは不要とも言え、韻律を別にすれば「いぶせくある」で終止するのがむしろ自然である。しかしこの場合は、係り結びによって文全体が疑問文であるために、ラムが主文の述語部分へ出現されることが許されている。文構造を、「（客体的表現＋主体的表現）＝（命題＋助動詞）」のように時枝文法式に単純に把握すると、このような場合、理論的な破綻が生じる。またこの例のようなラムが原因推量と述べられることもあるが、特に「原因推量」のラムがあるわけではなく、原因・理由句に疑問点があるため原因推量のように見えるわけである。ところが中古になると、①型の前後句が分離して、②「白露にみがかれやする秋来れば月の光の澄みまさるらむ」（新撰万葉・378）のように、文法的には原因句と切り離された単独の事実句「澄みまさる」にラムが現れたり、③「春立てば花とや見らむ白雪のかかれる枝にうぐひすの鳴く」（古今・6）のように、原因句自体に「見らむ」の如くいかにも原因推量のようなラムが現れたりする。とは言うものの、これらはすべて①型の表現構造に支えられているのである。更に係り部分の原因句が反語的に解釈される場合には、④「打ち麻を麻続の大君海人なれやいらごの島に玉藻苅ります」（万葉・23）「（うちそを＝枕詞）をみの大君は海人なのだろうか、いやそうでもないのに、一体どうして伊良湖の島で藻などを苅っているのだろう」のように反語は逆接を呼び、更に「一体どうして」が補われて解釈される。進んで⑤「やどりせし花橘も枯れなくになどほととぎす声絶えぬらむ」（古今・155）などは、「逆接句＋どうして＋事実句・ラム」のタイプである。また⑥「知ると言へば枕だにせで寝しものを塵ならぬ名のそらに立つらむ」（古今・676）は、「逆接句＋どうして＋事実句・ラム」の「どうして」が表現されていないタイプであり、「名の」と主格がノで示されているのは、②、③と同様である。主格ノ・ガは連体形句に現れるから、これらのノ主格は、上代係り結びの結び句が連体形句であった名残である。そして、古来種々議論されてきた「久方の光のどけき春の日にしづ心なく花の散るらむ」（古今・84）訳「光がのどかな春の日なのにどうしてあわただしく花が散るのであろうか」であるが、事実句にラムが付き、そこにノ主格が現れ、「春の日に」を逆接的に解することが可能で、また通常「どうして」を補って解釈するというある意味で変則的な特徴はすべて、①、④の延長線上にこの歌を置くことによって説明できる。とは言うものの、このような変則的なラムの用法は、中古中期までの「和歌文法」に限られた現象である。

◆推量

■参考文献

根来 司（1969）「「むよ」「らむよ」「けむよ」」『藤女子大学国文学雑誌』5-6.

山口堯二（1988）「喚体性の句における疑念の含意」『国語国文』57-2.

北原保雄（1993）「「らむ」留めの歌における既定と推量」『小松英雄博士退官記念日本語学論集』三省堂.

野村剛史（1997）「三代集ラムの構文法」川端善明・仁田義雄編『日本語文法 体系と方法』ひつじ書房.

［野村剛史］

■ラレル[1]

1.「ラレル」はヴォイス形式である

学校文法において助動詞の一つとされる「ラレル」は、山田文法では「属性のあらはし方に

関する複語尾」とされ、時枝文法などでは動詞の接尾語とされ、ともに語以下の単位と見なされている。「もとの動詞（例えば、見ル）の概念と大きな共通性を持ちつつも一面で異なる概念化をする別動詞（見ラレル）を作る（動詞を再利用する）形態変化」をヴォイスと定義する（cf.坂原2003）ならば、「-ラレル」は諸用法の全体においてこの意味でヴォイス形式である。格体制の変更を伴う場合（受身、および可能・自発などの場合の一部）であろうが、伴わない場合（可能・自発などの場合の一部、および尊敬）であろうが、この意味でヴォイス形式と呼んでよい。

2. ラレル文の用法

動詞のラレル形を述語とする文は異質、異次元の多様な意味を表す。

(1)自発
・うぐいすの声があちこちで聞かれた。
動作主の意図によらない動作的事態の実現を表す。

(2)意図成就
・軽いから簡単に持ちあげられた。
動作主の意図に沿う事態の実現を表す。

(1)と(2)は、ともに事態の現実界における実現を語る用法である。

(3)可能
・私は納豆が（を）食べられない。
・甘納豆はだれでも食べられる。
・この店は冬でも氷が食べられる。
事態生起の許容性の有無を語る用法であり、その動作的事態は非現実界にある。

(2)と(3)の関係については、日本語では可能用法が既実現の領域（現実界）にまで拡張して用いられるのだ（意図成就用法を可能用法と別に立てる必要はない）とする考え方と、意図成就法が状況の潜在的な許容性を意識して使われた場合に可能という意味が意識されるのだという考え方とがあり得る。前者の考え方に沿って可能（非現実領域）用法が意図成就（現実領域）用法に拡張する論理を考えようとすれば、そこに共通の「動作主の意図どおりに動作的事態が実現する」という意味を想定することになり、結局、それを直接に反映している用法としての意図成就用法を中心において、その特殊な一部として可能用法を理解することが必要になる。(3)の中に(2)を解消するのでなく、むしろ(3)を(2)からの派生タイプと見た上で、用法として(2)と(3)を分けておくことが外国語との対照においても有益である。

(4)受身
・太郎は先生にほめられた。
・次郎はサイフを盗まれた。
・三郎は母親に早く死なれた。
被影響者を主語とし、被影響者に視点をおいて事態を語る用法である。

(5)発生状況描写
・瓢箪が軒に吊るされている。
・衣のすそ、裳などは、御簾の外にみなおしいだされたれば…（枕草子）
主語が被影響者ではないという点で、受身用法とは区別される。本来の日本語の受身（固有の受身）では有情者のみが被影響者として主語に立つものであった。上記第2例などは、非情物主語の（その意味で特殊な）受身と言われることもあるが、「人の行為の結果新たに発生した動作対象物の状況を描写する文」として、主語における被影響を語る受身用法とは区別するべきである。なお、「この新聞は週1回発行される」のような翻訳受身（非固有受身）が市民権を得てしまった現代語においては、第1例のような古代語以来の由緒正しい発生状況描写用法のラレル文もこのような非固有受身文も、ともにモノ主語受身文として区別なく意識されるという可能性は十分にあ

る。
(6)尊敬
・夏目先生が長篇小説を書かれた。
(7)非人称催行
・仁王会など行はるべし。(源氏)
・御禊大嘗会もおこなはれず。(平家)

現代語にはない用法。「行フ」対象の行事名がヲ格であることを示す証拠が認められる場合もあって受身ではなく、尊敬用法の一角に位置づける考え方(桜井光昭1963)もあったが、公の行事の催行を言うときあえて動作主に言及しないためにラレル形が使われたものと了解すれば、尊敬用法とは別に(7)の用法が立てられる。

3. ラレル文の多義性の構造

ラレル文は出来文と呼ぶべき特殊な事態認識のあり方を表す文の(代表的な)一つであると考えることにより、ラレル文の諸用法の発生の理由が説明される。どの言語であれ、通常の文は事態を個体の運動ないしありさまとして語るのに対し、この出来文は「個体の運動(人の動作)として言えば言える事態を、あえてそれとは異なる認識のスキーマに持ち込み、事態の全体としての出来・生起を語る」文である。

通常、人の動作は意志の存在と行為の実現とが揃っているものであるが、両者が不揃い(①意志がないのに行為が実現、②意志があるのに行為が実現しない)の場合に、動詞の普通の形式を用いることがむずかしくなる。そこで、「○○が(意志的に)△△した」という通常の動詞文でなく、「○○が△△する」ということが事態全体として生起したというラレル文の特別なスキーマに持ち込んで表現する必要が出てくる。①意志的に「聞いた」のでなく「うぐいすの声を聞くつもりもないのに聞くという事が起こった」という無意志実現が、すなわち〈自発〉であり、②「納豆を食べようと思ったのに、そのことが起こらなかった」という有意志非実現が〈意図不成就〉である。〈意図不成就〉はその解釈として「もともと実現する余地、許容性がその状況の中になかった」という読みを誘うことになり、これが〈不可能〉である。ラレル文の用法として(〈受身〉以外では)歴史的に〈自発〉と〈不可能〉が古くからあるということの理由はここにある。〈意図不成就〉用法からその肯定側の〈意図成就〉用法が発生し、〈不可能〉用法からその肯定側の〈可能〉用法が発生したものと考えられる。この点から考えても、〈意図成就〉用法を〈可能〉用法の中に含めてしまうことはできない。むしろ、〈意図成就〉からの派生用法として〈可能〉を位置づける方が合理的である。

〈自発〉〈意図成就〉〈可能〉の三用法は、このように、ラレル文の「事態全体の生起」スキーマを直接的に反映して、事態生起そのことを焦点化した用法であると言えるが、これとは異なって動作主から視点をはずして事態を描写するためにこのスキーマを言わば流用したのが〈受身〉用法と〈発生状況描写〉用法である。動作主でなく被影響者に視点を置いて語るのが〈受身〉であり、動作対象物に視点を置いて語るのが〈発生状況描写〉である。

動作主の動作主性を消去して動的事態を語るという特異な目的のために「事態全体の生起」スキーマを使っているのが、〈尊敬〉用法と〈非人称催行〉用法である。〈尊敬〉用法は、動作主が自分の意志により自分の力を使って動作を為したというナマナマしさを消して「○○先生が△△する」ということが起こったと、意図性を消して言わば自然現象風に語ることによって動作主への敬意を表現するものである。一方〈非人称催行〉は動作主を不問に付すことによってただ行事の催行の事実だけに注意を向ける語り方である。

表1　出来文の用法の全体像

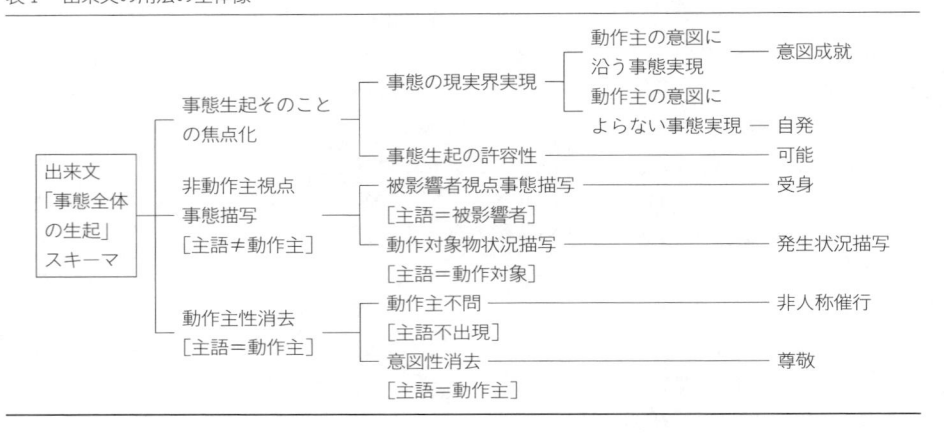

```
                           ┌ 事態の現実界実現 ┬ 動作主の意図に沿う事態実現 ── 意図成就
              ┌ 事態生起そのことの焦点化 ┤                  └ 動作主の意図によらない事態実現 ── 自発
              │            └ 事態生起の許容性 ────────────── 可能
出来文         │ 非動作主視点    ┌ 被影響者視点事態描写 ────────── 受身
「事態全体 ────┤ 事態描写 ────┤ [主語＝被影響者]
の生起」       │ [主語≠動作主]  └ 動作対象物状況描写 ────────── 発生状況描写
スキーマ       │            [主語＝動作対象]
              │ 動作主性消去    ┌ 動作主不問 ──────────────── 非人称催行
              └ [主語＝動作主] ┤ [主語不出現]
                           └ 意図性消去 ──────────────── 尊敬
                            [主語＝動作主]
```

4. ラレル文の主語

〈可能〉〈自発〉〈意図成就〉の三用法では，動作主，動作対象，動作の場所の三者がラレル文の主語になり得る。ラレル文の「事態全体の生起」スキーマは個体に着目しない認識の仕方をあえて採用しているのだから，主語（事態認識の基盤）は個体ではありえず，「事態発生の場」に求める以外にない。そのような事態が発生する場として捉えることができるものは，動作主，動作対象，場所のいずれでも主語になることができる。なお，この三用法においては，事態発生の場として認識される第一主語のほかに，その場において生起することの中の中核物が第二主語として登場する場合（「私は納豆が食べられない」「太郎は50キロのバーベルが持ち上げられた」）もある。

〈受身〉用法は，被影響者に視点を置くために「事態全体の生起」スキーマを使うものだから，主語は動作主でなく，被影響者でなければならない。〈発生状況描写〉用法は動作対象物の状況を語るためにこのスキーマを使うものであるから，主語は動作対象である。

〈尊敬〉用法は動作の意図性を消そうとする用法であるが，動作主そのものは文から排除されておらず，主語は動作主である。〈非人称催行〉用法は動作主を文から排除することによって行事の存在そのことだけを語ろうとするものであるから，文中に主語は出てこない。

ラレル文の用法（表す意味）によって主語項の意味的立場は大きく異なる，また同じ用法（例えば〈可能〉）でも主語項がいろいろにあり得る，という複雑さは，このように「事態全体の生起」スキーマと「ラレル文の主語は発生の場」という観点によって理解される。

◆出来文，ヴォイス，受身，可能，自発，主語

■参考文献

尾上圭介（1998）「文法を考える 5〜7 ──出来文(1)〜(3)」『日本語学』17-7, 10, 13.

尾上圭介（2003）「ラレル文の多義性と主語」『言語』32-4.

川村大（2004）「受身・自発・可能・尊敬──動詞ラレル形の世界」尾上圭介編『〈朝倉日本語講座6〉文法II』朝倉書店.

川村大（2012）『ラル形述語文の研究』くろしお出版.

坂原茂（2003）「ヴォイス現象の外観」『言語』32-4.

桜井光昭（1963）「今昔物語集の敬語ル・ラ

ル」『学術研究』(早稲田大学) 12.

[尾上圭介]

■ラレル² (古典語)

1. ユ・ラユとル・ラル

　現代語のレル・ラレルに繋がる古典語は、ユ・ラユとル・ラルである。上代の文献資料においては、ユは自発・受身・不可能の表現に用いられ、ラユは不可能のみが確認できる。共に接続する動詞が制限され（ラユは「ぬ（寝・下二段）」1語のみ）、表現も類型的・固定的である。一方、ル・ラルは平安時代以降に文献に多くなり（ルは上代の文献に数例確認できるがラルが確認できるのは平安時代の文献から）、自発・受身・可能（専ら不可能）に加え、尊敬用法も見られるようになる。ユ・ラユとル・ラルについては、両者を同語の音変化と見る説と別語と見る説とがある（釘貫亨『古代日本語の形態変化』1996年、柳田征司『室町時代語を通して見た日本語音韻史』1993年、参照）。

2. 受身用法

　日本語の固有の受身文の特徴には〈旧主語（動作主）を表示する場合はニ格名詞句を用いること〉〈受身の主語の指示対象が動作主から物理的・心理的な影響を受ける意味を表現すること〉等が挙げられる。非情主語の受身は固有ではないと言われることがあるが、

　(1) 硯に髪の入りてすられたる（枕）

のように文献には古来用例がある。ただし、古典語の非情の受身の多くは、見たまま聞いたままの外的状況（特に作用の結果の状態）を描く文、いわば「叙景文」（金水敏1991）であり、ニ格名詞句は非人格的なものに制限されるため、近代に欧文直訳体の影響で使用されるようになった〈ニヨッテで動作主を表示する非情の受身〉とは区別して取り扱うべきである（「受動文の固有・非固有性について」『近代語研究』9, 1993年他の金水敏の論文参照）。

　動作主から受ける「影響」の具体的内容や、「影響」を帯びる要因については、述語動詞の意味や構文的位置等から検討が続けられているが、焦点となるのは(1)の如き「叙景文」の非情の受身における「影響」の捉え方である。金水のように「影響」を与える動作主の人格性の有無に着目しつつ、固有の受身に一律的に「影響」を認める立場に対して、「叙景文」の非情の受身の「影響」は有情の受身のそれとは異質として区別する、あるいは「影響」を認めず、「叙景文」を受身の範疇から除外する立場もある（川村大「受身文の学説史から」・尾上圭介「ラレル文の多義性と主語」『言語』32-4, 2003年他参照）。

　間接受身文も、古典語には早くから用例が見られ、「ゆ」も含めると『万葉集』にも多い。古くは受身の主語が動作・作用の直接的な影響を受ける場合が主であることから、井島正博（「受身文の多層的分析」『防衛大学校紀要 人文科学分冊』57, 1988年）や柴谷方良（「ヴォイス」〈日本語の文法1〉文の骨格』2000年）他では、これを直接受身文からの派生と見ているが、一方で、尾上のように受身を〈被影響者を場としてそこに一つのできごとが生起した」という捉え方に立つもの〉として直接受身からの拡張とは考えない立場もある（「話者になにかが浮かぶ文」『言語』31-13, 2002年）。

3. 自発用法

　動作主において、その意志とは無関係にひとりでに動作が起こることを表現する。古典語においては、直接受身文の構文と同様の、動作主以外のものを主語に立てる、

　(2) おほひれ山もをかし。臨時の祭の舞人などの思ひ出でらるるなるべし。（枕）

のようなタイプの他に、自動詞に接続し、主語

は（格表示はされないものの）動作主と考えざるをえない，

(3)秋来ぬと目にはさやかに見えねども風の音にぞおどろか<u>れ</u>ぬる（古今）

のような，現代語とは異なるタイプのものがある（川村「ラル形式の機能と用法」松村明先生喜寿記念会編『国語研究』1993年参照）。

現代語のラレル自発ほど制約は強くないものの人間の内的心情・感覚に関わる動作を表す動詞（「思う」「心置く」「待つ」「恨む」「笑む」「泣く」「見る」等）が中心的に用いられ，加えて，一人称の文（会話文，古文書，日記他）では，書手（発話者）が自身の動作について使用する場合に限定されるという特徴が見られるが，これは自発の意味による必然的傾向——動作が意志と無関係であるかどうかは，通常は，動作主にしか判断できないため——である。

4. 可能用法

可能用法には，川村のように〈動作主がその成立を実践的に意志し，かつ周囲の状況の力によって成立する事態を表す〉と見て，意志性の有無に自発用法との差を認める立場と，渋谷勝己（「日本語可能表現の諸相と発展」『大阪大学文学部紀要』33-1, 1993年，「可能表現の発展・素描」『大阪大学日本学報』5, 1986年）のように中世前期までは意志とは関与していない——この時期に，主体の意志的動作の実現の可能・不可能を表したのは意志動詞と共に用いられた副詞エだとする——として自発用法と一括して捉える立場がある。

動作主の意志性の有無は客観的には判じがたい場合が多く，特に肯定文では自発用法と区別しにくい。古い文献に指摘されるのは専ら否定（不可能）の例であるが，否定にしても，たとえば，

(4)冬の夜の月は，昔よりすさまじきもののためしにひかれてはべりけるに，またいと寒くなどしてことに見ら<u>れ</u>ざりしを（更級）

(5)我(わ)が妻はいたく恋ひらし飲む水に影(かご)さへ見えてよに忘ら<u>れ</u>ず（余尓和須良礼受）（万葉）

の(4)は自発の否定(5)は不可能の如く，一応は区別ができそうだが，(5)の表す意味は自発の否定（意志と無関係にひとりでに忘れることはない）の意味に含有されるとも見られ，やはり截然と区別しがたい面が存する。

5. 尊敬用法

原本の存する9世紀の古文書には確例が見られるが，平安中期までは用例も少なく，古文書のように差出人から宛名人へ向けて書かれた資料，あるいは訓点資料や和文資料の会話文等に偏って使用され，文献における出現時期も使用箇所も，受身・自発・可能とは異なる特色を呈する（辛島美絵『仮名文書の国語学的研究』2003年参照）。また，敬意の度合いが高くない点，上記のような使用文献，箇所の偏りを有する点で，「給う」等の他の敬語とも異なる（桜井光昭『今昔物語集の語法の研究』1966年，森野宗明「国語史上よりみたる『讃岐典侍日記』の用語について」『佐伯梅友博士古稀記念国語学論集』1969年他も参照）。

6. 各用法の成立過程

各々の用法の成立過程は，意味的側面を中心に検討されてきたが（詳細は峰岸明「自発・可能・受身・尊敬・使役」『国文学解釈と鑑賞』33-12, 1968年参照），近年は各構文の特徴（主語の移動，格構造の変化等）や日本語以外の言語の受身文の発達パターン等も考慮しつつ諸説が展開されている。たとえば，柴谷では他言語でのあり方を参考に自発文から受身文が派生する様子を考察し，語用論的に自発の否定から可能の否定，自発から尊敬が導き出されたと説き，尾上（「出来文(1)～(3)」『日本語学』 17-

7.10，1998年，18-1，1999年）では，ラレル形述語をもつ文を，一つの状況を「事態全体の生起」として捉える特殊タイプの文と把握して，その捉え方の適用の仕方として諸用法の存在，諸意味の出現の論理を説明しようとする。

今後は，このような理論的な考察に，古典語の実際の運用に即した検討を重ねることが必須であろう。特に，遅れて発生した尊敬用法については，発生初期に文献に顕現した使用状況の特色を重視しつつ，敬語の目的や機能，「被」他の用字の問題も合わせて考察していくべきであり（二者間で受身用法を使用する中から尊敬用法が発達した可能性を説いた辛島前掲書や，大坪併治「漢文訓読文で『見』をル・ラルと読む場合の一考察（上・下）」『国語国文』62：4.5，1993年，小松英雄『日本語はなぜ変化するか』1999年等も参照），自発用法からの派生説，あるいは「出来文」という考え方に依る場合にも，口語における尊敬用法の成立過程と文献に見える特色との関係につき，さらに検討していく必要がある。

◆ヴォイス，受身，婉曲，可能，尊敬語，自発，出来文

■参考文献

森山卓郎・渋谷勝己（1988）「いわゆる自発について――山形市方言を中心に」『国語学』152．

金水 敏（1991）「受動文の歴史についての一考察」『国語学』164．

金水 敏（1992）「欧文翻訳と受動文――江戸時代を中心に」文化言語学編集委員会編『文化言語学　その提言と建設』三省堂．

中西宇一（1996）『古代語文法論　助動詞篇』和泉書院．

川村 大（2004）「第4章　受身・自発・可能・尊敬――動詞ラレル形の世界」北原保雄監修・尾上圭介編『〈朝倉日本語講座6〉文法II』朝倉書店．

［辛島美絵］

■ラング・パロール・ランガージュ

ソシュール（Ferdinand de Saussure,『一般言語学講義』1916）の用語。言語学の真の研究対象とは何かを求めて，ソシュールは，人間の多様な言語活動を3つの側面から捉えた。まず，人間が普遍的・生得的に持つと考えられる言語活動能力（faculté du langage）を想定し，話し手と聞き手が行う発話活動と了解活動全体をランガージュ（langage）と呼ぶ。このランガージュには，話し手が言葉を発する際の心理的・生理的プロセス，その言葉が音波として空気中を伝わる物理的プロセス，さらに聞き手の了解活動における生理的・心理的プロセスなど，種々異質のものが混在する。一方，ランガージュに関与する話し手と聞き手は，ある言語共同体に属しており，両者の間で意思の伝達が可能になるためには，互いに共有する「言語」を想定しなければならない。ソシュールは，この「言語」を記号の体系と捉える。このように，生得的な言語活動能力と言語共同体という社会集団とを前提として成立し，そのメンバー全員が共有する記号体系をラング（langue）と呼ぶ。これに対し，パロール（parole）は，話し手の一回一回の発話行為であり，ソシュールは，その際の心理・物理的メカニズムと話し手による発話ごとの言葉の組み合せ方を含めて考えている。

ランガージュは異質のものの混在であり，パロールは一回ごとにそれぞれ性質が異なるから，等質的ではあり得ず，言語学の対象とはなり得ない。これに対し，ラングは等質的で社会的存在であり，ソシュールはこれを言語学の対象とした。ラングを構成する個々の記号は，「シニフィエ」（signifié 表わされるもの，概念）と「シニフィアン」（signifiant 表わすも

の，聴覚映像）から成る，いずれも心的な，恣意的結合体である。「シニフィエ」も「シニフィアン」もそれぞれが恣意的な存在体であるから，その項を確定するためには，他の項との違い（対立関係）を前提にしなければならない。このことから，個々の項の価は，それが属する体系全体の性質から規定されることになる。

「ラングは形式（forme）であって，実質・素材（substance）ではない」と言う。ある伝達内容が，音声（聴覚），文字（視覚），点字（触覚）など，異なる素材によって具現されても「同じこと」が伝わるのは，ラングが「形式」であるからである。また，ラングは，それだけで存在するのではなく，常に「話す大衆」と「時間」に結びついているという点にも留意しなければならない。
➡ソシュール

[長嶋善郎]

■琉球方言の文法

1. 概観

琉球方言の文法は，形態論的なカテゴリーから文のくみたてにいたるおおすじで本土方言や標準文章語とことならないが，細部にはかなりのちがいがある。それが音声面でのへだたりによってつよめられると，さらにわかりにくくなる。琉球方言の文法現象には，北琉球（奄美・沖縄）方言と南琉球（先島）方言とで対立する特徴と，両者に共通し両者を統一する特徴とがあるが，いずれも各島，各集落に万遍なくでそろうわけではない。

文法現象のうち，本土方言や標準語とことなる点は，しばしば琉球方言の古層として，古代日本語，さらに史前日本語にさかのぼるものとされるが，本土方言や標準語以上に琉球方言が変化した結果，ちがってきた現象もあり，総じて，文法現象の内容面で古層をたもつ一方，表現面で改変（innovation）をうけている傾向がみられる。しかし，名詞が表現面の改変によって無標化して，かえって用法をひろげるといった，内容面での先祖がえりにみえるうごきもみとめられ，文法現象の新旧の認定は簡単ではない。

2. 文法的な特徴のあらわれかた

琉球方言の文法現象を下位方言相互で，あるいは標準語や古代語とつきあわせると，ちがいのあらわれかたに大小さまざまある。一方にある文法的なカテゴリーが他方にない，カテゴリーはともにたつが内部構造がちがう，カテゴリーの内部構造は（それほど）ちがわないが要素の意味・用法上のふるまいがちがう，カテゴリーの要素の外形＝表現面がちがうなど。文法的な意味・機能からはカテゴリーの有無が重要だが，方言区画などには表現面のちがいも考慮される。

3. 表現面の特徴

名詞の語形は名詞語幹と接辞のつながりが程度の差はあれ緊密化して，融合的になっている方言がある。ただし，奄美大島北部方言ではハにあたる接辞が再標準化をうけて，つねにヤであらわれる。名詞接辞が音環境のなかで脱落したり（諸方言でのナルのまえの名詞の無標化），脱落後，別の助辞へと交替する例は，奄美大島北部方言でニ格のおちたあとをドコドコーナン，ダレダレーンジのようにあらたな助辞でうめるばあいにみられる。

動詞の活用タイプではウケル，オキルなど弱変化タイプのトル，ナルなど強変化類への合流が北琉球方言に生じている。語幹が1音節のミルなどは語幹と接辞・語尾の融合によってニャン（＜ミランみない）のような語形があらわれる（奄美大島北部）。この強変化活用タイプ化するてまえの段階に，上二段タイプより各行が

でそろう下二段タイプへと上二段タイプが合流し、オチ(ル)の語幹がウティとしてあらわれる現象がある。ウティは古代語の活用タイプでいえばオテになり、下二段タイプである。活用タイプにあらわれるこの現象を古層とする見解がある。なお、九州本土方言にもオテ系の活用がみられる。諸方言の譲歩形のつくりで、条件形にモをそえたノメバモ、ノマバモなどにあたるかたちは方言によってはシテモ系の譲歩形におされて用法が固定化してきている。

　形容詞でク活用・シク活用の区別が拗音の直音化の結果きえた方言がある（奄美喜界島）。また、本来の〜キ、〜シ、〜ク、〜ケレバのような語形がきえたりよわまったりして、アリをふくむ語形に再編成されたが、そのさいおおくの方言で名詞化接辞をもつ〜サが新語幹とされた。宮古方言、奄美大島方言にはカリ系の〜カ語幹がみられる（大島はサ系と併用）。両方言のカ系をともに古層とみていいかは問題。一方、形容詞の語根＝語幹タカのようなかたちが、単語としての独立度に差があるとしても、要素の意味がいきていて、タカヤマがタカイヤマの意味で、連体〜複合語的にもちいられ（宮古、奄美大島など）、宮古系の方言では語根くりかえし形を述語的につかうこともできる。

　なお、形容詞の語形が動詞アリを軸に整理されたため、アリをとりこまなかったナイにあたる形容詞の活用タイプが孤立することになった。

4．意味＝内容面の特徴

●名詞・代名詞——格・とりたて・ならべなどのカテゴリーは標準語と同様。語形も同源のもののほか、古代語ゾにあたるドゥがのこり、独自にヘ格にあたるカイ（沖縄本島）・カチ（喜界島ほか）、マデにあたるガルィ（奄美大島）のようなかたちもでる。ヘ、ニ、モのような一音節の助辞は、よわまり・脱落ののち再編成をうけやすい。ただし、かたちは独自でもガルィの用法はマデ同様、格ととりたてにまたがる。一方、カラ格で手段をあらわすフネカラ　イクのような用法が諸方言にみえ、ト格で道具をしめすのは奄美大島北部方言。無標の語幹＝名詞形は、宮古以外ではふつうの対格的な用法のほか、連用・連体の両方にまたがる。そこに主格的な用法がふくまれると、ガ格・ノ格・無標形の三形態で「主格」的な用法を分担することになる。助辞の相互承接では主格的な〜ヌドゥ、〜ガドゥのようなノゾ、ガゾにあたるかたちが諸方言にあらわれる。単語つくりの問題になるが、対象へのしたしみ、限定をあらわす、〜ックヮ（＜子ラ）、〜ガマのような東北方言のッコをおもわせる接辞が諸方言にみられる。

　指示代名詞は疑問称のほか一般にコ・ソ・アの三系列からなるが、二系列の対立への転化が諸方言にでてくる。ア系は宮古ではk音をもち、ソ系は諸方言でs音がない。ヒト代名詞は標準語とちがって、古代語や諸方言一般にみられる簡素さをしめす。1人称はふつうワ系、2人称は待遇性によってふつう体とナ系のうやまい体がある。3人称は指示代名詞ア系からの転用。いずれも使用に性差はない。方言によっては数のカテゴリーで1人称複数に除外的、包括的の対立がでる。

●動詞——形態論的なカテゴリーとしてムード、テンス、アスペクト、ヴォイスのような一般言語学的にふつうのもののほか、みとめかた、ていねいさ、待遇、やりもらい、もくろみなど標準語同様そろう。また、文中での機能にかかわるカテゴリーとして、終止形、連体形、連用形（条件形などをふくめて）や接続形がみとめられる点も標準語と同様。

　琉球方言の動詞のパラダイムは、基本的な活用部分の語形に、ノミ、ノメ、ノマン、ノンダなどにあたる、つくりの点で一次的な語形にくわえて、西日本方言にでるような、ヲリをとも

なったつくりのヌミュリほかがわりこんでいる。特に，ヌミュリ，ヌミュンはノム終止形のしめていた位置におさまる。そのさい，方言によって差はあるものの，本来のアスペクト的な内容面がふりおとされて，標準語ノムにちかい意味・用法を発達させた。徳之島，奄美大島，喜界島方言などでは，終止形ノムでなく連用形ノミに，動詞性の保持に強弱はあるが，終止的な用法がみられる。これに関連することとして，改変の結果わりこんだヲリ終止形も連用終止である。さらに，連用形のひとつとしてシテ中止形もシタ形とともに過去系列の終止形にくわわる。

こうして，琉球方言では終止形と連体形との区別が明確なことがおおい。それにともない，諸方言に古代語〜ゾ…連体形にあたるかかりむすびを存続させている。なお，準体形については，連体形にス，シ，スィなどの接辞をつけたかたちが諸方言にめだつが，奄美大島方言では，モノ系の形式名詞やその音声的によわまったかたちをつけたり，さらに，連体形と同形の準体形があらわれたりする。ただし，準体形にも名詞用法の連用形の問題がはいりこむ。琉球方言の名詞的な連用形は，標準語ほど転成名詞化していなくて，動(作名)詞性をのこす傾向がみられるからである。

ムードに関しては，ノム，ノンダなどにあたるのべたて終止形に，ヲリ形に対して，それにm音をもつ要素が後接してモーダルにいろぞめされたm語尾形が，mu, m, Nなどの変容をともないつつ諸方言にあらわれる。沖縄本島方言ではm語尾形にあたる〜Nに一本化している。また，語末，語尾部分をまったくふりおとしてヌミュ（ノム）のような終止形のでてくる方言（奄美大島名音）がある。たずね法ではうたがいとたずねを区別するうえ，後者がさらに全体たずねと，疑問詞のでる部分たずねとにわかれることが諸方言にみられる。これと平行して，希求法と命令法とが形態論的に対立する方言がある。なお，ヌマ（のもう）のような意志＝さそいかけ形は諸方言にでてくるが奄美大島ではヌモである。喜界島ではヌモー，ヌマのように両形を共存させ，つかいわけるが，一方が大島と共通のかたちとすれば他方は沖縄本島方言系であり，喜界島方言の成立の問題にかかわる。

テンス・アスペクトは上述のようにヲリ系の語形がくわわって，標準語よりこみいっている。しかし，さそいかけ形でヌモのもう ヌミュロのんでいよう，おなじく命令形にヌムィ-ヌミュルィなど，パラダイムの同一ワク内に両系列語形の対立をたもつ奄美加計呂麻島（諸鈍）のような，古層をのこす方言はおおくない。ヲリ系列は過去形が意味的に特化して，ふつう過去の習慣的なうごきをあらわす。ヨンダ・ヨンデ形のかたちは，南琉球方言では出発点がタリでなく（ア）リ系になっている。タリ系，アリ系ともあいたたアスペクト＝テンス的な意味をもち，用法もヌミーのようなかたちが北琉球方言ヌディ同様，アスペクト＝テンス的な終止形からなかどめまでひろがるなど，ディテールにわたってかさなる。この種のアリ系語形は，北琉球方言でも喜界島（上嘉鉄）にみとめられるようである。なお，タリ系に対する（ア）リ系の使用は，とおく八丈方言にもみられる。シテアル系列はシテ主語をふりおとさず，文構造にボイス的な転換がおこらない。それにともなって，意味クラスによる動詞項目の制限がひくい。また，シテナイのかたちでヌディネーン（のんでしまってもうない―奄美大島）のような意味をあらわすことも諸方言にみられる。

さきにみたヲリ終止形は，奄美大島北部ハナヌ サキュリのような文で，ハナシテがいま，ここ＝メノマエでとらえた実景を感情をもってのべたてる。このようなメノマエ性はムード・

アスペクト・テンスがなお分化しない。デキゴトや場からの瞬間的・空間的なへだたりのなさをしめすものとみれば，古層に属するようである。メノマエ性をになうヲリ形が，m語尾形に対して出発点的なかたちであることも，その事実にあいそうだが，有標–無標性からいえば，表現面で有標のm語尾形のほうが内容面でも有標だったはずだから，メノマエ性に関してはそれが逆転している。ここでは推定・伝聞・引用などの間接情報に対して，直接的な情報の中核をさししめす内容が，あとから逆にマークされるようになった。

みとめかたでは，肯定のヲリ形―m語尾形の対立が，奄美大島北部ヌマズィ―ヌマンのようにくりかえされる。奄美諸鈍方言などでは（ヌマ）ンをmへとかえて，m語尾性を強調する。

ていねい～待遇に関しては，ていねい系列は宮古，与那国方言にはあらわれないが，でてくるかたちはマス系でなく，ハベリやオモロ語オワルをとりこんだかたちである。ていねい動詞化の点では謙譲形のきりすてが標準語ほどすすんでいない。ていねい系列もふくめて敬語表現は方言はなしことばでの使用が義務的である。みさげ動詞も規則的につくられるが，その使用は義務的ではない。

ヴォイスでは使役動詞にサス系とともに宮古方言ではシム系の語形がでてくる。またスルの使役動詞が単独のシムをおもわせるかたちなのも諸方言にみられる。可能動詞がスルからデキルまですすみ，サレル形のままなのは，うけみ動詞からの分化のぐあいが標準語とことなることをしめす。また，九州本土方言にみられる能力可能の系列との区別も諸方言に生じている。

その他の品詞――形容詞に関しては，ク活用，シク活用の区別が～サと～シャの対立としてのこっていない方言もある。また，スルにあたる動詞とのくみあわせは，状態性をあらわす形容詞系列としてつかわれることもあれば，～ガルのような派生動詞にあたる用法になることもある（奄美大島，喜界島など）。ナ形容詞にあたる形容詞項目はすくない。

副詞の擬音・擬態語や感動詞はかなりちがっていることがある。ドゥイドゥイ（あめがふる，なく―喜界島）ハゲェー（あれまあ―奄美大島）のように。

コピュラはデ格にあたるかたちでなく，無標名詞とくみあわさる。うちけしはナイ系でなくアラズ系。なお，ナ形容詞のうちけしも同様。

5. 文の特徴

カカリ-ウケの語順，カカリウケ関係のマークがカカリ部分にでることなど，日本語一般とかわりはない。文構造のタイプも標準語同様，主格–対格タイプといえるが，標準語が主格，対格ともにしるしづけるのに対して，宮古以外の琉球方言では主格のがわだけを有標にする marked nominative タイプである点でことなる。そこをよびわけるとすれば，標準語は主格–対格タイプ，琉球方言は主格タイプである。一方，琉球方言にはさらに主語の一部が無標の語幹＝名詞であらわれることがある（奄美喜界島，沖縄国頭など）。このばあいは主格が部分的に対格とかさなって無標であることになり，広義の能格性が問題になるが，用語を限定して能格と区別すれば，ここに分類される琉球方言では，自動詞文のうちイク，モドルなどにあたる動詞からなる移動自動詞文の主語は無標にならないので，三上章のいう能動詞（active verb）文と所動詞（inactive verb）文の対立ということになり，活格タイプ（active type）性がとりだされる。

▶活用，動詞，所動詞と能動詞，構文論(統語論)[2]

■参考文献
上村幸雄ほか（1992，93）「琉球列島の言語」

亀井孝・河野六郎・千野栄一編『言語学大辞典』(4, 5) 三省堂.
松本泰丈 (2006)『連語論と統語論』至文堂.
[松本泰丈]

■類義語

2語以上の間に意味の共通性が認められる時，それらを類義語と言うが，共通性にはいろいろな段階があるので，この規定は大まかなものである．対義語の規定が厳しく行われるのと対照的である．類義語は分野別に集められて体系化することが求められるが，類義語は対義語のような閉じた体系ではなく，語の出入りが起こりやすく，意味も連続的につながっていく開いた体系であるために，分析には困難が付きまとう．

類義語と区別して，完全に意味が一致するものを同義語と言うが，「きのう」と「昨日」のように，中核的意味は同じでも，文体的意味等が異なるのが普通で，同義語は「喉頭蓋」(食べ物が気管に入るのを防ぐ器官)と「会厭(えん)」のような専門語に限られる．しかし，厳密に言うとここにもわずかな文体差があろう．このように，類義語の認定には中核的意味を重要視するが，文体差のような非中核的意味も，使用場面・人間関係等と関わるものであり，言語内の重要な意味要素であることを忘れてはならない．

類義語はその意味の余剰性を解消するために通時的な変化をしばしば引き起こす．例えば，「くだもの」と「菓子」は，もと《果実》を中心に《酒肴，間食物》の意味を持つ類義語だったが，次第に意味の分担が行われるようになり，和語「くだもの」が本来の《果実》の意味，漢語「菓子」が団子・饅頭・カステラのような《酒肴，間食物》の意味へと変化していった．実用的には，類義語の辞典は，文章の中で，例えば「(それで) よい」と書く時に，よりふさわしい語を探そうとして参照される．「妥当」や「適切」「適正」等の類義語を得て，そこから選択するわけであるが，こうした実際的な場面では，文脈によって様々な意味が生じるので，意味の共通性が高い語に厳しく限定するよりも，幅を持たせて「やむを得ない」や「仕方がない」等の表現まで示す方が便利ということがある．

➡対義語，上位語・下位語・同位語
■参考文献
池上嘉彦 (1975)『意味論』大修館書店.
西尾寅弥 (1988)『現代語彙の研究』明治書院.
大鹿薫久 (1989)「類義語・反義語」『〈講座日本語と日本語教育6〉日本語の語彙・意味(上)』明治書院.
[久島 茂]

■類別詞

類別詞(classifier)とは，事物の分類を表す一連の語彙を指す言語学の用語である．日本語には，「本」「匹」「台」「つ」など，数詞(和語系，漢語系)に接尾辞として付加される一連の類別詞があり，数詞類別詞(numeral classifier)とも呼ばれる．日本では伝統的に「助数詞」という用語も用いられてきたが，助数詞には「メートル」「年」などの単位名を含めて使うことが多いのに対して，数詞類別詞にはそれを含めないのが普通である．数詞類別詞は，名詞に数の義務的区別がない言語において見られ，日本語のほかにも，東アジア・東南アジアのほとんどの言語や，中央アメリカ，オーストラリアの言語の一部にも存在する．

日本語の類別詞の選択は，数えられている事物の特性に合わせて行われる．使い分けの基準となる特性には，有生性，形状，構造，機能な

どがある．有生性の区別には，人間，人間以外の動物，無生物の三つがあり，人間には「人」「名」，動物には（種類に応じて）「匹」「頭」「羽」などが使われる．無生物に関しては多くの類別詞があり，一般的な「つ」の他に，形状に基づくものとして「粒」「本」「枚」「個」，さらに，（形状に加えて）構造・機能に基づくものとして「台」「軒」「冊」「着」など多数がある．これらの他に，「房」「束」など集合体に使われるものや，「切れ」「かけら」など分離した部分に使われるものもある．興味深いことに，同じ事物でも，実際に数えられている時の状況によって選択される類別詞が変わる．たとえば，バナナは実際に数えられている物によって「房」「本」「切れ」などが使い分けられる．

　日本語に存在する類別詞の数を特定するのは難しい．よく使われるものは15〜30程度とされることがあるが，「棹」「つがい」などの使用頻度の低いものも含めるとかなりの数になる．また，「曲」のように名詞としての用法と区別が付きにくいものがあり，どこまでを類別詞と認めるかという問題もある．

➡数，有生性

■参考文献
飯田朝子（2004）『数え方の辞典』小学館．
松本 曜（1991）「日本語類別詞の意味構造と体系：原型意味論による分析」『言語研究』99.

［松本 曜］

■歴史言語学

●概要──言語学の下位分野の一つ．その目的は概ね，(1)言語変化（language change）の解明，(2)言語再建（language reconstruction）と言語間の系統関係（genealogical relationship）の再建，に分けることができる．

●言語変化の研究──言語変化の研究の最終的な目的は，言語は何故そしてどのようにして変化するかについての理論を提案することにある．そのためには第一に個別言語の変化の記述が必要であり，また，個別言語の歴史における共時的あり方を明らかにしなければならない．そうすることで個別言語の変化の記述から言語変化の類型や規則性を導き出すことができるのである．青年文法学派以来，言語変化には法則があると同時に例外を産出するメカニズム（アナロジー（類推））も存在するという考え方が，この分野における議論の重要な土台となっている．言語変化の要因には言語構造などによる内的（internal）なものに加え，外的（external）つまり社会的なものがあると考えられる．社会的要因は，言語変化が実際に起こる際に更に大きく影響し，言語変化の伝播（diffusion）という現象が生じる．近年は，欧米以外の言語に目が向けられるようになったことで，クレオール語の誕生に見られる言語変化や，言語接触（language contact）による変化がますます注目されている．

●言語再建と言語間の系統関係の再建──インド・ヨーロッパ語族の存在を証明し，その諸言語間の系統関係を確立することが，歴史言語学だけではなく，近代言語学そのものの始まりであったということができる．歴史比較言語学では系統上関係があると考えられる言語の音韻や語彙が体系的に比較され，その親縁関係が特定される．インド・ヨーロッパ語を対象とした研究で開発された比較方法論（comparative method）は，他の語族にも応用され，数多くの言語の系統関係が特定されるに至った．語彙的な比較のためには限定された基本語彙のリストが不可欠であるが，批判を受けながらも最もよく使用されるのは，言語年代学（glottochronology）を提唱したスワデシュ（Morris Swadesh）の100語リストである．同じ比較

方法論を利用して、言語間の系統関係だけではなく、親縁関係にある複数の言語の祖語や、個別の言語の歴史的資料が存在する以前の段階も再建することもできるとされる。

ところが、世界の多くの言語はインド・ヨーロッパ語のような豊富な歴史的資料が存在せず、また豊富な歴史的資料が存在する言語においても、特定の問題に関しては資料が不足することがよくある。あるいは系統上孤立している言語もある。そうした場合には、内的再建（internal reconstruction）の方法論が適用できる。内的再建の場合、一つの言語のみの共時的データを基盤とし、言語類型論的原理や言語変化の規則に基づいて以前の状態を再建する。内的再建は、確実性という点で比較方法論より劣るとされるため伝統的な歴史言語学においては補助的な手段にすぎなかったが、アフリカ、北米などの諸言語をもよく研究対象にする文法化論では重大な役割を果たしている。

■参考文献

Anttila, Raimo (1989) *Historical and Comparative Linguistics*, 2nd edition. Benjamins.

Chambers, Jack K., et al. (2002) *The Handbook of Language Variation and Change*. Blackwell.

Fox, Anthony (1995) *Linguistic Reconstruction: An Introduction to Theory and Method*. Oxford University Press.

Joseph, Brian D. and Richard D. Janda (2003) *The Handbook of Historical Linguistics*. Blackwell.

McMahon, April M. S. (1994) *Understanding Language Change*. Cambridge University Press.

福島直恭(2002)『〈あぶない ai〉が〈あぶねえ e:〉にかわる時——日本語の変化の過程と定着』笠間書院.

吉田和彦(2005)『比較言語学の視点——テキストの読解と分析』大修館書店.

［ハイコ・ナロック］

■歴史的現在

●歴史的現在とは——過去の出来事を非過去形で表現することによって、今目の前で起こっているかのようにありありと提示する用法。テンスのある世界の様々な諸言語で見られ、劇的現在（dramatic present）とも言われる。日常の話し言葉でも、小説の地の文やエッセイ等様々なジャンルでも使用される。

「だんだん蕾がふくらんで、孔雀が首をもちあげるように上を向いてくるの。そして見ている間に、蕾がどんどん大きくなって、ひらき始めるのよ。12時ごろから咲き始めたの。まっ白で大きなきれいな花でねえ。1時ごろが盛りだった。3時少し前には、もうしおれてきたの。それをずっと見ていたの」

●特徴——第1に、過去の出来事であるため、「昨日なんか夜11時頃に電話をかけてくるのよ。驚いたわ」のように、「昨日」という過去を表す形式と「電話をかけてくる」という非過去形の共起が可能である。第2に、話し手に特別な感情を引き起こした出来事であるため、「驚いた」「呆れた」「恥ずかしかった」あるいは「信じられない」「感激した」のような話し手の感情や評価を表す語句が伴うことが多い。第3に、ひとまとまりの談話において、客観的事実を提示する過去形と、話し手の評価や感情を前面化する歴史的現在用法とが構造化されることが多い。次の場合、過去形「助けを求めてきた」「強制送還された」を非過去形に変えたり、逆に「泣きながら頼んだ」を過去形に変えると、談話構造が乱れてしまう。

「彼の末路は哀れだった。戦争が終わると、追われて逃げ廻り、私たちに助けを求めてき

た。かくまってくれって，泣きながら頼むんだ。でも結局，捕まって強制送還された。」

➡テンス，テンポラリティ

■参考文献

工藤真由美（1995）『アスペクト・テンス体系とテクスト』ひつじ書房．

工藤真由美（2006）「話し手の感情・評価と過去の出来事の表現」土岐哲教授還暦記念論文集編集委員会編『日本語の教育から研究へ』くろしお出版．

Jespersen, Otto (1924) *The Philosophy of Grammar*. George Allen and Unwin.〔半田一郎訳（1958）『文法の原理』岩波書店〕

Wolfson, Nessa (1982) *The Conversational Historical Present in American English Narrative*. Foris.

［工藤真由美］

■連語

文節の用語が採用される以前の教科文法において橋本進吉は，文の成分が単語でなく連語からも成り立ったものが少なくないとし，文と文の成分の章において，連語を取り上げ「単語の結合で，まだ文にならないものを連語と云います。」（『新文典別記 上級用』）と説明している。さらに，連語には「庭の」「庭の桜」「咲きたり」「咲けむ」「美しく咲きたり」など，種々あるとし，連語の種類の一つとして，「活用連語」（他の品詞に助動詞のついたもの）を上げている。活用連語の定義は芳賀矢一の連語と若干異なっている。

一方，同じ『新文典別記 上級用』において，「節」について，「その構成や内容から見て文とほぼ同様のものである点から，特にこれを節と名づけて，連語でもなく文でもないものとして取り扱うのです。」と述べ，次のように定義している。「主語・述語を具えた，一つの文と同等なものが，他の文の一部分となったものを節という。」

後に橋本は「意味の側から見れば，―中略―いくつかの他の文節をも合わせてひとまとまりになったものが他の文節又は文節の結合したものと結合して更に大なる結合をなすと見なければならない場合がある」とし，「連文節」を提唱している。連文節とは，「二つ以上の文節が結合して，意味上或るまとまりを有すると見られるもの」をいい，「最高次の連文節は則ち文である。」と説明している。（『国文法体系論』）。

文節又は連文節の考え方を取り入れてから以降，橋本文法においては「連語」という用語は見られなくなった。連語は「二つ以上の語が結合し，まとまった意味をあらわすもので，文になっていないもの」と定義されるのが一般的であろう。これは「単語の結合で，まだ文にならないものを連語と云います。」（『新文典別記 上級用』）と同じ考え方である。広く言えば，文節，連文節，節（句）も含まれることになる。

連語と単語の区別が必ずしも明確でないものもある。「梅の花」「について」（助詞相当連語）などがそうである。また，慣用句との関連においても問題となることもある。「耳を疑う」「足が棒になる」

➡文の成分，文節，連語論

■参考文献

橋本進吉（1935）『新文典別記 上級用』冨山房．

橋本進吉（1934）『国語法要説』明治書院．〔再録：橋本進吉（1948）〈橋本進吉博士著作集2〉『国語法研究』岩波書店〕

橋本進吉（1959）〈橋本進吉博士著作集7〉『国文法体系論』岩波書店．

［丹保健一］

■連語論

● **単語と単語とのくみあわせを研究**——連語論とは、名づけ的な単位としての単語と単語とのくみあわせを研究対象とする文法論の一分野である。連語論が対象とする連語とは、二つ以上の自立的な単語のくみあわせで、かつ一つの名づけ的な意味を表している言語単位のことである。

連語は、一つの自立的な単語（名詞・動詞・形容詞など）を核とし、その核になる単語の名づけ的な意味を具体化するために他の単語が組み合わさるという構造になっている。いわゆる従属的なむすびつきによる単語のくみあわせのことである。

● **2単語・3単語による連語**——たとえば「大きな石」「クルミを割る」というような2単語による連語は、それぞれ「石」「割る」という自立的な単語を核として、それの名づけ的な意味を具体化するために、「大きな」「クルミを」という自立的な単語がかざるという組み立てになっている。核になる単語（石・割る）はカザラレと呼ばれ、それをかざる単語（大きな・クルミを）はカザリと呼ばれている。

3単語による連語には、二つのタイプがある。第1のタイプは、「庭の大きな石」「クルミをこなごなに割る」のように、カザラレに二つのカザリが関わるもの（並べ合わせ連語）である。第2のタイプは、「広い庭の石」「硬いクルミを割る」のような連語で、まず「庭」「クルミ」を核とした連語「広い庭」「硬いクルミ」がつくられ、それをカザリにして「石」「割る」を具体化するというもの（重ね合わせ連語）である。

● **カザリ・カザラレの関係の捉え方**——連語には、義務的に、並べ合わせ連語や重ね合わせ連語にならなければならないものがある。たとえば、並べ合わせ連語「太郎に絵本を譲る」の場合、カザラレ「譲る」を具体化するには譲られる相手と譲られる物品との存在が前提となる。単に「太郎に譲る」とか「絵本を譲る」とかでは「譲る」の名づけ的な意味の具体化に不十分である。また、「長い髪の少女」は義務的な重ね合わせ連語である。少女の身体的な特徴を示す「長い髪の」という連語を前提としている。単に「髪の」をカザリとする連語「髪の少女」では意味をなさない。

連語は、一般にはカザラレの品詞に注目して分類される。ふつうには「名詞を核とする連語」「動詞を核とする連語」「形容詞を核とする連語」「副詞を核とする連語」に大別され、そのうえで、カザリの品詞の違いによって分類される。さらにカザリが名詞であれば、その格の違いによって区分される。

なお、後置詞を伴う連語も研究されるようになってきた。後置詞とは、たとえば「（…の）ために」「（…に）ついて」「（…と）ともに」のように、名づけ的な意味を失い、もっぱら単語と単語とのむすびつきを示すために特殊化した単語である。最近では、連語論研究の成果をふまえての後置詞研究が注目される。

● **連語論研究の波及効果**——ところで、日本での連語論研究は、奥田靖雄が言語学研究会のメンバーを総動員させて開拓してきた分野である。その歴史的な研究成果の第一歩は、『日本語文法・連語論（資料編）』（むぎ書房1983）の刊行である。この『連語論（資料編）』は、日本の研究者たちだけではなく、中国や韓国などの日本語研究者にも注目され、結果として、日本語と母語との対照研究に貢献することとなった。さらには、中国語や韓国語の連語論研究に影響をあたえている。

ついでながら、日本語の連語の研究は、いわゆる格助詞の研究に通じる。日本語は、名詞の格のフォーム（カザラレとの関係を明示する形態論的な形式）を発達させているだけに、連語

の研究には好都合である。ちなみに，『日本語文法・連語論（資料編）』には，「ヲ格の名詞と動詞とのくみあわせ」「ニ格の名詞と動詞とのくみあわせ」のような題目で論文が掲載されている。

◆語（単語），連語

■参考文献

言語学研究会（1983）『日本語文法・連語論（資料編）』むぎ書房．

鈴木康之（1983）「連語とはなにか」『教育国語』73，むぎ書房．

特集「連語研究の新段階」『国文学 解釈と鑑賞』2005年7月号，至文堂．

鈴木康之（2011）『現代日本語の連語論』日本語文法研究会．

［鈴木康之］

■連体形終止法

●連体形終止法とは──活用語の連体形が（省略文でない）文の末尾に据えられている場合をいう。ゾ・ナム・ヤ・カという係助詞が文中にないケースだけを「連体形終止法」と呼ぼうとする立場もある。

●山田孝雄の「擬喚述法」──文中に係助詞がなく，「感嘆若くは切に呼びかくるが如き意」を表わす連体形終止の文を，山田孝雄は「擬喚述法」と呼んで「不完終止」の第三に数える（山田1908）。

山田によれば，擬喚述法は，述体ながらも喚体の性質を帯びたものであり，述語に用いられた連体形は，体言的にまとめあげるための「準体形」であると言う。

また，山田によれば，擬喚述法は表す意味において二種類ある。次の前者は感動を，後者は疑問を表わす例である。

谷の戸をとぢやはてつる鶯の松におとせで春もくれぬる（拾遺1064）

夏草はしげりにけれど郭公など我宿に一声もせぬ（新古今189）

●連体形終止法の歴史的推移──中古期までは，終止形終止・連体形終止・已然形終止が併行して用いられており，何らかの機能差を三者が分担していたものと考えられるが，中世にいたって終止形終止が漸減し，連体形終止がひろく用いられるようになった。これを「連体形終止法の一般化」という。

連体形終止法の一般化は，つぎに挙げるような変化を引きおこす契機となった。

(1)終止形と連体形の同化……終止法を連体形に奪われたのにつづいて，助詞・助動詞を下接させるという用法までが連体形に移行し，終止形の全用法が連体形に吸収されて，終止形が用いられなくなった。

(2)係り結び的呼応の崩壊……文末連体形が終止形との対立関係を失ったために，文中係助詞ゾ・ナム・ヤ・カと文末連体形との呼応関係が意識されづらくなり，文中係助詞が単なる挿入的要素へと変質した。

なお，こうした変化は，さらに二段活用の一段化の遠因ともなっており，その意味からも，連体形終止法の一般化は，日本語文法史上，非常に重要な変化であったといえる。

●終止形終止法との関係──上代・中古の平叙文については，終止形で終止するのが常態であるとされ，文中係助詞との呼応のない連体形終止は，詠嘆や解説を表わす曲調終止であったと見なされることが多い。係助詞ゾ・ナム・ヤ・カに対する結びとしての連体形も，強調や疑問を表わすための特殊な文末形式と扱われがちである。

だが，実際の連体形終止の文のなかには，山内洋一郎（1992）も指摘するように，「特別の表現価値の感得できない」文例も少なくない。係り結びの結びとしての連体形にしても，それらを終止形終止法よりも明らかに特異な終止形

式であると見なすだけの合理的な根拠はない。

　数量的な面からいっても，終止形終止が常態であって連体形終止は有標的であると，簡単に決めつけることはできない。中古期の仮名散文作品を見ると，連体形終止法と終止形終止法の比率を左右する，いくつかの条件があることがわかる。

(1)文の種別……一般に，会話文のほうが地の文よりも，連体形終止の比率が高く，終止形終止の比率が低い。

(2)文末語の品詞……弱活用動詞（上二・下二・カ変・サ変）・形容詞・存在詞をそれぞれ述語とする文を比較すると，終止形終止の比率は，形容詞が高くて弱活用動詞が低く，連体形終止の比率は，弱活用動詞が高くて形容詞が低い。存在詞は，どちらの場合も弱活用動詞と形容詞の中間となる。

　実際，会話文における弱活用動詞述語文と存在詞述語文とでは，終止形終止よりも連体形終止のほうが数が多い。

　また，述語に助動詞が用いられている文では，つぎのような事実も指摘できる。

(3)文末語の意味的性格……たとえば助動詞ツとヌを比較すると，ツのほうは，弱活用動詞と似た分布（会話文では連体形終止が優勢）を示すが，ヌのほうは，形容詞と相似の分布（会話文でも終止形終止が優勢）となる。

　また，たとえば"物語る"助動詞と呼ばれるケリは，地の文でも連体形終止が5割を占め，終止形終止より優勢である。

●**連体形終止法はどこから来たか**——一般に，連体形終止法は，詠嘆表現や疑問表現あるいは解説的表現を構成するために，準体法連体形が臨時的に文末に用いられていたものが，慣用の結果，定着して成立したと見なされることが多い。しかし，連体形終止法が準体法から派生したと考えると（あるいはそう考えるだけでは），説明しにくいことがいくつかある。

　第一に，たとえば会話文末においては，弱活用動詞述語は6割弱が連体形終止となるが，形容詞述語の連体形終止は1割強であるといった品詞ごとの偏りが認められるのであるが，準体法を連体形終止法の起源と見なす立場からは，このような偏りの生じる所以を説明しがたい。

　第二に，主語が助詞ノによって示される文の末尾に据えられた連体形は，助詞ノを承けていることから見て，まさしく"準体法連体形が文末に位置したもの"と見なしうるのであるが，そういった例は，形容詞述語に多く，弱活用動詞述語には少ない。一方，連体形終止法の文一般についていえば，弱活用動詞述語に多く形容詞述語に少ないのであって，傾向がまったく逆になっている。

　こうしたことからすると，連体形終止法が準体法に由来する後発的なものであると見なしてよいかどうか，いささか疑問も残る（吉田茂晃2004）。

➡終止法，終止形と連体形の合一化（同化），係り結び

■**参考文献**

阪倉篤義（1977）「国語史の時代区分」松村明編『〈講座国語史1〉国語史総論』大修館書店．

山内洋一郎（1992）「平安時代の連体形終止」井上親雄・山内洋一郎編『古代語の構造と展開』和泉書院．

山田孝雄（1908）『日本文法論』宝文館．

吉田茂晃（2004）「文末時制助動詞の活用形について」『山辺道』（天理大学国文学研究室）48．

[吉田茂晃]

■連体詞

　副体詞ともいい，連体修飾の機能にのみ働く

単語類をさす品詞。近代に生じたと考えられる語が多く研究史も浅いため，この品詞の性格づけも所属語の範囲も，研究者や辞書により異なりが大きい。

　一般に認められているものを，成立事情を物語る〈語構成〉の別によって示せば，(1)「―の」の形：この，その，あの，どの／例の，ほんの，ずぶの／わが；(2)「―な」の形：大きな，小さな，おかしな，いろんな／こんな，そんな，あんな，どんな／おなじ；(3)「―る」の形：ある，とある，さる，あくる，きたる／あらゆる，いわゆる；(4)「―た」の形：たいした，とんだ，大それた；(5)その他，漢語に接頭辞的につくが，独立のアクセントをもつもの：昨(九日)，明(十一日)，翌(十二日)，故(田中太郎氏)／各(参加者)，本(学会)，当(懇談会)，など。連体法専用に固定しつつある新しい連体詞を積極的に認めようとする立場では，(1′)として「平の(刑事)，一片の(通知)，ひとかどの(人物)／花の(係長)，雪の(肌)，鉄の(意志)」などにも広げることができるだろうし，(6)形容詞系活用旧連体形の残存「来るべき(世界)，恐るべき(力)，驚くべき(速さ)，あるまじき(行為)」などの慣用語法的なものも候補になるだろう。逆に，意味機能の面で純化しようとする立場では，コソアド系のものは，各品詞に分属させる前に「指示詞」（という品詞）に一括し「これ」は名詞形式「その，そんな」は連体形式「ああ，あんなに」は連用形式などとパラダイム（語形変化）的に扱うべきであり，「大きな，いろんな」などは形容詞の連体形の変異形，「こんな(だ)，おなじ(だ)」などはナ形容詞語幹の特殊な連体用法（cf. こんなもの／こんななのを）と扱うべきだ，という説もある。また「おかしな」など属性修飾的なものをはずし「ある，いわゆる，故」など名詞の取り上げ方を決定・限定するような（determinative）ものに限るべきではないかという説もある。

◆品詞，連体修飾語

■参考文献

松下大三郎（1930）『標準日本口語法』中文館．

三宅武郎（1934）「音声口語法」『国語科学講座』明治書院．

湯沢幸吉郎（1953）『口語法精説』明治書院．

森重　敏（1959）『日本文法通論』風間書房．

鈴木重幸（1972）『日本語文法・形態論』むぎ書房．

［工藤　浩］

■連体修飾語

　文の成分のひとつである修飾語には，連体修飾語と連用修飾語がある。体言を修飾する成分が連体修飾語，用言を修飾する成分が連用修飾語である。修飾成分である連体修飾語と修飾される成分である被修飾語とで，連体修飾構造を形成する。「黒い表紙」「静かな部屋」「大きな机」「留学生の彼」「本を借りた3人」の「黒い」「静かな」「大きな」「留学生の」「本を借りた」が連体修飾語である。「修飾語」といいつつも，「黒い」「静かな」「大きな」のような語だけではなく，「留学生の」「本を借りた」のような文節や連文節についても，連体修飾語と呼ぶ。このことから，連体修飾成分と呼ぶこともある。「表紙」「部屋」「机」「彼」「3人」が被修飾語である。名詞，代名詞，数詞であり，総称して体言と呼ばれることから連体修飾語の名がある。このようにして連体修飾語を形成するのは，形容詞，形容動詞，連体詞，「名詞＋の(格助詞)」，「用言＋助動詞（「ない」「た」など）」などの形式である。

　連体修飾構造には，同一名詞連体修飾構造と付加名詞連体修飾構造の二類がある。また，付加名詞連体修飾構造は，相対名詞連体修飾構造

と同格名詞連体修飾構造の二類がある。同一名詞連体修飾構造における連体修飾語は被修飾語との間に，「黒い表紙」・「表紙が黒い」，「静かな部屋」・「部屋が静かだ」，「大きな机」・「机が大きい」，「留学生の彼」・「彼が留学生だ」，「本を借りた3人」・「3人が本を借りた」のような内の関係を結ぶ。相対名詞連体修飾構造においては，「本を借りた後」「机の前」「箱根より西」のように，被修飾名詞である「後」「前」「西」に対して，連体修飾語の「本を借りた」「机の」「箱根より」が基準点を示す。特に「名詞＋より（から）」が連体修飾語になる点に特徴がある。被修飾名詞にたちうる名詞は相対的な概念を表す名詞で相対名詞と呼ばれる。同格名詞連体修飾構造においては，「本を借りた経験」「彼が留学生だということ」のように，連体修飾語である「本を借りた」「彼が留学生だ（という）」と被修飾語である「経験」「こと」が，意味的に同格の関係にある。連体修飾語は述語を含む文であり，「という」が含まれるという特徴がある。このような同格名詞連体修飾構造の被修飾名詞にたちうる名詞を同格名詞と呼ぶ。

➡修飾語，連体修飾構造(連体句)，体言，相対名詞

■参考文献

奥津敬一郎（1974）『生成日本文法論――名詞句の構造』大修館書店.

寺村秀夫（1975～78）「連体修飾のシンタクスと意味（その1）～（その4）」『日本語・日本文化』（大阪外国語大学留学生別科）4～7.〔再録：寺村秀夫（1992）『寺村秀夫論文集Ⅰ――日本語文法編』くろしお出版〕

西山佑司（2003）『日本語名詞句の意味論と語用論――指示的名詞句と非指示的名詞句』ひつじ書房.

［加藤久雄］

■連体修飾構造（連体句）[1]

名詞を何らかの要素で修飾することを連体修飾（名詞修飾）と呼ぶ。以下では節による連体修飾（田中さんが買った本）について述べる。

1. 連体修飾構造の分類

節が名詞を修飾する構造については，次のような二分類が広く行なわれている。

(1) a. 田中さんが書いた本
　　b. 田中さんが本を書いた（という）事実

(1a)は被修飾名詞（以下「主名詞」と呼ぶ）が修飾節の述語と結びついて命題を作ることができる。それに対し，(1b)はそれができない。

(1′) a. 田中さんが本を書いた。
　　b.＊田中さんが事実｛が/に/を/で｝本を書いた。

(1a)は「内の関係（寺村1993）」（奥津（1974）の「同一名詞連体修飾」），（1b）は「外の関係（寺村（同書））」（奥津（同書）の「付加名詞連体修飾」）と呼ばれる。

「内の関係」については，修飾節の述語の必須補語であれば修飾構造が作りやすい。

(2) a. 田中さんが本を書いた。
　　b. 田中さんが書いた本
　　c. 本を書いた田中さん

例えば「～と」は，任意の補語（例文(3)）と必須補語（例文(4)）で連体修飾構造の自然さに差が出る。

(3) a. 田中さんが吉田さんと本を書いた
　　b.＊田中さんが本を書いた吉田さん

(4) a. 田中さんが吉田さんとけんかした
　　b. 田中さんがけんかした吉田さん

このことから，主名詞が修飾節述語との間に結びうる関係を把握しやすい場合に連体修飾が可能になるといえる。

一方，「外の関係」にはまず，(1b)のように修飾節が主名詞の内容を示すものがある。

(5) a. 田中社長が政府高官と接触した（という）事実が明らかになった。
　　b. 山田さんは工場で、精密な機械を組み立てる（という）仕事を担当している。
　　c. 彼は疲れたということばを残して行方不明になった。
　　d. 鈴木さんは三郎が金を盗んだという考えをもっている。

このタイプでは，修飾節と主名詞の間にしばしば「という」が介在する。「という」は「主名詞の内容について節の形式で表わすと修飾節のようになる」のようなニュアンスを表わす。そして，主名詞が発言（(5c)）や思考（(5d)）など言語による表現を表す名詞である場合，「という」は必須になる。

　外の関係には，そのほか次のようなものがある。

(6) a. パレードが進むうしろを子どもたちがついていく。
　　b. デパートに行く前に銀行でお金をおろした。
　　c. チームは優勝した喜びに沸いている。
　　d. 彼女は子どもを失うつらさを味わった。

(6a, b)の「うしろ」「前」は奥津（1974）のいう「相対名詞」である。(6a)は「子どもたちがついていく」という事態が「パレードが進む」という事態から見ると空間的に「うしろ」に位置づけられるということを表わす。また，(6b)は「銀行でお金をおろす」という事態が「デパートに行く」という事態から見ると時間的に「前」に位置づけられるということを表している。つまり，このタイプは，主名詞が修飾節の表わす事態と主文の表わす事態との間の意味的関係を示す。他方，(6c, d)では修飾節が原因，主名詞が結果を表わす（「優勝したことによって喜ぶ」「子どもを失ってつらい」）。この構文は二つの事象の間の意味的関係を示す点で(6a, b)のタイプに連なる。また，次のような例は修飾節の結果として主名詞の表わす事物が生じるものであり，(6c, d)に連続する。

(7) a. カメラのシャッターを切る音
　　b. 魚を焼くにおい

　以上のように，修飾節と主名詞の意味的関係から，連体修飾節には次の三つのタイプがある。

　Ⅰ　主名詞が修飾節の表わす事象の参与者として考えられるもの
　Ⅱ　修飾節が主名詞の内容を示すもの
　Ⅲ　主名詞が修飾節と主節とを意味的に結び付けるもの

Ⅰは従来の分類の「内の関係」，ⅡとⅢは「外の関係」に相当する。

　なお，Matsumoto（1997）では次のようなものが取り上げられている。

(8) a. トイレに行けないコマーシャル
　　b. 頭がよくなる本

これらは「トイレに行けない（それほど面白い）コマーシャル」「（読むことで）頭がよくなる本」といった内容を表わし，Ⅰのカテゴリーの変種として扱えるだろう。

　ところで，上のⅠ～Ⅲの連体修飾節を通じて，格助詞「が」が「の」に置き換わる現象（が/の交替）が見られる。

(9) a. 田中先生｛が/の｝書いた本はとてもおもしろい。
　　b. 氷｛が/の｝溶ける様子を観察する。
　　c. 車｛が/の｝走ってくる前に子どもが飛び出した。

大島（2010）は，このような「の」は連体修飾節が主節に対して「従」の関係にあることを明示する働きをもつ，と論じている。

2. 連体修飾の意味的機能――「限定」

　次に，連体修飾の意味的機能（「限定」）につ

いて述べる。
　(10)a．その料理を食べた学生が今，研究室に来ている。
　　　b．その料理を食べた学生が多い。
(10a)は次のように二つの文に言い換えられる。
　(11)学生がその料理を食べた。その学生が今，研究室に来ている。
事物を特徴づける性質を「属性」と呼ぶ。主名詞「学生」は「身長が{高い/低い}」「お金を{持っている/持っていない}」などさまざまな属性をもちうる。そして「その料理を食べた」が一つの属性を取り出している。これは固有名詞などの場合に顕著である。
　(12)その料理を食べた吉田氏がシェフを呼んだ。
このように主名詞のもちうる複数の属性の中から一つを取り出す働きを「属性限定」と呼ぶ。
　一方，(10b)は次のように言い換えられる。
　(13)その料理を食べた，そういう条件に合う学生が多い。
ここで修飾節は「学生」がもちうる属性のうち「その料理を食べた」を取り出し，その属性によって「学生」の集合の中から一部分を取り出している。このように主名詞の表わす集合の中から一部を切り出す働きを「集合限定」と呼ぶ。集合限定は，いわゆる制限的修飾の特殊なケースである。「属性限定」と「集合限定」のうち，より基本的なのは「属性限定」であるが，いずれも"複数の事物の中からあるものを取り出す"という点で共通している。

3. 連体修飾節の統語的制限

　連体修飾節を形成できるか否かについては，述語の文末形式による制限がある。
　(14) a．佐藤さんが{読む/読んだ}本
　　　 b．(?)佐藤さんが読んでいよう本
　　　 c．(?)佐藤さんが読むだろう本
　　　 d．*佐藤さんに贈ろう本
　　　 e．*読め本
真理値をもちえない「読もう」「読め」などの形式が連体修飾ができないことから，基本的に，真理値をもちうる形式か否かで連体修飾の可否が決まると言える。とすると，(14c)や次の例はどうだろうか。
　(15) a．多くの人に読まれよう傑作
　　　 b．長く読まれるだろう名著
　(16)佐藤さんが読んだ{かもしれない/にちがいない}本
「〜う・よう」「〜だろう」「〜かもしれない」「〜にちがいない」が主文末で用いられた場合，そのことがらの真理値は不明である。だが，上のように連体修飾節で用いられた場合は，次のように考えることができる。つまり，(15a, b)は「多くの人に読まれると考えられる」「長く読まれると予想される」などと言い換えられ，発話時における話し手の推量ではなく，一般的な予測を述べる言い方である。また，(16)では「〜可能性が{ある/大きい}」など，いずれも真理値を問題にできる形式が補われて解釈されていると考えられる。以上のことから，連体修飾節を形成するための条件は，その節が真理値をもつことだといえる。
　なお，連体修飾節については，主題を示す「は」が入りにくいという制約がある。
　(17)*私は昨日入ったレストランはとてもおいしかった。
これに対して，対比的な「は」は連体修飾節に入りやすい。
　(18)あの店は女性は入りやすいレストランだ。
対比の「は」は対比的な命題を想起しやすい（上の例であれば「男性は入りにくい」など）。そのため，連体修飾の，複数の事象から一つを選ぶという限定の機能となじむためだと考えられる。

➡制限的修飾と非制限的修飾，連体修飾語，相対名

詞

■参考文献

大島資生（2010）『日本語連体修飾節構造の研究』ひつじ書房．

奥津敬一郎(1974)『生成日本文法論』大修館書店．

加藤重広(2003)『日本語修飾構造の語用論的研究』ひつじ書房．

寺村秀夫(1975〜1978)「連体修飾のシンタクスと意味──その１〜４」『日本語・日本文化』４〜７〔再録：寺村秀夫（1993）『寺村秀夫論文集Ⅰ──日本語文法編』くろしお出版〕

Matsumoto, Yoshiko (1997) *Noun-Modifying Constructions in Japanese*. John Benjamins.

［大島資生］

■連体修飾構造（連体句）[2]

　連体修飾とは，名詞（体言）の意味を限定したり補足したりするために，名詞の前に修飾成分を付加することである。名詞修飾ともいう。修飾する側の修飾部と，修飾される側の被修飾名詞からなる。修飾部の品詞に着目すると，「妹の先生」「友人への贈物」「ゆっくりの旅」のように，「の」を介して名詞，名詞＋助詞，副詞等で修飾する連体句，「大きい国」「便利な手帳」のように形容詞（イ形容詞・ナ形容詞）で修飾する連体句，「走る電車」「京都で買った菓子」のように動詞を含む節で修飾する連体句に分けられる。また，修飾部と被修飾名詞との間に「との」「という」等を付加した「出席するとの知らせ」「約束したという事実」といった表現も，連体修飾構造をもつ連体句である。以上のうち，特に動詞を含む修飾節が，連体修飾節として取り上げられることが多い。

1．連体修飾節のタイプ

　連体修飾節の構造上のタイプ分けに関しては，寺村秀夫による「内の関係」「外の関係」という分類がある。寺村は，修飾部の動詞が被修飾名詞（底の名詞）と格関係を有する場合を「内の関係」と呼び，修飾部の動詞が被修飾名詞（底の名詞）と格関係をもたず，修飾部が被修飾名詞の内容を表しているようなものを「外の関係」と呼んで区別した。奥津敬一郎の用語では，「内の関係」に当たるのが「同一名詞連体修飾」，「外の関係」に当たるのが「付加名詞連体修飾」である。

　「内の関係」には，「今日咲いた花」のようにガ格で結びつくもの，「昨日食べた牡蠣」のようにヲ格で結びつくもの，「猿が住む山」のようにニ格で結びつくもの，「式を挙げる会場」のようにデ格で結びつくもの，「一緒に旅行した友人」のようにト格で結びつくもの，「雨水が滴り落ちる天井」のようにカラ格で結びつくものなどがある。修飾部と被修飾名詞との間に格助詞の明示がないにもかかわらず一定の格関係が了解されるのは，修飾部に含まれる個々の動詞がどのような格関係で名詞と結びつくか決まっているためである。「内の関係」とは，修飾部と被修飾名詞との結合が，動詞と補語名詞との間の格関係の力によって保持される構造であると考えることができる。

　「外の関係」とされるのは，「富士山に登った経験」「鬼を退治する物語」のように，被修飾名詞の内容を修飾部全体で表すものである。修飾部内にことがらを表す述語と補語を完備し，修飾部の動詞は被修飾名詞と格関係をもたない。先の例では，修飾部と被修飾名詞との間に「という」を入れることが可能で，「という」を付加しても意味の違いは生じない（「内の関係」では「という」を付加すると一般に伝聞の意味に変化する）。次に，「本を買ったおつり」「ゆで卵を食べたゲップ」のように，修飾部が表す

事態の結果の生成物が被修飾名詞の位置にくるタイプがある。これは，原因と結果という因果関係の，意味的つながりにより連体修飾が成り立っている構造である。「魚を焼くにおい」「ピアノを弾く音」など，知覚の対象が被修飾名詞となる場合も同様である。「食べる前」「高速道路が走る下」など，時間や空間を表す名詞が付いて相対的時間関係や相対的位置関係を表すタイプも存在する。因果関係，相対的関係を表すタイプは，一般に，修飾部と被修飾名詞の間に「という」が入らない。「外の関係」には，以上のように種々のタイプが存在するが，「内の関係」が，格関係という文法的な要因に依拠した連体修飾構造なのに対し，「外の関係」は，ことがらの内容にかかわる，どちらかといえば意味的な要因に依拠した連体修飾構造であると言える。

2.「との」「という」の付加

「外の関係」の構造では，「との」「という」の付加が任意の場合と必須の場合がある。修飾部の述語動詞がル形，タ形以外の場合は，「帰れとの命令」「やろうという意志」のように「との」「という」が必須となるが，ル形，タ形であっても，「是非行くとの決意」「やっと終わったという安心感」のように，話し手の心的態度を表すモダリティ要素を含む場合には「との」「という」が必要となる。「との」は，「という」に比べて用いられる範囲が限定され，一般に「留学したいとの希望」「すぐ帰るとの連絡」のように，被修飾名詞が思考活動や言語活動に関わる場合に用いられることが多い。はっきり特定のものに限定せず，複数や広い範囲のものを示す場合には，「といった」「というような」等の形式を用いる。

3. 連体修飾節における述語のテンス・アスペクト

連体修飾節内においては，述語によるテンス・アスペクト表示が，文末の言い切りにおける場合と異なることがある。ル形の場合，「明日着る服」では，動詞「着る」が言い切りの「明日（その）服を着る」と同様，未来のテンスを表す。しかし，「火を吹くビル」の動詞「吹く」は，「（その）ビルが火を吹いている」という意味で，アスペクト性を有している。タ形の場合も，「昨日食べた料理」のような例では，言い切りの「昨日（その）料理を食べた」と同様，過去のテンスを表すが，「ネクタイをした人」は，言い切りにすると「（その）人がネクタイをしている」となることから分かるように，アスペクト性を帯びている。連体修飾節内でル形を用いてアスペクト性をもたせた場合は「動作継続」，タ形を用いてアスペクト性をもたせた場合は「結果継続」の意味になる。状態を表す，アスペクト性を有する表現が固定化すると，「変わった文具」「優れた技術」「困った人」のように，もっぱら属性を表し形容詞的になる。

4.「制限的用法」と「非制限的用法」

「太った力士の方が痩せた力士より好きだ」における「太った力士」「痩せた力士」は，「力士」の中から一定の属性をもつ者を限定している。一方，「太った力士の方が痩せたボクサーより好きだ」における「太った力士」「痩せたボクサー」は，「力士」一般の属性として「太っている」ことを補足的に述べ，「ボクサー」一般の属性として「痩せている」ことを補足的に述べている。連体修飾において，前者のように限定する用い方を「制限的用法」，後者のように補足する用い方を「非制限的用法」という。「制限的用法」は「限定的用法」，「非制限的用法」は「非限定的用法」ともいう。国名，

人名，人称詞などを被修飾名詞として述べる場合には，対象は唯一のものであるから，「海に囲まれた日本」「沖縄で育った私」のように，意味を補足する「非制限的用法」となるのが普通である。

5. 被修飾名詞の形式化

「の」「こと」「ところ」「とき」「ほど」「くらい」など形式化した語も被修飾名詞として連体修飾構造を形づくる。それらは，場合によって，(1)助詞が後接したり（「続ける<u>こと</u>が大切だ」），(2)「だ（です）」を付けて特定の意味を表したり（「出かける<u>ところ</u>だ」），(3)中止して接続助詞的な働きをしたり（「行った<u>とき</u>，始まっていた」），(4)節全体が副詞的に働いたり（「飽きる<u>ほど</u>食べた」），といった機能を果たす。実質的意味の強い名詞が被修飾名詞として用いられる場合には，連体修飾構造で名詞句を形づくるだけであるが，形式化した被修飾名詞は，(2)から(4)のようなさまざまな文法的機能を担って用いられるという特徴をもつ。

◆制限的修飾と非制限的修飾，連体修飾語，相対名詞

■参考文献

大島資生（2010）『日本語連体修飾節構造の研究』ひつじ書房．

奥津敬一郎（1974）『生成日本文法論』大修館書店．

高橋太郎（1994）『動詞の研究――動詞の動詞らしさの発展と消失』むぎ書房．

寺村秀夫（1992）『寺村秀夫論文集Ⅰ――日本語文法編』くろしお出版．

日本語記述文法研究会編（2008）『〈現代日本語文法６〉第11部 複文』くろしお出版．

　　　　　　　　　　　　　　　　［中畠孝幸］

■『ローマ字文の研究』（田丸卓郎）

著名な物理学者である田丸卓郎（1872-1932）は日本語のためのローマ字採用運動論者としても有名である。日本語表記のために，かれが中心となって提唱したローマ字正字法は日本式とよばれる（その他にヘボン式と訓令式がある）。

日本語の単語を単音文字であるローマ字を国字として書くことのもっとも肝要な理由として，田丸はまず，「単語をどうつづるか」という点と「単語の文法的な性格による種類わけ」という点が問題なのだと『ローマ字文の研究』（1920）のなかで指摘したが，音節文字であるかな（カナ）では，音韻の認識に到達しえないから，これらの点はよくみえない。〔中学の国語教科書の学校文法の活用表の内容をローマ字をつかって考えてみると活用語の形態論的な変化の問題など音節文字ではあつかえないことがすぐわかる。かなによる分析はえせ形態素をいろいろとうみだす。〕語形変化をしない中国語（孤立語）のいわゆる漢文を一方におき，しかも自分のつかっている文字の性格に気がつかない，むかしの日本語学者たちの認識の集積が日本語に関する学校文法的立論の根拠にあるように思われる。田丸は『ローマ字文の研究』のなかに「ことばの付け離しと種類分け」という章をおき，日本語の単語の文法的性格をふかく研究しているが，この面の性格の研究なしにローマ字正書法の成立は不可能である。日本語の科学的研究の代表者としてはローマ字によって日本語研究を行った英語学者宮田幸一をあげることができるが，田丸の研究は宮田にも影響をあたえている。

●内容概観――『ローマ字文の研究』は，大きく「ローマ字のつづり方」と「ことばの付け離しと種類分け」に分かれる。後者は田丸による日本語文法の概説。田丸の文法学説の特徴は，

一語の認定のあり方であり，語形変化に対する捉え方である。動詞の固有の変化は，大きく切れる形・続く形・条件の形に分けられ，「現在 miru」「過去 mita」「推量の現在 miyô」「推量の過去 mitarô」「命令 miro」「接続 mite」「中止 mi」「列挙 mitari」「不定条件の現在 mi-ruto」「不定条件の過去 mitara」「定条件の現在 mireba」「定条件の過去 mitareba」などが取り出されている。

➡『日本語文法の輪郭』

■参考文献

鈴木康之（1992）「「田丸卓郎」の文法論」『国文学解釈と鑑賞』57-1.

［金子尚一］

わ行，他

■和漢混淆文の文法的特徴

　和漢混淆文の歴史は古く，奈良時代の『続日本紀宣命』などからの長い歴史があり，中世の説話や軍記に見られるものを典型と見ることができる。和漢混淆文には文法現象においても時代や作品により様々な特徴が見出される。

●和文体と漢文訓読体との融合——和文体と漢文訓読体の融合により生じた文体である和漢混淆文において，文法的側面にも二つの文体の文法的特徴が見られる。和漢混淆文においては，和文体と漢文訓読文体において対立的にとらえられる文法的な現象が同一の作品に見出されることがある。すでに奈良時代の『続日本紀宣命』において，漢文訓読文で用いる「ずある（ざる）」「ずあれ（ざれ）」とともに和文で用いる「ぬ」「ね」が用いられ，また，漢文訓読文で用いる「ことな」とともに和文で用いる「な～そ」「～な」が用いられるなどの現象が見られる。

●助詞・助動詞に見られる和漢の対立——文法現象において見られる和漢の対立は，助詞・助動詞において多く見られる。和文体と漢文訓読体の語法的対立の例として，「やうなり」と「ごとし」，「す・さす」と「しむ」，「して」と「をもちて」，「にて・くて」と「にして・くして」，「で」と「ずして」，「に」と「がために」などが挙げられる。これを『今昔物語集』で見ると，おおむね漢文訓読体を基調とする巻と和文体を基調とする巻とで偏りのあることが指摘されている。

●変体漢文の影響——和漢混淆文には漢文訓読文のみならず当時の実用的文体としての変体漢文の影響をも考えられる。たとえば，『今昔物語集』では，「～を以て～令む」のような語法を用いるが，これも「を以て」「令む」など個々の要素は漢文訓読語であるが，使役の対象者を「を以て」を用いる語法は，変体漢文の中に例があるものである。

●接続詞・副詞——説話や軍記では，内容の切れ目に接続詞が多用される点に特徴があるが，これには漢文訓読の影響によるものが多い。また，この中には「而ル間（しかるあひだ）」のような変体漢文に源を持つものもある。『今昔物語集』では和文体的な文体の説話では「さて」が多いが，変体漢文体による「しかるあひだ（而ル間）」や漢文訓読体による「しかるに（而ルニ）」が全巻にわたって多く用いられている。副詞では，中世の説話や軍記で見られる「善悪」「是非」「乃至」「随分」などのような漢語によるものがある。また，「間」を「ので」「から」の意味で用いる例なども，もとは変体漢文の中で多く見られた語法を取り入れたものである。

●過去の助動詞——漢文訓読文においては，過去の助動詞は一般に「き」を用いる。説話などでは漢文訓読文の影響の濃い『三宝絵』で「き」を主とするような例外はあるが，一般には「けり」を用いる。ただし，「けり」を主にしながらも冒頭に限って「き」を用いる話も見られるが，これは実際に撰者の時代の話であると意識されたか，あるいはことさらに現実の話のように感じさせる効果をねらって直接経験の「き」を取り入れた，などの事情が考えられる。

●用言の連体形終止法——和漢混淆文の中でも説話類において多く見られる現象として，用言の連体形終止法がある。『今昔物語集』では特に助動詞「けり」の連体形終止法が多く見られ

る。例えば「然レバ, 仰セニ随テ山籠リヲト云フ文ヲ朝暮ノ口実トシテ誦ケル」(巻一五ノ一七)のような例であるが, これは「けり」の持つ詠嘆的な語感が連体形終止法の強調・詠嘆的意味になじみやすかったためと思われる。これが室町時代にかけて頻用され, やがて連体形終止法の一般化に繋がっていくのであるが, その初期あるいは過渡期の様相を見せていると解される。

➡ 漢文訓読体の文法的特徴, 変体漢文(記録体)の文法的特徴

■参考文献

桜井光昭(1966)『今昔物語集の語法の研究』明治書院.

松尾 拾(1967)『今昔物語集の文体の研究』明治書院.

西田直敏(1978)『平家物語の文体論的研究』明治書院.

山口仲美(1984)『平安文学の文体の研究』明治書院.

山口佳紀(1993)『古代日本文体史論考』有精堂.

[藤井俊博]

■渡辺 実 (わたなべ みのる 1926-)

● 略歴——京都府生まれ。文学博士。1948年, 京都大学文学部(旧制)を卒業。大阪女子大学助教授, 京都大学教授, 上智大学教授を歴任。国語審議会委員, 国語学会代表理事などを務める。

● 業績——主なものに,『国語構文論』(塙書房, 1971),『国語意味論』(塙書房, 2002),『国語表現論』(塙書房, 2011)や,『平安朝文章史』(東京大学出版会, 1981)があり, さらに校注を施した書として『伊勢物語』(新潮社, 1976)がある。

● 文法学説——渡辺実の文法研究は, 時枝文法への大いなる共感と疑問から出発する。渡辺の研究は, 山田孝雄に始原を持つ陳述論という, 明治以降の文法研究の主要な流れにおいて大きな位置を占めるもの。陳述論は, 渡辺においてある成就と終焉を迎える, と言えよう。

渡辺は, 言語を形態・意義・職能という3つの側面を有した現象として捉え, 形態に意義が担われ意義に機能が託されるとする。渡辺にとって, 文法研究とは構文的職能を扱うことによって成り立つ研究領域。構文的職能は,「言語表現の有機的統一性を形成するために, 言語の内面的意義に託される各種の役割の総称」(『国語構文論』p.16)と規定され, まず「素材表示の職能」と「関係構成の職能」に二分される。素材表示の職能が構文的職能かどうかには疑問が残る。

渡辺にあっても, 文は1つの有機的統一体である。その有機的統一体である文を直接的に構成する要素として成分を取り出す。成分は, 彼の言う素材表示の職能と関係構成の職能との職能的結合体。したがって, 成分の種類は, 渡辺の設定する関係構成の職能の種類に一致する。

陳述(の職能)が, 他の職能とは質の異なったものとして, まず関係構成の職能から取り出される。関係構成の職能から陳述を除いたものが, 叙述の職能である。叙述とは, 1つの叙述内容を整えまとめるための職能であり, 展叙と統叙の職能に分けられる。展叙は叙述を展開するための職能であり, 統叙は叙述を統一完了する職能である。さらに展叙の中に, 連用・連体・並列・接続・誘導の諸職能が区別される。

陳述論史における渡辺の最大の貢献は, 節と文とを構文的な記述法で区別することにかなりの程度に成功したことであろう。陳述は, 叙述内容および聞き手と言語主体との関係構成の職能であり, その内実は, 言語主体の断定・疑問・感動・訴えなどである。この陳述を核にして, 文は素材表示の職能と陳述の職能の職能的

結合体，文にとって大切なのは素材的要素に対する陳述の働き，というふうに認定される。それに対して，節は，展叙が働きそれが統叙によって被支配的に受け継がれ，叙述内容が成立することによって成る存在である，とされる。

◆陳述論，構文論（統語論），山田孝雄，時枝誠記

■参考文献

川端善明（1997）「後記」川端善明・仁田義雄編『日本語文法　体系と方法』ひつじ書房．

仁田義雄（2005）『ある近代日本文法研究史』和泉書院．

[仁田義雄]

■話法

●話法とは──人の発話や思考の内容を伝えるには，発話や思考が行われたままの表現として伝える方法と，それを伝える人の視点から言い換えて伝える方法がある。前者を直接話法，後者を間接話法と言い，この種の表現法を文法的に扱う領域を話法と言う。

●直接話法──直接話法は発話や思考をもとのままの表現として伝える方法である。

　(1)「これ預かってくれよ」とカバンを差し出してきた。

(1)では，伝える者の視点からは「それ」となるものが，もとのままの「これ」という形で表されている。また，文法的でない表現や無意味語や外国語など日本語として不完全な言葉であっても，直接話法ならそのまま伝えることができる。

　(2)「クツー，クツー」とわけの分らないことを叫んでいた。

(2)は無意味語の例である。引用の格助詞を伴う「…と」の句を受ける動詞は，この例の「叫ぶ」のように発話や思考を表す伝達動詞が用いられることが多いが，(1)の「差し出す」のように伝達動詞以外の動詞が用いられることもある。伝達動詞が使われている場合は発話や思考がどんなタイプの行為なのかを示し，それ以外の動詞が使われている場合は発話と同時に行われた行為が何であるのかを示している。これらの「…と＋動詞」という構文は，引用構文と呼ばれることがある。

●間接話法──間接話法は，もとの発話や思考の内容を，伝える者の視点から言い換えて伝える方法である。例えば指示詞などの直示表現（「これ」「ここ」「行く」「来る」「やる」「もらう」「わたし」「あなた」「今日」など）が言い換えの対象となる。

　(3)おじいさんは宝物を僕にくれると言った。

「僕」や「くれる」は，おじいさんが子供に宝物をあげると言ったときのものではなく，それを伝える子供の視点から言い換えられた表現である。一方，視点の点でこの種の言い換えができない表現は間接話法に使えない。そのため話し手の丁寧な態度をあらわす「です」「ます」や終助詞が「…と」の中に用いられているときは，間接話法ではなく直接話法と判定される。また，文法的でない表現や無意味語や外国語は間接話法に使えない。

●直接話法か間接話法か──英語の間接話法には時制の一致が存在し，間接話法特有の表現（that，if，whetherなど）を用いる必要がある。しかし，日本語には時制の一致がなく，間接話法も直接話法と同じように「…と」の句が用いられる。そのため，日本語では直接話法か間接話法かを形態的に判別できない場合が少なくない。

　(4)彼は私が犯人だと言った。

「私が犯人だ」の部分は，もとの発話者である「彼」が犯人だという意味なのか，この文を伝える「私」が犯人だという意味なのか曖昧である。直接話法であれば前者，間接話法であれば後者の解釈となる。

●自由直接話法と自由間接話法──「…と」の句

を用いた(1)〜(4)の文は，もとの発話や思考が行われた場とその発話や思考を伝える場という2つの場の存在を含意する。しかし，小説などの「語り（narrative）」の文体では，登場人物の場（＝もとの発話や思考が行われた場）と語り手の場（＝その発話や思考を伝える場）が渾然一体となって区別がつかなくなったり，語り手の場が登場人物の場に融合して一体化したりすることがある。次は光夫という主人公が母宛の手紙を盗み読む場面である。

(5)①光夫は，一字一字を拾うように読み，読み終わったあと，もう一度目を走らせた。（中略）まさか，という答えがなくはない。（中略）②二人が同じ男を好きになった，とか─そう仮定してみると，相手はＳさんということになり，③だとするとＳさんが俺の父親，ということになる。

①は光夫の行動と心中を語る語り手の言葉である。一方，②は語り手の言葉なのか光夫の心の中でつむがれた光夫自身の言葉なのか判然としない。しかし③は「俺」という一人称表現が使われていることから，光夫の言葉がそのまま表現されたものであることが分かる。②のように2つの場が渾然一体となりその区別が付けられない表現法を「自由間接話法」，③のように物語の場に一体化し，登場人物の言葉や思考がそのまま直に表現される表現法を「自由直接話法」と言う。

◆引用

■参考文献
加藤陽子（2010）『話し言葉における引用表現──引用標識に注目して』くろしお出版．
鎌田 修（2000）『日本語の引用』ひつじ書房．
杉浦まそみ子（2007）『引用表現の習得研究──記号論的アプローチと機能的統語論に基づいて』ひつじ書房．
砂川有里子（2003）「話法における主観表現」北原保雄編『〈朝倉日本語講座5〉文法Ⅰ』朝倉書店．
中園篤典（2006）『発話行為的引用論の試み』ひつじ書房．
藤田保幸（2000）『国語引用構文の研究』和泉書院．
山口治彦（2008）『明晰な引用，しなやかな引用』くろしお出版．

［砂川有里子］

■ヲ[1]

現代語の格助詞「を」は，次の三つの機能を持つとされる。
①対格
　(1)太郎が皿を割った。
②移動格
　(2)太郎が公園を歩いた。
③状況（格）
　(3)太郎が雨の中をさまよった。
このうち，「状況」の「を」は，副詞的成分として機能するため，格とはみなされないこともある。

●対格の「を」──「対格」の「を」は，いわゆる目的語を標示する格である。対格のヲ格名詞句が目的語として機能していることは，いくつかの現象から確認できる。一つは，二重目的語制約に関わる現象である。
　(4)a.＊太郎は次郎を皿を割らせた。
　　 b. 太郎は次郎に皿を割らせた。
このように，使役文において被使役者をヲ格で標示できないことから，「皿を」は目的語として機能していると考えられる。
　次に，対格のヲ格名詞句は直接受動文の主語になる。
　(5)皿が割られた。
　また，限られた動詞にみられる現象であるが，感情思考動詞の場合，目的語に「こと」を付加することができるとされる。

(6)a. 太郎が花子を愛している。
　b. 太郎が花子のことを愛している。
(7)a. 花子が太郎に愛されている。
　b.*花子のことが太郎に愛されている。

(6)のヲ格の「花子」は目的語であるため，「花子のこと」のように「こと」を付加できるのに対して，(7)の受動文では，ガ格の「花子」は目的語ではなく，主語であるため，「こと」を付加できない。

●**移動格の「を」**——移動格の「を」は，移動動詞と共起し，次のような概ね三つの用法を持つとされる。いずれも何らかの「移動場所」を示す。

(8)子供が横断歩道を渡った。（経路）
(9)太郎が峠を越えた。（経由点）
(10)太郎が家を出た。（起点）

このうち起点の「を」は，次のように，一見「から」と交替することが可能であるようにみえる。

(11)太郎が家から出た。

しかしながら，(10)が，「家の中から外に空間的に移動する」という空間的移動を表すとともに，「家出する」「独立する」のような抽象的移動も表すのに対して，(11)は，抽象的移動を表しにくいという違いがある。また，次のように，「から」を「を」で置き換えることができない例もある。

(12)a. 太郎が花子から離れた。
　b.*太郎が花子を離れた。

ところが，(12b) も次のようにすると文法的になる。

(13)太郎が花子のそばを離れた。

これは，「から」がある領域や地点を基準点として，そこから遠ざかる移動を表す場合に用いられるのに対して，「を」は，ある領域の中から外に移動することを表す場合に用いられるという違いによるものと考えられる。経由点の「を」も，点的に捉えられるとしても，ヲ格名詞句の表す領域の外から中へ移動し，さらに領域の外に移動することを表すことから，やはりヲ格名詞句の表す領域の中での移動が含まれる。これらのことから，移動格の「を」は全て，ヲ格名詞句の表す領域内での移動を表すことになる。

対格の「を」に対して，移動格の「を」は目的語としての性質を示さない（(14)のようなヲ格名詞句が連続する文については，「二重ヲ格制約」の項を参照されたい）。

(14)太郎は子供を横断歩道を渡らせた。
(15)*横断歩道が渡られた。

●**状況の「を」**——移動格の「を」と異なり，状況の「を」は，本来の移動動詞ではなくとも，(16)のように，何らかの移動を伴うような動作を表す動詞とも共起するが，(17)のように，移動を伴わない場合は非文となる。

(16)太郎は友人が制止する中を次郎に殴りかかった。
(17)*太郎は友人が制止する中を次郎を殴った。

次のa.のような例は，移動を伴わない動作であるように見えるが，b.が非文であることから，時間的移動への拡張であると考えられる。

(18)a. 太郎は雨の中を立っていた。
　b.*太郎は雨の中を立った。

また，状況の「を」の場合，(19)a.のように「中」のような場所名詞によって状況を場所化しなければならないという制限がある。

(19)a. 救助隊は吹雪の中を遭難者を探した。
　b.*救助隊は吹雪を遭難者を探した。

このように移動が関わるという点，場所的な表現であるという点で，状況の「を」は移動格の「を」と類似性を持つ。

●**対格，移動格，状況の関係**——生成文法，認知言語学からのアプローチでは，これらの「を」に何らかの同一性を認めようとすることがある。特に他動性の点から対格の「を」と移

動格の「を」に類似性を認めることが多い。しかしながら，対格の「を」とその他の「を」は，目的語として機能するかどうかという点で大きく異なる。このような対格の「を」とその他の「を」の構文的な違いの一方で存在する，両者の形態的な同一性，意味的な類似性をどのように捉えるかという問題がある。

➡格助詞，二重ヲ格制約，目的語

■参考文献

天野みどり（2008）「状況を表すヲ句について」『和光大学表現学部紀要』8．

加藤重広（2006）「対象格と場所格の連続性──格助詞試論(2)」『北海道大学文学研究科紀要』118．

菅井三実（1999）「日本語における空間の対格標示について」『名古屋大学文学部研究論集 文学』45．

杉本武（1986）「格助詞──「が」「を」「に」と文法関係」奥津敬一郎・沼田善子・杉本武『いわゆる日本語助詞の研究』凡人社．

杉本 武（1993）「状況の「を」について」『九州工業大学情報工学部紀要（人文・社会科学篇）』6．

杉本 武（1995）「移動格の「を」について」『日本語研究』15，東京都立大学．

三宅知宏（1996）「日本語の移動動詞の対格標示について」『言語研究』110．

[杉本 武]

■ヲ²（古典語）

●助辞「を」の3分類──古代語における助辞「を」の機能は，一般に間投助辞，格助辞，接続助辞にわけられる。①間投助辞「宇治川を舟渡せを（呼）と呼ばへども聞こえずあらし梶の音もせず」（万葉・1138）②格助辞「我を（乎）待つと君が濡れけむあしひきの山のしづくにならましものを」（万葉・108）③接続助辞「世にいささかも人の心をまげたることはあらじと思ふを，ただこの人のゆゑにて，あまたさるまじき人の恨みを負ひしはてては，かううち棄てられて，」（源氏・桐壺）

これらの用法の歴史的関係については諸説おこなわれるが，間投助辞は鎌倉時代以降，接続助辞は室町時代頃から使用の制限がみられ，次第に用いられなくなっていったものと考えられる。

●格助辞としての発展──格助辞は奈良時代においてすでに認められ，平安時代にも上記3機能のなかでもっとも広く用いられる。ただし，格助辞の機能は間投助辞の文中用法から発展したものとする説が一般であり，多分に間投助辞的性質が認められる。平安期の格助辞の用法中，もっとも広く用いられるのは「尼君を恋ひきこえたまふをり多かり」（源氏・紅葉賀）のような直接対象語表示である。このほか，状況語表示「温明殿のわたりをたたずみ歩きたまへば」（源氏・紅葉賀）も広く用いられる。また，対象語表示とも主語表示ともみることのできる用法「わびぬれば身をうき草の根を絶えて誘ふ水あらばいなむとぞ思ふ」（古今・938），「女は，さこそ忘れたまふをうれしきに思ひなせど，あやしく夢のやうなることを，心に離るるをりなきころにて，」（源氏・空蝉）も認められるが，この用法は平安時代以降，使用が制限されていく。

古代語の直接対象語表示には助辞「を」付与形態だけでなく，助辞を付与せずに名詞と動詞の関係によってあらわす形態も広く用いられる。助辞「を」付与形態は「尼君を恋ひきこえたまふをり多かり」（源氏・紅葉賀）のような認識や感情のむかう対象をあらわす場合に多く用いられ，助辞付与のない形態は「東の妻戸おし開けたれば」（源氏・末摘花）のような作用をうけて変化をきたす対象をあらわす場合に多く用いられるというように，両形態は用法上の

対立をみせる。助辞「を」のになう直接対象語表示は，認識や感情のむかう対象を表示する用法からはじまり，作用をうけて変化をきたすような対象を表示する用法もふくめた直接対象語表示全般を担うようになっていったものと考えられる。

なお，助辞「を」が古代語においてそなえていた格助辞としての多様な機能・性質は次第に狭められ，現代語では直接対象語表示と状況語表示の各用法の定着がみられる。

➡格助詞，間投助詞，接続助詞

■参考文献

松尾 拾（1944）「客語表示の助詞「を」について」『橋本博士還暦記念国語学論集』岩波書店．

此島正年（1966）『国語助詞の研究』桜楓社．

奥田靖雄（1968〜1972）「を格の名詞と動詞とのくみあわせ」『教育国語』12・13・15・20〜23・25・26・28.〔再録：言語学研究会編（1983）『日本語文法・連語論（資料編）』むぎ書房〕

近藤泰弘（1980）「助詞「を」の分類――上代」『国語と国文学』58-10．

高山道代（2005）「古代日本語のヲ格があらわす対格表示の機能について――ハダカ格との対照から」『国文学解釈と鑑賞』70-7．

［高山道代］

■*A Reference Grammar of Japanese*
（マーチン）

アメリカの言語学者マーチン（Samuel Elmo Martin 1924- ）が著した日本語記述文法書（1975年，Yale University Press）。日本語記述文法書としては最大規模のもので，本文だけで1070ページ（1ページは46行），目次・文献一覧・索引を含めると1198ページに及ぶ。全31セクションのうち，特に名詞修飾を扱う"§13. Adnominalizations"（225ページ），述語連用形を含む構造や副詞節の用法などを扱う"§9. Adverbializations"（205ページ），格助詞や取り立て詞の用法などを扱う"§2. Predicate adjuncts"（142ページ），格関係や主題化などの問題を扱う"§3. Expansion constraints; noun subcategorization"（111ページ），名詞化を扱う"§14. Nominalization"（73ページ）に多くのページが費やされている。

本書は，日本語史研究や方言研究を含む，日本語文法に関する広範囲の研究文献，ならびに週刊誌・小説など多様な日本語資料を参照して書かれており，扱われているトピックの広さと情報量の多さは他に類を見ない。特に，日本語の文法形式や造語要素を網羅的に取り上げ，その用法を豊富な具体例とともに詳細に記述していること，日本語史・方言に関する記述が充実していること，日本語で書かれた研究が数多く引用されていることは，本書の重要な特徴となっている。文法形式の用法については，本書の記述が後の議論の出発点となっていることも多い。日本語例文にアクセントの位置や発音の切れ目などがきめ細かく表示されている点も重要である。

マーチンは，記述文法書の作成とともに，歴史言語学の研究でも広く知られており，日本語系統論の代表的な研究者の一人である。韓国語研究の権威でもあり，*A Korean-English Dictionary*（共著：第2版，1975年，Yale University Press, 1902ページ），*A Reference Grammar of Korean : A Complete Guide to the Grammar and History of the Korean Language*（1992年，Charles E. Tuttle出版，1032ページ）などの大著がある。

［井上 優］

日英用語対照表

曖昧性	ambiguity	活格タイプ	active type
アクチオンスアルト	Aktionsart (独)	活動領域	field
アスペクチュアリティ	aspectuality	活用	conjugation
アスペクト	aspect	過程	process
アスペクト性	aspectuality	過程型	process type
アテリック	atelic	過程構成	transitivity
アナロジー	analogy	過程中核部	Process
アフォーダンス	affordance	仮定法	subjunctive mood
暗意	implicature	合致の方向	directions of fit
異形態	allomorph	カテゴリー化	categorization
意義素	sememe, sémantème (仏)	カテゴリカルな意味	categorical meaning
依存部	dependent	含意	implication, entailment, implicature
依存部標示	dependent-marking		
依存文法	dependency grammar	含意の普遍性	implicational universal
位置	position	関係過程	relational process
一括的スキャニング	summary scanning	関係節	relative clause
一貫性	coherence	慣習	convention
一致	agreement, concord	慣習的行為	conventional act
一般化句構造文法	generalized phrase structure grammar (GPSG)	完成相	perfective
		間接受身 (受動)	indirect passive
異同的意味	differential meaning	観念構成的機能	ideational function
意味	meaning	関連性理論	Relevance Theory
意味行為	rhetic acts	記号過程	semiosis
意味成分	semantic component	記号内容	signifié (仏)
意味層	semantics	記号表現	signifiant (仏)
意味特徴/素性	semantic feature	記号論	semiotics
意味役割	semantic roles, θ-role	記述言語学	descriptive linguistics
意味役割解析	semantic role labeling	機能的構文論	Functional Syntax
意味論	semantics	機能文法	functional grammar
イメージスキーマ	image schema	共起制限	coocurrence restriction
因果関係	cause or effect	共起的	paradigmatic
イントネーション	intonation	共時言語学	linguistique synchronique (仏)
ヴォイス	voice		
受身	passive	共時態	synchronie (仏)
迂言的な形式	periphrastic form	協調の原理	cooperative principle
後ろ向きのポライトネス	negative politeness	強変化活用	strong conjugation
後ろ向きの面子	negative face	曲用	declension
埋め込み	embedding	句	clause, phrase, Satz (独)
エヴィデンシャリティー	evidentiality	偶然の空白	accidental gap
エピステミック・モダリティ	epistemic modality	具現	realization
		句構造文法	phrase structure grammar (PSG)
応答 (隣接) ペア	adjacency pairs		
音韻	phoneme	屈折	inflection
音韻論	phonology	屈折辞	flection
音韻的特徴	phonological features	継起的	syntagmatic
音声行為	phonetic acts	経験の意味	experiential meaning
音素	phoneme	繋辞	copula
		形態	morph
解釈者	interpreter	形態音韻論	morphophonology
外心構造	exocentric construction	形態音素	morphophoneme
階層化	stratification	形態素	morpheme
概念意味論	conceptual semantics	形態論	morphology
改変	innovation	計量言語学	quantitative linguistics
会話分析	conversation analysis	結合価	valency
格	case	結合能力	valency
確認文	constative sentence	結束性	cohesion
格フレーム	case frame	言語行為	speech acts
格文法	case grammar		

言語形式	Sprachform (独), form in language
言語使用域	register
言語年代学	glottochronology
言語類型論	linguistic typology
語彙概念構造	lexical conceptual structure (LCS)
語彙的曖昧性	lexical ambiguity
語彙的結束性	lexical cohesion
語彙文法層	lexicogrammar
項	argument
行為者	actor
降格	demotion
項構造	argument structure
交際権	association right
構成規則	constitutive rule
構成要素順序	constituent order
構造格	structural case
構造言語学	structural linguistics
構造的曖昧性	structural ambiguity
拘束形式	bound form
拘束形態素	bound morpheme
膠着的	agglutinating
行動過程	behavioural process
構文論	syntax
公平権	equity right
呼応	agreement
語幹	stem
語基	base
語構成	word formation
語根	root
コード	code
コーパス	corpus
語尾	ending
コピュラ	copula
語用論	pragmatics
孤立的	isolating
混交, 混淆	contamination
コンタミネーション	contamination
コンテクスト	context
差異	difference
再帰代名詞	reflexive pronoun
細密度	delicacy
再叙	reiteration
作用域	scope
参照	reference
参照切り替え	switch reference
参照点	reference point
残余部	residue
参与要素	participant
時空的つながり	configuity in time or place
自己制御性	self-controllability
自己中心性	egocentrism
示差的特徴	distinctive feature
指示	reference
指示詞	demonstrative
指示的用法	referential use
指示表現	referring expression
シソーラス	thesaurus
事態把握	construal
質への面子	quality face
指定の読み	specificational reading
シニフィアン	signifiant
シニフィエ	signifié
自発	spontaneous, spontaneity
島の制約	island constraints
社会的自己同一性	social identity
社会的自己同一性への面子	identity face
尺度と範疇の文法	scale and category grammar
弱変化活用	weak conjugation
社交権	sociality right
射程	scope
ジャンクション	junction
ジャンル	genre
従位接続	subordination
自由形式	free form
自由形態素	free morpheme
修辞疑問文	rhetorical question
自由焦点	free focus
主格	nominative
縮約	contraction
主語	subject
主辞駆動句構造文法	head-driven phrase structure grammar, HPSG
主題	theme
主体的	subjective
述語	predicate
状況のコンテクスト	context of situation
状況要素	circumstance
畳語	reduplication
受動, 受動相	passive
首尾一貫性	coherence
主要部	head
主要部標示	head-marking
照応	sequence, anaphora, co-reference
照応解析	anaphora resolution
照応表現	anaphoric expression
昇格	promotion
状況的適切性	conditional relevance
証拠性	evidentiality
証拠的モダリティ	evidential modality
焦点	focus
焦点辞	focus particle
譲渡可能所有	alienable possession
譲渡不可能所有	inalienable possession
省略	ellipsis
助辞	particle
叙実性	factivity
叙述	predication
叙述法	indicative mood
所動詞	inactive verb
助動詞	auxiliary verb
叙法	mood
叙法部	mood
所有	possession
所有傾斜	Possession cline
進化言語学	linguistique évolutive (仏)
深層格	deep case
シンタグマティックな関係	rapports syntagmatiques (仏), syntagmatic relations
心理過程	mental process
図	figure
遂行文	performative sentence
数	number
数詞類別詞	numeral classifier
数量化副詞	adverbs of quantification
数量詞	quantifier

日英用語対照表 —— 697

日本語	英語
スコープ	scope
図/地の反転	figure/ground reversal
図/地の分化	figure/ground segregation
性	gender
整合性	coherence
生成文法	generative grammar
静態言語学	linguistique statique（仏）
成分分析	componential analysis
生命記号論	biosemiotics
節	clause
接近可能性の階層	accessibility hierarchy
接合	nexus
接辞	affix
接続	conjunction
接続表現	connective expression
接中辞	infix
接頭辞	prefix
接尾辞	suffix
節連鎖	clause chain
狭い作用域	narrow scope
前景	foreground
先行詞	antecedent
全体の類型論	holistic typology
選択	choice
選択制限	selection(al) restriction
選択体系機能言語学	systemic functional linguistics
選択体系網	system network
前提	presupposition
総記	exhaustive listing
総合的	synthetical
総称文	generic sentence
総称名詞句	generic noun phrase
相対的作用域	relative scope
相補分布	complementary distribution
束縛焦点	bound focus
属格	genitive
措定の読み	predicational reading
措定文	predicational sentence
存在過程	existential process
態	voice
対格	accusative
ダイクシス	deixis
ダイクティック	deictic
体系的空白	systematic gap
対照言語学	contrastive linguistics
対人的意味	interpersonal meaning
対人的機能	interpersonal function
代用	substitution
代用表現	substitution
タクシス	taxis
卓立性	prominence
ターゲット	target
多時的	métachronique（仏）
多総合（的）	polysynthetic
他動性	transitivity
段階	stage
ターン構成の単位	turn-constructional unit (TCU)
談話	discourse
談話標識	discourse marker
談話分析	discourse analysis
地	ground
チャンキング	chunking
中相	middle
中立叙述	neutral description
調整	regulation
超分節音韻論	suprasegmental phonology
直示	deixis
直接受身（受動）	direct passive
直接構成素	immediate constituent (IC)
陳述	predication
陳述性	predicativity
通時言語学	linguistique diachronique（仏）
通時態	diachronie（仏）
定型	finite
定形動詞	finite verb
ディスコース	discourse
デオンティック・モダリティ	deontic modality
テキスト性	texture
適切性条件	felicity condition
テクスト	text
テクスト形成的機能	textual function
テクスト的意味	textual meaning
テーマ	theme，Thema（独）
テリック	telic
テンス	tense
伝達様式	mode
テンポラリティ	temporality
等位接続	coordination
同一構造仮説	uniform theory
統合関係	rapports syntagmatiques（仏），syntagmatic relations
統語論	syntax
投射問題	projection problem
投錨	anchoring
動名詞	gerund
特異共時的	idiosynchronique（仏）
特時的	idiochronique（仏）
トラジェクター	trajector
内核	nucleus
内在格	inherent case
内心構造	endocentric construction
難易文	tough constructions
二重分節	double articulation
認識的モダリティ	epistemic modality
人称	person
認知言語学	cognitive linguistics
ネクサス	nexus
能動，能動相	active
能動詞	active verb
背景	background
漠然性	vagueness
派生	derivation
発言過程	verbal process
発言行為	utterance act
発語行為	locutionary acts
発語内行為	illocutionary act
発語内効力	illocutionary force
発語内効力標識	illocutionary force marker
発語媒介行為	perlocutionary acts
発語媒介効果	perlocutionary effects
発話行為	speech acts
発話機能	speech function

パーフェクト	perfect
パラディグマティックな関係	rapports paradigmatiques (仏), paradigmatic relations
パロール	parole (仏)
汎時的	panchronique (仏)
範列関係	rapports paradigmatiques (仏), paradigmatic relations
非項	non-argument
非指示的用法	non-referential use
ピッチ	pitch
否定極性項目	negative polarity item
非定形用言	non-finite verbals
非同一構造仮説	non-uniform theory
広い作用域	wide scope
品詞	part of speech
副詞節	adverbial clause
複文	complex sentence
付属部	dependent
物質過程	material process
プロソディー	prosody
プロトタイプ	prototype
プロミネンス	prominence
文化のコンテクスト	context of culture
分詞	participle
分析的	analytical
分析的な形式	analytic form
分節音韻論	segmental phonology
分布	distribution
文法化	grammaticalization
文法関係	grammatical relation
文法性	grammaticality
文法の曖昧性	grammatical ambiguity
文脈	context
分離可能所有	alienable possession
分離不可能所有	inalienable possession
分裂文	cleft sentence
弁別的素性	distinctive feature
補語	complement
補文	complement
補文節	complement clause
補文標識	complementizer
ポライトネス	politeness
前向きのポライトネス	positive politeness
前向きの面子	positive face
無差別束縛	unselective binding
ムード	mood
無標	unmarked
明意	explicature
命題	proposition
命題行為	propositional acts
命題態度	propositional attitude
メタ機能	metafunction
メトニミー	metonymy
面子理論	face theory
メンタルスペース	mental space
目的語	object
目標	goal
モダリティ	modality
役割関係	tenor
融合	fusion, blending
有生性	animacy
優先応答体系	preference organization
有標	marked
用語行為	phatic acts
容認度	acceptability
与格	dative
ランガージュ	langage (仏)
ランク	rank
ラング	langue (仏)
ランドマーク	landmark
量化詞	quantifier
類似関係	resemblance
類推	analogy
類別詞	classifier
歴史言語学	historical linguistics
レーマ	rheme, Rhema (独)
連位接続	cosubordination
連語	collocation
連合関係	rapports associatifs (仏), associative relations
連辞	syntagme
連接	juncture
連続的スキャニング	sequential scanning
連動詞構文	serial verb construction
論証関係	argumentation relation
論理演算子	logical operator
話者交替適確箇所	transition relevance place (TRP)
話法	mood
c-統御領域	c-command domain

英日用語対照表

acceptability	容認度	classifier	類別詞
accessibility hierarchy	接近可能性の階層	clause	句，節
accidental gap	偶然の空白	clause chain	節連鎖
accusative	対格	cleft sentence	分裂文
active	能動，能動相	code	コード
active type	活格タイプ	cognitive linguistics	認知言語学
active verb	能動詞	coherence	一貫性，首尾一貫性，整合性
actor	行為者	cohesion	結束性
adjacency pairs	応答（隣接）ペア	collocation	連語
adverbial clause	副詞節	complement	補語，補文
adverbs of quantification	数量化副詞	complement clause	補文節
affix	接辞	complementary distribution	相補分布
affordance	アフォーダンス		
agglutinating	膠着的	complementizer	補文標識
agreement	一致，呼応	complex sentence	複文
Aktionsart（独）	アクチオンスアルト	componential analysis	成分分析
alienable possession	譲渡可能所有，分離可能所有	conceptual semantics	概念意味論
allomorph	異形態	concord	一致
ambiguity	曖昧性	conditional relevance	状況的適切性
analogy	類推，アナロジー	configuity in time or place	時空的つながり
analytic form	分析的な形式		
analytical	分析的	conjugation	活用
anaphora	照応	conjunction	接続
anaphora resolution	照応解析	connective expression	接続表現
anaphoric expression	照応表現	constative sentence	確認文
anchoring	投錨	constituent order	構成要素順序
animacy	有生性	constitutive rule	構成規則
antecedent	先行詞	construal	事態把握
argument	項	contamination	コンタミネーション，混交，混淆
argument structure	項構造		
argumentation relation	論証関係	context	文脈，コンテクスト
aspect	アスペクト	context of culture	文化のコンテクスト
aspectuality	アスペクチュアリティ	context of situation	状況のコンテクスト
aspectuality	アスペクト性	contraction	縮約
association right	交際権	contrastive linguistics	対照言語学
associative relations	連合関係	convention	慣習
atelic	アテリック	conventional act	慣習的行為
auxiliary verb	助動詞	conversation analysis	会話分析
		coocurrence restriction	共起制限
background	背景	cooperative principle	協調の原理
base	語基	coordination	等位接続
behavioural process	行動過程	copula	コピュラ，繋辞
biosemiotics	生命記号論	coreference	照応
blending	融合	corpus	コーパス
bound focus	束縛焦点	cosubordination	連位接続
bound form	拘束形式		
bound morpheme	拘束形態素	dative	与格
		declension	曲用
case	格	deep case	深層格
case frame	格フレーム	deictic	ダイクティック
case grammar	格文法	deixis	ダイクシス，直示
categorical meaning	カテゴリカルな意味	delicacy	細密度
categorization	カテゴリー化	demonstrative	指示詞
cause or effect	因果関係	demotion	降格
c-command domain	c-統御領域	deontic modality	デオンティック・モダリティ
choice	選択	dependency grammar	依存文法
chunking	チャンキング	dependent	依存部，付属部
circumstance	状況要素	dependent-marking	依存部標示

699

derivation	派生
descriptive linguistics	記述言語学
diachronie (仏)	通時態
difference	差異
differential meaning	異同の意味
direct passive	直接受身（受動）
directions of fit	合致の方向
discourse	談話，ディスコース
discourse analysis	談話分析
discourse marker	談話標識
distinctive feature	弁別的素性，示差的特徴
distribution	分布
double articulation	二重分節
egocentrism	自己中心性
ellipsis	省略
embedding	埋め込み
ending	語尾
endocentric construction	内心構造
entailment	含意
epistemic modality	エピステミック・モダリティ，認識的モダリティ
equity right	公平権
evidential modality	証拠的モダリティ
evidentiality	エヴィデンシャリティー，証拠性
exhaustive listing	総記
existential process	存在過程
exocentric construction	外心構造
experiential meaning	経験の意味
explicature	明意
face theory	面子理論
factivity	叙実性
felicity condition	適切性条件
field	活動領域
figure	図
figure/ground reversal	図/地の反転
figure/ground segregation	図/地の分化
finite	定型
finite verb	定形動詞
flection	屈折辞
focus	焦点
focus particle	焦点辞
foreground	前景
form in language	言語形式
free focus	自由焦点
free form	自由形式
free morpheme	自由形態素
functional grammar	機能文法
Functional Syntax	機能的構文論
fusion	融合
gender	性
generalized phrase structure grammar (GPSG)	一般化句構造文法
generative grammar	生成文法
generic noun phrase	総称名詞句
generic sentence	総称文
genitive	属格
genre	ジャンル
gerund	動名詞
glottochronology	言語年代学
goal	目標
GPSG (generalized phrase structure grammar)	一般化句構造文法
grammatical ambiguity	文法的曖昧性
grammatical relation	文法関係
grammaticality	文法性
grammaticalization	文法化
ground	地
head	主要部
head-driven phrase structure grammar (HPSG)	主辞駆動句構造文法
head-marking	主要部標示
historical linguistics	歴史言語学
holistic typology	全体の類型論
HPSG (head-driven phrase structure grammar)	主辞駆動句構造文法
IC (immediate constituent)	直接構成素
ideational function	観念構成的機能
identity face	社会的自己同一性への面子
idiochronique (仏)	特時的
idiosynchronique (仏)	特異共時的
illocutionary act	発語内行為
illocutionary force	発語内効力
illocutionary force marker	発語内効力標識
image schema	イメージスキーマ
immediate constituent (IC)	直接構成素
implication	含意
implicational universal	含意の普遍性
implicature	含意，暗意
inactive verb	所動詞
inalienable possession	分離不可能所有，譲渡不可能所有
indicative mood	叙述法
indirect passive	間接受身（受動）
infix	接中辞
inflection	屈折
inherent case	内在格
innovation	改変
interpersonal function	対人的機能
interpersonal meaning	対人的意味
interpreter	解釈者
intonation	イントネーション
island constraints	島の制約
isolating	孤立的
junction	ジャンクション
juncture	連接
landmark	ランドマーク
langage (仏)	ランガージュ
langue (仏)	ラング
LCS (lexical conceptual structure)	語彙概念構造
lexical ambiguity	語彙の曖昧性
lexical cohesion	語彙的結束性
lexical conceptual structure (LCS)	語彙概念構造

lexicogrammar	語彙文法層
linguistic typology	言語類型論
linguistique diachronique (仏)	通時言語学
linguistique évolutive (仏)	進化言語学
linguistique statique (仏)	静態言語学
linguistique synchronique (仏)	共時言語学
locutionary acts	発語行為
logical operator	論理演算子
marked	有標
material process	物質過程
meaning	意味
mental process	心理過程
mental space	メンタルスペース
métachronique (仏)	多時的
metafunction	メタ機能
metonymy	メトニミー
middle	中相
modality	モダリティ
mode	伝達様式
mood	ムード，叙法，叙法部，話法
morph	形態
morpheme	形態素
morphology	形態論
morphophoneme	形態音素
morphophonology	形態音韻論
narrow scope	狭い作用域
negative face	後ろ向きの面子
negative polarity item	否定極性項目
negative politeness	後ろ向きのポライトネス
neutral description	中立叙述
nexus	ネクサス，接合
nominative	主格
non-argument	非項
non-finite verbals	非定形用言
non-referential use	非指示的用法
non-uniform theory	非同一構造仮説
nucleus	内核
number	数
numeral classifier	数詞類別詞
object	目的語
panchronique (仏)	汎時的
paradigmatic	共起的
paradigmatic relations	パラディグマティックな関係，範列関係
parole (仏)	パロール
part of speech	品詞
participant	参与要素
participle	分詞
particle	助辞
passive	受身，受動，受動相
perfect	パーフェクト
perfective	完続相
performative sentence	遂行文
periphrastic form	迂言的な形式
perlocutionary acts	発語媒介行為
perlocutionary effects	発語媒介効果
person	人称
phatic acts	用語行為
phoneme	音素，音韻
phonetic acts	音声行為
phonological features	音韻論的特徴
phonology	音韻論
phrase	句
phrase structure grammar (PSG)	句構造文法
pitch	ピッチ
politeness	ポライトネス
polysynthetic	多総合 (的)
position	位置
positive face	前向きの面子
positive politeness	前向きのポライトネス
possession	所有
Possession cline	所有傾斜
pragmatics	語用論
predicate	述語
predication	叙述，陳述
predicational reading	措定の読み
predicational sentence	措定文
predicativity	陳述性
preference organization	優先応答体系
prefix	接頭辞
presupposition	前提
process	過程
Process	過程中核部
process type	過程型
projection problem	投射問題
prominence	プロミネンス，卓立性
promotion	昇格
proposition	命題
propositional acts	命題行為
propositional attitude	命題態度
prosody	プロソディー
prototype	プロトタイプ
PSG (phrase structure grammar)	句構造文法
quality face	質への面子
quantifier	数量詞，量化詞
quantitative linguistics	計量言語学
rank	ランク
rapports associatifs (仏)	連合関係
rapports paradigmatiques (仏)	パラディグマティックな関係，範列関係
rapports syntagmatiques (仏)	シンタグマティックな関係，統合関係
realization	具現
reduplication	畳語
reference	参照，指示
reference point	参照点
referential use	指示的用法
referring expression	指示表現
reflexive pronoun	再帰代名詞
register	言語使用域
regulation	調整
reiteration	再叙
relational process	関係過程
relative clause	関係節
relative scope	相対的作用域
Relevance Theory	関連性理論
resemblance	類似関係
residue	残余部

Rhema (独)	レーマ
rheme	レーマ
rhetic acts	意味行為
rhetorical question	修辞疑問文
root	語根
Satz (独)	句
scale and category grammar	尺度と範疇の文法
scope	スコープ，作用域，射程
segmental phonology	分節音韻論
selection(al) restriction	選択制限
self-controllability	自己制御性
sémantème (仏)	意義素
semantic component	意味成分
semantic feature	意味特徴/素性
semantic role labeling	意味役割解析
semantic roles	意味役割
semantics	意味論，意味層
sememe (仏)	意義素
semiosis	記号過程
semiotics	記号論
sequence	照応
sequential scanning	連続的スキャニング
serial verb construction	連動詞構文
signifiant (仏)	シニフィアン，記号表現
signifié (仏)	シニフィエ，記号内容
social identity	社会的自己同一性
sociality right	社交権
specificational reading	指定の読み
speech acts	発話行為，言語行為
speech function	発話機能
spontaneity	自発
spontaneous	自発
Sprachform (独)	言語形式
stage	段階
stem	語幹
stratification	階層化
strong conjugation	強変化活用
structural ambiguity	構造的曖昧性
structural case	構造格
structural linguistics	構造言語学
subject	主語
subjective	主体的
subjunctive mood	仮定法
subordination	従位接続
substitution	代用，代用表現
suffix	接尾辞
summary scanning	一括的スキャニング
suprasegmental phonology	超分節音韻論
switch reference	参照切り替え
synchronie (仏)	共時態
syntagmatic	継起的
syntagmatic relations	シンタグマティックな関係，統合関係
syntagme	連辞
syntax	統語論，構文論
synthetical	総合的
system network	選択体系網
systematic gap	体系的空白
systemic functional linguistics	選択体系機能言語学
target	ターゲット
taxis	タクシス
TCU (turn-constructional unit)	ターン構成の単位
telic	テリック
temporality	テンポラリティ
tenor	役割関係
tense	テンス
text	テクスト
textual function	テクスト形成的機能
textual meaning	テクスト的意味
texture	テキスト性
Thema (独)	テーマ
theme	テーマ，主題
thesaurus	シソーラス
tough constructions	難易文
trajector	トラジェクター
transition relevance place (TRP)	話者交替適確箇所
transitivity	他動性，過程構成
TRP (transition relevance place)	話者交替適確箇所
turn-constructional unit (TCU)	ターン構成の単位
uniform theory	同一構造仮説
unmarked	無標
unselective binding	無差別束縛
utterance act	発言行為
vagueness	漠然性
valency	結合価，結合能力
verbal process	発言過程
voice	ヴォイス，態
weak conjugation	弱変化活用
wide scope	広い作用域
word formation	語構成
θ-role	意味役割

索引

1．太字は該当項目の見出し掲載ページを示す。
2．人名は見出しに取り上げた人名だけを挙げ、見出し掲載ページに限って示した。

● あ

あいさつ　448, 449, 552, 561, 656
挨拶表現　133
IC分析　**3**, 165
あいず　448
あいづち　62
相づち的な発話　400
相手　433
相手状況評価　138, 561, 656
曖昧　3
曖昧性　**3**
アウストロネシア語族　585
アクセント　**4**, 34, 196, 547, 549
アクセントの位置のゆれ　652
アクチオンスアルト　**4**, 6, 581
アクチオンスアルトの下位種　5
アクチオンスアルトの表現形式　5
アスペクチュアリティ　**6**, 220
アスペクト　**6**, **7**, **9**, **12**, 26, 55, 56, 112, 142, 163, 172, 177, 287, 370, 376, 389, 390, 411, 425, 427, 434, 435, 437, 442, 496, 506, 513, 581, 595, 614, 669, 684
アスペクト限定説　334
アスペクト性（aspectuality）　447
「扱い」に関わる言語表現　379
誂え　140, 453
宛字　577
アテリック　8
アドホック概念構築　137
アナロジー　**14**, 673　⇨類推
『姉小路式』　90, 422
アフォーダンス　28
奄美大島方言　100, 102
奄美諸島方言　46
奄美方言　305
アメリカ構造言語学　637
アメリカ構造主義　201
アメリカ構造主義言語学　3, 175, 494

あゆひ(脚結)　15, 81
『あゆひ(脚結)抄』（富士谷成章）　**15**, 118, 470, 528, 542
改まり⟵⟶くだけ/粗野/尊大　380
アリ/あり　88, 285, 317, 367
ありか　458
在り方　278, 283, 284, 316, 317, 560, 628, 645
在り方希求　138, 139, 560, 629
ありさま　284
孔(ありな)　367
アル/ある　317, 368, 649
アルタイ語学　585
あわせ文　221
暗意　127, 137
アンケート調査　570

● い

い　81, 82, 87
いいえ　62
言いさし　58
言いよどみ　133, 657
異音　65, 364
イ音便　67, 586
異音変異　65, 174
意外　622
位格　93
意義　16
意義素　**16**, 102, 175
意義特徴　16
生キ物・非生キ物　609
異形態　173, 174
イ形容詞　110, 182, 186, 526
意向　18, 490
意向伺い　60
イコン記号　35
意志　**16**, 18, 37, 81, 87, 129, 136, 138, 180, 284, 285, 317, 329, 393, 396, 438,

471, 552, 559, 560, 576, 604, 627, 628, 644
石垣謙二　**18**
意志勧誘　16
意識的確認　611
意志形　39
意志性　17, 413, 666
意志的行為　588
意志動作　247
意志動詞　**18**, 287, 411, 437
意志の文　564
意志のモダリティ　287
意志表出　631
意志表明　561
已然形　25, 77, 80, 83, 86, 89, 91, 117, 262
已然形終止　92
已然形＋バ　25
依存関係　20, 217, 266
依存部　202
依存部標示　203
依存文法　**20**, 193
いたす　204, 415
位置　197
一義化　137
一語文　**21**, 38, 131, 221, 408, 449, 553, 560, 612, 629, 638, 646
一時的現象　57, 376
一時的後退性　505
一時的事象　72
一時的状態　359, 425, 428
一段　586
一段活用　110, 465
1段動詞　114, 439
1人称　470, 649, 650
1人称複数　669
Ⅰ類動詞　110
一括　411
一括性　13
一括的スキャニング　474
一貫性　193, 398, 571
一項述語　213
1項動詞　284
一致　**24**, 223, 271

一致関係　333
一般意味論　32
一般格　591
一般化句構造文法　166
『一般言語学講義』（ソシュール）　364
一般(恒常)条件　**25**, 121, 296
一般条件　**25**, 103, 104
一般的恒常的な関係　303
『一歩』　91
イディオム　31
意図　662
移動　166, 386
移動格　465, 690
移動先　573
移動他動詞　465
異同的意味　175
移動動詞　**26**, 255, 691
意図成就　123, 292, 461, 662, 663, 664
いとど　421
意図不成就　663
井上和子　**26**
イハク　431
いますかり　367
意味　16, **27**, 28, 31
意味解析　252
意味格　93, 106
意味行為　500
意味構造　220
意味述語　212
意味成分　29
意味層　147
意味素性　29
意味的な逸脱　570
意味的なカテゴリー　630
意味的な不整合　356
意味特徴　**29**, 356
意味の場　75, 212
意味の分担　672
意味範疇　193
意味役割　**30**, 96, 107, 252, 270, 272, 342
意味役割解析　252
意味論　**31**
意味論的含意　127
意味論的前提　357

イメージスキーマ　30, 474
依頼　**32**, 138, 155, 338, 471, 482, 552, 561, 615, 656
依頼表現　33
依頼文　32
いらっしゃる　317, 366
西表方言　47
イル/いる　317, 368, 649
入子型　218, 446
入子型構造　446
因果関係　105, 194, 300, 308, 571
インタラクション（影響し合い）　359
イントネーション　**34**, 265, 278, 400, 502, 503, 547, 549, 653
イントネーション単位　400
インフォーマル　134
引用　**35**, 689
引用構文　35, 689

●う

ウ　**37**, **39**, 285, 332, 546, 586
ウェールズ語　200
ヴェンク（Günther Wenck）　**40**
ヴォイス　**41**, **43**, **46**, 47, 52, 96, 112, 246, 287, 316, 360, 435, 437, 581, 615, 662, 669
ヴォイス形式　662
ウ音便　66
伺う　204
うけこたえ　448, 449
受辞（うけことば）　315
受手尊敬　204, 382
受けの成分　75
受けの大小　76
受身　**47**, **49**, **52**, 259, 292, 662, 663, 664, 665
受身文　49, 52, 247
迂言的　633
迂言的な形式　55
迂言（法）　**55**
動き　9, 189
動辞（うごきてにをは）　423
動き動詞　436
動きの文　563

有情　322
有情者　662
有情性　599
有情の受身　44
有情物　50
後ろ向きのポライトネス　584
後ろ向きの面子　583
疑い　69, 631
歌語り　243
ウチ　647
内の関係　347, 539, 680, 683
訴え　138, 243, 552, 561, 656
ウナギ文　282, 610, 612
ウベシ　575
埋め込み　**56**
埋め込み疑問文　154
埋め込み節　347, 563
ウ（ヨウ）　**37**, **39**, 284, 316, 319, 317
ウ（ヨウ）の多義性の構造　37
うん　62
運動動詞　7, 8, **56**, 317, 318, 373, 427
運命・不可避　576
運用論　237

●え

影響　665
英語　199, 200, 271, 272
詠嘆/詠歎　21, **58**, 70, 81, 83, 87, 142, 550, 561, 621, 640
詠嘆表現　678
エヴィデンシャリティー　141, **304**, 507　⇨証拠性
X-bar 理論　341
エピステミック・モダリティ　**59**, 139, 417, 576, 628
婉曲　**60**, **61**, 330, 454, 655
婉曲表現　60
演述　243
遠称　233

●お

お-（尊敬・美化接頭辞）　366, 515
応答　**62**, 133
応答形式　62

応答詞　62, 133, 639
応答付加表現　62
応答（隣接）ペア　401
欧文直訳体　53
応用言語学　197
応用認知言語学　198
大槻文彦　**63**
大野晋　**63**
奥田靖雄　**64**
{お/ご}……する　204
{お/ご}……になる　60, 366
教え　550, 551, 552, 561, 656
お互い(に)　359
おっしゃる　366
驚き　646
おのづから然る　322
オハス　317
オボユ　258
思い出し　370
オモホユ　258
音韻　29, **65**, 173
音韻構造　165
音韻交替　196
音韻論　29, 31, **65**, 149, 363, 585
音韻論的特徴　29
音義説　315
恩恵の授受　380
音声学　65
『音声学』（服部四郎）　498
音声言語　214
音声行為　500
音声的卓立　549
音節拍リズム　547
音素　29, 65, 149, 173, 363, 578, 641
音単位　464
音調　62, 657
温度・痛覚の形容詞　283
音便　**66**, 110
音便形　66, 117
音変化　66

●か

カ　**69**, **70**, 77, 79, 81, 82, 87, 91, 92, 155, 156, 315, 424, 485, 544, 574, 583, 644
ガ　71, **72**, 106, 245, 270, 273, 281, 307, 358, 361, 414, 450, 649
外界照応　193
概括量副詞　414
外形　197
下位語　**299**
外項　73, 214, 516
介詞　216
開始限界　503
下位事象　213
解釈者　27
外心構造　**73**, 74
外心複合語　229
概数　582
概数量　492, 537
解説　478
解説的表現　678
解説部（叙述部）　275, 277
蓋然性　339, 362, 393
回想　373, 374, 504
階層化　146
階層関係　166
階層構造　218, 539, 600
階層性　341
階層的陳述論　551
階層的モダリティ論　551
形態素解析　252
外的言語形式　196
外的状況　300
解答提示　71
概念　32
概念意味論　**74**
概念化　662
概念過程　654
概念語　145, 643, 654
概念構造　74, 213
概念的意味　212
概念的指示　251
会話　400
会話の組み立て方　400
会話の線条的構造　400
会話文　678
会話分析　400

歌学　421
ガ格　96, 258, 268, 281, 322, 602
ガ格項　276, 277, 284
ガ格成分　288
係り　81, 131
かかり　423
係り受け　**75**
係り受け解析　252
係り受け構造　76
係助詞　64, 73, **77**, **79**, 81, 86, 131, 231, 248, 268, 275, 311, 312, 358, 452, 485, 490, 587, 619, 621, 622, 638, 639, 640, 642, 644
係りの遠近　76
係りの成分　75
係副詞　638
係り結び　25, 64, 70, 75, 77, 79, 81, 82, **83**, **86**, **89**, 90, 91, 117, 161, 224, 262, 325, 358, 421, 423, 452, 485, 497, 568, 619, 638, 639, 644, 677
係り結び研究　**90**
係結的断続関係　638
係り結びの消滅　85, 92
係り結びの変遷　**91**
係用法　311
書き言葉　398, **501**, 556, 586
かき混ぜ操作　344
カ行変格活用　115
格　**93**, **95**, **98**, 179, 270, 272, 279, 467, 591, 606, 609, 669
画一理論　50
格解釈　31
格階層　107
格関係　102, 106
格形式　96
確言　**397**
格構造論的成分　565
格下げ　347
格支配　94, 97, 436
格助詞　71, 72, 77, 82, 95, **102**, 268, 310, 412, 433, 477, 595, 657, 676
格助辞　94, 458, 692
格助詞ノ　144
格助辞のニ　456

確信　326, 397, 604
格成分　536
格接辞　101
格体制　662
拡張　15
確定　121, 284, 285, 485, 619
確定条件　25, **103**, **104**, 121, 162, 296, 302
確定的対象化　83
格的内容の分裂（split）　598
獲得　373, 374
確認　21, 373, 397, 399, 476, 504, 505, 550, 551, 561
確認文　500
確認要求　60, **106**, 133, 154
格のクッツキ　456
格の文統一　86
格範疇　529
格標識　202
額縁的詠嘆　485, 487
格フレーム　30, 107, 108
格文法　30, **106**, 218
格論　313
格を表すための表現手段　93
かけごえ　448, 449
「かけ」名詞構文　517
書ケル　461
過去　179, 284, 285, 317, 328, 370, 373, 374, 425, 503, 504, 507, 644, 674
雅語　144
下降調　34
過去形　12
過去推量　331, 660
かざし（挿頭）　15, 532, 533, 534
『挿頭（かざし）抄』（富士谷成章）　528, 542
カザラレ　478, 676
カザリ　478, 676
可算　537
かし　421
化石化　167
下接条件　343
仮説的条件文　300
仮想　551, 587
仮想的譲歩　627
型　633

〜難い　456
課題構造　491
課題の場　243
カタシ　522
カタロニア語　200
価値判断のモダリティ　417
価値評価　631
活格言語　411
活格タイプ　671
学校文法　110，111，210，318，526，534
『活語断続譜』（鈴木朖）　118
合致の方向　501
活動　213
活動動詞　335
活動領域　146
活用　86，**108**，**111**，**114**，118，208，225，435，440，496，547
活用形　39，66，81，86，108，**116**，420
活用研究　**117**
『活用言の冊子』（本居宣長監修）　118，636
活用語　654
活用語尾　145，312，319，351
活用体系　260
活用タイプ　668
活用の起源　**118**
仮定　17，37，61，121，393，627
過程　147
過程型　147
仮定形　25，117，160
過程構成　147
仮定条件　25，103，104，**120**，**121**，162，244，296，302，306，307，317，523，576，587
仮定世界　551
過程中核部　147
仮定表現　306
仮定法　263，512
過程命令　616
カテゴリカルな意味　197
カテゴリー化　548
可展性　350
『歌道秘蔵録』　90，421
カナ/かな　77，81，421
ガナ　152
カナラズシモ　523

カヌ　522
可能　48，**122**，181，292，329，461，576，586，662，663，664，665，666
可能構文　46
可能性　37，60，284，317，318，328，412，620，627，644
可能性承認　628
可能性容認　620
可能世界　329
可能動詞　43，116，**124**，258，437，671
可能文　54
ガノ可変　480
が/の交替　681
カの終助詞化　157
上一段活用　114，466
上一段活用動詞　68，575
上二段活用　114，466
亀井孝　**124**
カメラ・アングル　254
かも　81，87
カモシレナイ　284，318，319，327，628
カラ　105，**125**，195，245，586，595，657，691
カラ受身文　44
カラ格補語　288
カリ活用　115，183，188，367，441
カリ活用の本活用化　144
川端善明　**126**
含意　**127**，357
含意的普遍性　201
喚起　324
緩急　421
関係　189
関係過程　147
関係語　312，323，643，654
関係構成の職能　406
関係構成欲求　552
関係節　200，202，295，343，387，540
関係の格率　159
関係文法　567
完結性　556
完結相　5
換言　350，354，481
漢語　515

漢語助字研究　421
完辞　594
慣習　501
慣習化　74
慣習的行為　501
感情・感覚形容詞　183，189
感情・感覚形容詞の文法特性　183
感情形容詞　187，188，283
感情表現　598
関数　212
完成　8，427
完成相　5，6，12，13，142，171，411，425，505
間接受身　48，49，436，648
間接受身文　52，54，322，665
間接確認　604
間接経験　141
間接受動　517
間接受動文　41，44，52
間接知識　324
間接的エヴィデンシャリティー　305
間接目的語　200，256，626
間接話法　36
眼前指示　250，251
完全否定　519
眼前描写　243，428
眼前描写文　206
感想　399
喚体　78，82，83，88，**128**，**130**，164，269，283，407，559，560，638
喚体句　23，128，129，130，374，552，642，643，644，646
喚体と述体　**128**，**130**，283
喚体の句　409
喚体の文　221
喚体文　166
感嘆　58，69
感嘆詞　58，133
感嘆文　269，552，558，560，564
感動　58，70，83，128，559，644，646，677
感動喚体　23，132，560
感動喚体句　58，70，129，552，643，646
間投詞　133，399
感動詞　58，62，**133**，448，449，657

間投助詞　58，82，**134**，311，312，638，640
感投助詞　79
間投助辞　692
感動（の）喚体句　128，131
感動表出　631
間投副詞　638
感動文　58
観念語　312，323
観念構成的機能　147
観念指示　233，250，251
観念世界　37，38，284，285，317，374，551，588，627，628
感応副詞　535
完備句　128，643，646
漢文訓読　516
漢文訓読文　**134**，339，576，577
願望　19，81，87，129，138，179，317，393，485，559，604，616，628
願望の表現　152
願望表明　561
願望文　250
換喩　**616**　⇨メトニミー
勧誘　18，37，40，60，69，**136**，138，155，180，284，396，438，471，482，552，561，656
勧誘応答の話段　399
勧誘者　399
勧誘の談話　399
勧誘の話段　399
勧誘文　564
勧誘法　603
慣用句　232
慣用的強調の「も」　626
含容の法則　641
完了　284，285，317，370，373，374，395，504，505，508，644
完了性仮定　120
完了性未然仮定　122
関連性原理　237
関連性理論　**137**，237

●き

キ　12，**140**，284，305，316，317，587，644，687

記憶　29
記憶指示　251
擬音擬態語　532
擬音語　449
喜界島方言　46
機械翻訳　253
期間　447
擬喚述法　84, 128, 560, 677
祈願文　250
聞き手　133, 379, 657
聞き手めあて　477
聞き手めあて性　653
希求　21, 37, 38, 81, 87, 129, 130, **137**, 138, **139**, 232, 262, 317, 374, 408, 545, 551, 552, 559, 628, 646, 656
希求感情　646
希求形　656
希求対象　559, 629, 646
希求文　33, 221
キ形　140
キ・ケリ　**140**
記号　31, 143
記号過程　27, 143
記号現象　143
記号内容　27
記号表現　27
記号論　32, **143**
聞コエル　123, 258, 461
擬古文　**144**, 214
聞コユ　205, 258
兆し　576
既実現　138, 284, 285, 317, 328, 374, 561, 645, 662
擬似的例示　452, 624
疑似モダリティ　332
記述　129, 561
記述言語学　158
既出項　277
記述統計　191
記述文法　693
基準時　447
基準時間　389
基準時点　374, 503, 505
擬声語　303

既然　284, 285
既然態　568
規則変化活用　114
既存在　504
擬態語　26, 303
北琉球(奄美・沖縄)方言　668
既知　277, 324
既知の情報　150
規定語　263, 291
規定的なむすびつき　98, 467
規定用法　185
起点　125, 657, 691
起動相　5
機能　149, 398
機能語　**145**, 216, 257
機能構造　220
機能構造主義　149
機能主義言語学　**146**, **149**
機能主義的構文論　40
機能的構文論　168
機能的命名論　149
機能統語論　149
機能動詞　170
機能文法　151
機能変化　429
規範化　100
規範性　502
木表示　217
希望　17, 18, 81, 87, 138, **152**, 329, 417, 471
疑法　262
希望喚体　23, 132, 560
希望喚体句　128, 129, 552, 643
希望表現　152
基本語彙　211
基本語順　230, 368
『基本文型の研究』(林四郎)　508
義務　417, 576, 586
疑問　23, 38, 58, 59, 69, 70, 71, 83, 85, 118, 128, 130, **153**, **155**, 262, 485, 544, 619, 627, 644, 677
疑問型上昇　133
疑問系　81, 87
疑問語疑問文　85

疑問詞　70, 89, 153, 156, **157**, 234, 358, 544
疑問詞疑問　69
疑問詞疑問文　155
疑問焦点　79
疑問体　643
疑問点　81, 85
疑問表現　73, 678
疑問文　34, 85, 106, 153, 270, 331, 551, 552, 558, 560, 564, 588
逆原因　351
客語　580, 626
逆条件　162, 347, 351
逆条件形　435
逆条件文　308
逆接　122, **296**, 302, 350, 545, 620
逆接確定条件　104, 105
逆接型　571
逆接仮定条件　120, 122
逆接関係　105
逆接前件句　620, 621
逆接的条件文　308
逆接的対比　485
逆接を表す従属節　287
客体的表現　445
旧終止形　586, 587
九州方言　46, 89
旧情報　150, 270, **324**, 400
吸着語　171
教育科学研究会国語部会　64, 337
共演成分　94
共下位語　299
境界節点　343
境界表示機能　4
強活用　115
共起制限　356
共起的　177, 313
狭義の呼びかけ　656
狭義命令　615
境遇性　251
教示　481
共時態　364
強弱アクセント　4
共時論　**158**

強勢拍リズム　547
強調　87, 481, 550
協調の原理　**159**
強調表現　73
共通語　569
強展叙　97
共同行為の提案　69
共同者　433
共同注意　23
強変化　668
強変化活用　110, 115
強変化動詞　114, 439
共有情報　326
許可　417, 616, 620
極限　339, 537
極限提示　241
極限的　244
極限的な事態　393
極限表示　485, 486
局所性　240
極性　112
極端な例示　620
曲調終止　645
極度　537
局面動詞　4, 6, 172
曲用　111, 208, 225, 226, 605
虚の存在　129
拒否　62, 401
許法　262
許容　417, 620
許容使役　45
キリ　248
切れ　421
切字　82
きれつづき/切れ続き　**160**, 179, 287, 402
記録　505, 561
際立ち　4, 549
禁止　18, 138, **162**, 417, 471, 482, 552, 560, 561, 586, 615, 632, 656
禁止の使用要件　163
近称　233
禁制　644
近世文語　588
近接性　362, 617

近代語　568
金田一春彦　**163**

●く

句　128, 130, **164**, 346, 409, 445, 642, 644
空間　458
空間格　101
空間的なむすびつき　467
空間のダイクシス　385
空間補語　222
空間名詞　101
偶然確定　105
偶然確定条件　103, 105, 297
偶然関係　105
偶然の空白　**165**
ク活用　115, 187, 262
ク活用・シク活用　669
具現　146
句構造　3, 165, 217, 341
句構造規則　166
句構造文法　**165**, 252, 578
ク語法　134, 152, **166**, 598, 601
句成立論　409
具体的な過程　412
具体的な事実　412
屈折　115, 201, 208, 219, 494
屈折（活用）語尾　59
屈折語　207
屈折辞　235, 637
屈折接辞　229
屈折的手段　607
くっつき　210, 313
句的体言　84
久野暲　**167**
句の包摂　349, 353
区別　485
『蜘（くも）のすがき』（梼井道敏）　421
クライ　**168**, 536
グライスの含意　127
～くらい～ない　168
くらいに　168
繰り返し　426
グループ　649
くれる　647

黒田成幸　**169**
群数性　639
群数程度量副詞　638
群数副詞　405
訓点資料　666
訓読語　467
訓令式　685

●け

敬意　380
軽音節　68
継起　8, 171, 504
継起関係　105, 297
継起的　177, 313
経験　9, 503, 504, 505
経験回想　140
経験的意味　147
経験的把握　329
敬語　60, 135, 203, 204, 366, 379, 381, 384, 386, 415, 497, 514
敬語史　381
（敬語の）機能　380
（敬語の）語形　380
『敬語の指針』（文化審議会答申）　204, 366, 380, 514
敬語の承接　381
（敬語の）適用　380
敬語表現　248
経済性　464
計算言語学　192
係辞　423
繋辞（コピュラ/コプラ）　83, 88, 129, **235**, 283, 317, 377, 420, 487, 642, 643, 645
形式　149
形式意味論　74
形式化　529, 566
形式格　97
形式語　222
形式動詞　**169**
形式副詞　391, 492, 596, 622, 626
形式文法　192
形式名詞　55, 56, 135, 145, **170**, 391, 492, 530, 606, 608
形式名詞コト　101

形式用言　169, 321
形状　673
形象化　620
形状言　127, 598
形状性名詞句　298
形相　197
継続　**171**, 284, 285, 505
継続相　5, 6, 13, 171, 181, 438
継続的存在　374
継続動詞　163, **172**, 335, 434
継続動詞と瞬間動詞　**172**
形態　174
敬体　415
形態音韻論　67, 175
形態音素　**173**, 175
形態格　93
形態構造　228
形態素　**174**, 196, 227, 637
形態素論　637
形態的呼応　645
形態論　12, 98, **175**, **179**, 198, 207, 210, 313
形態論的成分　565
形態論的対立　7
形態論的なかたち　33, 611
形態論的(な)カテゴリー　41, 112, 176, 179, 290, 437, 603, 630, 651, 668
形態音素交替　173
軽重　421
軽動詞　170
軽動詞構文　531
軽卑語　379, 382
経由点　125, 691
形容詞　110, **182**, **185**, 189, 190, 367, 526, 575, 609, 642, 654, 678
形容詞活用　**187**
形容詞ク活用型　575
形容詞シク活用型　586
形容詞述語　285, 286, 289, 316, 318
形容詞述語文　187, 189, 278, 283
『形容詞の意味・用法の記述的研究』(西尾寅弥)　**188**
形容詞の下位種　183
形容詞の仮定表現　121

形容詞の基本的な意味・文法的性格　183
形容詞の基本用法　182
形容詞の語幹　449
形容詞文　83, 86, 127, 130, **189**, 221, 236, 292, 441, 562, 611
形容詞文範疇　81, 86
形容存在詞　367
形容動詞　110, 182, 186, 188, 189, **190**, 283, 377, 526, 549, 608, 654
形容動詞活用　**190**
形容動詞文　236
形容名詞　**190**
計量言語学　**191**
計量語彙論　192
計量国語学　192
計量文体論　192
経路　691
経路移動動詞　26
劇の現在　674
決意　481
結果　10, 376, 503, 504
結果継続　7, 506, 684
結果構文　517, 536
結果修飾　264
結果状態　426
結果動詞　173
結果副詞　536
結合価　**192**, 219
結合価辞典　193
結合価文法　31, 193
結合価理論　107
結合価論　20
結合語基　637
決心　69
結束性　**193**, 398, 571
結束表現　571
ゲナ　431
ゲナリ　305
ケム　61, 141, 316, 328, 331, 588, 644, **660**
ケリ　**140**, 181, 284, 305, 316, 317, 576, 644, 687
ケリ形　140
ケレド　245
ケレドモ　106, 586

原因　125, 300, 413, 467
原因推量　331, 659, 661
原因・理由　**194,** 302, 351, 458, 598
『言海』（大槻文彦）　63
限界性　14
限界達成　425
限界動詞　334, 543
限界到達　13, 411
原完了　373
『言語（げんぎょ）四種論』（鈴木朖）　423, 528, 654
原形　160
言語運用　380
『言語学概論』（神保格）　165
言語学研究会　64, 196, 337
『言語学の方法』（服部四郎）　498
言語活動　406, 550, 551, 554, 559, 627
言語過程説　125, 409, 444, 498, 654
言語計画　259
言語形式　**196**
言語行為　237, **499**
言語行為論　419
言語行動　259
言語再建　673
言語習得　**197**
言語使用域　146
言語上の単位　346
言語接触　238
言語単位　174, 556
言語的文脈　570
言語年代学　673
言語能力　476
言語場　561
言語変異　259
言語変化　673
言語類型論　**198, 201,** 387
現在　284, 285, 328, 505
現在進行中　317
現在推量　331, 660
現在と切り離された過去　370
現在と結びついた過去　370
現在に至る継続　317
現在の状態　373
現在パーフェクト　428

原辞　169, 208, 313, 590
現実界　39, 130, 551, 559, 645, 662
現実事態　328, 330
現実叙法　317
現実分析　149
現実領域　138, 284, 285, 317, 374, 375, 627, 645, 662
現象　206
謙譲語　**204,** 380, 384, 386, 415, 514
謙譲語Ⅰ　204, 380
謙譲語Ⅰ兼謙譲語Ⅱ　380
謙譲語Ⅱ（丁重語）　204, 380, 415
謙譲の助動詞　382
謙譲の動詞　382
現象文　**205,** 221, 596, 651
現象名詞　449
原辞論　228
現然仮定　25, 104, 121
『現代語の助詞・助動詞』（国立国語研究所）　**206**
『現代語法序説』（三上章）　52, 597
『現代日本語の構造』（南不二男）　407
『現代日本語の表現と語法』（佐久間鼎）　243
『現代日本語法の研究』（佐久間鼎）　243
限定　391, 483, 492, 537, 681
限定的修飾　339
限定副詞　533
原動　591
現場指示　233, 250, 251
現場性　502
言表行為としての文　561
言表事態　550, 614
言表事態めあてのモダリティ　407
言表態度　407, 415, 627, 628, 630
（厳密）下位範疇化　570

●こ
ご-（尊敬・美化接頭辞）　366, 515
語　20, 145, **207, 209,** 229
語彙　**211**
語彙意味論　578
語彙概念構造　51, **212,** 430
語彙形態のゆれ　652
『語意考』（賀茂真淵）　117
語彙的曖昧性　3

語彙的アスペクト　213
語彙的意味　145
語彙的結束性　194
語彙的使役　247
語彙的な意味　98, 209, 212
語彙的なヴォイス　41
語彙的な派生　494
語彙的否定　522
語彙的否定形式　518
語彙的複合動詞　209, 530
語彙表　253
語彙文法層　147
項　212, **213**, 342
行為拘束的モダリティ　139
行為指示モダリティ　139
行為者　123, 147
行為者項目　259
行為受影　50
行為提供の申し出　69
行為的意味　37, 38, 644
行為要求　162
行為要求機能　155
行為要求の文　564
好悪　380
後悔　370
降格　47
降格型の受身構文　47
広義の呼びかけ　656
後件　300
口語　**214**
項構造　218, 342
口語的　602
『口語法』（大槻文彦）　63
『口語法調査報告書』（国語調査委員会編）　579
『口語法別記』（大槻文彦）　63
交際権　584
後詞　320
硬式　539, 597
後主要部言語　294, 345
恒常条件　25, 103, 104, 120, 587
恒常的条件文　301
恒常的状態　71, 359
恒常的特徴　428
合成　196, 633

構成規則　500
合成語　225, 227, 228, 303
合成述語　290
構成性原理　74
構成素　3
構成素構造　165
構成的意味論　578
構成要素順序　201
合説　82, 619
合説性　79, 619, 621
合説的　78
合説的承認　485, 619
構造　149, 215, 398
構造格　97
構造言語学　**215**
構造主義言語学　165, 363
構造的曖昧性　3
構造的意味論　32
拘束格　104, 105
拘束形式　174
拘束形態素　175
拘束使役　45
後置　442
後置詞　55, 100, 101, 199, 209, **216**, 270, 313, 676
後置詞句　294
後置文　442
膠着　201, 210, 219
膠着語　207
膠着性　227
膠着的（agglutinating）　198, 633
膠着的な接尾辞　611
肯定　62, 179, 491
高低アクセント　4, 549
肯定疑問文　154, 155, 156
肯定と否定　623
肯定否定　112, 176, 437
肯定・否定の関係　378
肯定文　564
行動過程　147
口頭語　586, 588
行動主義　197
『広日本文典』（大槻文彦）　63, 528
『広日本文典別記』（大槻文彦）　63

肯否　286, 435, 614
肯否疑問　69
肯否の反転　511
構文　217, 577
合文　644
構文的位置　300
構文的職能　688
構文論　**217, 219**
構文論的範疇　633
公平権　584
後方照応　193
呼応　24, 75, 84, **223**, 273
呼応現象　83
呼応性　405
呼応の副詞　224
呼応表現　135
呼応副詞　404, 532
呼格　565
『語学自在』（権田直助）　**224**, 322
呼格体言　409
語幹　66, 112, 176, 188, **224**, 229, 230, 235, 638
語基　176, **225**, 226, 227, 230, 348, 494, 637
語義曖昧性解消　252
『古今集和歌助辞分類』（村上織部）　90
『国語意味論』（渡辺実）　688
『国語音韻史』（橋本進吉）　493
『国語音韻の研究』（橋本進吉）　493
『国語学原論』（時枝誠記）　405, 444, 646
『国語学原論 続篇』（時枝誠記）　444
『国語構文論』（渡辺実）　405, 646, 688
国語調査委員会　63
『国語法文章論』（三尾砂）　205, 596
『国語法要説』（橋本進吉）　257, 323, 493, 558
『国語法論攷』（松尾捨治郎）　588
告白　481
『国文法体系論』（橋本進吉）　675
国立国語研究所　206, 503
語形　435
語形成　165, 208, 213, 228, 494
語形成論　176
語形変化　111, **225**, 435
語形変化表　179

語構成　208, **227, 228**, 242, 303
語構成要素　227, 348
語構成論　227
語構造　228
語根　198, 228, **230**, 598
ゴザアル　383
ございます　416
ございます体　596
ゴザル　383
語順　93, 196, 199, **230**, 271, 278, 341, 368, 442, 572
語序　131
個人差　515
個性化　652
コソ　77, 80, 81, 83, 87, 89, 91, 92, **231**, 587, 642, 644
コソア　233
コソアド　**233**, 243, 544
古代語　568, 575, 586, 587
答え　23
五段活用　110, 116, 466, 587
五段活用動詞　66
5段動詞　114, 439
語的概念　646
コト　135, 314, 538, 568, 583, 614
事（こと）　367
コード　27, 143, 144
コトガデキル　122
ことがら　88, 130
事柄的内容　614, 630
ゴトシ　516
『言霊のしるべ』（黒沢翁満）　118
詞（ことば）　421
詞ニ先立ツテニヲハ　534
『詞（ことば）のあきくさ』（栂井道敏）　421
『詞緒環（ことばのおだまき）』（林圀雄）　118
『詞通路』（本居春庭）　224, 322, 636
『詞の玉緒』（本居宣長）　77, 83, 87, 91, 315, 423, 636
『詞（ことば）玉橋』（富樫広蔭）　423
『詞のちかみち』（鈴木重胤）　423
『詞八衢』（本居春庭）　118, 224, 636
語の位格　565
語の運用論　228

語の副詞　535
コーパス　234, 252
コーパス言語学　**234**
語尾　66, 112, 176, 188, 210, 224, 226, 230, **235**, 598, 638
語尾添加型活用　114, 261, 441, 466
語尾変化　633
コピュラ　111, 114, **235**, 283, 367, 377, 420, 453, 467, 609　⇨繋辞
コピュラ述語　479
コピュラ文　283, 572
コプラ　83, 88　⇨コピュラ, 繋辞
語＋　229
古文書　666
個別者　638
『語法指南』（大槻文彦）　320, 423
語法のゆれ　652
コミュニケーションの機能　398
固有の受身　662
固有名詞　340, 607, 649, 650
語用論　29, 144, 159, **237**, 499, 557, 610
語用論的含意　127
語用論的処理法　237
語用論的前提　357
語用論的態度　399
孤立　201
孤立語　207, 219
孤立的（isolating）　198
語論　207, 557
根拠　86
根拠づけ　482
根源的排他性　487
混交/混淆　**238**　⇨コンタミネーション
混合言語　585
混合変化型活用　114, 261, 441, 466
『今昔物語集』　687
混成　229
混成語　238
コンタミネーション　**238**
コンテクスト　146

●さ

サ（終助詞）　481
-さ（接尾辞）　494

差異　28, 29, 32
再帰構文　239
再帰性　42, **239**, 598
再帰代名詞　**240**, 271, 272, 273, 388
再帰動詞　239
再帰用法　239
再指終止格　263
再叙　194
最小意義単位　464
最小対　65, 364
最低限の事態　393
再読文字　135
再認識　481
細密度　146
材料　125, 413
サ入れ　46
サエ　**241**, 536, 596
佐伯梅友　**241**
阪倉篤義　**242**
サ行変格活用　115
作成動詞　51
佐久間鼎　**243**
さけび　448, 449
指辞（さしことば）　315
差し迫った要求　376
（サ）セル　43
さそいかけ　136, 180, 631
さそいかけ文　139
サブポイント提示　399
サブラフ　317
サヘ　77, 241, **244**, 393, 536
サ変　587
サ変「す」　245
状（さま）　367
作用域　288, **336**, 450　⇨スコープ
作用性名詞句　298
「作用性用言反撥の法則」（石垣謙二）　18
サラニ　522
ザリ　644
ザリキ　522
ザリケリ　522
ザルベシ　522, 586
ざるを得ない　417
参加者　398, 400

3項動詞　284
参照　250
参照切り替え　**244**
参照点　475, 617
参照点構造　475
3人称　470, 649, 650
ザ(ン)メリ　522
残余部　147
参与要素　147

●し

シ　79, 81, 82, 87, **245**, 543
詞　169, 218, **257**, 313, 323, 405, 445, 546, 590, 646
ジ　181, 317, 319, 328, 331, 522, 588
辞　218, **257**, 323, 405, 445, 529, 546, 646
思惟断句　409
子音終わり語幹動詞　66
子音語幹動詞　114, 439
使役　202, 212, **246**, 249, 438
使役化　96
使役形式　17
使役構文　46
使役動詞　671
使役文　42, 392, 465
(シ)オワル　5
(シ)オワル形　436
字音形式　349
シカ　77, **248**, 536
視覚　305, 455
視覚的認知　61
(シ)カケル　5
時間　284
時間関係の修飾　264
時間的意味　644
時間的限定性　326, 513, 603
時間的先後性　297
時間副詞　7, 172, 432
時間名詞　7
時間量　447
時期　446
シキ形　285
時空状況設定　23
時空的つながり　571

シク活用　115, 187, 262
自敬　248
自敬敬語　**248**
自敬表現　383
シケリ形　285
自己確認　69
自己制御性　19, 163, **249**, 442
自己制御的　249
自己中心性　649
示差的特徴　32
指示　193, **250**, 500
詞・辞　**257**, 341
指示語　233, 250, 389, 544, 639
指示詞　194, 233, 250, 351, 385
指示対象　299, 612
指示代名詞　388, 669
事実界　38, 284, 285, 374
事実界既実現　130, 627
事実界未実現　130, 318, 551, 627, 628
事実性　314
事実世界　37, 138, 317, 628, 645
事実的条件文　301
指示的名詞句　365, 610
指示的用法　250
詞・辞の論　410
指示表現　194, 399, 571
詞辞非連続観　257
詞辞非連続説　410
自者と他者　623
辞書　29
自称　470
事象構造　213
詞辞連続説　257, 410
詞辞連続論　638
時制性　526
時制の一致　689
自然可能　258
自然言語　32
自然言語処理　**252**
自然勢　258
自然分類　299
持続相　5, 438
シソーラス　**253**
シタイ　152

事態一般化　37，627
事態間対比　521
事態構成　39
事態承認　39
事態全体の生起　663，664
事態中のモノ的中核　268
事態認識の基盤　268，664
事態認識の中核　268，277，460
事態の理由　195
事態把握　28
事態発生の場　664
事態めあてのモダリティ　630，631
事態列挙　487
シタ形　285，372，373，374，503，504
シタ形式　428
自他交替　517
（シ）ダス　5
自・他の対応　256
（シタ）ママ　543
シタリ形　285
自他両用形　42
質　189
シツ形　285
質形容詞　184
実現　370
実現（系）可能　123
実現しなかった当為　482
実現済み　370
実在　643，645
存在するもの　643
実詞性　162
実質格　97
実質含意　127
実質語　145，257
実質的内容　145
実質的な発話　400
実質用言　169
実体概念性　162
（シ）ツツ　543
（シ）ツヅケル　5
質的統一体　227，445
質の格率　159
実の存在　129
質への面子　584

質問　358，482
実用論　237
実例　234
シテ　467，543
シテアル　304
シテアル構文　46
指定　83，377，609
指定系　81，87
指定焦点　80
シテイタ形　505
シテイタ形式　428
指定・断定の助動詞　453
指定点　81
指定の助動詞　367
指定文　365，610，612
シテイル　507
シテイル形　285，503，504
シテイル形式　427
詩的機能　151
為手尊敬　382
シテホシイ　152
シテモラウ文　247
視点　168，**254**，364，386，388，581，647
時点　446
視点の一貫性　255
使動　591
自動化　151
c-統御領域　337
自動詞　17，43，**255**，258，261，271，322，411，516，626
自動詞と他動詞　19，**255**
自動詞文　42，239，392
自動性　392
始動相　5
自同判断　638
詞と辞　**257**
シナガラ　420，543
品定め文　205，221，243
〜しにくい　456
シニフィアン　364，667
シニフィエ　364，667
シヌ形　285
辞の機能　410，445
詞の敬語　382

辞の敬語　382
詞の相関論　565
詞の副性論　591
地の文　678
詞の本性論　590
支配域　617
支配語　192
支配要素　75
(シ)ハジメル　5
(シ)ハジメル形　436
自発　43，48，**258**，292，461，662，663，664，665
自発文　54
自分　240，472
島　343
島の制約　202
シム　316，644
シモ　523
下一段活用　114，466
下二段活用　114，466
自問　559
社会言語学　**259**，366，585
社会的自己同一性　584
社会的自己同一性への面子　584
社会的ダイクシス　386
斜格　100，220
斜格目的語　200
弱活用　115
弱活用動詞　678
借字表記　577
弱展叙　97
尺度と範疇の文法　146
弱変化　668
弱変化活用　110，115
弱変化動詞　114，439
社交型敬語　353
社交権　584
〜しやすい　456
写像　343
射程　307
じゃないか　106
ジャンクション　293
ジャンクションの構造　131
ジャンル　146，398

主位観念　645
従位接続　540
重音節　68
習慣　301，426
習慣的動作　359
重義形式　100
自由形式　174
自由形態素　175
終結相　5
終結点　10
集合　536
集合限定　340，682
終止格　263
修辞疑問文　511
終止形　83，86，117，119，160，260，262，317，435，568，603，644，669
終止形終止　92，619，678
終止形接続　575，586
終止形と連体形の合一化　116，**260**，262，466
終止形と連体形の同化　**260**，586，677
終止形分出の複語尾　317
終止ナリ　330，454
終止法　37，38，**262**，263，402，587，588，655
修辞法　55
自由焦点　307
終止用法　311
修飾　680
修飾語　**263**，277，291，580
修飾語の下位種　263
修飾部　683
修飾法　576
修飾用法　185
終助詞　35，58，59，69，71，81，132，**265**，284，311，312，358，453，476，502，627，640，653
従属関係　565
従属句　164，**266**，374，600
従属語　192
従属節　97，**266**，281，347，351，420，463，529，537，540，563，600
従属節の階層　381，416
従属節(従属句)の3類　597
従属節の従属度　539

従属節の「た」 370
従属度 351
従属要素 75
重文 271, 538, 540, 644
十分条件性の強調 241
自由変異 100
自由補強 137
重要度の高い情報 309
重要度の低い情報 309
受影受身 48
受影受動 48
受影受動文 50
受影性 53
受益者 648
主格 71, 72, 87, 96, 179, 270, 272, 322, 459
主格目的語 388
主観 284
主観性 38, 61, 126
主観的意味 37, 39
主観的態度 399
縮約 **267**
縮約形 502
樹形図 217, 341
主語 87, 96, 128, 138, 147, 199, 200, 203, 244, 263, **267**, **270**, 271, **272**, 275, 277, 280, 283, 284, 288, 291, 292, 323, 366, 375, 380, 388, 406, 448, 449, 460, 549, 550, 551, 560, 567, 628, 642, 646, 662, 664
主語化 462
主語肯定論 273
主語指向副詞 50
主語述語関係 129, 283, 293
主語節 69
主語選択 107
主語尊敬化 530
主語の人称制限 152, 471
主語否定論 274, 597
主辞駆動句構造文法 166
授受 582
主述関係 220, 277, 638
授受動詞 255, 386, 647
主節 266, 287, 346, 537, 540

主節時以前 370
主節の「た」 370
主体 27, 458
主題 79, 80, 84, 147, 148, 150, 203, 205, 219, 267, 273, **275**, 277, **278**, **280**, 324, 334, 413, 463, 479, 486, 488, 490, 556, 649, 650, 682
主題化 460
主題-解説 205, 276
主題-解説型の文 478
主題解説関係 490
主題階層 343
主題関係 212
主題助詞 488
主体的 28
主体的表現 445
主体動作客体変化動詞 8
主体動作動詞 8
主題文 460, 556
主体変化動詞 8
主体めあての修飾語 264
主題・話題 270
手段 413, 467
主張 551
主張と含み 623
述格 409
述語 129, 138, 269, 277, **283**, 284, **286**, **289**, 291, 316, 374, 398, 402, 405, 406, 407, 435, 441, 448, 449, 550, 551, 552, 560, 627, 628, 642
述語外接形式 286, 317, 318, 375, 628
述語化要素 481
述語内容の妥当範囲の限定 485
述語の要求する成分 288
述語文 138, 221, **291**, 550, 554, 562
述語レベル 241
述素 644
述体 83, 78, 88, **128**, **130**, 164, 269, 283, 407, 559, 560, 638
述体句 128, 129, 130, 405, 552, 642, 643, 644, 645, 646, 654
出来動詞 292, 461
述体の句 409
出来文 **292**, 460, 461, 663, 666

述定 82, 86, 88, 132, 184, **293**, 410, 435
　⇨ネクサス
述定形式 129, 269, 286, 408, 586, 628
述定的陳述 406
述定と装定 **293**
述定文 138, 269, 283, 407, 550, 559, 560, 627, 642, 643, 645
述部の階層性 468
述法 262
受動 41, 43, 52, 438
受動化 96
受動構文 46, 47
受動詞 256
受動相 43
受動性の分詞 599
受動態 599
受動動詞 42
受動文 220, 256, 270, 649
首尾一貫性 571
主文 164
主名詞 347, 680
主要部 56, 73, 202, 228, **294**
主要部内在型関係節 **294**, **295**, 541
主要部パラミター/主要部パラメータ 202, 345
主要部標示 203
受理 21, 561
瞬間的 10
瞬間動詞 163, **172**, 434
準詞 171
準終止 222
『春樹顕秘抄』 90
順序助詞 126, 595
順接 122, **296**, 302, 350
順接確定条件 103, 105
順接型 571
順接仮定条件 120, 122
順接関係 105
順接と逆接 **296**
準体句 164, 278, **298**
準体助詞 72, 311, 312, 314, 481
準体助詞ノ 262, 298
準体法 162, 260, 262, 298, 587, 678
準副助詞 312
準副体助詞 312

情意形容詞 283
上位語 **299**
上位事象 213
情意性形容詞 187
情意の表出機能 155
情意文 460
照応 223, 234, 250, 251
照応解析 252
照応形 345
照応表現 571
昇格 47
昇格型の受身構文 47
状況 458, 570, 690
状況格 94
状況可能 123, 259
状況語 222, 263, 291, **299**, 580, 598
状況的適切性 401
状況的なむすびつき 467
状況のコンテクスト 146
状況要素 147
上下 380
ショウ形 37, 138, 285, 628
上下関係 299
条件 **300**, 351, 542, 545
条件可能 46
条件句 164
条件形 160, 435, 669
条件形式 302
条件形式の変遷 **302**
使用言語 398
条件節 347
条件(接続)関係 296
条件表現 512
条件(法) 402
証拠 60, 304
畳語 196, 229, **303**, 532
自用語 643
証拠性 141, **304**, 327, 331, 394, 455, 507
　⇨エヴィデンシャリティー
証拠的モダリティ 327
小詞 532
小主語 462
上昇調 34
上昇調イントネーション 69

小説の地の文　377, 428
将然相　5
状態　10, 183, 189, 213, 368, 426
常体　415
状態(情態)形容詞　57, 184, 187, 283
情態言　191, 303
上代語　91, 522
『上代語の研究』(橋本進吉)　493
情態修飾句　620, 621
情態性形容詞　187
状態性の受身　50
状態動詞　**56**, 57, 163, 172, 185, 317, 374, 436, 459
上代特殊仮名遣　63
状態の文　564
状態パーフェクト　13, 394, 506
情態(状態)副詞　283, 414, 532, 535
状態変化　51, 240, 335
状態名詞　185
情態(様態)修飾　264
承諾　62
象徴詞　303
焦点　80, 281, **307**, 413, 450, 483, 519, 540, 547, 549, 572
焦点化　399
焦点辞　307
焦点主語　269
焦点表示　71
小動詞　342
助動詞「だ」　97, 413
譲渡可能所有 (alienable possession)　571
譲渡不可能所有 (inalienable possession)　571
承認留保　485, 619
上品⟵→卑俗　380
障壁　344
譲歩　**308**, 347, 485
情報　399
情報管理　400
情報構造　270, 272, 276, 307, 326, 388, 442
情報受容　62
情報提供　399
情報提供機能　155
情報的テンス　426
情報の重要度　309

情報の出所　141, 304, 507
情報のなわ張り　324
情報要求機能　155
譲歩形　160, 669
譲歩表現　298
状名詞　**190**
所有者名詞句　200
招来欲求　552, 656
省略　194, 271, 272, **308**, 399
省略順序の制約　168, 309
省略文　442
除外的　669
職能　566
植物　648
叙景文　665
助言　60, 338
助詞　18, 145, 199, 207, 210, **309**, **312**, **313**, 319, 421, 423, 529, 602, 638, 654
助辞　176, 210, 313, 315, 637
助辞研究　91
助詞相互の係り結び　86
叙実性　**314**
叙実動詞　314
「助詞の研究」(橋本進吉)　77
助辞の相互承接　669
『助詞の歴史的研究』(石垣謙二)　18
『助辞本義一覧』(橘守部)　**315**
叙述　150, 287, 410, 500, 551, 688
叙述語　188
叙述修飾成分　403
叙述体　643
叙述内容　550, 551, 614
叙述表現　399
叙述副詞　404
叙述文　58, 326
叙述法　326, 603
叙述名詞句　365
助数詞　333, 335, 672
助数辞　333
所相　52
所属　282
所動詞　49, **322**, 671
助動詞　59, 82, 135, 145, 198, 199, 207, 210, 312, **316**, **318**, 330, 348, 408, 421,

453, 454, 468, 494, 529, 546, 586, 654
所動詞と能動詞　19, **322**
助動詞の相互承接　468
叙法（ムード）　147, 317, 633
叙法形式　37, 38, 39, 269, 285, 286, 316, 317, 318, 375, 588, 628
叙法性　630, 633
叙法的性格　373
叙法部　147
叙法副詞　332, 405
叙法論的性格　374
所有　367, 369, 571, 573
所有傾斜（Possession cline）　571
所有者敬語　571
所有文　231, 461
序列　537
シラビーム　585
自立語　309, **323**
自立語基　637
自立語と付属語　**323**
自立的な単語　676
知ること　130
ジルバル語（Dyirbal）　271
親愛語　379, 382
人為分類　299
人格関係構成欲求　656
進化言語学　158
真偽疑問文　153, 564
真偽判断　59
心敬　90
進行中　9, 284, 503, 504, 505
新出項　277
新情報　62, 150, 222, 270, **324**, 400
新情報と旧情報　**324**
真性モダリティ　332
深層格　30, 93, 107
親族関係　29
親族名詞　649, 650
親族名称　470
身体部分　572
シンタグマティック　364, **509**
シンタグマティックな関係　215
心的態度　265, 312
進展的変化　11

『新文典別記 上級用』（橋本進吉）　675
シンボル記号　35
心理過程　147
真理条件　28
真理値　250, 613, 682
心理動詞　19, 343
心理文　254
神話　142

●す
ズ　285, 306, 316, 317, 522, 644
図　473
遂行文　500
推測　362
推測統計　191
推定　327, 330, 331, 660
推定ナリ　331
水平化　15
推理推論　628
推理推論上　284, 317, 318, 627
推量　37, 38, 129, 136, 138, 179, 284, 285, 317, 318, **326**, **328**, **331**, 362, 396, 397, 454, 482, 551, 561, 576, 586, 627, 631, 644, 660
推量形　326, 604
推量の助動詞　304, 331, 575, 576, 587
推量法　263
推論　29, 327, 328
数　**332**, 605, 608, 672
数詞　333, 335, 605, 608, 672
数詞類別詞　672
数理言語学　191
数量　536
数量化副詞　336
数量限定　335
数量詞　158, 333, 335, 517, 526, 621
数量詞の名詞性と副詞性　334
数量詞遊離　**333**, 335
数・量の副詞　**335**
スキャニング　472
スコープ　59, **336**, 628　⇨作用域
ス（サス）　316, 644
鈴木重幸　**337**
すすめ　**338**, 417

スタイル　112
スターリン言語学（論争）　64
図・地の反転　472, 473
図・地の分化　472, 473
ストレスアクセント　4
ズハ　**306**
スベシ形　285, 375, 628
スラ　77, 244, **339**, 393, 536
スラム形　285
スル形　318
スル形希求文　560
スル形式　427
スルベキダ形　628
静辞（すわりてにをは）　423
寸前　362

●せ
性　609
正格　424
制御可能　456
制限的修飾　**339**
制限的用法　684
整合関係　571
成功条件　419
整合性　571
性差　669
静辞　320
誠実性条件　419
性状形容詞　283
性状の表現　243
生成意味論　31
『生成日本文法論』（奥津敬一郎）　**340**
生成文法　3, 27, 31, 56, 164, 165, 202, 228, 273, 294, **341**
勢相　122
静態言語学　158
静的述語　425
生得主義　197
生物　648
生物記号論　28
成分　347
成分分析　29
精密化　646
生命記号論　28

成立蓋然性　339, 393
セズ形　628
節　59, 147, 164, 280, **346**, 347, 398, 537
接近可能性　202
接近可能性の階層　387
接合　540
接辞　59, 176, 182, 196, 208, 225, 226, 227, 230, **348**, 637, 668
接辞化　229
設説法　262
設想　396, 601, 660
接続　25, 194
接続形　222, 669
接続語　349
接続詞　71, 135, 349, **350**, 351, 399, 412, 448, 449, 687
接続辞　351
接続助詞　71, 72, 82, 97, 282, 302, 311, 312, 349, **351**, 530, 542, 638
接続助辞　692
接続助辞「して」　245
接続助詞の終助詞化　352
接続助詞ヲ　587
接続節　347
接続表現　399, 539, 571
接続副詞　535, 638
絶対敬語　248, **352**, 383, 384
絶対敬語と相対敬語　**352**
絶対自動詞　256
絶対他動詞　256
絶対的テンポラリティ　432
絶対的普遍性　202
絶対テンス　370
絶対名詞　363, 606
接中辞　348
接頭辞　145, 208, 229, 348, 494
節のタイプ　346
節の単語化　**353**, 354
接尾語　232, 309, 312, 316, 319, 662
接尾辞　145, 198, 208, 210, 229, 270, 312, 323, 348, 429, 494, 527
接尾辞「-達/-たち」　333, 649
接尾辞ヲ　598
説明　280, 327, 350, 354, 401, 490, 644

説明存在詞　129, 236, 283, 367, 377, 643
説明体　643
説明対象　486
説明の構造　**354**
説明要求疑問文　358, 640
節連鎖　203, 540
セバ　587
狭い作用域　337
セマシ形　285, 628
セム形　285, 628
セリ形　285
セル（サセル）　316
ゼロ　270
零記号　445
零記号の辞　257, 445
零記号の陳述　445
ゼロ接辞　429, 494
前景　473
線形関係　166
線形的な語形成　229
宣言　399, 561, 656
前件　300
先行　277
先行詞　251
先行副詞　535
宣告　561, 656
戦後陳述論　318, 406, 407, 551, 647
潜在的受影者　53
前主要部言語　294, 345
全称　621
全体者　638
全体の構造　398
選択　148, 350
選択疑問　69
選択疑問文　153, 155, 156
選択肢　37
選択制限　**356**, 570
選択体系機能言語学　146, 510
選択体系網　148
選択的関係　575
前置詞　199, 216, 270
前置詞残留　387
前提　307, 314, 324, **357**, 572
前提句　232

全部否定　521
前方照応　193
専門語　672
全量否定　621

●そ
ソ　77, 91
ゾ　77, 80, 81, 83, 87, 90, 91, 92, **357**, 453, 485, 642, 644
相　86, 591
総括　399
総記　71, 73, **358**, 463, 649
想起　373, 374, 376, 482, 604, 611
総記と中立叙述　**358**
遭遇対象　646
造語　228
総合的　227
総合的な形式　55
相互構文　46, **359**
相互C統御条件　334
相互性　42
相互態　41, 360
相互動詞　255
造語法　228
総称性　**361**, 414
総称的な意味　299
総称文　361
総称名詞句　361
「装図」（富士谷成章）　16
双数　333
想像　644
ソウダ　284, 304, 317, 327, **361**, 431, 576, 628
相対敬語　**352**, 383, 384
相対自動詞　256
相対他動詞　256
相対的作用域　337
相対的テンス　376
相対的テンポラリティ　432
相対的普遍性　201
相対テンス　370
相対名詞　340, **362**, 606, 680, 681
相対名詞連体修飾　340
相対名詞連体修飾構造　679

装定 82, 87, 88, 184, **293**, 435
装定(ジャンクション)の構造 131
相当量 391
挿入句 69, **363**
『象は鼻が長い』(三上章) 597
装法 262
相補分布 65, 149, 174, **363**
候(そうろう) 382
相論 313
促音便 67
即時性 501
属性 183, 281, 369, 462, 490, 643, 644, 645, 684
属性形容詞 183, 188, 189, 283
属性限定 682
属性修飾 679
属性叙述 462
属性叙述受動文 53
属性の文 564
属性副詞 404, 535
束縛焦点 307
側面語 221
底の名詞 683
素材敬語 366, 382
素材表示の職能 405
ソシュール (Ferdinand de Saussure) **364**
素性 166, 578
属格 96
続行阻止の禁止 163
措定 609
措定文 **365**, 612
ソト 647
外の関係 347, 539, 680, 683
其他否定 248
ゾモ 358
尊敬 43, 48, 292, 663, 664, 665, 666
尊敬語 204, 271, 272, 273, **366**, 380, 384, 386, 415, 514, 568, 571
尊敬語化 24, 273
存在 189, 359, 367, 425, 454, 490, 573
存在過程 147
存在希求 21, 23, 285, 552, 628
存在詞 236, 285, 317, 323, **367**, 377, 642, 643, 644, 645, 654, 678

存在承認 21, 23, 37, 38, 129, 130, 137, 285, 317, 374, 408, 551, 552, 559, 628, 646
存在するもの 129, 269, 278, 283, 284, 559, 645
存在そのこと 129, 284, 285, 645
存在動詞 57, 262, 335
存在の仕方 129, 283, 284, 316, 560, 645
存在の仕方(在り方) 129, 269
存在場所ニ格項 276
存在物希求 560
存在文 231, **368**, 460, 461
存在様態 284, 285, 316, 551, 559, 628, 643, 645
存在様態(ありさま) 129
存在領域 645
存続 395
尊大語 352, 382

●た
タ 284, 285, 316, 317, **370**, **372**, **375**, 395
ダ 236, 367, **377**, 481, 642
タイ 153
体 86
態 49, 202
第一種係助詞 78
第一機構 638
第一形容詞 186
第一言語習得 197
第一次分節 464
第一主語 461, 664
第一種係助詞 485, 486, 619
第1種二重主語文 268, 460, 461
第1種副助詞 536
対格 87, 96, 179, 270, 626, 690
対格語 277
対格タイプ 102
対格付与 465
対聞き手めあて性 631
対義語 **378**
対期待対比 521
待遇 669
待遇機能 380
待遇性 247

待遇的意味　380
待遇的関係　657
待遇表現　**379**，**381**，**384**
ダイクシス　**385**，428
ダイクティック　385
体系　215
体系的空白　165
体言　**386**，654
体言ナリ　453
タイ語　199
第三形容詞　187
第三者　366，415
第三者の受身　599
第三者の受身構文　360
第三者の相互構文　360
第3類助動詞/第三類助動詞　39，546
対事的なムード　112
対事ムード　177，437
対者敬語　366，382，415，514
大主語　462
大主語構文　462
題述関係　281，490
対称　470
対象　123，270，458
対照　649
対称格　433
対称関係　433
対称関係述語　433
対照研究　585
対照言語学　149，202，**387**
対象語　**388**，626
対象項目　258
対象語格　388，566
対象的なむすびつき　467
対称動詞　359
対照分析仮説　197
対象名　271
対人関係　29
対人関係フィルター　472
対人性　502
対人的（interpersonal）意味　147
対人的機能　147
対人的なムード　112
対人ムード　437

対他者的意志　656
対他者的働きかけ　138
第一種係助詞　485
態度表明　62
第二機構　638
第二形容詞　186
第二言語習得　197
第二次分節　464
第二種係助詞　78，485，619
第二主語　461，664
第2種二重主語文　461，462
第2種副助詞　536
第二なかどめ形　420
対比　350，485，486，487，488，490，491，
　　　602，682
対比型　571
対比関係　491
対比構文　232
対比性　84
代表形態　174
題名　449
代名詞　240，250，**388**，605，606，608，649
代名詞主語省略　202
題目　222，281，324
題目語　275，277，486
題目態　593
題目提示　485，486，487，619
対訳コーパス　253
代用　194
代用表現　571
第四種の動詞　163，173
対立　29，32，364
対立関係　565
対話場面　477，653
多回的　301
高橋太郎　**389**
高める　204，366，380
多義　618
多義語　3，299
多義性　3
多義の構造　576
タクシス　**390**，447
タグ付きコーパス　253
卓立　453

卓立性　307
卓立点　483
ダケ　248, 307, **391**, 493, 536
だけあって　195
夕形　425
ターゲット　475
だけに　195
タシ　152
確かさ　326
多時的　159
他者　450
他者尊敬表現　353
多重主格文　459
多主格文　459
他称　470
多数　621
多数性　332
たずねる文　221
多総合　201
徒(ただ)　81, 86, 90, 131, 421, 423
だ体　596
-たち/-達　333, 649
達成　213
達成命令　616
たって　308
妥当　417
他動詞　17, 43, 247, **255**, 258, 261, 271, 322, 411, 465, 516, 530, 626
他動詞化のゆれ　652
他動詞文　42, 239, 392
他動性　42, 43, 239, **392**, 691
妥当性　37, 284, 317, 628, 644
他動性交替　392
妥当性承認　628
他動性調和の原則　517, 531
ダナ活用　116
ダニ　77, 244, **393**, 536
だの　574
給う　666
『玉緒繰分』(東条義門)　654
たまふ(下二段)　205
タミル語　64
ため　195
ために　195

タラ　105, 301
タリ　236, 245, 284, 316, 317, 367, **394**, **453**, 574, 643, 644
タリ活用　115, 191, 441, 454
タリキ　507
タリキ・リキ　12
タリ・リ　12, 141, 305, **394**, 507
タリ・リ形　394
ダロウ　106, 284, 317, 331, 332, **395**, **396**, 546, 628
ターン　400
単位　400
単一判断　169
単音　66
段階　146
短距離かき混ぜ　345
断句　590
単語　111, **207**, **209**, 524, 527
ターン構成の単位　400
単語のくみあわせ　676
単語の認定　210
単語の類別　258
単式　539, 597
断止文節　76
短縮　229
単純語　227, 228
単純接続　106
単純提示用法　492
単純の被動　47, 53
男女差　515
単数　332
断続　112, 160
断続関係　276
単他動詞　256
断定　59, 60, 179, 305, 331, **397**, 631
断定形　326, 604
断定と想定　623
断定の助動詞　377
断定法　263
単複　536
単文　128, 164, **398**, 537, 563, 577, 642, 644
段落　556
段落の構造　197

談話　280, **398**, 418, 556, 557
談話構造解析　252
談話の終わり　399
談話の展開　399
談話の始まり　399
談話表示　399
談話標識　349, 351, **399**, 567
談話分析　194, 398, **400**, 418, 557
談話論（談話分析）　557

●ち
地　473
遅延　401
チェンバレン（Basil Hall Chamberlain）　**401**
誓い　561, 656
知覚・感情・認識　258
知覚者　459
知覚体験　604
チフ　431
着地点　345
チャンキング　252
注意喚起　550, 552, 561, 656
注意喚起表現　657
注意の共有　23
中央埋め込み構造　56
中核的意味　672
中国語　199
中古語　92, 205
中止形　160, 435, 467
中止節　347
中止法　262, **402**
中止法の諸用法　402
注釈　363, 399
注釈語　**403**
注釈成分　403
中称　233
抽象的なできごと　412
中心語　222
中心文　556
中世歌論書　421
中世語　92
中相　43
躊躇・逡巡　588
中立受身　48

中立受動　48
中立叙述　71, 73, **358**, 649
中和　651
直接目的語　200
聴覚　305, 455
聴覚的認知　61
長距離かき混ぜ　345
調整　501
頂点表示機能　4
重複　196, 400, 532
超分節音韻論　66
超分節音現象　546
直音　669
直示　234, 250
直示移動動詞　26
直示表現　689
直接受身　48, 49, 436
直接受身文　52, 54, 322, 665
直接確認　604
直接経験　141, 252, 431
直接構成素　3
直截終止格　263
直接受動文　41, 44, 52, 239
直接対象語表示　692
直接知識　324
直接的エヴィデンシャリティー　304
直接的な述べ方　60
直説法　263
直接目的語　256, 626
直接話法　36
直前の過去　370
直格　100, 220, 598
直感断句　409
チョムスキー（Noam A. Chomsky）　**404**
地理的変異　313
陳述　78, 84, 128, 161, 185, 236, 367, 405, 406, 407, 409, 551, 552, 613, 630, 638, 641, 642, 643, 647, 654, 688
陳述語　643, 654
陳述修飾成分　403
陳述助詞　312
陳述性　220, 290, 405, 448, 611
陳述の作用　409
陳述の力　257, 409

陳述副詞　326, **404**, 415, 448, 449, 518, 519, 522, 532, 535, 536
陳述要素　627
陳述論　37, 39, **405**, **408**, 546, 550, 627, 647, 688
沈黙　400

●つ
ツ　316, 317, **410**, 508, 576, 644
通時態　364
通時的な変化　672
通時論　**158**
通達的　139
塚原鉄雄　455
ツ形　410
つつ　421
ツツアル　10
続き　421
って　279, 282
ツ・ヌ　12, **410**
つもりだ　319
ツユ　522
〜づらい　456

●て
て　420
デ　**412**, 458, 467, 522
テアル　10, 236, 642
定　**416**, 488
提案　155
定家仮名遣　63
定型（finite）　147
定形動詞　425
定型表現　62
定言法　262
提示　23, 490
提示語　221, **413**
提出段階　600
ディスコース　**398**
定性　416
提題　78, 485
提題(の)助詞　243, 488
提題表現　399
丁重語　204, 380, 382

程度　492, 537
程度修飾　264
程度副詞　183, 335, **414**, 532, 535, 536
程度量　536
程度量副詞　405
丁寧語　204, 366, 380, 382, 384, **415**, 514
丁寧さ　176, 286, 380, 435, 437, 614, 627, 669
丁寧←→ぞんざい・乱暴　380
丁寧体　383, 415
定・不定　361, **416**, 608
定名詞　490
定名詞句　416
テイル　10, 284, 317, 319, 517
テオク　16, 319
デオンティック・モダリティ　139, **417**, 560, 576, 628
デ格　282, 300
テキ　410
出来事時　447
出来事受影　50
テキスト言語学/テクスト言語学　194, **418**, 557
テキスト性　193, 418
適切性条件　237, **419**
適当　181, 576
テキ・ニキ　12
デキル　122, 124
テクスト　31, 146, 390
テクスト形成的機能　147
テクスト的意味　147
てくれる　255, 648
テ形　195, 402, **420**, 540
テ形接続　504, 581
テ形の用法　420
(で)ございます　415
デサエ　241
テシカ　77, 152
てしまう　17, 319
です　236, 366, 367, 642
です体　596
です・ます　415, 514
です・ます体　415
テ節　420

哲学　32
てには　421, 422
『てには網引綱』（栂井道敏）　**421**, 423
『手爾葉大概抄』　90, 117, **422**, 528
『手爾葉大概抄之抄』（宗祇）　**422**
てには秘伝書　421
てにをは　315, 421, **422**
『氏邇乎波義慣鈔』（雀部信頬）　90
『てにをは係辞弁』（萩原広道）　91, 315, **423**
てにをは秘伝書　90
『てにをは紐鏡』（本居宣長）　87, 90, 118, 423, 636, 642　⇨『紐鏡』
ては　301
テフ　431
テーマ　150, 222, 418
てみる　16
ても　308
デモ　77, 536
てもいい　417
テモヨイ　628
てもらう　255, 648
てやる　255, 648
寺村秀夫　**424**
『寺村秀夫論文集Ⅰ・Ⅱ』　424
テリック　8
転位の文　612
添加　244, 350, 537
添加型　571
転換　229, 350
転換型　571
典型的な主題　276
典型的な題目語　486
展叙　161
伝承　142
伝承回想　140
テンス　56, 112, 140, 142, 176, 286, 327, 331, 370, 375, 385, 389, 410, **425**, **427**, 432, 435, 437, 442, 496, 505, 507, 513, 520, 540, 603, 611, 614, 669, 684
テンス・アスペクト　12
転成　229, **429**, 494
伝達　410
伝達態度　627
伝達的陳述　406

伝達的独立語文　562
伝達動力　324
伝達様式　146
伝聞　141, 305, 327, 329, 361, **430**, **431**, 454, 455, 631, 659, 660
伝聞の表現形式　430
テンポラリティ　220, 327, **432**, 604
『点例』（貝原益軒）　421

●と

ト　105, 301, 314, 315, **433**, 454, 574, 583
といい　417
という　431, 681, 683, 684
問い返し　21
問いかけ　69, 138, 552, 561, 631, 656
問いかけ性条件　153, 154
トイフ　431
当為　329, 338
同意確認　561, 656
同意期待　23
同位語　**299**
等位接続　540
統一意味役割付与仮説　343
統一化　652
同一構造仮説　44
同一指示　240
統一性　556
同一名詞連体修飾　340, 683
同一名詞連体修飾構造　679
当為判断　616
当為評価　631
当為評価のモダリティ　417
同音異義語　3
同音形式　99
統覚作用　128, 129, 164, 236, 406, 407, 408, 638, 642, 643, 644, 645, 646, 647
統覚の運用　316, 317, 642, 644, 645
同格名詞　340, 680
同格名詞連体修飾　340
同格名詞連体修飾構造　680
統括機能　556
統括性　556
同義語　672
東京言語研究所　497

道具　413, 458
統計的分析　234
統合関係　93, 509
統合的意味特徴　356
統語解析　252
統語機能　270, 272
東国方言　496, 576
統語的複合動詞　209, 530
統語論　175, **217**, **219**, 578
動作　359
動作継続　7, 684
動作者　270, 271
動作主　54, 126, 239
動作主体　246
動詞述語　10
動作存在詞　367, 368
動作態　4
動作動詞　57, **434**, 543
動作の継続　13
動作の主体　413, 517
動作パーフェクト　9, 13, 394, 507
動作量　335
動詞　110, 199, 367, **435**, **437**, 642, 644, 654
同時　8, 171
動辞　320
動詞活用　**440**
同時関係　105
動詞句内主語仮説　169, 342
動詞終止形　21, 38, 137, 138
動詞述語　285, 286, 289, 318, 441
動詞述語文　41, 284
同時進行　351
同時的並存　297
動詞テ形　581
『動詞の意味・用法の記述的研究』（宮島達夫）　**441**
動詞の基本的な性格　435
動詞の結合能力　436
動詞の自他　193, 392
動詞文　86, 127, 130, 218, 221, 292, **441**, 562, 611
動詞文範疇　86
動詞分類　434

動詞命令形　138, 560
投射問題　357
統叙　406, 407
動助辞　320
統叙陳述成分　646
動詞らしさの喪失　437
「動詞連用形＋合う」型複合動詞　359
統辞論的成分　565
当然　417, 576
同族目的語　626
到達　213
倒置　271, 352, **442**
倒置記法　577
倒置指定文　366, 610
倒置同定文　610
同定文　612
動的述語　425
投錨（anchoring）　324
動物　648, 649
動物名詞　649, 650
東北方言　46, 101
動名詞　69, 166, 527, 530, 531, 549
同列型　571
討論　399
とか　574
ト格　603
ト格補語　288
時枝の陳述　410
時枝の文認定　445
時枝文法　38, 125, 227, 316, 318, 423, **444**
時枝文法での詞と辞　257
時枝誠記　**444**
時の助動詞キ　576
時の副詞　**446**
時の名詞　**446**
特異共時的　158
特質構造　430
特時的　159
得心　481
特性　189, 426
特性形容詞　57
特徴づけ文　612
特定　416
特定文法　125

独立格　566
独立語　291, 323, 350, **448**
独立語文　221, 448, **449**, 553, 562, 629
独立指示　250
独立用法　251, 252
独話場面　477, 653
ところ　583
閉じた体系　672
トシテ　467
としても　308
との　684
トピック　275, 324, 418
トピック・シフト　476
トフ　431
トモ　302
『友鏡』（義門）　118
ドラヴィダ語　64
捉え直し　482
トラジェクター／ランドマーク　473
とりたて　231, 669
とりたて研究　537
とりたて詞　450, 452, 622
とりたて助詞／取り立て助詞　72, 241, 248, 312, 391, **450**, 452, 469, 488, 619
とりたて助辞　102
とりたての焦点　450
とりたて副詞　405, 533, 639
とりたての作用域　450
トルコ語　140

●な

な　81
ナ　152
名　15
ナイ　284, 316, 317, 522
内核　541
内項　73, 213, 516
ないことには　301
内在格　97
内在主要部　295
内心構造　**73**
内心複合語　229
内省　234
内属系　87
内的言語形式　196
内的再建　674
内容語　145, 216, 257
内容告知　21
内容自立の文　561
内容補充　36
なかどめ　402
流れる　88
ナ行変格活用　115
なくて　195
なくてはいけない　417
ナ形容詞　110, 182, 186, 189, **190**, 377, 526, 608, 671
嘆き　619
なければならない　417, 628
なさる　366
ナシ　522
名づけ的な意味　292, 478
納得　155, 561
ナド　421, **452**, 536
何　90, 424
ナバホ語　649
ナフ　522
なほ　421
ナム　77, 80, 81, 83, 91, 92, 152, **452**, 485, 644
ナモ　77, 81, 87, 92, 452, 453
なら　104, 278, 282, 301
『奈良朝文法史』（山田孝雄）　641
ならべ　669
ナリ　61, 141, 236, 305, 316, 367, **453**, **454**, 574, 576, 643
ナリ（終止）　431
ナリ活用　115, 190, 441, 454
ナリ・タリ　**453**
ナリツ　576
ナリ・メリ　**454**
難易文　**455**, 460
なんか　279
軟式　539, 597

●に

ニ　270, 454, **456**, **458**, 467, 573, 574
ニ受身文　44, 50

ニ格　97, 259, 282, 300, 602
ニ格項　276, 277, 284
ニ格の名詞　456
ニ格補語　288
ニ格名詞句　366
ニキ　410
二項述語　213
２項動詞　284
二語文　611
二使役文　45
ニシカ　152
２次述部　413
ニシテ　467
にしても　308
二重主格文　**459**
二重主語　268, 292, 460, 462
二重主語化　476
二重主語文　**460**, **462**
二重判断　169
二重否定　523
二重否定形式　520
二重分節　**464**
二重目的語制約　465, 690
二重目的語動詞　256
二重ヲ格制約　**465**, **691**
ニシロ　245
二段　586
二段活用の一段化　116, 261, **465**, 677
日英語比較統語論　27
ニチガイナイ　284, 318, 319, 327, 628
日常言語　32
日常言語学派　32
日記　666
ニテ　458, **467**
２人称　470, 649, 650
二分枝分かれ制約　228
『日本音声学』（佐久間鼎）　243
『日本口語法講義』（山田孝雄）　641, 642, 644
『日本語学』（佐久間鼎）　243
日本語教育　499
『日本語助動詞の研究』（北原保雄）　**468**
日本祖語　585
日本語の意味格　94
日本語の形態格　94

『日本語の言語理論』（佐久間鼎）　243
『日本語のシンタクスと意味Ⅰ・Ⅱ・Ⅲ』（寺村秀夫）　424
『日本語の特質』（佐久間鼎）　243
『日本語文法・形態論』（鈴木重幸）　338
『日本語文法の輪郭』（宮田幸一）　**468**
日本式（ローマ字）　685
『日本小文典』（チェンバレン）　402
『日本書紀通証』（谷川士清）　117
『日本大文典』（ロドリゲス）　522
『日本的表現の言語科学』（佐久間鼎）　243
『日本文典初歩』（馬場辰猪）　**469**
『日本文法』（草野清民）　**470**
『日本文法学概論』（山田孝雄）　77, 78, 405, 641, 642, 644
『日本文法講義』（山田孝雄）　642, 644
『日本文法　口語篇』（時枝誠記）　164, 257, 444
『日本文法――主語と述語』（森重敏）　638
日本文法体系論　637
『日本文法通論』（森重敏）　638
『日本文法　文語篇』（時枝誠記）　444
『日本文法論』（山田孝雄）　77, 78, 405, 641, 642, 644
『日本方言の記述的研究』（国立国語研究所）　579
ニモカカワラズ　105, 308
ニュートラルな待遇　379
ニヨッテ受身　51
ニヨッテ受身文　44
ニヨレバ　431
Ⅱ類動詞　110
任意性　622
人間　648, 649
人間名詞　649, 650
認識　396
認識修正　370
認識修正の「た」　371
認識的　59
認識的ムード　326, 604
認識的モダリティ　59, 327
認識の基盤　292, 460
認識の対象　269
認識の内容　269
認識のモダリティ　287, 397, 436, 615, 631

認識表明　21
認識モダリティ　139
人称　**470**, **471**, 605
人称詞　470, 471
人称詞の言語社会学的側面　470
人称性　220, 603
人称制限　184
人称代名詞　388, 470, 471
人称代名詞の待遇度　470
人称領域　138
認知　400
認知意味論　32, 74
認知科学　144
認知革命　198
認知言語学　198, 215, **472**, 617
認知能力　472
認知のスコープ　473

●ぬ

ヌ　285, 316, 317, **410**, 508, 576, 644
ヌ形　410

●ね

ネ　69, 106, 152, **476**, 481
ネクサス　86, 132, 293　⇨述定
念詞　493

●の

ノ　90, 144, 314, 315, 377, 423, **477**, 481, 538, 583, 603
能格性　202
能格タイプ　102
能動　41
能動詞　49, **322**, 671
能動文　41, 49, 52, 220, 270, 271, 649
能力可能　46, 123
能力評価　460
ノ格　259
ノ格の名詞　477
ノ形容詞　187, 608
の(だ)　154
ノダ　236, 325, 327, 355, **478**, 481
のだから　195
ノデ　105, 195

ノデ節　287
ノとガの交替　572
ノニ　105, 308
のべ方　179, 292
のべたて　179
述べ立て　287, 631
のべたてる文　221
ノミ　244, **483**, 536

●は

ハ　77, 79, 81, 82, 83, 87, 90, 278, 280, 307, 315, 324, 361, 413, 423, **485**, **488**, **490**, 602, 619, 642, 643, 644, 649, 650
バ　105, 301, 302, 587
場　596
はい　62
背景　473
背景化　48
排他　71, 450, 485, 619
媒体　398
排他性　644
排他的な関係　378
配慮表現　60
バカリ　**492**, 536
ばかりに　195
漠然性　4
はさみこみ　242, 363
橋本進吉　**493**
橋本文法　76, 145, 323, 558, 637, 675
橋本文法での詞と辞　257
場主語　268
場所　123, 412
『馬上集』(心敬)　90
場所デ格項　276
バスク語　200
ハズダ　284, 318, 319, 356, 628
派生　196, 203, **494**, 547, 633
派生関係　41
派生形容詞　518
派生語　207, 225, 227, 348, 494, 637
派生辞　637
派生接辞　229
派生動詞　439
ハダカ格　99

はだかの形　12，179
はた迷惑　52，54
はた迷惑の受身　50，322
働きかけ　58，180，417，561，631
はたらきかける文　221
八丈方言　46，89，**495**
発音のゆれ　652
撥音便　67
発見　370，551，604，611
発言過程　147
発見・驚嘆　21，269，552，559
発言行為　500
発見的現在　374
発見の「た」　371
発語行為　500
発語内行為　419，499
発語内効力　499
発語内効力標識　499
発語媒介行為　500
発語媒介効果　500
発生状況描写　53，292，662，663，664
服部四郎　**497**
発話　400，556
発話機能　**498**
発話行為　**499**，540
発話行為理論　237
発話時　385，428，446
発話時以前　370
発話・伝達的態度　555，632
発話・伝達の機能　564
発話・伝達のモダリティ　162，287，407，551，615，630，631
発話当事者の視点ハイアラーキー　255
発話の現在　374，503，505
〜は〜と同じくらい〜　168
話し言葉　134，398，400，**501**，556
『話しことばの文型』（国立国語研究所）　**503**
『話言葉の文法（言葉遣篇）』（三尾砂）　596
話し手　649
話し手の意図　237
話し手の心的態度　632
話し手の体験　428
話を開始する機能　399
話を終了する機能　400

話を展開する機能　399
場の二重性　36
パーフェクト　12，181，284，305，373，374，390，394，412，**503**，504，**505**，**506**
パーフェクト性　389
はべり/ハベリ/侍り　317，367，382，415
〜ば〜ほど　582
〜は〜ほど〜ない　582
場面　29，379，398
場面時　447
バヤ　152
林四郎　**508**
パラダイム　12，179
パラディグマティック　364，**509**
パラディグマティックな関係　215
パラミター/パラメータ　202，345
ハリデー（Michael Alexander Kirkwood Halliday）　**510**
パロール　**667**
反意語　378
反義語　378
反現実　285
反現実の仮定　181
反語　69，70，81，87，262，331，**510**，**511**，545
反事実　370，587，588
反事実仮想　376
反事実的条件文　300，512
反実仮想　120，307，**512**，576，587，599
反実願望　587
汎時的　159
汎称　545
反照代名詞　**240**
反対語　378
判断　86，130，205，646
判断・態度の根拠　195
判断段階　600
判断の表現　243
判断文　187，**205**，221，596，651
判定　482
判定要求疑問文　640
反復　176，492，503，504，505，**513**
反復形　332
反復継続　303

反復継続的既存在　373，505
反復習慣　9
反復性　303
反復表現　399
反復量　447
反レアル　326
範列関係　510

●ひ

被影響　53，54
被影響者　662
被害　48，52
被害受身　44
比較　414，620，657
非画一理論　49
比較の対象　200
非過去　179，410
美化語　380，416，**514**
非過去形　12，674
被勧誘者　399
非完了性仮定　120
引き伸ばし　657
比況　59，**515**，516，655，660
比況の助動詞　**515**
非許容　417
非経験回想　140
非継続　505
非結果動詞　173
非限界動詞　334
非言語表現　379
非現実　285，376，576
非現実界　39，130，551，645，662
非現実事態　318，328，628，644
非現実事態仮構　37，38，39，285
非現実叙法　317，318
非現実領域　37，38，39，138，284，285，317，318，328，374，588，627，628，645，662
卑語　522
非項　214
非固有受身　662
非使役文　42
非事実界　284
非事実世界　329
非指示的名詞句　610

非指示的用法　250
非実　362
未実現　588
非終止法　37，38，655
被修飾名詞　683
非述定文　269，283，407，550，559，627，642
非情　322
非情の受身　44
非情物　50
非情物主語　53，662
非叙実動詞　314
非制限的修飾　**339**
非制限的用法　684
非線形的な語形成　229
非対格　392
非対格仮説　392，516
非対格動詞　49，213，322，**516**，530
左枝分かれ構造　56
ひっくりかえしの文　612
必須項　343
必須補語　580
必然確定条件　103，105
必然性　284，317，318，627
必然性承認　628
必然的終了限界　8
ピッチ　34
ピッチアクセント　4
必要　417
必要がある　417
否定　17，62，179，284，393，486，491，**518**，**520**，**522**，576，586，644
否定意志　586
否定疑問　35
否定疑問文　154，157
否定極性項目　336
否定極性表現　24，25
非定形用言　166，598
否定辞　336
否定述語　621
否定推量　331，586
否定対極項目(表現)　519，521
否定対極表現　522
否定的特立　452
否定の焦点　519

否定のスコープ　336, 519
否定表現　522
否定文　489, 564
否定補足　486
被動　52, 591
非同一構造仮説　44
ひとえ文　221
ヒト代名詞　669
非人称催行　292, 663, 664
非能格　392
非能格動詞　49, 213, 322, **516**, 530
卑罵語　379, 382, 384
被覆形　119, 126, **523**
非文　569
非文法的　569
非報告文体　254
非名詞性　623
『紐鏡』/『ひも鏡』/『ひもかがみ』（本居宣長）
　　77, 83, 644　⇨『てにをは紐鏡』
比喩　515, 620
非優先的な（dispreferred）応答　401
評価　482, 530
評価形容詞　183
評価性　187
評価づけ　598
評価のモダリティ　417, 631
評価副詞　405
表記体　577
表記のゆれ　652
評言　169, 270
表現意図　499, 503, 558
表現語彙　211
表現上の落差構造　277
表現態度（フリ）　398
表現の検索　399
表現面　668
表現理解　638
表札　449
表示に関する制約　166
描写　129, 362, 561
表出　39, 243
表出段階　600
表出的独立語文　562
表出命題　137, 613

『標準日本口語法』（松下大三郎）　53
標準文章語　668
描叙段階　600
表層格　93
標的　617
開いた体系　672
非両立的　299
広い作用域　337
賓位観念　645
賓格　565
賓語　128, 129, 406, 642, 646
品詞　97, 207, 429, 435, 437, **524**, **526**
品詞分類　15, 548, 607
品詞論　**528**
頻度　447

●ふ
不　348
フィラー　502
フィリピン諸語　271
フォーカス　549
不確実　60, 61, 317
不確実性　60, 331
不確定　485, 619
不確定性条件　106, 153, 154
不可算　537
付加詞　343
不可能　663, 665
付加名詞連体修飾　340, 683
付加名詞連体修飾構造　679
不完辞　594
不完成相　12, 14, 142
不完全否定　519
不完備句　643, 646
不完備の句　164
不規則活用　110
不規則動詞　439
不規則変化活用　115
複合　208, 229, 494
複合格助詞　98, 313, 529
複合格助辞　94
複合語　207, 208, 225, 227, 530
複合辞　135, 146, 480, **529**
複合辞性　529

複合述語　222, 420, 611
複合助詞　529
複合助辞　529
複合助動詞　529
複合動詞　11, 26, 208, 517, **530**, 541, 581
複合名詞　430
複合連体格　101
複語尾　37, 129, 207, 246, 285, 316, 317, 321, 372, 377, 628, 642, 643, 644, 645, 654, 662
複語尾不分出形　318
副詞　10, 11, 97, 335, 446, **531**, **534**, 536, 580, 608, 638, 654, 687
副詞句　98
副詞形　435
副詞語尾　454, 638
副詞節　295, 347, 540
副次的　94
副次補語　580
複主格文　459
副助詞　71, 77, 79, 82, 241, 244, 248, 268, 275, 311, 312, 339, 358, 391, 393, 483, 492, **536**, 595, 619, 622, 638
副助詞研究　537
複数　332, 483, 492, 649
複数既存在　504, 505
複数性　303
複数の命題の融合　324
副体詞　678
複他動詞　256
副動詞　566
複文　128, 164, 244, 398, 462, **537**, **540**, 563, 644
複文前句　586
ふくみ的な意味　33
副用語　532, 643, 654
富士谷成章　**542**
付属関係　565
付(附)属形式　174, 196, 309
付(附)属語　145, 174, 196, **323**, 515, 527
附属辞　323
付(附)帯状況　504, **543**
不確かな断定　454, 516, 655
不確かな判断　328, 330

普通体　383, 415
普通名詞　607
物質過程　147
不定　70, **416**, 488
不定語　70, 71, 157, 234, 358, **544**, 621, 639
不定詞　92
不定称　544
不定数　621
不定的対象化　83
不定名詞句　416, 490
不適当　181
筆のそれ　242
不必要　417
部分否定　485, 486, 521, 523
不変化詞　225
不変化助動詞　38, 163, 396, **546**, 586
普遍数量　336
普遍文法　202, 345
プラハ学派　201
プラハ言語学サークル　149
フレーム　617
フレーム意味論　107
フレーム的知識　618
ブレンディング　238
プロソディー　66, **546**
ブロック（Bernard Bloch）　**547**
プロトタイプ　32, 392, **548**
プロミネンス　4, **549**
文　88, 130, 164, 405, 409, 445, 540, **550**, 551, **553**, 554
文化審議会　366, 380
分化的独立語文　562
文化のコンテクスト　146
文規定　553
文型のゆれ　652
文語　**214**
分詞　160, 598
分出　566
文述語　462
文章　280, 398, 418, **556**, 557
文章研究　557
『文章研究序説』（時枝誠記）　444
文章語　215, 576

索引 ── 741

文章構造　556
文章・談話　556
文章論　556, **557**
文成立論　408, 410
分析的　227, 586, 633
分析的な形式　55
分説　82
文節　165, 218, 257, **558**, 675
分説　485, 619
分節音　66
分節音韻論　66
文接続　433
分説的　78
分説的承認　485, 486, 619
分節文　596
文節方式　76
文体　398, 415, 516, 577
文体差　672
文体的意味　672
『文体の論理』(森重敏)　638
文体論　557
文段　556, 557
文中用法　358
文つくりのいとなみ　407
文的意味　130, 137, 406, 408, 550, 551, 552, 559, 645, 646
文の拡大　291
文の基本構造　130
文の姿勢の研究　194
『文の姿勢の研究』(林四郎)　508, 509
文の種類　269, 283, 408, **558**, 562
文の成分　93, 263, 286, 300, 349, **565**
文の成立　555
文の成立要件　406
文の《対象的な内容》　289
文の部分　221
文の分類　562
分布　197
分布の自由性　622
文法化　7, 57, 74, 99, 101, 145, 216, 245, 314, 398, 427, 529, 541, **566**, 633
文法カテゴリー　182, 286, 346, 435, 442
文法カテゴリーの階層構造　288
文法化の経路　566

文法関係　47, 96, 106, 202, **567**
文法項　96
文法史　153, **568**
文法上の単位　444
文法性　**569**
文法的　569
文法的曖昧性　3
文法的意味　284, 286
文法的概念　196
文法的結束性　194
文法的使役　247
文法的手順　196
文法のなかたち　32
文法的なカテゴリー　112, 606
文法的な機能　145
文法的な派生　494
文法的派生動詞　179
文法的派生形容詞　181
文法的否定　522
文法範疇　526, 529
文末詞　265, 314
文末辞　551, 552
文末辞の統一作用　406
文末助詞　265, 314
文末の表現形式　321
文末表現　530
文末用法　358
文脈　**570**
文脈解析　252
文脈形態　400
文脈指示　233, 250, 251
文脈照応　193
文脈的述語　23
分離可能所有　571
分離不可能所有　**571**
『分類語彙表』(国立国語研究所)　253
分裂文　489, **572**, 612
文論　217, 557, 597

●へ

へ　**573**
ベイ　576, 586
『平安朝文法史』(山田孝雄)　641
併合　166

平叙・過去の「のだった」 482
平叙・現在の「のだ」 481
平叙文 34, 270, 552, 558, 560, 564
並存 492
並存関係 105, 297
並立関係 574
並立語 69, 349, **574**
並立助詞 71, 433, **574**, 638
並立節 266, 538
並立副詞 638
並列 351, 452, 619
並列形 435, 574
並列語 **574**
並列詞 452
並列助詞 312, 452, **574**, 640
並列節 347
並列的な関係 220
並列複合語 229
ヘ格 602
ベカラズ 576, 586
ベキ 576
ベキダ 284, 417, 576
ベキニアラズ 576, 586
北京語 202
ベク 576
ベクハ 576
ベクモアラズ 576, 586
ベシ 39, 182, 316, 317, 329, **575**, 586
ベシイ 586
ベース／プロファイル 473
へと 573
ヘボン式 685
べらなり 135
変化 10, 212, 447
変化受身文 51
変格 424
変化詞 225
変化動詞 57, 335, **434**
変化の結果 433
変化の結果の継続 13
変化の対象 517
変形関係 41
変形規則 166
変形文法 166

変項名詞句 610
変体漢文 **577**
返読 577
編入 531
弁別機能 4
弁別的機能 149
弁別的素性 **578**
弁別特徴 215, 641

●ほ
母音終わり語幹動詞 68
母音交替 119, 126, 523
母音語幹動詞 114, 439
母音変化型 466
母音変化型活用 114, 441
包括的 669
包含関係 299
方言 266
『方言』 585
方言敬語 381
方言文法 **579**
『方言文法全国地図』（国立国語研究所） 579
方向 573
方向性 26, 647
報告 129
包摂系 82, 87
放任 262
放任格 104, 105, 122
放任終止格 263
飽和 137
ホカ 77, 248
補格 565
補語 263, 291, **580**, 605
補語節 69
補充疑問文 153, 564
補充法 176
補助活用 188
補助形容詞 581
補助単語 166
補助的な単語 176
補助動詞 32, 145, 316, 527, 541, **581**, 648
補助動詞的表現 11
補助用言 319, 581
ポーズ 398, 400, 547

補正　399
補足　350
補足型　571
ポテンシャル　326
ホド　492，**582**
〜ほど（他に）〜ない　582
補部　212，294
補文　56，314，583
補文構造　49
補文節　540
補文標識　56，262，294，538，542，**583**
ポライトネス　583
ポリヴァーノフ（Yevgeny Dmitrievich Polivanov）　**584**
本江戸　569
本詞　160
本質条件　419
本動詞　316
本名詞　606
翻訳受身　662
翻訳文　135

●ま

まあ　62
マイ　250，319，332，546，**586**
枚挙性　303
まいる　204，415
まうし　181
前置き　401
前向きのポライトネス　583
前向きの面子　583
マシ　181，316，317，328，332，512，**587**，644
マジ　181，182，329，330，331，522，**586**
マジイ　586
マシカ　587
マシカバ　587
マシジ　329，330，522，586
ます　204，366
マスル　383
マセ　587
マセバ　587
まちのぞみ文　139
松尾捨治郎　**588**

松下大三郎　**589**
松下文法　228，**589**，637
マデ　102，536，**595**
までもない　417
まともな受身　322
まともの受身　44
まともの受身構文　360
まともの相互構文　360
マホシ　152
迷い　69
マラガシ語　200，387
マラスル　383
まるる　205

●み

-み　494
未　348
身内　366，380
身内尊敬　384
身内尊敬用法　353
見エル　123，258，461
三尾砂　**596**
未確認　37，38，130，284，285，328，588，628
三上章　**597**
未完結相　5
未完了性未然仮定　122
右枝分かれ構造　56
右側主要部の規則　229，348，354，531
ミ語法　**597**
未実現　37，38，284，285，317，374，627
未掌握　317
未然仮定　122
未然仮定条件　25
未然形　116，119，160，568，587，644
未然形分出の複語尾　317
ミタイダ　327，515
見出し語　449
未知　324
未知の情報　150
みづから然する　322
三矢重松　**599**
未定名詞　606
未展開文　596

認め方　112, 179, 435, 669
南不二男の4段階　541, **599**
南琉球(先島)方言　668
南理論　598
ミニマルペア　65, 149
見ユ　258
未来　284, 317, 318, 328, 329, 425, 576
未来推量　331

●む

ム　39, 60, 61, 316, 317, 328, 331, 396, 575, 586, 587, 588, **601**, 644
無　348
無意志自動詞　123, 259, 292, 322
無意志動詞　**18**, 411, 437
無意味形態素　175
向かう先(行為の)　204
ム系の助動詞　601
無差別束縛　336
無助詞　73, 268, 279, 282, 568, **602**
無助詞格　602
無助詞主題　602
結び　81, 131, 182, 587, 642
結びの解消　77
結びの流れ　77
無生物　648, 649
無生物名詞　649, 650
無対自動詞　256
無対他動詞　256
無題文　279, 442, **650**
ムード　92, 112, 179, 327, 370, 375, 376, 398, 513, 522, **603**, 630, 633, 669
無統叙陳述成分　646
ムードの「た」　370
無標　215, 401, 651
無標形　41
無分化的独立語文　562

●め

明意　127, 137
名詞　283, 341, 446, 470, **605, 607**, 649
名詞化　608
名詞句移動　51
名詞句レベル　241

名詞語幹　668
名詞修飾　680, 683
名詞述語　284, 286, 289, 316, 318
名詞述語文　283, 609
名詞節　266, 538
名詞相当語句　93
名詞の活用　126
名詞の形態論　176
名詞文　218, 221, 236, 292, 355, 365, 441, 562, **609, 611**
名詞類　609
命題　59, 314, 554, **612, 613**, 630
命題外の成分　614
命題行為　500
命題態度　501
命題的モダリティ　327
命題内の文法カテゴリー　614
命題内容　397, 430
命題内容条件　419
命名・提示機能　607
命令　18, 37, 58, 60, 69, 81, 87, 129, 136, 138, 162, 179, 262, 284, 285, 317, 338, 370, 393, 438, 471, 481, 482, 485, 498, 552, 559, 560, 561, 576, 604, **615**, 631, 644, 656
命令形　16, 117, 160, 269, 628, 656
命令形命令文　269, 560
命令体　643
命令のモダリティ　287
命令文　249, 558, 564
命令文のガ格　616
命令への派生・移行形式　616
命令法　263, 603
命令を表す表現形式　615
命令を成立させる要件　616
迷惑　48, 52
迷惑性　41
迷惑の受身　44
メタ機能　147
メタ言語的発話　399
メタ言語の機能　399
メタファー　616
メタファー変換　472
メトニミー　475, **616**　⇨換喩

メトニミー変換　472
メノマエ　449
メノマエ性　12, 220, 304, 394, 507, 671
メモ・列記・表題　23
メリ　61, 141, 305, 316, 330, 331, **454**, 575
メリキ　576
メリツ　576
メンタルスペース　**618**
面子理論　583

●も

モ　77, 79, 81, 82, 83, 87, 90, 279, 315, 423, 485, 544, 596, **619**, **622**, 642, 644
モガ　77, 152
目撃　304, 429
目撃証言　429
目的　37, 300, 399
目的格　71
目的語　96, 199, 255, 270, 388, 465, 567, **626**, 690
目睹回想　140
目標　147
もくろみ　669
モコソ　358
もし　301
文字化　400
文字言語　215
モジュール性　74
モゾ　358
モダリティ　17, 39, 139, 220, 265, 274, 284, 286, 327, 331, 377, 398, 406, 415, 426, 435, 498, 520, 530, 554, 581, 613, **627**, **629**, 630, **633**, 655
モダリティ形式　560
モダリティ形式の真性度　632
モダリティの周辺　632
モダリティの出現　632
モダリティのタイプ　630
モダリティ表現　301
モダリティらしさ　632
モダリティ論　332
モーダル・システム　327
モーダルな意味　32, 603
持ち主の受身　44

持ち主の受身構文　360
持ち主の相互構文　360
本居宣長　**635**
本居春庭　**636**
物語　142
物語的過去　482
ものがたり文/物語り文　139, 205, 221, 243
モノ希求　138, 552, 560
モノ主語　269
ものだ　319, 356, 417
「も」の重複構造　625
モノの中核　268, 460
ものの道理　627, 628
ものの道理の次元　317
「も」の不定用法　623
モノヲ　587
ものを然する　322
モーラ　585
もらう　647
モーラ拍リズム　547
森岡健二　**637**
森重敏　**638**

●や

ヤ　77, 79, 81, 82, 83, 87, 90, 91, 92, 155, 156, 485, 574, **640**, 642, 644
ヤウナリ　516
役職名　471
『八雲御抄』（順徳院）　421, 422
役割関係　146
役割語　266
ヤコブソン（Roman Jakobson）　**641**
八衢(やちまた)学派　63
山形南陽方言　46
山田文法　37, 228, 236, 316, 372, 552, **642**
山田孝雄　**641**
やら　574
ヤラン　157
やりもらい　**647**, 669
やりもらい構文　46
やりもらい動詞　32
やる　647

●ゆ

ユ（ラユ） 52, 258, 316, 665
融合 99, 201, 619, 668
融合的（fusional） 198
有生性（animacy） **648**, 672
優先応答体系 401
優先的な（preferred）応答 401
有属文 644
有対自動詞 256, 323
有対他動詞 256
有題文 279, 442, **650**
誘導助詞 312
誘導成分 403
誘導副詞 405
有標 215, 651
有標形 41
有標性 **651**
遊離 334
ゆすり音調 134
ゆれ **652**

●よ

ヨ 35, 69, 82, 481, **653**
ヨウ **37**, **39**, 332, 546
用 86
拗音 669
要求 21, 60, 129, 138, 285, 374, 393, 399, 552, 559, 561, 628, 656
用言 208, 335, 367, 377, 386, 642, 643, **654**
用語行為 500
洋式模倣文典 63
様相論理学 627
要素独立対比 521
要素連動対比 521
ヨウダ 60, 284, 304, 317, 327, 431, 515, 516, 628, **655**, 660
様態 361, 362
様態移動動詞 26
様態格 94
様態の格率 159
よう（に） 583
容認度 569
用の詞 654
与格 87, 96
与格語 277
欲望終止格 263
余剰性 672
予想 396
予想内容 37
予測 362, 400
よそひ（装） 15, 367
四段 586
四段活用 114, 116, 262
欲求 644, 646
予定 576
よね 106
呼びかけ 58, 448, 449, **656**, 657
呼びかけ形 560, 656
呼びかけ文 138, 552, 559, 560, 628, 656
予備条件 419
予防的な禁止 163
読メル 461
ヨリ 536, **657**

●ら

-ら 333
ラ行変格活用 115, 262
ラシ 141, 305, 316, 317, 319, 329, 331, 431, **659**
ラシイ 284, 304, 317, 327, 431, 515, 628, 659, **660**
ラテン語 198
ラ抜きことば 124, 652
ラベル付き括弧表示 341
ラ変 575, 586
ラポールマネジメント 584
ラム 305, 316, 317, 328, 331, 431, 588, **660**
ラム・ケム **660**
ラユ 122, 665
ラル 665
ラレル 43, 366, **661**, 665
ラレル形 52, 122, 258, 292, 461, 662
ラレル文 292
ランガージュ **667**
ランク 146
ラング 215, **667**

索引 —— 747

●り

リ　284, 316, 317, 367
利益　338
理解　399, 400
利害　53
理解語彙　211
利害の被動　47, 53
リキ　507
リズム　547, 549
理想認知モデル　618
略語の格　424
理由　125, 620
琉球方言　46, 89, 98, 101, 305, **668**
琉球方言の文法　498, **668**
理由の説明性　506
理由を表す節　347
量化詞　335
量化表現　336
両義性　3
量修飾　264
量の格率　159
量副詞　414

●る

ル　665
累加　241, 244, 350, 619, 620, 622
累加的承認　620
類義語　**672**
類型論　641
類似関係　571
類推　**14**, 241, 393, 466, 586, 673　⇨アナロジー
類別詞　233, **672**
類別辞　333
ル形　425, 436
ル・ラル　48, 52, 122, 258, 316, 644
ルワンダ語　387

●れ

レアリティ　326
例示　412, 515, 516, 537
例示的列挙　575
歴史言語学　158, **673**
歴史的現在　**674**

歴史比較言語学　673
列挙　452, 575
レトリック　557
レベル順序付けの仮説　348, 494
レーマ　150, 222, 324
レル　665
レル（ラレル）　316, 366
レル・ラレル　52, 122, 258
連位接続　540
連歌　90
連歌論書　90
連語　164, 194, 313, 478, **675**, 676
連合関係　510
連語の型　197, 633
連語論　64, 102, 219, **676**
連鎖型　571
連詞　164, 594
連辞　509
連接　529, 541
連想格　566
連続的スキャニング　474
連体　87
連体格　71, 72, 97, 100, 606
連体関係　93
連体句　**680**, 683
連体形　61, 77, 83, 84, 86, 91, 117, 160, 260, 262, 435, 496, 568, 669, 677
連体形句　84
連体形終止　72, 84, 85, 92, 678
連体形終止法　**677**, 687
連体形終止法の一般化　677
連体形接続　575, 586
連体詞　**678**
連体修飾　97, 339, 362, 678, 680, 683
連体修飾関係　293
連体修飾語　263, **679**
連体修飾構造　56, **680**, **683**
連体修飾成分　679
連体修飾節　102, 266, 296, 347, 538, 563, 683
連体助詞　312
連体節　539
連体動詞句　389
連体止め　84, 128

連体ナリ　453, 454
連体文内性　622
連体法　263, 402, 587
連濁　173
連濁現象　65
連動詞構文　541
連文　540, 556
連文節　75, 558, 675
連文論　194
連用格　97, 100, 606
連用関係　93
連用形　116, 119, 402, 420, 560, 568, 574, 644, 669
連用形中止法　576
連用形分出の複語尾　317
連用修飾語　263, 679
連用修飾節　266, 538
連用助詞　312
連用節　538
連用展叙　312
連用法　263

●ろ
六活用形　116, 160
露出形　119, 126, **523**
ローマ字正字法　685
『ローマ字文の研究』（田丸卓郎）　**685**
論証関係　571
論理演算子　336
論理実証主義　32
論理的格関係　276, 277, 638
論理的含意　127
論理的前提　357
論理範疇　634

●わ
ワ　245
和歌　90
『和歌八重垣』（有賀長伯）　90
和漢混淆文　**687**
ワ行下二段活用　466
わけだ　355
『和語説略図』（義門）　118
話者交替　400

話者交替適確箇所　400
話者交替ルール　400
話者前提　357
話題　169, 271, 398, 556, 649
話題化　476
話題敬語　415
話題の人物　379
話題の提示　399
渡辺実　**688**
話段　399, 556
和文　516, 577
和文体　135, 687
話法　36, **689**

●を
ヲ　79, 81, 87, 135, 587, **690, 692**
ヲ格　96, 259, 282, 602
ヲ格項　276, 277, 284
ヲ格補語　288
ヲ格名詞句　465
ヲ格名詞句連続制約　465
ヲコト点　421
ヲ使役文　45
をり　367

●
adversity　52
affectivity　53
A Handbook of Colloquial Japanese（B. H. Chamberlain）　402
anaphoric expression　571
Archi　271
A Reference Grammar of Japanese（マーチン）　**693**
argumentation relation　571
A Simplified Grammar of the Japanese Language（B. H. Chamberlain）　402
A類（南不二男の従属句区分）　266, 600
B類（南不二男の従属句区分）　266, 600
cause or effect　571
clause　164
coherence　571
cohesion　571
configuity in time or place　571

connective expression   571
context   570
copula   611
co-text   570
CP   344
c-統御領域   337
C類（南不二男の従属句区分）   266, 600
dependent（付属部）   200
direct passive   52
Dyirbal（ジルバル語）   271
egocentrism   649
equity right   584
evidentiality   141, 507
external argument   73
face theory   583
finite verb   425
FSP   149
GPSG   166
Head（主要部）   200
HPSG   166
IC分析   **3,** 165
identity face   584
indirect passive   52
innovation   668
internal argument   73
involvement   52
IP   344

LCS   212
marked nominative   671
mood（叙法）   628
morpheme   174
negative face   583
negative politeness   584
non-uniform theory   44
NP   344
perfective   425
phrase   164
positive face   583
positive politeness   583
potential   122
quality face   584
referring expression   571
relevance   52
resemblance   571
Satz   164
situation   570
spontaneous   259
substitution   571
θ-role   342
uniform theory   44
voice   52
VP構造   345
WHパラミター   346
X-bar理論   341

日本語文法事典
にほんごぶんぽうじてん

ⓒ日本語文法学会，2014　　　NDC810／viii, 749p／22cm

初版第1刷	2014年 7 月10日
第3刷	2022年 9 月 1 日

編者	日本語文法学会 にほんごぶんぽうがっかい
発行者	鈴木一行
発行所	株式会社 大修館書店
	〒113-8541 東京都文京区湯島2-1-1
	電話03-3868-2651（販売部）　03-3868-2292（編集部）
	振替 00190-7-40504
	［出版情報］https://www.taishukan.co.jp

装丁者	田中　晋
印刷所	壮光舎印刷
製本所	牧製本

ISBN978-4-469-01286-6　Printed in Japan

Ⓡ本書のコピー、スキャン、デジタル化等の無断複製は著作権法上での例外を除き禁じられています。本書を代行業者等の第三者に依頼してスキャンやデジタル化することは、たとえ個人や家庭内での利用であっても著作権法上認められておりません。

- ●本文基本デザイン──田中　晋
- ●編集・校正協力───植田敦子
- ●本文校閲協力────林　淳子
- ●編集────────康　駿